全国
映画・ドラマ
ロケ地事典
2
日外アソシエーツ

●編集担当● 成田 さくら子
装　丁：福島 ひろみ

刊行にあたって

本書は、主に1990年代後半以降の映画・ドラマのロケ地を収録した「全国 映画／ドラマ ロケ地事典」(2011年5月刊）の追補版である。今版では、主に前版刊行後に公開された映画・ドラマ544作品について、その作品情報とロケ地情報7,486件を収録した。

前版刊行以降、映画やドラマのロケ地は観光資源としてより一層重要視されるようになった。2016年には映画・ドラマ・アニメのロケ地を訪問する行為を指す「聖地巡礼」が「新語・流行語大賞」トップ10入りするなど、ロケ地巡りは広く一般に普及し、地方都市の地域活性化に大きく貢献した。近年では、アカデミー賞を受賞した「ドライブ・マイ・カー」(2021年公開)のロケ地・広島県や、「ゴジラ -1.0」(2023年公開）のロケ地・茨城県などが話題となるなど、コロナ禍後の観光・インバウンド需要の拡大からも注目を集めている。

本書は「作品名」「地域名」2つの観点から映画・ドラマのロケ地を調べることのできるデータブックである。第1部は作品別に公開年、スタッフ、出演などのデータも記載し、簡便なガイドとしても利用できる。第2部はロケ地を地域別に排列し、どの自治体のどの場所がどの作品でロケ地として選定されたかを容易に調べることができる。また、巻末には検索に便利な「公開年別作品一覧」を付した。

調査・選定にあたっては各種資料を参考としたが、公開情報やロケ地情報が得られず掲載を見合わせた作品も多数あることをここにお断りしておく。今後より充実させた内容とするため、大方のご叱正を乞う次第である。本書が、公共図書館、地方自治体、観光関係企業をはじめ、映画・ドラマ、観光に関心をもつ多くの方々に幅広く活用されることを期待したい。

2024年9月

日外アソシエーツ

凡　　例

1. 本書の内容

本書は、「全国 映画／ドラマ ロケ地事典」（2011年5月）刊行以降に公開・放送された映画・ドラマの国内ロケ地を地域別・作品別に収録するデータブックである。ただし、前版未収録の2010年以前に公開された作品も一部含んでいる。

2. 収録の対象

(1) ロケ地・場面設定などが判明・公開されている映画382作品・ドラマ162作品（計544作品）とそのロケ地7,486件を収録した。

(2) 実景を取り入れたアニメ映画や、日本国内で撮影された海外映画も収録対象とした。

(3) 個人宅･集合住宅などは文化財指定を除き、原則収録対象外とした。

3. 記載事項

(1) 記載形式

1) ロケ地は、原則として各種資料類・公開時の名称を基本として掲載した。ロケセット、移転、廃止など現存しないことが確認できたものには、一部補記を加えた。

2) 所在地については、各種資料類・公開時の市町村名のデータをもとに現在の市町村名に改めて表示した。

(2) 記載項目

第1部 作品別一覧（p.1）

作品名見出し

［公　　開］公開・放映年月など

［スタッフ］監督，脚本，原作者など
［出　　演］
［トピック］
ロケ地・場面
所在地

第２部 地域別一覧（p.487）
都道府県見出し
市町村名見出し
◇ロケ地　⇒映画・ドラマ区別「作品名」

付録 公開年別作品一覧（p.681）
公開年見出し
映画・ドラマ見出し
公開年月「作品名」…掲載頁

４．排　列

(1) 第１部「作品別一覧」

1）映画・ドラマ作品名の五十音順に排列した。その際、濁音・半濁音は清音扱い、拗促音は直音扱いとし、音引きは無視した。また、ヂ→シ、ヅ→スとみなした。

2）作品情報下の「ロケ地・場面」一覧（表組み部分）はロケ地所在地の市区町村コード順に排列した。

(2) 第２部「地域別一覧」

1）概ね北から南の順に都道府県見出しを立て、その下に市区町村コード順で市区町村見出しを立てた。

2）各見出しの下で、ロケ地名を五十音順に排列した。その際、濁音・半濁音は清音扱い、拗促音は直音扱いとし、音引きは無視した。また、ヂ→シ、ヅ→スとみなした。

(3) 公開年別作品一覧

1) 公開年ごとに映画・ドラマ見出しを立て、各作品を公開年月順に排列した。公開年月が同じ場合は作品名の五十音順に排列した。

2) 複数話で構成されている作品は、第1話の公開年月を採用した。

3) 映画の公開年月は原則、日本国内で劇場公開された年月を採用した。

5．参考資料

記載データ及び作品選定にあたっては、主に下記の資料に拠った。

(1) ロケ地データ

・バーニー服部主宰「ドラマロケ地案内」(民放ドラマの主出典・データ協力)
http://location.la.coocan.jp/

・升村丞主宰「全国ロケ地ガイド」(NHK ドラマの主出典・データ協力)
https://loca.ash.jp/

・映画会社、制作プロダクション、テレビ局、観光協会、フィルムコミッションなどの公式ウェブサイト

・観光協会、映画会社、旅行会社、鉄道会社、新聞社など発行のロケ地マップ、リーフレット、各種ガイドブック

・春日太一『時代劇聖地巡礼　関西ディープ編』ミシマ社, 2023.3

・鷹取洋二『瀬戸内シネマ散歩　2』吉備人出版, 2012.12

・「ロケーション・ジャパン」地域活性プランニング, 2010 ～各号

(2) 映画・ドラマデータ

・映画会社、制作プロダクション、テレビ局、テレビガイド誌などの公式ウェブサイト

・カカクコムグループ主宰「映画.com」(https://eiga.com/)

・古崎康成主宰「テレビドラマデータベース」(http://www.tvdrama-db.com/)

作品別一覧

アイネクライネナハトムジーク（映画）

［公　開］2019年9月

［スタッフ］監督：今泉力哉, 脚本：鈴木謙一, 原作：伊坂幸太郎

［出　演］三浦春馬（佐藤）, 多部未華子（本間紗季）, 矢本悠馬（織田一真）, 森絵梨佳（織田由美）, 恒松祐里（織田美緒）, 萩原利久（久留米和人）, 成田瑛基（ウィンストン小野）, こだまたいち（斉藤）〔ほか〕

ロケ地・場面	所在地
青葉通り（佐藤と藤間が一緒に職場に向かう通り）	宮城県仙台市青葉区
ウェスティンホテル仙台（佐藤が紗季にプロポーズするホテル）	宮城県仙台市青葉区一番町1-9-1
壱弐参横丁（学生時代に織田が由美と結婚することを佐藤に告げる横丁）	宮城県仙台市青葉区一番町2-3-28
花京院緑地（藤間が佐藤に電話をかける場所）	宮城県仙台市青葉区花京院1-1
貝ヶ森中央公園（佐藤が織田家に行く途中通った公園）	宮城県仙台市青葉区貝ケ森1-32
台原の坂道（美緒と和人が自転車で下校する坂道）	宮城県仙台市青葉区台原
仙台駅前ペデストリアンデッキ（ボクシングの試合が大型ビジョンに映る場所）	宮城県仙台市青葉区中央1
仙台駅西口北地下駐輪場（美緒と和人が自転車の駐輪シールを横取りした犯人を捜す駐車場）	宮城県仙台市青葉区中央1-3
総合学園ヒューマンアカデミー仙台校（紗季の勤務先）	宮城県仙台市青葉区中央3-1-22
錦町公園（佐藤が紗季の乗るバスを追いかけるところ）	宮城県仙台市青葉区本町2-21
ゼビオアリーナ仙台（ボクシング世界ヘビー級タイトルマッチが行われたアリーナ）	宮城県仙台市太白区あすと長町1-4-10
大年寺山公園（和人がトレーニングする公園）	宮城県仙台市太白区茂ケ崎
泉パークタウン タピオ（佐藤が買い物をする商業施設）	宮城県仙台市泉区寺岡6-5-1
仙台ヒルズホテル（ボクシング世界タイトルマッチの記者会見場）	宮城県仙台市泉区実沢中山南25-5
居酒屋つるかめ（藤間と佐藤が訪れた居酒屋）	神奈川県川崎市宮前区菅生4-4-3

相棒—劇場版Ⅳ—首都クライシス 人質は50万人！ 特命係 最後の決断（映画）

［公　開］2017年2月

［スタッフ］監督：橋本一, 脚本：太田愛

［出　演］水谷豊（杉下右京）, 反町隆史（冠城亘）, 鈴木杏樹（月本幸子）, 川原和久（伊丹憲一）, 山中崇史（芹沢慶二）, 山西惇（角田六郎）, 六角精児（米沢守）, 神保悟志（大河内春樹）, 小野了（中園照生）, 片桐竜次（内村完爾）, 仲間由紀恵（社美彌子）, 及川光博（神戸尊）, 石坂浩二（甲斐峯秋）〔ほか〕

ロケ地・場面	所在地
上野海運ビル（レイブンのアジト）	東京都台東区上野6-3-11
ニッカウヰスキー 門司工場（事件に巻き込まれる冒頭に登場する工場）	福岡県北九州市門司区大里元町2-1
西日本工業倶楽部〈旧松本邸〉（在英日本大使館の執務室）	福岡県北九州市戸畑区一枝1-4-33
小文字通り（銀座大通り）	福岡県北九州市小倉北区
井筒屋小倉店（黒衣の男の発砲シーンなどで使用された百貨店）	福岡県北九州市小倉北区船場町1-1

JRA小倉競馬場（成田空港到着口）	福岡県北九州市小倉南区北方4-5-1

アイムホーム（ドラマ）

［公　開］2015年4月～6月

［スタッフ］脚本：林宏司, 原作：石坂啓

［出　演］木村拓哉（家路久）, 上戸彩（家路恵）, 水野美紀（野沢香）, 及川光博（筑波良明）〔ほか〕

ロケ地・場面	所在地
曙ブレーキ工業のACW〈Akebono Crystal Wing〉（荷物を抱えた久が歩いていた営業部オフィス沿いの廊下）〔1〕	埼玉県羽生市東5-4
明治生命館・明治安田生命ビル（葵インペリアル証券の外観）〔1〕	東京都千代田区丸の内2-1
花椿ビルの前（久が男たちに椅子を振り上げたところ）〔1〕	東京都中央区銀座6-4
第23ポールスタービル銀座ゴルフビルの前（久と酔った四月信次が歩いていたところ）〔1〕	東京都中央区銀座8-7
グラシエルビル12の前（竹田が久を車に乗せたところ）〔1〕	東京都港区新橋3-5
トラスコ フィオリートビルの北側（久が車の中からすばるを見たところ）〔1〕	東京都港区新橋4-28
club bisser（竹田が久を連れて行ったクラブ）〔1〕	東京都港区六本木3-8
新宿オークシティ（竹田が訪れた葵インペリアル証券の受付ロビー）〔1〕	東京都新宿区西新宿6-10
JR蒲田駅西口（久が出てきたビルの前）〔1〕	東京都大田区西蒲田7-69
東急プラザ蒲田の屋上「かまたえん」（良雄が遊んでいたデパートの屋上, 久がすばるを見たデパートの屋上）〔1〕	東京都大田区西蒲田7-69
Milpa（久がすばるに電話をかけながら走っていたところ）〔1〕	東京都大田区大森北1-13
等々力1丁目の階段の上（朝、久が香とすばるに出会った階段の上）〔1〕	東京都世田谷区等々力1-17と18の間
等々力不動尊前の目黒通り（久とすばるがバスに乗った「ひびき野」バス停）〔1〕	東京都世田谷区等々力1-22
上原公園（香が久を待っていた公園）〔1〕	東京都渋谷区上原3-13
府中白糸台幼稚園（久が良雄を迎えに行った保育園）〔1〕	東京都府中市白糸台5-13
デイ・シイ セメント事業本部 川崎工場（久が爆発事故に巻き込まれた工場）〔1〕	神奈川県川崎市川崎区浅野町1
夢の大橋（久が山野辺に会いに行った撮影現場）〔2〕	東京都江東区有明3-1
シャトーレストラン ジョエル・ロブション（久と恵が食事をしたレストラン）〔2〕	東京都目黒区三田1-13
ファミリーマート大田仲池上一丁目店の南側（久がメモを見ながら上っていた坂道）〔2〕	東京都大田区仲池上1-9
恵比寿南二公園（良雄が友達を突き落として怪我をさせた公園）〔2〕	東京都渋谷区恵比寿南2-11
鍋島松濤公園（久、恵、山野辺が写真を撮った公園）〔2〕	東京都渋谷区松濤2-10

帝京大学医学部附属病院（久が駆けつけた病院）〔2〕	東京都板橋区加賀2-11
横浜ベイホテル東急（久と恵が宿泊したホテル）〔2〕	神奈川県横浜市西区みなとみらい2-3
白金IGAXビル（買い物を終えた恵が出てきた店）〔3〕	東京都港区白金台4-19
ロイヤルガーデンカフェ青山（香と祥子が話をしていたカフェ）〔3〕	東京都港区北青山2-1
テレビ朝日（みなとテレビ）〔3〕	東京都港区六本木6-9
江東区役所2階 こうとう情報ステーション（久が登記簿を調べに行った東京法務局目黒出張所）〔3〕	東京都江東区東陽4-11
ECHEZEAUX（久と小机が話をしていたワインバー）〔3〕	東京都品川区西五反田1-4
目黒川に架かる「なかめ公園橋」（久がすばるに会いに行った橋の上，すばるが久に手作りのクッキーを渡した橋の上）〔3〕	東京都目黒区中目黒2-5
多摩川浅間神社（久がワインブックにラベルを貼り付けたところ）〔3〕	東京都大田区田園調布1-55
ユリの木公園（香を背負った久が走っていたところ）〔3〕	東京都世田谷区赤堤1-16
第三京浜道路の下（香が倒れたトンネル）〔3〕	東京都世田谷区野毛3-7
外苑西通りを跨ぐ「原宿陸橋」（香を背負って走る久を恵が見た陸橋の上）〔3〕	東京都渋谷区神宮前2-4
椎名町公園（良雄が登り棒の練習をしていた公園，久と良雄がサッカーをしていた公園）〔3〕	東京都豊島区南長崎1-20
不二幼稚園（久が運動会に駆けつけた幼稚園の園庭）〔3〕	東京都練馬区北町7-2
JR内房線巌根駅西口（久が徳山の軽トラックを降りた駅前）〔4〕	千葉県木更津市岩根3-5
お好み通り（久が料理をしていた「スナックひとり相撲」がある路地）〔4〕	千葉県木更津市富士見2-2
飯田橋 増田屋（久が訪れた蕎麦店）〔4〕	東京都千代田区飯田橋2-8
BAGUS BAR 芝浦アイランド店（久が葉子に会いに行った店）〔4〕	東京都港区芝浦4-22
汐彩橋（久が渡っていた橋）〔4〕	東京都港区芝浦4-22
純喫茶 丘（一年前、久と黒木が葉子と話をしていた喫茶店）〔4〕	東京都台東区上野6-5
天王洲セントラルタワー北側のウッドデッキ（久が葉子に土下座したところ）〔4〕	東京都品川区東品川2-2
山野美容専門学校（英城会ゼミナールの外観，久と黒木が話をしていた屋上）〔4〕	東京都渋谷区代々木1-53
浅川の堤防の上（久が歩いていた堤防の上）〔4〕	東京都日野市豊田2-4
川崎市立川崎病院（久が筑波と話をしていた病院のロビー）〔4〕	神奈川県川崎市川崎区新川通12
コンビニエンスとびやま〈ヤマザキショップ鎌ヶ谷とびやま店〉（久の弟・家路浩が経営するコンビニエンスストア イエジ）〔5〕	千葉県鎌ケ谷市東中沢3-11

米地酒の蔵 たかはし（家路酒店）〔5〕	千葉県浦安市当代島2-7
服部栄養専門学校の第6調理実習室（恵と香が話をしていたパンの料理教室）〔5〕	東京都渋谷区千駄ヶ谷5-25
新中川の堤防の上（実家へ向かう久が歩いていた堤防の上）〔5〕	東京都江戸川区一之江1-17
旧江戸川の堤防の上（久、恵、良雄、梓が歩いていた堤防の上）〔5〕	東京都江戸川区南葛西7-1付近
エム・ベイポイント幕張〈旧NTT幕張ビル〉（勅使河原が叱責していた会議室）〔6〕	千葉県千葉市美浜区中瀬1-6
辰巳の森公園と東京辰巳国際水泳場を結ぶ歩道橋の階段（香とすばるが上っていた城立大学病院の階段）〔6〕	東京都江東区辰巳2-9
辰巳の森緑道公園（香とすばるが久と電話で話をしながら歩いていた並木道）〔6〕	東京都江東区辰巳2-9
目黒川に架かるなかめ公園橋（すばるが久と電話で話をしていた橋の上）〔6〕	東京都目黒区中目黒2-3
山野美容専門学校（久と勅使河原が話をしていた屋上）〔6〕	東京都渋谷区代々木1-53
ペンションプリンス（久、恵、良雄が訪れた別荘の外観, 良雄が積み木で遊んでいた別荘内）〔6〕	静岡県熱海市泉412
東京洪誠病院（香が入院した病院の病室）〔7〕	東京都足立区西新井栄町1-17
横浜市立金沢動物園（久と良雄が訪れた動物園）〔7〕	神奈川県横浜市金沢区釜利谷東5-15
市が尾こどものいえ保育園の前（久がタクシーを降りたところ）〔7〕	神奈川県横浜市青葉区市ケ尾町498
市ヶ尾下根公園（久と洋蔵が話をしていた公園）〔7〕	神奈川県横浜市青葉区市ヶ尾町
晴海トリトンスクエア（祥子が久を待っていたところ）〔8〕	東京都中央区晴海1-8
隅田川テラス（雨の中、傘を差さずに恵が立っていた水辺）〔8〕	東京都中央区東日本橋2-21
ロサンジェルス バルコニー テラスレストラン & ムーンバー（恵と本城が話をしていた店）〔8〕	東京都港区港南1-2
品川シーズンテラス シーズンプロムナード（恵が本城に会いに行ったところ）〔8〕	東京都港区港南1-2
ECHEZEAUX（小机とワインを呑んでいた久が酔いつぶれた店）〔8〕	東京都品川区西五反田1-4
品川エトワール女子高等学校（すばるが通う学校の教室）〔8〕	東京都品川区南品川5-12
目黒川に架かるなかめ公園橋（すばると祥子が清原と出会ったところ, 久と祥子が話をしていた橋の上）〔8〕	東京都目黒区中目黒2-3
用賀いらか道（本城が恵に声をかけたところ, 恵と本城が座って話をしていたところ）〔8〕	東京都世田谷区上用賀5-7～8
山手通りの歩道（久がすばるからの電話を受けたところ）〔8〕	東京都渋谷区元代々木町4
小田急小田原線が井の頭通りを跨ぐ高架下（久がメモを見ていた高架下）〔8〕	東京都渋谷区大山町1

東千葉メディカルセンター(久とすばるが話をしていた病院の待合所, 久が香の病室を清原に教えた病院のロビー)〔9〕	千葉県東金市丘山台3-6
江東区役所2階 こうとう情報ステーション(久が不動産登記を調べに行った東京法務局目黒出張所)〔9〕	東京都江東区東陽4-11
目黒川に架かるなかめ公園橋(久がすばるに良雄の写真を見せたところ)〔9〕	東京都目黒区中目黒2-3
恵比寿ビジネスタワー(久が大泉洋太郎の秘書に会いに行ったところ)〔9〕	東京都渋谷区恵比寿1-19
HERMES BLDG(久が訪れた出版社のオフィス)〔9〕	東京都渋谷区恵比寿南3-1
東千葉メディカルセンター(恵が久と電話で話をしていた病院のロビー, 久が恵の病室へ向かっていた病院内)〔終〕	千葉県東金市丘山台3-6
国会前庭(久と小机がベンチに座って話をしていたところ)〔終〕	東京都千代田区永田町1-1
若葉東公園(久が小机と車の中で話をしたところ)〔終〕	東京都新宿区四谷1
新宿住友ビル南側の中央通り(久が立ち止まって道行く人々を見ていたところ)〔終〕	東京都新宿区西新宿2-6
新宿オークシティ(小机と上王子が乗ったエレベーター)〔終〕	東京都新宿区西新宿6-10
JR上野駅前のペデストリアンデッキ(一二三努が防犯カメラの映像を見せて欲しいと頼んでいたところ)〔終〕	東京都台東区上野7-1
国立科学博物館(久が訪れた検察庁の外観)〔終〕	東京都台東区上野公園7
越中島公園(久と本城が話をしていたところ)〔終〕	東京都江東区越中島1-3
「日本科学未来館」の会議室3(久が上王子にSDカードを渡した社長室)〔終〕	東京都江東区青海2-3
ファミリーマート大田仲池上一丁目店の南側(坂道を上っていた久が鍵を見て引き返したところ)〔終〕	東京都大田区仲池上1-9
山野美容専門学校(久が上王子に役員待遇での復帰を約束させたところ)〔終〕	東京都渋谷区代々木1-53
帝京大学医学部附属病院(すばるが良雄に手作りクッキーを渡した病院の待合所)〔終〕	東京都板橋区加賀2-11
よみうりランド(久と良雄が訪れたトレジャーランド)〔終〕	東京都稲城市矢野口4015

アウトレイジ (映画)

[公　開] 2010年6月

[スタッフ] 監督・脚本：北野武

[出　演] ビートたけし(大友), 北村総一朗(関内), 三浦友和(加藤稔), 國村隼(池元), 椎名桔平(水野), 加瀬亮(石原秀人), 石橋蓮司(村瀬), 小日向文世(片岡) 〔ほか〕

ロケ地・場面	所在地
つくば北部工業団地(タイトルバックの黒塗り車両が走っていく場所など)	茨城県つくば市和台
南海浜地区内道路(水野が殺害される道路)	茨城県神栖市南浜
高砂ビル(「大友組」組長の組事務所)	兵庫県神戸市中央区江戸町100

アウトレイジ ビヨンド（映画）

[公　開] 2012年10月

[スタッフ] 監督・脚本：北野武

[出　演] ビートたけし（大友），中野英雄（木村），三浦友和（加藤稔），加瀬亮（石原秀人），中尾彬（富田），神山繁（布施），西田敏行（西野一雄），小日向文世（片岡）〔ほか〕

ロケ地・場面	所在地
妻木バッティングセンター（木村が経営するバッティングセンター）	茨城県つくば市天久保2-4-15
宇都宮グランドホテル陽南荘（料亭）	栃木県宇都宮市西原町142
栃木県本庁舎	栃木県宇都宮市塙田1-1-20
名古屋市役所（国土交通省の玄関）	愛知県名古屋市中区三の丸3-1-1
神戸国際交流会館（ビル屋上での銃撃戦が行われた会館）	兵庫県神戸市中央区港島中町6-9-1
相楽園会館（花菱会総本部）	兵庫県神戸市中央区中山手通

アウトレイジ 最終章（映画）

[公　開] 2017年10月

[スタッフ] 監督・脚本：北野武

[出　演] ビートたけし（大友），西田敏行（西野一雄），大森南朋（市川），ピエール瀧（花田和弘），松重豊（繁田），大杉漣（野村和夫），塩見三省（中田勝久），白竜（李），原田泰造（丸山）〔ほか〕

ロケ地・場面	所在地
宇都宮グランドホテル陽南荘（終盤の銃撃戦の行われた場所）	栃木県宇都宮市西原町142
栃木県本庁舎（警視庁内）	栃木県宇都宮市塙田1-1-20
愛知県自治センター（警視庁の外観）	愛知県名古屋市中区三の丸2-3-2
相楽園会館（花菱会総本部）	兵庫県神戸市中央区中山手通

青空エール（映画）

[公　開] 2016年8月

[スタッフ] 監督：三木孝浩，脚本：持地佑季子，原作：河原和音

[出　演] 土屋太鳳（小野つばさ），竹内涼真（山田大介），葉山奨之（水島亜希），堀井新太（城戸保志），小島藤子（春日瞳），松井愛莉（脇田陽万里），平祐奈（澤あかね），山田裕貴（碓井航太），志田未来（森優花），上野樹里（杉村容子）〔ほか〕

ロケ地・場面	所在地
千葉商科大学 稲越グラウンドの施設内（音楽室）	千葉県市川市稲越町605-2
都立水元公園（登校中のつばさが大介に会う公園）	東京都葛飾区水元公園3-2
国立音楽大学（コンクールが行われた場所）	東京都立川市柏町5-5-1
浜松駅（つばさが大介とメールのやりとりをする駅）	静岡県浜松市中区砂山町6-2
おおひらだい接骨院（つばさが接骨院から出てきた優花と会うところ）	静岡県浜松市西区大平台3-12-17
静岡県立三ヶ日高等学校（つばさ達が通う学校）	静岡県浜松市北区三ヶ日町釣78-1
都田第4公園（亜紀が木管楽器のメンバーに責められる公園）	静岡県浜松市北区新都田2-17

赤と黒（ドラマ）

[公　開] 2011年9月4日～15日

[スタッフ] 監督：イ・ヒョンミン，脚本：イ・ドヨン，キム・ジェウン，キム・ソンヒ

[出　演] キム・ナムギル（シム・ゴヌク），キム・ジェウク（ホン・テソン），ハン・ガイン（ムン・ジェイン），オ・ヨンス（ホン・テラ），チョン・ソミン（ホン・モネ），豊原功補（龍先生）

[トピック] 日韓共同製作のテレビドラマ。韓

国では「悪い男」のタイトルで、2010年5月から8月にかけて放送された。

ロケ地・場面	所在地
水明館（ジェインがうどんを食べるところなど）〔4〕	岐阜県下呂市幸田1268
温泉寺（ゴヌクと龍先生がガラスの仮面を手に会話する寺）〔5〕	岐阜県下呂市湯之島680
飛騨屋（ゴヌクがラーメンを食べる店）〔5〕	岐阜県下呂市湯之島866
出会橋（ジェインとテソンが龍先生と会う橋）〔5〕	岐阜県下呂市馬瀬川上
ウッディランド（ジェインが龍先生を訪ねる場所）〔5〕	岐阜県下呂市馬瀬川上536
阿多野谷沿いの歩道（ゴヌクがテソンと電話する歩道）〔6〕	岐阜県下呂市
中切休憩所（テソンがたき火の前で焼酎を飲む場所）〔6〕	岐阜県下呂市金山町中切
モリの足湯（ジェインが足湯に浸かる場所）〔6〕	岐阜県下呂市幸田
下呂駅（ゴヌク、テソン、ジェインが下呂駅に降り立つところ）〔6〕	岐阜県下呂市幸田1390
がんだて公園付近の橋（ゴヌクとマサルが喧嘩する橋）〔6〕	岐阜県下呂市小坂町落合2360
下呂温泉合掌村（ジェインがパンフレットを見ながら散策する場所）〔6〕	岐阜県下呂市森2369
ゆあみ屋（テソンとジェインが足湯に浸かりながらプリンを食べる店）〔6〕	岐阜県下呂市湯之島801-2

Arc（映画）

［公　開］2021年6月

［スタッフ］監督・脚本：石川慶, 脚本：澤井香織, 原作：ケン・リュウ

［出　演］芳根京子（リナ/セリ）, 寺島しのぶ（黒田永真）, 岡田将生（黒田天音）, 清水くるみ（加南子/奈々）, 井之脇海（佐々木）, 中村ゆり（ハル：50歳）, 倍賞千恵子（リナ：135歳）, 風吹ジュン（芙美）, 小林薫（利仁）〔ほか〕

ロケ地・場面	所在地
百十四銀行 本店営業部（天音とリナが記者会見を行うところなど）	香川県高松市亀井町5-1
瀬戸内海歴史民俗資料館（天音の庭の外観）	香川県高松市亀水町1412-2
瓦町駅近辺（ナイトクラブ前でエマがリナに声をかけるところなど）	香川県高松市常磐町1
男木島灯台（オープニングの灯台）	香川県高松市男木町1062-3
香川県庁舎 東館（エターニティ社の建物）	香川県高松市番町4-1-10
天空ホテル 海盧（天音の庭の内装）	香川県小豆郡土庄町甲1135
釈迦ヶ鼻園地（リナが家族達と砂浜で過ごす場所）	香川県小豆郡小豆島町蒲野
富士漁港（利仁が船を修復する漁港）	香川県小豆郡小豆島町神浦
池田の桟敷（リナとハル、利仁、芙美、奈々が集まる桟敷）	香川県小豆郡小豆島町池田1526-11

悪の教典（映画）

［公　開］2012年11月

［スタッフ］監督・脚本：三池崇史, 原作：貴志祐介

［出　演］伊藤英明（蓮実聖司）, 山田孝之（柴原徹朗）, 二階堂ふみ（片桐怜花）, 染谷将太（早水圭介）, 浅香航大（夏越雄一郎）, 林遣都（前島雅彦）〔ほか〕

ロケ地・場面	所在地
旧喜連川高校（晨光学院町田高校）	栃木県さくら市喜連川561

福生市中央図書館(晨光学院町田高校の図書室)	東京都福生市熊川850-1

悪は存在しない（映画）

[公　開] 2024年4月
[スタッフ] 監督・脚本：濱口竜介
[出　演] 大美賀均(安村巧), 西川玲(安村花), 小坂竜士(高橋啓介), 渋谷采郁(黛ゆう子)〔ほか〕

ロケ地・場面	所在地
富士見町(水挽町)	長野県諏訪郡富士見町
やまゆり(うどん屋)	長野県諏訪郡富士見町境8068
小さな食堂山ひこ(巧と花が住む家の内観)	長野県諏訪郡富士見町立沢688
原村(水挽町)	長野県諏訪郡原村

あさが来た（ドラマ）

[公　開] 2015年9月～2016年4月
[スタッフ] 脚本：大森美香, 原案：古川智映子
[出　演] 波瑠(今井あさ), 宮崎あおい(今井はつ), 升毅(今井忠興), 寺島しのぶ(今井梨江), 林与一(今井忠政), 玉木宏(白岡新次郎), 近藤正臣(白岡正吉), 風吹ジュン(白岡よの), 柄本佑(眉山惣兵衛), 辰巳琢郎(眉山栄達), 萬田久子(眉山菊), 山内圭哉(山本雁助), 三宅弘城(亀助), 野々すみ花(美和)〔ほか〕

ロケ地・場面	所在地
野川の畑(眉山はつたちが働く畑)〔5〕	滋賀県甲賀市甲南町野川
みなくち子どもの森(眉山はつたちが門前払いされた農家)〔5〕	滋賀県甲賀市水口町北内貴10
野洲川河川敷(眉山はつたちが夜逃げしてきた大阪の河原)〔5〕	滋賀県甲賀市土山町徳原
丹波国分寺(白岡新次郎が白岡あさを迎えに行った寺)〔6〕	京都府亀岡市千歳町国分桜久保25-25
野洲川河川敷(眉山はつたちが引っ越した和歌山の河原)〔7, 10〕	滋賀県甲賀市土山町徳原
日吉大社(眉山はつと白岡新次郎が歩いていた石橋)〔9〕	滋賀県大津市坂本5-1-1
野洲川河川敷(眉山はつたちが引っ越した和歌山の河原)〔10〕	滋賀県甲賀市土山町徳原
ポルトヨーロッパ(東京と大坂の洋風な町並み)〔12, 13〕	和歌山県和歌山市毛見1527
博物館明治村 旧品川燈台(白岡あさが五代友厚に案内してもらった燈台)〔13〕	愛知県犬山市内山1
博物館明治村 蒸気機関車12号(白岡あさが乗った蒸気機関車)〔13〕	愛知県犬山市内山1
博物館明治村 六郷川鉄橋(白岡あさが五代友厚に案内してもらった鉄橋)〔13〕	愛知県犬山市内山1
兵庫県立公園 あわじ花さじき(白岡あさたちが勉強会で出かけた丘)〔13〕	兵庫県淡路市楠本2805-7
八幡堀(大坂中之島の水辺)	滋賀県近江八幡市宮内町
広沢池(白岡新次郎が三味線を弾いていた池)	京都府京都市右京区嵯峨広沢町
松竹京都撮影所(山王寺屋や加野屋がある大坂の町並み)	京都府京都市右京区太秦御所堀ケ内町12-9
樟徳館(大隈重信邸)	大阪府東大阪市菱屋西2-4-12
兵庫県立大学姫路環境人間キャンパス(日の出女子大学校)	兵庫県姫路市新在家本町1-1-12
今井町の町並み(あさの実家 今井家)	奈良県橿原市今井町1

湯浅湾や苅藻島が見えるみかん畑（眉山はつたちが移住した和歌山のみかん畑）	和歌山県有田市千田

浅田家！（映画）

［公　開］2020年10月

［スタッフ］監督・脚本：中野量太, 脚本：菅野友恵, 原案：浅田政志

［出　演］二宮和也（浅田政志）, 黒木華（川上若奈/浅田若奈）, 菅田将暉（小野陽介）, 風吹ジュン（浅田順子）, 平田満（浅田章）, 渡辺真起子（外川美智子）, 北村有起哉（渋川謙三）, 野波麻帆（浅田和子）, 妻夫木聡（浅田幸宏）〔ほか〕

ロケ地・場面	所在地
野田村（野津町（漁港や中心部の空撮））	岩手県九戸郡野田村
稲毛海浜公園球技場（サッカー選手のなりきり写真を撮影する球技場）	千葉県千葉市美浜区高浜7-1
榎町商店街（震災の被害にあった商店街）	千葉県茂原市高師821-11
公立長生病院（順子が勤める病院）	千葉県茂原市本納2777
下総支所 旧庁舎（岩手県の町役場）	千葉県成田市猿山1080
高岡運動施設（被災者が避難生活を送る体育館）	千葉県成田市大和田151
元国民宿舎跡地（津波で流された住宅地）	千葉県匝瑳市
高田本山 専修寺（政志と幸宏が参拝する寺など）	三重県津市一身田町2819
津城跡（子ども時代の兄弟の記念撮影の背景）	三重県津市丸之内27
津市中消防署（消防署）	三重県津市寿町14-20
津新町駅（上京する政志を家族で見送る駅）	三重県津市新町1-5-35
BRAN（バンドが登場する店）	三重県津市大門18-7
大門商店街（酔っ払いが登場する商店街）	三重県津市大門24-12
津観音（子ども時代の兄弟の記念撮影の背景）	三重県津市大門32-19
津センターパレス（大食い選手権が開催された場所）	三重県津市大門7-15
阿漕浦海岸（政志と若奈の子ども時代が撮影された海岸）	三重県津市柳山津興370
阿漕浦海岸 堤防（政志が釣りをする堤防など）	三重県津市柳山津興370
津ヨットハーバー（選挙運動が行われた場所）	三重県津市柳山津興370

あしたのジョー（映画）

［公　開］2011年2月

［スタッフ］監督：曽利文彦, 脚本：篠崎絵里子

［出　演］山下智久（矢吹丈）, 伊勢谷友介（力石徹）, 香里奈（白木葉子）, 香川照之（丹下段平）〔ほか〕

ロケ地・場面	所在地
茨城県三の丸庁舎（泪橋警察署）	茨城県水戸市三の丸
AP&PP高萩事業所（白木ジム練習場, 刑務所）	茨城県高萩市安良川

ATARU（ドラマ）

［公　開］2012年4月～6月

［スタッフ］脚本：櫻井武晴

［出　演］中居正広（チョコザイ）, 北村一輝（沢俊一）, 栗山千明（蛯名舞子）, 村上弘明（ラリー井上）, 市村正親（チョコザイの父）, 玉森裕太（蛯名昇）, 利重剛（蛯名達夫）〔ほか〕

ロケ地・場面	所在地
東洋熱工業の吉井工場（舞子がチョコザイと出会った淀橋化学の爆発現場）〔1〕	群馬県高崎市吉井町馬庭
エム・ベイポイント幕張〈旧NTT幕張ビル〉（ラリー井上がチョコザイにBとDの違いを教えていたところ）〔1〕	千葉県千葉市美浜区中瀬1-6
前田印刷（舞子と沢が訪れた渡辺印刷）〔1〕	千葉県木更津市請西1-20
三石ホーム技研（淀橋化学の表門）〔1〕	千葉県木更津市木材港7
三石ホーム技研の倉庫（爆発事故が発生した淀橋化学の外観，チョコザイがタイヤのスリップ痕を見つけたところ，チョコザイが倒れたところ）〔1〕	千葉県木更津市木材港7
成田国際空港（チョコザイとラリー井上がはぐれた空港）〔1〕	千葉県成田市古込
アプレシオ 新宿ハイジア店（シャワーを浴びたチョコザイが全裸で歩いていたネットカフェ）〔1〕	東京都新宿区歌舞伎町2-44
安心堂（舞子と沢が訪れた印刷所）〔1〕	東京都足立区江北3-21
関木工所（舞子と沢が訪れた久米原木工所）〔1〕	東京都足立区鹿浜6-26
KALDI COFFEE FARM 西葛西店（チョコザイがケチャップを買った店，舞子がチョコザイを見つけた店）〔1〕	東京都江戸川区西葛西6-17
横浜ビジネスパーク（腕に嚙みついたチョコザイを舞子が投げ飛ばしたところ）〔1〕	神奈川県横浜市保土ケ谷区神戸町134
静岡県富士水泳場（シンクロナイズドスイミング刑事がダイヤモンドを見つけたプール）〔1〕	静岡県富士市大淵266
北前堀緑地（ネズミの人形を持ったチョコザイが歩いていたところ）〔2〕	東京都大田区東糀谷6-6
羽田屋伊東商店（チョコザイが防犯カメラに映っていた金魚店の前）〔2〕	東京都大田区矢口1-20
リヨン・セレブ 西葛西店（チョコザイと舞子がホットドッグを買いに行った店）〔2〕	東京都江戸川区西葛西5-8
WORLD GARDEN（早乙女隆が倒れた花店）〔2〕	東京都江戸川区西小岩5-9
つるや洋品店（チョコザイが狐のマークが入った手袋を見ていた「つるや洋品店」）〔2〕	神奈川県横浜市鶴見区栄町通4-49
神奈川水再生センター（チョコザイ、沢、舞子が訪れた生活安全課のある警察署の外観）〔2〕	神奈川県横浜市神奈川区千若町1
モノレールの高架下（弓削拓海が勝則を釣りに誘う電話を掛けていたモノレールの高架下）〔3〕	東京都港区芝浦4-21付近
天妙国寺（弓削勝則の葬儀が行われた寺）〔3〕	東京都品川区南品川2-8
北前橋の下（チョコザイが釣人とすれ違ったトンネル）〔3〕	東京都大田区東糀谷6-6
イリスネイル 恵比寿店（沢と松島光輝が訪れたネイルサロン「モーニングサファイア」）〔3〕	東京都渋谷区恵比寿1-12

要町通信ビル（弓削広告社が入居しているビル）〔3〕	東京都板橋区中丸町11
昭和記念公園立川口前交差点の東側付近（チョコザイと舞子の乗ったタクシーをラリー井上の乗った車が尾行していたところ）〔3〕	東京都立川市曙町1-36
つるや洋品店（舞子が訪れた「つるや洋品店」）〔3〕	神奈川県横浜市鶴見区栄町通4-49
逗子市浄水管理センター（警視庁臨海警察署）〔3〕	神奈川県逗子市桜山9-2448
北条湾（捜査に行った沢と黒木たちが落ち合ったふ頭）〔3〕	神奈川県三浦市三崎2-1
しまや旅館（捜査に行った黒木たちが出てきた料理旅館）〔3〕	神奈川県三浦市三崎2-19
三崎さかなセンター（チョコザイ、沢、舞子が訪れた野利海苔屋）〔3〕	神奈川県三浦市三崎5-3806
鮮味楽（捜査に行った沢が出てきた店）〔3〕	神奈川県三浦市三崎5-5
黒崎の鼻（弓削勝則の遺体が見つかった有明港の岬）〔3〕	神奈川県三浦市初声町下宮田
初声漁港（沢が舞子と電話で話をしていた有明漁港）〔3〕	神奈川県三浦市初声町入江
東京航空阿見飛行場（セスナ機の事故が発生した空港）〔4〕	茨城県稲敷郡阿見町島津3440
芝園2丁目の交差点（チョコザイが車を降りようとした交差点）〔4〕	千葉県習志野市芝園2-1付近
国会前庭（チョコザイと舞子がベンチに座っていたところ）〔4〕	東京都千代田区永田町1-1
災害医療センター（舞子がチョコザイを入院させようとした仲蒲田記念病院）〔4〕	東京都立川市緑町3256
災害医療センター東側の南北道路（チョコザイ、舞子、沢の乗った車をラリー井上の車が尾行していたところ）〔4〕	東京都立川市緑町3256
山下町地下駐車場（事故科学鑑定社の地下駐車場, チョコザイが鈴原理子が運転する車の前に飛び出した地下駐車場）〔4〕	神奈川県横浜市中区山下町60
トークピア川崎（舞子が公原卓郎に会いに行った事故科学鑑定社の外観）〔4〕	神奈川県川崎市川崎区藤崎3-5
東京工科大学 八王子キャンパス（帝都医科大学）〔5〕	東京都八王子市片倉町1404
ベイサイドパーク迎賓館の前（咲絵がしゃがみ込んだ結婚式場前の横断歩道）〔6〕	千葉県千葉市中央区中央港1-26
JR京浜東北線沿いの道（犬飼がFBIに連れ去られたところ）〔6〕	東京都港区浜松町2-10
東京国立博物館 西側の門（アメリカ大使館の門）〔6〕	東京都台東区上野公園13
霧が丘公園の西側付近（チョコザイ、舞子、咲絵が歩いていた歩道, 咲絵がブロワやバイクの音を嫌がったところ）〔6〕	神奈川県横浜市緑区霧が丘5-27
横浜マドカ幼稚園の北側付近（工場を出たチョコザイ、沢、舞子が歩いていたところ）〔6〕	神奈川県横浜市緑区霧が丘6-14

木更津市民会館の東側(5年前、渥見がバイクに乗った男を誤認逮捕したところ)〔7〕	千葉県木更津市貝渕2-13
富士見ビル(5年前、犯人確保直前に福留が逃亡したビル)〔7〕	千葉県木更津市富士見2-3
桜田通り〈国道1号線〉の桜田門交差点(福留が沢を待っていたところ)〔7〕	東京都千代田区霞が関1-1
ホテル グランパシフィック LE DAIBA(ラリー井上がチョコザイにホットドッグを食べさせていたアメリカ大使館内の部屋)〔7〕	東京都港区台場2-6
戸越六丁目会館(沢と渥見が防犯カメラの映像を入手した滝沢商店組合集会所)〔7〕	東京都品川区戸越6-18
戸越六丁目会館の向い側にある駐車場(沢と渥見が逃走経路にある防犯カメラを見つけたところ)〔7〕	東京都品川区戸越6-20
「むかい歯科」の前(沢が福留とすれ違ったところ)〔7〕	東京都大田区大森北1-28
矢口南町会事務所(和田の葬儀が行われた矢口町集会所)〔7〕	東京都大田区矢口1-21
喫茶銀座(沢と福留が話をしていた喫茶店,沢と渥見が柏原由美から話を聞いた喫茶店)〔7〕	東京都渋谷区恵比寿南1-3
ホテル グランパシフィック LE DAIBA(沢が井上に会いに行ったアメリカ大使館内の部屋)〔8〕	東京都港区台場2-6
北前堀緑地の北前橋付近(チョコザイがネズミの人形のしっぽを無くしてしまったところ)〔8〕	東京都大田区東糀谷6-6
スタジオピア pia2 井荻(沢と舞子が訪れた良太の家)〔8〕	東京都杉並区井草3-23
災害医療センター(アタルと舞子がラリー井上の車に乗った病院の前)〔8〕	東京都立川市緑町3256
実践女子短期大学の神明キャンパス(チョコザイと達夫がホットドッグを食べに行ったところ,沢が良太に仕事を紹介したところ)〔8〕	東京都日野市神明1-13
加藤内科医院(チョコザイ、沢、舞子が訪れた猪口医院)〔9〕	神奈川県横浜市青葉区榎が丘11
北前堀緑地(子供だったチョコザイが友達の作るシャボン玉を見ていた公園)〔10〕	東京都大田区東糀谷5-14
加藤学園御殿場キャンパス〈旧富士フェニックス短期大学〉(小暮桃香の運転する車が電柱に激突・炎上した現場)〔10〕	静岡県御殿場市水土野81
成田国際空港(犬飼がラリー井上の背中に跳び蹴りをしたところ,沢と舞子がチョコザイを見送った空港)〔終〕	千葉県成田市古込
美宝堂(真理子がファミリーリング「Reborn」を注文した店)〔終〕	東京都世田谷区尾山台3-21

ATARU スペシャル ニューヨークからの挑戦状 (ドラマ)

[公　開] 2013年1月6日
[スタッフ] 脚本：櫻井武晴

[出　演] 中居正広(チョコザイ/猪口在), 北村一輝(沢俊一), 村上弘明(ラリー井上), 市村正親(チョコザイの父), 栗山千明(蛯名舞子), 玉森裕太(蛯名昇)〔ほか〕

ロケ地・場面	所在地
首都圏外郭放水路の操作室(沢からの通信を犬飼が受けたところ)	埼玉県春日部市上金崎720
成田国際空港(舞子と沢がチョコザイを見送った空港のロビー)	千葉県成田市古込
坂田ヶ池総合公園の中央広場(襲われそうになった介をチョコザイが助けた公園)	千葉県成田市大竹1450
国会議事堂正面の道路(舞子が自分のDVDを介に売ろうとしたところ)	東京都千代田区永田町1-1
レインボーブリッジ西側の橋脚の下(舞子が立っていたレインボーブリッジの橋脚の下, 老カップルに舞子がチラシを渡したところ)	東京都港区海岸3-33
JR品川駅港南口前のペデストリアンデッキ(時田次郎がパソコンを操作していたペデストリアンデッキ)	東京都港区港南2-14
隅田川沿い(チョコザイを背負った沢と舞子が歩いていた川沿い)	東京都台東区今戸1-1
国立科学博物館(沢がIPアドレスの照会をラリー井上に頼んだアメリカ大使館内のホール)	東京都台東区上野公園7
ゆりかもめ 船の科学館駅(シャッターが降りていた八湾台場駅の東南口)	東京都江東区青海1-1
船の科学館の駐車場(下川由美が南保を刺した駐車場)	東京都品川区東八潮3
仙台坂(舞子と介が上っていた坂道)	東京都品川区南品川5-16
カトリック赤羽教会(介を尾行する舞子が入った「セント・チヒロノ教会」)	東京都北区赤羽2-1
加藤内科医院(猪口医院の外観)	神奈川県横浜市青葉区榎が丘11

Another アナザー (映画)

[公　開] 2012年8月

[スタッフ] 監督・脚本：古澤健, 脚本：田中幸子, 原作：綾辻行人

[出　演] 山崎賢人(榊原恒一), 橋本愛(見崎鳴), 袴田吉彦(千曳辰治), 加藤あい(三神怜子)〔ほか〕

ロケ地・場面	所在地
大阪市立伊賀青少年野外活動センター(合宿所)	三重県伊賀市愛田3156-1
上野森林公園(オープニングで恒一の母が立つ丘)	三重県伊賀市下友生1
旧上野農業高校(夜見山北中学校)	三重県伊賀市荒木1856
上野総合市民病院(恒一が鳴と初めて会う病院)	三重県伊賀市四十九町831
上野公園(恒一と鳴が夜見山市を見下ろす公園)	三重県伊賀市上野丸之内
上野本町通り(恒一が鳴を追いかける通り)	三重県伊賀市上野中町
cafe wakaya(人形専門店「夜見のたそがれの、うつろなる蒼き瞳の。」)	三重県伊賀市上野中町3024
菅原神社(恒一と鳴が松永と会う神社)	三重県伊賀市上野東町2929
西高倉地区(風見と望月が自転車で走る場所)	三重県伊賀市西高倉

あなたへ（映画）

[公　開] 2012年8月

[スタッフ] 監督：降旗康男, 脚本：青島武

[出　演] 高倉健（倉島英二）, 田中裕子（倉島洋子）, 佐藤浩市（南原慎一）, 草彅剛（田宮裕司）, 余貴美子（濱崎多恵子）, 綾瀬はるか（濱崎奈緒子）, 三浦貴大（大浦卓也）, 大滝秀治（大浦吾郎）, 長塚京三（塚本和夫）, 原田美枝子（塚本久美子）, 浅野忠信（警官）, ビートたけし（杉野輝夫）〔ほか〕

ロケ地・場面	所在地
島尾海水浴場（夫婦で流木を拾う海水浴場）	富山県氷見市島尾
神楽橋（曳山巡業）	富山県射水市
日本のベニス新湊内川（夫婦で神輿を見学する場所）	富山県射水市放生津町16-16
中新橋（夫婦の回想シーンで登場する橋）	富山県射水市立町
乗鞍スカイライン（キャンピグカーが走る道路）	岐阜県高山市丹生川町
ドライブステーション板蔵（倉島と杉野が再会する場所）	岐阜県高山市丹生川町坊方2114
飛騨エアパーク（キャンプの場面）	岐阜県高山市丹生川町北方2635-7
竹田城跡（洋子がステージで歌う場面など）	兵庫県朝来市和田山町竹田古城山169
火の山公園（杉野が逮捕される公園）	山口県下関市みもすそ川町
姉妹都市ひろば（倉島が関門海峡を眺めながら長崎へ思いを馳せる広場）	山口県下関市阿弥陀寺町6
門司港レトロ地区（ラストシーンで登場する場所）	福岡県北九州市門司区港町
門司区役所（下関西警察署）	福岡県北九州市門司区清滝1-1-1
伊王島灯台（絵手紙を手放す灯台）	長崎県長崎市伊王島町1-3240
長串山公園（倉島が休憩する公園）	長崎県佐世保市鹿町町長串174-12
薄香地区（洋子の故郷）	長崎県平戸市鏡川町
古江湾（倉島が洋子の遺骨を海に散骨する海）	長崎県平戸市古江町333
平戸大橋（倉島がキャンピングカーで平戸大橋を渡る）	長崎県平戸市田平町

あの花が咲く丘で、君とまた出会えたら。（映画）

[公　開] 2023年12月

[スタッフ] 監督・脚本：成田洋一, 脚本：山浦雅大, 原作：汐見夏衛

[出　演] 福原遥（加納百合）, 水上恒司（佐久間彰）, 伊藤健太郎（石丸）, 嶋﨑斗亜（板倉）, 上川周作（寺岡）, 小野塚勇人（加藤）, 出口夏希（千代）, 坪倉由幸（ヤマダ）, 津田寛治（警官）, 天寿光希（常連客）, 中嶋朋子（加納幸恵）, 松坂慶子（ツル）〔ほか〕

ロケ地・場面	所在地
木生坊隧道（防空壕）	千葉県茂原市押日1509
千葉県立房総のむら（百合が空襲に遭った場所）	千葉県印旛郡栄町龍角寺1028
可睡ゆりの園（ゆりの花畑）	静岡県袋井市久能2990-1

あまちゃん（ドラマ）

[公　開] 2013年4月～9月

[スタッフ] 脚本：宮藤官九郎

[出　演] 能年玲奈（天野アキ）, 小泉今日子（天野春子）, 宮本信子（天野 夏）, 蟹江敬三（天野忠兵衛）, 尾美としのり（黒川正宗）, 杉本哲太（大向大吉）, 有村架純（天野春子）, 渡辺えり（今野弥生）, 平泉成（足立功）, 小池徹平（足立ヒロシ）, 橋本愛（足立ユイ）, 福士蒼汰（種市浩一）, 薬師丸ひろ子（鈴鹿ひろ美）, 古田新太（荒巻太一）, 松田龍平（水口琢磨）〔ほか〕

ロケ地・場面	所在地
国道281号線（モータリゼーションで人がいない道路）〔1〕	岩手県久慈市二十八日町1
三陸鉄道田野畑駅（北三陸鉄道の畑野駅）〔1〕	岩手県下閉伊郡田野畑村和野38-14
谷町JCT下の歩道橋（天野アキが渡っていた東京の歩道橋）〔1〕	東京都港区六本木3
三陸鉄道野田玉川駅（天野アキがウニ丼を売っていた駅）〔2〕	岩手県九戸郡野田村玉川第5地割
東京国立博物館 黒田記念館（東京で天野春子が黒川正宗のタクシーに乗った場所）〔2, 16〕	東京都台東区上野公園13-9
道の駅久慈（北三陸秋祭りが行われた道の駅北三陸）〔3〕	岩手県久慈市中町2-5-6
久慈川に架かる大成橋（天野アキの通学路の赤い橋）〔3〕	岩手県久慈市畑田第26地割
東京大学医学部付属病院〈北側の道路 東淵寺の南側付近〉（東京で黒川正宗が天野春子と電話をしていた場所）〔3〕	東京都文京区本郷7-3-1
三陸鉄道北リアス線（天野アキが自転車で気動車と並走した田んぼの中の道）〔4〕	岩手県久慈市宇部町第15地割
国道281号線（鉄道ファンの皆さんが開いてる店を探した通り）〔4〕	岩手県久慈市二十八日町1
三陸鉄道のガード（天野アキが自転車を押して通った海の見えるガード下）〔4〕	岩手県下閉伊郡普代村第20地割馬場野
ユニバース久慈・川崎町店（天野忠兵衛が働き始めたスーパー「サンデイマート」）〔7〕	岩手県久慈市川崎町13-10
三陸鉄道田野畑駅（お座敷列車の折り返し駅）〔9〕	岩手県下閉伊郡田野畑村和野38-14
三陸鉄道大沢橋梁（お座敷列車で北三陸随一の絶景スポットと紹介された海岸）〔9〕	岩手県下閉伊郡普代村第20地割
三陸鉄道大沢橋梁（天野夏が天野春子を見送ったアーチ橋）〔12〕	岩手県下閉伊郡普代村第20地割
JR東北本線西今川橋ガード（天野アキが鈴鹿ひろ美と握手したガード）〔13〕	東京都千代田区鍛冶町1
汐留シオサイト5区イタリア街（黒川正宗が天野春子と電話をしていた場所）〔13〕	東京都港区東新橋2-9-5
京王線仙川駅西の跨線橋（天野アキが昔の同級生に絡まれた、東京の家の近くの跨線橋）〔13〕	東京都調布市仙川町1
秋葉原UDX（安部小百合がまめぶを売っている広場）〔13, 14〕	東京都千代田区外神田4-14-1
東京スカイツリータウン（荒巻太一が構想していた東京EDOタワー）〔14〕	東京都墨田区押上1-1
東京西徳洲会病院（足立功が入院していた北山医大付属病院）〔14〕	東京都昭島市松原町3-1-1
トライアル藤沢羽鳥店（足立ユイが目撃されたスーパー）〔14〕	神奈川県藤沢市羽鳥5-13-12
神田川に架かる昌平橋（GMT6がファンミーティングを行った橋）〔15〕	東京都千代田区外神田2
秋葉原UDX サボニウス広場（GMT6がイベントを行い、天野アキが足立よしえを見かけた広場）〔15〕	東京都千代田区外神田4-14-1

あかぢ坂（天野アキが自転車で下っていた坂道）〔15〕	東京都台東区谷中2
馬場野の坂道（天野アキと足立ユイが自転車で下っていた海の見える坂道）〔16〕	岩手県下閉伊郡普代村第20地割馬場野
東京タワー下の都道301号（荒巻太一と天野春子がタクシーで走っていた東京タワーの見える道路）〔16〕	東京都港区芝公園4
呑川に架かる西山橋（天野春子が黒川正宗のタクシーに乗った場所）〔16〕	東京都世田谷区深沢7
ビクタースタジオ（天野春子が鈴鹿ひろ美の代わりにレコーディングしたスタジオ）〔16〕	東京都渋谷区神宮前2-21-1
おかちまちパンダ広場（岩手物産展を開催していた場所）〔17〕	東京都台東区上野3-26
不忍池 ボート乗り場付近（天野春子が天野夏に電話をかけた池）〔17〕	東京都台東区上野公園5-20
千駄谷小交差点（神技ゼミナールの看板がある交差点）〔18〕	東京都渋谷区千駄ヶ谷3
愛宕トンネル（天野アキが歩いていたトンネル）〔19〕	東京都港区愛宕1-5
東京タワースタジオ〈現・東京タワーメディアセンター〉（天野夏が橋幸夫に会いに行った東京シティスタジオ）〔20〕	東京都港区芝公園4-4-7
豊浜漁港 海なりの宿花あさぎ付近（映画「潮騒のメモリー」の撮影をしていた港）〔21, 22〕	千葉県勝浦市新官
表参道（天野アキと天野春子が話をしていた並木道）〔22〕	東京都渋谷区神宮前4
千葉県立館山総合高等学校水産校舎（GMT5が震災復興支援コンサートを行った大船渡の学校）〔23〕	千葉県館山市長須賀155
東京シティエアターミナル〈T-CAT〉（天野アキが盛岡行きの高速バスに乗ったバス停（3階のバス乗り場、バスはAir Limousine））〔23〕	東京都中央区日本橋箱崎町42-1
三陸鉄道北リアス線島越駅（津波の被害があった北三陸鉄道の線路）〔23, 24〕	岩手県下閉伊郡田野畑村島越
三陸鉄道田野畑駅（北鉄レールウォークを行った駅）〔24〕	岩手県下閉伊郡田野畑村和野38-14
夫婦岩前の海（天野アキが夏に舟の上から突き落とされた海）	岩手県久慈市宇部町
三陸鉄道北リアス線（オープニングで気動車が走っていた田んぼの中の線路）	岩手県久慈市宇部町第15地割
宇部町の坂道（よく出てくる坂道）	岩手県久慈市宇部町第24地割
宇部町の小屋（袖が浜の監視小屋）	岩手県久慈市宇部町第24地割
昭和八年津浪記念碑がある高台（天野夏が住む家のある高台）	岩手県久慈市宇部町第24地割
白灯台〈小袖港北防波堤灯台〉（天野アキが自転車で飛び込んだ海岸）	岩手県久慈市宇部町第24地割地内
琥珀坑道（天野アキと足立ユイが思いを叫ぶ坑道）	岩手県久慈市宇部町第6地割地内
侍浜海水プール（天野アキが海女の練習をする海水プール）	岩手県久慈市侍浜町向町第7地割

久慈川（オープニングに出てきた堰のある川）	岩手県久慈市大川目町第13地割
北三陸市商店街〈十段通り商店街〉（ブティック今野がある商店街）	岩手県久慈市中央
久慈駅（北三陸駅）	岩手県久慈市中央3
久慈駅前デパート（北三陸観光協会）	岩手県久慈市中央3-42
やませ土風館（秋祭りを行った場所）	岩手県久慈市中町2-5-1
小袖漁港（袖が浜漁港）	岩手県久慈市長内町第24地割
小袖海岸（袖が浜）	岩手県久慈市長内町第47地割
小袖集落入口（袖が浜の看板）	岩手県久慈市長内町第47地割
三陸鉄道長内川橋梁（オープニングで気動車が走っていたカーブしている橋）	岩手県久慈市本町1
三陸鉄道大沢橋梁（よく出てくる北三陸鉄道リアス線のアーチ橋）	岩手県下閉伊郡普代村第20地割
三陸鉄道堀内駅（袖が浜駅）	岩手県下閉伊郡普代村第20地割馬場野
岩手県立種市高等学校（北三陸高校の潜水土木科の実習プール）	岩手県九戸郡洋野町種市第38地割94-110
埼玉県立寄居城北高等学校（天野アキが通う北三陸高等学校）	埼玉県大里郡寄居町桜沢2601
アメ横センタービル（東京EDOシアターのあるビル）	東京都台東区上野4-7-8
JR上野駅（東京の東の玄関「上野駅」）	東京都台東区上野7

A LIFE ～愛しき人～（ドラマ）

［公　開］2017年1月～3月

［スタッフ］脚本：橋部敦子

［出　演］木村拓哉（沖田一光），竹内結子（壇上深冬），浅野忠信（壇上壮大），及川光博（羽村圭吾），松山ケンイチ（井川颯太）〔ほか〕

ロケ地・場面	所在地
成田国際空港（沖田が日本に到着した空港）〔1〕	千葉県成田市古込
つきじ治作（井川と羽村が接待を受けた料亭）〔1〕	東京都中央区明石町14
豊洲キュービックガーデン内のホール（壇上記念病院の会議室，沖田が医院長の再手術を提案した会議室）〔1〕	東京都江東区豊洲3-2
江東区立豊洲西小学校の前（深冬が頭痛でしゃがみ込んだところ）〔1〕	東京都江東区豊洲5-1
昭和大学江東豊洲病院（壇上記念病院の外観）〔1〕	東京都江東区豊洲5-1
江戸川病院（2006年冬、沖田と深冬が縫合の練習をしていた屋上，壮大が沖田をアメリカに行かせることを虎之介に進言した部屋）〔1〕	東京都江戸川区東小岩2-24
豊洲キュービックガーデン内のホール（沖田が壇上記念病院の医師たちに紹介された会議室）〔2〕	東京都江東区豊洲3-2
昭和大学江東豊洲病院の屋上（沖田と壮太が話をしていた屋上）〔2〕	東京都江東区豊洲5-1
LA BISBOCCIA（虎之介の快気祝いが行われたレストラン）〔2〕	東京都渋谷区恵比寿2-36
昭和大学江東豊洲病院の屋上（沖田と壮大が話をしていた屋上，沖田と深冬が話をしていた屋上）〔3〕	東京都江東区豊洲5-1

竹ノ塚バッティングセンター（壮大が空振りしていたバッティングセンター）〔3〕	東京都足立区保木間5-24
迎賓館正門前の「若葉東公園」（井川が柴田を車で迎えに来たところ）〔4〕	東京都新宿区四谷1
昭和大学江東豊洲病院の屋上（深冬が倒れた屋上）〔4〕	東京都江東区豊洲5-1
横浜シーサイドライン中央管理室（片山関東病院の外観）〔4〕	神奈川県横浜市金沢区幸浦2
昭和電工川崎事業所本事務所（沖田が深冬からのメッセージを見たアメリカの病院内）〔4〕	神奈川県川崎市川崎区扇町5
鵠沼海岸（井川と柴田が歩いていた砂浜）〔4〕	神奈川県藤沢市辻堂東海岸4
グランドニッコー東京台場（榊原と寝ていた壮大がうなされて起きたホテルの部屋）〔5〕	東京都港区台場2-6
豊洲キュービックガーデン内のホール（一光が深冬に腫瘍のことを話した会議室）〔5〕	東京都江東区豊洲3-2
天王洲セントラルタワーの北側（羽村が山本からの留守番電話を聞いた水辺）〔5〕	東京都品川区東品川2-2
ビューティ&ウェルネス専門職大学〈旧オンワード総合研究所 人材開発センター〉（羽村や壮大が山本に会いに行った桜坂中央病院）〔5〕	神奈川県横浜市都筑区牛久保3-9
新宿パークタワー北側の噴水広場（人とぶつかった榊原が転んだところ）〔6〕	東京都新宿区西新宿3-7
豊洲公園（壮大が娘と手をつないで歩いていたところ）〔6〕	東京都江東区豊洲6-1
アサドール・エルシエロ（榊原と羽村が話をしていた店）〔7〕	東京都港区六本木4-8
順天堂大学（満天橋大学病院の外観）〔7〕	東京都文京区本郷2-1
浅草西参道商店街（井川と柴田が歩いていた商店街）〔7〕	東京都台東区浅草2-7
天王洲ふれあい橋近くのボードウォーク（井川と柴田が話をしていた水辺）〔8〕	東京都品川区東品川2-2
八景島シーパラダイス（深冬たちが訪れた水族館）〔8〕	神奈川県横浜市金沢区八景島
AP品川アネックスの貸し会議室B（壮大が大臣の手術の打ち合わせをしていた会議室）〔9〕	東京都港区高輪3-23
TOKYO Whisky Library（羽村と榊原が話をしていたバー）〔9〕	東京都港区南青山5-5
泰香園（一光、井川、柴田が焼肉を食べていた店）〔9〕	東京都大田区大森北1-12
東北線西今川橋ガードの近く（壮大が猫に触ろうとした架道橋の近く）〔終〕	東京都千代田区鍛冶町1-2

アルキメデスの大戦（映画）

［公　開］2019年7月

［スタッフ］監督・脚本：山崎貴, 原作：三田紀房

［出　演］菅田将暉（櫂直）, 柄本佑（田中正二郎）, 浜辺美波（尾崎鏡子）, 笑福亭鶴瓶（大里清）, 小林克也（大角岑生）, 小日向文世（宇野積蔵）, 國村隼（永野修身）, 橋爪功（嶋田繁太郎）, 田中泯（平山忠道）, 舘ひろし

（山本五十六）〔ほか〕

ロケ地・場面	所在地
栗田美術館（戦艦大和（オープンセット））	栃木県足利市駒場町
法務省旧本館 赤れんが棟（海軍省）	東京都千代田区霞が関1-1
日本郵船氷川丸（櫂が船を計測する場所）	神奈川県横浜市中区山下町 山下公園地先
舞鶴赤れんがパーク（櫂と鏡子が会話する場所）	京都府舞鶴市北吸1039-2
旧乾邸（尾崎家）	兵庫県神戸市東灘区住吉山手5-1-30
旧加藤海運本社ビル（造船会社）	兵庫県神戸市兵庫区島上町1-5
海岸ビルヂング（造船会社）	兵庫県神戸市中央区海岸通3-1-5
神戸税関（霞が関の役所街）	兵庫県神戸市中央区新港町12-1
旧呉軍港桟橋（船を見送るラストシーンの桟橋）	広島県呉市

歩く、歩く、歩く～四国 遍路道（ドラマ）

［公　開］2013年1月

［スタッフ］作：渡辺千穂

［出　演］田中麗奈（葉山美砂），いしだあゆみ（木村靖子），井上順（後藤一夫），永山絢斗（中村達也）

ロケ地・場面	所在地
立岩海岸 海水浴場（美砂が海辺を眺める海）	愛媛県松山市下難波
坂本屋とその周辺（善根宿など）	愛媛県松山市窪野町2146
浅海大師堂（美砂が泊まった大師堂）	愛媛県松山市浅海原甲751-1
太山寺（宿を出た美砂が立ち寄った寺）	愛媛県松山市太山寺町1730
三穂神社（美砂が泊まった大師堂の外観）	愛媛県松山市北条782
龍光寺（美砂が観光客からお接待を受け取る寺）	愛媛県宇和島市三間町戸雁173
真穴のみかん畑（美砂がみかん畑の坂道を歩くところ）	愛媛県八幡浜市
一宮神社（祭りが行われている神社）	愛媛県新居浜市一宮町1-3-1
長浜町海岸沿いの国道（美砂が海岸を歩く道路）	愛媛県大洲市長浜
宇和町の大豆畑（美砂が野の花をもらう畑）	愛媛県西予市宇和町
弓削神社（美砂が遍路のノートを読む場所）	愛媛県越智郡上島町弓削下弓削1002
田丸橋（美砂が橋を渡るところ）	愛媛県喜多郡内子町河内

あん（映画）

［公　開］2015年5月

［スタッフ］監督・脚本：河瀬直美，原作：ドリアン助川

［出　演］樹木希林（吉井徳江），永瀬正敏（千太郎），内田伽羅（ワカナ），市原悦子（佳子）〔ほか〕

ロケ地・場面	所在地
久米川駅南口周辺（どら焼き屋「どら春」（ロケセット））	東京都東村山市栄町2
国立療養所多磨全生園（ハンセン病患者の隔離療養所）	東京都東村山市青葉町4-1-1
くめがわ電車図書館（ワカナが子どもに絵本を読み聞かせる図書館）	東京都東村山市美住町1-4-1
東村山市立中央図書館	東京都東村山市本町1-1-10

アンチヒーロー（ドラマ）

［公　開］2024年4月～6月

［スタッフ］脚本：山本奈奈，李正美，宮本勇人，福田哲平

[出　演] 長谷川博己(明墨正樹), 北村匠海(赤峰柊斗), 堀田真由(紫ノ宮飛鳥), 大島優子(白木凛), 木村佳乃(緑川歩佳), 野村萬斎(伊達原泰輔), 岩田剛典(緋山啓太), 緒形直人(志水裕策)〔ほか〕

ロケ地・場面	所在地
川口駅東口のペデストリアンデッキ(紗耶が明墨と電話で話をしていたところ)〔1〕	埼玉県川口市栄町3-7
遠山製作所(事件が発生した羽木精工)〔1〕	埼玉県川口市南町2-1
中央合同庁舎第6号館(子供たちが社会科見学で訪れた建物)〔1〕	東京都千代田区霞が関1-1
東京高等地方簡易裁判所合同庁舎の西側(紫ノ宮がタクシーを止めた裁判所の前)〔1〕	東京都千代田区霞が関1-1
霞が関一丁目交差点(明墨がタクシーを降りたところ, 明墨が渡った横断歩道)〔1〕	東京都千代田区霞が関2-1
新橋駅前ビル1号館(明墨法律事務所が入居しているビルの外観と1階ロビー)〔1〕	東京都港区新橋2-20
やきとん まこちゃん(明墨と赤峰が尾形と話をした居酒屋)〔1〕	東京都港区新橋3-25
播磨坂(紗耶がミルと散歩していたところ)〔1〕	東京都文京区小石川4-18
東京シティ競馬(尾形がいた競馬場, 明墨と赤峰が尾形を飲みに誘った競馬場)〔1〕	東京都品川区勝島2-1
東京拘置所(明墨が接見していた拘置所の外観)〔1〕	東京都葛飾区小菅1-35
エフマート いしはら(赤峰が訪れた松永が働いているコンビニ)〔1〕	東京都武蔵村山市学園3-60
静岡県庁本館(明墨が上っていた裁判所内の階段)〔1〕	静岡県静岡市葵区追手町9
穂高ポニークリーニング所沢工場(トラックが到着したクリーニング工場)〔2〕	埼玉県所沢市松郷151
城西大学坂戸キャンパス(赤峰、紫ノ宮、白木が訪れた都立医科大学のキャンパス, 明墨が水卜に話しかけた都立医科大学のキャンパス)〔2〕	埼玉県坂戸市けやき台1
城西大学坂戸キャンパス 21号棟(紫ノ宮、赤峰、白木が訪れた研究管理棟の研究管理課)〔2〕	埼玉県坂戸市けやき台1
城西大学坂戸キャンパス 22号館(紫ノ宮、赤峰、白木が向かっていた遺伝子検査室がある建物, 赤峰が水卜の鞄の中身を調べた建物の前)〔2〕	埼玉県坂戸市けやき台1
城西大学坂戸キャンパス 23号館 209教室(明墨が水卜の証言を撮影した教室)〔2〕	埼玉県坂戸市けやき台1
城西大学坂戸キャンパス 23号棟(紫ノ宮、赤峰、白木が青山憲治とビデオ通話していたところ)〔2〕	埼玉県坂戸市けやき台1
城西大学坂戸キャンパス レストラン清流(紫ノ宮、赤峰、白木が話をしていた食堂)〔2〕	埼玉県坂戸市けやき台1
伊奈はなぞの幼稚園(紗耶が訪れた「児童養護施設 ゆめみらいの家」)〔2〕	埼玉県北足立郡伊奈町大針236
リッツ資源(緋山が証拠を隠滅した産業廃棄物中間処理場)〔2〕	千葉県千葉市若葉区北谷津町293

中央合同庁舎第6号館(明墨が訪れた検察庁の外観)〔2〕	東京都千代田区霞が関1-1
東京高等地方簡易裁判所合同庁舎の西側(判決後、明墨が記者たちに話をしていた裁判所前)〔2〕	東京都千代田区霞が関1-1
自動車会館(明墨と赤峰が出てきた東京中央弁護士会館)〔2〕	東京都千代田区九段南4-8
羽田イノベーションシティ ZONE K 棟の廊下(明墨と緑川が話をした検察庁内の廊下)〔2〕	東京都大田区羽田空港1-1
唐木田駅(学生たちが改札を通っていた駅)〔2〕	東京都多摩市唐木田1-2
相模メモリアルパーク(明墨が訪れた墓地)〔2〕	神奈川県愛甲郡愛川町三増109
静岡県庁本館(明墨が記者たちに話をした裁判所内の廊下)〔2〕	静岡県静岡市葵区追手町9
大宮 一の家(明墨が富田と会食した料亭)〔3〕	埼玉県さいたま市大宮区高鼻町2-276
東和機材(赤峰が訪れた谷町パイプ)〔3〕	千葉県木更津市桜井379
東京動物専門学校 富里キャンパス(明墨と紗耶が犬の散歩をしていた「NPO法人 保護犬の里 わんはっぴー」)〔3〕	千葉県富里市御料533
学士会館の320ロビー(富田が明墨と電話で話をした議員会館)〔3〕	東京都千代田区神田錦町3-28
新橋駅前ビル1号館(赤峰が明墨に謝罪したビルの屋上)〔3〕	東京都港区新橋2-20
SEL OCTAGON TOKYO(1000CLUBの店内)〔3〕	東京都港区六本木7-8
東京拘置所の駐車場入口(赤峰が立ち止まったところ)〔3〕	東京都葛飾区小菅1-35
さいわい川遊歩道(赤峰がビラを配っていた広町川の遊歩道)〔3〕	神奈川県横浜市西区南幸2-1
相鉄ムービルの非常階段(暴行事件が起きた1000CLUB裏の路地)〔3〕	神奈川県横浜市西区南幸2-1
料亭 玉家の母屋「花霞の間」(伊達原が明墨を待っていた料亭)〔4〕	埼玉県さいたま市浦和区常盤3-24
中央公園〈熊谷市役所東側〉(裏口から出た倉田を紫ノ宮が待ち伏せしたところ)〔4〕	埼玉県熊谷市宮町2-37
立正大学熊谷キャンパス19号館〈アカデミックキューブ〉(赤峰が倉田を待っていたロビー)〔4〕	埼玉県熊谷市万吉1700
三浦病院の窓口(明墨が面会した人物の名前を赤峰が確認した東京拘置所の面会窓口)〔4〕	埼玉県富士見市下南畑3166
プラネアール みずほ台ハウススタジオ(一家殺人事件が起きた糸井邸)〔4〕	埼玉県富士見市針ヶ谷1-11
国際学院中学校高等学校 本館のロビー(赤峰と紫ノ宮が倉田とすれ違った刑務所のロビー)〔4〕	埼玉県北足立郡伊奈町大字小室10474
千葉県警察本部(千葉県警察本部の外観)〔4〕	千葉県千葉市中央区長洲1-9
千葉刑務所(明墨が来栖礼二に会いに行った千葉刑務所の外観)〔4〕	千葉県千葉市若葉区貝塚町192

東京動物専門学校 富里キャンパス(紫ノ宮が桃瀬のことを聞いた「わんはっぴー」)〔4〕	千葉県富里市御料533
ラーメン大戦争 神田店(赤峰と紫ノ宮がラーメンを食べていた店)〔4〕	東京都千代田区鍛冶町1-3
東京ミッドタウン日比谷(明墨が仙道に会いに行った受付)〔4〕	東京都千代田区有楽町1-1
桜田通り〈国道1号線〉の歩道(明墨が伊達原からの電話を受けたところ)〔4〕	東京都港区三田1-4
ダイバーシティの前(明墨が宇野にホテルの密会写真を渡したところ)〔4〕	東京都江東区青海1-1
ロワジールホテル品川シーサイド(赤峰と紫ノ宮が宇野を待っていたホテルのラウンジ)〔4〕	東京都品川区東品川4-12
studio mon 自由が丘スタジオ(子供の頃の紫ノ宮を倉田がビデオカメラで撮影していたダイニングルーム)〔4〕	東京都世田谷区奥沢2-15
THE MUSIC BAR -CAVE SHIBUYA -(紫ノ宮が訪れたバー, 明墨が赤峰と紫ノ宮を待っていたバー)〔4〕	東京都渋谷区渋谷1-15
東京拘置所の駐車場入口(出てきた明墨を赤峰が見たところ)〔4〕	東京都葛飾区小菅1-35
料亭 玉家の母屋「花霞の間」(明墨と伊達原が話をした料亭)〔5〕	埼玉県さいたま市浦和区常盤3-24
千葉地方裁判所・家庭裁判所(裁判所の外観)〔5〕	千葉県千葉市中央区中央4-11

ホテルプラザ菜の花(明墨が記者会見をしていたところ)〔5〕	千葉県千葉市中央区長洲1-8
東京ミッドタウン日比谷(赤峰が仙道の名札を拾ったロビー)〔5〕	東京都千代田区有楽町1-1
RAIN ON THE ROOF(赤峰と仙道が話をしたカフェ)〔5〕	東京都世田谷区三軒茶屋2-14
狛江こだま幼稚園の前(明墨が宇野と話をした幼稚園の前)〔5〕	東京都狛江市中和泉3-14
伊奈はなぞの幼稚園(明墨が瀬古に会いに行った「児童養護施設ゆめみらいの家」)〔6〕	埼玉県北足立郡伊奈町大針236
BAR MOMENT 葉隠(上田基一が赤峰の写真を撮ったバー)〔6〕	東京都千代田区内神田3-7
銀座ルパン(伊達原と瀬古が話をしていたバー)〔6〕	東京都中央区銀座5-5
第一下川ビルディング(紫ノ宮が訪れたスターリンクの事務所)〔6〕	東京都大田区大森北3-13
佼成出版社(週刊大洋編集部のオフィス, 明墨がインタビューを受けたオフィス)〔6〕	東京都杉並区和田2-7
静岡市役所の地下(紫ノ宮が伊達原とすれ違った千葉県警察本部内の廊下)〔6〕	静岡県静岡市葵区追手町5
静岡県庁本館1階の食堂〈駿河亭〉(紫ノ宮が森尾と話をした裁判所内の食堂)〔6〕	静岡県静岡市葵区追手町9
JA共済埼玉ビル 3Fの大会議室(弾劾裁判が行われていた法廷, 瀬古の弾劾裁判が行われた法廷)〔7〕	埼玉県さいたま市大宮区土手町1-2

伊奈はなぞの幼稚園（明墨が緋山からの電話を受けた「ゆめみらいの家」の前）〔7〕	埼玉県北足立郡伊奈町大針236
東京高等地方簡易裁判所合同庁舎の西側（赤峰と松永が訪れた裁判所の前）〔7〕	東京都千代田区霞が関1-1
ホテルニューオータニ東京の小宴会場「きくの間」（瀬古と富田が2人で話をしていた部屋）〔7〕	東京都千代田区紀尾井町4
ホテルニューオータニ東京の大宴会場「芙蓉の間」（富田が乗り込んできた「日本経済法務会 初夏の集い」の会場）〔7〕	東京都千代田区紀尾井町4
学士会館の301号室（瀬古と加崎達也が話をしていた法務副大臣室）〔7〕	東京都千代田区神田錦町3-28
銀座ルパン（伊達原と瀬古が話をしていたバー）〔7〕	東京都中央区銀座5-5
エフマート いしはらの前（証人が現れたことを赤峰が松永に伝えたところ）〔7〕	東京都武蔵村山市学園3-60
リッツ資源（赤峰が緋山の上着を見つけた産業廃棄物中間処理場）〔8〕	千葉県千葉市若葉区北谷津町293
東京動物専門学校 富里キャンパス（明墨が最初に紗耶と出会った「NPO法人 保護犬の里わんはっぴー」）〔8〕	千葉県富里市御料533
かき小屋 飛梅 神田西口店（緋山が江越と会った居酒屋）〔8〕	東京都千代田区内神田3-8
Bitkey 東京本社（後藤が勤務する Windom System のオフィス）〔8〕	東京都中央区京橋3-1
本銀橋架道橋の下（緋山が江越の画像を確認した高架下）〔8〕	東京都中央区日本橋本石町4-3
喫茶シルビア（赤峰が江越と話をした喫茶店）〔8〕	東京都足立区西新井栄町2-7
谷保第四公園（緋山が撮った盗撮動画に志水が映っていた公園）〔8〕	東京都国立市富士見台2-49
K-Arena Yokohama の契約者専用フロア（明墨が後藤と交渉したラウンジ）〔8〕	神奈川県横浜市西区みなとみらい6-2
三浦病院の窓口（桃瀬が訪れた東京拘置所の面会受付）〔9〕	埼玉県富士見市下南畑3166
国際学院中学校高等学校 本館のロビー（紫ノ宮が倉田への面会申込書を提出した受付）〔9〕	埼玉県北足立郡伊奈町大字小室10474
伊奈はなぞの幼稚園の南側（明墨が瀬古と話をした「児童養護施設ゆめみらいの家」の前）〔9〕	埼玉県北足立郡伊奈町大針236
東京動物専門学校 富里キャンパス（桃瀬が紗耶と写真を撮った「NPO法人 保護犬の里わんはっぴー」）〔9〕	千葉県富里市御料533
THE R.C. ARMS 新橋店（桃瀬が明墨と話をしたパブ）〔9〕	東京都港区新橋2-14
新橋駅前ビル1号館の前（逮捕された明墨を赤峰と紫ノ宮が見送ったところ）〔9〕	東京都港区新橋2-20
ニッショーホール（伊達原が演説していたホール）〔9〕	東京都港区東新橋1-1

立正大学 品川キャンパスの教室（科捜研が毒物を特定したことを報告した捜査本部の会議室）〔9〕	東京都品川区大崎4-2
福島邸（赤峰が訪れた桃瀬の実家）〔9〕	東京都青梅市
南東京ハートクリニック（明墨が桃瀬から受け取った資料を開いた病院のロビー）〔9〕	東京都町田市木曽西2-18
高倉町珈琲 若葉台店（桃瀬が深澤と話をした喫茶店）〔9〕	東京都稲城市若葉台1-55
相模メモリアルパーク（明墨が赤峰からの連絡を受けた墓地）〔9〕	神奈川県愛甲郡愛川町三増109
千葉第2地方合同庁舎の前（紗耶の母親が明墨に声を掛けた千葉地方検察庁の前）〔終〕	千葉県千葉市中央区中央4-11
中央合同庁舎第6号館（白木が赤峰からの電話を無視した検察庁の前）〔終〕	東京都千代田区霞が関1-1
東京高等地方簡易裁判所合同庁舎の西側（志水の再審が決定されたことを紫ノ宮が伝えたところ）〔終〕	東京都千代田区霞が関1-1
財務省上交差点（緑川と瀬古が話をした交差点）〔終〕	東京都千代田区霞が関2-2
THE R.C. ARMS 新橋店（明墨、緑川、桃瀬が話をしたパブ）〔終〕	東京都港区新橋2-14
新橋駅前ビル1号館（赤峰と紫ノ宮が私物を取りに来た白木と話をしたエレベーターホール）〔終〕	東京都港区新橋2-20
喫茶ロマン（赤峰が平塚の部下だった男性と話をした喫茶店）〔終〕	東京都新宿区高田馬場2-18
東京拘置所の駐車場入口（釈放された志水が紗耶を抱きしめたところ）〔終〕	東京都葛飾区小菅1-35
チサンホテル横浜伊勢佐木町（緋山が逮捕されたホテルの部屋）〔終〕	神奈川県横浜市中区長者町5-53
相模メモリアルパーク（明墨と緑川が話をした墓地）〔終〕	神奈川県愛甲郡愛川町三増109

アンナチュラル（ドラマ）

［公　開］2018年1月～3月

［スタッフ］脚本：野木亜紀子

［出　演］石原さとみ（三澄ミコト），井浦新（中堂系），窪田正孝（久部六郎），市川実日子（東海林夕子），松重豊（神倉保夫），薬師丸ひろ子（三澄夏代）〔ほか〕

ロケ地・場面	所在地
クラリオン本社（ミコトたちが調査に行った高野島が勤務していたK's-peck Chemical）〔1〕	埼玉県さいたま市中央区新都心7
ホテルインターコンチネンタル東京ベイ（ミコトが駆けつけたホテル）〔1〕	東京都港区海岸1-16
こんぶや西麻布（六郎と末次が話をしていた店）〔1〕	東京都港区西麻布4-10
新宿モノリス（壁面テレビがあるビル）〔1〕	東京都新宿区西新宿2-3
浅草橋西口やきとん（ミコトと聡史が話をしていた居酒屋）〔1〕	東京都台東区浅草橋4-10
中野坂上交差点（ミコトが信号待ちをした交差点）〔1〕	東京都中野区本町2-46
妙法寺堀之内静堂（高野島の葬儀が行われたところ）〔1〕	東京都杉並区堀ノ内3-48

荒川赤水門緑地（ミコトと路子があんパンを食べながら話をしていたところ）〔1〕	東京都北区志茂5
大林組 技術研究所（不自然死究明研究所（unnatural death Investigation laboratory）、略称UDIラボ）〔1〕	東京都清瀬市下清戸4-640
美容室アンファン（ミコト、夕子、六郎が訪れた美容室）〔1〕	神奈川県横浜市青葉区たちばな台2-13
オンワード総合研究所人財開発センター（検体が届けられた国立感染症研究所）〔1〕	神奈川県横浜市都筑区牛久保3-9
YRPセンター1番館（東央医科大学病院）〔1〕	神奈川県横須賀市光の丘3
諸星運輸 所沢ロジスティックスセンター（ミコトと六郎が訪れた日運冷凍）〔2〕	埼玉県所沢市亀ケ谷222
伊勢屋（ミコトと六郎が鹿肉の入ったおむすびを見つけた店）〔2〕	千葉県館山市北条2214
道の駅三芳村鄙の里（ミコトと六郎が入った有鹿温泉の足湯, ミコトと六郎が鹿肉の食べ物を探していた店）〔2〕	千葉県南房総市川田82
鋸南町元名〈奥元名〉採石場跡地の池（ミコトと六郎の乗った冷凍車がため池に飛び込んだところ）〔2〕	千葉県安房郡鋸南町元名1854
高野隆法律事務所（ミコトが夏代に会いに行った「坂の下法律事務所」）〔2〕	東京都千代田区神田佐久間町2
ざくろ銀座店（ミコトと夏代がしゃぶしゃぶを食べていた店）〔2〕	東京都中央区銀座4-6
ロケスタジオ和洋空間平屋2（遺体が見つかった佐藤正一の家）〔2〕	東京都府中市西府町2-8
中外倉庫運輸 子安営業所（毛利忠治と向島進が捜査に行った三鷹倉庫）〔2〕	神奈川県横浜市神奈川区守屋町1-3
栃木県本庁舎〈県議会議事堂〉（裁判所の玄関、エントランスホール, 烏田守が中堂を呼び止めたところ）〔3〕	栃木県宇都宮市塙田1-1
新宿三丁目駅C7出入口前（弁護士の亀岡文行がミコトからの電話を受けたところ）〔3〕	東京都新宿区新宿2-19
喫茶シルビア（坂本が弁護士と打ち合わせをしていた喫茶店, ミコトが坂本に就職先を紹介した喫茶店）〔3〕	東京都足立区西新井栄町2-7
緑山スタジオ内のセット（法廷内）〔3〕	神奈川県横浜市青葉区緑山2100
Que bom！（ミコトが友人たちと食事をしていたレストラン）〔4〕	東京都台東区西浅草2-15
タイム24ビルの研修室183（ミコトがUDIラボの説明をしていた部屋）〔4〕	東京都江東区青海2-4
妙法寺堀之内静堂（中堂が遺体を調べていた葬儀場）〔4〕	東京都杉並区堀ノ内3-48
真光寺会館の前（花火大会の日に佐野が事故を起こしたマンホールのあるところ）〔4〕	東京都町田市真光寺1-27
鶴川台いこいの里公園の北側（ミコトがマンホールを確認した階段上）〔4〕	東京都町田市真光寺1-30
京王多摩センター駅の北側（夕子がマンホールを確認したところ）〔4〕	東京都多摩市落合1-10

パルテノン大通り（ガラスを割ったことを佐野が工場長に謝ったところ）〔4〕	東京都多摩市落合1-46
レンガ坂橋の北詰付近（工場長たちがマンホールを確認したところ）〔4〕	東京都多摩市落合1-47
長久保橋（秋彦がマンホールを確認した橋の上）〔4〕	東京都多摩市落合1-9
レンガ坂橋の南詰（ミコトが工場長たちを待っていたところ）〔4〕	東京都多摩市落合2-33
モトガレージネスト（ミコトと六郎が佐野のバイクを見に行った店）〔4〕	神奈川県横浜市都筑区牛久保3-12
中川交差点の東付近（佐野がバイク事故で転落死したところ）〔4〕	神奈川県横浜市都筑区牛久保町1824
JR南武線登戸駅前の階段（ミコトと六郎が下りてきた駅前の階段）〔4〕	神奈川県川崎市多摩区登戸3435
東急世田谷線の踏切（六郎がミコトと電話で話をしていた踏切）〔5〕	東京都世田谷区松原4-27
妙法寺堀之内静堂（果歩の遺体が盗まれた葬儀場，巧が果歩の同僚を刺した葬儀場の前）〔5〕	東京都杉並区堀ノ内3-48
中央水産研究所（ミコトと六郎が巧を待っていた警視庁西武蔵野警察署，ミコトが中堂にUDIラボを辞めるように言った警察署の前）〔5〕	神奈川県横浜市金沢区福浦2-12
城ヶ島漁協直売所（巧が果歩を探しに行った青森中央漁協）〔5〕	神奈川県三浦市三崎町城ケ島500

通り矢堤防（女性が飛び込むのを釣り人が目撃したところ）〔5〕	神奈川県三浦市晴海町9
通り矢堤防付近（女性が飛び込んだ堤防）〔5〕	神奈川県三浦市晴海町9
日本モーターグライダークラブの大利根飛行場（調布西飛行場）〔6〕	茨城県稲敷郡河内町大徳鍋子新田897
WATERRAS 2階のテラス（ミコトと夕子がバイタルデータを中堂に連絡したところ）〔6〕	東京都千代田区神田淡路町2
WATERRASの北側（ミコトと夕子が木林の車に乗ったところ）〔6〕	東京都千代田区神田淡路町2
ロザンジュイア広尾迎賓館（夕子が訪れたACID SPORTS GYMのパーティー会場）〔6〕	東京都港区南麻布5-11
角筈橋の上（岩永が車の中でノートPCを操作していたところ，岩永が警察官から路上駐車を注意されたところ）〔6〕	東京都新宿区西新宿2-11
新宿モノリスビルの前（細川隆文が突然倒れたところ）〔6〕	東京都新宿区西新宿2-3
GRACE CONTINENTAL 代官山本店（ミコトと夕子が警察から逃れるために入った店）〔6〕	東京都渋谷区猿楽町28
FINANCIAL AGENCY（ミコトと夕子が岩永に会いに行ったGate-Cの会議室）〔6〕	東京都渋谷区恵比寿1-19
MEDUSA（六郎と宍戸が話をしていたバー）〔6〕	東京都渋谷区恵比寿1-8

恵比寿公園（六郎が宍戸に会いに行った公園）〔6〕	東京都渋谷区恵比寿西1-19
恵比寿プライムスクエア（ミコトと夕子がビールを呑んでいたところ）〔6〕	東京都渋谷区広尾1-1
横浜市立大学附属病院（明邦大学病院）〔6〕	神奈川県横浜市金沢区福浦3-9
横浜市立大学附属病院の屋上（ミコトと六郎が坂本から検死情報を見せてもらった屋上）〔6〕	神奈川県横浜市金沢区福浦3-9
西陵中学校（翠川高等学校）〔7〕	千葉県茂原市緑ケ丘1-53
山野美容専門学校（ミコトが訪れた秋彦が勤務する予備校「明陵ゼミナール」）〔7〕	東京都渋谷区代々木1-53
横浜市立大学附属病院（坂本が中堂に誓約書を見せた渡り廊下）〔7〕	神奈川県横浜市金沢区福浦3-9
わらやき屋銀座店（ミコトと六郎が話をしていた居酒屋）〔8〕	東京都中央区銀座6-5
クレグラン新橋Ⅲ（宍戸が張り込みをしていたビル）〔8〕	東京都港区新橋3-4
富士見坂（夏代が上っていた坂道）〔8〕	東京都世田谷区岡本3-28
マミーズ スタジオ＆ロケーションズの杉並区宮前「和」スタジオ（神倉に呼び出された六郎が訪れた男性の家）〔8〕	東京都杉並区宮前3-24
大林組 技術研究所（ミコト、夕子、六郎が食事をしていたテラス）〔8〕	東京都清瀬市下清戸4-640
東生田3丁目の階段（ミコトと電話で話をしながら秋彦が上っていた階段）〔8〕	神奈川県川崎市多摩区東生田3-5
珈琲タイムス（六郎と末次が話をしていた喫茶店）〔9〕	東京都新宿区新宿3-35
ハイアットリージェンシー東京の南側付近（ボールを握った犯人が立っていたところ）〔9〕	東京都新宿区西新宿2-7
ユリの木公園（高瀬不動産へ向かう中堂が走っていたところ）〔9〕	東京都世田谷区赤堤1-15
ユリの木公園交差点付近（中堂が宍戸とぶつかったところ）〔9〕	東京都世田谷区赤堤1-15
KITSUNE（六郎が宍戸のことを聞いたバー）〔9〕	東京都渋谷区東2-20
渋谷氷川神社の参道（夕希子が襲われた階段の手前）〔9〕	東京都渋谷区東2-5
プラネアールの江古田1スタジオ（高瀬邸内の1階）〔9〕	東京都中野区江古田4-35
大林組 技術研究所（末次が六郎に会いに来たUDIラボの前）〔9〕	東京都清瀬市下清戸4-640
やなぎ屋不動産（高瀬不動産）〔9〕	東京都稲城市押立498
中央水産研究所（ミコトと神倉の前に高瀬が現れた警察署の前）〔9〕	神奈川県横浜市金沢区福浦2-12
湘南国際村センターの西側付近（中堂と夕希子が訪れた高台）〔9〕	神奈川県三浦郡葉山町上山口1560
グランパークカンファレンス401ホール（記者会見が行われていた警視庁の会議室）〔終〕	東京都港区芝浦3-4
グランパークタワー（六郎が末次に会いに行った文泳館のロビー）〔終〕	東京都港区芝浦3-4

東京国立博物館の平成館（宍戸が逮捕された裁判所のロビー）〔終〕	東京都台東区上野公園13
テレコムセンタービル（夕希子の父・和有が夕希子の写真を見ていた空港のロビー）〔終〕	東京都江東区青海2-38
富士見坂（夏代と秋彦が上っていた坂道）〔終〕	東京都世田谷区岡本3-27と28の間
ユリの木通り（ガードレールに腰を掛けた中堂がミコトからの電話を受けたところ）〔終〕	東京都世田谷区宮坂3-1
妙法寺堀之内静堂（中堂が木林に遺体の搬送と火葬を依頼に来たところ）〔終〕	東京都杉並区堀ノ内3-48
大林組 技術研究所（夕希子が描いたピンクのカバの絵を中堂から和有に、和有から中堂に渡したところ）〔終〕	東京都清瀬市下清戸4-640
南葉山霊園（夕希子の遺体を掘り起こしたアメリカ・テネシー州の墓地）〔終〕	神奈川県横須賀市長坂4-15

アンフェア the answer（映画）

［公　開］2011年9月

［スタッフ］監督：佐藤嗣麻子，原作：秦建日子

［出　演］篠原涼子（雪平夏見），佐藤浩市（一条道孝），山田孝之（村上克明），阿部サダヲ（小久保祐二），加藤雅也（三上薫），吹越満（武田信彦），モロ師岡（大野），大森南朋（結城脩），寺島進（山路哲夫），香川照之（佐藤和夫），横山めぐみ（結城の母）〔ほか〕

ロケ地・場面	所在地
はまなす通り（車に乗った佐藤和夫が歩いていた雪平夏見に出会った場所）	北海道紋別市幸町6
紋別漁港（佐藤和夫と雪平夏見が停めた車の中で話していた漁港）	北海道紋別市弁天町1
遠軽町役場丸瀬布総合支所（西紋別警察署の外観）	北海道紋別郡遠軽町丸瀬布中町
伝右川沿い（雪平夏見の乗る車が停まっていた場所）	埼玉県八潮市西袋
セントラルガーデン（雪平夏見が佐藤和夫からの転送データのメールを受け取った場所）	東京都港区港南2
フジテレビ（雪平夏見が身を隠すことになったビル）	東京都港区台場2
ラ・トゥール新宿（村上克明が入っていったビル）	東京都新宿区西新宿6
豊洲埠頭（武田信彦の遺体が見つかった場所）	東京都江東区豊洲6
やぶ平（雪平夏見が武田信彦が亡くなったというニュースを見ていた食堂）	東京都杉並区善福寺1
KMC横浜マリーナ（雪平夏見が身を隠すことになった船の停まっていた場所）	神奈川県横浜市鶴見区大黒町2

アンフェア the special ダブル・ミーニング 二重定義（ドラマ）

［公　開］2011年9月23日

［スタッフ］脚本：大久保ともみ，原作：秦建日子

［出　演］北乃きい（望月陽），寺島進（山路哲夫），山本耕史（元園部恭輔），阿部サダヲ（小久保祐二），加藤雅也（三上薫）〔ほか〕

ロケ地・場面	所在地
幕張メッセ国際展示場9～11ホールのエスプラナード（雪平が佐藤美央を見送った空港）	千葉県千葉市美浜区中瀬2-5

パレスサイドビル（望月がカナと歩いていた警視庁内の廊下, 望月が東京タワーを見ていた警視庁の屋上, 望月と三上が話をしていた警視庁の屋上, 望月があんパンを食べた屋上）	東京都千代田区一ツ橋1-1
警視庁の前（望月が水野カナと出会ったところ）	東京都千代田区霞が関2-1
神田まつや本店（望月と元園部が話をしていた蕎麦屋）	東京都千代田区神田須田町1-13
築地本願寺（雪平が一条とすれ違った北海道西紋別署内の廊下）	東京都中央区築地3-15
東京タワー（松田が冷凍車を止めたところ, 望月たちが到着したところ）	東京都港区芝公園4-2
都立芝公園18号地の「いきいき広場」（浅沼亮一の遺体が入った段ボール箱が置かれていた東京タワー近くの芝南公園）	東京都港区芝公園4-5
角筈橋（階段を上った松田がタクシーに乗ったところ）	東京都新宿区西新宿3-6
東京国立博物館（望月たちが訪れた上野公園, 望月がメッセージを見つけたところ）	東京都台東区上野公園13
花やしき（望月たちが捜査に行った遊園地）	東京都台東区浅草2-28
首都高速10号晴海線の高架下（車を急停車させた山路が車を降りたところ）	東京都江東区有明1-8
水の広場公園（テレビに映して欲しいと望月が土下座したところ）	東京都江東区有明3-15
夢の大橋（望月が飛び降りようとした橋）	東京都江東区有明3-15
都立潮風公園の噴水広場（遺体の入った段ボール箱が置かれていた海辺）	東京都品川区東八潮2
旧東海道（松田が台車を押して歩いていた商店街）	東京都品川区北品川1-24
京浜急行北品川駅南側の踏切（2010年4月、段ボール箱を台車に乗せた松田が電車の通過待ちをしていた踏切）	東京都品川区北品川1-25

アンフェア シリーズ ダブル・ミーニングーYes or No？ （ドラマ）

［公　開］2013年3月1日

［スタッフ］脚本：大久保ともみ, 原作：秦建日子

［出　演］北乃きい（望月陽）, 高嶋政伸（風見憲吾）, 寺島進（山路哲夫）, 阿部サダヲ（小久保祐二）, 加藤雅也（三上薫）, 山本裕典（大曾根学）〔ほか〕

ロケ地・場面	所在地
パレスサイドビル（望月と山路が歩いていた警視庁内の廊下, 山路が望月を連れて行った警視庁の屋上, 山路と三上が話をしていた警視庁の屋上）	東京都千代田区一ツ橋1-1
桜田門交差点（望月と山路が別れたところ）	東京都千代田区霞が関2-1
レン新御茶ノ水ビル（望月と山路が訪れた宅間後援会事務所）	東京都千代田区神田駿河台3-7
フジテレビ（オタク男が米ドルとパスポートを受け取ったところ）	東京都港区台場2-4
フジテレビ湾岸スタジオ（飛び降り自殺があったガラス張りのビル）	東京都江東区青海2-3

クリスタルヨットクラブ（望月の車が到着したところ, LADY CRYSTALが接岸したところ）	東京都品川区東品川2-3
恵比寿東公園（町田とクミがブランコに座って話をしていた公園）	東京都渋谷区恵比寿1-2
首都高速4号新宿線の高架下（張り込みをしていた山路に望月が会いに行ったところ）	東京都渋谷区代々木4-3

怒り（映画）

［公　開］2016年9月

［スタッフ］監督・脚本：李相日, 原作：吉田修一

［出　演］渡辺謙（槙洋平）, 宮崎あおい（槙愛子）, 松山ケンイチ（田代哲也）, 妻夫木聡（藤田優馬）, 綾野剛（大西直人）, 原日出子（藤田貴子）, 高畑充希（薫）, 森山未來（田中信吾）, 広瀬すず（小宮山泉）, 佐久本宝（知念辰哉）, ピエール瀧（南條邦久）〔ほか〕

ロケ地・場面	所在地
天津漁港（田代が移り住んだ港町）	千葉県鴨川市
FRAMES中目黒店（西と薫が歓談したカフェ）	東京都目黒区上目黒1-18-6
県民広場（デモが行われている広場）	沖縄県那覇市泉崎1-2
前島（田中が住む無人島）	沖縄県島尻郡渡嘉敷村

いだてん～東京オリムピック噺～（ドラマ）

［公　開］2019年1月～12月

［スタッフ］脚本：宮藤官九郎

［出　演］中村勘九郎（金栗四三）, 阿部サダヲ（田畑政治）, ビートたけし（古今亭志ん生）, 森山未來（古今亭志ん生（青年期）, 美濃部清, 美濃部強次）, 神木隆之介（五りん）, 橋本愛（小梅）, 峯田和伸（清さん）, 川栄李奈（阿部知恵）, 松尾スズキ（橘家円喬）〔ほか〕

ロケ地・場面	所在地
日本橋川に架かる日本橋（日本橋（CG合成））〔1〕	東京都中央区日本橋1-1
清泉女子大学〈旧島津公爵邸〉（フランス大使館）〔1〕	東京都品川区東五反田3-16-21
諏方神社（少年たちが銃の訓練をしていた神社）〔1〕	東京都荒川区西日暮里3-4-8
六華苑（千駄ヶ谷の三島弥太郎邸）〔1〕	三重県桑名市大字桑名663-5
龍谷大学大宮キャンパス（東京高等師範学校）〔1〕	京都府京都市下京区七条大宮東入大工町125-1
シャトーカミヤ牛久〈現・牛久シャトー〉（金栗四三が教師をした竹早にある東京府立第二高等女学校）	茨城県牛久市中央3-20-1
横利根閘門（アントワープオリンピック練習用プール）	茨城県稲敷市西代地先
粟野町立粟野中学校（岡山高等女学校）	栃木県鹿沼市口粟野1160
林牧場〈旧赤城高原牧場クローネンベルグ〉（金栗四三がドイツで女性が投げ槍をしているのを見た場所）	群馬県前橋市苗ヶ島町2331
高瀬船着場跡（船着場）	熊本県玉名市永徳寺414-34
菊池川に架かる永山橋（春富村にある橋）	熊本県菊池市原
二股橋（池部スヤが金栗四三と話をした石橋）	熊本県下益城郡美里町小筵
金栗四三生家記念館（金栗四三が生まれた家）	熊本県玉名郡和水町中林546

イチケイのカラス（ドラマ）

［公　開］2021年4月～6月
［スタッフ］脚本：浜田秀哉, 原作：浅見理都
［出　演］竹野内豊（入間みちお）, 黒木華（坂間千鶴）, 小日向文世（駒沢義男）, 草刈民代（日高亜紀）, 新田真剣佑（石倉文太）, 山崎育三郎（井出伊織）, 桜井ユキ（浜谷澪）, 水谷果穂（一ノ瀬糸子）, 中村梅雀（川添博司）〔ほか〕

ロケ地・場面	所在地
ヘレナリゾートいわきのバーデハウス（長岡が江波を殴った廃屋）〔1〕	福島県いわき市添野町頭巾平66
三郷ジャンクション内の歩道橋（入間と千鶴が渡っていた歩道橋）〔1〕	埼玉県三郷市番匠免2
そば処 関やど（入間が千鶴を連れて行った「そば処 いしくら」）〔1〕	千葉県松戸市本町7
隅田川（11年前、入間が弁護士バッチを船の上から投げ捨てた川）〔1〕	東京都墨田区横網1-2
アキダイ 関町本店（千鶴が肉を買っていたスーパー）〔1〕	東京都練馬区関町北1-15
東日本成人矯正医療センターの西側（収監される長岡が車を降りた刑務所付近）〔1〕	東京都昭島市もくせいの杜2-1
城ノ腰公園（千鶴が相馬真弓の娘に逆上がりを教えた公園（遠くに見えるガスタンクは合成））〔1〕	神奈川県伊勢原市東成瀬1
山梨県庁別館（東京地裁第3支部（第1刑事部と法廷はスタジオセット））〔1〕	山梨県甲府市丸の内1-6
しなの鉄道の踏切（入間や千鶴たちが訪れた踏切）〔1〕	長野県上田市常田1-3
彩の国さいたま芸術劇場の情報プラザ（日高が千鶴に香田を引き合わせたところ）〔2〕	埼玉県さいたま市中央区上峰3-15
TMG宗岡中央病院（足達克己が勤務する新浦辺総合病院）〔2〕	埼玉県志木市上宗岡5-14
成田国際空港（井出が駆けつけた空港）〔2〕	千葉県成田市古込
神宮外苑のイチョウ並木（瑤子が娘と再会した並木道）〔2〕	東京都港区北青山1-7
六本木 mon cher ton ton（千鶴と隆久が話をしていたレストラン）〔2〕	東京都港区六本木3-12
ユニカビルの「YUNIKA VISION」（瑤子が送検されたニュースが映し出されていたところ）〔2〕	東京都新宿区新宿3-23
富士見橋（井出が千鶴から勾引状を受け取ったところ）〔2〕	東京都江東区豊洲6-6
東京都交通局有明自動車営業所の西側付近（空港へ向かって走っていた駒沢が入間に勾引状を託したところ, 入間が千鶴に勾引状を託したところ）〔2〕	東京都江東区有明3-9
四十八漁場 池袋東口店（千鶴が日高と話をしていた店）〔2〕	東京都豊島区南池袋2-16
葛飾区総合スポーツセンター野球場（地裁チームと地検チームが野球をしていたところ）〔2〕	東京都葛飾区高砂1-2
桐蔭学園アカデミウムにある移築復元された「横浜地方裁判所陪審法廷」（香田が瑤子に有罪判決を下した東京地裁本庁の法廷）〔2〕	神奈川県横浜市青葉区鉄町

Thinkの構内（空港へ向かう入間たちの乗った車が渋滞に巻き込まれていた空港通り）〔2〕	神奈川県川崎市川崎区南渡田町1
ガラス工房 rasiku（アジュールガラス工房）〔3〕	千葉県市原市八幡1694
多摩川の堤防の上（入間と千鶴が歩いていた堤防の上）〔3〕	東京都調布市染地2-52
清水ヶ丘公園（藤代が野上奈緒に別れを告げた丘の上）〔3〕	神奈川県横浜市南区清水ケ丘118
とちのきファミリーランド（望月と吉沢未希が事故に遭った東京ドリームランド）〔4〕	栃木県宇都宮市西川田4-1
はじめのいっぽこども園（入間、千鶴が訪れた「児童養護施設 ひかりホーム」）〔4〕	千葉県野田市木野崎1088
DRAWING HOUSE OF HIBIYA（入間と千鶴が話をしていたカフェ）〔4〕	東京都千代田区有楽町1-1
東京ミッドタウン日比谷（入間が稲垣司に瑞希を紹介したところ）〔4〕	東京都千代田区有楽町1-1
hotel Siro の非常階段（望月がお金をばらまいた非常階段）〔4〕	東京都豊島区池袋2-12
石神井川に架かる堀船橋の上（望月が滝本陸にお金を渡した橋の上）〔4〕	東京都北区王子1-6
OK横丁（望月が逃げ回っていた飲み屋街）〔4〕	東京都北区赤羽1-18
東日本成人矯正医療センターの西側（面会に向かう入間と千鶴が歩いていた東京拘置所の前）〔4〕	東京都昭島市もくせいの杜2-1
古ヶ崎河川敷スポーツ広場（入間が石倉を待っていた河川敷）〔5〕	千葉県松戸市古ケ崎2441
最高裁判所（最高裁判所の外観）〔5〕	東京都千代田区隼町4
鉄鋼会館の702号室（日高が昇進の内定を聞いた会議室）〔5〕	東京都中央区日本橋茅場町3-2
スタジオ・ティノラス（恭子が所属する槙原エラーブルバレエ団）〔5〕	東京都港区南青山5-13
神宮外苑のイチョウ並木（石倉が歩いていた並木道, 石倉と恭子が別れた並木道）〔5〕	東京都港区北青山2-1
あけみ橋東詰の階段（槙原楓が矢口雅也を突き落とした桐原橋の階段）〔5〕	東京都江東区有明3-1
よし邑（元木次郎が高級寿司を食べていた店）〔5〕	東京都板橋区蓮根2-19
たちかわ創造舎〈旧多摩川小学校〉（石倉と恭子が通っていた高校）〔5〕	東京都立川市富士見町6-46
多摩川に流れ込む川に架かる橋の上（志摩の記事を入間が見たところ）〔5〕	東京都調布市染地2-33
品川駅前港南ビル（志摩が法人税法違反で逮捕されたニュースが映し出されていたビル）〔6〕	東京都港区港南2-14
フジテレビ湾岸スタジオ（10年前、入間が日高と話をした裁判所内の階段）〔6〕	東京都江東区青海2-3
えさ政釣船店の桟橋（入間、千鶴、石倉が釣りをしていた桟橋）〔6〕	東京都大田区羽田6-12

山野美容専門学校（オメガ会計事務所が入居しているビルの外観）〔6〕	東京都渋谷区代々木1-53
ジニアスの池袋グリーンスタジオ（入間、千鶴、石倉が訪れた真鍋が入院している病室）〔6〕	東京都板橋区中丸町11
多摩川の河原（入間が散歩に行った河原）〔6〕	東京都調布市染地2-52
アグレックス Biz TRUXIA の東側にある階段（新聞記者の真鍋伸が突き落とされた階段）〔6〕	東京都多摩市鶴牧3-5
うまさん公園（入間たちが民間科捜研を待っていた公園）〔6〕	東京都稲城市向陽台3-11
うまさん公園の南側（自転車に乗った岸田茂が新聞配達員とぶつかったところ, 入間たちが検証を行っていたところ）〔6〕	東京都稲城市向陽台3-11
スウィングスタジアム横浜（浜谷、一ノ瀬、川添が井出、城島に会いに行ったバッティングセンター）〔6〕	神奈川県横浜市港北区北新横浜1-12
品川駅前港南ビル（再審開始決定のニュースが映し出されていたビル）〔7〕	東京都港区港南2-14
DUAL VIEW（入間、千鶴、瑞希たちが所在尋問に行った飯田加奈子の店）〔7〕	東京都港区白金台4-9
山野美容専門学校（千鶴が仁科由貴に会いに行ったフリースクール, 中森が日高に真犯人を話した屋上）〔7〕	東京都渋谷区代々木1-53
加藤農園（駒沢たちが元書記官の友坂良一に会いに行った友坂いちご園）〔7〕	東京都練馬区三原台3-7
富士見台霊園（仁科家の墓がある墓地）〔7〕	東京都八王子市大谷町1019
多摩川に流れ込む川に架かる橋の上（千鶴と瑞希が入間と石倉を待っていた橋の上）〔7〕	東京都調布市染地2-33
リンクフォレスト（日高が記者会見をしていたところ, 入間が日高に白いカラスの像を渡したところ, 入間と千鶴が日高に証人要求に行ったところ）〔7〕	東京都多摩市鶴牧3-5
スウィングスタジアム横浜（井出と城島がボールを打っていたバッティングセンター）〔7〕	神奈川県横浜市港北区北新横浜1-12
茅ヶ崎市民文化会館の階段（報道陣が千鶴にインタビューしようとした階段）〔7〕	神奈川県茅ヶ崎市茅ヶ崎1-11
ニッキ本社の構内（ドライブレコーダーに映っていたところ）〔7〕	神奈川県厚木市上依知3029
神宮外苑のイチョウ並木（川添が提げていた紙袋が破けて書類をばら撒いてしまったところ）〔8〕	東京都港区北青山2
ののあおやま ショップ&レストラン前（潮川ほたるが文絵に会いに行った病院の中庭）〔8〕	東京都港区北青山3-4
フジテレビ湾岸スタジオ（入間や千鶴たちが文絵の夫・山寺信吾の様子を聴きに行ったところ）〔8〕	東京都江東区青海2-3

日野バイパス〈国道20号線〉の石田大橋の下（恵子が文絵を石で殴ってしまった橋の下，入間や千鶴たちが現場検証をしていた橋の下）〔8〕	東京都日野市石田1
新鮮市場なかや座間入谷店（恵子が万引きをしたスーパー）〔8〕	神奈川県座間市入谷西5-3
神宮外苑のイチョウ並木（気配を感じた千鶴が立ち止まって振り向いた並木道）〔9〕	東京都港区北青山2
コングレスクエア羽田（裁判員等選任手続会場）〔9〕	東京都大田区羽田空港1-1
境川に架かるしおかぜ歩道橋（入間、瑞希、みちこが渡った橋）〔10〕	千葉県浦安市猫実1-6
神宮外苑のイチョウ並木（入間と瑞希が歩いていた並木道）〔10〕	東京都港区北青山1-7
フジテレビ湾岸スタジオ（瑞希が原口秀夫に会いに行った鷹和建設の受付）〔10〕	東京都江東区青海2-3
シンボルプロムナード公園のウエストプロムナード（瑞希と駒沢が城島と情報交換したところ）〔10〕	東京都江東区青海2-4
タイム24ビルの北側（瑞希たちが救急隊員に話を聞いた成徳病院救命救急センターの前）〔10〕	東京都江東区青海2-4
大森ベルポート アトリウム（入間と日高が話をしていたところ）〔10〕	東京都品川区南大井6-26
相模川の平塚市大神スポーツ広場（投石事件が起きた河原）〔10〕	神奈川県平塚市大神3344
ふなばし三番瀬海浜公園（入間が千鶴と電話で話をしていた熊本の干潟）〔終〕	千葉県船橋市潮見町40
古ヶ崎河川敷スポーツ広場（入間が千鶴と電話で話をした野球場）〔終〕	千葉県松戸市古ケ崎2441
シンボルプロムナード公園のウエストプロムナード（千鶴が「イチケイのカラス」になると電話で入間に話していたところ）〔終〕	東京都江東区青海2-2
フジテレビ湾岸スタジオ（駒沢、井出、川添が話を聞きに行った労働基準監督署，入間、千鶴、石倉が話を聞きに行った東京スクランブルシティ事務局）〔終〕	東京都江東区青海2-3
日本科学未来館の北東ウエストプロムナード（川添と石倉が原口秀夫の娘に声を掛けたところ）〔終〕	東京都江東区青海2-3
大森ベルポート アトリウム（入間が日高に会いに行ったアトリウム，千鶴が日高が持ってきたカレーライスを食べたアトリウム）〔終〕	東京都品川区南大井6-26
リンクフォレスト（千鶴が香田に会いに行った最高裁判所内，駒沢、石倉、井出、川添たちが香田に会いに行った最高裁判所内）〔終〕	東京都多摩市鶴牧3-5
荏田西2丁目の交差点（笹岡庸介が自転車事故を起こしたところ，入間や千鶴たちが検証をしたところ）〔終〕	神奈川県横浜市青葉区荏田西2-39

イチケイのカラス スペシャル（ドラマ）

［公　開］2023年1月14日
［スタッフ］脚本：浜田秀哉, 原作：浅見理都
［出　演］竹野内豊（入間みちお）, 黒木華（坂間千鶴）, 小日向文世（駒沢義男）, 水谷果穂（一ノ瀬糸子）〔ほか〕

ロケ地・場面	所在地
足利市役所本庁舎別館の研修室（入間が裁判長をしていた熊本地裁の法廷）	栃木県足利市本城3-2145
THE QUBEHOTEL Chiba（遙人が嶋津に会いに行ったホテル）	千葉県千葉市中央区問屋町1
カンドゥー（子供向けの職業体験施設）	千葉県千葉市美浜区豊砂1
高瀬下水処理場入口付近（丹羽がドライブレコーダーに映っていた熊本中央拘置支所の前）	千葉県船橋市高瀬町56
JR成田線小見川駅前（月本信吾が赤城公子にバス停の場所を聞いた秋名駅前）	千葉県香取市小見川
秋元牧場（諏訪が働いていた牧場）	千葉県長生郡長柄町山根2012
築地本願寺（入間が柊木雫と出会った裁判所内）	東京都中央区築地3-15
品川シーズンテラス（HOSHIZUMI HOLDINGS）	東京都港区港南1-2
港区立郷土歴史館（熊本地方裁判所第二支部の外観）	東京都港区白金台4-6
神宮外苑のいちょう並木（瑞希と佐倉朝子が歩いていた並木道）	東京都港区北青山1-7
Digital Garage 本社（嶋津の執務室）	東京都渋谷区宇田川町15
そばかの店（日高の店）	東京都杉並区清水1-16
クロス・ウェーヴ府中の前（フードをかぶった諏訪が歩いていた歩道, 鵜城英二が車を降りた岡山県秋名市）	東京都府中市日鋼町1
北斗タクシー（川添が胴上げされたタクシーの営業所）	神奈川県横浜市中区小港町1-3
寺家ふるさと村 四季の家（駒沢たちが訪れた蕎麦店）	神奈川県横浜市青葉区寺家町414
相模川の河原（内田亘や四宮陽一たちが喧嘩をしていたところ）	神奈川県海老名市社家
相模大堰管理橋の下（諏訪が倒れていたところ）	神奈川県海老名市社家
山梨県庁別館（東京の裁判所外観）	山梨県甲府市丸の内1-6

市子（映画）

［公　開］2023年12月
［スタッフ］監督・脚本・原作：戸田彬弘, 脚本：上村奈帆
［出　演］杉咲花（川辺市子）, 若葉竜也（長谷川義則）, 森永悠希（北秀和）, 渡辺大知（小泉雅雄）, 宇野祥平（後藤修治）, 中村ゆり（川辺なつみ）, 中田青渚（吉田キキ）, 石川瑠華（北見冬子）, 倉悠貴（田中宗介）, 大浦千佳（山本さつき）〔ほか〕

ロケ地・場面	所在地
ショップオグリ	大阪府八尾市弓削町南2-143-55
旧北高安小学校（学校）	大阪府八尾市水越2-98
伊太祁曽神社（夏祭りが行われている神社）	和歌山県和歌山市伊太祈曽558
読売センター四ヶ郷（市子が住み込みで働く職場）	和歌山県和歌山市新在家139-5

一枚のハガキ（映画）

［公　開］2011年8月
［スタッフ］監督・脚本・原作：新藤兼人

［出　演］豊川悦司（松山啓太），大竹しのぶ（森川友子），六平直政（森川定造），大杉漣（泉屋吉五郎）〔ほか〕

ロケ地・場面	所在地
石岡市中戸地区（茅葺き家のロケセット）	茨城県石岡市中戸地区
大生郷新田町の麦畑（火災後の麦畑）	茨城県常総市大生郷新田町
宝篋山（出兵を見送る場所）	茨城県つくば市
西浦古宇（戦後の啓太の実家がある地区）	静岡県沼津市西浦古宇

一命（映画）

［公　開］2011年10月

［スタッフ］監督：三池崇史，脚本：山岸きくみ，原作：滝口康彦

［出　演］市川海老蔵（津雲半四郎），瑛太（千々岩求女），満島ひかり（美穂），竹中直人（田尻）〔ほか〕

ロケ地・場面	所在地
南禅寺（江戸市内）	京都府京都市左京区南禅寺福地町86-7
広島城	広島県広島市中区基町21-1

糸（映画）

［公　開］2020年8月

［スタッフ］監督：瀬々敬久，脚本：林民夫

［出　演］菅田将暉（高橋漣），小松菜奈（園田葵），山本美月（高木玲子），高杉真宙（冴島亮太），馬場ふみか（後藤弓），倍賞美津子（村田節子），永島敏行（桐野昭三），竹原ピストル（矢野清），二階堂ふみ（山田利子）〔ほか〕

［トピック］中島みゆきの楽曲「糸」を原案とする映画。

ロケ地・場面	所在地
元町公園（車で函館に向かうところ）	北海道函館市元町12-18
津軽海峡フェリー 函館ターミナル（令和カウントダウンパーティーの会場）	北海道函館市港町3-19-2
函館空港（漣が葵を見送る空港）	北海道函館市高松町511
函館漁港（葵と漣が会話する漁港）	北海道函館市入舟町10
八幡坂（車で函館に向かうところ）	北海道函館市末広町
十字街電停（車で函館に向かうところ）	北海道函館市末広町8
BAR909（漣が友人たちと食事やカラオケをする店）	北海道帯広市西1条南8-16-2
陸上自衛隊美唄駐屯地近く（葵の実家周辺）	北海道美唄市南美唄町
大沼国定公園〈駒ケ岳，大沼〉（車で函館に向かうところ）	北海道亀田郡七飯町
上富良野町役場（漣と葵が再会する場所）	北海道空知郡上富良野町大町2-2-11
かなやま湖畔キャンプ場（漣と葵が昔話をするキャンプ場）	北海道空知郡南富良野町東鹿越
チーズ工房 NEEDS（漣の勤務先）	北海道中川郡幕別町新和162-111

愛しのアイリーン（映画）

［公　開］2018年9月

［スタッフ］監督・脚本：吉田恵輔，原作：新井英樹

［出　演］安田顕（宍戸岩男），ナッツ・シトイ（アイリーン・ゴンザレス），河井青葉（吉岡愛子），ディオンヌ・モンサント（マリーン），福士誠治（正宗），品川徹（宍戸源造），田中要次（竜野），伊勢谷友介（塩崎裕次郎），木野花（宍戸ツル）〔ほか〕

ロケ地・場面	所在地
和興ビル前（フィリピンパブの店外）	新潟県長岡市坂之上町1

堺町の田園地帯（アイリーンが花火を見た場所）	新潟県長岡市堺町
丸喜石（岩男が給油の際にぬいぐるみを捨てたガソリンスタンド）	新潟県長岡市三島新保328
金子屋山田店（岩男とアイリーンが訪れたラーメン屋）	新潟県長岡市山田1-6-1
瑞雲寺（アイリーンが住職と英語で話した龍宗寺）	新潟県長岡市小貫3028
パーラーPステーション 小国店（岩男が勤めるパチンコ屋）	新潟県長岡市小国町七日町2601-2
赤谷の路上（アイリーンが神輿をひいた道路）	新潟県長岡市赤谷
喜味屋（岩男と愛子が訪れた居酒屋）	新潟県長岡市摂田屋5丁目10-21
パブ・サクセス（フィリピンパブ）	新潟県長岡市堤町5-30
殿町3丁目の路上（岩男とアイリーンが歩いた繁華街）	新潟県長岡市殿町3
二ツ郷屋の山林（岩男がナイフで木にアイリーンの名前を刻んだ場所）	新潟県長岡市二ツ郷屋
諸橋邸（宍戸源造の実家）	新潟県長岡市来伝字野尻1832乙

いなくなれ、群青（映画）

［公　開］2019年9月

［スタッフ］監督：柳明菜, 脚本：高野水登, 原作：河野裕

［出　演］横浜流星（七草）, 飯豊まりえ（真辺由宇）, 矢作穂香（堀）, 松岡広大（佐々岡）, 松本妃代（水谷）, 中村里帆（豊川）, 伊藤ゆみ（トクメ先生）〔ほか〕

ロケ地・場面	所在地
浅間山 伊豆アニマルキングダムの北（水谷と佐々岡の雨の場面など）	静岡県賀茂郡東伊豆町稲取3344
細野高原〈細野高原ツリーハウス村〉（七草と由宇が草原を歩く場所）	静岡県賀茂郡東伊豆町稲取細野高原3150
旧東伊豆町立大川小学校（七草たちが通う学校）	静岡県賀茂郡東伊豆町大川312
片瀬淵之川公園（公園）	静岡県賀茂郡東伊豆町片瀬567
南伊豆町（階段島）	静岡県賀茂郡南伊豆町
旧三浜小学校（七草たちが通う学校）	静岡県賀茂郡南伊豆町子浦1472

イニシエーション・ラブ（映画）

［公　開］2015年5月

［スタッフ］監督：堤幸彦, 脚本：井上テテ, 原作：乾くるみ

［出　演］松田翔太（鈴木）, 前田敦子（成岡繭子（マユ））, 木村文乃（石丸美弥子）, 三浦貴大（海藤）, 前野朋哉（梵ちゃん）, 森岡龍（望月大輔）, 矢野聖人（北原鉄平）, 藤原季節（大石肇）, 吉谷彩子（優子）, 松浦雅（ナツコ）, 八重樫琴美（和美）, 大西礼芳（ジュンコ）, 佐藤玲（まどか）, 山西惇（桑島課長）, 木梨憲武（静岡支店部長）, 手塚理美（石丸詩穂）, 片岡鶴太郎（石丸広輝）, 池上幸平（天童）, 森田甘路（鈴木）〔ほか〕

ロケ地・場面	所在地
もつ焼き 稲垣（鈴木と美弥子たちの飲み会を行った店）	東京都墨田区東駒形3-25-4
クリフサイド（美弥子と鈴木が訪れたジャズレストラン）	神奈川県横浜市中区元町2-114
びすとろ光輪（鈴木とマユのデートで行った店）	静岡県静岡市清水区入船町7-10

長浜海水浴場(静波海水浴場)	静岡県熱海市下多賀1476-8

犬部！ (映画)

[公　開] 2021年7月

[スタッフ] 監督：篠原哲雄, 脚本：山田あかね, 原案：片野ゆか

[出　演] 林遣都(花井颯太), 中川大志(柴崎涼介), 大原櫻子(佐備川よしみ), 浅香航大(秋田智彦), 田辺桃子(川瀬美香), 安藤玉恵(深沢さと子), しゅはまはるみ(中越真利子), 坂東龍汰(田原優作), 田中麗奈(門脇光子), 酒向芳(秋田秀作), 螢雪次朗(久米尚之), 岩松了(安室源二郎)〔ほか〕

ロケ地・場面	所在地
現代美術アート広場	青森県十和田市西三番町3
北里大学獣医学部十和田キャンパス(犬部のある大学)	青森県十和田市東二十三番町35-1
動物いのちの会いわて	岩手県岩手郡雫石町丸谷地37-42
山梨県動物愛護センター	山梨県中央市乙黒1083
大鳥居ふれあいプラザ	山梨県中央市大鳥居246-1

いのちの停車場 (映画)

[公　開] 2021年5月

[スタッフ] 監督：成島出, 脚本：平松恵美子, 原作：南杏子

[出　演] 吉永小百合(白石咲和子), 松坂桃李(野呂聖二), 広瀬すず(星野麻世), 南野陽子(若林祐子), 柳葉敏郎(宮嶋一義), 小池栄子(寺田智恵子), 伊勢谷友介(江ノ原一誠), みなみらんぼう(柳瀬尚也), 泉谷しげる(並木徳三郎), 石田ゆり子(中川朋子), 田中泯(白石達郎), 西田敏行(仙川徹)〔ほか〕

ロケ地・場面	所在地
うずま公園(朋子が散策する公園)	栃木県栃木市室町2-30
幸来橋そばの空き地(停車場(オープンセット))	栃木県栃木市倭町3-12
倭橋(聖二と麻世が食堂でラーメンを食べた後に走った橋)	栃木県矢板市下伊佐野
浅野川大橋(聖二が車で渡った橋)	石川県金沢市橋場町～東山
BAR STATION(咲和子たちが通うバー)	石川県金沢市広岡1-9-16
梅の橋(咲和子が渡った橋)	石川県金沢市東山
八郎ずし(咲和子と父・達郎が治部煮を食べる店)	石川県金沢市並木町2-16
JR金沢駅(咲和子が故郷に帰る場面での駅)	石川県金沢市木ノ新保町1-1

祈りの幕が下りる時 (映画)

[公　開] 2018年1月

[スタッフ] 監督：福澤克雄, 脚本：李正美, 原作：東野圭吾

[出　演] 阿部寛(加賀恭一郎), 松嶋菜々子(浅居博美), 溝端淳平(松宮脩平), 田中麗奈(金森登紀子), キムラ緑子(浅居厚子), 烏丸せつこ(宮本康代)〔ほか〕

ロケ地・場面	所在地
仙台浅草(百合子が勤めるスナックがある横町)	宮城県仙台市青葉区昭和町
鹿島御児神社(加賀と松宮が立ち寄った神社)	宮城県石巻市日和が丘2-1-10
塩釜水産物仲卸市場(百合子と康代が買い出しをする市場)	宮城県塩竈市新浜町1-20-74
小屋取漁港(松宮と坂上が聞き込みをする漁港)	宮城県牡鹿郡女川町塚浜
旧土浦市役所本庁舎(小菅警察署内の捜査本部)	茨城県土浦市下高津1-20

室町砂場（加賀と松宮がそばを食べていた店）	東京都中央区日本橋室町4-1
明治座（博美が演出する舞台が行われていたホール）	東京都中央区日本橋浜町2-31
東横イン 東京駅新大橋前（苗村が忠雄を待ち伏せしていたホテルの前）	東京都中央区日本橋浜町2-58
浅草橋ベルモントホテル（押谷が宿泊したホテル）	東京都台東区柳橋1-2
東京武道館（博美が加賀に会いに来た剣道場）	東京都足立区綾瀬3-20
羽村市動物公園（浅居博美が忠雄と再会した動物園）	東京都羽村市羽4122
大衆食堂しらかば（食堂「しらかば」）	山梨県大月市笹子町黒野田690
明治のトンネル（忠雄が博美を見つけたトンネル）	静岡県静岡市駿河区宇津ノ谷
ホテルアンビア松風閣（忠雄と博美が宿泊したホテルの外観）	静岡県焼津市浜当目1541
日野屋呉服店（浅居呉服店）	滋賀県長浜市元浜町17
ながはま御坊表参道商店街（26年前の博美の実家周辺）	滋賀県長浜市元浜町18-12
琵琶湖（松宮が立っていた湖畔）	滋賀県長浜市湖北町延勝寺1844
松尾寺駅（忠雄と博美が会話した駅）	京都府舞鶴市吉坂

今はちょっと、ついてないだけ（映画）

［公　開］2022年4月

［スタッフ］監督・脚本：柴山健次, 原作：伊吹有喜

［出　演］玉山鉄二（立花浩樹）, 音尾琢真（宮川良和）, 深川麻衣（瀬戸寛子）, 団長安田（会田健）, 高橋和也（巻島雅人）〔ほか〕

ロケ地・場面	所在地
旧本納公民館新治分館（シェアハウス）	千葉県茂原市下太田59-1
ツルハドラッグ早野（寛子が勤めるドラッグストア）	千葉県茂原市綱島885-1
茂原ショッピングプラザ・アスモ（立花がバイトしていたスーパー）	千葉県茂原市高師1735
ビジネスホテルセントラル（宮川が泊まったホテル）	千葉県茂原市高師3002-4
石井菓子店（宮川がロケを行った和菓子屋）	千葉県茂原市高師832
茂原駅前の小湊バス内（寛子が泣く駅前のバス内）	千葉県茂原市町保1
ベリーズカフェ（宮川のバイト先のレストラン）	千葉県茂原市東部台3-20-10
茂原市役所（宮川が勤めるテレビ局）	千葉県茂原市道表1
Wiz 茂原店（寛子が働いていた美容室）	千葉県茂原市茂原1-1
文教堂 茂原店（立花の本が並ぶ本屋）	千葉県茂原市茂原10
フォトサロンおおかわ（立花が訪れたカメラ屋）	千葉県茂原市茂原424
大和屋食堂（定食屋）	千葉県茂原市茂原531
大池キャンプ場（キャンプ場）	長野県千曲市八幡2イ－379
幸田町中央公民館（菜々子がダンスをする場所）	愛知県額田郡幸田町菱池黒方78
大三東駅（海のそばの駅）	長崎県島原市有明町大三東丙

インセプション（映画）

［公　開］2010年7月

［スタッフ］監督・脚本：クリストファー・ノーラン

［出　演］レオナルド・ディカプリオ（コブ），渡辺謙（サイトー），ジョセフ・ゴードン＝レヴィット（アーサー），マリオン・コティヤール（モル），エリオット・ペイジ（アリアドネ），トム・ハーディ（イームス），ディリープ・ラオ（ユスフ），キリアン・マーフィー（ロバート・フィッシャー），マイケル・ケイン（マイルス教授）〔ほか〕

ロケ地・場面	所在地
六本木アークヒルズのヘリポート（コブ、アーサー、サイトーが乗ったヘリが飛び立つヘリポート）	東京都港区赤坂1-12-32
東海道新幹線 富士川橋梁（新幹線が走る橋梁（空撮））	静岡県富士市松岡・岩淵

VIVANT（ドラマ）

［公　開］2023年7月～9月

［スタッフ］脚本：八津弘幸, 李正美, 宮本勇人, 山本奈奈, 原作：福澤克雄

［出　演］堺雅人（乃木憂助），阿部寛（野崎守），役所広司（ノゴーン・ベキ），二宮和也（ノコル），松坂桃李（黒須駿），二階堂ふみ（柚木薫），竜星涼（新庄浩太郎）〔ほか〕

［トピック］第14回ロケーションジャパン大賞準グランプリ受賞（ドラマ「VIVANT」×島根）

ロケ地・場面	所在地
緑山スタジオ内のセット（サムが乃木に情報を提供していたアメリカ合衆国中央情報局（CIA））〔1〕	神奈川県横浜市青葉区緑山2100
日本陶磁器センター大会議室（捜査会議が行われていたバルカ警察署内の部屋）〔2〕	愛知県名古屋市東区代官町39
愛知県庁 正庁6階西（野崎が作った和食を乃木たちに振る舞った日本大使館内の部屋，企業交流会が行われた日本大使館内の部屋）〔2〕	愛知県名古屋市中区三の丸3-1
千葉大学医学部附属病院1階のホスピタリティストリート（乃木が柚木と再会した日本医療センター）〔3〕	千葉県千葉市中央区亥鼻1-8
神田明神（乃木が参拝した神社）〔3〕	東京都千代田区外神田2-16
丸紅東京本社のロビー（宇佐美哲也が乃木に会いに来た丸菱商事のロビー）〔3〕	東京都千代田区大手町1-4
路地裏もんじゃ もん吉 新店（野崎が乃木を連れて行った月島のもんじゃ焼き店，野崎が乃木に東条翔太を引き合わせたもんじゃ焼き店）〔3〕	東京都中央区月島3-8
つきじ治作（乃木が長野と話をした料亭）〔3〕	東京都中央区明石町14
全薬工業 研究開発センター（丸菱商事データセンターの外観）〔3〕	東京都八王子市南大沢4-7
LINK FOREST 1Fのエントランスロビー（データセンター1Fのゲート）〔3〕	東京都多摩市鶴牧3-5
松江城の堀端〈京橋川〉（乃木が山本と話をしていた堀沿いの歩道（背後のビル群は千代田区大手町を合成））〔3〕	島根県松江市殿町508
加瀬のレンタルボックス 木更津木材港（野崎たちが到着した廃倉庫）〔4〕	千葉県木更津市木材港7

美里ゴルフセンターの駐車場（乃木、野崎、新庄が待機していた車が駐車していたところ）〔4〕	千葉県柏市増尾875
廣幡八幡宮（長野がやって来た廣幡八幡宮）〔4〕	千葉県柏市増尾895
丸紅東京本社の社員食堂（乃木が太田の噂話を聞いた社員食堂）〔4〕	東京都千代田区大手町1-4
丸紅東京本社の前（山本がタクシーに乗ろうとした丸菱商事の前）〔4〕	東京都千代田区大手町1-4
アーバンネット日本橋二丁目ビル前の永代通り（山本がタクシーを諦めて降りたところ）〔4〕	東京都中央区日本橋2-1
昭和の家 縁側カフェ（乃木、野崎、ドラムが訪れた甘味処）〔4〕	東京都足立区西保木間2-5
菊川に架かる潮騒橋（乃木と黒須が山本を連れて行った橋の上）〔4〕	静岡県掛川市国安
COCOLA AVENUEの東側（山本の尾行を新庄が交代したところ）〔4〕	愛知県豊橋市駅前大通1-135
COCOLA FRONTの前（新庄が山本を見失った劇場通り，黒須が山本を匿った劇場通り）〔4〕	愛知県豊橋市駅前大通1-55
JR豊橋駅自由通路（大宮駅で電車を降りた山本が歩いていた駅のコンコース）〔4〕	愛知県豊橋市花田町西宿無番地
群馬県庁昭和庁舎（チンギスが映像の復元をバヤルに依頼した軍の施設）〔5〕	群馬県前橋市大手町1-1
つきじ治作の「すみだ」（長野と太田が庭を眺めていた料亭の個室）〔5〕	東京都中央区明石町14
清昌堂やました（櫻井が乃木からのメッセージを受け取った茶道具店）〔5〕	東京都新宿区市谷甲良町1
eightdays dining（長野と太田が食事をしていたレストラン）〔5〕	東京都豊島区北大塚2-26
八起の前（乃木が櫻井と話をした茶屋の前）〔5〕	東京都調布市深大寺元町5-13
布多天神社（乃木が参拝した神社）〔5〕	東京都調布市調布ケ丘1-8
北京烤鴨店 中華街店（乃木、野崎、柚木、ドラムが食事をした中華料理店）〔5〕	神奈川県横浜市中区山下町191
菊川に架かる潮騒橋（野崎と新庄が現場検証していた橋の上）〔5〕	静岡県掛川市国安
名古屋市役所の廊下（Robert Keithが野崎と電話で話をしていたFBI内の廊下）〔5〕	愛知県名古屋市中区三の丸3-1
旧松江市立大谷小学校（野崎が訪れた乃木が暮らしていた宮津市丹後つばさ園）〔5〕	島根県松江市玉湯町大谷307
島根県庁本庁舎前（野崎が歩いていた島根県松江市の建物の前）〔5〕	島根県松江市殿町1
松江市立本庄小学校（野崎が訪れた乃木が通っていた東舞鶴小学校）〔5〕	島根県松江市邑生町76
櫻井家住宅（野崎が訪れた乃木の実家）〔5〕	島根県仁多郡奥出雲町上阿井内谷1655
県道49号線（野崎を乗せたパトカーが走っていた島根県奥出雲町の道）〔5〕	島根県仁多郡奥出雲町大馬木352

前橋赤十字病院手術センターの前（乃木、野崎、ドラムがジャミーンの手術が終わるのを待っていた手術センターの前）〔6〕	群馬県前橋市朝倉町389
桜田通り〈国道1号線〉の歩道 経済産業省西側（入札会場へ向かう乃木が歩いていたところ）〔6〕	東京都千代田区霞が関1-3
神田明神（乃木が歩いていた神社の前）〔6〕	東京都千代田区外神田2-16
もん吉 月島新店（野崎と佐野がもんじゃ焼きを食べていた店）〔6〕	東京都中央区月島3-8
名古屋商工会議所の大会議室ホール（入札が行われた経済産業省内の会場, 乃木たち6人が櫻井と対面した会場）〔6〕	愛知県名古屋市中区栄2-10
広小路通りの歩道（新庄が乃木を見失ったところ）〔6〕	愛知県豊橋市広小路1-24
千葉大学医学系総合研究棟前の桜並木（乃木が柚木を抱きしめた桜並木）〔7〕	千葉県千葉市中央区亥鼻1-8
岡本3丁目の坂（タクシーが5,6秒見えなくなったアズーナの坂（背景等にモンゴルの画像を合成））〔7〕	東京都世田谷区岡本3-28
名古屋商工会議所の大会議室ホール（櫻井が計画を説明したところ）〔7〕	愛知県名古屋市中区栄2-10
茨城県三の丸庁舎（陸上自衛隊に入隊した乃木が教官と話をした教室, 乃木が歩いていたロビーと階段）〔8〕	茨城県水戸市三の丸
牛久シャトー旧醸造施設の事務室（乃木が質問を受けていた部屋）〔8〕	茨城県牛久市中央3-20
茨城県営ライフル射撃場（乃木が連れて行かれたPMSC Y2Kの射撃場）〔8〕	茨城県桜川市真壁町桜井1074
鴨川令徳高校（乃木が米の量が少ないことに気付いた食堂）〔8〕	千葉県鴨川市横渚815
神田明神（柚木、ドラム、ジャミーンが参拝した神社）〔8〕	東京都千代田区外神田2-16
丸紅東京本社（乃木が訪れたMURUUDUL社のオフィス）〔8〕	東京都千代田区大手町1-4
JR豊橋駅自由通路（乃木がスパイの男を尾行していたところ）〔8〕	愛知県豊橋市花田町西宿無番地
岡三証券 室町本店の室町トレーディングルーム（黒須になりすました乃木からの発注を西村が受けたハセガワ証券のオフィス）〔9〕	東京都中央区日本橋室町2-2
青谷鍾乳洞（ノコルがフローライトを見つけた地割れの底）〔9〕	静岡県浜松市天竜区青谷2520
旧富士白糸ワンダーミュージアム（卓が潜入し、ノバク村を襲撃することを聞いた武装組織のアジト）〔9〕	静岡県富士宮市佐折598
出雲大社の神楽殿 結婚式場（卓が明美と挙式したところ）〔9〕	島根県出雲市大社町杵築東195
大馬木川の「鬼の舌震」（学生だった卓が本を読んでいた河原）〔9〕	島根県仁多郡奥出雲町三成宇根
神田明神（乃木が柚木とジャミーンを抱きしめた神社の境内, 乃木が赤い饅頭を見つけた神社の境内）〔終〕	東京都千代田区外神田2-16

ホテルニューオータニ東京 ザ・メイン プレジデンシャルスイート〈HIROSHIGE〉(上原と家族が避難していたホテルの客室)〔終〕	東京都千代田区紀尾井町4
住友不動産新宿グランドタワーの地下通路(ベキ、バトラカ、ピヨが逃走したことを野崎が乃木に電話で伝えていた警視庁内の廊下)〔終〕	東京都新宿区西新宿8-17
豊洲市場 7街区の水産卸売場棟と管理施設棟を結ぶ通路(乃木が櫻井からSDカードを受け取った成田空港内の通路)〔終〕	東京都江東区豊洲6-6
多摩川台公園(上原邸が建っている高台(建物は合成))〔終〕	東京都大田区田園調布4-3

嘘を愛する女 (映画)

[公　開] 2018年1月

[スタッフ] 監督・脚本：中江和仁, 脚本：近藤希実

[出　演] 長澤まさみ(川原由加利), 高橋一生(小出桔平), 吉田鋼太郎(海原匠), DAIGO(木村), 川栄李奈(心葉), 黒木瞳(マサコ), 野波麻帆(綾子)〔ほか〕

ロケ地・場面	所在地
麗澤大学	千葉県柏市光ケ丘2-1-1
アゴノ鼻灯台(各地の灯台を捜すシーン)	愛媛県今治市関前大下
ウズ鼻灯台(各地の灯台を捜すシーン)	愛媛県今治市馬島
馬島トンネル(灯台に向かう最中のトンネル)	愛媛県今治市馬島

嘘八百 (映画)

[公　開] 2018年1月

[スタッフ] 監督：武正晴, 脚本：足立紳, 今井雅子

[出　演] 中井貴一(小池則夫), 佐々木蔵之介(野田佐輔), 友近(野田康子), 森川葵(大原いまり), 前野朋哉(野田誠治), 堀内敬子(大原陽子), 坂田利夫(よっちゃん)〔ほか〕

ロケ地・場面	所在地
居酒屋おやじ(居酒屋「土竜」)	大阪府堺市堺区栄橋町1-6-1
松倉茶舗(樋渡開花堂)	大阪府堺市堺区熊野町東1-2-22
小森商店(則夫が樋渡と棚橋にしてやられる場所)	大阪府堺市堺区熊野町東3-2-26
ワンカルビ堺西店(則夫といまりが訪れた焼肉屋)	大阪府堺市堺区山本町3-85-1
ホテル・アゴーラリージェシー堺(若い頃の佐輔の授賞式会場など)	大阪府堺市堺区戎島町4-45-1
さかい利晶の杜(則夫と佐輔が利休の和歌について話す場所)	大阪府堺市堺区宿院町西2-1-1
ビジネスホテルニュー大浜(則夫といまりが宿泊したビジネスホテル)	大阪府堺市堺区大浜北町3-11-3
旧堺燈台(則夫と佐輔、田中が夕日を眺めた高台)	大阪府堺市堺区大浜北町5
宮川芳文堂(譲り状の紙を切るよっちゃんの回想シーンの場所)	大阪府堺市堺区南旅篭町東1-2-11
堺市博物館(田中が住吉祭礼図屏風の解説をする博物館)	大阪府堺市堺区百舌鳥夕雲町2
桑田産業(桐箱を作る材木屋の回想シーンの場所)	大阪府堺市中区土塔町91
寿司廣(則夫といまりが訪れた寿司屋)	大阪府堺市西区鳳西町1-72-5

堺美術オークション会（古美術・道具市が開催されている場所）	大阪府堺市美原区小平尾933

うつくしいひと（映画）

[公　開] 2016年3月

[スタッフ] 監督・脚本：行定勲, 脚本：堀泉杏

[出　演] 橋本愛（透子）, 姜尚中（謎の男）, 高良健吾（玉屋末吉）, 石田えり（鈴子）, 米村亮太朗（田上）〔ほか〕

[トピック] 地方創生を目的とする「くまもと映画プロジェクト」の一環で製作された中編映画。2016年3月4～6日開催の「菊池映画祭2016」で上映された後、期間限定で無料配信された。また、同年4月の熊本地震を受け、全国各地でチャリティ上映や有料配信が行われた。

ロケ地・場面	所在地
橙書店〈移転前〉（謎の男と透子が出会った書店）	熊本県熊本市中央区
加藤清正公像前（謎の男が車で走り去るラストシーン）	熊本県熊本市中央区花畑町2-15
夏目漱石内坪井旧居（透子の母が営む生花教室）	熊本県熊本市中央区内坪井町4-22
熊本城（震災前の熊本城）	熊本県熊本市中央区本丸1-1
早川倉庫（探偵玉屋末吉の事務所）	熊本県熊本市中央区万町2-4

うつくしいひと サバ？（映画）

[公　開] 2017年4月

[スタッフ] 監督・脚本：行定勲, 脚本：堀泉杏

[出　演] 高良健吾（玉屋末吉）, 米村亮太朗（田上）, 中別府葵（古町明日香）, 石橋静河（少女）, ロイック・ガルニエ（マチュー）〔ほか〕

[トピック] 2016年4月の熊本地震を受けて製作されたヒューマンドラマ映画。17年4月開催の「くまもと復興映画祭」でプレミア上映された。

ロケ地・場面	所在地
熊本城（崩れた石垣の前でダンスを踊る場所）	熊本県熊本市中央区本丸1-1
加藤神社（ライトアップされた熊本城を見上げる場所）	熊本県熊本市中央区本丸2-1
早川倉庫（探偵玉屋末吉の事務所）	熊本県熊本市中央区万町2-4
橙書店（書店）	熊本県熊本市中央区練兵町54

WOOD JOB！　神去なあなあ日常（映画）

[公　開] 2014年5月

[スタッフ] 監督・脚本：矢口史靖, 原作：三浦しをん

[出　演] 染谷将太（平野勇気）, 長澤まさみ（石井直紀）, 伊藤英明（飯田与喜）, 優香（飯田みき）〔ほか〕

ロケ地・場面	所在地
大洞山・倉骨峠（お祭りが行われている場所）	三重県津市
旧多気保育園（直紀が勤める学校）	三重県津市美杉町下多気
美杉ゴルフクラブ入口前（お祭りが行われている場所）	三重県津市美杉町下多気3437-34
戸木橋（勇気とヨキが子ども達と遊ぶ橋）	三重県津市美杉町下之川
多気地区・清流の里ぬくみ（中村家のお風呂）	三重県津市美杉町上多気奥立川1904-2
三重大学 演習林（林業研修所）	三重県津市美杉町川上
日神の小滝（勇気と直紀がおにぎりを食べる場所）	三重県津市美杉町太郎生5128
八知地区センター街（神去村の中心街）	三重県津市美杉町八知

海街diary（映画）

［公　開］2015年6月

［スタッフ］監督・脚本：是枝裕和, 原作：吉田秋生

［出　演］綾瀬はるか（香田幸）, 長澤まさみ（香田佳乃）, 夏帆（香田千佳）, 広瀬すず（浅野すず）, 大竹しのぶ（佐々木都）, 堤真一（椎名和也）, 風吹ジュン（二ノ宮さち子）, リリー・フランキー（福田仙一）, 樹木希林（菊池史代）, 加瀬亮（坂下美海）, 鈴木亮平（井上泰之）〔ほか〕

ロケ地・場面	所在地
鉛温泉藤三旅館（かじかざわ温泉）	岩手県花巻市鉛中平75-1
向山森林公園展望台（すずが姉妹に父の思い出の場所を案内する場所）	岩手県花巻市大迫町大迫
庚申ダム付近の山道（河鹿沢温泉駅から家に向かうまでの通り道）	栃木県日光市足尾町5501
足尾駅（河鹿沢温泉駅）	栃木県日光市足尾町掛水6
極楽寺（二ノ宮の葬儀会場）	神奈川県鎌倉市極楽寺3-6-7
極楽寺駅（四姉妹の家の最寄り駅）	神奈川県鎌倉市極楽寺3-7
文佐食堂（海猫食堂）	神奈川県藤沢市江の島1-6-22
共立蒲原総合病院（幸が勤務する病院）	静岡県富士市中之郷2500-1

海よりもまだ深く（映画）

［公　開］2016年5月

［スタッフ］監督・脚本・原案：是枝裕和

［出　演］阿部寛（篠田良多）, 樹木希林（篠田淑子）, 真木よう子（白石響子）, 小林聡美（中島千奈津）, リリー・フランキー（山辺康一郎）, 池松壮亮（町田健斗）, 吉澤太陽（白石真悟）〔ほか〕

［トピック］メインロケ地の「旭ヶ丘団地」は是枝監督が9歳から28歳まで実際に住んでいた団地。

ロケ地・場面	所在地
立川競輪場（良多と町田が仕事をサボる場所）	東京都立川市曙町3-32-5
団地センターバス停（良多が淑子への手土産を買うバス停）	東京都清瀬市5
旭ヶ丘団地（淑子が暮らす団地）	東京都清瀬市旭ヶ丘2
清瀬駅（淑子が住む団地の最寄り駅）	東京都清瀬市元町1-2-4
和菓子店・新杵（千奈津の職場）	東京都清瀬市中里5-8-1
野塩団地の公園〈通称・タコチュー公園〉（良多と真悟が遊具の中で雨宿りする公園）	東京都清瀬市野塩2

梅ちゃん先生（ドラマ）

［公　開］2012年4月～9月

［スタッフ］脚本：尾崎将也

［出　演］堀北真希（下村梅子）, 高橋克実（下村建造）, 南果歩（下村芳子）, ミムラ（下村松子）, 小出恵介（下村竹夫）, 倍賞美津子（下村正枝）〔ほか〕

ロケ地・場面	所在地
小貝川水辺プラザ（下村梅子と下村松子と下村竹夫と吉岡智司が歩いていた並木道のある河原）〔1〕	茨城県つくばみらい市北山2633-7
工業技術博物館 植原鉄工所（下村梅子が働いていた工場）〔1〕	埼玉県南埼玉郡宮代町学園台4-1
千葉県立房総のむら（下村松子が花嫁修業に行っている家）〔1〕	千葉県印旛郡栄町龍角寺1028
旧興新小学校（下村梅子が終戦を迎えた学校）〔1〕	千葉県香取郡多古町高津原293-2

里川に架かる八幡橋（下村梅子と下村竹夫が渡っていた橋）〔2〕	茨城県常陸太田市下河合町
千葉県立房総のむら（下村梅子と下村竹夫が買出しに行った田舎）〔2〕	千葉県印旛郡栄町龍角寺1028
大井川鉄道新金谷駅（下村梅子と下村竹夫が列車に乗ったしながは駅）〔2〕	静岡県島田市金谷東2-1112-2
大井川鉄道大井川第一橋梁（下村梅子と下村竹夫の乗った列車が渡っていた鉄橋）〔2〕	静岡県島田市川根町笹間渡1351
七ツ梅酒造跡〈ててて亭〉（下村竹夫の下宿「明和荘」と行きつけの店「だるま食堂」（撮影用のセット））〔2〜4〕	埼玉県深谷市深谷町9-12
弘経寺〈開山堂, 墓地〉（下村梅子の通う女学校が授業をしていた寺, 下村梅子が隠れて勉強していた墓）〔3〕	茨城県常総市豊岡町甲1
岡部神社（下村梅子が節子先生と話をした神社）〔3〕	埼玉県深谷市岡部705
若山農場（下村梅子たちが医薬品を運んでいた竹林）〔4〕	栃木県宇都宮市宝木本町2018
岡田記念館（下村梅子たちが医薬品を運ぶのを頼んだ家）〔4〕	栃木県栃木市嘉右衛門町1-12
七ツ梅酒造跡（薬物格納庫）〔4〕	埼玉県深谷市深谷町9-12
大井川鉄道新金谷駅（下村梅子たちが列車に乗ったしながは駅）〔4〕	静岡県島田市金谷東2-1112-2
旧万世橋駅（下村梅子、沢田弥生と山倉真一が街頭テレビを見に行った広場（川の上に群衆を合成））〔13〕	東京都千代田区神田須田町1-25-4
尾山神社（早野新造の娘が子供と写真を撮った神社（滝の写真は箕面の滝））〔16〕	石川県金沢市尾山町11-1
窓岩（早野新造の娘が子供と写真を撮った海）〔16〕	石川県輪島市野町曽々木海岸
八幡神社（下村梅子と安岡信郎が小さい頃に遊んだ神社）〔17〕	千葉県市原市佐是字宮作299
宝来公園（下村梅子が座っていた池のほとり）〔17〕	東京都大田区田園調布3-31-1
宝来公園（下村建造と立花陽造が小さい頃に登った階段）〔18〕	東京都大田区田園調布3-31-1
大倉山記念館（立花陽造が取り調べを受けた警察署）〔18〕	神奈川県横浜市港北区大倉山2-10-1
渋谷氷川神社（山倉真一が沢田弥生にプロポーズした夏祭りの神社）〔終〕	東京都渋谷区東2-5-6
日本加工製紙高萩工場跡地（空襲で焼けた蒲田の町（建物は撮影用のオープンセット））	茨城県高萩市安良川
小貝川水辺プラザ（よく出てくる河原）	茨城県つくばみらい市北山2633-7
千葉県立佐倉高等学校（下村梅子が受験した城南女子医学専門学校）	千葉県佐倉市鍋山町18
ヨネイビルディング（下村松子が働く会社が入っているビル）	東京都中央区銀座2-8-20
一橋大学（帝都大学病院）	東京都国立市中2-1

ウルヴァリン SAMURAI（映画）

［公　開］2013年9月

［スタッフ］監督：ジェームズ・マンゴールド, 脚本：クリストファー・マッカリー, マーク・ボンバック, スコット・フランク, 原作：クリス・クレアモント, フランク・ミラー

[出　演] ヒュー・ジャックマン(ローガン), TAO(マリコ・ヤシダ), 福島リラ(ユキオ), 真田広之(シンゲン・ヤシダ)〔ほか〕

ロケ地・場面	所在地
秋葉原(パチンコ屋で敵と戦う場所)	東京都千代田区外神田
増上寺(ヤシダの葬儀会場)	東京都港区芝公園4-7-35
高田馬場界隈(ローガンとマリコが逃走する場所)	東京都新宿区高田馬場
新宿駅西口の地下道(ローガンがマリコを追う地下道)	東京都新宿区西新宿1
上野ペデストリアンデッキ(ローガンとマリコが逃走する場所)	東京都台東区上野7
JR福山駅前(大阪駅)	広島県福山市三之丸町30
鞆の浦(長崎の港町)	広島県福山市鞆町鞆
圓福寺(マリコの別荘のある場所)	広島県福山市鞆町鞆10
大三島(ローガンらが倒れた大木を動かす場所など)	愛媛県今治市大三島町
白浜町(桐生がジョギングする場所)	和歌山県西牟婁郡白浜町
備前頤日生大橋〈日生～鹿久居島～頭島〉(カーチェイスのシーン)	岡山県備前市日生町
美作岡山道路(玉突き事故を起こした道路など)	岡山県美作市～岡山県岡山市東区

AI崩壊 (映画)

[公　開] 2020年1月

[スタッフ] 監督・脚本：入江悠

[出　演] 大沢たかお(桐生浩介), 賀来賢人(西村悟), 広瀬アリス(奥瀬久未), 岩田剛典(桜庭誠), 芦名星(林原舞花), 玉城ティナ(飯田眞子), 松嶋菜々子(桐生望)〔ほか〕

ロケ地・場面	所在地
栃木県庁(首相官邸)	栃木県宇都宮市塙田1-1-20
GLP流山1(のぞみサーバールーム)	千葉県流山市南401
東条海岸(桐生が妻の車椅子を押す場所)	千葉県鴨川市西町
ささしまライブアンダーパス(カーアクションのシーン)	愛知県名古屋市中村区平池町4

永遠の0 (映画)

[公　開] 2013年12月

[スタッフ] 監督・脚本：山崎貴, 脚本：林民夫, 原作：百田尚樹

[出　演] 岡田准一(宮部久蔵), 三浦春馬(佐伯健太郎), 井上真央(大石松乃), 吹石一恵(佐伯慶子), 風吹ジュン(佐伯清子)〔ほか〕

ロケ地・場面	所在地
旧筑波海軍航空隊司令部庁舎(海軍病院など)	茨城県笠間市旭町654
霧ヶ峰グライダー場・霧ヶ峰高原(零戦が不時着した場所, 宮部が零戦に乗り込むところなど)	長野県諏訪市四賀

影裏 (映画)

[公　開] 2020年2月

[スタッフ] 監督：大友啓史, 脚本：澤井香織, 原作：沼田真佑

[出　演] 綾野剛(今野秋一), 松田龍平(日浅典博), 筒井真理子(西山), 中村倫也(副島和哉), 平埜生成(清人), 國村隼(日浅征吾), 永島暎子(鈴村早苗), 安田顕(日浅馨)〔ほか〕

ロケ地・場面	所在地
米内川(今野と日浅が釣りをする川)	岩手県盛岡市
番屋ながさわ(今野と日浅が訪れた飲み屋)	岩手県盛岡市菜園2-6-1

ホテルメトロポリタンNEW WING（今野と和哉が再会するホテル）	岩手県盛岡市盛岡駅前北通2-27
ジャズ喫茶 BASIE（今野と日浅が訪れた喫茶店）	岩手県一関市地主町7-17
志戸前川（今野と日浅が釣りをする川）	岩手県岩手郡雫石町
VILLA ROSSO TRE紫波店（今野が訪れたレストラン）	岩手県紫波郡紫波町桜町2-1-1

S ―最後の警官―（ドラマ）

［公　開］2014年1月～3月

［スタッフ］脚本：古家和尚, 原作：小森陽一, 藤堂裕

［出　演］向井理（神御蔵一號）, 綾野剛（蘇我伊織）, 吹石一恵（棟方ゆづる）, 大森南朋（香椎秀樹）, 近藤正臣（霧山六郎）, 髙嶋政宏（中丸文夫）〔ほか〕

ロケ地・場面	所在地
さいたま市民医療センター（老婆が治療を受けた病院, 伊織が一號を批難した病院の前）〔1〕	埼玉県さいたま市西区島根299
さいたまスーパーアリーナ（伊織たちSATが配置につこうとしていたところ）〔1〕	埼玉県さいたま市中央区新都心8
さいたまスーパーアリーナ前の「けやきひろば」（ゆづるの前で老婆が通り魔に刺されたところ, 伊織が通り魔を射殺しようとしたところ, 一號が通り魔を殴り飛ばしたところ）〔1〕	埼玉県さいたま市中央区新都心8
津田沼中央総合病院（ゆづるが勤務している櫻霞総合病院）〔1〕	千葉県習志野市谷津1-9
浦安マリーナ（NPSが人質を救出したマリーナ）〔1〕	千葉県浦安市千鳥1
パナソニック東京汐留ビル前（人々が地上へ出てきた出入口）〔1〕	東京都港区東新橋1-5
竹町公園（2013年夏、一號が子供たちと話をしていた公園）〔1〕	東京都台東区台東4-21
肉のイチムラの前（人質が車に乗せられた交差点）〔1〕	東京都江東区豊洲4-2
岡本3丁目の坂道（半年前、自転車に乗って巡回している一號が下った坂道）〔1〕	東京都世田谷区岡本3-27と28の間
新宿クイントビルの前（18年前、ゆづるの両親が通り魔に射殺されたところ）〔1〕	東京都渋谷区代々木3-22
日暮里 安全・安心ステーション（一號が勤務していた田園調布警察署洗足交番）〔1〕	東京都荒川区東日暮里5-2
スーパーよしや中板橋本店前の中銀座（一號が走っていた商店街）〔1〕	東京都板橋区中板橋16
中板堂ビル（棟方ボクシングジムとまんぷく食堂の外観）〔1〕	東京都板橋区中板橋8
川崎地下街 アゼリア（ゆづるが友達と歩いていた池袋の地下街）〔1〕	神奈川県川崎市川崎区駅前本町
村上ビル（武装した男達が立て籠もったビル）〔1〕	愛知県名古屋市中区丸の内2-13
料亭 玉家（香椎が訪れた料亭）〔2〕	埼玉県さいたま市浦和区常盤3-24
津田沼中央総合病院（ゆづるが一號からのメールを見た病院の屋上）〔2〕	千葉県習志野市谷津1-9

八重洲橋本ビルの屋上（伊織が銃を構えていたビルの屋上）〔2〕	東京都中央区八丁堀1-7
外堀通りに面したビル（爆発事件が発生した赤坂のビル）〔2〕	東京都港区赤坂3-2
天王洲アイルのシーフォートスクエア（爆破事件が発生した品川のデパート）〔2〕	東京都品川区東品川2-3
目黒自動車交通（男が遠隔爆破の実験をしたビルの屋上）〔2〕	東京都目黒区中央町1-3
山野美容専門学校（NSPが爆弾を捜索していたところ）〔2〕	東京都渋谷区代々木1-53
石神井川に架かる根村橋（伊織が一號に話をした橋の上）〔2〕	東京都板橋区中板橋6-13
成田国際空港（正木が子供とぶつかった空港）〔3〕	千葉県成田市古込
東京国際交流館プラザ平成のメディアホール（香椎、中丸、天城、霧山たちが訓練の様子を見ていた部屋）〔3〕	東京都江東区青海2-2
フジテレビ湾岸スタジオの東側（横川の乗った車がトラックに囲まれて停車したところ）〔3〕	東京都江東区青海2-3
渋谷 エクセルホテル東急（正木が一號のインタビューを見ていたホテルの部屋）〔3〕	東京都渋谷区道玄坂1-12
横浜港国際流通センター事務所棟7階の会議室C（SATの部屋があるところ）〔3〕	神奈川県横浜市鶴見区大黒ふ頭22
清里高原ホテル（訓練のスタート/ゴール地点）〔3〕	山梨県北杜市高根町清里3545
南千石橋バス停近くの横断歩道（正木がバスに乗ったところ）〔4〕	東京都江東区新木場3-2
栄町通りの入口付近（横川が乗っていた車の運転手が放置されていたゴミ捨て場）〔4〕	東京都豊島区東池袋1-13
立飛ホールディングスの南地区（トラックがゲートを通過したところ, NPSが潜入した平成島倉庫の北側ゲート, 梶尾が撃たれたところ）〔4〕	東京都立川市高松町1-100
横浜港国際流通センター（NPSが到着したSAT本部, 一號がゆづると電話で話をしたところ, 一號が横川の携帯から送られてきたビデオを見たところ）〔4〕	神奈川県横浜市鶴見区大黒ふ頭22
津田沼中央総合病院（由真が電話インタビューに応えていた病院の屋上）〔5〕	千葉県習志野市谷津1-9
千代田区猿楽町町会詰所（板橋が自首した交番）〔5〕	東京都千代田区猿楽町2-3
JR中央本線沿いの皀角坂（一號が上っていた線路沿いの坂道）〔5〕	東京都千代田区神田駿河台2-11
かつしかシンフォニーヒルズ（板橋が暴漢に刺された警視庁港警察署）〔5〕	東京都葛飾区立石6-33
相鉄いずみ野線湘南台駅（神父こと板橋が由真が落とした銃弾を拾った駅のホーム）〔5〕	神奈川県藤沢市湘南台1-43
丹生トンネル（バスが停車したトンネル）〔6〕	千葉県南房総市富浦町丹生71
烏山公園（ゆづるが史朗とキャッチボールをしていた公園, 由紀子が史朗を迎えに来た公園）〔6〕	東京都世田谷区北烏山1-20

Sunshine Cityのバスターミナル（古橋が史朗と由紀子を見送ったバスターミナル）〔6〕	東京都豊島区東池袋3-1
中央自動車道八王子第2出口（バスが高速道路を降りた出口）〔6〕	東京都八王子市大谷町282
野村総合研究所鎌倉研究センター跡地（バスが検問を強行突破したところ）〔6〕	神奈川県鎌倉市梶原4-7
丹生トンネル（史朗を乗せたままバスが走り始めたトンネル）〔7〕	千葉県南房総市富浦町丹生71
やすらぎの里 南葉山霊園（蘇我が訪れた墓地）〔7〕	神奈川県横須賀市長坂4-15
富士スピードウェイ（SATが狙撃の準備をしていた「富士山ファミリーパーク」の敷地，一號が廣田を確保したところ）〔7〕	静岡県駿東郡小山町中日向694
グランパークタワープラザ3階の301大会議室（2年前、速田と当真が話をしていた会議室）〔8〕	東京都港区芝浦3-4
四の橋・白金商店街のメンズショップコバヤシ（蘇我と速田が聞き込みをしていた店頭）〔8〕	東京都港区白金1-6
都営地下鉄大江戸線飯田橋駅（女が紙袋を取り出した駅のコインロッカー，一號と梶尾、ポインターが訪れた駅のコインロッカー）〔8〕	東京都文京区後楽1-9
ル・サンク大崎シティタワーの前（バイク便が出発したマンションの前）〔8〕	東京都品川区大崎1-1
天王洲セントラルタワー北側のボードウォーク（速田と優子が歩いていたところ）〔8〕	東京都品川区東品川2-2
山野美容専門学校（霧山と天城が話をしていたところ）〔8〕	東京都渋谷区代々木1-53
池袋バッティングセンター（香椎が外事の男と話をしていたバッティングセンター）〔8〕	東京都豊島区東池袋1-30
聖フランシスコ幼稚園（優子が保育士をしている珠洲宮保育園）〔8〕	東京都足立区東和4-3
東和親水公園（聞き込み中の速田が電話を受けた公園）〔8〕	東京都足立区東和4-6
北総鉄道北総線新柴又駅（優子が速田と電話で話をしていた駅のホーム）〔8〕	東京都葛飾区柴又5-7
貸金庫ラスコ（男が紙袋を取り出した貸金庫）〔8〕	東京都八王子市旭町6
府中の森公園西側の「アカシア通り」（道路に飛出した園児を優子が助けたところ）〔8〕	東京都府中市浅間町1-3
利根浄化センター（松本三郎の車が見つかった洞道有明入口No.12の前）〔9〕	茨城県北相馬郡利根町布川3
埼玉県長瀞総合射撃場（蘇我が射撃の訓練をしていたところ，イルマが一號と蘇我の前で射撃の腕を披露したところ）〔9〕	埼玉県秩父郡長瀞町大字野上下郷2395
エム・ベイポイント幕張〈旧NTT幕張ビル〉内の会議室（天城が中丸に事態の収拾を命じていた会議室）〔9〕	千葉県千葉市美浜区中瀬1-6

国道1号線が目黒川を渡る五反田大橋（イルマと正木がすれ違った橋の上）〔9〕	東京都品川区西五反田2-27
新宿文化クイントビルの前（イルマが二人の男を投げ飛ばしたところ）〔9〕	東京都渋谷区代々木3-21
石神井川に架かる根村橋（一號とゆづるがイルマを見送った橋の上，正木が電話で話をしながら渡っていた橋）〔9〕	東京都板橋区中板橋6-13
みなとみらいミッドスクエアの南側 美術の広場前交差点（正木が霧山の乗った車を見送ったところ）〔9〕	神奈川県横浜市西区みなとみらい4-7
桐生市市民文化会館のシルクホール（正木たちが人質をとって立て籠もった東京中央フォーラムのホール）〔終〕	群馬県桐生市織姫町2
所沢市民文化センターミューズ（テレビ中継が行なわれていた東京中央フォーラムの外観）〔終〕	埼玉県所沢市並木1-9
神田外語大学 附属図書館（銃撃戦が起きた図書館）〔終〕	千葉県千葉市美浜区若葉1-4
エム・ベイポイント幕張〈旧NTT幕張ビル〉（蘇我と横川が話をしていたエレベーターホール）〔終〕	千葉県千葉市美浜区中瀬1-6
川崎マリエンの第1会議室（香椎が呼び出された会議室）〔終〕	神奈川県川崎市川崎区東扇島38
修善寺ユースホステル（テロリストたちが立っていた建物の上）〔終〕	静岡県伊豆市修善寺4279-152

S—最後の警官—奪還 RECOVERY OF OURFUTURE（映画）

［公　開］2015年8月

［スタッフ］監督：平野俊一，脚本：古家和尚，原作：小森陽一，藤堂裕

［出　演］向井理（神御蔵一號），綾野剛（蘇我伊織），新垣結衣（林イルマ），吹石一恵（棟方ゆづる），青木崇高（倉田勝一郎），オダギリジョー（正木圭吾），大森南朋（香椎秀樹）〔ほか〕

［トピック］テレビドラマ「S—最後の警官—」の劇場版。

ロケ地・場面	所在地
取手競輪場（潜水艦内部）	茨城県取手市白山6-2-8
イーアスつくば（神御蔵が正木を追う場所）	茨城県つくば市研究学園5-19
百里基地（ヘリコプターのシーン）	茨城県小美玉市
小倉駅前大通り〈平和通りなど〉（バスの暴走シーンなど）	福岡県北九州市小倉北区魚町1
マリオンカフェ コレット井筒屋小倉店（正木が大通りを見下ろすカフェ）	福岡県北九州市小倉北区京町3-1-1
JR小倉駅前 ペデストリアンデッキ（林が通路から狙撃する場所）	福岡県北九州市小倉北区浅野1-1
佐世保・西海エリア（タンカーのシーン）	長崎県

SP 野望篇（映画）

［公　開］2010年10月

［スタッフ］監督：波多野貴文，脚本・原案：金城一紀

［出　演］岡田准一（井上薫），真木よう子（笹本絵里），香川照之（伊達國雄），松尾諭（山本隆文），神尾佑（石田光男），堤真一（尾形総一郎），山本圭（麻田雄三）〔ほか〕

ロケ地・場面	所在地
ホテルグランド東雲（東京へ戻る伊達が車に乗った「Grand Shinonome」の前）	茨城県つくば市小野崎488
東武東上線東松山駅前（伊達が応援演説をしていたところ）	埼玉県東松山市箭弓町1-12
六本木通りの財務省上交差点（井上が官房長官を警察官に引継いだところ，井上が狙われていることに気付いた交差点）	東京都千代田区永田町1-3
寿ビルの前（トラックの横転事故が起きた交差点）	東京都千代田区神田錦町3-18
日本郵便晴海支店の前（井上が打ち返したダイナマイトが爆発したところ，笹本がボーガンで左肩を撃たれたところ）	東京都中央区晴海4-6
セレスティンホテルの西側（スーツ姿の男を追いかけた井上が車の屋根の上を走っていたところ）	東京都港区芝3-23
東京汐留ビルの北側（井上と男がトラックの荷台に飛び移った歩道橋の階段）	東京都港区東新橋1-9
桜田通り〈国道1号線〉（井上と男がトラックの荷台から飛び降りたところ）	東京都港区麻布十番4-6
六本木ヒルズの六本木ヒルズアリーナ（警護課第四係機動警護班が警護をしていた地雷撲滅キャンペーンの会場）	東京都港区六本木6-10
リーガロイヤルホテル東京のロイヤルホール（「伊達國雄と未来を語る会」の会場）	東京都新宿区戸塚町1-104
井ノ頭通りの上原三丁目交差点付近（尾形が石田に電話を掛けていたところ）	東京都渋谷区上原3-1
西武有楽町線新桜台駅の4番出入口（男を追って井上が下った麻布台駅の入口）	東京都練馬区羽沢1-7
西武有楽町線新桜台駅（井上が男を確保した「麻布台」駅）	東京都練馬区桜台1-28
味の素スタジアムのメインエントランス前（伊達の警護に向かう井上たちが車に乗って出発したところ）	東京都調布市西町376
横浜開港資料館前の開港広場（井上と尾形が話をしていたところ）	神奈川県横浜市中区日本大通3

SP スペシャル 革命前日（ドラマ）

［公　開］2011年3月5日
［スタッフ］脚本・原案：金城一紀
［出　演］岡田准一（井上薫），堤真一（尾形総一郎），真木よう子（笹本絵里），松尾諭（山本隆文），神尾佑（石田光男），山本圭（麻田雄三），香川照之（伊達國雄）〔ほか〕

ロケ地・場面	所在地
つくば国際会議場（NAITOたちがテレビを観ていた新千歳空港のロビー）	茨城県つくば市竹園2-20
東武東上線東松山駅前（伊達が応援演説をしていたところ）	埼玉県東松山市箭弓町1-12
幕張メッセ国際展示場9～11ホール前のエスプラナード（岡山へ向かう田中と札幌から到着したNAITOたちがすれ違った空港）	千葉県千葉市美浜区中瀬2-1

六本木通りの財務省上交差点（井上が官房長官を警察官に引継いだところ，井上が狙われていることに気付いた交差点）	東京都千代田区永田町1-3
寿ビルの前（トラックの横転事故が起きた交差点）	東京都千代田区神田錦町3-18
日比谷公園（石田が別れた妻と娘を待っていた公園）	東京都千代田区日比谷公園
セレスティンホテルの西側（スーツ姿の男を追いかけた井上が車の屋根の上を走っていたところ）	東京都港区芝3-23
東京汐留ビルの北側（井上と男がトラックの荷台に飛び移った歩道橋の階段）	東京都港区東新橋1-9
桜田通り〈国道1号線〉（井上と男がトラックの荷台から飛び降りたところ）	東京都港区麻布十番4-6
六本木ヒルズの六本木ヒルズアリーナ（革命2ヶ月前、警護課第四係機動警護班が警護をしていた地雷撲滅キャンペーンの会場）	東京都港区六本木6-10
リーガロイヤルホテル東京のロイヤルホール（「伊達國雄と未来を語る会」の会場）	東京都新宿区戸塚町1-104
ステーキハウス ビーエム戸越店（KIKUCHIたちがステーキを食べていた店）	東京都品川区戸越5-15
中華麵舗 虎（山本たちが食事をしていた中華料理店）	東京都大田区矢口1-6
井ノ頭通りの上原三丁目交差点付近（尾形が石田に電話を掛けていたところ）	東京都渋谷区上原3-1
西武池袋線東長崎駅（乗り換えのために笹本が電車を降りた駅）	東京都豊島区長崎5-1
西武有楽町線新桜台駅（井上が男を確保した「麻布台」駅）	東京都練馬区桜台1-28
ユナイテッドシネマズの「ユナイテッド・シネマとしまえん」（山本が恋人と待ち合わせをしていたシネコン）	東京都練馬区練馬4-15
春清禅寺（笹本が井上を連れて行った大仏のある寺）	東京都三鷹市新川4-4
横浜開港資料館前の開港広場（井上と尾形が話をしていたところ，井上がベンチに座っていたところ）	神奈川県横浜市中区日本大通3
三津屋（田中を尾行していた男が訪れたコンビニ）	神奈川県川崎市多摩区枡形5-19

SP 革命篇（映画）

［公　開］2011年3月

［スタッフ］監督：波多野貴文，脚本・原案：金城一紀

［出　演］岡田准一（井上薫），堤真一（尾形総一郎），香川照之（伊達國雄），真木よう子（笹本絵里），松尾諭（山本隆文），神尾佑（石田光男），山本圭（麻田雄三）〔ほか〕

ロケ地・場面	所在地
幕張メッセ国際展示場9～11ホールのエスプラナード（田中が到着した空港のロビー）	千葉県千葉市美浜区中瀬2-5
憲政記念館前交差点の西側付近（横溝が車を止めて電話を掛けていたところ）	東京都千代田区永田町1-8
東京メトロの永田町駅1番出入口（内藤が出てきた地下鉄の出入口）	東京都千代田区永田町2-1

学士会館（井上たちが検索していた部屋）	東京都千代田区神田錦町3-28
サンケイビル「東京サンケイビル」のメトロスクエア・フラット（井上たちが警護に向かったビルの前）	東京都千代田区大手町1-7
フジテレビ（中尾が井上と電話で話をしていた警視庁内の会議室）	東京都港区台場2-4
フジテレビ湾岸スタジオ（井上が尾形と朝田に追いついた首相官邸の屋上）	東京都江東区青海2-3
カフェ・ミケランジェロ前の旧山手通り（テロリストたちの乗った車が止ったカフェの前）	東京都渋谷区猿楽町29
クロスウェーブ府中（LIVERPOOL Air-ConditioningSystemの車が到着した衆議院第二議員会館の外観）	東京都府中市日鋼町1
味の素スタジアム（尾形が朝田をエレベーターに乗せたところ）	東京都調布市西町376
滋賀県庁（尾形や井上たちが次々と到着した国会議事堂の車寄せ，国会議事堂裏記者入口，井上が中里と闘った地下通路，尾形が麻田を追っていた地下通路）	滋賀県大津市京町4-1

エール（ドラマ）

［公　開］2020年3月～11月

［スタッフ］脚本：清水友佳子，嶋田うれ葉，吉田照幸，原作・原案：林宏司

［出　演］窪田正孝（古山裕一），二階堂ふみ（関内音），唐沢寿明（古山三郎），菊池桃子（古山まさ），佐久本宝（古山浩二），風間杜夫（権藤茂兵衛），山崎育三郎（佐藤久志），中村蒼（村野鉄男），森山直太朗（藤堂清晴），薬師丸ひろ子（関内光子），光石研（関内安隆），松井玲奈（関内吟），森七菜（関内梅），古川雄大（御手洗清太郎）〔ほか〕

ロケ地・場面	所在地
吉田城址 鉄櫓東側の石垣（関内音が関内安隆と話をしていた石垣）〔2〕	愛知県豊橋市今橋町3
水林自然林（オープニングに出てくる林）	福島県福島市荒井地蔵原乙1-5
安積歴史博物館（古山裕一が通う福島商業高校）	福島県郡山市開成5-25-63
旧茨城県立土浦中学校本館（古山音が通う東京帝国音楽学校）	茨城県土浦市真鍋4-4-2
ワープステーション江戸（福島の川俣の町並み）	茨城県つくばみらい市南太田1176
旧上岡小学校（関内音が通う小学校）	茨城県久慈郡大子町大字上岡957-3
旧堀田邸（福島の福松館）	千葉県佐倉市鏑木町274
柴本農園（古山浩二が畠山まき子にプロポーズした畠山林檎園）	長野県飯田市龍江6805
伊古部海岸（オープニングに出てくる砂浜の海岸）	愛知県豊橋市伊古部町枇杷ケ谷57
旧門谷小学校（古山裕一が通う福島信夫小学校）	愛知県新城市門谷宮下26

おおかみこどもの雨と雪（映画）

［公　開］2012年7月

［スタッフ］監督・脚本・原作：細田守，脚本：奥寺佐渡子

［出　演］宮崎あおい（花），大沢たかお（彼），黒木華（雪），西井幸人（雨）〔ほか〕

［トピック］主に富山県を舞台とする実景が取り入れられたアニメ映画。

ロケ地・場面	所在地
白十字（花と彼の待ち合わせ場所）	東京都国立市中1-9-43

一橋大学（花が通う大学）	東京都国立市中2-1
おおかみこどもの花の家（花と雪・雨の住む家）	富山県中新川郡上市町浅生18
みくりが池（雨と先生が訪れた湖）	富山県中新川郡立山町芦峅寺 ブナ坂外11国有林
称名滝（ラストシーンの滝）	富山県中新川郡立山町芦峅寺 称名川

大鹿村騒動記（映画）

［公　開］2011年7月

［スタッフ］監督・脚本：阪本順治, 脚本：荒井晴彦, 原案：延江浩

［出　演］原田芳雄（風祭善）, 大楠道代（風祭貴子）, 岸部一徳（能村治）, 佐藤浩市（越田一平）, 松たか子（織井美江）, 冨浦智嗣（大地雷音）, 瑛太（柴山寛治）〔ほか〕

ロケ地・場面	所在地
小渋橋（台風の中、貴子を探す橋）	長野県下伊那郡大鹿村大河原
大河原バス停（貴子と治が18年ぶりに大鹿村に帰郷する際のバス停など）	長野県下伊那郡大鹿村大河原3113
ディア・イーター（善が経営する鹿肉料理の食堂）	長野県下伊那郡大鹿村大河原3397
大磧神社（歌舞伎を行う場所）	長野県下伊那郡大鹿村大河原3402

おかえり、はやぶさ（映画）

［公　開］2012年3月

［スタッフ］監督：本木克英, 脚本：金子ありさ

［出　演］藤原竜也（大橋健人）, 杏（野村奈緒子）, 三浦友和（大橋伊佐夫）, 前田旺志郎（岩松風也）〔ほか〕

ロケ地・場面	所在地
内之浦漁港（奈緒子の回想シーンで登場する漁港）	鹿児島県肝属郡肝付町南方
叶岳ふれあいの森（奈緒子の回想シーンで登場する場所）	鹿児島県肝属郡肝付町南方2030-95

おかえりモネ（ドラマ）

［公　開］2021年5月～10月

［スタッフ］脚本：安達奈緒子

［出　演］清原果耶（永浦百音）, 内野聖陽（永浦耕治）, 鈴木京香（永浦亜哉子）, 蒔田彩珠（永浦未知）, 藤竜也（永浦龍己）, 竹下景子（永浦雅代）, 夏木マリ（新田サヤカ）, 坂口健太郎（菅波光太朗）, 浜野謙太（佐々木翔洋）, でんでん（川久保博史）, 西島秀俊（朝岡覚）, 永瀬廉（及川亮）, 浅野忠信（及川新次）〔ほか〕

ロケ地・場面	所在地
虎屋横丁（看板が落下した仙台の道路）	宮城県仙台市青葉区国分町～東一番町
東京エレクトロンホール宮城（モネが気象予報士の試験を受けた会場）	宮城県仙台市青葉区国分町3-3-7
常盤木学園高等学校（モネが受験した仙台青葉学園）	宮城県仙台市青葉区小田原4-3-20
JR東北本線の架道橋（モネと永浦耕治が通っていたトンネル）	宮城県仙台市青葉区中央1
誓亀山光明寺（後藤三生の実家の寺）	宮城県気仙沼市浦の浜202
大島神社（モネが合格祈願に行った亀島神社）	宮城県気仙沼市亀山1
亀山展望台 亀山レストハウス（モネが中学生の時に吹奏楽を演奏していた山）	宮城県気仙沼市亀山2
武山米店（モネが及川亮を見た武川商店）	宮城県気仙沼市魚町1-1-13
気仙沼市民会館（モネが参加した気仙沼市中学校吹奏楽アンサンブルコンクールの会場）	宮城県気仙沼市笹が陣4-2

田中浜（モネが遊んでいた亀島の砂浜）	宮城県気仙沼市大島
気仙沼線BRT南気仙沼駅（及川亮がモネを見送ったバス停）	宮城県気仙沼市仲町2-358-4
安波山（モネと永浦耕治が東日本大震災に遭った気仙沼を見た山）	宮城県気仙沼市町裏
津山町森林組合（加山木材センター）	宮城県登米市津山町柳津小麻78
JR気仙沼線柳津駅（モネが気仙沼行きのBRTに乗った柳津駅）	宮城県登米市津山町柳津谷木196
北上川の堤防（よく出てくる北上川の堤防）	宮城県登米市登米町寺池九日町
旧登米高等尋常小学校教育資料館（モネが林間学校の生徒を案内した学校）	宮城県登米市登米町寺池桜小路6
寺池園（モネが下宿する新田サヤカの家）	宮城県登米市登米町寺池上町134-1
伝統芸能伝承館 森舞台（登米能が開催された舞台）	宮城県登米市登米町寺池上町42-42
one world（田中知久がマスターのジャズ喫茶Swifty）	宮城県登米市東和町錦織字萱野5
大関川沿いの道（最初の空撮シーンで使われた道）	宮城県登米市東和町米谷根廻
長沼フートピア公園（モネが働く米麻町森林組合）	宮城県登米市迫町北方天形161-84
旧北上川の鴇波水門（モネ達が移流霧を見た場所）	宮城県登米市豊里町白鳥山鴇波
朝野堂（モネが気象予報士試験の参考書を購入した書店）	宮城県栗原市若柳川北中町48
ユリノキ通りのアンダーパス（大雨で環水した道路）	埼玉県春日部市南3
月島川水門テラス（中央大橋とスカイツリーが見える水辺）	東京都中央区月島3
CROSS DOCK HARUMI（モネが就職した気象情報会社「ウェザーエキスパーツ」）	東京都中央区晴海4-7-4
隅田川に架かる勝鬨橋（モネが渡っていた橋）	東京都中央区築地6から勝どき1
明石町・聖路加ガーデン前（モネが水上バスを下船した場所）	東京都中央区明石町
隅田川に架かる駒形橋（台風一過の東京の風景）	東京都台東区駒形2
隅田川に架かる吾妻橋〈駒形橋から見た風景〉（水上バスが走っていた赤い橋）	東京都台東区雷門2-19
明神湯（モネが東京で住むことになったシェアハウス「汐見湯」）	東京都大田区南雪谷5-14-7
NHK放送センター（JAPAN UNITED TELVISION（通称Jテレ））	東京都渋谷区神南2-2-1
平塚競技場〈レモンガススタジアム平塚〉（鮫島祐希が車椅子マラソンの練習をしていた競技場）	神奈川県平塚市大原1-1

小川の辺（映画）

［公　開］2011年7月

［スタッフ］監督：篠原哲雄，脚本：長谷川康夫，飯田健三郎，原作：藤沢周平

［出　演］東山紀之（戌井朔之助），片岡愛之助（佐久間森衛），菊地凛子（田鶴），勝地涼（新蔵）〔ほか〕

ロケ地・場面	所在地
金峰山（朔之助と新蔵が江戸に向かう途中に水をくむ場面）	山形県鶴岡市青龍寺字金峯1

旧尾形家住宅	山形県上山市下生居170
長瀞岩畳周辺	埼玉県秩父郡長瀞町

奥様は、取り扱い注意（ドラマ）

[公　開] 2017年10月～12月
[スタッフ] 脚本・原案：金城一紀
[出　演] 綾瀬はるか（伊佐山菜美），広末涼子（大原優里），西島秀俊（伊佐山勇輝），石黒賢（大原啓輔），本田翼（佐藤京子）〔ほか〕

ロケ地・場面	所在地
アートグレイスウエディングシャトー（菜美が勇輝に一目惚れした合コン会場）〔1〕	埼玉県さいたま市北区植竹町1-816
SKIPシティ（菜美と勇輝が出てきた区役所）〔1〕	埼玉県川口市上青木3-12
カンデオホテルズ千葉（優子が出てきたホテル）〔1〕	千葉県千葉市中央区問屋町1
THE Cortona Sea Side 台場（菜美と勇輝がソファーに座って話をしていたところ）〔1〕	東京都港区台場1-7
国立成育医療研究センター病院の成育庭園（水上邸を出た菜美、優里、京子が歩いていたところ，水上邸へ向かう菜美が走っていたところ，水上喬史から奪った結婚指輪を菜美が捨てたところ）〔1〕	東京都世田谷区大蔵2-10
山野美容専門学校（菜美、優里、京子が通い始めた料理教室がある建物の外観）〔1〕	東京都渋谷区代々木1-53
府中市市民活動センター プラッツの料理室（菜美、優里、京子が水上知花と出会った料理教室）〔1〕	東京都府中市宮町1-100
プラザ栄光生鮮館コットンハーバー店（サングラスをかけた知花に菜美が再会したスーパー）〔1〕	神奈川県横浜市神奈川区星野町8
みなとみらいグランドセントラルタワー（菜美が受付嬢をしていたロビー）〔1〕	神奈川県横浜市西区みなとみらい4-6
エムエム タイ（菜美が同僚たちとスイーツを食べていたレストラン）〔1〕	神奈川県横浜市西区みなとみらい4-6
狩野川に架かる港大橋（優子が飛び降りた橋）〔1〕	静岡県沼津市西島町16
みその幼稚園（優子がいじめっ子をやっつけた「光が丘学園」）〔2〕	東京都板橋区三園1-30
プラザ栄光生鮮館コットンハーバー店（菜美が夏希と出会ったスーパー）〔2〕	神奈川県横浜市神奈川区星野町8
荏田東1丁目並木道（夏希の家を出た菜美、優里、京子が歩いていた並木道）〔2〕	神奈川県横浜市都筑区荏田東1-3付近
早稲田公園（菜美が訪れた「さくら公園」，菜美が貴子と対決した「さくら公園」）〔3〕	埼玉県三郷市早稲田4-4
ショッピングセンターソヨカふじみ野（カツアゲされている中学生を菜美が助けたショッピングモール）〔3〕	埼玉県ふじみ野市うれし野2-10
印西市松山下公園陸上競技場（菜美が理沙のトレーニングをしていた陸上競技場）〔3〕	千葉県印西市浦部675
VOLKS 西参道店（菜美と理沙が話をしていたレストラン）〔3〕	東京都渋谷区代々木3-33

能ヶ谷6丁目の交差点(自転車に乗った理沙を貴子が突き倒した交差点)〔3〕	東京都町田市能ヶ谷6-31付近
プラザ栄光生鮮館コットンハーバー店(菜美と貴子が出会ったスーパー)〔3〕	神奈川県横浜市神奈川区星野町8
荏田東すいせん公園付近(理沙が菜美に動画を見せたところ)〔3〕	神奈川県横浜市都筑区荏田東1-13
喜久屋クリーニング店(菜美が訪れた「リバプールクリーニング」)〔4〕	東京都北区東十条1-17
弘明寺商店街(中学生の菜美がパトロールをしていた商店街)〔4〕	神奈川県横浜市南区弘明寺町155
熊野神社(中学生の菜美たちがアイスを舐めていた神社の境内)〔4〕	神奈川県横須賀市長井6-16
旭倉庫(優里が菜美と京子を連れていったクラブの外観)〔5〕	東京都中央区月島1-14
アコードビル(菜美たちが上った非常階段, 菜美たちがベンチに座って朝日を見たビルの屋上)〔5〕	東京都新宿区新宿2-12
STUDIO ピアの「Pia34 辰巳」(河野佳子が優里とメッセージのやりとりをしていた家)〔5〕	東京都江東区辰巳3-16
ティップネス 氷川台(優里が大原啓吾の付き添いで行ったプール)〔5〕	東京都練馬区桜台3-34
青木病院(菜美と京子が優里を待っていた病院のロビー)〔5〕	東京都調布市上石原3-33
インペリアルビル(菜美たちが忍び込んだビルの入口, 菜美たちがタクシーに乗ったビルの前)〔5〕	神奈川県横浜市中区山下町25
早稲田奉仕園の「スコットホール」(16歳の菜美が座っていた教会の内部)〔6〕	東京都新宿区西早稲田2-3
府中市市民活動センター プラッツの会議室(菜美たちと冴月、靖子、千尋がフラワーアレンジメントをしていた部屋)〔6〕	東京都府中市宮町1-100
プラザ栄光生鮮館コットンハーバー店(菜美が冴月と冴月の夫・達郎に出会ったスーパー)〔6〕	神奈川県横浜市神奈川区星野町8
オフィスFelt(菜美が忍び込んだ加藤邸)〔6〕	神奈川県横浜市青葉区新石川3-23
生田スタジオ(菜美が事情聴取を受けた小見川警察署)〔6〕	神奈川県川崎市多摩区菅仙谷3-20
聖フランシスコ教会(菜美がチャペルアテンダーの仕事をしていた教会)〔7〕	千葉県香取市篠原イ987
グランドニッコー東京台場(勇輝が菜美と電話で話をしていたホテルの部屋)〔7〕	東京都港区台場2-6
Royal Garden Cafe 青山店(友恵が幸平と話をしたカフェ)〔7〕	東京都港区北青山2-1
ユリの木公園(小野寺邸を出た菜美、優里、京子が歩いていたところ)〔7〕	東京都世田谷区赤堤1-15
VOLKS 西参道店(菜美と幸平が話をしていたファミリーレストラン)〔7〕	東京都渋谷区代々木3-33

大手町ファーストスクエアビル（勇輝が勤務する会社の外観）〔8〕	東京都千代田区大手町1-5
アダムスオーサムパイ（祐里が安西に会いに行ったカフェ）〔8〕	東京都立川市緑町4
横浜市営地下鉄グリーンラインの中山駅（勇輝が電車に乗ろうとした駅）〔8〕	神奈川県横浜市緑区中山町350
荏田東1丁目並木道（菜美が勇輝を尾行していた並木道，勇輝が財布をとりに戻ったところ）〔8〕	神奈川県横浜市都筑区荏田東1-3付近
中川5丁目の階段（菜美が勇輝を尾行していた階段）〔8〕	神奈川県横浜市都筑区中川5-20付近
Cafe CIELO（渉が女性を待っていたカフェ）〔9〕	東京都新宿区高田馬場1-31
アニコムホールディングス（勇輝のオフィス）〔9〕	東京都新宿区西新宿8-17
新宿文化クイントビル（渉が出てきたビル）〔9〕	東京都渋谷区代々木3-22
ホテルカデンツァ光が丘（主婦が入ってきたホテル）〔9〕	東京都練馬区高松5-8
スタジオデルフィオーレ八王子（優里が訪れたレストラン）〔9〕	東京都八王子市大谷町59
MrMax 町田多摩境店（小雪が菜美に会いに行った店）〔9〕	東京都町田市小山ヶ丘6-1
プラザ栄光生鮮館コットンハーバー店（京子が佳子と出会ったスーパー）〔9〕	神奈川県横浜市神奈川区星野町8
インペリアルビル（菜美が男を倒した階段）〔終〕	神奈川県横浜市中区山下町25
モザイクモール港北（菜美が小雪から勇輝の情報を聞いた屋上ひろば）〔終〕	神奈川県横浜市都筑区中川中央1-31

お嬢さん（映画）

［公　開］2017年3月

［スタッフ］監督・脚本：パク・チャヌク，脚本：チョン・ソギョン，原作：サラ・ウォーターズ

［出　演］キム・ミニ（和泉秀子（お嬢様）），キム・テリ（ナム・スッキ/珠子），ハ・ジョンウ（藤原伯爵），チョ・ジヌン（上月教明），キム・ヘスク（侍女長の佐々木夫人），ムン・ソリ（秀子の叔母）〔ほか〕

［トピック］サラ・ウォーターズ『荊の城』を原案に、舞台を日本統治時代の朝鮮に置き換えて描かれた韓国映画。日本でもロケが行われた。

ロケ地・場面	所在地
伊勢山上飯福田寺（結婚式会場）	三重県松阪市飯福田町273
諸戸氏庭園（書庫の外観）	三重県桑名市太一丸18
六華苑（秀子の屋敷）	三重県桑名市大字桑名663-5
名張藤堂家邸跡（日本に駆け落ちしたスッキと秀子、藤原伯爵が泊まった宿）	三重県名張市丸之内54-3
小向神社（秀子の医師が訪れる場所）	三重県三重郡朝日町小向1573-3

おしん（映画）

［公　開］2013年10月

［スタッフ］監督：冨樫森，脚本：山田耕大，原作：橋田壽賀子

［出　演］濱田ここね（谷村しん），上戸彩（谷村ふじ），稲垣吾郎（谷村作造），岸本加世子（つね），小林綾子（八代みの）〔ほか〕

ロケ地・場面	所在地
大山下池（俊作が憲兵に見つかる場所）	山形県鶴岡市大山
山居倉庫（正月の街かど）	山形県酒田市山居町1-1-20
旧鐙屋（加賀屋）	山形県酒田市中町1-14-20
八幡神社（おしんが石段でハーモニカを吹く神社）	山形県酒田市北沢鍋倉25
中山河川公園（中川材木店に奉公に出たおしんが川でおしめを洗う場所）	山形県飽海郡遊佐町直世字尻地
旧青山本邸（中川材木店）	山形県飽海郡遊佐町比子字青塚155

おちょやん（ドラマ）

［公　開］2020年11月～2021年5月

［スタッフ］脚本：八津弘幸

［出　演］杉咲花（竹井千代），トータス松本（竹井テルヲ），宮澤エマ（竹井栗子），篠原涼子（岡田シズ），名倉潤（岡田宗助），いしのようこ（富川菊），成田凌（天海一平），星田英利（須賀廼家千之助），中村鴈治郎（大山鶴蔵），井川遥（高城百合子），若村麻由美（山村千鳥），板尾創路（須賀廼家万太郎）〔ほか〕

ロケ地・場面	所在地
愛知川河川敷（千代が生まれ育った大阪・南河内の風景）〔1〕	滋賀県東近江市今代町
愛知川河川敷（奉公に出ていく千代をテルヲが見送った場所）〔5〕	滋賀県東近江市今代町
豊郷小学校旧校舎群（千代が通っている富田林の小学校）〔5〕	滋賀県犬上郡豊郷町石畑518
三井寺〈園城寺〉（岡安から実家に帰されそうになった千代が行く当てもなく雨宿りをした場所）〔10〕	滋賀県大津市園城寺町246
愛知川河川敷（千代が躓き転んだところ）〔88〕	滋賀県東近江市今代町
近江商人屋敷 外村宇兵衛邸（千代が食料をもらいに訪ねた大阪近郊の農家）〔88〕	滋賀県東近江市今代町
伊吹山麓（一平が酔っぱらいながら歩いた焼け跡）〔88〕	滋賀県米原市
松竹撮影所の駐車場（道頓堀セット）	京都府京都市右京区太秦堀ヶ内町12-9
河内長野市内の森（千代が幼少期を過ごした場所）	大阪府河内長野市

娚の一生（映画）

［公　開］2015年2月

［スタッフ］監督：廣木隆一，脚本：斉藤ひろし，原作：西炯子

［出　演］榮倉奈々（堂薗つぐみ），豊川悦司（海江田醇），安藤サクラ（秋本岬），前野朋哉（園田哲志），落合モトキ（友生貴広），坂口健太郎（信夫），向井理（中川俊夫）〔ほか〕

ロケ地・場面	所在地
津市競艇場（海江田がレースのあと鍵を落とした競艇場）	三重県津市藤方637
山神橋（今日子が歩いた橋）	三重県伊賀市山神
伊賀市役所本庁（鶴水市役所）	三重県伊賀市四十九町3184
伊賀市立上野創造病院（鶴水の病院）	三重県伊賀市四十九町831
オークワ ジョイシティ伊賀上野店（まことの服を選んだ店）	三重県伊賀市小田町256-1
上郡木津川土手（海江田とつぐみが自転車を二人乗りした道）	三重県伊賀市上郡
セントレイクスゴルフ倶楽部近辺（つぐみが園田、友生と出会う場所）	三重県伊賀市上郡大峯1338

上野点字図書館近辺（海江田、つぐみ、まことが歩いた道）	三重県伊賀市上野寺町1184-2
伊賀市役所伊賀支所（鶴水警察署）	三重県伊賀市新堂313-1
伊賀の里モクモク手づくりファーム（鶴水の温泉施設）	三重県伊賀市西湯舟3609
土橋の北側（買い物の帰り道）	三重県伊賀市土橋
島ヶ原駅（千台駅）	三重県伊賀市島ヶ原
枅川電話交換所近辺（海江田がまことを探す場所）	三重県伊賀市枅川82-15
月ヶ瀬口駅（鶴水駅）	京都府相楽郡南山城村北大河原殿田平尾

男はつらいよ お帰り 寅さん（映画）

［公　開］2019年12月

［スタッフ］監督・脚本・原作：山田洋次, 脚本：朝原雄三

［出　演］渥美清（車寅次郎）, 倍賞千恵子（諏訪さくら）, 吉岡秀隆（諏訪満男）, 後藤久美子（イズミ・ブルーナ）, 前田吟（諏訪博）, 池脇千鶴（高野節子）, 夏木マリ（原礼子）, 浅丘ルリ子（リリー）, 美保純（朱美）, 佐藤蛾次郎（源公）, 桜田ひより（諏訪ユリ）, 北山雅康（三平）, カンニング竹山（飯田）, 濱田マリ（書店の客）, 出川哲朗（山中）, 松野太紀（ジャズ喫茶店長）, 立川志らく（噺家）, 小林稔侍（窪田）, 笹野高史（御前様）, 橋爪功（及川一男）, 林家たま平（ケアセンターの職員）〔ほか〕

ロケ地・場面	所在地
成田国際空港（満男とイズミが別れた空港）	千葉県成田市古込1-1
八重洲ブックセンター八重洲本店（満男のサイン会会場）	東京都中央区八重洲2-5-1
成城大学（国連UNHCR協会の講演会会場）	東京都世田谷区成城6-1-20
サニーヒル横須賀（介護施設の屋上）	神奈川県横須賀市長井6-21-7
宮川公園（満男とイズミが三浦半島で訪れた場所）	神奈川県三浦市三崎町六合1847-3
鳥取砂丘（冒頭の満男の夢に登場した場所）	鳥取県鳥取市湯山

踊る大捜査線 THE FINAL 新たなる希望（映画）

［公　開］2012年9月

［スタッフ］脚本：君塚良一

［出　演］織田裕二（青島俊作）, 深津絵里（恩田すみれ）, ユースケ・サンタマリア（真下正義）, 柳葉敏郎（室井慎次）, 内田有紀（篠原夏美）, 伊藤淳史（和久伸次郎）, 小栗旬（鳥飼誠一）, 香取慎吾（久瀬智則）, 北村総一朗（神田総一朗）, 小野武彦（袴田健吾）〔ほか〕

ロケ地・場面	所在地
境川に架かる高洲橋（真下の息子・勇気が久瀬に連れ去られたところ, 青島が自転車を借りたところ）	千葉県浦安市明海3-1
NTT晴海ビルの前（工事で渋滞している交差点を青島が左折したところ）	東京都中央区晴海4-1
晴海客船ターミナルのバス停（すみれが大分行のバスに乗り込んだバスターミナル）	東京都中央区晴海5-7
JR東海道本線の港町架道橋の下（変死体が発見された海浜トンネル）	東京都港区海岸1-3
フジテレビ（室井を委員長とする会議が行なわれたところ）	東京都港区台場2-4
Tea Room Nakaya（太田が入ろうとした喫茶店）	東京都台東区台東4-22

ロケ地・場面	所在地
佐藤精肉店（青島、すみれ、和久が潜入捜査をしていた「からあげ専門店」，指名手配犯の太田が逮捕されたところ）	東京都台東区台東4-23
南千石橋（青島が交通課の応援で駐車違反の取り締まりをしていたところ）	東京都江東区新木場2-12
日本科学未来館（青島たちが聴取をしていたところ，青島たちが被疑者を逮捕したところ）	東京都江東区青海2-41
the SOHO（警視庁湾岸警察署の外観，湾岸署の屋上）	東京都江東区青海2-7
ゆりかもめ 新豊洲駅付近（青島が自転車で走っていたところ）	東京都江東区豊洲6-2
豊洲6丁目の道路（青島が自転車で走っていたところ）	東京都江東区豊洲6-4付近
角乗り橋北交差点付近（青島が自転車で走っていたところ）	東京都江東区有明2-11
夢の大橋（パトカーを降りた青島が走っていたところ）	東京都江東区有明3-1
有明埠頭橋（青島が橋って渡っていた橋）	東京都江東区有明3-12
東京ビッグサイト（IESS会場の外観，国際太陽電池展のセレモニーが行なわれていたところ）	東京都江東区有明3-21
東京臨海広域防災公園の北東側（車の検問が行なわれていたところ）	東京都江東区有明3-8
日本郵船コンテナターミナルの南側（青島が入った倉庫街の入口）	東京都品川区八潮2-5
八潮2丁目の丁字路（走っていた青島が転んだ交差点）	東京都品川区八潮2-5付近
クロスウェーブ府中大ホール（捜査本部が設置された湾岸署新庁舎大会議室）	東京都府中市日鋼町1

踊る大捜査線 THE LAST TV サラリーマン刑事と最後の難事件

（ドラマ）

［公　開］2012年9月

［スタッフ］脚本：君塚良一

［出　演］織田裕二（青島俊作），深津絵里（恩田すみれ），ユースケ・サンタマリア（真下正義），柳葉敏郎（室井慎次），伊藤淳史（和久伸次郎），内田有紀（篠原夏美），北村総一朗（神田総一朗），小野武彦（袴田健吾），斉藤暁（秋山春海），佐戸井けん太（魚住二郎），小栗旬（鳥飼誠一）〔ほか〕

ロケ地・場面	所在地
旧常総市営自動車学校（交通安全教室が行われたお台場交通センター）	茨城県常総市新石下1321
ヒルトン成田 宴会場「ロイヤルホール」（王の披露宴が行われた宴会場，シン・スヒョンが逮捕された宴会場）	千葉県成田市小菅456
しおかぜ橋塩浜公園付近（強盗傷害事件が発生したところ）	東京都江東区塩浜2-18
青海2丁目の道路（湾岸署へ向かう室井の乗った車が走っていたところ）	東京都江東区青海2-6付近
the SOHO（警視庁湾岸警察署の外観）	東京都江東区青海2-7
東京港湾合同庁舎の西側付近（男性の遺体が見つかった車が駐車していたところ）	東京都江東区青海2-8

東京ビッグサイト TFTホール1000（室井が国際犯罪指定捜査室への異動を断った警視庁の会議室）	東京都江東区有明3-6
NTT研究所 1号館から本館への渡り廊下と本館（室井と池神刑事局長が話しながら歩いていた警視庁内）	東京都武蔵野市緑町3-9
クロスウェーブ府中 大ホール（日本の出し物の練習が行われていた大会議室, 捜査本部が設置された大会議室）	東京都府中市日鋼町1
パシフィコ横浜（王の両親が車に乗り込んだ羽田空港）	神奈川県横浜市西区みなとみらい1-1
ヒルトン小田原 リゾート＆スパ（王の結婚披露宴が行われるホテルの外観）	神奈川県小田原市根府川583

踊る大捜査線 THE MOVIE 3 ヤツらを解放せよ！ （映画）

［公　開］2010年7月

［スタッフ］監督：本広克行, 脚本：君塚良一

［出　演］織田裕二（青島俊作）, 深津絵里（恩田すみれ）, ユースケ・サンタマリア（真下正義）, 伊藤淳史（和久伸次郎）, 内田有紀（篠原夏美）〔ほか〕

ロケ地・場面	所在地
アンディ＆ウイリアムスボタニックガーデン（青島と鳥飼が日向と話をしていた東屋）	群馬県太田市新田市野井町456
亀有信用金庫三郷支店（しおかぜ銀行 台場支店）	埼玉県三郷市戸ケ崎2-284
総務省・警察庁の合同庁舎（警察庁の外観）	東京都千代田区霞が関2-1
イサミヤ第2〜7ビル（青島が屋上から飛び移ったビル）	東京都千代田区外神田3-8
秋葉原UDX（人々が壁面テレビを観ていたところ）	東京都千代田区外神田4-14
レインボーブリッジ（湾岸所へ向かう「かえる急便」のトラックが渡っていた吊り橋）	東京都港区海岸3-33
レインボーブリッジ東詰の下付近（船の上の射殺体が見つかった橋の下）	東京都港区台場1-1
アクアシティお台場の南西側（青島と日向を乗せたトラックが走っていたレインボーブリッジや自由の女神像が見えるところ）	東京都港区台場1-8
aprecio 新宿ハイジア店（ネットカフェ）	東京都新宿区歌舞伎町2-44
フジテレビ湾岸スタジオの屋上（SATが狙撃の準備をしていたビルの屋上）	東京都江東区青海2-3
タイム24ビルの研修室202（湾岸署引越し対策本部, 神田総一朗、袴田健吾、秋山春海が「湾岸署けん銃紛失疑惑説明会」を開いた会議室）	東京都江東区青海2-4
the SOHO（警視庁湾岸警察署新庁舎の外観）	東京都江東区青海2-7
暁橋（青島と和久伸次郎の乗ったパトカーがジャンプした橋）	東京都江東区潮見1-2
潮見コヤマビル（引越のトラックが到着した警視庁湾岸警察署, 日向真奈美を担いだ青島俊作が出てきた警視庁湾岸警察署）	東京都江東区潮見2-9
東雲運河に架かる有明北橋（バスジャックされたバスが蛇行していたところ）	東京都江東区豊洲6-3

東京ビッグサイト西側の水上バス乗り場(二人目の射殺体が見つかった空地)	東京都江東区有明3-31
首都高速湾岸線東京港トンネルのお台場側入口(青島と日向を乗せたトラックが入って行ったトンネルの入口)	東京都品川区東八潮2
首都高速湾岸線を跨ぐ陸橋(青島と日向を乗せたトラックがUターンした陸橋)	東京都品川区八潮3-2
クロスウェーブ府中の大ホール(湾岸署新庁舎大会議室)	東京都府中市日鋼町1
宇宙科学研究所相模原キャンパス(青島と鳥飼が日向真奈美に会いに行った関東中央医療刑務所の門)	神奈川県相模原市中央区由野台3-1

OVER DRIVE (映画)

［公　開］2018年6月

［スタッフ］監督：羽住英一郎, 脚本：桑村さや香

［出　演］東出昌大(檜山篤洋), 新田真剣佑(檜山直純), 森川葵(遠藤ひかる), 北村匠海(新海彰), 町田啓太(増田順平), 要潤(香川久俊)〔ほか〕

ロケ地・場面	所在地
トップランク 商品化センター(スピカレーシングのファクトリー)	千葉県野田市蕃昌243-7
九十浜海水浴場	静岡県下田市須崎
細野高原	静岡県賀茂郡東伊豆町稲取
プレミアホテル門司港前道路(ドリフトしながら走り抜ける道路)	福岡県北九州市門司区港町7
ECLエージェンシー新門司営業所(サービスパークの場所)	福岡県北九州市門司区新門司北3
旧大連航路上屋(北九州ラウンドのメディアセンター)	福岡県北九州市門司区西海岸1
西海岸1号岸壁(北九州ラウンドのサービスパーク)	福岡県北九州市門司区西海岸1-3
門司赤煉瓦プレイス(直純が取材を受ける場所)	福岡県北九州市門司区大里本町3-11-1
旧門司税関(日中のスタートシーン, 夜間のゴールシーン)	福岡県北九州市門司区東港町1
和布刈第二展望台(ヘアピンカーブを走る場所)	福岡県北九州市門司区門司
風師山	福岡県北九州市門司区門司558
小倉ベイホテル第一(スポンサー主催のパーティー会場)	福岡県北九州市小倉北区浅野2-17-31
平尾台(ラリーカーが土煙り上げながら走る場所)	福岡県北九州市小倉南区平尾台3-1
本城三連トンネル(ガードレールに接触し火花をあげるトンネル)	福岡県北九州市八幡西区本城2
方倉公園(夕陽をバッグにしたレースのクライマックスに登場する公園)	長崎県平戸市生月町壱部
石原橋展望所(北九州ラウンドのスタート地点)	長崎県平戸市生月町南免

オーバー・フェンス (映画)

［公　開］2016年9月

［スタッフ］監督：山下敦弘, 脚本：高田亮, 原作：佐藤泰志

［出　演］オダギリジョー(白岩義男), 蒼井優(田村聡), 松田翔太(代島和久), 北村有起哉(原浩一郎), 満島真之介(森由人), 松澤匠(島田晃), 鈴木常吉(勝間田憲一), 優香(尾形洋子), 塚本晋也(義男の元義父(声))

〔ほか〕

ロケ地・場面	所在地
漁火通り・大森浜（白岩が自転車で走る場所）	北海道函館市
高盛公園グランド（白岩たちの通う職業訓練校のグラウンド）	北海道函館市高盛町17-12
松竹園（白石が訓練学校の仲間と訪れた居酒屋）	北海道函館市新川町33-8
函館公園（聡が働く遊園地）	北海道函館市青柳町17
青柳町電停付近の坂（白岩が自転車で走る坂道）	北海道函館市青柳町21
幸坂（函館公園へ向かう坂）	北海道函館市船見町
ポリテクセンター函館（白岩たちの通う職業訓練校）	北海道函館市日吉町3-23-1
ライブ・イン絹（聡がホステスとして勤めるキャバクラ）	北海道函館市本町22-11
金森赤レンガ倉庫前の観光遊覧船「ブルームーン」（白岩と洋子が乗船する場所）	北海道函館市末広町14-12
海のダイニングshirokuma（白岩が洋子と再会する喫茶店）	北海道函館市末広町24-23

おひさま（ドラマ）

［公　開］2011年4月～10月

［スタッフ］脚本：岡田惠和

［出　演］井上真央（須藤陽子），原田知世（須藤紘子），寺脇康文（須藤良一），渡辺美佐子（桐野富士子），満島ひかり（筒井育子），マイコ（相馬真知子），高良健吾（丸山和成），田中圭（須藤春樹），永山絢斗（須藤茂樹），斉藤由貴（原口房子），樋口可南子（丸山徳子），若尾文子（丸山陽子）〔ほか〕

ロケ地・場面	所在地
三城牧場から広小場への登山道（須藤陽子たちが渡っていた沢）〔1〕	長野県松本市大字入山辺
美ヶ原高原王ヶ鼻（須藤陽子たちが登ったことになっている常念岳，須藤陽子たちが登った常念岳）〔1〕	長野県松本市入山辺
中山高原（原口房子が車を脱輪させた蕎麦畑，須藤陽子が須藤紘子と訪れた蕎麦畑，須藤陽子が自転車で女学校に通学する蕎麦畑）〔1〕	長野県大町市美麻
有明山，常念岳が見える穂高川の堤防（須藤陽子が田中ユキと歩いていた河原）〔1〕	長野県安曇野市穂高
穂高川〈中房川〉の堤防（須藤陽子が田中ユキと別れた川の堤防，須藤陽子がいた遊んでいた川，須藤紘子の野辺送りの行列が通った場所）〔1〕	長野県安曇野市穂高有明
アップルランド デリシア豊科店（原口房子が買い物に行ったスーパーマーケット）〔1〕	長野県安曇野市豊科4488-1
万水川の堤防（須藤陽子が須藤紘子と散歩していた川沿いの道，須藤陽子が女友達を見つけた堤防）〔1〕	長野県安曇野市豊科南穂高
常念道祖神（安曇野の桜として紹介された場所）〔1〕	長野県安曇野市堀金烏川
自然体験交流センターせせらぎ（須藤陽子が渡った小川に架かる橋）〔1〕	長野県安曇野市明科中川手2455
大峰高原 七色大カエデ付近（須藤陽子たちがお弁当を食べた高原）〔1〕	長野県北安曇郡池田町大字池田字大峰

本陣等々力家庭園（田中ユキの奉公先）〔1, 22〕	長野県安曇野市穂高等々力2945
江戸東京たてもの園（須藤陽子と筒井育子と相馬真知子が映画を見に行った松本の町並み）〔2〕	東京都小金井市桜町3-7-1
中山高原（須藤陽子が丸山徳子と出会った蕎麦畑）〔2〕	長野県大町市美麻
松本城（須藤陽子たちが訪れた松本城）〔2, 3〕	長野県松本市丸の内4-1
旧芦沢医院（出征する兵士を見送っていた田村医院）〔2, 3〕	長野県塩尻市奈良井
水海道風土博物館 坂野家住宅（須藤陽子たちが勤労奉仕に行った農家）〔3〕	茨城県常総市大生郷町2037
白山神社（須藤陽子と筒井育子と相馬真知子が初詣に行った神社）〔5〕	千葉県君津市俵田1452
宇都宮大学 旧宇都宮高等農林学校講堂（須藤春樹と須藤茂樹が話をした名古屋帝国大学の講堂の内部）〔8〕	栃木県宇都宮市峰町350
自然体験交流センターせせらぎ（丸山陽子が家族で出かけた清流）〔21〕	長野県安曇野市明科中川手2455
旧茨城県立土浦中学校本館（須藤陽子が通う安曇野高等学校）	茨城県土浦市真鍋4-4-2
旧上岡小学校（須藤陽子が通う有明山尋常小学校, 須藤陽子が教師をする有明山国民学校）	茨城県久慈郡大子町上岡957-3
旧華頂宮邸（相馬真知子が住む家）	神奈川県鎌倉市浄明寺2-6-37
あがたの森公園（須藤春樹が通う松本高校）	長野県松本市県3-2102-15
奈良井宿〈上町にある中村邸, 鍵の手〉（須藤陽子が女学校時代に過ごした街並み（昭和時代の看板は撮影用のセット））	長野県塩尻市奈良井
二百地蔵尊（須藤陽子が筒井育子と相馬真知子の待ち合わせ場所の地蔵尊）	長野県塩尻市奈良井960
常念岳の見える道路〈万水川に架かる等々力橋〉（原口房子が車で走っている田んぼの中の道路）	長野県安曇野市穂高
大王わさび農園（水車やわさび田のある安曇野の風景）	長野県安曇野市穂高3640
大王わさび農園の駐車場脇（須藤陽子の店「百白花」（撮影用のセット））	長野県安曇野市穂高3640
国営アルプスあづみの公園事業用地（茅葺き農家もある安曇野の農村（茅葺き農家、水車、道祖神は撮影用のセット））	長野県安曇野市堀金烏川
堀金烏川の農地（よく出てくる安曇野の農村風景, 宮本タケオの畑）	長野県安曇野市堀金烏川
長峰山（安曇野の見渡せる見晴らしの良い山）	長野県安曇野市明科中川手

ALWAYS 三丁目の夕日'64 （映画）

［公　開］2012年1月

［スタッフ］監督・脚本：山崎貴, 脚本：古沢良太, 原作：西岸良平

［出　演］吉岡秀隆（茶川竜之介）, 小雪（茶川ヒロミ）, 須賀健太（古行淳之介）, 堤真一（鈴木則文）, 薬師丸ひろ子（鈴木トモエ）, 小清水一揮（鈴木一平）, 堀北真希（星野六子）〔ほか〕

ロケ地・場面	所在地
喫茶マツ（銀座のフルーツパーラー）	茨城県石岡市府中1-3-5
旧茨城県立友部病院〈現・こころの医療センター〉（凡天堂病院）	茨城県笠間市旭町654
潮来市営駐車場（夕日町三丁目商店街のオープンロケセット）	茨城県潮来市あやめ2-15-4
旧馬島家住宅（竜之介の実家）	長野県伊那市高遠町東高遠2074
西箕輪地区（中央線の車窓から見える実景）	長野県伊那市西箕輪地区
名古屋陶磁器会館（「少年冒険ブック」出版社の編集室）	愛知県名古屋市東区徳川1-10-3
神戸税関（出版社の外観）	兵庫県神戸市中央区新港町12-1
新港貿易会館（出版社の階段付近）	兵庫県神戸市中央区新港町8-2

オールドルーキー（ドラマ）

［公　開］2022年6月～9月

［スタッフ］脚本：福田靖

［出　演］綾野剛（新町亮太郎），芳根京子（深沢塔子），反町隆史（高柳雅史），榮倉奈々（新町果奈子），中川大志（城拓也），岡崎紗絵（真崎かほり），増田貴久（梅屋敷聡太）〔ほか〕

ロケ地・場面	所在地
埼玉スタジアム2002（2009年6月16日ワールドカップ アジア予選で亮太郎がボレーシュートをきめたスタジアム）〔1〕	埼玉県さいたま市緑区美園2-1
美術館通り（亮太郎が交通整理の仕事をしていたところ）〔1〕	千葉県千葉市中央区中央3-4
丸平食堂（亮太郎が高柳と話をした食堂）〔1〕	千葉県市川市南行徳4-3
ウォーターズ竹芝（矢崎が滞在するホテルの外観）〔1〕	東京都港区海岸1-10
メズム東京のスイートリュクス（亮太郎と塔子が矢崎に会いに行った部屋）〔1〕	東京都港区海岸1-10
歩行者デッキ（朝、亮太郎が塔子に追い付いた歩行者用通路）〔1〕	東京都港区海岸1-4
東京ポートシティ竹芝のオフィスタワー（高柳のスポーツマネージメント会社「ビクトリー」が入居している高層ビル，亮太郎が高柳に土下座したロビー）〔1〕	東京都港区海岸1-7
Simplex（亮太郎が高柳と塔子に移籍先を探して欲しいと頼んだ会議室）〔1〕	東京都港区虎ノ門1-23
品川シーズンテラス3Fのオフィスロビー（ドイツから帰国した矢崎が歩いていた成田国際空港の到着ロビー）〔1〕	東京都港区港南1-2
汐留シティセンター（亮太郎と塔子が矢崎のCMスポンサーを依頼に行ったビル）〔1〕	東京都港区東新橋1-5
ゆりかもめ 豊洲駅（亮太郎が荷物を取り出したコインロッカーがあるところ）〔1〕	東京都江東区豊洲2-2
鳥万 本店（亮太郎が鈴木湧己と酒を呑んでいた居酒屋）〔1〕	東京都大田区西蒲田7-3
多摩川の堤防の上（亮太郎がフェンスに手をつきながら泣き崩れたところ）〔1〕	東京都大田区西六郷4-38
赤坂焼肉KINTAN（亮太郎が矢崎と再会した焼肉店「肉の大魔神」）〔1〕	東京都渋谷区宇田川町15

MERCER CAFE DANRO（果奈子と留美が話をしていたレストラン）〔1〕	東京都渋谷区恵比寿南1-16
eightdays dining（亮太郎が分析した矢崎のデータを塔子に話していたレストラン）〔1〕	東京都豊島区北大塚2-26
府中朝日フットボールパーク（矢崎が練習をしていたサッカー場）〔1〕	東京都府中市朝日町3-7
FC町田ゼルビアの三輪緑山トレーニングセンター（2022年6月、オーナーが「ジェンマ八王子」の解散を告げた練習場）〔1〕	東京都町田市三輪緑山1-1
平和交通鶴見営業所（亮太郎が働き始めた平和交通タクシーの営業所）〔1〕	神奈川県横浜市鶴見区鶴見中央2-13
パブリックスタンド横浜西口店（モニターに映し出されたサッカーの映像を亮太郎が見つめた店）〔1〕	神奈川県横浜市西区南幸2-9
保土谷公園サッカー場（亮太郎が矢崎に向かってボールをスローインしたサッカー場）〔1〕	神奈川県横浜市保土ケ谷区花見台4
川崎市麻生区役所（亮太郎が訪れたハローワーク江東）〔1〕	神奈川県川崎市麻生区万福寺1-5
大竹の坂道（牧村家を出た亮太郎と塔子が話しながら上っていた坂道）〔2〕	茨城県鉾田市大竹
常陽カントリー倶楽部（梅屋敷が担当する高槻がパターの練習をしていたゴルフ場，梅屋敷と高槻が話をしていたクラブハウスのレストラン，高槻が優勝したゴルフ場）〔2〕	茨城県つくばみらい市善助新田東原15
高瀬下水処理場上部運動広場〈タカスポ〉（ランニングの途中で亮太郎が子供たちのサッカーを見たところ，サッカーを見ている新町泉実を亮太郎が見つけたところ）〔2〕	千葉県船橋市高瀬町56
市役所通り（秀島がマラソンで走っていたところ）〔2〕	千葉県市原市国分寺台中央1-4
スミスのいえ 富津海岸D（牧村悠一が契約書に署名した自宅）〔2〕	千葉県富津市竹岡139
浦安ブライトンホテル東京ベイの宴会場「グレイス」（秀島が記者会見をしていた会場）〔2〕	千葉県浦安市美浜1-9
銀座クリニック（亮太郎と城が高槻を連れていった「かやばメンタルクリニック」）〔2〕	東京都中央区銀座5-7
歩行者デッキ（亮太郎と塔子が歩いていた通路）〔2〕	東京都港区海岸1-4
GA TECHNOLOGIESの会議室（亮太郎と塔子が提案書を説明していたフルウェットの会議室）〔2〕	東京都港区六本木3-2
東砂スポーツセンターの大体育室（葛飾がバドミントン選手の出演交渉をしていた体育館）〔2〕	東京都江東区東砂4-24
春海橋公園（亮太郎がランニングをしていた水辺の公園）〔2〕	東京都江東区豊洲2-3
ダカフェ恵比寿（果奈子と留美が話をしていた店）〔2〕	東京都渋谷区恵比寿南3-11
eightdays dining（亮太郎と塔子の話を梅屋敷が聞いたカフェ）〔2〕	東京都豊島区北大塚2-26

Ski & Fit（城が担当選手の要求を聞いていたところ）〔2〕	神奈川県横浜市青葉区市ケ尾町1154
TREX KAWASAKI RIVER CAFE（果奈子がママ友たちと話をしていたカフェ）〔2〕	神奈川県川崎市川崎区殿町3-25
鵠沼海浜公園 スケートパーク（亮太郎と塔子が牧村ひかりに会いに行ったスケートボード場）〔2〕	神奈川県藤沢市鵠沼海岸4-4
大竹海岸のピクニック広場付近（秀島が動画を撮影されたところ）〔3〕	茨城県鉾田市大竹
大竹海岸付近（秀島が走っていた海沿いの道）〔3〕	茨城県鉾田市大竹
あさま空山望（亮太郎が秀島を見つけた軽井沢のロッジ）〔3〕	群馬県吾妻郡長野原町北軽井沢2032
あさま空山望へ向かう道路（練習を再開した秀島が走り始めたところ）〔3〕	群馬県吾妻郡長野原町北軽井沢2032
高瀬下水処理場上部運動広場〈タカスポ〉（亮太郎と塔子が話をした泉実がサッカーをしていたサッカー場）〔3〕	千葉県船橋市高瀬町56
ゼットエーオリプリスタジアム（亮太郎と塔子が観戦していた陸上競技場，秀島が10位でゴールした陸上競技場）〔3〕	千葉県市原市岩崎536
ゼットエーボールパークA駐車場付近（秀島が次々と追い抜かれていたところ）〔3〕	千葉県市原市岩崎536
ケーズデンキ市原五井店付近（秀島が2位の選手に抜かれたところ）〔3〕	千葉県市原市更級4-1

市役所通りの市民会館前交差点（秀島がスパートをかけ始めた30キロ付近）〔3〕	千葉県市原市国分寺台中央1-1
市役所通り（秀島がマラソンで走っていたところ）〔3〕	千葉県市原市国分寺台中央1-4
浦安ブライトンホテル東京ベイの宴会場「グレイス」（秀島が記者会見をしていたところ）〔3〕	千葉県浦安市美浜1-9
浦安ブライトンホテル東京ベイの宴会場「ケルビム」（亮太郎がチーム秀島に加わることを説明した部屋）〔3〕	千葉県浦安市美浜1-9
オアシスバー茅場町（城とかほりが話をしていたバー）〔3〕	東京都中央区日本橋小網町1
Simplex（秀島が塔子をマネージメントから外すように依頼したビクトリーの会議室）〔3〕	東京都港区虎ノ門1-23
三河台公園（果奈子がママ友たちと話をしていた公園）〔3〕	東京都港区六本木4-2
春海橋公園（夜、秀島を説得する方法を考えながら亮太郎が走っていた水辺の公園）〔3〕	東京都江東区豊洲2-3
豊洲公園（昼間、亮太郎が走っていたところ）〔3〕	東京都江東区豊洲2-3
日本大学スポーツ科学部の低酸素トレーニング室（秀島がトレーニングをしていた低酸素室）〔3〕	東京都世田谷区下馬3-34
日本大学スポーツ科学部の流水プール（秀島が水中トレーニングをしていたところ）〔3〕	東京都世田谷区下馬3-34
成城アルプス（果奈子と留美が話をしていた洋菓子店）〔3〕	東京都世田谷区成城6-8

メゾン ポール・ボキューズ 代官山(かほりと梅屋敷が食事をしていたレストラン)〔3〕	東京都渋谷区猿楽町17
eightdays dining(亮太郎とかほりが話をしたレストラン)〔3〕	東京都豊島区北大塚2-26
大宮アルディージャの練習場(亮太郎が訪れたサッカー場)〔4〕	埼玉県さいたま市西区西大宮4-25
埼玉パナソニックワイルドナイツのさくらオーバルフォート(葛飾がいたラグビー場)〔4〕	埼玉県熊谷市上川上844
高瀬下水処理場上部運動広場〈タカスポ〉(泉実に声を掛けた亮太郎に子供たちが駆け寄ってきたサッカー場)〔4〕	千葉県船橋市高瀬町56
袖ケ浦市総合運動場(亮太郎の引退試合が行われたところ)〔4〕	千葉県袖ケ浦市坂戸市場
春海橋公園(亮太郎がランニングをしていた水辺の公園)〔4〕	東京都江東区豊洲2-3
SundayBrunch 下北沢店(果奈子と留美がケーキを食べた店)〔4〕	東京都世田谷区北沢2-29
クライミングジム ビッグロック 日吉店(城が訪れたボルダリング場)〔4〕	神奈川県横浜市港北区日吉7-18
横須賀スタジアム(北芝が練習していた野球場)〔4〕	神奈川県横須賀市夏島町2
馬入ふれあい公園 馬入サッカー場C面(亮太郎が湘南ベルマーレの加入テストを受けたサッカー場)〔4〕	神奈川県平塚市馬入
大手町プレイス ウエストタワー(Natura化粧品が入居するビルの外観, 亮太郎と城が話をしたビル内のエスカレーター下)〔5〕	東京都千代田区大手町2-3
マトリックス・オーガナイゼーションのラウンジ(亮太郎、城、高柳、三咲がNatura化粧品のTV-CMの内容を聞いた会議室)〔5〕	東京都港区赤坂7-1
ヒルトン東京お台場の大宴会場「ペガサス」(三咲がイメージキャラクター就任の挨拶をしたところ)〔5〕	東京都港区台場1-9
汐留シオサイト(亮太郎と城が言い争いになったところ)〔5〕	東京都港区東新橋1-5
カレッタ汐留(亮太郎が三咲が出演しているテレビCMを見たところ)〔5〕	東京都港区東新橋1-8
ワインハウス南青山(塔子と梅屋敷が話をしていたワインバー)〔5〕	東京都港区南青山3-15
リーガロイヤルホテル東京の「セラーバー」(葛飾と高柳が話をしていたバー)〔5〕	東京都新宿区戸塚町1-104
eightdays dining(亮太郎と城が三咲にスポーツマネジメントを説明したカフェ)〔5〕	東京都豊島区北大塚2-26
NEXUS FENCING CLUB(フェンシングの練習をしている麻有に亮太郎と城が会いに行ったところ, 亮太郎が三咲と試合をしたところ)〔5〕	東京都練馬区向山1-14
FC東京小平グラウンド(亮太郎が伊垣と話をしたサッカー場)〔5〕	東京都小平市大沼町3-14

鹿島アントラーズクラブハウスのグラウンド（怪我をした亮太郎が練習を見ていたサッカー場）〔6〕	茨城県鹿嶋市粟生東山2887
千葉大学医学部附属病院（亮太郎と葛飾が新垣から病状を聞いたところ）〔6〕	千葉県千葉市中央区亥鼻1-8
植草学園大学・植草学園短期大学の体育館（新垣がシュート練習をしていた体育館）〔6〕	千葉県千葉市若葉区小倉町1639
ROCK ICE BASEのメインコート（新垣が練習中に大怪我を負った体育館）〔6〕	千葉県八千代市大和田新田103
Bistro U（城と留美が食事をしたレストラン）〔6〕	東京都千代田区神田三崎町2-11
旧芝離宮恩賜庭園北側の歩行者用通路（亮太郎、塔子、城、梅屋敷が歩いていた通路）〔6〕	東京都港区海岸1-4
ワインハウス南青山（塔子と梅屋敷が食事をしていたレストラン）〔6〕	東京都港区南青山3-15
味の素スタジアム（亮太郎と伊垣が話をしていたスタジアム）〔6〕	東京都調布市西町376
鶴間公園スポーツエリアのグラウンド（泉実がサッカーをしていたサッカー場）〔6〕	東京都町田市鶴間3-1
鶴間公園スポーツエリア脇 鶴間パークウォークの歩道（亮太郎が歩いていたサッカー場脇の歩道, 亮太郎が新垣の妻から電話を受けたところ）〔6〕	東京都町田市鶴間3-1
AVALON HILLSIDE FARM（梅屋敷が訪れた馬術場）〔6〕	神奈川県横浜市緑区三保町349
東芝小向体育館（亮太郎が川崎ブレイブサンダースの関係者に会いに行った体育館）〔6〕	神奈川県川崎市幸区小向東芝町
平塚競輪場〈ABEMA湘南バンク〉（城が担当している選手のタイムを確認していた競輪場）〔6〕	神奈川県平塚市久領堤5
OX ENGINEERING（亮太郎、塔子、梅屋敷が訪れた吉木の車椅子を提供している会社）〔7〕	千葉県千葉市若葉区中田町2186
ROYAL SC TENNIS CLUB（亮太郎、塔子、梅屋敷が吉木の練習を見に行ったテニスコート, 吉木が国枝慎吾と練習をしたテニスコート）〔7〕	千葉県野田市木野崎1963
東和エンジニアリング（吉木が所属する富島印刷）〔7〕	東京都千代田区東神田1-7
もんじゃ 風月 月島店（城と留美がもんじゃ焼きを食べていた店）〔7〕	東京都中央区月島1-19
QESのオフィス（亮太郎、塔子、梅屋敷が吉木のスポンサー契約をお願いに行ったオフィス, 梅屋敷が姪のことを話した日本海上運送の社長室）〔7〕	東京都中央区日本橋兜町7
512 CAFE & GRIL（果奈子が雑誌のインタビューを受けていたところ）〔7〕	東京都港区赤坂9-5
ブックファースト 新宿店（亮太郎が果奈子のレシピ本を見つけた書店）〔7〕	東京都新宿区西新宿1-7

有明テニスの森 有明コロシアム（吉木の試合が行われたテニスコート）〔7〕	東京都江東区有明2-2
パナソニックセンター東京の前（吉木が梅屋敷の姪・桜にラケットを渡したところ）〔7〕	東京都江東区有明3-5
青山ブックセンター本店（塔子が果奈子のレシピ本を3冊買おうとしていた書店）〔7〕	東京都渋谷区神宮前5-53
eightdays dining（果奈子がテレビのインタビューを受けていたところ）〔7〕	東京都豊島区北大塚2-26
味の素スタジアム（亮太郎と伊垣が話をしていたスタジアム）〔7〕	東京都調布市西町376
多摩大学附属聖ヶ丘中学高等学校（梅屋敷の姪・桜がテニスをしていた学校）〔7〕	東京都多摩市聖ケ丘4-1
千葉県国際総合水泳場（亮太郎が麻生に会いに行った競泳場）〔8〕	千葉県習志野市茜浜2-3
GOOD MORNING CAFE & GRILL 虎ノ門（塔子と舞が話をしたカフェ）〔8〕	東京都港区西新橋2-16
汐留シオサイト（高柳とかほりが歩いていたところ）〔8〕	東京都港区東新橋1-5
ワインハウス南青山（亮太郎、塔子、かほり、梅屋敷が食事をしていたレストラン）〔8〕	東京都港区南青山3-15
リーガロイヤルホテル東京のガーデンラウンジ（塔子と舞が高柳を待っていたラウンジ，高柳とかほりがトリエステのスカウトを連れてやって来たラウンジ）〔8〕	東京都新宿区戸塚町1-104
浅草一文 別館（城と葛飾が話をしていた居酒屋）〔8〕	東京都台東区浅草3-32
水の広場公園のカスケード広場（塔子と舞が話をした水辺の公園）〔8〕	東京都江東区有明3-1
東京電機大学 千住キャンパスの体育館（舞が練習をしていた体育館）〔8〕	東京都足立区千住旭町5
日環アリーナ栃木の屋内水泳場（麻生が優勝したプール）〔9〕	栃木県宇都宮市西川田4-1
みさと公園（亮太郎と麻生がランニングをしていた公園）〔9〕	埼玉県三郷市高州3-362
みさと公園の水上テラス（亮太郎と麻生が休憩していたところ）〔9〕	埼玉県三郷市高州3-362
日比谷公園（亮太郎と麻生がベンチに座って話をしていた公園）〔9〕	東京都千代田区日比谷公園1
たいこ茶屋（かほりと葛飾が話をしていた居酒屋）〔9〕	東京都中央区日本橋馬喰町2-3
OASIS 表参道3142（女性が麻生の記事が載った雑誌を見ていたヘアサロン）〔9〕	東京都港区南青山3-14
ワインハウス南青山（塔子が梅屋敷にお酒を呑ませなかった店）〔9〕	東京都港区南青山3-15
中国料理 東海園（亮太郎が訪れた神戸の中華料理店）〔9〕	東京都港区浜松町2-10
リーガロイヤルホテル東京の「セラーバー」（高柳と葛飾が話をしていたバーラウンジ）〔9〕	東京都新宿区戸塚町1-104

ヤング産業 東京支店ビル（亮太郎、塔子、麻生が相談に行った風間法律事務所）〔9〕	東京都台東区蔵前1-1
田燕 まるかく三 池尻大橋（城と留美が食事をしていた中華料理店）〔9〕	東京都目黒区大橋2-22
Mr.FARMER 駒沢公園店（果奈子がママ友たちと話をしていたカフェ）〔9〕	東京都世田谷区駒沢公園1-1
あだちスマイルビジョン（資格停止処分のニュースが映し出されていた壁面テレビ）〔9〕	東京都足立区千住2-59
茨城県立カシマサッカースタジアム（伊垣が日本代表戦に出場したスタジアム）〔終〕	茨城県鹿嶋市神向寺後山26
高円宮記念JFA夢フィールド（亮太郎が伊垣に会いに行ったロッカールーム, 亮太郎がビクトリーを辞めたことを伊垣に伝えた練習場）〔終〕	千葉県千葉市美浜区美浜11
日比谷公園（矢崎が亮太郎と電話で話をしていた噴水のある公園）〔終〕	東京都千代田区日比谷公園1
ウォーターズ竹芝（矢崎が滞在するホテルの外観）〔終〕	東京都港区海岸1-10
メズム東京のスイートリュクス（亮太郎が矢崎に会いに行った部屋）〔終〕	東京都港区海岸1-10
Jazz Lounge EnCounter 赤坂店（城と留美が話をしていた店）〔終〕	東京都港区赤坂3-8
ワインハウス南青山（梅屋敷と話をしていた塔子が酔い潰れた店, 梅屋敷が酔い潰れた店）〔終〕	東京都港区南青山3-15
国立競技場（高柳が亮太郎を連れて行ったスタジアム）〔終〕	東京都新宿区霞ヶ丘町10
the SOHO（塔子がフードデリバリーの仕事をしている亮太郎を見つけたところ）〔終〕	東京都江東区青海2-7
小関橋公園の前（フードデリバリーの仕事をしている亮太郎を塔子と城が見たところ）〔終〕	東京都品川区北品川5-7
GOOD TOWN BAKEHOUSE（亮太郎、塔子、城がビールを呑んでいた店, かほり、梅屋敷、葛飾がやって来た店）〔終〕	東京都渋谷区上原1-30

orange オレンジ（映画）

［公　開］2015年12月

［スタッフ］監督：橋本光二郎, 脚本：松居凛子, 橋本光二郎, 原作：高野苺

［出　演］土屋太鳳（高宮菜穂）, 山﨑賢人（成瀬翔）, 竜星涼（須和弘人）, 清水くるみ（村坂あずさ）, 桜田通（萩田朔）, 真野恵里菜（上田莉緒）〔ほか〕

［トピック］長野県松本市を舞台にした青春ファンタジー漫画の実写化作品。同市内でロケが行われた。

ロケ地・場面	所在地
城山公園（菜穂が桜並木を歩く公園）	長野県松本市蟻ケ崎大字1139
あがたの森公園（菜穂たちの下校シーンなど）	長野県松本市県3-2102-15
縄手通り（翔と菜穂が浴衣を着て歩いた通り）	長野県松本市大手

幸橋（翔たちがパンを食べる橋）	長野県松本市中央2-4-10
弘法山古墳（ラストシーンに登場する場所）	長野県松本市中山1073
須々岐水神社（6人が大晦日に待ち合わせした場所）	長野県松本市里山辺2737

終わった人（映画）

［公　開］2018年6月

［スタッフ］監督：中田秀夫, 脚本：根本ノンジ, 原作：内館牧子

［出　演］舘ひろし（田代壮介）, 黒木瞳（田代千草）, 広末涼子（浜田久里）, 臼田あさ美（山崎道子）, 今井翼（鈴木直人）〔ほか〕

ロケ地・場面	所在地
一ノ倉邸（壮介の実家）	岩手県盛岡市安倍館町19-64
岩手県立盛岡工業高校（壮介と二宮の高校時代の回想で登場する場所）	岩手県盛岡市羽場18地割11-1
盛岡友愛病院（義理の母が利用する老人施設）	岩手県盛岡市永井12-10
盛岡南公園運動所 いわぎんスタジアム（ラグビーの試合が行われるスタジアム）	岩手県盛岡市永井8-65
高松公園 高松の池（壮介と千種が歩いた桜並木）	岩手県盛岡市高松1-26-1
米内浄水場（工藤が運営するNPO法人の事務所など）	岩手県盛岡市上米内中居49
旧大ヶ生ふるさと学習センター（壮介の父の回想で登場する場所）	岩手県盛岡市大ケ生
南部藩長屋酒屋（さんさ踊りを踊る場所）	岩手県盛岡市大通2-6-4
佐藤写真館（川上の実家）	岩手県盛岡市中央通1-13-60
中津川河畔ビクトリアロード（壮介と二宮、工藤らが歩く道路）	岩手県盛岡市内丸1
桜山神社通り（壮介が歩いた通り）	岩手県盛岡市内丸1-42
玉山門前寺地区（墓参りをする場所）	岩手県盛岡市門前寺
調布市立図書館深大寺分館（図書館）	東京都調布市深大寺北町5-17-3

おんな城主 直虎（ドラマ）

［公　開］2017年1月～12月

［スタッフ］脚本：森下佳子

［出　演］柴咲コウ（柴咲コウ）, 三浦春馬（井伊直親）, 高橋一生（小野但馬守政次）, 柳楽優弥（龍雲丸）, 菅田将暉（井伊直政）, 杉本哲太（井伊直盛）, 財前直見（祐椿尼）, 前田吟（井伊直平）, 小林薫（南渓和尚）, 宇梶剛士（井伊直満）, 吹越満（小野和泉守政直）, 苅谷俊介（新野左馬助）, でんでん（奥山朝利）, 筧利夫（中野直由）, ムロツヨシ（瀬戸方久）, 菜々緒（瀬名）〔ほか〕

ロケ地・場面	所在地
高樽の滝（おとわが飛び込んだ滝）〔1〕	岐阜県中津川市加子母
天白磐座遺跡 渭伊神社の裏（おとわたちが遊んでいた岩）〔1〕	静岡県浜松市浜名区引佐町井伊谷1151-177
久留女木の棚田（棚田）〔1〕	静岡県浜松市浜名区引佐町西久留女木
えさし藤原の郷（今川氏の館）	岩手県奥州市江刺区岩谷堂字小名丸86-1
高根城址（井伊谷城）	静岡県浜松市天竜区水窪町地頭方184
宿芦寺（南渓和尚のいる龍潭寺）	静岡県浜松市中央区庄内町721

海賊とよばれた男（映画）

［公　開］2016年12月

［スタッフ］監督・脚本：山崎貴, 脚本：守屋圭一郎, 原作：百田尚樹

［出　演］岡田准一（国岡鐵造）, 綾瀬はるか（国岡ユキ）, 吉岡秀隆（東雲忠司）, 染谷将

太（長谷部喜雄），鈴木亮平（武知甲太郎），野間口徹（柏井耕一），ピエール瀧（藤本壮平）〔ほか〕

ロケ地・場面	所在地
守屋海岸の駐車場（日承丸がイランに向けて出港するところなど）	千葉県勝浦市守屋
緑山スタジオ・シティ（地下のタンクから油を汲み上げる場所）	神奈川県横浜市青葉区緑山2100
山川登美子記念館（鐵造と木田が縁側で会話する場所）	福井県小浜市千種1-10-7
愛知県庁（満州鉄道本社）	愛知県名古屋市中区三の丸3-1-2
日本板硝子社宅（横浜の旧海軍原油備蓄施設）	京都府舞鶴市
ホテルアマービレ別館聚幸菴（鐵造とユキの結婚式が行われた旅館）	京都府舞鶴市字浜18
田井漁港（門司港の漁村）	京都府舞鶴市田井1074
舞鶴赤れんがパーク（筑豊炭鉱）	京都府舞鶴市北吸1039-2
葛野浜（鐵造と木田が歩いた海岸）	京都府京丹後市葛野浜
神戸大学 六甲台第1キャンパス 兼松記念館（商工省）	兵庫県神戸市灘区六甲台町2
神戸税関（GHQ本部）	兵庫県神戸市中央区新港町12-1

海難1890（映画）

［公　開］2015年12月

［スタッフ］監督：田中光敏，脚本：小松江里子

［出　演］内野聖陽（田村元貞），忽那汐里（ハル），夏川結衣（お雪），竹中直人（工藤）〔ほか〕

［トピック］日本・トルコの友好125周年を記念して両国合作で製作された。

ロケ地・場面	所在地
阿野木漁港（樫野の遊郭（ロケセット））	和歌山県東牟婁郡串本町樫野
阿野木展望台（樫野岬）	和歌山県東牟婁郡串本町樫野1033
袋港周辺海岸（ハルが小舟に乗る海岸）	和歌山県東牟婁郡串本町串本
荒船海岸（樫野村のオープンセット）	和歌山県東牟婁郡串本町田原

怪物（映画）

［公　開］2023年6月

［スタッフ］監督：是枝裕和，脚本：坂元裕二

［出　演］安藤サクラ（麦野早織），永山瑛太（保利道敏），黒川想矢（麦野湊），柊木陽太（星川依里），高畑充希（鈴村広奈），角田晃広（正田文昭），中村獅童（星川清高），田中裕子（伏見真木子）〔ほか〕

ロケ地・場面	所在地
横河川 一の桶橋付近（依里の通学路）	長野県岡谷市権現町1-1
市営岡谷球場（伏見が夫と面会した場所（美術セット））	長野県岡谷市神明町1-1-1
イルフプラザ（保利と広奈が訪れたショッピングモール）	長野県岡谷市中央町1-11-1
イルフ岡谷食品館（早織が伏見を見かけるスーパー）	長野県岡谷市中央町1-11-1
童画館通り（小学生が消防車を追いかける場所）	長野県岡谷市中央町1付近
丸山橋交差点（救急車が走る交差点）	長野県岡谷市天竜町2-1
浜新聞店（大翔の家）	長野県岡谷市本町4-6-8
釜口水門（湊、依里、伏見が通った諏訪湖の橋）	長野県岡谷市湊1-9-5付近
諏訪二葉高校付近（早織の車が柵にぶつかる場所）	長野県諏訪市岡村2-13-28

諏訪赤十字病院（湊が検査を受けた病院）	長野県諏訪市湖岸通り5-11-50
城南小学校（職員室, 保健室）	長野県諏訪市高島1-29-1
平温泉付近（湊と依里が自転車で走る場所）	長野県諏訪市小和田16付近
向田橋周辺（依里がマンホールの音を聞く場所）	長野県諏訪市小和田南6-2930付近
藤森ビル（火災の発生したビル）	長野県諏訪市諏訪1-13-8
上諏訪英樹前歩道橋（保利と広奈が火事を見かける場所）	長野県諏訪市諏訪1-6-1付近
手長神社へ続く大階段（湊と依里の通学路）	長野県諏訪市諏訪2-11
立石公園（湊と依里が宇宙について話す公園）	長野県諏訪市大字上諏訪10399付近
上諏訪（湊の通学路）	長野県諏訪市大字上諏訪10747付近
旧城北小学校（湊と依里が通う小学校）	長野県諏訪市大和3-22付近
クリーニングモモセ（早織が勤めるクリーニング屋）	長野県諏訪郡下諏訪町西四天王4997-11
旧瀬沢トンネル～旧立場川橋梁跡（廃電車のあった場所（電車は美術セット））	長野県諏訪郡富士見町落合11968付近

帰ってきたあぶない刑事（映画）

［公　開］2024年5月

［スタッフ］監督：原廣利, 脚本：大川俊道, 岡芳郎

［出　演］舘ひろし（鷹山敏樹）, 柴田恭兵（大下勇次）, 浅野温子（真山薫）, 仲村トオル（町田透）, 土屋太鳳（永峰彩夏）, 西野七瀬（早瀬梨花）, 早乙女太一（海堂巧）, 深水元基（黄凱）, ベンガル（田中文男）, 長谷部香苗（山路瞳）, 鈴木康介（剣崎未来彦）, 小越勇輝（宍戸隼人）, 杉本哲太（八木沼大輝）, 岸谷五朗（劉飛龍）, 吉瀬美智子（ステラ・リー）〔ほか〕

ロケ地・場面	所在地
山内埠頭（香港の弁護士が銃殺された場所）	神奈川県横浜市神奈川区
Bar PoleStar（タカと情報屋の田中が会うバー）	神奈川県横浜市神奈川区 千若町2-1
横浜ロイヤルパークホテル（タカとステラが訪れたバー）	神奈川県横浜市西区みなとみらい2-2-1-3
横浜郵船ビル（タカとユージが強盗に扮した銀行）	神奈川県横浜市中区海岸通3-9
都橋商店街（ユージが川澄を追う商店街）	神奈川県横浜市中区宮川町1-8～野毛町1-22-1
SILVER OHNO（彩夏が指輪を鑑定に出す店）	神奈川県横浜市中区元町4-174
華正樓付近（タカがフェイロン経営の中華料理店に向かう付近）	神奈川県横浜市中区山下町
山下橋（タカとユージが豹藤を追跡する橋）	神奈川県横浜市中区山下町
ホテルニューグランド（海堂主催のパーティの会場）	神奈川県横浜市中区山下町10
日本郵船氷川丸（タカとユージがタンカーを制止する場所）	神奈川県横浜市中区山下町山下公園地先
港の見える丘公園（梨花がタカを尾行する公園）	神奈川県横浜市中区山手町114
ベーリック・ホール（タカとユージが佐久間の潜伏するホテルに乗り込む場所）	神奈川県横浜市中区山手町72
アニヴェルセル みなとみらい横浜（タカとユージが訪れたオープンカフェ）	神奈川県横浜市中区新港2-1-4
新港ふ頭（NZから帰ってきたタカとユージが横浜を懐かしむふ頭）	神奈川県横浜市中区新港2-14-1

YCC〈横浜クルージングクラブ〉(タカとユージが朝食を取る場所)	神奈川県横浜市中区新山下3-6-19
THE BAYS(探偵事務所の屋上と外観)	神奈川県横浜市中区日本大通34
福富町(グランドキャバレー「カプリアイランド」の外観)	神奈川県横浜市中区福富町

鍵のかかった部屋 (ドラマ)

[公　開] 2012年4月～6月

[スタッフ] 脚本：相沢友子, 仁志光佑, 岡田道尚, 原作：貴志祐介

[出　演] 大野智(榎本径), 戸田恵梨香(青砥純子), 佐藤浩市(芹沢豪), 能年玲奈(水城里奈) 〔ほか〕

ロケ地・場面	所在地
ミニストップ イオンタワー店(純子が弁当を食べながら別荘内部のイラストを描いていたコンビニ)〔1〕	千葉県千葉市美浜区中瀬1-5
亀山湖の小月橋(純子が渡っていた橋)〔1〕	千葉県君津市笹1260
Garden Cafe Giverny(純子が聞き込みに行ったレストラン)〔1〕	千葉県君津市長石516
ホテル エミオン 東京ベイの駐車場(車で帰る芹沢を純子が見送った駐車場)〔1〕	千葉県浦安市日の出1-1
汐留ビルディング(純子が訪れた「フリードマン・芹沢総合法律事務所」が入居しているビルの外観)〔1〕	東京都港区海岸1-2
ALSOK〈綜合警備保障〉の本社(純子と芹沢が榎本に会いに行った東京総合セキュリティ)〔1〕	東京都港区元赤坂1-6
リーガロイヤルホテル東京のガーデンラウンジ(純子がクライアントから新日本葬礼社の大石満寿男社長の死因について調査を依頼されたラウンジ)〔1〕	東京都新宿区戸塚町1-104
日立物流(新日本葬礼社)〔1〕	東京都江東区東陽7-2
大圓寺(大石社長の社葬が行われた寺)〔1〕	東京都東久留米市小山2-10
横浜情報文化センターの南側(榎本が車を止めた中央朝日銀行の前)〔1〕	神奈川県横浜市中区日本大通11
埼玉県立寄居城北高等学校(純子と芹沢が美樹に会いに行った練馬区立西ヶ岡中学校, 芳男が科学トリックショーをした練馬区立西ヶ岡中学校)〔2〕	埼玉県大里郡寄居町桜沢2601
電通本社西側の汐留北交差点(芹沢が道行く人の腕時計を車の中から見ていた交差点)〔2〕	東京都港区東新橋1-8
青山壹番館(純子と芹沢が美樹と話をしていた喫茶店)〔2〕	東京都渋谷区東1-4
千葉市教育会館(純子が榎本を待っていた将棋会館の前, 榎本と純子が奈穂子と中野秀哉から話を聞いたところ, パソコンを操作している稲垣真理を純子が見つけた屋上)〔3〕	千葉県千葉市美浜区高浜3-1
リーガロイヤルホテル東京(純子が芹沢に奈穂子を引き合わせたホテルのラウンジ)〔3〕	東京都新宿区戸塚町1-104
新宿モノリスの前(芹沢が鴻野に任意同行を求められたところ)〔3〕	東京都新宿区西新宿2-3

豊洲キュービックガーデン（クライアントと話をしている芹沢を鴻野が監視していたビルの前）〔3〕	東京都江東区豊洲3-2
亀屋栄泉（芹沢と純子が桑島美香に会いに行った和菓子店）〔4〕	埼玉県川越市幸町5
爬虫類倶楽部中野店（榎本が訪れたペットショップ）〔4〕	東京都中野区中野6-15
埼玉県立川口工業高校（杉崎が野球部の顧問をしている東京都立希望ヶ丘高等学校）〔5〕	埼玉県川口市南前川1-10
多摩川の堤防（ランニングをしている野球部員に純子が追いついた堤防の上）〔5〕	東京都日野市日野7755
共立女子学園神田3号館（芹沢が電話で純子と話をしながら階段を下りていた警視庁等々力警察署）〔6〕	東京都千代田区神田神保町3-27
牛込橋下の「CANAL CAFE」（純子が畑山奈緒と話をしていた水辺のカフェ）〔6〕	東京都新宿区神楽坂1-9
蚕糸の森公園（純子が里奈と井岡祐樹に話を聞いた公園の東屋）〔6〕	東京都杉並区和田3-55
川崎市アートセンター（純子が榎本を待っていたアートセンターの前，里奈が出演する「密室に囚われた男」が公演された劇場）〔6〕	神奈川県川崎市麻生区万福寺6-7
日蓮定栄山遠照寺の南側付近（榎本が純子と電話で話をした南郷町バス停）〔7〕	山梨県北杜市須玉町穴平2629
北杜市 須玉総合支所（純子が真之の保釈を求めに行った長野県警荒神警察署）〔7〕	山梨県北杜市須玉町若神子2155
みずがき湖に架かる鹿鳴峡大橋（榎本と純子が乗った遠藤晴彦が運転するトラックが渡った橋）〔7〕	山梨県北杜市須玉町小尾
北杜市増富スポーツ公園〈旧増富中学校〉（真之が愛実を送っていった学校）〔7〕	山梨県北杜市須玉町小尾1448
釜瀬川に架かる橋（榎本と純子が渡っていた橋）〔7〕	山梨県北杜市須玉町小尾4614付近
松本鉄道上高地線新村駅（純子が駅員と話をしていた駅舎）〔7〕	長野県松本市新村964
有栖川宮記念公園（純子が安西理佳子と話をしていた公園，純子がモスキート音を聞いた公園）〔8〕	東京都港区南麻布5-7
用賀倶楽部（純子が友香からアシスタントの二人の話を聞いたカフェ，榎本、純子、芹沢が橘麻美と話をしていたカフェ）〔8〕	東京都世田谷区玉川台2-17
笄公園（三夫と美沙が水鉄砲で遊んでいた公園，野々垣が三夫に会いに来た公園，榎本が美沙に話を聞いた公園）〔9〕	東京都港区西麻布3-12
松宝ビル（榎本、純子、芹沢が出てきたビル，野々、坂口、犬山が銃声を聞いたビルの1階）〔9〕	東京都新宿区歌舞伎町2-17
リーガロイヤルホテル東京のガーデンラウンジ（純子と芹沢が話をしていたラウンジ）〔9〕	東京都新宿区戸塚町1-104
根本ビルの前（芹沢が坂口に追いつかれたところ，坂口が芹沢に登記簿を見せたところ）〔9〕	東京都新宿区荒木町8

新宿通り〈国道20号線〉みずほ銀行四谷支店前（坂口に尾行されていることに芹沢が気付いたところ）〔9〕	東京都新宿区四谷3-3
区立たなかデイホーム〈旧田中小学校〉（純子が美沙に会いに行った小学校）〔9〕	東京都台東区日本堤2-25
タイム24ビルの会議室C（美沙が純子と芹沢に会いに来た会議室）〔9〕	東京都江東区青海2-4
東京湾岸リハビリテーション病院（芹沢が安養寺修から介護ザルの話を聞いたところ）〔10〕	千葉県習志野市谷津4-1
フジテレビ別館（ベイリーフの外観, 純子がひもの付いたボールを投げた屋上, パトカーに乗る榎本を佐藤が見下ろしていたビルの屋上）〔10〕	東京都品川区東品川3-32
クロスウェーブ府中の大ホール（ベイリーフの会社説明会が行われたところ）〔10〕	東京都府中市日鋼町1
さいたまスーパーアリーナ（清掃作業をしている佐藤に榎本が会いに行ったところ）〔終〕	埼玉県さいたま市中央区新都心8
和光市役所（警視庁芝浦警察署）〔終〕	埼玉県和光市広沢1
テレコムセンタービル（榎本が純子と公衆電話で話をしていた空港のロビー）〔終〕	東京都江東区青海2-38
山梨森林公園「金川の森公園」内の金川に架かる「森のかけ橋」（純子が芹沢と電話で話をしていた橋の上）〔終〕	山梨県笛吹市一宮町国分1162
野澤観光園（純子が訪れた観光農園）〔終〕	山梨県笛吹市御坂町尾山972

鍵のかかった部屋SP（ドラマ）

［公　開］2014年1月3日

［スタッフ］脚本：相沢友子, 原作：貴志祐介

［出　演］大野智（榎本径）, 戸田恵梨香（青砥純子）, 佐藤浩市（芹沢豪）, 黒木瞳（岡村郁子）, 藤木直人（稲葉透）, 宇梶剛士（鴻野光男）, 佐野史郎（平松啓治）, 岡田義徳（小檜山進）〔ほか〕

ロケ地・場面	所在地
かずさアカデミアホールのメインロビー（榎本、芹沢、郁子が稲葉に挨拶した「新世紀アートミュージアム」内のロビー）	千葉県木更津市かずさ鎌足2-3
おおたかの森病院（芹沢が入院した病院）	千葉県柏市豊四季113
霞が関ビルの前（芹沢が突き落とされた階段のあるところ）	東京都千代田区霞が関3-2
奥野ビル（純子が訪れた榎本の防犯ショップが入居しているビルの外観）	東京都中央区銀座1-9
汐留ビルディング（「フリードマン・芹沢総合法律事務所」が入居しているビルの外観）	東京都港区海岸1-2
東京国立博物館の表慶館（芹沢が記者に囲まれていた裁判所の前）	東京都台東区上野公園13
上大崎交差点（芹沢が背後から刺された交差点, 榎本が密室の謎を解いた交差点）	東京都品川区上大崎2-13
蕎仙坊（芹沢が非通知の電話を受けた蕎麦店）	東京都目黒区青葉台1-22
桐蔭学園メモリアルアカデミウムにある移築復元された「横浜地方裁判所陪審法廷」（芹沢が立っていた法廷）	神奈川県横浜市青葉区鉄町

豊田市美術館（藤林と郁子が平松に会いに行った「新世紀アートミュージアム」, 榎本と純子が館内を見学していた「新世紀アートミュージアム」, 平松の遺書が偽物だと榎本が言ったところ）	愛知県豊田市小坂本町8-5

岳―ガク（映画）

［公　開］2011年5月

［スタッフ］監督：片山修, 脚本：吉田智子

［出　演］小栗旬（島崎三歩）, 長澤まさみ（椎名久美）, 佐々木蔵之介（野田正人）, 石田卓也（阿久津敏夫）, 矢柴俊博（座間洋平）, やべきょうすけ（安藤俊一）, 浜田学（関勇）〔ほか〕

ロケ地・場面	所在地
北アルプス〈奥穂高岳, 八方尾根, 立山連峰など〉（登山風景）	長野県～岐阜県
松本市役所の屋上（ナオタが父と食事する場所）	長野県松本市丸の内3-7
居酒屋「萬来」（救助隊員たちが久美の歓迎会を開いた「居酒屋ケルン」）	長野県松本市中央1-4-4
大町山岳博物館（北部警察署）	長野県大町市大町8056-1
アイシティ21（久美が買い物をする商業施設）	長野県東筑摩郡山形村7977

覚悟はいいかそこの女子。（映画）

［公　開］2018年10月

［スタッフ］監督：井口昇, 脚本：李正姫, 原作：椎葉ナナ

［出　演］中川大志（古谷斗和）, 唐田えりか（三輪美苑）, 伊藤健太郎（新見律）, 甲斐翔真（澤田惟智也）, 若林時英（久瀬龍生）, 荒川良々（荒木彰）, 小池徹平（柾木隆次）〔ほか〕

ロケ地・場面	所在地
常磐大学 智学館中等教育学校（美術の授業のシーンなど）	茨城県水戸市小吹町2092
君津市立稲ヶ崎キャンプ場	千葉県君津市草川原866
引地台公園	神奈川県大和市

駆込み女と駆出し男（映画）

［公　開］2015年5月

［スタッフ］監督・脚本：原田眞人, 原案：井上ひさし

［出　演］大泉洋（中村信次郎）, 満島ひかり（お吟）, 戸田恵梨香（じょご）, 内山理名（戸賀崎ゆう）, 山﨑努（曲亭馬琴）, 堤真一（堀切屋三郎衛門）〔ほか〕

ロケ地・場面	所在地
三井寺〈園城寺〉（東慶寺の御門）	滋賀県大津市園城寺町246
芙蓉園（堀切屋の地下蔵）	滋賀県大津市坂本4-5-17
西教寺（東慶寺の寺院内）	滋賀県大津市坂本5-13-1
教林坊（曲亭馬琴の家）	滋賀県近江八幡市安土町石寺1145
八幡堀（吟が荷下ろしの指示をする場所）	滋賀県近江八幡市大杉町
油日神社（剣豪田の中勘助が奉納稽古を行う場面）	滋賀県甲賀市甲賀町油日1042
百済寺（東慶寺の中門・参道）	滋賀県東近江市百済寺町323
柳谷観音楊谷寺（あじさい回廊など）	京都府長岡京市浄土谷堂ノ谷2
鴻池新田会所（唐物問屋「堀切屋」）	大阪府東大阪市鴻池元町2-30
書寫山 圓教寺（東慶寺）	兵庫県姫路市書写2968

家政婦のミタ（ドラマ）

［公　開］2011年10月～12月

［スタッフ］脚本：遊川和彦

［出　演］松嶋菜々子（三田灯）, 長谷川博己

（阿須田恵一），相武紗季（結城うらら），忽那汐里（阿須田結），白川由美（晴海明美），平泉成（結城義之），中川大志（阿須田翔），綾部守人（阿須田海斗），本田望結（阿須田希衣）〔ほか〕

ロケ地・場面	所在地
アートヴィレッジ大崎セントラルタワー（恵一が勤務する「サワイホーム」の外観）〔1〕	東京都品川区大崎1-2
多摩川（三田と希衣が入水した川）〔1〕	神奈川県川崎市多摩区布田31
向原1丁目の坂道（早朝、阿須田邸へ向かう三田が上っていた坂道）〔1〕	神奈川県川崎市麻生区向原1-1と3の間付近
アートヴィレッジ大崎セントラルタワー（恵一が美枝と話をしていた「サワイホーム」のロビー）〔2〕	東京都品川区大崎1-2
多摩川（うららが結を監視していた河原）〔2〕	神奈川県川崎市多摩区布田31
三津屋の前（海斗のクラスメイト・古田が海斗に電話を掛けていたコンビニの前）〔2〕	神奈川県川崎市多摩区枡形5-19
向原1丁目の坂道（早朝、阿須田邸へ向かう三田が上っていた坂道，三田がアンパンマンのキャラクターを言っていた坂道，塾からの帰りに海斗が三田と会った坂道）〔2〕	神奈川県川崎市麻生区向原1-1と3の間付近
フジモト第一生命ビルの東側（翔、海斗、希衣が三田を見失ったところ）〔3〕	千葉県千葉市中央区中央3-3
アートヴィレッジ大崎セントラルタワー（結が美枝に会いに行った「サワイホーム」のロビー，三田がビラを配っていた「サワイホーム」のロビー）〔3〕	東京都品川区大崎1-2
FREEMAN CAFE（恵一と結が話をしていたカフェ）〔3〕	東京都渋谷区渋谷1-16
兼六土地建物の保谷住宅展示場（恵一が三田からの電話を受けた住宅展示場）〔4〕	東京都練馬区南大泉4-49
天王洲アイル橋南詰付近の東品川海上公園（翔がタバコを買おうとした自動販売機が置かれていたところ，翔がユニホームを捨てたところ）〔5〕	東京都品川区東品川3-9
生田スタジオ（義之が養子縁組届に署名するように恵一に迫った喫茶店，逃げる恵一を追った義之が転んだところ，補導された翔を恵一が迎えに行った警察署内の生活安全課）〔5〕	神奈川県川崎市多摩区菅仙谷3-20
汐見運河に架かる「しおかぜ橋」（結が飛び降りようとした橋）〔6〕	東京都江東区塩浜2-18
山野美容専門学校（美枝が恵一に電話を掛けていたビルの屋上）〔6〕	東京都渋谷区代々木1-53
新百合ヶ丘駅前のペデストリアンデッキ（結が写真部の先輩・小沢拓也を待っていたところ，恵一たちが結を探していたところ）〔6〕	神奈川県川崎市麻生区上麻生1-21

日本テレビタワーの社員食堂(恵一が同僚を殴った社員食堂)〔7〕	東京都港区東新橋1-5
舟渡水辺公園(恵一が三田を待っていたところ, 恵一が石を探していたところ)〔7〕	東京都板橋区舟渡4-4
新左近川に掛かる「葛西かもめ橋」(三田が渡っていた橋)〔7〕	東京都江戸川区臨海町2
生田スタジオ(三田が恵一を待っていた浅津警察署の前)〔7〕	神奈川県川崎市多摩区菅仙谷3-20
多摩川(恵一が自殺しようと入水した川)〔7〕	神奈川県川崎市多摩区布田31
川崎大正建機の水沢営業所付近(三田が恵一からの電話を受けたところ)〔7〕	神奈川県川崎市宮前区水沢3-3
稲城北緑地公園のバスケットコート(三田と翔がバスケットボールで勝負したコート)〔8〕	東京都稲城市押立345
京都造形芸術大学外苑キャンパスの西側付近(走行している功の車を三田が撮影したところ)〔9〕	東京都港区北青山1-7
生田スタジオ(恵一が三田に家政婦として来て欲しいと頼んだ桜台警察署の前)〔9〕	神奈川県川崎市多摩区菅仙谷3-20
向原1丁目の坂道(結と希衣がポリタンクを持った三田とすれ違った坂道)〔9〕	神奈川県川崎市麻生区向原1-1と3の間付近
津久井湖ゴルフ倶楽部(功が浮気相手とゴルフをしていたところ)〔9〕	神奈川県相模原市緑区三ケ木492
デジタルハリウッド大学八王子制作スタジオ(結がうららを待っていた学校の校門付近, 結が母からのメールを見ていた学校の屋上)〔10〕	東京都八王子市松が谷1
フォレスト・イン 昭和館(うららがお見合いをしたところ, うららが恵一が好きだと話したところ)〔10〕	東京都昭島市昭和の森
アリオ橋本(三田、希衣、義之がランドセルを買いに行った店)〔10〕	神奈川県相模原市緑区大山町1
汐入公園駐車場の出入口前〈けやき通り〉(恵一や結たちが三田を見送った「並木通り西バス停」)〔終〕	東京都荒川区南千住8-13
汐入公園北側のけやき通り(希衣が三田に抱きついたところ, 恵一、うらら、結たちが三田を見送ったところ)〔終〕	東京都荒川区南千住8-13
横浜赤レンガ倉庫(三田の誕生日が12月25日だと恵一たちが知ったところ, チラシ配りをしている美枝と恵一が再会したところ)〔終〕	神奈川県横浜市中区新港1-1
鎌谷町の坂道(新しく派遣された家へ向かう三田が登っていた坂道)〔終〕	神奈川県横浜市保土ケ谷区鎌谷町270付近
多摩川(三田が結たちに家へ帰るように言った河原)〔終〕	神奈川県川崎市多摩区布田31
向原1丁目の坂道(三田と希衣が登っていた坂道, 三田がうららの頬を叩いた坂道)〔終〕	神奈川県川崎市麻生区向原1-1と3の間付近

風に立つライオン（映画）

［公　開］2015年3月

［スタッフ］監督：三池崇史, 脚本：斉藤ひろし, 原作：さだまさし

［出　演］大沢たかお（島田航一郎）, 石原さとみ（草野和歌子）, 真木よう子（秋島貴子）, 萩原聖人（青木克彦）, 鈴木亮平（田上太郎）〔ほか〕

ロケ地・場面	所在地
鍋冠山（貴子が航一郎にアフリカ行きを断る場所）	長崎県長崎市出雲2-144-1
長崎三菱造船所近辺（福田和恵の通夜の帰り道）	長崎県長崎市西立神町1-1
長崎大学 文教キャンパス中部講堂（航一郎の職場）	長崎県長崎市文教町1-14
宇久島（胡蝶島）	長崎県佐世保市宇久町平
荒川丹奈出張診療所（貴子が島民を診療する診療所）	長崎県五島市玉之浦町荒川
間伏地区（胡蝶島の果て）	長崎県南松浦郡新上五島町間伏郷

風の奏の君へ（映画）

［公　開］2024年6月

［スタッフ］監督・脚本：大谷健太郎, 原案：あさのあつこ

［出　演］松下奈緒（青江里香）, 杉野遥亮（真中渓哉）, 山村隆太（真中淳也）, 西山潤（実紀）, 泉川実穂（栄美）, たける（藤井）, 池上季実子（初枝）

ロケ地・場面	所在地
下山さんちのお茶製茶工場（里香と渓哉が茶香服の練習をする場所など）	岡山県美作市海田1962
旧因幡街道大原宿（渓哉が里香に告白する場所）	岡山県美作市古町
大原駅（里香・渓哉の旅立ちの際の駅など）	岡山県美作市古町
難波邸（真中家の里香の部屋）	岡山県美作市古町1621
あんこやぺ（茶葉屋「まなか屋」）	岡山県美作市古町1724
岡山県立林野高等学校体育館（ピアノコンサートの会場）	岡山県美作市三倉田58-1
天空の茶畑〈海田園黒坂製茶〉（茶畑）	岡山県美作市山外野707
上山の棚田（渓哉と里香がバイクで向かう茶畑）	岡山県美作市上山
湯郷グランドホテル（里香が宿泊した旅館）	岡山県美作市湯郷581-2
花の宿にしき園（里香の宿泊先のロビー）	岡山県美作市湯郷840-1
泰平橋（里香と渓哉が出会う橋）	岡山県美作市林野～三倉田
リバーサイド湯郷（茶香服大会の会場）	岡山県美作市林野275

かぞくいろ RAILWAYS わたしたちの出発（映画）

［公　開］2018年11月

［スタッフ］監督・脚本：吉田康弘

［出　演］有村架純（奥薗晶）, 國村隼（奥薗節夫）, 桜庭ななみ（佐々木ゆり）, 歸山竜成（奥薗駿也）, 木下ほうか（相羽雅樹）, 筒井真理子（楠木幸江）, 板尾創路（水嶋徹）, 青木崇高（奥薗修平）〔ほか〕

［トピック］「RAILWAYS 49歳で電車の運転士になった男の物語』（2010年）、「RAILWAYS 愛を伝えられない大人たちへ」（2011年）に続くRAILWAYSシリーズの第3作目。

ロケ地・場面	所在地
八代駅ホーム（晶が東京から戻った駅）	熊本県八代市萩原町1-1
水俣駅（晶の見習い運転の場所）	熊本県水俣市桜井町1-1

にぎわい交流館阿久根駅（晶と駿也が鹿児島に降り立つ場所）	鹿児島県阿久根市栄町1
グリンスポーツガーデン（駿也が節夫につれてきてもらったバッティングセンター）	鹿児島県阿久根市多田454-2
タイヨー 阿久根店（晶が夕飯の買い出しをする店）	鹿児島県阿久根市大丸町90-17
牛ノ浜駅線路沿いの道（晶と駿也が節夫の家に向かう道）	鹿児島県阿久根市大川
薩摩大川駅（晶を駿也が見送る駅）	鹿児島県阿久根市大川
大川地区の石の橋（節夫、晶、駿也が暮らす家付近）	鹿児島県阿久根市大川
大川小学校（駿也が通う小学校）	鹿児島県阿久根市大川8061
霧島神社（晶と駿也が訪れた神社）	鹿児島県阿久根市大川8141
港橋（ゆりと晶が会話する橋）	鹿児島県阿久根市本町

勝手にふるえてろ（映画）

［公　開］2017年12月

［スタッフ］監督・脚本：大九明子, 原作：綿矢りさ

［出　演］松岡茉優（江藤良香）, 北村匠海（イチ）, 渡辺大知（ニ）, 石橋杏奈（月島来留美）, 古舘寛治（釣りおじさん）, 片桐はいり（オカリナ）〔ほか〕

ロケ地・場面	所在地
竜泉周辺（良香の職場付近）	東京都台東区竜泉2
JR上越線宮内駅（良香が歌う駅）	新潟県長岡市宮内3
太田簡易郵便局（診療所）	新潟県長岡市山古志虫亀888
仁吉（同級生たちと会う場所）	新潟県長岡市東坂之上町2-2-9
栃尾の阿弥陀院（夜の寺院）	新潟県長岡市栃堀699
入広瀬（良香の故郷の雪景色）	新潟県魚沼市大栃山

カツベン！（映画）

［公　開］2019年12月

［スタッフ］監督：周防正行, 脚本：片島章三

［出　演］成田凌（染谷俊太郎）, 黒島結菜（栗原梅子）, 永瀬正敏（山岡秋聲）, 高良健吾（茂木貴之）, 音尾琢真（安田虎夫）〔ほか〕

ロケ地・場面	所在地
福島市民家園 旧広瀬座（青木館）	福島県福島市上名倉大石前地内
若山農場	栃木県宇都宮市宝木本町2018
日光江戸村	栃木県日光市柄倉470-2
専修寺	栃木県真岡市高田1482
三井寺〈園城寺〉（俊太郎を追う安田、それを追う木村が登場する場所）	滋賀県大津市園城寺町246
八幡堀（俊太郎と梅子が会話する場所）	滋賀県近江八幡市宮内町周辺
豊郷小学校旧校舎群（茂木が活弁を披露する場所）	滋賀県犬上郡豊郷町石畑518
東映太秦映画村（劇中のサイレント映画の舞台など）	京都府京都市右京区太秦東蜂岡町10

カーネーション（ドラマ）

［公　開］2011年10月～2012年4月

［スタッフ］脚本：渡辺あや

［出　演］尾野真千子（小原糸子）, 夏木マリ（小原糸子：晩年）, 麻生裕未（小原千代）, 正司照枝（小原ハル）, 駿河太郎（小原勝）, 新山千春（小原優子）, 川崎亜沙美（小原直子）, 安田美沙子（小原聡子）, 栗山千明（吉田奈津）, ほっしゃん（北村達雄）, 綾野剛

（周防龍一），小林薫（小原善作）〔ほか〕

ロケ地・場面	所在地
松本酒造（小原糸子が遊んでいた河原）〔1〕	京都府京都市伏見区横大路三栖大黒町7
木津川に架かる南大河原橋（小原糸子が男の子とけんかをした川）〔1〕	京都府相楽郡南山城村大字北大河原
大阪市立中央公会堂 中集会室（小原糸子が舞踏会を見た洋館）〔1〕	大阪府大阪市北区中之島1-1-27
風見鶏の館（神戸の紹介で出てきた洋館）〔1, 5〕	兵庫県神戸市中央区北野町3-13-3
木津川に架かる南大河原橋（小原糸子が渡っていた橋）〔2〕	京都府相楽郡南山城村大字北大河原
弥栄神社（小原糸子と吉田奈津が話をしていた神社）〔3〕	大阪府岸和田市八幡町13-25
ポルトヨーロッパ（心斎橋の町並み）〔3, 4〕	和歌山県和歌山市毛見1527
船場ビルディング 中庭，階段（スティンガーミシン販売店）〔4〕	大阪府大阪市中央区淡路町2-5-8
髙島屋東別館（小原糸子が制服の売り込みに行った心斎橋百貨店）〔4, 5〕	大阪府大阪市浪速区日本橋3-5-25
弥栄神社（小原糸子と川本勝が話をしていた神社）〔6〕	大阪府岸和田市八幡町13-25
ポルトヨーロッパ（岸和田のカンカンホール）〔6〕	和歌山県和歌山市毛見1527
大阪医療センター（小原糸子が通院する岸和田中央病院）〔25, 終〕	大阪府大阪市中央区法円坂2-1-14
NHK大阪放送局（小原直子が電話を受けたエスカレータ）〔終〕	大阪府大阪市中央区大手前4-1-20
旧紀州街道（だんじり祭りが行われていた道）〔終〕	大阪府岸和田市堺町
関西国際空港（小原聡子が英国から帰国した空港）〔終〕	大阪府泉南郡田尻町泉州空港中
東映太秦映画村（大正時代の岸和田の街（だんじり祭りのシーンは映画村三丁目で撮影））	京都府京都市右京区太秦東蜂岡町10
松本酒造（よく出てくる蔵の見える川）	京都府京都市伏見区横大路三栖大黒町7
月桂冠大倉記念館（良く出てくる川沿いの道）	京都府京都市伏見区南浜町247
木津川に架かる南大河原橋（よく出てくる沈下橋のある川）	京都府相楽郡南山城村大字北大河原
五風荘 2階の座敷，庭園（吉田奈津が住む料亭）	大阪府岸和田市岸城町18-1
別寅かまぼこ城内寮（神戸にある小原糸子の祖父母の家）	大阪府岸和田市岸城町4-17
かじやまち商店街（昭和60年以降の岸和田五軒屋商店街）	大阪府岸和田市五軒屋町
弥栄神社（だんじり祭りが行われる神社）	大阪府岸和田市八幡町13-25
川西市郷土館 旧平安家住宅（吉田奈津が住む料亭の台所と勝手口）	兵庫県川西市下財町4-1
倉敷川沿いの道 中橋付近（岸和田の川沿いの道）	岡山県倉敷市中央1
倉敷館（岸和田中央郵便局）	岡山県倉敷市中央1-4-8
岡山県立津山高等学校（小原糸子が通う泉州高等女学校）	岡山県津山市椿高下62
旧吹屋小学校（小原糸子が通う岸城尋常小学校）	岡山県高梁市成羽町吹屋1290-1
旧遷喬尋常小学校（小原糸子が通う岸城尋常小学校の教室）	岡山県真庭市鍋屋17-1

彼女がその名を知らない鳥たち（映画）

［公　開］2017年10月

［スタッフ］監督：白石和彌，脚本：浅野妙子，原作：沼田まほかる

［出　演］蒼井優（北原十和子），阿部サダヲ（佐野陣治），松坂桃李（水島真），村川絵梨（國枝カヨ），赤堀雅秋（刑事・酒田），赤澤ムック（野々山美鈴），中嶋しゅう（國枝），竹野内豊（黒崎俊一）

ロケ地・場面	所在地
さかい新事業創造センター（十和子と子ども達が登場する場所）	大阪府堺市北区長曽根町130-42
灘丸山公園（陣治と十和子が会話する公園）	兵庫県神戸市灘区五毛
元町高架通商店街（十和子が観ている韓国映画のワンシーンで登場する商店街）	兵庫県神戸市中央区元町高架通
神戸空港島西緑地（十和子と黒崎が砂浜を歩く回想で登場する場所）	兵庫県神戸市中央区神戸空港
北野坂（十和子が車で通りすがった黒崎に声をかけられる場所）	兵庫県神戸市中央区中山手通1

鎌倉殿の13人（ドラマ）

［公　開］2022年1月～12月

［スタッフ］脚本：三谷幸喜

［出　演］小栗旬（北条義時），新垣結衣（八重），菅田将暉（源義経），小池栄子（政子），片岡愛之助（北条宗時），山本耕史（三浦義村），中村獅童（梶原景時），坂東彌十郎（北条時政），宮沢りえ（りく），大泉洋（源頼朝），西田敏行（後白河法皇）〔ほか〕

ロケ地・場面	所在地
えさし藤原の郷 清衡の館（北条家の屋敷）〔1〕	岩手県奥州市江刺区岩谷堂字小名丸86-1
金冠山（源頼朝が姫の姿で馬で逃げていた丘）〔1〕	静岡県沼津市戸田
不二聖心女子学院 第2オークヒル（源頼朝が姫の姿で馬で逃げていた草原）〔1〕	静岡県裾野市桃園198
西山本門寺（源頼朝と北条政子が話をしていた林の中の石段）〔2〕	静岡県富士宮市西山671
舞磯浜（源頼朝がたどり着いた安房の海）〔6〕	静岡県下田市吉佐美
トガイ浜（三浦義村が舟で助けに来た海岸）〔6〕	静岡県賀茂郡南伊豆町入間1590

神様のカルテ（映画）

［公　開］2011年8月

［スタッフ］監督：深川栄洋，脚本：後藤法子，原作：夏川草介

［出　演］櫻井翔（栗原一止），宮崎あおい（栗原榛名），要潤（砂山次郎），吉瀬美智子（外村静枝），池脇千鶴（東西直美），朝倉あき（水無陽子），太田美恵（富山涼子），中山卓也（海野），原田泰造（男爵），西岡徳馬（高山秀一郎），貫田誠太郎（柄本明）〔ほか〕

ロケ地・場面	所在地
松本城が見える坂道（一止の通勤経路）	長野県松本市宮渕2界隈
縄手通り（酔った貫田先生と一止が歩いた通り）	長野県松本市大手3～4
厨十兵衛（一止行きつけの居酒屋九兵衛）	長野県松本市大手4-8-22
女鳥羽川にかかる中の橋（一止の通勤経路）	長野県松本市大手4付近
相澤病院（一止が務める本庄病院）	長野県松本市本庄2-5-1
三柱神社（一止と榛名がよく行く神社）	長野県安曇野市三郷明盛字道下4868

紙の月（映画）

［公　開］2014年11月

［スタッフ］監督：吉田大八, 脚本：早船歌江子, 原作：角田光代

［出　演］宮沢りえ（梅澤梨花）, 池松壮亮（平林光太）, 大島優子（相川恵子）, 田辺誠一（梅澤正文）, 近藤芳正（井上佑司）, 大西武志（内藤課長）〔ほか〕

ロケ地・場面	所在地
オハナコート敷地内の銀行跡地（梨花が勤める銀行）	茨城県水戸市双葉台2-1-1
長田駅（梨花が光太と出会う駅）	兵庫県神戸市長田区四番町7
名谷駅（梨花が通勤に利用する駅のホーム）	兵庫県神戸市須磨区中落合2-3
県庁前駅（梨花・正文夫婦が通勤電車に乗る駅）	兵庫県神戸市中央区下山手通5
神戸市役所1号館（正文が勤める商社）	兵庫県神戸市中央区加納町6-5-1
ホテルオークラ神戸（梨花と光太が密会した高級ホテル）	兵庫県神戸市中央区波止場町2-1
西神中央駅（梨花が通勤に利用する駅の改札）	兵庫県神戸市西区糀台5
そごう西神店〈現・エキソアレ西神中央〉（梨花が正文にプレゼントを買う百貨店）	兵庫県神戸市西区糀台5-9-4

カムカムエヴリバディ（ドラマ）

［公　開］2021年11月～2022年4月

［スタッフ］脚本：藤本有紀

［出　演］上白石萌音（橘安子）, 深津絵里（雉眞るい）, 川栄李奈（大月ひなた）, 松村北斗（雉眞稔）, 村上虹郎（雉眞勇）, 小野花梨（水田きぬ）, 浅越ゴエ（水田卯平）, 岡田結実（雉眞雪衣）, さだまさし（平川唯一）, 濱田岳（橘算太）, 大和田伸也（橘杵太郎）, 鷲尾真知子（橘ひさ）, 西田尚美（橘小しず）, YOU（雉眞美都里）, 甲本雅裕（橘金太）, 段田安則（雉眞千吉）〔ほか〕

ロケ地・場面	所在地
岡山城（橘安子が雉真勇に出会った石垣のある城）〔1〕	岡山県岡山市北区丸の内2-3-1
洲本市市民交流センター野球場（雉真勇が野球の試合をした球場）〔3〕	兵庫県洲本市宇原1809
岡山県総合グラウンドクラブ〈旧第十七師団偕行社〉（橘安子がアメリカ人将校に会った進駐軍の施設）〔6〕	岡山県岡山市北区いずみ町2-1
田能西公園（雉真るいが野球をしていた公園）〔11〕	兵庫県尼崎市田能4-18-9
吹上浜（雉真るいたちが行った旭海岸）〔11〕	兵庫県南あわじ市阿万吹上町
南淡路水仙ライン（雉真るいたちが車で走っていた海沿いの道）〔11〕	兵庫県南あわじ市灘黒岩
ヨドコウ迎賓館（笹川社長の家）〔12〕	兵庫県芦屋市山手町3-10
加茂川の河原（大月錠一郎と大月るいが話をしていた河原）〔13〕	京都府京都市北区小山上内河原町
上七軒通り（大月錠一郎と大月るいが歩いていた石畳の路地）〔13〕	京都府京都市上京区真盛町
北野天満宮（京都の北野天満宮）〔13〕	京都府京都市上京区馬喰町
加茂川に架かる北大路橋（京都の加茂川）〔13〕	京都府京都市左京区下鴨上川原町
如意ヶ嶽〈大文字山〉（京都の大文字山）〔13〕	京都府京都市左京区浄土寺七廻り町
東映太秦映画村（大月錠一郎と大月ひなたが訪れた映画村）〔14〕	京都府京都市右京区太秦東蜂岡町10
京福電気鉄道嵐山本線（嵐電が走っていた場所）〔15〕	京都府京都市右京区嵯峨野有栖川町

東映京都撮影所 俳優会館（オーディションが行われた俳優会館）〔18〕	京都府京都市右京区太秦西蜂岡町9
NHK大阪放送局（関西国際空港のロビー）〔終〕	大阪府大阪市中央区大手前4-1-20
関西国際空港（関西国際空港）〔終〕	大阪府泉南郡田尻町泉州空港中
岡山市表町商店街（大月ひなたがアニー・ヒラカワを追いかけたアーケード商店街）〔終〕	岡山県岡山市北区表町35-16
大城神社（よく出てくる神社）	滋賀県東近江市五個荘金堂町66
旧豊郷小学校（岡山駅）	滋賀県犬上郡豊郷町石畑518
東映太秦映画村（和菓子屋たちばなのある街並み）	京都府京都市右京区太秦東蜂岡町10
旧杉山家住宅（雉真家）	大阪府富田林市富田林町14-31
ポルトヨーロッパ（道頓堀の町並み）	和歌山県和歌山市毛見1527
岡山城（岡山城）	岡山県岡山市北区丸の内2-3-1
旭川（よく出てくる岡山城の見える河原，橘安子が自転車の練習をしていた河原）	岡山県岡山市北区後楽園1

カメラを止めるな！ （映画）

［公　開］2018年6月

［スタッフ］監督・脚本・原作：上田慎一郎，原作：和田亮一

［出　演］濱津隆之（日暮隆之），真魚（日暮真央），しゅはまはるみ（日暮晴美），秋山ゆずき（松本逢花），長屋和彰（神谷和明），細井学（細田学）〔ほか〕

ロケ地・場面	所在地
旧芦山浄水場（ゾンビ映画を撮影した廃墟）	茨城県水戸市渡里町921-1
SKIPシティ 1階階段（Vシネの撮影現場）	埼玉県川口市上青木3-5-63
SKIPシティ B街区（ドラマのリハーサル場所）	埼玉県川口市上青木3-5-63
SKIPシティ 映像ミュージアム 301スタジオ（テレビ局）	埼玉県川口市上青木3-5-63

仮面病棟 （映画）

［公　開］2020年3月

［スタッフ］監督・脚本：木村ひさし，脚本：知念実希人

［出　演］坂口健太郎（速水秀悟），永野芽郁（川崎瞳），内田理央（佐々木香），江口のりこ（東野良子），朝倉あき（莱緒），丸山智己（角倉），笠松将（宮田勝仁）〔ほか〕

ロケ地・場面	所在地
医療法人白石医院（門司区伊川診療所）	福岡県北九州市門司区大字伊川1013
北九州学術研究都市（交通事故の起きた場所）	福岡県北九州市若松区ひびきの2-1
北九州市立玄海青年の家（田所病院の裏口付近）	福岡県北九州市若松区大字竹並126-2
北九州市交通局（田所病院の外観）	福岡県北九州市若松区東小石町3-1
旧松井病院（田所病院内）	福岡県北九州市小倉北区黄金
医療法人社団天翠会 小倉きふね病院（調布第一病院）	福岡県北九州市小倉北区貴船町3
小倉駅前（街頭演説を行う駅）	福岡県北九州市小倉北区京町
米町公園（東京の公園）	福岡県北九州市小倉北区京町3
一般財団法人平成紫川会 小倉記念病院（調布第一病院の手術室・術語説明室）	福岡県北九州市小倉北区浅野3-2-1
鉄の橋「紫川橋」横道路（瞳の回想で登場する道路）	福岡県北九州市小倉北区大手町3-1

ヤマザキショップむらかみ（コンビニ強盗が入った店）	福岡県北九州市小倉北区馬借1-13-29
旧北九州市立八幡病院（田所病院内・府中東警察署内）	福岡県北九州市八幡東区西本町
旧北九州市立八幡病院前道路（瞳の回想で登場する場所）	福岡県北九州市八幡東区西本町
レインボープラザ（記者会見をした会議室）	福岡県北九州市八幡東区中央2-1-1
北九州市立八幡病院（最新機器の手術室）	福岡県北九州市八幡東区尾倉2-6-2
福岡県工業技術センター機械電子研究所（府中東警察署）	福岡県北九州市八幡西区則松3

カラオケ行こ！ （映画）

［公　開］2024年1月

［スタッフ］監督：山下敦弘, 脚本：野木亜紀子, 原作：和山やま

［出　演］綾野剛（成田狂児）, 齋藤潤（岡聡実）, 芳根京子（森本もも）, 橋本じゅん（小林）, やべきょうすけ（唐田）, 加藤雅也（田中正）, 北村一輝（組長）〔ほか〕

ロケ地・場面	所在地
市原市のカラオケ店（聡実と狂児が通うカラオケ店）	千葉県市原市
甲府市街（南銀座界隈）	山梨県甲府市中央

からかい上手の高木さん （映画）

［公　開］2024年5月

［スタッフ］監督・脚本：今泉力哉, 脚本：金沢知樹, 萩森淳, 原作：山本崇一朗

［出　演］永野芽郁（高木さん）, 高橋文哉（西片）, 鈴木仁（中井）, 平祐奈（真野）, 前田旺志郎（浜口）, 志田彩良（北条）, 白鳥玉季（大関みき）, 齋藤潤（町田涼）, 江口洋介（田辺先生）〔ほか〕

ロケ地・場面	所在地
居酒屋 南国（同級生との飲み会をした居酒屋）	香川県小豆郡土庄町甲1480-5
土渕海峡（同窓会の帰り道）	香川県小豆郡土庄町甲559-2
蒲生の防波堤（高木さんと町田が並んで絵を描く防波堤）	香川県小豆郡小豆島町蒲生
四方指大観峰（高木さんの秘密の場所）	香川県小豆郡小豆島町神懸嶮岨山乙1117
池田の桟敷（祭りを行った場所）	香川県小豆郡小豆島町池田1526-11

カラダ探し （映画）

［公　開］2022年10月

［スタッフ］監督：羽住英一郎, 脚本：土城温美, 原作：ウェルザード

［出　演］橋本環奈（森崎明日香）, 眞栄田郷敦（伊勢高広）, 山本舞香（柊留美子）, 神尾楓珠（清宮篤史）, 醍醐虎汰朗（浦西翔太）, 横田真悠（鳴戸理恵）〔ほか〕

ロケ地・場面	所在地
岩屋海水浴場（明日香たちが遊んだ海水浴場）	兵庫県淡路市岩屋田の代地先
Fruits Factory MOON 門司港レトロ店（理恵がクラスメイトとお茶をする店など）	福岡県北九州市門司区東港町1-24
足立公園（冒頭で少女が逃げる場面に登場した公園）	福岡県北九州市小倉北区
ダーツバー・鏑 小倉店（留美子と恋人が会話する店）	福岡県北九州市小倉北区魚町1-4
西南女学院中学校・高等学校前の道路（通学路）	福岡県北九州市小倉北区上到津1-10-1
思永中学校温水プール（夜のプール）	福岡県北九州市小倉北区大門1-5-1
鬼丸ホーム八幡展示場（明日香と篤史の自宅）	福岡県北九州市八幡西区本城学研台1-3-16

ガリレオ（2013年）（ドラマ）

[公　開] 2013年4月～6月

[スタッフ] 脚本：福田靖, 仁志光佑, 原作：東野圭吾

[出　演] 福山雅治（湯川学）, 吉高由里子（岸谷美砂）, 渡辺いっけい（栗林宏美）, 澤部佑（太田川稔）, 安原マリック勇人（アイザック）, 今井隆文（折川圭）, 逢沢りな（遠野みさき）〔ほか〕

ロケ地・場面	所在地
高エネルギー加速器研究機構（薫と美砂が湯川に会いに行ったKEK）〔1〕	茨城県つくば市大穂1
川口市立グリーンセンター内「シャトー赤柴」（美砂と太田川が訪れた「守護の光明」）〔1〕	埼玉県川口市新井宿700
東京都監察医務院（薫と美砂が訪れた東京都監察医務院の外観）〔1〕	東京都文京区大塚4-21
一橋大学（薫と美砂が訪れた帝都大学のキャンパス, 湯川が餞別としてゲルマニウムを薫に渡したところ）〔1〕	東京都国立市中2-1
横浜市西谷浄水場（警視庁貝塚北警察署）〔1〕	神奈川県横浜市保土ケ谷区川島町522
表丹沢 青山荘（湯川と美砂が訪れた「クアイの郷」）〔1〕	神奈川県秦野市寺山1701
国立科学博物館（大きな振子がつり下げられていた清凜大学理工学部の階段）〔2〕	東京都台東区上野公園7
カフェ・ド・キネマ（加奈子が先輩の男子生徒から交際を申し込まれた店）〔2〕	東京都大田区蒲田5-18
小池公園北側の丁字路（加奈子が立ち止まった公園前の丁字路, 湯川と美砂が立ち止まった公園前の丁字路）〔2〕	東京都大田区上池台1-36
呑川に架かる本村橋（湯川と美砂が渡った橋）〔2〕	東京都大田区仲池上1-32
東急池上線石川台駅の北東付近（加奈子と友達が上っていた西蒲田駅近くの坂道）〔2〕	東京都大田区東雪谷2-3
JAXA調布航空宇宙センター飛行場分室（美砂が加奈子を湯川のもとへ連れて行ったところ）〔2〕	東京都三鷹市大沢6-13
法政大学多摩キャンパスの7号館（湯川が講義をしていた大教室）〔2〕	東京都町田市相原町4342
相模鉄工所横浜工場（湯川と美砂が訪れた工場の敷地）〔2〕	神奈川県横浜市港北区新羽町611
城西大学坂戸キャンパス（湯川が数式を地面に書き始めた大学のキャンパス）〔3〕	埼玉県坂戸市けやき台1-1
KDDI研究所の電波無響室（湯川が超指向性スピーカーの実験をした無響室）〔3〕	埼玉県ふじみ野市大原2-1
港南大橋近くの京浜運河（早見の溺死体が浮いていたところ）〔3〕	東京都港区港南4-7
一力 浜松町店（美砂が同級生と酒を呑んでいた居酒屋）〔3〕	東京都港区浜松町2-6
霊厳寺（白井冴子の葬儀が行なわれた寺, 早見が突然逃げ出した寺の境内）〔3〕	東京都江東区白河1-3

神奈川県立体育センター 第二合宿所〈グリーンハウス〉(湯川と美砂が話をしていた大学の食堂)〔3〕	神奈川県藤沢市善行7-1
ヤクルト球団の戸田球場(忠正が入団テストを受けた球場)〔4〕	埼玉県戸田市美女木4638
稲毛海浜公園の屋内運動場(湯川が忠正の投球フォームをチェックしていた帝都大学屋内練習場)〔4〕	千葉県千葉市美浜区高浜7-1
BMLフード・サイエンス(自動ドアが勝手に開け閉めしていたオフィスビル)〔4〕	東京都新宿区西落合2-12
中山道〈国道17号線〉(湯川と美砂が訪れた幹線道路)〔4〕	東京都板橋区志村2-4
新横浜グレイスホテル(トラックが右折したホテルの地下駐車場入口, 妙子がいたホテルのラウンジ, 湯川と美砂が妙子のことを聞いていたホテルのラウンジ)〔4〕	神奈川県横浜市港北区新横浜3-6
神奈川県立体育センター 第二合宿所〈グリーンハウス〉(美砂が湯川に会いに行った学食)〔4〕	神奈川県藤沢市善行7-1
隅田川に架かる新大橋(病院を出た春菜が渡った橋)〔5〕	東京都中央区日本橋浜町3-42
アパホテル日本橋浜町南の前(後藤が逮捕されたホテルの前)〔5〕	東京都中央区日本橋浜町3-43
米輪商事の市ヶ谷サービスステーション(太田川が捜査に行ったガソリンスタンド)〔5〕	東京都新宿区片町2
臨床福祉専門学校(若菜が入院している池野記念総合病院の外観)〔5〕	東京都江東区塩浜2-22
第一下川ビル(後藤が知宏と電話で話をしていた部屋)〔5〕	東京都大田区大森北3-13
Dining Darts Bar Bee池袋(美砂が捜査に行ったダーツバー)〔5〕	東京都豊島区東池袋1-29
横浜市立大学鶴見キャンパス(湯川が脳磁計を使って春菜に実験をしたところ)〔5〕	神奈川県横浜市鶴見区末広町1-7
神奈川県立体育センター 第二合宿所〈グリーンハウス〉(美砂が湯川と話をしていた学食)〔5〕	神奈川県藤沢市善行7-1
湘南セント・ラファエロ大聖堂(若菜と知宏が結婚した時に集合写真を撮ったところ)〔5〕	神奈川県藤沢市南藤沢14
協立化学産業 木更津R&Dセンター(湯川と美砂が野木に会いに行ったNTCの外観)〔6〕	千葉県木更津市潮見4-18
東京大学物性研究所 極限コヒーレント光化学研究センター(湯川と美砂が野木と会った実験室)〔6〕	千葉県柏市柏の葉5-1
東京サンケイビル(湯川が出てきた学術フォーラムが行なわれていたビル)〔6〕	東京都千代田区大手町1-7
MG白金台前のプラチナストリート〈外苑西通り〉(湯川が美砂と電話で話をしていたところ)〔6〕	東京都港区白金台5-12
道志川に架かる野原吊橋(篠田真希の遺体が見つかった吊橋下の川, 湯川と美砂が渡った吊橋)〔6〕	山梨県南都留郡道志村大野1719

ペンション ガーデンストーリー（美砂が野木が主催するイベントで訪れたペンション，湯川と美砂が訪れたペンション）〔6〕	長野県須坂市峰の原721
出流山満願寺の奥之院（湯川が烏天狗のミイラを調査した御座位岳の祠）〔7〕	栃木県栃木市出流町288
唐澤山神社の南城館（湯川が烏天狗のミイラを調査した結果を合田武彦たちに話したところ）〔7〕	栃木県佐野市富士町1409
隅田川沿いの遊歩道（美砂と太田川が神原と話をしていた川辺）〔8〕	東京都中央区湊2-16
お台場海浜公園（神原がICレコーダーに録音された湯川の声を聞いていた海辺，人々が打ち上げ花火を見ていたところ）〔8〕	東京都港区台場1-4
TWOROOMS（神原が美砂のことをパソコンに入力していたカフェ）〔8〕	東京都港区北青山3-11
八王子市南大沢文化会館（湯川が神原に会いに行った劇場）〔8〕	東京都八王子市南大沢2-27
横浜市西谷浄水場（神原が出てきた警視庁貝塚北警察署）〔8〕	神奈川県横浜市保土ケ谷区川島町522
齊木煙火本店の工場（湯川と美砂が訪れた花火工場）〔8〕	山梨県西八代郡市川三郷町黒沢3150
国土交通省 国土技術政策総合研究所旭庁舎にある試験走路（湯川の乗った車が走っていた3車線の道路，運転していた栗林がめまいを起こしたトンネル）〔9〕	茨城県つくば市旭1
千葉東金有料道路東金料金所の西側付近（美砂たちのパトカーが高藤の車を停車させたところ）〔9〕	千葉県東金市山田1296
東葉高速鉄道の車両基地へつながる引込線（6月7日、自転車に乗っていた男性会社員が電車にひかれた踏切）〔9〕	千葉県八千代市大和田新田890
千葉ニュータウン中央駅前センタービル第1立体駐車場（湯川と美砂が訪れたパチンコ店向いの立体駐車場）〔9〕	千葉県印西市中央南1-8
新橋FARO Cityビジョン（高藤が貝塚北警察署の記者会見を見ていたところ）〔9〕	東京都港区新橋2-7
日本科学未来館のみらいCANホール（10年前、湯川が高藤の発表に質問したところ）〔9〕	東京都江東区青海2-41
JR大森駅東口前（高藤が湯川の携帯電話に電話していた公衆電話があるところ）〔9〕	東京都大田区大森北1-1
渋谷駅前（冒頭、人々が渡っていた横断歩道）〔9〕	東京都渋谷区道玄坂2-2
就実の丘（綾音の乗ったタクシーが走っていたところ）〔10〕	北海道旭川市西神楽四線
カトリック築地教会（湯川が綾音と再会した教会，綾音が薔薇の花を嫌いだった話を湯川がした教会）〔10〕	東京都中央区明石町5
FUNGO 三宿（美砂が若山晴美と話をした店）〔10〕	東京都世田谷区下馬1-40

ライフリトル（湯川が子供たちに実験を見せた「ひまわり会」）〔10〕	東京都渋谷区松濤2-2
JR東海道本線をくぐる鶴見川沿いのトンネル（美砂が訪れた綾音が自転車に追突されたトンネル）〔10〕	神奈川県横浜市鶴見区鶴見中央2-18
横浜ベイシェラトンホテル&タワーズ（美砂と綾音が話をしていたホテルのラウンジ）〔10〕	神奈川県横浜市西区北幸1-3
恵愛病院（美砂が訪れた綾音に避妊薬を処方していた病院）〔終〕	埼玉県富士見市針ヶ谷526
豊住児童ホーム〈旧豊住中学校〉（湯川が綾音に会いに行った二人の母校の中学校）〔終〕	千葉県成田市北羽鳥1975
相生産婦人科（美砂が訪れた小林産婦人科医院）〔終〕	東京都墨田区緑1-7
ホームセンター コーナン 江東深川店（太田川が薔薇の苗木を買いに行ったホームセンター）〔終〕	東京都江東区深川1-6
等々力1丁目の坂道（美砂が太田川と電話で話しながら下っていた坂道）〔終〕	東京都世田谷区等々力1-16と17の間
名古屋市科学館（湯川が綾音を連れて行った博物館）〔終〕	愛知県名古屋市中区栄2-17

ガリレオXX 内海薫最後の事件 愚弄ぶ（ドラマ）

［公　開］2013年6月22日

［スタッフ］脚本：池上純哉

［出　演］柴咲コウ（内海薫），ユースケ・サンタマリア（上念研一），柳楽優弥（当摩健斗）〔ほか〕

ロケ地・場面	所在地
ホテルロイヤルガーデン木更津（薫が車から降ろされたホテルの前）	千葉県木更津市大和1-8
かずさオートキャンプ場（関岡に呼び出された薫が訪れたみさかオートキャンプ場）	千葉県君津市向郷766
Zミニスーパーみきや（トイレを出た上念が突然騒ぎ出したスーパー）	千葉県山武市松ヶ谷ロ1
フジクラ本社（貝塚北警察署）	東京都江東区木場1-5
JR大森駅東口前（薫が車椅子を押す上念とすれ違ったところ）	東京都大田区大森北1-1
サンワフォトスタジオ（弓削が薫と電話で話をしていた未来宅配便の前，薫と当摩が訪れた未来宅配便）	東京都大田区大森北1-33
パスポートセンター東交差点付近（薫を乗せた当摩の車が走っていたところ）	山梨県甲府市飯田1-3
荒川に架かる新荒川橋（薫が関岡と電話で話をしながら渡っていた橋）	山梨県甲府市飯田5-16

渇き。（映画）

［公　開］2014年6月

［スタッフ］監督・脚本：中島哲也，脚本：門間宣裕，唯野未歩子，原作：深町秋生

［出　演］役所広司（藤島昭和），小松菜奈（加奈子），清水尋也（瀬岡），妻夫木聡（浅井），オダギリジョー（愛川），高杉真宙（松永），二階堂ふみ（遠藤），橋本愛（森下）〔ほか〕

ロケ地・場面	所在地
ショッピングセンター「イーアスつくば」(銃撃戦が起きた場所など)	茨城県つくば市研究学園5-19
魚沼市の越後ゴルフ倶楽部(ラストシーンの雪原)	新潟県魚沼市東中785

監察医 朝顔(第1シーズン)(ドラマ)

[公　開] 2019年7月～9月

[スタッフ] 脚本：根本ノンジ, 原作：香川まさひと, 木村直巳, 佐藤喜宣

[出　演] 上野樹里(万木朝顔), 時任三郎(万木平), 柄本明(嶋田浩之), 山口智子(夏目茶子), 風間俊介(桑原真也), 志田未来(安岡光子)〔ほか〕

ロケ地・場面	所在地
三陸鉄道リアス線甫嶺駅(朝顔と平が列車を降りた仙ノ浦駅, 8年前、朝顔と里子が列車を降りた仙ノ浦駅)〔1〕	岩手県大船渡市三陸町越喜来甫嶺
獺沢の建物の前(8年前、朝顔と里子が歩いていた大須賀商店の前)〔1〕	岩手県陸前高田市小友町獺沢
獺沢の道路(8年前、朝顔と里子が地震に遭ったところ)〔1〕	岩手県陸前高田市小友町獺沢80
桃ノ浦漁港付近(平が里子の痕跡を探す作業をしていたところ)〔1〕	宮城県石巻市桃浦川向
旧長戸小学校の体育館(8年前、朝顔が訪れた遺体安置所の体育館)〔1〕	茨城県龍ケ崎市半田町65
紫花山荘(8年前、朝顔が浩之と出会ったところ)〔1〕	千葉県安房郡鋸南町保田776
もん吉(朝顔と真也が食事をしていた「もんじゃ焼き さぶちゃん」)〔1〕	東京都中央区月島3-8
高梨機械(平と真也が訪れた桜井機械)〔1〕	東京都大田区大森南2-21
北仲橋の上(朝顔と平がバスに乗ったところ)〔1〕	神奈川県横浜市中区北仲通6
富岡並木ふなだまり公園(平と真也が捜索に訪れた水辺, 朝顔が水質調査をしにやって来た水辺, 真也がデパートの袋を見つけた水辺)〔1〕	神奈川県横浜市金沢区富岡東4-13
横浜市立大学福浦キャンパス(真也が平からの電話を受けた駐車場)〔1〕	神奈川県横浜市金沢区福浦3-9
東洋英和女学院大学横浜キャンパス 1号館の前(朝顔が自転車を停めた興雲大学医学部法医学教室の前)〔1〕	神奈川県横浜市緑区三保町32
東洋英和女学院大学横浜キャンパスの正門(興雲大学の門)〔1〕	神奈川県横浜市緑区三保町32
モザイクモール港北(恵子が訪れた不二越百貨店)〔1〕	神奈川県横浜市都筑区中川中央1-31
横浜国際プール(早紀が弁当箱を押し返したイベント会場の前)〔1〕	神奈川県横浜市都筑区北山田7-3
桜川に架かる水郷橋の下(課長と呼ばれる鈴木が住んでいた橋の下, 鈴木がフグ鍋を食べた橋の下)〔2〕	茨城県土浦市港町1-1
桜川の河原(真也が男を捕まえた河原)〔2〕	茨城県土浦市港町1-1

旧長戸小学校の体育館(朝顔と平が里子を探していた遺体安置所の体育館,朝顔が荷物運びを手伝った体育館の前)〔2〕	茨城県龍ケ崎市半田町65
旧長竿小学校の教室(朝顔と光子がフグをもらいに行った興雲大学小田原キャンパスの生けす)〔2〕	茨城県稲敷郡河内町長竿221
山田工業駅前営業所の隣(鈴木の遺体が見つかったところ)〔2〕	千葉県木更津市東中央1-3
音楽の小径(現場へ向かう朝顔と真也が歩いていたところ,平と真也が身元不明の男を知る男性と出会ったところ)〔2〕	千葉県木更津市東中央1-3と4の間
横浜市立中央図書館の屋上(朝顔と夏目がアイスクリームを食べていた屋上)〔2〕	神奈川県横浜市西区老松町1
野毛山公園展望台付近(真也が泣きながら朝顔にプロポーズした高台の公園)〔2〕	神奈川県横浜市西区老松町63
MOTOMACHI 花こ(平がひまわりの花束を買った生花店)〔2〕	神奈川県横浜市中区石川町2-60
東洋英和女学院大学横浜キャンパスの正門付近(朝顔が真也に母親のことを話し始めたところ)〔2〕	神奈川県横浜市緑区三保町32
ホテルロイヤルガーデン木更津の北側にあるビル(防犯カメラに映っていたビル)〔3〕	千葉県木更津市大和1-8
木更津市クリーンセンター(神奈川県野毛山警察署の外観)〔3〕	千葉県木更津市潮浜3
喫茶ロマン(平が矢神にドリームファイナンスのことを聞いた喫茶店)〔3〕	東京都新宿区高田馬場2-18
山野美容専門学校(ビルを建設した会社の会議室)〔3〕	東京都渋谷区代々木1-53
野川に架かる橋場橋〈中央自動車道の下〉(真也が井上を捕まえた橋の上)〔3〕	東京都調布市深大寺元町1-12
佐須街道(真也が井上を追い掛けていたところ)〔3〕	東京都調布市調布ケ丘3-70
岩瀬外科内科(真也が捜査に行った「みどり診療所」,真也が井上幸二に声を掛けた「みどり診療所」の前)〔3〕	東京都狛江市和泉本町3-3
横浜市立中央図書館の屋上(朝顔と夏目が酒を呑んでいた屋上)〔3〕	神奈川県横浜市西区老松町1
花ノ木製作所(平が訪れた井上雄一の勤務先、四つ葉文具川崎営業所)〔3〕	神奈川県横浜市金沢区福浦2-7
根本造船所(平が捜査に訪れた南仲鉄工所)〔3〕	神奈川県川崎市川崎区小島町9
御林公園(遺体が見つかった公園)〔4〕	千葉県市原市根田3-5
大岡川に架かる大江橋(平が立ち止まった橋の上)〔4〕	神奈川県横浜市中区尾上町6
大岡川沿い(平が酒を呑んでいた屋台があったところ)〔4〕	神奈川県横浜市中区尾上町6
榛原総合病院(平が駆けつけた朝顔が入院した病院)〔4〕	静岡県牧之原市細江2887
燈籠坂大師の切通しトンネルの北側付近(中島修三と犬の骨が見つかったところ)〔5〕	千葉県富津市竹岡
平野カバン店(平が防犯カメラ映像を確認に行ったカバン店)〔5〕	東京都江戸川区中葛西7-22

新左近橋の上（平と真也がベンチに座って話をしたところ）〔5〕	東京都江戸川区臨海町1-3
葛西かもめ橋へ上る階段（真也が朝顔からの電話を受けた階段）〔5〕	東京都江戸川区臨海町2-6
象の鼻パーク（朝顔と真也がベンチに座ってかき氷を食べながら話をしていたところ）〔5〕	神奈川県横浜市中区海岸通1
ノートルダム横浜みなとみらい（伊東純の結婚式が行われたチャペル）〔5〕	神奈川県横浜市中区北仲通6-101
旧中川に架かる「ふれあい橋」（平とつぐみが渡っていた橋）〔6〕	東京都江戸川区平井3-1
鬼怒川に架かる川島橋の下（平と浩之が草刈りをしていた内川橋西詰橋脚付近，平と浩之が里子を探していた河原）〔7〕	茨城県筑西市下川島
栃木県議会議事堂（朝顔が訪れた裁判所の外観）〔7〕	栃木県宇都宮市塙田1-1
道の駅 あずの里いちはら（平が車を停めたパーキングエリア）〔7〕	千葉県市原市浅井小向492
市原市役所加茂支所（平が訪れた仙ノ浦震災復興センター）〔7〕	千葉県市原市平野583
横浜シンポジアの901会議室（朝顔が石田希子と話をした裁判所内の控室，丸屋が入ってきた控室）〔7〕	神奈川県横浜市中区山下町2
横浜地方裁判所前の日本大通（朝顔が平からの電話を受けたところ）〔7〕	神奈川県横浜市中区日本大通9

野毛山公園展望台付近（つぐみを抱っこしながら平が歩いていた高台の公園）〔8〕	神奈川県横浜市西区老松町63
象の鼻パーク（平とつぐみが訪れた海辺の公園）〔8〕	神奈川県横浜市中区海岸通1
神奈川県警察本部（真也が異動した神奈川県警の外観）〔8〕	神奈川県横浜市中区海岸通2-4
小原流会館（桑原と神崎が話をしていた国江建設が入居しているビルのロビー）〔9〕	東京都港区南青山5-7
和泉町幼稚園（朝顔がつぐみを迎えに行った「ひだまり保育園」）〔9〕	東京都杉並区和泉2-25
つくし野（朝顔が訪れた「もんじゃ焼き さぶちゃん」）〔9〕	東京都江戸川区平井3-13
マックス（桑原、神崎、平が矢神と話をしていた喫茶店）〔10〕	東京都新宿区西新宿5-6
和泉町幼稚園（朝顔がつぐみを迎えに行った「ひだまり保育園」）〔10〕	東京都杉並区和泉2-25
プラネアールの「ときわ台スタジオ」（朝顔と夏目が調査をした結衣が転落死した階段）〔10〕	東京都板橋区常盤台2-9
横浜市立中央図書館の屋上（朝顔と夏目が焼き芋を食べていた屋上）〔10〕	神奈川県横浜市西区老松町1
東洋英和女学院大学横浜キャンパス5号館の5204教室（朝顔が夏目の代わりに講義を行った教室）〔10〕	神奈川県横浜市緑区三保町32
三陸鉄道リアス線甫嶺駅（朝顔、桑原、平、つぐみが列車を降りた仙ノ浦駅）〔終〕	岩手県大船渡市三陸町越喜来甫嶺

甫嶺川河口付近の防波堤（朝顔、桑原、平、つぐみが登った防波堤）〔終〕	岩手県大船渡市三陸町越喜来甫嶺
片岸川（朝顔、桑原、平、つぐみが灯篭流しをしたところ）〔終〕	岩手県釜石市唐丹町片岸205
船橋市役所（山梨県警察本部の外観）〔終〕	千葉県船橋市湊町2-10
しおかぜ橋（平が桑原と電話で話をしていた階段）〔終〕	東京都江東区塩浜2-18
フジテレビ湾岸スタジオの地下駐車場（朝顔たちが荷物を車に積み込んだ興雲大学職員専用駐車場）〔終〕	東京都江東区青海2-3
イムス東京葛飾総合病院（平たちが白石を待ち伏せしていた神奈川県感染症センター）〔終〕	東京都葛飾区西新小岩4-18
横浜市立中央図書館の屋上（朝顔と夏目が話をしていた屋上）〔終〕	神奈川県横浜市西区老松町1
ファーマシーガーデン浦賀（朝顔と平が立っていた高台）〔終〕	神奈川県横須賀市西浦賀6-10

きいろいゾウ（映画）

［公　開］2013年2月

［スタッフ］監督：廣木隆一，脚本：黒沢久子，片岡翔，原作：西加奈子

［出　演］宮崎あおい（妻利愛子（通称ツマ）），向井理（無辜歩（通称ムコ）），緒川たまき（緑），リリー・フランキー（夏目）〔ほか〕

ロケ地・場面	所在地
フランス料理店ボン・ヴィヴァン（ムコとツマが出会ったカフェ）	三重県伊勢市本町20-24
大浦邸（ムコとツマの家）	三重県松阪市柚原町
阿津里浜（ツマ、大地、洋子が遊ぶ海）	三重県志摩市志摩町越賀
金比羅山への山道（ツマたちが歩いた木々のトンネル）	三重県志摩市志摩町越賀
油田邸（ムコとツマの家の蔵（内部のみ撮影））	三重県多気町車川
南伊勢町役場南勢庁舎玄関（ツマの話し相手のソテツ）	三重県度会郡南伊勢町五ヶ所浦
特別養護老人ホーム柑洋苑（しらかば園の部屋）	三重県度会郡南伊勢町五ヶ所浦2870
斎田川の堤（大地がツマに相談する道，ムコとツマの畑）	三重県度会郡南伊勢町斎田
前田邸（アレチの家）	三重県度会郡南伊勢町斎田
島田邸（駒井の家）	三重県度会郡南伊勢町斎田
切原公民館（しらかば園の演芸会の会場）	三重県度会郡南伊勢町切原
田曽白浜（ムコとツマが遊びに出かけた海）	三重県度会郡南伊勢町田曽浦
南島メディカルセンター〈外観のみ撮影〉（しらかば園）	三重県度会郡南伊勢町慥柄浦

記憶にございません！（映画）

［公　開］2019年9月

［スタッフ］監督・脚本：三谷幸喜

［出　演］中井貴一（黒田啓介），ディーン・フジオカ（井坂），石田ゆり子（黒田聡子），小池栄子（番場のぞみ），斉藤由貴（寿賀さん）〔ほか〕

ロケ地・場面	所在地
築地市場（工事現場）	東京都中央区築地
ツキ シュラール ラ メール（黒田総理が家族と食事する店）	東京都港区海岸1-15-5
アンダーズ東京（黒田総理が野党の党首を訪れた場所）	東京都港区虎ノ門1-23-3

東京国立博物館 表慶館(首相官邸)	東京都台東区上野公園13-9

記憶屋 あなたを忘れない (映画)

[公　開] 2020年1月

[スタッフ] 監督・脚本：平川雄一朗, 脚本：鹿目けい子, 原作：織守きょうや

[出　演] 山田涼介(吉森遼一), 芳根京子(河合真希), 泉里香(安藤七海), 櫻井淳子(吉森朝子), 戸田菜穂(水野里香), ブラザートム(外山), 濱田龍臣(関谷要), 佐生雪(佐々操), 須藤理彩(河合希美), 杉本哲太(福岡琢磨), 佐々木すみ江(内田アイ子), 田中泯(菅原慎一), 蓮佛美沙子(澤田杏子), 佐々木蔵之介(高原智秋)〔ほか〕

ロケ地・場面	所在地
アニヴェルセル みなとみらい横浜(遼一が杏子にプロポーズした場所)	神奈川県横浜市中区新港2-1-4
南万騎が原駅(遼一が杏子に声をかけた場所)	神奈川県横浜市旭区柏町
介護付き有料老人ホーム ヴィラ城山(真希の祖父が入所する老人ホーム)	神奈川県綾瀬市早川城山2-13-5
安芸灘大橋(オープニングで遼一が渡った橋)	広島県呉市下蒲刈町大字下島字見戸代〜川尻町小仁方1

菊とギロチン (映画)

[公　開] 2018年7月

[スタッフ] 監督・脚本：瀬々敬久, 脚本：相澤虎之助

[出　演] 木竜麻生(花菊ともよ), 韓英恵(十勝川たまえ), 東出昌大(中濱鐵), 寛一郎(古田大次郎), 嘉門洋子(玉椿みつ), 山田真歩(小桜はる)〔ほか〕

ロケ地・場面	所在地
軽野神社(相撲が行われた土俵(土俵はセット))	滋賀県愛知郡愛荘町岩倉123
田井漁港(中濱と古田の住処)	京都府舞鶴市田井1074
立岩海岸(女相撲興行の一行が休憩した場所など)	京都府京丹後市丹後町竹野
吉岡農園(関東大震災直後の芋畑)	京都府京丹後市網野町浜詰

喜劇 愛妻物語 (映画)

[公　開] 2020年9月

[スタッフ] 監督・脚本・原作：足立紳

[出　演] 濱田岳(柳田豪太), 水川あさみ(柳田チカ), 新津ちせ(柳田アキ), 光石研(菜々美の父), 夏帆(由美), ふせえり(菜々美の母), 大久保佳代子(吾妻)〔ほか〕

ロケ地・場面	所在地
詰田川沿い(家族3人で抱き合った場所)	香川県高松市
弓弦葉(うどんを打つ少女の家)	香川県高松市屋島西町678
屋島山頂(豪太が瓦投げをした場所)	香川県高松市屋島東町
瓦町付近の裏通り(豪太が職質を受けた通りなど)	香川県高松市瓦町
すし森山(家族で訪れた寿司屋)	香川県高松市今新町7-1
高松駅(マリンライナーの車窓から海と島を見た駅)	香川県高松市浜ノ町1-20
片原町商店街〜田町商店街(豪太がICレコーダーで録音する商店街)	香川県高松市片原町2-1〜田町3
志度駅(チカが降りた駅)	香川県さぬき市志度
さぬきワイナリー(チカがワインの試飲をするワイナリー)	香川県さぬき市小田2671-13
弥谷寺(豪太が参拝した寺)	香川県三豊市三野町大見乙70
ふれあいパークみの(家族で訪れた公園)	香川県三豊市三野町大見乙74

ヘルシービーチ（豪太とアキが遊んだビーチ）	香川県小豆郡土庄町
土庄港（豪太とアキが訪れた港）	香川県小豆郡土庄町
寒霞渓スカイライン（豪太が観光案内してもらう場所）	香川県小豆郡小豆島町

岸辺の旅（映画）

［公　開］2015年10月

［スタッフ］監督：黒沢清, 脚本：宇治田隆史

［出　演］深津絵里（薮内瑞希）, 浅野忠信（薮内優介）, 小松政夫（島影）, 村岡希美（神内フジエ）, 奥貫薫（星谷薫）, 赤堀雅秋（星谷タカシ）, 千葉哲也（神内）, 蒼井優（松崎朋子）, 首藤康之（瑞希の父）, 柄本明（星谷）〔ほか〕

ロケ地・場面	所在地
鵜原漁港（薮内夫妻が訪れた港）	千葉県勝浦市
山北駅前商店街（薮内夫妻が地元の人々と交流する商店街）	神奈川県足柄上郡山北町山北
JR御殿場線谷峨駅（薮内夫妻が降りたった駅）	神奈川県足柄上郡山北町谷ケ

岸辺露伴 ルーヴルへ行く（映画）

［公　開］2023年5月

［スタッフ］監督：渡辺一貴, 脚本：小林靖子, 原作：荒木飛呂彦「岸辺露伴 ルーヴルへ行く」

［出　演］高橋一生（岸辺露伴）, 飯豊まりえ（泉京香）, 長尾謙杜（岸辺露伴：青年時代）, 安藤政信（辰巳隆之介）, 美波（エマ・野口）, 木村文乃（奈々瀬）〔ほか〕

［トピック］ルーヴル美術館共同企画作品として描かれた、荒木飛呂彦の作品を映画化。ルーヴル美術館で日本映画の撮影影許可が下りた2作目となった。

ロケ地・場面	所在地
会津武家屋敷（画家・山村仁左衛門（高橋一生・二役）の屋敷）	福島県会津若松市東山町大字石山字院内1
向瀧（青年時代の露伴が、漫画執筆に専念するためにひと夏を過ごす祖母（白石加代子）宅）	福島県会津若松市東山町大字湯本字川向200
シェアハウス古民家月観庵（青年時代の露伴が漫画を執筆する部屋）	福島県喜多方市字諏訪48
高倉の大杉〈高倉神社〉（仁左衛門の妻・奈々瀬が黒い樹液を発見した御神木と神社）	福島県南会津郡下郷町大字大内山本（大内宿内）
霧幻峡（ルーヴルの事件後、露伴が奈々瀬に出会った場所）	福島県大沼郡三島町, 大沼郡金山町
稲荷山〈大谷石採石場跡〉（ルーヴル美術館Z-13倉庫（地下倉庫））	栃木県宇都宮市大谷町稲荷山
益子の骨董屋（露伴が取材をした骨董屋）	栃木県芳賀郡益子町益子2840
大森ベルポート（ルーヴル美術館Z-13倉庫（地下倉庫）に続く地下通路）	東京都品川区南大井6
ホテルニューグランド（「この世で最も黒い絵」を求めて露伴と泉京香が参加した美術品オークション会場）	神奈川県横浜市中区山下町10
葉山加地邸（漫画家・岸辺露伴（高橋一生）の自宅）	神奈川県三浦郡葉山町一色1706

岸辺露伴は動かない〈1〉富豪村（ドラマ）

［公　開］2020年12月28日

［スタッフ］脚本：小林靖子, 原作：荒木飛呂彦「岸辺露伴は動かない」

［出　演］高橋一生（岸辺露伴）, 飯豊まりえ（泉京香）, 柴崎楓雅（一究）, 中村倫也（平井

太郎）〔ほか〕

ロケ地・場面	所在地
大森武蔵野苑（露伴と京香が訪ねた富豪村にある屋敷）	東京都小金井市東町5-7-15
港の見える丘公園展望台（京香が恋人の平井太郎と話していた場所）	神奈川県横浜市中区山手町114
えの木てい（京香が平井太郎とお茶を飲んでいたカフェ）	神奈川県横浜市中区山手町89-6
亀ヶ谷坂切通し（京香が歩く坂）	神奈川県鎌倉市山ノ内～扇ガ谷3丁目
葉山加地邸（漫画家・岸辺露伴の自宅）	神奈川県三浦郡葉山町一色1706
蓼科大滝（露伴と泉京香が富豪村に行く途中に休憩していた森林と滝）	長野県茅野市北山4062

岸辺露伴は動かない〈2〉くしゃがら（ドラマ）

［公　開］2020年12月29日

［スタッフ］脚本：小林靖子, 原作：荒木飛呂彦「岸辺露伴は動かない」

［出　演］高橋一生（岸辺露伴）, 飯豊まりえ（泉京香）, 森山未來（志士十五）, 中村倫也（平井太郎）〔ほか〕

ロケ地・場面	所在地
第一下川ビル（志士十五の仕事場）	東京都大田区大森北3-13-5
額坂（露伴と京香が登っていた階段）	神奈川県横浜市中区1
港の見える丘公園展望台（京香と平井太郎が話をした場所）	神奈川県横浜市中区山手町114
山手十番館（露伴に志士十五が話しかけてきたカフェ）	神奈川県横浜市中区山手町246
天保堂苅部書店（露伴と志士十五が本を探しに行った古本屋）	神奈川県横浜市中区野毛町3-134
葉山加地邸（漫画家・岸辺露伴の自宅）	神奈川県三浦郡葉山町一色1706

岸辺露伴は動かない〈3〉D.N.A（ドラマ）

［公　開］2020年12月30日

［スタッフ］脚本：小林靖子, 原作：荒木飛呂彦「岸辺露伴は動かない」

［出　演］高橋一生（岸辺露伴）, 飯豊まりえ（泉京香）, 瀧内公美（片平真依）, 中村倫也（平井太郎）〔ほか〕

ロケ地・場面	所在地
額坂（平井太郎が頭を打った階段, 片平真依が乳母車を折りたたんでいた場所）	神奈川県横浜市中区1
港の見える丘公園展望台（平井太郎がいた公園の展望台）	神奈川県横浜市中区山手町114
えの木てい（泉京香が平井太郎と話していたカフェ）	神奈川県横浜市中区山手町89-6
相模原公園（泉京香が平井太郎と出会った所, 平井太郎と片平真依の娘・真央（北平妃璃愛）が出会った公園〔ほか〕）	神奈川県相模原市南区下溝3277
葉山加地邸（漫画家・岸辺露伴の自宅）	神奈川県三浦郡葉山町一色1706

岸辺露伴は動かない〈4〉ザ・ラン（ドラマ）

［公　開］2021年12月27日

［スタッフ］脚本：小林靖子, 原作：荒木飛呂彦「岸辺露伴は動かない」

［出　演］高橋一生（岸辺露伴）, 飯豊まりえ（泉京香）, 笠松将（橋本陽馬）〔ほか〕

ロケ地・場面	所在地
鋸山山中の石段（橋本陽馬が走っていた石段）	千葉県富津市金谷

CLUB芝浦アイランド（露伴が通うジム，橋本陽馬と出会ったジム）	東京都港区芝浦4-20-3
額坂（露伴と京香が登っていた階段）	神奈川県横浜市中区1
山手十番館（露伴と京香が待ち合せたカフェ）	神奈川県横浜市中区山手町246
亀ヶ谷坂切通し（露伴と京香が歩く坂）	神奈川県鎌倉市山ノ内～扇ガ谷3丁目
葉山加地邸（漫画家・岸辺露伴の自宅）	神奈川県三浦郡葉山町一色1706

岸辺露伴は動かない〈5〉背中の正面（ドラマ）

[公　開] 2021年12月28日

[スタッフ] 脚本：小林靖子，原作：荒木飛呂彦「岸辺露伴は動かない」

[出　演] 高橋一生（岸辺露伴），飯豊まりえ（泉京香），市川猿之助（乙雅三）〔ほか〕

ロケ地・場面	所在地
JR神田駅北側高架下（平坂と書かれた看板のある通路）	東京都千代田区鍛冶町2
額坂（泉京香と乙雅三がすれ違う場所）	神奈川県横浜市中区1
元町公園の自働電話〈公衆電話〉（乙雅三を背負った露伴が休憩した場所）	神奈川県横浜市中区山手町234
葉山加地邸（漫画家・岸辺露伴の自宅）	神奈川県三浦郡葉山町一色1706

岸辺露伴は動かない〈6〉六壁坂（ドラマ）

[公　開] 2021年12月29日

[スタッフ] 脚本：小林靖子，原作：荒木飛呂彦「岸辺露伴は動かない」

[出　演] 高橋一生（岸辺露伴），飯豊まりえ（泉京香），内田理央（大郷楠宝子）〔ほか〕

ロケ地・場面	所在地
鋸山山中の石段（櫂を背負った京香を見つけた階段，大郷桐子（白鳥玉季）に出会った場所）	千葉県富津市金谷
額坂（京香が空箱を持って下りた階段）	神奈川県横浜市中区1
葉山加地邸（漫画家・岸辺露伴の自宅）	神奈川県三浦郡葉山町一色1706
大阪屋旅館（京香が露伴を待っていた旅館）	山梨県南巨摩郡早川町赤沢186
起雲閣（大郷楠宝子が住む大郷家の離れ）	静岡県熱海市昭和町4-2

岸辺露伴は動かない〈7〉ホットサマー・マーサ（ドラマ）

[公　開] 2022年12月26日

[スタッフ] 脚本：小林靖子，原作：荒木飛呂彦「岸辺露伴は動かない」

[出　演] 高橋一生（岸辺露伴），飯豊まりえ（泉京香），古川琴音（イブ）〔ほか〕

ロケ地・場面	所在地
並木ホテル 大きな空洞のある杉（藪箱法師がいるといわれる、鏡が祀られた御神木）	栃木県日光市 日光杉並木街道内
額坂（露伴がバキンを連れて散歩していたところ）	神奈川県横浜市中区1
亀ヶ谷坂切通し（露伴がバキンを連れて散歩していたところ）	神奈川県鎌倉市山ノ内～扇ガ谷3丁目
五霊神社（散歩途中で露伴が立ち寄った神社，神主親子（酒向芳、山本圭祐）と露伴が藪箱法師について話したところ）	神奈川県逗子市沼間3-10-34
浄土宗福泉寺近くの交差点（露伴の愛犬バキンが落ち着かなくなった四つ辻）	神奈川県三浦市初声町三戸

葉山加地邸(漫画家・岸辺露伴の自宅)	神奈川県三浦郡葉山町一色1706

岸辺露伴は動かない〈8〉ジャンケン小僧 (ドラマ)

[公　開] 2022年12月27日

[スタッフ] 脚本:渡辺一貴, 脚本協力:小林靖子, 原作:荒木飛呂彦「岸辺露伴は動かない」

[出　演] 高橋一生(岸辺露伴), 飯豊まりえ(泉京香), 柊木陽太(大柳賢)〔ほか〕

ロケ地・場面	所在地
第一下川ビル(露伴と大柳賢が出てきたビル)	東京都大田区大森北3-13-5
天保堂苅部書店(露伴が訪れた古本屋)	神奈川県横浜市中区野毛町3-134
浄土宗福泉寺近くの交差点(ジャンケン小僧が転んだところ)	神奈川県三浦市初声町三戸
葉山加地邸(漫画家・岸辺露伴の自宅)	神奈川県三浦郡葉山町一色1706

岸辺露伴は動かない〈9〉密漁海岸 (ドラマ)

[公　開] 2024年5月5日・5月10日

[スタッフ] 脚本:渡辺一貴, 脚本協力:小林靖子, 原作:荒木飛呂彦「岸辺露伴は動かない」

[出　演] 高橋一生(岸辺露伴), 飯豊まりえ(泉京香), Alfredo Chiarenza(トニオ・トラサルディ), 蓮佛美沙子(森嶋初音)〔ほか〕

ロケ地・場面	所在地
山手十番館(露伴と京香が打ち合わせをしていたカフェ)	神奈川県横浜市中区山手町246
旧華頂宮邸(露伴邸の近くにひっそりとオープンしたトニオ・トラサルディのレストラン)	神奈川県鎌倉市浄明寺2
馬の背洞門付近の海岸(露伴とトニオがアワビを密漁しに行った海岸)	神奈川県三浦市三崎町城ヶ島

寄生獣 (映画)

[公　開] 2014年11月

[スタッフ] 監督・脚本:山崎貴, 脚本:古沢良太, 原作:岩明均

[出　演] 染谷将太(泉新一), 阿部サダヲ(ミギー), 深津絵里(田宮良子), 橋本愛(村野里美), 東出昌大(島田秀雄), 北村一輝(広川剛志)〔ほか〕

ロケ地・場面	所在地
円頓寺商店街(新一の母が勤める薬局のある商店街)	愛知県名古屋市西区那古野1
四日市港(寄生獣が海から這い上がった港)	三重県四日市市 霞2-1-1
旧角田建設社屋(新一が島田を射貫いた場所)	三重県四日市市大治田1-4-47
スーパー一号館 四日市店(車にひかれた犬を新一たちが助けた場所)	三重県四日市市中部1-8
海星中学校・高等学校(新一が通う学校)	三重県四日市市追分1-9-34
六甲ライナーアイランドセンター駅(新一が出てきた駅の改札)	兵庫県神戸市東灘区向洋町中2
六甲アイランドイベント広場(市長候補の立候補演説が行われた広場)	兵庫県神戸市東灘区向洋町中6
天理教兵庫教務支庁(新一の家の近所の坂道)	兵庫県神戸市灘区城の下通2-8-1
荒田公園駐車場(田宮良子が仲間を呼び出した場所)	兵庫県神戸市兵庫区荒田町2
雷声寺前の道(町の俯瞰ポイント)	兵庫県神戸市中央区葺合町東山1-1

奇跡（映画）

［公　開］2011年6月

［スタッフ］監督・脚本：是枝裕和

［出　演］前田航基（大迫航一），前田旺志郎（木南龍之介），林凌雅（福本佑），永吉星之介（太田真），内田伽羅（有吉恵美），橋本環奈（早見かんな），磯邊蓮登（磯邊蓮登），平祐奈（平祐奈），オダギリジョー（木南健次），夏川結衣（有吉恭子），阿部寛（坂上守），長澤まさみ（三村幸知）〔ほか〕

ロケ地・場面	所在地
川尻駅（兄弟達が再会した駅，別れた駅）	熊本県熊本市南区川尻2-8
加勢川の堤防（川尻駅に着いた兄弟達が、新幹線がすれ違う場所を探し歩いた場所）	熊本県熊本市南区川尻4-6-67
宇土シティモール（兄弟達が高架を走る新幹線を観るために訪れたショッピングセンター）	熊本県宇土市善道寺町綾織95
上之原配水所付近登り坂（三村が生徒と一緒に登校する坂）	鹿児島県鹿児島市西坂元町

KitaKita（映画）

［公　開］2017年7月

［スタッフ］監督：シグリッド・アンドレア・P・ベルナルド

［出　演］エンポイ・マルケス（トニョ），アレサンドラ・デ・ロッシ（レア）〔ほか〕

［トピック］北海道が舞台のフィリピン映画。フィリピンで興行収入7億円を記録し、ロケ地・札幌への観光客が前年比の21%増加した。

ロケ地・場面	所在地
すすきの（レアとノブが出会ったバー）	北海道札幌市中央区
円山公園（レアが弁当を食べる公園）	北海道札幌市中央区宮ケ丘3
さっぽろテレビ塔（レアがプロポーズされた場所）	北海道札幌市中央区大通西1
大通公園（レアが少女と「時間」について話した公園）	北海道札幌市中央区大通西1～12
札幌伏見稲荷神社（レアとトニョが参拝した神社）	北海道札幌市中央区伏見2-2-17
札幌市時計台（レアが老夫婦をガイドした場所）	北海道札幌市中央区北1条西2
サッポロファクトリー（レアとトニョが初めて会った場所）	北海道札幌市中央区北2条東4-1-2
北海道庁旧本庁舎 赤れんが庁舎（レアがベロタクシーを走らせる場所）	北海道札幌市中央区北3条西6-1
モエレ沼公園（レアとトニョがサイクリングした公園）	北海道札幌市東区モエレ沼公園1-1
ミュンヘン大橋（レアの通勤経路）	北海道札幌市豊平区中の島1条14～中央区南30条西8
藻岩山（レアがノブやトニョと訪れ、鐘を鳴らした山）	北海道札幌市南区

北のカナリアたち（映画）

［公　開］2012年11月

［スタッフ］監督：阪本順治，脚本：那須真知子，原案：湊かなえ

［出　演］吉永小百合（川島はる），森山未來（鈴木信人），満島ひかり（戸田真奈美），勝地涼（生島直樹），宮﨑あおい（安藤結花），小池栄子（藤本七重），松田龍平（松田勇），柴田恭兵（川島行夫），仲村トオル（阿部英輔）〔ほか〕

ロケ地・場面	所在地
サロベツ湿原センター	北海道天塩郡豊富町上サロベツ8662

知床（はると子どもたちが「夢の中へ」を歌った場所）	北海道礼文郡礼文町香深村
元地・地蔵岩（バーベキューをした場所）	北海道礼文郡礼文町香深村モトチ
校舎〈現・北のカナリアパーク〉（麗端小学校岬分校）	北海道礼文郡礼文町香深村字フンベネフ621
須古頓岬（はるが阿部と初めて会った場所）	北海道礼文郡礼文町船泊村 字スコトントマリ

北の桜守（映画）

［公　開］2018年3月

［スタッフ］監督：滝田洋二郎, 脚本：那須真知子

［出　演］吉永小百合（江蓮てつ）, 堺雅人（江蓮修二郎）, 篠原涼子（江蓮真理）, 岸部一徳（山岡和夫）, 高島礼子（島田光江）, 永島敏行（三田医師）, 笑福亭鶴瓶（居酒屋たぬきの主人）〔ほか〕

ロケ地・場面	所在地
宗谷丘陵（てつと修二郎が菅原と出会った場所）	北海道稚内市
北防波堤ドーム（てつが樺太から引き揚げの際に降り立った場所）	北海道稚内市開運1-2-2
稚内市メグマ沼自然公園・オープンセット〈北の桜守パーク〉（樺太の江蓮家）	北海道稚内市声問村
声問海岸（てつが海に入るために下りた海岸）	北海道稚内市声問村声問
稚内空港（千歳空港）	北海道稚内市声問村声問6744
旧瀬戸邸（てつと修二郎が宿泊した宿）	北海道稚内市中央4-8-27
抜海駅（修二郎が闇米を運んだ駅など）	北海道稚内市抜海村クトネベツ
大規模草地（疎開するてつたちが機銃掃射を浴びせられた場所）	北海道天塩郡豊富町豊幌

キツツキと雨（映画）

［公　開］2012年2月

［スタッフ］監督・脚本：沖田修一, 脚本：守屋文雄

［出　演］役所広司（岸克彦）, 小栗旬（田辺幸一）, 高良健吾（岸浩一）, 臼田あさ美（麻生珠恵）, 古舘寛治（鳥居）〔ほか〕

ロケ地・場面	所在地
南木曽温泉 木曽路館（克彦と幸一が偶然であった温泉）	長野県木曽郡南木曽町吾妻2278
旧妻籠小学校（校庭で克彦と幸一が弁当を食べた場所など）	長野県木曽郡南木曽町吾妻599
川上川（劇中劇でのゾンビの子供を流した川）	岐阜県中津川市
常盤座（地元の公民館）	岐阜県中津川市高山1025-4
ドライブイン苗木（岸と田辺があんみつを食べた店）	岐阜県中津川市苗木4610-34
スナックマロン（田辺と羽場が酒を飲んだ店）	岐阜県中津川市苗木48-527八幡
小沢商店（克彦が電話を借りた商店）	岐阜県瑞浪市日吉町9037
岩村駅（克彦が幸一を送り届けた駅）	岐阜県恵那市岩村町2367-2
東濃牧場（ラストシーン）	岐阜県恵那市長島町鍋山4-66
白川町の山林（克彦が木を伐採した山林）	岐阜県加茂郡白川町
白川町の田舎道（羽場が高級車で走った田舎道）	岐阜県加茂郡白川町
東白川村森林組合の休憩所（材木置き場）	岐阜県加茂郡東白川村越原

きな子 見習い警察犬の物語（映画）

［公　開］2010年8月

［スタッフ］監督：小林義則, 脚本：浜田秀哉, 俵喜都

[出　演] 夏帆（望月杏子）, 寺脇康文（番場晴二郎）, 戸田菜穂（番場詩子）, 山本裕典（田代渉）, 遠藤憲一（望月遼一）, 浅田美代子（望月園子）, 平田満（桜庭崇）, 広田亮平（番場圭太）, 大野百花（番場新奈）〔ほか〕

ロケ地・場面	所在地
土器川生物公園（きな子が杏子と遊んだ公園など）	香川県丸亀市垂水町910
土器川河川公園（きな子が警察犬試験を受けた場所）	香川県丸亀市川西町南地先
丸亀市民ひろば（警察犬の訓練発表会場）	香川県丸亀市大手町2-2
白川うどん店（田代渉の実家「田代うどん店」）	香川県善通寺市櫛梨町
鮎返りの滝（遭難した新奈を杏子ときな子が救出した場所）	香川県三豊市財田町財田上戸川
訓練所のオープンセット（番場警察犬訓練所）	香川県三豊市詫間町
仁老浜（きな子と杏子が訓練した場所）	香川県三豊市詫間町仁老浜
明神橋（きな子と新奈が、杏子の家を目指して鳥坂山を越えた橋）	香川県三豊市詫間町詫間5229-1
和田長浜海水浴場（伊豆半島の海岸）	神奈川県横須賀市長井2-12

キネマの神様（映画）

[公　開] 2021年8月

[スタッフ] 監督・脚本：山田洋次, 脚本：朝原雄三, 原作：原田マハ

[出　演] 沢田研二（円山郷直（ゴウ））, 菅田将暉（若き日のゴウ）, 永野芽郁（若き日の淑子）, 野田洋次郎（若き日のテラシン）, リリー・フランキー（出水宏）, 前田旺志郎（円山勇太）, 志尊淳（水川）, 松尾貴史（森田）〔ほか〕

ロケ地・場面	所在地
川越スカラ座（テアトル銀幕の客席）	埼玉県川越市元町1-1-1
日本機械工場（過去の松竹撮影所）	東京都八王子市

きのう何食べた？　劇場版（映画）

[公　開] 2021年11月

[スタッフ] 監督：中江和仁, 脚本：安達奈緒子, 原作：よしながふみ

[出　演] 西島秀俊（筧史朗）, 内野聖陽（矢吹賢二）, 山本耕史（小日向大策）, 磯村勇斗（井上航）, マキタスポーツ（三宅祐）, 高泉淳子（上町美江）, 松村北斗（田渕剛）〔ほか〕

ロケ地・場面	所在地
中央通り商店街（ケンジと田渕が並んで歩いた商店街）	群馬県前橋市千代田町
震生湖（花見をした場所）	神奈川県秦野市
平安神宮（京都旅行でおみくじをひいた神社）	京都府京都市左京区岡崎西天王町97
南禅寺 水路閣（京都旅行で記念写真を撮った場所）	京都府京都市左京区南禅寺風呂山町
南禅寺 八千代（京都旅行で宿泊した旅館）	京都府京都市左京区南禅寺福地町34
日の出うどん（京都旅行で訪れたカレーうどん屋）	京都府京都市左京区南禅寺北ノ坊町36
八坂通（京都旅行冒頭シーンの通り）	京都府京都市東山区
鷲峰山 高台寺（京都旅行でライトアップを見た場所）	京都府京都市東山区下河原町526

義母と娘のブルース（ドラマ）

[公　開] 2018年7月～9月

[スタッフ] 脚本：森下佳子, 原作：桜沢鈴

[出　演] 綾瀬はるか（岩木亜希子）, 竹野内豊（宮本良一）, 麻生祐未（下山和子）, 浅野和之（笠原廣之進）, 佐藤健（麦田章）, 上白石萌歌（宮本みゆき・高校生）, 横溝菜帆（宮本みゆき）〔ほか〕

ロケ地・場面	所在地
旧出丸小学校の校庭(みゆきが傘を開いた校舎の前)〔1〕	埼玉県比企郡川島町上大屋敷100
住友ケミカルエンジニアリング(光友金属のシースルーエレベーター)〔1〕	千葉県千葉市美浜区中瀬1
幕張メッセ国際展示場9～11ホール前のエスプラナード(亜希子と笠原が歩いていた中国・上海の空港)〔1〕	千葉県千葉市美浜区中瀬2-1
木更津市立太田中学校(亜希子がみゆきを待っていた大田区立緑が丘西小学校の校門)〔1〕	千葉県木更津市東太田1-2-1
清水公園(良一とみゆきが訪れたアスレチックパーク)〔1〕	千葉県野田市清水906
パーソルキャリア丸の内第二オフィス〈三菱ビル〉(亜希子の席がある光友金属のオフィス)〔1〕	東京都千代田区丸の内2-5
A16 TOKYO(亜希子と良一が話をしていたオープンカフェ)〔1〕	東京都千代田区丸の内2-6
JPタワー(光友金属の外観)〔1〕	東京都千代田区丸の内2-7
住友不動産神田ビル2号館(良一が勤務する「晴海精機 神田ビル」)〔1〕	東京都千代田区神田須田町1-23
汐留シティセンター41階 Fish Bank TOKYO(亜希子と笠原が門大人に会いに行ったレストラン)〔1〕	東京都港区東新橋1-5
グランブリエ東京(亜希子と笠原が門大人と話をした執務室)〔1〕	東京都港区東新橋1-8
日比谷神社(良一が参拝した神社, 良一が亜希子と電話で話をした神社の前)〔1〕	東京都港区東新橋2-1
住友不動産大崎ガーデンタワー(光友金属のエントランスロビー)〔1〕	東京都品川区西品川1-1
シーフォートスクエア(バイクを停めた麦田が友人に声を掛けたところ)〔1〕	東京都品川区東品川2-3
大岡山運送(亜希子が和子に会いに行った下山不動産)〔1〕	東京都大田区北千束1-39
鍵と錠の専門店まるよし(亜希子が母娘を見たベーカリー麦田の前, 良一がパンを買って出てきたベーカリー麦田)〔1〕	東京都大田区北千束1-62
タヒラ堂書店の前(良一が章のバイクのナンバーを見た書店の前)〔1〕	東京都大田区北千束3-26
喫茶まりも(良一が時間を潰していた喫茶店)〔1〕	神奈川県川崎市中原区新丸子東1-785
上府中公園(みゆきが自転車に乗る練習をしていた緑が丘噴水公園, 亜希子がみゆきに名刺を出して自己紹介した公園, 亜希子がみゆきにアドバイスをした公園)〔1〕	神奈川県小田原市東大友113
ながぐつ児童館(みゆきが良一を待っていた「みどりの児童館」, 亜希子がみゆきに腹芸を見せた「みどりの児童館」の玄関)〔1〕	神奈川県綾瀬市綾西2-11
琵琶湖バレイのスカイウォーカー(亜希子とみゆきが宙づりになったスカイウォーカー)〔1〕	滋賀県大津市木戸1547

ミエルかわぐち（亜希子とみゆきが買い物に行ったZEON）〔2〕	埼玉県川口市本町2-7
神田明神の参道（良一が章から花を買ったところ）〔2〕	東京都千代田区外神田2-17
田島ルーフィング本社（良一が勤務する「晴海精機 神田ビル」のオフィス）〔2〕	東京都千代田区岩本町3-11
大手町フィナンシャルシティ北側の大手町川端緑道（田口が章から花束を買ったところ）〔2〕	東京都千代田区大手町1-9
天王洲セントラルタワーの北側（章が花を売っていたところ）〔2〕	東京都品川区東品川2-2
ミエルかわぐち（亜希子がPTA廃止の署名を依頼したところ）〔3〕	埼玉県川口市本町2-7
旧出丸小学校の校庭（運動会が行われた校庭）〔3〕	埼玉県比企郡川島町上大屋敷100
木更津市立太田中学校（警察官のコスプレをした田口が自転車の取り締まりをしていた大田区立緑が丘西小学校，亜希子と良一がX線検査装置で持ち物チェックをしていたところ）〔3〕	千葉県木更津市東太田1-2-1
柏髙島屋ステーションモール（亜希子がPTA廃止の署名を依頼したところ）〔3〕	千葉県柏市末広町1
ヨドバシカメラ マルチメディア上野の前（良一が電話を受けたところ）〔3〕	東京都台東区上野4-10
住友不動産大崎ガーデンタワー（亜希子が田口に声を掛けた光友金属のエントランスロビー）〔3〕	東京都品川区西品川1-1
MEGAドン・キホーテ大森山王店（亜希子が警察官のコスプレを買った店）〔3〕	東京都大田区山王3-6
呑川に架かる三島橋の西詰（亜希子が蝉を見つけたところ）〔3〕	東京都世田谷区深沢7-1
国立成育医療研究センター（良一が訪れた山王大学附属病院）〔3〕	東京都世田谷区大蔵2-10
舟渡水辺公園（亜希子がPTA廃止の署名を依頼したところ）〔3〕	東京都板橋区舟渡4-4
木更津市立太田中学校の校門前（林間学校へ向かうみゆきを乗せたバスを亜希子と良一が見送ったところ）〔4〕	千葉県木更津市東太田1-2-1
KITTE 1階のテラス（良一が亜希子にプロポーズしたところ）〔4〕	東京都千代田区丸の内2-7
上野東照宮（良一が花見の場所取りをしていたところ，亜希子が土下座の仕方を実演したところ）〔4〕	東京都台東区上野公園9
住友不動産大崎ガーデンタワー（亜希子がおにぎりを食べていた光友金属のエントランスロビー）〔4〕	東京都品川区西品川1-1
大和屋ビル前の電柱（電柱に頭を付けて亜希子が猛省していたところ）〔4〕	東京都大田区北千束1-40
工房花屋（亜希子と良一が食事をしたレストラン）〔4〕	東京都世田谷区上用賀5-8
呑川に架かる三島橋の西詰（亜希子が拾おうとした蝉が飛び去ったところ）〔4〕	東京都世田谷区深沢7-1

西武池袋線が石神井川を跨ぐ高架下付近（章の運転するトラックからコピー機が落下したところ, チラシで滑った老人がトラックにぶつからずにすんだところ）〔4〕	東京都練馬区高野台1-1
横浜市営地下鉄センター南駅前（良一が歩いていた地下鉄緑が丘西駅前, 亜希子と良一が寧々を見送った駅前）〔4〕	神奈川県横浜市都筑区茅ケ崎中央1-1
ビューティ＆ウェルネス専門職大学〈旧オンワード総合研究所 人材開発センター〉（亜希子と良一が初めて出会ったプレゼン会場）〔4〕	神奈川県横浜市都筑区牛久保3-9
上府中公園（みゆきが自転車の練習をしていたところ, 良一が倒れたところ）〔4〕	神奈川県小田原市東大友113
ウェルキャンプ 西丹沢のDゾーン（みゆきが友達と弁当を食べていた河原）〔4〕	神奈川県足柄上郡山北町中川868
いすみ医療センター（良一が入院した病院内）〔5〕	千葉県いすみ市苅谷1177
第一ホテル東京の宴会場「ラ・ローズ」（伊勢電機の競合プレゼンテーションが行われたところ）〔5〕	東京都港区新橋1-2
東雪谷3丁目の坂道（みゆきが下っていた坂道）〔5〕	東京都大田区東雪谷3-9
フラワースタイル・ベオーネ（みゆきと歩いていた亜希子が立ち止まった生花店の前）〔5〕	東京都世田谷区用賀4-18
用賀の商店街（亜希子、みゆき、良一が手をつないで歩いていた商店街）〔5〕	東京都世田谷区用賀4-18付近
関東鉄道常総線守谷駅（みゆきが列車に乗れた緑が丘西駅, みゆきが大樹と再会した緑が丘西駅のホーム）〔6〕	茨城県守谷市中央2-18
池上 大坊 本行寺の鶴林殿（良一の通夜・葬儀が行われたところ）〔6〕	東京都大田区池上2-10
東雪谷3丁目の坂道（亜希子とみゆきが下っていた坂道）〔6〕	東京都大田区東雪谷3-12
パティスリー クレソン（和子が亜希子に声を掛けたパン店の前）〔6〕	東京都大田区北千束1-45
鍵と錠の専門店まるよし（亜希子が訪れたベーカリー麦田）〔6〕	東京都大田区北千束1-62
A－プライス 高井戸店（亜希子と晴美が買物をしていたスーパー）〔6〕	東京都杉並区高井戸東4-13
白鵬女子高等学校（みゆきが通う高校）〔6〕	神奈川県横浜市鶴見区北寺尾4-10
横浜市営地下鉄センター南駅（みゆきが駆け込んだ駅）〔6〕	神奈川県横浜市都筑区茅ケ崎中央1
横浜市営地下鉄センター南駅付近（みゆきが走っていたところ）〔6〕	神奈川県横浜市都筑区茅ケ崎中央1
「であい橋」の西詰付近（みゆきが大樹に謝罪したところ）〔6〕	神奈川県横浜市都筑区茅ケ崎中央3
みなきたウォークの歩道橋（みゆきが自転車を忘れたことに気付いたところ, 朝、みゆきが自転車で走っていたところ）〔6〕	神奈川県横浜市都筑区茅ケ崎中央50

横浜市営地下鉄グリーンライン高架下のセンター南駅第1駐輪場（みゆきの自転車の前カゴに亜希子が鞄を投げ込んだところ）〔6〕	神奈川県横浜市都筑区茅ケ崎中央50
喫茶まりも 新丸子店（みゆきとユナが話をしていた喫茶店，冷房が止まった喫茶店）〔6〕	神奈川県川崎市中原区新丸子東1-785
上府中公園（みゆきが自転車の練習をしていた公園，亜希子とみゆきが四葉のクローバーを探していた公園，9年後、みゆきが自転車で走っていた公園）〔6〕	神奈川県小田原市東大友113
厚木市斎場（良一が荼毘に伏された火葬場）〔6〕	神奈川県厚木市下古沢548
リヨン夢工房 中延店（亜希子が見に行った午後5時の近くのパン屋）〔7〕	東京都品川区中延3-13
南大井四丁目交差点（信号待ちをしていた亜希子が匂いに誘われて左折した交差点）〔7〕	東京都品川区南大井4-13
南大井五丁目交差点（大樹がみゆきの自転車を引っ張った交差点，みゆきと大樹が話をしたところ）〔7〕	東京都品川区南大井5-18
満天酒場 大森店（亜希子が焼き鳥を買った店）〔7〕	東京都大田区大森北1-3
東雪谷3丁目の坂道（亜希子が自転車を押して登っていた坂道）〔7〕	東京都大田区東雪谷3-14と15の間
北千束北児童公園（大樹がみゆきの家庭教師をすると話した公園）〔7〕	東京都大田区北千束1-29
渋谷ファッション＆アート専門学校（亜希子がみゆきを迎えに行った明光進学会）〔7〕	東京都渋谷区渋谷1-21
みなきたウォークの歩道橋（亜希子の作った弁当をみゆきが大樹に渡したところ）〔7〕	神奈川県横浜市都筑区茅ケ崎中央50
相鉄いずみ野線湘南台駅（亜希子がみゆきを待っていた緑が丘西駅の改札口前，みゆきがもう一人の宮本みゆきを見た駅のホーム）〔7〕	神奈川県藤沢市湘南台2-15
神奈川工科大学K3号館講義棟（みゆきが全国統一判定模試を受けた階段教室）〔7〕	神奈川県厚木市下荻野1030
神奈川工科大学附属図書館（みゆきと大樹が話をしていた図書館）〔7〕	神奈川県厚木市下荻野1030
PLAZA 汐留シオサイト店（みゆきとユナが訪れた雑貨店）〔8〕	東京都港区東新橋1-5
汐留シオサイト（みゆきとユナが亜希子と出会ったところ）〔8〕	東京都港区東新橋1-5
日比谷神社（亜希子が参拝した神社）〔8〕	東京都港区東新橋2-1
日進ワールドデリカテッセン（みゆきがセクシーな人参を見つけたスーパー）〔8〕	東京都港区東麻布2-32
リヨン クローバー 雑色店（亜希子がパンを買った店）〔8〕	東京都大田区仲六郷2-14
わぐや（亜希子とみゆきが「あっち向いてホイに勝ったら一杯無料」の看板を見た店）〔8〕	東京都世田谷区北沢2-8

ざこや（亜希子とみゆきが「じゃんけん勝ったら一杯無料」の看板を見た店）〔8〕	東京都世田谷区北沢2-9
大場白ゆり幼稚園（子供の頃の章が通っていた幼稚園）〔8〕	神奈川県横浜市青葉区大場町231
JR身延線南甲府駅（亜希子が出てきた駅）〔8〕	山梨県甲府市南口町1
釣船茶屋 ざうお 新宿店（亜希子と章が話をした居酒屋）〔9〕	東京都新宿区西新宿3-2
天王洲運河沿いのボードウォーク（章が亜希子に告白したところ）〔9〕	東京都品川区東品川2-2
「であい橋」の西詰付近（プチキュアのコスチュームを着たみゆきやユナたちが「ベーカリー麦田」を宣伝したところ）〔9〕	神奈川県横浜市都筑区茅ケ崎中央3
アニヴェルセルヒルズ横浜（プチキュアショーが行われたところ）〔9〕	神奈川県横浜市都筑区茅ケ崎中央4
神奈川工科大学附属図書館（みゆきが章と電話で話をしていた図書館，みゆきと大樹が勉強をしていた図書館）〔9〕	神奈川県厚木市下荻野1030
いすみ医療センター（亜希子が入院した病院）〔終〕	千葉県いすみ市苅谷1177
アーフェリーク白金（章がパンを届けに行った田口の結婚式会場）〔終〕	東京都港区白金台4-19
商店街（みゆきが歩いていた商店街）〔終〕	東京都世田谷区用賀4-18付近
A－プライス 高井戸店（亜希子、みゆき、晴美が買物をしていたスーパー）〔終〕	東京都杉並区高井戸東4-13
東京農工大学 府中キャンパス農学部本館前（亜希子とみゆきが訪れた明法大学，章がみゆきに亜希子が倒れたことを知らせに来たところ）〔終〕	東京都府中市幸町3-5
多摩川の堤防の上（病院へ向かうみゆきが走っていたところ）〔終〕	東京都調布市染地3-1
東洋英和女学院大学横浜キャンパスの5号館大教室棟（みゆきが明法大学の試験を受けていた教室，亜希子がみゆきの様子を見ていた試験会場の教室）〔終〕	神奈川県横浜市緑区三保町32
みなきたウォークの歩道橋（みゆきと大樹が歩いていたところ）〔終〕	神奈川県横浜市都筑区茅ケ崎中央50
喫茶まりも（亜希子が笠原と話をした喫茶店，亜希子が一過性意識消失発作で倒れた喫茶店，亜希子が大樹と話をした喫茶店）〔終〕	神奈川県川崎市中原区新丸子東1-785
上府中公園（亜希子がみゆきを尾行していた公園，みゆきが亜希子に名刺を渡した公園）〔終〕	神奈川県小田原市東大友113
神奈川工科大学（亜希子がみゆきを追って訪れた大学のキャンパス）〔終〕	神奈川県厚木市下荻野1030
神奈川工科大学B5号館講義棟（みゆきが国文館大学の試験を受けていた教室）〔終〕	神奈川県厚木市下荻野1030
神奈川工科大学K3号館講義棟（みゆきが大学の試験を受けていた階段教室）〔終〕	神奈川県厚木市下荻野1030

君から目が離せない Eyes On You（映画）

［公　開］2019年1月

［スタッフ］監督：篠原哲雄, 脚本：菅野臣太朗, 岡部哲也

［出　演］秋沢健太朗（秋山健太）, 真田麻垂美（夏目麻耶）, 渡部龍平（蓬田）, 木嶋のりこ（桜子）〔ほか〕

ロケ地・場面	所在地
武家屋敷通り	秋田県仙北市角館町
仙北市市民会館	秋田県仙北市田沢湖生保内武蔵野105-1
わらび座劇場（演劇会場）	秋田県仙北市田沢湖卒田字早稲田430
神代駅	秋田県仙北市田沢湖卒田白籏
伊参地区	群馬県吾妻郡中之条町

君と100回目の恋（映画）

［公　開］2017年2月

［スタッフ］監督：月川翔, 脚本：大島里美

［出　演］miwa（日向葵海）, 坂口健太郎（長谷川陸）, 竜星涼（松田直哉）, 真野恵里菜（相良里奈）, 泉澤祐希（中村鉄太）, 太田莉菜（小原遥）, 大石吾朗（大学教授）, 堀内敬子（日向圭子）, 田辺誠一（長谷川俊太郎）〔ほか〕

ロケ地・場面	所在地
ライブハウスイマージュ（陸と葵海が訪れたライブハウス）	岡山県岡山市北区表町1-8-48
岡山県立大学（陸たちの通う大学）	岡山県総社市窪木111
牛窓神社（陸と葵海のデートで訪れた場所）	岡山県瀬戸内市牛窓町牛窓2147
牛窓ヨットハーバー（ライブ会場）	岡山県瀬戸内市牛窓町牛窓5414-7
西脇海水浴場（バンドメンバーが遊んだ場所）	岡山県瀬戸内市牛窓町鹿忍
カフェ岩風呂（陸の下宿先兼カフェ）	岡山県瀬戸内市牛窓町鹿忍6836-4

君の膵臓をたべたい（映画）

［公　開］2017年7月

［スタッフ］監督：月川翔, 脚本：吉田智子, 原作：住野よる

［出　演］浜辺美波（山内桜良）, 北村匠海（僕：学生時代）, 大友花恋（滝本恭子：学生時代）, 矢本悠馬（宮田一晴：学生時代）, 桜田通（隆弘）, 森下大地（栗山）, 上地雄輔（宮田一晴：12年後）, 北川景子（滝本恭子：12年後）, 小栗旬（僕：12年後）〔ほか〕

ロケ地・場面	所在地
大津パルコ前交差点（街頭モニタにニュースが流れるのが見える交差点）	滋賀県大津市打出浜14-30
庄堺公園（赤ちゃんの時代の桜良の写真の背景）	滋賀県彦根市開出今町
彦根西高等学校 旧校舎（体育館, 昇降口）	滋賀県彦根市芹川町
彦根市立西中学校（職員室, 通学路）	滋賀県彦根市金亀町8-1
フラワーズギフト 花正（恭子が勤める花屋）	滋賀県彦根市池州町11-4
中藪橋（恭子が桜良と電話した橋）	滋賀県彦根市中藪1-16
滋賀大学経済学部講堂（図書館の外観）	滋賀県彦根市馬場1-1-1
ポム・ダムール（恭子が花を配達する場所）	滋賀県彦根市立花町2-8
八日市駅前（「僕」と桜良の初デートの場所）	滋賀県東近江市八日市浜野町1
ローザンベリー多和田（桜良と恭子のツーショットの背景）	滋賀県米原市多和田605-10
豊郷小学校旧校舎群（教室, 図書館）	滋賀県犬上郡豊郷町石畑518
多賀大社（桜良の家族写真の背景）	滋賀県犬上郡多賀町多賀604
福博であい橋（福岡旅行で登場した場所）	福岡県福岡市中央区西中洲4-17
ヒルトン福岡シーホーク（「僕」と桜良が泊まったホテル）	福岡県福岡市中央区地行浜2-2-3

太宰府天満宮（お参りした神社）	福岡県太宰府市宰府4-7-1

きみの鳥はうたえる（映画）

［公　開］2018年9月

［スタッフ］監督・脚本：三宅唱, 原作：佐藤泰志

［出　演］柄本佑（僕）, 石橋静河（佐知子）, 染谷将太（静雄）〔ほか〕

ロケ地・場面	所在地
箱館元町珈琲店（「僕」と佐知子が訪れたカフェ）	北海道函館市元町31-11
港We'SN（佐知子が後輩と話した場所）	北海道函館市港町1-13-11
ともえ大橋（佐知子と静雄が一緒に歩いた橋）	北海道函館市若松町
赤帽子屋（静雄が初老の男性の針仕事を眺める店）	北海道函館市松風町11-3
杉の子（「僕」が訪れた飲み屋）	北海道函館市松風町8-5
ハセガワストア千代台店（3人が買い物をしたスーパー）	北海道函館市千代台町11-5
水花月茶寮（佐知子が本を読んだカフェ）	北海道函館市富岡町3-29-12
カラオケまねきねこ 五稜郭店（佐知子と静雄が行ったカラオケ店）	北海道函館市本町17-13
シネマアイリス（「僕」と静雄が出てきた映画館）	北海道函館市本町22-11
CLUB STONE LOVE（3人が通うクラブ）	北海道函館市本町32-13
PIER H TABLE（佐知子と静雄が訪れたカフェ）	北海道函館市末広町23-9
グルマンカンタ（「僕」と佐知子が朝食を食べたカフェ）	北海道函館市梁川町10-24

君の名は。（映画）

［公　開］2016年8月

［スタッフ］監督・脚本・原作：新海誠

［出　演］神木隆之介（立花瀧）, 上白石萌音（宮水三葉）, 長澤まさみ（奥寺ミキ）, 市原悦子（宮水一葉）, 成田凌（勅使河原克彦）, 悠木碧（名取早耶香）, 島﨑信長（藤井司）, 石川界人（高木真太）, 谷花音（宮水四葉）〔ほか〕

［トピック］新海誠によるアニメ映画。岐阜県飛騨市を中心に実景が用いられ、ファンによるロケ地巡りがブームとなった。

ロケ地・場面	所在地
新宿警察署裏交差点（瀧の住む都会の風景カット）	東京都新宿区西新宿6-5-1
飛騨古川駅（瀧が訪れた糸守町の駅）	岐阜県飛騨市古川町金森町8
気多若宮神社 参道入り口（瀧が地元の人に聞き込みした場所）	岐阜県飛騨市古川町上気多1297
飛騨市図書館（瀧が糸守町の文献を調べた図書館）	岐阜県飛騨市古川町本町2-22

キャラクター（映画）

［公　開］2021年6月

［スタッフ］監督・脚本：永井聡, 脚本：長崎尚志, 川原杏奈

［出　演］菅田将暉（山城圭吾）, Fukase（両角）, 高畑充希（川瀬夏美）, 中村獅童（真壁孝太）, 小栗旬（清田俊介）〔ほか〕

ロケ地・場面	所在地
STYLE高崎店（川瀬が働くインテリアショップ）	群馬県高崎市問屋町4-5-2
船橋行田住宅跡地（山城が住んでいた団地）	千葉県船橋市行田3-9-4

99.9 ―刑事専門弁護士 SeasonⅠ（ドラマ）

［公　開］2016年4月～6月

［スタッフ］脚本：宇田学

［出　演］松本潤（深山大翔），榮倉奈々（立花彩乃），香川照之（佐田篤弘），青木崇高（丸川貴久），片桐仁（明石達也）〔ほか〕

ロケ地・場面	所在地
川口市消防本部（深山と立花が訪れた消防署）〔1〕	埼玉県川口市芝下2-1
霞が関一丁目交差点（深山が佐田が運転する車にスマートフォンを踏まれて壊された交差点）〔1〕	東京都千代田区霞が関1-1
東京高等地方簡易裁判所合同庁舎（裁判所の外観（法廷はセット））〔1〕	東京都千代田区霞が関1-1
TOKIA〈東京ビルディング〉25階のIDOM〈旧ガリバーインターナショナル〉（斑目のオフィスがあるフロア）〔1〕	東京都千代田区丸の内2-7
日比谷茶廊（斑目が深山、明石と話をしたオープンカフェ）〔1〕	東京都千代田区日比谷公園
JR東海道本線の新浜町架道橋の下（深山と明石が歩いていた高架下，深山が立花を走らせた高架下）〔1〕	東京都港区芝1-13
三田ベルジュビル（斑目法律事務所が入居している高層ビル）〔1〕	東京都港区芝5-36
南桜公園（明石が深山に土下寝した公園）〔1〕	東京都港区西新橋2-10
JR東海道本線の港町架道橋の下（深山がナトリウムランプに気付いたところ）〔1〕	東京都港区浜松町2-10
レストラン はやしや（深山と立花が男性と話をしていたレストラン）〔1〕	東京都新宿区新宿3-22
新宿イーストサイドスクエア（maxVの外観）〔1〕	東京都新宿区新宿6-27
首都高速9号深川線の枝川出口（深山と明石の乗った車が下ってきた高速道路の出口）〔1〕	東京都江東区枝川2-3
野方文化マーケット（深山が立花を連れて行った「いとこんち」があるところ）〔1〕	東京都中野区野方5-30
大島運輸の井草営業所（深山と立花が訪れた赤木運送）〔1〕	東京都杉並区上井草2-34
創価大学 中央教育棟の地下2階（裁判所のロビー，佐田が丸川に調査報告書を渡した裁判所内の階段）〔1〕	東京都八王子市丹木町1-236
東京病院（赤木の妻が入院した病院）〔1〕	東京都清瀬市竹丘3-1
神奈川工科大学（深山と明石の乗った車が到着した岡島化学研究所）〔1〕	神奈川県厚木市下荻野
狭山茶吉野園（深山と立花が訪れた暴行事件の被害者宅）〔2〕	埼玉県日高市森戸新田27
越後屋本店（深山と立花が鰻を食べた店）〔2〕	埼玉県日高市田木509
都市センターホテルのラウンジ（佐田がクライアントと話をしていたラウンジ）〔2〕	東京都千代田区平河町2-4
東京日本橋タワー（佐田と斑目が歩いていたエレベーターフロア）〔2〕	東京都中央区日本橋2-7
Caffice（深山が斑目のサンドイッチに深山特製アイオリソースをつけたカフェ）〔2〕	東京都新宿区新宿4-2

サンライズ蒲田（血まみれの山下が歩いていた商店街, 深山が聞き込みをしていた商店街, 深山、佐田、立花、明石、藤野が歩いていた商店街）〔2〕	東京都大田区西蒲田7-50と61の間
やきとん 豚番長 蒲田店（深山が聞き込みをしていた居酒屋）〔2〕	東京都大田区西蒲田7-63
壱番隊（深山が聞き込みをしていた食堂）〔2〕	東京都大田区西蒲田7-63
クラシカ表参道（佐田がクライアントと話をしていたレストラン）〔2〕	東京都渋谷区神宮前5-51
田中商事西綾瀬SS（深山と立花が防犯カメラの映像を確認に行ったガソリンスタンド）〔2〕	東京都足立区西綾瀬2-4
浅野中学・高等学校（深山と立花が訪れた私立富士不見高等学校）〔2〕	神奈川県横浜市神奈川区子安台1-3
常盤橋の北詰付近（深山がロールキャベツを作っていたところ）〔2〕	神奈川県横浜市神奈川区子安通1-94
常盤橋の南詰付近（山下が木内を刺したところ）〔2〕	神奈川県横浜市神奈川区守屋町1-1
社家取水管理事務所（東京拘置所の外観）〔2〕	神奈川県海老名市社家4587
千葉市立青葉病院（宮崎が入院している病院の外観）〔3〕	千葉県千葉市中央区青葉町1273
区立芝公園（立花と斑目がベンチに座って話をしていた公園）〔3〕	東京都港区芝公園4-8
目白通りの歩道（深夜、車から降りてきた女性に深山が声をかけたところ）〔3〕	東京都文京区関口1-18
茶寮一松（立花が川口社長の写真を撮った「割烹 嘉将」の前）〔3〕	東京都台東区雷門1-15
ロイヤルホスト板橋店（深山と立花が女性から果歩のことを聞いたファミリーレストラン）〔3〕	東京都板橋区相生町4
田園児童館（果歩が子供の頃にいた「たいよう育成園」）〔3〕	東京都福生市南田園3-6
油脂工業会館（BAR KARONの入口）〔4〕	東京都中央区日本橋3-13
旧「京都きもの友禅東京本館」と「にほんばしゼニットビル」の間（菊池が目を覚ましたビルの間）〔4〕	東京都中央区日本橋小伝馬町21と日本橋馬喰町1-1の間
Bar Rybeus（菊池が酔って倒れたバーの店内）〔4〕	東京都港区南青山5-10
前川製作所本社（ウドウ光学研究所）〔4〕	東京都江東区牡丹3-14
京葉道路〈国道14号線〉（深山たちが緑色のタクシーを探していたところ）〔4〕	東京都江東区亀戸1-43
ビューティ＆ウェルネス専門職大学〈旧オンワード総合研究所 人材開発センター〉（菊池が井原宏子と再会した光学科学シンポジウムの会場）〔4〕	神奈川県横浜市都筑区牛久保3-9
川崎運送（鵜堂と保釈された菊池が出てきた警察署）〔4〕	神奈川県川崎市川崎区元木1-5
茨城空港旅客ターミナルビル（佐田が妻・由紀子と娘のかすみを迎えに行った空港のロビー）〔5〕	茨城県小美玉市与沢1601
指扇病院（直樹が入院している病院）〔5〕	埼玉県さいたま市西区大字宝来1295

プリマベーラ（深山が訪れた「バー山本」）〔5〕	東京都港区元麻布3-12
早稲田奉仕園のスコットホールの前（司法試験の合格発表が行われたところ）〔5〕	東京都新宿区西早稲田2-3
大矢運送（三枝と谷繁直樹が争っていた運送会社の前）〔5〕	東京都江東区新木場1-12
東京冷凍（深山と立花が三枝に会いに行った理白冷蔵の外観）〔5〕	東京都大田区京浜島1-3
リコー砧グラウンド（深山と斑目が話をしていたラグビー場）〔5〕	東京都世田谷区宇奈根1-5
旧無門庵（丸川が大友に会いに行った料亭）〔5〕	東京都立川市錦町1-24
ドラッグストア セキ芝下店の前（深山たちがバイクの再現試験をしたドラッグストアの前）〔6〕	埼玉県川口市芝下2-4
蓮風（第32期司法修習同期会の会場）〔6〕	東京都台東区上野2-11
妙正寺川に架かる向井橋（深山と明石が訪れた南星橋）〔6〕	東京都杉並区下井草2-13
秋葉台公園（深山、佐田、立花が板橋に会いに行った公園）〔6〕	神奈川県横浜市戸塚区秋葉町
東京高等地方簡易裁判所合同庁舎の西側（女性が深山の後ろ姿を見ていたところ）〔7〕	東京都千代田区霞が関1-1
品川イーストワンタワー（「Orogon Hobby」の外観）〔7〕	東京都港区港南2-16
Yショップ 新島酒店（女子高校生が車を降りたコンビニの前）〔8〕	埼玉県行田市須加4735
秩父鉄道武州荒木駅（25年前、深山が知り合いの女子高校生を車に乗せた駅前）〔8〕	埼玉県行田市大字荒木1411
512 CAFE & GRIL（佐田と立花が岩下に証人になるように頼んだカフェ）〔8〕	東京都港区赤坂9-5
シンクスマイル 東京本社（佐田と立花が岩下に会いに行ったオフィス）〔8〕	東京都品川区西五反田7-7
コインパーク北大塚第8駐車場（岩下が黒川の車に乗ったコインパーキング）〔8〕	東京都豊島区北大塚2-26
都電荒川線の線路沿い（立花と明石が黒川を見張っていたところ）〔8〕	東京都豊島区北大塚2-28
空蟬橋通りをくぐる地下道（明石と藤野が岩下と黒川を尾行していた地下道）〔8〕	東京都豊島区北大塚3-22
創価大学 A棟第一会議室（深山がレストランの再現をした三浦検事徹の部屋）〔8〕	東京都八王子市丹木町1-236
ブルグコーヒー（3年前、深山と明石が黒川の証言を断った喫茶店）〔8〕	東京都八王子市鑓水530
大日苑（山城邸）〔9〕	茨城県稲敷市江戸崎甲2354
観蔵院 瑠璃光会館（深山大介の葬儀が行われたところ）〔9〕	東京都多摩市東寺方1-3
ホテルインターコンチネンタル東京ベイ（深山が高山に会いに行った医療セミナー会場）〔終〕	東京都港区海岸1-16
舟渡大橋（深山が訪れた巨千大橋）〔終〕	東京都板橋区舟渡4-4

喫茶シルビア（明石と藤野が高山の選挙スタッフだった女性に話を聞いた喫茶店）〔終〕	東京都足立区西新井栄町2-7
東京病院（深山が訪れた勢羽総合病院）〔終〕	東京都清瀬市竹丘3-1
横浜市営地下鉄グリーンライン都筑ふれあいの丘駅前（高山が選挙演説をしていたところ）〔終〕	神奈川県横浜市都筑区葛が谷15
モザイクモール港北（陽一が防犯カメラに映っていた調布中央駅の駅ビル）〔終〕	神奈川県横浜市都筑区中川中央1-31

99.9 ―刑事専門弁護士 Season Ⅱ

（ドラマ）

［公　開］2018年1月～3月

［スタッフ］脚本：宇田学

［出　演］松本潤（深山大翔），香川照之（佐田篤弘），岸部一徳（斑目春彦），木村文乃（尾崎舞子），片桐仁（明石達也），青木崇高（丸川貴久）〔ほか〕

ロケ地・場面	所在地
けやき広場（二郎が伊藤亜紀の写真を撮った「北大崎アリーナ広場」，深山たちが写真の検証をしていた「北大崎アリーナ広場」）〔1〕	埼玉県さいたま市中央区新都心10
IDOM本社（斑目法律事務所の受付、所長室、会議室）〔1〕	東京都千代田区丸の内2-7
三田ベルジュビル（斑目法律事務所が入居している高層ビル）〔1〕	東京都港区芝5-36
Caffice（深山がサンドイッチを食べたカフェ）〔1〕	東京都新宿区新宿4-2
イシザキ（深山と舞子が訪れた田口ジャパン）〔1〕	東京都大田区久が原5-29
萩原製作所（鈴木テックス）〔1〕	東京都大田区大森南3-23
野方文化マーケット（「いとこんち」があるところ）〔1〕	東京都中野区野方5-30
創価大学 中央教育棟の地下2階（裁判所内のロビー、廊下、階段）〔1〕	東京都八王子市丹木町1-236
社家取水管理事務所（深山と舞子が鈴木に会いに行った東京拘置所の外観）〔1〕	神奈川県海老名市社家4587
ひがし茶屋街（深山が斑目と電話で話をしながら歩いていたところ）〔1〕	石川県金沢市東山1-12と13の間
国会前庭公園（舞子が弁護士バッヂを着けた公園）〔2〕	東京都千代田区永田町1-1
蓮月（舞子が美由紀と話をしていた古民家カフェ）〔2〕	東京都大田区池上2-20
ホテルカデンツァ光が丘（斑目と大友が話をしたホテル）〔2〕	東京都練馬区高松5-8
創価大学 中央図書館の書庫（丸川が資料を調べていた書庫）〔2〕	東京都八王子市丹木町1-236
創価大学 本部棟の会議室（深山、佐田、舞子が大友に会いに行った検察庁内の部屋）〔2〕	東京都八王子市丹木町1-236
武蔵御嶽神社（深山、佐田、舞子、明石が到着した西塞山山頂にある羽津鯉神社）〔2〕	東京都青梅市御岳山176
大岳鍾乳洞 大岳キャンプ場（西塞山の入山受付所）〔2〕	東京都あきる野市養沢1587
川崎市役所第三庁舎の前（辞任した大友が一礼した検察庁の前）〔2〕	神奈川県川崎市川崎区東田町5

金沢城公園の新丸広場(深山と丸川が話をしていた公園, 丸川が深山に謝罪した公園)〔2〕	石川県金沢市丸の内1
金澤屋珈琲店(上司を見つけた丸川が通り過ぎた珈琲店)〔2〕	石川県金沢市丸の内5
外濠公園大手堀(深山が丸山と電話で話をしていた水辺)〔2〕	石川県金沢市丸の内85
金沢地方検察庁(深山が丸川に会いに行った金沢地方検察庁)〔2〕	石川県金沢市大手町6
金沢商工会議所(深山と舞子が訪れた役所)〔2〕	石川県金沢市尾山町9
浅野川に架かる梅ノ橋(深山、舞子、明石が渡っていた橋)〔2〕	石川県金沢市並木町2
川端の湯宿 滝亭(深山、舞子、明石が泊まった宿)〔2〕	石川県金沢市末町23
JR金沢駅前の鼓門(舞子と明石が深山を見つけた駅前)〔2〕	石川県金沢市木ノ新保町1
東千葉メディカルセンター(敦子への出張尋問が行われた病院)〔3〕	千葉県東金市丘山台3-6
国会前庭公園(舞子と山内が話をしていたところ)〔3〕	東京都千代田区永田町1-1
都市センターホテル(佐田がジョーカー茅ヶ崎と記者会見に参加していたところ)〔3〕	東京都千代田区平河町2-4
田町K・Sビル(実証実験で傘をさした明石が出てきたビル)〔3〕	東京都港区芝浦2-15
ビストロ ア ラ ドゥマンド(敦子がジョーカー茅ヶ崎を見たというカフェ)〔3〕	東京都港区芝浦2-16
グループインタビュールーム赤坂の「インタビュールーム」(2週間前、佐田、落合、ジョーカー茅ヶ崎、元木が打ち合わせをしていた武技宇技音楽事務所)〔3〕	東京都港区赤坂3-8
居酒屋だるま(舞子が川上、山内、遠藤と話をした「うどん鳳亭」)〔3〕	東京都江東区三好2-17
創価大学 中央教育棟の地下2階(舞子が川上と遠藤に出会った裁判所内)〔3〕	東京都八王子市丹木町1-236
社家取水管理事務所(深山と舞子がジョーカー茅ヶ崎に会いに行った東京拘置所の外観)〔3〕	神奈川県海老名市社家4587
大日本興業(アダチ工業)〔4〕	埼玉県川口市弥平3-4
フジパ(深山、舞子、明石が訪れた岩村モーター)〔4〕	埼玉県三郷市高州1-310
東糀谷五丁目公園の南側(深山と明石が立っていた岩村邸と工場の間にある丁字路, 森本が車を降りて佐田の前に現れた丁字路)〔4〕	東京都大田区東糀谷5-3
丸富商店(防犯カメラが設置されていたビル)〔4〕	東京都板橋区高島平6-2
創価大学 中央教育棟の地下2階(棚橋が刑事に取り押さえられた裁判所内)〔4〕	東京都八王子市丹木町1-236
東武東上線朝霞駅前(調査を終えた深山たちが集まった西府中駅前)〔5〕	埼玉県朝霞市本町2-13
東葉高速鉄道八千代中央駅(深山たちが検証に行った京多摩線多摩中央駅)〔5〕	千葉県八千代市ゆりのき台1-38

萱田第2緑地（深山たちが検証に行った東屋のあるところ）〔5〕	千葉県八千代市ゆりのき台4-2
最高裁判所（最高裁判所の外観）〔5〕	東京都千代田区隼町4
珈琲大使館 虎ノ門店（深山、佐田、舞子が五十嵐徹と話をした喫茶店）〔5〕	東京都港区虎ノ門1-8
肉のタイセイ（中塚が大江の目撃情報を聞いていた精肉店）〔5〕	東京都板橋区高島平3-10
NTT武蔵野研究開発センタ内のホール（全国裁判官会議で岡田が話をしていたホール）〔5〕	東京都武蔵野市緑町3-9
鳥新の前（深山が府中西警察署が設置した看板を見つけたところ）〔5〕	東京都東久留米市学園町2-18
おさやん！ 川崎総本店（舞子が店員に話を聞きに行った「焼肉100%」，深山たちが検証に訪れた焼肉店）〔5〕	神奈川県川崎市川崎区砂子2-8
三津屋（明石が土下寝したコンビニ）〔5〕	神奈川県川崎市多摩区枡形5-19
桜坂法律事務所（深山と舞子が2年前の雄太の事件の資料を受け取りに行った槇原法律事務所）〔6〕	東京都港区赤坂1-12
鮨忠本店（雄太が働いていた糸村の寿司店「沙々寿司本店」）〔6〕	東京都八王子市南町5
美登利寿司 鮨松 立川店（雄太が働いている新井の寿司店「大西寿司」）〔6〕	東京都立川市錦町2-1
実践女子大学 日野キャンパス 桜ホールと第3館の間（深山、舞子、佐田がパクチー屋店主に話を聞きに行った日野市の「市民センター」前）〔6〕	東京都日野市大坂上4-1
西和泉グランド多目的運動広場の西側付近（「パクチー弁当スミレ」のキッチンカーが停車していたところ）〔6〕	東京都狛江市西和泉1-16
マミー商店街（深山と舞子が訪れた飯田のたばこ店）〔6〕	東京都羽村市富士見平2-14
サイバーコンサルタント（オガタテクノロジーのオフィス）〔7〕	東京都渋谷区桜丘町22
南東京ハートクリニック（恵須クリニックの外観）〔7〕	東京都町田市木曽西2-18
横浜市水道局川井浄水場（釈放された佐田が舞子、深山と握手した東京拘置所，佐田由紀子・かすみが佐田を迎えに来た東京拘置所）〔7〕	神奈川県横浜市旭区上川井町2555
国会前庭公園（舞子が佐田と電話で話をしながら歩いていたところ）〔8〕	東京都千代田区永田町1-1
Lalah Club（舞子と明石が藤堂の愛人に会いに行ったクラブ）〔8〕	東京都港区六本木3-13
多田ビル（藤堂雅彦選挙事務所）〔8〕	東京都八王子市大和田町5-27
横浜市水道局川井浄水場（深山と舞子が訪れた平塚冶金工場）〔8〕	神奈川県横浜市旭区上川井町2555
松郷庵 甚五郎（深山が中原に会いに行った「蕎麦屋 天鈍」）〔終〕	埼玉県所沢市松郷272

越後屋スタジオの長南東小学校撮影スタジオ（藤野、中塚、明石が海老沢に会いに行った「新日本体育大学付属女子中学校」）〔終〕	千葉県長生郡長南町地引1239
居酒屋だるま（舞子が訪れた「うどん鳳亭」，斑目が川上と話をした「うどん鳳亭」）〔終〕	東京都江東区三好2-17
向河原公園（舞子と島津ヤエがベンチに座って話をしていた公園）〔終〕	東京都八王子市長沼町1302
Dr.Drive 相原店（久世が灯油を買ったガソリンスタンド）〔終〕	東京都町田市相原町2171
東京農工大学科学博物館（富理木火災研究所の外観，深山が放火の真犯人を解き明かした部屋）〔終〕	東京都小金井市中町2-24
東京農工大学科学博物館の本館（深山、舞子、佐田が川上と話をした廊下）〔終〕	東京都小金井市中町2-24

窮鼠はチーズの夢を見る（映画）

［公　開］2020年9月

［スタッフ］監督：行定勲，脚本：堀泉杏，原作：水城せとな

［出　演］大倉忠義（大伴恭一），成田凌（今ヶ瀬渉），吉田志織（岡村たまき），さとうほなみ（夏生），咲妃みゆ（大伴知佳子），小原徳子（井手瑠璃子）〔ほか〕

ロケ地・場面	所在地
白子海岸（今ヶ瀬と恭一が海を眺めた海岸）	千葉県長生郡白子町古所
外苑通り（今ヶ瀬と恭一が夜に2人で歩いた通り）	東京都新宿区～港区麻布台
旧山手通り（今ヶ瀬と恭一が再会した場所）	東京都渋谷区～目黒区

救命病棟24時（2013年）（ドラマ）

［公　開］2013年7月～9月

［スタッフ］脚本：飯野陽子，ひかわかよ

［出　演］松嶋菜々子（小島楓），時任三郎（夏目衛），佐々木蔵之介（本庄雅晴），風間俊介（広瀬斎），芦名星（奈良さやか），波瑠（国友花音），柏原収史（片岡仁志），児嶋一哉（安藤直利）〔ほか〕

ロケ地・場面	所在地
共立女子学園神田一ツ橋キャンパス本館の屋上（楓と夏目が話をしていた屋上）〔1〕	東京都千代田区一ツ橋2-2
天王洲アイル シーフォートスクエアのセンターコート（通り魔事件が起きた現場）〔1〕	東京都品川区東品川2-3
横浜市立大学附属市民総合医療センター（国立湊大学附属病院救命救急センター）〔1〕	神奈川県横浜市南区浦舟町4-57
七里ヶ浜（楓が父親と電話で話をしていた海辺の駐車場）〔1〕	神奈川県鎌倉市七里ガ浜東2-1
共立女子学園神田一ツ橋キャンパス本館の屋上（夏目と井口が話をしていた病院の屋上，本庄が妻と電話で話をしていた病院の屋上）〔2〕	東京都千代田区一ツ橋2-2
共立女子学園神田一ツ橋キャンパス本館の屋上（夏目と広瀬が話をしていた病院の屋上）〔3〕	東京都千代田区一ツ橋2-2
ドーミーイン PREMIUM渋谷神宮前（夏目が泊っているホテル）〔3〕	東京都渋谷区神宮前6-24

横浜市立大学福浦キャンパス 医学部福利厚生棟付近（夏目が犬のカエデと遊んでいたところ）〔3〕	神奈川県横浜市金沢区福浦3-9
やま喜フィッシングセンター（楓、国友、夕が釣りをしていたところ）〔3〕	神奈川県横浜市緑区青砥町580
共立女子学園神田一ツ橋キャンパス本館の屋上（夏目と本庄が話をしていた病院の屋上）〔4〕	東京都千代田区一ツ橋2-2
八ツ山通りの下（安藤が立ち止まったガード下）〔4〕	東京都品川区東品川3-1
目黒川に架かる新品川橋（安藤が渡っていた橋）〔4〕	東京都品川区東品川3-1
横浜市立大学福浦キャンパス 医学部福利厚生棟付近（安藤と楓が話をしていた東屋のあるところ）〔4〕	神奈川県横浜市金沢区福浦3-9
九十九とんこつラーメン 恵比寿本店（広瀬と添田がラーメンを食べていた店）〔5〕	東京都渋谷区広尾1-1
横浜市立大学福浦キャンパス 医学部福利厚生棟付近（夕が西園美羽とサッカーボールで遊んでいた中庭，夕がタンポポを踏みつけてしまった病院の中庭）〔6〕	神奈川県横浜市金沢区福浦3-9
共立女子学園神田一ツ橋キャンパス本館の屋上（楓と夏目が話をしていた病院の屋上）〔7〕	東京都千代田区一ツ橋2-2
帝京大学医学部附属病院（永井と杉吉が歩いていた院内）〔7〕	東京都板橋区加賀2-11
横浜市立大学附属市民総合医療センター（夕の臓器を乗せた救急車を立と華子が見送ったところ）〔7〕	神奈川県横浜市南区浦舟町4-57
横浜市立大学福浦キャンパス 医学部福利厚生棟付近（広瀬が国友にコーヒーを渡したところ，立が空を見上げた病院の中庭）〔7〕	神奈川県横浜市金沢区福浦3-9
共立女子学園神田一ツ橋キャンパス本館の屋上（楓が立っていた病院の屋上）〔8〕	東京都千代田区一ツ橋2-2
横浜市立大学附属市民総合医療センター（医院長室を出た楓が歩いていた院内）〔8〕	神奈川県横浜市南区浦舟町4-57
横浜国立大学教育人間科学部講義棟6号館（楓と夏目が話をしていた講義室）〔8〕	神奈川県横浜市保土ケ谷区常盤台79
七里ヶ浜（楓が夕の写真を見ていた海辺の駐車場）〔8〕	神奈川県鎌倉市七里ガ浜東2-1
共立女子学園神田一ツ橋キャンパス本館の屋上（最上と桜庭睦子が話をしていた屋上）〔9〕	東京都千代田区一ツ橋2-2
共立女子学園神田一ツ橋キャンパス本館の東側（国友が電話で話をしていたところ）〔9〕	東京都千代田区一ツ橋2-2
THE PLACE of TOKYOの「THE TOWER ROOM」（楓が有村と話をしたところ）〔9〕	東京都港区芝公園3-5
地域活性プランニングのロケーションジャパン編集部（杉吉がCDを持込んだスコープ現代の編集部）〔9〕	東京都港区西新橋1-11

帝京大学 板橋キャンパス（楓が有村に声を掛けられた階段）〔9〕	東京都板橋区加賀2-11
日本製紙富士工場（楓と夏目たちがドクターカーで訪れた事故現場の工場）〔9〕	静岡県富士市蓼原600
共立女子学園神田一ツ橋キャンパス本館の屋上（楓と夏目が話をしていた病院の屋上）〔終〕	東京都千代田区一ツ橋2-2
ビックカメラ 有楽町店（永井が観た壁面テレビ）〔終〕	東京都千代田区有楽町1-11
牛込橋下の「CANAL CAFE」（楓と有村が話をしていた水辺のカフェ）〔終〕	東京都新宿区神楽坂1-9
横浜市立大学福浦キャンパス 医学部福利厚生棟付近（広瀬が国友の母親と話をしていた病院の中庭, 永井と華子が楓と話をしていたところ）〔終〕	神奈川県横浜市金沢区福浦3-9

今日、恋をはじめます（映画）

［公　開］2012年12月

［スタッフ］監督：古澤健, 脚本：浅野妙子, 原作：水波風南

［出　演］木村文乃（莱奈）, 青柳翔（花野井）, 高梨臨（山内有砂）, ドーキンズ英里奈（美咲）〔ほか〕

ロケ地・場面	所在地
松村写真館（莱奈の実家の写真館）	栃木県足利市大門通2371
相鉄いずみ野線ゆめが丘駅（京汰がホームを駆け上がった駅）	神奈川県横浜市泉区下飯田町
長浜（海辺）	宮崎県串間市高松
志布志湾大黒イルカランド（ボートに乗る場所など）	宮崎県串間市高松1481-3
都井岬（乗馬をした場所）	宮崎県串間市都井

きょうは会社休みます。（ドラマ）

［公　開］2014年10月～12月

［スタッフ］脚本：金子茂樹, 原作：藤村真理

［出　演］綾瀬はるか（青石花笑）, 福士蒼汰（田之倉悠斗）, 仲里依紗（大川瞳）, 田口淳之介（大城壮）, 千葉雄大（加々見龍生）, 玉木宏（朝尾侑）〔ほか〕

ロケ地・場面	所在地
ロマンス（花笑、田之倉、瞳が話をしていた店, 田之倉が花笑の誕生日を祝った店）〔1〕	神奈川県横浜市神奈川区鶴屋町2-15
角平（カレーうどんを食べていた花笑が侑と相席した店）〔1〕	神奈川県横浜市西区平沼1-36
イセザキモール 3～7St.（侑が花笑にハンカチを渡したところ）〔1〕	神奈川県横浜市中区伊勢佐木町3
象の鼻パーク（花笑が田之倉と手をつないだところ）〔1〕	神奈川県横浜市中区海岸通1-1
シルクセンター国際貿易観光会館（花笑が勤務する帝江物産横浜支社が入居するビルの外観）〔1〕	神奈川県横浜市中区山下町1
シルクセンター国際貿易観光会館の前（侑が花笑に声を掛けたところ）〔1〕	神奈川県横浜市中区山下町1
中国茶専門店 悟空茶荘（花笑が食器を見ていた店）〔1〕	神奈川県横浜市中区山下町130
セガ横浜中華街（花笑と田之倉が遊んでいたゲームセンター）〔1〕	神奈川県横浜市中区山下町80
ジャック＆ベティ（花笑が一人で映画を観た映画館）〔1〕	神奈川県横浜市中区若葉町3-51

赤レンガパーク（ベンチに座った花笑が会社を休む電話を掛けていたところ）〔1〕	神奈川県横浜市中区新港1-1
万国橋（先にホテルを出た花笑が渡っていた橋）〔1〕	神奈川県横浜市中区新港2-1
境木第二公園の前（花笑がバスを待っていた「坂ノ上公園前」バス停）〔1〕	神奈川県横浜市保土ケ谷区境木本町54
アストロ鶴ヶ峰店＆鶴ヶ峰バッティングセンター（花笑と田之倉が遊んでいたバッティングセンター）〔1〕	神奈川県横浜市旭区鶴ヶ峰本町1-38
東亜石油の京浜製油所水江工場（花笑と田之倉が遊覧船から見ていた工場夜景）〔1〕	神奈川県川崎市川崎区水江町3
みなとみらい大橋の上（花笑がバスを降りたところ）〔2〕	神奈川県横浜市神奈川区大野町1
大岡川に架かる末吉橋の上（花笑と田之倉が醤油ラーメンと味噌ラーメンを半分ずつ食べることを話していた橋の上）〔2〕	神奈川県横浜市中区黄金町1-5
元町 梅林（田之倉が花笑を連れて行った日本料理店）〔2〕	神奈川県横浜市中区元町1-55
弁天橋（ラーメン店を出た花笑と田之倉が歩いていたところ）〔2〕	神奈川県横浜市中区桜木町1-101
キヤアンティークス横浜本店（花笑が田之倉と待ち合わせをしたアンティークショップ，田之倉が花笑を待っていたアンティークショップ）〔2〕	神奈川県横浜市中区山下町108
イセザキ書房（花笑が催眠術の本を見ていた書店）〔2〕	神奈川県横浜市中区末吉町1-23

麺工房あかつき（花笑と田之倉がラーメンと餃子を食べた店）〔2〕	神奈川県横浜市南区浦舟町1-8
ワープステーション江戸 江戸城大手門付近（花笑が巌と一緒に見ていた時代劇に映っていたところ）〔3〕	茨城県つくばみらい市南太田1176
ワープステーション江戸 江戸町屋ゾーンにある橋（町娘の花笑が武士の田之倉に弁当を渡そうとした橋の上）〔3〕	茨城県つくばみらい市南太田1176
星野町公園（花笑と一華が話をしていた公園）〔3〕	神奈川県横浜市神奈川区橋本町2-9
プラザ栄光生鮮館コットンハーバー店（花笑と田之倉が買物をしていたスーパー）〔3〕	神奈川県横浜市神奈川区星野町8
ハマボール（花笑、朝尾、瞳がボウリングをしていたところ）〔3〕	神奈川県横浜市西区北幸2-2
象の鼻パーク（花笑が田之倉に電話を掛けたところ，田之倉が花笑にスペアキーを渡したところ）〔3〕	神奈川県横浜市中区海岸通1-1
キヤアンティークス横浜本店（花笑が田之倉と待ち合わせをしたアンティークショップ）〔3〕	神奈川県横浜市中区山下町108
山手イタリア山庭園内にある「外交官の家」（花笑が先行ロードショーで見た映画に映っていたところ，花笑と田之倉が見た映画に映っていたところ）〔3〕	神奈川県横浜市中区山手町
イオンシネマ みなとみらい（花笑と田之倉が映画を観に行ったところ）〔3〕	神奈川県横浜市中区新港2-2

横浜ワールドポーターズ(花笑が立ち止まったUFOキャッチャーのあるところ)〔3〕	神奈川県横浜市中区新港2-2
麺工房あかつき(花笑と田之倉がラーメンを食べた店)〔3〕	神奈川県横浜市南区浦舟町1-8
境木第二公園の前(花笑がにやけながら立っていた「坂ノ上公園前」バス停)〔3〕	神奈川県横浜市保土ケ谷区境木本町54
沖ノ谷地下道付近(田之倉のマンションを出た花笑がシュシュを捨てようとしたところ)〔3〕	神奈川県横浜市都筑区牛久保東2-6
篠原園地の白幡池(花笑の家を出た田之倉が花笑と別れた公園の池)〔4〕	神奈川県横浜市神奈川区白幡町4
セントジェームスクラブ迎賓館のパーティールーム「ケンジントン」(朝尾と瞳が食事をしていたレストラン)〔4〕	神奈川県横浜市西区老松町18
日本銀行横浜支店前の日本大通(終バスに乗り遅れた花笑の前に朝尾の車が止ったところ)〔4〕	神奈川県横浜市中区日本大通20
本牧山頂公園(マモルと散歩に行った巌に花笑が追いついたところ, 花笑と巌が話をしていた高台)〔4〕	神奈川県横浜市中区和田山1
Dining Darts Bar Bee 池袋(瞳、大城、加々見が話をしていたバー)〔5〕	東京都豊島区東池袋1-29
星野歯科(歯の治療に行った花笑がひろ乃と再会した鳴前歯科医院)〔5〕	東京都調布市上石原2-9
琴ひら(花笑とひろ乃が話をしていたお好み焼きの店)〔5〕	神奈川県横浜市西区高島2-10
角平(カレーうどんを食べた花笑が前歯を折ってしまった店)〔5〕	神奈川県横浜市西区平沼1-36
金澤園(花笑とひろ乃が「田之倉杯争奪女流決定戦」をしていたところ)〔5〕	神奈川県横浜市金沢区柴町46
茅ケ崎中央の階段下(花笑がひろ乃と別れた階段下)〔5〕	神奈川県横浜市都筑区茅ケ崎中央4付近
生田スタジオ(花笑がマモルを散歩に連れて行ったところ)〔5〕	神奈川県川崎市多摩区菅仙谷3-20
茅ヶ崎ハム工房ジロー(朝尾が花笑を連れて行ったソーセージ工場)〔5〕	神奈川県茅ヶ崎市高田5-2
葉山御用邸西側の小磯の鼻(朝尾が花笑を連れて行った海辺)〔5〕	神奈川県三浦郡葉山町一色2038
みなとみらいde焼肉DOURAKU(瞳が友達と食事をしていた焼肉店)〔6〕	神奈川県横浜市西区みなとみらい4-6
セガ横浜中華街(花笑がUFOキャッチャーでカルガモの親子のぬいぐるみを取ろうとしていたゲームセンター)〔6〕	神奈川県横浜市中区山下町80
横浜マリンタワー(花笑が3000円を下ろしたATMがあるところ)〔6〕	神奈川県横浜市中区山手町
横浜高速鉄道みなとみらい線「日本大通り駅」2番出入口(花笑が立ち止まった地下鉄の入口)〔6〕	神奈川県横浜市中区日本大通9
茅ヶ崎ハム工房ジロー(朝尾が花笑と電話で話をしていたソーセージ工場)〔6〕	神奈川県茅ヶ崎市高田5-2

星野町公園（花笑と一華が同棲のことを話していた公園）〔7〕	神奈川県横浜市神奈川区橋本町2-9
角平（花笑が朝尾と出会った店）〔7〕	神奈川県横浜市西区平沼1-36
元町パセオの前（花笑と田之倉の前に大城が現れたところ）〔7〕	神奈川県横浜市中区元町1-50
丸進不動産（花笑と田之倉が訪れた不動産店）〔7〕	神奈川県横浜市緑区寺山町94
沖ノ谷地下道付近（湯たんぽと氷枕を持った花笑が小走りに歩いていたところ）〔7〕	神奈川県横浜市都筑区牛久保東2-6
Dining Darts Bar Bee池袋（花笑と大城が話をしていたダーツバー，花笑、大城、加々見たちが瞳を励ます会をしたダーツバー）〔8〕	東京都豊島区東池袋1-29
角平（花笑がカレーうどんを食べに行った店）〔8〕	神奈川県横浜市西区平沼1-36
象の鼻パーク（田之倉が花笑を待っていたところ，田之倉が花笑にプロポーズしたところ）〔8〕	神奈川県横浜市中区海岸通1-1
横浜元町ショッピングストリート（加々見が瞳に追いついたところ）〔8〕	神奈川県横浜市中区元町1-27
横浜情報センターの前（紅岩を出た花笑と田之倉が手をつないで歩いていたところ）〔8〕	神奈川県横浜市中区日本大通11
日本銀行横浜支店前の日本大通（花笑と田之倉が話をしていたバス停の近く）〔8〕	神奈川県横浜市中区日本大通20
麺工房あかつき（花笑と田之倉がラーメンを食べていた店）〔8〕	神奈川県横浜市南区浦舟町1-8

横浜国立大学の正門（東應大学の入口）〔8〕	神奈川県横浜市保土ケ谷区常盤台79
生田スタジオ（柴山研究室，70才の花笑が入院していた病室）〔8〕	神奈川県川崎市多摩区菅仙谷3-20
角平（花笑が朝尾と話をした蕎麦店）〔9〕	神奈川県横浜市西区平沼1-36
象の鼻パーク（田之倉が花笑の額にキスして別れたところ）〔9〕	神奈川県横浜市中区海岸通1-1
華正樓本店（田之倉が花笑との結婚のことを母・田之倉時子に話した中華料理店）〔9〕	神奈川県横浜市中区山下町186
アメリカ山公園（花笑が田之倉に合い鍵を渡して別れたところ）〔9〕	神奈川県横浜市中区山手町97
ステッラ ディ マーレ（花笑が訪れた朝尾のレストランの外観）〔9〕	神奈川県横浜市中区常盤町5-71
イセザキ書房（花笑が瀬戸内寂聴の本を立ち読みしていた書店）〔9〕	神奈川県横浜市中区末吉町1-23
図書館カフェ「shoca.」（田之倉と啓子が話をしていたところ）〔9〕	神奈川県横浜市保土ケ谷区常盤台79
ホテル 南風荘（花笑と田之倉が泊ったホテル）〔9〕	神奈川県足柄下郡箱根町湯本茶屋179
成田国際空港第1ターミナルビル（花笑が田之倉を出迎えに行った空港）〔終〕	千葉県成田市三里塚御料牧場1-1
釣船茶屋ざうお横浜網島店（田之倉の送別会と忘年会が行なわれた居酒屋）〔終〕	神奈川県横浜市鶴見区駒岡2-14
みなとみらい大橋（花笑が自転車で渡っていた橋）〔終〕	神奈川県横浜市神奈川区大野町1

パシフィコ横浜（花笑が田之倉を見送ったバス停）〔終〕	神奈川県横浜市西区みなとみらい1-1
ブリリアショートショートシアター（花笑が啓子と出会った映画館）〔終〕	神奈川県横浜市西区みなとみらい5-3
象の鼻パーク（花笑が田之倉からのメールを見たところ）〔終〕	神奈川県横浜市中区海岸通1
チャペルドゥリヴァージュ（瞳と加々見の結婚式が行なわれたチャペル）〔終〕	神奈川県横浜市中区山下町
シルクセンター国際貿易観光会館（花笑が名刺交換をしたところ）〔終〕	神奈川県横浜市中区山下町1
ステッラ ディ マーレ（花笑が一華を連れて行った朝尾のレストランの外観，花笑が自転車に乗って走り始めたレストランの前）〔終〕	神奈川県横浜市中区常盤町5-71
大岡川に架かる弁天橋の上（花笑が立ち止まって振り向いた橋の上）〔終〕	神奈川県横浜市中区本町6-50
弁天橋の東詰付近（カラオケへ向う田之倉たちと花笑が別れたところ）〔終〕	神奈川県横浜市中区本町6-50
図書館カフェ「shoca.」（啓子が田之倉に交換留学プログラムの資料を渡したところ）〔終〕	神奈川県横浜市保土ケ谷区常盤台79
川崎アルバトロス（田之倉が花笑にメールを打っていたカラオケ店）〔終〕	神奈川県川崎市川崎区砂子2-9

潔く柔く（映画）

［公　開］2013年10月

［スタッフ］監督：新城毅彦，脚本：田中幸子，大島里美，原作：いくえみ綾

［出　演］長澤まさみ（瀬戸カンナ），岡田将生（赤沢禄），波瑠（川口朝美），中村蒼（真山稔邦），古川雄輝（小峰清正），平田薫（千家百加）〔ほか〕

ロケ地・場面	所在地
れんが通り（カンナの通学路）	広島県呉市中央4
礒宮八幡神社（夏祭りが催された神社）	広島県竹原市田ノ浦1-6-12
広島県立松永高等学校（カンナが通う高校）	広島県福山市神村町113
鞆港（カンナが花火大会へ向かう道）	広島県福山市鞆町鞆
ベイサイドビーチ坂（カンナたちが歩いた浜辺）	広島県安芸郡坂町水尻9075-4
愛媛県庁（病院）	愛媛県松山市一番町4-4
愛媛県立今治北高等学校（カンナが通う高校）	愛媛県今治市宮下町2-2-14

清須会議（映画）

［公　開］2013年11月

［スタッフ］監督・脚本・原作：三谷幸喜

［出　演］役所広司（柴田勝家），大泉洋（羽柴秀吉），小日向文世（丹羽長秀），佐藤浩市（池田恒興），妻夫木聡（織田信雄），浅野忠信（前田利家），寺島進（黒田官兵衛），でんでん（前田玄以），松山ケンイチ（堀秀政），伊勢谷友介（織田三十郎信包）〔ほか〕

ロケ地・場面	所在地
松代城跡（清須城）	長野県長野市松代町松代18-2
中田島砂丘（旗取り合戦前後の場所）	静岡県浜松市南区中田島町1313

キリエのうた（映画）

［公　開］2023年10月

［スタッフ］監督・脚本・原作：岩井俊二

［出　演］アイナ・ジ・エンド（小塚路花/キリエ），松村北斗（潮見夏彦），黒木華（寺石風美），広瀬すず（一条逸子/イッコ/広澤真緒

里)〔ほか〕

ロケ地・場面	所在地
帯広駅前バス停(真緒里がバイト先に向かう駅前)	北海道帯広市西1条南12
鹿追パーク(真緒里と路花が雪道を歩く場所)	北海道河東郡鹿追町柏ケ丘
新屈足神社(真緒里と路花が参拝した神社)	北海道上川郡新得町屈足
白樺学園(真緒里と路花が出会った図書館)	北海道河西郡芽室町北伏古東7線10-1
西公園(キリエと夏彦がデートした公園)	宮城県仙台市青葉区桜ケ岡公園
羽黒山鳥屋神社(キリエと夏彦が夜散歩した神社)	宮城県石巻市羽黒町1-7-1
須江地区(夏彦がキリエを探した場所)	宮城県石巻市須江大刈場
日和山公園(キリエと夏彦がデートした公園)	宮城県石巻市日和が丘2-2
矢本駅(キリエが夏彦を見送った駅)	宮城県東松島市矢本裏町
新宿南口バスタ前(イッコがキリエに歌のリクエストをした場所)	東京都新宿区新宿4-1-6
都庁前・議事堂通り沿い(キリエが路上ライブに向かう通り)	東京都新宿区西新宿2-1
新宿中央公園・デッキテラス(キリエがリハーサルをした場所)	東京都新宿区西新宿2-11
新宿中央公園・水の広場(音楽フェスの会場)	東京都新宿区西新宿2-11
新宿中央公園・白糸の滝前(キリエたちの路上ライブをした場所)	東京都新宿区西新宿2-11
北新宿高架下(キリエがギターケースなどを持って歩く場所)	東京都新宿区百人町1-25
代々木体育館 プロムナード(キリエと風琴がセッションした場所)	東京都渋谷区神南2-1-1
川口基督教会(イワンが讃美歌を聴く教会)	大阪府大阪市西区川口1-3-8
天王寺公園(イワンと御手洗礼が歌を歌った場所)	大阪府大阪市天王寺区茶臼山町5-55
津堂城山古墳(風美とイワンが出会った場所)	大阪府藤井寺市津堂
道明寺駅(風美とイワンが夏彦を出迎えた駅)	大阪府藤井寺市道明寺3-1
道明寺南小学校(風美が勤める学校)	大阪府藤井寺市道明寺4-9-18

桐島、部活やめるってよ (映画)

[公　開] 2012年8月

[スタッフ] 監督・脚本：吉田大八, 脚本：喜安浩平, 原作：朝井リョウ

[出　演] 神木隆之介(前田涼也), 橋本愛(東原かすみ), 東出昌大(菊池宏樹), 清水くるみ(宮部実果), 山本美月(飯田梨紗), 松岡茉優(野崎沙奈)〔ほか〕

ロケ地・場面	所在地
高知県立高知西高等学校 音楽室(吹奏楽部が演奏した場所)	高知県高知市鴨部2-5-70
城西公園(野球部キャプテンが素振りをした場所)	高知県高知市丸ノ内1-5-2
境町バス停(梨紗がバスに乗ったバス停)	高知県高知市帯屋町1-11
高知中央高等学校(前田たちが通う高校)	高知県高知市大津乙32

麒麟がくる (ドラマ)

[公　開] 2020年1月～2021年2月

[スタッフ] 脚本：池端俊策

[出　演] 長谷川博己(明智十兵衛光秀), 木村文乃(熙子), 南果歩(深芳野), 村田雄浩(稲

葉良通), 片岡愛之助(今川義元), 檀れい(土田御前), 佐々木蔵之介(羽柴秀吉), 岡村隆史(菊丸), 本木雅弘(斎藤道三), 高橋克典(織田信秀), 川口春奈(帰蝶), 堺正章(望月東庵), 石川さゆり(牧), 西村まさ彦(明智光安), 伊藤英明(斎藤義龍), 染谷将太(織田信長), 門脇麦(駒)〔ほか〕

ロケ地・場面	所在地
飯高寺(斎藤高政と明智十兵衛がいた杉並木のある寺)〔3〕	千葉県匝瑳市飯高1789
小浦海岸(明智十兵衛が織田信長に会った海岸)〔8〕	千葉県夷隅郡御宿町岩和田
藤里の棚田(明智荘の棚田)	岩手県奥州市江刺藤里迎井沢

銀河鉄道の父 (映画)

[公　開] 2023年5月

[スタッフ] 監督:成島出, 脚本:坂口理子, 原作:門井慶喜

[出　演] 役所広司(宮沢政次郎), 菅田将暉(宮沢賢治), 森七菜(宮沢トシ), 坂井真紀(宮沢イチ), 豊田裕大(宮沢清六), 田中泯(宮沢喜助)

ロケ地・場面	所在地
羅須地人協会(賢治の私塾)	岩手県花巻市葛1-68
下ノ畑(賢治の畑)	岩手県花巻市桜町3
平出工務店空き地(喜助・トシを火葬した場所)	岐阜県恵那市岩村町
昭和堂(国柱会館)	岐阜県恵那市岩村町248
京屋家具店(文房具屋, 賢治の東京での下宿部屋)	岐阜県恵那市岩村町303
勝川家(宮澤家の食事風景など)	岐阜県恵那市岩村町317
木村邸(宮澤家の質屋)	岐阜県恵那市岩村町329-1
遍照山 浄光寺(祭り会場)	岐阜県恵那市岩村町336
さつき旅館(東京の下宿先で賢治が郵便を受け取った場所)	岐阜県恵那市明智町1158-1

キングダム (映画)

[公　開] 2019年4月

[スタッフ] 監督・脚本:佐藤信介, 脚本:黒岩勉, 原作・脚本:原泰久

[出　演] 山﨑賢人(信), 吉沢亮(嬴政/漂), 長澤まさみ(楊端和), 橋本環奈(河了貂), 本郷奏多(成蟜), 満島真之介(壁), 大沢たかお(王騎), 宇梶剛士(魏興), 加藤雅也(肆氏), 石橋蓮司(竭氏)〔ほか〕

ロケ地・場面	所在地
若竹の杜 若山農場(ムタと信が戦う場所)	栃木県宇都宮市宝木本町2018
蕎麦畑(信が少年期を過ごした場所)	静岡県裾野市須山十里木
神々溝(信たちが山の民の居城に向かう道中)	宮崎県都城市御池町5348-249
雄川の滝(追っ手から逃れた信たちが昌文君と落ち合った場所)	鹿児島県肝属郡錦江町田代川原

キングダム2 遥かなる大地へ (映画)

[公　開] 2022年7月

[スタッフ] 監督:佐藤信介, 脚本:黒岩勉, 原作・脚本:原泰久

[出　演] 山﨑賢人(信), 吉沢亮(嬴政/漂), 橋本環奈(河了貂), 清野菜名(羌瘣), 豊川悦司(麃公), 大沢たかお(王騎)〔ほか〕

ロケ地・場面	所在地
三和の牧野(合戦した場所)	福島県いわき市三和町
鞍掛の平原(合戦場所など)	長野県東御市鞍掛
富士見高原リゾート周辺の森林(森)	長野県諏訪郡富士見町境広原
蕎麦畑(信が少年期を過ごした場所)	静岡県裾野市須山十里木

キングダム 運命の炎（映画）

［公　開］2023年7月

［スタッフ］監督：佐藤信介, 脚本：黒岩勉, 原作・脚本：原泰久

［出　演］山﨑賢人（信）, 吉沢亮（嬴政/漂）, 橋本環奈（河了貂）, 清野菜名（羌瘣）, 杏（紫夏）, 山田裕貴（万極）, 山本耕史（趙荘）, 片岡愛之助（馮忌）, 満島真之介（壁）, 岡山天音（尾平）, 三浦貴大（尾到）, 髙嶋政宏障（昌文君）, 要潤（騰）, 加藤雅也（肆氏）, 高橋光臣（干央）, 平山祐介（蒙武）, 玉木宏（昌平君）, 佐藤浩市（呂不韋）, 長澤まさみ（楊端和）, 大沢たかお（王騎）, 〔ほか〕

ロケ地・場面	所在地
岩船山中腹採石場跡（各軍の本陣があった場所）	栃木県栃木市岩舟町畳岡
白水峡（渕の部隊が通った岩場）	兵庫県神戸市北区
採石場跡（合戦場）	兵庫県赤穂市福浦

銀魂（映画）

［公　開］2017年7月

［スタッフ］監督・脚本：福田雄一, 原作：空知英秋

［出　演］小栗旬（坂田銀時）, 菅田将暉（志村新八）, 橋本環奈（神楽）, 中村勘九郎（近藤勲）, 柳楽優弥（土方十四郎）, 吉沢亮（沖田総悟）, 長澤まさみ（志村妙）, 岡田将生（桂小太郎）, ムロツヨシ（平賀源外）, 堂本剛（高杉晋助）〔ほか〕

ロケ地・場面	所在地
おおひら郷土資料館 白石家戸長屋敷（鍛冶屋）	栃木県栃木市大平町西山田900-1
塚田歴史伝説館の横の巴波川沿い遊歩道（銀時、新八、神楽、土方が瑠璃丸を追いかけた道）	栃木県栃木市倭町2-16
大垣八幡神社横の川	岐阜県大垣市西外側町1-1
常夜燈前（銀時と平賀源外が会話した場所など）	広島県福山市鞆町843-1
太田家住宅前の小路（新八が定春と歩く小路など）	広島県福山市鞆町鞆842

偶然と想像（映画）

［公　開］2021年12月

［スタッフ］監督・脚本：濱口竜介

［出　演］芽衣子（古川琴音）, 和明（中島歩）, つぐみ（玄理）, 瀬川（渋川清彦）, 奈緒（森郁月）, 佐々木（甲斐翔真）, 夏子（占部房子）, あや（河井青葉）

ロケ地・場面	所在地
青葉通	宮城県仙台市青葉区
定禅寺通	宮城県仙台市青葉区国分町
かつどんのかつどん家	宮城県仙台市青葉区大手町6
仙台駅前ペデストリアンデッキ（夏子とあやが再会した場所）	宮城県仙台市青葉区中央1-1
テルモントレ仙台	宮城県仙台市青葉区中央4-1-8

くちびるに歌を（映画）

［公　開］2015年2月

［スタッフ］監督：三木孝浩, 脚本：持地佑季子, 登米裕一, 原作：中田永一

［出　演］新垣結衣（柏木ユリ）, 木村文乃（松山ハルコ）, 恒松祐里（仲村ナズナ）, 下田翔大（桑原サトル）〔ほか〕

ロケ地・場面	所在地
水ノ浦教会（ナズナが通う教会）	長崎県五島市岐宿町岐宿1643-1
戸岐大橋（サトルとアキオが下校する時に通る橋）	長崎県五島市戸岐町
中野橋（ナズナたちが下校する時に通る橋）	長崎県五島市幸町

高崎浜（合唱部が特訓をする海岸）	長崎県五島市三井楽町高崎
鬼岳（合唱部員が練習する場所）	長崎県五島市上大津町

首（映画）

［公　開］2023年11月

［スタッフ］監督・脚本・原作：北野武

［出　演］ビートたけし（羽柴秀吉），西島秀俊（明智光秀），加瀬亮（織田信長），中村獅童（難波茂助），木村祐一（曽呂利新左衛門），遠藤憲一（荒木村重），勝村政信（斎藤利三），寺島進（般若の佐兵衛），桐谷健太（服部半蔵），浅野忠信（黒田官兵衛），大森南朋（羽柴秀長）〔ほか〕

ロケ地・場面	所在地
歴史公園えさし藤原の郷	岩手県奥州市江刺岩谷堂小名丸86-1
若山農場（竹林）	栃木県宇都宮市宝木本町2018
鬼怒川河川敷（羽柴軍が千種川を渡る場所）	栃木県真岡市
富士見町内の森	長野県諏訪郡富士見町
教林坊（千利休邸）	滋賀県近江八幡市安土町石寺1145
愛知川の中州（荒木一族が処刑された場所）	滋賀県東近江市

グランツーリスモ（映画）

［公　開］2023年9月（日本公開），8月25日（米公開）

［スタッフ］監督：ニール・ブロムカンプ，脚本：ザック・ベイリン，ジェイソン・ホール

［出　演］アーチー・マデクウィ（ヤン・マーデンボロー），デヴィッド・ハーバー（ジャック・ソルター），オーランド・ブルーム（ダニー・ムーア），ダレン・バーネット（マティ・デイビス），ペペ・バロッソ（アントニオ・クルス）〔ほか〕

［トピック］同題のレーシングシミュレーションゲームシリーズを原作とする、アメリカの伝記ドラマ映画。主にハンガリー・ブダペストで撮影されたが、東京・新宿でもロケが行われた。

ロケ地・場面	所在地
新宿西口ヨドバシカメラ周辺（路地）	東京都新宿区西新宿1-11-1
思い出横丁（夜の繁華街）	東京都新宿区西新宿1-2

グランメゾン東京（ドラマ）

［公　開］2019年10月～12月

［スタッフ］脚本：黒岩勉

［出　演］木村拓哉（尾花夏樹），鈴木京香（早見倫子），沢村一樹（京野陸太郎），及川光博（相沢瓶人），玉森裕太（平古祥平），尾上菊之助（丹後学），冨永愛（リンダ・真知子・リシャール）〔ほか〕

ロケ地・場面	所在地
成田国際空港（倫子が夏樹に30万円を貸した空港）〔1〕	千葉県成田市古込
東京ベイ東急ホテル（平古が働いているホテル）〔1〕	千葉県浦安市日の出7-2
東京ベイ東急ホテル付近（京野と平古が話をしていたホテルの近く）〔1〕	千葉県浦安市日の出7-2
駐日フランス大使館公邸の厨房（夏樹、祥平、相沢が調理をしていたレストラン「エスコフィユ」の厨房）〔1〕	東京都港区南麻布4-11
まるごとにっぽんのイベントスペース「おいしいのつくりかた」（夏樹と倫子が相沢に会いに行った料理教室）〔1〕	東京都台東区浅草2-6
メゾン ポール・ボキューズ 代官山（丹後、京野が働いているレストラン「gaku」）〔1〕	東京都渋谷区猿楽町17

旧ヨコハマ創造都市センター（リンダが電話で話をしていたところ）〔1〕	神奈川県横浜市中区本町6-50
東京ベイ東急ホテル（夏樹の作ったソースを相沢が平古に渡したホテルの非常階段, 夏樹が平古を待っていたホテルの前）〔2〕	千葉県浦安市日の出7-2
まるごとにっぽんのイベントスペース「おいしいのつくりかた」（夏樹と相沢が「5分で即興おつまみ対決」をした料理教室）〔2〕	東京都台東区浅草2-6
愛隣幼稚園（相沢が娘を迎えに行った小鳥保育園, 夏樹が相沢に握手を求めた小鳥保育園の前）〔2〕	東京都世田谷区新町2-7
メゾン ポール・ボキューズ 代官山（京野が丹後と江藤に会いに行ったレストラン「gaku」, 汐瀬が支店長とともに訪れたレストラン「gaku」）〔2〕	東京都渋谷区猿楽町17
蕎麦たりお（夏樹が汐瀬と話をした蕎麦店）〔2〕	東京都練馬区北町3-1
愛隣幼稚園（夏樹がアメリーのために作ったキャラ弁の写真を相沢が見た小鳥保育園の前）〔3〕	東京都世田谷区新町2-7
武蔵野調理師専門学校（「第4回 国産ジビエフランス料理コンクール」が行われたところ）〔3〕	東京都豊島区南池袋3-12
中華街 桂宮（江藤が会食していた店）〔3〕	神奈川県横浜市中区山下町151
ヨコハマ創造都市センター（リンダが久住栞奈と電話で話をしていたところ）〔3〕	神奈川県横浜市中区本町6-50

ログキャビンしおや（夏樹と倫子が訪れた「ジビエ料理 ミネギシ」）〔3〕	神奈川県足柄上郡松田町寄4055
東京ベイ東急ホテル（京野と平古が話をしていたテラス）〔4〕	千葉県浦安市日の出7-2
合羽橋 つば屋包丁店（夏樹が芹田のペティナイフを買った店）〔4〕	東京都台東区西浅草3-7
豊洲市場（夏樹と芹田が買い出しに行った市場）〔4〕	東京都江東区豊洲6-3
TFTビル東館の西側（江藤の乗った車が停車していたところ）〔4〕	東京都江東区有明3-6
メゾン ポール・ボキューズ 代官山（リンダが取材に訪れたレストラン「gaku」）〔4〕	東京都渋谷区猿楽町17
ヨコハマ創造都市センター（リンダが久住と電話で話をしていたところ）〔4〕	神奈川県横浜市中区本町6-50
さいたまスーパーアリーナ けやき広場（夏樹たちがハンバーガーを売った肉フェスの会場）〔5〕	埼玉県さいたま市中央区新都心10
川口市立グリーンセンター内の「シャトー赤柴」（3年前、夏樹が平古の作ったまかないを食べたエスコフィユの厨房の外）〔5〕	埼玉県川口市新井宿700
福寿家（平古が美優、西堂と会食していた店）〔5〕	埼玉県吉川市大字平沼51
フェスティバルウォーク蘇我（夏樹たちがジビエカレーを売ったスパイスフェスティバルの会場）〔5〕	千葉県千葉市中央区川崎町51

札の辻歩道橋（久住がリンダと電話で話をしていた歩道橋の上）〔5〕	東京都港区芝5-36
アンビカトレーディング（夏樹たちがスパイスを買いに行った店）〔5〕	東京都台東区蔵前3-19
メゾン ポール・ボキューズ 代官山（平古が丹後の料理を食べた店）〔5〕	東京都渋谷区猿楽町17
四季の森公園イベント広場（夏樹たちが餃子を売った餃子フェスの会場）〔5〕	東京都中野区中野4-12
松戸南部市場の大水（夏樹と倫子が鰆を仕入れに行った「かわつ総合卸売市場」内の店，芹田がアルバイトをはじめた店）〔6〕	千葉県松戸市松戸新田30
ヤマザキYショップ あそか病院前店（京野が芹田に会いに行ったコンビニの前）〔6〕	東京都江東区住吉1-18
テレコムセンタービル（東京に到着したリンダが歩いていた空港のロビー）〔6〕	東京都江東区青海2-38
豊洲市場 6街区 水産仲卸売場棟の屋上緑化広場（夏樹と丹後が話をした屋上）〔6〕	東京都江東区豊洲6-5
山野ホール（トップレストラン50の発表会場）〔6〕	東京都渋谷区代々木1-53
アルピーノ村のお菓子やさん（夏樹、倫子、相沢、エリーゼが話をしていた店）〔7〕	埼玉県さいたま市大宮区北袋町1-130
北袋ふれあい公園（エリーゼとアメリーが遊んでいた公園）〔7〕	埼玉県さいたま市大宮区北袋町2-157

さいたまスーパーアリーナ（相沢たちがアメリーとエリーゼを見送ったバスターミナル）〔7〕	埼玉県さいたま市中央区新都心8
山野ホール（トップレストラン50の発表会場）〔7〕	東京都渋谷区代々木1-53
新幹線の高架下（リンダがICレコーダーをハイヒールで踏みつけたところ）〔8〕	東京都千代田区神田東松下町49
ファミリーマート 浅草雷門通り店の前（夏樹と口論した京野が引き返したところ）〔8〕	東京都台東区浅草1-5
浅草寺の雷門（夏樹が倫子と京野を待っていたところ）〔8〕	東京都台東区浅草2-3
豊洲市場（相沢が平古と話をした市場）〔8〕	東京都江東区豊洲6-3
神奈川県立がんセンター（夏樹が凪子と出会った病院の待合所，夏樹が芹田と電話で話をした病院の前）〔8〕	神奈川県横浜市旭区中尾2-3
黎明（京野がノロウイルスのことを説明していた会社）〔9〕	東京都中央区日本橋人形町1-2
東京タワーの駐車場（夏樹がリンダと話をした駐車場）〔9〕	東京都港区芝公園4-2
メゾン ポール・ボキューズ 代官山（美優が祥平と話をした「gaku」，祥平が丹後に挨拶をした「gaku」の前）〔9〕	東京都渋谷区猿楽町17
山野美容専門学校（リンダが久住と電話で話をしていたところ，祥平がリンダに会いに行ったところ）〔9〕	東京都渋谷区代々木1-53
神奈川県立がんセンター（萌絵が入院した病院）〔9〕	神奈川県横浜市旭区中尾2-3

三澤ワイナリーの西側付近（車を降りた夏樹が富士山を拝んだところ）〔9〕	山梨県北杜市明野町上手
グレイスワインのワインカーヴ（久住が夏樹と倫子を案内していたワイン工場，夏樹と倫子がワインを試飲したところ）〔9〕	山梨県甲州市勝沼町等々力173
CANAL GATE CAFE（リンダがミシュランインターナショナルディレクターのアベーレ・モンタンを待っていたラウンジ）〔10〕	東京都港区芝浦4-20
ユニカビルの「YUNIKA VISION」（平古の記事の広告が表示されていた壁面テレビ）〔10〕	東京都新宿区新宿3-23
松本記念音楽迎賓館（京野がミシュランの審査を説明するときに出てきたレストラン）〔10〕	東京都世田谷区岡本2-32
川崎市国際交流センターの特別会議室（ミシュランスターセレクションの会議室）〔10〕	神奈川県川崎市中原区木月祇園町2
長井町漁協新市場（夏樹、倫子、平古、相沢、芹田が訪れた魚市場）〔10〕	神奈川県横須賀市長井5-24
成田国際空港（相沢がエリーゼとメアリーに再会したパリ・シャルル・ド・ゴール空港）〔終〕	千葉県成田市古込
東京プリンスホテルの大宴会場「鳳凰の間」（ミシュランの発表が行われた会場）〔終〕	東京都港区芝公園3-3
浅草寺雷門の前（潮父娘が祈っていたところ）〔終〕	東京都台東区浅草2-3
SAFARI PARKING（江藤が峰岸を待ち伏せしていたコインパーキング）〔終〕	東京都江東区門前仲町1-13
すし処 市柳（夏樹が鮪料理を作っていた寿司店，倫子、相沢、平古、芹田が寿司を食べていた店）〔終〕	東京都練馬区大泉学園町7-15
ログキャビンしおや（江藤が土下座をしていた「ジビエ料理 ミネギシ」）〔終〕	神奈川県足柄上郡松田町寄4055

来る（映画）

［公　開］2018年12月

［スタッフ］監督・脚本：中島哲也，脚本：岩井秀人，門間宣裕，原作：澤村伊智

［出　演］岡田准一（野崎和浩），妻夫木聡（田原秀樹），黒木華（田原香奈），志田愛珠（田原知紗），小松菜奈（比嘉真琴），松たか子（比嘉琴子），青木崇高（津田大吾），柴田理恵（逢坂セツ子）〔ほか〕

ロケ地・場面	所在地
吉川美南駅付近（田原家周辺）	埼玉県吉川市美南2
榊原温泉口駅前（帰郷した秀樹と香奈がタクシーに乗る駅前）	三重県津市白山町佐田1526-2
美杉町の林（巨木が切り倒される林）	三重県津市美杉町
熊野川（川）	三重県四日市市紀宝町
旧平田家住宅（秀樹の実家）	三重県四日市市千代田町941
円光寺（秀樹の祖父の13回忌法要が行われた寺）	三重県四日市市千代田町945
亀山市立加太小学校（秀樹の母校）	三重県亀山市加太板屋4569
北九州市役所前（カーアクションのシーン）	福岡県北九州市小倉北区

軍師 官兵衛（ドラマ）

［公　開］2014年1月〜12月
［スタッフ］脚本：前川洋一
［出　演］岡田准一（黒田官兵衛），塩見三省（母里小兵衛），戸田菜穂（いわ），磨赤兒（円満），尾藤イサオ（伊吹善右衛門），升毅（石川源吾），団時朗（赤松政秀），隆大介（黒田休夢），飯田基祐（井手友氏），上杉祥三（江田善兵衛），磯部勉（小河良利），江口洋介（織田信長），竜雷太（黒田重隆），片岡鶴太郎（小寺政職），竹中直人（豊臣秀吉），柴田恭兵（黒田職隆），高畑充希（糸），ピエール瀧（蜂須賀小六），二階堂ふみ（淀）〔ほか〕

ロケ地・場面	所在地
遠野ふるさと村 川前別家の裏（黒田官兵衛が生まれ育った広峯明神近くの農村）〔1〕	岩手県遠野市附馬牛町上附馬牛5-89-1
えさし藤原の郷（御着城）〔1〕	岩手県奥州市江刺区岩谷堂字小名丸86-1
ワープステーション江戸（小田原城）〔1〕	茨城県つくばみらい市南太田1176
乙事諏訪神社（織田信長が桶狭間に向かう前に戦勝祈願した熱田神宮）〔1〕	長野県諏訪郡富士見町乙事5410
広峯神社（御師がいた広峯明神）〔1〕	兵庫県姫路市広嶺山52
竹田城跡（豊臣秀吉が小田原攻めで本陣を置いた石垣山城（天守閣は合成））〔1〕	兵庫県朝来市和田山町竹田古城山169
えさし藤原の郷（龍野城）〔2〕	岩手県奥州市江刺区岩谷堂字小名丸86-1
遠津浜海岸（黒田官兵衛がおたつと訪れた海岸）〔2〕	神奈川県三浦市南下浦町松輪
えさし藤原の郷（稲葉山城）〔3〕	岩手県奥州市江刺区岩谷堂字小名丸86-1
ワープステーション江戸（堺の町並み）〔3〕	茨城県つくばみらい市南太田1176
ワープステーション江戸（長浜の町並み）〔8〕	茨城県つくばみらい市南太田1176
亀山本徳寺（石山本願寺）〔9〕	兵庫県姫路市亀山324
書寫山圓教寺 三之堂，十地坊跡（羽柴秀吉が本陣を置いた寺）〔16, 17〕	兵庫県姫路市書写2968
伊勢安土桃山文化村〈現・ともいきの国 伊勢忍者キングダム〉（安土城（一部はCG加工））〔22〕	三重県伊勢市二見町三津1201-1
藤里石名田の田んぼ（黒田官兵衛が生まれ育った広峯明神近くの農村）	岩手県奥州市江刺区藤里石名田
砥峰高原（オープニングに出てくる草原）	兵庫県神崎郡神河町川上801
飛龍の滝（オープニングに出てくる滝）	兵庫県佐用郡佐用町櫛田

ケイコ 目を澄ませて（映画）

［公　開］2022年12月
［スタッフ］監督・脚本：三宅唱，脚本：酒井雅秋，原案：小笠原恵子
［出　演］岸井ゆきの（小河ケイコ），三浦友和（会長），三浦誠己（林誠），松浦慎一郎（松本進太郎），佐藤緋美（小河聖司），中島ひろ子（小河喜代実），仙道敦子（会長の妻）〔ほか〕

ロケ地・場面	所在地
荒川河川敷（ケイコと会長がウォーミングアップした河川敷など）	東京都荒川区

軽蔑（映画）

［公　開］2011年6月
［スタッフ］監督：廣木隆一，脚本：奥寺佐渡子，原作：中上健次
［出　演］高良健吾（二宮一彦（カズ）），鈴木杏（矢木真知子），大森南朋（山畑万里），忍成修吾（浜口政博），村上淳（伊藤）〔ほか〕

ロケ地・場面	所在地
山茶郷(海辺のレストラン)	三重県熊野市有馬町1-5
天神崎(夕日をみた場所)	和歌山県田辺市天神崎
熊野川の川原(カズと真知子が昼食を取った場所)	和歌山県田辺市本町清川
阿須賀町界隈(カズが一幸にお金を無心した場所)	和歌山県新宮市阿須賀
池田港(喫茶店アルマン(オープンセット))	和歌山県新宮市阿須賀
王子ヶ浜(乱闘した場所)	和歌山県新宮市王子町
大浜バス停(真知子と浜口が一緒にベンチに座った場所)	和歌山県新宮市王子町3-12
イオン新宮店(カズが真知子を連れだし高飛びしようとした駐車場)	和歌山県新宮市橋本2-14
新宮港(カーチェイスのシーン)	和歌山県新宮市三輪崎
第2アートビル(山畑の事務所)	和歌山県新宮市春日9-7
新宮駅タクシーのりば(カズが山畑の事務所に向かうためタクシーに乗り込んだ場所)	和歌山県新宮市徐福2-1
新宮駅構内(カズと真知子が高飛びのため特急列車に乗り込んだ駅)	和歌山県新宮市徐福2-1
仲之町商店街(カズと真知子が再会した場所)	和歌山県新宮市徐福2-1
清浄苑(火葬場)	和歌山県新宮市新宮8002-96
宗応寺(子ども達が路地で遊んだ場所)	和歌山県新宮市千穂1-3-34
尾崎酒造(カズが勤める二宮酒造)	和歌山県新宮市船町3-2-3
高田第1自然プール(バーベキューをした場所)	和歌山県新宮市相賀字葛尾
新宮信用金庫本店(浜口が勤める銀行)	和歌山県新宮市大橋通3-1-4
旧チャップマン邸(マダムの部屋)	和歌山県新宮市丹鶴1-3-2
スナックジュエリー(バカラを行った店)	和歌山県新宮市馬町2-1-3
WASP(美容室)	和歌山県新宮市蜂伏11-61
ブンブンスタジアム(バッティングセンター)	和歌山県新宮市緑ケ丘2-1-31
花いろどりの宿花游(真知子が山畑と会談した場所)	和歌山県東牟婁郡太地町太地2906

ゲゲゲの女房 (ドラマ)

[公　開] 2010年3月～9月

[スタッフ] 脚本：山本むつみ, 原案：武良布枝

[出　演] 松下奈緒(飯田布美枝), 向井理(村井茂), 大杉漣(飯田源兵衛), 古手川祐子(飯田ミヤコ), 野際陽子(飯田登志), 風間杜夫(村井修平), 竹下景子(村井絹代), 有森也実(宇野輝子), 星野真理(飯田暁子), 大倉孝二(村井雄一), 杉浦太陽(浦木克夫), 南明奈(河合はるこ), 平岩紙(野村チヨ子), 梶原善(戌井慎二), うじきつよし(富田盛夫), 光石研(田中政志), 佐々木すみ江(田中キヨ), 村上弘明(深沢洋一), 松坂慶子(田中美智子)〔ほか〕

ロケ地・場面	所在地
老尾神社(ラジオ体操をしていた神社)〔1〕	千葉県匝瑳市生尾75
天神の森(飯田布美枝がべとべとさんの足音を聞いた森, 天神社脇にあるスダジイの巨樹, シゲ少年が登っていた巨樹)〔1〕	千葉県匝瑳市飯高
飯高寺(シゲ少年が友達と歩いていた森)〔1〕	千葉県匝瑳市飯高1789

飯高神社（飯田布美枝がシゲ少年からべとべとさんの話を聞いた階段のある神社）〔1〕	千葉県匝瑳市飯高475
千葉県立房総のむら（飯田布美枝が安来港に向かって走っていた上総の農家，飯田布美枝が医者を探しに行った安田の農家）〔1〕	千葉県印旛郡栄町龍角寺1028
里川に架かる落合橋（飯田源兵衛が精霊船を流した川）〔2〕	茨城県常陸太田市落合町
旧佐原第二中学校（飯田布美枝が通う洋裁学校）〔2〕	千葉県香取市佐原市新部10
千葉県立房総のむら（横山ユキエが住む安房の農家）〔2〕	千葉県印旛郡栄町龍角寺1028
大井川鉄道新金谷駅（村井茂が戦争から帰ってきた駅）〔2, 3〕	静岡県島田市金谷東2-1112-2
那賀川に架かる浜丁橋依田邸の海鼠壁（村井修平と村井絹代が歩いていた海鼠壁のある川）〔3〕	静岡県賀茂郡松崎町松崎
法務省の赤レンガ棟（飯田布美枝が車から見た東京の風景）〔4〕	東京都千代田区霞が関1-1
JR東京駅（飯田布美枝が到着した東京駅）〔4〕	東京都千代田区丸の内1
日本工業倶楽部（飯田布美枝が車から見た東京の風景）〔4〕	東京都千代田区丸の内1-4-6
江戸城 巽櫓と桔梗門（飯田布美枝が車から見た皇居）〔4〕	東京都千代田区千代田1-1
東京国立近代美術館工芸館（飯田布美枝が迎えの車に乗った東京駅）〔4〕	東京都千代田区北の丸公園3-1
三井本館（飯田布美枝が車から見た東京の風景）〔4〕	東京都中央区日本橋室町2-1-1
日本銀行本店（飯田布美枝が車から見た東京の風景）〔4〕	東京都中央区日本橋本石町2-1-1
蕉雨園（村井茂と飯田布美枝の結婚式場）〔4〕	東京都文京区関口2-11-17
長楽寺（村井茂が地獄絵を見た寺）〔7〕	茨城県石岡市龍明640
七ツ梅酒造跡（杉浦音松が紙芝居をしていた場所）〔7〕	埼玉県深谷市深谷町9-12
飯高寺 題目堂（飯田布美枝が紙芝居を見ていた寺）〔7〕	千葉県匝瑳市飯高1789
農村広場（村井茂と飯田布美枝が話をしていたブランコのある公園）〔10〕	千葉県香取郡多古町南玉造
大菩薩峠富士見山荘（村井一家が購入した富士山の見える別荘）〔20〕	山梨県甲州市塩山上萩原富士見平
旧騎西高校（村井喜子が通う調布市立桜宮中学校）〔23〕	埼玉県加須市騎西598-1
天神の森（飯田布美枝と村井茂が妖怪たちに会った森）〔終〕	千葉県匝瑳市飯高
飯高神社（飯田布美枝と村井茂が座っていた階段）〔終〕	千葉県匝瑳市飯高475
里川に架かる落合橋（よく出てくる安来の川）	茨城県常陸太田市落合町
ワープステーション江戸（安来の町並み（飯田家などは撮影用のセット））	茨城県つくばみらい市南太田1176
玉乃屋（深大寺のそば屋）	東京都調布市深大寺元町5-11-3
深大寺（村井茂が住む町にある深大寺）	東京都調布市深大寺元町5-15-1
中津川堤防道路（タイトルバックに出てくる堤防）	神奈川県厚木市三田

下剋上球児（ドラマ）

［公　開］2023年10月～12月
［スタッフ］脚本：奥寺佐渡子, 原案：菊地高弘
［出　演］鈴木亮平（南雲脩司）, 黒木華（山住香南子）, 小日向文世（犬塚樹生）, 小泉孝太郎（丹羽慎吾）, 井川遥（南雲美香）, 生瀬勝久（横田宗典）〔ほか〕

ロケ地・場面	所在地
日高高麗郷古民家〈旧新井家住宅〉（犬塚邸）〔1〕	埼玉県日高市大字高麗本郷245
野田市総合公園野球場〈SAN-POWスタジアム野田〉（犬塚が賀門英助に文句を言っていた野球場, 香南子が日沖壮磨をスカウトしようとしていた野球場）〔1〕	千葉県野田市清水958
野田市総合公園陸上競技場（香南子が久我原をスカウトしようとしていた陸上競技場）〔1〕	千葉県野田市清水958
旧市原市立八幡東中学校（三重県立越山高等学校）〔1〕	千葉県市原市菊間428
ホワイト急便ミツミネ牛久店（南雲と香南子が野球の対戦相手をお願いに行った紺野クリーニング）〔1〕	千葉県市原市牛久1270
小湊鐵道上総牛久駅（犬塚の胸像が飾られている越山駅）〔1〕	千葉県市原市牛久894
旧君津市立久留里中学校の校庭（犬塚ドリームグラウンド）〔1〕	千葉県君津市久留里474
バッティングプラザ大泉（日沖誠が弟の日沖壮磨を野球部に誘ったバッティングセンター, 香南子が壮磨を野球部に誘ったバッティングセンター）〔1〕	東京都練馬区大泉学園町3-19
四日市市霞ケ浦第1野球場（2018年 夏、越山高校と伊賀商業高校の試合が行われた野球場）〔1〕	三重県四日市市羽津甲5169
鈴鹿川堤防上の道路（南雲が車の前に立っていた工場夜景が見えるところ）〔1〕	三重県四日市市塩浜町
宇治橋鳥居の外側（南雲が一礼した鳥居の前）〔1〕	三重県伊勢市宇治今在家町
おはらい町通り 赤福本店前付近（美香と電話で話をしていた南雲が女生徒たちと写真を撮ったところ）〔1〕	三重県伊勢市宇治中之切町26
棚田公園の西側（香南子が自転車で上っていた坂道）〔1〕	三重県松阪市飯南町深野1318
マルナカ水産 マルマ本店（南雲と賀門英助が話をした牡蠣の店）〔1〕	三重県鳥羽市浦村町310の沈下橋
中央公民館 石鏡分館（美香が南雲と電話で話をしていた鳥羽市役所総合支所）〔1〕	三重県鳥羽市石鏡町151
佐田浜〈鳥羽マリンターミナル〉（青空を車で送って行った南雲が丹羽と出会った港, 南雲が根室と話をした港）〔1〕	三重県鳥羽市鳥羽1-2383
丸山千枚田（棚田の風景）〔1〕	三重県熊野市紀和町丸山
野田市総合公園野球場〈SAN-POWスタジアム野田〉（練習試合が行われた星葉学園野球部専用グラウンド）〔2〕	千葉県野田市清水958
ねじべえ 大門店（樹生が訪れた居酒屋）〔2〕	東京都港区芝大門2-4

赤坂アプローズスクエア迎賓館(美香が元夫・小柳と出会った結婚パーティーの会場)〔2〕	東京都港区赤坂5-3
五十鈴川カフェ(根室が南雲に会いに行った店)〔2〕	三重県伊勢市宇治中之切町12
福信院の階段(南雲がトレーニングをしていた神社の階段)〔2〕	三重県松阪市飯南町粥見2575
深野の棚田(試合当日、犬塚と富嶋が自転車で上っていた棚田の坂道)〔2〕	三重県松阪市飯南町深野
櫛田川に架かる「深野の沈下橋」(南雲と香南子が話をしていた沈下橋)〔2〕	三重県松阪市飯南町深野3490
神島港(南雲が乗った渡し船が入港した港)〔2〕	三重県鳥羽市神島町
桃取港(南雲が根室を手伝って漁船に乗り込んだ漁港)〔2〕	三重県鳥羽市桃取町
桃取港の防波堤(南雲と根室が話をした防波堤)〔2〕	三重県鳥羽市桃取町
小湊鐵道の柳町踏切付近(南雲が自転車で左折した踏切付近)〔3〕	千葉県市原市池和田
鎌ケ谷市役所(連行されてきた壮磨を南雲と香南子が出迎えた松坂中央警察署の前)〔3〕	千葉県鎌ケ谷市新鎌ケ谷2-6
君津市民文化ホール(組み合わせ抽選会の会場, 南雲が駆けつけた組み合わせ抽選会の会場)〔3〕	千葉県君津市三直622
バッティングプラザ大泉(南雲が事件当時のことを聞きに行ったバッティングセンター, 南雲が被害男性の友人に話を聞いたバッティングセンター)〔3〕	東京都練馬区大泉学園町3-19
珈琲ぶんぶん(南雲と壮磨がいた喫茶店, 南雲と日沖が被害男性に謝罪した喫茶店)〔3〕	東京都府中市住吉町2-17
柴崎バッティングセンターの北側付近(日沖が男性を突き飛ばしてしまったバッティングプラザ松阪の駐輪場)〔3〕	東京都調布市柴崎1-1
霞ケ浦第1野球場(三重県大会の開会式が行われた野球場)〔3〕	三重県四日市市羽津甲5169
近鉄山田線 宇治山田駅の1番ホーム(開会式当日、楡伸が逆方向の電車に乗ってしまった駅)〔3〕	三重県伊勢市岩渕2-1
あじへい 上地店(南雲と壮磨が食事をしていた店)〔3〕	三重県伊勢市上地町下起2587
櫛田川に架かる「深野の沈下橋」(壮磨と富嶋が話をした沈下橋)〔3〕	三重県松阪市飯南町深野3490
近鉄志摩線松尾駅(楡が電車を降りた松尾駅)〔3〕	三重県鳥羽市松尾町
石鏡漁港南側の坂道(美香が自転車で走っていた漁港が見える坂道)〔3〕	三重県鳥羽市石鏡町357
千葉市美浜区役所(南雲が出頭した警察署)〔4〕	千葉県千葉市美浜区真砂5-15
五井駅東口前(美香たちが車を降りた駅前, 列車を降りた青空が走っていた駅前)〔4〕	千葉県市原市五井中央東1

小野路GIONベースボールパーク（2016年7月、全日本高等学校野球選手権三重大会1回戦が行われた野球場）〔4〕	東京都町田市小野路町2023
中町の道路（南雲の車が松阪祇園まつりの交通規制で止まったところ）〔4〕	三重県松阪市中町1973
御城番屋敷付近（犬塚邸を出た南雲に香南子が追い付いたところ）〔4〕	三重県松阪市殿町1385
松阪神社東参道の鳥居付近（南雲が樹生と電話で話をしていた鳥居の近く）〔4〕	三重県松阪市殿町1417
「渡船よしかわ」の東側付近（車に乗った美香たちを南雲が見送ったところ）〔4〕	三重県鳥羽市浦村町1229
ヒューマンキャンパスのぞみ高等学校 茂原本校（香南子がスカウトに行った松阪市立西牧中学校）〔5〕	千葉県茂原市緑ケ丘1-53
蘭樹龍（静岡一高の野球部が食事をしていた合宿所）〔5〕	千葉県市原市海士有木172
旧市原市立八幡東中学校（恵美が南雲にお菓子の袋を投げ渡した越山高校の校舎前）〔5〕	千葉県市原市菊間428
旧市原市立八幡東中学校の体育館（保護者説明会が行われた体育館，卒業式が行われた体育館）〔5〕	千葉県市原市菊間428
小湊鐵道上総牛久駅（南雲が根室を探しに行った駅）〔5〕	千葉県市原市牛久894
小湊鐵道上総牛久駅前（越山高校へ向かう生徒たちが歩いていた商店街の入口）〔5〕	千葉県市原市牛久897
深山文具店（香南子と根室の姉・根室柚希が訪れた店）〔5〕	千葉県市原市牛久897
西広下水路に架かる橋（南雲が根室を探していた鉄塔の近くの橋）〔5〕	千葉県市原市五井4740
小湊鐵道五井機関区（南雲が根室を見つけた列車の車庫）〔5〕	千葉県市原市五井中央東1-1
君津市立上総小学校前の坂道（下校する青空を南雲が見ていた鳥羽市立稲宮小学校前の坂道）〔5〕	千葉県君津市久留里474
ANA Blue Base（美香が南雲と電話で話しながら乗っていたエスカレーター，美香が南雲なぎさを迎えに行ったキッズプレイルーム，小柳と一緒にいたなぎさを美香が見つけたところ）〔5〕	東京都大田区羽田旭町10
FLAT Parking 原町田四丁目第一（車に乗ろうとした恵美を南雲が引き留めたところ）〔5〕	東京都町田市原町田4-7
ミーナ町田前のペデストリアンデッキ（南雲が恵美の後を歩いていたペデストリアンデッキ）〔5〕	東京都町田市原町田4-7
内藤ビルの前（逃げ出した恵美を南雲が追いかけていた路地）〔5〕	東京都町田市原町田4-7
サンメモリアル東京の入口にある坂道（野球部員が坂道ダッシュをしていたところ）〔5〕	東京都多摩市南野1-4
一本杉公園野球場（2016年秋季大会1回戦が行われた野球場）〔5〕	東京都多摩市南野2-14

よしゆう水産の東側付近（グローブを返しに来た根室と南雲が話をしたところ）〔5〕	三重県鳥羽市浦村町1229
出版産業 本社（南雲が面接を受けに行った物流倉庫）〔6〕	埼玉県入間郡三芳町上富991
野田市総合公園野球場〈SAN-POWスタジアム野田〉（香南子たちがバッティングマシーンを受け取りに行った星葉高校の野球場）〔6〕	千葉県野田市清水958
ハヤシ美容室（柚希が嘆願書に署名していた美容室）〔6〕	千葉県市原市牛久1204
小湊鐵道の柳町踏切付近（座り込んでいる楡を南雲が見つけた踏切）〔6〕	千葉県市原市池和田
湊川沿いの道（南雲が座っていた川辺の道）〔6〕	千葉県富津市湊1687
ねじべえ 大門店（南雲が香南子に野球の資料を返した居酒屋, 犬塚がやって来た居酒屋）〔6〕	東京都港区芝大門2-4
大江戸不動産（南雲が面接を受けに行った不動産店）〔6〕	東京都江東区清澄3-4
エコルとごし（南雲と青空が美香に会いに行ったところ）〔6〕	東京都品川区豊町2-1
小野路GIONベースボールパーク（全日本高等学校野球選手権三重大会1回戦が行われた野球場）〔6〕	東京都町田市小野路町2023
聖マリアンナ医科大学横浜市西部病院（犬塚が診察を受けた病院）〔6〕	神奈川県横浜市旭区矢指町1197

Sun FARMERS CAFE（南雲、美香、小柳が口論していたカフェ）〔6〕	神奈川県川崎市麻生区上麻生7-23
江戸川の堤防前（南雲が楡に視力のことを指摘した堤防前）〔7〕	千葉県市川市大和田5-5
大谷自動車板金塗装工場（楡が働いていた自動車修理工場）〔7〕	千葉県市川市大和田5-5
城山公園東側の坂道（野球部がトレーニングをしていた坂道）〔7〕	千葉県館山市館山362
洲崎神社（2018年1月、南雲、香南子、野球部員が初詣に行った神社）〔7〕	千葉県館山市洲崎1697
旧市原市立八幡東中学校（南雲がマイクロバスで乗りつけた越山高校の校門）〔7〕	千葉県市原市菊間428
袖ケ浦市営球場（越山高校が愛知東高校との試合に勝った野球場, 全日本高等学校野球選手権 三重大会 1回戦、2回戦が行われた野球場）〔7〕	千葉県袖ケ浦市坂戸市場1566
ねじべえ 大門店（卒業した誠たちと南雲が食事をしていた店）〔7〕	東京都港区芝大門2-4
小野路GIONベースボールパーク（2017年7月「全日本高等学校野球選手権 三重大会2回戦」、2018年「全日本高等学校野球選手権三重大会3回戦」が行われた野球場）〔7〕	東京都町田市小野路町2023
一本杉公園野球場（越山高校が三重西高校と試合をした野球場）〔7〕	東京都多摩市南野2-14
岡田眼科（南雲と楡がコンタクトレンズを目に入れたところ）〔7〕	神奈川県横浜市港南区港南台5-5

ホワイト急便ミツミネ牛久店（紺野がテレビのインタビューに応えていたクリーニング店）〔8〕	千葉県市原市牛久1270
萩生漁港（南雲の家を出た3年生の6人が歩いていた漁港沿いの道，南雲がランニングをしていた漁港沿いの道）〔8〕	千葉県富津市萩生1167
袖ケ浦市営球場（富嶋と日沖がテレビのインタビューに応えていたところ，全日本高等学校野球選手権 三重大会 準々決勝が行われた野球場）〔8〕	千葉県袖ケ浦市坂戸市場1566
袖ケ浦市営球場の北側付近（犬塚樹生が段差につまずいたところ）〔8〕	千葉県袖ケ浦市坂戸市場1566
小野路GIONベースボールパーク（全日本高等学校野球選手権三重大会 準決勝が行われようとしていた倉田坂野球場）〔8〕	東京都町田市小野路町2023
櫛田川に架かる「深野の沈下橋」（香南子が犬塚をラーメンに誘おうとした橋の上）〔8〕	三重県松阪市飯南町深野3490
本浦漁港（南雲と香南子が話をしていた漁港）〔8〕	三重県鳥羽市浦村町1242
大和屋食堂（地元の人たちがテレビで試合を観戦していた食堂）〔9〕	千葉県茂原市茂原531
成田富里徳洲会病院（香南子が診察を受けた病院，久我原が搬送された病院）〔9〕	千葉県富里市日吉台1-1
焼肉牛苑（Tシャツを交換に行った焼肉店）〔9〕	東京都町田市根岸町196
小野路GIONベースボールパーク（全日本高等学校野球選手権三重大会 準決勝が行われた倉田坂野球場）〔9〕	東京都町田市小野路町2023
埼玉県中川水循環センター（緊急会合が行われた会議室，越山高校野球部の募金活動が行われていたフードフェスの会場内）〔終〕	埼玉県三郷市番匠免3-2
埼玉県中川水循環センター（越山高校野球部の募金活動が行われていたフードフェスの会場内）〔終〕	埼玉県三郷市番匠免3-2
小櫃川に架かる金木橋（久我原が自転車で走っていたところ）〔終〕	千葉県木更津市久津間1006
大和屋重平〈旧大和屋旅館〉（越山高校野球部OB会が行われた旅館）〔終〕	千葉県茂原市茂原519
大和屋食堂（誠が支援金を受け取った食堂）〔終〕	千葉県茂原市茂原531
上野公園（フードフェスの会場）〔終〕	東京都台東区上野公園8
四日市市霞ケ浦第1野球場（全日本高等学校野球選手権 三重大会決勝が行われた野球場）〔終〕	三重県四日市市羽津甲5169
阪神甲子園球場（2018年8月11日、越山高校野球部が一回戦を闘った球場）〔終〕	兵庫県西宮市甲子園町1

決算！ 忠臣蔵（映画）

［公　開］2019年11月

［スタッフ］監督・脚本：中村義洋，原作：山本博文

［出　演］堤真一（大石内蔵助），岡村隆史（矢頭長助），濱田岳（大高源五），横山裕（不破

数右衛門), 荒川良々(堀部安兵衛), 妻夫木聡(菅谷半之丞), 大地康雄(奥野将監), 西村まさ彦(吉田忠左衛門), 木村祐一(原惣右衛門), 小松利昌(貝賀弥左衛門), 沖田裕樹(三村次郎左衛門)〔ほか〕

ロケ地・場面	所在地
彦根城 埋木舎(内蔵助が走ってきた屋台のそば屋)	滋賀県彦根市尾末町1-11
八幡堀(遊郭の表回り)	滋賀県近江八幡市宮内町周辺
臨済宗 妙心寺派 大本山 妙心寺(瑤泉院と落合与左衛門が屋敷から出て来るところなど)	京都府京都市右京区花園妙心寺町1
旧嵯峨御所 大本山大覚寺(源五と弥左衛門が内蔵助を追いかけるところ)	京都府京都市右京区嵯峨大沢町4
大本山 隨心院(勘定方が残務整理をする場所など)	京都府京都市山科区小野御霊町35
赤穂市立海洋科学館・塩の国(赤穂藩の塩田)	兵庫県赤穂市御崎1891-4

検察側の罪人 (映画)

[公　開] 2018年8月

[スタッフ] 監督・脚本：原田眞人, 原作：雫井脩介

[出　演] 木村拓哉(最上毅), 二宮和也(沖野啓一郎), 吉高由里子(橘沙穂), 平岳大(丹野和樹), 大倉孝二(弓岡嗣郎), 八嶋智人(小田島誠司), 音尾琢真(千鳥), 大場泰正(前川直之), 谷田歩(青戸公成), 酒向芳(松倉重生), 矢島健一(高島進)〔ほか〕

ロケ地・場面	所在地
茨城県議会議事堂(最上が脇坂に松倉再逮捕の許可を求めるところ)	茨城県水戸市笠原町978-6
都立日比谷公園(沖野の登庁途中の場所)	東京都千代田区日比谷公園1-6
ラ チッタデッタラ(沖野が松倉を追いかけた場所)	神奈川県川崎市川崎区小川町4-1

交換ウソ日記 (映画)

[公　開] 2023年7月

[スタッフ] 監督：竹村謙太郎, 脚本：吉川菜美, 原作：櫻いいよ

[出　演] 高橋文哉(瀬戸山潤), 桜田ひより(黒田希美), 茅島みずき(松本江里乃), 曽田陵介(米田晴人), 齊藤なぎさ(林優子), 板垣瑞生(矢野大翔)〔ほか〕

ロケ地・場面	所在地
聖徳大学附属取手聖徳女子高等学校(潤たちが通う学校)	茨城県取手市山王1000
旧足利西高校(球技大会が行われた場所)	栃木県足利市大前町103-11
谷保第4公園(夜の公園)	東京都国立市富士見台2-49
富士急ハイランド(遊園地)	山梨県富士吉田市新西原5-6-1

江〜姫たちの戦国〜 (ドラマ)

[公　開] 2011年1月〜11月

[スタッフ] 脚本・原作：田渕久美子

[出　演] 上野樹里(江), 宮沢りえ(淀), 水川あさみ(常高院), 向井理(徳川秀忠), 鈴木保奈美(市), 時任三郎(浅井長政), 豊川悦司(織田信長), 岸谷五朗(豊臣秀吉), 北大路欣也(徳川家康), 市村正親(明智光秀)〔ほか〕

ロケ地・場面	所在地
湖南アルプス(お市の輿入れするところ)〔1〕	滋賀県大津市
安楽律院(織田信長が焼き討ちを行った比叡山延暦寺)〔1〕	滋賀県大津市坂本本町4220
彦根城 西の丸, 梅林(江が馬に饅頭を食べさせた城)〔1〕	滋賀県彦根市金亀町1-1

玄宮園（江と初が饅頭で争っていた安土（バックに見える彦根城は建築中の安土城に修正））〔1〕	滋賀県彦根市金亀町9-3
野川の農道（お市の輿入れ行列が歩いていた場所）〔1〕	滋賀県甲賀市甲南町野川
白ひげ浜（江が乗馬を楽しんでいた砂浜）〔1〕	滋賀県高島市鵜川
深溝湖岸（江が乗馬を楽しんでいた水辺）〔1〕	滋賀県高島市新旭町深溝字外ヶ浜
六所神社（浅井長政がお市に織田信長が朝倉攻めについて話した神社）〔1〕	滋賀県東近江市五個荘石馬寺町832
実相院（足利義昭と織田信長が会談していた寺）〔1〕	京都府京都市左京区岩倉上蔵町121
仁和寺 中門，勅使門，宸殿（織田信長が馬に乗って上洛した寺）〔1〕	京都府京都市右京区御室大内33
ささきの浜（江たちが育った伊勢の海）〔2〕	茨城県高萩市赤浜
伊崎寺（江が織田信長と琵琶湖を眺めながら話をした竹生島の石段）〔3〕	滋賀県近江八幡市白王町1391
知内浜（信長と江が舟で竹生島に向かうところ）〔3〕	滋賀県高島市マキノ町知内
西明寺 本堂，三重塔（竹生島の宝厳寺）〔3〕	滋賀県犬上郡甲良町大字池寺26
ワープステーション江戸（清洲城）〔4〕	茨城県つくばみらい市南太田1176
建仁寺（江たちとお市が明智光秀や細川ガラシャに出会った寺）〔4〕	京都府京都市東山区大和大路通四条下る小松町584
下鴨神社 糺ノ森（江と徳川家康たちが野武士に襲われた森）〔5〕	京都府京都市左京区下鴨泉川町59
仁和寺（江が徳川家康に会った京都の寺）〔5〕	京都府京都市右京区御室大内33
仁和寺 中門，勅使門，宸殿（江が徳川家康に会った京都の寺）〔5〕	京都府京都市右京区御室大内33
千曲川河川敷（山崎の戦いがあった河原）〔6〕	長野県長野市屋島
湖南アルプス（光秀が自刃する場所）〔6〕	滋賀県大津市
松の浦水泳場（家康と江が伊勢上野城へ逃れる場所）〔6〕	滋賀県大津市木戸
谷田部インター下の田んぼ（江が馬で走っていた川沿いの道）〔8〕	茨城県つくば市谷田部
霧ヶ峰高原（江と徳川秀忠が馬に乗っていた丘）〔終〕	長野県諏訪市大字四賀
庄内映画村オープンセット〈現・スタジオセディック庄内オープンセット〉（江が育った伊勢上野城）	山形県鶴岡市羽黒町川代東増川山102
ワープステーション江戸（織田信長の稲葉山城，安土の町並み）	茨城県つくばみらい市南太田1176
城山史跡公園〈荒砥城址〉（お市が嫁いだ浅井長政の小谷城の建物）	長野県千曲市上山田城山3509-1
白糸の滝（オープニングに出てくる滝）	静岡県富士宮市上井出273-1
小谷城跡 桜馬場（浅井長政がお市に琵琶湖の風景を見せた小谷城）	滋賀県長浜市湖北町伊部
安土城天主 信長の館（安土城天主）	滋賀県近江八幡市安土町桑実寺777

告白（映画）

［公　開］2010年6月

［スタッフ］監督・脚本：中島哲也，原作：湊かなえ

［出　演］松たか子（森口悠子），岡田将生（寺田良輝），木村佳乃（下村優子），芦田愛菜

（森口愛美），山口馬木也（桜宮正義）〔ほか〕

ロケ地・場面	所在地
レストランVAN・B（悠子が女生徒と話す店）	栃木県鹿沼市東町2-2-38
芳賀高等学校（終業式の体育館）	栃木県芳賀郡益子町塙2382-1
群馬県庁昭和庁舎（日本工科大学理工学部）	群馬県前橋市大手町1-1-1
東京薬科大学（学校）	東京都八王子市堀之内1432-1

孤高のメス（映画）

［公　開］2010年6月

［スタッフ］監督：成島出，脚本：加藤正人

［出　演］堤真一（当麻鉄彦），夏川結衣（中村浪子），吉沢悠（青木隆三）〔ほか〕

ロケ地・場面	所在地
北茨城市立総合病院（さざなみ市民病院）	茨城県北茨城市関南町関本下1050
坂田医院旧診療所	埼玉県熊谷市妻沼1420

後妻業の女（映画）

［公　開］2016年8月

［スタッフ］監督・脚本：鶴橋康夫，原作：黒川博行

［出　演］大竹しのぶ（武内小夜子），豊川悦司（柏木亨），尾野真千子（中瀬朋美），笑福亭鶴瓶（舟山喜春），津川雅彦（中瀬耕造）〔ほか〕

ロケ地・場面	所在地
赤浜海岸	茨城県高萩市赤浜
上本町YUFURA前	大阪府大阪市天王寺区上本町6-5-13
東山動物病院（柏木に銃で撃たれた本多が治療を受けた病院）	大阪府堺市中区東山201-15
民芸焼肉 寿々亭（小夜子と朋美が乱闘した場所）	大阪府堺市北区南花田町37-3

52ヘルツのクジラたち（映画）

［公　開］2024年3月

［スタッフ］監督：成島出，脚本：龍居由佳里，原作：町田そのこ

［出　演］杉咲花（三島貴瑚），志尊淳（岡田安吾），宮沢氷魚（新名主税），小野花梨（牧岡美晴），桑名桃李（少年），金子大地（村中真帆），西野七瀬（品城琴美），真飛聖（三島由紀），池谷のぶえ（藤江），余貴美子（岡田典子），倍賞美津子（村中サチエ）

ロケ地・場面	所在地
チャチャタウン小倉（貴瑚と美晴と少年が観覧車に乗った場所）	福岡県北九州市小倉北区砂津3-1-1
JR小倉駅前（貴瑚と美晴と少年が訪れた駅）	福岡県北九州市小倉北区浅野1-1-1
中島地区（貴瑚と美晴が少年の本名を知った場所）	福岡県北九州市小倉北区中島
ビシャゴ浦（少年が貴瑚を探す場所）	大分県大分市佐賀関
金山湊（貴瑚が琴美に怒って立ち去る場所）	大分県大分市佐賀関
佐賀関漁港（貴瑚の家から防波堤までの通り道）	大分県大分市佐賀関
福水漁港（貴瑚が少年と出会った場所）	大分県大分市佐賀関
媛乃屋食堂（琴美が勤める食堂）	大分県大分市佐賀関1401-7

ゴジラ-1.0（映画）

［公　開］2023年11月

［スタッフ］監督・脚本：山崎貴

［出　演］神木隆之介（敷島浩一），浜辺美波（大石典子），山田裕貴（水島四郎），青木崇高（橘宗作），吉岡秀隆（野田健治），安藤サクラ（太田澄子），佐々木蔵之介（秋津清治）〔ほか〕

［トピック］ゴジラ70周年を記念して製作された怪獣映画。第96回アカデミー賞では、邦画・アジア映画としては初となる視覚効果賞を受賞した。

ロケ地・場面	所在地
筑波海軍航空隊記念館(敷島が入院した病院，特設災害対策本部，ゴジラが船を投げ建物を破壊した場所)	茨城県笠間市旭町654
下館総合運動場(ゴジラが上陸した銀座中心街(建物はCG))	茨城県筑西市上平塚702-11
鹿島海軍航空隊基地跡(戦闘機「震電」の整備場)	茨城県稲敷郡美浦村大山
江見吉浦 海辺のキャンプ場(大戸島の守備隊基地)	千葉県鴨川市江見吉浦104
旧岡谷市役所(敷島が橘を探しに訪れた復員局，巨大生物對策説明会の会場)	長野県岡谷市幸町8
遠州灘(敷島たちがゴジラに遭遇した海上)	静岡県浜松市
浜名湖(敷島たちがゴジラに遭遇した海上)	静岡県浜松市
東幡豆漁港(敷島が木造船「新生丸」に乗り込んだ港)	愛知県西尾市東幡豆町

ゴースト もういちど抱きしめたい (映画)

[公　開] 2010年11月

[スタッフ] 監督：大谷太郎

[出　演] 松嶋菜々子(星野七海)，ソン・スンホン(宋承憲)(キム・ジュノ)，鈴木砂羽(上条未春)，橋本さとし(黒田竜二)，芦田愛菜(少女のゴースト)〔ほか〕

ロケ地・場面	所在地
オリオン通り商店街(ジュノが殺人犯グループから逃げた場所，七海に追い詰められた殺人犯が地獄へ引き込まれた場所)	栃木県宇都宮市江野町1-9

ごちそうさん (ドラマ)

[公　開] 2013年10月～2014年3月

[スタッフ] 脚本：森下佳子

[出　演] 杏(卯野め以子)，東出昌大(西門悠太郎)，財前直見(卯野イク)，原田泰造(卯野大五)，キムラ緑子(西門和枝)，高畑充希(西門希子)，和田正人(泉源太)，山中崇(室井幸斎)，前田亜季(室井桜子)，中村靖日(高木馬介)，ムロツヨシ(竹元勇三)，宮崎美子(西門静)，吉行和子(卯野トラ)，近藤正臣(西門正蔵)〔ほか〕

ロケ地・場面	所在地
博物館明治村 偉人坂(卯野め以子が男から逃げた坂道)〔1〕	愛知県犬山市内山1
博物館明治村 聖ヨハネ教会 森の小径(卯野め以子が挟み撃ちにされた場所)〔1〕	愛知県犬山市内山1
博物館明治村 千早小学校脇の階段(卯野め以子がいちごを食べた階段)〔1〕	愛知県犬山市内山1
博物館明治村 逍遥の小道(卯野め以子が学校帰りに通った切通しの坂道)〔1〕	愛知県犬山市内山1
金堂町の路地(卯野め以子が男に声をかけられた路地)〔1〕	滋賀県東近江市五個荘金堂町
博物館明治村 旧宇治山田郵便局舎(卯野め以子たちが通天閣の話をしていた場所)〔2〕	愛知県犬山市内山1
大溝城跡 乙女ケ池の橋(卯野め以子が西門悠太郎に1点の答案を見られた橋)〔2〕	滋賀県高島市勝野3061-1
弘誓寺(卯野め以子たちが歩幅をチェックしていた山門のある寺)〔2〕	滋賀県東近江市五個荘金堂町615

博物館明治村 第四高等学校武術道場「無声堂」(西門悠太郎が剣道の試合を行った道場)〔3〕	愛知県犬山市内山1
愛知川 栗見橋付近(西門悠太郎がボートの練習をしていた川, 卯野め以子が水の中に落ちた川)〔4〕	滋賀県彦根市新海町
博物館明治村 SL東京駅(卯野め以子と西門悠太郎が汽車に乗った駅)〔5〕	愛知県犬山市内山1
博物館明治村 本郷喜之床(室井幸斎が住む楠木理髪店)〔5〕	愛知県犬山市内山1
博物館明治村 名古屋衛戍病院(西門悠太郎が通う大学)〔5〕	愛知県犬山市内山1
マイアミ浜水泳場(卯野め以子と堀之端桜子と野川民子が泳ぎに行った千葉の海)〔5〕	滋賀県野洲市吉川
八幡堀(卯野め以子が大八車を押していた水辺)〔6〕	滋賀県近江八幡市宮内町
今井町の町並み(卯野め以子が鯛を届けに行った家)〔7〕	奈良県橿原市今井町1
浄厳院(西門和江の子供の墓がある寺)〔11〕	滋賀県近江八幡市安土町慈恩寺744
大阪府済生会中津病院(大阪南総合病院)〔14〕	大阪府大阪市北区芝田2-10-39
神戸市立御影公会堂(大阪ラヂオ放送)〔14〕	兵庫県神戸市東灘区御影石町4-4-1
石田家住宅(西門和枝の嫁ぎ先)〔16〕	京都府亀岡市東別院町東掛岩垣内
油日神社(西門め以子と西門活男が歩いていた神社)〔22〕	滋賀県甲賀市甲賀町油日1042
野川の畑(西門め以子たちが疎開してきた畑)〔22〕	滋賀県甲賀市甲南町野川
博物館明治村 京都七条停留所(開明軒の近くにある路面電車の本郷春見駅)	愛知県犬山市内山1
博物館明治村 二丁目の町並み(卯野め以子が住む東京の町並み)	愛知県犬山市内山1
八幡堀(西門家のある大阪の堀)	滋賀県近江八幡市宮内町
金堂町の路地(卯野め以子が住む東京の町並み)	滋賀県東近江市五個荘金堂町
旧第四師団司令部庁舎(大阪市役所)	大阪府大阪市中央区大阪城1-1
八葉寺(卯野め以子たちが供え物のイチゴを食べた寺)	兵庫県姫路市香寺町相坂1066
奈良女子大学(卯野め以子たちが通う清明高等女学校)	奈良県奈良市北魚屋東町
今井町の町並み(西門家のある大阪の町並み)	奈良県橿原市今井町1
旧吹屋小学校(卯野め以子たちが通う小学校)	岡山県高梁市成羽町吹屋1290-1

コード・ブルー ドクターヘリ緊急救命 2nd. SEASON (ドラマ)

[公　開] 2010年1月～3月

[スタッフ] 脚本：林宏司

[出　演] 山下智久(藍沢耕作), 新垣結衣(白石恵), 戸田恵梨香(緋山美帆子), 比嘉愛未(冴島はるか), 浅利陽介(藤川一男), 椎名桔平(橘啓輔), 児玉清(田所良昭)〔ほか〕

ロケ地・場面	所在地
鬼怒川上流浄化センター南側 大谷川に架かる関ノ沢大橋付近(ドクターヘリが着陸した利根川塩野橋付近の河川敷, 藍沢が子供を助けたところ)〔1〕	栃木県日光市町谷1818

千葉経済大学の学生ホール〈エステリア〉(藍沢、白石、緋山、藤川が話をしていた病院内の食堂)〔1〕	千葉県千葉市稲毛区轟町3-59
東京女子医科大学八千代医療センター(冴島が田沢と話をしていた病院の屋上, 白石が父親と電話で話をしていた病院の屋上)〔1〕	千葉県八千代市大和田新田477
亀田メディカルセンターのヘリポート(子供を搬送したヘリが着陸した海辺のヘリポート)〔1〕	千葉県鴨川市東町929
日本医科大学千葉北総病院(翔陽大学附属北部病院)〔1〕	千葉県印西市鎌苅
BIG HOP ガーデンモール印西(ドクターヘリが救急車とランデブーしたショッピングモールの駐車場)〔1〕	千葉県印西市原1-2
巣立山公園(白石と森本の乗ったドクターヘリが到着した公園)〔2〕	茨城県常総市内守谷町きぬの里2-25
松井建設 小場工場(藤川と橘が訪れた勝浦の事故現場)〔2〕	茨城県常陸大宮市小場4585
グリーンエミネンス中村古峡記念病院の屋上(藍沢と藤川が話をしていた病院の屋上)〔2〕	千葉県千葉市中央区千葉寺町188
SKIPシティ彩の国ビジュアルプラザ(吉川中央駅の外観)〔3〕	埼玉県川口市上青木3-12
SKIPシティの北側(ドクターヘリが着陸した吉川中央駅近くの空地)〔3〕	埼玉県川口市上青木3-5
戸田競艇場(白石が肺気胸の患者に応急処置をした吉川中央駅の改札口付近)〔3〕	埼玉県戸田市戸田公園8
石下総合運動公園内の野球場(ドクターヘリが着陸した野球場)〔5〕	茨城県常総市鴻野山1670
ザ ハウス オブ ブランセの「迎賓の館」(田沢のお別れ会が行われたところ)〔5〕	茨城県つくば市要246
亀田メディカルセンターのヘリポート(冴島たちが患者を搬送した兼田医療センター)〔5〕	千葉県鴨川市東町929
岡本3丁目の坂道(藍沢が上っていた坂道)〔5〕	東京都世田谷区岡本3-35と36の間
ユー花園 下北沢本店(田沢の両親が花を買った店)〔5〕	東京都世田谷区代沢5-29
つくば国際会議場(日本心臓内科学会で博文が講演していたホール, 博文が白石に診断結果の紙を見せたところ)〔6〕	茨城県つくば市竹園2-20
グリーンエミネンス中村古峡記念病院の屋上(内藤妙子が吐血した病院の屋上)〔6〕	千葉県千葉市中央区千葉寺町188
善福寺川に架かる「白山前橋」付近(藍沢と父・誠次が歩きながら話をしていたところ)〔6〕	東京都杉並区大宮2-22
新宿公園(藍沢が拳を握りしめながら歩いていたところ)〔7〕	千葉県千葉市中央区新宿2-4
千葉南ビル(藍沢が誠次に会いに行った学習塾の外観)〔7〕	千葉県千葉市中央区新宿2-5
長池見附橋(冴島が留守番電話を聞きながら歩いていた橋)〔7〕	東京都八王子市別所2-139

朝霧ジャンボリーオートキャンプ場（ドクターヘリが着陸した山間部, 藍沢たちが訪れた山小屋）〔7〕	静岡県富士宮市猪之頭1162
石下総合運動公園内の野球場（ドクターヘリが着陸したサッカー場）〔8〕	茨城県常総市鴻野山1670
千葉市生涯学習センターの特別会議室（緋山が患者側への説明会に参加した会議室）〔8〕	千葉県千葉市中央区弁天3-7
川場スキー場（緋山が誤って自分の手をメスで切ってしまったスキー場）〔9〕	群馬県利根郡川場村川場高原
旧八代小学校（けが人が運び込まれた小学校の体育館）〔10〕	茨城県潮来市島須733
日向の森野球場の北側付近（飛行機の墜落現場）〔10〕	千葉県山武市森1688
旧八代小学校（機内に取り残された息子の父親を冴島が説得していたところ）〔終〕	茨城県潮来市島須733
聖隷佐倉市民病院（白石が父親を見送った病院の玄関）〔終〕	千葉県佐倉市江原台2-36
佐倉城址公園（冴島が留守番電話を消去した桜の木の下）〔終〕	千葉県佐倉市城内町
東京女子医科大学八千代医療センター（藤川が黒田と電話で話をしていた病院の中庭）〔終〕	千葉県八千代市大和田新田477
メモリアルフォレスト多摩（藍沢が藍沢絹江を背負って登っていた坂道, 藍沢が墓参りに行った墓地）〔終〕	東京都町田市小野町2356
麻生水処理センター（黒田が藤川と電話で話をしていたところ）〔終〕	神奈川県川崎市麻生区上麻生720

コード・ブルー ドクターヘリ緊急救命 3rd. SEASON （ドラマ）

［公　開］2017年7月～9月

［スタッフ］脚本：安達奈緒子

［出　演］山下智久（藍沢耕作）, 新垣結衣（白石恵）, 椎名桔平（橘啓輔）, 安藤政信（新海広紀）, 戸田恵梨香（緋山美帆子）, 比嘉愛未（冴島はるか）, 浅利陽介（藤川一男）〔ほか〕

ロケ地・場面	所在地
日本医科大学千葉北総病院（翔陽大学附属北部病院）〔1〕	千葉県印西市鎌苅1715
千葉経済大学の学生ホール〈エステリア〉（白石、緋山、藤川が食事をしていた病院内の食堂）〔2〕	千葉県千葉市稲毛区轟町3-59
銚子マリーナ（ドクターヘリが着陸した事故現場のマリーナ付近）〔2〕	千葉県銚子市潮見町15
旭文化の杜公園（ドクターヘリと救急車が並走していた2カ所目のランデーブーポイント）〔2〕	千葉県旭市ハ250
ゴルフ5カントリーオークビレッジ（ランデーブーポイントのゴルフ場の駐車場）〔2〕	千葉県市原市国本767
鎌足さくら公園（ドクターヘリが着陸した木更津森林公園）〔3〕	千葉県木更津市かずさ鎌足1-4
小貝川の河川敷（ドクターヘリが着陸した印旛川の河川敷）〔4〕	茨城県取手市岡23
岡堰（事故現場の河川敷）〔4〕	茨城県取手市岡4

東京女子医科大学八千代医療センター（橘と三井が話をしていた病院の屋上, 橘、三井、優輔が花火を見た病院の屋上）〔4〕	千葉県八千代市大和田新田477
コンビニエンスとびやま〈ヤマザキショップ鎌ヶ谷とびやま店〉（緋山がおにぎりを買った店）〔4〕	千葉県鎌ケ谷市東中沢3-11
日本医科大学千葉北総病院 B棟1階ホスピタルストリート（緋山と緒方がおにぎりを食べながら話をしていたところ）〔4〕	千葉県印西市鎌苅1715
ヨットハーバー交差点付近（藤川と冴島の乗った車が走っていた片側3車線の道路）〔5〕	千葉県千葉市美浜区磯辺2-8
JTSコーポレーション（荷物の崩落事故でケガ人が出た「日の出冷凍倉庫」）〔6〕	神奈川県川崎市川崎区東扇島24
印旛沼取水場南側の京成本線の踏切（冴島と藤川の乗った車が停車していた踏切の前）〔7〕	千葉県佐倉市臼井田1537
日本医科大学千葉北総病院の野球場（損傷したドクターヘリが着陸していた野球場）〔7〕	千葉県印西市鎌苅1715
成田国際空港（緋山、名取、雪村が駆けつけた空港）〔8〕	千葉県成田市古込
日本医科大学千葉北総病院の前（灰谷と横峯が話をしていたバス停）〔8〕	千葉県印西市鎌苅1715
成田富里徳洲会病院1階のヤマザキYショップ成田富里徳洲会病院店（緒方が緋山を待っていたコンビニの前）〔8〕	千葉県富里市日吉台1-1
スパークルシティ木更津（蒔田中央駅のコンコース）〔9〕	千葉県木更津市富士見1-2
千葉工業大学 新習志野キャンパス（緋山と緒方が話をしていた病院の中庭）〔9〕	千葉県習志野市芝園2-1
東京女子医科大学八千代医療センター（橘と三井が移植ネットワークからの連絡があったことを井上から聞いた渡り廊下）〔9〕	千葉県八千代市大和田新田477
安房広域農道の丹生トンネル（崩落事故のあった地下鉄のトンネル）〔9〕	千葉県南房総市冨浦町丹生
千葉工業大学 新習志野キャンパスの12号館（城南循環器医療センターの外観）〔終〕	千葉県習志野市芝園2-1
千葉工業大学 新習志野キャンパスの新食堂棟（緋山が緒方と話をした上総リハビリテーションセンター）〔終〕	千葉県習志野市芝園2-1
TRC八千代中央図書館（藍沢と雪村が消防の車に乗った蒔田中央駅前, 藤川が藍沢と冴島に搬送されてきた蒔田中央駅前）〔終〕	千葉県八千代市村上2510
TRC八千代中央図書館の南側付近（ドクターヘリが着陸した蒔田中央駅の近く）〔終〕	千葉県八千代市村上2510

コード・ブルー —ドクターヘリ緊急救命— 劇場版（映画）

［公　開］2018年7月

［スタッフ］監督：西浦正記, 脚本：安達奈緒子

［出　演］山下智久（藍沢耕作）, 新垣結衣（白石恵）, 戸田恵梨香（緋山美帆子）, 比嘉愛未（冴島はるか）, 浅利陽介（藤川一男）, 児玉清（田所良昭）, 勝村政信（森本忠士）, 寺島進（梶寿志）, 杉本哲太（西城章）, りょう（三

井環奈), 柳葉敏郎 (黒田脩二), 轟木聖子 (遊井亮子) 〔ほか〕

ロケ地・場面	所在地
覆面レストラン デストロイヤー (二次会が行われた「バー めぐり愛」)	千葉県千葉市中央区富士見2-21
神田外語大学 4号館101教室 (白石が講演した部屋)	千葉県千葉市美浜区若葉1-4
神田外語大学 6号館東側付近 (冴島と藤川の結婚式が行われた病院の中庭)	千葉県千葉市美浜区若葉1-4
神田外語大学 7号館 (トロント医科大学メディアラボなど)	千葉県千葉市美浜区若葉1-4
東京湾アクアラインの海ほたる (カーフェリー「りんどう」が衝突した場所)	千葉県木更津市中島地先
松戸市立総合医療センター (青南周産期医療センター)	千葉県松戸市千駄堀993
成田国際空港 (白石、冴島、名取がトリアージをしようとした空港)	千葉県成田市古込
日本医科大学付属千葉北総病院 (翔陽大学附属北部病院のヘリポート, 雪村姉妹が会話した場所)	千葉県印西市鎌苅
湘南国際村センターの国際会議場 (翔陽大学附属北部病院 記念講堂)	神奈川県三浦郡葉山町上山口1560

この世界の片隅に (映画)

[公　開] 2016年11月

[スタッフ] 監督・脚本：片渕須直, 原作：こうの史代

[出　演] のん (北條すず), 細谷佳正 (北條周作), 小野大輔 (水原哲), 尾身美詞 (黒村径子), 稲葉菜月 (黒村晴美) 〔ほか〕

[トピック] こうの史代の同名漫画を原作とするアニメ映画。舞台となった広島市、呉市の実景が多数登場する。

ロケ地・場面	所在地
相生橋 (すずと周作が初めて出会った橋)	広島県広島市中区基町22-1
原爆ドーム〈旧広島県産業奨励館〉(すずがスケッチした建物)	広島県広島市中区大手町1-10
大正屋呉服店〈現・平和記念公園レストハウス〉(すずが道に迷うところ)	広島県広島市中区中島町1-1
旧呉海軍下士官兵集会所〈青山クラブ〉(すずが周作に忘れ物を届けにいった場所)	広島県呉市幸町4
海上自衛隊呉地方総監部第1庁舎〈旧呉鎮守府庁舎〉(周作の勤務先)	広島県呉市幸町8-1
旧澤原家住宅〈三ツ蔵〉(北條家から呉の街への道中にある蔵)	広島県呉市市長ノ木町2

コーヒーが冷めないうちに (映画)

[公　開] 2018年9月

[スタッフ] 監督：塚原あゆ子, 脚本：奥寺佐渡子, 原作：川口俊和

[出　演] 有村架純 (時田数), 伊藤健太郎 (新谷亮介), 波瑠 (清川二美子), 林遣都 (賀田多五郎), 深水元基 (時田流), 松本若菜 (平井久美), 薬師丸ひろ子 (高竹佳代) 〔ほか〕

ロケ地・場面	所在地
水元公園 (早朝の公園)	東京都葛飾区水元公園3-2
PAWS CLUB (喫茶フニクリフニクラの外観)	神奈川県横浜市中区諏訪町16
破間川ダム (雪山でのデートで登場した場所)	新潟県魚沼市大白川

ゴールデンカムイ（映画）

［公　開］2024年1月

［スタッフ］監督：久保茂昭, 脚本：黒岩勉, 原作：野田サトル

［出　演］山﨑賢人（杉元佐一）, 山田杏奈（アシリパ）, 眞栄田郷敦（尾形百之助）, 矢本悠馬（白石由竹）, 工藤阿須加（月島基）, 柳俊太郎（二階堂浩平/洋平）, 大谷亮平（谷垣源次郎）, 勝矢（牛山辰馬）, 木場勝己（永倉新八）, 玉木宏（鶴見篤四郎）, 舘ひろし（土方歳三）〔ほか〕

ロケ地・場面	所在地
北海道開拓の村（杉本がにしん蕎麦を食べるところ, 第七師団の兵舎, 市街地のシーンなど）	北海道札幌市厚別区厚別町小野幌50-1
二風谷コタン（杉本とアシリパが訪れたコタン）	北海道沙流郡平取町二風谷55
浄土平〈一切経山〉（203高地）	福島県福島市
鹿の湯（温泉）	栃木県那須郡那須町大字湯本181

ゴールド・ボーイ（映画）

［公　開］2024年3月

［スタッフ］監督：金子修介, 脚本：港岳彦, 原作：紫金陳

［出　演］岡田将生（東昇）, 黒木華（安室香）, 羽村仁成（安室朝陽）, 星乃あんな（上間夏月）, 前出燿志（上間浩）, 松井玲奈（東静）, 北村一輝（打越一平）, 江口洋介（東巌）〔ほか〕

ロケ地・場面	所在地
首里劇場（潰れた映画館）	沖縄県那覇市首里大中町1-5
美浜タウンリゾート・アメリカンビレッジ（デートした場所）	沖縄県中頭郡北谷町美浜

孤狼の血（映画）

［公　開］2018年5月

［スタッフ］監督：白石和彌, 脚本：池上純哉, 原作：柚月裕子

［出　演］役所広司（大上章吾）, 松坂桃李（日岡秀一）, 真木よう子（高木里佳子）, 滝藤賢一（嵯峨大輔）, 音尾琢真（吉田滋）, 駿河太郎（上早稲二郎）, 中村倫也（永川恭二）, 中村獅童（高坂隆文）〔ほか〕

ロケ地・場面	所在地
灰ヶ峰（大上・日岡が一ノ瀬と密談した場所）	広島県呉市阿賀町
広伸海運・松浦邸（尾谷組の事務所）	広島県呉市広多賀谷1
黄ビル（クラブ「梨子」）	広島県呉市中通り4-1-28

孤狼の血 LEVEL2（映画）

［公　開］2021年8月

［スタッフ］監督：白石和彌, 脚本：池上純哉, 原作：柚月裕子

［出　演］松坂桃李（日岡秀一）, 鈴木亮平（上林成浩）, 村上虹郎（近田幸太）, 西野七瀬（近田真緒）, 音尾琢真（吉田滋）, 早乙女太一（花田優）, 渋川清彦（天木幸男）, 毎熊克哉（佐伯昌利）, 筧美和子（神原千晶）〔ほか〕

ロケ地・場面	所在地
焼肉 味安（上林と近田が訪れた焼き肉屋）	広島県広島市中区基町19-2
基町ショッピングセンター（上林が少年とすれ違い、子ども時代を思い出す場所）	広島県広島市中区基町19-2-402
広島県庁東館（広島県警）	広島県広島市中区基町9-42
クレスト（広島仁正会のフロント企業「パールエンタプライズ」）	広島県広島市中区銀山町2-6
クラブ四季（日岡が待ち合わせをした高級クラブ）	広島県広島市中区新天地6-1

ひろしま遊学の森 広島県緑化センター管理事務所(日岡と村人が入った森)	広島県広島市東区福田町10166-2
宇品ショッピングセンター(酔った瀬島を近田真緒が追っていた場所)	広島県広島市南区宇品神田5-19-13
空田理容院(綿船の行きつけの床屋)	広島県広島市南区松川町2-8
みやさん食堂(上林組が高坂を囲んだ場所)	広島県広島市西区小河内町1-8-13
広島市西区役所(安芸新聞社の駐車場)	広島県広島市西区福島町2-2-1
旧呉市消防署(日岡が窓から飛び降りた場所)	広島県呉市中央3-1-1
初勢ビル(ショーパブMOCHAなど)	広島県呉市中通3-2-30
宝来ビル周辺(上林が尾谷組を襲撃した場所など)	広島県呉市中通4-1-28
黄ビル(スタンド「華」)	広島県呉市中通り4-1-28
二河公園駐車場(近田が大雨の中上林と対峙した場所)	広島県呉市二河町1
呉森沢ホテル(仁正会主催パーティーの会場)	広島県呉市本町15-22
はなみばし通り(上林が尾谷組を襲撃した場所)	広島県呉市本通3
三ツ石浄水場(徳島刑務所)	広島県大竹市小方町小方 字下三ツ石961-1
ベイベール海田(五十子会総本部)	広島県安芸郡海田町石原5-10
井仁の棚田(農作業をしている場所)	広島県山県郡安芸太田町中筒賀

こんな夜更けにバナナかよ 愛しき実話 (映画)

[公　開] 2018年12月

[スタッフ] 監督：前田哲, 脚本：橋本裕志, 原作：渡辺一史

[出　演] 大泉洋(鹿野靖明), 高畑充希(安堂美咲), 三浦春馬(田中久), 萩原聖人(高村大助), 渡辺真起子(前木貴子), 宇野祥平(塚田心平), 韓英恵(泉芳恵), 竜雷太(鹿野清), 綾戸智恵(鹿野光枝)〔ほか〕

ロケ地・場面	所在地
旭山記念公園(美咲と田中が訪れた公園)	北海道札幌市中央区界川4-1-3
フーズバラエティすぎはら(商店)	北海道札幌市中央区宮の森1条9-3-13
J-ROOM(クラブ)	北海道札幌市中央区南5条西5-8-1
北海道大学(田中が通う大学)	北海道札幌市北区北8条西5
本郷通り商店街(美咲が夜中にバナナを探した商店街)	北海道札幌市白石区本郷通
宮田屋珈琲 豊平店(美咲のバイト先)	北海道札幌市豊平区平岸4条1-4-4
八剣山果樹園(鹿野と美咲がデートした場所)	北海道札幌市南区砥山126
札幌ホテルヤマチ(鹿野の退院パーティー会場)	北海道札幌市西区琴似1条3-3-6
琴似神社(初詣に訪れた神社)	北海道札幌市西区琴似1条7-1
北海市場西町店(商店)	北海道札幌市西区西町南7-4-15
三角山放送局(ラジオ局)	北海道札幌市西区八軒1条西1-2-5
清田区民センター(シンポジウム会場)	北海道札幌市清田区清田1条2-5-35

こんにちは、母さん (映画)

[公　開] 2023年9月

[スタッフ] 監督・脚本：山田洋次, 脚本：朝原雄三, 原作：永井愛

[出　演] 吉永小百合(神崎福江), 大泉洋(神崎昭夫), 永野芽郁(神崎舞), YOU(琴子・アンデション), 枝元萌(番場百恵), 加藤ローサ(昭夫の部下), 明生：本人役(明生), 名塚佳織(昭夫の妻), 神戸浩(ボランティア

の炊き出しに並ぶ男），宮藤官九郎（木部富幸），イノさん（田中泯），寺尾聰（荻生直文）〔ほか〕

ロケ地・場面	所在地
二天門桟橋（福江と荻生が水上バスから降りた場所）	東京都台東区花川戸1-1
カフェムルソー（福江と荻生が立ち寄った喫茶店）	東京都台東区雷門2-1-5
隅田川テラス 言問橋付近（昭夫が川を眺めている場所など）	東京都墨田区向島1
言問橋（昭夫とイノさんが再会した場所など）	東京都墨田区向島1
隅田公園 そよ風ひろば（舞が恋人と待ち合わせた公園）	東京都墨田区向島1-3
桜橋通り（昭夫や木部が歩いた通り）	東京都墨田区向島3-37
桜橋下付近の公園（木部と舞が会話した公園）	東京都墨田区向島5-1-1付近
墨田聖書教会（福江たちが礼拝した教会）	東京都墨田区墨田3-19-4

今夜、世界からこの恋が消えても（映画）

［公　開］2022年7月

［スタッフ］監督：三木孝浩，脚本：月川翔，松本花奈，原作：一条岬

［出　演］道枝駿佑（神谷透），福本莉子（日野真織），古川琴音（綿矢泉），前田航基（下川），西垣匠（三枝），松本穂香（神谷早苗）〔ほか〕

ロケ地・場面	所在地
ホテルプリングス幕張（早苗の小説賞の授賞式会場）	千葉県千葉市美浜区ひび野1-11
湘南海岸公園〈サーフビレッジ〉（泉が記憶を失った真織を助けた場所）	神奈川県藤沢市鵠沼海岸1-17-3
湘南海岸公園〈芝生広場〉（ピクニックをした公園）	神奈川県藤沢市鵠沼海岸2-18
鵠沼伏見稲荷神社（デートをした場所）	神奈川県藤沢市鵠沼海岸5-11-17
藤沢市民会館（透、真織、泉の待ち合わせ場所）	神奈川県藤沢市鵠沼東8-1
辻堂海浜公園（サイクリングデートをした公園）	神奈川県藤沢市辻堂西海岸3-2
湘南モノレール江の島線湘南江の島駅（透と真織の通学途中の駅）	神奈川県藤沢市片瀬3-15

最高の人生の見つけ方（映画）

［公　開］2019年10月

［スタッフ］監督・脚本：犬童一心，脚本：浅野妙子，小岩井宏悦，原案：ジャスティン・ザッカム

［出　演］吉永小百合（北原幸枝），天海祐希（剛田マ子），ムロツヨシ（高田学），満島ひかり（北原美春），鈴木梨央（神崎真梨恵），駒木根隆介（北原一慶）〔ほか〕

［トピック］2007年のロブ・ライナー監督による同題アメリカ映画のリメイク作品。

ロケ地・場面	所在地
天王崎公園（鉄棒をする公園）	茨城県行方市麻生
あそう温泉白帆の湯（介護施設）	茨城県行方市麻生421-3
奥比叡ドライブウェイびわ湖展望台（マ子が琵琶湖畔の介護施設にいる父を訪問した場所）	滋賀県大津市坂本本町4220
からふね屋珈琲 三条本店（日本一大きなパフェを食べた店）	京都府京都市中京区河原町通三条下ル大黒町39
八坂通 八坂の塔（京都を観光するシーン）	京都府京都市東山区八坂上町
四条大橋（京都を観光するシーン）	京都府京都市下京区橋本町

五条大橋（京都を観光するシーン）	京都府京都市下京区御影堂町
馬込教会（長崎を観光するシーン）	長崎県長崎市伊王島町2-617
眼鏡橋（長崎を観光するシーン）	長崎県長崎市魚の町～諏訪町
ガーデンテラス長崎ホテル＆リゾート（結婚式会場）	長崎県長崎市秋月町2-3
平和公園（長崎を観光するシーン）	長崎県長崎市松山町
水ノ浦教会（幸枝とマ子が墓参りに訪れた教会）	長崎県五島市岐宿町岐宿1643-1

最後の忠臣蔵（映画）

［公　開］2010年12月

［スタッフ］監督名：杉田成道

［出　演］役所広司（瀬尾孫左衛門），佐藤浩市（寺坂吉右衛門），桜庭ななみ（可音），可音（幼少）：北村沙羅山本耕史（茶屋修一郎），風吹ジュン（茅野きわ）〔ほか〕

ロケ地・場面	所在地
石の寺 教林坊（瀬尾孫左衛門の家）	滋賀県近江八幡市安土町石寺1145
八幡堀（可音が修一郎に声をかけられた場所）	滋賀県近江八幡市為心町元9
五個荘金堂地区（可音の花嫁行列が修一郎の屋敷に向かうところ）	滋賀県東近江市五個荘金堂町904
升塚古墳（きわと寺坂吉右衛門が一緒に茅野和助常成の墓参りをした場所）	京丹後市丹後町筆石
立岩海岸（寺坂吉右衛門がきわを訪ねた場所）	京都府京丹後市丹後町竹野
旧金毘羅大芝居〈金丸座〉（人形浄瑠璃の芝居小屋）	香川県仲多度郡琴平町乙1241

サウダーヂ（映画）

［公　開］2011年10月

［スタッフ］監督・脚本：富田克也，脚本：相澤虎之助

［出　演］鷹野毅（誠司），田我流（猛）〔ほか〕

ロケ地・場面	所在地
かすがも～る（シャッター通り）	山梨県甲府市中央1-5
ホテルグランヴェルジュ甲府（教祖の演説会場）	山梨県中央市山之神3616-4

さがす（映画）

［公　開］2022年1月

［スタッフ］監督・脚本：片山慎三，脚本：小寺和久，高田亮

［出　演］佐藤二朗（原田智），伊東蒼（原田楓），清水尋也（山内照巳），森田望智（ムクドリ），松岡依都美（蔵島みどり），成嶋瞳子（原田公子），品川徹（馬渕）〔ほか〕

ロケ地・場面	所在地
西成地区（原田親子が暮らす地域）	大阪府大阪市西成区
女木島（果林島）	香川県高松市女木町
男木島（果林島）	香川県高松市男木町

さかなのこ（映画）

［公　開］2022年9月

［スタッフ］監督・脚本：沖田修一，脚本：前田司郎，原作：さかなクン

［出　演］のん（ミー坊（さかなクン）），柳楽優弥（ヒヨ（日吉彰仁）），夏帆（モモコ），磯村勇斗（総長），岡山天音（籾山），さかなクン（ギョギョおじさん），三宅弘城（ジロウ），井川遥（ミチコ）〔ほか〕

ロケ地・場面	所在地
チバテレ（ミー坊がテレビ番組に出演した場所）	千葉県千葉市中央区都町1-1-25

ロケ地・場面	所在地
漁港食堂だいぼ前の道(ミー坊やヤンキーたちが走る道)	千葉県館山市伊戸963-1
坂田漁港(ミー坊が漁船に乗る漁港)	千葉県館山市坂田421-2
布良漁港(ヤンキーの乱闘した場所など)	千葉県館山市布良1325
鴨川シーワールド(ミツコに魚の図鑑を贈った場所)	千葉県鴨川市東町1464-18
根本海水浴場(ミー坊とモモコが会話した場所)	千葉県南房総市白浜町根本
綾瀬市立北の台小学校(ミー坊が通う小学校)	神奈川県綾瀬市大上9-14-1
綾瀬市立北の台中学校(ミー坊が通う中学校)	神奈川県綾瀬市蓼川1-2-1

坂の上の雲 第3部（ドラマ）

［公　開］2011年12月4日～12月25日

［スタッフ］脚本：野沢尚, 柴田岳志, 佐藤幹夫, 加藤拓, 原作：司馬遼太郎

［出　演］本木雅弘(秋山真之), 阿部寛(秋山好古), 香川照之(正岡子規), 菅野美穂(正岡律), 松たか子(秋山多美), 石原さとみ(秋山季子), 伊東四朗(秋山久敬), 竹下景子(秋山貞), 原田美枝子(正岡八重), 西田敏行(高橋是清), 藤本隆宏(広瀬武夫), 石坂浩二(山本権兵衛), 高橋英樹(児玉源太郎), 加藤剛(伊藤博文), 渡哲也(東郷平八郎)〔ほか〕

ロケ地・場面	所在地
野堀地区(武蔵野の田んぼ)〔10〕	茨城県つくばみらい市野堀
市原市内(第三軍司令部(オープンセット))〔10〕	千葉県市原市
日本元気劇場(戦艦「三笠」)〔10～最終回〕	石川県加賀市黒崎町27-1-1
汐首町周辺の丘陵地(二〇三高地(オープンセット))〔11〕	北海道函館市汐首町
ワープステーション江戸(真之の家, 子規庵界隈)〔12, 最終回〕	茨城県つくばみらい市南太田1176
SKIPシティ(ロシア旗艦ニコライ一世(オープンセット))〔最終回〕	埼玉県川口市上青木3-5-63
本光寺(田端大龍寺)〔最終回〕	石川県加賀市大聖寺神明町4
名古屋市市政資料館(首相官邸)〔最終回〕	愛知県名古屋市東区白壁1-3
博物館明治村(津田沼駅, 陸軍軍医学校)〔最終回〕	愛知県犬山市字内山1
京都府庁旧本館(海軍省)〔最終回〕	京都府京都市上京区藪ノ内町
金戒光明寺(子規庵界隈)〔最終回〕	京都府京都市左京区黒谷町121
蛇島周辺海上(ランチ舟上)〔最終回〕	京都府舞鶴市長浜
松山城(松山の田舎道)〔最終回〕	愛媛県松山市丸之内1
七五三ヶ浦(松山の海)〔最終回〕	愛媛県今治市波方町宮崎甲736
田丸橋(松山の道)〔最終回〕	愛媛県喜多郡内子町

坂道のアポロン（映画）

［公　開］2018年3月

［スタッフ］監督：三木孝浩, 脚本：髙橋泉, 原作：小玉ユキ

［出　演］知念侑李(西見薫), 中川大志(川渕千太郎), 小松菜奈(迎律子), 真野恵里菜(深堀百合香), ディーン・フジオカ(桂木淳一)〔ほか〕

ロケ地・場面	所在地
旧花園中学校(文化祭での薫と千太郎がセッションした場所など)	長崎県佐世保市花園町10-1
黒島天主堂(千太郎が勤める教会)	長崎県佐世保市黒島町3333

聖和女学院（薫と千太郎が出会った場所など）	長崎県佐世保市松山町495
眼鏡岩（百合香が千太郎をスケッチした場所）	長崎県佐世保市瀬戸越町
浅子教会（千太郎が通う教会）	長崎県佐世保市浅子町232-4
白南風町（薫がレコード店から帰るところ，千太郎が走るところなど）	長崎県佐世保市白南風町
亀山八幡宮（薫と千太郎がケンカした場所）	長崎県佐世保市八幡町3-3
白浜海水浴場（薫たちが百合香と出会った場所）	長崎県佐世保市俵ヶ浦町3506
峰坂（薫たちの通学路）	長崎県佐世保市峰坂町7

柘榴坂の仇討（映画）

［公　開］2014年9月

［スタッフ］監督：若松節朗, 脚本：高松宏伸, 飯田健三郎, 長谷川康夫, 原作：浅田次郎

［出　演］中井貴一（志村金吾）, 阿部寛（佐橋十兵衛）, 広末涼子（志村セツ）, 髙嶋政宏障（内藤新之助）, 真飛聖（マサ）〔ほか〕

ロケ地・場面	所在地
三井寺〈園城寺〉（豪徳寺）	滋賀県大津市園城寺町246
西教寺（彦根藩屋敷）	滋賀県大津市坂本5-13-1
彦根城周辺（井伊直弼公らの行列が江戸城へ登城するシーン）	滋賀県彦根市金亀町1-1
八幡堀（新之助が金吾に声をかけた場所）	滋賀県近江八幡市大杉町
京都市京セラ美術館（横浜新聞社）	京都府京都市左京区岡崎円勝寺町124
龍谷大学 大宮キャンパス（志村が人力車に乗り込んだ場所）	京都府京都市下京区猪熊通七条上る大工町125-1

雑魚どもよ、大志を抱け！（映画）

［公　開］2023年3月

［スタッフ］監督・脚本・原作：足立紳, 脚本：松本稔

［出　演］池川侑希弥（高崎瞬）, 田代輝（村瀬隆造）, 白石葵一（戸梶元太）, 松藤史恩（星正太郎）, 岩田奏（西野聡）, 蒼井旬（玉島明）, 坂元愛登（小林幸介）, 臼田あさ美（高崎佳子）, 浜野謙太（高崎作朗）, 新津ちせ（高崎ワコ）, 河井青葉（村瀬美奈）, 永瀬正敏（村瀬真樹夫）〔ほか〕

ロケ地・場面	所在地
三之町堤防周辺（瞬たちが並んで座った堤防）	岐阜県飛騨市古川町三之町
レールマウンテンバイク Gattan Go!!〈まちなかコース〉（線路を歩くシーンなど）	岐阜県飛騨市神岡町東雲1327-2

座頭市 THE LAST（映画）

［公　開］2010年5月

［スタッフ］監督：阪本順治, 脚本：山岸きくみ

［出　演］香取慎吾（座頭市）, 石原さとみ（タネ）, 反町隆史（柳司）, 倍賞千恵子（ミツ）, 加藤清史郎（五郎）, 中村勘三郎（政吉）, 仲代達矢（天道）〔ほか〕

ロケ地・場面	所在地
庄内映画村オープンセット（漁村）	山形県鶴岡市羽黒町川代東増川山102
三瀬海岸（市が沈む夕日を見つめながらタネの事を思うところ）	山形県鶴岡市三瀬
赤川土手 馬渡（市がタネと歩いた桜並木）	山形県鶴岡市馬渡

聖の青春（映画）

［公　開］2016年11月

［スタッフ］監督：森義隆, 脚本：向井康介, 原作：大崎善生

［出　演］松山ケンイチ（村山聖）, 東出昌大（羽生善治）, リリー・フランキー（森信雄）,

竹下景子(トミ子), 染谷将太(江川) 〔ほか〕
[トピック] 将棋棋士・村山聖を題材としたノンフィクション小説の実写映画作品。大阪での村山の住居は、実際に本人が住んでいたアパートをロケ地として利用したもの。

ロケ地・場面	所在地
水戸京成百貨店(村山が買い物をする百貨店)	茨城県水戸市泉町1-6-1
小美玉市医療センター	茨城県小美玉市中延651-2
将棋会館(村山と羽生の対局会場)	東京都渋谷区千駄ヶ谷2-39-9
六字岩海岸(村山が訪れた海岸)	広島県安芸郡坂町鯛尾

ザ・トラベルナース (ドラマ)

[公　開] 2022年10月～12月
[スタッフ] 脚本:中園ミホ
[出　演] 岡田将生(那須田歩), 中井貴一(九鬼静), 松平健(天乃隆之介), 寺島しのぶ(愛川塔子), 菜々緒(郡司真都), 安達祐実(金谷吉子), 柳葉敏郎(神崎弘行), 浅田美代子(西千晶) 〔ほか〕

ロケ地・場面	所在地
結城病院(那須田がアメリカでナースとして働いていた病院内)〔1〕	茨城県結城市結城9629
TexturA(郡司が友人たちと食事をしていたレストラン)〔1〕	東京都千代田区有楽町1-7
赤坂インターシティコンファレンスのBoardroom(看護師が辞めたことを愛川が院長・天乃に報告した会議室, 西が那須田を院長に紹介した会議室)〔1〕	東京都港区赤坂1-8
赤坂インターシティコンファレンスのBoardroom専用前室(院長室)〔1〕	東京都港区赤坂1-8
赤坂インターシティコンファレンスのthe Amphitheater(外科・内科合同カンファレンスが行われた会議室)〔1〕	東京都港区赤坂1-8
萩原家住宅(那須田と九鬼が住むことになったルスキニア寮の外観)〔1〕	東京都世田谷区三宿1-15
秋川に架かる東秋留橋(那須田と九鬼の乗ったバスが渡っていた橋)〔1〕	東京都あきる野市雨間
西光寺前の駐車場(トイレに行きたいと言って九鬼がバスを降りたところ)〔1〕	東京都あきる野市雨間1076
横浜市立市民病院(天乃総合メディカルセンターの外観)〔1〕	神奈川県横浜市神奈川区三ツ沢西町1
四季の径(那須田と九鬼が歩きながら話をしていた遊歩道)〔1〕	神奈川県横浜市泉区緑園3-23
昭和大学横浜市北部病院(天乃総合メディカルセンター内の渡り廊下)〔1〕	神奈川県横浜市都筑区茅ケ崎中央35
北青山レストランAIX:S(天乃や神野、那須田たちが食事をしていたレストラン)〔2〕	東京都港区北青山2-9
Restaurant Ryuzu(神野が白トリュフのパイを食べたレストラン, 九鬼と天乃が食事をしたレストラン)〔2〕	東京都港区六本木4-2
松葉茶屋(那須田がカレー丼を食べた店, 焼き鳥を食べようとした二階堂が倒れた店)〔2〕	東京都調布市深大寺元町5-11
横浜市立市民病院(西たちが神野を出迎えた病院の玄関)〔2〕	神奈川県横浜市神奈川区三ツ沢西町1

大和徳洲会病院の救急車入口（二階堂が救急車から降ろされた病院の救急車入口）〔2〕	神奈川県大和市中央4-4
赤坂インターシティコンファレンスのBoardroom前室（弓枝が損害賠償請求通知書を西に渡した応接室）〔3〕	東京都港区赤坂1-8
横浜市立市民病院（九鬼が三上にお願いをしたところ，退院する三雲と妻・弓枝を那須田や九鬼たちが見送ったところ）〔3〕	神奈川県横浜市神奈川区三ツ沢西町1
赤坂インターシティコンファレンスのthe Amphitheater（カンファレンスが行われていた会議室）〔4〕	東京都港区赤坂1-8
バリラックス ザ ガーデン 新宿ウエスト（郡司が友人たちと話をしていたレストラン）〔4〕	東京都新宿区西新宿1-26
横浜市立市民病院（啓介が那須田にお菓子を渡したところ）〔4〕	神奈川県横浜市神奈川区三ツ沢西町1
緑山スタジオ・シティスタジオ棟の屋上（九鬼が郡司に紅生姜を渡した病院の屋上）〔4〕	神奈川県横浜市青葉区緑山2100
昭和大学横浜市北部病院中央棟9階のレストラン（九鬼が郡司にハーブティーを渡した病院の食堂）〔4〕	神奈川県横浜市都筑区茅ケ崎中央35
パティスリー ル プレ・オ・ヴェール YAMAMURO（那須田が訪れた四方田の洋菓子店）〔4〕	神奈川県横浜市都筑区北山田2-2
幸運歩道橋（那須田が渡っていた歩道橋）〔4〕	神奈川県横浜市都筑区北山田2-4
赤坂インターシティコンファレンス（カンファレンスが行われていた会議室）〔5〕	東京都港区赤坂1-8
山王小路飲食店街（吉子が五反田を探しに行った飲み屋街，那須田と天乃が訪れた飲み屋街）〔5〕	東京都大田区山王2-2
パブ＆スナック純（吉子が五反田を見つけた店内）〔5〕	東京都豊島区南池袋1-25
旧華頂宮邸（九鬼がいた屋敷，フローレンス財団の門，花岡が九鬼と話をした階段下）〔5〕	神奈川県鎌倉市浄明寺2-6
赤坂インターシティコンファレンスのBoardroom専用前室（愛川が不満を爆発させた院長室）〔6〕	東京都港区赤坂1-8
福吉坂（九鬼が立ち止まった階段）〔6〕	東京都港区赤坂2-15
住友不動産新赤坂ビルのエントランス（愛川が西と出会った都和ビルディングのエントランス）〔6〕	東京都港区赤坂4-2
恵比寿たつや 駅前店（九鬼と院長が話をした居酒屋）〔6〕	東京都渋谷区恵比寿南1-8
東京電機大学 千住キャンパスの1号館（六川が那須田をノックダウンした病院の屋上，九鬼が六川のスパーリングの相手をした病院の屋上）〔6〕	東京都足立区千住旭町5
旧君津市立久留里中学校（礼が「ゾンビは生きている」を撮影した学校）〔7〕	千葉県君津市久留里474

東京電機大学 北千住キャンパスの1206会議室（「ゾンビは生きている」が上映されたセミナー室）〔7〕	東京都足立区千住旭町5
NTT中央研修センタ（那須田、九鬼、三上が話をしていた病院の中庭）〔7〕	東京都調布市入間町1-44
東京国際クルーズターミナル（天乃が九鬼に口止め料を渡そうとしたところ, 九鬼が那須田の母親から預かったロケットペンダントを那須田に渡した空港の出発ロビー）〔終〕	東京都江東区青海2地先
大和徳洲会病院の前（那須田が神崎に会いに行った協和医科大学附属医療センターの前）〔終〕	神奈川県大和市中央4-4

真田丸（ドラマ）

［公　開］2016年1月～12月

［スタッフ］脚本：三谷幸喜

［出　演］堺雅人（真田信繁（幸村））, 大泉洋（真田信幸）, 長澤まさみ（きり）, 木村佳乃（松）, 黒木華（梅）, 高嶋政伸（北条氏政）, 遠藤憲一（上杉景勝）, 斉藤由貴（阿茶局）, 草笛光子（とり）, 高畑淳子（薫）, 藤岡弘（本多忠勝）, 近藤正臣（本多正信）, 内野聖陽（徳川家康）, 草刈正雄（真田昌幸）, 山本耕史（石田三成）, 藤井隆（佐助）, 西村雅彦（室賀正武）, 竹内結子（茶々）〔ほか〕

ロケ地・場面	所在地
岩櫃城跡（真田昌幸の岩櫃城）〔2〕	群馬県吾妻郡東吾妻町原町
逆井城跡公園（信濃 海津城）〔8〕	茨城県坂東市逆井1262
高野山金剛峯寺（高野山）〔28, 38〕	和歌山県伊都郡高野町高野山132
遠野ふるさと村（真田の郷などの農村）	岩手県遠野市附馬牛町上附馬牛5-89-1
えさし藤原の郷（真田屋敷や新府城など戦国時代の建物）	岩手県奥州市江刺区岩谷堂字小名丸86-1
岩櫃城跡（オープニングの滝のバックに見える岩山）	群馬県吾妻郡東吾妻町原町
新府城跡（新府城）	山梨県韮崎市中田町中条字城山
棒道（よく出てくる林の中の道）	山梨県北杜市小淵沢町上笹尾
鏡池（オープニングに出てくる池）	長野県長野市戸隠
戸隠神社奥社（オープニングに出てくる杉並木（城の塀は合成））	長野県長野市戸隠3690
松代城跡〈海津城公園〉（オープニングに出てくる城門）	長野県長野市松代町松代18-2
美ヶ原高原王ヶ鼻（オープニングに出てくる見晴らしの良い山）	長野県松本市入山辺
上田城跡（オープニングに出てくる隅櫓）	長野県上田市二の丸2-4-6263イ
米子大瀑布（オープニングに出てくる滝）	長野県須坂市米子
備中松山城（オープニングに出てくる石垣と城）	岡山県高梁市内山下1

サバイバルファミリー（映画）

［公　開］2017年2月

［スタッフ］監督・脚本：矢口史靖

［出　演］小日向文世（鈴木義之）, 深津絵里（鈴木光恵）, 泉澤祐希（鈴木賢司）, 葵わかな（鈴木結衣）, 時任三郎（斎藤敏夫）, 藤原紀香（斎藤静子）〔ほか〕

ロケ地・場面	所在地
伊倉新町（義之と光恵が路肩で火をおこす場所など）	山口県下関市伊倉新町
角島（鈴木一家が連れだって歩く場所）	山口県下関市豊北町大字角島

宇部市街〈平和通〉(義之が銀行に並ぶところ)	山口県宇部市中央町
宇部湾岸道路(斎藤一家と遭遇する高速道路)	山口県宇部市岬町
山口県立山口農業高等学校(鈴木一家が豚を追い込むところ)	山口県山口市小郡上郷980-1
山口宇部道路(鈴木一家を含む群衆が大移動する場所)	山口県山口市朝田～山口県宇部市西岐波
油谷(鈴木一家が魚を運ぶ場所)	山口県長門市油谷
秋芳町(養豚農家のシーン)	山口県美祢市秋芳町

サバカン SABAKAN (映画)

[公　開] 2022年8月

[スタッフ] 監督・脚本：金沢知樹, 脚本：萩森淳

[出　演] 番家一路(久田孝明：子供時代), 原田琥之佑(竹本健次：子供時代), 尾野真千子(久田良子), 竹原ピストル(久田広重), 貫地谷しほり(竹本雅代), 草彅剛(久田孝明：現代), 岩松了(内田)〔ほか〕

ロケ地・場面	所在地
岩淵神社(竹本が久田にブーメラン島のイルカの話をする場所)	東京都北区岩淵町22-21
大野浜海浜公園(竹本が久田に誘った理由を話した場所など)	長崎県長崎市上大野町1410
松形屋〈大瀬戸ショッピングセンター〉(雅代が勤めるスーパー)	長崎県西海市大瀬戸町瀬戸樫浦郷2278-5
古部駅(大人になった久田が訪れた駅)	長崎県雲仙市瑞穂町古部乙
長与川(久田と竹本が釣りをする川など)	長崎県西彼杵郡長与町
風の森まなびの(大人になった久田が編集者と打ち合わせする場所)	長崎県西彼杵郡長与町まなび野2-1-4
堂崎ノ鼻(ブーメラン島内の海岸)	長崎県西彼杵郡長与町岡郷
長与町立洗切小学校(久田たちが通う小学校)	長崎県西彼杵郡長与町平木場郷151
タンタン岩(久田と竹本が街を見下ろす場所)	長崎県西彼杵郡長与町本川内郷2247
時津港(大人になった久田が里帰りするところ)	長崎県西彼杵郡時津町浦郷542-18
ブーメラン島(久田たちが目指した島)	長崎県西彼杵郡時津町西時津郷

ザ・ファブル (映画)

[公　開] 2019年6月

[スタッフ] 監督：江口カン, 脚本：渡辺雄介, 原作：南勝久

[出　演] 岡田准一(佐藤アキラ), 木村文乃(佐藤ヨウコ), 山本美月(清水ミサキ), 福士蒼汰(フード), 柳楽優弥(小島), 向井理(砂川), 木村了(コード), 井之脇海(クロ), 藤森慎吾(河合ユウキ), 宮川大輔(ジャッカル富岡), 佐藤二朗(田高田), 光石研(浜田), 安田顕(海老原), 佐藤浩市(ボス)〔ほか〕

ロケ地・場面	所在地
境町さしま環境センター(砂川が仕切るごみ処理場)	茨城県猿島郡境町長井戸2926
生涯学習センター周辺交差点	栃木県足利市相生町1-1
東洋熱工業	群馬県高崎市下和田町5-3-8
居酒屋あじと麻布十番本店(アキラたちが訪れた居酒屋)	東京都港区東麻布3-8-10

ザ・ファブル 殺さない殺し屋 (映画)

[公　開] 2021年6月

[スタッフ] 監督・脚本：江口カン, 脚本：山浦雅大, 原作：南勝久

[出　演] 岡田准一(佐藤アキラ), 木村文乃

（佐藤ヨウコ），平手友梨奈（佐羽ヒナコ），安藤政信（鈴木），黒瀬純（井崎），好井まさお（貝沼），橋本マナミ（アイ），宮川大輔（ジャッカル富岡），山本美月（清水ミサキ），佐藤二朗（田高田），井之脇海（黒塩），安田顕（海老原），佐藤浩市（ボス），堤真一（宇津帆）〔ほか〕

ロケ地・場面	所在地
つくばYOUワールド（カーアクションのシーン）	茨城県つくば市下原370-1
市営東山住宅（敵のアジト）	兵庫県神戸市兵庫区東山町1-10-1

さや侍（映画）

［公　開］2011年6月

［スタッフ］監督・脚本：松本人志

［出　演］野見隆明（野見勘十郎），熊田聖亜（たえ），りょう（三味線のお竜），腹筋善之介（骨殺師ゴリゴリ）〔ほか〕

ロケ地・場面	所在地
弘道館（若君の寝室）	茨城県水戸市三の丸1-6-29
長楽寺（野見が捕まった場所）	茨城県石岡市龍明428
十一面山（墓参りの場所）	茨城県常総市本石下3321-3
茨城県民の森（野見が逃走する場所）	茨城県那珂市戸
ワープステーション江戸（城下町）	茨城県つくばみらい市南太田1176
井田の突堤（野見が芸を披露した場所）	静岡県沼津市井田

さよならドビュッシー（映画）

［公　開］2013年1月

［スタッフ］監督・脚本：利重剛，脚本：牧野圭祐，原作：中山七里

［出　演］橋本愛（香月遥），清塚信也（岬洋介），ミッキー・カーチス（香月玄太郎），柳憂怜（香月徹也），相築あきこ（香月悦子），山本剛史（香月研三）〔ほか〕

ロケ地・場面	所在地
稲葉グラウンド（火事のシーン）	茨城県常総市若宮戸
オアシス21	愛知県名古屋市東区東桜1-11-1
HITOMIホール（エンドロールの背景）	愛知県名古屋市中区葵3-21-19
名古屋市役所（遥の通う高校の校内）	愛知県名古屋市中区三の丸3-1-1
博物館明治村 聖ザビエル天主堂（教会）	愛知県犬山市字内山1
名古屋芸術大学（コンクール会場）	愛知県北名古屋市熊之庄古井281

THE LAST MESSAGE 海猿（映画）

［公　開］2010年9月

［スタッフ］監督：羽住英一郎，脚本：福田靖，原作：佐藤秀峰

［出　演］伊藤英明（仙崎大輔），加藤あい（仙崎環菜），佐藤隆太（吉岡哲也）〔ほか〕

ロケ地・場面	所在地
つくば国際会議場（内閣危機管理センター）	茨城県つくば市竹園2-20-3
新門司清掃工場（天然ガスプラント「レガリア」の内部）	福岡県北九州市門司区新門司
門司港西海岸（救出された仙崎が環菜・子どもと再会する場所）	福岡県北九州市門司区西海岸

さらば あぶない刑事（映画）

［公　開］2016年1月

［スタッフ］監督：村川透，脚本：柏原寛司

［出　演］舘ひろし（鷹山敏樹），柴田恭兵（大下勇次），浅野温子（真山薫），仲村トオル（町田透），吉川晃司（キョウイチ・ガルシア），菜々緒（浜辺夏海），木の実ナナ（松村優子），小林稔侍（深町新三），ベンガル（田中文男），山西道広（吉井浩一），伊藤洋三郎（岸本猛），長谷部香苗（山路瞳），夕輝壽太（ディーノ・

カトウ), 吉沢亮 (川澄和則), 入江甚儀 (石黒達也), 片桐竜次 (奥西竜司), 竹田敬三 (海一生), 衣笠拳次 (谷村進) 〔ほか〕

ロケ地・場面	所在地
ヨコハマ グランド インターコンチネンタル ホテル (ガルシアの宿泊先)	神奈川県横浜市西区みなとみらい1-1-1
60Hz (石黒と川澄の密会場所)	神奈川県横浜市中区宮川町1-1
CJ CAFE (石黒が経営するカフェ)	神奈川県横浜市中区若葉町2-24-6
赤レンガパーク (横浜平和都市宣言のイベント会場)	神奈川県横浜市中区新港1
文次郎 関内店 (吉井が経営するおでん屋)	神奈川県横浜市中区尾上町3-40

3月のライオン 前篇/後篇 (映画)

[公　開] 2017年3月, 4月

[スタッフ] 監督・脚本：大友啓史, 脚本：岩下悠子, 渡部亮平

[出　演] 神木隆之介 (桐山零), 有村架純 (幸田香子), 倉科カナ (川本あかり), 染谷将太 (二海堂晴信), 清原果耶 (川本ひなた), 前田吟 (川本相米二), 高橋一生 (林田高志), 佐々木蔵之介 (島田開), 加瀬亮 (宗谷冬司), 伊勢谷友介 (甘麻井戸誠二郎), 伊藤英明 (後藤正宗), 豊川悦司 (幸田柾近) 〔ほか〕

[トピック] 前篇は2017年3月18日、後篇は同年4月22日に公開された。

ロケ地・場面	所在地
湯守温泉ホテル大観 (零が宿泊したホテル)	岩手県盛岡市繋湯ノ舘37-1
南昌荘 (対局会場)	岩手県盛岡市清水町13-46
中央大橋 (三月町と六月町の間に架かる橋)	東京都中央区新川2
佃公園 (川本家近所の公園)	東京都中央区佃1-11-4
佃小橋 (零が三日月堂へ走る道)	東京都中央区佃1-8-1
隅田川テラス (ひなたが零の前で涙した場所)	東京都中央区日本橋中洲1-11

37歳で医者になった僕 ～研修医純情物語～ (ドラマ)

[公　開] 2012年4月～6月

[スタッフ] 脚本：古家和尚, 原作：川渕圭一

[出　演] 草彅剛 (紺野祐太), 水川あさみ (沢村瑞希), 松平健 (佐伯毅彦), 田辺誠一 (森下和明), ミムラ (葛城すず), 八乙女光 (下田健太郎), 桐山漣 (谷口篤志) 〔ほか〕

ロケ地・場面	所在地
日本歯科大学付属病院の8階講堂 (総合内科カンファレンスが行われていたところ) 〔1〕	東京都千代田区富士見2-3
macromillのオフィス (祐太が以前勤務していた営業開発部のオフィス) 〔1〕	東京都港区港南2-16
ジニアスのSTUDIOジニアス池袋グリーンst (祐太が駆けつけたすずが入院している病室) 〔1〕	東京都板橋区中丸町11
あさひ病院 (すずが入院した若林記念病院の外観) 〔1〕	東京都足立区平野1-2
桂台公園の西側 (瑞希が立ち止まって祐太を見た「変質者出没地点」の看板があるところ) 〔1〕	神奈川県横浜市青葉区桂台1-6
三島市立北上小学校 (祐太が立ち止まった青葉小学校の前) 〔1〕	静岡県三島市徳倉844
静岡県立がんセンター (東央医科大学病院の外観) 〔1〕	静岡県駿東郡長泉町下長窪1007
鳩ノ巣小橋 (7年前、すずが転落した河原) 〔2〕	東京都西多摩郡奥多摩町棚澤662

静岡県立がんセンターのメインロビー（桑原拓真が倒れた病院のロビー）〔2〕	静岡県駿東郡長泉町下長窪1007
静岡県立がんセンター前の道路（病院へ向かう祐太と瑞希が歩いていたところ）〔2〕	静岡県駿東郡長泉町下長窪1007
北区志茂子ども交流館（すずが子供たちに手話を教え始めた「東あけぼの児童館」）〔3〕	東京都北区志茂5-18
下柚木小学校西側の交差点（祐太の落としたあめ玉がトラックに潰された交差点）〔3〕	東京都八王子市下柚木3-9
根岸病院（真田総合病院の外観）〔3〕	東京都府中市武蔵台2-12
ビューティ＆ウェルネス専門職大学〈旧オンワード総合研究所 人材開発センター〉（下田が森下に医者になった理由を聞いたところ，裕太が森下に早苗のサイン色紙を渡したところ）〔4〕	神奈川県横浜市都筑区牛久保3-9
越生ゴルフクラブ（佐伯や中島がゴルフコンペをしていたゴルフ場）〔5〕	埼玉県比企郡ときがわ町大字番匠61
腎内科クリニック世田谷（すずが人工透析を受けていたところ）〔5〕	東京都世田谷区南烏山4-21
東急田園都市線の線路沿い（直美と葵が歩いていた坂道）〔5〕	神奈川県横浜市青葉区藤が丘1-39
ビューティ＆ウェルネス専門職大学〈旧オンワード総合研究所 人材開発センター〉（直美が別れた元夫に電話を掛けていたところ）〔5〕	神奈川県横浜市都筑区牛久保3-9
一の谷（祐太、瑞希、下田、直美が話をしていた居酒屋）〔6〕	東京都千代田区外神田2-13
日本歯科大学生命歯学部図書館（下田と谷口が話をしていた図書館）〔6〕	東京都千代田区富士見1-9
ぼてぢゅう赤坂店（瑞希と谷口がお好み焼きを食べていた店）〔6〕	東京都港区赤坂3-10
辰巳の森緑道公園（祐太がひざまずいて泣き崩れたところ）〔6〕	東京都江東区辰巳2-9
関東中央病院（祐太、すず、佐和子が座っていた病院のロビー）〔6〕	東京都世田谷区上用賀6-25
東円寺会館（7年前、祐太が訪れた倉田隆雄の葬儀式場）〔6〕	東京都杉並区和田2-14
アットパーク センター南（谷口が車を止めていたコインパーキング）〔6〕	神奈川県横浜市都筑区茅ケ崎中央47
ノースポート・モールの北側（自転車とぶつかって心肺停止状態になった男性の応急処置を谷口が行ったところ）〔6〕	神奈川県横浜市都筑区中川中央1-26
モザイクモール港北3階のブックファースト モザイクモール港北店（倒れた男性の応急処置をせずに谷口が逃げ出した書店）〔6〕	神奈川県横浜市都筑区中川中央1-31
モザイクモール港北3階のムラサキスポーツの前（店を出た瑞希と谷口が別れたところ）〔6〕	神奈川県横浜市都筑区中川中央1-31
神宮外苑外周道路の横断歩道（林田が渡るのを諦めた横断歩道，林田が渡りきった横断歩道）〔7〕	東京都港区北青山1-7

狸穴公園（祐太と瑞希が話をしていた公園）〔7〕	東京都港区麻布狸穴町63
象の鼻パーク（すずが祐太に別れ話をした海辺）〔7〕	神奈川県横浜市中区海岸通1-1
桂台公園の西側（瑞希が祐太と出会ったところ）〔7〕	神奈川県横浜市青葉区桂台1-6
青少年の家（伊達が佐伯の進路相談をしていた学校の教室）〔8〕	茨城県常総市大生郷町1032
横浜市営地下鉄センター南駅前（瑞希が買物帰りのすずと出会ったところ）〔8〕	神奈川県横浜市都筑区茅ケ崎中央3
静岡県立がんセンターの職員食堂（祐太がすずの作った弁当を瑞希に渡した院内の食堂）〔8〕	静岡県駿東郡長泉町下長窪1007
ホテルイースト21東京（東央医科大学病院総合内科研究発表会が行われたホテル）〔9〕	東京都江東区東陽6-3
ビューティ＆ウェルネス専門職大学〈旧オンワード総合研究所 人材開発センター〉（教授会へ向かう佐伯と長谷川教授が出会ったところ）〔9〕	神奈川県横浜市都筑区牛久保3-9
ビューティ＆ウェルネス専門職大学〈旧オンワード総合研究所 人材開発センター〉のAV会議室（教授会が行われた会議室）〔9〕	神奈川県横浜市都筑区牛久保3-9
静岡県立がんセンター内の「がんセンター研究所」（下田が中島に退職願を渡した病院内）〔9〕	静岡県駿東郡長泉町下長窪1007
帝京大学医学部附属病院（京誠会病院）〔10〕	東京都板橋区加賀2-11
石神井川に架かる稲荷橋（下田が渡っていた橋）〔10〕	東京都板橋区加賀2-9
ビューティ＆ウェルネス専門職大学〈旧オンワード総合研究所 人材開発センター〉のAV会議室（医学部長選挙が行われた会議室）〔10〕	神奈川県横浜市都筑区牛久保3-9
東京医療センター（祐太が働き始めた都立第一病院の外観）〔終〕	東京都目黒区東が丘2-5
デジタルハリウッド大学八王子制作スタジオ（小学生のすずが本を読んでいた教室，中学生のすずがサッカー部の練習を見ていた校庭）〔終〕	東京都八王子市松が谷1
町田いずみ浄苑（瑞希が墓参りに行った墓地）〔終〕	東京都町田市真光寺町315
鶴牧東公園（子供の頃のすずが夕日を見た丘の上）〔終〕	東京都多摩市鶴牧3-16

三度目の殺人（映画）

［公　開］2017年9月

［スタッフ］監督・脚本：是枝裕和

［出　演］福山雅治（重盛朋章），役所広司（三隅高司），広瀬すず（山中咲江），満島真之介（川島輝），市川実日子（篠原一葵），橋爪功（重盛彰久），吉田鋼太郎（摂津大輔）〔ほか〕

ロケ地・場面	所在地
スナックWorld One（重盛たちが訪れた三隅の娘の元職場のスナック）	北海道留萌市開運町3
留萌駅（重盛たちが三隅の故郷を訪れる際の駅）	北海道留萌市船場町2
喫茶店「アルマンド」（重盛が訪れた喫茶店）	埼玉県川口市並木3-4-16

相模川河川敷(殺害現場の河川敷)	神奈川県海老名市河原口
名古屋市役所本庁舎(裁判所)	愛知県名古屋市中区三の丸3-1-1

散歩する侵略者 (映画)

[公　開] 2017年9月

[スタッフ] 監督・脚本:黒沢清, 脚本:田中幸子, 原作:前川知大

[出　演] 長澤まさみ(加瀬鳴海), 松田龍平(加瀬真治), 長谷川博己(桜井), 高杉真宙(天野), 恒松祐里(立花あきら), 前田敦子(明日美) 〔ほか〕

ロケ地・場面	所在地
モール505(鳴海と真治が政府の人間に追われる場所)	茨城県土浦市川口1-3-139
十花町の農道(あきらの身体を乗っ取った侵略者が歩いた道)	茨城県常総市十花町
こころの医療センター旧病棟〈旧茨城県立友部病院〉(真治が食料などを運ぶ診療所)	茨城県笠間市旭町654
ベルモール 噴水広場(ショッピングモール)	栃木県宇都宮市陽東6-2-1
F2プラント〈サバイバルゲーム場〉(廃工場)	栃木県栃木市藤岡町藤岡2262
キリンビール工場跡地(終盤に登場する荒野)	栃木県塩谷郡高根沢町花岡120

G.I.ジョー 漆黒のスネークアイズ (映画)

[公　開] 2021年10月(日本公開), 7月(米公開)

[スタッフ] 監督:ロベルト・シュヴェンケ, 脚本:エヴァン・スピリオトポウロス, ジョー・シュラプネル, アンナ・ウォーターハウス

[出　演] ヘンリー・ゴールディング(スネークアイズ), アンドリュー・小路(ストームシャドー), 安部春香(暁子), 平岳大(鷹村ケンタ), 石田えり(セン), イコ・ウワイス(ハードマスター), ピーター・メンサー(ブラインドマスター) 〔ほか〕

[トピック] アメリカのヒーロー映画。日本古代の忍者組織「嵐影」の本拠地という設定で、大阪や兵庫などでロケが行われた。

ロケ地・場面	所在地
ワープステーション江戸(嵐影城の内観)	茨城県つくばみらい市南太田1176
レインボーブリッジ(バイクチェイスのシーン)	東京都港区海岸3～港区台場1、江東区有明2
尻無川護岸沿い(取引した場所)	大阪府大阪市
岩崎橋(ストームシャドーと暁子がバイクに乗るところ)	大阪府大阪市大正区三軒家西1～西区千代崎3
京橋駅周辺(スネークアイズたちが繁華街をバイクで走行するところなど)	大阪府大阪市城東区新喜多
上方落語協会会館(鷹村の秘密基地)	大阪府大阪市北区天満4-12-7
五風荘(嵐影城の食堂や中庭)	大阪府岸和田市岸城町18-1
岸和田城(嵐影城の天守閣外観)	大阪府岸和田市岸城町9-1
亀山御坊本徳寺(嵐影城の屋敷)	兵庫県姫路市亀山324
書寫山圓教寺(スネークアイズがハードマスターと闘う場所など)	兵庫県姫路市書写2968
姫路城(嵐影城)	兵庫県姫路市本町68

シグナル 長期未解決事件捜査班 劇場版 (映画)

[公　開] 2021年4月

[スタッフ] 監督:橋本一, 脚本:仁志光佑, 林弘

[出　演] 坂口健太郎(三枝健人), 北村一輝(大山剛志), 吉瀬美智子(桜井美咲), 木村祐一(山田勉), 池田鉄洋(小島信也), 青野楓(安西理香) 〔ほか〕

[トピック] 韓国のテレビドラマ「シグナル」(2016年)を日本でリメイクしたドラマ

（2018年）の劇場版作品。

ロケ地・場面	所在地
北九州市立玄海青年の家（工場現場）	福岡県北九州市若松区竹並126-2
京町2丁目（大山が格闘した場所）	福岡県北九州市小倉北区京町2
平和公園	福岡県北九州市小倉北区黒原1-5
北九州市役所本庁舎	福岡県北九州市小倉北区城内1-1
AIMビル駐車場（バイクアクションのシーン）	福岡県北九州市小倉北区浅野
JR小倉駅南口〈小倉城口〉（三枝のアクションシーン）	福岡県北九州市小倉北区浅野1-1-1
小倉北区役所近辺（カーアクションのシーン）	福岡県北九州市小倉北区大手町

事故物件 恐い間取り（映画）

［公　開］2020年8月

［スタッフ］監督：中田秀夫, 脚本：ブラジリィー・アン・山田, 原作：松原タニシ

［出　演］亀梨和也（山野ヤマメ）, 奈緒（小坂梓）, 瀬戸康史（中井大佐）, 江口のりこ（横水純子）, MEGUMI（カオリ）, 真魚（下中裕美）, 瀧川英次（熊谷）〔ほか〕

ロケ地・場面	所在地
上野駅前ペデストリアンデッキ（ヤマメが宮司と出会った場所）	東京都台東区上野7
郷土の森公園	東京都府中市矢崎町5-5
東伏見公園（ヤマメと梓が会話する公園）	東京都西東京市東伏見1

四十九日のレシピ（映画）

［公　開］2013年11月

［スタッフ］監督：タナダユキ, 脚本：黒沢久子

［出　演］永作博美（高岩百合子）, 石橋蓮司（熱田良平）, 岡田将生（ハル）, 二階堂ふみ（イモ）, 原田泰造（高岩浩之）〔ほか〕

ロケ地・場面	所在地
瑞浪市内（熱田家がある地区）	岐阜県瑞浪市
東区の公園（浩之と百合子が会話する公園）	愛知県名古屋市東区

下町ロケット（2015年）（ドラマ）

［公　開］2015年10月～12月

［スタッフ］脚本：八津弘幸, 稲葉一広, 原作：池井戸潤

［出　演］阿部寛（佃航平）, 土屋太鳳（佃利菜）, 杉良太郎（藤間秀樹）, 立川談春（殿村直弘）, 安田顕（山崎光彦）, 真矢ミキ（和泉沙耶）, 恵俊彰（神谷修一）, 吉川晃司（財前道生）, 小泉孝太郎（椎名直之）〔ほか〕

ロケ地・場面	所在地
フジキン 万博記念つくば先端事業所〈旧東京エレクトロンテクノロジーセンターつくば〉（財前が帝国重工の社員たちを前に話をしていたところ, 藤間が財前に会いに来たところ）〔1〕	茨城県つくば市御幸が丘18
日本工業倶楽部会館（帝国重工スターダスト計画役員報告会が行われた会議室）〔1〕	東京都千代田区丸の内1-4
三井本館（航平と殿村が訪れた東京中央銀行の外観）〔1〕	東京都中央区日本橋室町2-1
山口銀行東京支店（帝都銀行の窓口フロア）〔1〕	東京都中央区日本橋本石町3-3
東京ポートボウル（航平がボウリングをしていたところ）〔1〕	東京都港区芝浦1-13
ホテル椿山荘東京の料亭錦水（ナカシマ工業の三田、埜村、徳田が会食していた料亭）〔1〕	東京都文京区関口2-10

ホテルイースト21東京（第1回口頭弁論後に航平、殿村、山崎、田辺が話をしていたラウンジ）〔1〕	東京都江東区東陽6-3
やきとん 豚番長 蒲田店（殿村が一人で酒を呑んでいた居酒屋）〔1〕	東京都大田区西蒲田7-63
バーボーンロード（殿村が歩いていた飲み屋街）〔1〕	東京都大田区西蒲田7-64
東京女子大学（25年前、航平が講義を受けていた慶應義塾大学理工学部の教室）〔1〕	東京都杉並区善福寺2-6
江戸川の堤防の上（航平と殿村が歩いていた堤防の上）〔1〕	東京都江戸川区北小岩4-39
大林組 技術研究所（航平が沙耶と話をしていたJAXSの建物内）〔1〕	東京都清瀬市下清戸4-640
核融合技術研究所（航平がロケットの爆破を見たJAXSの管制室）〔1〕	岐阜県土岐市下石町322
JAXAの種子島宇宙センター（ロケットが打ち上げられたところ）〔1〕	鹿児島県熊毛郡南種子町大字茎永字麻津
フジキン 万博記念つくば先端事業所〈旧東京エレクトロンテクノロジーセンターつくば〉（財前が水原に呼び止められた宇宙開発事業部部長室の前）〔2〕	茨城県つくば市御幸が丘18
日本工業倶楽部会館（三田が新聞記者の取材を受けていたところ，財前と三田が話をしたところ）〔2〕	東京都千代田区丸の内1-4
国立科学博物館（東京地裁のロビー）〔2〕	東京都台東区上野公園7
JAXAの筑波宇宙センター内の総合開発推進棟前（沙耶が航平と電話で話をしていたところ）〔3〕	茨城県つくば市千現2-1
戸田公園漕艇場（航平や山崎たちがボートのエンジンをテストしたところ）〔3〕	埼玉県戸田市戸田公園5
東京ポートボウル（利菜が航平のところへやって来たボウリング場）〔3〕	東京都港区芝浦1-13
オギノ時計店前（利菜が航平に1億円を貸して欲しいと頼んだ商店街）〔3〕	東京都大田区西蒲田7-62
芝浦食肉 大森店（真野、江原、迫田たちが話をしていた焼肉店）〔3〕	東京都大田区大森北1-11
東京エレクトロンテクノロジーセンターつくば（藤間が視察にやって来た帝国重工の工場の外観，航平と江原がバルブを届けに行った帝国重工の工場の外観）〔4〕	茨城県つくば市御幸が丘17
四国屋（航平がJAXS研究員の三上孝と話をしていた店）〔4〕	東京都中野区本町4-36
屛風ヶ浦（航平たちがロケットの打ち上げを見ていたところ）〔5〕	千葉県銚子市台町
日本工業倶楽部会館（財前と水原が話をしていた会議室，財前が藤間を説得した会議室）〔5〕	東京都千代田区丸の内1-4
JPタワー（帝国重工本社の外観）〔5〕	東京都千代田区丸の内2-7
六本木 志る角（航平と財前が話をしていた店）〔5〕	東京都港区六本木7-13

江戸川の堤防の上（航平と利菜がバトミントンをした堤防の上）〔5〕	東京都江戸川区東小岩2
料亭 玉家（久坂と藤堂が貴船を接待していた料亭, 藤堂が貴船に椎名を紹介した料亭）〔6〕	埼玉県さいたま市浦和区常盤3-24
Sammy川越工場（日本クライン技術研究所の外観）〔6〕	埼玉県川越市南台1-10
埼玉医科大学国際医療センター（福井県北陸医科大学）〔6〕	埼玉県日高市山根1397
東京ポートボウル（航平と利菜がボウリングをしていたところ）〔6〕	東京都港区芝浦1-13
ハイアットリージェンシー東京 オードヴィー（2ヶ月前、椎名と中里が話をしていたバー）〔6〕	東京都新宿区西新宿2-7
ホテル椿山荘東京「ボールルーム」（航平が椎名を紹介された帝国重工関連企業懇親会の会場）〔6〕	東京都文京区関口2-10
福井経編興業（航平、山崎、唐木田が訪れた桜田経編本社工場）〔6〕	福井県福井市西開発3-519
料亭 玉家（椎名、貴船、久坂、藤堂が話をしていた料亭）〔7〕	埼玉県さいたま市浦和区常盤3-24
ホテルインターコンチネンタル東京ベイの鉄板焼「匠」（椎名が富山を接待していた鉄板焼のレストラン）〔7〕	東京都港区海岸1-16
壱番隊（真野が一村のことを航平たちに話していた店）〔7〕	東京都大田区西蒲田7-63
創価大学（面談が行われたPmeaの会議室）〔7〕	東京都八王子市丹木町1-236
東京エレクトロンテクノロジーセンターつくば（佃製作所の荷物を車に積み込んだ帝国重工の工場前）〔8〕	茨城県つくば市御幸が丘17
巴里 夕顔（貴船とPmeaの審査担当官・滝川が話をしていたレストラン）〔8〕	東京都中央区銀座8-8
新宿住友ビル西側の都庁通り（桜田と一村が福井行きのバスに乗ろうとしていたところ）〔8〕	東京都新宿区西新宿2-6
創価大学（アジア医科大学）〔8〕	東京都八王子市丹木町1-236
料亭 玉家（椎名、貴船、久坂、藤堂が会食していた料亭）〔9〕	埼玉県さいたま市浦和区常盤3-24
日本工業倶楽部会館（水原と石坂が話をしていた帝国重工内の階段と廊下）〔9〕	東京都千代田区丸の内1-4
CENTURY COURT（貴船と滝川が会食していたレストラン）〔9〕	東京都千代田区丸の内2-1
品川シーズンテラス エコ広場（航平が咲間から写真とICレコーダーを受け取ったところ）〔9〕	東京都港区港南1-2
江戸川の堤防の上（航平と一村が歩きながら話をしていた堤防の上）〔9〕	東京都江戸川区北小岩4-39
創価大学 本部棟応接室（貴船が巻田に高知へ行くように命じた部屋, 一村が貴船に会いに来た部屋）〔9〕	東京都八王子市丹木町1-236

創価大学 本部棟会議室(貴船が巻田真介と研修医の葛西を叱責した会議室)〔9〕	東京都八王子市丹木町1-236
長昌寺(桜田が墓参りをしていた墓地)〔9〕	神奈川県相模原市緑区青根2602
フジキン つくば先端事業所(利菜がロケットの打ち上げを見ていた帝国重工内)〔終〕	茨城県つくば市御幸が丘18
三郷市役所前(逮捕された椎名が車を降りた警察署の前)〔終〕	埼玉県三郷市花和田648
屛風ヶ浦(航平たちがロケットの打ち上げを見ていたところ, 椎名が新しいバルブを持って航平たちの前に現れたところ)〔終〕	千葉県銚子市台町
日本工業倶楽部会館(財前が藤間に記事のコピーを見せた会議室)〔終〕	東京都千代田区丸の内1-4
ホテル椿山荘東京のメインバー「ル・マーキー」(椎名が石坂に賄賂を渡したバー)〔終〕	東京都文京区関口2-10
東急池上線高架沿いのバーボンロード(航平と山崎が中里を待っていたところ)〔終〕	東京都大田区西蒲田7-64
喫茶シルビア(航平と山崎が中里と話をした喫茶店)〔終〕	東京都足立区西新井栄町2-7
江戸川の堤防の上(航平と咲間が歩いていた堤防の上)〔終〕	東京都江戸川区東小岩2
創価大学の中央教育棟前(椎名が月島に電話で指示をしていたところ)〔終〕	東京都八王子市丹木町1-236
アルバック正面玄関前(椎名が記者たちのインタビューに応じていたところ)〔終〕	神奈川県茅ヶ崎市萩園2500

下町ロケット(2018年)（ドラマ）

［公　開］2018年10月〜12月, 2019年1月2日(特別編)

［スタッフ］脚本：丑尾健太郎, 神田優, 原作：池井戸潤

［出　演］阿部寛(佃航平), 土屋太鳳(佃利菜), 竹内涼真(立花洋介), 安田顕(山崎光彦), 立川談春(殿村直弘), 吉川晃司(財前道生), 杉良太郎(藤間秀樹), イモトアヤコ(島津裕), 尾上菊之助(伊丹大)〔ほか〕

ロケ地・場面	所在地
フジキン つくば先端事業所(財前が社員を前に演説をしていたところ, 的場が財前、藤間、水原に挨拶をしにやって来たところ, 航平が財前に会いに行ったところ)〔1〕	茨城県つくば市御幸が丘18
フジキン万博記念 つくば先端事業所 特別新館(財前との面会を終えた航平が出てきた建物)〔1〕	茨城県つくば市御幸が丘18
料亭山屋(財前と的場が会食した料亭)〔1〕	埼玉県川越市幸町11
イサミコーポレーション(航平、山崎、唐木田が訪れたギアゴースト)〔1〕	埼玉県行田市向町4
埼玉県立進修館高等学校の西側 忍川沿いの道(航平、立花、加納が歩いていた川沿いの道)〔1〕	埼玉県行田市長野1320
白草台運動公園(航平、立花、加納、一村が子供たちのサッカーを観たところ)〔1〕	埼玉県深谷市白草台1565
埼玉医科大学国際医療センター(福井県北陸医科大学)〔1〕	埼玉県日高市山根1397

屏風ヶ浦(佃製作所の社員たちがロケットの打ち上げを見ていたところ)〔1〕	千葉県銚子市台町
クボタ 東京本社(航平が蔵田に会いに行ったヤマタニのオフィス)〔1〕	東京都中央区京橋2-1
江戸川の堤防(航平、山崎、唐木田が歩いていた堤防の上)〔1〕	東京都江戸川区北小岩4-40
大林組 技術研究所(沙耶が航平と電話で話をしていたJAXSの建物内)〔1〕	東京都清瀬市下清戸4-640
粟生津の水田(航平がトラクターを運転した水田)〔1〕	新潟県燕市粟生津
新田の農道(航平と山崎の乗った車が走っていた水田の中の直線道路)〔1〕	新潟県西蒲原郡弥彦村麓村新田
核融合技術研究所(航平と利菜がロケットの打ち上げを見ていたJAXSの管制室)〔1〕	岐阜県土岐市下石町322
JAXAの種子島宇宙センター(ロケットが打ち上げられたところ)〔1〕	鹿児島県熊毛郡南種子町大字茎永字麻津
フジキン つくば先端事業所(水原が航平に新型バルブの開発を依頼したところ)〔2〕	茨城県つくば市御幸が丘18
クボタ 筑波工場(航平と唐木田が訪れたヤマタニの工場)〔2〕	茨城県つくばみらい市坂野新田10
ベイシアビジネスセンター(辰野が電話で中川と話しながら伊丹を見送っていたところ)〔2〕	群馬県前橋市亀里町900
しんごや石油(航平と島津がエンジンの修理をしたガソリンスタンド)〔2〕	埼玉県北本市本町6-271

クボタ 東京本社(的場の執務室, 新型バルブの完成を喜んだ水原の執務室)〔2〕	東京都中央区京橋2-1
たいこ茶屋(利菜と沙耶が話をしていた居酒屋)〔2〕	東京都中央区日本橋馬喰町2-3
東京ポートボウル(航平が島津を見つけたボウリング場)〔2〕	東京都港区芝浦1-13
ホテル椿山荘東京 アンフィシアター(5年前、島津が新型トランスミッションの説明をしていた帝国重工の会議室)〔2〕	東京都文京区関口2-10
Zeal Holdings(神谷が航平たちにクロスライセンス契約の話をした事務所)〔2〕	東京都渋谷区東2-16
とりしず(殿村と稲本が話をしていた居酒屋)〔2〕	新潟県燕市吉田東栄町7
三井精機工業本社工場(8年前、的場が取引の終了を取引先の会長に告げた工場)〔3〕	埼玉県比企郡川島町八幡6
上越新幹線燕三条駅燕口前(殿村が軽トラックを降りた駅前)〔3〕	新潟県三条市下須頃502
粟生津の水田(航平、山崎、立花、加納、殿村、伊丹、島津が田植えをした水田)〔3〕	新潟県燕市粟生津
西五番街ビルの前(柏田が立ち止まったビルの前)〔4〕	東京都中央区銀座5-6
東京ポートボウル(航平がボウリングをしていたボウリング場)〔4〕	東京都港区芝浦1-13
イサミコーポレーション(伊丹と島津が話をしたギア・ゴーストの前)〔5〕	埼玉県行田市向町4

斎条の水田（航平や財前たちが稲刈りをしていた新潟県燕市の水田）〔5〕	埼玉県行田市斎条
屏風ヶ浦（人々がロケットの打ち上げを見守っていた高台）〔5〕	千葉県銚子市台町
かずさアカデミアホール（財前が退任の挨拶をしたところ，的場が車に乗ったJAXS種子島宇宙センターの前，航平と財前が握手をして別れたJAXS種子島宇宙センターの前）〔5〕	千葉県木更津市かずさ鎌足2-3
日本工業倶楽部会館の大ホール（財前と藤間が話をした帝国重工の役員会議室）〔5〕	東京都千代田区丸の内1-4
新浜崎橋（伊丹が渡っていた橋）〔5〕	東京都港区海岸2-7
東京ポートボウル（航平、伊丹、島津がボウリングをしていたボウリング場）〔5〕	東京都港区芝浦1-13
国立科学博物館（裁判所内の階段）〔5〕	東京都台東区上野公園7
テレコムセンタービル（神谷が訪れた空港）〔5〕	東京都江東区青海2-38
TESCOM（伊丹と島津が訪れた末長の事務所）〔5〕	東京都品川区西五反田5-5
山野美容専門学校の前（逮捕された中川がパトカーに乗せられたところ）〔5〕	東京都渋谷区代々木1-53
核融合技術研究所（航平、財前、利菜たちがロケットの打ち上げを見ていた管制室）〔5〕	岐阜県土岐市下石町322
フジキン万博記念 つくば先端事業所 特別新館（航平が野木を連れて行った帝国重工の外観）〔6〕	茨城県つくば市御幸が丘18
群馬県東部地域水道事務所（航平が野木に会いに来た北海道農業大学）〔6〕	群馬県邑楽郡千代田町赤岩333
ウェスタ川越の前（航平が野木を待っていた学会会場の前）〔6〕	埼玉県川越市新宿町1-17
ナビパーク脇田本町第1駐車場（野木を乗せた航平の車が出発しようとしたコインパーキング）〔6〕	埼玉県川越市脇田本町14
斎条の農道（航平が殿村を待っていた農道）〔6〕	埼玉県行田市斎条
吹上荒川総合運動公園（30年前、航平と野木がロケットの発射実験をしていたところ）〔6〕	埼玉県鴻巣市大芦
学士会館の320号室（財前が航平に的場を紹介した部屋）〔6〕	東京都千代田区神田錦町3-28
ショーワ本社（航平が重田と出会った駐車場）〔7〕	埼玉県行田市藤原町1-14
ショーワ本社 事務室（航平たちが伊丹とダイタロスの重田に出会ったキジマ工業のオフィス）〔7〕	埼玉県行田市藤原町1-14
学士会館の320号室（航平が財前と話をしていた帝国重工の部屋）〔7〕	東京都千代田区神田錦町3-28
東京ポートボウル（航平、立花、加納たちがボウリングをしていたボウリング場，島津がガターを出したボウリング場）〔7〕	東京都港区芝浦1-13

山野美容専門学校の山野ホール（的場が無人トラクター「アルファ1」の記者会見をしたところ）〔7〕	東京都渋谷区代々木1-53
道の駅 国上（「とのむら家の米」が隅に追いやられた燕市物産展示コーナー）〔7〕	新潟県燕市国上5866
日本工業倶楽部会館（社長に面会しようとした財前に水原が声を掛けたところ）〔8〕	東京都千代田区丸の内1-4
学士会館の301号室（的場が沖田会長と話をしていた部屋）〔8〕	東京都千代田区神田錦町3-28
燕市市役所北側の田んぼ（アグリジャパンで無人農業ロボット対決が行われたところ）〔8〕	新潟県燕市吉田下中野
吉田産業会館の多目的大ホール（野木が講演をした会場）〔8〕	新潟県燕市吉田東栄町14
クボタ 筑波工場（走行実験が行われた帝国重工実験圃場）〔9〕	茨城県つくばみらい市坂野新田10
ホテル ザ・マンハッタンの宴会場「ライブラリー」（財前が藤間社長に佃製エンジン・トランスミッションのトラクター走行試験を提案した部屋）〔9〕	千葉県千葉市美浜区ひび野2-10
学士会館の301号室（沖田と的場が話をしていた部屋）〔9〕	東京都千代田区神田錦町3-28
東京ポートボウル（財前が航平に会いに来たボウリング場）〔9〕	東京都港区芝浦1-13
512 CAFE & GRIL（利菜と沙耶が話をしていたカフェ）〔9〕	東京都港区赤坂9-5
呑川に架かる八幡橋（島津が立ち止まった橋の上）〔9〕	東京都大田区北糀谷1-22
大林組 技術研究所（沙耶が航平と電話で話をしていたオフィス）〔9〕	東京都清瀬市下清戸4-640
吉田産業会館の多目的大ホール（航平たちがアルファ1が転倒するシーンをスマートフォンで観ていたところ）〔9〕	新潟県燕市吉田東栄町14
コロラド行田市店（航平と殿村が話をした喫茶店）〔10〕	埼玉県行田市忍1-21
JAほくさい 北川辺支店（殿村が融資を頼みに行った「のうりん燕支店」）〔10〕	埼玉県加須市麦倉3717
羽生総合病院（軽部が娘を迎えに行った東洋総合病院）〔10〕	埼玉県羽生市下岩瀬446
城西大学坂戸キャンパス（航平がバスを待っていた荻谷台バス停）〔10〕	埼玉県坂戸市けやき台1-1
城西大学坂戸キャンパス 正門前（航平がバスを降りた明応大学前）〔10〕	埼玉県坂戸市けやき台1-1
東京ポートボウル（航平に会いに来た財前がストライクを出したボウリング場）〔10〕	東京都港区芝浦1-13
金のおでんや しょうみん（山崎が立花とアキに軽部の娘のことを話した店）〔10〕	東京都港区西麻布4-22
粟生津の田んぼ（殿村親子が雑草をとっていた田んぼ）〔10〕	新潟県燕市粟生津
ビエント高崎のビッグキューブ（アルファ1とダーウインが準備をしていた倉庫）〔終〕	群馬県高崎市問屋町2-7

荒木の倉庫(殿村が航平と電話で話をしていた倉庫の前, ランドクロウが納入された殿村家の倉庫前)〔終〕	埼玉県行田市荒木
荒木の田んぼ(航平たちがランドクロウの走行を見ていた田んぼ)〔終〕	埼玉県行田市荒木
須加の田んぼ(アルファ1の試験走行が行われていた田んぼ, アルファ1がエンストした田んぼ)〔終〕	埼玉県行田市須加
JAほくさい 北川辺支店(ダーウインのカタログが配られていた「のうりん 燕支店」, 殿村親子が訪れた「のうりん 燕支店」)〔終〕	埼玉県加須市麦倉3717
日本工業倶楽部会館の大ホール(役員会議が行われた帝国重工の会議室)〔終〕	東京都千代田区丸の内1-4
燕市市役所北側の田んぼ(総理大臣が視察したアルファ1とダーウインの走行イベント会場(俯瞰映像では市庁舎が消され、画像は左右反転))〔終〕	新潟県燕市吉田下中野
ウェスタ川越(重田が航平に頭を下げた階段)〔特別編〕	埼玉県川越市新宿町1-17
ウェスタ川越の多目的ホール(ダーウィンプロジェクト参加企業緊急会議が行われたところ)〔特別編〕	埼玉県川越市新宿町1-17
TS Techの埼玉工場(帝国重工キャラバン本部)〔特別編〕	埼玉県行田市野3600
大越の畑(故障で停止しているダーウィンを航平たちが見た畑)〔特別編〕	埼玉県加須市大越
屏風ヶ浦(航平たちがリユーザブルロケットによるヤタガラスの打ち上げを見たところ)〔特別編〕	千葉県銚子市台町
かずさアカデミアホール(財前が立ち止まった帝国重工内の通路)〔特別編〕	千葉県木更津市かずさ鎌足2-3
オークラアカデミアパークホテルの宴会場「平安の間」(「遠藤広隆先生 経済産業大臣就任祝賀会」の会場, 重田が的場に会いに来た祝賀会の会場)〔特別編〕	千葉県木更津市かずさ鎌足2-3
法務省旧本館 れんが棟前(中川たちが歩いていたところ)〔特別編〕	東京都千代田区霞が関1-1
日本工業倶楽部会館の大ホール(帝国重工の重役会議が行われたところ, 財前の懲罰会議が行われたところ)〔特別編〕	東京都千代田区丸の内1-4
STUDIO ピアの「Pia34 辰巳」(報道陣が的場の帰宅を待ち構えていた的場邸)〔特別編〕	東京都江東区辰巳3-16
多摩川の堤防の上(伊丹が航平と電話で話をしていた佃製作所近くの堤防の上)〔特別編〕	東京都大田区矢口3-24
山野美容専門学校(重田が藤間の謝罪会見を見ていた社長室)〔特別編〕	東京都渋谷区代々木1-53

七人の秘書（ドラマ）

[公　開] 2020年10月～12月

[スタッフ] 脚本：中園ミホ, 香坂隆史, 林誠人

[出　演] 木村文乃(望月千代), 広瀬アリス(照井七菜), 江口洋介(萬敬太郎), 室井滋(鰐淵五月), 菜々緒(長谷不二子), シム・

ウンギョン（朴四朗），大島優子（風間三和），岸部一徳（粟田口十三）〔ほか〕

ロケ地・場面	所在地
ホテルグリーンタワー幕張のバンケット「チェルシー」（官僚たちが待機していた部屋）〔1〕	千葉県千葉市美浜区ひび野2-10
ホテルグリーンタワー幕張のメインバンケット「ロイヤルクレッセント」（粟田口が会見をしていた財務省内の部屋）〔1〕	千葉県千葉市美浜区ひび野2-10
中華 成光（「ラーメン萬」の外観（店内はスタジオセット））〔1〕	東京都千代田区神田神保町2-23
EX TOWER（千代が福造と七菜の関係に気付いた頭取室）〔1〕	東京都港区西麻布1-2
KIHACHI 青山本店（幸世が雑誌のインタビューを受けていたカフェ，三和が幸世に声を掛けたカフェ）〔1〕	東京都港区北青山2-2
テレビ朝日（東都銀行臨時役員会議が行われていたところ，安田が頭取就任の挨拶をしたところ）〔1〕	東京都港区六本木6-9
住友不動産飯田橋ファーストタワー（東都銀行の外観とロビー）〔1〕	東京都文京区後楽2-6
長者丸踏切（黒木が電話で話をしていた踏切の近く）〔1〕	東京都品川区上大崎2-19
セルリアンタワー東急ホテル（七菜と福造が密会していた「ホテルグランド ローズ カザマ 新宿」）〔1〕	東京都渋谷区桜丘町26
立教大学 池袋キャンパス ポール・ラッシュ・アスレティックセンターのプール（千代、不二子、三和が泳いでいたプール）〔1〕	東京都豊島区西池袋3-34
立川中央病院（幸世がプチ整形に行った慶西大学病院）〔1〕	東京都立川市柴崎町2-17
大森武蔵野苑（萬が弓恵に遺言書を届けに行った一原邸）〔1〕	東京都小金井市東町5-7
西武拝島線の踏切（千代が守谷正を助けた踏切）〔1〕	東京都小平市小川町1-2176
西武多摩湖線の踏切（千代が一男を助けた踏切）〔1〕	東京都東村山市廻田町2-26
久里浜霊園（七菜と千代が弓恵と出会った一原家の墓がある墓地，七菜と千代がベンチに座って話をしていた「心のふるさと霊園前」バス停）〔1〕	神奈川県横須賀市長沢1-54
ホテルサンライフガーデン（福造の「お別れの会」が行われた教会）〔1〕	神奈川県平塚市榎木町9
シェラトン都ホテル東京の宴会場「醍醐」（鈴木の執行役員就任記念祝賀パーティーが行われた HOTEL GRAND ROSE TAKANAWA の会場）〔2〕	東京都港区白金台1-1
大森ベルポート アトリウム（千代たちがオレオレ詐欺の二人を捕まえたところ）〔2〕	東京都品川区南大井6-26
立教大学 池袋キャンパス ポール・ラッシュ・アスレティックセンターのプール（千代たちが泳いでいたプール）〔2〕	東京都豊島区西池袋3-34

立川中央病院(千代と七菜が訪れた慶西大学病院)〔2〕	東京都立川市柴崎町2-17
LINK FOREST(四朗が七菜に声を掛けた病院の中庭)〔2〕	東京都多摩市鶴牧3-5
旧石川組製糸西洋館の食堂(粟田口大臣の財務大臣室)〔3〕	埼玉県入間市河原町13
赤いメロン(鰐淵が麻雀をしていた店)〔3〕	東京都千代田区神田三崎町3-3
昭和通りを跨ぐ「昭和通り銀座歩道橋」(七菜がフリーライターの黒木に声を掛けられたところ)〔3〕	東京都中央区銀座8-13
汐留シオサイトの地下(千代たちが女性にぶつかったサラリーマンを取り囲んだところ)〔3〕	東京都港区東新橋1-9
テレビ朝日(西尾院長が謝罪会見をしたところ，萬が乗り込んだ病院内の会議室)〔3〕	東京都港区六本木6-9
諏訪の森公園(四朗が麻里の懲戒解雇通知書を破った公園)〔3〕	東京都立川市柴崎町1-1
昭和の森 車屋(西尾が会食に行った料亭)〔3〕	東京都昭島市昭和の森
LINK FOREST(四朗が直哉を突き落とそうとした病院内の階段)〔3〕	東京都多摩市鶴牧3-5
Aコープ磯原(千代たちが認知症老人の万引き行為を防いだスーパー)〔4〕	茨城県北茨城市磯原町木皿994
旧石川組製糸西洋館の食堂(黒木が粟田口大臣に写真を渡した財務大臣室)〔4〕	埼玉県入間市河原町13
秋葉原UDXカンファレンスの会議室(被害届は出ていないと映子が言われた警察署の会議室)〔4〕	東京都千代田区外神田4-14
銀座五丁目交差点付近(会食が中止になったことを不二子が山根に伝えたところ)〔4〕	東京都中央区銀座6-9
宗家 源吉兆庵 銀座本店(山根が手土産を買った和菓子店)〔4〕	東京都中央区銀座6-9
品川シーズンテラス(映子が山根に盗撮された品川ゲートウェイ駅のエスカレーター，七菜と鰐淵がおとり捜査をしたエスカレーター)〔4〕	東京都港区港南1-2
中国料亭 翠鳳(千代たちに誘導された山根が入った警視総監と北島が会食していたところ)〔4〕	東京都台東区東上野3-18
ホテルイースト21東京のカクテルラウンジ パノラマ(山根が訪れたSECRET会の会場)〔4〕	東京都江東区東陽6-3
のぞき坂(映子が友達と待ち合わせをした坂道)〔4〕	東京都豊島区高田2-17
クロス・ウェーブ 府中(山根がインタビューを受けたところ，車に乗った映子が山根の顔を確認したところ，不二子が映子に追い付いたところ)〔4〕	東京都府中市日鋼町1
学士会館の201号室(南が定例会見をしていた会見場)〔5〕	東京都千代田区神田錦町3-28
WATER TOWER(千代が小百合を待っていたところ)〔5〕	東京都中央区銀座8-6

ファブリックラウンジ新宿（千代が小百合から南のことを聞いた「Club 白蝶」の店内）〔5〕	東京都新宿区歌舞伎町2-10
文京区立関口三丁目公園（小学生の三和が泥団子を作っていた公園）〔5〕	東京都文京区関口3-2
七丁目坂（小学生の三和が下っていた階段）〔5〕	東京都文京区関口3-3
晴海通りを跨ぐ歩道橋（三和がきのこの山を食べていた歩道橋の上，三和が男達と喧嘩した歩道橋の上）〔5〕	東京都江東区豊洲3-2
木場一・六町会事務所（千代が三和を迎えに来た交番）〔5〕	東京都江東区木場6-13
目黒川に架かるなかめ公園橋（千代と三和がベンチに座って話をしていた橋の上）〔5〕	東京都目黒区中目黒2-3
野村獣医科Vセンター（南が到着した南駒沢動物病院）〔5〕	東京都中野区松が丘2-5
浄風幼稚園（兄妹が住む「目黒児童養護施設ひまわりチャイルドホーム」）〔5〕	東京都練馬区豊玉南1-7
上砂公園（兄妹が泥団子を作っていた公園）〔5〕	東京都立川市上砂町1-14
上砂公園の南側（兄妹が泥団子を都知事の乗った車に投げつけた交差点）〔5〕	東京都立川市上砂町1-14
西武多摩湖線の踏切（千代が幼い兄妹を見た踏切）〔5〕	東京都東村山市廻田町2-26
小田良トンネル（七菜が南の運転する車を止めたトンネル）〔5〕	東京都稲城市坂浜
横浜ロイヤルパークホテル（HOTEL GRAND ROSE KAZAMA ROPPONGI）〔5〕	神奈川県横浜市西区みなとみらい2-2
中村歩道橋（三和がポケットティッシュを男に渡した歩道橋，七菜と四朗が男と写真を撮った歩道橋，鰐淵が男を占った歩道橋）〔5〕	神奈川県横浜市都筑区茅ケ崎中央24
中村歩道橋の階段下（不二子が男に微笑んだ階段下，千代が男に財布を渡そうとした階段下）〔5〕	神奈川県横浜市都筑区茅ケ崎中央24
つくば国際会議場（南が倒れた東京都庁第一本庁舎のエントランス）〔6〕	茨城県つくば市竹園2-20
料亭山屋（粟田口と白鳥が会食していた料亭，白鳥が金の受け取りを拒否した料亭，四朗が白鳥を追おうとした料亭の廊下）〔6〕	埼玉県川越市幸町11
旧石川組製糸西洋館の食堂（四朗が粟田口大臣に会いに行った財務大臣室）〔6〕	埼玉県入間市河原町13
明治記念館の前（粟田口に直談判する四朗を千代が見たところ）〔6〕	東京都港区元赤坂2-2
品川イーストワンタワー北側の交差点（一男を見た千代が追い掛け始めた交差点）〔6〕	東京都港区港南2-16
JR品川イーストビルの北側（千代が兄と間違えて男性に声を掛けたところ）〔6〕	東京都港区港南2-18
グランパークタワーの車寄せ（慶西大学病院の車寄せ）〔6〕	東京都港区芝浦3-4

新宿中央公園西交差点(三和が犬の散歩で渡っていた横断歩道)〔6〕	東京都新宿区西新宿2-10
旧山手通りの西郷橋(うずくまる四朗に萬が声を掛けたところ)〔6〕	東京都渋谷区鉢山町15
NTT中央研修センタの宿泊棟(東帝大学病院の外観)〔6〕	東京都調布市入間町2-28
旧石川組製糸西洋館の応接室(四朗が千代からの電話を受けた秘書室)〔7〕	埼玉県入間市河原町13
秋葉原UDX南側の交差点(萬が四朗に電話を掛けたところ)〔7〕	東京都千代田区外神田4-14
JR品川駅港南口前の広場(千代たち5人が別方向へ歩き始めた広場)〔7〕	東京都港区港南2-14
テレビ朝日の東側(粟田口が記者たちに囲まれたところ)〔7〕	東京都港区六本木6-9
東日印刷(四朗が動画をUPしていた非常階段)〔7〕	東京都江東区越中島2-1
東京国際交流館のプラザ平成の前(粟田口の車の運転手が一男だと四朗が気付いたビルの前)〔7〕	東京都江東区青海2-2
フジテレビ湾岸スタジオの北側(一男が運転する車を千代が追い掛けたところ)〔7〕	東京都江東区青海2-3
the SOHO の BAR LOUNGE〈the SOHO studios. の BAR〉(不二子が仁瓶功太郎に選挙違反の証拠資料を渡したバー)〔7〕	東京都江東区青海2-7
スタジオピア(黒木が由加里に声を掛けた椎名の事務所が入居しているビルの前)〔7〕	東京都江東区東陽5-26
豊洲市場 水産仲卸売場棟の屋上(千代と萬がベンチに座って話をしていたところ)〔7〕	東京都江東区豊洲6-5
スポーツエンターテインメント広場の東側(千代が一男のことを考えながら歩いていたところ)〔7〕	東京都江東区有明2-1
スタジオピア Studio-8 久我山(由加里が区議会議員の父を問い質した室内)〔7〕	東京都杉並区久我山4-41
舟渡大橋(千代と萬が四朗と話をしたところ)〔7〕	東京都板橋区舟渡4-9
よし邑の前(鰐淵が粟田口を襲おうとしたところ)〔7〕	東京都板橋区蓮根2-19
昭和の森 車屋(四朗が粟田口に会いに行った料亭, 千代と萬が四朗に会いに来た料亭の前)〔7〕	東京都昭島市昭和の森
大和市議会場(萬が区議会議員たちを説得しに来た会議場)〔7〕	神奈川県大和市下鶴間1-1
旧石川組製糸西洋館の食堂(萬が粟田口に会いに行った財務大臣室, 机の下に隠れていた粟田口を千代たちが見つけた財務大臣室)〔終〕	埼玉県入間市河原町13
ホテルグリーンタワー幕張の宴会場「ロイヤルクレッセント」(粟田口が記者会見をしたところ)〔終〕	千葉県千葉市美浜区ひび野2-10
国会正門前交差点(7人が国会議事堂を見上げていた交差点)〔終〕	東京都千代田区永田町1-2

学士会館の301号室（内閣総理大臣秘書の鈴木六都美が財務大臣を決めると内閣総理大臣・天粕八太郎に話した執務室）〔終〕	東京都千代田区神田錦町3-28
大手町プレイス イーストタワー（千代と七菜がすれ違った東都銀行本店のロビー）〔終〕	東京都千代田区大手町2-3
隅田川テラス 新川公園（千代たち6人が歩いていた川辺）〔終〕	東京都中央区新川1-32
築地本願寺（逃げる粟田口を記者たちが追っていたところ，千代たちが粟田口のSPを倒したところ）〔終〕	東京都中央区築地3-15
西新橋交差点（人々が粟田口の生中継を見上げていた交差点）〔終〕	東京都港区西新橋1-15
EX TOWER（七菜がハッキング装置を頭取のPCにセットした頭取室）〔終〕	東京都港区西麻布1-2
ファブリックラウンジ新宿（千代が働き始めたクラブ）〔終〕	東京都新宿区歌舞伎町2-10
東京国立博物館の本館（粟田口が記者たちに囲まれた階段，一男が連行された階段）〔終〕	東京都台東区上野公園13
有明北緑道公園（不二子が仁瓶からUSBメモリを受け取った公園）〔終〕	東京都江東区有明1-6
天王洲アイル（七菜が八神を待っていたところ，千代たちが八神を取り囲んだところ）〔終〕	東京都品川区東品川2-3
ウェスティンホテル東京（三和が父親・風間紀雄に会いに行った「HOTEL GRAND ROSE KAZAMA SHINJUKU」）〔終〕	東京都目黒区三田1-4
でんきのあきもと（人々が粟田口の生中継を見ていた電気店の店頭）〔終〕	東京都渋谷区笹塚2-42
立教大学 池袋キャンパス ポール・ラッシュ・アスレティックセンターのプール（不二子が泳いでいたプール）〔終〕	東京都豊島区西池袋3-34
西武多摩湖線の踏切（千代が一男に抱きついた踏切）〔終〕	東京都東村山市廻田町2-26
LINK FOREST（萬と一男が話をしていた病院の中庭）〔終〕	東京都多摩市鶴牧3-5

GTO（2012年）（ドラマ）

［公　開］2012年7月～9月

［スタッフ］脚本：深沢正樹，田中眞一〔ほか〕，原作：藤沢とおる

［出　演］AKIRA（鬼塚英吉），瀧本美織（冬月あずさ），黒木瞳（桜井良子），山本裕典（冴島俊行），城田優（弾間龍二）〔ほか〕

ロケ地・場面	所在地
グランパークタワープラザ（桜井が鬼塚に教師になることを要請したところ）〔1〕	東京都港区芝浦3-4
新立川航空機（昇が杏子を助けようとした倉庫，鬼塚が昇と杏子を助けに行った倉庫）〔1〕	東京都立川市高松町1-100
JR吉祥寺駅北口（鬼塚があずさを助けた駅前のバスロータリー）〔1〕	東京都武蔵野市吉祥寺本町1-15
キチジョウジギャラリー（弾間龍二の店「NAGISA」の外観）〔1〕	東京都三鷹市井の頭3-32

京王井の頭線井の頭公園駅の北側付近（中学生だった昇が杏子を見捨てて逃げたガード下, 杏子が連れ去られたガード下）〔1〕	東京都三鷹市井の頭3-35
横浜商科大学みどりキャンパス（明修学苑）〔1〕	神奈川県横浜市緑区西八朔町761
田奈第二公園（鬼塚、昇、杏子が話をしていた公園）〔1〕	神奈川県横浜市青葉区田奈町26
所沢航空記念公園の野外ステージ（鬼塚が美姫を待っていた野外ステージ, 鬼塚が美姫を探しに行った野外ステージ）〔2〕	埼玉県所沢市並木1-13
多摩モノレール松が谷駅の北付近（鬼塚が黒いバンを見つけた陸橋の上）〔2〕	東京都八王子市松が谷1358
新立川航空機（鬼塚が美姫を助けに行ったところ）〔2〕	東京都立川市高松町1-100
井の頭恩賜公園内の野外ステージ前（着ぐるみを着た幸雄に美姫が抱きついたところ）〔2〕	東京都三鷹市井の頭4
味の素スタジアム（鬼塚が黒いバンを停車させたところ）〔2〕	東京都調布市西町376
スカイタワー西東京（鬼塚が美姫を連れて行ったタワー, 鬼塚が菊池から美姫の居場所を聞いたところ）〔2〕	東京都西東京市芝久保町5-8
ビューティ＆ウェルネス専門職大学〈旧オンワード総合研究所 人材開発センター〉（鬼塚が釈放された警視庁吉祥寺中央警察署の前, 鬼塚が美姫を誘拐した犯人たちを届けた警視庁吉祥寺中央警察署の前）〔2〕	神奈川県横浜市都筑区牛久保3-9
ホテル・アランド（「であっちゃえ場」を出た鬼塚と遥が向かっていったホテル）〔3〕	東京都武蔵野市吉祥寺本町1-26
実践女子大学 日野キャンパス（國男が遥に声を掛けた校内の並木道, 遥の友達がブランド品を遥に返した校内の並木道）〔3〕	東京都日野市大坂上4-1
田奈第二公園（小学生だった國男と遥がプルタブの指輪を交換した公園）〔3〕	神奈川県横浜市青葉区田奈町26
グリーンカンパニー新宿グローブ（鬼塚と冴島が遊んでいたキャバクラ）〔4〕	東京都新宿区歌舞伎町1-9
SWEETS PARADISE 新宿東口店（雅たちが話をしていたケーキ店）〔4〕	東京都新宿区新宿3-26
新宿柳通り交差点付近（鬼塚がパンツ姿で目を覚ましたゴミ置場）〔4〕	東京都新宿区新宿3-8
山野美容専門学校の山野ホール（朋子がアカペラで唄ったホール）〔4〕	東京都渋谷区代々木1-53
府中の森芸術劇場（全国アイドル発掘オーディション会場の外観とエントランス, 鬼塚が朋子のグッズを販売していたところ）〔4〕	東京都府中市浅間町1-2

実践女子大学 日野キャンパス（オーディションを受ける朋子を鬼塚たちが指導していた屋上）〔4〕	東京都日野市大坂上4-1
早稲田スイミングスクールのプール（水泳の授業が行われていたプール）〔5〕	埼玉県三郷市仁蔵193
JR武蔵野線が江戸川を渡る鉄橋の下（堂島が銃を撃っていた鉄橋の下, 鬼塚が逃げた鉄橋の下）〔5〕	千葉県流山市南流山7-28
こどもの国の白鳥湖（鬼塚があずさをボートから突き落とした池）〔6〕	神奈川県横浜市青葉区奈良町700
東葉高速鉄道の車両基地（神崎の前で電車が停車したところ（線路に降りた神崎の前で電車が停車したシーンは合成））〔7〕	千葉県八千代市大和田新田884
東葉高速鉄道 東葉高速線八千代緑が丘駅（神崎が立っていた駅のホーム）〔7〕	千葉県八千代市緑が丘1-1
ハリファックスビルディングの屋上（神崎が立っていたビルの屋上）〔7〕	東京都港区六本木3-16
区役所通りを跨ぐ「都築ふるさと歩道橋」（神崎が親子連れとすれ違ったところ, 神崎が菊池と話をしたところ, 神崎が相沢と話をしたところ）〔7〕	神奈川県横浜市都筑区茅ケ崎中央4
大和市立病院（鬼塚が意識を取り戻したICU）〔7〕	神奈川県大和市深見西8-3
おおたかの森病院（鬼塚が診察を受けていた病院）〔8〕	千葉県柏市豊四季113
ハリファックスビルディングの屋上（神崎が座っていたビルの屋上）〔8〕	東京都港区六本木3-16
ホテルG7（サラリーマンが雅を連れ込もうとしたホテルの前）〔8〕	東京都新宿区歌舞伎町2-5
新宿住友ビル南側の中央通り（サラリーマンが雅に声を掛けてきたところ）〔8〕	東京都新宿区西新宿2-6
天王洲アイル橋（鬼塚とあずさが渡っていた橋）〔8〕	東京都品川区東品川2-6
ジニアスのSTUDIOジニアス池袋 グリーンst（神崎が入院していた病院の病室）〔8〕	東京都板橋区中丸町11
ビューティ＆ウェルネス専門職大学〈旧オンワード総合研究所 人材開発センター〉（補導された雅を鬼塚とあずさが迎えに行った警視庁吉祥寺中央警察署）〔8〕	神奈川県横浜市都筑区牛久保3-9
デックス東京ビーチ前の台場交差点付近（神崎が鬼塚と電話で話をしていたところ）〔9〕	東京都港区台場1-6
東京渋谷ライブハウス「チェルシーホテル」（鬼塚が雅を連れて行ったところ）〔9〕	東京都渋谷区宇田川町4
実践女子大学 日野キャンパスの本館屋上（雅が立っていた学校の屋上）〔9〕	東京都日野市大坂上4-1
野口ボクシングジム（草野が練習をしていたボクシングジム）〔10〕	東京都足立区千住龍田町13
田奈第二公園（鬼塚と桜井がブランコに座って話をしていた公園）〔10〕	神奈川県横浜市青葉区田奈町26

横浜市営地下鉄センター南駅前の「すきっぷ広場」(鬼塚が腕相撲をしていたところ, 鬼塚とあずさが話をしていたところ)〔10〕	神奈川県横浜市都筑区茅ケ崎中央
横浜商科大学みどりキャンパス(鬼塚と理事長が話をしていたところ, 渋谷が落とした看板から鬼塚が菊池を守ったところ)〔終〕	神奈川県横浜市緑区西八朔町761
横浜美術大学の体育館(モザイクアートが飾られていた会場)〔終〕	神奈川県横浜市青葉区鴨志田町1204
センター南SKYビルの西側(子供の頃の渋谷を美鈴が抱きしめたところ, 鬼塚と菊池が話をしていたところ)〔終〕	神奈川県横浜市都筑区茅ケ崎中央3
総合相模更生病院(鬼塚が入院した病院(廊下、手術室))〔終〕	神奈川県相模原市中央区小山3429
大和市立病院(鬼塚が眠っていた病院のICU)〔終〕	神奈川県大和市深見西8-3

地味にスゴイ！　校閲ガール・河野悦子（ドラマ）

［公　開］2016年10月～12月

［スタッフ］脚本：中谷まゆみ, 川﨑いづみ, 原作：宮木あや子

［出　演］石原さとみ(河野悦子), 菅田将暉(折原幸人), 岸谷五朗(茸原渚音), 青木崇高(貝塚八郎), 本田翼(森尾登代子), 和田正人(米岡光男), 江口のりこ(藤岩りおん), 鹿賀丈史(本郷大作)〔ほか〕

ロケ地・場面	所在地
角川第3本社ビル(景凡社)〔1〕	東京都千代田区富士見1-8
文京スポーツセンターの前(悦子が幸人とぶつかったところ)〔1〕	東京都文京区大塚3-29
てっぱん大吉(悦子が住む「おでん大将」の外観)〔1〕	東京都台東区浅草1-14
トラヤ文具店(悦子がファッション誌を買った店)〔1〕	東京都台東区台東3-27
モードショップ ナカネ(悦子がエディターズバッグを見た店)〔1〕	東京都台東区台東4-22
神田川に架かる万亀橋(貝塚が悦子からの電話を受けた橋の上)〔1〕	東京都中野区東中野1-48
多摩川の堤防(悦子が本郷に謝罪した堤防の上)〔1〕	東京都立川市柴崎町6-20
高幡不動尊参道(高幡不動へ向かう悦子が歩いていた商店街)〔1〕	東京都日野市高幡1
高幡不動尊金剛寺(悦子が訪れた寺)〔1〕	東京都日野市高幡733
実践女子大学 日野キャンパス(登代子が幸人に会いに行った大学のキャンパス)〔1〕	東京都日野市大坂上4-1
多摩動物公園(悦子が訪れた動物園)〔1〕	東京都日野市程久保7-1
立日橋(悦子が訪れた橋)〔1〕	東京都日野市日野本町6-9
史跡の駅 おたカフェ(悦子が本郷の写真を見つけたカフェ)〔1〕	東京都国分寺市西元町1-13
都市センターホテルの会議室(訂正シール貼りを校閲部が行うことを茸原が話した会議室)〔2〕	東京都千代田区平河町2-4
ルミアモーレ(出版記念合同サイン会が行われたところ)〔2〕	東京都港区海岸1-11
バリラックス ザ ガーデン 西新宿(悦子やセシル、百合たちが合コンをしていた店)〔2〕	東京都新宿区西新宿1-26

教育の森公園(悦子が幸人からクリスマスコレクションの招待券をもらったところ)〔2〕	東京都文京区大塚3-29
文京スポーツセンター(悦子が幸人と再会したところ)〔2〕	東京都文京区大塚3-29
生田スタジオ(「解きかける少女」が撮影されたところ, 悦子と貝塚が正宗に原稿を渡したところ)〔2〕	神奈川県川崎市多摩区菅仙谷3-20
文京スポーツセンター(悦子と幸人が卓球をしていたところ)〔3〕	東京都文京区大塚3-29
マノワール・ディノ(「小説家 四条真理恵とワインのマリアージュ」の会場)〔3〕	東京都渋谷区渋谷4-1
角川第3本社ビルの北側付近(幸人の乗った車に悦子が乗り込んだところ)〔4〕	東京都千代田区富士見1-8
アオイスタジオの前(幸人と登代子が悦子とあすかが映るテレビを観たビルの前)〔4〕	東京都港区麻布十番1-1
ガーデン八王子インター店の駐車場(あすかと山ノ内が話をした駐車場)〔4〕	東京都八王子市左入町791
中田公園(悦子が訪れた中田遺跡公園)〔4〕	東京都八王子市中野山王3-12
生田スタジオ(悦子が車を降りたテレビ日本第2スタジオ, あすかの記者会見が行われたところ)〔4〕	神奈川県川崎市多摩区菅仙谷3-20
木更津市クリーンセンター(写真撮影が行われていたところ)〔5〕	千葉県木更津市潮浜3-1
日比谷サロー(セシルがデートをしていたオープンテラス)〔5〕	東京都千代田区日比谷公園1
教育の森公園(悦子と幸人が歩いていたところ)〔5〕	東京都文京区大塚3-29
伝法院通り(悦子がイタリア人にアンケートを配っていたところ)〔5〕	東京都台東区浅草1-36
初音小路飲食店街(悦子が歩いていた飲み屋街)〔5〕	東京都台東区浅草2
花やしき(幸人が悦子を連れて行った遊園地)〔5〕	東京都台東区浅草2-28
浅草神社の境内(悦子と貝塚が串焼きだんごを食べながら休憩していたところ)〔5〕	東京都台東区浅草2-3
雷門交差点(幸人が悦子を待っていたところ)〔5〕	東京都台東区雷門2-18
IL BOCCALONE(登代子がワイン樽を探しに行った店)〔5〕	東京都渋谷区恵比寿1-15
生田スタジオ(登代子がセシルからのメッセージを見たところ)〔5〕	神奈川県川崎市多摩区菅仙谷3-20
隅田川テラス(悦子と幸人が歩いていた川辺)〔6〕	東京都中央区日本橋箱崎町19
Bar Rybeus(幸人と貝塚が話をしていたバー)〔6〕	東京都港区南青山5-10
渋谷消防署原宿出張所の前(幸人が悦子と電話で話をしていたところ)〔6〕	東京都渋谷区代々木1-2
中野セントラルパーク(幸人が腕相撲で三宅に負けた公園)〔6〕	東京都中野区中野4-10
生田スタジオ(タクシーに乗った桐谷を貝塚が見送ったところ, 貝塚が幸人を抱きしめたところ)〔6〕	神奈川県川崎市多摩区菅仙谷3-20

東京国立博物館 平成館の大講堂（悦子が訪れた麻布シアター）〔7〕	東京都台東区上野公園13
サンシャイン水族館（悦子と幸人が訪れた水族館）〔7〕	東京都豊島区東池袋3-1
多摩川の堤防の上（悦子が幸人を本郷に会わせた堤防の上）〔7〕	東京都立川市錦町5-20
すずかけ公園（悦子と幸人がキャッチボールをした公園）〔7〕	東京都府中市日鋼町1
Bar Rybeus（森尾と貝塚が話をしていたバー）〔8〕	東京都港区南青山5-10
CANAL CAFE（幸人が悦子を待っていたオープンカフェ）〔8〕	東京都新宿区神楽坂1-9
根津神社の境内（悦子、貝塚、桜川がたい焼きを食べたところ, 悦子と桜川が写真を撮ったところ, 幸人が飴細工を見たところ）〔8〕	東京都文京区根津1-28
丁子屋（悦子、貝塚、桜川が訪れた手ぬぐいの店）〔8〕	東京都文京区根津2-32
純喫茶 丘（幸人と貝塚が打ち合わせをしていた喫茶店）〔8〕	東京都台東区上野6-5
長岡日本刀研磨所（幸人が刀研ぎを見学していたところ）〔8〕	東京都台東区浅草橋2-15
生田スタジオ（幸人が見ていた工事現場）〔8〕	神奈川県川崎市多摩区菅仙谷3-20
隅田川テラス（悦子が幸人に告白しようとした水辺, 悦子が森尾からの電話を受けた水辺）〔9〕	東京都中央区新川1-32
テレコムセンター展望台（幸人が悦子を連れて行った展望台）〔9〕	東京都江東区青海2-5
パレスサイドビルの屋上（悦子と森尾が話をしていた屋上）〔終〕	東京都千代田区一ツ橋1-1
湯島聖堂（米岡が検証に行ったところ）〔終〕	東京都文京区湯島1-4
竹下夢二美術館（藤岩が訪れた美術館）〔終〕	東京都文京区弥生2-4
東京国立博物館 平成館の大講堂（坂下が検証に行ったホール）〔終〕	東京都台東区上野公園13
生田スタジオ（幸人と貝塚が話をしていたサービスエリアの自動販売機の前）〔終〕	神奈川県川崎市多摩区菅仙谷3-20

シャイロックの子供たち（映画）

[公　開] 2023年2月

[スタッフ] 監督：本木克英, 脚本：ツバキミチオ, 原作：池井戸潤

[出　演] 阿部サダヲ（西木雅博）, 上戸彩（北川愛理）, 玉森裕太（田端洋司）, 柳葉敏郎（九条馨）, 杉本哲太（古川一夫）, 佐藤隆太（滝野真）, 柄本明（沢崎肇）, 橋爪功（石本浩一）, 佐々木蔵之介（黒田道春）〔ほか〕

ロケ地・場面	所在地
旧足利銀行古河支店（東京第一銀行長島支店の内観）	茨城県古河市
ちょっぷく 人形町店（西木たちが訪れた居酒屋）	東京都中央区日本橋人形町3-7-2
川崎幸市場（大田市場）	神奈川県川崎市幸区南幸町3-126-1

十三人の刺客（2010年）（映画）

[公　開] 2010年9月

[スタッフ] 監督：三池崇史, 脚本：天願大介

[出　演] 役所広司（島田新左衛門）, 山田孝之（島田新六郎）, 松方弘樹（倉永左平太）, 沢村一樹（三橋軍次郎）, 石垣佑磨（樋口源内）〔ほか〕

[トピック] 1963年の同題映画のリメイク作品。

ロケ地・場面	所在地
庄内映画村オープンセット（宿場町、漁村・農村、山間集落など）	山形県鶴岡市羽黒町川代東増川山102
仁和寺（明石藩邸の門から大名行列が出発した場所）	京都府京都市右京区御室大内33
二尊院（墓地）	京都府京都市右京区嵯峨二尊院門前長神町27
大本山 隨心院（島田新左衛門邸）	京都府京都市山科区小野御霊町35

終戦のエンペラー（映画）

［公　開］2013年7月

［スタッフ］監督：ピーター・ウェーバー, 脚本：ヴェラ・ブラシ, デヴィッド・クラス

［出　演］マシュー・フォックス（ボナー・フェラーズ）, トミー・リー・ジョーンズ（ダグラス・マッカーサー）, 初音映莉子（島田あや）, 西田敏行（鹿島）, 羽田昌義（高橋）, 片岡孝太郎（昭和天皇）〔ほか〕

［トピック］アメリカの歴史映画。連合国軍の占領下におかれた終戦直後の日本を舞台とし、大半はニュージーランドのオークランド市に再現したセットで撮影された。映画としては初めて皇居敷地内での撮影が許可された。

ロケ地・場面	所在地
皇居（皇居の外観など）	東京都千代田区千代田1-1

純と愛（ドラマ）

［公　開］2012年10月～2013年3月

［スタッフ］脚本：遊川和彦

［出　演］夏菜（狩野純）, 風間俊介（待田愛）, 武田鉄矢（狩野善行）, 森下愛子（狩野晴海）, 吉田羊（桐野富士子）〔ほか〕

ロケ地・場面	所在地
大阪市立中央公会堂付近の堂島川（大阪の風景）〔1〕	大阪府大阪市北区中之島1
土佐堀川沿いの遊歩道（待田愛が狩野純の後を付けていた遊歩道）〔1〕	大阪府大阪市北区中之島1
大川に架かる川崎橋（狩野純が自転車でホテルに向かって渡っていた歩行者専用橋, 狩野純が住むマンションが見える橋）〔1〕	大阪府大阪市北区天満1
川の駅はちけんや（狩野純が食事をしていた川沿いの店, ホテル内のレストラン）〔1〕	大阪府大阪市中央区北浜東1-2
池間大橋（狩野純が宮古島の家を飛び出て歩いて渡っていた海の見える橋）〔1〕	沖縄県宮古島市平良池間
イキズー〈ホテルサザンアイランドのプライベートビーチ〉（狩野純がおじいと行った海）〔1, 3〕	沖縄県宮古島市平良字池間
堂島川に架かる水晶橋（狩野純が豚まん店を見つけた橋）〔2〕	大阪府大阪市北区中之島1
沖縄県立宮古高等学校（狩野純が通っていた高校）〔2, 6〕	沖縄県宮古島市平良西里718-1
La Dolceria di Adriano（行列ができるケーキ店）〔3〕	大阪府大阪市西区京町堀2-6-29
那覇空港（狩野純が待っていた那覇空港）〔3〕	沖縄県那覇市字鏡水150
ゆいレール那覇空港駅（狩野純が乗ったモノレール）〔3〕	沖縄県那覇市字鏡水938-5
樋川の道路（マリヤが住むアパート近くの道）〔3〕	沖縄県那覇市樋川2
国際通り（狩野純が竹笛を買った商店街）〔3〕	沖縄県那覇市牧志

竜宮通り社交街（狩野純がマリヤが働くキャバクラを探していた社交街）〔3〕	沖縄県那覇市牧志3-10-56
天天荘（マリヤが働く那覇のキャバクラ，狩野純がマリヤと話をした階段）〔3〕	沖縄県宮古島市平良西里
メルシー（狩野純がワンピースを試着した店）〔4〕	大阪府大阪市西区南堀江1-10-11
天王寺動物園（狩野純と待田愛がデートで行った動物園）〔4〕	大阪府大阪市天王寺区茶臼山町1-108
湊町リバープレイス（狩野純と待田愛がデートの待ち合わせをした広場）〔4〕	大阪府大阪市浪速区湊町1-3-1
堂島川に架かる水晶橋（待田愛が飛び降りようとした橋）〔4〕	大阪府大阪市北区中之島1
道頓堀川に架かる戎橋（狩野純と待田愛が歩いていた商店街）〔4〕	大阪府大阪市中央区道頓堀1
道頓堀 一明（狩野純と待田愛がデートで入ったお好み焼き屋）〔4〕	大阪府大阪市中央区道頓堀1-6-12
長峰霊園（待田純の墓がある墓地）〔4, 8〕	兵庫県神戸市灘区大石字長峰山4-58
天保山マーケットプレイス（狩野純と待田愛が食事をしていたフードコート）〔5〕	大阪府大阪市港区海岸通1-1-10
コスモスクエア（狩野純と待田愛が行った水辺）〔5〕	大阪府大阪市住之江区南港北1-33
ワールド牧場（待田愛がアルバイトした牧場）〔5〕	大阪府南河内郡河南町白木1456-2
与那覇前浜ビーチ（狩野正が結婚式から逃げた砂浜（バックの橋は来間大橋））〔6〕	沖縄県宮古島市下地与那覇1199-1
イキズー〈ホテルサザンアイランドのプライベートビーチ〉（狩野純と待田愛が再会した海）〔6〕	沖縄県宮古島市平良字池間
大正区役所（狩野純と待田愛が婚姻届を出した区役所）〔7〕	大阪府大阪市大正区千島2-7-95
真田山公園（待田愛がトレーニングを行っていた公園）〔8, 9〕	大阪府大阪市天王寺区真田山町5
NHK大阪放送局（クリスマスのイベントと年越しイベントをやっていた広場）〔13〕	大阪府大阪市中央区大手前4-1-20
千歳渡船場〈鶴町側乗船場〉（待田純と待田愛が乗った渡し舟）〔14〕	大阪府大阪市大正区鶴町4-1-11
サンクス平尾商店街（里やのある商店街）〔14〕	大阪府大阪市大正区平尾3
ポートタウン東駅（狩野善行と狩野晴海が住むマンション近くの駅）〔14, 15〕	大阪府大阪市住之江区南港中2-1-14
泉尾中一商店街（天野が背広を着て歩いていた商店街）〔15〕	大阪府大阪市大正区泉尾1-34-3
東高津公園（狩野善行が就職情報を見ていた公園）〔15〕	大阪府大阪市天王寺区東高津町2
東高津公園（マリアが狩野善行を見かけた公園）〔16〕	大阪府大阪市天王寺区東高津町2
南港北の道路（狩野善行がマリヤを助けた道路）〔16〕	大阪府大阪市住之江区南港北1
東高津公園（狩野善行が泣いていた公園）〔17〕	大阪府大阪市天王寺区東高津町2
コスモスクエア（狩野晴海と狩野純と待田愛が訪れた水辺）〔17〕	大阪府大阪市住之江区南港北1-33

大阪港咲洲トンネル入口の階段(狩野善行が酔いつぶれていた階段)〔19〕	大阪府大阪市住之江区南港北1
なにわの海の時空館(狩野晴海がメロちゃんを探していた海)〔19〕	大阪府大阪市住之江区南港北2-5-20
木津川に架かる堤防新木津川大橋付近(狩野純が金城志道と会った水辺)〔22〕	大阪府大阪市住之江区北加賀屋4
西の浜ビーチ(西の浜ビーチ)〔23〕	沖縄県宮古島市平良狩俣
コスモスクエア(よく出てくるウッドデッキのある水辺)	大阪府大阪市住之江区南港北1-33
中之島ガーデンブリッジ(狩野純と待田愛が出会った橋,狩野純が面接の後に落ち込んでいた橋)	大阪府大阪市北区堂島浜
ANAクラウンプラザホテル大阪(オオサキプラザホテル)	大阪府大阪市北区堂島浜1-3-1
大川に架かる天満橋(オープニングに出てくる川)	大阪府大阪市中央区天満橋京町
伊良部島ホテルサウスアイランド(ホテルサザンアイランド)	沖縄県宮古島市伊良部字伊良部1493-1
東平安名岬(よく出てくる宮古島の海)	沖縄県宮古島市城辺字保良
宮古島空港(宮古島空港)	沖縄県宮古島市平良下里1657-128
西平安名岬(よく出てくる宮古島の海)	沖縄県宮古島市平良狩俣

少女たちの羅針盤 (映画)

[公　開] 2011年5月

[スタッフ] 監督:長崎俊一,脚本:矢沢由美,谷口純一郎,原作:水生大海

[出　演] 成海璃子(楠田瑠美),忽那汐里(江嶋蘭),森田彩華(北畠梨里子),草刈麻有(来栖かなめ),黒川智花(広瀬なつめ),塩谷瞬(倭駆),石井正則(平良弘明),水本諭(瀬川雄介),前田健(芽咲吾朗),金山一彦(武本正弘),清水美沙(江嶋千代子),石黒賢(御蔵総一郎),戸田菜穂(渡見恵子)〔ほか〕

ロケ地・場面	所在地
王子アルカディアリゾート(サスペンス映画の撮影をした廃墟)	岡山県玉野市永井
旧広島県立自彊高等学校(演劇部部室)	広島県福山市加茂町大字下加茂6
霞町ローズナード(なつめが抽選会場で仕事をするところ)	広島県福山市霞町1
福山駅北口広場(羅針盤がストリートライブをする広場)	広島県福山市丸之内1-1-1
福山城公園(4人が訪れた公園)	広島県福山市丸之内1-8
天満屋福山店裏(ダンスグループの練習場所)	広島県福山市元町1-1
トライアングル広場(瀬川が弾き語りする広場)	広島県福山市元町14-1
福山駅(舞利亜と平良がネットシネマ撮影のため降り立った駅)	広島県福山市三之丸町30-1
松永湾貯木場(4人が今後の方針を話し合った場所)	広島県福山市松永
ふくやま芸術文化ホール リーデンローズ(なつめの誘いで観に行った舞台会場)	広島県福山市松浜町2-1-10
ハンプティーダンプティー福山北店(4人が学校帰りに寄るカフェ)	広島県福山市神辺町新道上15-1
神辺文化会館(ステージバトル・フェスティバルの会場)	広島県福山市神辺町川北1155-1
ふくやま美術館 愛のアーチ前(ストリート芝居をした場所)	広島県福山市西町2-4-3

福山市立福山中・高等学校（蘭の通う高校）	広島県福山市赤坂町赤坂910
芦田川公園（瑠美が1人訪れた公園）	広島県福山市千代田町1-2-23
JOYふなまち（ストリート芝居をした商店街）	広島県福山市船町6
ヴェルデュ都（蘭が母とその交際相手と会食した店）	広島県福山市蔵王町3916-12
銀河学院中学校・高等学校（銀星学院）	広島県福山市大門町119-8
福山八幡宮前（蘭の通学路）	広島県福山市北吉津町1-2-16

少年H（映画）

［公　開］2013年8月

［スタッフ］監督：降旗康男, 脚本：古沢良太, 原作：妹尾河童

［出　演］水谷豊（妹尾盛夫）, 伊藤蘭（妹尾敏子）, 吉岡竜輝（妹尾肇）, 花田優里音（妹尾好子）〔ほか〕

ロケ地・場面	所在地
神戸市営地下鉄 名谷車両基地（少年Hと盛夫が市電に乗った駅）	兵庫県神戸市須磨区西落合2-3-1
神戸迎賓館 旧西尾邸「レストラン ル・アン」（少年Hと盛夫が訪れたレストラン）	兵庫県神戸市須磨区離宮西町2-4-1
萌黄の館（ドイツ人オッペンハイマーの自宅）	兵庫県神戸市中央区北野町3-10-11
旧神戸居留地十五番館（少年Hと盛夫がフランス料理屋のオーナーシェフを訪ねた場所）	兵庫県神戸市中央区浪花町15

植物図鑑 運命の恋、ひろいました（映画）

［公　開］2016年6月

［スタッフ］監督：三木康一郎, 脚本：渡辺千穂

［出　演］岩田剛典（日下部樹）, 高畑充希（河野さやか）, 阿部丈二（竹沢陽平）, 今井華（野上ユリエ）, 谷澤恵里香（玉井千秋）〔ほか〕

ロケ地・場面	所在地
橋本運動公園（樹が花冠を作った公園）	茨城県常総市水海道橋本町
西深川橋（樹がさやかを追いかけた橋）	東京都江東区森下3

ジョン・ウィック：コンセクエンス（映画）

［公　開］2023年9月

［スタッフ］監督：チャド・スタエルスキ, 脚本：シェイ・ハッテン, マイケル・フィンチ

［出　演］キアヌ・リーブス（ジョン・ウィック）, ドニー・イェン（ケイン）, ビル・スカルスガルド（ヴァンサン・ビセ・ド・グラモン侯爵）, ローレンス・フィッシュバーン（バワリー・キング）, 真田広之（シマヅ・コウジ）〔ほか〕

［トピック］ジョンウィックシリーズの第4作目。「コンチネンタル・ホテル・大阪」のシーンの一部が日本国内で撮影された。

ロケ地・場面	所在地
国立新美術館（大阪コンチネンタルホテルの外観）	東京都港区六本木7-22-2
道頓堀周辺（ジョンが大阪の街を走るところ）	大阪府大阪市中央区道頓堀

白ゆき姫殺人事件（映画）

［公　開］2014年3月

［スタッフ］監督：中村義洋, 脚本：林民夫, 原作：湊かなえ

［出　演］井上真央（城野美姫）, 綾野剛（赤星雄治）, 染谷将太（長谷川）, 蓮佛美沙子（狩野里沙子）, 菜々緒（三木典子）〔ほか〕

ロケ地・場面	所在地
岡谷塩嶺病院（美姫が友人のお見舞いに訪れた病院）	長野県岡谷市内山4769-67

つきぢや諏訪インター店舗（間山の送別会会場）	長野県諏訪市四賀赤沼3575-3
大手レイクパーク〈マイケルズ〉（典子と美姫の車中でのこと）	長野県諏訪市大手2-13-1
茅野駅東口（美姫が駅に向かうところ）	長野県茅野市茅野
穴山の神社（美姫と夕子の小学校時代の回想で登場する神社）	長野県茅野市玉川穴山
ちのスカイビューホテル 3階	長野県茅野市塚原2-3796-1
県道424（赤星が車にひかれそうになった道路）	長野県茅野市米沢
米沢の畑（幸三朗の畑）	長野県茅野市米沢
富士見町の森（国定公園「しぐれ谷」）	長野県諏訪郡富士見町
タカトミ小林組前の道（満島の回想で登場する道など）	長野県諏訪郡富士見町境
県道484号（しぐれ谷に向かう道）	長野県諏訪郡富士見町境12067
信濃境駅（美姫の実家最寄り駅）	長野県諏訪郡富士見町境7829
旧落合小学校（美姫の小学校時代で登場する学校）	長野県諏訪郡富士見町落合6203

シン・ウルトラマン（映画）

［公　開］2022年5月

［スタッフ］監督：樋口真嗣, 脚本：庵野秀明

［出　演］斎藤工（神永新二）, 長澤まさみ（浅見弘子）, 有岡大貴（滝明久）, 早見あかり（船縁由美）, 田中哲司（宗像龍彦）, 西島秀俊（田村君男）, 山本耕史（メフィラス）, 岩松了（小室肇）, 嶋田久作（大隈泰司）, 益岡徹（狩場邦彦）, 長塚圭史（早坂）, 山崎一（中西誠一）, 和田聰宏（加賀美）〔ほか〕

ロケ地・場面	所在地
茨城県議会議事堂（政府の会議場）	茨城県水戸市笠原町978-6

中之条町内（ネロンガが出現し町民が避難するところ）	群馬県吾妻郡中之条町
千葉県立中央図書館書庫（図書館）	千葉県千葉市中央区市場町11-1
セルリアンタワー東急ホテル（禍特対が政府によって保護されたホテル）	東京都渋谷区桜丘町26-1
平塚市役所本庁舎（会議室）	神奈川県平塚市浅間町9-1

シン・仮面ライダー（映画）

［公　開］2023年3月

［スタッフ］監督・脚本：庵野秀明, 原作：石ノ森章太郎

［出　演］池松壮亮（本郷猛/仮面ライダー・第1バッタオーグ）, 浜辺美波（緑川ルリ子）, 柄本佑（一文字隼人/仮面ライダー第2号・第2バッタオーグ）, 西野七瀬（ヒロミ/ハチオーグ）, 本郷奏多（カマキリ・カメレオン（K.K）オーグ）, 塚本晋也（緑川弘）, 手塚とおる（コウモリオーグ）, 松尾スズキ（SHOCKERの創設者）, 仲村トオル（本郷猛の父）, 安田顕（犯人）, 市川実日子（緑川イチローの母）〔ほか〕

ロケ地・場面	所在地
須田浜海岸 海洋研究施設付近（本郷がバク宙したところ）	茨城県神栖市須田浜地先
神栖駅（戦闘シーン）	茨城県神栖市東深芝22-1
高崎中央銀座商店街（ハチオーグに住民が洗脳された街）	群馬県高崎市寄合町周辺
浅間山キャンプ場前鬼押ハイウェー内（2人の仮面ライダーが向かい合う場所）	群馬県吾妻郡嬬恋村鎌原
群馬サイクルスポーツセンター（カーチェイスのシーン）	群馬県利根郡みなかみ町新巻
川崎 港湾用地（1号と2号が対峙する場所）	神奈川県川崎市川崎区

アネスト岩田ターンパイク箱根（パトカーとトラックが衝突した道路）	神奈川県小田原市～足柄下郡湯河原町
ベルトコンベヤ跡トンネル（CG用素材の撮影）	兵庫県神戸市西区伊川谷町前開付近
UBE三菱セメント・宇部セメント工場（仮面ライダーが登場する場所）	山口県宇部市小串1978-2

シン・ゴジラ（映画）

［公　開］2016年7月

［スタッフ］総監督・脚本：庵野秀明, 監督・特技監督：樋口真嗣

［出　演］長谷川博己（矢口蘭堂）, 竹野内豊（赤坂秀樹）, 石原さとみ（カヨコ・アン・パタースン）, 高良健吾（志村祐介）, 市川実日子（尾頭ヒロミ）, 高橋一生（安田龍彦）, 大杉漣（大河内清次）〔ほか〕

ロケ地・場面	所在地
いちょう通り（人々がゴジラから逃げ惑う通り）	栃木県宇都宮市松が峰2-4
上河原通り（人々がゴジラから逃げ惑う通り）	栃木県宇都宮市大通り4-1
栃木県庁舎（首相官邸）	栃木県宇都宮市塙田1-1-20
三好砿業（瓦礫を重機で撤去した場所）	栃木県佐野市戸室町989
科学技術館 屋上（矢口らが「ヤシオリ作戦」を見守ったビルの屋上）	東京都千代田区
東京駅（「ヤシオリ作戦」のシーン）	東京都千代田区丸の内1
呑川新橋（ゴジラが遡上した川）	東京都大田区
蒲田駅大通り（上陸したゴジラから人々が逃げ惑う通り）	東京都大田区蒲田5
多摩川浅間神社（「タバ作戦」の指揮所）	東京都大田区田園調布1-55-12
立川災害対策本部予備施設（首都壊滅後に矢口らが拠点とした施設）	東京都立川市泉町3567
川崎市役所旧本庁舎（ゴジラが通過した翌日のオフィス）	神奈川県川崎市川崎区宮本町1
LiSE 川崎生命科学・環境研究センター（ドイツの研究所など）	神奈川県川崎市川崎区殿町3-25-13
武蔵小杉駅付近（ゴジラが通過した高層ビル街）	神奈川県川崎市中原区小杉町3-492
丸子橋第一グラウンド近辺（「タバ作戦」の砲撃シーン）	神奈川県川崎市中原区上丸子八幡町
鎌倉由比ヶ浜海岸（ゴジラが再上陸した海岸）	神奈川県鎌倉市由比ガ浜4

人生、いろどり（映画）

［公　開］2012年9月

［スタッフ］監督：御法川修, 脚本：西口典子

［出　演］吉行和子（徳本薫）, 富司純子（石本花恵）, 中尾ミエ（尾関路子）, 平岡祐太（江田晴彦）, 村川絵梨（石立裕香）, 戸次重幸（徳本輝之）, キムラ緑子（女将）, 大杉漣（針木）, 螢雪次朗（菅谷茂）, 藤竜也（徳本輝雄）〔ほか〕

ロケ地・場面	所在地
市宇の棚田（薫がいなくなった際、葉っぱの山から見た棚田）	徳島県勝浦郡上勝町旭西ノ谷17
上勝町農協〈JA東とくしま上勝撰果場〉（江田が働く農協）	徳島県勝浦郡上勝町正木中津87
府殿の棚田（雪の中薫が大根を運んだ畑）	徳島県勝浦郡上勝町生実堂床27
樫原の棚田（路子の母がシニアカーで葉っぱを運んだ坂道）	徳島県勝浦郡上勝町生実白鶴23

上勝町の入り口(いろどりの町入り口)	徳島県勝浦郡上勝町谷口
石本商店(花恵の雑貨屋)	徳島県勝浦郡上勝町谷口12

人生の約束 (映画)

[公　開] 2016年1月

[スタッフ] 監督：石橋冠, 脚本：吉本昌弘

[出　演] 竹野内豊(中原祐馬), 江口洋介(渡辺鉄也), 松坂桃李(沢井卓也), 優香(大場由希子), 小池栄子(藤岡小百合), 髙橋ひかる(渡辺瞳), 美保純(富樫美紀), 市川実日子(渡辺美也子), 立川志の輔(近藤陽介), 室井滋(西村好子), 柄本明(武田善三), ビートたけし(岩瀬厚一郎), 西田敏行(西村玄太郎)〔ほか〕

ロケ地・場面	所在地
新湊漁港 西地区(団結式会場)	富山県射水市港町18-7
中の橋(小百合と祐馬がデートした場所など)	富山県射水市中央町1
放生津八幡宮(曳山譲渡式が行われた神社)	富山県射水市八幡町2-2-27
新西橋(祐馬が漁船を見つめる橋)	富山県射水市放生津町～本町3
番屋カフェ(漁師の作業小屋)	富山県射水市放生津町17-5
射水市役所 新湊庁舎北駐車場(提灯山)	富山県射水市本町2-13-1
ばんざわ理容院(玄太郎の理容店)	富山県射水市本町3-5-19
生活体験施設あずま(祐馬の親友の家)	富山県射水市本町3-5-2
三日曽根公民館(西町の公民館)	富山県射水市本町3-9-12

JIN －仁－(2011年) (ドラマ)

[公　開] 2011年4月～6月

[スタッフ] 脚本：森下佳子, 原作：村上もとか

[出　演] 大沢たかお(南方仁), 綾瀬はるか(橘咲), 中谷美紀(野風/友永未来), 内野聖陽(坂本龍馬), 麻生祐未(橘栄), 佐藤隆太(東修介), 藤本隆宏(西郷隆盛), 小出恵介(橘恭太郎), 桐谷健太(佐分利祐輔), 小日向文世(勝海舟)〔ほか〕

ロケ地・場面	所在地
ワープステーション江戸(仁友堂, 神戸 海軍操練所, 京都御所 蛤御門前など)〔1〕	茨城県つくばみらい市南太田1176
塚田歴史伝説館裏の巴波川(火事から逃れた仁たちがたどり着いた川辺)〔1〕	栃木県栃木市倭町2
日光江戸村(京都の三条河原, 野風が住む横浜の長屋, 仁たちが上陸した大阪 中之島, 京都の町並み)〔1〕	栃木県日光市柄倉470
日光江戸村の吉良上野介邸(仁が連れて行かれた薩摩藩の屋敷前)〔1〕	栃木県日光市柄倉470
若駒酒造(「ペニシリン製造所」の内部)〔1〕	栃木県小山市小薬169
JR御茶ノ水駅前(冒頭のスクランブル交差点)〔1〕	東京都千代田区神田駿河台2-6
神田川に架かる「お茶の水橋」(冒頭、人々が渡っていた橋)〔1〕	東京都千代田区神田駿河台2-6
外堀通りを跨ぐ聖橋の下(未来が歩いていたトンネル)〔1〕	東京都文京区湯島1-4
元町公園(仁が座っていた公園)〔1〕	東京都文京区本郷1-1
石清水八幡宮の南総門前(男体八幡宮 長州軍本陣)〔1〕	京都府八幡市八幡高坊30
ハウステンボス 帆船観光丸(京都へ向かう仁や龍馬が乗った蒸気船)〔1〕	長崎県佐世保市ハウステンボス町
ワープステーション江戸(仁が野風と再会した橋の上)〔2〕	茨城県つくばみらい市南太田1176

日光江戸村の小伝馬町牢屋敷（仁が連れて行かれた小伝馬町牢屋敷）〔2〕	栃木県日光市柄倉470
神保町1目の交差点（死にかけた仁が見た現代の街の風景（高層ビルは東京パークタワーと三井ビル））〔2〕	東京都千代田区神田神保町1-35、37、103、105に囲まれた交差点
駿河国総社 静岡浅間神社（仁が和宮親子内親王と出会ったところ，毒を盛られた和宮が倒れたところ）〔2〕	静岡県静岡市葵区宮ケ崎町102
坂野家住宅（恭太郎と出会った咲が泣き出した竹林，仁と龍馬が別れたところ）〔3〕	茨城県常総市大生郷町2037
ワープステーション江戸（恭太郎が龍馬に会いに行った京都・寺田屋，籠に乗せられた仁に龍馬が近づいたところ，仁が放免された奉行所の門）〔3〕	茨城県つくばみらい市南太田1176
日光江戸村の活動写真の里（野風がルロンの使いに呼び止められた横浜港崎町）〔3〕	栃木県日光市柄倉470
和敬塾 本館（野風がルロンと話をした屋敷の中）〔3〕	東京都文京区目白台1-21
江川家住宅（仁が多紀玄琰にペニシリンの製法を渡した医学館）〔3〕	静岡県伊豆の国市韮山韮山1
ワープステーション江戸（龍馬が襲われた寺田屋）〔4〕	茨城県つくばみらい市南太田1176
川越城本丸御殿（仁と咲が恵姫に謁見した松平家別邸の邸内）〔4〕	埼玉県川越市郭町2-13
こしがや能楽堂・花田苑（川越藩・松平家別邸の庭）〔4〕	埼玉県越谷市花田6-6
佐倉市旧堀田邸（龍馬が東に抱きついた下関・長州藩屋敷の玄関，龍馬が西郷を説得していた京都錦小路薩摩藩邸内の部屋，川越藩松平家の家族が採血をしていた部屋，仁と咲が恵姫と話をした庭）〔4〕	千葉県佐倉市鏑木町274
千葉県立房総のむら（仁と咲が宿泊した大井宿）〔4〕	千葉県印旛郡栄町龍角寺1028
佐倉市旧堀田邸（龍馬が療養していた部屋）〔5〕	千葉県佐倉市鏑木町274
川越城本丸御殿（勝と板倉伊賀守が話をしていた部屋）〔6〕	埼玉県川越市郭町2-13
旧吉田家住宅歴史公園の長屋門（精得館の門）〔6〕	千葉県柏市花野井974
千葉県立房総のむら管理棟（仁が龍馬と再会したところ）〔6〕	千葉県印旛郡栄町龍角寺1028
千葉県立房総のむら商家の町並み（仁が歩いていた長崎の町並み）〔6〕	千葉県印旛郡栄町龍角寺1028
千葉県立房総のむら上総の農家の主屋付近（仁が桂小五郎と出会った長州軍本陣）〔6〕	千葉県印旛郡栄町龍角寺1028
千葉県立房総のむら〈旧学習院初等科正堂〉（仁が講義をしていた精得館の広間，仁が田中と話をしていた建物の前）〔6〕	千葉県印旛郡栄町龍角寺1028
鋸南町元名〈奥元名〉採石場跡地（長州軍と幕府軍が戦っていた戦場）〔6〕	千葉県安房郡鋸南町元名
存林寺（仁が訪れた幕府軍の本陣）〔6〕	千葉県安房郡鋸南町元名1183

史跡料亭 花月（仁が龍馬に保険の話をした「丸山 花月」）〔6〕	長崎県長崎市丸山町2
グラバー園（仁が訪れたトーマスグラバー邸）〔6〕	長崎県長崎市南山手町8
猿楽台地のそば畑（龍馬と東が歩いていた雪原）〔7〕	福島県南会津郡下郷町沢田道洲甲122
那須高原 Michael Garden Court（野風が投げたブーケを咲が受け取ったところ）〔7〕	栃木県那須郡那須町湯本新林206
諏訪神社（龍馬が座っていた長崎にある樹の下）〔7〕	千葉県香取市佐原イ1020
和敬塾 本館（仁と咲がコーヒーを飲んだルロン邸のダイニングルーム, 咲がシャンパンとワインを飲んでいたダイニングルーム, 酔った咲が眠り込んだところ, 仁が野風を診察した寝室）〔7〕	東京都文京区目白台1-21
東山手十二番館（野風の癌が再発したことと妊娠していることを仁が咲に話したところ）〔7〕	長崎県長崎市東山手町6
東山手洋風住宅群（仁と咲が歩いていた横浜外国人居留区）〔7〕	長崎県長崎市東山手町6
日光江戸村（龍馬が「ええじゃないか」に興じていたところ）〔8〕	栃木県日光市柄倉470
旧倶楽部 泉水（京都永井玄蕃頭屋敷）〔8〕	千葉県千葉市若葉区川井町238
ワープステーション江戸（京都伏見の寺田屋）〔9〕	茨城県つくばみらい市南太田1176
東照宮宝物館の北側（仁たちが「ええじゃないか」の行列とすれ違ったところ）〔9〕	栃木県日光市山内2301
日光江戸村（仁たちが龍馬を探していた京都の町並み）〔9〕	栃木県日光市柄倉470
越辺川に架かる島田橋（龍馬が小便をしていた橋近くの河原, 仁が東を見つけた橋の上）〔9〕	埼玉県東松山市宮鼻
千葉県立房総のむら（仁たちが宿泊した駿河国丸子宿）〔9〕	千葉県印旛郡栄町龍角寺1028
大悲願寺（仁が村人の治療に行った寺）〔9〕	東京都あきる野市横沢134
水海道風土博物館 坂野家住宅の竹林（仁が歩いていた竹林）〔10〕	茨城県常総市大生郷町2037
元三大師安楽寺の参道（江戸へ向かう仁、咲、佐分利が歩いていたところ）〔10〕	茨城県常総市大輪町1
ワープステーション江戸（仁と咲が話をしていた寺田屋の前, 薩摩軍が戦っていたところ, 薩摩軍が進軍していた宿場町）〔10〕	茨城県つくばみらい市南太田1176
越辺川に架かる島田橋（東が自害した橋の下）〔10〕	埼玉県東松山市宮鼻
水海道風土博物館 坂野家住宅の竹林（仁が歩いていた竹林）〔終〕	茨城県常総市大生郷町2037
外堀通り（図書館を出た仁が湯島へ向かって走っていたところ）〔終〕	東京都文京区湯島1-4
元町公園（仁が咲の書いた手紙を読んでいた公園）〔終〕	東京都文京区本郷1-1
順天堂大学医学部附属順天堂医院（仁が野口に小説を見せたところ）〔終〕	東京都文京区本郷3-1
寛永寺清水観音堂（彰義隊が集まっていたお堂の前）〔終〕	東京都台東区上野公園1

寛永寺 開山堂〈両大師〉(彰義隊が集結していた上野寛永寺の境内)〔終〕	東京都台東区上野公園14
北区中央図書館(仁が日本医学の歴史書を調べていた図書館)〔終〕	東京都北区十条台1-2
二岡神社(仁たちが野戦治療をしていたところ)〔終〕	静岡県御殿場市東田中

スカーレット (ドラマ)

[公　開] 2019年9月～2020年3月

[スタッフ] 脚本：水橋文美江

[出　演] 戸田恵梨香(川原喜美子), 北村一輝(川原常治), 富田靖子(川原マツ)〔ほか〕

ロケ地・場面	所在地
姉川河口(砂州のある琵琶湖)〔1〕	滋賀県長浜市南浜町
信楽の町並み(川原常治が走っていた古い町並み)〔1〕	滋賀県甲賀市信楽町長野
山文製陶所(川原常治が働く丸熊陶業)〔1〕	滋賀県甲賀市信楽町長野786-1
畑の棚田(信楽の棚田)〔1〕	滋賀県高島市畑
黒川公民館〈現・川西市黒川里山センター〉(川原喜美子が通う小学校)〔1〕	兵庫県川西市黒川谷垣内295
岩尾池(熊谷照子と川原喜美子がキスをした池)〔2〕	滋賀県甲賀市甲南町杉谷
陶器神社(熊谷照子が大野信作を待っていた石段, 熊谷照子が逃げていた石段)〔2〕	滋賀県甲賀市信楽町長野
紫香楽一宮 新宮神社(火祭りの行われた神社)〔9〕	滋賀県甲賀市信楽町長野1151-1

好きっていいなよ。 (映画)

[公　開] 2014年7月

[スタッフ] 監督・脚本：日向朝子, 原作：葉月かなえ

[出　演] 川口春奈(橘めい), 福士蒼汰(黒沢大和), 西崎莉麻(及川あさみ)〔ほか〕

ロケ地・場面	所在地
旧栃木県立田沼高校(東明高校の教室・廊下・渡り廊下・裏庭)	栃木県佐野市栃本町300-1
旧松南小学校	東京都葛飾区新小岩3-25-1
旧小谷野小学校	東京都葛飾区堀切 4-60-1
田園調布学園大学(東明高校の階段・中庭ベンチ・屋上)	神奈川県川崎市麻生区東百合丘3-4-1

SCOOP! (映画)

[公　開] 2016年10月

[スタッフ] 監督・脚本：大根仁, 原作：原田眞人

[出　演] 福山雅治(都城静), 二階堂ふみ(行川野火), 吉田羊(横川定子), リリー・フランキー(チャラ源)〔ほか〕

ロケ地・場面	所在地
守谷トンネル(花火を使ってSP車を振り切ったトンネル)	茨城県守谷市中央
dining &bar KITSUNE(静たちが芸能人の恋愛スクープを偵察したバー)	東京都渋谷区東2-20-13
パークエース 栄4丁目(SP車から逃げたところ)	愛知県名古屋市中区栄4-13-1
ベストウェスタンホテル名古屋 屋上(野火が花火をあげた場所)	愛知県名古屋市中区栄4-6-1
名古屋東急ホテル(野火、静が張り込んだホテル)	愛知県名古屋市中区栄4-6-8
官庁街〈中区三の丸〉(カーチェイスのシーン)	愛知県名古屋市中区三の丸

ステキな金縛り（映画）

［公　開］2011年10月
［スタッフ］監督・脚本：三谷幸喜
［出　演］深津絵里（宝生エミ），西田敏行（更科六兵衛），小林隆（菅仁），KAN（矢部五郎），竹内結子（矢部鈴子）〔ほか〕

ロケ地・場面	所在地
長野県伊那市（エミが更科六兵衛を探しに訪れた村）	長野県伊那市高遠町三義地区
名古屋市役所 本庁舎（裁判所）	愛知県名古屋市中区

ストロベリーナイト（2012年）（ドラマ）

［公　開］2012年1月～3月
［スタッフ］脚本：龍居由佳里，黒岩勉，旺季志ずか，林誠人，原作：誉田哲也
［出　演］竹内結子（姫川玲子），西島秀俊（菊田和男），小出恵介（葉山則之），丸山隆平（湯田康平），宇梶剛士（石倉保），生瀬勝久（井岡博満），津川雅彦（國奥定之助），渡辺いっけい（橋爪俊介），遠藤憲一（日下守），髙嶋政宏（今泉春男），武田鉄矢（勝俣健作）〔ほか〕

ロケ地・場面	所在地
東葉高速鉄道勝田台駅（姫川が地下鉄を降りた桜田門駅のホーム）〔1〕	千葉県八千代市勝田台北3-2
東葉高速鉄道村上駅（姫川が捜査に行った徳山が勤務していた若宮駅）〔1〕	千葉県八千代市村上南1-9
東葉高速鉄道の車両基地へつながる引込線（10年前、酔った米田が踏切内に車を乗り入れ、列車の転覆事故が起こったところ）〔1〕	千葉県八千代市大和田新田890
東葉高速鉄道の車両基地へつながる引込線を跨ぐ跨線橋（姫川が線路をのぞき込んでいた跨線橋，姫川が徳山を逮捕した跨線橋）〔1〕	千葉県八千代市緑が丘1-18
東葉高速鉄道の車両基地へつながる引込線（米田の轢死体が横たわっていた線路）〔1〕	千葉県八千代市緑が丘5-8
地下鉄有楽町線桜田門駅4番出入口（姫川が地上に出てきた桜田門駅の階段）〔1〕	東京都千代田区霞が関2-1
芝パークホテル（姫川が泊ったホテルの部屋）〔1〕	東京都港区芝公園1-5
珈琲タイムス（葉山と石倉が会長代行の水沢と話をしていた喫茶店）〔1〕	東京都新宿区新宿3-35
まぐろ屋 阪庄（石倉が捜査に行った居酒屋「伝楽」）〔1〕	東京都新宿区新宿3-6
喫茶銀座（姫川班が話をしていた喫茶店）〔1〕	東京都渋谷区恵比寿南1-3
カシオ計算機本社の社員食堂（姫川班が食事をしていた警視庁内の食堂）〔1〕	東京都渋谷区本町1-6
烏来 銀座店（勝俣が宇和島と話をしていたマッサージ店）〔2〕	東京都中央区銀座5-9
JR東海道本線の港町架道橋の下（勝俣が男に暴行していたところ）〔2〕	東京都港区海岸1-3
タバコ店「王子」の前（勝俣がフリーペーパーの冊子を丸めたところ）〔2〕	東京都港区新橋4-19
カラオケ747新宿南口本店（姫川と井岡が女子高生に話を聞いていたカラオケ店）〔2〕	東京都新宿区新宿3-36

駒沢オリンピック公園総合運動場の屋内球技場北側（姫川が湯田と電話で話をしていたところ）〔2〕	東京都世田谷区駒沢公園
YMスクウェア原宿（島がゼブラのことを従業員に聞いていた非常階段）〔2〕	東京都渋谷区神宮前4-31
旧渋谷川暗渠の上（菊田が姫川と電話で話をしていたところ）〔2〕	東京都渋谷区神宮前6-18
カシオ計算機本社（湯田が姫川と電話で話をしていたカード会社の前，葉山が姫川と電話で話をしていたカード会社「STARFLASH CARD」のロビー）〔2〕	東京都渋谷区本町1-6
Raja Vetta 新宿店の前（石倉が姫川と電話で話をしていた蓮沼がアルバイトをしていた店の前）〔3〕	東京都新宿区新宿1-15
河合塾 新宿校（葉山が聞き込みをしていた学習塾の前）〔3〕	東京都新宿区西新宿7-12
JR上野駅前のペデストリアンデッキ（姫川たちがクローンカード屋を逮捕したところ）〔3〕	東京都台東区上野7-1
パレスサイドビル（湯田が受付へ行ったビル）〔4〕	東京都千代田区一ツ橋1-1
東港ビル（石倉が今川に会いに行った北城興業の前）〔4〕	東京都港区海岸3-25
ナンサ虎ノ門ビルの西側付近（タクシーに乗った姫川を菊田たちが見送ったところ）〔4〕	東京都港区西新橋1-7
バリラックス 新宿（姫川たちが葉山の歓迎会をしていた店）〔4〕	東京都新宿区西新宿1-26

青物横丁交差点（姫川が聞き込みをしていた歩道橋の近く）〔4〕	東京都品川区南品川3-1
ツルハドラッグ 南品川店（姫川が防犯ビデオを確認したドラッグストア）〔4〕	東京都品川区南品川3-6
品川エトワール女子高等学校（姫川と湯田が捜査に行った山手学園小学校）〔4〕	東京都品川区南品川5-12
スタジオピア B福町（姫川が訪れた倉田邸）〔4〕	東京都杉並区永福1-13
瀬戸内住販（菊田が出てきた不動産店）〔4〕	東京都狛江市東和泉3-12
神奈川水再生センター（姫川が勝俣から倉田のことを聞いたところ）〔4〕	神奈川県横浜市神奈川区千若町1
三津屋の前（姫川たちがSPDのメンバーを逮捕したコンビニの前）〔4〕	神奈川県川崎市多摩区枡形5-19
甲府刑務所の東側付近（姫川が農婦と話をしたところ）〔4〕	山梨県甲府市大津町2075
甲府刑務所の南側（姫川が歩いていた川口少年刑務所の塀沿いの道，姫川が倉田と出会った川口少年刑務所の前）〔4〕	山梨県甲府市堀之内町500
パレスサイドビル（警察を辞めた倉田が警備員の仕事をしていたビル，姫川が倉田に会いに行ったビル，姫川が倉田と話をしたビルの屋上）〔5〕	東京都千代田区一ツ橋1-1
隅田川テラス（菊田と葉山が歩いていた川辺）〔5〕	東京都中央区新川1-32
東港ビル（石倉が聞き込みをしていたところ）〔5〕	東京都港区海岸3-25

小田急線和泉多摩川駅前（姫川がタクシーに乗ったところ）〔5〕	東京都狛江市東和泉4-6
甲府刑務所の西側（倉田が英樹を迎えに来たところ）〔5〕	山梨県甲府市堀之内町500
日本橋 髙島屋（姫川が靴を買ったデパート）〔6〕	東京都中央区日本橋2-4
アートヴィレッジ大崎セントラルタワー（菊田と葉山たちが訪れた濱中薬品，姫川と高野が捜査をしていた濱中薬品の前）〔6〕	東京都品川区大崎1-2
京王多摩川駅前（葉山が聞き込みをしていた線路の近く）〔6〕	東京都調布市多摩川4-40
和泉多摩川商店街（葉山、石倉、湯田が歩いていた商店街）〔6〕	東京都狛江市東和泉3-8と9の間
五反田川に架かる根岸橋（葉山が水を飲みながら座っていた線路近くの橋）〔6〕	神奈川県川崎市多摩区枡形4-7
堀江ドック（鷹見幸彦の遺体が見つかった漁港）〔7〕	千葉県浦安市堀江5-25
「とく一」の前付近（菊田が岸谷の聞き込みをしていたところ）〔7〕	東京都新宿区西新宿1-14
はなの舞 西新宿店の前（姫川が岸谷の聞き込みをしていたところ）〔7〕	東京都新宿区西新宿1-14
日廣ビルの東側（姫川と菊田が落ちあったところ）〔7〕	東京都新宿区西新宿1-14
東京都庁第二本庁舎南側の角筈橋（姫川と菊田が歩いていたところ）〔7〕	東京都新宿区西新宿2-9
浅草一文 本店（石倉と湯田を待っていた姫川たちのところに井岡が現れた店）〔7〕	東京都台東区浅草3-12
JR山手線沿いの坂道（石倉と湯田が上っていた線路沿いの坂道）〔7〕	東京都豊島区南大塚3-33
都電荒川線の踏切（石倉と湯田が渡った踏切）〔7〕	東京都豊島区南大塚3-35
JR王子駅付近（石倉と湯田が聞き込みをしていたところ）〔7〕	東京都北区王子1-3
新中川の堤防の上（岸谷と美津代が歩いていた川沿いの道）〔7〕	東京都江戸川区鹿骨1-18
貸金庫ラスコ（姫川と菊田が訪れた民間の私書箱）〔7〕	東京都八王子市旭町6
ブループラネット稲城（姫川と菊田が訪れた産業廃棄物処理場）〔7〕	東京都稲城市大丸1442
都橋商店街（日下と井岡が歩いていた川沿いに建つ建物）〔7〕	神奈川県横浜市中区宮川町1-1
プレイスイセザキの前（建物から出てきた井岡が上司からの電話に出たところ）〔7〕	神奈川県横浜市中区福富町東通39
富士急ハイランド（遊園地「東京ファミリーランド」）〔7〕	山梨県富士吉田市新西原5-6
国道135号線（美津代の乗ったバスが走っていた海岸沿いの道）〔7〕	静岡県熱海市下多賀773
網代港（美津代が子供とぶつかった漁港）〔7〕	静岡県熱海市網代385
つづらそば（日下と井岡がそばを食べていた店）〔8〕	東京都新宿区下落合3-12
プラネアール 井荻オフィススタジオ（日下と井岡が訪れた五十嵐興業の外観）〔8〕	東京都杉並区井草3-22

北区役所屋上（姫川と菊田が話をしていた屋上，菊田が「悪しき実」の話を姫川にした屋上）〔8〕	東京都北区王子本町1-15
長浜海水浴場付近の防波堤（美津代が銃を捨てた消波ブロックのあるところ，姫川と菊田が訪れた美津代の写真が撮られたところ）〔8〕	静岡県熱海市上多賀133
港付近（姫川と菊田が聞き込みをしていた港付近）〔8〕	静岡県熱海市網代279付近
丁場の堤防付近（姫川と菊田が聞き込みをしていた港付近）〔8〕	静岡県熱海市網代385
作五郎丸（姫川と菊田が美津代を見つけた民宿）〔8〕	静岡県熱海市網代453
丁場から旭町付近の堤防沿い（姫川と菊田が聞き込みをしていた港付近）〔8〕	静岡県熱海市網代455
厳昌院の境内（姫川が子供に美津代の写真を見せた寺の境内）〔8〕	静岡県熱海市網代464
網代の坂道（姫川と菊田が聞き込みをしていた坂道）〔8〕	静岡県熱海市網代555付近
江戸川の河川敷 三郷浄水場取水所の東（高岡工務店の車と高岡の左手首が見つかった多摩川の河川敷）〔9〕	埼玉県三郷市新和2-68
おおたかの森病院（瑞江が心筋梗塞で入院した埼玉稜北大学附属病院）〔9〕	千葉県柏市豊四季113
東横INN 東京日本橋（菊田が姫川を待っていた「ニュー蒲田ホテル」の前）〔9〕	東京都中央区日本橋大伝馬町14
旧NY村上ビル（菊田が日下と出会った中林建設の前）〔9〕	東京都新宿区西新宿7-11
フォルクス 青梅店（耕介が美智子と話をしたファミリーレストラン「ロイヤルダイナー」）〔9〕	東京都青梅市新町8-21
石原商事（姫川と井岡が訪れた不動産店）〔9〕	神奈川県川崎市川崎区渡田1-9
富士急ハイランド（高岡と耕介が遊びに行った遊園地）〔9〕	山梨県富士吉田市新西原5-6
浦安市立中央図書館（姫川と井岡が交通事故の新聞記事を探していた図書館，姫川が電話を掛けていた図書館の前）〔10〕	千葉県浦安市猫実1-2
碗宮（姫川と菊田が話をしていた店）〔10〕	東京都港区芝大門2-2
新宿モノリスビル（菊田が出てきたアクト生命の外観）〔10〕	東京都新宿区西新宿2-3
大王製作所（日下が訪れた木下興業，耕介が女性従業員に話しかけた木下興業の前）〔10〕	東京都台東区日本堤2-11
FREEMAN CAFE（姫川と井岡が美智子に話を聞いたカフェ）〔10〕	東京都渋谷区渋谷1-16
喫茶シルビア（姫川と井岡が13年前の地上げの話を聞いていた喫茶店）〔10〕	東京都足立区西新井栄町2-7
朝倉病院（葉山が姫川と電話で話をしていた亀有総合病院の前）〔10〕	神奈川県横浜市港南区下永谷5-81
首都高速1号横羽線下の多摩川の河原（胴体部分が見つかった高架下）〔10〕	神奈川県川崎市川崎区殿町1

江戸川の河川敷（井岡が姫川に電話を掛けていたホームレスたちがいる河原, 姫川が耕介を連れて行った高岡の遺体があったところ）〔終〕	埼玉県三郷市新和2-213
外堀通りの西新橋一丁目交差点付近（姫川と歩いていた菊田が予約の電話を掛けていたところ）〔終〕	東京都港区西新橋1-7
大田スタジアムの南西付近（姫川が井岡からの電話を受けたところ）〔終〕	東京都大田区東海1-2

ストロベリーナイト（2013年）（映画）

［公　開］2013年1月

［スタッフ］監督：佐藤祐市, 脚本：龍居由佳里, 林誠人, 原作：誉田哲也

［出　演］竹内結子（姫川玲子）, 西島秀俊（菊田和男）, 小出恵介（葉山則之）, 宇梶剛士（石倉保）〔ほか〕

ロケ地・場面	所在地
メイプルイン幕張のレストランメイプル（姫川と菊田が話をしていたホテルのレストラン）	千葉県千葉市花見川区幕張本郷1-12
流山市水道局（警視庁中野東警察署）	千葉県流山市西初石5-57
国会前庭（姫川と菊田が別れた公園）	東京都千代田区永田町1-1
DEN AQUAROOM AOYAMA（姫川と牧田が話をしていた水槽のあるレストラン）	東京都港区南青山5-13
CASK strength（菊田と姫川が食事したレストラン）	東京都港区六本木3-9
リーガロイヤルホテル東京のガーデンラウンジ（姫川と牧田が話をしていたホテルのラウンジ）	東京都新宿区戸塚町1-104
東京ビジネスホテルの屋上（牧田と柳井が話をしていたビルの屋上）	東京都新宿区新宿6-3
松本記念音楽迎賓館のレセプションルーム（龍崎組の定例会会場）	東京都世田谷区岡本2-32
熊野前商店街（姫川と牧田が歩いていた商店街）	東京都荒川区東尾久5-23
ベニースーパー佐野店の前（井岡が菊田にいちごオレを渡した場所）	東京都足立区佐野2-27
鶴見大学の図書館（姫川が柳井のことを調べていた図書館）	神奈川県横浜市鶴見区鶴見2-1
愛知県三の丸庁舎西側の県警本部西交差点（川上が牧田を刺した交差点）	愛知県名古屋市中区三の丸2-6

ストロベリーナイト・サーガ（ドラマ）

［公　開］2019年4月～6月

［スタッフ］脚本：徳永友一, ひかわかよ, 関えり香, 原作：誉田哲也

［出　演］二階堂ふみ（姫川玲子）, 亀梨和也（菊田和男）, 江口洋介（勝俣健作）, 岡田浩暉（橋爪俊介）, 宍戸開（石倉保）, 中林大樹（湯田康平）〔ほか〕

ロケ地・場面	所在地
ヤマニサパースナック（大塚が辰巳に会いに行ったスナック）〔1〕	埼玉県さいたま市大宮区下町1-1
戸田公園漕艇場（漕艇場）〔1〕	埼玉県戸田市戸田公園5

江戸川に架かる上葛飾橋の下（切断された手が見つかった橋の下）〔1〕	千葉県松戸市古ケ崎601
松戸運動公園武道館（2018年11月、菊田が柔道の乱取りをしていたところ）〔1〕	千葉県松戸市松戸新田316
富士ソフト 秋葉原ビル（菊田が田代に会いに行ったところ）〔1〕	東京都千代田区神田練塀町3
Caffe CIELO（大塚がストロベリーナイトのことを姫川に話したカフェ）〔1〕	東京都新宿区高田馬場1-31
セントラル大久保の屋上（勝俣がタバコを吸っていた屋上）〔1〕	東京都新宿区大久保2-19
浅草一文 本店（菊田の歓迎会が行われた居酒屋）〔1〕	東京都台東区浅草3-12
喫茶ジョイ（姫川と北見が立ち止まった喫茶店の前）〔1〕	東京都台東区浅草3-37
マツバビルの前（大塚が再び別行動をしたいと北見に頼んだところ）〔1〕	東京都台東区東上野3-18
JR亀有駅北口前（菊田が歩いていた駅前）〔1〕	東京都葛飾区亀有5-33
都立水元公園の噴水広場付近（ビニールシートにくるまれた金原の遺体が見つかった水辺，別の遺体が見つかった公園の池）〔1〕	東京都葛飾区水元公園
神奈川県立がんセンター（姫川が入院した東京中央警察病院の外観）〔1〕	神奈川県横浜市旭区中尾2-3
川崎運送（姫川と井岡が訪れた金原の勤務先）〔1〕	神奈川県川崎市川崎区元木1-5
厚木市立病院（姫川と井岡が由香里に面会しようとした中央医科大学附属病院）〔1〕	神奈川県厚木市水引1-16
江戸川の堤防（姫川たちが上っていた堤防）〔2〕	千葉県松戸市古ケ崎501
江戸川に架かる上葛飾橋の下（切断された手が見つかった橋の下）〔2〕	千葉県松戸市古ケ崎601
公立長生病院（君江が訪れた北千住中央病院）〔2〕	千葉県茂原市本納2777
大和屋食堂（菊田が監視していた君江が働いている大衆食堂）〔2〕	千葉県茂原市茂原531
江戸屋うなぎ店（姫川と井岡が高岡のことを聞きに行った店）〔2〕	千葉県流山市加6-1329
COFFEE HOUSE MAX（日下が鴨下興業の女性従業員から話を聞いていた喫茶店）〔2〕	東京都新宿区西新宿5-6
かっぱ祭り（高岡と耕介が話をしていた店）〔2〕	東京都台東区西浅草1-3
東上野コリアンタウン（姫川が勝俣に連れ込まれた路地）〔2〕	東京都台東区東上野2-15
富ヶ谷交差点の歩道橋（姫川と菊田が渡っていた歩道橋）〔2〕	東京都渋谷区上原1-1
狛江市役所（姫川たちが訪れた警視庁蒲田西警察署）〔2〕	東京都狛江市和泉本町1-1
長竹材木店（高岡の作業場）〔3〕	埼玉県さいたま市中央区新中里3-11
江戸川の河川敷（姫川、日下、耕介が走っていた河原）〔3〕	千葉県松戸市古ケ崎601
純喫茶 丘（勝俣と情報屋が話をしていた喫茶店，日下が勝俣に会いに来た喫茶店）〔3〕	東京都台東区上野6-5

東日印刷本社の屋上(日下と石倉が話をしていた屋上)〔3〕	東京都江東区越中島2-1
青葉園(姫川が訪れた墓地)〔4〕	埼玉県さいたま市西区三橋5-1505
JR南浦和駅東口(姫川が出てきた駅前)〔4〕	埼玉県さいたま市南区南浦和2-37
プラネアールの「みずほ台井上病院スタジオ」3F病室2人部屋(姫川が母親の見舞いに行った病室)〔4〕	埼玉県富士見市針ヶ谷1-11
習志野市香澄公園(姫川が襲われた公園)〔4〕	千葉県習志野市香澄3
七中すずかけ通りの横断歩道(11年前、高校生だった姫川が母親にメールを送ったところ)〔4〕	千葉県習志野市香澄5-11
プラネアールの哲学堂ロケーションセット(姫川が証言をした法廷)〔4〕	東京都中野区松が丘2-30
ジニアスの池袋GREEN st(高校生だった姫川が入院していた病室)〔4〕	東京都板橋区中丸町11
戸田市商工会の屋上(姫川と今泉がタバコを吸いながら話をしていた屋上)〔5〕	埼玉県戸田市上戸田1-21
東京外環自動車道沿いの道(菊田が谷口を捕まえたところ)〔5〕	埼玉県和光市下新倉1-1
なみき食堂(姫川と相楽が食事をしていた定食屋)〔5〕	埼玉県新座市馬場1-4
マジックランド(菊田が訪れたマジック専門用品店)〔5〕	東京都中央区日本橋茅場町2-17
JR東海道本線の浜町架道橋の下(姫川と相楽が勝俣に話を聞こうとしたトンネル)〔5〕	東京都港区浜松町2-10
ガスライト四谷(菊田が勝俣に会いに行ったバー)〔5〕	東京都新宿区四谷2-13
コンドウ工務店(ワタナベ工務店)〔5〕	東京都新宿区新宿1-30
錦糸町ニット(姫川と相楽が吉原の競馬仲間・青木に話を聞いていた喫茶店)〔5〕	東京都墨田区江東橋4-26
山城屋酒場(姫川と菊田が吉原の友人・佐藤武男に話を聞いていた居酒屋)〔5〕	東京都江東区南砂1-6
神田川に架かる向田橋付近(麗子が刺されるのを葉山が見ていた橋のそば)〔5〕	東京都中野区南台5-28
Yビル志村坂上(菊田が渡辺の指紋を採取した自動販売機があるところ)〔5〕	東京都板橋区志村2-8
新河岸川に架かる芝原橋(姫川と菊田が渡っていた橋)〔5〕	東京都板橋区新河岸3-1
ニコニコ通り(姫川と菊田が歩いていた飲み屋街)〔5〕	東京都板橋区中台1-36
東千葉メディカルセンター(姫川と菊田が里美に会いに行った病院)〔6〕	千葉県東金市丘山台3-6
待乳山聖天公園(重樹が里美に置き去りにされた公園)〔6〕	東京都台東区浅草7-4
スナック蝶(姫川が訪れた里美の勤務先「スナックやよい」)〔6〕	東京都目黒区上目黒1-19
下北沢いちねん(姫川班が酒を呑んでいた店)〔6〕	東京都世田谷区北沢2-14
神田川に架かる向田橋付近(麗子が刺されるのを葉山が見ていた橋のそば)〔6〕	東京都中野区南台5-28

国立市役所（姫川たちが訪れた警視庁上本所警察署）〔6〕	東京都国立市富士見台2-47
和光市役所（警視庁中野北警察署）〔7〕	埼玉県和光市広沢1
サンアゼリアの前（姫川が菊田から週刊誌のコピーを受け取った国会中央図書館の前）〔7〕	埼玉県和光市広沢1-5
国会前庭（菊田が姫川に事件の概要を話した公園）〔7〕	東京都千代田区永田町1-1
新浜町架道橋の下（勝俣が情報屋から写真を受け取ったところ）〔7〕	東京都港区芝1-13
天王洲アイルのシーフォートスクエア（姫川が牧田に会いに向かったところ，牧田が男達を殴ったところ，牧田が姫川の手を引いて走っていたところ）〔7〕	東京都品川区東品川2-3
アプレシオ サンライズ蒲田店（牧田が姫川を連れて行ったネットカフェ）〔7〕	東京都大田区西蒲田7-61
第1下川ビルの非常階段（勝俣が菊田に姫川と牧田の写っている写真を見せた非常階段）〔7〕	東京都大田区大森北3-13
笹塚NAビル東側のパティオ（今泉が姫川と話をした北丸山公園）〔7〕	東京都渋谷区笹塚1-50
ベニースーパー佐野店（2ヶ月前、姫川と牧田が雨宿りをしていたところ，菊田が姫川に傘を届けに来たところ）〔7〕	東京都足立区佐野2-27
カラオケ747新宿3丁目店（姫川が牧田と話をしていたカラオケ店）〔8〕	東京都新宿区新宿3-6
第6三和ビルの非常階段（姫川が菊田と電話で話をしていた非常階段）〔8〕	東京都新宿区新宿3-6
角筈橋の西詰付近（姫川が牧田の車に乗ったところ）〔8〕	東京都新宿区西新宿2-11
アプレシオ サンライズ蒲田店（姫川と菊田が柳井の恋人に会いに行ったネットカフェ）〔8〕	東京都大田区西蒲田7-61
吉祥寺パーキングプラザ（姫川をかばった牧田が刺された駐車場）〔8〕	東京都武蔵野市吉祥寺本町1-20
横浜市西谷浄水場（牧田が出所した府中少年刑務所）〔8〕	神奈川県横浜市保土ケ谷区川島町522
大建商事（牧田が個人情報を受け取った不動産店「LOプランニング」）〔8〕	神奈川県横浜市都筑区中川中央1-23
国会前庭（姫川と菊田がベンチに座って話をしていたところ）〔9〕	東京都千代田区永田町1-1
品川シーズンテラス カンファレンス（和田が記者会見で過去の事件を謝罪した部屋）〔9〕	東京都港区港南1-2
品川駅港南口前（北野貴子が姫川からの電話を受けたところ）〔9〕	東京都港区港南2-14
宇宙村（姫川が訪れた五木商会）〔9〕	東京都新宿区四谷4-28
セントラル大久保の屋上（勝俣と今泉がタバコを吸いながら話をしていた屋上）〔9〕	東京都新宿区大久保2-19
水崎硝子（トキワ硝子）〔9〕	東京都台東区小島2-15

浅草一文 本店（姫川、菊田、石倉、湯田、葉山が酒を呑んでいた店）〔9〕	東京都台東区浅草3-12
第一下川ビル（姫川が訪れた八田商事）〔9〕	東京都大田区大森北3-13
高稲荷公園（姫川が柳井の恋人・内田貴代と話をしていた公園）〔9〕	東京都練馬区桜台6-40
日本大通（変装した姫川が歩いていたところ, 姫川と菊田が別れたところ, 北野を尾行していた姫川に土井が合流したところ）〔9〕	神奈川県横浜市中区日本大通1
四街道徳洲会病院（姫川と江田が訪れた病院）〔10〕	千葉県四街道市吉岡1830
囲味屋―千駄木（下井が訪れた小料理店）〔10〕	東京都文京区千駄木3-44
浅草一文 本店（姫川、石倉、湯田、井岡が話をしていた居酒屋）〔10〕	東京都台東区浅草3-12
荒川金属（木野が立っていたビルの屋上, 菊田が訪れた茅場組のビル）〔10〕	東京都大田区仲六郷1-53
ロマンス通り（江田が男に話しかけたところ）〔10〕	東京都豊島区西池袋1-22
無料案内所の前（姫川が江田と共に聞き込みをしていた繁華街）〔10〕	東京都豊島区西池袋1-22
池袋大橋（姫川と江田が渡っていた跨線橋, 姫川が立ち寄りたいところがあると江田に話した階段）〔10〕	東京都豊島区東池袋1-44
明治通りの交差点（姫川が東尾からの電話を受けた横断歩道の前, 姫川が葉山からの電話を受けた横断歩道の前）〔10〕	東京都豊島区東池袋1-47
花屋食堂（菊田が聞き込みをしていた食堂の前）〔10〕	東京都北区上中里2-32
ホテルラングウッド（諸矢勇造が到着した池袋アーバンプラザホテル, 葉山が負傷したホテルの非常階段）〔10〕	東京都荒川区東日暮里5-50
小美玉医療センター（菊田が入院していた病院）〔終〕	茨城県小美玉市中延651
荒川金属（岩渕と茅場が立てこもった茅場組, 姫川が岩渕を説得したところ）〔終〕	東京都大田区仲六郷1-53
ジニアスの池袋GREEN st（姫川と勝俣が下井から木野のことを聞いた病室）〔終〕	東京都板橋区中丸町11
伊勢佐木町通り（木野が女子高校生とぶつかったところ）〔終〕	神奈川県横浜市中区伊勢佐木町1-5
福富町西公園（姫川が木野を見つけた豊島区東池袋第三公園駐輪場）〔終〕	神奈川県横浜市中区福富町西通2
川崎市役所第四庁舎（移送された木野が到着した警察署）〔終〕	神奈川県川崎市川崎区宮本町3
東名高速道路の高架下（茅場の乗った車を情報屋が見つけたところ, 情報屋が岩渕に襲われたところ）〔終〕	神奈川県川崎市多摩区宿河原6-7

砂の器（2011年）（ドラマ）

[公　開] 2011年9月10日～11日

[スタッフ] 監督：藤田明二, 脚本：竹山洋

[出　演] 玉木宏（吉村弘）, 中谷美紀（山下洋

子), 佐々木蔵之介(和賀英良), 小林薫(今西栄太郎)〔ほか〕

ロケ地・場面	所在地
滋賀県庁周辺道路(洋子が吉村刑事と今西刑事に声をかけた場所)	滋賀県大津市京町4
信楽高原鉄道雲井駅(亀嵩駅)	滋賀県甲賀市信楽町牧字永落
「金亀」岡村本家(秋田の酒蔵)	滋賀県犬上郡豊郷町大字吉田
てんきてんき橋(千代吉・秀夫親子がお遍路姿で歩くシーン)	京都府京丹後市丹後町竹野508
平海水浴場(吉村と今西が犯人の手がかりを求め訪れた海岸)	京都府京丹後市丹後町平
琴引浜(千代吉・秀夫親子がお遍路姿で歩くシーン)	京都府京丹後市網野町掛津
兵庫県公館(コンサートホールの入口)	兵庫県神戸市中央区下山手通4
ジャズ喫茶JamJam(吉村刑事と新聞記者が訪れた喫茶店)	兵庫県神戸市中央区元町通1
新神戸オリエンタル劇場(オーケストラ会場)	兵庫県神戸市中央区北野町1-3
久野川(秀夫が砂の器を作って遊んだ場所)	島根県雲南市
大東町下久野の車庫(秀夫と三木巡査夫婦が住む亀嵩駐在所)	島根県雲南市大東町下久野
湯野神社(三木巡査が千代吉・秀夫親子を保護した神社)	島根県仁多郡奥出雲町亀嵩1284
出雲八代駅(亀嵩駅)	島根県仁多郡奥出雲町馬馳

スパイの妻 劇場版 (映画)

[公　開] 2020年10月

[スタッフ] 監督・脚本:黒沢清, 脚本:濱口竜介, 野原位

[出　演] 蒼井優(福原聡子), 高橋一生(福原優作), 東出昌大(津森泰治), 坂東龍汰(竹下文雄)〔ほか〕

ロケ地・場面	所在地
群馬県庁 昭和庁舎(分隊本部)	群馬県前橋市大手町1-1-1
四万温泉 積善館(旅館「たちばな」)	群馬県吾妻郡中之条町四万温泉4236
八ヶ岳自然文化園(福原夫婦の車の走行シーン)	長野県諏訪郡原村原山
旧加藤海運本社ビル(優作が経営する貿易会社)	兵庫県神戸市兵庫区島上町1-5
神戸市営地下鉄 名谷車両基地(市電で福原夫婦が会話をした場所)	兵庫県神戸市須磨区西落合2-3-1
旧グッゲンハイム邸(福原邸)	兵庫県神戸市垂水区塩屋町3-5-17
神戸税関(神戸憲兵分隊)	兵庫県神戸市中央区新港町12-1

すばらしき世界 (映画)

[公　開] 2021年2月

[スタッフ] 監督・脚本:西川美和, 原案:佐木隆三

[出　演] 役所広司(三上正夫), 仲野太賀(津乃田龍太郎), 北村有起哉(井口久俊), 白竜(下稲葉明雅), キムラ緑子(下稲葉マス子), 長澤まさみ(吉澤遥), 安田成美(西尾久美子), 橋爪功(庄司勉)〔ほか〕

ロケ地・場面	所在地
白井市立白井第二小学校 平塚分校(あかつき学園)	千葉県白井市平塚960
東京都立中央図書館(津乃田が三上の起こした事件を調べた図書館)	東京都港区南麻布5-7-13
梶原銀座商店街(三上が暮らす町)	東京都北区堀船
稲増建材(三上がチンピラとケンカをした場所)	東京都葛飾区奥戸7-20-10

東京都立東部地域病院（三上が運び込まれた病院）	東京都葛飾区亀有5-14-1
スーパーシマムラ（三上が万引きの疑いをかけられたスーパー）	東京都葛飾区南水元1-18
葛飾区役所 福祉事務所相談カウンター（三上が生活保護を申請した役場）	東京都葛飾区立石5-13-1
福博であい橋（津乃田と三上が合流した福岡の橋）	福岡県福岡市中央区西中洲
西区金武 西鉄バス車内（三上が養護施設に向かうバス車内）	福岡県福岡市西区金武

スペシャリスト（ドラマ）

［公　開］2016年1月～3月

［スタッフ］脚本：戸田山雅司

［出　演］草彅剛（宅間善人），南果歩（姉小路千波），芦名星（松原唯子），和田正人（野方希望），夏菜（我妻真里亜），平岡祐太（堀川耕平），吹越満（滝道博喜）〔ほか〕

ロケ地・場面	所在地
成田国際空港第1ターミナル（宅間、姉小路、堀川が入った空港のビル，宅間が君原の車を見つけた空港の駐車場）〔1〕	千葉県成田市三里塚御料牧場1-1
東京慈恵医科大学附属柏病院（君原の娘・清香が入院している病院）〔1〕	千葉県柏市柏下163
東銀座コンワビル（宅間と我妻が横内に会いに行った出版社）〔1〕	東京都中央区築地1-12
テレコムセンタービル（宅間が君原に声をかけた出発ロビー）〔1〕	東京都江東区青海2-38
スフィアタワー天王洲（宅間と真里亜が訪れた新宮司家が入居する高層マンションの外観）〔1〕	東京都品川区東品川2-2
青山ブックセンター本店（サイン会をしている近藤に宅間と我妻が会いに行った書店）〔1〕	東京都渋谷区神宮前5-53
教学院（バルやんが仏像を盗んだ寺）〔1〕	東京都練馬区大泉町6-24
宇徳30号地（冷凍コンテナに監禁されていた我妻を宅間が見つけたコンテナヤード）〔1〕	神奈川県横浜市中区本牧ふ頭1
中華麵舗 虎（連城が松原と堀川から逃げた中華料理店）〔2〕	東京都大田区矢口1-6
環八通り（松原が連城を探していたところ）〔2〕	東京都大田区矢口1-7
東急多摩川線沿いの道（堀川が連城を探していた線路沿い）〔2〕	東京都大田区矢口1-7
キーサイトテクノロジー（ユキザワトーイ）〔2〕	東京都八王子市高倉9
松が丘中央公園（バケちゃんがスリをした公園）〔3〕	埼玉県所沢市松が丘1-23
「いせき」の前（バケちゃんがスリをした店頭）〔3〕	埼玉県所沢市日吉町9
木更津市クリーンセンター（丹羽が我妻を閉じ込めた倉庫の外観）〔3〕	千葉県木更津市潮浜3-1
拓殖大学文京キャンパスのB館地下の食堂（松原、野方、堀川が話をしていた警視庁内の食堂）〔3〕	東京都文京区小日向3-4

田中千代ファッションカレッジ（我妻が訪れた「城明予備校 目白校」，我妻が丹羽の車に乗ったところ）〔3〕	東京都渋谷区渋谷1-21
サクラホテル神保町（姉小路と我妻が捜査に行ったホテル）〔4〕	東京都千代田区神田神保町2-21
隅田川テラス（姉小路が矢橋に会いに行った川辺）〔4〕	東京都中央区勝どき1-13
ロイヤルガーデンカフェ青山（姉小路と我妻が話をしていたオープンカフェ）〔4〕	東京都港区北青山2-1
AMATERAS（松原と堀川が捜査に行ったキャバクラ）〔4〕	東京都新宿区歌舞伎町2-23
旧伊勢屋質店（松原と堀川が訪れた質店）〔4〕	東京都文京区本郷5-9
隅田川に架かる桜橋の下（姉小路と我妻が聞き込みをしていた橋の下）〔4〕	東京都台東区今戸1-1
JR上野駅前のペデストリアンデッキ（我妻が姉小路を尾行していたところ）〔4〕	東京都台東区上野7-1
松本記念音楽迎賓館（姉小路が訪れた井澤の別荘）〔4〕	東京都世田谷区岡本2-32
山野美容専門学校（姉小路と我妻が井澤に会いに行ったJNPの外観）〔4〕	東京都渋谷区代々木1-53
味の素スタジアム（姉小路が矢橋の車を検問したところ）〔4〕	東京都調布市西町376
スタジオ・エコーの「恵比寿・エコー劇場」（宅間と姉小路が閉じ込められた試写会の会場）〔5〕	東京都渋谷区東3-18

川島商店街（チャメやんが自転車のサドルを外して花を生けた商店街）〔5〕	東京都中野区弥生町3-32
入間市文化創造アトリエ・アミーゴ！（薫が演奏会をした「ゆうづき学園」の外観，薫がピアノを弾いた「ゆうづき学園」の室内）〔6〕	埼玉県入間市仏子766
龍生会館（宅間と我妻が薫に会いに行った事務所）〔6〕	東京都新宿区市谷田町3-19
京王線の幡ヶ谷第1架道橋の下（桑原武彦がめった刺しにされた架道橋の下）〔6〕	東京都渋谷区幡ヶ谷1-11と17の間
日本住宅物流センタービルの屋上（麗香が飛び降りたビル，薫が渡辺を突き落とそうとした屋上）〔6〕	東京都板橋区高島平6-2
成田富里徳洲会病院（医療法人玄豊会総合病院）〔7〕	千葉県富里市日吉台1-1
ヴァンパイアカフェ（宅間が銭家に会いに行った「犯罪占い銭やんの館」）〔8〕	東京都中央区銀座6-7
JR品川駅港南口前（美也子が出てきた駅前）〔8〕	東京都港区港南2-14
長者丸踏切の前 山手線目黒道架道橋の下（笠置幸二が射殺された踏切の前）〔8〕	東京都品川区上大崎2-6
JINNAN CAFE（安西がパソコンを操作していたカフェ）〔8〕	東京都渋谷区神南1-17
愛愛賓館（ラブホテル）〔8〕	神奈川県横浜市栄区鍛治ケ谷1-15
ヒルトン小田原 リゾート＆スパ（美也子が宿泊しているホテル）〔8〕	神奈川県小田原市根府川583

京王井の頭線沿いの道(我妻公昭がバイクにぶつかって転んだところ)〔9〕	東京都世田谷区羽根木1-20
京王井の頭線の踏切(宅間と我妻が我妻公昭を見失った踏切)〔9〕	東京都世田谷区羽根木1-30
横浜市立大学医学部附属病院(姉小路と姉小路小枝が話をしていた病院の廊下)〔9〕	神奈川県横浜市金沢区福浦3-9
YRPセンター1番館(宅間が佐神に会いに行ったギャラリーの外観, 宅間が腕を撃たれたところ)〔9〕	神奈川県横須賀市光の丘3
湘南国際村センターの国際会議場(「我々」の勉強会が行われたところ)〔9〕	神奈川県三浦郡葉山町上山口1560
御宿 海のホテル前の砂浜(宅間が座っていた砂浜)〔終〕	千葉県夷隅郡御宿町浜2163
晴海トリトンスクエアの「グランドロビー」(宅間が野方を撃ったところ)〔終〕	東京都中央区晴海1
テレビ朝日の前(野方たちが宅間を探していたところ)〔終〕	東京都港区六本木6-9
日本学術会議の前(逃亡した宅間が腕を押さえながら走っていたところ)〔終〕	東京都港区六本木7-22
西新宿KSビル前(宅間が出てきた新宿駅の出入口)〔終〕	東京都新宿区西新宿3-6
恵比寿ガーデンプレイス(野方たちが宅間を探していたところ)〔終〕	東京都渋谷区恵比寿4-19
横浜シンポジア9階特別会議室(白河長官の部屋)〔終〕	神奈川県横浜市中区山下町2
八景島シーパラダイス(宅間が撃たれたところ)〔終〕	神奈川県横浜市金沢区八景島

SPEC ～翔～ 警視庁公安部公安第五課 未詳事件特別対策係事件簿（ドラマ）

［公　開］2012年4月1日

［スタッフ］脚本：西荻弓絵

［出　演］戸田恵梨香(当麻紗綾), 加瀬亮(瀬文焚流), 竜雷太(野々村光太郎), 椎名桔平(津田助広), 北村一輝(吉川州), 谷村美月(久遠望), 神木隆之介(一十一), 福田沙紀(志村美鈴)〔ほか〕

ロケ地・場面	所在地
常陸海浜広域斎場(望の両親の葬儀が行われていたところ)	茨城県ひたちなか市新光町97
江戸川河川敷 三郷排水機場付近(市柳が津田を射殺したところ)	埼玉県三郷市新和2-442
県営幕張地下第2駐車場の入口(当麻、瀬文、望たちが乗った車が入った駐車場の入口)	千葉県千葉市美浜区中瀬1-3
富士見通り(サトリと望が黒男にマシンガンで襲われたところ)	千葉県木更津市富士見2-3
桜田門交差点 警視庁前(当麻と瀬文が渡っていた横断歩道)	東京都千代田区霞が関2-1
東京シティエアターミナル(野々村が正汽と出会った成田国際空港のロビー)	東京都中央区日本橋箱崎町42
恵比寿東公園(瀬文が念仏を唱えていた公園)	東京都渋谷区恵比寿1-2
隅田川沿いの遊歩道(当麻が御船千鶴子を甦らせたところ)	東京都荒川区東尾久7-3
横浜美術大学(美鈴が大河原教授にハンカチを渡したところ)	神奈川県横浜市青葉区鴨志田町1204

サンケミカル川崎工場付近（瀬文が黒男を待っていた工場地帯，瀬文が黒男を倒した工場地帯）	神奈川県川崎市川崎区千鳥町13
妙圓寺（当麻が瀬文に矢を射った寺，瀬文の投げた矢が当麻の額に当った寺）	神奈川県平塚市土屋1949
鈴木牧場の北にある用水路付近（馬場と美鈴の乗った車が黒男に襲われた田舎道，当麻が黒男の足を撃った田舎道）	神奈川県平塚市北豊田190

SPEC～天～ 劇場版（映画）

［公　開］2012年4月

［スタッフ］監督：堤幸彦，脚本：西荻弓絵

［出　演］戸田恵梨香（当麻紗綾），加瀬亮（瀬文焚流），福田沙紀（志村美鈴），でんでん（市柳賢蔵），岡田浩暉（馬場香），伊藤淳史（伊藤淳史），栗山千明（青池里子），浅野ゆう子（マダム陽＆陰），向井理（セカイ），神木隆之介（一十一），椎名桔平（津田助広），竜雷太（野々村光太郎）〔ほか〕

ロケ地・場面	所在地
椿山荘から蕉雨園（御前会議のシーン（空撮））	東京都文京区関口2-11
吉野家 西五反田一丁目店（里子が牛丼を食べていた店）	東京都品川区西五反田1-33
ウエストパークタワー池袋（警視庁の屋上など）	東京都豊島区西池袋3-21
神奈川水再生センター（美鈴がゴミ箱に隠れていたところ）	神奈川県横浜市神奈川区千若町1
Velasis（当麻と瀬文がクルーザーを調査に行ったマリーナ）	神奈川県横須賀市西浦賀4-11
ホテルグリーンプラザ上越（一、伊藤淳史、マダム陽が隠れていた建物）	新潟県南魚沼市樺野沢112
根津記念館（御前会議のシーン（室内）など）	山梨県山梨市正徳寺296

SPEC ～零～ 警視庁公安部公安第五課 未詳事件特別対策事件簿（ドラマ）

［公　開］2013年10月23日

［スタッフ］脚本：西荻弓絵

［出　演］戸田恵梨香（当麻紗綾），加瀬亮（瀬文焚流），竜雷太（野々村光太郎），大杉漣（ディアブロ），神木隆之介（一十一），城田優（地居聖），福田沙紀（志村美鈴）〔ほか〕

ロケ地・場面	所在地
駅前通り（当麻と野々村がチェッカース無線のタクシーに乗ったところ）	栃木県佐野市高砂町
スズラン前橋店新館の北側付近（一がナンシーを殺害したところ）	群馬県前橋市千代田町2-11
エム・ベイポイント幕張〈旧NTT幕張ビル〉（Snailの外観（高層部は別のビル））	千葉県千葉市美浜区中瀬1-6
三石ホーム技研（優作が瀬文に銃を撃ったところ）	千葉県木更津市木材港7
東京メトロ有楽町線桜田門駅3番出入口（当麻と野々村が上って出てきた階段）	東京都千代田区霞が関2-1
東京シティエアターミナル（野々村が当麻を出迎えた成田国際空港のロビー）	東京都中央区日本橋箱崎町42
高輪プリンツヒェンガルテン（地居が訪れたオランダのアムステルダム）	東京都港区高輪4-24

agete青山本店（地居が訪れたジュエリー店）	東京都港区南青山5-6
テレコムセンタービルの駐車場（ディアブロの乗った車が入った駐車場）	東京都江東区青海2-5
アーバンドックららぽーと豊洲（当麻とナンシーが星を見ていたところ）	東京都江東区豊洲2-4
夢の大橋（地居が当麻に指輪を渡したところ）	東京都江東区有明3-1
中華麵舗 虎（当麻とナンシーが餃子を食べていた「中部日本餃子のCBC」）	東京都大田区矢口1-6
旧中川に架かる「ふれあい橋」の下（当麻陽太が猫に餌をやっていた橋の下，近藤が当麻に声を掛けた橋の下）	東京都江戸川区平井3-14
クロスウェーブ府中の大ホール（瀬文がSITの隊長を任じられたところ）	東京都府中市日鋼町1
緑山スタジオ（瀬文が柳岡副隊長を殴ったところ）	神奈川県横浜市青葉区緑山

青春18×2 君へと続く道（映画）

［公　開］2024年5月

［スタッフ］監督・脚本：藤井道人，脚本：林田浩川，原作：ジミー・ライ

［出　演］シュー・グァンハン（ジミー），清原果耶（アミ），ジョセフ・チャン（リュウ），道枝駿佑（幸次），黒木華（由紀子），松重豊（中里），黒木瞳（裕子）〔ほか〕

［トピック］台湾のジミー・ライによる紀行エッセイ『青春18×2 日本漫車流浪記』を原作とする日本・台湾の合作映画。

ロケ地・場面	所在地
只見町（アミの故郷）	福島県南会津郡只見町
隅田公園（桜まつりが行われた公園）	東京都台東区花川戸1
鎌倉高校前駅（ジミーが訪れた「スラムダンク」の聖地）	神奈川県鎌倉市腰越1-1
ニュー・グリーンピア津南（ランタン祭が行われた場所）	新潟県中魚沼郡津南町秋成12300
なわて通り商店街（ジミーが鶏そばを食べた店）	長野県松本市大手3-4-3
飯山線（ジミーと幸次が雪合戦した場所）	長野県飯山市

青天を衝け（ドラマ）

［公　開］2021年2月～12月

［スタッフ］脚本：大森美香

［出　演］吉沢亮（渋沢栄一），小林薫（渋沢市郎右衛門），和久井映見（渋沢ゑい），村川絵梨（吉岡なか），高良健吾（渋沢喜作），成海璃子（渋沢よし），田辺誠一（尾高惇忠），満島真之介（尾高長七郎），橋本愛（渋沢千代），岡田健史（渋沢平九郎），平泉成（渋沢宗助），朝加真由美（渋沢まさ），竹中直人（徳川斉昭），渡辺いっけい（藤田東湖），津田寛治（武田耕雲斎），草彅剛（徳川慶喜），堤真一（平岡円四郎），木村佳乃（平岡やす），平田満（川路聖謨），玉木宏（高島秋帆）〔ほか〕

ロケ地・場面	所在地
水戸藩校弘道館（七郎丸が訓練していた場所）〔1〕	茨城県水戸市三の丸1-6-29
ワープステーション江戸（江戸城）〔1〕	茨城県つくばみらい市南太田1176
新井の農地（渋沢栄一が育った血洗島の村（建物は屋外セット））〔1〕	群馬県安中市松井田町新井
仙ヶ滝（渋沢栄一が尾高千代の櫛を探していた滝）〔1〕	群馬県安中市松井田町土塩
谷川岳の天狗の留まり場付近（渋沢栄一がいた山）〔1〕	群馬県利根郡みなかみ町湯桧曽

鎌形八幡神社(血洗島の神社)〔2〕	埼玉県比企郡嵐山町鎌形1993

世界一難しい恋 (ドラマ)

[公　開] 2016年4月～6月

[スタッフ] 脚本：金子茂樹

[出　演] 大野智(鮫島零治), 波瑠(柴山美咲), 北村一輝(和田英雄), 小池栄子(村沖舞子), 杉本哲太(石神剋則), 小瀧望(三浦家康), 清水富美加(堀まひろ)〔ほか〕

ロケ地・場面	所在地
ティップネス丸の内スタイル(鮫島ホテルズ社員専用のジム)〔1〕	東京都千代田区丸の内2-6
NE PLUS ULTRA 銀座店(和田と白浜が話をしていた店)〔1〕	東京都中央区銀座7-2
新宿中央公園前交差点付近(携帯電話で志乃が話をしているのを零治が車の中から見たところ)〔1〕	東京都新宿区西新宿2-11
Q.E.D.CLUB(零治が無口を演じて見合い相手に嫌われたレストラン)〔1〕	東京都目黒区中目黒1-1
Q.E.D.CLUBのダイニングルーム(零治が志乃と見合いをしたレストラン)〔1〕	東京都目黒区中目黒1-1
横浜ランドマークタワー(鮫島ホテルズの本社)〔1〕	神奈川県横浜市西区みなとみらい2-2
セントジェームスクラブ迎賓館(零治の自宅の外観)〔1〕	神奈川県横浜市西区老松町18
ホテルニューグランド(ステイゴールドホテル)〔1〕	神奈川県横浜市中区山下町10
汽車道(船を下りた零治が歩いていたところ)〔1〕	神奈川県横浜市中区新港2-9
大岡川に架かる末吉橋(美咲がメールを見た橋の上)〔1〕	神奈川県横浜市中区末吉町3
仲乃湯(美咲が訪れた銭湯)〔1〕	神奈川県横浜市南区中村町3-207
山のホテル(零治が視察に行った鮫島ホテルズ箱根)〔1〕	神奈川県足柄下郡箱根町元箱根80
NE PLUS ULTRA 銀座店(和田と白浜が話をしていたバー)〔2〕	東京都中央区銀座7-2
さくら通り西交差点付近(零治が子犬を引き取ったところ)〔2〕	神奈川県横浜市西区みなとみらい2-1
日本丸メモリアルパーク(零治が子犬を飼い主に渡したところ)〔2〕	神奈川県横浜市西区みなとみらい2-1
横浜ランドマークタワーの前(零治が美咲と子犬の写真を撮ったところ)〔2〕	神奈川県横浜市西区みなとみらい2-2
菜香新館(零治と三浦が食事をした中華料理店, 零治が社長室のメンバーと食事をした中華料理店)〔2〕	神奈川県横浜市中区山下町192
アトンパレスホテル(零治と美咲が訪れた建設途中のホテルの外観)〔3〕	茨城県神栖市大野原1-12
JR品川駅港南口前(零治が立っていた駅前の広場)〔3〕	東京都港区港南1-9
東京ゲートブリッジ(零治と美咲を乗せた車が渡っていた橋)〔3〕	東京都江東区若洲3-1
北仲橋(美咲とまひろが歩いていたところ)〔3〕	神奈川県横浜市中区桜木町1-1
生田スタジオ(零治がキャンプをしていたところ)〔3〕	神奈川県川崎市多摩区菅仙谷3-20

書泉グランデ(美咲が零治の撮った写真が掲載された雑誌を見た書店)〔4〕	東京都千代田区神田神保町1-3
品川シーズンテラス(まひろが白浜を食事に誘おうとしたところ)〔4〕	東京都港区港南1-2
セントジェームスクラブ迎賓館(零治と美咲が食事をしたレストラン, 零治が田中と握手をしたレストラン)〔4〕	神奈川県横浜市西区老松町18
神奈川県庁本庁舎前(美咲が零治の車に乗ったところ, 零治が美咲にバラの花束を渡せなかったところ)〔4〕	神奈川県横浜市中区日本大通1
元湯玉川館のお食事処(零治がベテランの従業員に解雇を言い渡した部屋, 舞子が鮫島に解雇願いを渡した部屋)〔4〕	神奈川県厚木市七沢2776
玉樟園 新井(舞子と石神が働いていた鮫島旅館の外観)〔4〕	静岡県伊豆市土肥284
弓ヶ浜(零治と美咲が立ち寄った砂浜)〔4〕	静岡県賀茂郡南伊豆町湊901
鶴見大学図書館(石神が美咲と出会った図書館)〔5〕	神奈川県横浜市鶴見区鶴見2-1
桜木町二丁目交差点付近(美咲が立ち止まったところ)〔5〕	神奈川県横浜市中区桜木町1-1
弁天橋(美咲とまひろが話をしていた橋の上)〔5〕	神奈川県横浜市中区本町6-50
神宮外苑のイチョウ並木(美咲と祖父・雄三郎が歩いていた並木道)〔6〕	東京都港区北青山1-7

末廣亭(美咲が零治を連れて行った寄席)〔6〕	東京都新宿区新宿3-6
下総屋食堂(美咲が零治を連れて行った食堂)〔6〕	東京都墨田区横網1-12
喫茶銀座(美咲と雄三郎が美咲の進路のことを話していた喫茶店)〔6〕	東京都渋谷区恵比寿南1-3
横浜美術館のレクチャーホール(零治が社員に話をしていたホール)〔6〕	神奈川県横浜市西区みなとみらい3-4
アニヴェルセル みなとみらい横浜(全日本ホテル協会のパーティー会場)〔6〕	神奈川県横浜市中区新港2-1
八景島シーパラダイスの「アクアミュージアム」(零治と美咲が訪れた水族館)〔6〕	神奈川県横浜市金沢区八景島
長安寺の墓地(美咲が雄三郎の遺影を抱いて立っていた墓地)〔6〕	神奈川県横須賀市久里浜2-8
ホテルニューグランド(村沖が和田を待っていたホテルの部屋)〔7〕	神奈川県横浜市中区山下町10
よこはまコスモワールドのコスモクロック21(零治と美咲が乗った遊園地の観覧車)〔7〕	神奈川県横浜市中区新港2-8
北仲橋(零治がタクシーに乗ったところ)〔8〕	神奈川県横浜市西区みなとみらい2-1
日本丸交差点(零治が渡った横断歩道)〔8〕	神奈川県横浜市中区桜木町1
ホテルニューグランドの前(零治が美咲に落語のCDを返したところ)〔8〕	神奈川県横浜市中区山下町10

ホテルニューグランドの中庭（零治が美咲を待っていたところ）〔8〕	神奈川県横浜市中区山下町10
横浜マリンタワーの前（零治と美咲が別れたところ）〔8〕	神奈川県横浜市中区山下町15
中華街東門交差点（零治と美咲が立ち止まって話をした交差点）〔8〕	神奈川県横浜市中区山下町60
万国橋（幸蔵が渡っていた橋）〔8〕	神奈川県横浜市中区新港2-1
グランドオリエンタルみなとみらい（美咲の送別会が行われたところ）〔8〕	神奈川県横浜市中区新港2-3
ビューティ＆ウェルネス専門職大学〈旧オンワード総合研究所 人材開発センター〉のフィットネスクラブのプール（和田が零治と電話で話をしていた屋内プール）〔8〕	神奈川県横浜市都筑区牛久保3-9
生田スタジオ（美咲とまひろが話をしていた店）〔8〕	神奈川県川崎市多摩区菅仙谷3-20
天王洲アイルのシーフォートスクエア（スウィンギーの着ぐるみを着た零治が美咲と写真を撮ったところ，零治からもらったホテル経営の本を美咲が見たところ，零治が美咲を抱きしめたところ）〔9〕	東京都品川区東品川2-3
ホテルニューグランドの前（三浦が零治の本を美咲に渡したところ，美咲が零治を追いかけ始めたところ）〔9〕	神奈川県横浜市中区山下町10
港郵便局前交差点（自転車通勤の零治と三浦が出会った交差点）〔9〕	神奈川県横浜市中区日本大通9
生田スタジオ（零治と村沖が下見に行ったオフィス）〔9〕	神奈川県川崎市多摩区菅仙谷3-20
榛の木林（和田が食事をした食堂）〔9〕	山梨県南都留郡忍野村忍草265
玉樟園 新井（美咲が訪れた鮫島旅館，零治が本を探しに行った鮫島旅館）〔9〕	静岡県伊豆市土肥284
アトンパレスホテル（鮫島ホテルズ東京の外観）〔終〕	茨城県神栖市大野原1-12
日本テレビタワー（零治が櫻井翔からインタビューを受けたところ）〔終〕	東京都港区東新橋1-5
下総屋食堂（零治と美咲が食事をした食堂）〔終〕	東京都墨田区横網1-12
神奈川県庁本庁舎前（美咲が零治の車に乗ったところ，零治が美咲にバラの花束を渡したところ）〔終〕	神奈川県横浜市中区日本大通1
大岡川に架かる末吉橋（零治と美咲が別れた橋）〔終〕	神奈川県横浜市中区末吉町3
パセラリゾーツ横浜関内店（三浦が歌っていたカラオケ店）〔終〕	神奈川県横浜市中区末広町3-95
仲乃湯（美咲が零治を連れて行った銭湯）〔終〕	神奈川県横浜市南区中村町3-207

世界から猫が消えたなら（映画）

［公　開］2016年5月

［スタッフ］監督：永井聡，脚本：岡田惠和，原作：川村元気

［出　演］佐藤健（僕/悪魔），宮崎あおい（彼女），濱田岳（タツヤ），奥野瑛太（トムさん），石井杏奈（ミカ），奥田瑛二（父），原田美枝子（母）〔ほか〕

ロケ地・場面	所在地
サテンドール（「僕」がオムライスを食べたカフェ）	北海道函館市若松町17-7
青柳町会館（「僕」が勤める郵便局の外観）	北海道函館市青柳町23-18
モストゥリー（「僕」が元カノと会った店）	北海道函館市大町9-15
民宿 室屋（「僕」が両親と宿泊した宿）	北海道函館市大町9-17
元町公園近くの道路（「僕」が雨の中キャベツを探す道路）	北海道函館市弥生町1付近
姿見坂（雨の中「僕」が転んでうずくまった坂道など）	北海道函館市弥生町8-16付近

関ヶ原（映画）

［公　開］2017年8月

［スタッフ］監督・脚本：原田眞人, 原作：司馬遼太郎

［出　演］岡田准一（石田三成）, 役所広司（徳川家康）, 有村架純（初芽）, 平岳大（島左近）, 東出昌大（小早川秀秋）, 松山ケンイチ（直江兼続）〔ほか〕

ロケ地・場面	所在地
富士見町の森林（三成が馬を駆ける場所, 島津陣地）	長野県諏訪郡富士見町
愛知川（三成が処刑された場所）	滋賀県彦根市
彦根城（大垣城）	滋賀県彦根市金亀町1-1
天寧寺（三献の茶を行った場所）	滋賀県彦根市里根町232
金剛輪寺（徳川方の本陣での軍議を行った場所）	滋賀県愛知郡愛荘町松尾寺874

西郷（せご）どん（ドラマ）

［公　開］2018年1月～12月

［スタッフ］脚本：中園ミホ, 原作：林真理子

［出　演］鈴木亮平（西郷隆盛）, 瑛太（大久保利通）, 黒木華（西郷糸）, 沢村一樹（赤山靱負）, 藤木直人（阿部正弘）, 風間杜夫（西郷吉兵衛）, 松坂慶子（西郷満佐）, 渡辺謙（島津斉彬）, 二階堂ふみ（愛加那）〔ほか〕

ロケ地・場面	所在地
里川に架かる落合橋（高麗橋）〔1〕	茨城県常陸太田市落合町
飯高寺（妙円寺詣りのゴールの寺）〔1〕	千葉県匝瑳市飯高1789
上野恩賜公園（上野公園の西郷隆盛像）〔1〕	東京都台東区上野公園1
狐ケ丘（幼少の西郷隆盛が走っていた桜島の見える丘, 幼少の西郷隆盛が島津斉彬に会った桜島の見える丘）〔1〕	鹿児島県霧島市福山町福地
掛橋坂（妙円寺詣りで走っていた石畳の坂道）〔1〕	鹿児島県姶良市蒲生町北1006
重富海岸（船着き場のある砂浜）〔1〕	鹿児島県姶良市脇元7703-4
磯山公園（島津斉彬が休憩した桜島の見える丘）〔2〕	鹿児島県鹿児島市吉野町七社8350-2
古河公方公園 旧中山家住宅（西郷吉之助と西郷吉兵衛が借金をしに行った豪商の家）〔3〕	茨城県古河市鴻巣1044
ワープステーション江戸（お城がある鹿児島の町並み）	茨城県つくばみらい市南太田1176
江川邸（高輪薩摩下屋敷）	静岡県伊豆の国市韮山韮山1-1
仙巌園〈磯庭園〉（島津家の別邸があった仙巌園）	鹿児島県鹿児島市吉野町9700-1
桜島有村展望台（タイトルバックの桜島）	鹿児島県鹿児島市有村町952
江之島（サブタイトルのバックの桜島が見える島）	鹿児島県垂水市海潟
小牧の棚田（桜島の見える棚田）	鹿児島県霧島市隼人町小牧

韓国岳 大浪池付近（オープニングの池が見える山）	鹿児島県霧島市牧園町高千穂
大浪池（オープニングの池）	鹿児島県霧島市牧園町高千穂
高千穂峰〈御鉢〉（オープニングの山）	鹿児島県霧島市霧島田口
霧島神宮（オープニングで太鼓をたたいていた神社）	鹿児島県霧島市霧島田口2608-5
あやまる岬（オープニングの夜明けの海）	鹿児島県奄美市笠利町大字須野
薗家の庭園（西郷吉之助が住んでいた奄美の家）	鹿児島県奄美市笠利町用安1592
知覧武家屋敷群（石垣がある鹿児島の町並み）	鹿児島県南九州市知覧町郡6191
森重堅邸庭園（赤山靭負邸）	鹿児島県南九州市知覧町郡6354
精矛神社（妙円寺詣りが行われていた神社）	鹿児島県姶良市加治木町日木山311
竜門司坂（オープニングの石畳の坂道）	鹿児島県姶良市加治木町木田5088-1
雄川の滝（オープニングの滝）	鹿児島県肝属郡南大隅町根占川北
宮古崎（オープニングの岬）	鹿児島県大島郡大和村国直668-7

セトウツミ（映画）

［公　開］2016年7月

［スタッフ］監督・脚本：大森立嗣，原作：此元和津也

［出　演］池松壮亮（内海想），菅田将暉（瀬戸小吉），中条あやみ（樫村一期），鈴木卓爾（おじさん），成田瑛基（鳴山），岡山天音（堤），奥村勲（瀬戸の父），笠久美（瀬戸の母），牧口元美（瀬戸の祖父），宇野祥平（バルーンさん）

ロケ地・場面	所在地
堺山之口商店街（瀬戸の祖父が歩いた商店街）	大阪府堺市堺区
内川河川敷（内海と瀬戸が放課後過ごす河川敷）	大阪府堺市堺区
観濠クルーズSakai（オープニングのシーン）	大阪府堺市堺区栄橋町1
西然寺（樫村の実家）	大阪府堺市堺区戎之町東5-1-32
石津北駅（樫村と内海が一緒に歩いた駅）	大阪府堺市西区浜寺石津町中2-1

銭の戦争（ドラマ）

［公　開］2015年1月～3月

［スタッフ］脚本：後藤法子，原作：パク・イングォン

［出　演］草彅剛（白石富生），大島優子（紺野未央），木村文乃（青池梢），渡部篤郎（赤松大介），大杉漣（紺野洋），ジュディ・オング（青池早和子）〔ほか〕

ロケ地・場面	所在地
エム・ベイポイント幕張〈旧NTT幕張ビル〉（未央が勤務する会社の外観）〔1〕	千葉県千葉市美浜区中瀬1-6
桜田通り〈国道1号線〉（富生が電話で話をしながら歩いていた東京タワーの見えるところ）〔1〕	東京都港区三田1-4
青山エリュシオンハウス（富生が灰谷を待っていたレストランの前）〔1〕	東京都港区赤坂8-2
染谷商店の敷地内（富生が暴行されて現金を奪われたところ，洋が富生を見つけたところ）〔1〕	東京都墨田区東墨田1-3
前川製作所本社（未央が植草から名刺を受け取った受付）〔1〕	東京都江東区牡丹3-14

アートヴィレッジ大崎セントラルタワー(富生が早和子に会いに行った青池ファイナンスの外観)〔1〕	東京都品川区大崎1-2
目黒川に架かる御成橋の南詰付近(富生が車に押し込まれたところ)〔1〕	東京都品川区大崎1-2
PUB SNACK コーラル(赤松金融の外観)〔1〕	東京都大田区西蒲田7-31
けやき広場(富生が未央の500円をだまし取ったところ)〔1〕	東京都世田谷区上用賀2-3
呑川に架かる伊勢橋付近(赤松、慎一、土田正之、土田順子が洋を待っていたところ)〔1〕	東京都世田谷区深沢7-3
甲斐電機(ホワイト化学)〔1〕	東京都足立区千住緑町3-25
東京医科大学八王子医療センター(三保子が入院した大森総合病院)〔1〕	東京都八王子市館町1163
横浜みなと博物館の前(富生と梢の婚約パーティーが行なわれたところ)〔1〕	神奈川県横浜市西区みなとみらい2-1
みなとみらいグランドセントラルタワー(富生が灰谷を待っていたビルのロビー)〔1〕	神奈川県横浜市西区みなとみらい4-6
横浜信用金庫 本店(富生が訪れた東都銀行の外観, 富生が金原専務と電話で話をしていた「ときわ銀行」の前)〔1〕	神奈川県横浜市中区尾上町2-16
セレモホール金沢文庫(孝夫の葬儀が行なわれたところ)〔1〕	神奈川県横浜市金沢区釜利谷東2-13

喫茶まりも 新丸子店(赤松と土田夫妻が洋と話をしていた喫茶店)〔1〕	神奈川県川崎市中原区新丸子東1-785
厚木公園〈はとぽっぽ公園〉(富生が手を洗っていた公衆便所)〔1〕	神奈川県厚木市中町3-7
相模川に架かる新相模大橋の下(孝夫がカードを石で削っていた橋の下)〔1〕	神奈川県海老名市上郷4
座間市役所(富生が孝夫の遺体を確認に行った相模警察署の外観, 光太郎が駆けつけた警視庁大田西警察署の外観)〔1〕	神奈川県座間市緑ケ丘1-1
経団連会館(孝夫が富生に会いに来たビルの前)〔2〕	東京都千代田区大手町1-3
吉岡ビルの前(富生が面接を受けた会社に電話を掛けていたところ)〔2〕	東京都新宿区新宿3-10
東京ビジネスホテル(富生が宿泊していたホテル)〔2〕	東京都新宿区新宿6-3
砂町銀座商店街(富生が紅谷と歩いていた商店街)〔2〕	東京都江東区北砂5-1
目黒川沿いの道(紅谷を見たブランド服を着た女がタクシーに乗ったところ)〔2〕	東京都品川区西五反田1-3
喫茶銀座(富生が紅谷と話をしていた「喫茶エルーア」, 富生がササキから受け取った利息を紅谷に渡した喫茶店)〔2〕	東京都渋谷区恵比寿南1-3
パレスホテル立川の南側(富生が赤松と話をしたところ)〔2〕	東京都立川市曙町2-40

きくよし食堂（富生と紅谷が食事をしていた「ササキ食堂」，富生が借金の取り立てに行った「ササキ食堂」）〔2〕	東京都府中市緑町3-17
小田急小田原線が相模川を渡る鉄橋付近（富生が紅谷と出会った河原）〔2〕	神奈川県厚木市厚木町2
城山公園（富生が紅谷に話しかけた炊き出しが行なわれていた公園）〔2〕	神奈川県綾瀬市早川城山2-15
FOURSIS&CO豊洲メゾン（植草の母親が未央のウエディングドレスを選んでいたサロン）〔3〕	東京都江東区豊洲3-2
アヴァンセ リアン 東京（未央が結婚式の打ち合わせに行ったところ，富生が未央を連れ出したチャペル）〔3〕	東京都江東区豊洲3-2
豊洲キュービックガーデン（ウエディングドレスを着た未央の手を引いて富生が走っていたところ）〔3〕	東京都江東区豊洲3-2
八雲3丁目の坂道（未央と洋が上っていた坂道，未央が結婚を受けることを植草に電話で伝えたところ）〔3〕	東京都目黒区八雲3-11と12の間
五十嵐電機製作所（富生と慎一が取り立てに行った町工場）〔3〕	東京都目黒区目黒本町2-6
けやき広場（富生と未央がベンチに座って話をしていたところ）〔3〕	東京都世田谷区上用賀2-4
ウエスティンホテル東京の北側付近（パーティー会場を出た富生と赤松が歩いていたところ）〔3〕	東京都渋谷区恵比寿3-30
コットンハーバークラブ横浜（富生と赤松が早和子に会いに行ったパーティー会場）〔3〕	神奈川県横浜市神奈川区山内町15
品川インターシティフロントビルの前（赤松が未央を見たところ）〔4〕	東京都港区港南2-14
天王洲ふれあい橋北詰の港南公園（未央が梢にUSBメモリーを渡そうとしたところ）〔4〕	東京都港区港南4-5
氷川公園（シンジが500円玉を側溝から拾っていたところ）〔4〕	東京都港区赤坂6-5
ロイヤルガーデンカフェ青山（未央が友達と食事をしていたところ）〔4〕	東京都港区北青山2-1
ハリファックスビルディングの屋上（富生が大黒に突き落とされそうになったビルの屋上）〔4〕	東京都港区六本木3-16
珈琲タイムス（富生が大黒に会いに行った喫茶店）〔4〕	東京都新宿区新宿3-35
JR上野駅前のペデストリアンデッキ（スーツを着たシンジが空を見上げていたところ）〔4〕	東京都台東区上野7-1
辰巳の森緑道公園（走っていた富生と未央が立ち止まったところ）〔4〕	東京都江東区辰巳2-9
ジニアスのSTUDIOジニアス池袋 グリーンst（洋が入院した品川中央病院の病室）〔4〕	東京都板橋区中丸町11
江戸川病院（洋が入院した品川中央病院の外観）〔4〕	東京都江戸川区東小岩2-24
横浜信用金庫 本店（大黒たちが通帳記帳に訪れた銀行）〔4〕	神奈川県横浜市中区尾上町2-16

播磨坂（病院を出た富生と金原専務が歩いていたところ）〔5〕	東京都文京区小石川4-17
スタジオピアのPia11世田谷（富生と慎一が訪れた藍沢邸）〔5〕	東京都世田谷区赤堤1-37
隅田川の堤防沿い（富生が金原専務からの電話を受けたところ）〔5〕	東京都足立区千住緑町3-25
相模鉄道本線の踏切（踏切に入ろうとした藍沢を富生が引き留めたところ）〔5〕	神奈川県座間市南栗原4-30
新宿中央公園の「水の広場」（富生が紅谷に会いに行った公園）〔6〕	東京都新宿区西新宿2-11
目黒川に架かる田楽橋（富生がたたずんでいた橋の上）〔6〕	東京都目黒区中目黒2-3
喫茶銀座（富生と紅谷が話をしていた喫茶店）〔6〕	東京都渋谷区恵比寿南1-3
荒川区役所（富生が光太郎を迎えに行った警視庁池袋北警察署）〔6〕	東京都荒川区荒川2-2
相模川に架かる新相模大橋の下（富生が座っていた橋の下）〔6〕	神奈川県海老名市上郷4
相模川の河原（富生が歩いていた河原）〔6〕	神奈川県海老名市上郷4
水響亭（未央と赤松が話をしていたバー，赤松が富生にホワイト化学のことを話したバー）〔7〕	東京都中央区銀座7-5
昭和大学病院中央棟の東側（未央が赤松のいるバーへ向って走り始めたところ）〔7〕	東京都品川区旗の台1-5
天王洲アイル シーフォートスクエアのセンターコート（富生と赤松がタクシーを降りたところ）〔7〕	東京都品川区東品川2-3
環八通り（海外出張から戻った梢が早和子と電話で話をしていたところ）〔7〕	東京都大田区羽田空港1-4
国会前庭の南地区（水越が現金を要求する電話をかけていた公園）〔8〕	東京都千代田区永田町1-2
特許庁（慎一が富生と電話で話をしていた特許庁の前）〔8〕	東京都千代田区霞が関3-4
「握や」の前（富生がタクシーに乗ったところ）〔8〕	東京都港区港南2-2
ソシアル赤坂中川ビル（水越がホステスと落ち合ったビルの前）〔8〕	東京都港区赤坂3-11
赤坂三河家ビル（未央が水越を尾行し始めたクラブの裏口にある階段）〔8〕	東京都港区赤坂3-13
アートヴィレッジ大崎セントラルタワーの車寄せ（赤松が早和子に会いに行った車寄せ）〔8〕	東京都品川区大崎1-2
トランスパックエクスプレスの倉庫（水越が入った品川埠頭C倉庫）〔8〕	神奈川県横浜市中区山下町
横浜信用金庫 本店（水越が現金を引き出したATMコーナー）〔8〕	神奈川県横浜市中区尾上町2-16
club Lee（未央がホステスとして入店したクラブの店内）〔8〕	神奈川県横浜市中区弁天通3-36
川崎市役所第3庁舎（富生が水越に会いに行った特許庁のロビー）〔8〕	神奈川県川崎市川崎区東田町5
アートヴィレッジ大崎セントラルタワー（富生が梢に会いに行ったビル）〔9〕	東京都品川区大崎1-2

JR山手線をくぐる目黒川沿いのトンネル（富生が未央と桃子が乗った車を待っていたトンネル）〔9〕	東京都品川区東五反田2-1
京急本線の高架下付近（慎一が赤松からの電話を受けたところ）〔9〕	東京都大田区蒲田4-45
東急池上線の高架脇（富生が慎一に赤松が持っている20億円の話をしたところ）〔9〕	東京都大田区西蒲田7-63
第一京浜〈国道15号線〉と環八通りが交差する南蒲田交差点（富生と慎一が信号待ちをしていた交差点）〔9〕	東京都大田区南蒲田2-4
けやき広場（梢が未央に謝罪したところ）〔9〕	東京都世田谷区上用賀2-3
けやき広場にある公衆便所（富生と慎一が出てきたトイレ）〔9〕	東京都世田谷区上用賀2-3
笹塚NAビルの東側（慎一が富生を見張っていたところ）〔9〕	東京都渋谷区笹塚1-50
京王線の高架下（富生が電話をかけていた高架下）〔9〕	東京都渋谷区幡ヶ谷1-11
京王線の高架脇（慎一が円あかねからの電話を受けたところ）〔9〕	東京都渋谷区幡ヶ谷1-9
横浜情報文化センター（早和子が出頭した東京国税局）〔9〕	神奈川県横浜市中区日本大通11
東名高速道路横浜青葉I.C.付近（未央が富生に朝食を届けたところ）〔9〕	神奈川県横浜市青葉区下谷本町31
川崎市国際交流センターの特別会議室（富生と梢が早和子に会いに行った会議室）〔9〕	神奈川県川崎市中原区木月祇園町2

珈琲タイムス（赤松が大黒に会いに行った店）〔10〕	東京都新宿区新宿3-35
播磨坂（富生が母の意識が戻ったことを光太郎に電話で話しながら歩いていたところ）〔10〕	東京都文京区小石川5-10
子安八幡神社の東側（大黒たちが未央の前に現れたところ）〔10〕	東京都大田区仲池上1-14
青果やまいち南蒲田店（洋が買い物をしていた八百屋, 富生が週刊誌の記事を見た八百屋）〔10〕	東京都大田区南蒲田3-10
港南公園（富生が未央を抱きしめたところ）〔終〕	東京都港区港南4-5
アートヴィレッジ大崎セントラルタワー（記者たちに追求される梢と早和子に富生が助け船を出したところ, 富生が梢と握手をして別れたところ）〔終〕	東京都品川区大崎1-2
第一下川ビル（富生が未央を助けに行った木村堂ビルディング, 未央が赤松の車に乗せられた木村堂ビルディングの前）〔終〕	東京都大田区大森北3-13
喫茶銀座（紅谷が富生からの19万円を受け取った喫茶店）〔終〕	東京都渋谷区恵比寿南1-3
隅田川の堤防の上（富生が歩いていた堤防の上）〔終〕	東京都荒川区南千住3-39
ジニアスのSTUDIOジニアス池袋 グリーンst（富生が洋に会いに行った病室）〔終〕	東京都板橋区中丸町11
横浜情報文化センター（富生が赤松に電話をかけた東京国税局の前）〔終〕	神奈川県横浜市中区日本大通11

相模川に架かる新相模大橋の下（富生が訪れた橋の下）〔終〕	神奈川県海老名市上郷4

ゼブラーマン ゼブラシティの逆襲（映画）

［公　開］2010年5月

［スタッフ］監督：三池崇史, 脚本：宮藤官九郎

［出　演］哀川翔（ゼブラーマン/市川新市）, 仲里依紗（ゼブラクイーン/相原ユイ）, 阿部力（新実）, 井上正大（浅野晋平）, 田中直樹（TV版ゼブラーマン/市場純市）, ガダルカナル・タカ（相原公蔵）〔ほか〕

ロケ地・場面	所在地
きぬ温水プール	茨城県常総市坂手町3552
水海道小学校（市川の勤める小学校）	茨城県常総市水海道天満町2516-1

セーラー服と機関銃 卒業（映画）

［公　開］2016年3月

［スタッフ］監督：前田弘二, 脚本：高田亮, 原作：赤川次郎

［出　演］橋本環奈（星泉）, 長谷川博己（月永）, 安藤政信（安井）, 大野拓朗（祐次）, 宇野祥平（晴雄）, 武田鉄矢（土井）〔ほか〕

ロケ地・場面	所在地
TAGO STUDIO TAKASAKI（モデル事務所）	群馬県高崎市あら町5-3
高崎市中央銀座商店街（「めだかカフェ」がある商店街）	群馬県高崎市寄合町
もてなし広場（選挙演説を行った広場）	群馬県高崎市高松町1
高崎市役所（機関銃を撃った場所）	群馬県高崎市高松町35-1
桐生第一高等学校 第一校舎（入学式が行われた校舎）	群馬県桐生市小曽根町1-5

そこのみにて光輝く（映画）

［公　開］2014年4月

［スタッフ］監督：呉美保, 脚本：高田亮, 原作：佐藤泰志

［出　演］綾野剛（佐藤達夫）, 池脇千鶴（大城千夏）, 菅田将暉（大城拓児）, 高橋和也（中島）, 火野正平（松本）〔ほか〕

ロケ地・場面	所在地
函館競輪場（拓児が訪れた競輪場）	北海道函館市金堀町10-8
津軽屋食堂（達夫と千夏、拓児が食事をした店など）	北海道函館市松風町7-6
山上大神宮（夏祭り会場）	北海道函館市船見町15-1
穴澗海岸（千夏が訪れた海）	北海道函館市入舟町
本町（達夫が歩いた繁華街）	北海道函館市本町1
十字街（拓児が交番へ出頭したところ）	北海道函館市末広町8

そして父になる（映画）

［公　開］2013年9月

［スタッフ］監督・脚本：是枝裕和

［出　演］福山雅治（野々宮良多）, 尾野真千子（野々宮みどり）, 真木よう子（斎木ゆかり）, リリー・フランキー（斎木雄大）, 二宮慶多（野々宮慶多）, 黄升炫（斎木琉晴）, ピエール瀧（宮崎祥子の夫）, 田中哲司（鈴本悟）, 國村隼（上山一至）, 井浦新（山辺真一）, 樹木希林（石関里子）, 夏八木勲（野々宮良輔）〔ほか〕

ロケ地・場面	所在地
つたや商店（斎木雄大が営む電気店兼自宅）	群馬県前橋市住吉町1-15-9
ベイコック 東部バイパス店（斎木ゆかりがパート勤務している弁当店）	群馬県前橋市西片貝町5-24-13

弁天通り（野々宮良太・慶多親子が散策する終盤に登場する通り）	群馬県前橋市千代田町3
利根川自転車道（野々宮良太・慶多親子が和解するクライマックスのシーン）	群馬県前橋市大手町1-1-1
JR前橋大島駅（斎木家の最寄り駅）	群馬県前橋市天川大島町

そして、バトンは渡された（映画）

［公　開］2021年10月

［スタッフ］監督：前田哲, 脚本：橋本裕志, 原作：瀬尾まいこ

［出　演］永野芽郁（森宮優子）, 田中圭（森宮壮介）, 岡田健史（早瀬賢人）, 稲垣来泉（みぃたん）, 朝比奈彩（美人先生）, 安藤裕子（水戸香織）, 戸田菜穂（早瀬の母）, 木野花（家政婦の吉見さん）, 石原さとみ（梨花）, 大森南朋（水戸秀平）, 市村正親（泉ヶ原茂雄）〔ほか〕

ロケ地・場面	所在地
とちのきファミリーランド（遊園地）	栃木県宇都宮市西川田4-1-1
宇都宮共和大学 那須キャンパス（卒業式の式場）	栃木県那須塩原市鹿野崎131
府中公園（梨花とみぃたんが友達と過ごした公園）	東京都府中市府中町2-26
乞田川沿い道路	東京都多摩市

そして僕は途方に暮れる（映画）

［公　開］2023年1月

［スタッフ］監督・脚本・原作：三浦大輔

［出　演］藤ヶ谷太輔（菅原裕一）, 前田敦子（鈴木里美）, 中尾明慶（今井伸二）, 毎熊克哉（田村修）, 野村周平（加藤勇）, 香里奈（菅原香）, 原田美枝子（菅原智子）, 豊川悦司（菅原浩二）

ロケ地・場面	所在地
旭大通アンダーパス（裕一が今井と歩いた道路）	北海道苫小牧市
一条通（父・浩二の家に向かう道）	北海道苫小牧市錦町1-4
海の駅 ぷらっとみなと市場（大晦日に買い物をした市場）	北海道苫小牧市港町2-2-5
大町銀座ストリート（裕一が実家に帰るところ）	北海道苫小牧市大町1-3
苫小牧西港フェリーターミナル（裕一が苫小牧に降り立つところ）	北海道苫小牧市入船町1-2-34
喫茶ドンドン（裕一が浩二と再会後に訪れた喫茶店）	北海道苫小牧市表町5-7-11
JR苫小牧駅構内（裕一が里美を見送った駅）	北海道苫小牧市表町6-4
糸井東大通陸橋（裕一が実家に帰る道中の橋）	北海道苫小牧市豊川町4-2
未来の森公園周辺歩道（裕一が浩二と再会した場所）	北海道苫小牧市北光町1-4付近
シネマトーラス（裕一と浩二が訪れた映画館）	北海道苫小牧市本町2-1-11
JR苫小牧駅北口バスロータリー（裕一が里美と再会したバスロータリー）	北海道苫小牧市木場町1-5

ゾッキ（映画）

［公　開］2021年4月

［スタッフ］監督：竹中直人, 山田孝之, 齊藤工, 脚本：倉持裕, 原作：大橋裕之

［出　演］吉岡里帆（前島りょうこ）, 鈴木福（伊藤）, 満島真之介（旅人）, 柳ゆり菜（若い女）, 南沙良（松原京子）, 安藤政信（道場の師範代）, ピエール瀧（定男（漁師））, 森優作（牧田）, 九条ジョー（伴くん）, 木竜麻生（本田）, 倖田來未（足立の女房）, 竹原ピストル

（父），潤浩（マサル），松井玲奈（幽霊のような女），渡辺佑太朗（二十代のマサル），石坂浩二（祖父），輝有子（マサルの母），松田龍平（藤村），國村隼（ヤスさん（漁師））〔ほか〕

ロケ地・場面	所在地
橋詰集会所（殺人空手道場）	愛知県蒲郡市清田町橋詰
龍田浜（父と足立の女房が会話した場所）	愛知県蒲郡市西浦町下地
知柄〈西浦〉漁港（藤村がヤスさんが出会った場所，伴と牧田が並んで座った場所）	愛知県蒲郡市西浦町前浜
西浦駅（りょうこが自転車で走るところなど）	愛知県蒲郡市西浦町馬々

ソフトボーイ（映画）

［公　開］2010年6月

［スタッフ］監督：豊島圭介，脚本：林民夫

［出　演］永山絢斗（オニツカ），賀来賢人（ノグチ），加治将樹（イシオカ），斎藤嘉樹（ナカニシ），西洋亮（タナカ），加藤諒（オオウチ）〔ほか〕

［トピック］佐賀県立牛津高校で実際にあった話を基にした映画。ロケも同校で行われた。

ロケ地・場面	所在地
佐賀県立牛津高校（オニツカらが通う高校）	佐賀県小城市牛津町牛津274
オックスフォード（学校側のカルチャー焼屋）	佐賀県小城市牛津町牛津835
小城駅（牛津駅）	佐賀県小城市三日月町久米2083
須賀神社（トレーニングを行った場所など）	佐賀県小城市小城町松尾3594
多良漁港（部員達が結束した場所）	佐賀県藤津郡太良町

ぞめきのくに（映画）

［公　開］2019年11月

［スタッフ］監督：友利翼，脚本：川人千慧

［出　演］葉月ひとみ（佐伯未紗），美紗央（佐伯早苗），北島愛子（坂東和葉），幸地生剛（加地隼人），立川真千（副連長），秦雅也（坂東真也）〔ほか〕

ロケ地・場面	所在地
東新町商店街（阿波踊りの練習会場）	徳島県徳島市東新町1-16
徳島県立城ノ内中学校・高等学校（未紗たちが通う学校）	徳島県徳島市北田宮1-9-30

空飛ぶタイヤ（映画）

［公　開］2018年6月

［スタッフ］監督：本木克英，脚本：林民夫，原作：池井戸潤

［出　演］長瀬智也（赤松徳郎），ディーン・フジオカ（沢田悠太），高橋一生（井崎一亮），深田恭子（赤松史絵），寺脇康文（高幡真治），小池栄子（榎本優子），阿部顕嵐（門田駿一）〔ほか〕

ロケ地・場面	所在地
報国寺（お通夜の会場）	茨城県常総市水海道亀岡町
県道355号線（事故現場の道路）	茨城県つくば市
料亭玉家（狩野たちが通う料亭）	埼玉県さいたま市浦和区常盤3-24-7
Anchor Point（井崎たちが通う店）	東京都千代田区平河町2-6-4
ASADOR EL CIELO（沢田、小牧、杉本らが集ったバー）	東京都港区六本木4-8-5
野毛電気工業（相模精密加工）	神奈川県横浜市金沢区福浦2-10-1
綾瀬市役所（港北中央署の交通課）	神奈川県綾瀬市早川550

空の青さを知る人よ（映画）

［公　開］2019年10月

［スタッフ］監督：長井龍雪，脚本：岡田麿里，原作：超平和バスターズ

［出　演］吉沢亮（金室慎之介），吉岡里帆（相

生あかね), 若山詩音 (相生あおい), 松平健 (新渡戸団吉), 大地葉 (中村正嗣), 落合福嗣 (中村正道), 種﨑敦美 (大滝千佳) 〔ほか〕

[トピック] 埼玉・秩父市周辺を主な舞台とするアニメ映画。

ロケ地・場面	所在地
旧秩父橋 (あおいがベースを練習した橋)	埼玉県秩父市阿保町3795
セブンイレブン 秩父宮側町店 (慎之助が買い物に行ったコンビニ)	埼玉県秩父市宮側町15-16
歴史文化伝承館 (あかねの職場)	埼玉県秩父市熊木町8-15
矢尾百貨店前 (あおいと千佳が迎えを待っていた場所)	埼玉県秩父市上町1-5-9
秩父アミューズパーク音楽堂 (慎之介があかねと再会した場所)	埼玉県秩父市田村1377
高砂ホルモン (あかねたちが通う焼肉屋)	埼玉県秩父市東町30-3
西武秩父駅 (あおい達が新渡戸団吉を出迎えた駅)	埼玉県秩父市野坂町1-16

ソロモンの偽証 前篇・事件/後篇・裁判 (映画)

[公　開] 2015年3月, 4月

[スタッフ] 監督：成島出, 脚本：真辺克彦, 原作：宮部みゆき

[出　演] 藤野涼子 (藤野涼子), 板垣瑞生 (神原和彦), 石井杏奈 (三宅樹理), 清水尋也 (大出俊次), 富田望生 (浅井松子) 〔ほか〕

[トピック] 2015年3月7日に「前篇・事件」、同年4月11日に「後篇・裁判」が公開された。

ロケ地・場面	所在地
阿字ヶ浦駅周辺 (涼子が鉄道に向かうところなど)	茨城県ひたちなか市阿字ケ浦町
大月短期大学附属高校 (城東第三中学校の体育館)	山梨県大月市御太刀1-16-2
旧下和田小学校 (城東第三中学校)	山梨県大月市七保町下和田1150
笛吹市立石和中学校 (吹奏楽部が演奏した学校)	山梨県笛吹市石和町小石和716
旧東洋バルヴ工場 (雪の合成シーン)	長野県諏訪市湖岸通り5-11-1135
堺市立大浜中学校 (城東第三中学校)	大阪府堺市堺区大浜南町2-4-1

太陽とボレロ (映画)

[公　開] 2022年6月

[スタッフ] 監督・脚本：水谷豊

[出　演] 檀れい (花村理子), 石丸幹二 (鶴間芳文), 森マリア (宮園あかり), 町田啓太 (田ノ浦圭介), 田口浩正 (牧田九里郎), 永岡佑 (中西浩二), 梅舟惟永 (山野はる美), 田中要次 (遠藤正道), 木越明 (太田なつ美), 高瀬哲朗 (菊池良太), 藤吉久美子 (池田絹), 小市慢太郎 (山岸克仁), カンニング竹山 (森本市郎), HIDEBOH (戸崎初男), 渋谷謙人 (小林健), 松金よね子 (遠山典子), 六平直政 (吉村益雄), 山中崇史 (畑中善行), 檀ふみ (花村頼子), 河相我聞 (片岡辰雄), 原田龍二 (与田清), 水谷豊 (藤堂謙)

ロケ地・場面	所在地
松本市アルプス公園 (理子と鶴間が訪れた公園)	長野県松本市蟻ヶ崎2455
しらかば大通り (理子が横断歩道を渡る通り)	長野県松本市深志1-4-4
女鳥羽川 四柱神社付近 (理子、鶴間、圭介、あかりが牧田を呼び出した場所)	長野県松本市大手3
小昼堂 (理子と畑中が訪れたカフェ)	長野県松本市大手3-5-11
セラミカ (ファッションプラザHANAMURA)	長野県松本市大手4-4-2
上土通り～ナワテ横町 (圭介とあかりが並んで歩いた通り)	長野県松本市大手4-8-10～大手4-3-21

フタバ眼鏡店(弥生物産ビル)	長野県松本市中央2-2-13
弘法山古墳(あかりの練習場所)	長野県松本市並柳2-1000
薄川緑地(理子が訪れた公園)	長野県松本市里山辺3675-9先
松本歯科大学(弥生総合病院)	長野県塩尻市広丘郷丘1780
ワールド(USEDCAR ワールド)	長野県塩尻市広丘高出86
烏川渓谷緑地(BBQを行った場所)	長野県安曇野市掘金烏川26
安曇野市役所(弥生総合病院の屋上, 弥生市役所)	長野県安曇野市豊科6000
軽井沢大賀ホール(演奏会場)	長野県北佐久郡軽井沢町軽井沢東28-4
旦念亭(カフェローズマリー)	長野県北佐久郡軽井沢町軽井沢東4-2

太陽は動かない (映画)

[公　開] 2021年3月

[スタッフ] 監督：羽住英一郎, 脚本：林民夫, 原作：吉田修一

[出　演] 藤原竜也(鷹野一彦), 竹内涼真(田岡亮一), ハン・ヒョジュ(AYAKO), 市原隼人(山下竜二), 南沙良(菊池詩織), 日向亘(鷹野一彦：高校時代), 加藤清史郎(柳勇次), 横田栄司(ジミー・オハラ), 翁華栄(アンディ・黄), 八木アリサ(小田部奈々), 勝野洋(小田部教授), 宮崎美子(河上麻子), 鶴見辰吾(河上満太郎), 佐藤浩市(風間武)〔ほか〕

ロケ地・場面	所在地
名古屋東急ホテル メインバー「フォンタナディ トレビ」(田岡が訪れたバー)	愛知県名古屋市中区栄4-6-8
豊橋市公会堂 屋上(アクションシーン)	愛知県豊橋市八町通2-22
新舞子マリンパーク 新舞子ファインブリッジ(橋の上での爆破シーン)	愛知県知多市緑浜町2
桃寿橋(鷹野が菊池と話した橋)	三重県鳥羽市桃取町
鳥羽市営定期船桃取港(中華料理屋)	三重県鳥羽市桃取町93-4
答志島スカイライン(鷹野たちがバイクで走った道路)	三重県鳥羽市答志町～桃取町
富士見台園地(訓練した場所)	三重県鳥羽市答志島
奈佐の浜〈ビーチハウス〉(着替えを覗き見するビーチハウス)	三重県鳥羽市答志島奈佐の浜

平清盛 (ドラマ)

[公　開] 2012年1月～12月

[スタッフ] 脚本：藤本有紀

[出　演] 松山ケンイチ(平清盛), 松田翔太(後白河法皇), 岡田将生(源頼朝), 上川隆也(平盛国), 深田恭子(時子), 杏(政子), 加藤浩次(兎丸), 玉木宏(源義朝), 阿部サダヲ(信西), ムロツヨシ(平忠度), 武井咲(常盤御前), 二階堂ふみ(徳子)〔ほか〕

ロケ地・場面	所在地
野洲川河川敷(平忠盛が舞子と出会った河原)〔1〕	滋賀県甲賀市土山町徳原
砥峰高原(平忠盛が清盛の幼名を「平太」と決めた草原)〔1〕	兵庫県神崎郡神河町川上801
柏島の砂浜(平太が育った海)〔1-2〕	広島県呉市安浦町大字三津口
上沢前放牧場(競べ馬をした草原)〔3〕	栃木県塩谷郡塩谷町大字上沢前河川敷
柏島の砂浜(清盛が海賊を撃退した砂浜)〔3〕	広島県呉市安浦町大字三津口
下鴨神社(流鏑馬を行っていた林)〔4〕	京都府京都市左京区下鴨泉川町59
三十三間堂(鳥羽上皇が訪れた観音堂)〔4〕	京都府京都市東山区三十三間堂廻り町657
日吉大社 東本宮, 大宮橋(源義朝が熱田神宮の大宮司を助けた神社)〔6〕	滋賀県大津市坂本5-1-1

三井寺〈園城寺〉一切経蔵裏の善法院の竹林(平清盛と時子が出会った竹林)〔7〕	滋賀県大津市園城寺町246
日吉大社 東本宮, 大宮橋(平清盛と明子が話をしていた神社と石橋)〔7〕	滋賀県大津市坂本5-1-1
天神の森(源義朝が登っていた木のある森)〔9〕	千葉県匝瑳市飯高
油日神社 本殿(平清盛と明子がお参りした神社)〔11〕	滋賀県甲賀市甲賀町油日1042
三十三間堂(平清盛が後白河法皇のために創建した蓮華王院)〔31〕	京都府京都市東山区三十三間堂廻り町657
えさし藤原の郷(平安時代の建築物)	岩手県奥州市江刺区岩谷堂字小名丸86-1
七里御浜海岸(オープニングに出てくる砂浜)	三重県南牟婁郡御浜町大字阿田和
厳島神社(厳島神社)	広島県廿日市市宮島町1-1

たたら侍 (映画)

[公　開] 2017年5月

[スタッフ] 監督・脚本：錦織良成

[出　演] 青柳翔(伍介), 小林直己(新平), 田畑智子(お京), 宮崎美子(八重), 豊原功補(平次郎), 笹野高史(惣兵衛), 石井杏奈(お國), 甲本雅裕(弥介), AKIRA(尼子真之介), 奈良岡朋子(三洲穂), 津川雅彦(与平)〔ほか〕

ロケ地・場面	所在地
大神山神社奥宮	鳥取県西伯郡大山町大山
オープンセット 出雲たたら村(神楽殿, 炭焼き小屋, 高殿, 元小屋など)	島根県雲南市
龍頭が滝(伍介が修行をした滝)	島根県雲南市掛合町松笠

旅の贈りもの 明日へ (映画)

[公　開] 2012年10月

[スタッフ] 監督・脚本：前田哲, 脚本：篠原高志, 竹山昌利

[出　演] 前川清(仁科孝祐), 酒井和歌子(秋山美月), 山田優(香川結花), 葉山奨之(高校生・仁科), 清水くるみ(高校生・秋山), 須磨和声(久我晃)〔ほか〕

ロケ地・場面	所在地
足羽山(福井の町並みを眺めるところなど)	福井県福井市
一乗谷駅(結花が遺跡に向かう駅)	福井県福井市安波賀中島町11字円田1-3
ハーモニーホールふくい〈県立音楽堂〉(晃のリサイタルが行われたホール)	福井県福井市今市町40-1-1
亀島(美月が老婆の髪を整えるところなど)	福井県福井市松蔭町
一乗谷朝倉氏遺跡(結花が訪れた遺跡)	福井県福井市城戸ノ内町
愛宕坂(足羽山へ向かう坂道)	福井県福井市足羽1-6
ホテルフジタ福井(晃が宿泊したホテル)	福井県福井市大手3-12-20
ユアーズホテルフクイ(結花が母とメールをする場所)	福井県福井市大手3-12-20
福井駅西口交通広場(晃が故郷の福井駅に降り立つところ)	福井県福井市中央
福井駅(孝佑らが福井に降り立つところ)	福井県福井市中央1
福林軒(孝佑と美月が高校生時代に訪れた中華店)	福井県福井市中央1-12-12
新栄商店街(孝佑が設計した美容室や福林軒がある商店店)	福井県福井市中央1-16
足羽川桜並木 桜橋付近(晃がヴァイオリンを演奏した桜並木道)	福井県福井市中央3〜福井市左内町

田原町駅（高校時代の孝佑と美月が電車に乗った駅）	福井県福井市田原1-20-7
一乗山 照恩寺（高校時代の孝佑と美月が福引きをした場所）	福井県福井市東郷二ケ町36-9
南菅生（孝佑が海を眺める場所）	福井県福井市南菅生町
岩井病院（美月の母が搬送された病院）	福井県福井市日之出2-15-10
鷹巣海水浴場（孝佑と美月が高校時代に訪れた海岸）	福井県福井市浜住町
西之宮蛭子神社（孝佑と美月が高校時代にスケッチをした神社）	福井県福井市末町
瀬ヶ口鉄橋（結花が訪れた福井の実景）	福井県福井市瀬ケ口町
グランディア芳泉（孝佑と結花が宿泊した宿）	福井県あわら市舟津43-26
芦屋温泉旅館協同組合（孝佑が美月の消息を尋ねた場所）	福井県あわら市舟津第48号19-1
えちぜん鉄道三国芦原線あわら湯のまち駅（孝佑と結花が降り立った駅）	福井県あわら市二面
丸岡城（高校時代の孝佑と美月が初めて会った場所）	福井県坂井市丸岡町霞町1-59
ハピラインふくい線丸岡駅（孝佑が美月の家に向かうところ）	福井県坂井市坂井町上新庄
やまに水産（美月が「がさ海老」を食べに結花を誘った場所）	福井県坂井市三国町安島64-1
えちぜん鉄道三国芦原線三国港駅（孝佑と結花が初めて会った駅）	福井県坂井市三国町宿1-16
三國神社（孝佑と美月が再会した神社）	福井県坂井市三国町宿1-16
三国港突堤（晃が海を眺めた港）	福井県坂井市三国町宿2-17
料理茶屋 魚志楼（美月と結花が「がさ海老丼」を食べた店）	福井県坂井市三国町神明3-7-23

騙し絵の牙（映画）

［公　開］2021年3月

［スタッフ］監督・脚本：吉田大八, 脚本：楠野一郎, 原作：塩田武士

［出　演］大泉洋（速水輝）, 松岡茉優（高野恵）, 宮沢氷魚（矢代聖）, 池田エライザ（城島咲）, 坪倉由幸（柴崎真二）, 和田聰宏（三村洋一）, 石橋けい（中西清美）, 森優作（安生充）, 赤間麻里子（伊庭綾子）, 中野英樹（相沢徳朗）, 後藤剛範（森下）, 山本學（伊庭喜之助）〔ほか〕

ロケ地・場面	所在地
忍書房（高野恵の実家「高野書店」）	埼玉県行田市忍2-18-6
八重洲ブックセンター本店（速水が本の売れ行きを見守った本屋）	東京都中央区八重洲2-5-1
乃村工藝社 RESET SPACE（打合せの部屋など）	東京都港区台場2-3-4

探偵はBARにいる（映画）

［公　開］2011年9月

［スタッフ］監督：橋本一, 脚本：古沢良太, 須藤泰司, 原作：東直己

［出　演］大泉洋（探偵）, 松田龍平（高田）, 小雪（沙織）, 西田敏行（霧島敏夫）, 田口トモロヲ（松尾）〔ほか〕

ロケ地・場面	所在地
すすきの界隈（探偵の活動拠点）	北海道札幌市中央区
ジャックマックプラザホテル（パーティ会場）	北海道札幌市中央区南7条西3-425
花園飲食店街（探偵が走り抜けた飲食店街）	北海道小樽市花園
六本木チック（高級クラブ「コンツェルト」）	東京都港区六本木3-8-18

探偵はBARにいる2 ススキノ大交差点（映画）

［公　開］2013年5月

［スタッフ］監督：橋本一, 脚本：古沢良太, 須藤泰司, 原作：東直己

［出　演］大泉洋（探偵）, 松田龍平（高田）, 尾野真千子（河島弓子）, 渡部篤郎（橡脇孝一郎）, ゴリ（マサコちゃん）, 田口トモロヲ（松尾）, 篠井英介（フローラ）〔ほか〕

ロケ地・場面	所在地
すすきの界隈（探偵の活動拠点）	北海道札幌市中央区
大倉山スキー場（冒頭の探偵が縛られているスキー場）	北海道札幌市中央区宮の森1274
室蘭市内の道路 廃遊園地付近（カーチェイスのシーン）	北海道室蘭市
キングムー（乱闘があったクラブ）	北海道札幌市中央区南7条西4
ノアの方舟（北城が食事をした店）	北海道札幌市中央区南8条西4
サッポロファクトリー（北城との取引をした場所）	北海道札幌市中央区北2条東4-1-2
北海道庁旧本庁舎付近（探偵が車に追われたところ）	北海道札幌市中央区北3条西6-1
北海道大学 総合博物館（高田の研究室）	北海道札幌市北区北8条西5
高島漁港（探偵を船首に縛った船が走っていた漁港）	北海道小樽市高島1-5
かたの（モンローの食堂）	北海道小樽市高島1-5-17
のんのん〈現・朝市食堂〉（麗子が海鮮丼を食べた店）	北海道小樽市色内3-10-15
酪農学園大学（病院）	北海道江別市文京台緑町582

探偵はBARにいる3（映画）

［公　開］2017年12月

［スタッフ］監督：吉田照幸, 脚本：古沢良太, 原作：東直己

［出　演］大泉洋（探偵）, 松田龍平（高田）, 北川景子（岬マリ）, 前田敦子（諏訪麗子）〔ほか〕

ロケ地・場面	所在地
中央バス札幌ターミナル付近（探偵とマリが高田号を発進させた場所）	北海道札幌市中央区大通東1-3
nORBESA（探偵とマリがデートをした観覧車）	北海道札幌市中央区南3条西5-1-1
M's仲町（探偵と高田が北城の手下たちに襲われた店）	北海道札幌市中央区南4条西1
ホルモン焼肉 京城屋（探偵と高田が訪れた焼肉屋）	北海道札幌市中央区南4条西1-5
すすきの交番前（探偵とマリがデートした場所）	北海道札幌市中央区南4条西3-3-1

チア☆ダン 女子高生がチアダンスで全米制覇しちゃったホントの話（映画）

［公　開］2017年3月

［スタッフ］監督：河合勇人, 脚本：林民夫

［出　演］広瀬すず（友永ひかり）, 中条あやみ（玉置彩乃）, 山崎紘菜（紀藤唯）, 富田望生（東多恵子）, 福原遥（永井あゆみ）, 柳ゆり菜（村上麗華）, 真剣佑（山下孝介）, 天海祐希（早乙女薫子）〔ほか〕

ロケ地・場面	所在地
新潟空港（薫子がコーチを出迎えた空港）	新潟県新潟市東区松浜町3710
柳都大橋（ひかりが抱負を叫んだ橋）	新潟県新潟市中央区
新潟市陸上競技場（サッカーの試合会場）	新潟県新潟市中央区一番堀通町3-1
PLAKA3 プラーカ新潟（ひかりたちが夜の街で踊った場所）	新潟県新潟市中央区天神1-1

朱鷺メッセ コンコース(空港)	新潟県新潟市中央区万代島6-1
旧県立西川竹園高等学校(ひかりたちが通う高校)	新潟県新潟市西蒲区鱸2-1

小さな巨人（ドラマ）

［公　開］2017年4月～6月

［スタッフ］脚本：丑尾健太郎, 成瀬活雄

［出　演］長谷川博己(香坂真一郎), 岡田将生(山田春彦), 香川照之(小野田義信), 芳根京子(三島祐里), 安田顕(渡部久志), 春風亭昇太(三笠洋平)〔ほか〕

ロケ地・場面	所在地
ホテル東日本 宇都宮(香坂が被疑者を逮捕したホテルのラウンジ)〔1〕	栃木県宇都宮市上大曽町492
料亭 玉家(香坂が三笠と会食していた料亭, 香坂が隆一の車を傷つけた料亭の前)〔1〕	埼玉県さいたま市浦和区常盤3-24
東京駅丸の内北口前(隆一がタクシーを降りたところ)〔1〕	東京都千代田区丸の内1-6
機械振興会館(警視庁芝警察署の外観)〔1〕	東京都港区芝公園3-5
みその幼稚園(香坂と山田が訪れた幼稚園)〔1〕	東京都板橋区三園1-30
横浜市営地下鉄ブルーラインの新横浜駅(隆一がトランクを置いた東京駅の地下通路やトイレ前, 隆一が地下鉄に乗った駅)〔1〕	神奈川県横浜市港北区新横浜2-100
秋葉台公園(香坂、山田、渡部が誘拐現場を特定した公園)〔1〕	神奈川県横浜市戸塚区秋葉町
光和電機(風見エレック)〔1〕	神奈川県川崎市麻生区栗木2-6
料亭 玉家(小野田が中田と会食していた料亭)〔2〕	埼玉県さいたま市浦和区常盤3-24
四街道徳洲会病院(香坂たちが池沢菜穂に会いに行った病院)〔2〕	千葉県四街道市吉岡1830
前川製作所本社(ナカタエレクトロニクス)〔2〕	東京都江東区牡丹3-14
料亭 玉家(小野田が中田親子と会食していた料亭)〔3〕	埼玉県さいたま市浦和区常盤3-24
買取りまっくす神保町店(香坂が「ドッグヘッド 予約受付中」の看板を見た店頭)〔3〕	東京都千代田区西神田2-8
料亭 玉家(料亭「みやび」の玄関)〔4〕	埼玉県さいたま市浦和区常盤3-24
京亭(小野田が中田を待っていた座敷, 小野田が香坂を問い詰めた座敷)〔4〕	埼玉県大里郡寄居町寄居547
デュエットリゾート館山 アカシア(アリサが滞在していた館山の家)〔4〕	千葉県館山市洲崎1159
ユニカビルの「YUNIKA VISION」(中田社長のニュースが放映されていた壁面テレビ)〔4〕	東京都新宿区新宿3-23
桜田通り〈国道1号線〉(香坂が毎朝新聞の記者・佐川勇人に声を掛けたところ)〔4〕	東京都品川区東五反田5-25
山野美容専門学校(1年前、懇親会が行われたところ, 隆一の社長室)〔4〕	東京都渋谷区代々木1-53
成田国際空港(隆一が逮捕された空港)〔5〕	千葉県成田市古込
グランパークタワー(和正が出てきたビルの玄関)〔5〕	東京都港区芝浦3-4
日本電気計器検定所本社(三笠が到着した署長会議の会場)〔5〕	東京都港区芝浦4-15

Ryuduki（三笠と中田親子が話をしていたラウンジ）〔5〕	東京都墨田区江東橋4-25
佃大橋付近（香坂が車の中で待機していたA地点）〔6〕	東京都中央区月島1-1
ホテル椿山荘東京「インペリアルスイート」（香坂が富永、金崎と話をした部屋）〔6〕	東京都文京区関口2-10
深川ギャザリア 屋上（山田が江口と話をしていた早明学園の屋上, 山田が逃走した屋上）〔6〕	東京都江東区木場1-5
角乗り橋（香坂が山田を追っていた陸橋）〔6〕	東京都江東区有明3-9
創価大学 中央教育棟のディスカバリーホール（香坂、山田、三島が訪れた早明学園のホール）〔6〕	東京都八王子市丹木町1-236
創価大学 中央教育棟の前（三島が早明学園の職員に声を掛けたところ）〔6〕	東京都八王子市丹木町1-236
創価大学 中央教育棟の滝山テラス（山田と三島が学園の関係者に話を聞いていたところ）〔6〕	東京都八王子市丹木町1-236
YRPセンター1番館（警視庁豊洲警察署）〔6〕	神奈川県横須賀市光の丘3
佃大橋付近（裕一がゴミ箱の新聞を見たところ）〔8〕	東京都中央区月島1-1
デックス東京ビーチ（三島と亜美が訪れたデックス東京）〔8〕	東京都港区台場1-6
リーガロイヤルホテル東京のガーデンラウンジ（三島と亜美が話をしていたラウンジ）〔8〕	東京都新宿区戸塚町1-104
辰巳の森緑道公園（亜美が裕一を待っていた豊洲の森公園）〔8〕	東京都江東区辰巳2-9
角乗り橋下の国道357号線の歩道（裕一が山田に鍵を渡そうとしたところ）〔8〕	東京都江東区有明3-8
料亭 玉家（小野田、富永、金崎が話をしていた料亭, 須藤文香が富永と打ち合わせをしていた料亭）〔9〕	埼玉県さいたま市浦和区常盤3-24
松本記念音楽迎賓館のサロン（山田が父・勇と話をした部屋）〔9〕	東京都世田谷区岡本2-32
創価大学 A棟の裏（キャップを拾う小野田に香坂と山田が声を掛けたところ）〔終〕	東京都八王子市丹木町1-236

ちはやふる 上の句/下の句（映画）

［公　開］2016年3月, 4月

［スタッフ］監督・脚本：小泉徳宏, 原作：末次由紀

［出　演］広瀬すず（綾瀬千早）, 野村周平（真島太一）, 新田真剣佑（綿谷新）, 上白石萌音（大江奏）, 矢本悠馬（西田優征）, 森永悠希（駒野勉）〔ほか〕

［トピック］「上の句」は2016年3月19日、「下の句」は4月29日に公開された。

ロケ地・場面	所在地
旧足利西高校（千早と太一が通う学校）	栃木県足利市大前町103-11
悠久山公園（千早たちの子ども時代の回想シーンで登場した公園）	新潟県長岡市御山町80-5
近江神宮（全国高等学校かるた選手権大会開会式の式場など）	滋賀県大津市神宮町1-1
近江神宮 近江勧学館（全国高等学校選手権会場）	滋賀県大津市神宮町1-1

よいこのもり保育園（D級・個人戦の会場）	滋賀県大津市神宮町1-10
滋賀県立膳所高等学校視聴覚室（瑞沢高校特別教室）	滋賀県大津市膳所2-11-1
琵琶湖グランドホテル（千早たちが宿泊したホテル）	滋賀県大津市雄琴6-5-1

ちひろさん（映画）

［公　開］2023年2月

［スタッフ］監督・脚本：今泉力哉, 脚本：澤井香織, 原作：安田弘之

［出　演］有村架純（ちひろ）, 豊嶋花（オカジ）, 嶋田鉄太（マコト）, van（バジル）, 若葉竜也（谷口）, 佐久間由衣（ヒトミ）, 長澤樹（べっちん）, 市川実和子（チヒロ）, 鈴木慶一（ホームレスのおじさん）, 根岸季衣（永井さん）, 平田満（尾藤）, リリー・フランキー（内海）, 風吹ジュン（尾藤多恵）〔ほか〕

［トピック］安田弘之の同題漫画を原作とする日本映画。2023年2月23日からNetflixで公開された。

ロケ地・場面	所在地
小石川周辺の道（ちひろとチヒロが夜に歩いた道）	静岡県焼津市
らーめん岡田（谷口がサラリーマンと口論したラーメン屋）	静岡県焼津市小川3570-7
焼津港（ちひろが歩いた夜の堤防）	静岡県焼津市新屋438-9
小川港（ホームレスのおじさんとちひろが出会った場所など）	静岡県焼津市石津2204
石津水天宮（縁日が行われている神社）	静岡県焼津市石津港町28
焼津高等学校（オカジ、べっちんの通う高校）	静岡県焼津市中港1-1-8
焼津魚市場会館（ホームレスのおじさんとちひろが弁当を食べた場所など）	静岡県焼津市中港2-6-13
Atelier and shop sifr（幼少期のちひろがチヒロから名刺をもらった場所）	静岡県焼津市中港2-6-1
熊野神社（幼少期のちひろがチヒロと出会った場所）	静岡県焼津市東小川5-9-3

ちむどんどん（ドラマ）

［公　開］2022年4月〜9月

［スタッフ］脚本：羽原大介

［出　演］黒島結菜（比嘉暢子）, 仲間由紀恵（比嘉優子）, 大森南朋（比嘉賢三）, 竜星涼（比嘉賢秀）, 川口春奈（比嘉良子）, 上白石萌歌（比嘉歌子）, 宮沢氷魚（青柳和彦）, 山田裕貴（石川博夫）, 前田公輝（砂川智）, 山路和弘（前田善一）, 片桐はいり（下地響子）, 石丸謙二郎（比嘉賢吉）, 渡辺大知（喜納金吾）, きゃんひとみ（新垣カメ）, あめくみちこ（安室トメ）, 川田広樹（「サンセットバーガー」のマスター）, 戸次重幸（青柳史彦）〔ほか〕

ロケ地・場面	所在地
フランス料理シャンソニエ（青柳和彦が比嘉家を招待した那覇のレストラン）〔1〕	埼玉県さいたま市中央区本町西2-6-6
琉球石灰岩の道（集落の周りの小高い丘の琉球石灰岩の道）〔1, 3〕	沖縄県国頭郡今帰仁村今泊
天仁屋の農道（比嘉優子が比嘉歌子を背負って歩いていた農道）〔2〕	沖縄県名護市天仁屋
ジャネーガマ〈薮地洞穴遺跡〉（比嘉暢子たちが悪ガキと喧嘩した場所）〔2〕	沖縄県うるま市与那城屋慶名東薮地
備瀬のフクギ並木（比嘉歌子が徒競走の特訓をしていた道）〔2〕	沖縄県国頭郡本部町備瀬389
海の見える崖の道（比嘉暢子と砂川智が乗ったバスが走っていた海を見下ろす崖の道）〔3〕	沖縄県国頭郡国頭村安波

国道58号線（比嘉暢子と砂川智がバスで走っていた海沿いの道）〔3〕	沖縄県国頭郡国頭村宇嘉
謝敷の建物（山原西派出所）〔3〕	沖縄県国頭郡国頭村謝敷
今泊ビーチ（比嘉賢秀が喧嘩をしたビーチ）〔3〕	沖縄県国頭郡今帰仁村今泊
今泊集落の道（比嘉暢子が比嘉良子と比嘉歌子と会ったフクギの町並み）〔3〕	沖縄県国頭郡今帰仁村今泊
赤墓ビーチ（比嘉暢子と前田早苗がサータアンダギーを食べていた海）〔3〕	沖縄県国頭郡今帰仁村諸志
さくらボクシングジム（安里ボクシングジム）〔5〕	神奈川県横浜市鶴見区鶴見中央2-6-7
海の見える崖の道（比嘉暢子が乗ったバスが走っていた海を見下ろす崖の道）〔5〕	沖縄県国頭郡国頭村安波
学士会館（東洋新聞（4階建を7階建にCG加工））〔8〕	東京都千代田区神田錦町3-28
謝敷区公民館（比嘉歌子がオーディションを受けた名護中央公民館）〔8〕	沖縄県国頭郡国頭村謝敷213
和田漁港（比嘉暢子と二ツ橋光二が行った漁港）〔10〕	千葉県南房総市和田町和田530
瀬戸浜海水浴場（比嘉暢子と大野愛と青柳和彦と砂川智が訪れた海）〔13〕	千葉県南房総市千倉町瀬戸2980
岩井海岸（沖縄県人会の角力大会が開かれた海）〔14〕	千葉県南房総市久枝742-2
松田鍾乳洞（嘉手刈が遺骨収集をしている沖縄南部のガマ）〔18〕	沖縄県国頭郡宜野座村字松田78
旧東鷺宮病院（沖縄北広域病院）〔終〕	埼玉県久喜市桜田3-9
旧須賀川小学校（山原小学校・山原中学校）	栃木県大田原市須賀川1740-1
旧白鳥小学校（石川博夫と東江里美が教師をしている名護東小学校）	千葉県市原市大久保520-1
名護市立嘉陽小学校〈現・美ら島自然学校〉（山原高等学校）	沖縄県名護市嘉陽41
天仁屋の十字路（山原村のバス停のある十字路）	沖縄県名護市天仁屋
有津川に架かる沈下橋（山原村の沈下橋）	沖縄県名護市天仁屋
アクナ浜南側の崖（シークワーサーの木のある崖（シークワーサーの木は撮影用のセット））	沖縄県うるま市与那城宮城
喜如嘉ヒンバ森（やんばる村全体の見える丘（202X年以前のシーンでは、古い町並みの集落はCGで合成））	沖縄県国頭郡大宜味村喜如嘉
むいの宿（比嘉家（家の前の階段と河原、内部はスタジオセット））	沖縄県国頭郡東村高江92
赤墓ビーチ（やんばる村のビーチ）	沖縄県国頭郡今帰仁村諸志

超高速！　参勤交代（映画）

［公　開］2014年6月

［スタッフ］監督：本木克英, 脚本・原作：土橋章宏

［出　演］佐々木蔵之介（内藤政醇）, 西村雅彦（相馬兼嗣）, 寺脇康文（荒木源八郎）, 上地雄輔（秋山平吾）, 知念侑李（鈴木吉之丞）, 柄本時生（増田弘忠）〔ほか〕

ロケ地・場面	所在地
霞城公園（江戸城門）	山形県山形市霞城町1-7
スタジオセディック庄内オープンセット（参勤交代の途中の町）	山形県鶴岡市羽黒町川代

幻想の森(刺客と戦うシーンなど)	山形県最上郡戸沢村最上峡
蓬莱橋(江戸入り直前のシーン,領地に帰るラストシーン)	静岡県島田市南2
旧嵯峨御所 大本山大覚寺(湯長谷藩江戸屋敷)	京都府京都市右京区嵯峨大沢町4
松竹撮影所京都スタジオ(江戸付近で刺客と戦うシーン)	京都府京都市右京区太秦堀ヶ内町12-9
篠山城 大書院(政醇が徳川吉宗に謁見した場所)	兵庫県丹波篠山市北新町2-3
かずら橋(参勤交代移動中に渡った橋)	徳島県三好市西祖谷山村善徳162-2

ちょっと今から仕事やめてくる(映画)

[公　開] 2017年5月

[スタッフ] 監督・脚本:成島出,脚本:多和田久美,原作:北川恵海

[出　演] 福士蒼汰(ヤマモト),工藤阿須加(青山隆),黒木華(五十嵐美紀),森口瑤子(青山容子),池田成志(青山晴彦),小池栄子(大場玲子),吉田鋼太郎(山上守)〔ほか〕

ロケ地・場面	所在地
佐原屋(ヤマモトと隆が訪れた居酒屋)	東京都千代田区東神田1-14-14
KADOKAWA第2本社ビル(小谷製菓のロビー)	東京都千代田区富士見2-13-3
ブラッスリー東洋(ヤマモトと隆が訪れた喫茶店)	東京都中央区日本橋1-2-10
TKP市ヶ谷ビル 屋上(泉川印刷の屋上)	東京都新宿区市谷八幡町8

散り椿(映画)

[公　開] 2018年9月

[スタッフ] 監督:木村大作,脚本:小泉堯史,原作:葉室麟

[出　演] 岡田准一(瓜生新兵衛),西島秀俊(榊原采女),黒木華(坂下里美),池松壮亮(坂下藤吾),麻生久美子(瓜生篠),緒形直人(篠原三右衛門)〔ほか〕

ロケ地・場面	所在地
豪農の館 内山邸(采女の居宅)	富山県富山市宮尾903
長慶寺 五百羅漢(平山道場・四天王らの修行場所など)	富山県富山市五艘1882
薬種商の館 金岡邸(和紙問屋・田中屋)	富山県富山市新庄町1-5-24
浮田家住宅(坂下家居宅(オープンセット))	富山県富山市太田南町272
長松山 本法寺(新兵衛が襲われた場所)	富山県富山市八尾町宮腰1580
桂樹舎(田中屋で和紙を漉くところ)	富山県富山市八尾町鏡町668-4
立山大橋(巻狩りのシーンなど)	富山県富山市本宮〜立山町芦峅寺
摩頂山 国泰寺(新兵衛と篠の居宅)	富山県高岡市太田184
武田家住宅(三右衛門の居宅)	富山県高岡市太田4258
氷見の漁師町(冒頭で新兵衛が歩いた街並み)	富山県氷見市
旧北陸道(新兵衛が峠道を歩く冒頭の道)	富山県小矢部市石坂
井波別院 瑞泉寺(新兵衛が藤吾を救出した場所など)	富山県南砺市井波3050
眼目山 立山寺(新兵衛が馬に乗って子どもを助けた場所など)	富山県中新川郡上市町眼目15
雄山神社 芦峅中宮祈願殿(終盤の雨の中の殺陣シーン)	富山県中新川郡立山町芦峅寺2
文武学校(平山道場内)	長野県長野市松代町松代205-1
真田勘解由家(石田邸の家門)	長野県長野市松代町松代212

沈黙のパレード（映画）

［公　開］2022年9月

［スタッフ］監督：西谷弘, 脚本：福田靖, 原作：東野圭吾

［出　演］福山雅治（湯川学）, 柴咲コウ（内海薫）, 北村一輝（草薙俊平）, 飯尾和樹（並木祐太郎）, 戸田菜穂（並木真智子）, 田口浩正（戸島修作）, 酒向芳（増村栄治）, 岡山天音（高垣智也）, 川床明日香（並木佐織）, 出口夏希（並木夏美）, 村上淳（蓮沼寛一）, 吉田羊（宮沢麻耶）, 檀れい（新倉留美）, 椎名桔平（新倉直紀）〔ほか〕

［トピック］「ガリレオ」シリーズの第3作となる劇場版映画。

ロケ地・場面	所在地
さくらの森パーク（のど自慢の会場）	茨城県猿島郡境町長井戸2874
足利市役所本庁舎の屋上（湯川と草薙が話をした菊野警察署の屋上）	栃木県足利市本城3-2145
行田グリーンアリーナ柔道場（記者会見が行われた柔道場）	埼玉県行田市大字和田1242
島の上公園（佐織が留美に妊娠のことを話した「西きくのじどう公園」）	埼玉県朝霞市膝折町4-18
島の上公園 南側の階段（佐織と宮沢がキスをした場所など）	埼玉県朝霞市膝折町4-18
雪ヶ谷八幡神社（菊野神社）	東京都大田区東雪谷2-25
Studio Sound DALI の Studio A（佐織がレコーディングをしていたスタジオ）	東京都世田谷区鎌田2-12
千歳書店（摩耶が小学生の佐織に本を薦めた書店）	東京都世田谷区船橋1-9
ガスト 八王子宇津木店（内海が事件のことを湯川に話したファミリーレストラン）	東京都八王子市宇津木町504
ニューシティ21ビルの非常階段（増村が取り押さえられた非常階段）	神奈川県横浜市中区長者町9-158
徳恩寺の墓地（高垣と夏美が訪れた墓地）	神奈川県横浜市青葉区恩田町1892
鎌倉 有無館（新倉邸）	神奈川県鎌倉市扇ガ谷1-4
海水総合研究所（内海が湯川に会いに行った屋外の施設）	神奈川県小田原市酒匂4-13
壽亭の隣（お食事処なみきや（ロケセット））	静岡県牧之原市相良350
エレガンスポケットオシャレの前（戸島が外国人に道案内をしていたところ）	静岡県牧之原市相良97
伊東フーズ脇の駐車場付近（内海が湯川と出会ったところ）	静岡県牧之原市相良99
牧之原市立相良小学校の校庭（パレード出場チームの準備場所）	静岡県牧之原市波津1642
牧之原市立相良小学校の駐車場（高垣が液体窒素のタンクが入った段ボール箱を車に積み込んだところ）	静岡県牧之原市波津1642
肉の食遊館 クリヤマ（内海と草薙たちが家宅捜索に行ったトジマ屋フーズ）	静岡県牧之原市波津422
いとう相良店の前（高垣が佐織を見つけたところ）	静岡県牧之原市波津709
中央駐車場付近（湯川と夏美がパレードを見学した場所など）	静岡県牧之原市波津730

追憶（映画）

［公　開］2017年5月

［スタッフ］監督：降旗康男, 脚本：青島武, 瀧本智行

［出　演］岡田准一（四方篤）, 小栗旬（田所啓太）, 柄本佑（川端悟）, 長澤まさみ（四方美

那子), 木村文乃(田所真理), 安藤サクラ(仁科涼子)〔ほか〕

ロケ地・場面	所在地
富山中央警察署(四方に先輩刑事が声をかけた警察署)	富山県富山市赤江町5-1
八尾町内(四方らが幼児虐待死事件容疑者を捕まえた場所)	富山県富山市八尾町
しんきろうロード(四方が涼子に会いに行った場所)	富山県魚津市
藪田漁港(川端の殺人現場)	富山県氷見市藪田
荒俣海岸(四方が涼子と再会した海岸)	富山県黒部市荒俣
輪島温泉 八汐(川端が田所から金を受け取った場所)	石川県輪島市鳳至町袖ケ浜1

終の信託 (映画)

［公　開］2012年10月

［スタッフ］監督・脚本：周防正行, 原作：朔立木

［出　演］草刈民代(折井綾乃), 役所広司(江木秦三), 細田よしひこ(杉田正一), 大村彩子(江木雪子)〔ほか〕

ロケ地・場面	所在地
名古屋市役所	愛知県名古屋市中区三の丸3-1-1
旧九州労災病院(天音中央病院)	福岡県北九州市小倉南区葛原高松1-3-1

月 (映画)

［公　開］2023年10月

［スタッフ］監督・脚本：石井裕也, 原作：辺見庸

［出　演］宮沢りえ(堂島洋子), 磯村勇斗(さとくん), 二階堂ふみ(坪内陽子), オダギリジョー(堂島昌平)〔ほか〕

ロケ地・場面	所在地
和歌山県立医科大学薬学部(境沢大学医学部附属病院)	和歌山県和歌山市紀三井寺811-1
旧初島中学校(障害者施設(セット))	和歌山県有田市

月の満ち欠け (映画)

［公　開］2022年12月

［スタッフ］監督：廣木隆一, 脚本：橋本裕志, 原作：佐藤正午

［出　演］大泉洋(小山内堅), 有村架純(正木瑠璃), 目黒蓮(三角哲彦), 伊藤沙莉(緑坂ゆい), 田中圭(正木竜之介), 柴咲コウ(小山内梢), 菊池日菜子(小山内瑠璃)〔ほか〕

ロケ地・場面	所在地
下館運動公園本球場東側(1980年代の高田馬場駅前(オープンセット))	茨城県筑西市上平塚
リーガロイヤルホテル東京 ガーデンラウンジ(小山内と緑坂親子がお茶をしたラウンジなど)	東京都新宿区戸塚町1-104-19
早稲田松竹(三隅と瑠璃が再会した映画館)	東京都新宿区高田馬場1-5-16
高塚橋(三隅と瑠璃が並んで歩いた橋)	東京都豊島区高田3-10
源水橋(三隅と瑠璃が座って話した橋)	東京都豊島区高田3-22

綱引いちゃった！ (映画)

［公　開］2012年11月

［スタッフ］監督：水田伸生, 脚本：羽原大介

［出　演］井上真央(西川千晶), 玉山鉄二(熊田公雄), 松坂慶子(西川容子), 浅茅陽子(大林和枝), 西田尚美(中山絵美), 渡辺直美(藤代美香), ソニン(伊藤麗子)〔ほか〕

ロケ地・場面	所在地
大分市役所(千晶たちの勤務先)	大分県大分市荷揚町2-31

大分城址公園(冒頭のシーン)	大分県大分市荷揚町4
ガレリア竹町(千晶と公雄が歩いた場所)	大分県大分市中央町1-7
お食事処 母家(千晶と公雄が訪れた飲み屋)	大分県大分市都町4-1-24
ペットショップ K9 ZOO 府内店(麗子が通うペットショップ)	大分県大分市府内町3-7-34
丸果実大分合同青果(JA男子綱引きチームの練習所)	大分県大分市豊海4-1-1

罪の声 (映画)

[公　開] 2020年10月

[スタッフ] 監督：土井裕泰, 脚本：野木亜紀子, 原作：塩田武士

[出　演] 小栗旬(阿久津英士), 星野源(曽根俊也), 松重豊(水島洋介), 宇野祥平(生島聡一郎), 古舘寛治(鳥居雅夫), 市川実日子(曽根亜美), 火野正平(河村和信), 宇崎竜童(曽根達雄), 梶芽衣子(曽根真由美)〔ほか〕

ロケ地・場面	所在地
茂原市旧市民会館(学生運動を行っていた場所)	千葉県茂原市茂原101
旧西陵中学校(曽根が事件の調査で訪れた学校)	千葉県茂原市緑ケ丘1-53
知恩院古門前(テーラー曽根(オープンセット))	京都府京都市東山区林下町
瀬戸大橋(阿久津と曽根が会話した場所)	岡山県倉敷市～香川県坂出市
田土浦公園(阿久津と曽根が会話した場所)	岡山県倉敷市下津井田之浦1-1

冷たい熱帯魚 (映画)

[公　開] 2011年1月

[スタッフ] 監督・脚本：園子温, 高橋ヨシキ

[出　演] 吹越満(社本信行), でんでん(村田幸雄), 黒沢あすか(村田愛子), 神楽坂恵(社本妙子)〔ほか〕

ロケ地・場面	所在地
水戸熱帯魚センター(熱帯魚屋「アマゾンゴールド」)	茨城県水戸市浜田町392-1
笠間市役所笠間支所(熱帯魚屋「アマゾンゴールド」社長室, 寒来署内)	茨城県笠間市笠間1532-2
アクアランドまっかちん(社本熱帯魚店)	東京都中野区中央2-30-7
神奈川工科大学厚木市子ども科学館(プラネタリウム)	神奈川県厚木市中町1-1-3

ツレがうつになりまして。 (映画)

[公　開] 2011年10月

[スタッフ] 監督：佐々部清, 脚本：青島武, 原作：細川貂々

[出　演] 宮﨑あおい(高崎晴子), 堺雅人(高崎幹男), 吹越満(杉浦), 津田寛治(髙崎和夫), 犬塚弘(川路), 梅沢富美男(三上隆), 田山涼成(加茂院長), 大杉漣(栗田保男), 余貴美子(栗田里子)〔ほか〕

ロケ地・場面	所在地
大境児童公園(幹男が小畑と会話した公園)	茨城県つくば市春日3-5-22
つくば国際会議場(講演会の会場)	茨城県つくば市竹園2-20-3
Yonchome Cafe(ハルが招待状を友人に手渡した店)	東京都杉並区高円寺南4-28-10

ディア・ファミリー (映画)

[公　開] 2024年6月

[スタッフ] 監督：月川翔, 脚本：林民夫, 原作：清武英利

[出　演] 大泉洋(坪井宣政), 菅野美穂(坪井陽子), 福本莉子(坪井佳美), 新井美羽(坪井寿美), 上杉柊平(佐々木肇), 徳永えり(柳玲子), 満島真之介(桜田純), 戸田菜穂(川野由希), 川栄李奈(坪井奈美), 有村架純(山本結子), 松村北斗(富岡進), 光石研

（石黒英二）〔ほか〕

ロケ地・場面	所在地
リニア・鉄道館（特急しなの，新幹線車両）	愛知県名古屋市港区金城ふ頭3-2-2
ベルテック（愛知高分子化学の工場）	愛知県名古屋市守山区瀬古東1-601
芦原小学校（佳美が通う学校）	愛知県豊橋市芦原町嵩山地42-1
豊川稲荷駐車場前交差点（佳美が通う小学校の通学路）	愛知県豊橋市幸町
昌和工業（愛知メディカルプロダクツ）	愛知県春日井市如意申町1-7-5
津島駅（アメリカの空港）	愛知県津島市錦町1-1
一色さかな広場（名古屋駅前）	愛知県西尾市一色町小藪船江東176
幡豆中学校（佳美が通う高校の外観）	愛知県西尾市幡豆町京田33
写真館かつみ（坪井家が家族写真を撮った写真館）	愛知県江南市古知野街桃源2

デイアンドナイト（映画）

［公　開］2019年1月

［スタッフ］監督・脚本：藤井道人，脚本：小寺和久，山田孝之，原案：阿部進之介

［出　演］阿部進之介（明石幸次），安藤政信（北村健一），清原果耶（大野奈々），田中哲司（三宅良平），小西真奈美（トモコ），佐津川愛美（友梨佳），渡辺裕之（明石和幸），室井滋（明石京子）〔ほか〕

ロケ地・場面	所在地
川反通り（夜の繁華街）	秋田県秋田市大町
秋田市民市場の駐車場（明石のアクションシーン）	秋田県秋田市中通4-7-35
秋田港（カーチェイスのシーン）	秋田県秋田市土崎港
鹿角市役所（深夜の駐車場）	秋田県鹿角市花輪荒田4-1
中滝ふるさと学舎〈旧鹿角市立中滝小学校〉（風車の家）	秋田県鹿角市十和田大湯白沢45-1
鹿角カトリック教会（子ども達が北村の説教を聞いた教会）	秋田県鹿角市十和田毛馬内下小路59-1
秋田県立十和田高等学校（奈々が通う学校）	秋田県鹿角市十和田毛馬内字下寄熊9
三種町役場（トモコの勤務先）	秋田県山本郡三種町鵜川岩谷子8
釜谷浜海水浴場（砂浜のシーン）	秋田県山本郡三種町大口釜谷7

帝一の國（映画）

［公　開］2017年4月

［スタッフ］監督：永井聡，脚本：いずみ吉紘，原作：古屋兎丸

［出　演］菅田将暉（赤場帝一），野村周平（東郷菊馬），竹内涼真（大鷹弾），間宮祥太朗（氷室ローランド），志尊淳（榊原光明），千葉雄大（森園億人）〔ほか〕

ロケ地・場面	所在地
三の丸庁舎（選挙戦が行われた場所）	茨城県水戸市三の丸
松村写真館（海帝高校内の撮影スタジオ）	栃木県足利市大門通2371
旧田沼高等学校（海帝高校）	栃木県佐野市栃本町300-1
旧石川組製糸西洋館（海帝高校の校長室）	埼玉県入間市河原町13-13
早稲田スコットホール（評議会のシーン）	東京都新宿区西早稲田2-3-1
竹町南町会会館（海帝高校将棋部部室）	東京都台東区2-14-11
上野恩賜公園内 彰義隊墓前（赤場親子が会話した場所）	東京都台東区上野公園
東京国立博物館（通商産業省の応接，総理大臣官邸内）	東京都台東区上野公園13-9
武蔵大学 大講堂（入学式の式場）	東京都練馬区豊玉上1-26-1

DCU ～手錠を持ったダイバー～

（ドラマ）

［公　開］2022年1月～3月

［スタッフ］脚本：青柳祐美子, 小谷暢亮, 谷口純一郎, 小澤俊介, 原案：イラン・ウルマー, サミュエル・ゴールドバーグ

［出　演］阿部寛（新名正義）, 横浜流星（瀬能陽生）, 吉川晃司（成合淳）, 市川実日子（黒江真子）, 中村アン（成合隆子）, 山崎育三郎（清水健治）, 趣里（神田瑠璃）, 岡崎体育（森田七雄）, 有輝（大友裕也）〔ほか〕

ロケ地・場面	所在地
八ッ場ダムのダム湖（新名たちが潜った橋部ダムのダム湖）〔1〕	群馬県吾妻郡長野原町川原湯
川原湯温泉 王湯（西野が聞き込みをしていた温泉の前）〔1〕	群馬県吾妻郡長野原町川原湯491
川原畑諏訪神社（瀬能が聞き込みをしていた神社）〔1〕	群馬県吾妻郡長野原町川原畑
やまきぼし（新名と成合が訪れた野田食堂）〔1〕	群馬県吾妻郡長野原町大字川原湯487
八ッ場ダムの下（新名と成合が黒江からの分析結果を聞いていたところ）〔1〕	群馬県吾妻郡長野原町与喜屋
おおつき食堂（瀬能と西野が聞き込みをしていた食堂）〔1〕	群馬県吾妻郡東吾妻町原町1562
多古町役場（DCUが捜査会議に参加した警察署）〔1〕	千葉県香取郡多古町多古584
大手町ファーストスクエア（京国建設の外観）〔1〕	東京都千代田区大手町1-5
ビジョンセンター日比谷の306号室（新名と清水が話をしていた会議室）〔1〕	東京都千代田区有楽町1-5
CROSS DOCK HARUMI内に作られた撮影セット（DCU本部の室内）〔1〕	東京都中央区晴海4-7
アイリスオーヤマの東京アンテナオフィス（新名と瀬能が小山内と面会した京国建設のオフィス）〔1〕	東京都港区浜松町2-3
東京国際空港の第2旅客ターミナル（アメリカへ向かう小山内が訪れた空港の出発ロビー）〔1〕	東京都大田区羽田空港3-4
海上保安庁 第三管区海上保安本部 横浜海上防災基地（DCUの発足式が行われたところ, 瀬能が早川守を呼び止めた玄関）〔1〕	神奈川県横浜市中区新港1-2
海上保安庁 第三管区海上保安本部 横浜海上防災基地の屋上（新名が立っていた屋上）〔1〕	神奈川県横浜市中区新港1-2
海上保安庁 第三管区海上保安本部 横浜海上防災基地内のプール（瀬能が見つけた鍵を新名が奪い返したプール脇）〔1〕	神奈川県横浜市中区新港1-2
海上保安庁 第四管区海上保安本部 中部空港海上保安航空基地（新名たちがヘリコプターに乗り込んだところ, 瀬能と成合が機材の手入れをしていた格納庫）〔1〕	愛知県常滑市セントレア1-2
旧東鷲宮病院（瀬能が入院した病院）〔2〕	埼玉県久喜市桜田3-9
鴨川令徳高等学校（成合とサンチェスが訪れた能登外国人在留支援センター）〔2〕	千葉県鴨川市横渚815
漁師料理かなや（新名、瀬能、坂東が話をしていた食堂）〔2〕	千葉県富津市金谷525

竹岡漁港(島田の遺体が見つかった北能登港,新名と瀬能が坂東の案内でサンチェスに会いに行った漁港)〔2〕	千葉県富津市竹岡
富津海水浴場付近(サンチェスを乗せた成合の運転する車が走っていたところ)〔2〕	千葉県富津市富津
都留市役所(捜査本部が置かれた北能登警察署,新名が成合にお守りを渡した警察署の前,岡部がパトカーから降ろされた警察署の前)〔2〕	山梨県都留市上谷1-1
海女の小屋 海上亭(サンチェスがタコを届けに行った料理店)〔2〕	静岡県伊東市川奈1004
東海館の前(サンチェスが謝罪していた旅館の前)〔2〕	静岡県伊東市東松原町12
一本松駐車場(新名たちが千流埼を見ていた北能登展望台の駐車場)〔2〕	静岡県伊東市八幡野
一本松駐車場南側の岩場(新名たちが島田のスマートフォンを見つけて回収した岩場)〔2〕	静岡県伊東市八幡野
八幡野港(溺れた子供とサンチェスを瀬能が助けた港)〔2〕	静岡県伊東市八幡野1736
船形漁港(新名たちが捜査に行った漁港,ロペスが漁船で出航した港)〔3〕	千葉県館山市船形395
鴨川令徳高等学校(隆子がマリアに名刺を渡した能登外国人在留支援センター)〔3〕	千葉県鴨川市横渚815
富津漁港付近(検問が行われていたところ,ロペスの乗った車が検問を通過したところ)〔3〕	千葉県富津市富津2035
東安房漁業協同組合本所川口蓄養場 付近(隆子がマリアを問い詰めようとした漁港,隆子がマリアを公務執行妨害で逮捕した漁港)〔3〕	千葉県南房総市千倉町川口227
漁港食堂 だいぼ(新名と瀬能が食事をした店)〔4〕	千葉県館山市伊戸963
船形漁港(新名が漁師をしていた港,西野が新名に瀬能の身分証を渡したところ)〔4〕	千葉県館山市船形1452
船形漁港のふ頭(新名たちが現場検証をした漁船が停泊していたふ頭)〔4〕	千葉県館山市船形1452
根本海水浴場(新名たちが訪れた琴ヶ浜)〔4〕	千葉県南房総市白浜町根本
PARK SIDE TABLES(新名と黒江の結婚披露パーティーが行われたところ)〔4〕	東京都千代田区紀尾井町3
トミーBOX メトロ中葛西(マリアが利用していたコインロッカーがあるところ,新名たちが月島を捕まえたコインロッカーがあるところ)〔4〕	東京都江戸川区中葛西5-13
MARINE & WALK YOKOHAMA の北東側(清水が瀬能に成合のPCからコピーしたUSBメモリーを渡したところ)〔4〕	神奈川県横浜市中区新港1-3
佐藤船舶(新名が月島に会いに行った「AQUA DEEP」)〔4〕	神奈川県横浜市中区本牧ふ頭17

網代港（真鍋がスマートフォンを海に投げた桟橋，瀬能がスマートフォンを見つけた桟橋先の海，瀬能が真鍋を逮捕したところ）〔4〕	静岡県熱海市網代
網代港付近（車を降りた瀬能と大友が男を追い始めたところ）〔4〕	静岡県熱海市網代100
LOOM（新名と瀬能が訪れたクラブ「LOOM」）〔5〕	千葉県千葉市中央区中央1-8
REGALO surf（新名と瀬能が訪れた中林のSURF SHOP「LANA SURF」）〔5〕	千葉県鴨川市東町1172
浜の味 栄丸（新名が訪れた食堂）〔5〕	千葉県安房郡鋸南町吉浜526
トピレックプラザの駐車場（新名と瀬能が副大臣秘書の日村と打ち合わせをした立体駐車場）〔5〕	東京都江東区南砂6-7
横浜海上防災基地の桟橋（日村が新名と瀬能に現金の入ったトランクを渡した桟橋）〔5〕	神奈川県横浜市中区新港1-2
極洋船舶工業（瀬能が成合と話をした横浜三堂造船所）〔6〕	千葉県館山市富士見545
富津漁港（和美のバッグが見つかった港）〔6〕	千葉県富津市富津2435
Coffee Bar K（根岸を監視していた神田と西野が成合を見たバー）〔6〕	東京都中央区銀座6-4
サンシャイン水族館（新名と瀬能が木見と根岸に会いに行った水族館）〔6〕	東京都豊島区東池袋3-1
サモアール馬車道店（新名、神田、西野が成合の情報交換をしていた店）〔6〕	神奈川県横浜市中区弁天通4-67
本牧ふ頭D（DCUが調査に行ったコンテナ埠頭）〔6〕	神奈川県横浜市中区本牧ふ頭
ホテル花水木の南側付近（成合が写真に写っていたところ）〔6〕	三重県桑名市長島町浦安333
海上保安庁 第三管区海上保安本部 横浜海上防災基地（水中から引き上げた物が並べられていたところ，新名が瀬能に鍵を渡した屋上）〔7〕	神奈川県横浜市中区新港1-2
横浜港の岸壁付近（成合が水上バイクに乗り込んだところ，成合がクルーザーで出航したところ）〔7〕	神奈川県横浜市中区新山下1-18
金沢漁港の防波堤（根岸がGPSを置いた防波堤）〔7〕	神奈川県横浜市金沢区海の公園9
横浜・八景島シーパラダイス（水中ドローンが向かっていたところ）〔7〕	神奈川県横浜市金沢区八景島1
日本ダスト NDK資源化リサイクル工場（瀬能と成合が話をしていたところ）〔7〕	神奈川県川崎市川崎区白石町3
日本ダスト NDK資源化リサイクル工場の屋上（成合が根岸と電話で話をしていた屋上）〔7〕	神奈川県川崎市川崎区白石町3
ホテル花水木の南側付近（西野が新名と電話で話をしていた防潮堤の上）〔7〕	三重県桑名市長島町浦安333
白岡市B&G海洋センター（瀬能が運転する車が信号待ちをしたプールの前）〔8〕	埼玉県白岡市千駄野371
宮代町総合運動公園のプール（子供の頃の瀬能が泳いでいたプール）〔8〕	埼玉県南埼玉郡宮代町和戸1834

岸壁（成合がフロッピーディスクの内容を確認したところ）〔8〕	神奈川県横浜市中区新山下1-18
新山下橋 首都高速神奈川3号狩場線下（瀬能が渡っていた高架下の橋）〔8〕	神奈川県横浜市中区新山下1-18
新山下橋の下付近（新名と話をしていた成合がクルーザーに飛び乗ったところ）〔8〕	神奈川県横浜市中区新山下1-18
新山下橋南詰にある階段（新名が下っていた階段）〔8〕	神奈川県横浜市中区新山下1-18
横浜ベイホールの屋上（瀬能が成合にフロッピーディスクを渡した屋上）〔8〕	神奈川県横浜市中区新山下3-4
横濱ハーバー ありあけ本館ハーバーズムーン本店のカフェスペース（瀬能が尾行をまいたカフェ）〔8〕	神奈川県横浜市中区日本大通36
関根釣具店（瀬能が訪れた関根釣具店）〔8〕	神奈川県横須賀市久里浜7-14
ホテル花水木の南側付近（新名と瀬能が話をした防波堤の上）〔8〕	三重県桑名市長島町浦安
ホテル花水木（新名と真子が新婚旅行で訪れたホテル）〔8〕	三重県桑名市長島町浦安333
ホテル花水木の裏（新名が戸塚明美と話をしたところ）〔8〕	三重県桑名市長島町浦安333
長島温泉 湯あみの島の黒部渓谷の湯（西野が意識を失った浴場）〔8〕	三重県桑名市長島町浦安333
揖斐川に架かる名四国道〈国道23号線〉の揖斐長良大橋（新名の乗ったタクシーが渡っていた橋）〔8〕	三重県桑名市長島町福吉343
加瀬のレンタルボックス 木更津木材港（成合の車が停車した倉庫の前）〔終〕	千葉県木更津市木材港7
富士ソフト秋葉原ビルの東側（逮捕された楢原が連行されていたビルの前）〔終〕	東京都千代田区神田練塀町3
JR品川駅港南口前（佐久間がテレビのニュースを見た駅前）〔終〕	東京都港区港南2-18
浅草 茶寮一松（笠原がズオカードを落とした料亭の前，成合と笠原が会食していた料亭，成合、笠原、東都重工・社長の楢原が佐久間を待っていた料亭）〔終〕	東京都台東区雷門1-15
帝京科学大学 千住キャンパス7号館（新名が救急車で搬送された帝東大学付属病院の救急入口）〔終〕	東京都足立区千住桜木1-11
浅野造船所浅野ドック跡（成合がバイクで逃走したドック跡，瀬能と佐久間が地上へ出たドック跡）〔終〕	神奈川県横浜市神奈川区山内町
中外倉庫運輸子安営業所（佐久間が逮捕された倉庫の前）〔終〕	神奈川県横浜市神奈川区守屋町1-3
横浜港 大さん橋 国際客船ターミナル（笠原の乗ったバンが停車していたところ）〔終〕	神奈川県横浜市中区海岸通1-4
你好（新名と真子が立ち止まった中華街の店，新名、成合、真子が水餃子を食べていた店）〔終〕	神奈川県横浜市中区山下町137
首都高速神奈川3号狩場線の高架下付近（成合が真子からの電話を受けたところ）〔終〕	神奈川県横浜市中区新山下1-18

横浜・八景島シーパラダイス A駐車場の屋上(真子が成合の車に乗った駐車場)〔終〕	神奈川県横浜市金沢区福浦3-12

DESTINY 鎌倉ものがたり (映画)

［公　開］2017年12月

［スタッフ］監督・脚本：山崎貴, 原作：西岸良平

［出　演］堺雅人(一色正和), 高畑充希(一色亜紀子), 堤真一(本田), 安藤サクラ(死神), 田中泯(貧乏神), 中村玉緒(キン), 市川実日子(本田里子), ムロツヨシ(ヒロシ), 要潤(稲荷刑事), 大倉孝二(川原刑事), 神戸浩(恐山刑事), 國村隼(大仏署長), 古田新太(天頭鬼(声)), 鶴田真由(一色絵美子), 薬師丸ひろ子(女将), 吉行和子(瀬戸優子), 橋爪功(優子の旦那), 三浦友和(甲滝五四朗)〔ほか〕

ロケ地・場面	所在地
渋川スカイランドパーク(遊園地)	群馬県渋川市金井2843-3
鎌倉高校前駅(正和たちが新婚旅行から戻ってきた駅)	神奈川県鎌倉市腰越1
浄智寺(正和たちが新婚旅行から自宅へと帰るシーン)	神奈川県鎌倉市山ノ内1402
江ノ島電鉄和田塚駅(正和と稲荷刑事が捜査した駅)	神奈川県鎌倉市由比ヶ浜3
江の島(冒頭のシーン)	神奈川県藤沢市

てぃだかんかん 海とサンゴと小さな奇跡 (映画)

［公　開］2010年4月

［スタッフ］監督：李闘士男, 脚本：鈴木聡, 林民夫

［出　演］岡村隆史(金城健司), 松雪泰子(金城由莉), 伊藤明賢(屋宜啓介), 赤堀雅秋(大城真人), 國村隼(比企達平)〔ほか〕

ロケ地・場面	所在地
安座真港西の海岸(健司がサンゴを植えつけた海)	沖縄県南城市安座真
新原ビーチ(大城真人が「日焼け止めはサンゴに悪いからやめましょう」と観光客に声をかけたビーチ)	沖縄県南城市玉城字百名1599-6
海野漁港(由莉が子供たちに健司の仕事ぶりの話をしていた漁港)	沖縄県南城市知念海野
古宇利島北側の海岸(幼少期の健司が過ごした海岸)	沖縄県国頭郡今帰仁村古宇利
本部町営市場(由莉がお金の無心をした市場)	沖縄県国頭郡本部町渡久地4
サンゴ畑(サンゴの養殖場)	沖縄県中頭郡読谷村高志保915
読谷村楚辺の海岸(健司が子どもたちを抱きしめた海岸)	沖縄県中頭郡読谷村楚辺

てっぱん (ドラマ)

［公　開］2010年9月〜2011年4月

［スタッフ］脚本：寺田敏雄, 今井雅子, 関えり香

［出　演］瀧本美織(村上あかり), 富司純子(田中初音), 安田成美(村上真知子), 遠藤憲一(村上錠), 遠藤要(村上欽也), 森田直幸(村上鉄平), 柳沢慎吾(篠宮久太), 尾美としのり(横山隆円), 朝倉あき(篠宮加奈), ともさかりえ(西尾冬美), 長田成也(滝沢薫), 神戸浩(笹井拓朗), 松尾諭(中岡徹), 前田航基(中岡民男), 柏原収史(岩崎潤), 川中美幸(有馬小夜子), 赤井英和(神田栄治), 竜雷太(長谷川伝)〔ほか〕

ロケ地・場面	所在地
阪堺電軌上町線天王寺駅前駅(村上あかりが路面電車に乗った駅)〔1〕	大阪府大阪市阿倍野区阿倍野筋1-5

阪堺電軌上町線帝塚山四丁目駅（村上あかりが路面電車を降りた駅）〔1〕	大阪府大阪市住吉区帝塚山中5-1
JR東海道本線大阪駅（村上あかりが降りた大阪駅）〔1〕	大阪府大阪市北区梅田3-1-1
原田神社（村上あかりがトランペットを吹くことになった原田神社）〔1〕	大阪府豊中市中桜塚1-2-18
びんご運動公園（村上あかりがトランペットで応援をしていた野球場）〔1〕	広島県尾道市栗原町997
西国寺への坂道（村上あかりが自転車で下っていた石畳の坂道）〔1〕	広島県尾道市西久保町
蓮花坂（村上あかりが自転車で下っていた坂道）〔1〕	広島県尾道市西久保町9-11
土堂突堤（村上あかりが田中初音と出会った突堤，村上あかりが海に飛び込んだ突堤，村上あかりと篠宮加奈が話をしていた防波堤）〔1〕	広島県尾道市土堂1-16-4
浄土寺（村上あかりが横山隆円から声を掛けられた石畳の道）〔1〕	広島県尾道市東久保町20-28
JR山陽本線尾道駅（田中初音が電車を待っていた尾道駅）〔1〕	広島県尾道市東御所町1-1
天寧寺坂（村上あかりが自転車で下っていた渡り廊下をくぐる坂道，村上あかりが自転車で下っていたロープウェイの見える坂道）〔1〕	広島県尾道市東土堂町
天寧寺（冒頭の尾道大橋の見える三重塔，村上真知子が墓参りをしていた寺）〔1〕	広島県尾道市東土堂町17-29
ブーケ・ダルブル（田中初音が訪れた家）〔1〕	広島県尾道市東土堂町19-18
浄土寺展望台（冒頭の尾道水道の見える風景）〔1〕	広島県尾道市尾崎町2-1
尾道市公会堂（尾道一高 吹奏楽部定期演奏会の会場）〔2〕	広島県尾道市久保1-15-1
国道2号線 JR山陽本線沿い（村上あかりが歩いていた線路沿いの道路）〔2〕	広島県尾道市久保2
御袖天満宮 階段，大山寺鐘楼（村上あかりと篠宮加奈が話をしていた階段）〔2〕	広島県尾道市長江1-11-16
尾道中央ビジター桟橋（村上真知子が村上あかりに生みの親について話をした桟橋）〔2〕	広島県尾道市土堂2-10-3
福島区の道路（村上あかりが会社に向かって歩いていた場所）〔3〕	大阪府大阪市福島区福島5
通天閣（村上あかりが歩いていた通天閣，村上あかりが座り込んでいた繁華街）〔3〕	大阪府大阪市浪速区恵美須東1-18-6
相生病院（田中初音が運ばれた病院）〔3〕	大阪府大阪市生野区生野西3-2-5
阪堺電軌上町線帝塚山四丁目駅（田中初音が村上あかりを引き止めた駅）〔3〕	大阪府大阪市住吉区帝塚山中5-1
千羽ハウジング（村上あかりが住む場所を探していた不動産屋）〔3〕	大阪府大阪市鶴見区今津南2-1-33
西梅田公園（村上あかりが尾道に電話をかけた高架下の公園）〔3〕	大阪府大阪市北区梅田2-6
道頓堀（村上あかりが歩いていた大阪の商店街）〔3〕	大阪府大阪市中央区道頓堀1

生国魂神社北の真言坂(村上あかりが西尾冬美とぶつかった坂道)〔4〕	大阪府大阪市天王寺区生玉町10
金ちゃん卓球(楽器練習場のマイアミ卓球場)〔4〕	大阪府大阪市生野区巽東4
阪堺電軌阪堺線の大和川橋梁(村上あかりがトランペットを吹いていた鉄橋)〔4〕	大阪府大阪市住吉区清水丘3
阪堺電軌阪堺線沿いの道 聖天坂駅付近(滝沢薫と根本孝志と村上あかりが走っていた線路沿いの道)〔4〕	大阪府大阪市西成区天神ノ森1
大阪城 内堀の極楽橋北詰 内堀,音楽堂近くの階段(村上あかりが浜野一とお好み焼きを食べていた公園,根本孝志と村上あかりが走っていた階段)〔4〕	大阪府大阪市中央区大阪城1-1
ダイゾー木津川工場(村上錠が溶接の仕事をしていた造船所)〔8〕	大阪府大阪市西成区北津守4-15-24
股ヶ池明神(村上鉄平と滝沢薫が出会った神社)〔9〕	大阪府大阪市阿倍野区桃ケ池町1-9-24
阪堺電軌阪堺線の大和川橋梁(村上あかりと村上鉄平が話をしていた鉄橋)〔9〕	大阪府大阪市住吉区清水丘3
南田辺本通商店街 尾崎青果店,魚じゅん,肉の奈可川(田中初音と村上あかねがキャベツや魚や豚肉などを買った商店街)〔9〕	大阪府大阪市東住吉区田辺3
天神橋一丁目商店街(村上鉄平が一人で歩いていた商店街)〔9〕	大阪府大阪市北区天神橋1
高槻市立陸上競技場(高槻マラソンが開催された陸上競技場)〔24〕	大阪府高槻市芝生町4-1-1
鶴橋市場 浜弥鰹節,2番通り,鶴橋本通り(村上あかりが働く店「浜勝」)	大阪府大阪市生野区鶴橋2-5
播磨湯(田中初音の家の近くにある楠不動)	大阪府大阪市阿倍野区王子町3-6-17
阪堺電軌上町線帝塚山四丁目駅(田中初音の家の近くにある路面電車の駅)	大阪府大阪市住吉区帝塚山中5-1
空堀商店街 勝山商店付近(オープニングに出てくる大勢の人が踊っている商店街)	大阪府大阪市中央区谷町6
石田造船(篠宮造船建設)	広島県尾道市因島三庄町字宝崎2931-4
尾道渡船 向島側のりば(村上あかりが利用している渡船)	広島県尾道市向島1-4
新栄機工(村上鉄工所)	広島県尾道市向島町5519
国道317号線(滝沢薫が走っていた多々羅大橋の見える海岸沿いの道路)	広島県尾道市瀬戸田町荻
土堂小学校(村上あかりが通う尾道第一高校)	広島県尾道市西土堂町6-44
御袖天満宮 階段,大山寺鐘楼(横山隆円が住職をする神社)	広島県尾道市長江1-11-16
尾道渡船 尾道側のりば(村上あかりが利用している渡船)	広島県尾道市土堂1-16
千光寺山の鼓岩〈ポンポン岩〉(オープニングに出てくる尾道市街の見える大きな岩)	広島県尾道市東土堂町15-1
千光寺山ロープウェイ(よく出てくるロープウェイ)	広島県尾道市東土堂町20-1

テルマエ・ロマエ (映画)

[公　開] 2012年4月

[スタッフ] 監督:武内英樹,脚本:武藤将吾,

原作：ヤマザキマリ

[出　演] 阿部寛（ルシウス），上戸彩（山越真実），市村正親（ハドリアヌス），北村一輝（ケイオニウス）〔ほか〕

ロケ地・場面	所在地
七ツ洞公園（古代ローマのシーン）	茨城県水戸市下国井町2243
那須温泉郷「北温泉」（真美の実家）	栃木県那須郡那須町湯本151
伊香保温泉石段街（ルシウスが大弓を射た場所）	群馬県渋川市伊香保町伊香保76-5
採石場跡地（ルシウスが発見した鉱泉）	千葉県安房郡鋸南町
稲荷湯（ルシウスが最初に現代日本にタイムスリップした銭湯）	東京都北区滝野川6-27-14
熱川バナナワニ園（ナイル風浴場のヒントを得た場所）	静岡県賀茂郡東伊豆町奈良本1253-10
リバティーリゾート天城荘 河原の湯（ルシウスが刀傷の治療のため訪れた温泉）	静岡県賀茂郡河津町梨本359

テルマエ・ロマエⅡ（映画）

[公　開] 2014年4月

[スタッフ] 監督：武内英樹，脚本：橋本裕志，原作：ヤマザキマリ

[出　演] 阿部寛（ルシウス），上戸彩（山越真実），市村正親（ハドリアヌス），北村一輝（ケイオニウス/ジェイオニウス）〔ほか〕

ロケ地・場面	所在地
湯畑（ルシウスと真美が話しながら歩いた湯畑）	群馬県吾妻郡草津町草津
法師温泉 長寿館（ルシウスと真美が入浴した温泉）	群馬県利根郡みなかみ町永井650
宝川温泉 汪泉閣（真美の実家）	群馬県利根郡みなかみ町藤原1899
箱根小涌園ユネッサン（ゆーとぴあ）	神奈川県足柄下郡箱根町二ノ平1297
ラーラ松本 屋内プール（ウォータースライダー）	長野県松本市島内7412
片倉館 2F休憩室（ルシウスが卓球などに興味を示した場所）	長野県諏訪市湖岸通り4-1-9
平温泉（ルシウスが力士と遭遇した温泉）	長野県諏訪市小和田17-10

天空の蜂（映画）

[公　開] 2015年9月

[スタッフ] 監督：堤幸彦，脚本：楠野一郎，原作：東野圭吾

[出　演] 江口洋介（湯原一彰），本木雅弘（三島幸一），仲間由紀恵（赤嶺淳子），綾野剛（雑賀勲），柄本明（室伏周吉），國村隼（中塚一実），石橋蓮司（筒井），竹中直人（芦田），向井理（湯原高彦）〔ほか〕

ロケ地・場面	所在地
三の丸庁舎（記者会見の会場）	茨城県水戸市三の丸
筑西市役所 関城支所（中塚と筒井が電話で話した場所）	茨城県筑西市舟生1040
JFE条鋼（商品倉庫）	茨城県神栖市南浜7
浦安ヘリポート（ヘリコプターのシーン）	千葉県浦安市千鳥
沼津市南部浄化センター（原子力発電所）	静岡県沼津市江浦7-3
旧静浦中学校（避難所）	静岡県沼津市獅子浜400

天国と地獄 ～サイコな2人～（ドラマ）

[公　開] 2021年1月～3月

[スタッフ] 脚本：森下佳子

[出　演] 綾瀬はるか（望月彩子），高橋一生（日高陽斗），柄本佑（渡辺陸），溝端淳平（八巻英雄），中村ゆり（五木樹里），迫田孝也（湯浅和男：東朔也），林泰文（新田将吾），野間口徹（五十嵐公平），吉見一豊（十久河広明），馬場徹（富樫義貴），谷恭輔（幅健太郎），岸井ゆきの（日高優菜），木場勝己（日

高満），北村一輝（河原三雄）〔ほか〕

ロケ地・場面	所在地
田沢工業（日高が証拠品を燃やしていたところ）〔1〕	栃木県佐野市豊代町585
埼玉県庁（彩子が駆け込んだ番町警察署の外観）〔1〕	埼玉県さいたま市浦和区高砂3-15
埼玉高速鉄道戸塚安行駅（彩子が日高からマスクを受け取って降りた桜田門駅）〔1〕	埼玉県川口市長蔵新田331
桜田門駅4番出入口（彩子が出てきた桜田門駅の出入口）〔1〕	東京都千代田区霞が関2-1
CROSS DOCK HARUMI（コ・アースのオフィス）〔1〕	東京都中央区晴海4-7
豊洲大橋の歩道（彩子と八巻が歩いていた歩道）〔1〕	東京都中央区晴海4-8
つきじ治作（接待を終えた日高が車を見送った料亭の前）〔1〕	東京都中央区明石町14
新宿通り〈国道20号線〉四谷見附交差点付近（彩子がNシステムのカメラを確認していたところ）〔1〕	東京都新宿区四谷1-2
JR四ツ谷駅麹町口（彩子が監視カメラを確認に行った駅）〔1〕	東京都新宿区四谷1-5
杉大門通り（彩子が監視カメラを確認していた商店街）〔1〕	東京都新宿区四谷3-3
青梅街道（河原がマンション管理会社の関係者を紹介するよう女性に頼んでいたところ）〔1〕	東京都新宿区西新宿1-3
東京国立博物館 平成館（警視庁のロビー）〔1〕	東京都台東区上野公園13
豊洲一丁目バス停（日高がタクシーに乗ったところ）〔1〕	東京都江東区豊洲3-1
関東中央病院（八巻が待機していた病院のロビー）〔1〕	東京都世田谷区上用賀6-25
HELLO CYCLING いちご西参道ビルの駐輪場（彩子が見つけたシェアバイクの駐輪場）〔1〕	東京都渋谷区代々木3-28
ロケスタジオ和洋空間古民家2スタジオ（陸が清掃の仕事をしていた家）〔1〕	東京都府中市西府町2-8
桜山歩道橋（日高が手袋を捨てた歩道橋，彩子が日高を逮捕しようとした歩道橋）〔1〕	神奈川県横浜市都筑区茅ケ崎中央55
食品館あおばセンター南店の北側（彩子と日高の魂が入れ替わった階段下）〔1〕	神奈川県横浜市都筑区茅ケ崎中央55
食品館あおばセンター南店前の桜山歩道橋（日高が月を見上げていた歩道橋）〔1〕	神奈川県横浜市都筑区茅ケ崎中央55
区役所通り（日高がタクシーを降りたところ）〔1〕	神奈川県横浜市都筑区茅ケ崎中央57
喫茶まりも 新丸子店（河原が監視カメラ映像を入手した喫茶店）〔1〕	神奈川県川崎市中原区新丸子東1-785
ホノホシ海岸（夢の中で彩子が立っていた海岸）〔1〕	鹿児島県大島郡瀬戸内町蘇刈
埼玉県庁（彩子と八巻の会話を河原が立ち聞きしていたところ）〔2〕	埼玉県さいたま市浦和区高砂3-15
NTT日比谷ビル（彩子が日高と電話で話をしていた屋上）〔2〕	東京都千代田区内幸町1-1

勝どきサンスクェア前晴海通りの歩道（日高が手袋を見つけた歩道）〔2〕	東京都中央区勝どき1-7
CROSS DOCK HARUMI（日高が彩子と電話で話をしていた屋上）〔2〕	東京都中央区晴海4-7
水の広場公園（彩子が化粧をしていたところ）〔2〕	東京都江東区有明3-1
環八通りの歩道（子供が手袋を拾った歩道）〔2〕	東京都板橋区西台1-3
帝京科学大学 千住キャンパス本館の生命科学科実験室（家宅捜索が入る予定のコ・アースの研究所）〔2〕	東京都足立区千住桜木2-2
日本丸メモリアルパーク（彩子が日高から受け取った証拠品を預けたコインロッカーがあるところ）〔2〕	神奈川県横浜市西区みなとみらい2-1
桜山歩道橋（日高が彩子と一緒に転落した歩道橋）〔2〕	神奈川県横浜市都筑区茅ケ崎中央55
内堀通りの歩道（八巻が歩きながら日高と電話で話をしていた歩道）〔3〕	東京都千代田区霞が関2-1
NTT日比谷ビル（彩子が日高と電話で話をしていた屋上，彩子が日高に動画を送った屋上）〔3〕	東京都千代田区内幸町1-1
CROSS DOCK HARUMI（日高が電話で八巻と話をしていた屋上）〔3〕	東京都中央区晴海4-7
オランダ大使館前（八巻が日高と電話で話をしていた東京タワーが見えるところ）〔3〕	東京都港区芝公園3-6
帝京科学大学 千住キャンパス本館の生命科学科実験室（彩子が分析の手伝いをしていた科学捜査研究所，河原が座り込んでいた科捜研の入口）〔3〕	東京都足立区千住桜木2-2
都筑中央公園（彩子が赤い4の落書きを見たところ，陸が落書きを消していたところ）〔3〕	神奈川県横浜市都筑区茅ケ崎中央57
ジニアス 川崎スタジオ（手袋探査の打ち合わせが行われていた埼玉県警の会議室）〔3〕	神奈川県川崎市川崎区藤崎3-5
青久海岸（日高が訪れた奄美大島緋美集落）〔3〕	鹿児島県奄美市住用町大字市
瀬戸内町立図書館・郷土館（日高が学芸員に伝説のことを聞こうとした博物館）〔3〕	鹿児島県大島郡瀬戸内町古仁屋1283
ホノホシ海岸（日高が丸い石を拾った海岸）〔3〕	鹿児島県大島郡瀬戸内町蘇刈
ホテルニューオータニ幕張（彩子が訪れたホテル）〔4〕	千葉県千葉市美浜区ひび野2-120
国会前庭（警視庁を出た日高が彩子と電話で話をしていたところ，日高が八巻と電話で話をしていたところ）〔4〕	東京都千代田区永田町1-1
千代田区神田猿楽町町会詰所（河原が手袋のことを問い合わせていた東花川警察署西松山交番）〔4〕	東京都千代田区猿楽町2-3
NTT日比谷ビル（彩子が日高と電話で話をしていた屋上）〔4〕	東京都千代田区内幸町1-1

THE BLOSSOM HIBIYA（彩子と八巻がキッチンカーでランチを買ったところ）〔4〕	東京都港区新橋1-1
龍土町美術館通り（河原が痴話喧嘩を見たところ）〔4〕	東京都港区六本木7-6
小名木川に架かる萬年橋（レストランを出た日高が渡っていた橋）〔4〕	東京都江東区清澄1-8
ジャスマック八雲スタジオ（彩子と日高が話をしていたSPAの室内）〔4〕	東京都目黒区八雲5-1
新宿文化クイントビルの前（男が逮捕されるのを日高が見たところ）〔4〕	東京都渋谷区代々木3-22
PAL（日高がミンに会いに行ったコンビニの前）〔4〕	東京都武蔵野市吉祥寺北町4-12
洋風居酒屋トム・ソーヤ（日高と妹の優菜が食事をしたレストラン）〔4〕	東京都狛江市東和泉4-3
日本丸メモリアルパーク（犬の散歩をしていた陸が彩子を見たところ）〔4〕	神奈川県横浜市西区みなとみらい2-1
都筑区中央公園（彩子が日高と電話で話をしながら歩いていた公園）〔4〕	神奈川県横浜市都筑区茅ケ崎中央57
早渕川に架かる境田橋（日高が彩子と電話で話をしながら歩いていた橋）〔4〕	神奈川県横浜市都筑区中川中央2-5
桜田通り〈国道1号線〉の歩道 警視庁東側（桜田門駅を出た彩子が歩いていたところ）〔5〕	東京都千代田区霞が関2-1
THE UPPER（日高と陸が話をしたカフェ）〔5〕	東京都千代田区丸の内1-3
ドルチェ＆ガッバーナ東京銀座（日高が彩子のドレス、靴、バッグを買った店）〔5〕	東京都中央区銀座5-4
CROSS DOCK HARUMI（日高が彩子と電話で話をしていた屋上，陸が日高に声を掛けたビルのエントランスホール）〔5〕	東京都中央区晴海4-7
FAD15ビルの西側（彩子と陸が初めて出会ったところ）〔5〕	東京都港区新橋1-4
トライセブンロッポンギ前の歩道（陸が歩いていた歩道）〔5〕	東京都港区六本木7-7
ジクー（彩子が訪れた会員制クラブ「Club空薫」）〔5〕	東京都新宿区歌舞伎町1-25
北京飯店（河原が似顔絵の偽証に気付いた中華料理店）〔5〕	東京都新宿区新宿1-16
新宿警察署裏交差点（日高と陸が別れたところ）〔5〕	東京都新宿区西新宿6-5
コーヒーショップ ギャラン（八巻が九十九と話をした喫茶店）〔5〕	東京都台東区上野6-14
有明ガーデン（彩子が証拠品を移したコインロッカーがあるところ）〔5〕	東京都江東区有明2-1
100YEN SHOP meets前の戸越銀座商店街（犬の散歩をしていた陸が立ち止まった100円ショップの前）〔5〕	東京都品川区戸越1-17
大森ベルポート（彩子が八巻に散歩に行くと言った警視庁のロビー）〔5〕	東京都品川区南大井6-26
大森ベルポート東側桜新道の歩道（彩子が日高と電話で話をしていた歩道）〔5〕	東京都品川区南大井6-26

恵比寿たつや 駅前店の地下（日高と陸が話をしていた居酒屋）〔5〕	東京都渋谷区恵比寿南1-8
ベニースーパー佐野店（河原が女性に声を掛けたスーパーの前）〔5〕	東京都足立区佐野2-27
鳶巣川公園（彩子が日高と電話で話をしていた公園）〔5〕	東京都青梅市長淵2-765
日本丸メモリアルパーク（陸が合鍵で中を確かめたコインロッカーのあるところ，誰かに開けられたことに彩子が気付いたコインロッカー）〔5〕	神奈川県横浜市西区みなとみらい2-1
ふぐの店 ぼて 関内店の前（彩子が日高の車に乗り込みドレスに着替えたところ）〔5〕	神奈川県横浜市中区長者町8-133
長者町八丁目交差点（彩子が九十九を逮捕した交差点）〔5〕	神奈川県横浜市中区長者町8-136
福仲ビルの裏側（客や店員たちが出てきた裏口）〔5〕	神奈川県横浜市中区福富町仲通38
福富町仲通り（逮捕された九十九が警察車両に乗ったところ）〔5〕	神奈川県横浜市中区福富町仲通38
不動産情報プラザ（河原たちが訪れた不動産店）〔6〕	東京都新宿区新宿2-8
アーバンドックららぽーと豊洲付近（タクシーを止めようとした日高と彩子が運転する車がすれ違ったところ）〔6〕	東京都江東区豊洲2-4
島忠ホームズ葛西店（彩子が訪れたホームセンター）〔6〕	東京都江戸川区東葛西9-3
長淵2丁目の住宅街（日高が彩子を見失った住宅街）〔6〕	東京都青梅市長淵2-726
横浜市営地下鉄センター南駅構内 有隣堂センター南駅店の前（陸が師匠とその仲間たちにコインロッカーの捜索を依頼したところ）〔6〕	神奈川県横浜市都筑区茅ケ崎中央1
みなきたウォーク（フード付きのコートを着た男が歩いていたところ）〔6〕	神奈川県横浜市都筑区茅ケ崎中央56
都筑区中央公園（フード付きのコートを着た男が赤いスプレーで「9」を描いたところ）〔6〕	神奈川県横浜市都筑区茅ケ崎中央57
モザイクモール港北（陸がロッカーから取り出した漫画のことを日高に電話で話したところ）〔6〕	神奈川県横浜市都筑区中川中央1-31
プラネアール みずほ台井上病院スタジオ（彩子が引き返した桜下病院の前）〔7〕	埼玉県富士見市針ヶ谷1-11
隅田川テラス（河原が歩いていた水辺）〔7〕	東京都中央区築地7-18
高商新宿二丁目スタジオ（彩子が駆けつけた遺体が発見された部屋）〔7〕	東京都新宿区新宿2-12
香港屋台 九龍（河原が出てきた「香港屋台九龍」）〔7〕	東京都新宿区新宿3-10
浅草花本（河原たちが出てきた店，陸と師匠が入った居酒屋）〔7〕	東京都台東区浅草2-7
オリゾンマーレの前（彩子が東が服用している薬の情報を電話で伝えたところ）〔7〕	東京都江東区有明1-3
日野自動車総合グラウンド北西側 谷地川沿い（朔也の実母が朔也にお金と連絡先を渡そうとしたところ）〔7〕	東京都日野市新町5-18

日野市立第三小学校前の歩道橋（日高が福岡市立東畑中小学校の写真を撮った歩道橋、日高が東から抜けた歯をもらった歩道橋）〔7〕	東京都日野市日野台2-1
大岡川沿いの歩道（日の出ラーメンの屋台があったところ）〔7〕	神奈川県横浜市中区黄金町2-8
川崎スタジオ（サンライズフーズ福岡本社）〔7〕	神奈川県川崎市川崎区藤崎3-5
プラネアール みずほ台井上病院スタジオ（彩子が駆けつけた桜下病院）〔8〕	埼玉県富士見市針ヶ谷1-11
増田屋（陸と東がそばを食べていた店）〔8〕	東京都千代田区飯田橋2-8
晴海大橋（コ・アースを抜け出した日高が渡っていた橋）〔8〕	東京都中央区晴海4-3
CROSS DOCK HARUMI（日高が八巻と電話で話をしていた屋上）〔8〕	東京都中央区晴海4-7
虎ノ門桜ビルの北側付近（彩子がタクシーに乗ったところ）〔8〕	東京都港区虎ノ門3-22
品川シーズンテラス（河原が捜査状況を話していたところ）〔8〕	東京都港区港南1-2
CLUB ZOO TOKYO（河原たちが捜査に行ったキャバクラ）〔8〕	東京都港区六本木3-14
ふれあい通りの歩道（走っていた彩子が立ち止まったところ）〔8〕	東京都新宿区西新宿2-11
大横川に架かる越中島橋（陸と東が話をしていた橋の上）〔8〕	東京都江東区永代2-19
ヤマタネ（東が警備員のアルバイトをしていた源証券の外観）〔8〕	東京都江東区越中島1-1
セブンイレブン江東牡丹1丁目店の前（陸が日高から東朔也の写真を受け取ったところ）〔8〕	東京都江東区牡丹1-2
京浜運河に架かる品川ふ頭橋（検問が行われていた橋）〔8〕	東京都品川区東品川5-9
葛西かもめ橋（スニーカーが見つかった橋の上）〔8〕	東京都江戸川区臨海町2-6
新左近川親水公園（彩子が日高に社長を辞任するように進言したところ）〔8〕	東京都江戸川区臨海町2-6
府中競馬正門前駅ホーム（陸と東が話をしていた駅のホーム）〔8〕	東京都府中市八幡町1
ワークマンプラス 町田真光寺店（彩子がスニーカーとジャケットを買った店）〔8〕	東京都町田市真光寺3-31
日野市立第三小学校前の歩道橋（陸と東が訪れた歩道橋）〔8〕	東京都日野市日野台2-1
桜山歩道橋（日高と彩子が転落した階段）〔8〕	神奈川県横浜市都筑区茅ケ崎中央55
静岡県富士水泳場（五木が日高にバッグとコートを渡した水泳場）〔8〕	静岡県富士市大淵266
仙台城跡の伊達政宗騎馬像の前（八巻がずんだパンケーキを食べていたところ）〔9〕	宮城県仙台市青葉区川内1
県立自然公園松島（八巻が彩子からの電話を受けた海辺）〔9〕	宮城県宮城郡松島町松島
行幸通り（八巻が東京駅へ向かって歩いていたところ）〔9〕	東京都千代田区丸の内2-4
東京シティエアターミナル（河原が到着した奄美空港）〔9〕	東京都中央区日本橋箱崎町42

東京入管前交差点の南側付近(検問が行われていたところ)〔9〕	東京都港区港南5-4
新橋駅前ビル1号館1階のエレベーター付近(彩子が日高と落ち合ったところ)〔9〕	東京都港区新橋2-20
アド・タイヘイビル前の赤レンガ通り(彩子が日高を追っていた歩道)〔9〕	東京都港区新橋5-19
新橋パークプレイスビルの北西角付近(彩子が日高の逃走方向を刑事たちに教えたところ)〔9〕	東京都港区新橋5-27
サウナ&カプセルホテル北欧(陸が彩子からの電話を受けたところ)〔9〕	東京都台東区上野7-2
辰巳一丁目交差点北側の三ツ目通り(彩子と日高を乗せた八巻の車が走っていた高架下の道路)〔9〕	東京都江東区辰巳1-7
ファミリーマート東雲橋店の南側付近(彩子と日高の乗った車が走っていたところ)〔9〕	東京都江東区東雲1-10
王子ホールディングス東雲研究センターの南側(彩子と日高の乗った車を八巻が見送ったところ)〔9〕	東京都江東区東雲1-10
代々木ポニー公園の前(彩子と日高が八巻の車に乗ったところ)〔9〕	東京都渋谷区代々木神園町4
桜山歩道橋(彩子と日高が元に戻った南桜川歩道橋の階段下)〔9〕	神奈川県横浜市都筑区茅ケ崎中央55
山口石油(彩子と日高が給油のために立ち寄った熊本県熊本市田原坂のガソリンスタンド)〔9〕	静岡県静岡市清水区土227
駿河湾フェリー待合所(陸と東が奄美大島行きのフェリーを待っていた待合所)〔9〕	静岡県静岡市清水区日の出町10
興津川に架かる大網橋付近(彩子と日高が話をしていた川沿い,警官に感づかれた彩子と日高が逃げ始めたところ)〔9〕	静岡県静岡市清水区茂野島
土肥港乗り場(河原がフェリーに乗り込んだ奄美大島の港)〔9〕	静岡県伊豆市土肥2920
桜田門交差点(彩子が信号待ちを諦めて走り始めたところ)〔終〕	東京都千代田区霞が関1-1
NTT日比谷ビルの屋上(八巻が彩子におにぎりを渡そうとした警視庁の屋上)〔終〕	東京都千代田区内幸町1-1
牛込橋(彩子が走っていた橋)〔終〕	東京都千代田区富士見2-29
セピアコート人形町(彩子が訪れたネットカフェが入居するビル)〔終〕	東京都中央区日本橋人形町1-12
新大橋通り(彩子がタクシーを止めようとしたところ)〔終〕	東京都中央区日本橋人形町1-13
品川埠頭線(彩子がタクシーを降りたところ)〔終〕	東京都港区港南5-4
神田川に架かる相生橋(陸が彩子を抱きしめた橋の上)〔終〕	東京都新宿区西新宿5-15
東京国立博物館 平成館(彩子が階段を踏み外して転落した警視庁内,彩子が靴を脱いで登った階段)〔終〕	東京都台東区上野公園13
Hailey'5 Cafe 渋谷BEAM店(彩子が訪れたネットカフェ)〔終〕	東京都渋谷区宇田川町31

恩田川沿いの桜並木（出所した日高が歩いていた川沿いの桜並木）〔終〕	東京都町田市成瀬7-10
愛愛電機（陸が彩子からの電話を受けた鹿児島の電気店）〔終〕	神奈川県横浜市青葉区あざみ野2-12
桜山歩道橋（彩子と日高が再会した歩道橋）〔終〕	神奈川県横浜市都筑区茅ケ崎中央55
由比漁港（陸がいた鹿児島の港）〔終〕	静岡県静岡市清水区由比今宿浜1127

天心（映画）

［公　開］2013年11月

［スタッフ］監督・脚本：松村克弥, 脚本：我妻正義

［出　演］竹中直人（岡倉天心）, 平山浩行（菱田春草）, 中村獅童（横山大観）, 木下ほうか（下村観山）, 橋本一郎（木村武山）, 温水洋一（狩野芳崖）, キタキマユ（菱田千代）, 神楽坂恵（九鬼波津子）, 渡辺裕之（九鬼隆一）, 本田博太郎（船頭）, イアン・ムーア（アーネスト・フェノロサ）〔ほか〕

ロケ地・場面	所在地
旧茨城県立土浦中学校本館（第1回文展会場の外観）	茨城県土浦市真鍋4-4-2
料亭 霞月楼（会食会場）	茨城県土浦市中央1-5-7
五浦海岸・五浦岬公園映画 天心ロケセット（日本美術院研究所）	茨城県北茨城市大津町五浦

天地明察（映画）

［公　開］2012年9月

［スタッフ］監督・脚本：滝田洋二郎, 脚本：加藤正人, 原作：冲方丁

［出　演］岡田准一（安井算哲（渋川春海））, 宮崎あおい（えん）, 佐藤隆太（村瀬義益）, 市川猿之助（関孝和）〔ほか〕

ロケ地・場面	所在地
三井寺〈園城寺〉村雲橋	滋賀県大津市園城寺町
鍬山神社（金王八幡宮）	京都府亀岡市上矢田町上垣内22-2
琴引浜・キャンプ場周辺（算哲、弥吉、平助が昼食を取った場所など）	京都府京丹後市網野町掛津

天皇の料理番（ドラマ）

［公　開］2015年4月～7月

［スタッフ］脚本：森下佳子, 原作：杉森久英

［出　演］佐藤健（秋山篤蔵）, 黒木華（高浜俊子）, 小林薫（宇佐美鎌市）, 武田鉄矢（桐塚尚吾）, 桐谷健太（松井新太郎）, 柄本佑（山上辰吉）, 鈴木亮平（秋山周太郎）, 杉本哲太（秋山周蔵）, 伊藤英明（田辺祐吉）, 加藤雅也（五百木竹四郎）, 郷ひろみ（粟野慎一郎）〔ほか〕

ロケ地・場面	所在地
大内宿付近（僧侶が篤蔵を運んでいた畑道）〔1〕	福島県南会津郡下郷町大内
大内宿（僧侶が篤蔵を運んでいた宿場町）〔1〕	福島県南会津郡下郷町大内山本
ワープステーション江戸 江戸城ゾーン「12長屋門」（華族会館の門）〔1〕	茨城県つくばみらい市南太田1176
ワープステーション江戸 江戸町屋ゾーン「14商家」（松前屋）〔1〕	茨城県つくばみらい市南太田1176
ワープステーション江戸 明治期の下町エリア（周太郎が下宿している竜雲館）〔1〕	茨城県つくばみらい市南太田1176
旧須賀川小学校（篤蔵が訪れた鯖江陸軍歩兵第三十六連隊建物の外観）〔1〕	栃木県大田原市須賀川1740

千葉県立房総のむら 下総の農家(秋山邸)〔1〕	千葉県印旛郡栄町龍角寺1028
綱町三井倶楽部(華族会館の外観と内部)〔1〕	東京都港区三田2-3
鉄道歴史展示室〈旧新橋停車場〉(篤蔵が出てきた新橋駅前)〔1〕	東京都港区東新橋1-5
日立目白クラブ(篤蔵が訪れた奉西軒の外観(玄関部分), 篤蔵が食事をした奉西軒のダイニング)〔1〕	東京都新宿区下落合2-13
小川沿いの桜並木(篤蔵が大八車をひいていた小川沿いの道)〔1〕	山梨県南都留郡忍野村忍草107付近
八海橋(俊子が渡っていた橋)〔1〕	山梨県南都留郡忍野村忍草土手下1000
博物館明治村 東山梨郡役所(篤蔵が訪れた奉西軒の外観)〔1〕	愛知県犬山市字内山1
博物館明治村 北里研究所本館・医学館(日本大学法律科の建物)〔1〕	愛知県犬山市字内山1
亀遊亭の北西側(ニコ来食堂)〔1〕	岡山県倉敷市中央1-2
亀遊亭の北側(ケンカをしている篤蔵を周太郎が見つけたところ)〔1〕	岡山県倉敷市中央1-2
倉敷川沿いの倉敷美観地区(篤蔵が人力車に乗って走っていた新橋駅付近)〔1〕	岡山県倉敷市本町4
倉敷アイビースクエア オルゴールミュゼ・メタセコイアの脇(篤蔵が学生たちに神田竜雲館への道を尋ねようとしたところ)〔1〕	岡山県倉敷市本町7
綱町三井倶楽部の庭園(華族会館の庭園)〔2〕	東京都港区三田2-3
綱町三井倶楽部本館大食堂(華族会館の食堂)〔2〕	東京都港区三田2-3
旧大原邸前の倉敷川に架かる今橋(篤蔵が鎌市のノートを見ていた橋)〔2〕	岡山県倉敷市中央1-2
八海橋(俊子とハル江が渡っていた橋)〔3〕	山梨県南都留郡忍野村忍草土手下1000
兵庫県公館(英国公使館の外観, 篤蔵が英国公使館で働かせて欲しいと頼んでいたところ)〔3〕	兵庫県神戸市中央区下山手通4-4
吉井旅館(篤蔵と俊子が泊まった宿)〔3〕	岡山県倉敷市本町1
綱町三井倶楽部(周太郎が篤蔵への手紙を辰吉に渡した華族会館の庭)〔4〕	東京都港区三田2-3
鳩山会館(篤蔵が出張料理で訪れた屋敷の外観)〔4〕	東京都文京区音羽1-7
旧大原邸前の倉敷川に架かる今橋(篤蔵が周太郎からの手紙を読んだ橋の上)〔4〕	岡山県倉敷市中央1-2
料理旅館 鶴形の前の倉敷川(周太郎が空を見上げていた川辺)〔4〕	岡山県倉敷市中央1-3
倉敷館の前(篤蔵が求人の張り紙を見た橋の近く)〔4〕	岡山県倉敷市中央1-4
吉井旅館の前付近(篤蔵の前を猫が横切ったところ)〔4〕	岡山県倉敷市本町1
倉敷アイビースクエア(煉瓦造りの凱旋祝の門)〔4〕	岡山県倉敷市本町7
八海橋付近(篤蔵と俊子が話をしていた川辺)〔5〕	山梨県南都留郡忍野村忍草107
倉敷川沿い(新太郎が篤蔵に手紙を渡したところ)〔5〕	岡山県倉敷市本町5

塚田歴史伝説館西側の巴波川沿いの道（ガス灯に付いたカタツムリを俊子が見たところ）〔6〕	栃木県栃木市倭町2
倉敷川沿い（篤蔵が猫に餌をやっていたところ，篤蔵が母から渡された周太郎からの手紙を読んだところ）〔6〕	岡山県倉敷市本町5
千葉市美術館 さや堂ホール（新太郎が篤蔵に声をかけたホテルのロビー）〔7〕	千葉県千葉市中央区中央3-10
清泉女子大学〈旧島津公爵邸〉の応接室（篤蔵が慎一郎と話をした部屋）〔7〕	東京都品川区東五反田3-16
カントリーハウスウインザー（フランソワーズがオーディションを受けたところ，篤蔵と新太郎がフランソワーズの歌を聴いていたところ）〔8〕	埼玉県久喜市南5-4
オーベルジュ・ド・リル トーキョー（篤蔵の鮭料理が出されたレストランの店内）〔8〕	東京都港区西麻布1-6
栃木県立栃木高等学校講堂（宮内省大膳寮の外観）〔9〕	栃木県栃木市入舟町12
小野川沿いの道（篤蔵が献立を考えながら歩いていた川沿いの道，周太郎の死を知らせる電報を持った篤蔵が立っていたところ）〔9〕	千葉県香取市佐原イ
学士会館（篤蔵が歩いていた赤絨毯の廊下）〔9〕	東京都千代田区神田錦町3-28
学士会館 203号室（大饗に関する会議が行われた部屋）〔9〕	東京都千代田区神田錦町3-28
愛宕神社（俊子が参拝していた神社）〔9〕	東京都港区愛宕1-5

小田原城 銅門（篤蔵が皇居へ入った門）〔9〕	神奈川県小田原市城内3
元離宮二条城 唐門（二条離宮の門）〔9〕	京都府京都市中京区二条城町541
元離宮二条城 二の丸御殿大広間の前（達之助が篤蔵に退職願を渡したところ）〔9〕	京都府京都市中京区二条城町541
鷹見泉石記念館（篤蔵が出張料理に訪れた九条公爵邸の門）〔10〕	茨城県古河市中央町3-11
ワープステーション江戸 下町オープンセット（篤蔵や俊子が住む秋山邸の外観）〔10〕	茨城県つくばみらい市南太田1176
旧上岡小学校（俊子が胸を押さえてしゃがみ込んだ小石川尋常小学校の前）〔10〕	茨城県久慈郡大子町上岡513
野田市市民会館（篤蔵が節子皇后の前で天ぷらを揚げた日光御用邸）〔10〕	千葉県野田市野田370
岡田記念館 翁島別邸（篤蔵や俊子たちが間借りをした尚吾の家）〔11〕	栃木県栃木市小平町1
EDO WONDERLAND 日光江戸村（篤蔵が新太郎と再会した牢屋）〔11〕	栃木県日光市柄倉470
旧秋元別邸（篤蔵が訪れた青山御所）〔11〕	群馬県館林市尾曳町8
学士会館 203号室（篤蔵が会議に参加していた会議室）〔11〕	東京都千代田区神田錦町3-28
東京国立博物館 黒門〈旧因州池田屋敷表門〉（青山御所の門）〔11〕	東京都台東区上野公園13
栃木県庁昭和館（GHQ本部・会議室，篤蔵が米兵の靴を磨いていたGHQ本部内）〔12〕	栃木県宇都宮市塙田1-1

楽山園 昆明池（篤蔵、新太郎、山下が池の中で鴨の真似をした宮内省新浜鴨場）〔12〕	群馬県甘楽郡甘楽町大字小幡648
学士会館 201ロビー（満州国の男たちが料理を調べていたところ）〔12〕	東京都千代田区神田錦町3-28
目黒雅叙園 和室宴会場「竹林」（篤蔵が昭和天皇に拝謁した部屋, 篤蔵が昭和天皇に退職の挨拶をした部屋）〔12〕	東京都目黒区下目黒1-8
東京女子大学本館の屋上（篤蔵が俊子の鈴を見ていた屋上, 篤蔵が白旗を振っていた屋上）〔12〕	東京都杉並区善福寺2-6

TOKYO MER 走る緊急救命室

（ドラマ）

［公　開］2021年7月～9月

［スタッフ］脚本：黒岩勉

［出　演］鈴木亮平（喜多見幸太）, 賀来賢人（音羽尚）, 石田ゆり子（赤塚梓）, 中条あやみ（弦巻比奈）, 菜々緒（蔵前夏梅）, 仲里依紗（高輪千晶）, 要潤（千住幹生）〔ほか〕

ロケ地・場面	所在地
マレリ 研究開発センター・本社（TOKYO MER 発足記念式典が行われたところ）〔1〕	埼玉県さいたま市北区日進町2-1917
深谷市衛生センター（ガス爆発事故が発生した工場の解体現場）〔1〕	埼玉県深谷市樫合742
ビッグホップ ガーデンモール印西（1992年、銃乱射事件が起きたアメリカ ペンシルベニア州のショッピングモール）〔1〕	千葉県印西市原1-2
鉄鋼会館704号室（厚生労働省の大臣室）〔1〕	東京都中央区日本橋茅場町3-2
東京夢の島マリーナの駐車場（救護所が設営された駐車場）〔1〕	東京都江東区夢の島3-2
帝京科学大学 千住キャンパス本館のカフェテリア（音羽と弦巻が話をしていた病院内の食堂）〔1〕	東京都足立区千住桜木2-2
東京臨海病院（東京海浜病院の外観）〔1〕	東京都江戸川区臨海町1-4
佐野市文化会館（鉄骨落下事故の現場）〔2〕	栃木県佐野市浅沼町508
瀧宮神社の境内（爆発事故が発生した神社の境内）〔2〕	埼玉県深谷市西島5-6
行徳総合病院12階の会議室（東京MERのメンバーを決める会議が行われた会議室, 医療安全委員会が行われた会議室）〔2〕	千葉県市川市本行徳5525
帝京科学大学 千住キャンパス本館のカフェテリア（弦巻と高輪が話をしていた病院内の食堂）〔2〕	東京都足立区千住桜木2-2
函館海や 朝霞台店（男が立て籠もった店内）〔3〕	埼玉県朝霞市西原1-2
千葉大学医学部附属病院（涼香が高輪と出会った病院内）〔3〕	千葉県千葉市中央区亥鼻1-8
エム・ベイポイント幕張〈旧NTT幕張ビル〉25階円卓会議室（SITへの指示が行われていた警視庁の会議室）〔3〕	千葉県千葉市美浜区中瀬1-6
南流山幼稚園（夏梅が娘を預けている「はなゆり保育園」）〔3〕	千葉県流山市流山2526
相生橋（娘を乗せた夏梅の自転車が渡っていた橋）〔3〕	東京都中央区佃3-1

堀ビル おやびん東店(男が立て籠もったビルの外観)〔3〕	愛知県豊橋市広小路1-34
ヒグラシ珈琲(現場の本部が設置されていた喫茶店)〔3〕	愛知県豊橋市神明町112
行徳総合病院(摘出された心臓を乗せた車が出発した大月総合病院の前)〔4〕	千葉県市川市本行徳5525
グランドニッコー東京ベイ舞浜内のレストラン「ル・ジャルダン」(涼香が喜多見を連れて行った高輪が待っていたモーニングブッフェの会場)〔4〕	千葉県浦安市舞浜1-7
堂坂トンネル(天井崩落事故が発生した矢野口の稲城トンネル)〔4〕	新潟県柏崎市西山町浜忠
旧東鷲宮病院(音羽が入院していた病室, 音羽が口止め料を母親に渡そうとした病室)〔5〕	埼玉県久喜市桜田3-9
千葉大学医学部附属病院(涼香が妊婦と出会った病院内, 喜多見たちが駆けつけた病院内のエレベーター前)〔5〕	千葉県千葉市中央区亥鼻1-8
根古屋森林公園(ERカーが到着したところ)〔6〕	栃木県佐野市飛駒町2299
マレリ 研究開発センター・本社の南側(黒塗りの車が停まっているのを音羽が見た東京海浜病院前, 黒塗りの車が走り去った東京海浜病院前)〔6〕	埼玉県さいたま市北区日進町2-1917
カフェレストラン シーソー(冬木が息子の壮太と話をしていたレストラン)〔6〕	千葉県千葉市中央区亥鼻2-2
多摩川に架かる将門大橋(ERカーが渡っていた橋)〔6〕	東京都西多摩郡奥多摩町棚澤
SKIPシティ(しずかたちが訪れた日本理科大学総合科学研究センターの外観)〔7〕	埼玉県川口市上青木3-12
川中島下水処理場(喜多見たちが到着した江戸川区の清掃会社「谷中清掃」)〔7〕	千葉県茂原市早野3750
首相官邸(首相官邸の外観)〔7〕	東京都千代田区永田町2-3
川北電気工業東京支社(赤塚が呼び出された首相官邸内の部屋)〔7〕	東京都千代田区神田須田町1-3
旧東取手病院(野沢病院の院内)〔8〕	茨城県取手市井野246
マレリ 研究開発センター・本社(喜多見がERカーを洗車していた車庫, 音羽たちがERカーを洗車していた車庫)〔8〕	埼玉県さいたま市北区日進町2-1917
JR八高線の第一大谷踏切(ERカーが列車の通過待ちをした踏切)〔8〕	埼玉県入間郡越生町大谷352
北小田原病院(ERカーが到着した野沢病院の外観)〔8〕	神奈川県南足柄市矢倉沢625
鉄鋼会館704号室(音羽が資料を探しに行った厚生労働省の大臣室)〔9〕	東京都中央区日本橋茅場町3-2
ユニカビルの「YUNIKA VISION」(喜多見の逮捕歴を報じるニュースが映し出されていたところ)〔9〕	東京都新宿区新宿3-23

ビューティ&ウェルネス専門職大学（喜多見たちが到着したパルナ共和国大使館の門前）〔9〕	神奈川県横浜市都筑区牛久保3-9
WATERS takeshiba（椿がベンチに座って電話で話をしていたところ）〔最終章 前編〕	東京都港区海岸1-10
東京臨海病院の正面玄関（報道陣が Tokyo MER のメンバーを待ち構えていた東京海浜病院の前）〔最終章 前編〕	東京都江戸川区臨海町1-4
東京臨海病院の前（椿が涼香に声を掛けた病院の前）〔最終章 前編〕	東京都江戸川区臨海町1-4
東海大学湘南キャンパスの掲示門（喜多見と音羽の乗った車が入った関東医科大学の門）〔最終章 前編〕	神奈川県平塚市真田4-10
東海大学湘南キャンパス16号館（爆発が発生した3号館）〔最終章 前編〕	神奈川県平塚市北金目4-1
東海大学湘南キャンパス19号館の南東付近（喜多見と音羽が車を降りた7号館前）〔最終章 前編〕	神奈川県平塚市北金目4-1
東海大学湘南キャンパス5号館と6号館の間（涼香が爆発に巻き込まれたところ）〔最終章 前編〕	神奈川県平塚市北金目4-1
マレリ 研究開発センター・本社（TOKYO MER 正式発足記念式典が行われたところ）〔最終章 後編〕	埼玉県さいたま市北区日進町2-1917
行田市総合体育館グリーンアリーナ（ERカーが到着した爆発現場）〔最終章 後編〕	埼玉県行田市和田1242
つきじ治作（天沼と白金が会食していた料亭）〔最終章 後編〕	東京都中央区明石町14
「西新橋二丁目西」交差点の歩道橋（椿が爆発現場を見つめていた歩道橋の上）〔最終章 後編〕	東京都港区西新橋2-15
国際自動車〈本社〉東雲営業所の屋上（椿が車の中でSNSを見ていた屋上）〔最終章 後編〕	東京都江東区東雲2-6

東京家族（映画）

［公　開］2013年1月

［スタッフ］監督・脚本：山田洋次, 平松恵美子

［出　演］橋爪功（平山周吉）, 吉行和子（平山とみこ）, 西村雅彦（平山幸一）, 夏川結衣（平山文子）, 中嶋朋子（金井滋子）, 林家正蔵（金井庫造）, 妻夫木聡（平山昌次）, 蒼井優（間宮紀子）〔ほか〕

ロケ地・場面	所在地
大崎上島（周吉・和子夫婦が暮らす田舎町）	広島県豊田郡大崎上島町
圓妙寺（和子の葬儀会場）	広島県豊田郡大崎上島町沖浦944
天満港（フェリーを出迎えた港）	広島県豊田郡大崎上島町木江

東京リベンジャーズ（映画）

［公　開］2021年7月

［スタッフ］監督：英勉, 脚本：髙橋泉, 原作：和久井健

［出　演］北村匠海（花垣武道）, 今田美桜（橘日向）, 杉野遥亮（橘直人）, 吉沢亮（佐野万次郎）, 山田裕貴（龍宮寺堅）, 永山絢斗（場地圭介）, 高杉真宙（松野千冬）, 眞栄田郷敦（三ツ谷隆）, 堀家一希（林田春樹）, 鈴木伸

之（清水将貴），磯村勇斗（千堂敦）〔ほか〕

ロケ地・場面	所在地
土浦セントラルシネマズ（トラックが衝突した場所）	茨城県土浦市川口1-11-5
常陸利根川沿いの道（武道が佐野、龍宮寺と自転車で走った道路）	茨城県潮来市
旧佐野中央病院（刺された龍宮寺が搬送された病院）	栃木県佐野市北茂呂町10-7
東成田駅（大人になった武道が直人と再会した駅）	千葉県成田市古込
江戸川河川敷（武道と敦が自転車で2人乗りした河川敷）	千葉県流山市
平和台2号公園（橘姉弟の住むマンション近くの公園）	千葉県流山市平和台2-12
台東区立芋坂児童公園（武道たちが上級生の不良グループにのされた場所）	東京都台東区谷中7-12-6
隅田川テラス 墨田区総合運動場（喧嘩賭博をした場所）	東京都墨田区堤通2-12
渋谷スクランブル交差点（武道たちが歩いていた渋谷スクランブル交差点）	東京都渋谷区
鵠沼皇大神宮（東卍の集会場所）	神奈川県藤沢市鵠沼神明2-11-5
比々多神社（夏祭りを行っていた神社）	神奈川県伊勢原市三ノ宮1472

東京リベンジャーズ2 血のハロウィン編 —運命—/—決戦—（映画）

［公　開］2023年4月，6月

［スタッフ］監督：英勉，脚本：髙橋泉，原作：和久井健

［出　演］北村匠海（花垣武道），今田美桜（橘日向），杉野遥亮（橘直人），吉沢亮（佐野万次郎），山田裕貴（龍宮寺堅），永山絢斗（場地圭介），高杉真宙（松野千冬），眞栄田郷敦（三ツ谷隆），磯村勇斗（千堂敦）〔ほか〕

［トピック］前篇「運命」は2023年4月21日、後篇「決戦」は同年6月30日にそれぞれ公開された。

ロケ地・場面	所在地
月の沙漠通り（佐野たちがバイクで走行した海辺の道路）	千葉県夷隅郡御宿町六軒町
桜丘カフェ（東卍創設メンバーが集まった喫茶店）	東京都渋谷区桜丘町23-3
稲荷湯（武道が未来からタイムリープしてきた場所）	東京都北区滝野川6-27-14
鵠沼皇大神宮（東卍の集会場所）	神奈川県藤沢市鵠沼神明2-11-5
海王丸パーク 駐車場（ヒナの乗った車が爆発した場所）	富山県射水市海王町8

峠 最後のサムライ（映画）

［公　開］2022年6月

［スタッフ］監督・脚本：小泉堯史，原作，司馬遼太郎

［出　演］役所広司（河井継之助），松たか子（おすが），香川京子（お貞），田中泯（河井代右衛門），東出昌大（徳川慶喜），芳根京子（むつ），坂東龍汰（小山正太郎），榎木孝明（川島億次郎），渡辺大（花輪求馬），AKIRA（山本帯刀），永山絢斗（松蔵），佐々木蔵之介（小山良運）〔ほか〕

ロケ地・場面	所在地
北方文化博物館 大広間棟（長岡藩主の屋敷）	新潟県新潟市江南区沢海2-15-25
菅谷不動尊菅谷寺（兵士たちが集まった寺）	新潟県新発田市菅谷860
新発田城（継之助と松蔵が会話した場所）	新潟県新発田市大手町6
市島邸（井継之助の妻・すがが継之助の母親と過ごした場所など）	新潟県新発田市天王1563

朝日山古戦場(戦のシーン)	新潟県小千谷市浦柄
オオクラ見晴台(榎峠)	新潟県小千谷市川井
小千谷豪商の館 西脇邸(旅籠・桝屋)	新潟県小千谷市本町2-7-6
雲洞庵 大方丈(小千谷談判を行った場所)	新潟県南魚沼市雲洞660
渡邉邸(小山一家が食事していたところ)	新潟県岩船郡関川村下関904

唐人街探偵 東京MISSION (映画)

[公　開] 2021年7月

[スタッフ] 監督・脚本：チェン・スーチェン

[出　演] ワン・バオチャン(タン・レン), リウ・ハオラン(チン・フォン), 妻夫木聡(野田昊), トニー・ジャー(ジャック・ジャー), 長澤まさみ(小林杏奈), 染谷将太(村田昭), 鈴木保奈美(川村芳子、川村晴子), 奥田瑛二(渡辺勝の義父), 浅野忠信(田中直己), シャン・ユーシエン(KIKO), 三浦友和(渡辺勝)〔ほか〕

[トピック] 中国映画「唐人街探偵」シリーズの第3作目。日本を舞台とし、日本の俳優も多く出演した。

ロケ地・場面	所在地
さしま環境センター(田中がチンを逮捕した場所)	茨城県猿島郡境町長井戸2926
オリオン商店街(タンが黒龍会に追われた商店街)	栃木県宇都宮市江野町1-9
足利スクランブルシティスタジオ(渋谷のスクランブル交差点(オープンセット))	栃木県足利市五十部町284-5
ロックハート城(野田が訪れた銀行)	群馬県吾妻郡高山村中山5583-1
首都圏外郭放水路(小林杏奈を助けるため探偵たちと警察が集合した場所)	埼玉県春日部市上金崎720
秋葉原 中央通り(コスプレパレードが行われた秋葉原の中心街)	東京都千代田区外神田5
浜離宮恩賜庭園(チンが証拠を見つけた場所)	東京都中央区浜離宮庭園1-1
レインボーブリッジ(事件解決後のシーン)	東京都港区海岸3〜港区台場1、江東区有明2
東京タワー(エンドロールのダンスシーン)	東京都港区芝公園4-2-8
歌舞伎町一番街(ジャックがタン、チン、野田を追っていた場所)	東京都新宿区歌舞伎町1
新宿シネシティ広場(新宿駅(オープンセット))	東京都新宿区歌舞伎町1-20
西新宿界隈(小林杏奈を救うため探偵チームがパレードへ向かうところ)	東京都新宿区西新宿
横浜中華街(野田、タン、チンが銭湯へ向かった場所)	神奈川県横浜市中区山下町
山梨県庁(裁判所)	山梨県甲府市丸の内1-6-1
アルコモール遊楽街(黒龍会と東南アジアのマフィアが抗争した場所など)	静岡県浜松市中央区
名古屋市役所(法廷)	愛知県名古屋市中区三の丸3-1-1
名古屋国際会議場(野田がタンとチンを迎えた空港, 法廷)	愛知県名古屋市熱田区熱田西町1-1
湊川神社(大英寺)	兵庫県神戸市中央区多聞通3-1-1
神戸旧居留地〈仲町通〉(タンとチンが交通事故に遭った場所)	兵庫県神戸市中央区播磨町
亀山御坊本徳寺(ジャックが剣士たちと戦った武道館)	兵庫県姫路市亀山324
書寫山圓教寺(大英寺)	兵庫県姫路市書写2968

どうする家康（ドラマ）

［公　開］2023年1月～12月

［スタッフ］脚本：古沢良太

［出　演］松本潤（徳川家康），松重豊（石川数正），大森南朋（酒井忠次），イッセー尾形（鳥居忠吉），甲本雅裕（夏目広次），山田孝之（服部半蔵），波岡一喜（本多忠真），松山ケンイチ（本多正信），小手伸也（大久保忠世），音尾琢真（鳥居元忠），山田裕貴（本多忠勝），木村昴（渡辺半蔵守綱），岡部大（平岩親吉），猫背椿（登与），杉野遥亮（榊原康政），松本まりか（大鼠），千葉哲也（大鼠（先代）），板垣李光人（井伊直政），有村架純（瀬名），北香那（お葉）〔ほか〕

ロケ地・場面	所在地
お伊勢山（武田信玄が富士山を見ていた場所）〔1〕	山梨県大月市大月町真木
日出町浜〈日出の石門〉（松平元康が本多平八郎に見つけられた海岸）〔1〕	愛知県田原市日出町浜

時をかける少女（2010年）（映画）

［公　開］2010年3月

［スタッフ］監督：谷口正晃，脚本：菅野友恵，原作：筒井康隆

［出　演］仲里依紗（芳山あかり），中尾明慶（溝呂木涼太），安田成美（芳山和子），勝村政信（浅倉吾朗），石丸幹二（深町一夫），青木崇高（ゴテツ/長谷川政道）〔ほか〕

ロケ地・場面	所在地
開成山公園（「昭徳大学」に通じる桜並木）	福島県郡山市開成1-5

Doctor-X 外科医・大門未知子 2（ドラマ）

［公　開］2013年10月～12月

［スタッフ］脚本：中園ミホ，武井彩，寺田敏雄

［出　演］米倉涼子（大門未知子），藤木直人（近藤忍），内田有紀（城之内博美），西田敏行（蛭間重勝），三田佳子（馬淵一代），遠藤憲一（海老名敬），岸部一徳（神原晶）〔ほか〕

ロケ地・場面	所在地
群馬県庁（帝都医科大学付属病院の外観）〔1〕	群馬県前橋市大手町1-1
浦和競馬場（未知子と神原がレースを観戦していたスタンド）〔1〕	埼玉県さいたま市南区大谷場1-8
テレビ朝日（外科統一カンファレンスが行なわれた会議室）〔1〕	東京都港区六本木6-9
日立目白クラブ（外科診療部定例教授会が行なわれた会議室）〔1〕	東京都新宿区下落合2-13
東京海洋大学越中島キャンパスの1号館（蛭間が総回診を始めた階段下，近藤が未知子を医局へ案内し始めたところ）〔1〕	東京都江東区越中島2-1
コスガ（神原名医紹介所の外観）〔1〕	東京都江東区佐賀1-12
中延温泉 松の湯（未知子が湯船につかっていた銭湯）〔1〕	東京都品川区戸越6-23
全農八ヶ岳牧場ふれあいファーム（未知子が乗馬していたところ）〔1〕	長野県南佐久郡南牧村野辺山原2257
GINIUS TOKYO（未知子と神原が踊っていたクラブ）〔2〕	東京都中央区銀座6-4
たいやき わかば（未知子があんことクリームのたい焼を食べた店頭）〔2〕	東京都新宿区若葉1-10
東京海洋大学越中島キャンパスの1号館（オレンジ色のマフラーを巻いた未知子と蛭間がすれ違った廊下，未知子が近藤を助手に指名した廊下）〔2〕	東京都江東区越中島2-1

東海大学医学部付属八王子病院（蛭間たちが総回診をしていた病院内, 未知子が手術室へ向かって走っていた病院内）〔2〕	東京都八王子市石川町
東京病院（記者たちが二宮の到着を待っていた病院の前）〔2〕	東京都清瀬市竹丘3-1
ホテル グランパシフィック LE DAIBA の宴会場「パレロワイヤル」（白薔薇会のパーティーが行なわれたところ）〔3〕	東京都港区台場2-6
銀座・クラブ チック（留美子がママをしている「クラブ中園」）〔4〕	東京都中央区銀座7-6
萬年橋（「クラブ中園」へ向かう未知子が走っていた橋）〔4〕	東京都江東区常盤1-2
昭和の森 車屋（近藤と蛭間が会食していたところ）〔4〕	東京都昭島市昭和の森
ホテル椿山荘東京「オークルーム」（近藤、海老名、蛭間、日下部がしゃぶしゃぶを食べていたところ）〔5〕	東京都文京区関口2-10
ホテル椿山荘東京のメインバー「ル・マーキー」（海老名と日下部が話をしていたバー）〔5〕	東京都文京区関口2-10
東海大学医学部付属八王子病院の屋上（未知子、城之内、日下部が話をしていた屋上）〔5〕	東京都八王子市石川町
吉野家 神保町店（未知子と神原が牛丼を食べていた店）〔6〕	東京都千代田区神田神保町2-7
瀬里奈本店（近江屋 数寄屋橋本店の外観）〔6〕	東京都港区六本木3-12
六本木 モンシェルトントン（蛭間に呼び出された近藤が訪れた近江屋数寄屋橋本店の店内）〔6〕	東京都港区六本木3-12
あじと 麻布十番 本店（近藤と海老名が酒を呑んでいた居酒屋）〔7〕	東京都港区東麻布3-8
萬年橋（未知子が立ち止った橋の上）〔7〕	東京都江東区常盤1-2
布良漁港（未知子が歩いていた南高松漁港）〔8〕	千葉県館山市布良1293
成田国際空港（烏丸が蛭間からの電話を受けた空港のロビー）〔8〕	千葉県成田市古込
六本木 モンシェルトントン（近藤が蛭間夫妻に影武者の話をしたレストラン, 未知子がステーキを食べていたレストラン）〔8〕	東京都港区六本木3-12
日立目白クラブ（第二外科主任教授選挙出陣式が行なわれたところ）〔8〕	東京都新宿区下落合2-13
豊洲キュービックガーデン前の晴海通り（レストランを出た未知子と近藤が歩いていたところ）〔8〕	東京都江東区豊洲3-2
東海大学医学部付属八王子病院の屋上（未知子と神原が話をしていた屋上）〔8〕	東京都八王子市石川町
森田病院（未知子が訪れた帝都医科大学付属病院高松台24分院）〔8〕	神奈川県相模原市緑区三ケ木627
アートグレイスウエディングシャトー〈移転前〉（未知子が訪れたタイの大金持ちの家）〔終〕	埼玉県さいたま市北区宮原町1-9

パレスホテル東京の「ボードルーム」(未知子が蜂谷、毒島と話をした部屋)〔終〕	東京都千代田区丸の内1-1
吉野家 神保町店(未知子と近藤が牛丼を食べていた店)〔終〕	東京都千代田区神田神保町2-7
あじと 麻布十番 本店(海老名と高野が話をしていた居酒屋)〔終〕	東京都港区東麻布3-8
六本木 モンシェルトントン(近藤、海老名、蛭間が話をしていたステーキ店)〔終〕	東京都港区六本木3-12
テレビ朝日(外科教授カンファレンスが行なわれた会議室, 未知子が九留美と母親の光代に話をしていたところ, 蛭間が記者会見をしたところ)〔終〕	東京都港区六本木6-9
日立目白クラブ(第二外科主任教授選挙の投票会が行なわれたところ)〔終〕	東京都新宿区下落合2-13
住友不動産新宿グランドタワー(未知子が乗っていたシースルーエレベーター, 未知子が歩いていたフロア)〔終〕	東京都新宿区西新宿8-17
中延温泉 松の湯(未知子と近藤が湯船につかっていた銭湯)〔終〕	東京都品川区戸越6-23
明神湯(未知子と近藤が話をしていた銭湯の前)〔終〕	東京都大田区南雪谷5-14
東海大学医学部付属八王子病院の屋上(未知子が叫んだ屋上, 未知子と近藤が話をしていた屋上)〔終〕	東京都八王子市石川町
川崎競馬場(未知子と近藤が競馬を観戦していたところ)〔終〕	神奈川県川崎市川崎区富士見1-5

Doctor-X 外科医・大門未知子 3

(ドラマ)

[公　開] 2014年10月～12月

[スタッフ] 脚本：林誠人, 寺田敏雄, 中園ミホ

[出　演] 米倉涼子(大門未知子), 遠藤憲一(海老名敬), 内田有紀(城之内博美), 北大路欣也(天堂義人), 岸部一徳(神原晶), 古谷一行(蜂谷宗造), 西田敏行(蛭間重勝)〔ほか〕

ロケ地・場面	所在地
埼玉県庁本庁舎と第二庁舎を結ぶ渡り廊下(国立高度医療センターの西棟と東棟を結ぶ渡り廊下)〔1〕	埼玉県さいたま市浦和区高砂3-15
エム・ベイポイント幕張〈旧NTT幕張ビル〉(国立高度医療センター東棟の吹抜け, 未知子が白木淳子たちとすれ違ったところ)〔1〕	千葉県千葉市美浜区中瀬1-6
ワールド・ビジネス・ガーデン(国立高度医療センターの外観)〔1〕	千葉県千葉市美浜区中瀬2-6
千葉西総合病院新本館のロビー(国立高度医療センター西棟のロビー)〔1〕	千葉県松戸市金ケ作107
小浦海岸(未知子が毒島を診た砂浜)〔1〕	千葉県夷隅郡御宿町岩和田
銀座 鉄板焼き かいか(未知子が蛭間と談合坂の接待を受けていたステーキ店)〔1〕	東京都中央区銀座6-8
レインボーブリッジ西側橋脚の下付近(未知子と毒島晴子が話をしていたところ)〔1〕	東京都港区海岸3-33
六本木 mon cher ton ton(国立高度医療センター理事会が行なわれたステーキ店)〔1〕	東京都港区六本木3-12

テレビ朝日（術前カンファレンスが行なわれた会議室）〔1〕	東京都港区六本木6-9
国立科学博物館（西京大学病院）〔1〕	東京都台東区上野公園7
鳥越 都寿司（未知子と神原が寿しを食べていた店）〔1〕	東京都台東区鳥越1-9
コスガ（神原名医紹介所の外観）〔1〕	東京都江東区佐賀1-12
富士見橋（病院へ向かう未知子が走っていたところ）〔1〕	東京都江東区有明1-5
中延温泉 松の湯（未知子と神原が湯船につかっていた銭湯）〔1〕	東京都品川区戸越6-23
東京臨海病院（毒島が入院した病室）〔1〕	東京都江戸川区臨海町1-4
三浦市三崎水産物地方卸売市場（未知子と神原がセリを見ていた魚市場）〔1〕	神奈川県三浦市三崎5-245
黒崎の鼻（未知子が立っていた崖の上）〔1〕	神奈川県三浦市初声町下宮田
エム・ベイポイント幕張〈旧NTT幕張ビル〉（天堂が上っていた階段）〔2〕	千葉県千葉市美浜区中瀬1-6
千葉西総合病院のヘリポート（風間がヘリコプターを降りたヘリポート）〔2〕	千葉県松戸市金ケ作107
機械振興会館の多目的ホール（天堂と海老名が記者会見をしていたホール）〔2〕	東京都港区芝公園3-5
鳥越 都寿司（未知子と神原が寿司を食べていた築地の店「つきじ二郎」）〔2〕	東京都台東区鳥越1-9
茶寮 一松（天堂が理事たちと会食していた料亭）〔2〕	東京都台東区雷門1-15
東京臨海病院（風間が入院していた病室，二郎が入院した病室）〔2〕	東京都江戸川区臨海町1-4
千葉西総合病院（三原雅恵が杖で未知子を叩いた院内の廊下）〔3〕	千葉県松戸市金ケ作107
テレビ朝日（術前カンファレンスが行なわれた会議室）〔3〕	東京都港区六本木6-9
東京臨海病院（三原奈々子が入院していた病室）〔3〕	東京都江戸川区臨海町1-4
テレビ朝日（術前カンファレンスが行なわれた会議室）〔4〕	東京都港区六本木6-9
小名木川が隅田川と合流する付近（冒頭、船が航行していたところ）〔4〕	東京都江東区清澄1-8
萬年橋（未知子と神原が渡っていた橋）〔4〕	東京都江東区清澄1-8
東京臨海病院（アルベルト・サバロッティが入院した病室，四方が入院した病室）〔4〕	東京都江戸川区臨海町1-4
アパホテル&リゾート東京ベイ幕張のエグゼクティブスイート（関ヶ原朋子と井川がいたホテルの部屋）〔5〕	千葉県千葉市美浜区ひび野2-3
千葉西総合病院新本館（加藤たちが五十嵐裕久を出迎えた病院の玄関）〔5〕	千葉県松戸市金ケ作107
新宿住友ビルの前（談合坂がベンチに座っていた旧数寄屋橋）〔5〕	東京都新宿区西新宿2-6
下総屋食堂（田中が未知子の海鮮丼にビーフシチューを入れた「築地ふるさと食堂」，田中と天堂が貸切にした「築地ふるさと食堂」）〔5〕	東京都墨田区横網1-12

埼玉県庁本庁舎と第二庁舎を結ぶ渡り廊下(未知子と天堂がすれ違った連絡通路)〔6〕	埼玉県さいたま市浦和区高砂3-15
EXTOWER(加藤と阿智が話をしていた会議室)〔6〕	東京都港区西麻布1-2
椿山荘の料亭錦水(天堂と厚生労働大臣の大泉武宏が会食していた料亭)〔6〕	東京都文京区関口2-10
萬年橋(未知子と神原が渡っていた橋)〔6〕	東京都江東区清澄1-8
中延温泉 松の湯(未知子がトマトジュースを飲んでいた銭湯)〔6〕	東京都品川区戸越6-23
山野美容専門学校(大泉の事務所が入居しているビルの外観)〔6〕	東京都渋谷区代々木1-53
東京臨海病院(六甲が入院した病室)〔6〕	東京都江戸川区臨海町1-4
あじと 麻布十番本店(酔った海老名と加藤がくだをまいていた居酒屋, 海老名と加地が酒を呑んでいた居酒屋)〔7〕	東京都港区東麻布3-8
Le Club de Tokyo(富士川の赴任祝が行なわれたキャバクラ)〔7〕	東京都港区六本木6-1
東京洪誠病院(琴塚と吹田が入院した病室)〔7〕	東京都足立区西新井栄町1-17
千葉西総合病院新本館(未知子がちひろのノートを拾ったところ)〔8〕	千葉県松戸市金ケ作107
EXTOWER(未知子がちひろの母親・八田和美にドナーが見つかったことを話した会議室)〔8〕	東京都港区西麻布1-2
焼肉苑 麻布十番店(未知子と神原が焼肉を食べようとしていた店)〔8〕	東京都港区麻布十番2-10
パティオ十番(未知子と神原が歩いていたところ)〔8〕	東京都港区麻布十番2-3
六本木 mon cher ton ton(天堂と富士川がステーキを食べていた店)〔8〕	東京都港区六本木3-12
中延温泉 松の湯(神原が海老沢を連れて行った銭湯)〔8〕	東京都品川区戸越6-23
青山壹番館(未知子がちひろの父親・八田邦夫を待っていた喫茶店)〔8〕	東京都渋谷区東1-4
東京洪誠病院(ちひろが入院していた病室)〔8〕	東京都足立区西新井栄町1-17
埼玉県庁本庁舎と第二庁舎を結ぶ渡り廊下(未知子が真耶とすれ違った廊下, 未知子が天堂とすれ違った廊下)〔9〕	埼玉県さいたま市浦和区高砂3-15
メッセモール(十勝が未知子に声を掛けたところ)〔9〕	千葉県千葉市美浜区中瀬2-2
都市センターホテル(未知子、城之内、神原が焼肉を食べようとしたプレシダンホテルのレストラン「焼肉王座」)〔9〕	東京都千代田区平河町2-4
アークヒルズ アーク森ビルの屋上(真耶がウォーキングの練習をしていた病院屋上のヘリポート)〔9〕	東京都港区赤坂1-12
乃木會館の「メゾンブランシュ」(天堂と十勝が話をしていたレストラン)〔9〕	東京都港区赤坂8-11
八芳園の「白鳳館」(天堂が日本医療産業機構の話をしていた料亭)〔9〕	東京都港区白金台1-1

ホテル椿山荘東京 プレジデンシャルスイート（真耶が加地に腹腔鏡手術の跡を見せたホテルの部屋）〔9〕	東京都文京区関口2-10
浅草酒場 岡本（未知子と加地が話をしていた串カツの店）〔9〕	東京都台東区浅草1-40
辰巳の森緑道公園（真耶が撮影をしていた並木道）〔9〕	東京都江東区辰巳2-9
山野美容専門学校の山野ホール（真耶が歩いていたランウェイ）〔9〕	東京都渋谷区代々木1-53
東京臨海病院（真耶が入院した病室）〔9〕	東京都江戸川区臨海町1-4
千葉西総合病院（未知子と白木が話をしていた病院の屋上）〔10〕	千葉県松戸市金ケ作107
機械振興会館の多目的ホール（記者会見が行なわれたところ）〔10〕	東京都港区芝公園3-5
六本木 mon cher ton ton（未知子がステーキを食べていた店，神原が富士川からネクタイを受け取った店）〔10〕	東京都港区六本木3-12
中延温泉 松の湯（未知子と神原がいた銭湯）〔10〕	東京都品川区戸越6-23
テレビ朝日（蛭間の術前カンファレンスが行なわれたところ）〔終〕	東京都港区六本木6-9
東京国立博物館の本館（未知子と原がタクシーに乗り込んだところ）〔終〕	東京都台東区上野公園13
中延温泉 松の湯（神原が隠していた裏金を未知子が見つけた銭湯の脱衣場）〔終〕	東京都品川区戸越6-23
カシオ計算機本社（未知子と加地が話をしていた病院内のレストラン）〔終〕	東京都渋谷区本町1-6
産業貿易センタービル内 横浜シンポジアの議場（日本医療産業機構理事会が行なわれていた会議室，未知子が机をひっくり返して出て行った会議室）〔終〕	神奈川県横浜市中区山下町2

Doctor-X 外科医・大門未知子 スペシャル（ドラマ）

［公　開］2016年7月3日

［スタッフ］脚本：中園ミホ

［出　演］米倉涼子（大門未知子），岸部一徳（神原晶），西田敏行（蛭間重勝），遠藤憲一（海老名敬），内田有紀（城之内博美），勝村政信（加地秀樹），鈴木浩介（原守），ビートたけし（黒須貫太郎）〔ほか〕

ロケ地・場面	所在地
ALSOKぐんまアイスアリーナ（未知子と神原が氷室を見に行ったスケートリンク）	群馬県前橋市関根町800
ワールド・ビジネス・ガーデン（国立高度医療センターの外観）	千葉県千葉市美浜区中瀬2-6
かずさアカデミアホールの202会議室（記者会見が行われたところ）	千葉県木更津市かずさ鎌足2-3
かずさアカデミアホールのメインロビー（未知子が神原と出会ったクロス医療センターのロビー）	千葉県木更津市かずさ鎌足2-3
都市センターホテルの中宴会場「スバル」（手術成功記者会見が行われたところ）	東京都千代田区平河町2-4
テレビ朝日（合同カンファレンスが行われた会議室）	東京都港区六本木6-9
スナック「べえ」の前付近（未知子が暴漢と出会った飲み屋街）	東京都新宿区荒木町7

多摩川浅間神社の境内(黒須が屋台で酒を飲んでいた神社の境内,未知子と黒須がおでんの屋台で話をしていた神社の境内)	東京都大田区田園調布1-55
山野美容専門学校(海老名が蛭間の前で未知子の新聞記事を食べたところ)	東京都渋谷区代々木1-53
深大寺の門前(一ノ瀬愛子が倒れたところ)	東京都調布市深大寺元町5-15
陣屋の大宴会場「竹河」(黒須と青柳が未知子と神原を接待していた宴会場)	神奈川県秦野市鶴巻北2-8
金沢大学角間キャンパスの「アカンサスインターフェイス」(クロス医療センターへ向かう未知子が渡った歩道橋)	石川県金沢市角間町
金沢大学角間キャンパス北地区(クロス医療センターの外観(高層棟は不明))	石川県金沢市角間町
石川県政記念しいのき迎賓館(国立高度医療センター金沢分院の外観)	石川県金沢市広坂2-1
浅野川に架かる「中の橋」(加地と原が未知子と出会った橋の上)	石川県金沢市主計町3-14
カフェ桜桃付近(春美が神原にキスした「鮨小春」の近く)	石川県金沢市野町2-24
白米千枚田(未知子が神原と電話で話をしながら歩いていたところ)	石川県輪島市白米町
琴ヶ浜海水浴場(未知子が赤木たちに寿司屋の場所を聞こうとした海岸)	石川県輪島市門前町剱地ル127
加佐ノ岬(未知子が立っていた崖の上)	石川県加賀市橋立町
能登ロイヤルホテル(未知子が入っていた露天風呂)	石川県羽咋郡志賀町矢蔵谷ラ1

Doctor-X 外科医・大門未知子 4

(ドラマ)

[公　開] 2016年10月～12月

[スタッフ] 脚本:中園ミホ,林誠人,香坂隆史,寺田敏雄,宇田学

[出　演] 米倉涼子(大門未知子),岸部一徳(神原晶),泉ピン子(久保東子),生瀬勝久(黄川田高之),内田有紀(城之内博美),勝村政信(加地秀樹),西田敏行(蛭間重勝),吉田鋼太郎(西園寺猛司)〔ほか〕

ロケ地・場面	所在地
千葉大学医学部附属病院(東帝大学病院1階のフロア)〔1〕	千葉県千葉市中央区亥鼻1-8
かずさアカデミアホール(急患の妊婦が運び込まれた病院内)〔1〕	千葉県木更津市かずさ鎌足2-3
東葛テクノプラザの多目的ホール(記者会見が行われたところ)〔1〕	千葉県柏市柏の葉5-4
学士会館の201号室(東帝大学病院理事会が行われた会議室)〔1〕	東京都千代田区神田錦町3-28
銀座うかい亭(東帝大学病院理事会が行われていた鉄板焼店)〔1〕	東京都中央区銀座5-15
グランパークタワーの屋上(未知子と一木淳が話をした病院の屋上)〔1〕	東京都港区芝浦3-4
テレビ朝日(カンファレンスが行われた会議室)〔1〕	東京都港区六本木6-9
中延温泉 松の湯(未知子と神原が湯船につかっていた銭湯)〔1〕	東京都品川区戸越6-23
日本工学院専門学校蒲田キャンパス(東帝大学病院の外観)〔1〕	東京都大田区西蒲田5-23

北京烤鴨店（未知子が久保と出会った中華料理店）〔1〕	神奈川県横浜市中区山下町191
神奈川県立歴史博物館の北側（未知子たちが急患の妊婦を大八車に乗せて運んでいた建物の前）〔1〕	神奈川県横浜市中区南仲通5-60
千葉大学医学部附属病院（西園寺たちが金本洋二を出迎えた病院の前）〔2〕	千葉県千葉市中央区亥鼻1-8
銀座うかい亭（蛭間が饅頭を配ろうとした鉄板焼店）〔2〕	東京都中央区銀座5-15
グランパークタワーの屋上（手術を終えた未知子がガムシロップを飲んでいた病院の屋上）〔2〕	東京都港区芝浦3-4
EXTOWER（黄川田が二岡に紹介状を書こうとした部屋, 未知子が二岡のレントゲン写真を診た部屋）〔2〕	東京都港区西麻布1-2
牛恋 新宿店（未知子と神原が焼肉を食べていた店）〔2〕	東京都新宿区歌舞伎町2-45
千葉大学医学部附属病院の前（車を降りた須山が未知子と話をしたところ）〔3〕	千葉県千葉市中央区亥鼻1-8
グランパークタワーの屋上（未知子がたいやきを食べていた病院の屋上）〔3〕	東京都港区芝浦3-4
テレビ朝日（緊急カンファレンスが行われたところ）〔3〕	東京都港区六本木6-9
たいやき わかばの前（未知子が財布を拾ったたいやき店の前）〔3〕	東京都新宿区若葉1-10
木場一・六町会事務所（未知子が財布を届けた目黒警察署青岡山交番）〔3〕	東京都江東区木場6-13
中延温泉 松の湯（未知子、城之内、神原が湯船につかって話をしていた銭湯）〔3〕	東京都品川区戸越6-23
千葉大学医学部附属病院外来診療棟の東側（久保と南が四葉姉妹を出迎えた病院の前）〔4〕	千葉県千葉市中央区亥鼻1-8
グランパークタワーの屋上（未知子が四葉美音と出会った病院の屋上）〔4〕	東京都港区芝浦3-4
コスガ（神原名医紹介所の外観）〔4〕	東京都江東区佐賀1-12
リーガロイヤルホテル東京の「セラーバー」（西園寺と北野が話をしていたバー）〔5〕	東京都新宿区戸塚町1-104
釣船茶屋 ざうお 新宿店（未知子と神原が伊勢エビを食べていた店）〔5〕	東京都新宿区西新宿3-2
中延商店街振興組合・事務所の前（未知子が福引きをした青岡山ハッピーロード）〔5〕	東京都品川区東中延2-7
銀座 治作（黄川田、西園寺、久保が話をしていた料亭）〔6〕	東京都中央区銀座8-12
グランパークタワーの屋上（未知子がガムシロップを飲んだ屋上）〔6〕	東京都港区芝浦3-4
バーニーズニューヨーク六本木店（未知子が新作のワンピースを取り置きした店）〔6〕	東京都港区六本木7-7

武蔵野音楽大学入間キャンパス バッハザール(七尾のピアノリサイタルが行われたホール)〔7〕	埼玉県入間市中神728
グランパークタワーの屋上(未知子が由香を連れて行った病院の屋上)〔7〕	東京都港区芝浦3-4
EXTOWER(北野が七尾に手術の説明をした特別会議室)〔7〕	東京都港区西麻布1-2
産業技術総合研究所近くの横断歩道(トラックにぶつかりそうになった由香を未知子が助けた横断歩道)〔7〕	東京都江東区青海2-4
多摩川浅間神社社務所の屋上(未知子が焼きいもを買って食べたところ)〔7〕	東京都大田区田園調布1-55
羽田スタジオのミーティングルーム(由香が七尾の耳の手術を神原と未知子に依頼した控え室)〔7〕	東京都大田区東糀谷6-4
晴海トリトンスクエアの地下駐車場(久保、西園寺、南が八乙女を出迎えた地下駐車場の車寄せ, 八乙女が倒れた地下駐車場の車寄せ)〔8〕	東京都中央区晴海1-8
グランパークタワーの屋上(未知子と北野が話をしていた病院の屋上)〔8〕	東京都港区芝浦3-4
焼肉苑 麻布十番店(神原が未知子と電話で話をしていた焼肉店)〔8〕	東京都港区麻布十番2-10
新宿通り〈国道20号線〉の歩道(未知子が神原と電話で話をしていた歩道)〔8〕	東京都新宿区四谷1-18
豊洲キュービックガーデン内のホール(「八乙女悠太 手術成功記者会見」が行われたところ)〔8〕	東京都江東区豊洲3-2
ホテル ザ・マンハッタンの大宴会場「プリマベーラ」(慶林婦人会・東帝婦人会 親睦パーティーの会場, 九条映美が倒れたパーティー会場, 南がダンスを披露した会場)〔9〕	千葉県千葉市美浜区ひび野2-10
大手町ファーストスクエアビル(慶林大学病院の外観)〔9〕	東京都千代田区大手町1-5
リーガロイヤルホテル東京のガーデンラウンジ(東帝婦人会が慶林大学病院をおとしめる書き込みをしていたラウンジ)〔9〕	東京都新宿区戸塚町1-104
グランパークタワーの屋上(未知子と城之内が話をしていた病院の屋上)〔10〕	東京都港区芝浦3-4
中華料亭 翠鳳(北野と王が会食していたところ)〔10〕	東京都台東区東上野3-18
萬年橋(娘との電話を終えた城之内が倒れた橋の上)〔10〕	東京都江東区清澄1-8
大宮八幡宮(未知子、城之内、神原が参拝した神社, 未知子たちが西園寺と王十を見た神社の境内)〔10〕	東京都杉並区大宮2-3
グランパークタワーの屋上(未知子と城之内が話をしていた病院の屋上)〔終〕	東京都港区芝浦3-4
辰巳の森緑道公園(未知子が歩いていた並木道)〔終〕	東京都江東区辰巳2-9

ウエスティンホテル東京のインペリアル&プレジデンシャルスイート（城之内が王に会いに行った部屋, 未知子が王に会いに行った部屋）〔終〕	東京都目黒区三田1-4
NTT武蔵野研究開発センタの地下ホール（久保が医院長就任の挨拶をした王超国際病院）〔終〕	東京都武蔵野市緑町3-9

Doctor-X 外科医・大門未知子 5

（ドラマ）

［公　開］2017年10月～12月

［スタッフ］脚本：林誠人, 寺田敏雄, 香坂隆史

［出　演］米倉涼子（大門未知子）, 永山絢斗（西山直之）, 西田敏行（蛭間重勝）, 草刈正雄（内神田景信）, 内田有紀（城之内博美）, 遠藤憲一（海老名敬）, 鈴木浩介（原守）, 田中圭（森本光）, 岸部一徳（神原晶）〔ほか〕

ロケ地・場面	所在地
水上高原ホテル200の「眺望の湯」（未知子が蛭子能収と出会った露天風呂）〔1〕	群馬県利根郡みなかみ町藤原6152
千葉大学医学部附属病院（東帝大学病院1階のフロア）〔1〕	千葉県千葉市中央区亥鼻1-8
鋸山登山自動車道（未知子がバスを停車させたところ）〔1〕	千葉県安房郡鋸南町元名
学士会館の201号室（東帝大学病院査問委員会の会場）〔1〕	東京都千代田区神田錦町3-28
銀座うかい亭（内神田が会食していた鉄板焼き店）〔1〕	東京都中央区銀座5-15
テレビ朝日（術前カンファレンスが行われた会議室）〔1〕	東京都港区六本木6-9
住友不動産新宿グランドタワー（未知子と神原が内神田とすれ違ったエレベーター）〔1〕	東京都新宿区西新宿8-17
日本工学院専門学校蒲田キャンパス（東帝大学病院の外観）〔1〕	東京都大田区西蒲田5-23
浴風会本館（ボストンハーバード医科大学病院の外観）〔1〕	東京都杉並区高井戸西1-12
川崎とんかつ かつ善（未知子が一色と出会ったとんかつ店）〔1〕	神奈川県川崎市川崎区新川通5
相模原市立青野原診療所（バス運転手の車田が担ぎ込まれた診療所）〔1〕	神奈川県相模原市緑区青野原2015
豊門公園西洋館〈旧豊門青年学校〉（知床にある東帝大学病院知床第十六分院の外観）〔1〕	静岡県駿東郡小山町藤曲
千葉大学医学部附属病院（未知子と不二子が話をしていた病院の前）〔2〕	千葉県千葉市中央区亥鼻1-8
焼肉苑 麻布十番店（未知子と神原が焼肉を食べていた店）〔2〕	東京都港区麻布十番2-10
池林房（海老名と亮治が話をしていた居酒屋）〔2〕	東京都新宿区新宿3-8
豊洲キュービックガーデン内のホール（亮治が医者を辞めると話した記者会見場）〔2〕	東京都江東区豊洲3-2
大越外科医院（不二子が診察を受けた病院）〔2〕	東京都豊島区東池袋2-26
曙湯（未知子と神原が出てきた銭湯, 未知子と神原がたこ焼きを食べていた銭湯の前）〔2〕	東京都足立区足立4-22

三ヶ島幼稚園（未知子が定期検診に行った東帝大学附属第八幼稚園）〔3〕	埼玉県所沢市三ケ島3-1410
銀座うかい亭（蛭間と猪又が話をしていた鉄板焼き店）〔3〕	東京都中央区銀座5-15
グランパークタワーの屋上（未知子がガムシロップを飲んでいた病院の屋上）〔3〕	東京都港区芝浦3-4
六本木・クラブ チック（猪又が若手の医師を連れて行った「Club Rosso Blocco」）〔3〕	東京都港区六本木3-10
じとっこ戸田店（森本と原が話をしていた居酒屋）〔4〕	埼玉県戸田市新曽308
ホテルカデンツァ光が丘の大宴会場「ラ・ローズ」（森本と原が参加した婚活パーティー会場）〔4〕	東京都練馬区高松5-8
富士通川崎工場本館20階の大会議室（蛭間が内神田に会いに行った日本医師倶楽部の会議室）〔4〕	神奈川県川崎市中原区上小田中4-1
千葉大学大学院医学研究院・医学部（猪又の講演が行われた札幌医科歯科大学の外観）〔5〕	千葉県千葉市中央区亥鼻1-8
東金 八鶴亭（五反田と人工知能マングースとの電脳戦が行われたところ）〔5〕	千葉県東金市東金1406
ラッキーバッティングドーム（未知子が卓球のゲームをしていたところ）〔5〕	千葉県八千代市大和田新田1088
レストラン アラスカ 日本プレスセンター店（神原と内神田が話をしていたレストラン）〔5〕	東京都千代田区内幸町2-2
グランパークタワーの屋上（未知子と五反田が話をした病院の屋上，未知子がガムシロップを飲んでいた病院の屋上）〔5〕	東京都港区芝浦3-4
浜松町ホルモン（未知子が五反田を見つけた聖々苑）〔5〕	東京都港区浜松町2-5
目黒川に架かる亀の甲橋（未知子がたい焼きを買おうとした橋の上）〔5〕	東京都品川区西五反田3-6
LEONE MARCIANO（城之内と海老名が話をしていたレストラン）〔6〕	神奈川県横浜市西区みなとみらい4-6
中華ミカワヤ（未知子と城之内が餃子を食べていた六浦の店）〔6〕	神奈川県川崎市川崎区追分町15
品川シーズンテラス（未知子が歩いていた東京タワーが見えるところ）〔7〕	東京都港区港南1-2
リーガロイヤルホテル東京（お見合いをしていた原のところへ未知子がナナーシャを連れてきたラウンジ）〔7〕	東京都新宿区戸塚町1-104
新宿モノリスビルの西側（原とナナーシャが話をしていたおでんの屋台があったところ）〔7〕	東京都新宿区西新宿2-3
テレコムセンタービル（原とナナーシャが歩いていた空港）〔7〕	東京都江東区青海2-38
日本工学院専門学校蒲田キャンパス（原とナナーシャがベンチに座って話をしていた病院の前）〔7〕	東京都大田区西蒲田5-23
野村獣医科 V CENTER（未知子が犬の手術をした動物病院）〔7〕	東京都中野区松が丘2-5

銀座うかい亭（西山が内神田に腕時計を返した鉄板焼店）〔8〕	東京都中央区銀座5-15
グランパークタワーの屋上（未知子と西山が話をした病院の屋上）〔8〕	東京都港区芝浦3-4
住友不動産新宿グランドタワーのエレベーター（握手をしようとした内神田を未知子が無視して降りたエレベーター）〔8〕	東京都新宿区西新宿8-17
国立科学博物館（厚生省記者クラブの入口）〔8〕	東京都台東区上野公園7
国立科学博物館の講堂（八雲が記者会見をしたところ）〔8〕	東京都台東区上野公園7
茶寮 一松（蛭間と“3タカシ”がかにしゃぶを食べていた料亭「あやの」）〔8〕	東京都台東区雷門1-15
豊洲キュービックガーデン内の食堂（未知子と西山が話をしていた病院内の食堂）〔8〕	東京都江東区豊洲3-2
ヨコハマ創造都市センター（西山が訪れた日本医師倶楽部の外観）〔8〕	神奈川県横浜市中区本町6-50
銀座うかい亭（蛭間と内神田が話をしていた鉄板焼の店）〔9〕	東京都中央区銀座5-15
銀座水響亭（神原と内神田が話をしたバー）〔9〕	東京都中央区銀座7-5
丼太郎 茗荷谷店（未知子が牛丼を食べていた店）〔9〕	東京都文京区小日向4-5
小名木川に架かる萬年橋（未知子が渡っていた橋）〔9〕	東京都江東区清澄1-8
水の広場公園（遥が踊っていた水辺の公園）〔9〕	東京都江東区有明3-1
夢の大橋（遥と比佐子が歩いていたところ）〔9〕	東京都江東区有明3-1
中延温泉 松の湯（未知子が湯船につかっていた銭湯, 未知子と城之内が湯船につかっていた銭湯）〔9〕	東京都品川区戸越6-23
八鍬セイキ（九重精工の工場）〔9〕	東京都大田区大森南2-18
フェアリーバレエスタジオ（バレエスタジオアッソルータ）〔9〕	東京都世田谷区鎌田2-6
神田外語大学の7号館（未知子が働き始めた「Hospital Universitario Cuba Cubanacan」）〔終〕	千葉県千葉市美浜区若葉1-4
東千葉メディカルセンター（神原が駆けつけた目黒中央病院）〔終〕	千葉県東金市丘山台3-6
茶寮 一松（蛭間、海老名、猪又、鳥井が話をしていた料亭）〔終〕	東京都台東区雷門1-15
小名木川に架かる萬年橋（未知子が座り込んだ橋の上）〔終〕	東京都江東区常磐1-2
多摩川浅間神社社務所の屋上（未知子と城之内がたい焼きを食べていたところ）〔終〕	東京都大田区田園調布1-55

Doctor-X 外科医・大門未知子 6

（ドラマ）

［公　開］2019年10月～12月

［スタッフ］脚本：中園ミホ, 林誠人, 香坂隆史

［出　演］米倉涼子（大門未知子）, 岸部一徳（神原晶）, 西田敏行（蛭間重勝）, 戸塚純貴（多古幸平）, 市村正親（ニコラス丹下）, ユースケ・サンタマリア（潮一摩）, 内田有紀（城之内博美）, 遠藤憲一（海老名敬）〔ほか〕

ロケ地・場面	所在地
千葉大学医学部附属病院（蛭間や海老名が丹下を出迎えた病院の正面玄関）〔1〕	千葉県千葉市中央区亥鼻1-8
学士会館の201号室（東帝大学附属病院長会議が行われたところ）〔1〕	東京都千代田区神田錦町3-28
テレビ朝日（鮫島が「東帝大学病院リバイバルプラン2020」を説明した会議室）〔1〕	東京都港区六本木6-9
豊洲キュービックガーデン内の食堂（丹下がいなり寿司を作っていた食堂，未知子が丹下と握手をした食堂，岩田が吐血した食堂）〔1〕	東京都江東区豊洲3-2
旗の台つりぼり店（神原名医紹介所の外観）〔1〕	東京都品川区旗の台2-4
日本工学院専門学校蒲田キャンパス（東帝大学病院の外観）〔1〕	東京都大田区西蒲田5-23
なじくぼ（未知子がニコラス丹下と出会ったポツンと一軒家）〔1〕	神奈川県相模原市緑区吉野1816
かくれ湯の里 信玄館（神原が入っていた露天風呂，未知子が入っていた露天風呂）〔1〕	神奈川県足柄上郡山北町中川577
本栖湖畔（未知子が叫んでいた湖畔）〔1〕	山梨県南巨摩郡身延町釜額
千葉大学医学部附属病院（ニコラスたちが寿郎を出迎えた病院の前，ニコラスたちが退院する二色を見送った病院前）〔2〕	千葉県千葉市中央区亥鼻1-8
グランパークタワーの屋上（未知子と由理が話をした屋上）〔2〕	東京都港区芝浦3-4
百代橋（未知子と神原がたこ焼きを食べたところ）〔2〕	東京都港区芝浦4-11
EXTOWER（原が寿郎の親族に肝移植の説明をしていた会議室）〔2〕	東京都港区西麻布1-2
テレビ朝日（カンファレンスが行われたところ）〔2〕	東京都港区六本木6-9
中川に架かる外野橋（梅之大橋竣工式が行われたところ）〔3〕	埼玉県幸手市大字内国府間887
銀座うかい亭（ニコラスと浜地が食事をしていたレストラン）〔3〕	東京都中央区銀座5-15
高輪もんきち（未知子と神原がもんじゃ焼きを食べていた「もんじゃ右衛門」，加地と原が蛭間の出所祝をしていた店）〔3〕	東京都港区高輪2-17
グランパークタワーの屋上（未知子と浜地が話をしていた病院の屋上）〔3〕	東京都港区芝浦3-4
テレビ朝日（外科・内科 合同特別カンファレンスが行われた会議室）〔3〕	東京都港区六本木6-9
千葉大学医学部附属病院（四糸乃が未知子に声を掛けた病院のロビー，潮が記者たちに囲まれた病院のロビー）〔4〕	千葉県千葉市中央区亥鼻1-8
テレビ朝日（蛭間と海老名がカンファレンスを待っていた会議室）〔4〕	東京都港区六本木6-9
豊洲キュービックガーデン内の食堂（潮が四糸乃にアルツハイマーの話をした病院の食堂，未知子が教授室の場所を四糸乃に説明した食堂）〔4〕	東京都江東区豊洲3-2

テレビ朝日(術前カンファレンスが行われた会議室)〔5〕	東京都港区六本木6-9
中延温泉 松の湯(タトゥーシールを剥がす女性を未知子が見た銭湯)〔5〕	東京都品川区戸越6-23
bar & dinning KITSUNE(大間がアルバイトをしているガールズバー)〔5〕	東京都渋谷区東2-20
大森武蔵野苑(海老名が謝罪に訪れた三原邸)〔5〕	東京都小金井市東町5-7
WOLFGANG'S STEAKHOUSE 丸の内店(城之内と六角橋が食事をしたレストラン)〔6〕	東京都千代田区丸の内2-1
グランパークタワーの屋上(皆月が六角橋に500円玉を渡した病院の屋上)〔6〕	東京都港区芝浦3-4
東京オペラシティ(レストランを出た六角橋が倒れたところ)〔6〕	東京都新宿区西新宿3-20
豊洲キュービックガーデン内の食堂(六角橋が城之内の500円玉を拾った病院内の食堂)〔6〕	東京都江東区豊洲3-2
アジアン屋台バル クアトロ(城之内の前で海老名がワインを薄めた店)〔6〕	東京都渋谷区恵比寿南1-7
銀座うかい亭(海老名が蛭間に丹下の情報を渡したレストラン)〔7〕	東京都中央区銀座5-15
テレビ朝日(術前カンファレンスが行われた会議室)〔7〕	東京都港区六本木6-9
根津神社の手水舎付近(未知子と神原が連獅子と写真を撮った境内, 未知子と神原がナタリーを連れて行った境内)〔7〕	東京都文京区根津1-28
浅草寺の雷門, 本堂前(未知子と神原が訪れた寺)〔7〕	東京都台東区浅草2-3
豊洲キュービックガーデン内の食堂(未知子がナタリーから連獅子のいるところへ連れて行って欲しいと言われた食堂)〔7〕	東京都江東区豊洲3-2
中延温泉 松の湯(未知子が入っていた銭湯)〔7〕	東京都品川区戸越6-23
つくし野(未知子と神原がナタリーを連れて行った「浅草ななちゃん」)〔7〕	東京都江戸川区平井3-13
なじくぼ(家宅捜索が行われていた丹下の自宅)〔7〕	神奈川県相模原市緑区吉野1816
グランパークタワーの屋上(未知子と麻里亜が話をしていた病院の屋上)〔8〕	東京都港区芝浦3-4
テレビ朝日(麻里亜が現れた会議室)〔8〕	東京都港区六本木6-9
the SOHO の BAR LOUNGE(潮と麻里亜が話をしていたバー, 村崎と伊倉が潮と麻里亜を見ていたバー)〔8〕	東京都江東区青海2-7
中延温泉 松の湯(未知子、城之内、神原がいた銭湯)〔8〕	東京都品川区戸越6-23
都川沿いの歩道(九藤が未知子に酒をかけたおでんの屋台があったところ)〔9〕	千葉県千葉市中央4-9

千葉大学医学部附属病院（加地と原が九藤を出迎えた玄関）〔9〕	千葉県千葉市中央区亥鼻1-8
テレビ朝日（九藤が倒れた会見場, 緊急カンファレンスが行われたところ）〔9〕	東京都港区六本木6-9
中延温泉 松の湯（未知子と浜地が入っていた銭湯）〔9〕	東京都品川区戸越6-23
BAYSIS（加地と原が九藤を探しに行ったライブハウス）〔9〕	神奈川県横浜市中区常盤町3-25
ノートルダム横浜みなとみらいの西側（加地と原が九藤のバイクを見つけたところ）〔9〕	神奈川県横浜市中区北仲通6-101
千葉大学医学部附属病院（神原がシアトルへ行く村崎と伊倉、青森へ行く多古と大間と出会った病院のロビー）〔終〕	千葉県千葉市中央区亥鼻1-8
グランパークタワーの屋上（海老名と加地が話をした病院の屋上）〔終〕	東京都港区芝浦3-4
八王子市南大沢文化会館（吉行和十くんチャリティーコンサートが行われた東帝コンサートホール）〔終〕	東京都八王子市南大沢2-27
エムズハウス（未知子が往診していた南の島の民家, 未知子がお礼の金塊を見た民家）〔終〕	神奈川県横浜市青葉区美しが丘西2-40

Doctor-X 外科医・大門未知子 7

（ドラマ）

［公　開］2021年10月～12月

［スタッフ］脚本：中園ミホ〔ほか〕

［出　演］米倉涼子（大門未知子）, 野村萬斎（蜂須賀隆太郎）, 内田有紀（城之内博美）, 勝村政信（加地秀樹）, 今田美桜（大間正子）, 岸部一徳（神原晶）, 遠藤憲一（海老名敬）, 西田敏行（蛭間重勝）〔ほか〕

ロケ地・場面	所在地
千葉大学医学部（東帝大学病院 外科分院）〔1〕	千葉県千葉市中央区亥鼻1-8
千葉大学医学部の屋上（未知子と一木蛍が話をした屋上）〔1〕	千葉県千葉市中央区亥鼻1-8
千葉大学医学部附属病院（東帝大学病院のロビー）〔1〕	千葉県千葉市中央区亥鼻1-8
丸の内オアゾ前（神原名医紹介所へ向かう未知子が歩いていたところ）〔1〕	東京都千代田区丸の内1-6
学士会館の201号室（蛭間、海老名、加地がいた会議室, 隆太郎、鍬形、三国たちがやって来た会議室）〔1〕	東京都千代田区神田錦町3-28
テレビ朝日（神原が未知子の採用条件を話した会議室）〔1〕	東京都港区六本木6-9
旗の台つりぼり店（神原名医紹介所の外観）〔1〕	東京都品川区旗の台2-4
中延温泉 松の湯（未知子が湯船につかっていた銭湯）〔1〕	東京都品川区戸越6-23
ウエスティンホテル東京の大宴会場「ギャラクシールーム」（一橋が倒れたパーティー会場）〔1〕	東京都目黒区三田1-4
日本工学院専門学校蒲田キャンパス（東帝大学病院の外観）〔1〕	東京都大田区西蒲田5-23
立教大学 池袋キャンパス本館〈1号館/モリス館〉（手術を終えた未知子が神原とビデオ電話で話をしたニュージーランドの病院内）〔1〕	東京都豊島区西池袋3-34

東京電機大学 東京千住キャンパスの学生食堂(東帝大学病院の食堂)〔1〕	東京都足立区千住旭町5
東京外国語大学 府中キャンパス研究講義棟のガレリア(未知子がニューヨークで治療をしていた病院内)〔1〕	東京都府中市朝日町3-11
まかいの牧場(三ヶ月前、未知子が羊と遊んでいた牧場, 未知子が老人を助けた牧場)〔1〕	静岡県富士宮市内野1327
千葉大学医学部(手術を終えた未知子が興梠と話をした分院内)〔2〕	千葉県千葉市中央区亥鼻1-8
J-VOGUE(二木の店「Club 麻也」)〔2〕	東京都中央区銀座8-5
隅田川テラス(未知子がランニングやラケットの素振りをしていた川沿い)〔2〕	東京都中央区新川1-28
テレビ朝日(本院 分院合同カンファレンスが行われた会議室)〔2〕	東京都港区六本木6-9
東京外国語大学 府中キャンパス研究講義棟のガレリア(興梠が逃げ出したニューヨークの病院)〔2〕	東京都府中市朝日町3-11
千葉大学医学部附属病院(記者に囲まれた三国が倒れた東帝病院のロビー)〔3〕	千葉県千葉市中央区亥鼻1-8
ホテルモントレ銀座の前(たこ焼きを食べる未知子が週刊誌の写真に写っていたところ)〔3〕	東京都中央区銀座2-10
スポーツクラブNAS芝浦(海老名と加地が神戸に会いに行ったスポーツジム)〔3〕	東京都港区芝浦4-20
テレビ朝日(合同カンファレンスが行われた会議室)〔3〕	東京都港区六本木6-9
東京電機大学 東京千住キャンパス1号館(神戸が謝罪会見をした厚生労働省のロビー)〔3〕	東京都足立区千住旭町5
千葉大学医学部(秋田の分院へ異動する海老名を加地や大間たちが見送った東帝大学病院外科分院の前)〔4〕	千葉県千葉市中央区亥鼻1-8
atelier 森本 XEX(蜂須賀が大川舜一郎と会食していたレストラン)〔4〕	東京都港区六本木7-21
千葉大学医学部の屋上(未知子がガムシロップを飲んでいた病院の屋上)〔5〕	千葉県千葉市中央区亥鼻1-8
辰巳の森緑道公園(未知子の前で子供が転んだところ, 那須田が子供に応急処置をしたところ, 契約の終わった那須田が歩いていたところ)〔5〕	東京都江東区辰巳2-9
中延温泉 松の湯(未知子、城之内、那須田が湯船につかっていた銭湯)〔5〕	東京都品川区戸越6-23
甘味かどや(那須田がうどんを食べていた「まっちゃん食堂」, 手術後の未知子、城之内、那須田がカツカレーを食べていた食堂)〔5〕	東京都足立区西新井1-7
千葉大学医学部附属病院(加地たちが弥六を出迎えた東帝大学病院の玄関, 弥六が倒れた東帝大学病院の玄関, 未知子が2階から神原を見ていた東帝大学病院のロビー)〔6〕	千葉県千葉市中央区亥鼻1-8

筑前屋 行徳店（加地、大間、興梠たちが酒を呑んでいた居酒屋）〔6〕	千葉県市川市行徳駅前2-13
テレコムセンタービル（未知子が歩いていた成田国際空港のロビー）〔6〕	東京都江東区青海2-38
山野美容専門学校（1ヶ月前、原が弥六と話をした中国の病院）〔6〕	東京都渋谷区代々木1-53
千葉大学医学部附属病院（蛭間が記者たちに囲まれた東帝大学病院のロビー）〔7〕	千葉県千葉市中央区亥鼻1-8
ホテル インターコンチネンタル 東京ベイ（未知子が蜂須賀と食事をしたレストラン）〔7〕	東京都港区海岸1-16
居酒屋あじと麻布十番本店（加地、原、森本が酒を呑んでいた居酒屋）〔7〕	東京都港区東麻布3-8
テレビ朝日（蜂須賀が森本を紹介したカンファレンスが行われていた会議室）〔7〕	東京都港区六本木6-9
動坂食堂（食堂 七みや）〔7〕	東京都文京区千駄木4-13
国会正門前交差点付近（神戸が蜂須賀と電話で話をしていたところ）〔8〕	東京都千代田区永田町1-2
秋葉原UDXカンファレンス（東帝大学病院内科症例検討会が行われていた会議室）〔8〕	東京都千代田区外神田4-14
銀座うかい亭（会食していた蛭間と鍬形のところに三国が現れたレストラン）〔8〕	東京都中央区銀座5-15
グランパークタワーの屋上（城之内と八神が話をしていた屋上，未知子と城之内が話をしていた屋上）〔8〕	東京都港区芝浦3-4
千葉大学医学部附属病院（未知子が蛭間華子とすれ違った病院のロビー）〔9〕	千葉県千葉市中央区亥鼻1-8
銀座うかい亭（蛭間が理事たちに鍬形を紹介した店）〔9〕	東京都中央区銀座5-15
グランパークタワーの屋上（未知子が蜂須賀に検査結果を見せるように言った病院の屋上）〔9〕	東京都港区芝浦3-4
すし処 市柳（蜂須賀が未知子を連れて行った「鮨 十兵衛」）〔9〕	東京都練馬区大泉学園町7-15
銀座うかい亭（蛭間と鍬形が食事をしていたレストラン，兜川が蛭間に現金を見せたレストラン）〔終〕	東京都中央区銀座5-15
シンボルプロムナード公園のウエストプロムナード（蛭間夫人から受け取った指輪をはめた神原が歩いていたところ）〔終〕	東京都江東区青海2-2
国際交流館プラザ平成内の国際交流会議場（新型ウイルス緊急対策会議が行われていた東京都庁の会議室）〔終〕	東京都江東区青海2-2
テレコムセンタービル（蜂須賀が未知子を待っていた空港）〔終〕	東京都江東区青海2-5
中延温泉 松の湯（未知子、城之内、大間が湯船につかっていた銭湯，海老名、加地、原、興梠が湯船につかっていた銭湯）〔終〕	東京都品川区戸越6-23
すし処 市柳（未知子が蜂須賀を待っていた「鮨 十兵衛」）〔終〕	東京都練馬区大泉学園町7-15

Dr.コトー診療所 (映画)

[公　開] 2022年12月

[スタッフ] 監督：中江功, 脚本：吉田紀子, 原作：山田貴敏

[出　演] 吉岡秀隆 (五島健助 (コトー先生)), 柴咲コウ (五島彩佳), 時任三郎 (原剛利), 大塚寧々 (西山茉莉子), 高橋海人 (織田判斗), 生田絵梨花 (西野那美), 蒼井優 (和田ミナ), 神木隆之介 (杉本竜一), 伊藤歩 (安藤リカ), 堺雅人 (鳴海慧), 大森南朋 (坂野孝), 朝加真由美 (星野昌代), 富岡涼 (原剛洋), 泉谷しげる (安藤重雄), 筧利夫 (和田一範), 小林薫 (星野正一) 〔ほか〕

[トピック] 同題ドラマシリーズの完結編として製作された劇場版映画。

ロケ地・場面	所在地
久部良漁港 (志木那島漁港)	沖縄県八重山郡与那国町
南牧場線 (自転車で走った海沿いの道)	沖縄県八重山郡与那国町
金城釣具屋横の坂道 (往診の帰り道)	沖縄県八重山郡与那国町与那国
比川浜 (診療所前の海)	沖縄県八重山郡与那国町与那国
与那国町役場 (大志木那市志木那島支所)	沖縄県八重山郡与那国町与那国129
「Dr.コトー診療所」オープンセット (志木那島診療所)	沖縄県八重山郡与那国町与那国3027-1
民宿よしまる荘前 (車で立ち寄る場所)	沖縄県八重山郡与那国町与那国3984-3
与那国町漁業協同組合 (志木那島漁業協同組合)	沖縄県八重山郡与那国町与那国4022-1
フェリーよなくに (フェリーしきな)	沖縄県八重山郡与那国町与那国85

ドクター・デスの遺産 —BLACK FILE— (映画)

[公　開] 2020年11月

[スタッフ] 監督：深川栄洋, 脚本：川﨑いづみ, 原作：中山七里

[出　演] 綾野剛 (犬養隼人), 北川景子 (高千穂明日香), 岡田健史 (沢田圭), 前野朋哉 (室岡純一), 青山美郷 (青木綾子), 石黒賢 (麻生礼司), 柄本明 (寺町亘輝), 木村佳乃 (雛森めぐみ) 〔ほか〕

ロケ地・場面	所在地
水戸赤十字病院 (沙耶香が入院する病院)	茨城県水戸市三の丸3-12-48
裾野市斎場 (馬籠健一の葬儀会場)	静岡県裾野市今里343-1

Dr.倫太郎 (ドラマ)

[公　開] 2015年4月～6月

[スタッフ] 脚本：中園ミホ, 相内美生, 原案：清心海

[出　演] 堺雅人 (日野倫太郎), 蒼井優 (夢乃), 吉瀬美智子 (水島百合子), 小日向文世 (円能寺一雄), 高畑淳子 (相沢るり子), 余貴美子 (益田伊久美), 松重豊 (蓮見栄介), 内田有紀 (桐生薫), 遠藤憲一 (荒木重人) 〔ほか〕

ロケ地・場面	所在地
料亭 玉家 (倫太郎が円能寺、宮川、蓮見と会食した料亭) 〔1〕	埼玉県さいたま市浦和区常盤3-24
国会議事堂前 (倫太郎が池の車に乗り込んだところ) 〔1〕	東京都千代田区永田町1-2
WATERRAS (倫太郎が繭子の後をつけていたビルのエントランス, 葉子が繭子の上司に会いに行ったビルのエントランス) 〔1〕	東京都千代田区神田淡路町2
パウパウアクアガーデン銀座店 (るり子が夢乃と電話で話をしていたところ) 〔1〕	東京都中央区銀座7-17
人形町高はしの前 (るり子が夢乃の財布からお金を奪った路地) 〔1〕	東京都中央区日本橋人形町1-5
八芳園 (夢乃が踊っていた屋外) 〔1〕	東京都港区白金台1-1

東京臨海病院（倫太郎が繭子を連れ戻そうとした慧南大学病院内のエスカレーター，夢乃が下っていたエスカレーター）〔1〕	東京都江戸川区臨海町1-4
創価大学（夢乃が倫太郎にキスした桜並木の下，夢乃が倫太郎を無視して通り過ぎた桜並木の下）〔1〕	東京都八王子市丹木町1-236
開港広場前交差点（倫太郎が渡っていたスクランブル交差点）〔1〕	神奈川県横浜市中区海岸通1
横浜市立大学附属病院（慧南大学病院の外観）〔1〕	神奈川県横浜市金沢区福浦3-9
横浜市立大学附属病院10階の臨床講堂（倫太郎が講義をしていた階段教室）〔1〕	神奈川県横浜市金沢区福浦3-9
武蔵野銀行東京支店（夢乃が300万円を受け取った明邦銀行銀座店，るり子が夢乃から300万円を奪った銀行の裏）〔2〕	東京都千代田区内神田2-15
lucite gallery（倫太郎が夢乃を迎えに行った置屋の外観）〔2〕	東京都台東区柳橋1-28
東品川海上公園の屋上庭園（夢乃がるり子に会いに行ったところ）〔2〕	東京都品川区東品川3-9
洗足池（倫太郎と夢乃がボートに乗っていた池，夢乃が300万円が必要だと倫太郎に話したところ）〔2〕	東京都大田区南千束2-13
川崎競馬場（るり子が夢乃と電話で話をしていた競馬場）〔2〕	神奈川県川崎市川崎区富士見1-5
大黒屋 新宿本店（夢乃がバッグを売ろうとしていた店）〔3〕	東京都新宿区新宿3-23
「松よし」の前（るり子が酒を呑んでいた店頭）〔3〕	東京都台東区浅草2-7
横浜市立大学附属病院の第1会議室（林弓子にDVの疑いがあることを百合子が話していた会議室）〔3〕	神奈川県横浜市金沢区福浦3-9
横浜市立大学福浦キャンパス（倫太郎が池の車に乗って話をしていたところ）〔3〕	神奈川県横浜市金沢区福浦3-9
横浜市立大学福浦キャンパス 福利厚生棟にある食堂（小林司が書類送検されたテレビニュースを百合子たちが見た食堂）〔3〕	神奈川県横浜市金沢区福浦3-9
JR東海道本線の港町架道橋の下（夢乃がるり子に700万円を渡したところ，るり子と伊久美が話をしたところ）〔4〕	東京都港区海岸1-3
lucite gallery（夢乃が出て行った置屋の前）〔4〕	東京都台東区柳橋1-28
創価大学 中央教育棟の前（倫太郎の母親が男の車に乗った図書館の前）〔4〕	東京都八王子市丹木町1-236
ショッピングタウンあいたいの西側にある階段（倫太郎たちが夢乃と千果を見つけた階段，病院へ向かう千果が一人で下っていた階段）〔4〕	神奈川県横浜市都筑区中川中央1-1
横浜市営地下鉄センター北駅東側にある階段（夢乃と千果が座っていた階段，夢乃が歩いていた階段）〔4〕	神奈川県横浜市都筑区中川中央1-26
モザイクモール港北にある観覧車（夢乃と千果が乗っていた観覧車）〔4〕	神奈川県横浜市都筑区中川中央1-31

御苑 炉庵（百合子と蓮見が話をしていた店）〔5〕	東京都新宿区新宿2-9
喫茶銀座（るり子が夢乃に会いに来た喫茶店）〔5〕	東京都渋谷区恵比寿南1-3
円乗院付近の砂浜（倫太郎が夢乃を迎えに行った砂浜）〔5〕	神奈川県横須賀市秋谷4387
新橋演舞場の前（伊久美が夢乃に電話をかけていた「東をどり」の会場前）〔6〕	東京都中央区銀座6-18
日本テレビの前（番組を終えた倫太郎と葉子が歩いていたところ）〔6〕	東京都港区東新橋1-5
御苑 炉庵（百合子、葉子、福原が話をしていた居酒屋）〔6〕	東京都新宿区新宿2-9
小池公園（好美が葉子と電話で話していたところ，福原と歩いていた葉子が突然走り始めたところ，百合子が倫太郎に声をかけたところ，倫太郎たちが弥助と夢乃を見つけたところ）〔6〕	東京都大田区上池台1-27
東急池上線洗足池駅近くの階段（夢乃が座っていた階段）〔6〕	東京都大田区上池台2-29
上池台4丁目の交差点（弥助を探していた倫太郎と福原が別れた交差点）〔6〕	東京都大田区上池台4-27付近
横浜市立大学附属病院10階の臨床講堂（葉子が論文を書いていた階段教室）〔6〕	神奈川県横浜市金沢区福浦3-9
横浜市立大学附属病院（薫の息子・深也が宮川の車の隣で自転車を起こそうとしていたところ）〔7〕	神奈川県横浜市金沢区福浦3-9
横浜市立大学福浦キャンパス 看護教育研究棟2階にあるラウンジ（蓮見が落としたペンを荒木が拾ったところ）〔7〕	神奈川県横浜市金沢区福浦3-9
横浜市立大学福浦キャンパス 看護教育研究棟前（薫と深也が自転車を起こしていたところ）〔7〕	神奈川県横浜市金沢区福浦3-9
国会正門前交差点付近（池が円能寺と電話で話をしていたところ）〔8〕	東京都千代田区永田町1-1
JR東海道本線の港町架道橋の下（明良がるり子に会いに行ったところ）〔8〕	東京都港区海岸1-5
「松よし」の前（伊久美がるり子に土下座したところ）〔8〕	東京都台東区浅草2-7
柳橋中央通り（小夢が走っていたところ）〔9〕	東京都台東区柳橋1-29
外苑西通りを跨ぐ「原宿陸橋」の上（るり子が倫太郎と電話で話をしていたところ）〔9〕	東京都渋谷区神宮前2-8
氷川神社の階段（夢乃が座っていた階段）〔9〕	東京都渋谷区東2-5
東京臨海病院（倫太郎が夢乃を抱きしめたエスカレーターの前）〔9〕	東京都江戸川区臨海町1-4
東嶋屋（食い逃げをしたるり子が出てきたそば店）〔終〕	東京都中央区日本橋人形町2-4
城南島公園（倫太郎と明良が弥助と散歩に行った海辺の公園）〔終〕	東京都大田区城南島4-3

横浜市立大学福浦キャンパス 講義棟1階多目的ホール〈ヘボンホール〉（倫太郎が講義をしていた階段教室）〔終〕	神奈川県横浜市金沢区福浦3-9

図書館戦争（映画）

［公　開］2013年4月

［スタッフ］監督：佐藤信介, 脚本：野木亜紀子, 原作：有川浩

［出　演］岡田准一（堂上篤）, 榮倉奈々（笠原郁）, 田中圭（小牧幹久）, 福士蒼汰（手塚光）〔ほか〕

ロケ地・場面	所在地
水戸市立西部図書館（武蔵野第一図書館1階）	茨城県水戸市堀町2311-1
旧みつかいどうプラザ（敵のアジト）	茨城県常総市水海道栄町2680-2
茨城県民の森（野営訓練地）	茨城県那珂市戸
熊谷基地（武蔵野第一図書館・関東図書基地屋外、司令室、大会議室、食堂）	埼玉県熊谷市拾六間839
航空自衛隊入間基地（武蔵野第一図書館・関東図書基地屋外）	埼玉県狭山市稲荷山2-3
十日町情報館（武蔵野第一図書館1階、2階）	新潟県十日町市西本町2-1-1
旧山梨県立図書館（日野図書館）	山梨県甲府市
山梨県立図書館 地下書庫（武蔵野第一図書館の書庫）	山梨県甲府市北口2-8-1
北九州市立美術館（小田原情報歴史図書館）	福岡県北九州市戸畑区西鞘ケ谷町21-1
北九州市立中央図書館（武蔵野第一図書館・関東図書基地外観、1階、3階会議室）	福岡県北九州市小倉北区城内4-1

とと姉ちゃん（ドラマ）

［公　開］2016年4月～10月

［スタッフ］脚本：西田征史

［出　演］高畑充希（小橋常子）, 向井理（小橋鉄郎）, 西島秀俊（小橋竹蔵）, 木村多江（小橋君子）, 大地真央（青柳滝子）, 片岡鶴太郎（隈井栄太郎）, 秋野暢子（森田まつ）, ピエール瀧（森田宗吉）, 平岩紙（森田照代）, 片桐はいり（東堂チヨ）, 杉咲花（小橋美子）, 相楽樹（小橋鞠子）, 大野拓朗（青柳清）, 阿部純子（中田綾）, 坂口健太郎（星野武蔵）, 川栄李菜（森田富江）, 唐沢寿明（花山伊佐次）〔ほか〕

ロケ地・場面	所在地
中田島砂丘（小橋常子と小橋君子が二人三脚の練習をしていた砂浜）〔2〕	静岡県浜松市南区中田島町1313
極楽寺（小橋常子たちが鳩を捕まえていた寺）〔2〕	静岡県浜松市中央区雄踏町山崎3232
五味半島（小橋常子と小橋鞠子が小橋鉄郎を見かけた水辺）〔2〕	静岡県浜松市浜名区細江町気賀
大井川鉄道大井川第一橋梁（東京行の列車が渡っていた鉄橋）〔2〕	静岡県島田市川根町笹間渡1351
飯高寺（小橋常子がお祈りしていた寺）〔5〕	千葉県匝瑳市飯高1789
山本有三記念館（中田綾の住む家）〔7〕	東京都三鷹市下連雀2-12-27
山二証券（鳥巣商事）〔8〕	東京都中央区日本橋兜町4-1
ワープステーション江戸（東京深川の町並み）	茨城県つくばみらい市南太田1176
トチセン（遠州浜松染工）	栃木県足利市福居町1143
旧須賀川小学校（小橋常子・美子が通う小学校）	栃木県大田原市須賀川1740-1
埼玉県立深谷商業高等学校（小橋常子が編入した高等学校）	埼玉県深谷市原郷80

千葉県立佐倉高等学校（小橋常子が通う高等学校）	千葉県佐倉市鍋山町18
江戸東京たてもの園（小橋家のある静岡の町並み）	東京都小金井市桜町3-7-1（都立小金井公園内）
庄内湖畔（染物干場のある湖畔）	静岡県浜松市中央区佐浜町
佐鳴湖（小橋家が紅葉狩りに出かけた湖）	静岡県浜松市中央区大平台2
大井川に架かる蓬莱橋（小橋常子が渡っていた橋）	静岡県島田市南2地先

となりの怪物くん（映画）

［公　開］2018年4月

［スタッフ］監督：月川翔, 脚本：金子ありさ, 原作：ろびこ

［出　演］菅田将暉（吉田春）, 土屋太鳳（水谷雫）, 古川雄輝（吉田優山）, 山田裕貴（山口賢二）, 池田エライザ（夏目あさ子）, 浜辺美波（大島千づる）, 佐野岳（佐々原宗平）, 佐野史郎（吉田泰造）, 速水もこみち（三沢満善）〔ほか〕

ロケ地・場面	所在地
片山学園高校（春たちが通う学校）	富山県富山市東黒牧10
笛吹川フルーツ公園（夏休みのシーン）	山梨県山梨市江曽原1488
ビーナスブリッジ（春と雫の通学路）	兵庫県神戸市中央区神戸港地方口一里山

殿、利息でござる！（映画）

［公　開］2016年5月

［スタッフ］監督・脚本：中村義洋, 脚本：鈴木謙一, 原作：磯田道史

［出　演］阿部サダヲ（穀田屋十三郎）, 瑛太（菅原屋篤平治）, 妻夫木聡（浅野屋甚内）, 竹内結子（とき）, 千葉雄大（千坂仲内）, 羽生結弦（伊達重村）, 松田龍平（萱場杢）, 草笛光子（きよ）, 山﨑努（先代・浅野屋甚内）〔ほか〕

ロケ地・場面	所在地
矢部園の茶畑（菅原屋篤平治の茶畑）	宮城県石巻市桃生
スタジオセディック庄内オープンセット（伝馬屋敷, 居酒屋など）	山形県鶴岡市羽黒町川代字東増川山102
マルマス蔵（浅野屋 酒蔵）	新潟県村上市塩谷1146
水原代官所（代官所御用の間）	新潟県阿賀野市外城町10-5
松代城跡（仙台城大手門）	長野県長野市松代町松代1
真田邸（萱場杢役宅）	長野県長野市松代町松代1
文武学校（仙台城勘定所, 北方郡奉行所）	長野県長野市松代町松代205-1
加賀井温泉 一陽館（湯治場）	長野県長野市松代町東条55
馬場家住宅（千坂仲内宅）	長野県松本市内田357-6

共喰い（映画）

［公　開］2013年8月

［スタッフ］監督：青山真治, 脚本：荒井晴彦, 原作：田中慎弥

［出　演］菅田将暉（遠馬）, 木下美咲（千種）, 篠原友希子（琴子）〔ほか〕

ロケ地・場面	所在地
関門汽船（遠馬が連絡船に乗って下関から門司に渡るところ）	福岡県北九州市門司区
山田橋（二股に分かれた川にかかる橋）	福岡県北九州市門司区恒見
江口海産（仁子が営む魚屋）	福岡県北九州市門司区恒見町12-1
恒見八幡神社（遠馬と千種が逢い引きした場所など）	福岡県北九州市門司区恒見町3-1
源平うどん（遠馬がうどんを食べた店）	福岡県北九州市門司区畑1271-1
新旦過街（遠馬が琴子の店を訪ねに行った場所）	福岡県北九州市小倉北区魚町

中央卸売市場（円が家を出た琴子を探し回った市場）	福岡県北九州市小倉北区西港町94-9

ドライブ・マイ・カー（映画）

［公　開］2021年8月

［スタッフ］監督・脚本：濱口竜介, 脚本：大江崇允, 原作：村上春樹

［出　演］西島秀俊（家福悠介）, 三浦透子（渡利みさき）, 霧島れいか（家福音）, 岡田将生（高槻耕史）〔ほか〕

［トピック］第94回アカデミー賞では、日本映画としては「おくりびと」（2009年）以来となる国際長編映画賞を受賞した。

ロケ地・場面	所在地
北炭赤間炭鉱ズリ山（渡利の故郷）	北海道赤平市美園町
アステールプラザ（台本の読み合わせやリハーサルを行った場所）	広島県広島市中区加古町4-17
BAR CEDAR（家福と高槻が訪れたバー）	広島県広島市中区袋町2-23
平和記念公園（野外稽古を行った公園）	広島県広島市中区中島町1～大手町1-10
広島国際会議場（広島国際演劇祭の会場）	広島県広島市中区中島町1-5
広島市環境局中工場（渡利がお気に入りの場所を家福に案内したところ）	広島県広島市中区南吉島1-5-1
広島高速3号線（渡利が家福を送迎した道路）	広島県広島市南区宇品海岸～広島県広島市南区仁保沖町
グランドプリンスホテル広島（高槻が宿泊するホテル, 家福と高槻が訪れたホテルのバー）	広島県広島市南区元宇品町23-1
海田大橋〈広島ベイブリッジ〉（渡利が家福を送迎した場所）	広島県広島市南区仁保沖町～広島県安芸郡坂町
広島高速4号線（渡利が家福を送迎した道路）	広島県広島市西区山手町～広島県広島市西区小河内町
広島市安公民館（広島北警察署）	広島県広島市安佐南区上安2-2-46
クアハウス湯の山近辺（ユンスの家）	広島県広島市佐伯区湯来町大字和田443
御手洗町並み保存地区（家福が広島滞在中に宿泊した港町）	広島県呉市豊町御手洗
東広島芸術文化ホールくらら（家福が高槻の代役でワーニャを演じた舞台）	広島県東広島市西条栄町7-19

ドラゴン桜（2021年）（ドラマ）

［公　開］2021年4月～6月

［スタッフ］脚本：オークラ, 李正美, 山本奈奈, 小山正太, 原作：三田紀房

［出　演］阿部寛（桜木建二）, 長澤まさみ（水野直美）, 高橋海人（瀬戸輝）, 南沙良（早瀬菜緒）, 平手友梨奈（岩崎楓）, 加藤清史郎（天野晃一郎）, 江口のりこ（龍野久美子）, 及川光博（高原浩之）〔ほか〕

ロケ地・場面	所在地
とちぎ海浜自然の家（龍海学園高等学校の外観）〔1〕	茨城県鉾田市玉田336
大竹海岸沿いの道（桜木が小橋と岩井の乗ったバイクを追跡していた道路）〔1〕	茨城県鉾田市大竹1324
大竹売店（桜木がやって来た「Black Pearl」）〔1〕	茨城県鉾田市大竹1327
さかばストア（楓が万引きをした店）〔1〕	茨城県東茨城郡茨城町若宮482
大洗港（桜木が水野から逃げた漁港）〔1〕	茨城県東茨城郡大洗町磯浜町8253
旧足利西高等学校（桜木が小橋と岩井を追い詰めた龍海学園高等学校校内の廊下）〔1〕	栃木県足利市大前町103

伊勢崎市消防団境方面隊第11分団の詰所〈コミュニティ消防センター〉(桜木が事情聴取を受けていた派出所)〔1〕	群馬県伊勢崎市境島村2594
入間市宮寺地区体育館(龍海学園高等学校の体育館, 楓がバドミントンの練習をしていた体育館)〔1〕	埼玉県入間市宮寺567
旧相浜亭(「らーめん瀬戸屋」の外観)〔1〕	千葉県館山市相浜233
富浦旧港南側の逢島付近(桜木がフグを釣り上げた海岸)〔1〕	千葉県南房総市富浦町豊岡2
竜島港付近(桜木が天野を海に突き落としたところ, 桜木が小橋と岩井に海に突き落とされたところ)〔1〕	千葉県安房郡鋸南町竜島165
OKURA HOUSE の前(米山が桜木の前で自殺しようとしたところ)〔1〕	東京都中央区銀座2-6
柏原ビル(水野法律事務所が入居しているビル)〔1〕	東京都中央区日本橋人形町1-15
住友不動産大崎ガーデンタワーのロビー(桜木、水野、岸本が歩いていたビルのロビー)〔1〕	東京都品川区西品川1-1
前田建設工業 光が丘本社〈J・CITY TOWER〉(2年前、桜木健二法律事務所があったオフィス)〔1〕	東京都練馬区高松5-8
とちぎ海浜自然の家(楓が桜木に防犯カメラ映像を返すように言った屋上, 楓と菜緒がベンチに座って話をしていたところ)〔2〕	茨城県鉾田市玉田336
ようこそ通り(消防車が走っていたところ)〔2〕	茨城県東茨城郡大洗町磯浜町2531
深谷ビッグタートル(関東高等学校バドミントン大会千葉県予選の会場)〔2〕	埼玉県深谷市上野台2568
入間市宮寺地区体育館(楓と清野利恵がランニングをしていた体育館, 県大会のメンバーが発表された体育館, 桜木が楓を連れて行った体育館)〔2〕	埼玉県入間市宮寺567
千葉大学医学部附属病院(楓が足の診察を受けた病院, 楓を後ろに乗せた桜木のバイクが走り始めたところ)〔2〕	千葉県千葉市中央区亥鼻1-8
千葉大学西千葉キャンパスの弥生通り(桜木が米山に会いに行った東大の構内)〔2〕	千葉県千葉市稲毛区弥生町1
WATER HOTEL Cy の前(奥田がマッチョな男と腕を組んで歩いていたところ)〔2〕	東京都町田市鶴間7-29
とちぎ海浜自然の家(桜木が「ドラゴン桜」を植えたところ, 単語の勉強をしている瀬戸を藤井がバカにしたところ)〔3〕	茨城県鉾田市玉田336
とちぎ海浜自然の家(桜木が水野に請求書を渡した屋上)〔4〕	茨城県鉾田市玉田336
大竹売店(瀬戸がアルバイトを断られたBlack Pearl, 小橋と岩井が勉強をしていたBlack Pearlの前)〔4〕	茨城県鉾田市大竹1327
南部石油 松本石油館山港SS(瀬戸がアルバイトをしていたガソリンスタンド)〔4〕	千葉県館山市館山95
旧相浜亭(桜木と水野を見た菜緒、楓、天野が逃げ始めた瀬戸屋の前)〔4〕	千葉県館山市相浜233

川北電気工業東京支社8階の来賓会議室（岸本が水野と電話で話をしていた岸本香法律事務所の室内，米山が岸本に会いに来た室内）〔4〕	東京都千代田区神田須田町1-3
玉田海岸（桜木と麻里が健太を見つけた砂浜）〔5〕	茨城県鉾田市玉田
旧相浜亭（桜木、水野、瀬戸姉弟が岸本の乗った車を見送った瀬戸屋の前）〔5〕	千葉県館山市相浜233
とちぎ海浜自然の家（桜木の乗った自転車がパンクしたところ，水野が合宿のカリキュラムを桜木に見せたところなど）〔6〕	茨城県鉾田市玉田336
大竹海岸のピクニック広場（ベンチに座っていた菜緒に健太と麻里が声を掛けたところ，ベンチに座っていた菜緒に小橋と岩井が話しかけたところ）〔7〕	茨城県鉾田市大竹1324
大竹海岸のピクニック広場付近（菜緒、楓、天野が歩いていた海沿いの道）〔7〕	茨城県鉾田市大竹1324
東京経済大学（東大入試模試の試験会場）〔7〕	東京都国分寺市南町1-7
大竹売店（東大専科の生徒が集まって勉強していた「Black Pearl」，坂本が桜木に声を掛けた「Black Pearl」付近）〔8〕	茨城県鉾田市大竹1327
大洗公園駐車場の東側付近（瀬戸、菜緒、楓、天野が歩いていた海岸沿いの道）〔8〕	茨城県東茨城郡大洗町磯浜町
入間市宮寺地区体育館（楓がバドミントン部の練習を見に行った体育館）〔8〕	埼玉県入間市宮寺567
千葉大学医学部附属病院（楓が治療を受けた病院，楓が東大を受験することを両親に話した病院のロビー）〔8〕	千葉県千葉市中央区亥鼻1-8
東京ベイ東急ホテル（楓の父親が電話で話をしていたホテルのロビー）〔8〕	千葉県浦安市日の出7-2
墨田区総合体育館のメインアリーナ（楓が練習に参加したユニシス実業団の体育館）〔8〕	東京都墨田区錦糸4-15
那珂市ふれあいセンターよしの（瀬戸がバスケットボールをシュートしたところ）〔9〕	茨城県那珂市飯田307
とちぎ海浜自然の家（健太が藤井にバナナを渡した屋上，桜木が藤井に文科三類に志望を変えるように言った屋上）〔9〕	茨城県鉾田市玉田336
入間市宮寺地区体育館（桜木と瀬戸がバスケットボールのシュート対決をした体育館）〔9〕	埼玉県入間市宮寺567
創価大学（大学入学共通テストの会場）〔9〕	東京都八王子市丹木町1-236
創価大学 東洋哲学研究所の北側付近（東大専科の9人が円陣を組んだところ）〔9〕	東京都八王子市丹木町1-236
東京経済大学（大学入学共通テストプレ試験会場（最後の模擬試験））〔9〕	東京都国分寺市南町1-7

茨城大学水戸キャンパス, 講堂の東側付近（いじめられていた健太を助けようとした藤井が右手にケガを負ったところ）〔終〕	茨城県水戸市文京2-1
茨城大学水戸キャンパス, 図書館の南東側（合格者の番号が掲示されたところ）〔終〕	茨城県水戸市文京2-1
茨城大学水戸キャンパス, 保健センターの南東側（健太を小橋と岩井が助けたところ）〔終〕	茨城県水戸市文京2-1
茨城大学水戸キャンパス, 保健センターの北東側（瀬戸が文科三類の掲示板を見たことに楓が気付いたところ）〔終〕	茨城県水戸市文京2-1
旧相浜亭（志望を文科二類に変えるように桜木が瀬戸に話した瀬戸屋の前）〔終〕	千葉県館山市相浜233

虎に翼（ドラマ）

［公　開］2024年4月～
［スタッフ］脚本：吉田恵里香
［出　演］伊藤沙莉（猪爪寅子）, 石田ゆり子（猪爪はる）, 岡部たかし（猪爪直言）, 仲野太賀（佐田優三）, 森田望智（米谷花江）, 上川周作（猪爪直道）, 土居志央梨（山田よね）, 桜井ユキ（桜川涼子）, 平岩紙（大庭梅子）, ハ・ヨンス（崔香淑）, 岩田剛典（花岡悟）, 戸塚純貴（轟太一）, 松山ケンイチ（桂場等一郎）, 小林薫（穂高重親）〔ほか〕

ロケ地・場面	所在地
法務省旧本館 赤レンガ棟（猪爪寅子が道を聞いた赤レンガの建物）〔1〕	東京都千代田区霞が関1-1
多摩川に架かる多摩水道橋（猪爪寅子が新聞を読んでいた河原で見えていたアーチ橋（茶色くCG加工））〔1〕	東京都狛江市元和泉3
宿河原堰堤（猪爪寅子が新聞を読んでいた河原で見えていた堰堤）〔1〕	東京都狛江市猪方4-3-10
横浜情報文化センター〈旧横浜商工奨励館〉（帝都銀行の後に見えていた建物（内閣文庫とCG合成））〔1〕	神奈川県横浜市中区日本大通11
博物館明治村 内閣文庫（帝都銀行）〔1〕	愛知県犬山市内山1
港区立郷土歴史館 階段状の旧講堂（猪爪寅子が受験した試験会場）〔5〕	東京都港区白金台4-6-2
大房岬（猪爪寅子たちが訪れた海）〔6〕	千葉県南房総市富浦町多田良
猪苗代湖 天神浜（猪爪寅子たちが疎開していた湖）〔9〕	福島県耶麻郡猪苗代町中小松四百刈
弥彦山（冒頭の新潟の田んぼを見下ろす山）〔16〕	新潟県西蒲原郡弥彦村弥彦
ワープステーション江戸（猪爪家や明律大学など昭和初期の東京の街並み）	茨城県つくばみらい市南太田1176
宇都宮大学（猪爪寅子が通う明律大学女子部法科）	栃木県宇都宮市峰町350
法務省旧本館 赤レンガ棟（司法省）	東京都千代田区霞が関1-1
ニコライ堂（昭和初期の東京のアーチ橋の後に見えていたドーム屋根（長池見附橋とCG合成））	東京都千代田区神田駿河台4-1-3
日比谷公会堂（噴水のある公園近くの時計塔）	東京都千代田区日比谷公園1-3

鳩山会館（桜川涼子が住む屋敷）	東京都文京区音羽1-7-1
長池公園 四谷見附橋を移築した長池見附橋（良く出てくる昭和初期の東京のアーチ橋）	東京都八王子市別所2-58
弥彦神社 参道・参集殿（新潟家庭裁判所三条支部）	新潟県西蒲原郡弥彦村弥彦2887-2
名古屋市市政資料館（東京地方裁判所）	愛知県名古屋市東区白壁1-3
名古屋市役所（明律大学の廊下など）	愛知県名古屋市中区三の丸3-1-1
鶴舞公園（東京地方裁判所近くの噴水のある公園（後に見える東京地方裁判所は合成））	愛知県名古屋市昭和区鶴舞1
名古屋市公会堂（噴水のある公園の後に見えている建物）	愛知県名古屋市昭和区鶴舞1-1-3
博物館明治村 北里研究所（猪爪寅子が通っていた女学校）	愛知県犬山市内山1
アミカン（猪爪直言が社長になった登戸火工）	三重県四日市市富田浜元町11-12

翔んで埼玉（映画）

［公　開］2019年2月

［スタッフ］監督：武内英樹, 脚本：徳永友一, 原作：魔夜峰央

［出　演］二階堂ふみ（壇ノ浦百美）, GACKT（麻実麗）, 伊勢谷友介（阿久津翔）, 壇ノ浦建造, 武田久美子（壇ノ浦恵子）, 京本政樹（埼玉デューク）〔ほか〕

ロケ地・場面	所在地
古代蓮の里（展望台）	埼玉県行田市小針2375-1
首都圏外郭放水路龍Q館（大阪甲子園球場の地下施設）	埼玉県春日部市上金崎720
羽生中央公園 陸上競技場＆野球場（第1回埼玉熱闘綱引き大会の会場）	埼玉県羽生市東9-1-1
深谷駅（全国が埼玉化された場所）	埼玉県深谷市西島町3-1-8
しらこばと水上公園（埼玉に「海」をつくった場所）	埼玉県越谷市小曽川985
埼玉県立長瀞玉淀自然公園（大阪・京都・神戸部隊の有名人の出身地対決をした場所）	埼玉県秩父郡長長瀞町長瀞

とんび（2013年）（ドラマ）

［公　開］2013年1月～3月

［スタッフ］脚本：森下佳子, 原作：重松清

［出　演］内野聖陽（市川安男）, 佐藤健（市川旭）, 吹石一恵（坂本由美）, 加藤貴子（幸恵）, 野村宏伸（照雲）, 麻生祐未（たえ子）, 柄本明（海雲）, 常盤貴子（市川美佐子）〔ほか〕

ロケ地・場面	所在地
東急池上線石川台駅の北東付近（旭が駆け上っていた線路沿いの坂道）〔1〕	東京都大田区東雪谷2-3
明神湯（安男、美佐子、旭が行った銭湯）〔1〕	東京都大田区南雪谷5-14
JPロジスティクス青梅支店〈旧フットワークエクスプレス青梅支店〉（安男が勤務している天ヶ崎通運）〔1〕	東京都青梅市今井5-2477
京急百貨店（旭が付録のヒントを探しに行ったおもちゃ売場）〔1〕	神奈川県横浜市港南区上大岡西1-6
久能山東照宮南側の表参道石段（産気付いた美佐子を安男が抱えて降りた石段）〔1〕	静岡県静岡市駿河区根古屋390

牛臥海岸(安男、美佐子、旭がピクニックに行った砂浜, 安男が美佐子と旭の写真を撮った砂浜)〔1〕	静岡県沼津市下香貫3057
太梅寺(安男が旭におもちゃの使い方を教えた薬師院の境内)〔1〕	静岡県下田市横川342
岩科南側の田んぼ(美佐子と幸恵が歩いていた田んぼ)〔1〕	静岡県賀茂郡松崎町岩科南側747付近
ときわ大橋北詰の駿河屋の前(たばこを買いに行った安男が足の爪を見ていたところ)〔1〕	静岡県賀茂郡松崎町松崎299
中江医院(安男が「ヤブ」と落書きをした「もり小児科」)〔1〕	静岡県賀茂郡松崎町松崎368
瀬崎神社(安男が参拝した神社)〔1〕	静岡県賀茂郡松崎町松崎493
西伊豆町営火葬場(美佐子が火葬された瀬尾豊海斎場)〔1〕	静岡県賀茂郡西伊豆町一色1959
長嶋フォート(安男が新しいカメラを買いに行った長嶋カメラ)〔1〕	静岡県賀茂郡西伊豆町宇久須1357
カネサ鰹節商店(安男が荷物を下ろしていたカナエ水産)〔1〕	静岡県賀茂郡西伊豆町田子600
東急池上線石川台駅の北東付近(旭が子供と下っていた坂道)〔2〕	東京都大田区東雪谷2-3
牛臥海岸(海雲が安男と旭を連れて行った海岸)〔2〕	静岡県沼津市下香貫3057
松風苑の会議室とロビー(葛原の結婚披露宴が行なわれていたところ, 安男が見合いをしたところ)〔2〕	静岡県熱海市下多賀966
烏川沿いの道(安男が居眠り運転をした川沿いの道)〔2〕	静岡県伊東市宇佐美953付近
岩科南側の田んぼ(旭を乗せた安男の自転車が走っていた田んぼ)〔2〕	静岡県賀茂郡松崎町岩科南側747付近
ときわ大橋の南詰付近(銭湯を出た安男と旭が歩いていたところ)〔2〕	静岡県賀茂郡松崎町松崎196
松崎港(照雲が安男にカニを見せた防波堤の上)〔2〕	静岡県賀茂郡松崎町松崎495
関東鉄道常総線戸頭駅(1年前、電話を掛けている由美に旭が声を掛けた茜台駅)〔3〕	茨城県取手市戸頭5-3
久能山東照宮南側の表参道石段(幸恵が安男とたえ子に流産のことを話した階段, 安男と旭が下っていた階段)〔3〕	静岡県静岡市駿河区根古屋390
旧岩科小学校(旭が通う豊海小学校)〔3〕	静岡県賀茂郡松崎町岩科北側442
石田医院(旭が治療を受けた病院, 安男が照雲を殴った病院)〔3〕	静岡県賀茂郡松崎町江奈234
アサイミート(安男がとんかつの肉を買った精肉店)〔3〕	静岡県賀茂郡松崎町松崎451
松崎港(旭と照雲がキャッチボールをしていたところ)〔3〕	静岡県賀茂郡松崎町松崎495
共立女子大学神田一ツ橋本館の屋上(旭と由美が話をしていた屋上)〔4〕	東京都千代田区一ツ橋2-2
目黒川に架かる山本橋(由美のマンションを出た旭が渡っていた橋, 雨の中、旭が渡っていた橋)〔4〕	東京都品川区東五反田2-9
東急池上線石川台駅の北東付近(由美が子供と上っていた坂道)〔4〕	東京都大田区東雪谷2-3

烏川に架かる橋付近(学校へ向かう旭が歩いていたところ)〔4〕	静岡県伊東市宇佐美420
カフェテラス アイビー(泰子がたえ子への手紙を書こうとしていた喫茶店)〔4〕	静岡県賀茂郡松崎町宮内43
ときわ大橋(安男が立っていた橋, 安男と照雲が泰子を見送った橋の上)〔4〕	静岡県賀茂郡松崎町松崎196
那賀川沿いの道(安男と旭が歩いていた川沿いの道)〔4〕	静岡県賀茂郡松崎町松崎196
長沢青果の前(「夕なぎ」を出た安男、照雲、泰子が歩いていたところ)〔4〕	静岡県賀茂郡松崎町松崎299
松崎港(旭が照雲とキャッチボールをしていたところ, 旭が防波堤に座っていたところ)〔4〕	静岡県賀茂郡松崎町松崎495
静岡県立韮山高等学校(旭が野球の練習をしていた校庭)〔5〕	静岡県伊豆の国市韮山韮山229
那賀川に架かる浜丁橋(安男が運転するトラックが渡っていた橋)〔5〕	静岡県賀茂郡松崎町宮内279
石田医院(海雲が入院している瀬尾市民病院の外観)〔5〕	静岡県賀茂郡松崎町江奈234
ときわ大橋(病院へ向かう旭が渡っていた橋)〔5〕	静岡県賀茂郡松崎町松崎196
シェ・カザマ(旭がカレーパンを買った店)〔6〕	東京都千代田区一番町10
JR中央本線沿いの皀角坂(旭が電車を見ていた坂道)〔6〕	東京都千代田区神田駿河台2-11
カリーライス専門店 エチオピア 本店(旭が行列に並ぼうとしたカレー店)〔6〕	東京都千代田区神田小川町3-10
采女橋(旭が渡っていた陸橋)〔6〕	東京都中央区築地4-1
大隈記念タワーの西側(旭が安男に電話を掛けていた電話ボックスがあるところ)〔6〕	東京都新宿区早稲田鶴巻町516
荒川の河原(旭が付録の実験をしていた河原)〔6〕	東京都北区志茂5
牛臥海岸(照雲が安男を連れて行った砂浜)〔6〕	静岡県沼津市下香貫3057
川奈漁港(安男が栄養失調で倒れた港)〔6〕	静岡県伊東市川奈699
伊豆急行伊豆急行線片瀬白田駅(旭が電車を待っていた駅のホーム)〔6〕	静岡県賀茂郡東伊豆町白田222
石田医院(安男が入院した病院の病室)〔6〕	静岡県賀茂郡松崎町江奈234
静岡県立松崎高等学校(職員室へ向かう旭が歩いていた廊下, 旭が勉強していた高校の図書室, 卒業証書授与式が行なわれた体育館)〔6〕	静岡県賀茂郡松崎町桜田188
伊那下神社(旭が絵馬を奉納した神社, 安男が絵馬を埋め尽くした神社)〔6〕	静岡県賀茂郡松崎町松崎28
長沢青果の脇(安男が酒を呑んでいた屋台があったところ)〔6〕	静岡県賀茂郡松崎町松崎299
まつもと食品ストアー(安男が謝っていた店頭)〔6〕	静岡県賀茂郡松崎町松崎386
伊豆松崎特産品館 なまこ壁(旭が安男を迎えに行った瀬尾警察署豊海交番)〔6〕	静岡県賀茂郡松崎町松崎506
銀座ケントス(旭がパーティーに参加した店)〔7〕	東京都中央区銀座8-2

采女橋の西詰(旭が雑誌をポストに投函したところ)〔7〕	東京都中央区築地4-1
ロケーションジャパン編集部(旭がアルバイトをしていた「City Beat」の編集部)〔7〕	東京都港区西新橋1-11
茅ヶ崎市立病院(「City Beat」の編集者が安男と電話で話をしていた病院のロビー, 旭が安男と電話で話をしていた病院のロビー)〔7〕	神奈川県茅ヶ崎市本村5-15
志賀高原一の瀬ファミリースキー場(旭が取材をしていたスキー場)〔7〕	長野県下高井郡山ノ内町平穏7149
寄居パーキングエリア関越自動車道下り(安男と葛原が休憩していたパーキングエリア)〔8〕	埼玉県大里郡寄居町用土5607
共立女子大学神田一ツ橋本館の屋上(安男が泣いていた徳田出版の屋上)〔8〕	東京都千代田区一ツ橋2-2
采女橋(旭が走って渡っていた橋)〔8〕	東京都中央区築地4-1
グランパークタワー(安男が訪れた徳田出版の受付)〔8〕	東京都港区芝浦3-4
目黒川に架かる山本橋(由美のマンションへ向かう旭が渡っていた橋)〔8〕	東京都品川区東五反田2-9
平和島のトラックターミナル(安男と葛原が荷物を下ろしていたトラックターミナル)〔8〕	東京都大田区平和島2-1
東京西徳洲会病院(島田が安男と電話で話をしていた病院のロビー, 安男が島田と会った病院のロビー, 安男が頭を下げた病院)〔8〕	東京都昭島市松原町2-15
熱海ビーチライン(安男と葛原の乗ったトラックが走っていた海沿いの道)〔8〕	静岡県熱海市泉249
松崎港の防波堤(安男とたえ子が弁当を食べていた防波堤, たえ子が安男に石けん箱で作ったおもちゃの舟を渡したところ)〔8〕	静岡県賀茂郡松崎町松崎495
久能山東照宮南側の表参道石段(座って話をしている旭と由美を安男が見た階段, 照雲がとんびを見つけた階段)〔9〕	静岡県静岡市駿河区根古屋390
川奈漁港(由美とたえ子が話をしていた漁港)〔9〕	静岡県伊東市川奈667
「川奈漁民の家」前の川奈漁港(由美が持ってきた婚姻届を安男が食べたところ)〔9〕	静岡県伊東市川奈826
伊豆急行伊豆急行線片瀬白田駅(安男たちが旭と由美を出迎えた瀬尾駅のホーム, 安男が東京へ戻る旭と由美を見送った駅のホーム)〔9〕	静岡県賀茂郡東伊豆町白田222
共立女子大学神田一ツ橋本館の屋上(六川と松本がベンチに座って話をしていたビルの屋上)〔終〕	東京都千代田区一ツ橋2-2
采女橋公園前交差点(萩本が安男をタクシーから降ろしたところ, 由美が偶然を装って安男に声を掛けたところ)〔終〕	東京都中央区銀座5-15
豊海ふ頭(安男が海雲からの手紙を見ていたところ)〔終〕	東京都中央区豊海町15

竹芝小型船ターミナルの西側付近（健介がベンチに座っていた海辺）〔終〕	東京都港区海岸1-16
新浜崎橋の上（平成12年早春、健介がとんびを見た橋の上）〔終〕	東京都港区海岸2-7
住友不動産三田ツインビル東館（旭が萩本と電話で話をしていた廊下）〔終〕	東京都港区芝浦4-2
ジュピターショップチャンネル〈旧日立物流本社ビル〉（安男が訪れた天ヶ崎通運の本社ビル）〔終〕	東京都江東区東陽7-2
目黒川に架かる品川橋（銭湯へ向かう安男と健介が渡っていた橋）〔終〕	東京都品川区南品川1-4
牛臥海岸（安男が海を眺めていたところ, 旭が健介の頬を叩いた砂浜）〔終〕	静岡県沼津市下香貫3057
国道135号線（安男の乗ったトラックが走っていた海沿いの道）〔終〕	静岡県賀茂郡東伊豆町白田
旧岩科小学校（トラックが止った豊海小学校の前）〔終〕	静岡県賀茂郡松崎町岩科北側442
石田医院（旭が駆けつけた瀬尾市民病院）〔終〕	静岡県賀茂郡松崎町江奈234
静岡県立松崎高等学校（トラックが止った瀬尾北高等学校の前）〔終〕	静岡県賀茂郡松崎町桜田188
ときわ大橋（安男を乗せたトラックが渡った橋）〔終〕	静岡県賀茂郡松崎町松崎299
ときわ大橋北詰の駿河屋（安男が自販機でたばこを買ったところ）〔終〕	静岡県賀茂郡松崎町松崎299

とんび（2022年）（映画）

［公　開］2022年4月

［スタッフ］監督：瀬々敬久, 脚本：港岳彦, 原作：重松清

［出　演］阿部寛（市川安男）, 北村匠海（市川旭）, 杏（由美）, 安田顕（照雲）, 大島優子（幸恵）, 濱田岳（広沢）, 宇梶剛士（尾藤社長）, 尾美としのり（萩本課長）, 吉岡睦雄（葛原）, 宇野祥平（トクさん）, 木竜麻生（泰子）, 田中哲司（島野昭之）, 豊原功補（編集長）, 嶋田久作（出版社守衛）, 村上淳（村田）, 麿赤兒（海雲）, 麻生久美子（市川美佐子）, 薬師丸ひろ子（たえ子）〔ほか〕

ロケ地・場面	所在地
東湯（ヤスとアキラが訪れた銭湯）	岡山県岡山市北区下伊福上町13-26
旧玉島第一病院（海雲が入院した病院）	岡山県倉敷市玉島1334-1
浮橋〈玉島ドラム缶橋〉（ヤスがアキラを自転車に乗せて走った道路）	岡山県倉敷市玉島2-2-11
中屋前（ヤスが軽トラを運転しているところ）	岡山県倉敷市玉島阿賀崎980
海蔵寺（美佐子が墓参りに訪れた墓）	岡山県倉敷市玉島黒崎10145
八幡神社（アキラのお宮参りに行った神社）	岡山県倉敷市呼松2-4-10
呼松漁港（下校中のアキラがヤスを見つけた漁港）	岡山県倉敷市呼松3-12
由良病院（アキラが産まれた病院）	岡山県玉野市深井町11-13
笠岡西中学校（アキラが通う高校）	岡山県笠岡市笠岡3797
旧大島東小学校〈現・海の校舎〉（アキラの卒業式が行われた小学校）	岡山県笠岡市吉浜2253
金浦幼稚園（アキラが通う保育園）	岡山県笠岡市吉浜2253

笠岡市金浦地区（ヤスとアキラの住居がある地区）	岡山県笠岡市金浦
柳青院（薬師院）	岡山県備前市穂浪2961
旧錦海倉庫（ヤスの職場「瀬戸内通運」）	岡山県瀬戸内市邑久町尾張300-1
青佐鼻海岸（海雲とヤスが会話した海岸）	岡山県浅口市寄島町青佐
金光町大谷地区（ヤスが暮らす備後市の商店街）	岡山県浅口市金光町大谷
大谷みかげスクエア（たえ子の料理屋「夕なぎ」）	岡山県浅口市金光町大谷294-7
柵原ふれあい鉱山公園（貨車が瀬戸内通運のプラットホームに到着したところ）	岡山県久米郡美咲町吉ケ原394-2

凪待ち（映画）

[公　開] 2019年6月

[スタッフ] 監督：白石和彌, 脚本：加藤正人

[出　演] 香取慎吾（木野本郁男）, 恒松祐里（昆野美波）, 西田尚美（昆野亜弓）, 吉澤健（昆野勝美）, 音尾琢真（村上竜次）, リリー・フランキー（小野寺修司）〔ほか〕

ロケ地・場面	所在地
日和大橋（郁男と亜弓が乗った車が走った橋）	宮城県石巻市
小野寺横町（昆野美容院）	宮城県石巻市2-3
畑中通り（ノミ屋）	宮城県石巻市羽黒町1
ファミリーレストランデリシャス（3人が食事したレストラン）	宮城県石巻市蛇田字新下沼32-5
橋通り（家出した美波を探した通り）	宮城県石巻市中央2-9
南浜地区（郁夫が歩いた場所）	宮城県石巻市南浜町
プレナミヤギ（家出した美波を探したボウリング場）	宮城県石巻市不動町2-15-24
雄勝町水浜地区（今野家のある地域）	宮城県石巻市雄勝町水浜
ことぶき町通り（川開き祭りが行われた場所）	宮城県石巻市立町1-2

泣く子はいねぇが（映画）

[公　開] 2020年11月

[スタッフ] 監督・脚本：佐藤快磨

[出　演] 仲野太賀（後藤たすく）, 吉岡里帆（桜庭（後藤）ことね）, 寛一郎（志波亮介）, 山中崇（後藤悠馬）, 余貴美子（後藤せつ子）, 柳葉敏郎（夏井康夫）〔ほか〕

ロケ地・場面	所在地
男鹿水族館GAO（たすくが訪れた水族館）	秋田県男鹿市戸賀塩浜壷ケ沢93
パチンコすずらん（パチンコ屋）	秋田県男鹿市船川港船川海岸通り2-2-5
大龍寺（男鹿市の街並み）	秋田県男鹿市船川港船川鳥屋場34
里山のカフェににぎ（ラストシーン）	秋田県男鹿市北浦真山字塞ノ神下14
入道崎（たすくが訪れた海岸）	秋田県男鹿市北浦入道崎昆布浦

謎解きはディナーのあとで（ドラマ）

[公　開] 2011年10月～12月

[スタッフ] 脚本：黒岩勉, 原作：東川篤哉

[出　演] 櫻井翔（影山）, 北川景子（宝生麗子）, 野間口徹（並木誠一）, 中村靖日（山繁悟）, 岡本杏理（宗森あずみ）, 田中こなつ（江尻由香）, 椎名桔平（風祭京一郎）〔ほか〕

ロケ地・場面	所在地
荒川に架かる佐久良橋（小学3年の遠足で麗子がクラブハウスサンドを落とした橋）〔1〕	埼玉県秩父市別所79

旧岩崎邸庭園（麗子が住む宝生邸の外観）〔1〕	東京都台東区池之端1-3
木村屋酒店（麗子が白いハンカチを買ったコンビニ）〔1〕	東京都世田谷区新町3-1
呑川に架かる伊勢橋付近（幼稚園の年長だった麗子が犬に襲われたところ）〔1〕	東京都世田谷区深沢7-2
やまかね（麗子と風祭が事情聴取をしていた八百屋）〔1〕	東京都豊島区東池袋5-11
ask a giraffe KUNITACHI（麗子と風祭が田代の事情聴取をした喫茶店）〔1〕	東京都国立市中1-17
JR国立駅南口前（洗濯物に気付いた瞳がアパートへ引き返した駅前）〔1〕	東京都国立市東1-5
国立市役所（警視庁国立警察署の外観）〔1〕	東京都国立市富士見台2-47
THE SEASON'S 横浜（風祭が住む風祭邸）〔1〕	神奈川県横浜市西区西平沼町6
山下ふ頭（風祭がタバコをふかしながら立っていたふ頭）〔1〕	神奈川県横浜市中区山下町279
シーサイドラインの西側にある道路（現場へ向かう風祭の車が走っていたところ）〔1〕	神奈川県横浜市金沢区並木1
OKS大泉工場（若林動物病院の外観）〔2〕	埼玉県川口市領家5-4
パティオス10番街の南側（影山が車を止めて麗子に絵はがきを渡したところ）〔2〕	千葉県千葉市美浜区打瀬1-10
ZOZOマリンスタジアムの北側付近（麗子を乗せた影山の運転する車が走っていたところ）〔2〕	千葉県千葉市美浜区美浜
晴海トリトンスクエア南側の晴海3丁目交差点（麗子を乗せた影山の運転する車が走っていたところ）〔2〕	東京都中央区晴海1-8
高輪プリンツ ヒェンガルテン（マッチ売りの少女がマッチを売っていたところ）〔2〕	東京都港区高輪4-24
スナック愛（辰夫がカラオケで唄っていたスナック）〔2〕	東京都荒川区西日暮里2-52
都営地下鉄三田線高島平駅付近の高島通り（国立警察署へ向かう麗子を乗せた車が走っていたところ）〔2〕	東京都板橋区高島平2-34
高島通りの西台駅交差点付近（国立警察署へ向かう麗子を乗せた車が走っていたところ）〔2〕	東京都板橋区蓮根2-28から高島平1-56
金沢総合高等学校の東側（風祭が麗子に現場へ向かうように電話で話しながら車を運転していたところ）〔2〕	神奈川県横浜市金沢区並木2-5
フジテレビ湾岸スタジオ（麗子と風祭が杉原聡と話をしたホテルの駐車場）〔3〕	東京都江東区青海2-3
WOWOWの放送センター（麗子と風祭が東都テレビ・女子アナウンサーの澤田絵里に事情聴取したスタジオ）〔3〕	東京都江東区辰巳2-1
松本記念音楽迎賓館（麗子と風祭が黛香苗に事情聴取をした屋敷，影山と麗子が焼却炉からシークレットブーツの残骸を見つけたところ）〔3〕	東京都世田谷区岡本2-32

首都大学東京(麗子と風祭がアヤに事情聴取をした二ツ橋大学のキャンパス)〔3〕	東京都八王子市南大沢1-1
南大沢中郷公園の前(カップルがキスしているのを麗子が車内から見たところ)〔3〕	東京都八王子市南大沢2-28
フォレスト・イン 昭和館(「グランドホテル国立」の部屋)〔3〕	東京都昭島市昭和の森
JR東海道本線の港町架道橋の下(麗子が合掌していた遺体が遺棄されていたところ)〔4〕	東京都港区海岸1-3
アンフェリシオン バンケット「カーサ」(影山が出席したパーティー会場)〔4〕	東京都江東区亀戸1-43
九十九とんこつラーメン 恵比寿本店(風祭が警察の力を利用して貸し切りにしたラーメン店)〔4〕	東京都渋谷区広尾1-1
箱根アルベルゴバンブー(麗子と影山が到着した沢村邸)〔4〕	神奈川県足柄下郡箱根町仙石原984
RORO(喫茶「ルパン」)〔5〕	東京都港区白金台4-9
天王洲ふれあい橋(麗子が自転車に乗る練習をしていた橋)〔5〕	東京都品川区東品川2-1
天王洲セントラルタワーの北側付近(麗子を乗せたリムジンが停車していたところ)〔5〕	東京都品川区東品川2-2
ハウススタジオ・スタイル成城(麗子と風祭が事情聴取に行った江崎建夫が住む家)〔5〕	東京都世田谷区成城9-31
下高井戸浜田山八幡神社(国立神社)〔5〕	東京都杉並区下高井戸4-39
ぐんまフラワーパーク(藤倉家のバラ園)〔6〕	群馬県前橋市柏倉町2471
小さなスナック由美(麗子と風祭が事情聴取に行った恭子が働いていた「スナック 菓子」)〔6〕	東京都江東区亀戸6-24
EGUCHI河口湖ハウス(藤倉家の外観、リビング)〔6〕	山梨県南都留郡富士河口湖町長浜2328
美女木廃工場スタジオ(風祭が訪れた旧米山自動車整備工場)〔7〕	埼玉県戸田市美女木6-8
プラネアールの「西新宿スタジオ」(風祭が安田孝彦に会いに行った「ハイツ国立」)〔7〕	東京都新宿区北新宿1-34
君塚自動車工業所(風祭が米山昇一の事情聴取をした米山自動車整備工場)〔7〕	東京都台東区元浅草2-2
汐留シティセンタービルの前(麗子がすれ違いざまにサラリーマンに挨拶されたところ)〔8〕	東京都港区東新橋1-5
フジテレビ湾岸スタジオ(麗子が転けたパシフィックテレビ台場スタジオの前, 宮本夏希、森雛子、木崎麻衣、桐生院綾華が麗子が転けるのを見ていたパシフィックテレビ台場スタジオのロビー, 影山がティータイムをとっていたところ)〔8〕	東京都江東区青海2-3
山野美容専門学校 山野ホール(「夕陽にほえろ!」の製作発表が行われようとしていた会場)〔8〕	東京都渋谷区代々木1-53
國學院大學(麗子が通っていた聖雅学院大学附属高等学校)〔8〕	東京都渋谷区東4-10
レイノルズハウス(天道邸)〔9〕	茨城県小美玉市張星584

戸田市営球場（天道邸の隣にある野球場）〔9〕	埼玉県戸田市笹目北町9
レ・アントルメ国立（影山がケーキの打ち合わせをしていた洋菓子店「Noel」）〔9〕	東京都国立市東2-25
戸田市営球場（影山がNoelの店主との野球対決で負けた球場）〔終〕	埼玉県戸田市笹目北町9
レ・アントルメ国立（影山と麗子がケーキを売っていた洋菓子店「Noel」の前）〔終〕	東京都国立市東2-25

謎解きはディナーのあとで スペシャル（ドラマ）

［公　開］2012年3月

［スタッフ］脚本：黒岩勉, 原作：東川篤哉

［出　演］櫻井翔（影山）, 北川景子（宝生麗子）, 椎名桔平（風祭京一郎）〔ほか〕

ロケ地・場面	所在地
Sport & Do Resort リソルの森 長柄源山荘（松下慶山邸の外観）	千葉県長生郡長柄町上野521
社会文化会館（風祭が記者会見をしていた会議室）	東京都千代田区永田町1-8
The Artcomplex Center of Tokyo（麗子と風祭が捜査に行った為永画廊）	東京都新宿区大京町12
旧岩崎邸庭園（宝生邸の外観）	東京都台東区池之端1-3
六本木通り（車を止めた風祭が麗子に電話を掛けていたところ）	東京都渋谷区渋谷2-13
山野美容専門学校（麗子と風祭が祥子に事情聴取した会議室, 祥子の事情聴取を終えた麗子と風祭が下っていた現代美術出版社の階段）	東京都渋谷区代々木1-53
池袋ロサボウル（影山がパンチアウトジョーと対決したボウリング場）	東京都豊島区西池袋1-37
不二幼稚園（麗子がお遊戯をしていた幼稚園）	東京都練馬区北町7-2
横浜中華街（影山と小鈴孔が歩いていた香港の繁華街）	神奈川県横浜市中区山下町138
華都飯店（飲茶を食べていた影山が小鈴孔と出会った店）	神奈川県横浜市中区山下町166
カモメ市場（小鈴孔が赤いチャイナドレスに着替えた店）	神奈川県横浜市中区山下町187
四五六菜館別館（影山と小鈴孔が話をしていた店）	神奈川県横浜市中区山下町202
山下埠頭（影山が小鈴孔を船に乗せた香港のふ頭）	神奈川県横浜市中区山下町279
那覇地区漁協製氷冷蔵施設の南側（鈴木がチンピラに痛めつけられていたところ）	沖縄県那覇市港町1-1
泊魚市場（市場で働く真紀を鈴木がスケッチしていたところ）	沖縄県那覇市港町1-1
第一牧志公設市場（鈴木が絵を売っていた第一牧志公設市場の前）	沖縄県那覇市松尾2-10
サザンビーチホテル&リゾート沖縄（麗子たちが泊ったホテル, 小鈴孔が影山にキスしたホテルのラウンジ）	沖縄県糸満市西崎1-6
北山荘近くの海岸（夕日をスケッチしていた鈴木に影山と麗子が会いに行ったところ）	沖縄県国頭郡今帰仁村諸志583
沖縄美ら海水族館（麗子や風祭たちが訪れた水族館）	沖縄県国頭郡本部町字石川424

瀬底ビーチ（沖縄に到着した風祭たちが海に向かって「めんそーれ」と叫んでいた砂浜，影山と麗子が歩いていた砂浜）	沖縄県国頭郡本部町瀬底

なつぞら（ドラマ）

［公　開］2019年4月～9月

［スタッフ］脚本：大森寿美男

［出　演］広瀬すず（奥原なつ），吉沢亮（山田天陽），岡田将生（奥原咲太郎），草刈正雄（柴田泰樹），松嶋菜々子（柴田富士子），藤木直人（柴田剛男），安田顕（小畑雪之助），小林綾子（山田タミ），高畑淳子（小畑とよ），音尾琢真（戸村菊介）〔ほか〕

ロケ地・場面	所在地
丸山育成牧場の道（奥原なつが自転車で走っていた道）〔3〕	北海道上川郡清水町字羽帯南11線80
諏訪神社（奥原なつが番長と話をした神社）〔4〕	茨城県久慈郡大子町西金249
婦人之友社（東洋動画スタジオ）〔9, 10〕	東京都豊島区西池袋2-20-16
清瀬市役所（福祉事務所）〔21〕	東京都清瀬市中里5-842
東立川幼稚園（坂場優が通う保育園）〔22〕	東京都国立市北3-37-4
真鍋庭園（山田天陽の家と馬小屋（アトリエ）（撮影用のロケセットを移設））	北海道帯広市稲田町東2線6
丸山育成牧場（奥原なつが絵を描いていた草原）	北海道上川郡清水町字羽帯南11線80
鈴木牧場（柴田牧場の牛舎（サイロと玄関の張出部は撮影用のセット））	北海道足寄郡陸別町上利別原野基線223
旧初原小学校（奥原なつが通う小学校）	茨城県久慈郡大子町初原960
旧西金小学校（奥原なつが通う十勝農業高校）	茨城県久慈郡大子町西金250

夏の終り（映画）

［公　開］2013年8月

［スタッフ］監督：熊切和嘉，脚本：宇治田隆史，原作：瀬戸内寂聴

［出　演］満島ひかり（相澤知子），綾野剛（木下涼太），小林薫（小杉慎吾）〔ほか〕

ロケ地・場面	所在地
兵庫ふ頭（海外から帰ってきた知子を涼太と慎吾が出迎えた港）	兵庫県神戸市兵庫区築地町
三宮の東門街にある「クラブ月世界」（キャバレー）	兵庫県神戸市中央区下山手通1-3-8

波乗りオフィスへようこそ（映画）

［公　開］2019年4月

［スタッフ］監督・脚本：明石知幸，原案，吉田基晴

［出　演］関口知宏（徳永健志），宇崎竜童（岩佐辰夫），柏原収史（久米健一），田中幸太朗（沢田達哉），伊藤祐輝（生田巽），宮川一朗太（橘俊介），岩崎加根子（坂東澄），眞嶋優（藤沢弥生），大内田悠平（四宮誠），上田結（菅野有紀），三木くるみ（林真由子），野田久美子（徳永麻子），石丸佐知（武市佳奈）

ロケ地・場面	所在地
恵比須浜（真が営むアワビ養殖場）	徳島県海部郡美波町
弘陽荘 明治館（サテライトオフィス第1号）	徳島県海部郡美波町奥河内字本村70
スナック道（徳永と地元の若者たちが乱闘騒ぎを起こした道）	徳島県海部郡美波町奥河内寺前
厄除橋（美波町に帰ってきた徳永が通った橋）	徳島県海部郡美波町奥河内寺前

徳島銀行 日和佐支店（徳永が融資の相談に訪れた銀行）	徳島県海部郡美波町奥河内寺前139-14
薬王寺（インターンシップの女子大生たちと教授が観光に訪れた寺）	徳島県海部郡美波町奥河内寺前285-1
平和園（徳永が岩佐と初めて会った居酒屋）	徳島県海部郡美波町奥河内寺前493-3
日和佐駅（徳永や女子大生たちが降り立った駅）	徳島県海部郡美波町奥河内弁才天
美波町役場（久米が勤務する役場）	徳島県海部郡美波町奥河内本村18-1
浜口造船（徳永と真が訪れた岩佐の造船所）	徳島県海部郡美波町恵比須浜田井94-1
赤松神社（澄と有希が並んで座って会話をした場所）	徳島県海部郡美波町赤松阿地屋
あしずり展望台（徳永と佳奈が整備した避難路）	徳島県海部郡美波町田井
田井ノ浜（小島がお遍路の際に歩いた海岸）	徳島県海部郡美波町田井
ミナミマリンラボ（サテライトオフィスの面接会場・オフィスなど）	徳島県海部郡美波町日和佐浦1-3
日和佐港（サイファーテック美波ラボのオープニングパーティが行われた港など）	徳島県海部郡美波町日和佐浦1-3
日和佐八幡神社（秋祭りが行われた神社）	徳島県海部郡美波町日和佐浦369
大浜海岸（ちょうさが練り歩いた海岸）	徳島県海部郡美波町日和佐浦374-4
東由岐漁港の灯台（弥生と真が訪れた灯台）	徳島県海部郡美波町木岐
日和佐町漁業協同組合（弥生と真由子のインターンシップ先の漁業組合）	徳島県海部郡美波町和佐浦16-1

ナミヤ雑貨店の奇蹟（映画）

［公　開］2017年9月

［スタッフ］監督：廣木隆一，脚本：斉藤ひろし，原作：東野圭吾

［出　演］山田涼介（矢口敦也），西田敏行（浪矢雄治），尾野真千子（田村晴美），村上虹郎（小林翔太），寛一郎（麻生幸平），林遣都（松岡克郎），成海璃子（皆月暁子）〔ほか〕

ロケ地・場面	所在地
出島通り（克郎を乗せた電車が走った通り）	長崎県長崎市出島町
石橋電停（路面電車が走るところ）	長崎県長崎市大浦町9
崇福寺電停（克郎の地元の駅）	長崎県長崎市油屋町5
コンパルホール（映子が屋上から飛び降りた建物）	大分県大分市府内町1-5-38
粟嶋公園前国道（浪矢親子の車が走った道路）	大分県豊後高田市臼野
臼野小学校（池田が勤める学校）	大分県豊後高田市臼野2874
真玉海岸（セリが主題歌を歌った海岸）	大分県豊後高田市臼野5125
妙壽寺（克郎の祖母の葬式会場）	大分県豊後高田市金谷町598
呉崎公民館（焼失後移設した丸光園）	大分県豊後高田市呉崎1519-2
尾崎海岸（焼失前の丸光園）	大分県豊後高田市香々地5151
宮町（ナミヤ雑貨店（ロケセット））	大分県豊後高田市高田
宮町ロータリー（宮前マーケット（ロケセット））	大分県豊後高田市高田
高田中央病院（敦也の勤務先）	大分県豊後高田市新地1176-1
新町通り商店街（敦也らが夜に走った商店街など）	大分県豊後高田市新町
中野鮮魚店（克郎の実家）	大分県豊後高田市新町944-1

旬彩南蔵（幸平の料理修業をした店）	大分県豊後高田市新町989
スパーバリューまたま（川辺みどりが働くスーパー）	大分県豊後高田市西真玉2444-2
桂橋（敦也が走る終盤のシーンで登場した橋）	大分県豊後高田市中央通710-2

ナラタージュ（映画）

［公　開］2017年10月

［スタッフ］監督：行定勲, 脚本：堀泉杏, 原作：島本理生

［出　演］松本潤（葉山貴司）, 有村架純（工藤泉）, 坂口健太郎（小野玲二）, 大西礼芳（山田志緒）, 古舘佑太郎（黒川博文）, 神岡実希（塚本柚子）, 駒木根隆介（金田伊織）, 金子大地（新堂慶）, 市川実日子（葉山美雪）, 瀬戸康史（宮沢慶太）〔ほか〕

ロケ地・場面	所在地
富山大学五福キャンパス（泉が通う大学）	富山県富山市五福3190
水橋ふるさと会館（泉と小野が演劇を見た会場）	富山県富山市水橋舘町312-1
富山ファッションカレッジ（名画座の入り口付近）	富山県富山市千歳町2-7-1
富山県広域消防防災センター（倉庫が燃えた場所など）	富山県富山市惣在寺1090-1
フォルツァ総曲輪（名画座の劇場内）	富山県富山市総曲輪3-3-16
お多福（泉と小野が食事した居酒屋）	富山県富山市婦中速星4-543
富岩運河環水公園（泉と小野がデートした公園）	富山県富山市湊入船町
高岡駅前北口バスのりば（小野が泉を見送った高速バスのりば）	富山県高岡市下関町4-56
御旅屋通り（泉が小野に電話をした通り）	富山県高岡市宮脇
金屋町（小野の実家）	富山県高岡市金屋町
富山県立伏木高等学校（葉山が勤める泉の母校）	富山県高岡市伏木一宮2-11-1
高岡古城公園壕端（泉と小野が並んで歩いた公園）	富山県高岡市本丸町
宮田のたいやき（泉と小野がデート中にたい焼きを買った店）	富山県高岡市末広町13-8
カフェくらうん（葉山が義父と会った店）	富山県高岡市末広町37
氷見市ふれあいスポーツセンター付近の道路（泉と葉山が車中で会話していた道路）	富山県氷見市鞍川43-1
富山県立となみ野高校講堂（文化祭会場）	富山県小矢部市清水95-1
射水・旧新湊中学校（演劇部の部室）	富山県射水市
万葉線中伏木駅（葉山が電車に乗る泉を見送った駅）	富山県射水市庄西町2-5
庄川河口付近（葉山が泉に過去を打ち明けた場所）	富山県射水市庄川本町
新湊大橋（小野と泉がバイクで走った橋）	富山県射水市堀岡新明神
生活体験施設あずま付近（葉山の家付近）	富山県射水市本町3-5-2

南極大陸（ドラマ）

［公　開］2011年10月～12月

［スタッフ］脚本：いずみ吉紘, 原案：北村泰一

［出　演］木村拓哉（倉持岳志）, 綾瀬はるか（高岡美雪）, 堺雅人（氷室晴彦）, 山本裕典（犬塚夏男）, 吉沢悠（横峰新吉）, 岡田義徳（船木幾蔵）, 志賀廣太郎（谷健之助）, 川村陽介（嵐山肇）, ドロンズ石本（山里万平）, 柴田恭兵（白崎優）, 寺島進（鮫島直人）, 緒形直人（内海典章）, 香川照之（星野英太郎）〔ほか〕

ロケ地・場面	所在地
旧粟野町立粟野中学校(倉持が訪れた美雪が教師をしている小学校の外観)〔1〕	栃木県鹿沼市口粟野1812
富岡製糸場(北海道大学・樺太犬研究所)〔1〕	群馬県富岡市富岡1
鷺沼温泉(倉持と内海が話をしていた銭湯)〔1〕	千葉県習志野市鷺沼1-14
財務省(大蔵省の外観)〔1〕	東京都千代田区霞が関3-1
東京大学本郷キャンパス 正門(東京大学の門)〔1〕	東京都文京区本郷7-3
東京国立博物館本館(倉持が氷室と話をしていた財務省内の階段)〔1〕	東京都台東区上野公園13
国立科学博物館(日本学術会議ビル)〔1〕	東京都台東区上野公園7
東京海洋大学越中島キャンパス(倉持と白崎が話をしていた大学内の廊下)〔1〕	東京都江東区越中島2-1
星薬科大学 本館第1ホール(倉持が講義をしていた階段教室)〔1〕	東京都品川区荏原2-4
船の科学館 南極観測船「宗谷」(倉持や白崎が出航の挨拶をした宗谷の甲板)〔1〕	東京都品川区東八潮3-1
池上本門寺の墓地(倉持と美雪が訪れた五重塔が見える墓地)〔1〕	東京都大田区池上1-11
深大寺(雨の中、倉持が内海に声を掛けたところ)〔1〕	東京都調布市深大寺元町5-15
一橋大学(美雪が歩いていた大学内, 倉持が座っていた大学内のベンチ, 子供たちが募金を持って倉持に会いに来た大学内)〔1〕	東京都国立市中2-1
ホテルニューグランド(倉持と白崎が訪れたブリュッセルの南極観測会議場)〔1〕	神奈川県横浜市中区山下町10
緑山スタジオ(東京・文京区の街並み(オープンセット), 出航する宗谷を美雪たちが見送ったふ頭(岸壁や海は合成))〔1〕	神奈川県横浜市青葉区緑山
相模原総合卸売市場(倉持がタロとジロを探していた小樽の市場)〔1〕	神奈川県相模原市中央区東淵野辺4-15
王ヶ鼻(倉持が登っていた八ヶ岳の絶壁)〔1〕	長野県松本市入山辺
カナサシ重工(全国から作業員が集まってきた浅野ドックの構内)〔1〕	静岡県静岡市清水区三保491
三和ドック(宗谷の改造が行われた日本鋼管・浅野ドック)〔1〕	広島県尾道市因島重井町600
外務省(外務省の外観)〔2〕	東京都千代田区霞が関2-2
船の科学館 南極観測船「宗谷」(倉持と白崎が南極大陸を見ていた宗谷の甲板)〔2〕	東京都品川区東八潮3-1
上田市立浦里小学校(美雪が教師をしている小学校の教室)〔2〕	長野県上田市浦野237
国立科学博物館(美雪が子供たちが作ったマフラーを届けに行ったところ, 美雪と横峰奈緒美が話をしていたところ)〔3〕	東京都台東区上野公園7
池上本門寺の墓地(美雪が墓参りをしていた墓地)〔7〕	東京都大田区池上1-11
富岡製糸場(北海道大学北十二条門付近, 北海道大学・樺太犬研究所)〔8〕	群馬県富岡市富岡1

文化庁（第三次南極観測検討会議が行われた文部省の外観）〔8〕	東京都千代田区霞が関3-2
池上本門寺の墓地（倉持と美雪が訪れた墓地）〔8〕	東京都大田区池上1-11
三和ドック（氷室や星野たちが集まっていた宗谷の修理が行われていたドック）〔8〕	広島県尾道市因島重井町600
東京国立博物館 本館（倉持と氷室が話をしていた大階段）〔9〕	東京都台東区上野公園13
国立科学博物館（犬たちの写真や観測隊の備品が展示されていたホール）〔9〕	東京都台東区上野公園7
根津記念館（氷室邸の外観（門前））〔9〕	山梨県山梨市正徳寺296
三和ドック（倉持と犬塚が話をしていたドック）〔9〕	広島県尾道市因島重井町600
稚内公園（樺太犬訓練記念碑があるところ）〔終〕	北海道稚内市稚内村ヤムワッカナイ23
埼玉県立大学 大講義室（新しい階段教室）〔終〕	埼玉県越谷市三野宮820
学士会館 201号室（氷室が答弁していた国会内の会議室）〔終〕	東京都千代田区神田錦町3-28
築地市場水産物部事務棟の廊下（犬塚の研究室がある大学の廊下）〔終〕	東京都中央区築地5-2
船の科学館 南極観測船「宗谷」（船木幾蔵が行進していた宗谷の甲板）〔終〕	東京都品川区東八潮3-1
池上本門寺の墓地（美雪が訪れた墓地）〔終〕	東京都大田区池上1-11
東京スバル CAR DO SUBARU 三鷹（現在のイシマツ自動車）〔終〕	東京都三鷹市大沢3-9
景珍楼（現在の来来亭の外観）〔終〕	神奈川県横浜市中区山下町218
海上自衛隊横須賀地方総監部の北側付近（砕氷艦「しらせ」が接岸していたところ）〔終〕	神奈川県横須賀市西逸見町1-107

逃げきれた夢（映画）

［公　開］2023年6月

［スタッフ］監督・脚本：二ノ宮隆太郎

［出　演］光石研（末永周平），吉本実憂（平賀南），工藤遥（末永由真），坂井真紀（末永彰子），松重豊（石田啓司）〔ほか〕

ロケ地・場面	所在地
板櫃川沿い（周平の通勤経路）	福岡県北九州市
ワールドコーヒー戸畑店（周平と平賀が訪れた喫茶店）	福岡県北九州市戸畑区牧山1-1-27
玉屋食堂〈北九州市役所本庁舎食堂〉（周平が食事をした食堂）	福岡県北九州市小倉北区城内1-1
松島ホンダ（バイク屋）	福岡県北九州市小倉北区中島1-14-5
八幡中央区商店街（周平と石田が歩いた商店街）	福岡県北九州市八幡東区中央2
シロヤ 黒崎店（周平が通うパン屋）	福岡県北九州市八幡西区黒崎2-6-15
黒崎中央公園（周平と平賀が会話した公園）	福岡県北九州市八幡西区黒崎3-10

逃げるは恥だが役に立つ（ドラマ）

［公　開］2016年10月～12月

［スタッフ］脚本：野木亜紀子，原作：海野つなみ

［出　演］新垣結衣（森山みくり），星野源（津崎平匡），大谷亮平（風見涼太），藤井隆（日野秀司），古田新太（沼田頼綱），石田ゆり子（土屋百合）〔ほか〕

ロケ地・場面	所在地
日本大学経済学部7号館の前（みくりが入学式の看板脇で写真を撮った場所）〔1〕	東京都千代田区三崎町2-8
さくらインターネット（平匡が働いているソフトウェア会社のオフィス）〔1〕	東京都新宿区西新宿7-20
住友不動産新宿グランドタワー（みくりが派遣終了を言い渡された会議室）〔1〕	東京都新宿区西新宿8-8
新宿フロントタワーの北側（みくりがベンチに座って食事をしていた高層ビルの下）〔1〕	東京都新宿区北新宿2-21
FINANCIAL AGENCY（百合が働いているゴダールジャパン広報部のオフィス）〔1〕	東京都渋谷区恵比寿1-19
and people jinnan（みくりが安恵と話をしていたカフェ）〔1〕	東京都渋谷区神南1-20
Ginger's Beach（百合が部下の話を聞いたカフェ）〔1〕	神奈川県横浜市神奈川区金港町3
プラザ栄光生鮮館 旧コットンハーバー店（みくりが買い物に行ったスーパー）〔1〕	神奈川県横浜市神奈川区星野町8
JR桜木町駅前歩道橋（みくりが涼太とすれ違った歩道橋）〔1〕	神奈川県横浜市中区桜木町1
ソウルカクテル青葉台店（頼綱がいた山さんのバー）〔1〕	神奈川県横浜市青葉区青葉台2-5
伊勢原市役所（みくりが住民異動届を提出に行った役所）〔1〕	神奈川県伊勢原市田中348
カフェ・ベローチェ 西新橋店（みくりと平匡が雇用契約と結婚式・披露宴について話をしていたカフェ）〔2〕	東京都港区西新橋2-5
リーガロイヤルホテル東京のロイヤルスイート（森山家と津崎家が顔合わせをしたところ）〔2〕	東京都新宿区戸塚町1-104
北仲橋（みくりと平匡が歩いていた橋）〔2〕	神奈川県横浜市西区みなとみらい2-1
相鉄いずみの線南万騎が原駅前（日野の家族を待っていた平匡の前に涼太と沼田が現れた駅前）〔2〕	神奈川県横浜市旭区柏町128
studio mon 尾山台スタジオ（津崎知佳が電話でみくりと話をしていた平匡の実家）〔3〕	東京都世田谷区尾山台2-3
MEDUSA（百合と田島が話をしていたバー）〔3〕	東京都渋谷区恵比寿1-8
日本丸メモリアルパーク（百合が車でみくりたちを迎えに来たところ）〔3〕	神奈川県横浜市西区みなとみらい2-1
MARKIS 横浜の前（炊飯器を持ったみくりに涼太が声をかけたところ，涼太がみくりにシェアのことを話したところ）〔3〕	神奈川県横浜市西区みなとみらい3-5
みなとみらいグランドセントラルタワー（百合が涼太と再会したエントランスフロア）〔3〕	神奈川県横浜市西区みなとみらい4-6
象の鼻パーク 開港の丘（みくりと安恵が話をしていたところ）〔3〕	神奈川県横浜市中区海岸通1
JR桜木町駅前（みくりが絶食系男子のインタビューに応えていたところ）〔3〕	神奈川県横浜市中区桜木町1
ノジマ 港南台店（みくりが炊飯器を買いに行った店）〔3〕	神奈川県横浜市港南区日野8-2

金桜園(みくりたちがぶどう狩りをしたところ)〔3〕	山梨県笛吹市一宮町塩田1506
八代ふるさと公園 岡・銚子塚古墳(平匡が「浸透力、半端な〜い！」と叫んだところ)〔3〕	山梨県笛吹市八代町岡2223
ぶどう寺 大善寺(みくりたちが訪れた寺)〔3〕	山梨県甲州市勝沼町勝沼3559
立正大学 品川キャンパス(五年前、みくりが通っていた大学のキャンパス)〔4〕	東京都品川区大崎4-2
Premium Dental Care EBISU DAIKANYAMA(みくりが歯の治療に行った歯科医院)〔4〕	東京都渋谷区恵比寿西1-22
プラザ栄光生鮮館 旧コットンハーバー店(みくりが買い物に行ったスーパー, みくりがカレールーを買いに行ったスーパー)〔4〕	神奈川県横浜市神奈川区星野町8
みなとみらい大橋(涼太のマンションへ向かうみくりが渡っていた橋)〔4〕	神奈川県横浜市西区みなとみらい6-4
カップヌードルミュージアムパーク(みくりが安恵と話をしていた水辺)〔4〕	神奈川県横浜市中区新港2-6
東京スクエアガーデン地下1階 地下駅前広場(涼太に忘れ物を届けるみくりを百合が見た「新みなとみらい駅」)〔5〕	東京都中央区京橋3-1
品川シーズンテラス イベント広場(みくりと平匡がピクニックをしていたところ, ハグをするみくりと平匡を百合が見た広場)〔5〕	東京都港区港南1-2
ザ・ハウス白金(百合が雨宿りをしながらみくりと電話で話をしていたところ)〔5〕	東京都港区白金台4-9
日本丸メモリアルパーク(選挙カーの屋根に乗ったみくりが演説をしていたところ)〔5〕	神奈川県横浜市西区みなとみらい2-2
みなとみらいグランドセントラルタワー(百合が涼太を待っていたビルの前)〔5〕	神奈川県横浜市西区みなとみらい4-6
ノートルダム横浜みなとみらい(みくりと安恵が話をしていたテラス)〔5〕	神奈川県横浜市中区北仲通6-101
東急田園都市線を跨ぐ跨線橋(安恵がみくりと電話で話をしていた跨線橋)〔5〕	神奈川県横浜市青葉区藤が丘1-39
そば処 あみや(平匡の両親が瓦そばを食べた店)〔5〕	神奈川県相模原市南区東林間4-42
木更津市立太田中学校(みくりとカヲルが通っていた高校)〔6〕	千葉県木更津市東太田1-2
四谷見附公園(みくりがカヲルにふられたところ)〔6〕	東京都新宿区四谷1-12
FINANCIAL AGENCY(百合がセクハラとパワハラのことを里中仁美と話していた会議室)〔6〕	東京都渋谷区恵比寿1-19
FREEMANCAFE(高校生だったみくりとカヲルがエスプレッソを頼んだカフェ, 妄想の中で高校生のみくりと平匡がエスプレッソを飲んだカフェ)〔6〕	東京都渋谷区渋谷1-16
熊猫飯店(みくりと安恵が話をしていた中華料理店, 安恵がみくりにランジェリーのカタログを見せた中華料理店)〔6〕	神奈川県横浜市中区山下町106

伊豆箱根鉄道駿豆線三島駅(停車した電車の中で平匡がみくりにキスした駅)〔6〕	静岡県三島市一番町16
宙SORA渡月荘金龍(みくりと平匡が泊まった宿(客室はスタジオセット))〔6〕	静岡県伊豆市修善寺3455
竹林の小径(みくりと平匡が歩いていた竹林)〔6〕	静岡県伊豆市修善寺3458
北又川に架かる「こけい橋」(みくりと平匡が渡った花の飾られた橋)〔6〕	静岡県伊豆市修善寺965
八木橋百貨店(平匡がみくりへの誕生日プレゼントを探しに行った「港急百貨店」)〔7〕	埼玉県熊谷市仲町74
コテージ・フラミンゴ古民家棟(みくりの両親が住む家)〔7〕	千葉県富津市岩本89
三省堂書店神保町本店(平匡が「数独通信」を買った書店)〔7〕	東京都千代田区神田神保町1-1
高輪プリンセスガルテン〈高輪プリンツヒェンガルテン〉(みくりがマッチを擦っていたところ)〔7〕	東京都港区高輪4-24
カフェ・ベローチェ 西新橋店(平匡が数独をしていたカフェ)〔7〕	東京都港区西新橋2-5
平井4丁目の貸店舗(みくりと安恵が話をしていた八百安)〔7〕	東京都江戸川区平井4-19
Ginger's Beach(風見と百合が話をしていたカフェ)〔7〕	神奈川県横浜市神奈川区金港町3
みなとみらいグランドセントラルタワー(平匡が百合を待ち伏せしていたところ)〔7〕	神奈川県横浜市西区みなとみらい4-6

みなとみらい大橋(みくりの乗ったバスが走っていたところ)〔7〕	神奈川県横浜市西区高島1-1
相浜の道路(みくりの実家へ向かう平匡が走っていたところ)〔8〕	千葉県館山市相浜296付近
館山市布良漁業協同組合(みくりが館山市議会議員の野口まゆと出会った「館山市ふれあい公民館」)〔8〕	千葉県館山市布良1293
布良漁港(みくりが猫に近づいたところ)〔8〕	千葉県館山市布良1325
東京スクエアガーデン地下1階 地下駅前広場(みくりが百合にアイスワインを返した「新みなとみらい駅」前)〔8〕	東京都中央区京橋3-1
品川シーズンテラス イベント広場(平匡が一人でサンドイッチを食べていたところ)〔8〕	東京都港区港南1-2
百代橋(酔いつぶれた平匡を風見たちが百合の車に乗せたところ)〔8〕	東京都港区芝浦3-20
マルゴ グランデ(風見と百合が話をしていたワインバー)〔8〕	東京都新宿区新宿3-6
さくら通り(遠回りした百合が車で走っていたところ)〔8〕	神奈川県横浜市西区みなとみらい2-3
アニヴェルセルみなとみらい横浜付近(遠回りした百合が車で走っていたところ)〔8〕	神奈川県横浜市中区新港2-1
奈良1丁目のバス停(みくりがバスに乗ったバス停, 平匡がバスを降りたバス停)〔8〕	神奈川県横浜市青葉区奈良1-14付近

銀座ベルビア館（みくりがロボットのpepperを抱きしめたところ）〔9〕	東京都中央区銀座2-4
手打ちそば 夢呆（平匡と杏奈が入った蕎麦店）〔9〕	東京都港区高輪1-1
桜田通り〈国道1号線〉の横断歩道（みくりが平匡と杏奈を見た横断歩道の前）〔9〕	東京都港区高輪1-2
天王洲アイル シーフォートスクエア（百合たちがプロモーションをしていたところ，百合が田島と出会ったところ）〔9〕	東京都品川区東品川2-3
平井4丁目の貸店舗（みくりが安恵を手伝っていた八百安）〔9〕	東京都江戸川区平井4-19
みなとみらいグランドセントラルタワー（杏奈が風見に声をかけたビルのロビー）〔9〕	神奈川県横浜市西区みなとみらい4-6
BAR LAST WALTZ（「BAR 山」の外観）〔9〕	神奈川県横浜市西区高島2-10
万里橋交差点の歩道橋（風見が百合に壁ドンした歩道橋）〔9〕	神奈川県横浜市西区高島2-10
富士ソフトビル（平匡と風見が訪れた杏奈が勤務する会社が入居しているビル）〔9〕	神奈川県横浜市中区桜木町1-1
東京スクエアガーデン地下1階 地下駅前広場（百合が風見からの電話を受けた「新みなとみらい駅」前）〔10〕	東京都中央区京橋3-1
品川シーズンテラス イベント広場（平匡があぐらをかいて電話をしていたところ）〔10〕	東京都港区港南1-2
青果大信（みくりが長ネギを買った店）〔10〕	東京都港区白金3-9

国立科学博物館 ラスコー展（風見と杏奈、百合と田島が出会った博物館）〔10〕	東京都台東区上野公園7
江戸川区立五分一会館（安恵がみくりを連れて行った千木通り商店街会館）〔10〕	東京都江戸川区松島1-9
信濃屋酒店（みくりがアンケート用紙を届けに行った酒店）〔10〕	東京都江戸川区平井1-10
平井駅通り（みくりと安恵が歩いていた千木通り商店街）〔10〕	東京都江戸川区平井1-10
北仲橋（みくりと平匡が「恋人つなぎ」で歩いていた橋，立ち止まった平匡が引き返した橋）〔10〕	神奈川県横浜市西区みなとみらい2-1
みなとみらいグランドセントラルタワー（風見が百合に声をかけたビルの前）〔10〕	神奈川県横浜市西区みなとみらい4-6
万里橋交差点の歩道橋（百合が広告看板を見上げた歩道橋）〔10〕	神奈川県横浜市西区高島2-10
象の鼻テラス付近（平匡がみくりを待っていた「象の鼻パーク」のゾウの像の前）〔10〕	神奈川県横浜市中区海岸通1
横浜元町商店街（平匡が走っていたところ）〔10〕	神奈川県横浜市中区元町3-118
横浜赤レンガ倉庫付近（平匡が走っていたところ）〔10〕	神奈川県横浜市中区新港1-1
アルテリーベ横浜本店（平匡がみくりを連れて行ったレストラン）〔10〕	神奈川県横浜市中区日本大通11
日本鋼管病院（沼田が診察に行った病院）〔10〕	神奈川県川崎市川崎区鋼管通1-2

百代橋（酔った柚が百合に抱きついたところ，百合と梅原が渡っていた橋）〔終〕	東京都港区芝浦3-29
ヴァンブリュレ表参道（風見と杏奈が話をしていたレストラン）〔終〕	東京都港区南青山5-8
上池台1丁目の坂道（散乱していたチラシを梅原と柚が拾った坂道，みくりがチラシを受け取った坂道）〔終〕	東京都大田区上池台1-38と39の間
リバーウエストA館の北東側（立ち止まったみくりが青空市と結婚の似ているところを考えた歩道）〔終〕	東京都江戸川区小松川3-9
おとぎや（みくりがアンケートを頼みに行った煎餅店）〔終〕	東京都江戸川区小松川4-72
花三（みくりが青空市のお願いに訪れた店）〔終〕	東京都江戸川区平井1-6
茶のしんば園（みくりが青空市のお願いに訪れた店）〔終〕	東京都江戸川区平井1-6
Ginger's Beach（百合と杏奈が話をしていたカフェ）〔終〕	神奈川県横浜市神奈川区金港町3
横浜港大桟橋国際客船ターミナル（みくりと平匡が結婚写真を撮ったところ）〔終〕	神奈川県横浜市中区海岸通1
篠原八幡神社（青空市が行われた神社の境内，日野が妻・登志子と子供を連れてやって来た神社の境内）〔終〕	神奈川県横浜市港北区篠原町2735

22年目の告白 私が殺人犯です（映画）

［公　開］2017年6月

［スタッフ］監督・脚本：入江悠，脚本：平田研也

［出　演］藤原竜也（曾根崎雅人），伊藤英明（牧村航），夏帆（岸美晴），野村周平（小野寺拓巳）〔ほか〕

［トピック］韓国映画「殺人の告白」（2012年）を原案とするサスペンス映画。

ロケ地・場面	所在地
土浦セントラルシネマズのビル（牧村が犯人の手がかりを探った屋上）	茨城県土浦市川口1-11-5
筑西市役所関城支所（警察署内）	茨城県筑西市舟生1040
船橋市役所 正面玄関（警視庁市谷警察署）	千葉県船橋市湊町2-10-25
大森ベルポート（曾根崎のサイン会会場）	東京都品川区南大井6-26-2
綾瀬市役所 西側玄関（警察署 組織犯罪対策課）	神奈川県綾瀬市早川550
中部国際空港 セントレア（拓巳が旅立つ際に登場した空港）	愛知県常滑市セントレア1-1

日日是好日（映画）

［公　開］2018年10月

［スタッフ］監督・脚本：大森立嗣，原作：森下典子

［出　演］黒木華（典子），樹木希林（武田先生），多部未華子（美智子），鶴田真由（雪野），鶴見辰吾（典子の父），原田麻由（田所），川村紗也（早苗），滝沢恵（由美子），郡山冬果（典子の母），岡本智礼（典子の弟），山下美月（ひとみ）〔ほか〕

ロケ地・場面	所在地
三溪園（大寒のお茶会が行われた庭園）	神奈川県横浜市中区本牧三之谷58-1

日本沈没 ―希望の人―（ドラマ）

［公　開］2021年10月～12月

［スタッフ］脚本：橋本裕志，小松左京

［出　演］小栗旬（天海啓示），松山ケンイチ（常盤紘一），中村アン（相原美鈴），ウエンツ瑛士（石塚平良），高橋努（安藤靖），浜田学（織辺智），河井青葉（北川亜希），六角慎

司（財津文明），山岸門人（大友麟太郎），竹井亮介（仙谷治郎），高野ゆらこ（白瀬綾），仲村トオル（東山栄一），杉本哲太（長沼周也），石橋蓮司（里城弦），香川照之（田所雄介），國村隼（世良徹），杏（椎名実梨），伊集院光（鍋島哲夫）〔ほか〕

ロケ地・場面	所在地
つくば国際会議場 中ホール300（東山が演説していた世界環境会議の会場）〔1〕	茨城県つくば市竹園2-20
料亭 山屋（天海と常盤が生島と会食した料亭）〔1〕	埼玉県川越市幸町11
中央合同庁舎8号館（内閣府の外観）〔1〕	東京都千代田区永田町1-6
霞が関二丁目交差点（天海と常盤がデモ行進を見た交差点）〔1〕	東京都千代田区霞が関2-2
ホテルニューオータニ東京 クレセント（閣議が行われた円卓のある会議室）〔1〕	東京都千代田区紀尾井町4-1
豊洲ぐるり公園（天海が椎名に資料を渡したところ，茜と歩いていた天海が地震に見舞われたところ）〔1〕	東京都江東区豊洲6-5
キヤノン本社 御手洗毅記念館（東山が入ってきた首相官邸のロビー）〔1〕	東京都大田区下丸子3-30
東京農業大学 1号館講義棟（東京大学地球物理学研究所の外観）〔1〕	東京都世田谷区桜丘1-1
みなとみらいグランドセントラルタワー（天海が田所を出迎えた車寄せ，田所が世良と出会った内閣府庁舎のロビー）〔1〕	神奈川県横浜市西区みなとみらい4-6
510水産（天海と常盤が話をしていた山田が働いていている居酒屋）〔1〕	神奈川県愛甲郡愛川町中津756
西ヶ崎の北側付近（椎名と佳恵が歩きながら話をしていた海沿いの道）〔2〕	千葉県安房郡鋸南町下佐久間
保田港（椎名が佳恵に会いに行った愛媛県宇和島市の伊鳴漁港，23年前、天海衛たちが町長に迫った伊鳴漁港）〔2〕	千葉県安房郡鋸南町吉浜99
霞ケ関駅A8出入口（天海が藤岡を待ち伏せしていた地下鉄の出入口）〔2〕	東京都千代田区霞が関2-2
パレスホテル東京 ボードルーム（藤岡の計らいで天海が生島に面会した会長室）〔2〕	東京都千代田区丸の内1-1
ホテルニューオータニ東京（東山が車を降りた車寄せ）〔2〕	東京都千代田区紀尾井町4-1
東京国立博物館 法隆寺宝物館の中2階（天海と世良が話をした内閣府内）〔2〕	東京都台東区上野公園13
キヤノン本社（生島自動車東京本社の外観）〔2〕	東京都大田区下丸子3-30
キヤノン本社 御手洗毅記念館（天海と田所が入った首相官邸のエントランス）〔2〕	東京都大田区下丸子3-30
府中の森公園 滝噴水池（天海が椎名を待っていたヒマワリの花壇が近くにある噴水の前，椎名が環境省とDプランズ社の癒着疑惑の記事を見せた噴水の前）〔2〕	東京都府中市浅間町1-3
みなとみらいグランドセントラルタワーの前（天海が田所からの電話を受けた内閣府の前）〔2〕	神奈川県横浜市西区みなとみらい4-6

510水産（天海と常盤が話をしていた居酒屋, 天海と椎名が話をしていた居酒屋）〔2〕	神奈川県愛甲郡愛川町中津756
国会前庭〈北地区〉（関東沈没の記事を椎名が天海に見せたところ）〔3〕	東京都千代田区永田町1-1
山王パークタワーの東側（常盤と椎名が話しながら歩いていたところ）〔3〕	東京都千代田区永田町2-11
山王パークタワーの北側（天海と田所がタクシーに乗ったところ）〔3〕	東京都千代田区永田町2-11
KITTE 6階の屋上庭園「KITTEガーデン」（天海が椎名に電話を掛けようとしたところ, 天海と椎名が話をしたところ）〔3〕	東京都千代田区丸の内2-7
NB CLUB（天海と常盤の会話を椎名がボイスレコーダーに録音したラウンジ）〔3〕	東京都中央区銀座8-5
桜田公園（天海が常盤と電話で話をしていたところ）〔3〕	東京都港区新橋3-16
住友不動産新宿グランドタワー（常盤が統一郎に会いに行ったロビー）〔3〕	東京都新宿区西新宿8-17
ヴィルヌーブタワー駒沢（常盤が新聞を見た自宅マンションの玄関）〔3〕	東京都世田谷区野沢4-24
タブローズラウンジ（常盤が里城と話をしたバー）〔3〕	東京都渋谷区猿楽町11
たちかわ創造舎〈旧多摩川小学校〉（天海の娘が入学した品川区立西小山小学校）〔3〕	東京都立川市富士見町6-46
久里浜港付近（天海と常盤が話をしていた臨海都市計画の看板が掲げられていた海辺（陸側のビル群はCG））〔3〕	神奈川県横須賀市久里浜8-17
510水産（臨海都市計画と築地再開発事業が延期される資料を椎名が天海に見せた居酒屋）〔3〕	神奈川県愛甲郡愛川町中津756
国会前庭〈南地区〉（天海が長沼からの電話を受けたところ）〔4〕	東京都千代田区永田町1-2
国会前庭〈南地区〉沿いのイチョウ並木（天海と常盤が歩いていたイチョウ並木）〔4〕	東京都千代田区永田町1-2
パレスホテル東京 ボードルーム（天海と常盤が生島と話をしていた会長室）〔4〕	東京都千代田区丸の内1-1
ホテルニューオータニ東京 クレセント（閣議が行われた円卓のある会議室）〔4〕	東京都千代田区紀尾井町4-1
ホテルニューオータニ東京 ザ・メイン プレジデンシャルスイート（椎名が東山に面会したホテル）〔4〕	東京都千代田区紀尾井町4-1
NTT日比谷ビル（天海と常盤が話をしていた屋上）〔4〕	東京都千代田区内幸町1-1
日比谷公園 西幸門（天海と椎名が噴水を挟んで電話で話をしたところ）〔4〕	東京都千代田区日比谷公園1
ビックカメラ有楽町店（人々がニュースを見ていた壁面テレビ）〔4〕	東京都千代田区有楽町1-11
HARUMI FLAG Sun Villageの北側（歩いていた天海と椎名が地震に見舞われたところ）〔4〕	東京都中央区晴海5-1

東京国立博物館 法隆寺宝物館の中2階（天海が椎名と電話で話をしていた内閣府内）〔4〕	東京都台東区上野公園13
東京国際空港の第2旅客ターミナル（人々が集まっていた空港のチェックインカウンター）〔4〕	東京都大田区羽田空港3-4
キヤノン本社（天海と常盤が訪れた生島自動車東京本社の外観）〔4〕	東京都大田区下丸子3-30
キヤノン本社 御手洗毅記念館（東山が囲み会見に応じた首相官邸のロビー）〔4〕	東京都大田区下丸子3-30
東京農業大学 アカデミアセンター屋上庭園（天海と椎名が一緒にいるところを写真に撮られた屋上）〔4〕	東京都世田谷区桜丘1-1
タブローズラウンジ（常盤が里城と話をしたバー）〔4〕	東京都渋谷区猿楽町11
川崎競馬場の馬場内駐車場（臨時無料避難バス乗り場）〔4〕	神奈川県川崎市川崎区富士見1-5
レンブラントホテル厚木 グランドバンケット「相模」（経団連臨時総会が行われたところ）〔4〕	神奈川県厚木市中町2-13
佐野市運動公園多目的広場（自衛隊が風呂や炊き出しをしていた広場，東山がやって来た広場，天海が常盤と再会した広場）〔5〕	栃木県佐野市赤見町2130
佐野市運動公園体育館（トンネル崩落事故被災者緊急避難施設の松葉町立運動公園体育館）〔5〕	栃木県佐野市赤見町2130
旧東鷲宮病院（天海と椎名が訪れた松葉町立病院）〔5〕	埼玉県久喜市桜田3-9
埼玉県県民活動総合センター（天海が目を覚ました避難所）〔5〕	埼玉県北足立郡伊奈町内宿台6-26
霞が関二丁目交差点付近（毎朝新聞へ復帰することを椎名が天海に話したところ）〔5〕	東京都千代田区霞が関2-2
井ノ頭通りの富ヶ谷交差点東側付近（天海と椎名が乗った車が左折したところ）〔5〕	東京都渋谷区富ケ谷1-36
大丸公園（天海が茜と香織に再会した公園）〔5〕	東京都稲城市大丸1097
シェラトングランデ東京ベイ（田所が記者と面会したホテルのラウンジ）〔6〕	千葉県浦安市舞浜1
ホテルオークラ東京ベイ ロイヤルスイートルーム（天海と石塚がオーストラリア前首相トラビスと面会したところ）〔6〕	千葉県浦安市舞浜1
国会前庭〈北地区〉（椎名が天海と常盤に週刊誌の原稿を見せたところ）〔6〕	東京都千代田区永田町1-1
学士会館 201号室ロビー（椎名が囲み取材で里城に質問しようとしたところ）〔6〕	東京都千代田区神田錦町3-28
学士会館 301号室（天海が里城と話をした部屋）〔6〕	東京都千代田区神田錦町3-28
日比谷国際ビル ヒビコクテラス（「希望と祈り」の集いが行われていたところ，石塚平良がオーストラリアへ行くことを提案したところ）〔6〕	東京都千代田区内幸町2-2

グランパークタワー（天海や常盤たちが祈りを捧げたヘリポートのある屋上, 常盤と話をしていた天海が日本企業の海外移転を思いついた屋上）〔6〕	東京都港区芝浦3-4
ジニアスの池袋グリーンスタジオ（椎名が和子に会いに行った神奈川県松葉町立病院の病室）〔6〕	東京都板橋区中丸町11
川崎市産業振興会館のホール（東山が記者会見をしていたところ）〔6〕	神奈川県川崎市幸区堀川町66
群馬県立館林美術館（椎名が天海と電話で話をしていたカリフォルニア中央大学のキャンパス）〔7〕	群馬県館林市日向町2003
アートグレイス大宮璃宮（東山と常盤が訪れたアメリカ大使館の玄関）〔7〕	埼玉県さいたま市北区植竹町1-816
ノジマ 市川店（中国外務省の報道官の会見が映し出されていた電気店）〔7〕	千葉県市川市原木2526
パレスホテル東京 ボードルーム（天海たちがGNNのニュースを見た生島自動車の会長室）〔7〕	東京都千代田区丸の内1-1
ホテルニューオータニ東京 アリエスの間（東山総理が候補企業の代表たちと話をしたところ）〔7〕	東京都千代田区紀尾井町4-1
Wビル（里城と天海が訪れた中国大使館の玄関）〔7〕	東京都港区港南1-8
グランパークタワー（天海と椎名が話をしていた屋上）〔7〕	東京都港区芝浦3-4
有明北橋（天海がジェンキンス教授に電話を掛けていた橋）〔7〕	東京都江東区豊洲6-3
STUDIO 目黒本町（天海が世良に会いに行った世良邸の前）〔7〕	東京都目黒区目黒本町6-23
東京農業大学（里城と天海が周家平と面会した中国大使館内の部屋）〔7〕	東京都世田谷区桜丘1-1
八王子地蔵山野営場（椎名がジェンキンス教授に会いに行った別荘）〔7〕	東京都八王子市堀之内817
東京ベイプラザホテル（天海と里城が元・中国国家主席の楊錦黎に会いに行った中国・桂林の施設）〔8〕	千葉県木更津市新田2-2
シェラトングランデ東京ベイ エグゼクティブスイートルーム（天海、常盤、東山、里城が話をしていた部屋）〔8〕	千葉県浦安市舞浜1-9
霞が関二丁目交差点（天海と常盤の前を街宣車が通過した交差点）〔8〕	東京都千代田区霞が関2-2
学士会館 203号室（天海が里城と常盤会長にジャパンタウン構想を説明した日本民政党事務室）〔8〕	東京都千代田区神田錦町3-28
富士ソフト秋葉原ビル（黒煙があがっていたホテルの外観）〔8〕	東京都千代田区神田練塀町3
日比谷国際ビル ヒビコクテラス（泣きだした椎名の肩を天海が抱き寄せたところ）〔8〕	東京都千代田区内幸町2-2
鉄鋼会館（人々が押しかけていた東京共立銀行）〔8〕	東京都中央区日本橋茅場町3-2

鉄鋼会館702号室（天海と常盤が統一郎に会いに行った常盤ホールディングス会長室）〔8〕	東京都中央区日本橋茅場町3-2
南桜公園の西側（天海が椎名からの電話を受けた公園の近く）〔8〕	東京都港区西新橋2-10
和敬塾 本館（中国へ向かう里城に東山が会いに行ったところ）〔8〕	東京都文京区目白台1-21
川崎市産業振興会館のホール（東山が日本沈没の記者会見をしていたところ）〔8〕	神奈川県川崎市幸区堀川町66
川崎市国際交流センター レセプションルーム（東山が中国政府と交渉が行われた北京の会議室）〔8〕	神奈川県川崎市中原区木月祇園町2
510水産（天海、常盤、椎名が食事に行った店）〔8〕	神奈川県愛甲郡愛川町中津756
北海道庁赤れんが庁舎〈旧本庁舎〉（北海道庁の外観）〔終〕	北海道札幌市中央区北3-西6-1
小樽地方合同庁舎（海上保安庁小樽支部の外観）〔終〕	北海道小樽市港町5
物質・材料研究機構 本部（東山と世良が入院した病院の外観）〔終〕	茨城県つくば市千現1-2
つくば国際会議場 中ホール300（東山が世界環境会議で演説したところ）〔終〕	茨城県つくば市竹園2-20
航空自衛隊入間基地 入間ターミナル付近（輸送機に向かう天海が田所と電話で話をしていた航空自衛隊入間基地）〔終〕	埼玉県狭山市稲荷山2-3
屏風ヶ浦（天海と田所が話をしていた崖の上）〔終〕	千葉県銚子市春日町

海岸沿いの道（天海が歩いていた海岸沿いの道，佳恵たちを乗せたマイクロバスが走っていた海岸沿いの道）〔終〕	千葉県安房郡鋸南町下佐久間
鋸南町保田漁協（天海が佳恵に会いに行った漁港）〔終〕	千葉県安房郡鋸南町吉浜99
国会前庭〈北地区〉（天海と椎名がデモ行進を見ていた公園）〔終〕	東京都千代田区永田町1-1
財務省の北側（官邸へ向かう天海が走っていたところ）〔終〕	東京都千代田区霞が関3-1
日比谷通り（札幌へ向かう椎名と天海が別れたところ）〔終〕	東京都千代田区内幸町2-2
鉄鋼会館（特命大臣になった生島が記者会見をした内閣府内）〔終〕	東京都中央区日本橋茅場町3-2
鉄鋼会館 702号室（統一郎が常盤を抱きしめた会長室）〔終〕	東京都中央区日本橋茅場町3-2
グランパークタワー（天海と椎名が一緒に移民申請をする約束をした屋上）〔終〕	東京都港区芝浦3-4
東京国際空港の第2旅客ターミナル（オーストラリアへ向かう香織たちを天海が見送った空港）〔終〕	東京都大田区羽田空港3-4
山野美容専門学校（東山と世良がテロに巻き込まれたホテルの部屋）〔終〕	東京都渋谷区代々木1-53
華飾市場スタジオ 病室・特別病室（天海と常盤が訪れた東山が入院している病室）〔終〕	東京都板橋区高島平6-2
川崎市産業振興会館ホール（小泉官房長官が緊急会見をしたところ）〔終〕	神奈川県川崎市幸区堀川町66

川崎市国際交流センター 特別会議室（日本製薬団体臨時会議が行われた会議室）〔終〕	神奈川県川崎市中原区木月祇園町2-2
久里浜港のりば〈東京湾フェリー〉（上海行きの船が出航した港, 北海道フェリー 苫小牧港のりば）〔終〕	神奈川県横須賀市久里浜8-17
横須賀市立市民病院（南福岡厚生病院の外観）〔終〕	神奈川県横須賀市長坂1-3

日本で一番悪い奴ら（映画）

［公　開］2016年6月

［スタッフ］監督：白石和彌, 脚本：池上純哉, 原作：稲葉圭昭

［出　演］綾野剛（諸星要一）, YOUNG DAIS（山辺太郎）, 植野行雄（アクラム・ラシード）, 矢吹春奈（田里由貴）, 瀧内公美（廣田敏子）, ピエール瀧（村井定夫）, 中村獅童（黒岩勝典）〔ほか〕

ロケ地・場面	所在地
愛知県庁 地下通路（札幌の地下街）	愛知県名古屋市中区三の丸3-1-2
喫茶店パスカル青山（諸星行きつけの喫茶店）	愛知県名古屋市緑区浦里3-328
四日市都ホテル（都心の高級ホテル）	三重県四日市市安島1-3-38
三滝武道館（柔道をしていた道場）	三重県四日市市新浜町17-23
諏訪栄商店街（すすきのの繁華街）	三重県四日市市諏訪栄町
LANAI（諸星が打ち合わせに使った喫茶店）	三重県四日市市諏訪栄町10-16
MICCHI！ AUTO SERVICE（ラシードの店「日の丸オート」）	三重県四日市市千歳町26-3
四日市港管理組合旧庁舎（旭真会事務所）	三重県四日市市千歳町9-1
異邦人（すすきの高級クラブ「アンビシャス」）	三重県桑名市寿町1-21-19
桑名市役所（北海道警察学校の入学式会場）	三重県桑名市中央町2-37
NTT桑名中央町ビル（琴似庁舎）	三重県桑名市中央町5-37
長島町総合支所（北海道警察本部 銃器対策課）	三重県桑名市長島町松ヶ島38
プロキリティ（太郎のカレー屋「SPY'S」）	三重県いなべ市北勢町阿下喜195-3
ポートアイランド コンテナヤード（泳がせ捜査中に登場した場所）	兵庫県神戸市中央区

日本のいちばん長い日（映画）

［公　開］2015年8月

［スタッフ］監督・脚本：原田眞人, 原作：半藤一利

［出　演］役所広司（阿南惟幾）, 本木雅弘（昭和天皇）, 山﨑努（鈴木貫太郎）, 堤真一（迫水久常）, 松坂桃李（畑中健二）〔ほか〕

ロケ地・場面	所在地
京都府庁旧本館（阿南に将校たちが敬礼した場所など）	京都府京都市上京区下立売通新町西入藪ノ内町
旧嵯峨御所 大本山大覚寺（天皇が鈴木を総理に任命した場所）	京都府京都市右京区嵯峨大沢町4
葦谷砲台跡（宮城内警備司令所）	京都府舞鶴市字瀬崎
赤れんが倉庫群（海軍仮庁舎）	京都府舞鶴市北吸1039-2
旧北吸浄水場配水池（御文庫地下通路）	京都府舞鶴市北吸509
東郷邸（首相私邸）	京都府舞鶴市余部下
神戸市立御影公会堂（陸軍本部の報道部）	兵庫県神戸市東灘区御影石町4-4-1
旧乾邸（首相官邸）	兵庫県神戸市東灘区住吉山手5-1-30
六甲幼稚園（鈴木総理の弟の住居）	兵庫県神戸市灘区宮山町3-3-5
神戸大学 六甲台キャンパス（昭和天皇の玉座がある部屋）	兵庫県神戸市灘区六甲台町2

兵庫県公館（宮内庁の外観）	兵庫県神戸市中央区下山手通4-4-1
神戸税関（日比谷第一生命ビルの内部）	兵庫県神戸市中央区新港町12-1
武庫川女子大学甲子園会館（御所）	兵庫県西宮市戸崎町1-13

人魚の眠る家（映画）

［公　開］2018年11月

［スタッフ］監督：堤幸彦, 脚本：篠崎絵里子, 原作：東野圭吾

［出　演］篠原涼子（播磨薫子）, 西島秀俊（播磨和昌）, 坂口健太郎（星野祐也）, 川栄李奈（川嶋真緒）, 山口紗弥加（美晴）, 田中哲司（進藤）〔ほか〕

ロケ地・場面	所在地
石橋湛山邸（薫子たちが暮らす家の外観）	東京都新宿区中落合4-6-15
都立林試の森公園（薫子が瑞穂を連れて行った公園）	東京都品川区小山台2-7

ねこにみかん（映画）

［公　開］2014年3月

［スタッフ］監督・脚本・原案：戸田彬弘, 脚本：上原三由樹

［出　演］黒川芽以（小野田真知子）, 大東駿介（上野山智弘）, 竹下かおり（児玉里美）, 東亜優（児玉由美）, 高見こころ（笠松佳代子）, 中村有沙（笠松さやか）, 辰寿広美（宇和成美）, 清水尚弥（宇和隆志）, 隆大介（上野山正一郎）〔ほか〕

ロケ地・場面	所在地
有田温泉 鮎茶屋 ホテルサンシャイン Hamburt&Seak GUU（智弘が真知子の父・正一郎に結婚の承諾をもらったレストラン）	和歌山県有田市星尾37
小浜海岸（海岸）	和歌山県有田郡湯浅町田
旧田殿口 ポケットパーク（深夜のシーン）	和歌山県有田郡有田川町
清水温泉健康館〈あさぎり〉（正一郎と智弘が訪れた温泉）	和歌山県有田郡有田川町清水1225-1
季節の料理 紅葉（佳代子が経営するスナック）	和歌山県有田郡有田川町清水1270-9
森谷商店（正一郎が経営する店）	和歌山県有田郡有田川町大字井谷72-4
清水行政局横の赤い橋（由美が猫を抱えて歩いた橋）	和歌山県有田郡有田川町大字清水387-1

寝ても覚めても（映画）

［公　開］2018年9月

［スタッフ］監督・脚本：濱口竜介, 脚本：田中幸子, 原作：柴崎友香

［出　演］東出昌大（丸子亮平/鳥居麦）, 唐田えりか（泉谷朝子）, 瀬戸康史（串橋耕介）, 山下リオ（鈴木マヤ）, 伊藤沙莉（島春代）〔ほか〕

ロケ地・場面	所在地
ゆりあげ港朝市（朝子と亮平が訪れた被災地の朝市）	宮城県名取市閖上東3-5-1
国立国際美術館（朝子と麦が訪れた美術館）	大阪府大阪市北区中之島4-2-55
中之島の遊歩道（美術館を出た朝子と麦が初めて会った川沿いの道）	大阪府大阪市北区中之島6-2-27
神戸ファッション美術館（朝子と麦が訪れた美術館）	兵庫県神戸市東灘区向洋町中2-9-1

ノイズ（映画）

［公　開］2022年1月

［スタッフ］監督：廣木隆一, 脚本：片岡翔, 原作：筒井哲也

［出　演］藤原竜也（泉圭太）, 松山ケンイチ（田辺純）, 神木隆之介（守屋真一郎）, 黒木華（泉加奈）, 伊藤歩（青木千尋）, 渡辺大知（小御坂睦雄）, 余貴美子（庄司華江）, 永瀬

正敏（畠山努）〔ほか〕

ロケ地・場面	所在地
名古屋市役所（クライマックスで登場した場所）	愛知県名古屋市中区三の丸3-1-1
雅休邸〈旧岡田医院〉（横田家の邸宅）	愛知県知多市岡田開戸24
篠島港（イチジクを紹介するテレビ番組で登場した港）	愛知県知多郡南知多町篠島
大井漁港（駐在所近くの海岸）	愛知県知多郡南知多町大井聖崎15
南知多町内海サービスセンター（猪狩島の役場）	愛知県知多郡南知多町内海中之郷7-1
河和港（真一郎が岡崎の乗った船を見送った港）	愛知県知多郡美浜町河和北屋敷
野間大坊〈信徒会館〉（圭太が出演するテレビを島民が観賞していた場所）	愛知県知多郡美浜町野間東畠50

望み（映画）

［公　開］2020年10月

［スタッフ］監督：堤幸彦，脚本：奥寺佐渡子，原作：雫井脩介

［出　演］堤真一（石川一登），石田ゆり子（石川貴代美），岡田健史（石川規士），清原果耶（石川雅），加藤雅也（寺沼俊嗣），市毛良枝（織田扶美子），松田翔太（内藤重彦），竜雷太（高山毅）〔ほか〕

ロケ地・場面	所在地
狭間山不動寺（初詣をした寺）	埼玉県所沢市
朝霞の森（元と一登が思い出話をした公園）	埼玉県朝霞市膝折2-34
朝霞市役所（警察署）	埼玉県朝霞市本町1-1-1

信長協奏曲（映画）

［公　開］2016年1月

［スタッフ］監督：松山博昭，脚本：西田征史，岡田道尚，宇山佳佑，原作：石井あゆみ

［出　演］小栗旬（サブロー/織田信長/明智光秀），柴咲コウ（帰蝶），向井理（池田恒興），山田孝之（羽柴秀吉）〔ほか〕

ロケ地・場面	所在地
ワープステーション江戸（合戦場）	茨城県つくばみらい市南太田1176
湖南アルプス（石山本願寺兵との合戦場）	滋賀県大津市
彦根城博物館（信長と信秀が会話した場所）	滋賀県彦根市金亀町1-1
油日神社（サブローと帰蝶が逃げ込んだ寺）	滋賀県甲賀市甲賀町油日1042
マイアミ浜オートキャンプ場（柴田勝家の陣）	滋賀県野洲市吉川3326-1
砥峰高原（クライマックスの合戦場）	兵庫県神河町川上801

のぼうの城（映画）

［公　開］2012年11月

［スタッフ］監督：犬童一心，樋口真嗣，脚本・原作：和田竜

［出　演］野村萬斎（成田長親），榮倉奈々（甲斐姫），佐藤浩市（正木丹波守利英），成宮寛貴（酒巻靱負）〔ほか〕

ロケ地・場面	所在地
苫小牧東部（忍城周囲）	北海道苫小牧市

HiGH & LOW THE MOVIE（映画）

［公　開］2016年7月

［スタッフ］監督：久保茂昭，脚本：渡辺啓，平沼紀久，Team HI-AX

［出　演］AKIRA（琥珀），青柳翔（九十九），TAKAHIRO（雨宮雅貴），登坂広臣（雨宮広斗），岩田剛典（コブラ），鈴木伸之（ヤマト），黒木啓司（ROCKEY），山田裕貴（村山良樹），前田公輝（轟洋介），窪田正孝（スモーキー），林遣都（日向紀久），橘ケンチ（二階堂）〔ほか〕

ロケ地・場面	所在地
二岡神社（達磨一家の本拠地）	静岡県御殿場市東田中1939
摩耶埠頭（コンテナ街）	兵庫県神戸市灘区摩耶埠頭

バクマン。（映画）

［公　開］2015年10月

［スタッフ］監督・脚本：大根仁, 原作：大場つぐみ, 小畑健

［出　演］佐藤健（真城最高）, 神木隆之介（高木秋人）, 染谷将太（新妻エイジ）, 小松菜奈（亜豆美保）, 桐谷健太（福田真太）, 新井浩文（平丸一也）, 皆川猿時（中井巧朗）, 宮藤官九郎（川口たろう）, 山田孝之（服部哲）, リリー・フランキー（佐々木）〔ほか〕

ロケ地・場面	所在地
水戸プラザホテル ボールルーム（授賞式会場）	茨城県水戸市千波町2078-1
牛久愛和病院（サイコーが入院した病院のロビー）	茨城県牛久市猪子町896
集英社 週刊少年ジャンプ編集部（編集部）	東京都千代田区一ツ橋2-5-10
まつおか書房（クリスマスのシーン）	東京都八王子市明神町4-2-10

バケモノの子（映画）

［公　開］2015年7月

［スタッフ］監督・脚本・原作：細田守

［出　演］宮崎あおい（九太/蓮：幼少期）, 染谷将太（九太/蓮：青年期）, 役所広司（熊徹）, 広瀬すず（楓）, 黒木華（一郎彦：幼少期）, 宮野真守（一郎彦：青年期）〔ほか〕

［トピック］実景が取り入れられたアニメ映画。

ロケ地・場面	所在地
渋谷駅周辺（巨大な影と化した一郎彦がさまよった場所など）	東京都渋谷区
渋谷センター街（九太と一郎彦の決戦が行われた場所など）	東京都渋谷区宇田川町
宮益坂・渋谷区立渋谷図書館付近（九太が楓と出会った場所）	東京都渋谷区神宮前1-4-1
国立代々木競技場（九太と楓がクジラと対峙した場所など）	東京都渋谷区神南2-1-1
幡ヶ谷六号通り商店街（九太が父の家を探した商店街）	東京都渋谷区幡ヶ谷2-52-3
片島魚雷発射試験場跡（熊徹と九太が剣の稽古をした場所）	長崎県東彼杵郡川棚町三越郷

ハケンアニメ！（映画）

［公　開］2022年5月

［スタッフ］監督：吉野耕平, 脚本：政池洋佑, 原作：辻村深月

［出　演］吉岡里帆（斎藤瞳）, 中村倫也（王子千晴）, 柄本佑（行城理）, 尾野真千子（有科香屋子）, 工藤阿須加（宗森周平）, 小野花梨（並澤和奈）, 高野麻里佳（群野葵）, 古館寛治（越谷徳治）, 前野朋哉（根岸一彦）〔ほか〕

ロケ地・場面	所在地
つくば国際会議場（アニメフェスが開催されていた場所）	茨城県つくば市竹園2-20-3
稲荷湯（瞳と香屋子が訪れた銭湯）	東京都北区滝野川6-27-14

ハケンの品格（2020年）（ドラマ）

［公　開］2020年6月～8月

［スタッフ］脚本：中園ミホ, 山口雅俊, 川邊優子

［出　演］篠原涼子（大前春子）, 小泉孝太郎（里中賢介）, 伊東四朗（宮部蓮三）, 大泉洋（東海林武）, 勝地涼（浅野務）, 杉野遥亮（井手裕太郎）, 吉谷彩子（福岡亜紀）〔ほか〕

ロケ地・場面	所在地
エム・ベイポイント幕張の北側にある階段（亜紀が近耕作から延長の電話を受けた階段）〔1〕	千葉県千葉市美浜区中瀬1-6
大手町パークビル（S&Fの外観）〔1〕	東京都千代田区大手町1-1
都市センターホテルの宴会場コスモスホール（令和2年度 S&F 入社式の会場）〔1〕	東京都千代田区平河町2-4
日本テレビタワー（ハケンライフのオフィス, 春子が里中、宇野と面接をした会議室, S&Fの社長室）〔1〕	東京都港区東新橋1-6
意気な寿し処 阿部 六本木店（亜紀が墨田にセクハラされていた寿司店, 亜紀が墨田を突き飛ばすのを小夏が見た寿司店の前）〔1〕	東京都港区六本木3-16
グリルドエイジング・ビーフTOKYO新宿三丁目店（亜紀が一人で祝杯を挙げたレストラン）〔1〕	東京都新宿区新宿3-5
池林房（里中、浅野、東海林が話をしていた居酒屋）〔1〕	東京都新宿区新宿3-8
レストラン「サラ・アンダルーサ」（春子がフラメンコを踊っていたスペインの店）〔1〕	東京都渋谷区恵比寿1-16
新中川の堤防（春子が歩いていた堤防の上）〔1〕	東京都江戸川区春江町2-7
ヨコハマポートサイド（里中と東海林が春子と出会った「丸の内西バス停」）〔1〕	神奈川県横浜市神奈川区栄町8
象の鼻パーク 象の鼻桟橋（ロシアの会社との交渉が行われていた船が停泊していたところ）〔1〕	神奈川県横浜市中区海岸通1-1
逗子マリーナ ヨットハーバー（移動した船が停泊していたところ）〔1〕	神奈川県逗子市小坪5-23
まるよし食堂（春子が干物をロシア人たちに食べさせた食堂）〔1〕	神奈川県三浦市宮川町11
清泉寮（日本へ戻る春子が馬車に乗ったところ）〔1〕	山梨県北杜市高根町清里3545
神田まつや本店（小夏と亜紀が訪れた京橋庵）〔2〕	東京都千代田区神田須田町1-13
そば処 二葉（春子と里中が蕎麦を食べた店, 春子と里中が閉店の貼り紙を見た店の前）〔2〕	東京都千代田区神田和泉町1-4
日本テレビの社員食堂（宮部がやって来た社員食堂）〔2〕	東京都港区東新橋1-5
横浜シーサイドラインの中央管理室（浅野と宇野が訪れた京橋庵本社の外観, 春子が自転車でプレゼン資料を届けた京橋庵本社, 磯川専務が春子に声を掛けた京橋庵本社）〔2〕	神奈川県横浜市金沢区幸浦2
緑山スタジオ・シティ（春子が自転車で走っていたところ, タクシーに乗っていた小夏から春子がプレゼン資料を受け取ったところ）〔2〕	神奈川県横浜市青葉区緑山2100
湘南国際村センターの国際会議場（春子がプレゼンをした京橋庵のホール）〔2〕	神奈川県三浦郡葉山町上山口1560

日本テレビの社員食堂（宮部がカレーを食べにやって来た社員食堂，井手と亜紀が動画を撮影していた社員食堂，春子、亜紀、小夏がカレーを作っていた社員食堂の厨房）〔3〕	東京都港区東新橋1-5
ベニースーパー佐野店（S&Fの商品が撤去されていたジャストマートの店内）〔3〕	東京都足立区佐野2-27
生田スタジオ（牟田が玉ねぎを仕入れに行った農家）〔3〕	神奈川県川崎市多摩区菅仙谷3-20
生田スタジオの屋上（牟田が「むーやんカレー」を売っていたところ）〔3〕	神奈川県川崎市多摩区菅仙谷3-20
昭栄第2ビル（里中が東海林に会いに行った旭川支店のオフィス）〔4〕	東京都千代田区神田錦町3-15
大手町パークビル（小夏が倒れたロビー）〔4〕	東京都千代田区大手町1-1
A－プライス 高井戸店（三田が営業に行ったスーパー，井手が営業に行こうとしたスーパー）〔4〕	東京都杉並区高井戸東4-13
生田スタジオの屋上（亜紀と小夏が昼食を食べていたところ，井手がさぼっていたところ）〔4〕	神奈川県川崎市多摩区菅仙谷3-20
大手町パークビル（春子が北乃から黒豆ビスコッティを受け取ったS&Fのロビー）〔5〕	東京都千代田区大手町1-1
東京バイオテクノロジー専門学校（春子が黒豆ビスコッティの成分分析をしたところ）〔5〕	東京都大田区北糀谷1-3
noco BAKERY & CAFE（黒豆ビスコッティが作られている北乃菓子工房の外観）〔5〕	東京都青梅市柚木町2-332
生田スタジオ（春子が東海林の頭に白衣をかぶせたところ）〔5〕	神奈川県川崎市多摩区菅仙谷3-20
生田スタジオ（春子、亜紀、小夏がデータ入力に行った部屋，東海林が月を見上げた廊下）〔6〕	神奈川県川崎市多摩区菅仙谷3-20
ラディソン成田 ミーティングセンター（東邦中央物流センターの外観）〔7〕	千葉県富里市七栄650
ラディソン成田 ミーティングセンターの多目的ホール（「S&F市場」のモデル店舗が造られていたところ）〔7〕	千葉県富里市七栄650
ラディソン成田の駐車場（里中が春子にプロポーズしたところ）〔7〕	千葉県富里市七栄650
A－プライス 高井戸店（里中が視察していたスーパー）〔7〕	東京都杉並区高井戸東4-13
吉祥寺PAL（里中が視察していたコンビニ，春子が訪れたコンビニ）〔7〕	東京都武蔵野市吉祥寺北町4-12
BARN&FOREST 148の148 CAFE（一年後、里中たちが開店させた惣菜店「Aji」，龍前寺アキ子が歌っていた店内）〔終〕	千葉県流山市おおたかの森北2-51
ラディソン成田の駐車場（春子、里中、東海林が深呼吸したところ）〔終〕	千葉県富里市七栄650
隅田川テラス（春子が歩いていた川辺）〔終〕	東京都中央区築地6-19

日本テレビの社員食堂（春子が鯵フライを作っていた厨房, 春子がドローンを壊した厨房）〔終〕	東京都港区東新橋1-5

箱入り息子の恋（映画）

［公　開］2013年6月

［スタッフ］監督・脚本：市井昌秀, 脚本：田村孝裕

［出　演］星野源（天雫健太郎）, 夏帆（今井奈穂子）, 平泉成（天雫寿男）〔ほか〕

ロケ地・場面	所在地
モール505（雨の中、健太郎が奈穂子に傘を差し出した場所など）	茨城県土浦市川口1-3-139
ふじみ野市役所本庁舎3階, 正面玄関（健太郎の勤める市役所統計課）	埼玉県ふじみ野市福岡1-1-1

8年越しの花嫁 奇跡の実話（映画）

［公　開］2017年12月

［スタッフ］監督：瀬々敬久, 脚本：岡田惠和, 原作：中原尚志・麻衣

［出　演］佐藤健（中原尚志）, 土屋太鳳（中原麻衣）, 薬師丸ひろ子（中原初美）, 杉本哲太（中原浩二）, 北村一輝（柴田）〔ほか〕

ロケ地・場面	所在地
京橋（尚志が病院に通う道）	岡山県岡山市北区～中区
タナタナ岡山駅前店〈現・Korean Cafe&Dining TANATANA〉（麻衣と尚志が初めて出会った場所）	岡山県岡山市北区駅前町1-7-24
岡山大学の並木道（尚志が車中で泣いた並木道）	岡山県岡山市北区津島中1-1-1
表町商店街近辺（麻衣と尚志が初めて会話をした商店街）	岡山県岡山市北区表町3-5-16
岡山市立市民病院（麻衣が入院する病院）	岡山県岡山市北区北長瀬表町3-20-1
新岡山港（フェリー乗り場）	岡山県岡山市中区新築港
東山公園（車イスの麻衣が雨宿りした場所）	岡山県岡山市中区東山1-1
ハローズ西大寺店（駐車場でデートの待ち合わせをした場所）	岡山県岡山市東区金岡西町92-2
岡山西大寺病院付属中野分院（麻衣が転院した病院）	岡山県岡山市東区西大寺中野本町8
岡山市南区役所（麻衣の父の職場）	岡山県岡山市南区浦安南町495-5
両備モーターズ（尚志が勤める自動車整備工場）	岡山県岡山市南区豊成1-8-12
ポンヌフ（麻衣が勤めるレストラン）	岡山県倉敷市上東516-7
倉敷中央病院（麻衣が転院した病院）	岡山県倉敷市美和1-1-1
遥照山（尚志が麻衣にプロポーズした場所）	岡山県浅口市金光町上竹2536

ハッピーアワー（映画）

［公　開］2015年12月

［スタッフ］監督・脚本：濱口竜介, 脚本：野原位, 高橋知由

［出　演］あかり（田中幸恵）, 桜子（菊池葉月）, 芙美（三原麻衣子）, 純（川村りら）, 良彦（申芳夫）〔ほか〕

ロケ地・場面	所在地
摩耶山掬星台（4人がピクニックをした場所）	兵庫県神戸市灘区摩耶山町2-2
野瀬病院（骨折したあかりが治療をうけた病院など）	兵庫県神戸市長田区二葉町5
有馬本温泉・金の湯（4人が温泉旅行に行った場所）	兵庫県神戸市北区有馬町833

デザイン・クリエイティブセンター神戸〈KIITO〉（芙美が働くアートセンター「PORTO」）	兵庫県神戸市中央区小野浜町1-4

花戦さ（映画）

［公　開］2017年6月

［スタッフ］監督：篠原哲雄, 脚本：森下佳子, 原作：鬼塚忠

［出　演］野村萬斎（池坊専好）, 市川猿之助（豊臣秀吉）, 中井貴一（織田信長）, 佐々木蔵之介（前田利家）, 佐藤浩市（千利休）, 高橋克実（吉右衛門）, 山内圭哉（専伯）, 和田正人（専武）, 森川葵（れん）, 吉田栄作（石田三成）, 竹下景子（浄椿尼）〔ほか〕

ロケ地・場面	所在地
松竹撮影所（六角堂, 街並みのオープンセットなど）	東京都大田区蒲田5-20
金戒光明寺（聚楽第）	京都府京都市左京区黒谷町121
南禅寺（大徳寺）	京都府京都市左京区南禅寺福地町86
嵯峨野の山中（平太の掘立て小屋（オープンセット））	京都府京都市右京区
妙心寺（専好が花をいけに訪れた屋敷の門前）	京都府京都市右京区花園妙心寺町1
仁和寺（天神さんの大茶会が行われた寺）	京都府京都市右京区御室大内33
大本山大覚寺（岐阜城の廊下）	京都府京都市右京区嵯峨大沢町4
祇王寺（利休の草庵）	京都府京都市右京区嵯峨鳥居本小坂町32
鹿王院（浄椿尼が暮らす寺）	京都府京都市右京区嵯峨北堀町24
東映京都撮影所（天神さんの大茶会が行われた場所, 岐阜城の大広間など）	京都府京都市右京区太秦西蜂岡町9
梅宮大社（六角堂の門前）	京都府京都市右京区梅津フケノ川町30
随心院（前田邸の門前町）	京都府京都市山科区小野御霊町35
中ノ島橋（一条戻橋）	京都府京都市西京区嵐山上河原町1
亀岡・宇津根（専好とれんが出会った場所）	京都府亀岡市宇津根町
へき亭（専好が利休を説得した場所）	京都府亀岡市千歳町王毘沙門向畑40

花子とアン（ドラマ）

［公　開］2014年3月～9月

［スタッフ］脚本：中園ミホ, 原作：村岡恵理

［出　演］吉高由里子（安東はな）, 伊原剛志（安東吉平）, 室井滋（安東ふじ）, 石橋蓮司（安東周造）, 賀来賢人（安東吉太郎）, 黒木華（安東かよ）, 土屋太鳳（安東もも）, 窪田正孝（木場朝市）, 松本明子（木場リン）, カンニング竹山（徳丸甚之介）, 浅田美代子（茂木のり子）, ともさかりえ（富山タキ）, 高梨臨（醍醐亜矢子）, 鈴木亮平（村岡英治）, 仲間由紀恵（葉山蓮子）〔ほか〕

ロケ地・場面	所在地
千葉県立房総のむら（地主の徳丸商店）〔1〕	千葉県印旛郡栄町龍角寺1028
韮崎市民俗資料館（阿母里基督教会）〔1〕	山梨県韮崎市藤井町南下條786-3
群馬大学理工学部（安東はながスコット先生に謝った階段）〔2〕	群馬県桐生市天神町1-5-1
観福寺（安東はなと北澤が話をしていた寺）〔3〕	千葉県香取市牧野1752
鳩山会館（葉山邸）〔6〕	東京都文京区音羽1-7-1
東京国立博物館（嘉納鉱業の階段）〔6〕	東京都台東区上野公園13-9
博物館明治村 旧帝国ホテル（葉山蓮子が見合いをしたホテル）〔6〕	愛知県犬山市内山1
博物館明治村 天童眼鏡橋（富山タキと梶原聡一郎が話をしていた橋）〔6〕	愛知県犬山市内山1

起雲閣（嘉納伝助邸）〔7〕	静岡県熱海市昭和町4-2
一橋大学 兼松講堂（「赤毛のアン」出版記念会の会場）〔終〕	東京都国立市中2-1
旧上岡小学校（安東はなが通う阿母尋常小学校）	茨城県久慈郡大子町上岡957-3
曲がった木のある道（よく出てくる曲がった木のある甲府の一本道）	千葉県印西市中根
上帯那町の農地（安東はなが住む家（撮影用のセット））	山梨県甲府市上帯那町
八ヶ岳少年自然の家 野草の丘（オープニングで安東はなが立っていた富士山の見える草原）	山梨県北杜市高根町清里3545
勝沼ぶどうの丘（オープニングに出てくるぶどう畑（平野に見える建物は合成））	山梨県甲州市勝沼町菱山5093
博物館明治村 蒸気機関車12号（甲府と東京を結ぶ蒸気機関車）	愛知県犬山市内山1
博物館明治村 北里研究所（私立修和女学校）	愛知県犬山市内山1

花咲舞が黙ってない（2014年）（ドラマ）

［公　開］2014年4月～6月

［スタッフ］脚本：松田裕子, 江頭美智留, 梅田みか, 原作：池井戸潤

［出　演］杏（花咲舞）, 上川隆也（相馬健）, 生瀬勝久（真藤毅）, 大杉漣（花咲幸三）, 塚地武雅（芝崎太一）〔ほか〕

ロケ地・場面	所在地
三菱一号館と丸の内パークビルディング（東京第一銀行本部の外観）〔1〕	東京都千代田区丸の内2-6
学士会館の201号室（真藤が矢島俊三の人事発令書を見た会議室）〔1〕	東京都千代田区神田錦町3-28
神田まつや（舞と相馬が食事をした蕎麦店）〔1〕	東京都千代田区神田須田町1-13
都市センターホテル（舞と相馬が勤務していた東京第一銀行中野支店の外観）〔1〕	東京都千代田区平河町2-4
青山迎賓館（中野支店の忘年会が行なわれたレストラン）〔1〕	東京都港区南青山4-9
和田電気（舞と相馬が臨店に行った向島支店の外観）〔1〕	東京都新宿区山吹町333
隅田川に架かる桜橋の上（舞と相馬が話をしていた橋の上）〔1〕	東京都台東区今戸1-1
都立横網町公園の復興記念館前（聡子が舞に追いついた公園）〔1〕	東京都墨田区横網2-3
「日本科学未来館」の会議室3（相馬が辛島と話をしていた部屋, 異動した舞が入ってきた部屋）〔1〕	東京都江東区青海2-3
浴風会本館（舞が聡子と話をしていた部屋）〔1〕	東京都杉並区高井戸西1-12
プラザ栄光生鮮館コットンハーバー店（舞が田中幸子に会いに行ったスーパー）〔1〕	神奈川県横浜市神奈川区星野町8
みなとみらいグランドセントラルタワー（舞が歩いていた東京第一銀行本部1階のロビー）〔1〕	神奈川県横浜市西区みなとみらい4-6
横浜情報文化センター（茅場町支店の外観）〔1〕	神奈川県横浜市中区日本大通11

筑波銀行つくば営業部（舞と相馬が訪れた東京中央銀行青山支店）〔2〕	茨城県つくば市竹園1-7
山崎東日本橋ビル（グランマリッジの外観）〔2〕	東京都中央区東日本橋2-15
赤坂 アプローズスクエア迎賓館（舞と相馬がタクシーに乗った結婚披露宴会場の前）〔2〕	東京都港区赤坂5-3
日本テレビタワー（新田が真藤と話をしていた経営企画本部長室）〔2〕	東京都港区東新橋1-5
神宮外苑のいちょう並木（青山支店へ向かう舞と相馬が歩いていた並木道）〔2〕	東京都港区北青山1
青山通り〈国道246号線〉の青山2丁目交差点（東京中央銀行青山支店へ向かう舞と相馬が渡っていた横断歩道, グランマリッジへ向かう舞、相馬、杉下が信号待ちをした横断歩道）〔2〕	東京都港区北青山2-2
青山 セントグレース大聖堂の披露宴会場「ジリオン」（舞と相馬が参加した結婚披露宴の会場）〔2〕	東京都港区北青山3-9
しながわ中央公園（舞と杉下がベンチに座って話をしていた公園）〔2〕	東京都品川区西品川1-27
みなとみらいグランドセントラルタワー（舞と相馬が小田原で食べる昼食のことを話していたロビー）〔2〕	神奈川県横浜市西区みなとみらい4-6
コンワビル（蒲田支店の外観）〔3〕	東京都中央区築地1-12
日本橋 紅とん 門前仲町店（相馬が舞と電話で話をしていた居酒屋, 相馬が金田と話をしていた居酒屋）〔3〕	東京都江東区富岡1-1
豊洲キュービックガーデンの北東側（舞が芝崎に声を掛けられたところ）〔3〕	東京都江東区豊洲3-2
呑川に掛かるあやめ橋（蒲田支店へ向かう舞と相馬が渡っていた橋）〔3〕	東京都大田区蒲田5-7
スパニッシュラウンジ パラドール（舞が蒲田支店のテラーたちとワインを飲みながら話をしていた店）〔3〕	東京都渋谷区恵比寿南2-3
「日本科学未来館」の旧展望レストラン（舞、相馬、真藤、児玉が食事をしていた社員食堂）〔4〕	東京都江東区青海2-3
首都大学東京11号館の北側付近（光岡の母親・和代がベンチに座っていたところ）〔4〕	東京都八王子市南大沢1-1
明徳ビルの前（舞が自転車に乗った男に追いついたところ）〔4〕	東京都府中市寿町1-1
早川ダット工場（舞と相馬が訪れた尾見機械工業）〔4〕	東京都日野市新町5-6
象の鼻パーク 象の鼻防波堤（舞と光岡がベンチに座って話をしていたところ）〔4〕	神奈川県横浜市中区海岸通1-1
la banque du LoA（東京第一銀行横浜西支店の外観）〔4〕	神奈川県横浜市中区山下町280
都市センターホテル（金融庁主任検査官の青田たちが立っていた東京第一銀行中野支店の前）〔5〕	東京都千代田区平河町2-4

中野四季の森公園の北側（中野支店へ向かう舞と相馬に永瀬が声を掛けたところ）〔5〕	東京都中野区中野4-13
生田スタジオの屋上（青田が永瀬と電話で話をしていたところ）〔5〕	神奈川県川崎市多摩区菅仙谷3-20
首都高速を跨ぐ千代橋（京橋支店へ向かう舞と相馬が歩いていたところ）〔6〕	東京都中央区築地5-1
鉄鋼会館（舞と相馬が奈津子に会いに行った京橋支店，相馬が一人で訪れた京橋支店）〔6〕	東京都中央区日本橋茅場町3-2
和田電気（向島支店）〔6〕	東京都新宿区山吹町333
新宿モノリスビルの西側（新宿南支店）〔6〕	東京都新宿区西新宿2-3
角筈橋の上（奈津子が舞たち同期と一緒に写っている写真を見て泣いていたところ）〔6〕	東京都新宿区西新宿3-5
エーザイ本社（田園調布支店）〔6〕	東京都文京区小石川4-6
山野美容専門学校（大前が奈津子をホテルの部屋に誘おうとしたバーラウンジ）〔6〕	東京都渋谷区代々木1-53
みなとみらいグランドセントラルタワー（本部に研修に来ていた奈津子に大前が声を掛けたロビー，舞と相馬が奈津子を見送った本店のロビー）〔6〕	神奈川県横浜市西区みなとみらい4-6
生田スタジオ（舞や奈津子たちが新人研修を受けていたところ，大前が奈津子に電話を掛けていたところ）〔6〕	神奈川県川崎市多摩区菅仙谷3-20
筑波銀行つくば営業部（東京第一銀行目黒支店の外観）〔7〕	茨城県つくば市竹園1-7
JR品川駅港南口前のペデストリアンデッキ（品川支店へ向かう舞と相馬が歩いていたところ）〔7〕	東京都港区港南2-14
グランパークタワーのエントランスホール（大塚が舞に忘れ物を渡したロビー）〔7〕	東京都港区芝浦3-4
東品川海上公園（舞と大塚がベンチに座って話をしていた公園）〔7〕	東京都品川区東品川3-9
生田スタジオ（舞が調査に行った東京ダラスの肉の仕入れ先「北本精肉」）〔7〕	神奈川県川崎市多摩区菅仙谷3-20
オークラアカデミアパークホテルの「ラウンジ シエルブルー」（舞が秋本とお見合いをしたホテルのラウンジ）〔8〕	千葉県木更津市かずさ鎌足2-3
多摩川（電車が渡っていた川）〔8〕	東京都大田区田園調布南14
東急池上線久が原駅（関口静枝が住むアパートの最寄り駅）〔8〕	東京都大田区南久が原2-6
川崎運送（報道陣が集っていた京浜銀行久が原支店の外観，秋本が顧客からの電話を受けたビルの屋上）〔8〕	神奈川県川崎市川崎区元木1-5
実教出版（舞が窓口の応援に行った東京第一銀行新宿支店の外観）〔9〕	東京都千代田区五番町5
JR中央本線四ツ谷駅を跨ぐ跨線橋（幸田が相馬と電話で話しながら歩いていたところ）〔9〕	東京都千代田区六番町14

日本テレビタワーの車寄せ（児玉が伊丹を出迎えた東京第一銀行本部の車寄せ）〔9〕	東京都港区東新橋1-6
新宿通り〈国道20号線〉がJR四ツ谷駅を跨ぐ四谷見附橋の上（本店へ向かう舞が走っていたところ）〔9〕	東京都新宿区四谷1-5
みなとみらいグランドセントラルタワー（舞と相馬が鰻がいいか、しらすがいいかを話しながら歩いていたところ）〔9〕	神奈川県横浜市西区みなとみらい4-6
生田スタジオ（幸田産業へ向かう舞と相馬が歩いていたところ，舞と相馬が幸田社長と話をした事務所）〔9〕	神奈川県川崎市多摩区菅仙谷3-20
エム・ベイポイント幕張〈旧NTT幕張ビル〉（伊丹ホールディングスの外観，真藤と児玉が謝罪に訪れた伊丹会長の部屋）〔終〕	千葉県千葉市美浜区中瀬1-6
幕張メッセ国際展示場9ホール前の南広場（舞が坂田たち家族を見送った高速バスターミナル）〔終〕	千葉県千葉市美浜区中瀬2-5
学士会館（本館会議室へ向かう舞と相馬が歩いていた廊下，真藤が辛島に臨店班の解散を話したところ，真藤が辛島に臨店班の解散を見送ることを話したところ）〔終〕	東京都千代田区神田錦町3-28
みなとみらいグランドセントラルタワー（舞と相馬が清一郎と出会ったロビー）〔終〕	神奈川県横浜市西区みなとみらい4-6
THE HOF BRAU（舞と相馬が行列に並んでいた店の前，舞と相馬が伝説のチキンライスを食べた店）〔終〕	神奈川県横浜市中区山下町25
横浜情報文化センター（茅場町支店の外観）〔終〕	神奈川県横浜市中区日本大通11

花咲舞が黙ってない（2015年）（ドラマ）

［公　開］2015年7月～9月

［スタッフ］脚本：松田裕子，横田理恵，梅田みか，原作：池井戸潤

［出　演］杏（花咲舞），上川隆也（相馬健），生瀬勝久（真藤毅），塚地武雅（芝崎太一），大杉漣（花咲幸三）〔ほか〕

ロケ地・場面	所在地
渋川商工会議所〈旧渋川公民館〉（東京第一銀行草津支店の外観）〔1〕	群馬県渋川市渋川2401
湯畑付近（舞と相馬が歩いていた温泉街）〔1〕	群馬県吾妻郡草津町草津
御座之湯（舞と相馬が食事をしていた旅館）〔1〕	群馬県吾妻郡草津町草津421
江戸川河口付近の堤防の上（有里が舞と電話で話をしていたところ）〔1〕	千葉県市川市上妙典1618
市川市役所 行徳支所（有里が入ろうとしていた東京第一銀行館川支店）〔1〕	千葉県市川市末広1-1
パレスサイドビルの屋上（舞と相馬が有里と話をしていた屋上）〔1〕	東京都千代田区一ツ橋1-1
三菱一号館と丸の内パークビルディング（東京第一銀行本部の外観）〔1〕	東京都千代田区丸の内2-6

国立科学博物館（真藤と堂島が話をしていたところ）〔1〕	東京都台東区上野公園7
福田製作所（舞と相馬が訪れた諸角産業）〔1〕	東京都墨田区東駒形4-19
「日本科学未来館」の会議室3（辛島と芝崎が話をしていた部屋）〔1〕	東京都江東区青海2-3
横浜美術館の前（舞と有里がベンチに座って話をしていたところ）〔1〕	神奈川県横浜市西区みなとみらい3-4
みなとみらいグランドセントラルタワー（東京第一銀行本部のロビー）〔1〕	神奈川県横浜市西区みなとみらい4-6
日本郵船歴史博物館（日本橋支店の外観）〔1〕	神奈川県横浜市中区海岸通3-9
おっ母さん食品館 北柏店（あづみ屋ストアの外観）〔2〕	千葉県柏市根戸467
流山おおたかの森ショッピングセンターの前（あづみ屋ストアの安積が倒れたところ）〔2〕	千葉県流山市西初石6
目黒川沿い（松木が舞をレストランに誘おうとしたところ）〔2〕	東京都品川区西五反田1-9
目黒川沿いの遊歩道（病院を出た舞と松木が歩いていたところ）〔2〕	東京都品川区東五反田2-9
大森ベルポート E館（東京第一銀行五反田支店の外観）〔2〕	東京都品川区南大井6-22
ベニースーパー佐野店（カミングマート第1号店の外観）〔2〕	東京都足立区佐野2-27
みなとみらいグランドセントラルタワー（真藤と堂島が話をしていたロビー）〔3〕	神奈川県横浜市西区みなとみらい4-6

富士ソフト本社（東京第一銀行六本木支店の外観）〔3〕	神奈川県横浜市中区桜木町1-1
キヤアンティークス横浜本店（恭子と馬場が出てきたアンティークショップ「ブランダージュ」）〔3〕	神奈川県横浜市中区山下町
北仲橋の上（恭子と馬場が待ち合わせをしたところ）〔3〕	神奈川県横浜市中区北仲通6
早稲田大学西早稲田キャンパスの西側付近（芝崎が美樹を見失ったところ）〔4〕	東京都新宿区大久保3-4
笹塚NAビルオフィス棟（東京第一銀行町田支店の外観）〔4〕	東京都渋谷区笹塚1-50
みなとみらいグランドセントラルタワー（舞が社内報の写真を撮っていたロビー）〔4〕	神奈川県横浜市西区みなとみらい4-6
横浜市営地下鉄センター北駅東側（舞と相馬が待機していたところ）〔4〕	神奈川県横浜市都筑区中川中央1-1
横浜市営地下鉄ブルーラインとグリーンラインの高架の間（舞と相馬が美樹をストーキングしている男を尾行していたところ，舞と相馬が古橋洋一を取り押さえたところ）〔4〕	神奈川県横浜市都筑区中川中央1-18
外語ビジネス専門学校（舞と相馬が訪れた青山建業）〔4〕	神奈川県川崎市川崎区駅前本町22
オークラアカデミアパークホテル（舞が合コンに行ったホテル，相馬が同窓会に行ったホテル）〔5〕	千葉県木更津市かずさ鎌足2-3
品川シーズンテラス（青井の会社「デジタルブルー」が入居している大崎グランドテラスの外観）〔5〕	東京都港区港南1-2

大森ベルポート E館（舞が相馬を待っていた東京第一銀行五反田支店）〔5〕	東京都品川区南大井6-22
第一下川ビル（青井が脅されていたヤミ金の事務所が入居するビル, 相馬が訪れたヤミ金事務所）〔5〕	東京都大田区大森北3-13
みなとみらいグランドセントラルタワー（舞が松木に稟議書を渡したロビー）〔5〕	神奈川県横浜市西区みなとみらい4-6
アルテリーベ横浜本店（相馬と石原由美が話をしていたレストラン）〔5〕	神奈川県横浜市中区日本大通11
天野工務店（夏目木材）〔6〕	神奈川県横浜市港北区日吉7-6
生田スタジオ（深川支店内の廊下, 氷室が田山から50万円を受け取った地下駐車場）〔6〕	神奈川県川崎市多摩区菅仙谷3-20
行幸通り（岡山へ向かう松木に舞が会いに行ったところ）〔7〕	東京都千代田区丸の内1-5
日本テレビタワー（児玉が相馬と電話で話をしていた部屋）〔7〕	東京都港区東新橋1-5
club bisser（舞、相馬、松木が訪れたキャバクラ「パラダイス」）〔7〕	東京都港区六本木3-8
ホテル椿山荘東京（沙羅が竹内から現金を受け取ろうとしたホテルのロビー, 葛西の車が止まっていたホテルの前）〔7〕	東京都文京区関口2-10
茶寮 一松（松木と門田が葛西の接待を受けた料亭の部屋, 舞、相馬、松木が訪れた料亭「辻はし」の外観）〔7〕	東京都台東区雷門1-15
目黒川沿いの遊歩道（サワダ建業へ向かう舞、相馬、松木が歩いていた川沿いの道, ホテルへ向かう舞と相馬が歩いていたところ）〔7〕	東京都品川区東五反田2-9
大森ベルポート E館（舞と相馬が訪れた東京第一銀行五反田支店）〔7〕	東京都品川区南大井6-22
国立倉庫（舞、相馬、松木が葛西に会いに行った品川物流）〔7〕	東京都国立市谷保1108
丸の内パークビルディング（東京第一銀行虎ノ門支店の外観）〔8〕	東京都千代田区丸の内2-6
日本電気計器検定所（保釈された磯部が出てきた警察署）〔8〕	東京都港区芝浦4-15
珈琲タイムス（舞と相馬が磯部と話をした喫茶店）〔8〕	東京都新宿区新宿3-35
新宿センタービルの南側（相馬が舞と電話で話をしていたところ）〔8〕	東京都新宿区西新宿1-25
新宿モノリス（東京第一銀行川崎支店, 水原が階段から突き落とされたところ）〔8〕	東京都新宿区西新宿2-3
新宿パークタワーの噴水広場（磯部がベンチに座っていた噴水の前）〔8〕	東京都新宿区西新宿3-7
晴海通りの歩道（通勤途中の磯部がしゃがみ込んだところ）〔8〕	東京都江東区豊洲3-2
災害医療センター（舞と相馬が水原に会いに行った川崎総合病院の外観）〔8〕	東京都立川市緑町3256

みなとみらいグランドセントラルタワー（金田が襲われた東京第一銀行武蔵小杉支店の前, 磯部が真藤を襲おうとした車寄せ）〔8〕	神奈川県横浜市西区みなとみらい4-6
鹿沼VAN・B（舞、相馬、堀田が手形を探しに行ったファミレス, 香澄と堀田が話をしていたファミレス）〔9〕	栃木県鹿沼市東町2-2
神田川に架かる昌平橋の上（舞と相馬が舞の元彼とすれ違ったところ）〔9〕	東京都千代田区外神田1-1
播磨坂（舞、相馬、堀田が手形を探していた歩道）〔9〕	東京都文京区小石川4-15
青梅市役所（東京第一銀行三鷹支店の外観, 舞が香澄を待っていた三鷹支店の社員通用口）〔9〕	東京都青梅市東青梅1-11
日の出製作所（舞、相馬、堀田が訪れたカワバタ機械）〔9〕	神奈川県川崎市川崎区大川町11
中央排水路に架かる栄橋付近（舞と相馬がバスを下りたバス停, 舞と相馬が三枝が書いた融資を説明するメモ書きを見つけたバス停）〔10〕	茨城県猿島郡境町
塚崎の畑（舞と相馬がキャベツの収穫を手伝った畑）〔10〕	茨城県猿島郡境町塚崎3336付近
三野村（三枝が時田に融資の話をしていた会議室）〔10〕	東京都江東区清澄2-8
YRPセンター1番館（東京第一銀行豊洲支店）〔10〕	神奈川県横須賀市光の丘3
アートグレイス大宮璃宮（舞と相馬が手伝いをしていた芹澤弥生個展の会場, 嘉子が舞に声をかけたところ）〔終〕	埼玉県さいたま市北区植竹町1-816
池田美術（舞が訪れた千住塗装）〔終〕	埼玉県川口市元郷3-8
JK Planet銀座本店（相馬が訪れたフジヤマ貴金属）〔終〕	東京都中央区銀座8-11
グランパークタワー（蔵中建設）〔終〕	東京都港区芝浦3-4
ホテル椿山荘東京「フォレスタ」（舞が嘉子から真藤の手帳を受け取ったところ）〔終〕	東京都文京区関口2-10
テツソートランクルーム（舞が真藤の口座に1億円が振り込まれた証拠を見つけた貸倉庫）〔終〕	東京都江東区塩浜1-1
豊洲運河に架かる蛤橋（舞と相馬が渡っていた橋）〔終〕	東京都江東区枝川1-1
喫茶シルビア（舞と相馬が蔵中建設総務部長の西崎と話をした喫茶店）〔終〕	東京都足立区西新井栄町2-7

花束みたいな恋をした（映画）

［公　開］2021年1月

［スタッフ］監督：土井裕泰, 脚本：坂元裕二

［出　演］菅田将暉（山音麦）, 有村架純（八谷絹）, 清原果耶（羽田凜）, 細田佳央太（水埜亘）, 韓英恵（川岸菜那）, 中崎敏（青木海人）, 小久保寿人（恩田友行）, 瀧内公美（原田奏子）, 森優作（羽村祐弥）, 古川琴音（中川彩乃）, 篠原悠伸（沖田大夢）, 八木アリサ（卯内日菜子）〔ほか〕

ロケ地・場面	所在地
明大前駅（麦と絹が初めて出会った場所）	東京都世田谷区松原2-45

調布PARCO近くの道路（麦がストリートビューに映った場所）	東京都調布市小島町1-31-9
パルコブックセンター（麦と絹が訪れた本屋）	東京都調布市小島町1-38-1
調布PARCO前（終電を逃した麦と絹が歩いた場所）	東京都調布市小島町1-38-1
調布駅北口スクランブル交差点（麦と絹が手をつないで歩いた交差点）	東京都調布市小島町1-38-1
御塔坂橋交差点（麦と絹がキスした場所）	東京都調布市深大寺元町1-28-2
つつじヶ丘駅北側の道路（麦と絹が調布を目指して歩いた道路）	東京都調布市西つつじヶ丘3
多摩川サイクリングロード（麦と絹が散歩した道）	東京都調布市多摩川5-37-1
道生神社（麦と絹が猫を拾った神社）	東京都調布市飛田給2
飛田給駅 1番線ホーム（冒頭で絹が立つ駅のホーム）	東京都調布市飛田給2
飛田給駅南口バス停（絹が降りたバス停）	東京都調布市飛田給2
調布駅前広場（麦が絹を迎えに行った駅前広場）	東京都調布市布田4
さがらサンビーチ（麦と絹が日帰り旅行で訪れた海岸）	静岡県牧之原市相良275

花燃ゆ（ドラマ）

［公　開］2015年1月～12月

［スタッフ］脚本：大島里美, 宮村優子

［出　演］井上真央（杉文）, 大沢たかお（楫取素彦）, 伊勢谷友介（吉田寅次郎）, 東出昌大（久坂玄瑞）, 高良健吾（高杉晋作）, 高橋英樹（井伊直弼）, 北大路欣也（毛利敬親）, かたせ梨乃（小田村志乃）, 若村麻由美（椋梨美鶴）, 松坂慶子（毛利都美子）, 内藤剛志（椋梨藤太）, 田中要次（福川犀之助）, 長塚京三（杉百合之助）, 檀ふみ（杉滝）, 奥田瑛二（玉木文之進）, 原田泰造（杉民治）, 優香（楫取寿）, 東山紀之（木戸孝允）, 久保田磨希（杉亀）〔ほか〕

ロケ地・場面	所在地
旧湯川家屋敷（小田村伊之助が走っていた小川沿いの道）〔1〕	山口県萩市川島67
菊屋家住宅（小田村伊之助が走っていたなまこ塀の長屋門）〔1〕	山口県萩市大字呉服町1-1
萩市立明倫小学校（長州萩藩校「明倫館」）〔1〕	山口県萩市大字江向475
萩市堀内の町並み〈堀内鍵曲〉（小田村伊之助が走っていた土塀, 杉文と吉田寅次郎が話をしていた土塀）〔1〕	山口県萩市大字堀内
大照院（吉田寅次郎が子供のころにいた石灯籠のある寺）〔1〕	山口県萩市椿青海4132
萩本陣 奥萩展望台（萩の遠景（現代的な建物などはCG加工））〔1〕	山口県萩市椿東
萩の平安古の町並み〈平安古鍵曲〉（小田村伊之助が杉文のことを聞いた路地）〔1〕	山口県萩市平安古町143
萩城跡指月公園（吉田寅次郎が砲術訓練の指揮をしていた城）〔1〕	山口県萩市堀内1-1
西の浜（吉田寅次郎と小田村伊之助が江戸に向かって走っていた松林の浜）〔1〕	山口県萩市堀内字西ノ浜
興福寺（吉田寅次郎が通った祭りが行われていた長崎の寺）〔1〕	長崎県長崎市寺町4-32
出島（吉田寅次郎が訪れた長崎の出島）〔1〕	長崎県長崎市出島町6-1
大浦天主堂（吉田寅次郎が本を持って歩いていた長崎の教会）〔1〕	長崎県長崎市南山手町5-3

グラバー園〈旧オルト住宅〉(吉田寅次郎が本を読んでいた洋館)〔1〕	長崎県長崎市南山手町8-1
口羽家住宅(杉寿が婚約者と会っていた水辺)〔2〕	山口県萩市大字堀内146-3
志都岐山神社(杉文と久坂玄瑞が出会った神社)〔3〕	山口県萩市堀内 旧城内1-2
旧湯川家屋敷(藍場川沿いの風景)〔5〕	山口県萩市川島67
博物館明治村 蒸気機関車12号(楫取素彦と楫取美和が乗った蒸気機関車)〔49, 終〕	愛知県犬山市内山1
ワープステーション江戸(江戸の街, 萩の街)	茨城県つくばみらい市南太田1176
富岡製糸場(富岡製糸場)	群馬県富岡市富岡1-1
千葉県立房総のむら(群馬の町並み)	千葉県印旛郡栄町龍角寺1028
旧長野地方裁判所松本支部庁舎(群馬県庁)	長野県松本市大字島立2196-1
松陰神社(松陰神社、杉家旧宅、松下村塾)	山口県萩市椿東1537
萩城跡指月公園(萩城)	山口県萩市堀内1-1

ハニーレモンソーダ (映画)

［公　開］2021年7月

［スタッフ］監督：神徳幸治, 脚本：吉川菜美, 原作：村田真優

［出　演］ラウール(三浦界), 吉川愛(石森羽花), 堀田真由(菅野芹奈), 坂東龍汰(瀬戸悟), 岡本夏美(遠藤あゆみ), 濱田龍臣(高嶺友哉)〔ほか〕

ロケ地・場面	所在地
神台公園(羽花、芹奈、あゆみが会話した公園)	神奈川県藤沢市辻堂神台1-4
龍口寺(夏祭りが行われた寺)	神奈川県藤沢市片瀬3-13-37
西浜歩道橋(羽花と友哉が会話した歩道橋)	神奈川県藤沢市片瀬海岸3
片瀬山富士見坂(羽花たちの通学路)	神奈川県藤沢市片瀬山5-6-1

朱花(はねず)の月 (映画)

［公　開］2011年9月

［スタッフ］監督・脚本：河瀬直美, 原案：坂東眞砂子

［出　演］こみずとうた(拓未), 大島葉子(加夜子), 明川哲也(哲也), 麿赤兒(考古学者), 小水たいが(拓未の祖父), 樹木希林(拓未の母), 西川のりお(拓未の父), 山口美也子(加夜子の母), 田中茜乃介(よっちゃんの少年時代)〔ほか〕

ロケ地・場面	所在地
藤原京跡(発掘現場)	奈良県橿原市醍醐町
土佐街道(拓未の祖父が加夜子の祖母の元に向かう道)	奈良県高市郡高取町
飛鳥川上坐宇須多伎比売命神社(石段を歩いた神社)	奈良県高市郡明日香村稲渕698

母と暮せば (映画)

［公　開］2015年12月

［スタッフ］監督・脚本：山田洋次, 脚本：平松恵美子

［出　演］吉永小百合(福原伸子), 二宮和也(福原浩二), 黒木華(佐多町子), 加藤健一(上海のおじさん), 浅野忠信(黒田正圀)〔ほか〕

ロケ地・場面	所在地
黒崎教会(伸子の葬式を行った教会など)	長崎県長崎市下黒崎町26
神ノ島工業団地(被爆後の浦上天主堂(ロケセット))	長崎県長崎市小瀬戸町
杵原学校(学校のシーン)	長崎県長崎市上黒崎町26
神ノ島教会(教会の実景)	長崎県長崎市神ノ島町2-148

長崎電気軌道 浦上車庫（浩二が路面電車に飛び乗ったところ）	長崎県長崎市大橋町3
善長谷教会（鐘を鳴らした教会）	長崎県長崎市大籠町519-1
長崎ブリックホール（エンディングのシーン）	長崎県長崎市茂里町2-38

PERFECT DAYS（映画）

［公　開］2023年12月

［スタッフ］監督・脚本：ヴィム・ヴェンダース, 脚本：高崎卓馬

［出　演］役所広司（平山）, 田中泯（ホームレス）, 中野有紗（ニコ）, 柄本時生（タカシ）, アオイヤマダ（アヤ）, 麻生祐未（ケイコ）, 石川さゆり（ママ）, 三浦友和（友山）〔ほか〕

［トピック］ヴィム・ヴェンダース監督による日独合作の映画。第76回カンヌ国際映画祭では、主演・役所広司が男優賞を、作品はエキュメニカル審査員賞を受賞した。

ロケ地・場面	所在地
台東区立隅田公園 桜橋（平山の通勤経路）	東京都台東区今戸1-1
福ちゃん（平山が通う居酒屋）	東京都台東区浅草1-1-12
地球堂（平山が通う古本屋）	東京都台東区浅草1-39-9
紅の灯ノヴ（ママの勤務先）	東京都台東区浅草4-16-4
電気湯（平山が通う銭湯）	東京都墨田区京島3-10-10
神宮通公園トイレ〈あまやどり〉（平山とニコが訪れたトイレ）	東京都渋谷区神宮前6-22-8
西原一丁目公園トイレ〈ANDON TOILET〉（タカシの幼なじみのデラちゃんが訪れたトイレ）	東京都渋谷区西原1-29-1
代々木八幡公衆トイレ〈Three Mushrooms〉（平山がマルバツゲームをしたトイレ）	東京都渋谷区代々木5-1-2
七号通り公園トイレ（平山が夜に清掃に訪れたトイレ）	東京都渋谷区幡ケ谷2-53-5
代々木深町小公園トイレ〈ザ トウメイ トウキョウ トイレット〉（平山が清掃に訪れたガラス張りのトイレ）	東京都渋谷区富ヶ谷1-54-1

パーフェクトワールド 君といる奇跡（映画）

［公　開］2018年10月

［スタッフ］監督：柴山健次, 脚本：鹿目けい子, 原作：有賀リエ

［出　演］岩田剛典（鮎川樹）, 杉咲花（川奈つぐみ）, 須賀健太（是枝洋貴）, 芦名星（長沢葵）, マギー（渡辺剛）, 大政絢（雪村美姫）, 伊藤かずえ（川奈咲子）, 小市慢太郎（川奈元久）, 財前直見（鮎川文乃）〔ほか〕

ロケ地・場面	所在地
よこはまコスモワールド（夜の観覧車）	神奈川県横浜市中区新港2-8-1
江の島（デートをした場所）	神奈川県藤沢市
諏訪市湖畔公園（つぐみの実家近くでデートした場所）	長野県諏訪市湖岸通り2-2

はやぶさ/HAYABUSA（映画）

［公　開］2011年10月

［スタッフ］監督：堤幸彦, 脚本：白崎博史, 井上潔

［出　演］竹内結子（水沢恵）, 西田敏行（的場泰弘）, 髙嶋政宏（坂上健一）, 佐野史郎（川渕幸一）, 山本耕史（田嶋学）, 鶴見辰吾（喜多修）, 筧利夫（矢吹豊）, 市川実和子（小田島加那子）, 甲本雅裕（平山孝行）, マギー（福本哲也）, 正名僕蔵（長島浩二）, 六角慎

司（高岡宗太郎），生瀬勝久（オタク）〔ほか〕

ロケ地・場面	所在地
JAXA宇宙科学研究所相模原キャンパス（JAXA相模原）	神奈川県相模原市中央区由野台3-1-1
内之浦漁港（「はやぶさ」打ち上げシーン）	鹿児島県肝属郡肝付町南方
JAXA内之浦宇宙空間観測所（「はやぶさ」打ち上げシーン）	鹿児島県肝属郡肝付町南方1791-13
内之浦小学校（「はやぶさ」打ち上げのシーン）	鹿児島県肝属郡肝付町南方2648-1

はやぶさ 遥かなる帰還（映画）

［公　開］2012年2月

［スタッフ］監督：瀧本智行，脚本：西岡琢也，原作：山根一眞

［出　演］渡辺謙（山口駿一郎），江口洋介（藤中仁志），夏川結衣（井上真理），小澤征悦（鎌田悦也）〔ほか〕

ロケ地・場面	所在地
桐生厚生総合病院（病室）	群馬県桐生市織姫町6-6-3
飛不動尊 正宝院（山口教授らがお参りした寺）	東京都台東区
JAXA宇宙科学研究所相模原キャンパス（実際のJAXA相模原）	神奈川県相模原市中央区由野台3-1-1
内之浦宇宙空間撮影所（発射シーン，実際の内之浦宇宙空間観測所の室内のシーン）	鹿児島県肝属郡肝付町南方1859

パラレルワールド・ラブストーリー（映画）

［公　開］2019年5月

［スタッフ］監督：森義隆，脚本：一雫ライオン，原作：東野圭吾

［出　演］玉森裕太（敦賀崇史），吉岡里帆（津野麻由子），筒井道隆（小山内譲），美村里江（桐山景子），清水尋也（篠崎伍郎），水間ロン（柳瀬礼央），石田ニコル（岡田夏江），田口トモロヲ（須藤隆明）〔ほか〕

ロケ地・場面	所在地
浜松町駅付近の高架下（崇史が体の不自由な男とすれ違った高架下）	東京都港区海岸1
bizoux自由が丘店 店の前の通り（崇史と麻由子が通りかかったアクセサリーショップ）	東京都目黒区自由が丘1-16-12
SUNDAY（崇史が麻由子に指輪を贈った店）	東京都世田谷区池尻2-7-12
パペルブルグ〈ブルグコーヒー〉（崇史が智彦から麻由子を紹介された店）	東京都八王子市鑓水530-1
中山駅（崇史が麻由子を見送った駅）	神奈川県横浜市緑区中山町
スペインクラブ茅ヶ崎（崇史、智彦、麻由子が食事をした店）	神奈川県茅ヶ崎市新栄町10-25

春に散る（映画）

［公　開］2023年8月

［スタッフ］監督・脚本：瀬々敬久，脚本：星航，原作：沢木耕太郎

［出　演］佐藤浩市（広岡仁一），横浜流星（黒木翔吾），橋本環奈（広岡佳菜子），坂東龍汰（大塚俊），松浦慎一郎（山下裕二），尚玄（郡司），奥野瑛太（原田），坂井真紀（黒木和美），小澤征悦（巽会長），片岡鶴太郎（佐瀬健三），哀川翔（藤原次郎），窪田正孝（中西利男），山口智子（真田令子）

ロケ地・場面	所在地
佐賀関漁港・金山港周辺（仁一がタクシーで帰省するところ）	大分県大分市佐賀関
権現通り商店街（関の権現早吸日女神社夏祭りが行われていた場所）	大分県大分市佐賀関町

極楽温泉（佐瀬と仁一が訪れた温泉）	大分県由布市挾間町来鉢1148-1

パレード（映画）

［公　開］2024年2月

［スタッフ］監督：藤井道人, 脚本：足立紳

［出　演］美奈子（長澤まさみ）, アキラ（坂口健太郎）, 勝利（横浜流星）, マイケル（リリー・フランキー）, スナックのママ（寺島しのぶ）, ナナ（森七菜）〔ほか〕

［トピック］2024年2月29日からNetflixで配信されているヒューマンドラマ映画。

ロケ地・場面	所在地
東一番丁通（パレードが行われていた通り）	宮城県仙台市青葉区一番町1
みやぎ霊園（墓参りで訪れた霊園）	宮城県仙台市青葉区郷六大森2-1
東北工業大学長町キャンパス敷地内道路（勝利がバイクでみずきの車を追った道路）	宮城県仙台市太白区二ツ沢6
tbc東北放送（美奈子が勤めていたテレビ局）	宮城県仙台市太白区八木山香澄町26-1
モリウミアス（児童養護施設）	宮城県石巻市雄勝町桑浜字桑浜60
中町・長町商店街（パレードが行われた場所）	宮城県白石市中町
青雲神社（マイケルが参拝した神社）	宮城県栗原市栗駒猿飛来山根89
六日町通り商店街（パレードが行われた場所）	宮城県栗原市栗駒岩ケ崎六日町
宮城県築館高等学校（ナナが通っていた高校）	宮城県栗原市築館下宮野町浦22
野蒜海岸（美奈子が打ち上げられた浜辺）	宮城県東松島市野蒜南余景
旧富永小学校（美奈子の息子が通う小学校）	宮城県大崎市古川富長五右エ門6-2
旧大崎西部家畜市場（美奈子が息子を探した場所）	宮城県加美郡加美町小泉天神76-1
西谷棚田（マイケルたちが行進した場所）	福島県二本松市二伊滝1
朝日座（美奈子たちがマイケルの制作した映画を見た映画館）	福島県南相馬市原町区大町1-120

阪急電車（映画）

［公　開］2011年4月

［スタッフ］監督：三宅喜重, 脚本：岡田惠和, 原作：有川浩

［出　演］中谷美紀（高瀬翔子）, 戸田恵梨香（森岡ミサ）, 宮本信子（萩原時江）, 芦田愛菜（萩原亜美）, 有村架純（門田悦子）〔ほか〕

ロケ地・場面	所在地
三宮中央通り（冒頭で翔子が雑踏の中で一人たたずむ通り）	兵庫県神戸市中央区
フロインドリーブ（翔子が健介、比奈子に啖呵を切ったカフェ）	兵庫県神戸市中央区生田町4-6-15
海の広場〈神戸阪急モザイク〉（ミサとカツヤがデートした場所）	兵庫県神戸市中央区東川崎町1-6
カフェ・フィッシュ&メリケンパーク（ミサとカツヤが別れ話をした場所）	兵庫県神戸市中央区波止場町2-8
門戸厄神駅（ミサが車内で体調を崩した康江を介抱し下車した駅）	兵庫県西宮市下大市東町1-22
甲東園駅周辺の線路敷地内（美帆と圭一が自生するワラビを見つけた線路沿いの草むら）	兵庫県西宮市甲東園1-204
西宮北口駅（康江が阪急列車に乗り込んだ駅など）	兵庫県西宮市甲風園1-2
関西学院大学（美帆と圭一が通う大学）	兵庫県西宮市上ケ原一番町1-155
夙川公園（若い頃の時江と夫が散歩した公園）	兵庫県西宮市神楽町14
宝塚ホテル（健介と比奈子の結婚式会場）	兵庫県宝塚市栄町1-1-33

DOG RUN-DO（亜美と時江が犬と遊んだドッグラン）	兵庫県宝塚市栄町1-1-57
逆瀬川駅（ミサが部屋探しに出かけた駅）	兵庫県宝塚市逆瀬川2-1
小林駅近くのイズミヤ（翔子が服を買い、ドレスをゴミ箱に捨てた店）	兵庫県宝塚市小林5-5-47
仁川駅（ミサとカツヤが降車した駅）	兵庫県宝塚市仁川北3-3
小林駅（翔子が途中下車した駅）	兵庫県宝塚市千種2-1

半沢直樹（ドラマ）

［公　開］2013年7月～9月

［スタッフ］脚本：八津弘幸, 脚本協力：坪田文, 原作：池井戸潤

［出　演］堺雅人（半沢直樹）, 上戸彩（半沢花）, 及川光博（渡真利忍）, 片岡愛之助（黒崎駿一）, 滝藤賢一（近藤直弼）, 笑福亭鶴瓶（半沢慎之助）, 北大路欣也（中野渡謙）, 香川照之（大和田暁）〔ほか〕

ロケ地・場面	所在地
埼玉県立大学 本部棟講堂（東京中央銀行行内表彰式が行なわれた会場）〔1〕	埼玉県越谷市三野宮820
ゴトウネジ（7年後、樹脂ネジの半沢）〔1〕	埼玉県八潮市2-470
山田ネジ（半沢の実家「半沢ネジ」）〔1〕	埼玉県八潮市伊勢野251
秋葉原ワイケー無線（近藤が土下座していた電気パーツの店）〔1〕	東京都千代田区神田佐久間町1-14
三井本館（東京中央銀行本店の外観（高層部の一部はYUITO 日本橋室町野村ビル））〔1〕	東京都中央区日本橋室町2-1
YUITO 日本橋室町野村ビル（東京中央銀行本店の外観（高層部の一部以外は三井本館））〔1〕	東京都中央区日本橋室町2-4
ホテル椿山荘東京 ボールルーム（1991年、半沢が産業中央銀行の入社面接試験を受けた会場）〔1〕	東京都文京区関口2-10
東京国立博物館 本館（中野渡と大和田が半沢を見た本店内の階段）〔1〕	東京都台東区上野公園13
福生市民会館 大ホール（産業中央銀行入行式が行なわれたホール）〔1〕	東京都福生市福生2455
自彊館武道場（半沢が近藤と剣道をしていたところ）〔1〕	神奈川県横浜市港北区高田町1799
日本冶金工業川崎製造所（半沢と中西が訪れた西大阪スチール）〔1〕	神奈川県川崎市川崎区小島町4
根本造船所（半沢が波野に会いに行った鳥谷造船）〔1〕	神奈川県川崎市川崎区小島町9
浮島町の道路（鳥谷造船へ向かう半沢の車が走っていたところ）〔1〕	神奈川県川崎市川崎区浮島町7と10の間
山とみ（半沢、渡真利、近藤が話をしていた京都鴨川の納涼床）〔1〕	京都府京都市中京区鍋屋町226
石川ホーロー（半沢が訪れた竹下金属）〔1〕	大阪府大阪市浪速区恵美須西3-14
通天閣本通（半沢が歩いていた商店街）〔1〕	大阪府大阪市浪速区恵美須東1-13付近
梅田阪急ビル〈阪急うめだ本店〉（東京中央銀行大阪西支店の外観）〔1〕	大阪府大阪市北区角田町8

ヒルトンプラザホール・グランカフェ（半沢と渡真利が話をしていたラウンジ）〔1〕	大阪府大阪市北区梅田2-2
新神戸駅（半沢が近藤を見送った新幹線のホーム）〔1〕	兵庫県神戸市中央区加納町1-3
芦有ドライブウェイ東六甲展望台（社宅を出た半沢が立っていた夜景の見える駐車場）〔1〕	兵庫県西宮市越水社家郷山1-65
内匠 なか田（東田、未樹、板橋が食事をしていた焼肉店）〔2〕	東京都港区西麻布2-2
おふくろの味 ねぎ（渡真利が半沢からの電話に出た店）〔2〕	東京都港区赤坂3-7
外語ビジネス専門学校（半沢が訪れた東亜細亜リゾート開発）〔2〕	神奈川県川崎市川崎区駅前本町22
ブックスロケーション横須賀リゾートスタジオ（東田と未樹がジャグジーに入っていた別荘, 半沢と黒崎が話をしていた別荘）〔2〕	神奈川県横須賀市鴨居3-15
宗田造船（半沢が訪れた淡路鋼材）〔2〕	兵庫県明石市港町16
明石港（竹下が半沢に板橋を紹介した港, 板橋が書類を燃やしていた港）〔2〕	兵庫県明石市港町3
料亭 玉家 母屋「龍泉の間」（浅野支店長と小木曽が会食していた料亭）〔3〕	埼玉県さいたま市浦和区常盤3-24
千葉西総合病院（半沢と竹下が訪れた小村が入院している十三中央病院, フリーライターの来生が半沢に声を掛けた病院の前）〔3〕	千葉県松戸市金ケ作107
三井本館の前（渡真利が半沢と電話で話をしていたところ）〔3〕	東京都中央区日本橋室町2-1
Ne Plus Ultra 六本木店（半沢と渡真利が話をしていたバー）〔3〕	東京都港区六本木4-9
梅田スカイビル 空中庭園展望台（半沢が中西を見つけたビルの屋上）〔3〕	大阪府大阪市北区大淀中1-1
料亭 玉家（浅野、東田、未樹が会食していた店）〔4〕	埼玉県さいたま市浦和区常盤3-24
学士会館 201号室（東京中央銀行の本館大会議室）〔4〕	東京都千代田区神田錦町3-28
山口銀行東京支店（関西シティ銀行の外観）〔4〕	東京都中央区日本橋本石町3-3
メルパルクTOKYO（花が花の飾り付けをしていたロビー）〔4〕	東京都港区芝公園2-5
Cafe des pres〈カフェ ミケランジェロ 広尾〉（花が花の飾り付けをしていたカフェ）〔4〕	東京都港区南麻布5-1
club bisser（東田と未樹がいたクラブの店内）〔4〕	東京都港区六本木3-8
Ne Plus Ultra 六本木店（半沢と渡真利が話をしていたバー）〔4〕	東京都港区六本木4-9
吉野家池袋ロサ店（半沢と竹下が話をしていた牛丼店）〔4〕	東京都豊島区西池袋1-37
ジラフ大阪（東田と未樹がいたクラブの外観, 半沢が未樹を待っていたクラブの前）〔4〕	大阪府大阪市中央区宗右衛門町7
道頓堀川沿い（半沢が未樹に融資の話をしたところ）〔4〕	大阪府大阪市中央区心斎橋筋2-4
大阪合同庁舎3号館（竹下が半沢と電話で話をしていた大阪国税局の前）〔4〕	大阪府大阪市中央区大手前1-5

真幸ビル（半沢と竹下が未樹に声を掛けた貸店舗の前）〔4〕	大阪府大阪市中央区道頓堀1-1
道頓堀川に架かる相合橋（未樹が半沢の頬を叩いた橋の上）〔4〕	大阪府大阪市中央区道頓堀1-5
大阪モノレール万博記念公園駅前（半沢が渡真利と電話で話をしていたところ, 半沢が竹下と電話で話をしていたところ）〔4〕	大阪府吹田市千里万博公園1
アクアワールド大洗（浅野が家族と訪れた水族館）〔5〕	茨城県東茨城郡大洗町磯浜町8252
学士会館（半沢が大和田とすれ違った本店内の廊下）〔5〕	東京都千代田区神田錦町3-28
三井本館の前（半沢が渡真利と電話で話ながら歩いていたところ）〔5〕	東京都中央区日本橋室町2-1
club bisser（半沢と竹下が東田に会いに行ったクラブの店内）〔5〕	東京都港区六本木3-8
野毛2丁目の道路（黒崎の車が急停車したところ）〔5〕	東京都世田谷区野毛2-4付近
梅田スカイビル 空中庭園展望台（半沢がメールを送っていたビルの屋上）〔5〕	大阪府大阪市北区大淀中1-1
大阪合同庁舎3号館の前（未樹の乗った車を半沢と竹下が見たところ）〔5〕	大阪府大阪市中央区大手前1-5
道頓堀（クラブを出た半沢と竹下が歩いていた繁華街）〔5〕	大阪府大阪市中央区道頓堀1-10
芦有ドライブウェイ東六甲展望台（半沢が花を連れて行った夜景の見えるところ）〔5〕	兵庫県西宮市越水社家郷山1-65
四誠館（半沢と遠藤が剣道をした道場）〔6〕	埼玉県川口市芝中田1-5
ナンセイ誉田営業所（半沢が戸越に会いに行った処理場）〔6〕	千葉県千葉市緑区誉田町1-81
三菱一号館美術館 CAFE1984（半沢と渡真利が油山と話をしたカフェ）〔6〕	東京都千代田区丸の内2-6
学士会館 201号室（緊急取締役会議が行なわれた東京中央銀行の会議室）〔6〕	東京都千代田区神田錦町3-28
日本ビルヂング（東京中央銀行京橋支店が入居している京橋産業ビルヂングの外観）〔6〕	東京都千代田区大手町2-6
日本プレスセンター（伊勢島ホテル本社ビルの外観）〔6〕	東京都千代田区内幸町2-2
たいこ茶屋（半沢が古里を問い詰めた居酒屋）〔6〕	東京都中央区日本橋馬喰町2-3
RIKEN 理研機器本社（遠藤が出向したタミヤ電機の外観）〔6〕	東京都港区高輪4-24
ホテル椿山荘東京「料亭 錦水」（半沢が大和田と会食していた料亭）〔6〕	東京都文京区関口2-10
ホテル椿山荘東京 中宴会場「ヒッコリールーム」（湯浅が半沢と初めてであった会議室）〔6〕	東京都文京区関口2-10
東京国立博物館 本館（中野渡、大和田、半沢たちが金融庁検査局を出迎えたところ）〔6〕	東京都台東区上野公園13
日本ヒューレット・パッカード本社 社員食堂（半沢、渡真利、時枝が話をしていた銀行内の食堂, 半沢と渡真利が窓際の席で話をしていた銀行内の食堂）〔6〕	東京都江東区大島2-2

ビーコンタワーレジデンス（花が訪れた岸川取締役の自宅がある高層マンションの外観）〔6〕	東京都江東区東雲1-9
霞が関コモンゲート西館（金融庁の外観）〔7〕	東京都千代田区霞が関3-2
学士会館（半沢と大和田がすれ違った本店内の廊下）〔7〕	東京都千代田区神田錦町3-28
内神田282ビル（東京中央銀行札幌支店の外観）〔7〕	東京都千代田区内神田2-15
大垣共立銀行東京支店（東京中央銀行福岡支店の外観）〔7〕	東京都中央区八丁堀2-6
アサンテ本社（東京中央銀行名古屋支店の外観）〔7〕	東京都新宿区新宿1-33
ホテル椿山荘東京「料亭 錦水」（大和田と羽根が会食していたところ）〔7〕	東京都文京区関口2-10
日本ヒューレット・パッカード本社 社員食堂（半沢と渡真利が話をしていた銀行内の社員食堂）〔7〕	東京都江東区大島2-2
ゴトウネジ（花が直樹と電話で話をしていた金沢の直樹の実家）〔8〕	埼玉県八潮市2-470
スタジオピア Studio31 Bayside（花がおはぎを持って訪れた岸川取締役の自宅）〔8〕	東京都江東区新木場2-1
日本ヒューレット・パッカード本社 社員食堂（半沢、渡真利、近藤が話をしていた社員食堂, 福山が半沢に一方的に話をした社員食堂）〔8〕	東京都江東区大島2-2
旧山手通り（近藤がラフィットから出て来た棚橋を見たところ）〔8〕	東京都渋谷区鉢山町13
旧山手通りの西郷橋北詰にある階段（近藤が上った階段）〔8〕	東京都渋谷区鉢山町13
学士会館 1階廊下（半沢が金融庁検査官の尾行をまいた東京中央銀行本店内の廊下, 地下2階へ向かう半沢や黒崎、大和田、中野渡たちが歩いていた廊下）〔9〕	東京都千代田区神田錦町3-28
学士会館 201号室（伊勢島ホテルの件で大和田が中野渡頭取の責任を確認した役員会議室）〔9〕	東京都千代田区神田錦町3-28
日本プレスセンター（半沢が羽根と話をした伊勢島ホテル本社のロビー）〔9〕	東京都千代田区内幸町2-2
三井本館の前（半沢、渡真利、近藤が話をしていた東京中央銀行本店の前）〔9〕	東京都中央区日本橋室町2-1
永盛蕎麦（半沢が食事をしていた蕎麦店）〔9〕	東京都中央区八丁堀3-14
トヨタアドミニスタ芝浦ビル（金融庁の検査官が半沢を双眼鏡で監視していたビルの屋上）〔9〕	東京都港区芝浦4-8
ホテル椿山荘東京「料亭 錦水」（大和田と羽根が会食していた料亭, 大和田が近藤と取引をした料亭）〔9〕	東京都文京区関口2-10
東京国立博物館 本館（半沢が大和田にネジを見せつけた大階段の下）〔9〕	東京都台東区上野公園13

日本ヒューレット・パッカード本社 社員食堂（半沢が渡真利に地下2階の機械室のことを話した社員食堂）〔9〕	東京都江東区大島2-2
四誠館（半沢が近藤を待っていた剣道場）〔終〕	埼玉県川口市芝中田1-5
新丸ビル 7階テラス（半沢、渡真利、近藤が話をしていた東京駅丸の内駅舎が見えるところ）〔終〕	東京都千代田区丸の内1-5
学士会館 201号室（取締役会議が行なわれた会議室，大和田が半沢に土下座した会議室）〔終〕	東京都千代田区神田錦町3-28
日本ビルヂングの前（半沢が大和田の乗った車に泥水を掛けられたところ）〔終〕	東京都千代田区大手町2-6
日本プレスセンター（半沢が羽根と話をした伊勢島ホテル本社のロビー）〔終〕	東京都千代田区内幸町2-2
三井本館の前（花が半沢に夜食の弁当を届けに来たところ）〔終〕	東京都中央区日本橋室町2-1
東京国立博物館 本館（渡真利が近藤の人事情報を聞いたところ）〔終〕	東京都台東区上野公園13
スタジオピア Studio31 Bayside（半沢が話をした岸川の自宅）〔終〕	東京都江東区新木場2-1
日本ヒューレット・パッカード本社 社員食堂（半沢と渡真利が近藤を待っていた社員食堂）〔終〕	東京都江東区大島2-2
ジャスマック八雲スタジオ（大和田邸のリビングルーム）〔終〕	東京都目黒区八雲5-1

半沢直樹Ⅱ エピソードゼロ 狙われた半沢直樹のパスワード（ドラマ）

［公　開］2020年1月

［スタッフ］脚本：槌谷健，李正美，丑尾健太郎，企画協力：池井戸潤

［出　演］吉沢亮（高坂圭），今田美桜（浜村瞳），緒形直人（城崎勝也），吉沢悠（若本健人），井上芳雄（加納一成），北村匠海（黒木亮介）〔ほか〕

ロケ地・場面	所在地
岩崎電気埼玉製作所（浜村や城崎が勤務する東京セントラル証券情報システム部のオフィス）	埼玉県行田市壱里山町1
千葉工業大学津田沼校舎 四号館の階段教室（高坂が通っていた大学の階段教室）	千葉県習志野市津田沼2-17
信金中央金庫 京橋別館〈旧本店〉大会議室（東京セントラル証券コンペ説明会の会場，高坂と浜村が名刺交換をしたところ）	東京都中央区京橋3-8
D2Cホール（スパイラルの役員会議が行われた会議室）	東京都中央区銀座6-18
新日本橋ビルディング前の中央通り（半沢が落としたスマートフォンを瀬名が拾って渡したところ）	東京都中央区日本橋3-8
内藤証券 東京第一営業部・第二営業部（東京セントラル証券の外観）	東京都中央区日本橋兜町13
リーガロイヤルホテル東京 セラーバー（半沢と渡真利が話をしていたバー）	東京都新宿区戸塚町1-104
新宿中央公園（高坂と浜村が話しながら歩いていた公園）	東京都新宿区西新宿2-11

全国家電会館 1階A 大会議室（東京セントラル証券の会議室）	東京都文京区湯島3-6
しながわ中央公園（高坂が浜村に青いネズミのUSBメモリーを渡した公園）	東京都品川区西品川1-20
TOLIDOLL 本社（高坂や若本が勤務するスパイラルのオフィス）	東京都渋谷区道玄坂1-21
渋谷ソラスタ（スパイラルが入居しているビルの外観, 高坂と浜村が赤と青のネズミ型USBメモリーを交換したビルの前）	東京都渋谷区道玄坂1-21

半沢直樹（2020年）（ドラマ）

［公　開］2020年7月～9月

［スタッフ］脚本：丑尾健太郎, 金沢知樹, 谷口純一郎, 原作：池井戸潤

［出　演］堺雅人（半沢直樹）, 上戸彩（半沢花）, 及川光博（渡真利忍）, 段田安則（紀本平八）, 片岡愛之助（黒崎駿一）, 賀来賢人（森山雅弘）, 筒井道隆（乃原正太）, 井川遥（女将・智美）, 江口のりこ（白井亜希子）, 柄本明（箕部啓治）, 児嶋一哉（笠松茂樹）, 大鷹明良（的場一郎）, 北大路欣也（中野渡謙）, 香川照之（大和田暁）〔ほか〕

ロケ地・場面	所在地
学士会館（大和田が三笠、伊佐山とすれ違った廊下）〔1〕	東京都千代田区神田錦町3-28
学士会館 201号室（土下座している大和田を伊佐山が見た東京中央銀行の役員会議室, 伊佐山がスパイラル買収計画を役員たちに説明した会議室）〔1〕	東京都千代田区神田錦町3-28
学士会館 201号室の前室（電脳雑伎集団がスパイラル買収の記者会見をしたところ）〔1〕	東京都千代田区神田錦町3-28
大阪お好み焼き・鉄板焼き 88 有楽町本店（森山と瀬名が話をしたお好み焼き店）〔1〕	東京都千代田区有楽町1-2
D2Cホール（瀬名が記者会見をしたところ）〔1〕	東京都中央区銀座6-18
新日本橋ビルディング前の中央通り（半沢が落としたスマートフォンを瀬名が拾って渡したところ）〔1〕	東京都中央区日本橋3-8
証券取引所前交差点（半沢、森山、諸田が信号待ちをしていたところ）〔1〕	東京都中央区日本橋茅場町1-1
三井本館（東京中央銀行本店の外観）〔1〕	東京都中央区日本橋室町2-1
幸橋架道橋の下（三木が浜村からの電話を受けたところ）〔1〕	東京都港区新橋1-13
新橋3丁目の道路（瀬名がゴミ袋を持って歩いていた道）〔1〕	東京都港区新橋3-16と3-18の間
住友不動産六本木グランドタワー（電脳雑伎集団のビル）〔1〕	東京都港区六本木3-2
GENIEE（スパイラルの役員室）〔1〕	東京都新宿区西新宿6-8
東京国立博物館 本館（大和田が伊佐山、三笠とすれ違った東京中央銀行本店内の大階段, 渡真利が半沢と電話で話をしていた階段）〔1〕	東京都台東区上野公園13
たぬき（半沢と渡真利が話をしていた居酒屋の店頭）〔1〕	東京都台東区浅草2-5
ヤマザキYショップあそか病院前店（瀬名が働いていたコンビニ）〔1〕	東京都江東区住吉1-18

上越やすだ恵比寿店（半沢と渡真利、苅田が話をしていた小料理店）〔1〕	東京都渋谷区恵比寿南1-14
マーミーズ 杉並宮前和スタジオ（瀬名たちがスパイラルを立ち上げた部屋）〔1〕	東京都杉並区宮前3-24
田中商事西綾瀬給油所（瀬名が働いていたガソリンスタンド）〔1〕	東京都足立区西綾瀬2-4
曙町場内酒場立川店（半沢と森山が話をした居酒屋）〔1〕	東京都立川市曙町1-32
京王れーるランド（森山が瀬名の記事が載った雑誌を見ていた電車内）〔1〕	東京都日野市程久保3-36
日本庭園陵墓 紅葉亭数寄屋（伊佐山が三笠を待っていた料亭）〔1〕	神奈川県相模原市南区磯部2633
学士会館 201号室ロビー（半沢と岡が伊佐山と三笠に面会したところ）〔2〕	東京都千代田区神田錦町3-28
矢まと新橋店の前（森山と歩いていた半沢が岡からの電話を受けたところ）〔2〕	東京都千代田区内幸町1-6
東京ミッドタウン日比谷（森山が訪れたスパイラルの受付, 広重が伊佐山と電話で話をしたスパイラルのロビー）〔2〕	東京都千代田区有楽町1-1
D2Cホール（瀬名が役員と話をしていた会議室, 瀬名たちが新株発行の決議をした会議室）〔2〕	東京都中央区銀座6-18
東京証券取引所の脇（半沢が三木からの電話を受けたところ）〔2〕	東京都中央区日本橋兜町2
たいこ茶屋（半沢と渡真利が昼食を食べながら話をしていた店）〔2〕	東京都中央区日本橋馬喰町2-3
ACCEA京橋店の前（三木から送られてきた写真を森山が印刷して出てきたところ）〔2〕	東京都中央区八重洲2-8
住友不動産六本木グランドタワーのエントランス前（美幸が広重にハグした写真を浜村が撮ったところ）〔2〕	東京都港区六本木3-2
リーガロイヤルホテル東京 ガーデンラウンジ（森山と瀬名が話をしていたラウンジ）〔2〕	東京都新宿区戸塚町1-104
東京国立博物館 本館（半沢が大和田と出会った東京中央銀行本店の大階段, 半沢が大和田から電話を受けた東京中央銀行本店の階段）〔2〕	東京都台東区上野公園13
CAFE&HALL ours（渡真利がいたカフェ, 渡真利が半沢と電話で話をしたカフェ）〔2〕	東京都品川区北品川5-7
塚田農場 池袋東口本店（浜村、尾西、原田が昼食を食べながら話をしていた店）〔2〕	東京都豊島区南池袋2-16
曙町場内酒場 立川店（半沢、森山、三木が話をしていた焼肉店）〔2〕	東京都立川市曙町1-32
四誠館（半沢、森山、瀬名が訪れた剣道場）〔3〕	埼玉県川口市芝中田1-5
D2Cホール（瀬名と郷田が記者会見をしたスパイラルのホール）〔3〕	東京都中央区銀座6-18

ホテル椿山荘東京「料亭 錦水」音羽の間（大和田と伊佐山が会食していた料亭）〔3〕	東京都文京区関口2-10
野村不動産天王洲ビル（foxの外観）〔3〕	東京都品川区東品川2-4
品川埠頭橋（foxへ向かう半沢、森山、瀬名が渡っていた橋）〔3〕	東京都品川区東品川5-10
上越やすだ 恵比寿店（半沢と森山が玉置を待っていた智美の店）〔3〕	東京都渋谷区恵比寿南1-14
さいたまスーパーアリーナ 地下駐車場（半沢が大和田に会いに行った東京中央銀行本店の車寄せ）〔4〕	埼玉県さいたま市中央区新都心8
パレスホテル東京 ボードルーム（半沢、田島、曾根崎が帝国航空の神谷、永田、山久と話をしていた会議室）〔4〕	東京都千代田区丸の内1-1
日本工業倶楽部会館（半沢が諸田にメモを渡したラウンジ, 大和田と紀本が話をしていたラウンジ）〔4〕	東京都千代田区丸の内1-4
学士会館 201号室（大和田と伊佐山が話をしていた東京中央銀行の役員会議室, 半沢が電脳雑伎集団の粉飾決算を説明した役員会議室）〔4〕	東京都千代田区神田錦町3-28
三井本館の前（半沢と森山が話をしていた東京中央銀行本店の前）〔4〕	東京都中央区日本橋室町2-1
大本山 増上寺（三笠と伊佐山が参拝した寺, 三笠と伊佐山が歩いていた寺の境内）〔4〕	東京都港区芝公園4-7
八芳園 壺中庵（大和田と伊佐山が会食していた料亭）〔4〕	東京都港区白金台1
リーガロイヤルホテル東京 セラーバー（半沢と渡真利が話をしていたバーラウンジ）〔4〕	東京都新宿区戸塚町1-104
キヤノン本社 御手洗毅記念館（白井が車を降りた首相官邸の前）〔4〕	東京都大田区下丸子3-30
上越やすだ 恵比寿店（平山夫妻が半沢に会いに来た小料理屋）〔4〕	東京都渋谷区恵比寿南1-14
マーミーズ 杉並宮前和スタジオ（瀬名が半沢からの連絡を待っていた部屋）〔4〕	東京都杉並区宮前3-24
明電舎沼津事業所（半沢と森山が歩いていた電脳電設の構内, 半沢が電脳電設の社長を見つけた工場）〔4〕	静岡県沼津市東間門字上中溝515
潤井川に架かる青見橋（半沢と森山が玉置と話をした橋の上）〔4〕	静岡県富士宮市大中里200
富士フイルム富士宮工場（電脳電設の外観）〔4〕	静岡県富士宮市大中里200
霞ヶ浦沿いの道（半沢の乗ったタクシーが走っていた水辺沿いの道）〔5〕	茨城県石岡市高浜
茨城空港旅客ターミナルビル（半沢が到着した伊勢志摩空港）〔5〕	茨城県小美玉市与沢1601
四誠館（半沢がメールの発信者情報を瀬名から受け取った剣道場）〔5〕	埼玉県川口市芝中田1-5
メガネセンター木更津店（半沢が訪れた丸岡商工が入居しているビル）〔5〕	千葉県木更津市東中央1-4
JAL成田Aハンガー 格納庫（半沢と田島が訪れた帝国航空の格納庫）〔5〕	千葉県成田市東三里塚

シェラトングランデ東京ベイ 大宴会場「ザ・クラブ フジ」(半沢が訪れた「永田栄一君を元気にする会」が行われていたホテル)〔5〕	千葉県浦安市舞浜1-9
パレスホテル東京 ボードルーム(半沢が帝国航空再建案を神谷、永田、山久に話していた会議室)〔5〕	東京都千代田区丸の内1-1
学士会館 301号室(白井と乃原が箕部に会いに行った部屋)〔5〕	東京都千代田区神田錦町3-28
NTT日比谷ビル(箕部が的場総理大臣に土下座した部屋)〔5〕	東京都千代田区内幸町1-1
東京ミッドタウン日比谷 パナソニックの会議室(開発投資銀行の会議室, 半沢と田島が谷川に会いに行った会議室)〔5〕	東京都千代田区有楽町1-1
パナソニックコネクティッドソリューションズ本社 受付(リークされた再建案を木滝たちが半沢に突き付けた帝国航空の受付)〔5〕	東京都中央区銀座8-21
新虎通り(丸岡の乗ったハイヤーに半沢と木滝が乗り込んできたところ)〔5〕	東京都港区西新橋2-18
東京国立博物館 本館(大和田が半沢と電話で話をしていた東京中央銀行本店の大階段)〔5〕	東京都台東区上野公園13
HANEDA INNOVATION CITY(半沢と木滝が話をしていたところ, 半沢と永田が話をしていたところ)〔5〕	東京都大田区羽田空港1-1

羽田空港第1旅客ターミナル ギャラクシーホール(制服リニューアルの打ち合わせが行われていたところ)〔5〕	東京都大田区羽田空港3-3
東京国際空港の第2旅客ターミナル国際線施設(半沢と田島が歩いていた空港の出発ロビー)〔5〕	東京都大田区羽田空港3-4
日本航空第一テクニカルセンター(半沢が木滝を待っていたところ)〔5〕	東京都大田区羽田空港3-6
LINK FORESTのFOREST HALL(帝国航空社員説明会が行われたところ)〔5〕	東京都多摩市鶴牧3-5
さいたまスーパーアリーナ 地下駐車場(中野たちが白井大臣を出迎えた東京中央銀行の車寄せ)〔6〕	埼玉県さいたま市中央区新都心8
四誠館(半沢が森山にSKY HOPEの担当者を紹介して欲しいと頼んだ剣道場)〔6〕	埼玉県川口市芝中田1-5
トゥールダルジャン東京(乃原、白井、箕部が会食していたレストラン)〔6〕	東京都千代田区紀尾井町4
学士会館 201号室(中野渡たちが白井大臣と話をした役員会議室)〔6〕	東京都千代田区神田錦町3-28
学士会館 201号室ロビー(大和田が半沢に「銀行沈没」と話したところ)〔6〕	東京都千代田区神田錦町3-28
学士会館 203号室(国土交通省の大臣室)〔6〕	東京都千代田区神田錦町3-28

東京ミッドタウン日比谷 パナソニックの会議室（半沢が森山と再会した開発投資銀行の会議室）〔6〕	東京都千代田区有楽町1-1
品川シーズンテラスカンファレンス ホール（中野渡が業務改善命令を受領した金融庁内）〔6〕	東京都港区港南1-2
リーガロイヤルホテル東京 セラーバー（半沢と渡真利が話をしていたバーラウンジ）〔6〕	東京都新宿区戸塚町1-104
東京国立博物館 本館（中野渡、大和田、半沢たちが黒崎たちを出迎えた大階段）〔6〕	東京都台東区上野公園13
HANEDA INNOVATION CITY（森山が半沢と電話で話をしていたところ）〔6〕	東京都大田区羽田空港1-1
よい仕事おこしプラザ（半沢と田島が受け入れ先を探しに行った東日本トラベル）〔6〕	東京都大田区羽田空港1-1
総合運動公園 伊勢原市体育館大体育室 メインアリーナ（山久が人員削減対象社員に説明を行った体育館）〔6〕	神奈川県伊勢原市西富岡320
プラネアール みずほ台井上病院スタジオ（森山が半沢と電話で話をした病院の待合室）〔7〕	埼玉県富士見市針ヶ谷1-11
トゥールダルジャン東京（白井、箕部、紀本が会食していたレストラン）〔7〕	東京都千代田区紀尾井町4
hanadouraku 麹町本店（花が智美と出会った生花店）〔7〕	東京都千代田区麹町6-4
学士会館 201号室（役員会議が行われた東京中央銀行の役員会議室）〔7〕	東京都千代田区神田錦町3-28
学士会館 203号室（白井と笠松が話をしていた国土交通省の大臣室）〔7〕	東京都千代田区神田錦町3-28
学士会館 301号室（中野渡が箕部と話をしていた部屋）〔7〕	東京都千代田区神田錦町3-28
学士会館 廊下（半沢と大和田が歩いていた廊下）〔7〕	東京都千代田区神田錦町3-28
東京ミッドタウン日比谷 パナソニックの会議室（半沢と谷川が話をした開発投資銀行の会議室）〔7〕	東京都千代田区有楽町1-1
ホテル椿山荘東京「料亭 錦水」音羽の間（半沢と大和田が曾根崎を問い詰めた料亭）〔7〕	東京都文京区関口2-10
HANEDA INNOVATION CITY（森山が階段を踏み外して転落したところ）〔7〕	東京都大田区羽田空港1-1
上越やすだ 恵比寿店（半沢が花と出会って驚いた智美の店）〔7〕	東京都渋谷区恵比寿南1-14
中華そば福寿（白井が出演しているテレビを森山が観たラーメン店）〔7〕	東京都渋谷区笹塚3-19
曙町場内酒場 立川店（半沢、渡真利、森山が話をしていた居酒屋）〔7〕	東京都立川市曙町1-32
日本工業倶楽部会館（紀本が福山のタブレットを取り上げたラウンジ）〔8〕	東京都千代田区丸の内1-4

パパスカフェ（半沢と渡真利が箕部の元番記者と話をしていたカフェ，黒崎の部下が半沢に声を掛けたカフェの前）〔8〕	東京都千代田区丸の内3-3
トゥールダルジャン東京（紀本と箕部が会食していたレストラン）〔8〕	東京都千代田区紀尾井町4
学士会館 301号室（中野渡が箕部と話をしていた部屋，半沢と大和田が箕部に謝罪した部屋）〔8〕	東京都千代田区神田錦町3-28
セルリアンタワー東急ホテル コーナースイート〈エグゼクティブフロア〉（10年前、智美が書類を届けに訪れたホテルの部屋）〔8〕	東京都渋谷区桜丘町26
あおぞら銀行府中別館前の「すずかけ通り」（金融庁を出た黒崎に半沢が声を掛けたところ）〔8〕	東京都府中市日鋼町1
ギオン 相模原センター（箕部の資料が保管されていた倉庫）〔8〕	神奈川県相模原市南区当麻3655
浄発願寺の墓地（9月6日、楢の会が牧野元副頭取の墓参りをしていた墓地，半沢と渡真利が智美に声を掛けた墓地）〔8〕	神奈川県伊勢原市日向1816
茨城空港公園の東側（半沢と森山がタクシーを降りたところ）〔9〕	茨城県小美玉市与沢
茨城空港旅客ターミナルビル（半沢と森山が出会った伊勢志摩空港の到着ロビー）〔9〕	茨城県小美玉市与沢1601
トゥールダルジャン東京（中野渡と乃原が話をしたレストラン，半沢が乗り込んだレストラン）〔9〕	東京都千代田区紀尾井町4
ホテルニューオータニ東京（半沢がタクシーを降りたホテルの前）〔9〕	東京都千代田区紀尾井町4-1
学士会館 201号室（白井と乃原が東京中央銀行の幹部たちと面会した会議室）〔9〕	東京都千代田区神田錦町3-28
NTT日比谷ビル（白井と一緒に的場総理大臣に会いに行った箕部が土下座した部屋）〔9〕	東京都千代田区内幸町1-1
大阪お好み焼き・鉄板焼き 88 有楽町本店（半沢、森山、瀬名が話をしていたお好み焼店）〔9〕	東京都千代田区有楽町1-2
たいこ茶屋（渡真利と福山が灰谷を待ち伏せしていた居酒屋，黒崎が灰谷に自白させた居酒屋）〔9〕	東京都中央区日本橋馬喰町2-3
リーガロイヤルホテル東京 ガーデンラウンジ（紀本と乃原が話をしていたラウンジ）〔9〕	東京都新宿区戸塚町1-104
長谷工南砂町駅前ビル（半沢と森山が橋の上から見ていた伊勢志摩ステート本社）〔9〕	東京都江東区新砂3-39
大林寺（10年前、牧野の葬儀で智美が中野渡と話をした寺）〔9〕	神奈川県横浜市緑区長津田6-6
ギオン 相模原センター（半沢、渡真利、田島、富岡が訪れた倉庫）〔9〕	神奈川県相模原市南区当麻3655

城南信用金庫湘南台支店（半沢と森山が訪れた東京中央銀行伊勢志摩支店の外観, 半沢と森山が外へ出た伊勢志摩支店の通用口）〔9〕	神奈川県藤沢市湘南台2-8
四誠館（半沢、森山、瀬名がいた剣道場, 渡真利が半沢を迎えに来た剣道場）〔終〕	埼玉県川口市芝中田1-5
パレスホテル東京 ボードルーム（山久が資料をプリントアウトした帝国航空の会議室）〔終〕	東京都千代田区丸の内1-1
日本工業倶楽部会館（半沢、渡真利、森山が話をしていたラウンジ）〔終〕	東京都千代田区丸の内1-4
明治生命館 応接室（半沢が黒崎と話をした国税庁内の部屋）〔終〕	東京都千代田区丸の内2-1
ホテルニューオータニ東京 VIEW & DINING THE SKY（乃原、白井、神谷、山久が話をしていたレストラン, 半沢がやって来たレストラン）〔終〕	東京都千代田区紀尾井町4-1
ホテルニューオータニ東京 ザ・メイン プレジデンシャルスイート（半沢と渡真利が押しかけた紀本が隠れていたホテルの部屋）〔終〕	東京都千代田区紀尾井町4-1
ホテルニューオータニ東京 バー カプリ（中野渡が酒を呑んでいたバー）〔終〕	東京都千代田区紀尾井町4-1
ホテルニューオータニ東京 ベッラ・ヴィスタ（半沢と笠松が話をしたいたレストラン）〔終〕	東京都千代田区紀尾井町4-1
学士会館 201ロビー（中野渡が謝罪会見をしたところ）〔終〕	東京都千代田区神田錦町3-28
学士会館 201号室（半沢、大和田、中野渡が白井と話をした役員会議室, 大和田が半沢の退職願を破り捨てた役員会議室）〔終〕	東京都千代田区神田錦町3-28
学士会館 301号室（笠松と白井が箕部の隠し口座を探り当てた部屋, 白井が箕部が手入れをしていた盆栽をたたき落とした部屋）〔終〕	東京都千代田区神田錦町3-28
D2Cホール（森山や瀬名たちが会見の様子を見ていたスパイラルのホール）〔終〕	東京都中央区銀座6-18
八重洲三井ビルディング南側の鍛冶橋通り（車に乗った黒崎が白井からの連絡を受けた名古屋市内の道路）〔終〕	東京都中央区八重洲2-7
東京スター銀行 本社受付（黒崎が大和田と電話で話をしたいたUAE銀行名古屋支店の受付付近）〔終〕	東京都港区赤坂2-3
東京国立博物館 本館（中野渡が半沢と別れた東京中央銀行本店の大階段）〔終〕	東京都台東区上野公園13
上越やすだ 恵比寿店（花と智美が会見の様子を見ていた店）〔終〕	東京都渋谷区恵比寿南1-14
JAKUETSU 川崎営業店（花が花を届けに行った白井の新しい事務所）〔終〕	神奈川県川崎市宮前区有馬8-28
浄発願寺の墓地（中野渡が会見の様子を見ていた墓地）〔終〕	神奈川県伊勢原市日向1816

半世界 (映画)

[公　開] 2019年2月

[スタッフ] 監督・脚本：阪本順治

[出　演] 稲垣吾郎 (高村紘), 長谷川博己 (沖山瑛介), 池脇千鶴 (高村初乃), 渋川清彦 (岩井光彦), 竹内都子 (岩井麻里), 杉田雷麟 (高村明), 菅原あき (奈月), 牧口元美 (藤吉郎), 信太昌之 (池田), 堀部圭亮 (津山), 小野武彦 (大谷吉晴), 石橋蓮司 (岩井為夫) 〔ほか〕

ロケ地・場面	所在地
マルモ製炭所 (紘の炭焼き小屋)	三重県度会郡南伊勢町伊勢路2218
西村ボデー (岩井モータース)	三重県度会郡南伊勢町下津浦788-1
宿田曽漁港 (瑛介が漁船に乗り込むところなど)	三重県度会郡南伊勢町田曽浦
南海展望公園近くの森 (伐採地)	三重県度会郡南伊勢町礫浦

半分、青い。 (ドラマ)

[公　開] 2018年4月～9月

[スタッフ] 脚本：北川悦吏子

[出　演] 永野芽郁 (楡野鈴愛), 佐藤健 (萩尾律), 松雪泰子 (楡野晴), 滝藤賢一 (楡野宇太郎), 風吹ジュン (楡野廉子), 中村雅俊 (楡野仙吉), 原田知世 (萩尾和子), 谷原章介 (萩尾弥一), 余貴美子 (岡田貴美香) 〔ほか〕

ロケ地・場面	所在地
中央クリニック (楡野鈴愛と萩尾津が生まれた岡田医院) 〔1〕	岐阜県多治見市日ノ出町1-17-1
長良川に架かる鮎之瀬橋 (楡野鈴愛と萩尾律が糸電話の実験を行った赤いトラス鉄橋) 〔1〕	岐阜県関市小瀬7
土岐川 (楡野鈴愛と萩尾律の故郷の川) 〔1〕	岐阜県瑞浪市釜戸町
岩村川沿いの道 (楡野晴と楡野宇太郎が子供を産むかどうかを話していた川沿いの道, 楡野鈴愛と萩尾律が木曽川に行くときに渡っていた橋) 〔1〕	岐阜県恵那市岩村町
岩村町の道路 (楡野仙吉が自転車で転倒した場所) 〔1〕	岐阜県恵那市岩村町
やすだや洋品店 (BOUTIQUEおしゃれ木田原) 〔1〕	岐阜県恵那市岩村町789-5
富田の田んぼ (楡野鈴愛と萩尾律の故郷の田んぼ) 〔1〕	岐阜県恵那市岩村町富田
国道257号線 (岐阜県東美濃市を見渡す高台) 〔1〕	岐阜県恵那市東野
江南緑地公園 (楡野鈴愛と萩尾律が糸電話の実験に行った木曽川の河原) 〔1〕	愛知県江南市草井町中270
万博公園 太陽の塔 (大阪万博の会場) 〔1〕	大阪府吹田市千里万博公園1-1
公民館近くの丘 (楡野家のみんなが楡野廉子を呼んでいた丘) 〔2〕	岐阜県中津川市落合
落合の墓地 (楡野廉子の墓がある墓地) 〔2〕	岐阜県中津川市落合
岩村町商店街近くの一色川の飛び石 (楡野鈴愛と萩尾律が渡っていた飛び石) 〔2〕	岐阜県恵那市岩村町
博物館明治村〈旧三重県庁舎, 聖ザビエル天主堂, 夏目漱石住宅, 旧帝国ホテル, 金沢監獄〉(楡野鈴愛がデートに行った明治村) 〔3, 4〕	愛知県犬山市内山1

鶴見川に架かる川和北八朔橋(萩尾律が犬を助けた橋(後に見えた高架の線路は横浜地下鉄グリーンライン))〔3, 7〕	神奈川県横浜市都筑区川和町1415-3
土岐川に架かる吊り橋〈釜戸の吊り橋, 平山橋〉(楡野鈴愛が漫画を読んでいた吊り橋)〔4〕	岐阜県瑞浪市釜戸町4136
旧土浦市役所(東美濃バスセンター)〔6〕	茨城県土浦市下高津1-20-35
Royal Garden Cafe青山店(楡野鈴愛が着いた東京)〔6〕	東京都港区北青山2-1-19
神田川に架かる菖蒲橋(萩尾律が住むマンション近くの橋)〔7〕	東京都新宿区西新宿5
おかず横町(東京の町並み)〔7〕	東京都台東区鳥越1-6-5
隅田川の河川敷(楡野鈴愛と朝井正人が話をしていた川)〔10〕	東京都中央区築地6
リストランテ・サバティーニ青山(楡野晴と萩尾律が食事をしていたイタリアンレストラン)〔10〕	東京都港区北青山2-13-5
NHK放送センター(萩尾律が働く会社の屋上)〔13〕	東京都渋谷区神南2-2-1
ふなばし三番瀬海浜公園〈市川市東浜の防波堤〉(楡野鈴愛たちが歌っていた防波堤のある海)〔14〕	千葉県船橋市潮見町40
労働金庫千葉ニュータウンビル前の道路(楡野鈴愛の引越しトラックが走っていた道路)〔14〕	千葉県印西市大塚1-7-1
世田谷ものづくり学校(なんでも作るよオフィス)〔22〕	東京都世田谷区池尻2-4-5
カフェかるちや(萩尾律と萩尾より子が話していた大阪のカフェ)〔22〕	岐阜県恵那市長島町中野361-3
品川シーズンテラス(萩尾律が働く菱松電機東京本社)〔23〕	東京都港区港南1-2-70
みどり荘(萩尾律が住む東京の家)〔23〕	東京都目黒区青葉台3-3-11
わたらせ渓谷鐵道沢入駅(夏虫駅)	群馬県みどり市東町沢入962
東京農工大学 府中キャンパス(萩尾律が通う西北大学)	東京都府中市幸町3-5-8
羽村市弓道場(西北大学の弓道場)	東京都羽村市小作台4-2-8
万尺公園(西颪公園前バス停)	岐阜県瑞浪市一色町1
土岐川沿いの畑(楡野仙吉のキャベツ畑)	岐阜県瑞浪市土岐町
岩村川沿いの道(ふくろう商店街近くの川沿いの道)	岐阜県恵那市岩村町
岩村町商店街(ふくろう商店街)	岐阜県恵那市岩村町
岐阜県立加茂高等学校(楡野鈴愛と萩尾津が通う高校の弓道場)	岐阜県美濃加茂市本郷町2-6-78
土岐商業高等学校(楡野鈴愛と萩尾津が通う高校)	岐阜県土岐市土岐津町土岐口1259-1
岐阜県立可児高校(楡野鈴愛と萩尾津が通う高校の中庭と体育館)	岐阜県可児市坂戸987-2
大和ふれあいの家〈旧大和町立北小学校東弥分校〉(楡野鈴愛と萩尾津が通うふくろう小学校)	岐阜県郡上市大和町大間見304

光を追いかけて (映画)

[公　開] 2021年10月

[スタッフ] 監督・脚本:成田洋一, 脚本:作道雄

[出　演] 中川翼(中島彰), 長澤樹(岡本真

希), 生駒里奈(奈良美晴), 柳葉敏郎(佐藤秀雄), 駿河太郎(中島良太), 中島セナ(村上沙也加), 小野塚勇人(佐々木勝)

ロケ地・場面	所在地
井川町(翼が転校した田舎町)	秋田県南秋田郡井川町
旧井川小学校(鷺谷中学校)	秋田県南秋田郡井川町坂本三嶽下

光る君へ (ドラマ)

[公　開] 2024年1月〜

[スタッフ] 脚本：大石静

[出　演] 吉高由里子(まひろ), 柄本佑(藤原道長), 黒木華(源倫子), 井浦新(藤原道隆), 佐々木蔵之介(藤原宣孝), 岸谷五朗(藤原為時), 段田安則(藤原兼家)〔ほか〕

ロケ地・場面	所在地
染谷佐志能神社(ちやはがお百度参りをした神社の石段(女坂、祠は撮影用のセット))〔1〕	茨城県石岡市染谷1856
鬼怒川河川敷(まひろと三郎が出会った河原)〔1, 2〕	栃木県小山市延島新田
千本城跡(藤原兼家と藤原道兼が都を見下ろしていた高台(都の町並みは合成))〔2〕	栃木県芳賀郡茂木町町田1712
京都御所(内裏)〔2〕	京都府京都市上京区京都御苑3
平安神宮(朱塗りの内裏の建物)〔2〜4〕	京都府京都市左京区岡崎西天王町97
嘉陽が丘(藤原道長たちが打毬を行う場所)〔7〕	栃木県下都賀郡壬生町上稲葉1056-8
えさし藤原の郷(内裏の建物、寝殿造の建物)	岩手県奥州市江刺区岩谷堂字小名丸86-1
ワープステーション江戸(平安時代の町並み)	茨城県つくばみらい市南太田1176

蜩ノ記 (映画)

[公　開] 2014年10月

[スタッフ] 監督・脚本：小泉堯史, 脚本：古田求, 原作：葉室麟

[出　演] 役所広司(戸田秋谷), 岡田准一(檀野庄三郎), 堀北真希(戸田薫), 青木崇高(水上信吾), 吉田晴登(戸田郁太郎), 小市慢太郎(万治)〔ほか〕

ロケ地・場面	所在地
忍峠の林道(庄三郎が戸田秋谷の元へ向かう道中)	岩手県遠野市
旧千葉家住宅(庄三郎と薫が会話した場所)	岩手県遠野市綾織町上綾織1-14
佐比内の溜め池(郁太郎と源吉が訪れた池)	岩手県遠野市上郷町大開山
運動公園の雑木林(庄三郎が郁太郎と稽古した林)	岩手県遠野市青笹町糠前11
遠野ふるさと村 肝煎りの家(戸田家)	岩手県遠野市附馬牛町上附馬牛
文武学校	長野県長野市松代町松代205-1

BG 〜身辺警護人〜(2018年) (ドラマ)

[公　開] 2018年1月〜3月

[スタッフ] 脚本：井上由美子

[出　演] 木村拓哉(島崎章), 江口洋介(落合義明), 上川隆也(村田五郎), 石田ゆり子(立原愛子), 斎藤工(高梨雅也), 菜々緒(菅沼まゆ), 間宮祥太朗(沢口正太郎)〔ほか〕

ロケ地・場面	所在地
料亭 玉家(立原が訪れた料亭)〔1〕	埼玉県さいたま市浦和区常盤3-24
幕張メッセ国際展示場9〜11ホール前のエスプラナード(2012年、純也に投げられた生卵を島崎がキャッチした空港のロビー)〔1〕	千葉県千葉市美浜区中瀬2-1

千葉県立柏の葉公園総合競技場（島崎が下見に行った「すみだ運動公園競技場」）〔1〕	千葉県柏市柏の葉4
新宿教育会館（日ノ出警備保障の外観）〔1〕	東京都新宿区西新宿7-22
テレコムセンタービル（ボルトが落ちた空港のロビー）〔1〕	東京都江東区青海2-38
春海橋公園（島崎がランニングしていた水辺）〔1〕	東京都江東区豊洲2-3
首都高速2号目黒線の高架下（2018年、島崎が交通整理をしていたところ，島崎が佐藤とカップラーメンを食べたところ）〔1〕	東京都品川区上大崎2-10
山野美容専門学校の前（島崎と高梨が話をしたビルの前）〔1〕	東京都渋谷区代々木1-53
渋谷氷川神社の階段（島崎がトレーニングしていた神社の階段）〔1〕	東京都渋谷区東2-5
創価大学 中央教育棟の前（爆発物の処理が行われていた議員会館の前）〔1〕	東京都八王子市丹木町1-236
味の素スタジアム（大久保が車を降りた競技場の車寄せ）〔1〕	東京都調布市西町376
味の素スタジアムのB1F トレーニング室（島崎が犬飼悟を取り押さえたところ）〔1〕	東京都調布市西町376
大丸東京店（亜佐美が赤いヒールを買った「HARLEY'S DEPARTMENT STORE」）〔2〕	東京都千代田区丸の内1-9
ASPILEAF（島崎と菅沼が亜佐美を連れて行ったヘアサロン）〔2〕	東京都新宿区山吹町331
パークウエスト前の歩道橋（沢口が島崎からのメッセージを見た歩道橋の上）〔2〕	東京都新宿区西新宿6-12
プラザ栄光生鮮館コットンハーバー店（買い物をしていた亜佐美が逃げ出したスーパー）〔2〕	神奈川県横浜市神奈川区星野町8
横浜市大倉山記念館（裁判所内の階段，裁判所内の会議室）〔2〕	神奈川県横浜市港北区大倉山2-10
大手町ファーストスクエアビルの前（島崎、高梨、落合が話をしていた警視庁の前）〔3〕	東京都千代田区大手町1-5
楠本ビルの前（坂東を乗せた車が走り出したビルの前）〔3〕	東京都千代田区内神田1-11
創価大学 中央教育棟（落合の乗った車が到着した衆議院第二議員会館）〔3〕	東京都八王子市丹木町1-236
JR八高線が多摩川を渡る鉄橋の下（島崎が車を止めた鉄橋の下）〔3〕	東京都昭島市宮沢町3-14
旧ヨコハマ創造都市センター（立原と今関がいたところ）〔3〕	神奈川県横浜市中区本町6-50
モザイクモール（島崎、高梨、坂東が訪れた「多摩ショッピングモール」）〔3〕	神奈川県横浜市都筑区中川中央1-31
須津川に架かる須津渓谷橋（島崎が転落しそうになった「あきるの大橋」）〔3〕	静岡県富士市比奈
千葉大学医学部附属病院（立原が到着した病院，立原が島崎たちの車に乗った病院）〔4〕	千葉県千葉市中央区亥鼻1-8
高瀬下水処理場（島崎と立原が地上へ出たところ）〔4〕	千葉県船橋市高瀬町56

ヒルトン東京ベイ（ケイリントンホテルの外観）〔4〕	千葉県浦安市舞浜1
よし邑（立原が訪れた料亭）〔4〕	東京都板橋区蓮根2-19
横浜美術館（SPが警備をしていた美術館の外観，島崎と村田が立原の秘書と合流した美術館のロビー）〔4〕	神奈川県横浜市西区みなとみらい3-4
旧ヨコハマ創造都市センター（島崎と村田が立原から警護を依頼された美術館内）〔4〕	神奈川県横浜市中区本町6-50
那珂川河川敷グランド（島崎が純也を見つけたサッカー場，純也が連行されたサッカー場）〔5〕	茨城県ひたちなか市勝倉1304
茨城空港公園（島崎たちが純也に自首を勧めたところ）〔5〕	茨城県小美玉市与沢
茨城空港（車が到着した空港）〔5〕	茨城県小美玉市与沢1601
幕張メッセ国際展示場9～11ホール前のエスプラナード（2012年、河野がファンにサインをしていた空港のロビー）〔5〕	千葉県千葉市美浜区中瀬2-1
旧海岸スタジオ（島崎が純也を連れ出した「白石アーツマネジメント」のオフィス）〔5〕	東京都港区海岸3-17
ホテル椿山荘東京（高梨、沢口、村田が純也に会いに行ったベイトラストホテル，立原が落合と話をしていた懇親会会場）〔5〕	東京都文京区関口2-10
ホテル椿山荘東京 アンフィシアター（立原が訪れていた国際会議の会場）〔5〕	東京都文京区関口2-10
テレコムセンタービル（天井から落ちた鉄骨で純也が怪我をした空港のロビー）〔5〕	東京都江東区青海2-38
南平の高台（車を降りた純也が走り始めた高台）〔5〕	東京都日野市南平9-7付近
ビューティ＆ウェルネス専門職大学〈旧オンワード総合研究所 人材開発センター〉（純也を乗せた車が出発したホテルの地下駐車場）〔5〕	神奈川県横浜市都筑区牛久保3-9
総合新川橋病院（2012年、怪我をした純也が入院した病院）〔5〕	神奈川県川崎市川崎区新川通1-15
竹葉亭本店（鮫島が到着した料亭「七多花」の外観）〔6〕	東京都中央区銀座8-14
HUB高田馬場店（警護課が高梨の歓迎会をしていた店）〔6〕	東京都新宿区高田馬場1-27
プラザ平成（彩矢が社会科見学で訪れた「さくらテレビ」）〔6〕	東京都江東区青海2-2
こどものひろば公園（島崎と沢口が彩矢を見つけた公園）〔6〕	東京都世田谷区下馬2-31
成城アルプス（彩矢を探す高梨が入った店）〔6〕	東京都世田谷区成城6-8
等々力不動尊バス停（島崎が落合に追いついた「ひびき野」バス停付近）〔6〕	東京都世田谷区等々力1-23
野川に架かる小金橋（下校する彩矢が渡っていた橋，島崎と沢口が彩矢を探していた橋）〔6〕	東京都調布市西つつじケ丘4-23
今川橋架道橋の下（植野が拳銃を受け取った高架下）〔7〕	東京都千代田区鍛冶町1-2

かえつ有明中・高等学校の南側付近（瞬が島崎からのメッセージを見たところ）〔7〕	東京都江東区東雲2-16
鍋島松濤公園（仁美と女性が話をしていた公園）〔7〕	東京都渋谷区松濤2-10
ルーデンス立川ウエディングガーデン（足を撃たれた村田と島崎の乗った救急車が出発したレストランの前）〔7〕	東京都立川市泉町935
TKPガーデンシティPREMIUM神保町（「エッグちゃん」の発表会が行われたところ）〔8〕	東京都千代田区神田錦町3-22
大手町ファーストスクエアビルの前（高梨と菅沼が落合に会いに行った警視庁の前）〔8〕	東京都千代田区大手町1-5
隅田川テラス（島崎と瞬が歩いていた川辺）〔8〕	東京都台東区花川戸2-1
雀橋の下（尾行されていることに島崎が気付いた橋の下）〔8〕	東京都江東区牡丹2-1
浄土宗 無量寺（村田の葬儀が行われた寺）〔8〕	東京都世田谷区用賀4-20
帝京大学医学部附属病院（五十嵐映一が入院している城南大學病院）〔8〕	東京都板橋区加賀2-11
創価大学 中央教育棟（立原が記者からの質問に応えていたところ，島崎が立原に会いに行ったところ）〔8〕	東京都八王子市丹木町1-236
幕張国際研修センター（菅沼と新人が警護をしていたところ）〔終〕	千葉県千葉市美浜区ひび野1-1
ホテルニューオータニ幕張（民事党定期大会が行われた「EMPEREUR HOTEL」の玄関，立原がホテルへ入った玄関）〔終〕	千葉県千葉市美浜区ひび野2-120
ホテルニューオータニ幕張の大宴会場 鶴（民事党定期大会の会場）〔終〕	千葉県千葉市美浜区ひび野2-120
エム・ベイポイント幕張〈旧NTT幕張ビル〉付近（島崎が昔の警備員仲間と出会ったところ）〔終〕	千葉県千葉市美浜区中瀬1-6
日本武道館（島崎と高梨が矢沢永吉を警護していたところ）〔終〕	東京都千代田区北の丸公園
テレビ朝日（立原が行くはずだったテレビ局）〔終〕	東京都港区六本木6-9
ホテルイースト21東京（島崎と立原の乗った車が到着したホテルの外観）〔終〕	東京都江東区東陽6-3
深川ギャザリアタワーS棟エントランス（沢口が警護をしていたところ）〔終〕	東京都江東区木場1-5
天王洲アイル シーフォートスクエアのセンターコート付近（島崎が立原を待っていたところ，島崎が落合からの電話を受けたところ）〔終〕	東京都品川区東品川2-3
品川ふ頭橋の西詰（立原と沢口がトランシーバーで会場内の音を聞いていたところ）〔終〕	東京都品川区東品川2-3

BG ～身辺警護人～（2020年）（ドラマ）

［公　開］2020年6月～7月

［スタッフ］脚本：井上由美子

［出　演］木村拓哉（島崎章），斎藤工（高梨雅也），仲村トオル（劉光明），勝村政信（小俣健三），菜々緒（菅沼まゆ），間宮祥太朗（沢口正太郎），道枝駿佑（中島小次郎），市川実日子（笠松多佳子）〔ほか〕

ロケ地・場面	所在地
城西大学坂戸キャンパス（車が到着した関東工科大学の正門）〔1〕	埼玉県坂戸市けやき台1
城西大学坂戸キャンパス 18号館 薬学部（島崎、高梨、松野が階段で7階まで上ったビル）〔1〕	埼玉県坂戸市けやき台1
幕張国際研修センター（島崎が腕の治療に行った「菊理会 白山総合病院」の外観）〔1〕	千葉県千葉市美浜区ひび野1-1
東京ベイ東急ホテル（劉がインタビューを受けていた部屋）〔1〕	千葉県浦安市日の出7-2
ヒルトン東京ベイの大宴会場「ソアラ」（衆議院議員 桑田宗司 議員生活並びに後援会20周年記念祝賀会の会場）〔1〕	千葉県浦安市舞浜1-8
東京シティエアターミナル（島崎と松野がバスを待っていたバスターミナル）〔1〕	東京都中央区日本橋箱崎町42
THE A.I.R BUILDING（島崎警備が入居しているビルの外観）〔1〕	東京都中央区日本橋本町3-2
タイムズ日本橋本町4丁目第2（島崎と松野の乗った車に高梨が乗り込んできたコインパーキング）〔1〕	東京都中央区日本橋本町4-7
T'SUKI sur la mer（島崎が劉に会いに行ったレストラン）〔1〕	東京都港区海岸1-15
住友不動産麻布十番ビル（KIKSの外観）〔1〕	東京都港区三田1-4
上野4丁目交差点下 上野中央通り地下歩道（島崎が加藤を問い詰めた地下通路）〔1〕	東京都台東区上野4-8
タイムズ横浜ベイシェラトンホテル&タワーズ（加藤が桑田の秘書から金を受け取っていた地下駐車場）〔1〕	神奈川県横浜市西区北幸1-3
横浜ベイシェラトンホテル&タワーズ（島崎が劉に会いに行ったホテルの外観）〔1〕	神奈川県横浜市西区北幸1-3
川崎競馬場（高梨、菅沼、沢口、小俣たちが警護をしていた競馬場）〔1〕	神奈川県川崎市川崎区富士見1-5
横須賀刑務支所（島崎が松野に会いに行った千葉中央刑務所の外観，出所する松野を島崎が出迎えた千葉中央刑務所の前）〔1〕	神奈川県横須賀市長瀬3-12
久里浜医療センターの外来棟（島崎と高梨が出てきた神奈川県警鎌倉北警察署）〔1〕	神奈川県横須賀市野比5-3
幕張国際研修センター（島崎が恵麻を連れて行った病院）〔2〕	千葉県千葉市美浜区ひび野1-1
女坂（転落しそうになった恵麻を島崎が助けた階段）〔2〕	東京都千代田区神田猿楽町2-4と8の間
王子ホール（菅沼と沢口が警護をしていたところ）〔2〕	東京都中央区銀座4-7
THE AIR BUILDING CAFE（島崎と高梨が話をしていたカフェ「ジャンクション」）〔2〕	東京都中央区日本橋本町3-2
クローバー芝公園（島崎と高梨が恵麻と話をしていたバルコニー）〔2〕	東京都港区芝公園1-3

ビストロボンファム（恵麻がステーキを食べに行った店）〔2〕	東京都港区赤坂1-3
早稲田奉仕園の「スコットホール」（島崎が恵麻を連れて行った世田谷マルファ教会の外観）〔2〕	東京都新宿区西早稲田2-3
RYUDUKI TEPPAN（菅沼と劉が話をしていたレストラン）〔2〕	東京都墨田区江東橋4-25
CAST：渋谷店（島崎が恵麻の服を選んだ店）〔2〕	東京都渋谷区神宮前6-16
かつしかシンフォニーヒルズのモーツァルトホール（恵麻がピアノを演奏していたホール）〔2〕	東京都葛飾区立石6-33
かつしかシンフォニーヒルズの南側（車から飛び出した恵麻を菅沼が助けたところ）〔2〕	東京都葛飾区立石6-33
国立〈くにたち〉音楽大学（島崎と高梨が恵麻を連れて行った音楽大学のキャンパス）〔2〕	東京都立川市柏町5-5
幕張国際研修センター（道岡が入院した白山総合病院，警察署へ向かう道岡が車に乗った白山総合病院の前）〔3〕	千葉県千葉市美浜区ひび野1-1
CROSS DOCK HARUMIの屋上（リハビリをしていた高岡が襲われそうになった病院の屋上）〔3〕	東京都中央区晴海4-7
トリイ日本橋ビルの西側（高梨と菅沼が話をしたところ）〔3〕	東京都中央区日本橋本町3-4
深川ギャザリア タワーS棟の屋上（劉が島崎を待っていた屋上）〔3〕	東京都江東区木場1-5

NTT中央研修センタ本館（道岡が保釈された警視庁茜坂警察署）〔3〕	東京都調布市入間町1-44
旧出丸小学校の校庭（タイムカプセルが掘り出された藤ノ宮小学校の校庭）〔4〕	埼玉県比企郡川島町上大屋敷100
船橋市立市場小学校（島崎、高梨、生田が到着した町田市立藤ノ宮小学校の校門）〔4〕	千葉県船橋市市場1-6
江戸前鮓 すし通（劉と菅沼が話をしていた寿司店）〔4〕	東京都港区西麻布3-1
中根公園（島崎と谷口が話をしていた公園）〔4〕	東京都目黒区中根2-6
TREE OF HEARTの前（谷口から逃げた生田が座って高梨と話をしていたところ）〔4〕	東京都世田谷区奥沢5-27
東急目黒線奥沢2号踏切（生田が遠回りを始めた踏切，子供の頃の生田が父親の運転する電車を見ていた踏切，生田が島崎に警護料を渡した踏切）〔4〕	東京都世田谷区奥沢5-3
浄眞寺〈九品仏〉の参道（小学校へ向かう島崎、高梨、生田が歩いていた石畳の道）〔4〕	東京都世田谷区奥沢7-34
プラネアールの桜上水スタジオ（生田邸の外観）〔4〕	東京都世田谷区桜上水2-7
プラネアール 上北沢1スタジオ（生田邸の室内や玄関内）〔4〕	東京都世田谷区上北沢3-36
第三京浜〈国道466号線〉六所橋の下（島崎、高梨、大輔が歩いていたトンネル，島崎が不審者を追って走っていたトンネル）〔4〕	東京都世田谷区野毛3-5

俺流塩らーめん 南平台店（笠松が島崎と電話で話をしていたラーメン店）〔4〕	東京都渋谷区南平台町17
まぐろ問屋めぐみ水産 戸田公園店（島崎と笠松が寿司を食べた店）〔5〕	埼玉県戸田市本町4-11
幕張国際研修センター（島崎がタクシーを降りて駆けつけた病院）〔5〕	千葉県千葉市美浜区ひび野1-1
THE AIR BUILDING CAFE（高梨と凪子が話をしていたカフェ「ジャンクション」）〔5〕	東京都中央区日本橋本町3-2
中之橋の上（凪子が岩田と電話で話をしていたところ）〔5〕	東京都港区三田1-3
住友不動産麻布十番ビル（島崎と高梨が凪子の警護を始めたところ）〔5〕	東京都港区三田1-4
御霊神社（高梨が小俣を捕まえた神社の境内）〔5〕	東京都新宿区中井2-29
「蕎麦しん」の前（加藤が島崎と笠松の写真を撮っていたところ）〔5〕	東京都台東区東上野3-10
「蕎麦しん」の裏手（島崎が加藤と闘ったところ）〔5〕	東京都台東区東上野3-10
桐畑地下道（凪子が通った地下道）〔5〕	東京都品川区大井6-21
Quartz Tower のクオーツギャラリー（KICKS CORP. 10階EAミーティング室）〔5〕	東京都渋谷区渋谷2-10
伊勢山ヒルズ（劉が車に乗り込んだレストランの前）〔5〕	神奈川県横浜市西区宮崎町58
CROSS DOCK HARUMIの屋上（多佳子が島崎に加藤の情報を渡した病院の屋上）〔6〕	東京都中央区晴海4-7
弘福寺（多佳子の夫、佐々木昭人の葬儀が行われた寺）〔6〕	東京都墨田区向島5-3
ジャスマック八雲スタジオの前（菅沼が加藤に顔を殴られたところ）〔6〕	東京都目黒区八雲5-1
舟渡水辺公園（島崎が訪れた北豊洲公園，島崎が警察に囲まれたところ）〔6〕	東京都板橋区舟渡4-4
幕張国際研修センター（駿が笠松と話をした病院のロビー）〔終〕	千葉県千葉市美浜区ひび野1-1
住友不動産六本木グランドタワー（島崎、高梨、菅沼、沢口たちが市川海老蔵（本人）の警護をしていたところ）〔終〕	東京都港区六本木3-2
ジャスマック八雲スタジオの前（菅沼が待機していた桑田邸の裏口）〔終〕	東京都目黒区八雲5-1
新河岸川に架かる舟渡大橋（警察に追われた島崎が隠れた橋）〔終〕	東京都板橋区舟渡4-4
神戸岩近く 新土佐橋西詰付近（島崎と劉がトラックを降りたところ，菅沼が車を降りたところ）〔終〕	東京都西多摩郡檜原村神戸
神戸岩付近の渓谷（島崎が移動していた渓谷）〔終〕	東京都西多摩郡檜原村神戸
神戸隧道（島崎が加藤と闘ったトンネル）〔終〕	東京都西多摩郡檜原村神戸

山九横浜支店山下倉庫（島崎が劉に会いに行った勝関・久利倉庫）〔終〕	神奈川県横浜市中区山下町
三保飛行場（劉が到着した駿河飛行場）〔終〕	静岡県静岡市清水区三保

必死剣 鳥刺し（映画）

［公　開］2010年7月

［スタッフ］監督：平山秀幸, 脚本：伊藤秀裕, 江良至

［出　演］豊川悦司（兼見三左エ門）, 池脇千鶴（里尾）, 吉川晃司（帯屋隼人正）, 戸田菜穂（睦江）〔ほか〕

ロケ地・場面	所在地
玉川寺（海坂藩藩主の妾・連子の亡骸が眠る寺）	山形県鶴岡市羽黒町玉川字玉川35
スタジオセディック庄内オープンセット（ラストシーンで登場する農村など）	山形県鶴岡市羽黒町川代
気比神社（刺客達が13人目の刺客となる木賀小弥太と出会った神社）	山形県鶴岡市三瀬宮ノ前1
旧風間家住宅 丙申堂（三左エ門が津田民部から秘命を受けた場所）	山形県鶴岡市馬場町1-17
庄内藩校 致道館（明石藩江戸家老が切腹した場所）	山形県鶴岡市馬場町11-45
玉簾の滝（刺客達が落合宿への道中通った滝）	山形県酒田市升田字大森
幻想の森（刺客達が落合宿に向かう山道）	山形県最上郡戸沢村土湯
野沢 十一面観音（三左エ門の回想で登場した場所）	山形県飽海郡遊佐町上蕨岡松ケ岡

羊と鋼の森（映画）

［公　開］2018年6月

［スタッフ］監督：橋本光二郎, 脚本：金子ありさ, 原作：宮下奈都

［出　演］山﨑賢人（外村直樹）, 鈴木亮平（柳伸二）, 上白石萌音（佐倉和音）, 上白石萌歌（佐倉由仁）, 堀内敬子（北川みずき）, 仲里依紗（濱野絵里）〔ほか〕

ロケ地・場面	所在地
星野リゾート OMO7 旭川（調律に訪れたブライダルショップ）	北海道旭川市6条通9
カジノドライブ（外村が訪れたライブハウス）	北海道旭川市7条通7-32
近文駅（外村の故郷近くの駅）	北海道旭川市近文町20
旭橋（外村と柳が会話した橋）	北海道旭川市常盤通3
大雪クリスタルホール中庭（外村と柳が会話した場所）	北海道旭川市神楽3条7
旭川市21世紀の森（大木のある森）	北海道旭川市東旭川町888
鷹栖神社（柳の結婚式が行われた神社）	北海道旭川市末広8条3
旭川明成高等学校（調律に訪れた高校）	北海道旭川市緑町14
東川町役場裏（由仁が車中の外村に声をかけた場所）	北海道上川郡東川町東町1-16-1
小西健二音楽堂（佐倉家）	北海道上川郡東川町東町1-18-1

火花（映画）

［公　開］2017年11月

［スタッフ］監督・脚本：板尾創路, 脚本：豊田利晃, 原作：又吉直樹

［出　演］菅田将暉（徳永）, 桐谷健太（神谷）, 木村文乃（真樹）〔ほか〕

ロケ地・場面	所在地
武蔵野珈琲店(神谷と徳永が通う喫茶店)	東京都武蔵野市吉祥寺南町1-16-11
居酒屋「美舟」(神谷と徳永がよく通った居酒屋)	東京都武蔵野市吉祥寺本町1-1-2
井の頭恩賜公園(徳永と神谷が歩いた公園)	東京都武蔵野市御殿山1-18-31
山梨英和大学(学園祭で漫才をした場所)	山梨県甲府市横根町888

ビブリア古書堂の事件手帖 (映画)

[公　開] 2018年11月

[スタッフ] 監督：三島有紀子, 脚本：渡部亮平, 松井香奈, 原作：三上延

[出　演] 黒木華(篠川栞子), 野村周平(五浦大輔), 成田凌(稲垣), 夏帆(五浦絹子), 東出昌大(田中嘉雄)〔ほか〕

ロケ地・場面	所在地
鯨ヶ丘商店街「山城家」(ごうら食堂)	茨城県常陸太田市東二町2240
折戸切通し(絹子と嘉雄が待ち合わせした場所)	静岡県下田市
入間千畳敷(絹子と嘉雄が密会した場所)	静岡県賀茂郡南伊豆町入間

ひまわりと子犬の7日間 (映画)

[公　開] 2013年3月

[スタッフ] 監督・脚本：平松恵美子

[出　演] 堺雅人(神崎彰司), 中谷美紀(五十嵐美久), でんでん(安岡), 若林正恭(佐々木一也), 吉行和子(神崎琴江), 夏八木勲(長友孝雄), 草村礼子(長友光子), 左時枝(松永議員), 近藤里沙(神崎里美), 藤本哉汰(神崎冬樹), 檀れい(神崎千夏), 小林稔侍(桜井)〔ほか〕

[トピック] 宮崎県で実際に起きた出来事を基とした映画。同県は主演・堺雅人の故郷であり、念願の宮崎弁での演技となった。

ロケ地・場面	所在地
高松橋	宮崎県宮崎市
宮崎県中央保健所	宮崎県宮崎市霧島1-1-2

ヒミズ (映画)

[公　開] 2012年1月

[スタッフ] 監督・脚本：園子温, 原作：古谷実

[出　演] 染谷将太(住田祐一), 二階堂ふみ(茶沢景子), 渡辺哲(夜野正造), 諏訪太朗(まーくん)〔ほか〕

ロケ地・場面	所在地
石巻市街地(震災後の街)	宮城県石巻市
モール505(住田が街を徘徊するところ, フォークデュオが歌っていた場所)	茨城県土浦市川口1-3-139
土浦駅西口(チラシを配っていた場所, スリをした場所など)	茨城県土浦市有明町1
岩見印刷(チラシを刷った印刷工場)	茨城県常総市水海道橋本町3500
宝町商店街(マンションに向かう途中の商店街など)	茨城県常総市水海道宝町
小貝川河川敷(住田の家「貸しボート屋」(ロケセット))	茨城県常総市福二町
つくば市役所(バスの中で住田が暴れるところ)	茨城県つくば市研究学園1-1-1
研究学園駅周辺道路(金子が住田を車に乗せた道路)	茨城県つくば市研究学園5
高崎自然の森(夜野とテル彦が行った森)	茨城県つくば市高崎1078-1

百円の恋 (映画)

[公　開] 2014年12月

[スタッフ] 監督：武正晴, 脚本：足立紳

[出　演] 安藤サクラ(斎藤一子), 新井浩文(狩野祐二), 稲川実代子(斎藤佳子), 早織(斎藤二三子), 宇野祥平(岡野淳), 坂田聡(野間明), 沖田裕樹(佐田和弘), 吉村界人

（西村），松浦慎一郎（小林），伊藤洋三郎（斎藤孝夫），重松収（青木ジムの会長），根岸季衣（池内敏子）〔ほか〕

ロケ地・場面	所在地
仲通うまかべん（斎藤家が営む弁当屋）	神奈川県横浜市鶴見区仲通3-77-2
笠戸島（一子と狩野がデートで訪れた場所）	山口県下松市笠戸島
室積海岸（一子と狩野がデートで訪れた海岸）	山口県光市
周南市徳山動物園（一子と狩野がデートで訪れた動物園）	山口県周南市徳山5846

ひよっこ（ドラマ）

［公　開］2017年4月～9月

［スタッフ］脚本：岡田惠和

［出　演］有村架純（谷田部みね子），沢村一樹（谷田部実），木村佳乃（谷田部美代子），古谷一行（谷田部茂），峯田和伸（小祝宗男），宮本信子（宮本信子），佐々木蔵之介（牧野省吾），羽田美智子（助川君子），遠山俊也（助川正二），佐久間由衣（助川時子），泉澤祐希（角谷三男）〔ほか〕

ロケ地・場面	所在地
里川に架かる町屋地獄橋（谷田部みね子が渡っていた橋）〔1〕	茨城県常陸太田市町屋町
里川に架かる白羽橋（角谷三男が体育の木脇先生に聖火リレーについて聞いた橋）〔2〕	茨城県常陸太田市里野宮町
浜松オートレース場（上野駅）〔2〕	静岡県浜松市中央区和合町936-19
里川に架かる橋（助川時子が聖火を持って渡っていた橋）〔3〕	茨城県常陸太田市西河内下町
旧町屋変電所（助川時子が聖火を受けとった場所）〔3〕	茨城県常陸太田市西河内下町1382-1
諏訪神社（聖火リレーがあった神社）〔3〕	茨城県久慈郡大子町小生瀬2848
茨城県庁旧庁舎（NHK）〔7〕	茨城県水戸市三の丸
里川に架かる白羽橋（青天目澄子の故郷の福島の橋）〔7〕	茨城県常陸太田市里野宮町
山王小路飲食店街 松喜，久美付近（谷田部みね子が谷田部実を探していた商店街）〔7〕	東京都大田区山王2-2-15
県立相模原公園（谷田部みね子と助川時子と角谷三男が訪れた公園）〔7〕	神奈川県相模原市南区下溝3277
赤坂氷川神社（綿引正義が走っていた神社）〔13〕	東京都港区赤坂6-10-12
呑んべ横丁（谷田部実が現金を奪われた路地）〔13〕	東京都葛飾区立石7-1-14
日本武道館（ビートルズのライブが行われた会場）〔14〕	東京都千代田区北の丸公園2-3
小田原城 銅門，めがね橋付近（小祝宗男と小祝滋子が盛り上がっていたビートルズのライブ会場付近）〔14〕	神奈川県小田原市城内
中戸川の道路（上賀口バス停）	茨城県高萩市中戸川759
諏訪神社（火の見やぐらがある広場）	茨城県久慈郡大子町小生瀬2848
松本深志高等学校（谷田部みね子が通う高校）	長野県松本市蟻ケ崎3-8-1
滝川（谷田部みね子が働く工場の近くの川）	静岡県富士市原田
小野製紙（谷田部みね子が働く工場）	静岡県富士市原田344

ビリギャル（映画）

［公　開］2015年5月

［スタッフ］監督：土井裕泰，脚本：橋本裕志，原作：坪田信貴

［出　演］有村架純（工藤さやか），伊藤淳史

（坪田義孝）, 野村周平（森玲司）〔ほか〕

ロケ地・場面	所在地
名古屋大学東山キャンパス（玲司の合格発表がされた場所）	愛知県名古屋市千種区仁座町
上野天満宮（合格祈願した神社）	愛知県名古屋市千種区赤坂町4-89
オアシス21（さやかが友達と待ち合わせした場所）	愛知県名古屋市東区東桜1-11-1
プリンセス大通り（さやか達の遊び場）	愛知県名古屋市中区
岡谷鋼機名古屋市公会堂（受験会場）	愛知県名古屋市昭和区鶴舞1-1-3
庄内川（河川敷）	愛知県清須市西枇杷島町北枇杷池15-1

Believe ―君にかける橋―（ドラマ）

［公　開］2024年4月～6月

［スタッフ］脚本：井上由美子

［出　演］木村拓哉（狩山陸）, 竹内涼真（黒木正興）, 天海祐希（狩山玲子）, 小日向文世（磯田典孝）, 山本舞香（本宮絵里菜）, 一ノ瀬颯（南雲大樹）, 北大路欣也（坂東五郎）, 上川隆也（林一夫）, 斎藤工（秋澤良人）〔ほか〕

ロケ地・場面	所在地
利根浄化センター（国立刑務所の外観（俯瞰）, 自由時間に狩山が野口から林のことを聞いたところ）〔1〕	茨城県北相馬郡利根町布川6088
メッセモール交差点（狩山を乗せた車が停車した霞が関一丁目交差点）〔1〕	千葉県千葉市美浜区中瀬1-5
メッセモール交差点にある階段（傘を差した玲子が立っていた階段）〔1〕	千葉県千葉市美浜区中瀬1-5
木更津市クリーンセンター（国立刑務所の入口）〔1〕	千葉県木更津市潮浜3-1
習志野市津田沼浄化センター（面会棟を出た狩山が逃走しようとしたところ）〔1〕	千葉県習志野市芝園3-3
東京ガーデンテラス紀尾井町（南雲が訪れたレストランの外観）〔1〕	東京都千代田区紀尾井町1
中央大学駿河台キャンパスの模擬法廷（狩山に有罪の判決が下された東京地方裁判所104法廷）〔1〕	東京都千代田区神田駿河台3-11
セゾンテクノロジーの執務エリア（帝和建設のオフィス）〔1〕	東京都港区赤坂1-8
有明教育芸術短期大学（狩山を乗せた車が出てきた裁判所西門）〔1〕	東京都江東区有明2-9
練馬志匠会病院（玲子が勤務している病院のナースステーション、病室、廊下）〔1〕	東京都練馬区土支田1-13
志摩大橋〈志摩パールブリッジ〉（崩落事故が起きた龍神大橋）〔1〕	三重県志摩市志摩町和具
利根浄化センター（避難訓練で受刑者たちが集合した管理棟の裏）〔2〕	茨城県北相馬郡利根町布川6088
料亭 玉家（磯田が榛名が会食していた料亭）〔2〕	埼玉県さいたま市浦和区常盤3-24
不二公業（玲子が坂東に会いに行った坂東組）〔2〕	千葉県船橋市金杉町893
アルバトロスヨットクラブの桟橋（狩山と玲子が橋を見ていたところ）〔2〕	千葉県我孫子市布佐下新田39
越後屋長南東小学校スタジオの体育館（受刑者たちが運動をしていた体育館）〔2〕	千葉県長生郡長南町地引1239

大手町プレイス イーストタワー（秋澤が南雲と話をしたロビー）〔2〕	東京都千代田区大手町2-3
平塚市民病院内の廊下（黒木が玲子に声を掛けた病院内）〔2〕	神奈川県平塚市南原1-19
土浦協同病院 なめがた地域医療センター（狩山が搬送された武蔵平総合病院）〔3〕	茨城県行方市井上藤井98
OGISHI 第一資材センター（玲子が狩山と再会した龍神大橋の工事現場）〔3〕	埼玉県三郷市番匠免2-24
木更津市クリーンセンター（秋澤が狩山との面会を断られた国立刑務所の受付）〔3〕	千葉県木更津市潮浜3-1
アメリカンクラブ（「Second Road」の店主の女性が訪れたバー）〔3〕	東京都八王子市東町11
金時鶴見店の駐車場（狩山がアーケードの屋根から入り込んだ駐車場）〔3〕	神奈川県横浜市鶴見区佃野町22
港南台7丁目のトンネル（車に乗った黒木が上司からの電話を受けたトンネル）〔3〕	神奈川県横浜市港南区港南台7-33
平塚市民病院（刑務官が玲子に会いに来た病院のロビー）〔3〕	神奈川県平塚市南原1-19
女坂（南雲が負傷したことを狩山が確認した階段, 狩山が玲子にメッセージを送った階段）〔4〕	東京都千代田区神田猿楽町2-4
スカイビル（狩山が見ていた交番）〔4〕	東京都千代田区神田三崎町1-4
女坂の上（狩山がスマートフォンを捨てたところ）〔4〕	東京都千代田区神田駿河台2-11
皀角坂（半田が狩山を軽トラックに乗せたところ）〔4〕	東京都千代田区神田駿河台2-11
大手町プレイス イーストタワー（報道陣が集まっていた帝和建設の前）〔4〕	東京都千代田区大手町2-3
西今川橋架道橋の下（狩山がスマートフォンを確認した架道橋下）〔4〕	東京都千代田区鍛冶町1-1
鎌倉児童遊園（狩山が警察官から隠れたところ）〔4〕	東京都千代田区内神田3-1
神田3丁目の交差点（狩山が自転車とぶつかったところ）〔4〕	東京都千代田区内神田3-2
首都高速両国ジャンクションの下（南雲が狩山にスマートフォンとサンドイッチ、飲み物を渡した川辺）〔4〕	東京都墨田区千歳1-1
竪川水門テラス連絡橋（狩山が渡っていた高架脇の橋）〔4〕	東京都墨田区両国1-1
隅田川テラス（狩山が監視カメラを気にしながらスマートフォンを壊そうとした川辺）〔4〕	東京都墨田区両国1-11
フェリーふ頭入口交差点の北側付近（黒木の乗った警察車両が龍神大橋の工事現場へ向かって走っていたところ）〔4〕	東京都江東区有明3-1
隅田川沿いの遊歩道（早朝、狩山が走っていた川沿いの遊歩道）〔4〕	東京都荒川区西尾久6-35
東京外国語大学 府中キャンパス本部管理棟（警視庁臨港警察署の外観）〔4〕	東京都府中市朝日町3-11

我孫子聖仁会病院の前（磯田や秋澤たちを黒木が待ち伏せしていた病院の前）〔5〕	千葉県我孫子市柴崎1300
房総四季の蔵（狩山と半田の乗ったトラックが目撃された南足柄ドライブイン）〔5〕	千葉県君津市三直170
自動車会館の大会議室（捜査本部が設置されていた国立警察署の会議室）〔5〕	東京都千代田区九段南4-8
JINNAN CAFE 渋谷店（絵里菜が持ってきた富士宮大橋のノートを秋澤が写真に撮っていたカフェ）〔5〕	東京都渋谷区神南1-17
レストランファニー（秋澤が捜査本部の情報を聞いた喫茶店）〔5〕	東京都板橋区蓮根3-14
あかしや真野商店（玲子が井本奏美を探しに行ったコンビニエンスストア）〔5〕	東京都練馬区下石神井3-2
色彩のローズガーデン（玲子がしゃがみ込んだところ）〔5〕	東京都練馬区光が丘5-2
八幡海岸（狩山がバスを降りた熱海本町バス停）〔6〕	千葉県館山市八幡821
鏡ヶ浦通りの八幡海岸交差点（狩山が乗ったバスが走っていた海沿いの道）〔6〕	千葉県館山市八幡822
旧「ないとう」の前（狩山が磯田と電話で話をしていた店の前）〔6〕	千葉県茂原市茂原518
高木理髪店（狩山が髭を剃った理髪店）〔6〕	千葉県茂原市茂原518
品川シーズンテラス（玲子が非通知の着信を確認したところ）〔6〕	東京都港区港南1-2
日本図書輸送 東京物流センター（黒木が兄からの電話を切ったところ）〔6〕	東京都江東区新木場1-18
辰巳の森海浜公園（ジョギング中の秋澤と犬の散歩中の磯田が話をした公園）〔6〕	東京都江東区辰巳2-1
産霊宮水上神社参道の入口（山の斜面を下った狩山が道路へ出たところ）〔6〕	神奈川県相模原市緑区若柳
フラワーヴィラ相模湖（狩山や黒木たちが休憩した「OVER LOOK HOTEL」の外観）〔6〕	神奈川県相模原市緑区寸沢嵐3344
阿津川食堂の駐車場（狩山を乗せた警察車両に半田のトラックが追い付いたところ）〔6〕	神奈川県相模原市緑区寸沢嵐818
相模ダム（狩山が逃走したダムの上）〔6〕	神奈川県相模原市緑区与瀬
料亭 山屋（磯田たちが東京都知事の榛名と話をした料亭，磯田が榛名に土下座した部屋）〔7〕	埼玉県川越市幸町11
OGISHI 倉庫（狩山が坂東と話をした資材倉庫）〔7〕	埼玉県三郷市番匠免2-24
不二公業（創立50周年を祝うパーティーが行われていた坂東組の駐車場）〔7〕	千葉県船橋市金杉町893
木材港の倉庫（狩山が黒木と電話で話をしていたところ）〔7〕	千葉県木更津市木材港
我孫子聖仁会病院（玲子が南雲を見舞いに行った関東医療大学病院）〔7〕	千葉県我孫子市柴崎1300
西君津の漁港（狩山が歩いていた漁港）〔7〕	千葉県君津市西君津

隅田川テラス（狩山が玲子からの電話を受けたところ）〔7〕	東京都中央区新川2-32
芝浦スタジオ東側付近（検問が行われていたところ）〔7〕	東京都港区海岸3-9
昭和大学上條記念館の上條ホール（狩山が秋澤に解任を言い渡したホール）〔7〕	東京都品川区旗の台1-1
昭和大学上條記念館の北側（狩山が柵を乗り越えたところ）〔7〕	東京都品川区旗の台1-1
竜閑さくら橋（狩山が磯田と電話で話をした人道橋）〔8〕	東京都千代田区大手町2-3
隅田川テラス（狩山が玲子と電話で話をしたところ）〔8〕	東京都中央区新川2-32
竜閑さくら橋北詰の階段下（狩山が玲子と電話で話をした階段下）〔8〕	東京都中央区日本橋本石町4-1
セゾンテクノロジー本社の会議室（秋澤と磯田が話をしていた国会議事堂が見える会議室）〔8〕	東京都港区赤坂1-8
テレビ朝日（榛名が磯田と電話で話をしていた知事室）〔8〕	東京都港区六本木6-9
多摩川浅間神社社務所前の駐車場（警察の指揮車両が停車していたところ）〔8〕	東京都大田区田園調布1-55
東急目黒線奥沢駅前の奥沢1号踏切（狩山が渡った踏切）〔8〕	東京都世田谷区奥沢5-1
港南2丁目の坂道（犬の散歩中の磯田が榛名と電話で話をした坂道）〔8〕	神奈川県横浜市港南区港南2-15
港南2丁目の交差点（狩山が自宅のベランダを確認したところ）〔8〕	神奈川県横浜市港南区港南2-16
めがね橋〈碓氷第三橋梁〉の下（狩山と玲子が訪れた碓氷峠の橋下）〔終〕	群馬県安中市松井田町坂本
めがね橋〈碓氷第三橋梁〉の上（狩山が紙飛行機を飛ばした橋の上）〔終〕	群馬県安中市松井田町坂本
小櫃川の河原（狩山が働いていた水天逆巻橋再建現場（崩落していた水天逆巻橋は今間新橋））〔終〕	千葉県木更津市下郡
上総環境調査センター（狩山が磯田に面会に行った静岡中央刑務所の外観，秋澤が狩山を待っていた静岡中央刑務所の玄関）〔終〕	千葉県木更津市潮見2-12
我孫子聖仁会病院の前（退院した南雲と本宮が出てきた病院前）〔終〕	千葉県我孫子市柴崎1300
鎌ケ谷市役所（5月15日、逮捕された狩山が到着した警視庁国立警察署）〔終〕	千葉県鎌ケ谷市新鎌ケ谷2-6
東京高等裁判所の前（報道陣が集まっていた裁判所の前）〔終〕	東京都千代田区霞が関1-1
中央大学駿河台キャンパスの模擬法廷（狩山の裁判が行われた法廷）〔終〕	東京都千代田区神田駿河台3-11
隅田川に架かる新大橋（玲子が渡っていた橋）〔終〕	東京都中央区日本橋浜町2-57
nido（玲子が磯田に狩山が描いた龍神大橋のスケッチを渡したカフェ）〔終〕	東京都杉並区善福寺4-5
川崎市国際交流センター 特別応接室（磯田が榛名と話をした特別応接室）〔終〕	神奈川県川崎市中原区木月祇園町2

昼顔 ～平日午後3時の恋人たち（ドラマ）

［公　開］2014年7月～9月
［スタッフ］脚本：井上由美子
［出　演］上戸彩（笹本紗和），吉瀬美智子（滝川利佳子），斎藤工（北野裕一郎），北村一輝（加藤修），伊藤歩（乃里子），鈴木浩介（笹本俊介），高畑淳子（笹本慶子）〔ほか〕

ロケ地・場面	所在地
オークラ千葉ホテル（紗和、利佳子、裕一郎が話をしていたホテルのラウンジ，裕一郎が紗和にヨツボシモンシデムシの話をしたホテルの前）〔1〕	千葉県千葉市中央区中央港1-13
Souks 東京（俊介と美鈴がベッドに横たわっていた店）〔1〕	東京都目黒区鷹番1-2
プラザ栄光生鮮館コットンハーバー店（紗和が利佳子と出会ったスーパー）〔1〕	神奈川県横浜市神奈川区星野町8
夕照橋（警察署を出た紗和が自転車で渡っていた橋）〔1〕	神奈川県横浜市金沢区六浦東1-46
室ノ木歩道橋（紗和が自転車で渡った歩道橋）〔1〕	神奈川県横浜市金沢区六浦東1-49
関東学院大学 横浜・金沢八景キャンパスの前（裕一郎が紗和に靴紐の結び方を教えたバス停）〔1〕	神奈川県横浜市金沢区六浦東1-50
大倉山記念館（紗和や利佳子たちが事情聴取を受けた警察署内）〔1〕	神奈川県横浜市港北区大倉山2-10
プラザ栄光生鮮館コットンハーバー店の南西側にある公園（紗和と裕一郎が電話番号を交換した公園，紗和が電話で蟬の鳴き声を裕一郎に聞かせていた公園）〔2〕	神奈川県横浜市神奈川区橋本町2-9
侍従川の河口に架かる平潟橋（マンションから飛び出した紗和が渡っていた橋）〔2〕	神奈川県横浜市金沢区柳町35
大和市泉の森（紗和が裕一郎と待ち合わせをした公園，紗和が裕一郎にキスしようとした公園）〔2〕	神奈川県大和市上草柳1728
金沢シーサイドラインの高架下（裕一郎と智也が腕相撲をしたところ）〔3〕	神奈川県横浜市金沢区瀬戸6
室ノ木歩道橋（電動アシストの利かなくなった自転車で紗和が上っていた歩道橋のスロープ）〔3〕	神奈川県横浜市金沢区六浦東1-49
関東学院大学 横浜・金沢八景キャンパスE1号館の西側付近（紗和と裕一郎が柵越しに話をしたところ）〔3〕	神奈川県横浜市金沢区六浦東1-50
侍従川の河口に架かる平潟橋（欄干に止ったトンボを紗和が見た橋の上）〔4〕	神奈川県横浜市金沢区六浦東1-49
メルキュールホテル横須賀（利佳子が訪れたホテル）〔4〕	神奈川県横須賀市本町3-27
「大和市泉の森」（紗和と裕一郎が次に会う約束をして別れたところ）〔4〕	神奈川県大和市上草柳1728
大和市泉の森にある緑のかけ橋（紗和と裕一郎が手をつないで渡っていた橋，紗和が一人で渡った橋）〔4〕	神奈川県大和市上草柳1728

吾妻山公園（紗和と裕一郎がキスした高台）〔4〕	神奈川県中郡二宮町山西1117
千葉市動物公園（紗和が裕一郎を待っていた動物園の前）〔5〕	千葉県千葉市若葉区源町280
千葉都市モノレール動物公園駅前（紗和が利佳子の車を降りたところ）〔5〕	千葉県千葉市若葉区源町407
BREATH HOTEL（紗和と裕一郎が海の方を眺めていたホテルの部屋）〔5〕	神奈川県藤沢市鵠沼海岸1-7
千葉市動物公園（紗和と裕一郎がゴリラを見ていた動物園）〔6〕	千葉県千葉市若葉区源町280
千葉都市モノレール動物公園駅前（紗和と裕一郎が青い花火を見たところ）〔6〕	千葉県千葉市若葉区源町407
ふなばしアンデルセン公園のイベント広場にある噴水（紗和が裕一郎に電話を掛けた噴水の前）〔6〕	千葉県船橋市金堀町525
プラザ栄光生鮮館コットンハーバー店の南西側にある公園（紗和と荻原が話をしていた公園）〔6〕	神奈川県横浜市神奈川区橋本町2-9
金沢シーサイドラインの高架下（紗和と裕一郎が話をしていた水辺）〔6〕	神奈川県横浜市金沢区瀬戸6
柳町町内会館の前（利佳子が加藤と電話で話をしていた公衆電話ボックスがあるところ）〔6〕	神奈川県横浜市金沢区柳町4
夕照橋（紗和と裕一郎が無言で歩いていた橋）〔6〕	神奈川県横浜市金沢区六浦東1-46
室ノ木歩道橋（紗和と裕一郎が別れた歩道橋の近く）〔6〕	神奈川県横浜市金沢区六浦東1-49
プラザ栄光生鮮館コットンハーバー店の南西側にある公園（紗和と乃里子が話をしていた公園，紗和が裕一郎からの手紙を読んだ公園）〔7〕	神奈川県横浜市神奈川区橋本町2-9
夕照橋（紗和が靴紐を直すためにしゃがみ込んだ橋の上，乃里子を見た紗和が引き返した橋の上）〔7〕	神奈川県横浜市金沢区六浦東1-46
平潟湾沿いの歩道（美鈴と話をしていた俊介に乃里子が声を掛けたところ）〔8〕	神奈川県横浜市金沢区瀬戸5
侍従川の河口に架かる平潟橋（紗和が自転車を止めて荻原と電話で話をしていたところ）〔8〕	神奈川県横浜市金沢区柳町35
関東学院大学 横浜・金沢八景キャンパスの図書館本館（紗和と裕一郎が話をしていた図書館，乃里子が紗和の頬を叩いた図書館）〔8〕	神奈川県横浜市金沢区六浦東1-50
ソシアル赤坂中川ビルの前（利佳子が座っていたビルの前）〔9〕	東京都港区赤坂3-11
侍従川の河口に架かる平潟橋（マンションを出た紗和が歩いていた水辺の歩道）〔9〕	神奈川県横浜市金沢区柳町35
大倉山記念館（紗和、裕一郎、乃里子が事情を聞かれた警察署内の部屋）〔9〕	神奈川県横浜市港北区大倉山2-10
三戸浜海岸（紗和と裕一郎が話をしていた昼顔の咲く砂浜）〔9〕	神奈川県三浦市初声町三戸917付近
大和市泉の森にある緑のかけ橋（紗和が裕一郎と再会した橋）〔9〕	神奈川県大和市上草柳1728

パセオリゾートクラブ河口湖のC棟(紗和と裕一郎が泊ったコテージ)〔10〕	山梨県南都留郡富士河口湖町小立4716
PICA富士西湖近くの桟橋(紗和と裕一郎が話をしていた湖畔の桟橋)〔10〕	山梨県南都留郡富士河口湖町西湖2068
湖北ビューラインの長浜トンネル西側付近(利佳子と荻原の乗ったバイクが裕一郎とすれ違ったトンネルの近く)〔10〕	山梨県南都留郡富士河口湖町長浜165
ソシアル赤坂中川ビルの前(客を見送る利佳子を荻原が見ていたビルの前)〔終〕	東京都港区赤坂3-11
墨田区役所の前(加藤が左手で絵を描いていたところ)〔終〕	東京都墨田区吾妻橋1-23
テレコムセンタービル(加藤が到着した空港のロビー)〔終〕	東京都江東区青海2-5
帰帆橋(警察車両が渡っていた橋)〔終〕	神奈川県横浜市金沢区乙舳町5
夕照橋(紗和の前を裕一郎の乗ったトラックと消防車がすれ違った橋)〔終〕	神奈川県横浜市金沢区六浦東1-46
関東学院大学 横浜・金沢八景キャンパス(紗和が裕一郎を待っていた高校の校門前,紗和が裕一郎の校内放送を聞いていた高校の前)〔終〕	神奈川県横浜市金沢区六浦東1-50
緑山スタジオ(事情聴取を終えた紗和が俊介と話をしていた警察署のロビー)〔終〕	神奈川県横浜市青葉区緑山2100

ひるなかの流星 (映画)

[公　開] 2017年3月

[スタッフ] 監督：新城毅彦,脚本：安達奈緒子,原作：やまもり三香

[出　演] 永野芽郁(与謝野すずめ),三浦翔平(獅子尾五月),白濱亜嵐(馬村大輝),山本舞香(猫田ゆゆか),小野寺晃良(犬飼学),室井響(猿丸小鉄),小山莉奈(鶴谷モニカ),西田尚美(与謝野聡子),佐藤隆太(熊本諭吉)〔ほか〕

ロケ地・場面	所在地
旧足利西高校(体育祭の会場)	栃木県足利市大前町103-11
川口・senkiya(すずめの叔父が経営するカフェ)	埼玉県川口市石神715
東京女子大学(獅子尾と馬村が会話した場所など)	東京都杉並区善福寺2-6-1
吉祥寺駅周辺(すずめたちが買い物する場所など)	東京都武蔵野市吉祥寺南町
成蹊大学(すずめとゆかが会話した場所)	東京都武蔵野市吉祥寺北町3-3-1
井の頭恩賜公園(獅子尾とすずめが出会った公園)	東京都武蔵野市御殿山1-18-31
横浜・八景島シーパラダイス(すずめと馬村が訪れた水族館)	神奈川県横浜市金沢区八景島
中川温泉(すずめたちが釣りをした場所)	神奈川県足柄上郡山北町中川645-8

ヒロイン失格 (映画)

[公　開] 2015年9月

[スタッフ] 監督：英勉,脚本：吉田恵里香,原作：幸田もも子

[出　演] 桐谷美玲(松崎はとり),山﨑賢人(寺坂利太),坂口健太郎(弘光廣祐),福田彩乃(中島杏子),我妻三輪子(安達未帆),高橋メアリージュン(恵美)〔ほか〕

ロケ地・場面	所在地
金沢区の歩道橋(はとりと利太の通学路)	神奈川県横浜市金沢区

東洋英和女学院大学横浜キャンパス カルテットホール,中央館食堂(幸田学園高校)	神奈川県横浜市緑区三保町32
サンメドウズ清里(スキー場)	山梨県北杜市大泉町西井出8240-1
ハイジの村(クライマックスのシーン)	山梨県北杜市明野町浅尾2471
ハウステンボス 観覧車(はとりと利太が乗った観覧車)	長崎県佐世保市ハウステンボス町1-1

HERO(2014年) (ドラマ)

[公　開] 2014年7月～9月
[スタッフ] 脚本:福田靖
[出　演] 木村拓哉(久利生公平),北川景子(麻木千佳),角野卓造(牛丸豊),小日向文世(末次隆之),松重豊(川尻健三郎),八嶋智人(遠藤賢司),杉本哲太(田村雅史),濱田岳(宇野大介),正名僕蔵(井戸秀二),吉田羊(馬場礼子),田中要次(St.George's Tavernマスター)〔ほか〕

ロケ地・場面	所在地
千葉工業大学津田沼キャンパス(東京地検特捜部が強制捜査に行った北帝大学病院)〔1〕	千葉県習志野市津田沼2-17
焼鳥 酉たけ(久利生が食事をしていた居酒屋「咲太郎」,大西が店員の坂下にケガを負わせた居酒屋)〔1〕	東京都千代田区神田神保町1-52
永代通りと交差するところ(久利生と麻木が大通りへ出たところ)〔1〕	東京都中央区日本橋茅場町1-7と8の間
日経茅場町別館の南西付近(宝石強盗犯が警備員を突き飛ばし、ハンマーを置いていったところ)〔1〕	東京都中央区日本橋茅場町2-6
鉄鋼会館701号室(牛丸が記者会見をしていたところ)〔1〕	東京都中央区日本橋茅場町3-2
三井本館(東京地検城西支部の外観)〔1〕	東京都中央区日本橋室町2-1
青山迎賓館(15年前、宝石強盗事件があった宝石店オレオル,久利生と麻木が訪れた宝石店オレオル)〔1〕	東京都港区南青山4-9
神楽坂 鮨 りん(田村と牛丸が寿司を食べていた店)〔1〕	東京都新宿区神楽坂3-6
辰巳の森緑道公園(久利生が麻木に雨宮のことを話しながら歩いていた並木道)〔1〕	東京都江東区辰巳2-9
ジニアスのSTUDIOジニアス池袋 グリーンst(久利生と麻木が坂下に会いに行った病室)〔1〕	東京都板橋区中丸町11
神奈川県庁本庁舎(末次が起訴状を持って駆け込んだ裁判所)〔1〕	神奈川県横浜市中区日本大通1
ワインホールグラマー銀座(井戸、遠藤、末次が合コンをした店)〔2〕	東京都中央区銀座8-2
ヨハン ボス スポーツスクール(久利生と麻木が訪れた宮原が通っていたボクシングジム)〔2〕	東京都港区赤坂8-11
住友不動産飯田橋ファーストタワー(久利生と麻木が別れたビルのエントランスフロア)〔2〕	東京都文京区後楽2-6
都立潮風公園(久利生と麻木が訪れた痴漢事件の発生現場)〔2〕	東京都品川区東八潮1
木村屋酒店(東武生が女性に抱きついたコンビニの前)〔2〕	東京都世田谷区新町3-1
MOJA in the HOUSE 渋谷(久利生と麻木が宮原と話をしていたカフェ)〔2〕	東京都渋谷区渋谷1-11

神奈川県庁本庁舎（久利生と麻木が桜井とすれ違った裁判所の玄関）〔2〕	神奈川県横浜市中区日本大通1
幕張メッセ国際展示場9〜11ホールのエスプラナード（久利生と麻木が川邊の同僚に会いに行った空港のロビー）〔3〕	千葉県千葉市美浜区中瀬2-5
木村屋酒店（久利生が買物をしたコンビニ）〔3〕	東京都世田谷区新町3-1
JINNAN CAFE（久利生と麻木が川邊の兄を待っていたカフェ）〔3〕	東京都渋谷区神南1-17
矢吹（麻木が天丼を食べようとしていた店）〔3〕	東京都杉並区高井戸東3-28
神奈川県庁本庁舎前の日本大通（城西署を出た久利生と麻木が歩いていたところ）〔3〕	神奈川県横浜市中区日本大通1
デックス東京ビーチの台場一丁目商店街にある台場タワー広場（嘆願書を書いた男に久利生と麻木が会いに行ったところ）〔4〕	東京都港区台場1-6
Le Club de Tokyo（久利生と麻木が訪れたキャバクラ）〔4〕	東京都港区六本木6-1
JFE渡田ビルの前（久利生と麻木が訪れたマンホールが盗まれた現場）〔4〕	神奈川県川崎市川崎区南渡田町1
THINK3号館の東側（金属バットを持った男達に麻木が追われていたところ）〔4〕	神奈川県川崎市川崎区南渡田町1
アウマンの家（久利生と麻木が食事をしていたレストラン）〔4〕	神奈川県川崎市川崎区南渡田町1

京浜ビルの北側にある広場（久利生が訪れたすべり台が盗まれた狸ヶ原公園）〔4〕	神奈川県川崎市川崎区南渡田町1
スタジオピアのPia15 B福町（川尻と遠藤が事件の目撃者、貴島航太に会いに行った家）〔5〕	東京都杉並区永福1-13
きよみ幼稚園（川尻と麻木が事件の目撃者の園児に会いに行った幼稚園）〔5〕	東京都板橋区高島平7-37
海上技術安全研究所の400m試験水槽〈大水槽〉（久利生と麻木が訪れた橋梁技術研究所）〔5〕	東京都三鷹市新川6-38
パウパウ アクアガーデン銀座店（久利生と麻木が金魚を見に行ったペットショップ）〔6〕	東京都中央区銀座7-17
鉄鋼会館701号室（牛丸が記者会見をしていた会議室）〔6〕	東京都中央区日本橋茅場町3-2
勝島運河（久利生と麻木が船頭から話を聞いていた屋形船が停泊していたところ）〔6〕	東京都品川区東大井1-25
多摩川にある桟橋（馬場と井戸が漁師に話を聞いていた桟橋）〔6〕	東京都大田区羽田2-32
みなとみらいグランドセントラルタワー（川尻が牛丸を待っていた検察庁の前）〔6〕	神奈川県横浜市西区みなとみらい4-6
大川町産業会館（久利生が訪れた城西署, 久利生たちが赤い服の男の捜査を頼みに行った城西署）〔6〕	神奈川県川崎市川崎区大川町9
よし邑（川尻、田村、牛丸、馬場が蟹を食べていた店）〔7〕	東京都板橋区蓮根2-19

起雲閣の洋館「玉渓」(久利生がさくらと話をしていた綾野邸の部屋)〔7〕	静岡県熱海市昭和町4
風の家(久利生がさくらと話をしていたカフェ)〔7〕	静岡県熱海市西熱海町2-15
アカオリゾート公国のロイヤルウイングとビーチリゾート(久利生と麻木が宿泊したホテル, 久利生がサンドイッチを食べていたプールサイド)〔7〕	静岡県熱海市熱海1993
MOA大仁農場大駐車場の北側(久利生がバスを降りたところ)〔7〕	静岡県伊豆の国市浮橋
MOA大仁農場(久利生と麻木の乗ったバスが走っていたところ, 久利生が城山圭吾の鞄の中身を調べたところ)〔7〕	静岡県伊豆の国市浮橋1601-1
MOA大仁農場管理事務所(麻木が治療を受けた奥熱海診療所の外観)〔7〕	静岡県伊豆の国市浮橋1606
シンボルプロムナード公園のセンタープロムナードにある「出会い橋」の下(久利生と麻木がラーメンを食べていた陸橋の下)〔8〕	東京都江東区青海1-3
府中公園(久利生と麻木が訪れた川原崎祐介が射殺された噴水のある公園)〔8〕	東京都府中市府中町2-26
神奈川県庁本庁舎(久利生が小此木に権藤を不起訴にしたことを伝えた裁判所内)〔8〕	神奈川県横浜市中区日本大通1
相模原市役所(送検される権藤が車に乗せられた警視庁城北警察署, 久利生が暴力団の男達に囲まれた警視庁城北警察署の前)〔8〕	神奈川県相模原市中央区中央2-11
ミルクスタンド溜屋飯田橋店(久利生と麻木がかき氷を食べていた店頭)〔9〕	東京都千代田区富士見2-3
國學院大學渋谷キャンパス(応徳大學の入口)〔9〕	東京都渋谷区東4-10
三宝食堂(久利生と麻木が訪れた坂本スタミナ食堂)〔9〕	東京都府中市緑町3-17
南足柄市運動公園のトイレ(久利生と麻木が訪れた事件のあった公園のトイレ)〔9〕	神奈川県南足柄市怒田1636
住友不動産新宿オークタワー(松平が田村と電話で話をしていたオフィス)〔10〕	東京都新宿区西新宿6-8
フジテレビ湾岸スタジオ(久利生と麻木が江上に会いに行った病院)〔10〕	東京都江東区青海2-3
日本科学未来館の北側(久利生と麻木がスタチューのことを聞いていたところ)〔10〕	東京都江東区青海2-3
ラルフローレン表参道(久利生と麻木がスタチューを見つけたところ)〔10〕	東京都渋谷区神宮前4-25
野川沿いの道(田中と遠藤が訪れた殺害現場)〔10〕	東京都調布市国領町3-17
みなとみらいグランドセントラルタワー(久利生と麻木が訪れた検察庁の外観とロビー)〔10〕	神奈川県横浜市西区みなとみらい4-6

千葉工業大学新習志野キャンパス（特捜部が強制捜査に行ったヌカダ建設）〔終〕	千葉県習志野市芝園2-1
ビックカメラ 有楽町店（「連続通り魔事件」と特捜部の「強制捜査」のニュースが報じられていた壁面テレビ）〔終〕	東京都千代田区有楽町1-11
鉄鋼会館701号室（牛丸が記者会見をしていたところ）〔終〕	東京都中央区日本橋茅場町3-2
辰巳の森緑道公園（久利生たちが歩いていた並木道）〔終〕	東京都江東区辰巳2-9
東京都立深沢高等学校東側の呑川沿い（久利生と麻木が訪れた最初の事件現場）〔終〕	東京都世田谷区深沢7-3
野川沿いの道（南雲が滝翔太を刺殺した現場）〔終〕	東京都調布市国領町3-17
日野中央公園（久利生と麻木が訪れた3年前の事件現場）〔終〕	東京都日野市神明2-13
日野市クリーンセンターの東側（馬場と井戸が訪れた10年前の事件現場）〔終〕	東京都日野市石田1-210
若宮神社の西側付近（宇野と末次が訪れた14年前の事件現場）〔終〕	東京都日野市東豊田2-34
中央自動車道下の国立府中12トンネル（田村と遠藤が訪れた6年前にOLが尻を刺された現場）〔終〕	東京都国立市泉1-10
神奈川県庁本庁舎（裁判所，バーを出た麻木が立ち寄った裁判所）〔終〕	神奈川県横浜市中区日本大通1
春秋苑（久利生と麻木が墓参した鍋島次席の墓がある墓地）〔終〕	神奈川県川崎市多摩区南生田8-1

辰巳の森緑道公園（タイトルバックで東京地検城西支部のメンバーが歩いていた並木道）	東京都江東区辰巳2-9

HERO（2015年）（映画）

［公　開］2015年7月

［スタッフ］監督：鈴木雅之，脚本：福田靖

［出　演］木村拓哉（久利生公平），松たか子（雨宮舞子），北川景子（麻木千佳），佐藤浩市（松葉圭介）〔ほか〕

［トピック］テレビドラマ「HERO」の映画版第2作。

ロケ地・場面	所在地
メッセモール交差点（久利生が信号待ちしていた交差点）	千葉県千葉市美浜区中瀬1-5
舞浜アンフィシアター（アジア欧州文化フォーラムの会場）	千葉県浦安市舞浜2
法務省赤れんが棟（千佳が久利生を待っていた法務省）	東京都千代田区霞が関1-1
日本工業倶楽部会館の大ホール（ネウストリア・日本の外相が握手した場所）	東京都千代田区丸の内1-4
三井本館（東京地検城西支部の外観）	東京都中央区日本橋室町2-1
神宮外苑のイチョウ並木（違法薬物の取引が行われたオープンカフェ）	東京都港区北青山2-1
和敬塾本館（三城が建物から出るところなど）	東京都文京区目白台1-21
辰巳の森緑道公園（雨宮が矢口と電話した公園など）	東京都江東区辰巳2-9
江北左岸グランド（久利生、千佳、宇野がネウストリア大使館員とペタングしたグランド）	東京都足立区扇2地先

La Cittadella（久利生がダンプカーにはねられた場所）	神奈川県川崎市川崎区小川町4
中央公会堂前交差点付近（矢口が雨宮と電話した交差点）	大阪府大阪市北区中之島1-1
水晶橋（矢口が雨宮と電話した橋）	大阪府大阪市北区中之島1-3
兵庫県公館（ネウストリア公国大使館）	兵庫県神戸市中央区下山手通4-4-1
海岸ビルヂング（大阪地方検察庁難波支部）	兵庫県神戸市中央区海岸通3-1

First Love 初恋（ドラマ）

［公　開］2022年11月

［スタッフ］監督・脚本：寒竹ゆり

［出　演］満島ひかり（野口也英），佐藤健（並木晴道），八木莉可子（野口也英：少女期），木戸大聖（並木晴道：少年期），夏帆（有川恒美），美波（並木優雨/河野優雨），中尾明慶（河野凡二）〔ほか〕

［トピック］宇多田ヒカルの楽曲「First Love」「初恋」を原案とするNetflixオリジナルドラマ。2022年11月24日から配信された。

ロケ地・場面	所在地
フーズバラエティすぎはら（晴道と綴が買い物に訪れたスーパー）	北海道札幌市中央区
札幌聖心女子学院（也英の異母姉が通う高校）	北海道札幌市中央区宮の森2条16-10-1
JUNO札幌店（晴道と恒美が訪れたウェディングドレス店）	北海道札幌市中央区宮ヶ丘3-2-3
西4丁目交差点（綴と也英が待ち合わた場所）	北海道札幌市中央区西4
大通公園（晴道が優雨と訪れた公園）	北海道札幌市中央区大通西1～11
札幌地下街オーロラタウン（也英の通勤経路）	北海道札幌市中央区大通西2
さっぽろテレビ塔前歩道橋（晴道が通った歩道橋）	北海道札幌市中央区大通東1
中島公園（也英と晴道が出会った公園）	北海道札幌市中央区中島公園
札幌市天文台（也英と晴道が火星大接近の夜に訪れた天文台）	北海道札幌市中央区中島公園1-17
札幌パークホテル（晴道と恒美の両家が顔合わせした会場）	北海道札幌市中央区南10条西3-1-1
幌平橋（也英と晴道が朝焼けを見た橋）	北海道札幌市中央区南16条西1-1
サッポロパンケーキ＆パフェラストミント（愛瑠と晴道が訪れたカフェ）	北海道札幌市中央区南2条西3-12-2
FLAIR BAR es（也英と詩が訪れたカラオケ屋）	北海道札幌市中央区南4条西4-16
札幌東急REIホテル前タクシー乗り場（也英が客を乗せたタクシー乗り場）	北海道札幌市中央区南4条西5-1
フジヤ売店（也英が立ち寄ったタバコ屋）	北海道札幌市中央区南5条西3-2
炉ばた焼きウタリ（也英と旺太郎が海老を食べた店）	北海道札幌市中央区南5条西5-1
札幌市民交流プラザ（晴道の勤務先）	北海道札幌市中央区北1条西1
大通バスセンター（也英と旺太郎が訪れた駅）	北海道札幌市中央区北1条東1-5
サッポロファクトリー（流星王子サイン会の会場）	北海道札幌市中央区北2条東4-1-2
札幌駅前通（也英がタクシーを走らせる札幌中心街）	北海道札幌市中央区北5～北1
大丸札幌店 モンブランコーナー（也英が綴のプレゼントを買いに訪れた百貨店）	北海道札幌市中央区北5条西4-7
札幌駅南口（晴道が訪れたタクシー乗り場）	北海道札幌市北区6条西4-1-1

Baluko Laundry Place 東苗穂（也英のアパート付近のコインランドリー）	北海道札幌市東区東苗穂3条1-3-45
平岸ハイヤー（也英が勤める螢星交通）	北海道札幌市豊平区平岸2条4-5-15
北海道青少年会館（高校時代、也英が出場したスピーチコンテストの会場）	北海道札幌市南区真駒内柏丘7-8-1
藻南公園・豊平川（幼少期、晴道が訪れた川）	北海道札幌市南区川沿10条4-2
RUTH LOWE 藻岩店（也英と綴が訪れたレストラン）	北海道札幌市南区藻岩下3-1-17
そば・うどん領国（晴道の職場近くのそば屋）	北海道札幌市厚別区厚別中央2条5-6-1
サンピアザ劇場（高校時代、也英と晴道が訪れた映画館）	北海道札幌市厚別区厚別中央2条5-7-2
天狗山ロープウエイ（高校時代、也英と晴道が訪れたロープウエイ）	北海道小樽市最上2-16-15
旭川常磐ロータリー（ラウンドアバウト）	北海道旭川市常磐通1
西洋軒（也英が通う洋食屋）	北海道千歳市千代田町1-1-7
ハイジ牧場（ライラックの樹がある牧場）	北海道夕張郡長沼町東9線南2

ブギウギ（ドラマ）

［公　開］2023年10月～2024年3月

［スタッフ］脚本：足立紳, 櫻井剛

［出　演］趣里（福来スズ子）, 草彅剛（羽鳥善一）, 菊地凛子（茨田りつ子）, 蒼井優（大和礼子）, 水上恒司（村山愛助）, 水川あさみ（花田ツヤ）, 柳葉敏郎（花田梅吉）〔ほか〕

ロケ地・場面	所在地
大城神社西側の参道（花田鈴子たちがお祭りに行った神社）〔1〕	滋賀県東近江市五個荘金堂町66
百済寺（大和礼子たちがストライキをした山寺）〔3, 4〕	滋賀県東近江市百済寺町323
マッチョ通り（花田鈴子の実家のある古い町並み）〔5〕	香川県丸亀市本島町笠島
猪熊邸（花田鈴子が法事に行った祖父の家）〔5〕	香川県東かがわ市松原166
神戸税関（村山興業東京支社）〔12〕	兵庫県神戸市中央区新港町12-1
油日神社（福来スズ子とその楽団が公演を行った富山の神社）〔15〕	滋賀県甲賀市甲賀町油日1042
余呉湖 尾の呂が浜（福来スズ子と村山愛助が旅行に行った箱根の湖）〔17〕	滋賀県長浜市余呉町川並
田の浦海岸（福来スズ子と愛子が訪れた香川の海）〔23〕	香川県東かがわ市引田
大阪城（花田鈴子が花田愛子を探していた城跡（見えていた石垣は四番櫓跡））〔24〕	大阪府大阪市中央区大阪城1-1
大阪城（花田愛子が友達とかけっこをしていた公園）〔25〕	大阪府大阪市中央区大阪城1-1
旧豊郷小学校（花咲音楽学校）	滋賀県犬上郡豊郷町石畑518
寿温泉（銭湯「はなの湯」の浴槽（外観や番台は寿温泉をモデルにした撮影用のセット））	大阪府大阪市港区弁天4-10-12
久金属工業（梅丸少女歌劇団）	大阪府大阪市西成区北津守3-8-31
大阪府庁本館（丸の内テレビジョン）	大阪府大阪市中央区大手前2-1-22
加古川日本毛織社宅（ポスター撮影が行われた長屋）	兵庫県加古川市加古川町本町

ポルトヨーロッパ（日帝、東京の町並み（日帝の下層部はフランスの街並みの建物、上層部は東京の有楽町にあった日劇を合成））	和歌山県和歌山市毛見1527

Fukushima 50（映画）

［公　開］2020年3月

［スタッフ］監督：若松節朗, 脚本：前川洋一, 原作：門田隆将

［出　演］佐藤浩市（伊崎利夫）, 渡辺謙（吉田昌郎）, 吉岡秀隆（前田拓実）, 緒形直人（野尻庄一）, 火野正平（大森久夫）, 平田満（平山茂）, 萩原聖人（井川和夫）, 吉岡里帆（伊崎遥香）, 富田靖子（伊崎智子）, 斎藤工（滝沢大）, 佐野史郎（内閣総理大臣）, 安田成美（浅野真理）〔ほか〕

ロケ地・場面	所在地
さくら通り（ラストシーンの桜並木）	福島県いわき市富岡町夜の森北2
古河市役所古河庁舎（双葉町役場）	茨城県古河市下大野2248
野村醸造（滝沢大が恋人・遙香の無事を祈った場所）	茨城県常総市本石下2052
利根浄化センター（排気作業をした格納容器内）	茨城県北相馬郡利根町布川字三番割
高瀬下水処理場 地下管廊下（福島第一原発内）	千葉県船橋市高瀬町56
横田基地（トモダチ作戦のシーン）	東京都立川市〜瑞穂町
明星大学 青梅キャンパス本館（富岡町役場）	東京都青梅市長淵2-590
角川大映スタジオ（緊急時対策室（セット））	東京都調布市多摩川6-1-1
旧東洋バルヴ工場（津波後の福島第一原発内（オープンセット））	長野県諏訪市湖岸通り5-11-1135
クリーンレイク諏訪（津波に襲われる福島第一原発のシーン）	長野県諏訪市豊田湖畔1866-1

福田村事件（映画）

［公　開］2023年9月

［スタッフ］監督：森達也, 脚本：佐伯俊道, 井上淳一, 荒井晴彦

［出　演］井浦新（澤田智一）, 田中麗奈（澤田静子）, 永山瑛太（沼部新助）, 東出昌大（田中倉蔵）, コムアイ（島村咲江）, 木竜麻生（恩田楓）, 向里祐香（井草マス）, カトウシンスケ（平澤計七）, 松浦祐也（井草茂次）, 杉田雷麟（藤岡敬一）, ピエール瀧（砂田伸次朗）, 水道橋博士（長谷川秀吉）, 豊原功補（田向龍一）, 柄本明（井草貞次）〔ほか〕

ロケ地・場面	所在地
西之湖園地（利根川の渡し場）	滋賀県近江八幡市
油日の農道（馬を伴って歩いた道）	滋賀県甲賀市甲賀町油日
五十河の里「民家苑」農楽堂（澤田夫妻のシーン）	京都府京丹後市大宮町五十河

ふしぎな岬の物語（映画）

［公　開］2014年10月

［スタッフ］監督：成島出, 脚本：加藤正人, 安倍照雄, 原作：森沢明夫

［出　演］吉永小百合（柏木悦子）, 阿部寛（柏木浩司）, 竹内結子（竜崎みどり）, 笑福亭鶴瓶（タニさん）〔ほか〕

ロケ地・場面	所在地
館山ファミリーパーク〈現・RECAMP館山〉（結婚式会場など）	千葉県館山市布沼1210
勝浦漁港（浩司とみどりが歩いた漁港）	千葉県勝浦市浜勝浦370
鋸南町の岬（喫茶店「岬カフェ」（ロケセット））	千葉県安房郡鋸南町

2つ目の窓（映画）

［公　開］2014年7月

［スタッフ］監督・脚本：河瀬直美

［出　演］村上虹郎（界人）, 吉永淳（杏子）, 杉

本哲太（徹），松田美由紀（イサ），渡辺真起子（岬）〔ほか〕

ロケ地・場面	所在地
奄美市笠利町用安集落（界人らの住む集落）	鹿児島県奄美市笠利
鹿児島県立大島北高校（界人らが通う学校）	鹿児島県奄美市笠利町大字中金久356
ネイティブ・シー（レストラン）	鹿児島県大島郡龍郷町芦徳835
手広海岸（海岸のシーン）	鹿児島県大島郡龍郷町赤尾木1687

舟を編む（映画）

［公　開］2013年4月

［スタッフ］監督：石井裕也，脚本：渡辺謙作，原作：三浦しをん

［出　演］松田龍平（馬締光也），宮﨑あおい（林香具矢），オダギリジョー（西岡正志），黒木華（岸辺みどり），加藤剛（松本朋佑）〔ほか〕

ロケ地・場面	所在地
城西大学坂戸キャンパス図書館前（西岡たちが原稿執筆依頼に向かうところ）	埼玉県坂戸市けやき台1-1
湊川鉄橋（馬締たちが松本の自宅に向かうところ）	千葉県富津市
豊岡海岸（馬締と香具矢が訪れた海岸）	千葉県南房総市富浦町豊岡
ファーストキッチン飯田橋ラムラ店（松本と馬締が訪れたハンバーガー屋）	東京都新宿区神楽河岸1-1
東京ドームシティアトラクションズ（観覧車のシーン）	東京都文京区後楽1-3-61
鳳明館寮前のアパート（下宿「早雲荘」）	東京都文京区本郷5-10-5
酔の助（編集部が訪れた居酒屋）	東京都荒川区西日暮里2-19-7
日活撮影所（玄武書房辞書編集部，下宿「早雲荘」など）	東京都調布市染地2-8-12

PRICELESS～あるわけねえだろ、んなもん！～（ドラマ）

［公　開］2012年10月～12月

［スタッフ］脚本：古家和尚，櫻井剛

［出　演］木村拓哉（金田一二三男），香里奈（二階堂彩矢），中井貴一（模合謙吾），藤木直人（大屋敷統一郎），夏木マリ（鞠丘一厘），イッセー尾形（財前修），藤ヶ谷太輔（榎本小太郎），蓮佛美沙子（広瀬瑤子）〔ほか〕

ロケ地・場面	所在地
共立女子学園神田3号館（金田一が出てきた警視庁宝橋警察署）〔1〕	東京都千代田区神田神保町3-27
東日本橋交差点の真ん中（サラリーマンがベンチに置いた空缶を金田一が拾ったところ）〔1〕	東京都中央区東日本橋1-1
ロイヤルパークホテル東側の「蛎殻町公園」（金田一がお金と間違えて銀ボタンを拾ったところ）〔1〕	東京都中央区日本橋蛎殻町2-9
第2井上ビル（金田一と瑤子が話をしていた「KINGS COURT」の外観）〔1〕	東京都中央区日本橋茅場町2-17
首都高速6号向島線下の「あやめ第一公園」（金田一が空缶を拾っていた高架下の公園）〔1〕	東京都中央区日本橋浜町3-18
MG浜町ビルの南側（金田一と榎本が缶コーヒーを買った自動販売機があるところ）〔1〕	東京都中央区日本橋浜町3-23
アパホテル日本橋浜町南付近の隅田川沿い（金田一が電話を掛けていた電話ボックスがあるところ）〔1〕	東京都中央区日本橋浜町3-43

桜田通り〈国道1号線〉(金田一が瑤子をタクシーに乗せたところ, 金田一が貫太と両太に500円を渡したところ)〔1〕	東京都港区三田1-4
グランパークタワー(ミラクル魔法瓶の正面入口)〔1〕	東京都港区芝浦3-4
グランパークプラザ(金田一が社員たちに暴力を振るったところ)〔1〕	東京都港区芝浦3-4
明治神宮球場(大屋敷と財前が野球を観戦していたところ)〔1〕	東京都新宿区霞ヶ丘町3
播磨坂が春日通りにぶつかる小石川五丁目交差点付近(金田一が吸い殻を拾って吸ったところ, 金田一が貫太、両太と再会したところ)〔1〕	東京都文京区小石川4-22
下谷神社(金田一が賽銭を盗もうとした神社)〔1〕	東京都台東区東上野3-29
隅田川に架かる新大橋(金田一がスマートフォンを川に落とした橋)〔1〕	東京都江東区新大橋1-2
深川一丁目児童遊園〈通称・三角公園〉(両太がブルドーザーのおもちゃを探していた公園)〔1〕	東京都江東区深川1-3
隅田川の堤防沿い(金田一が拾った空缶をお金に変える方法を聞いたところ)〔1〕	東京都江東区清澄1-1
フジテレビ湾岸スタジオの西側(金田一が自動販売機の釣銭を調べていたところ)〔1〕	東京都江東区青海2-3
木場公園の「ふれあい広場」(貫太、両太、金田一が野草を採っていた公園)〔1〕	東京都江東区木場4-7

有明コロシアム東交差点付近(一厘が金田一に声を掛けた工事現場の前)〔1〕	東京都江東区有明1-3
東京スター銀行 渋谷支店ファイナンシャル・ラウンジ(金田一が残高確認をしたATMコーナー)〔1〕	東京都渋谷区宇田川町20
下高井戸八幡神社(金田一が歩いていた縁日の屋台が並ぶ神社の境内, 金田一が北別府のサインボールを投げたところ)〔1〕	東京都杉並区下高井戸4-39
日野中央公園(金田一が野宿した公園, 炊き出しが行われていた公園)〔1〕	東京都日野市神明2-13
ヤマセン飼料敷地(貫太と両太が金田一を連れて行った幸福荘の外観(オープンセット))〔1〕	東京都稲城市矢野口347
レストラン ラグー(模合が金田一を待っていた店)〔2〕	東京都中央区日本橋蛎殻町2-16
大黒屋水天宮店(金田一が図書カードを450円に換えた金券ショップ)〔2〕	東京都中央区日本橋人形町1-15
浜町川緑道が新大橋通りにぶつかるところ(金田一、貫太、両太がアンケートをしている幸福の女神と出会ったところ)〔2〕	東京都中央区日本橋人形町2-36
大石電機製作所(金田一、彩矢、貫太、両太が入った「中華料理 青春軒」の外観)〔2〕	東京都港区白金6-21

播磨坂が春日通りにぶつかる小石川五丁目交差点付近（金田一が貫太と両太にキャラメルと食玩を渡したところ，レストランを追い出された金田一と彩矢が歩いていたところ）〔2〕	東京都文京区小石川4-22
合羽橋本通りの「シミズパン」（彩矢がパンの耳をもらった店）〔2〕	東京都台東区東上野6-27
清澄公園（瑤子が金田一に声を掛けた公園，金田一と瑤子が話をしていた公園）〔2〕	東京都江東区清澄2-2
大島川西支川と仙台堀川が交わる付近（金田一と彩矢が釣りをしていたところ）〔2〕	東京都江東区福住2-8
下高井戸八幡神社（金田一が20円を見つけた神社の境内）〔2〕	東京都杉並区下高井戸4-39
高浜運河沿緑地（模合と彩矢が話をしていた水辺）〔3〕	東京都港区港南4-5
ホテル グランパシフィック LE DAIBA（会食を終えた模合と統一郎が見送りをしたホテルの玄関）〔3〕	東京都港区台場2-6
新明和上野ビル（模合と大屋敷が訪れた林部部品工業の外観）〔3〕	東京都台東区東上野5-16
東京臨海高速鉄道りんかい線東雲駅（ビラ配りをしていた金田一が模合と出会った駅前，コスプレをした彩矢がビラ配りをしていた駅前）〔3〕	東京都江東区東雲2-8
フジテレビ別館（統括本部長になった模合の部屋があるところ）〔3〕	東京都品川区東品川3-32
浜路橋（金田一と彩矢が相模川を見つけた橋の上）〔4〕	東京都港区港南1-4
ホテル グランパシフィック LE DAIBA（大屋敷と財前が入ったホテルのエントランス）〔4〕	東京都港区台場2-6
bar & dinning KITSUNE（富沢萌の代りに彩矢がバイトをしていたキャバクラ「Honey catty」の入口，キャバクラの店内）〔4〕	東京都渋谷区東2-20
味の素スタジアム（ゲンさんのいるところ）〔4〕	東京都調布市西町376
日の出製作所（相模川製作所）〔4〕	神奈川県川崎市川崎区大川町11
川崎市国際交流センターの特別会議室（模合が大屋敷を批判する発言をした会議室）〔4〕	神奈川県川崎市中原区木月祇園町2
相生橋（金田一たちが屋台をひいて渡っていた橋）〔5〕	東京都江東区越中島1-3、東京都中央区佃2-2
用賀倶楽部（彩矢と瑤子が話をしていた店）〔5〕	東京都世田谷区玉川台2-17
整電社（ミラクル製作所）〔5〕	神奈川県川崎市川崎区浅野町6
飯田橋ファーストタワー（広瀬ファンドの外観，金田一と瑤子が話をしたエントランスフロア）〔6〕	東京都文京区後楽2-6
山崎金型（金田一たちが「究極の魔法瓶」を作った「ミラクル製作所」）〔6〕	神奈川県川崎市川崎区大川町12

共立女子大学共立講堂前の一ツ橋交差点（金田一が榎本にお茶と三月堂の「いちご最中」を渡したところ）〔7〕	東京都千代田区一ツ橋2-2
東京サンケイビルのメトロスクエア・フラット（金田一と彩矢がホットドッグを食べていたところ，彩矢と瑤子が話をしたところ，彩矢が一人でホットドッグを食べていたところ）〔7〕	東京都千代田区大手町1-7
永代通りの霊岸橋（彩矢と模合が話をしていた橋の上）〔7〕	東京都中央区日本橋茅場町2-17
川崎市国際交流センターの特別会議室（ミラクルエレクトロニクスの会議が行われていた会議室）〔7〕	神奈川県川崎市中原区木月祇園町2
JR中央本線沿いの皀角坂（彩矢が下っていた線路沿いの坂道）〔8〕	東京都千代田区神田駿河台2-11
相生橋南端の石川島公園（彩矢が座っていた階段）〔8〕	東京都中央区佃2-2
ホテル グランパシフィック LE DAIBA（彩矢と模合が話をしていたホテル，シンが電話で話をしていたホテルの部屋）〔8〕	東京都港区台場2-6
八芳園内の「壺中庵」（統一郎たちが接待をした料亭）〔8〕	東京都港区白金台1
相生橋（財前が彩矢に話しかけたところ）〔8〕	東京都江東区越中島2-1
天王洲アイルのシーフォートスクエア東側にあるセンターコート（彩矢がホットドッグを買おうとしたところ，金田一が彩矢と出会ったところ）〔8〕	東京都品川区東品川2-3
アメリカンスタジアム（金田一が接待に行ったバッティングセンター）〔8〕	東京都世田谷区鎌田4-14
日野中央公園（金田一がシンさんを連れて行った炊き出しをしている公園）〔8〕	東京都日野市神明2-13
セントジェームスクラブ迎賓館（パーティーが行われた会場）〔8〕	神奈川県横浜市西区老松町18
津久井湖ゴルフ倶楽部（統一郎が接待をしていたゴルフ場）〔8〕	神奈川県相模原市緑区三ケ木492
明治記念館のラウンジ「kinkei」（厳が広瀬と話をしていたパーティー会場）〔9〕	東京都港区元赤坂2-2
木材会館（ハピネス魔法瓶の新オフィスがあるフロア，新オフィスで会議が行われた会議室）〔9〕	東京都江東区新木場1-18
アートヴィレッジ大崎セントラルタワー（ハピネス魔法瓶の新オフィスが入居したビルの外観）〔9〕	東京都品川区大崎1-2
RALPH LAUREN 表参道（金田一たちがスーツを新調した店）〔9〕	東京都渋谷区神宮前4-25
青木病院（模合が入院した病院，金田一と彩矢が話をしていた病院の待合所）〔9〕	東京都調布市上石原3-33
日の出製作所（模合が倒れた工場）〔9〕	神奈川県川崎市川崎区大川町11

東扇島東公園(統一郎が訪れた大屋敷家の墓があるところ)〔9〕	神奈川県川崎市川崎区東扇島58
大手町サンケイプラザ4階のホール(統一郎がミラクル魔法瓶の新社長として承認された会場)〔終〕	東京都千代田区大手町1-7
相生橋(会社を出た統一郎が歩いていたところ)〔終〕	東京都中央区佃2-2
春日通り〈国道254号線〉(会社を出た統一郎が歩いていたところ)〔終〕	東京都文京区小石川4-22
アンフェリシオンの「グランデ・オラシオン」(彩矢が夢の中で金田一とキスしたチャペル)〔終〕	東京都江東区亀戸1-43
夢の大橋(ミラクル魔法瓶を出た金田一、彩矢、模合が歩いていたところ)〔終〕	東京都江東区有明3-1
等々力1丁目の階段(彩矢と榎本が下っていた階段)〔終〕	東京都世田谷区等々力1-17と18の間
下高井戸八幡神社(金田一が北別府のボールを取り戻した神社の境内)〔終〕	東京都杉並区下高井戸4-39
日野中央公園(金田一が統一郎に会いに行った公園, 金田一と統一郎が炊き出しの豚汁を食べていた公園)〔終〕	東京都日野市神明2-13
よみうりランド(金田一が彩矢と模合を待っていたところ)〔終〕	東京都稲城市矢野口4015

ブラックペアン (ドラマ)

[公　開] 2018年4月～6月

[スタッフ] 脚本：丑尾健太郎, 神田優, 原作：海堂尊

[出　演] 二宮和也(渡海征司郎), 竹内涼真(世良雅志), 内野聖陽(佐伯清剛), 小泉孝太郎(高階権太), 葵わかな(花房美和), 加藤浩次(池永英人), 市川猿之助(西崎啓介), 趣里(猫田麻里)〔ほか〕

ロケ地・場面	所在地
東千葉メディカルセンター(守屋と黒崎が西崎と高階を出迎えた東城大学医学部付属病院の玄関, 病院内のロビーや廊下)〔1〕	千葉県東金市丘山台3-6
東千葉メディカルセンター2Fの講堂(皆川のカンファレンスで高階がスナイプを紹介した会議室)〔1〕	千葉県東金市丘山台3-6
シャトーレストラン ジョエル・ロブション(渡海、世良、木下が勉強会をしていたレストラン)〔1〕	東京都目黒区三田1-13
浴風会(渡海がタバコを吸っていた東城大学病院 旧館)〔1〕	東京都杉並区高井戸西1-12
創価大学の栄光門(西崎と高階の乗った車が通過した東城大学の正門)〔1〕	東京都八王子市丹木町1-236
ふじのくに千本松フォーラム Plaza VerdeのコンベンションホールA(西崎と高階が佐伯の手術を見学していたホール, 西崎と池永が手術を見学していたホール)〔1〕	静岡県沼津市大手町1-1
みしまプラザホテルのバンケットホール「ルナール」(佐伯が高階と電話で話をしていた立食パーティーの会場)〔1〕	静岡県三島市本町14
藤田保健衛生大学病院(東城大学医学部付属病院の外観)〔1〕	愛知県豊明市沓掛町田楽ケ窪1

千葉経済大学の学生ホール〈エステリア〉(研修医たちが食事をしていた食堂, 世良と高階が話をしていた食堂)〔2〕	千葉県千葉市稲毛区轟町3-59
幕張国際研修センターのレセプションホール渚(渡海、佐伯、高階、黒崎、木下が手術の中継を見ていた部屋)〔2〕	千葉県千葉市美浜区ひび野1-1
天雅(佐伯と木下が会食していた天ぷら店)〔2〕	東京都目黒区上目黒3-16
かずさアカデミアホールの201会議室(佐伯が渡海にスナイプ手術を執刀するように命じた部屋)〔3〕	千葉県木更津市かずさ鎌足2-3
ホテルインターコンチネンタル東京ベイの宴会場「ウィラード」(佐伯と黒崎が訪れた会場)〔3〕	東京都港区海岸1-16
メゾン ポール・ボキューズ(佐伯と木下が会食していたレストラン)〔3〕	東京都渋谷区猿楽町17
浴風会(木下が渡海に茶封筒を渡した病院の中庭)〔3〕	東京都杉並区高井戸西1-12
サーモフィッシャーサイエンティフィックの横浜アナリティカルセンター(帝華大学第一研究室)〔3〕	神奈川県横浜市神奈川区守屋町3-9
神奈川工科大学 学生サービス棟(佐伯と高階が話をしていた病院内の階段)〔3〕	神奈川県厚木市下荻野1030
千葉大学西千葉キャンパス(高階が小春と約束をした病院の中庭)〔4〕	千葉県千葉市稲毛区弥生町1
皇居桜田濠沿い 内堀通りの国会前交差点付近(西崎と守屋がジョギングしていたところ)〔4〕	東京都千代田区永田町1-1
パシフィックセンチュリープレイス丸の内(池永が西崎と電話で話をしていた会議室)〔4〕	東京都千代田区丸の内1-11
創作麵工房 鳴龍(佐伯と木下がラーメンを食べていた店)〔4〕	東京都豊島区南大塚2-34
神奈川工科大学 中央緑地公園(世良が小春と話をした病院の中庭)〔4〕	神奈川県厚木市下荻野1030
東千葉メディカルセンター(小春がリハビリをしていたところ)〔5〕	千葉県東金市丘山台3-6
千葉工業大学 新習志野キャンパス(高階が世良たちからサッカーを習っていた病院の中庭)〔5〕	千葉県習志野市芝園2-1
浦安音楽ホール(ダーウィンの手術が中継されていた東城大学内のホール)〔5〕	千葉県浦安市入船1-6
中国府邸菜 厲家菜 銀座(渡海と木下が会食していた中華レストラン)〔5〕	東京都中央区銀座1-7
アルタビスタガーデン(富沢が佐伯に声を掛けた立食パーティーの会場)〔6〕	埼玉県さいたま市西区宮前町1992
東京ミッドタウン日比谷(池永が西崎と電話で話をしていたところ)〔6〕	東京都千代田区有楽町1-1

浴風会(美和が春江と出会った東城大学病院 旧館の前, 春江が世良と美和の会話を聞いた東城大学病院 旧館の前)〔6〕	東京都杉並区高井戸西1-12
浴風会本館(渡海がタバコを吸っていた東城大学病院 旧館の前)〔7〕	東京都杉並区高井戸西1-12
神奈川工科大学 中央緑地公園(高階と木下が話をしていたところ)〔7〕	神奈川県厚木市下荻野1030
いすみ医療センター(世良と美和が佐伯を尾行して訪れた「さくら病院」)〔8〕	千葉県いすみ市苅谷1177
海老名市文化会館(手術が中継されていた帝華大学のホール)〔8〕	神奈川県海老名市めぐみ町6
いすみ医療センター(渡海が訪れた「さくら病院」)〔9〕	千葉県いすみ市苅谷1177
懐石 辻留赤坂店(世良が池永にアドバイスを求めた料亭)〔9〕	東京都港区元赤坂1-5
QUARTZ GALLERY(世良と木下が池永に会いに来た会議室)〔9〕	東京都渋谷区渋谷2-10
浴風会本館(黒崎が渡海のことを世良と花房に話した東城大学病院 旧館の前)〔9〕	東京都杉並区高井戸西1-12
幕張国際研修センターのシンポジウムホール(日本総合外科学会 次年度理事長予定者「立候補表明立会演説会・選挙」の会場)〔終〕	千葉県千葉市美浜区ひび野1-1
グランドニッコー東京台場(佐伯が休んでいたホテルの部屋)〔終〕	東京都港区台場2-6
Quintessence(渡海と香織が会食していたレストラン)〔終〕	東京都品川区北品川6-7
浴風会本館(渡海が一郎と話をしていた東城大学病院 旧館の前, 渡海が世良からのメッセージを聴いたところ)〔終〕	東京都杉並区高井戸西1-12

blank13 (映画)

[公　開] 2018年2月

[スタッフ] 監督：齊藤工, 脚本：西条みつとし, 原作：はしもとこうじ

[出　演] 高橋一生(松田コウジ), 松岡茉優(西田サオリ), 斎藤工(松田ヨシユキ), 神野三鈴(松田洋子), 佐藤二朗(岡宗太郎), リリー・フランキー(松田雅人)〔ほか〕

ロケ地・場面	所在地
足利市役所 斎場(火葬を待っていた場所)	栃木県足利市新山町12-3
梁田町自治会集会所(雅人の葬儀会場)	栃木県足利市梁田町539
長福寺(雅人の葬儀会場の隣の寺)	栃木県足利市梁田町540
雀荘華(コウジが雅人を探す回想シーンで登場した店)	東京都渋谷区桜丘町30-15
吉田胃腸病院(雅人が入院した病院)	静岡県御殿場市川島田287-3

PLAN75 (映画)

[公　開] 2022年6月

[スタッフ] 監督・脚本：早川千絵

[出　演] 倍賞千恵子(角谷ミチ), 磯村勇斗(岡部ヒロム), たかお鷹(岡部幸夫), 河合優実(成宮瑶子), ステファニー・アリアン(マリア), 大方斐紗子(牧稲子), 串田和美(藤丸釜足)〔ほか〕

ロケ地・場面	所在地
山下児童遊園(女の子が縄跳びをしていた公園)	東京都日野市日野本町2-4

中央福祉センター（カラオケをしていた場所）	東京都日野市日野本町7-5-23
藤沢市役所（PLAN75のオフィス）	神奈川県藤沢市朝日町1-1

プリンセス トヨトミ（映画）

［公　開］2011年5月

［スタッフ］監督：鈴木雅之, 原作：万城目学

［出　演］堤真一（松平元）, 綾瀬はるか（鳥居忠子）, 岡田将生（旭ゲーンズブール）, 森永悠希（真田大輔）, 沢木ルカ（橋場茶子）, 笹野高史（長曽我部）, 和久井映見（真田竹子）, 中井貴一（真田幸一）〔ほか〕

ロケ地・場面	所在地
芙蓉園本館 洞穴（母と国松が徳川軍から逃げたところ）	滋賀県大津市坂本4-5-17
彦根城（大坂・夏の陣が起きた場所）	滋賀県彦根市金亀町1-1
滋賀県立成人病センター〈現・滋賀県立総合病院〉（病院）	滋賀県守山市守山5-4-30
通天閣（大阪全停止のシーンなど）	大阪府大阪市浪速区恵美須東1-18-6
新世界・ジャンジャン横町（松平、鳥居、旭が串カツ屋で食事した店がある場所）	大阪府大阪市浪速区恵美須東3
住吉周辺（土曜日のエピソード）	大阪府大阪市住吉区住吉
梅田駅周辺（大阪全停止のシーン）	大阪府大阪市北区
大阪市中央公会堂（水曜日のエピソードの冒頭）	大阪府大阪市北区中之島1-1-27
ホテルニューオータニ大阪（松平たちが泊まったホテル）	大阪府大阪市中央区城見1-4-1
大阪城公園（松平、旭、鳥居が屋台で買い食いをした場所）	大阪府大阪市中央区大阪城1-1
大阪府庁舎・本館（松平と真田幸一が対峙した場所など）	大阪府大阪市中央区大手前2-1
空掘商店街（松平、鳥居、旭が「OJO」のある長浜ビルに向かうシーン, 大阪全停止のシーンなど）	大阪府大阪市中央区谷町
道頓堀川に架かる戎橋（大阪全停止の際、鳥居が渡った橋）	大阪府大阪市中央区道頓堀1
南海電車難波駅（大阪全停止のシーン）	大阪府大阪市中央区難波5-1-60
なんばグランド花月（金曜日のエピソードの冒頭）	大阪府大阪市中央区難波千日前11-6
黒門市場（大阪全停止のシーン）	大阪府大阪市中央区日本橋2

ブレイブ ―群青戦記―（映画）

［公　開］2021年3月

［スタッフ］監督：本広克行, 脚本：山浦雅大, 山本透, 原作：笠原真樹

［出　演］新田真剣佑（西野蒼）, 三浦春馬（松平元康）, 松山ケンイチ（織田信長）, 山崎紘菜（瀬野遥）, 鈴木伸之（松本考太）, 渡邊圭祐（不破瑠衣）, 濱田龍臣（吉元萬次郎）, 鈴木仁（黒川敏晃）〔ほか〕

ロケ地・場面	所在地
鴻巣市立総合体育館（弓道部や剣道部の練習場）	埼玉県鴻巣市鴻巣864-1
武蔵野音楽大学 入間キャンパス（星徳学院のグラウンド）	埼玉県入間市中神728
和洋国府台女子中学校旧校舎（星徳学院の教室、体育館など）	千葉県市川市国府台2-3-1

BRAVE HEARTS 海猿（映画）

［公　開］2012年7月

［スタッフ］監督：羽住英一郎, 脚本：福田靖, 原案：小森陽一, 原作：佐藤秀峰

［出　演］伊藤英明（仙崎大輔），加藤あい（仙崎環菜），佐藤隆太（吉岡哲也）〔ほか〕

ロケ地・場面	所在地
神戸空港（羽田空港）	兵庫県神戸市中央区神戸空港1
慶野松原海水浴場（海中のシーン）	兵庫県南あわじ市松帆古津路
博多湾（海上のシーン）	福岡県福岡市

閉鎖病棟 それぞれの朝（映画）

［公　開］2019年11月

［スタッフ］監督・脚本：平山秀幸，原作：帚木蓬生

［出　演］笑福亭鶴瓶（梶木秀丸），綾野剛（塚本中弥），小松菜奈（島崎由紀），坂東龍汰（丸井昭八），平岩紙（キモ姉），綾田俊樹（ムラカミ）〔ほか〕

ロケ地・場面	所在地
三船屋（たい焼き屋）	栃木県足利市借宿町316
まほろば大橋（夜明けに由紀が立った橋）	神奈川県秦野市大秦町1
松本市歴史の里〈重要文化財 旧松本少年刑務所独居舎房〉（梶木が収監されていた刑務所）	長野県松本市島立2196-1
海野町商店街（梶木たちが街を散策した場所）	長野県上田市中央2
上田城跡公園児童遊園地（梶木たちが食事した公園）	長野県上田市中央西1-3-25

べっぴんさん（ドラマ）

［公　開］2016年10月～2017年4月

［スタッフ］脚本：渡辺千穂

［出　演］芳根京子（坂東すみれ），生瀬勝久（坂東五十八），菅野美穂（坂東はな），蓮佛美沙子（坂東ゆり），高良健吾（野上潔），市村正親（麻田茂男），中村玉緒（坂東トク子），名倉潤（野上正蔵），曾我廼家文童（井口忠一郎）〔ほか〕

ロケ地・場面	所在地
旧第四師団司令部庁舎（坂東五十八が空襲の時に見上げたビル）〔1〕	大阪府大阪市中央区大阪城1-1
三井倉庫A1（坂東すみれが迷子になった倉庫）〔1〕	兵庫県神戸市中央区小野浜町5
相楽園 旧ハッサム住宅（マクレガー夫妻が住む洋館）〔4〕	兵庫県神戸市中央区中山手通5-3-1
旧グッゲンハイム邸（幼稚園）〔9〕	兵庫県神戸市垂水区塩屋町3-5-17
近江商人屋敷 外村繁邸（坂東五十八の実家）	滋賀県東近江市五個荘金堂町631
住友大阪セメント伊吹工場跡（闇市）	滋賀県米原市春照
旧豊郷小学校（坂東すみれが通う女学校）	滋賀県犬上郡豊郷町石畑518
旧乾家住宅（坂東邸の門）	兵庫県神戸市東灘区住吉山手5-1-30
神戸大学六甲台第1キャンパス（神戸の町並み，小野明美が働く病院）	兵庫県神戸市灘区六甲台町2-1
ジェームス邸（坂東邸）	兵庫県神戸市垂水区塩屋町6-28-1
萌黄の館（神戸の洋館）	兵庫県神戸市中央区北野町3-10-11
神戸女学院大学 理学館（さくらが受験した栄心女学院）	兵庫県西宮市岡田山4-1
川西市郷土館 旧平賀家住宅（村田君枝の住む家）	兵庫県川西市下財町9-11
佐野の農地（坂東邸近くの見晴らしの良い丘）	兵庫県淡路市佐野

僕達急行 A列車で行こう（映画）

［公　開］2012年3月

［スタッフ］監督・脚本：森田芳光

［出　演］松山ケンイチ（小町圭），瑛太（小玉

健太), 貫地谷しほり(相馬あずさ), 村川絵梨(日向みどり), ピエール瀧(筑後雅也), 星野知子(日向いなほ), 伊東ゆかり(大空ふらの), 笹野高史(小玉哲夫), 伊武雅刀(早登野庄一), 西岡徳馬(天城勇智), 松坂慶子(北斗みのり), 菅原大吉(谷川信二), 三上市朗(湯布院文悟), 松平千里(大空あやめ)〔ほか〕

ロケ地・場面	所在地
多摩川河川敷 六郷土手駅付近(京急線の走行風景)	東京都大田区仲六郷4
京浜急行電鉄本線神奈川新町駅の袴線橋(小町と小玉が会話した袴線橋)	神奈川県横浜市神奈川区亀住町
ニシラク乳業(ソニックフーズ)	福岡県北九州市小倉南区大字朽網3914-5
博多駅(小町が九州支社長に出迎えられた駅)	福岡県福岡市博多区博多駅中央街1-1
駒鳴駅(クライマックスで登場する駅)	佐賀県伊万里市大川町駒鳴
豊後森駅(小町・小玉が筑後と出会った駅)	大分県玖珠郡玖珠町帆足

ぼくたちの家族 (映画)

[公　開] 2014年5月

[スタッフ] 監督・脚本：石井裕也, 原作：早見和真

[出　演] 妻夫木聡(若菜浩介), 池松壮亮(若菜俊平), 原田美枝子(若菜玲子), 長塚京三(若菜克明), 黒川芽以(若菜深雪)〔ほか〕

ロケ地・場面	所在地
藤野駅(駅のシーン)	神奈川県相模原市緑区小渕
コモアしおつ(若菜家がある住宅街)	山梨県上野原市四方津

ぼくのおじさん (映画)

[公　開] 2016年11月

[スタッフ] 監督：山下敦弘, 脚本：須藤泰司, 原作：北杜夫

[出　演] 松田龍平(おじさん), 真木よう子(稲葉エリー), 大西利空(春山雪男), 寺島しのぶ(春山節子), 宮藤官九郎(春山定男), キムラ緑子(智子おばさん), 銀粉蝶(稲葉キャシー), 戸田恵梨香(みのり先生), 戸次重幸(青木)〔ほか〕

ロケ地・場面	所在地
書泉グランデ(おじさんと雪男が立ち読みに訪れた古書店)	東京都千代田区神田神保町1-3-2
田村書店(おじさんと雪男が訪れた洋書専門の古書店)	東京都千代田区神田神保町1-7-1
金杉公園(おじさんが応募シールを集めた公園)	東京都台東区下谷3-5-12
弁天院公園(おじさんが応募シールを集めた公園)	東京都台東区竜泉1-15-2

僕等がいた 前篇/後篇 (映画)

[公　開] 2012年3月, 4月

[スタッフ] 監督：三木孝浩, 脚本：吉田智子, 原作：小畑友紀

[出　演] 生田斗真(矢野元晴), 吉高由里子(高橋七美), 高岡蒼佑(竹内匡史), 本仮屋ユイカ(山本有里), 小松彩夏(山本奈々), 柄本佑(アツシ), 比嘉愛未(千見寺亜希子), 須藤理彩(竹内文香), 麻生祐未(矢野庸子)〔ほか〕

[トピック] 小畑友紀による同名漫画の実写映画化作品。2012年3月17日に前篇、同年4月21日に後篇がそれぞれ公開された。

ロケ地・場面	所在地
孝仁会記念病院(有里の母の搬送先)	北海道札幌市西区宮の沢2条1-16-1
釧路港埠頭(矢野と竹内が会話した埠頭)	北海道釧路市
ジャマイカタウン(矢野の回想シーンで登場する歓楽街)	北海道釧路市愛国西1-11-6
栄町平和公園(待ち合わせした公園)	北海道釧路市栄町6-9

釧路中央郵便局前バス停（通学路途中のバス停）	北海道釧路市幸町13-2-1
北海道立釧路芸術館（合唱コンクール会場）	北海道釧路市幸町4-1-5
新釧路川緑地〈治水～愛国〉（七美と竹内が談笑した場所）	北海道釧路市東川町21-6
幣舞公園（矢野と七美がデートした公園）	北海道釧路市幣舞町1
米町公園（通学のシーンなど）	北海道釧路市米町1-2
幣舞橋付近（矢野が七美を追いかけた橋）	北海道釧路市北大通
釧路駅（矢野と七美が別れた駅）	北海道釧路市北大通14-1-78
レストラン泉屋本店（ファミレス）	北海道釧路市末広町2-2-28
旧厚岸潮見高校（七美たちが通う高校）	北海道厚岸郡厚岸町白浜1-5
恋問海岸（矢野と奈々、七美がデートで訪れた海岸）	北海道白糠郡白糠町恋問3

星屑の町（映画）

［公　開］2020年3月

［スタッフ］監督：杉山泰一，脚本・原作：水谷龍二

［出　演］大平サブロー（天野真吾），ラサール石井（市村敏樹），小宮孝泰（山田修），渡辺哲（込山晃），でんでん（西一夫），有薗芳記（青木五郎），のん（久間部愛），菅原大吉（山田英二），戸田恵子（キティ岩城），小日向星一（山田啓太），相築あきこ（久間部浩美），柄本明（久間部六造）〔ほか〕

ロケ地・場面	所在地
旧荷軽部小学校 炭焼き小屋（ハローナイツのコンサート会場）	岩手県久慈市山形町荷軽部
白樺美林（ハローナイツが車で移動するところ）	岩手県久慈市山形町荷軽部
山根町の河川敷（愛が「MISS YOU」を歌った河川敷）	岩手県久慈市山根町下戸鎖地区
桂の水車広場（愛が紙飛行機を拾った場所）	岩手県久慈市山根町端神
山根町の小川（ハローナイツが会場に向かう道路沿いの小川）	岩手県久慈市山根町端神
山根町の石積みの坂道・高見やぐら（愛が自転車で下った坂道）	岩手県久慈市山根町端神
久慈地下水族科学館もぐらんぴあ（愛と啓太がデートした場所）	岩手県久慈市侍浜町麦生1-43-7
ずい道（英二の回想シーン）	岩手県久慈市大川目町
JR八戸線（愛がハローナイツのメンバーとなり都会に向かうシーン）	岩手県九戸郡洋野町
ひろのまきば天文台（エンドロールの夕景）	岩手県九戸郡洋野町大野第66地割8-142
小鳥谷駅（キティが下車した駅など）	岩手県二戸郡一戸町小鳥谷字中屋敷

星守る犬（映画）

［公　開］2011年6月

［スタッフ］監督：瀧本智行，脚本：橋本裕志，原作：村上たかし

［出　演］西田敏行（おとうさん），玉山鉄二（奥津京介），川島海荷（川村有希），余貴美子（旅館の女将），温水洋一（「リサイクルショップ河童」店長・富田），濱田マリ（富田の女房），塩見三省（西谷課長），中村獅童（コンビニショップ店長・永崎），岸本加世子（おかあさん），藤竜也（奥津京介の祖父），三浦友和（海辺のレストラン・オーナー）〔ほか〕

ロケ地・場面	所在地
名寄市立図書館（奥津が本を返却した図書館）	北海道名寄市大通南2
MOA自然農法名寄農場（ひまわり畑）	北海道名寄市智恵文

北海道立サンピラーパーク（奥津の家）	北海道名寄市日進147
ふうれん望湖台自然公園（亡くなったおとうさんとハッピーが発見された場所）	北海道名寄市風連町池の上165
名取市役所（奥津の勤め先）	宮城県名取市増田柳田80-80
永崎海岸（おとうさんとハッピー、少年が訪れた海岸）	福島県いわき市永崎

母性（映画）

［公　開］2022年11月

［スタッフ］監督：廣木隆一, 脚本：堀泉杏, 原作：湊かなえ

［出　演］戸田恵梨香（田所ルミ子）, 永野芽郁（田所清佳）, 三浦誠己（田所哲史）, 中村ゆり（佐々木仁美）, 山下リオ（田所律子）, 高畑淳子（ルミ子の義母）, 大地真央（露木華恵）〔ほか〕

ロケ地・場面	所在地
桐生織物記念館（絵画教室）	群馬県桐生市永楽町6-6
飯高まるごと体験博物館 古民家ひらやま治兵衛（ルミ子の夫の実家）	千葉県匝瑳市安久山197
六甲アイランドシティモール（ルミ子が家族と買い物をした商業施設）	兵庫県神戸市東灘区向洋町中2-11
太田酒造迎賓館（ルミ子の実家）	兵庫県神戸市東灘区深江南町2-1-7

ホットロード（映画）

［公　開］2014年8月

［スタッフ］監督：三木孝浩, 脚本：吉田智子, 原作：紡木たく

［出　演］能年玲奈（宮市和希）, 登坂広臣（春山洋志）, 木村佳乃（ママ）, 小澤征悦（鈴木）, 鈴木亮平（玉見トオル）, 太田莉菜（宏子）〔ほか〕

ロケ地・場面	所在地
江の島弁天橋（春山が和希を乗せてバイクで走った橋）	神奈川県藤沢市江の島
湘南港灯台（和希がえりと友情を深めたところなど）	神奈川県藤沢市江の島1-12-3
湘南海岸公園（チーム同士が抗争した場所）	神奈川県藤沢市鵠沼海岸1-17-3
江の島大橋（春山が和希を乗せてバイクで走った橋）	神奈川県藤沢市片瀬海岸1-14-5
片瀬海岸東浜（春山が和希を諭した海岸）	神奈川県藤沢市片瀬海岸1-15

ポテチ（映画）

［公　開］2012年5月

［スタッフ］監督・脚本：中村義洋, 原作：伊坂幸太郎

［出　演］濱田岳（今村忠司）, 木村文乃（大西若葉）, 大森南朋（黒澤）, 石田えり（今村弓子）, 中林大樹（落合修輔）, 松岡茉優（ミユ）, 阿部亮平（尾崎選手）, 中村義洋（中村親分）, 桜金造（堂島監督）〔ほか〕

ロケ地・場面	所在地
藤崎（今村の母と若葉が買い物をした百貨店）	宮城県仙台市青葉区一番町3-2-17
網元 上の家（今村の母と若葉が訪れた居酒屋）	宮城県仙台市青葉区国分町2-2-28
仙台城跡（タイトルバックのシーン）	宮城県仙台市青葉区川内1
仙台国際ホテル（黒沢と若葉がお茶をしたホテル）	宮城県仙台市青葉区中央4-6-1
MEALS（今村、若葉、黒沢が黒いセダンを見つけた場所）	宮城県仙台市青葉区片平1-1-11
勾当台公園（今村が黒沢に相談をした公園）	宮城県仙台市青葉区本町3
仙台市民球場（ナイターを観戦した球場）	宮城県仙台市宮城野区新田東4-1-1

HOME 愛しの座敷わらし（映画）

［公　開］2012年4月

［スタッフ］監督：和泉聖治, 脚本：金子成人, 原作：荻原浩

［出　演］水谷豊（高橋晃一）, 安田成美（高橋史子）, 濱田龍臣（高橋智也）, 橋本愛（高橋梓美）, 草笛光子（高橋澄代）, 飯島直子（菊池聡子）, 草村礼子（菊池米子）〔ほか〕

ロケ地・場面	所在地
岩手銀行中ノ橋支店（晃一の妻・史子が利用する銀行）	岩手県盛岡市中ノ橋通1-2-16
遠野ふるさと村（高橋家の新居）	岩手県遠野市附馬牛町上附馬牛5-89-1

ホリック xxxHOLiC（映画）

［公　開］2022年4月

［スタッフ］監督：蜷川実花, 脚本：吉田恵里香, 原作：CLAMP

［出　演］神木隆之介（四月一日君尋）, 柴咲コウ（壱原侑子）, 松村北斗（百目鬼静）, 玉城ティナ（九軒ひまわり）, 趣里（美咲）, DAOKO（マルダシ）, モトーラ世理奈（モロダシ）, 西野七瀬（猫娘）, 橋本愛（座敷童）, 磯村勇斗（アカグモ）, 吉岡里帆（女郎蜘蛛）〔ほか〕

ロケ地・場面	所在地
足利スクランブルシティスタジオ（渋谷スクランブル交差点）	栃木県足利市五十部町284-5
龍口寺（百目鬼の家）	神奈川県藤沢市片瀬3-13-37

舞い上がれ！（ドラマ）

［公　開］2022年10月〜2023年3月

［スタッフ］脚本：桑原亮子

［出　演］福原遥（岩倉舞）, 高橋克典（岩倉浩太）, 永作博美（岩倉めぐみ）, 横山裕（岩倉悠人）, 高畑淳子（才津祥子）, 赤楚衛二（梅津貴司）, 山下美月（望月久留美）, 松尾諭（望月佳晴）, 吉川晃司（大河内守）, 長濱ねる（山中さくら）, 高杉真宙（刈谷博文）〔ほか〕

ロケ地・場面	所在地
平野川分水路の片江七福橋（岩倉舞と岩倉めぐみが渡っていた橋（見えていた電車は近鉄電車））〔1〕	大阪府大阪市東成区大今里南4-13-26
高井田の工場街（岩倉家のある工場街）〔1〕	大阪府東大阪市高井田中4
旧東大阪市立三ノ瀬小学校（岩倉舞が通う大阪の小学校）〔1〕	大阪府東大阪市三ノ瀬1-7-7
カトリック水ノ浦教会（絵葉書に映っていた五島にある白い教会, 五島の紹介で出てきた海の見える白い教会）〔1〕	長崎県五島市岐宿町岐宿1643-1
魚津ケ崎公園（岩倉舞が初めてばらもん凧を見た海の見える公園）〔1〕	長崎県五島市岐宿町魚津ヶ崎1218-1
高浜の国道384号線（才津祥子と岩倉めぐみが車で走っていた砂浜沿いの道）〔1〕	長崎県五島市三井楽町貝津
大浜のアコウの木（通学路のアコウの木のトンネル）〔1〕	長崎県五島市小泊町251
鬼岳（ばらもん凧の凧揚げ大会が開かれていた丘）〔1〕	長崎県五島市上大津町
福江港ターミナル（五島のフェリーターミナル）〔1〕	長崎県五島市東浜町2-3-1
黒瀬漁港（岩倉舞と岩倉めぐみが歩いていた海沿いの道）〔1〕	長崎県五島市富江町黒瀬
桐古里郷の入り江〈桐ノ小島と荒島の間の入り江〉（五島の紹介で出てきた入り江）〔1〕	長崎県南松浦郡新上五島町桐古里郷

桐古里郷の入り江沿いの道〈カトリック桐教会の見える入り江〉（浦信吾が岩倉めぐみを診療所に送って行った入り江沿いの道）〔1〕	長崎県南松浦郡新上五島町桐古里郷
小河原海岸（生徒たちが校外学習で行った白波江海岸）〔1〕	長崎県南松浦郡新上五島町小河原郷
頭ヶ島天主堂（五島の紹介で出てきた教会）〔1〕	長崎県南松浦郡新上五島町友住郷頭ヶ島638
黒瀬漁港（才津祥子の家の近くの漁港）〔1, 2〕	長崎県五島市富江町黒瀬
若松大橋（五島の空撮シーンで映っていた白いトラス鉄橋（左側が若松島、右側が中通島））〔1, 2〕	長崎県南松浦郡新上五島町若松郷
新上五島町立北魚目小学校（岩倉舞が通う五島の小学校）〔1, 2〕	長崎県南松浦郡新上五島町小串郷1665
北螺子製作所（岩倉螺子製作所）〔1, 3〕	大阪府東大阪市今米2-5-24
コウノトリ但馬空港（岩倉舞が乗った飛行機（機内のシーンは展示されているYS11型旅客機で撮影））〔2〕	兵庫県豊岡市岩井字河谷1598-34
魚津ケ崎公園（岩倉舞がばらもん凧を揚げた公園）〔2〕	長崎県五島市岐宿町魚津ヶ崎1218-1
五島市国民健康保険玉之浦診療所（福中病院）〔2〕	長崎県五島市玉之浦町玉之浦1397-1
上崎山町の墓地（才津祥子の夫の墓がある墓地）〔2〕	長崎県五島市上崎山町
浜脇教会（才津祥子と岩倉舞の乗る船のバックに見えていた教会）〔2〕	長崎県五島市田ノ浦町263
黒瀬集落の坂道（岩倉舞が登っていた海の見える坂道）〔2〕	長崎県五島市富江町黒瀬
多々良島（才津祥子が瀬渡しで向かった島（船を接岸したのは赤ハエ鼻灯台付近））〔2〕	長崎県五島市平蔵町
江の浜の防波堤（岩倉舞たちが釣りをした防波堤）〔2〕	長崎県南松浦郡新上五島町江ノ浜郷
ビワ畑（岩倉舞と才津祥子がビワを収穫した畑）〔2〕	長崎県南松浦郡新上五島町今里郷
中ノ浦教会（岩倉舞がミサに参加した教会）〔2〕	長崎県南松浦郡新上五島町宿ノ浦郷中ノ浦
小河原海岸（岩倉舞が走って連絡したあおさ採りをしていた浜）〔2〕	長崎県南松浦郡新上五島町小河原郷
県道32号線 矢堅目付近（夕日の見える道路）〔2〕	長崎県南松浦郡新上五島町曽根郷
箕岳西側の鐙瀬熔岩海岸（五島の海の見える丘）〔2, 17〕	長崎県五島市向町
東京大学本郷キャンパス（岩倉悠人が入学した東京大学（記念写真を撮った場所は赤門））〔3〕	東京都文京区本郷7-3-1
喫茶水鯨（岩倉めぐみと岩倉浩太が話をしていた喫茶店）〔3〕	大阪府大阪市西区川口1-4-19
千里川土手（岩倉舞と岩倉浩太が飛行機を見に行った場所）〔3〕	大阪府豊中市原田中2
近鉄大阪線沿いの道（岩倉舞と望月久留美が歩いていた線路沿いの道）〔3〕	大阪府東大阪市横沼町1
東大阪ジャンクション（東大阪の風景で出てきたジャンクション）〔3〕	大阪府東大阪市荒本北1
WIN MOLD（岩倉螺子製作所の拡張された工場）〔3〕	大阪府東大阪市今米2-6-11

コノエ（岩倉浩太が営業に訪れた「カワチ鋲螺」）〔3〕	大阪府東大阪市新庄西4-28
ゆうゆうタウン（岩倉舞が模型飛行機の作り方の本を買った古本屋がある商店街）〔3〕	大阪府東大阪市大蓮北3-3
生駒山（岩倉舞と岩倉浩太が行った遊園地）〔3〕	奈良県生駒市菜畑町
大阪公立大学中百舌鳥キャンパス〈くすのき広場 NExST〉（岩倉舞が入学した浪速大学）〔3, 4〕	大阪府堺市中区学園町1-1
恩智川の堤防（岩倉舞が歩いていた桜並木の遊歩道（見えていた電車は近鉄電車））〔3, 4〕	大阪府東大阪市吉田9
塩津浜飯浦線（岩倉舞が自転車で走りに行った琵琶湖沿いの道）〔5〕	滋賀県長浜市木之本町飯浦
深北緑地公園 深野池の橋付近（岩倉舞が自転車でトレーニングをしていた公園）〔5〕	大阪府大東市深野北4-284
二輪車工房イシダ（岩倉舞が自転車を購入した店）〔5〕	大阪府東大阪市横沼町3-15-21
枚岡公園 森のおもちゃ箱付近の坂道（岩倉舞が自転車でトレーニングをしていた坂道）〔5〕	大阪府東大阪市東豊浦町12-12
南紀白浜空港旧滑走路（岩倉舞たちがテスト飛行をした滑走路）〔5〕	和歌山県西牟婁郡白浜町才野
桐古里郷の入り江沿いの道〈カトリック桐教会の見える入り江〉（才津祥子が山中さくらの店に向かっていた入り江沿いの道）〔5〕	長崎県南松浦郡新上五島町桐古里郷
彦根港北の岸壁（岩倉舞が人力飛行機で飛んだ琵琶湖）〔5～7〕	滋賀県彦根市松原町2-2-2
松原水泳場（岩倉舞が胴上げされた浜）〔6〕	滋賀県彦根市松原町
大瀬崎灯台（岩倉舞と望月久留美が梅津貴司を探しに行った夕日の見える灯台）〔7〕	長崎県五島市玉之浦町玉之浦
五島つばき空港（岩倉舞と望月久留美が飛行機から降りた五島福中空港）〔7〕	長崎県五島市上大津町2183
蛤浜（岩倉舞と望月久留美と梅津貴司が話をしていた砂浜）〔7〕	長崎県南松浦郡新上五島町七目郷
十勝ヒルズ（岩倉舞と柏木弘明がデートした公園）〔11〕	北海道中川郡幕別町日新13-5
釧路空港（岩倉舞が1人で向かった釧路空港）〔12〕	北海道釧路市鶴丘2
タイムズ大阪城京橋口（岩倉舞が才津祥子と電話していた大阪城の見える駐車場）〔18〕	大阪府大阪市都島区片町1-5
航空大学校帯広分校（岩倉舞が通う航空学校の訓練場所）	北海道帯広市泉町西9線中8-12
太陽精工（株式会社IWAKURA新工場）	京都府京都市南区吉祥院蒔絵町21
寺内製作所（航空機の部品を製造する朝霧工業）	京都府京都市伏見区深草芳永町666
大阪公立大学工業高等学校専門学校（岩倉舞が入学した航空学校）	大阪府寝屋川市幸町26-12

舞妓はレディ（映画）

［公　開］2014年9月

［スタッフ］監督・脚本：周防正行

［出　演］上白石萌音（西郷春子（小春））, 富司純子（小島千春）, 田畑智子（百春）, 草刈民代（里春）, 渡辺えり（豆春）, 竹中直人（青木富夫）, 長谷川博己（京野法嗣）, 岸部一徳

（北野織吉），髙嶋政宏障（高井良雄），小日向文世（市川勘八郎）〔ほか〕

ロケ地・場面	所在地
SKIPシティ（下八軒（ロケセット））	埼玉県川口市上青木3-12-63
京都府庁旧本館（京大学の正門）	京都府京都市上京区下立売通新町西入薮ノ内町
上七軒歌舞練場（芸妓たちが踊った舞台）	京都府京都市上京区今出川七本松西入真盛町742
西陣くらしの美術館 冨田屋（北野織吉の呉服屋）	京都府京都市上京区大宮通笹屋町下ル石薬師町697-700
平安神宮（千春が客の観光案内で訪れた神社）	京都府京都市左京区岡崎西天王町
知恩院（小春たちのミュージカルシーン）	京都府京都市東山区林下町400
大本山 隨心院（里春が客をランチ接待した店）	京都府京都市山科区小野御霊町35

マイファミリー（ドラマ）

［公　開］2022年4月～6月
［スタッフ］脚本：黒岩勉
［出　演］二宮和也（鳴沢温人），多部未華子（鳴沢未知留），玉木宏（葛城圭史），濱田岳（東堂樹生），賀来賢人（三輪碧），高橋メアリージュン（立脇香菜子），富澤たけし（吉乃栄太郎），松本幸四郎（阿久津晃）〔ほか〕

ロケ地・場面	所在地
Goertek Technology Japan（ハルカナ・オンライン・ゲームズのオフィス）〔1〕	東京都千代田区外神田1-18
パナソニック コネクト 本社（阿久津晃が温人とビデオ通話をした社長室）〔1〕	東京都中央区銀座8-21
GLAMOROUS SUGAR（三輪が子供服を買おうとしていた店）〔1〕	東京都目黒区自由が丘2-16
三森興産の第2スクラップヤード（車に乗った東堂が三輪からの電話を受けたところ）〔1〕	神奈川県横浜市鶴見区獅子ケ谷2-34
大佛次郎記念館の前（犯人が取引の中止を温人に告げた大船文庫旧館の前）〔1〕	神奈川県横浜市中区山手町113
「こどもひろば」西側の坂道（大船文庫旧館へ向かう温人と未知留が上っていた坂道）〔1〕	神奈川県横浜市中区本牧元町72
かながわ信金本部（トランクを抱えた温人が駆け込んだ銀行）〔1〕	神奈川県横須賀市小川町7
湘南信用金庫 本店（温人が最初に訪れた銀行の窓口）〔1〕	神奈川県横須賀市大滝町2-2
七里ヶ浜海岸駐車場（温人が車を停めて立脇や備前とビデオ通話していた駐車場）〔1〕	神奈川県鎌倉市七里ガ浜東2-1
JR大船駅（温人と未知留が電車を降りた駅）〔1〕	神奈川県鎌倉市大船1-1
JR大船駅西口前の大和橋（未知留が転んで手にケガを負ったところ）〔1〕	神奈川県鎌倉市大船1-1
大庭神社の階段（温人と未知留がトランクを引きずり上げた烏ノ宮神社の階段）〔1〕	神奈川県藤沢市稲荷997
辻堂西海岸歩道橋（友果が渡っていた歩道橋）〔1〕	神奈川県藤沢市辻堂西海岸3
大磯町役場（七里ヶ浜警察署の外観）〔1〕	神奈川県中郡大磯町東小磯183

ハイアットリージェンシー東京 スイートルーム（三輪が温人と東堂を待っていたホテルの部屋）〔2〕	東京都新宿区西新宿2-7
ヤング産業 東京支店ビル（温人と東堂が訪れた奈良橋法律事務所が入居している「フロント大崎ビル」）〔2〕	東京都台東区蔵前1-1
七里ヶ浜海岸駐車場（未知留が車を停めた海岸沿いの駐車場）〔2〕	神奈川県鎌倉市七里ガ浜東2-1
まかいの牧場（2014年に鳴沢家が訪れた観光牧場）〔2〕	静岡県富士宮市内野1327
AKIYAMA GAKURYO ウッドランド森沢の「ナウマン」（未知留と三輪が到着した厚木市七沢地区の小屋）〔3〕	栃木県佐野市秋山町787
浅田神社の境内（正文と麻由美が現金をバッグに移し替えた伊坂神社の境内）〔3〕	栃木県佐野市馬門町1506
Terrace Mall 松戸（正文と麻由美が訪れた都築プラザの駐車場，正文と麻由美がバッグを軽トラックの荷台へ落とした駐車場）〔3〕	千葉県松戸市八ケ崎2-8
千葉大学 医薬系総合研究棟Ⅱの前（葛城や吉乃たちが捜査協力のビラを配っていたところ）〔4〕	千葉県千葉市中央区亥鼻1-8
千葉大学医学部附属病院（友果が入院した病院）〔4〕	千葉県千葉市中央区亥鼻1-8
日比谷国際ビル コンファレンス スクエアの8C（温人が新しいゲームの記者会見をしたところ）〔4〕	東京都千代田区内幸町2-2
ワインハウス南青山（三輪と東堂が温人からの電話を受けた店）〔4〕	東京都港区南青山3-15
八芳園 本館（三輪がインタビューを受けていたところ，三輪が娘を待っていたラウンジ）〔4〕	東京都港区白金台1-1
相鉄いずみ野線緑園都市駅付近（温人が友果を車で迎えに来たところ）〔4〕	神奈川県横浜市泉区緑園2-2
新石川小学校（登校する友果を温人と未知留が見届けた鎌倉南小学校）〔4〕	神奈川県横浜市青葉区新石川3-12
大磯町役場（葛城と吉乃が話をしていた七里ヶ浜警察署の外観）〔4〕	神奈川県中郡大磯町東小磯183
ステーキ宮 佐野店の北側付近（犯人の乗った車に近付こうとした未知留を東堂が引き留めたところ）〔5〕	栃木県佐野市浅沼町字浅沼762
かずさ鎌足1丁目交差点（温人が三輪と沙月が乗る車に乗り換えた交差点）〔5〕	千葉県木更津市かずさ鎌足1
JR品川駅港南口前のペデストリアンデッキ（立脇が温人と電話で話をしたところ）〔5〕	東京都港区港南2-14
蕎麦さだはるの前（東堂と葛城が蕎麦を食べていた店頭）〔5〕	東京都港区西新橋2-9
京王相模原線京王多摩川駅の臨時口前（葛城が阿久津実咲に名刺を渡した戸塚美園駅）〔5〕	東京都調布市多摩川4-41
落合第二歩道橋の北詰付近（三輪と温人が訪れた優月が買い物に行ったというスーパーの前）〔5〕	東京都多摩市落合3-17

相鉄いずみ野線緑園都市駅付近(学校へ向かう友果と阿久津実咲を温人が見送ったところ,温人と未知留が友果を出迎えたところ)〔5〕	神奈川県横浜市泉区緑園2-2
陣馬の湯 旅館 陣渓園(三輪たちが優月を見つけた山北町の廃屋)〔5〕	神奈川県相模原市緑区吉野1848
片瀬漁港西遊歩道先端の白灯台付近(温人たちが2番目に訪れた灯台付近)〔5〕	神奈川県藤沢市片瀬海岸2
小田原城カントリー倶楽部の駐車場(温人たちが紺色の軽自動車にトランクを積み込んだ駐車場)〔5〕	神奈川県小田原市根府川667
小田原城址公園銅門広場(温人たちが到着した小田原城内)〔5〕	神奈川県小田原市城内3
小田原漁港(温人、東堂、三輪、沙月が最初に現金を持って訪れたところ)〔5〕	神奈川県小田原市早川1
道の駅木更津うまくたの里の駐車場(温人が車を停めた平塚中央運動公園第3駐車場)〔6〕	千葉県木更津市下郡1369
加瀬のレンタルボックス 木更津木材港(温人が犯人を見た桑野倉庫のレンタルボックス)〔6〕	千葉県木更津市木材港7
レストラン ステラ(葛城が日下部と梅木に取引を持ちかけたファミリーレストラン)〔6〕	千葉県我孫子市布佐785
袖ヶ浦平成霊園(温人と阿久津夫妻が紺色の軽自動車に1億円の入ったトランクを積み込んだ霊園の駐車場)〔6〕	千葉県袖ケ浦市神納2879
木場一・六町会事務所(温人が阿久津絵里を引き留めに行った「七里ヶ浜警察署 七里ヶ浜南交番」)〔6〕	東京都江東区木場6-13
PER-ADRA CLIMBING GYM YOKOHAMA(7年前、実咲が靱帯損傷したクライミングカップの会場)〔6〕	神奈川県横浜市中区新港2-2
本牧いずみ公園(友果が実咲に四葉のクローバーを渡した公園)〔6〕	神奈川県横浜市中区本牧宮原4
相鉄いずみ野線緑園都市駅付近(未知留が友果を車で送っていったところ)〔6〕	神奈川県横浜市泉区緑園2-2
流山市立南流山中学校(三輪と沙月が優月を見送った小学校の前)〔7〕	千葉県流山市流山2539
「サイクルスタヂオハクセン」の前(車に乗った葛城と梅木が温人の車を監視していたところ)〔7〕	東京都台東区台東4-13
大森ベルポート E館の警備室と廊下(温人と阿久津がロッカーコーナーの監視映像を確認した警備室,阿久津が温人にGPSを渡した廊下)〔7〕	東京都品川区南大井6-22
相鉄いずみ野線緑園都市駅付近(温人と未知留が友果を見送ったところ)〔7〕	神奈川県横浜市泉区緑園2-2
横須賀美術館(温人が訪れた横須賀美術館,鈴間が温人に動かないように言った美術館の前)〔7〕	神奈川県横須賀市鴨居4-1

太平電業 技能訓練センター(東堂と鈴間の乗った車が到着したところ)〔8〕	千葉県木更津市新港18
太平電業 技能訓練センターの東側(倒れている実咲を温人が見つけたところ)〔8〕	千葉県木更津市新港18
台東区立御徒町公園の東側(温人、未知留、三輪が車に乗り込んだところ)〔8〕	東京都台東区台東4-13
タイムパーキング台東(東堂と鈴間がお金を車に積み込んだコインパーキング)〔8〕	東京都台東区台東4-29
豊ヶ丘・貝取商店会(優月が誘拐されたところ)〔8〕	東京都多摩市豊ケ丘4-10
藤沢市辻堂浄化センターの東側(友果を乗せた車が走り始めたところ)〔8〕	神奈川県藤沢市辻堂西海岸3
辻堂西海岸歩道橋(友果が誘拐された歩道橋)〔8〕	神奈川県藤沢市辻堂西海岸3-4
BE FORWARDの在庫車両ストックヤード(鈴間がクラクションを鳴らして警察を引きつけた駐車場)〔9〕	千葉県木更津市新港21
山九 横浜支店 山下倉庫(東堂が葛城と通話していたところ)〔9〕	神奈川県横浜市中区山下町279
オークウッドスイーツ横浜(友果と麻由美が泊まったホテルの部屋)〔9〕	神奈川県横浜市中区北仲通5-57
横浜高等学校・横浜中学校の前(温人が友果から実咲と心春のことを聞いた横浜清風女子大学附属中学校の前)〔9〕	神奈川県横浜市金沢区能見台通47
七里ヶ浜海岸駐車場(温人が未知留、友果と再会した海辺の駐車場)〔9〕	神奈川県鎌倉市七里ガ浜東2-1
大磯町役場(温人、未知留、三輪を乗せた警察車両が地下駐車場へ入った七里ヶ浜警察署, 保釈された温人を乗せた車を報道陣が取り囲んだ七里ヶ浜警察署)〔9〕	神奈川県中郡大磯町東小磯183
日本製鉄君津球場の西側付近(温人、三輪、東堂の乗った車が停車していたところ)〔終〕	千葉県君津市大和田
大和田の公園(温人が麻由美と電話で話をしていた電話ボックスがあるところ, 温人、三輪、東堂が犯人からの10時の連絡を受けたところ)〔終〕	千葉県君津市大和田1-12
県道90号線の交差点(温人が葛城の車に乗り換えた交差点)〔終〕	千葉県富津市新富
日比谷国際ビル コンファレンス スクエアの8C(立脇が記者会見をしていたところ)〔終〕	東京都千代田区内幸町2-2
YK-17ビルの北側(東堂が温人からのメッセージ「全員集合 ノックは5回」を見たところ)〔終〕	東京都品川区大井1-49
工房花屋(葛城、日下部、梅木が女性を待っていたレストラン, 立脇、備前と3人の女性がやって来たレストラン)〔終〕	東京都世田谷区上用賀5-8
アンポンタン(麻由美と牧村が落書きを消していた店)〔終〕	東京都世田谷区等々力2-9

ロケ地・場面	所在地
あらかわレディースクリニック（温人が駆けつけた湘南産婦人科クリニック）〔終〕	東京都荒川区町屋1-8
ECO WASH CAFE 立川若葉町店（温人が三輪と落ち合ったコインランドリーの前）〔終〕	東京都立川市若葉町3-56
台町の階段の上（小春が写真と「ゆうかい計画」を見せた階段の上）〔終〕	神奈川県横浜市神奈川区台町13
レストランオーシャン（温人と葛城が話をしていたレストラン）〔終〕	神奈川県横浜市中区新港2-1
三津屋（温人の車が防犯カメラに映っていたコンビニ）〔終〕	神奈川県川崎市多摩区枡形5-19
JR大船駅西口タクシー乗り場付近（温人の車が見つかったところ）〔終〕	神奈川県鎌倉市岡本2-1
辻堂東海岸（温人、未知留、友果たちが散歩していた砂浜）〔終〕	神奈川県藤沢市辻堂東海岸4-19

マイ・ブロークン・マリコ（映画）

［公　開］2022年9月

［スタッフ］監督・脚本：タナダユキ, 脚本：向井康介, 原作：平庫ワカ

［出　演］永野芽郁（シイノトモヨ）, 奈緒（イカガワマリコ）, 窪田正孝（マキオ）, 尾美としのり（マリコの実父）, 吉田羊（タムラキョウコ）〔ほか〕

ロケ地・場面	所在地
葦毛崎展望台近くの浜（シイノが打ち上げられた浜）	青森県八戸市鮫町字日蔭沢
種差海岸（まりがおか岬）	青森県八戸市鮫町棚久保
種差漁港（シイノがマキオと出会った港）	青森県八戸市鮫町遥望石
八戸港フェリーターミナル（シイノが牛丼を食べた食堂）	青森県八戸市大字河原木字海岸25
八戸駅バスロータリー（シイノが高速バスを降りた場所）	青森県八戸市大字尻内町字館田2-2
八戸市庁（警察署）	青森県八戸市内丸1-1-1
下田駅（シイノがマキオと別れ電車に乗り込んだ駅）	青森県上北郡おいらせ町境田126-10
蓮田市街（マリコの実家周辺）	埼玉県蓮田市

魔女の宅急便（映画）

［公　開］2014年3月

［スタッフ］監督・脚本：清水崇, 脚本：奥寺佐渡子, 原作：角野栄子

［出　演］小芝風花（キキ）, 広田亮平（とんぼ）, 尾野真千子（おソノ）, 山本浩司（フクオ）〔ほか〕

ロケ地・場面	所在地
旧戸形小学校（ヨナメ小学校）	香川県小豆郡土庄町甲3417-1
目島（海辺の町）	香川県小豆郡土庄町滝宮
坂手港（港のシーン）	香川県小豆郡小豆島町坂手
寒霞渓（コリコ島の全景）	香川県小豆郡小豆島町神懸通
ダッチカフェ〈ロケセットを移設したもの〉（グーチョキパン屋）	香川県小豆郡小豆島町西村1765-7

瞬（映画）

［公　開］2010年6月

［スタッフ］監督・脚本：磯村一路, 原作：河原れん

［出　演］北川景子（園田泉美）, 大塚寧々（桐野真希子）, 岡田将生（河野淳一）, 史朗（園田登）, 永島暎子（河野沙恵子）, 深水元基（園田ツカサ）, 千崎若菜（桐野涼子）, 清水

美沙（堀川早紀），田口トモロヲ（小木啓介）〔ほか〕

ロケ地・場面	所在地
秋鹿町駅（泉美が淳一の母・沙恵子の元へ向かうシーン）	島根県松江市秋鹿町3341
揖屋駅（泉美が「黄泉比良坂・伊賦夜坂」へ向かうシーン）	島根県松江市東出雲町揖屋
黄泉比良坂・伊賦夜坂（ラストシーンで泉美が訪れた坂）	島根県松江市東出雲町揖屋2376-3
出雲大社（泉美が老夫婦と会話した場所）	島根県出雲市大社町杵築東195

マッサン（ドラマ）

［公　開］2014年10月～2015年3月

［スタッフ］脚本：羽原大介

［出　演］玉山鉄二（亀山政春），シャーロット・ケイト・フォックス（亀山エリー），前田吟（亀山政志），泉ピン子（亀山早苗），西川きよし（田中大作），夏樹陽子（田中佳代），西田尚美（岡崎千加子），早見あかり（亀山すみれ），相武紗季（田中優子），白井晃（矢口清），江口のりこ（安藤好子），高橋元太郎（島爺），堤真一（鴨居欣次郎），濱田マリ（キャサリン），及川いぞう（春さん）〔ほか〕

ロケ地・場面	所在地
十勝牧場白樺並木（亀山政春とエリーが歩いていたスコットランドの白樺並木）〔1〕	北海道河東郡音更町駒場並木8-1
大井川に架かる大井川第四橋梁（三原に向かう蒸気機関車が渡っていた鉄橋）〔1〕	静岡県榛原郡川根本町田代
大久保の田んぼ（亀山政春とエリーが亀山酒造に向かっていた田んぼ）〔1〕	滋賀県甲賀市甲賀町大久保
駒井家住宅（亀山政春とエリーが初めて会ったスコットランドの家）〔1〕	京都府京都市左京区北白川伊織町64
然別湖北岸野営場（亀山政春がエリーにプロポーズしたスコットランドの湖）〔1, 2〕	北海道河東郡鹿追町然別湖畔
大井川鉄道新金谷駅（三原駅）〔1, 2〕	静岡県島田市金谷東2-1112-2
ニッカウヰスキー北海道原酒工場（スコットランド・ロンモート蒸溜所の内部）〔2〕	北海道余市郡余市町黒川町7-133
東映太秦映画村（鴨居商店のある大阪の町並み）〔2〕	京都府京都市右京区太秦東蜂岡町10
倉敷館（大阪の町）〔2〕	岡山県倉敷市中央1-4-8
倉敷市アイビースクエア（スコットランド・ロンモート蒸溜所の入口）〔2〕	岡山県倉敷市本町7-2
加古川日本毛織社宅（キャサリンが住む教会のある町並み）〔3〕	兵庫県加古川市加古川町本町
川西市郷土館 旧平賀家住宅（亀山政春と亀山エリーが入居を断られた洋館）〔3〕	兵庫県川西市下財町9-11
田原本聖救主教会（キャサリンが住む教会の内部）〔3〕	奈良県磯城郡田原本町八幡町752
御光滝（マッサンとエリーが訪れた滝）〔10〕	大阪府河内長野市滝畑
島武意海岸（北海道の海岸）〔14〕	北海道積丹郡積丹町入舸町
北海道開拓の村 旧青山家漁家住宅，旧来正旅館，旧浦河支庁庁舎（森野熊虎が住む余市の街）〔14, 16〕	北海道札幌市厚別区厚別町小野幌50-1
羊蹄山の見える農道（羊蹄山の見える農道）〔14, 16〕	北海道虻田郡真狩村泉
松山大学温山記念会館〈旧新田邸〉（野々村家）〔15〕	兵庫県西宮市甲子園口1-12-31

余市川に架かる砥の川橋（マッサンがエリーを迎えに行った橋）〔終〕	北海道余市郡仁木町西町11
ニッカウヰスキー北海道原酒工場（余市の原酒工場）	北海道余市郡余市町黒川町7-133
松本酒造（住吉酒造）	京都府京都市伏見区横大路三栖大黒町7
住吉大社 第一本宮, 卯之日参道, 太鼓橋（住吉酒造の近くにある神社）	大阪府大阪市住吉区住吉2-9-8
竹鶴酒造（亀山酒造）	広島県竹原市本町3-10-29

真夏の方程式（映画）

［公　開］2013年6月

［スタッフ］監督：西谷弘, 脚本：福田靖, 原作：東野圭吾

［出　演］福山雅治（湯川学）, 吉高由里子（岸谷美砂）, 北村一輝（草薙俊平）, 杏（川畑成実）, 前田吟（川畑重治）〔ほか〕

［トピック］「ガリレオ」シリーズの第2作となる劇場版映画。

ロケ地・場面	所在地
淑徳女子中学校・高等学校（成実が通っていた中学校）	埼玉県さいたま市中央区円阿弥2-11
西武池袋線を跨ぐ歩道橋（15年前に伸子の遺体が見つかった歩道橋）	埼玉県新座市新堀2-16
鶴の家（玻璃料理の店「はるひ」の外観）	東京都中央区銀座7-5
日本堤界隈（美砂が仙波の足取りを捜査に行った旅館街）	東京都台東区日本堤1-1と22の間
Le Ressort（成実が座っていた店内）	東京都目黒区駒場3-11
京王井の頭線の踏切（節子が仙波に紙袋を渡した踏切）	東京都目黒区駒場4-5
舟渡水辺公園（美砂が仙波の足取りを捜査に行った炊き出しの現場）	東京都板橋区舟渡4-4
新中川の堤防（15年前に正次が英俊を逮捕した堤防）	東京都江戸川区大杉4-26
海洋研究開発機構 横須賀本部（海洋調査船が停泊していた岸壁）	神奈川県横須賀市夏島町2
亜相浜（成実が海から上がってきた砂浜, ロケットの実験に向かう湯川と恭平が歩いていた砂浜）	静岡県下田市吉佐美1901
竜宮公園の竜宮窟（湯川と恭平がロケットの実験に向かった場所）	静岡県下田市田牛
伊浜の海岸（正次の遺体が見つかった岩場）	静岡県賀茂郡南伊豆町
伊浜漁港付近（湯川と恭平の乗った電車が走っていた海岸沿い）	静岡県賀茂郡南伊豆町伊浜554
丸平（湯川と成実が話をした居酒屋）	静岡県賀茂郡松崎町松崎475
西伊豆クリスタルビューホテル（湯川と恭平が泊ったホテル）	静岡県賀茂郡西伊豆町宇久須2102
五輪館（緑岩荘）	静岡県賀茂郡西伊豆町仁科2203
浮島海岸（湯川と成実が話をしていた岩場）	静岡県賀茂郡西伊豆町仁科2213
仁科漁港沖の防波堤（湯川と恭平がロケットの実験をした防波堤）	静岡県賀茂郡西伊豆町仁科2812
伊予鉄道高浜線高浜駅（玻璃ヶ浦駅）	愛媛県松山市高浜町1-1456

まほろ駅前狂騒曲（映画）

［公　開］2014年10月

［スタッフ］監督・脚本：大森立嗣, 脚本：黒住光, 原作：三浦しをん

［出　演］瑛太（多田啓介）, 松田龍平（行天春彦）, 高良健吾（星）, 真木よう子（柏木亜沙

子）〔ほか〕

ロケ地・場面	所在地
町田市つくし野付近（オープニングのシーン）	東京都町田市つくし野2-8
タバコハウス トミー（多田が依頼人と接触した店）	東京都町田市原町田4-2-9
内藤ビル（多田便利軒）	東京都町田市原町田4-7-3
カリヨン広場（HHFAが街頭演説した広場）	東京都町田市原町田6-12-19
JR町田駅周辺（まほろ駅）	東京都町田市原町田6-12-20
町田リス園（行天たちが訪れた公園）	東京都町田市薬師台1-733-1
欧風台所ラ・パレット（キッチンまほろ）	神奈川県大和市中央林間4-27-18
アイメッセ山梨（まほろ市民病院の外観）	山梨県甲府市大津町2192-8

ママレード・ボーイ（映画）

［公　開］2018年4月

［スタッフ］監督・脚本：廣木隆一, 脚本：浅野妙子, 原作：吉住渉

［出　演］桜井日奈子（小石川光希）, 吉沢亮（松浦遊）, 佐藤大樹（須王銀太）, 筒井道隆（小石川仁）, 谷原章介（松浦要士）, 檀れい（小石川留美）, 中山美穂（松浦千弥子）, 優希美青（秋月茗子）, 藤原季節（三輪悟史）, えのきさりな（遠藤香奈）, 遠藤新菜（鈴木亜梨実）, 竹財輝之助（名村慎一）, 寺脇康文（三輪由充）〔ほか〕

ロケ地・場面	所在地
エル カジェーロ バー&タパス 泉中中央駅（光希と茗子が亜梨実と会ったカフェ）	宮城県仙台市泉区泉中央1-6-3
尚絅大学（桐稜高校）	宮城県名取市ゆりが丘4-10-1
仙台大学 テニスコート（部活中のテニスコート）	宮城県柴田郡柴田町船岡南2-2-18
花園公園（遊がブランコに乗っていた公園など）	茨城県つくば市花園10

護られなかった者たちへ（映画）

［公　開］2021年10月

［スタッフ］監督・脚本：瀬々敬久, 脚本：林民夫, 原作：中山七里

［出　演］佐藤健（利根泰久）, 阿部寛（笘篠誠一郎）, 清原果耶（円山幹子）, 林遣都（蓮田智彦）, 永山瑛太（三雲忠勝）, 緒形直人（城之内猛）, 吉岡秀隆（上崎岳大）, 倍賞美津子（遠島けい）〔ほか〕

ロケ地・場面	所在地
一番町の公衆電話（利根が電話をかけた公衆電話）	宮城県仙台市青葉区一番町
スリーエム仙台市科学館（病院）	宮城県仙台市青葉区台原森林公園4-1
仙台駅前ペデストリアンデッキ（円山が病院に向かって走ったデッキ）	宮城県仙台市青葉区中央1
仙台文学館（上崎の講演会会場）	宮城県仙台市青葉区北根2-7-1
勾当台公園（利根が訪れた公園）	宮城県仙台市青葉区本町3
宮城県庁（利根が笘篠と蓮田に取り押さえられた場所）	宮城県仙台市青葉区本町3-8-1
仙台市交通局（若葉署）	宮城県仙台市青葉区木町通1-4-15
仙台貨物ターミナル駅歩道橋（利根が笘篠と蓮田から逃げている歩道橋）	宮城県仙台市宮城野区宮城野3-2-1
AZOTH（上崎の選挙事務所）	宮城県仙台市若林区卸町2-5-7
宮城県トラック協会（捜査本部）	宮城県仙台市若林区卸町5-8-3
嘉藤金物店（利根がロープなどを購入した店）	宮城県仙台市若林区荒町1

旧秋保幼稚園〈秋保文化財整理収蔵室〉（利根が育った養護施設）	宮城県仙台市太白区秋保町長袋字谷地3
大滝自然農園（城之内の遺体が発見された物置小屋）	宮城県仙台市太白区秋保町馬場滝原58
八木山（三雲の遺体が発見されたアパートがある住宅街）	宮城県仙台市太白区八木山
雲雀野海岸（利根と笘篠が訪れた海岸）	宮城県石巻市雲雀野町1
宮富士工業（利根が働く鉄工所）	宮城県石巻市大街道東2-11-25
石巻南浜津波復興祈念公園（笘篠が亡くなった妻に花を手向けた場所）	宮城県石巻市南浜町2-1-56
浦戸諸島・桂島石浜（利根が過去を調べるために訪れた島）	宮城県塩竈市
塩竈市保健センター（杜浦市福祉保健事務所）	宮城県塩竈市北浜4-8-13
気仙沼港（利根が自転車でけいの家に向かうところ）	宮城県気仙沼市魚市場前
太田地区（遠島けいの家付近）	宮城県気仙沼市太田
旧馬籠小学校（東日本大震災時の避難所）	宮城県気仙沼市本吉町小金山1-1
富谷市役所（若葉区役所の内部）	宮城県富谷市富谷坂松田30
川崎町役場（杜浦市福祉保健事務所の窓口）	宮城県柴田郡川崎町大字前川字裏丁175-1

○○妻（ドラマ）

［公　開］2015年1月～3月

［スタッフ］脚本：遊川和彦

［出　演］柴咲コウ（ひかり），東山紀之（久保田正純），黒木瞳（井納千春），平泉成（久保田作太郎），城田優（板垣雅己）〔ほか〕

ロケ地・場面	所在地
エム・ベイポイント幕張〈旧NTT幕張ビル〉（正純がニュースキャスターをしているTEN（TOKYO ENTERTAINMENT & NEWS）の外観）〔1〕	千葉県千葉市美浜区中瀬1-6
鉄鋼会館（正純と板垣が訪れた秀立出版の外観）〔1〕	東京都中央区日本橋茅場町3-2
日本テレビタワー（ひかりから預かった封筒を正純が丸山に渡した控え室）〔1〕	東京都港区東新橋1-5
「しゃぶ辰」と「シャルム洋裁店」の間（ひかりが丸山を監視していたところ，ひかりが写真を撮ったところ）〔1〕	東京都台東区浅草4-18
開港広場前交差点（目を閉じて歩き始めたひかりが千春とぶつかったスクランブル交差点）〔1〕	神奈川県横浜市中区海岸通1
小田銀座商店街の建物（ひかりが久実結と仁美を見たところ）〔1〕	神奈川県川崎市川崎区小田4-31
川崎市立川崎病院（作太郎が入院した首都総合医療センター）〔1〕	神奈川県川崎市川崎区新川通12
幕張テクノガーデンの西側（正純がタクシーを降りたところ）〔2〕	千葉県千葉市美浜区中瀬1-3
エム・ベイポイント幕張〈旧NTT幕張ビル〉の東側（ひかりの乗ったタクシーに正純が乗ったところ）〔2〕	千葉県千葉市美浜区中瀬1-6
新宿区役所前カプセルホテル（ひかりと千春が話をしたカプセルホテルのラウンジ）〔2〕	東京都新宿区歌舞伎町1-2

鳥せん（正純と板垣たちが出てきた店）〔2〕	東京都台東区浅草3-35
セントラルイン五反田（ひかりが泊っていたカプセルホテル）〔2〕	東京都品川区東五反田1-20
千葉県立柏の葉公園（正純が千春を待っていたボート乗場，ひかりと正純が初めてのデートでボートに乗ったところ，ひかりが正純を見つけたボート乗場）〔3〕	千葉県柏市柏の葉4
ne plus ultra 六本木店（正純と愛が話をしていたバー）〔3〕	東京都港区六本木4-9
スポーツクラブNAS西日暮里（正純が千春の元カレに腹を殴られたフィットネスクラブ）〔3〕	東京都荒川区西日暮里5-20
パレスホテル大宮のロイヤルスイート（正純が千春に会いに行ったホテルの部屋（窓から見える景色は日本テレビタワーから見た南西方向））〔4〕	埼玉県さいたま市大宮区桜木町1-7
ne plus ultra 六本木店（正純と愛が話をしていたバー）〔4〕	東京都港区六本木4-9
TFTビルの前（ひかりと愛が別れたところ）〔4〕	東京都江東区有明3-6
ホテルサンルート有明の前（ひかりと愛が話しながら歩いていたところ）〔4〕	東京都江東区有明3-6
ぽらんぽらん八王子店（ひかりが訪れたネットカフェ）〔4〕	東京都八王子市中町2
ぽらんぽらん京王八王子店（ひかりが訪れたネットカフェ）〔4〕	東京都八王子市明神町4-6
長樂寺（作太郎の葬儀が行なわれた寺）〔5〕	千葉県木更津市請西982
プラザ栄光生鮮館コットンハーバー店（ひかりと愛が話をしていたスーパー）〔5〕	神奈川県横浜市神奈川区星野町8
千葉県立柏の葉公園（ひかりが婚姻届を破って風に飛ばしたボート乗場）〔6〕	千葉県柏市柏の葉4
日本テレビタワー（正純と愛が話をしていた局内の廊下）〔6〕	東京都港区東新橋1-5
豊洲橋（正純の乗ったハイヤーが渡っていた橋）〔6〕	東京都江東区越中島3-4
ne plus ultra 六本木店（正純と愛が話をしていたバー）〔7〕	東京都港区六本木4-9
セントラルイン五反田（ひかりが泊まったカプセルホテル）〔7〕	東京都品川区東五反田1-20
島村青果店（ひかりがリンゴを手に取った八百屋，正純が生中継をしていた八百屋の前）〔7〕	東京都北区堀船3-30
江戸川の堤防の上 なぎさニュータウン前（ひかりが親子連れとすれ違った堤防の上，ひかりが虹を見ることができなかった堤防の上）〔7〕	東京都江戸川区南葛西7-1
開港広場前交差点（ひかりが「正純」と叫んだスクランブル交差点）〔7〕	神奈川県横浜市中区海岸通1-1
昭島病院（東央総合病院）〔8〕	東京都昭島市中神町1260
生田スタジオ（ひかりが愛の頬を叩いたところ）〔8〕	神奈川県川崎市多摩区菅仙谷3-20
岳南電車須津駅西側の踏切（河西が入った踏切）〔8〕	静岡県富士市中里103

フォレスト・イン 昭和館（ひかりが虹を見たバスターミナル）〔9〕	東京都昭島市昭和の森
生田スタジオ（ひかりと愛が話をしていた病院内）〔9〕	神奈川県川崎市多摩区菅仙谷3-20
アニヴェルセル柏（ウエディングドレスを着た笑顔のひかりを正純が写真に撮ったところ）〔終〕	千葉県柏市若柴226
千葉県立柏の葉公園（正純と千春が話をしていたボート乗場）〔終〕	千葉県柏市柏の葉4
鶴見川の堤防（ひかりと正純が不良グループに襲われて怪我をしたところ）〔終〕	神奈川県横浜市緑区東本郷町
川崎市立川崎病院（ひかりが入院した首都総合医療センター）〔終〕	神奈川県川崎市川崎区新川通12
生田スタジオ（正純が記者たちにコメントをした病院の玄関）〔終〕	神奈川県川崎市多摩区菅仙谷3-20

マルモのおきて（ドラマ）

［公　開］2011年4月～7月

［スタッフ］脚本：櫻井剛, 阿相クミコ

［出　演］阿部サダヲ（高木護）, 芦田愛菜（笹倉薫）, 鈴木福（笹倉友樹）, 比嘉愛未（畑中彩）, 世良公則（畑中陽介）, 伊武雅刀（鮫島勇三）, 葛山信吾（笹倉純一郎）〔ほか〕

ロケ地・場面	所在地
コスガ（護が住む居酒屋「KUJIRA」の外観）〔1〕	東京都江東区佐賀1-12
日本システムテクノロジー（護が勤務する「あけぼの文具」の外観）〔1〕	東京都江東区森下5-1
長島商店（友樹が預けられた青果店）〔1〕	東京都品川区南大井1-4
根生院の山門（護と薫が友樹を探しに行った寺の門前）〔1〕	東京都豊島区高田1-34
高田1丁目の階段（友樹がムック（犬）と出会った階段の上）〔1〕	東京都豊島区高田1-36
都電荒川線の踏切（友樹を探す護と薫が立ち止まった踏切の前）〔1〕	東京都豊島区南大塚3-26
舎人いきいき公園（護と薫が友樹を探しに行った赤鬼の滑り台がある公園）〔1〕	東京都足立区舎人6-3
新中川の河原（護が泣き出した河原）〔1〕	東京都江戸川区興宮町21
新中川の堤防（ムックが護に話しかけた堤防の上）〔1〕	東京都江戸川区興宮町21
新中川にかかる辰巳新橋（護が薫と友樹を見た橋の上）〔1〕	東京都江戸川区上一色2-20
中川沿いの堤防（泣き出した友樹にムックが話しかけたところ, 友樹を背負った護と薫が歩いていた堤防の上）〔1〕	東京都江戸川区船堀2-2
ほほえみ公園（薫が友樹を見つけた公園）〔1〕	東京都日野市南平2-31
雨乞公園（逃げ出した薫と友樹に護が追いついた公園）〔1〕	東京都日野市百草881
かわさき北部斎場（笹倉の葬儀が行われた西荒川斎場）〔1〕	神奈川県川崎市高津区下作延1872
サーティーフォー相模原球場（高校時代、笹倉がヒットを打たれた野球場）〔1〕	神奈川県相模原市中央区弥栄3-1
千代田区猿楽町町会詰所（護が薫と友樹を引き取りに行った広川交番）〔2〕	東京都千代田区猿楽町2-3

両国 河本メンタルクリニック(護が訪れた白川メンタルクリニック)〔2〕	東京都墨田区亀沢1-24
隅田川大橋東詰付近(薫と友樹の乗った車を追う護が走っていたところ)〔2〕	東京都江東区佐賀1-1
岩井橋の東詰(薫と友樹の乗った車が左折したところ)〔2〕	東京都江東区北砂1-1
小名木川クローバー橋(薫と友樹の乗った車を追う護が走っていたところ)〔2〕	東京都江東区北砂1-2
稲荷橋(護が薫と友樹の乗った車と並走して渡っていた橋, 護が薫と友樹を引き取りたいと話したところ)〔2〕	東京都大田区羽田5-5
環八通りの穴守橋(薫と友樹の乗った車が護と並走して渡っていた橋)〔2〕	東京都大田区羽田空港1-1
中村菓子店(薫と友樹がアイスクリームを買いに行った店)〔2〕	東京都豊島区高田1-23
高田1丁目の丁字路(薫と友樹が道に迷った丁字路)〔2〕	東京都豊島区高田1-32と33の間
高田1丁目の坂道(薫と友樹がお婆さんのカートを押すのを手伝った坂道)〔2〕	東京都豊島区高田1-34と40の間
多摩川の河原(護が薫と友樹にキャッチボールを教えていた河原)〔2〕	東京都狛江市猪方4
キラキラ橘商店街にある「ブティック アパルーサ」(ハートが付いたピンクのランドセルのポスターを薫が見ていた店頭)〔3〕	東京都墨田区京島3-48
「立会川河口堤防船だまり」付近(護、薫、友樹が話をしていた水辺)〔3〕	東京都品川区東大井2-17
新中川の堤防(ムックの散歩に行った彩、薫、友樹が歩いていたところ)〔3〕	東京都江戸川区興宮町21
江戸川病院(薫と友樹が純一郎と話をしていた病院の屋上)〔3〕	東京都江戸川区東小岩2-24
ユニディ狛江店(注意書きのシールを貼っていた護が入学式へ向かって走り出した店)〔3〕	東京都狛江市和泉本町4-6
インクポット昭和店(護と真島が注意書きのシールを貼っていた店)〔3〕	山梨県中巨摩郡昭和町西条5044
今戸公園(薫が同級生に怪我を負わせた公園)〔4〕	東京都台東区今戸2-24
横十間川親水公園(薫、友樹、彩が手をつないで歩いていた公園)〔4〕	東京都江東区北砂1-1
フォンダ・デ・ラ・マドゥルガーダ(護とかなが食事に行ったメキシコ料理のレストラン)〔4〕	東京都渋谷区神宮前2-33
旧関東財務局横浜財務事務所(雨宿りをしていたかなが護を食事に誘ったところ)〔4〕	神奈川県横浜市中区日本大通34
トークピア川崎(護とかなが謝罪に行った那須文具)〔4〕	神奈川県川崎市川崎区藤崎3-5
長峰霊園(節子が薫と友樹を連れて行った墓地)〔5〕	茨城県龍ケ崎市白羽3-14

大島川西支川に架かる御船橋（見舞いに向かうかなが護と電話で話をしながら渡っていた橋）〔5〕	東京都江東区永代1-15
新中川の堤防（買物に向かう薫、友樹と護の母・節子が歩いていた堤防の上）〔5〕	東京都江戸川区興宮町21
新中川にかかる辰巳新橋（彩と節子が渡っていた橋）〔5〕	東京都江戸川区上一色2-20
北総鉄道北総線矢切駅（薫と友樹が電車に乗ろうとした駅）〔6〕	千葉県松戸市下矢切120
「立会川河口堤防船だまり」付近（学校からの帰り、護と薫が歩いていた水辺）〔6〕	東京都品川区東大井2-17
多摩川の河原（護が薫と友樹にキャッチボールを教えていた河原）〔6〕	東京都府中市小柳町6-24
千代田区猿楽町町会詰所（護が取り調べを受けた広川交番）〔7〕	東京都千代田区猿楽町2-3
隅田川テラス（護があゆみとベンチに座って話をしていたところ）〔7〕	東京都中央区日本橋箱崎町19
日本橋川河口に架かる「豊海橋」（護とあゆみが話をしていた橋の上）〔7〕	東京都中央区日本橋箱崎町19
今戸公園（あゆみが友樹の足に絆創膏を貼った公園）〔7〕	東京都台東区今戸2-24
小島公園（護が誘拐犯に間違われた公園）〔7〕	東京都台東区小島2-9
キラキラ橘商店街（護が訪れた商店街）〔7〕	東京都墨田区京島3
御菓子司 さがみ庵（護がお願いに行った店）〔7〕	東京都墨田区京島3-19
川上生花店〈フローリスト カワカミ〉（護がお願いに行った生花店）〔7〕	東京都墨田区京島3-23
本間書店（護が雑誌を立ち読みしていた書店）〔7〕	東京都江東区富岡1-8
大島川西支川に架かる御船橋（あゆみを追う護が渡っていた橋）〔7〕	東京都江東区福住1-6
たか濱（護が牧村に交際を申し込んだ店）〔7〕	東京都大田区大森北1-1
ボーネルンド本店（護が女の子に話しかけた玩具店）〔7〕	東京都渋谷区神宮前1-3
新中川の堤防（交番からの帰りに護、薫、友樹、ムックが歩いていた堤防の上）〔7〕	東京都江戸川区興宮町21
新中川にかかる辰巳新橋（自転車を避けた友樹がケガをしたところ）〔7〕	東京都江戸川区上一色2-20
北総鉄道北総線矢切駅（護がPASMOの無いことに気付いた駅）〔8〕	千葉県松戸市下矢切120
昭和通りを跨ぐ「昭和通り銀座歩道橋」の上（かなが護に電話を掛けていたところ）〔8〕	東京都中央区銀座7-13
柳橋の上（護がかなにふられた橋の上）〔8〕	東京都中央区東日本橋2-27
隅田川テラス（護とかながベンチに座って話をしていた川辺）〔8〕	東京都中央区日本橋箱崎町19
調練橋公園の南西側（護がコーヒーの空缶をゴミ箱に投げ入れようとしたところ）〔8〕	東京都江東区越中島2-16
「立会川河口堤防船だまり」付近（護がかなからランチに誘う電話を受けたところ）〔8〕	東京都品川区東大井2-17

葛西臨海公園の汐風広場（護、薫、友樹、かながピクニックに行ったところ）〔8〕	東京都江戸川区臨海町6-2
長峰霊園（護が訪れた墓地）〔9〕	茨城県龍ケ崎市白羽3-14
銀座いさみや（薫が洋服の試着をしていた店）〔9〕	東京都中央区銀座4-6
デリカップ（彩と元夫が話をしていた喫茶店）〔9〕	東京都墨田区錦糸4-13
「立会川河口堤防船だまり」付近（護が水に入ってハンカチを取ろうとしたところ）〔9〕	東京都品川区東大井2-17
城南島海浜公園（ベンチに座ったあゆみが薫のTシャツを抱きしめたところ）〔9〕	東京都大田区城南島4-2
新中川の河原（仲直りをした護が薫と友樹を抱きしめた河原）〔9〕	東京都江戸川区興宮町21
新中川の堤防（学校帰りに薫と友樹が別れた堤防の上，護、薫、友樹、彩、ムックが歩いていた堤防の上）〔9〕	東京都江戸川区興宮町21
神田明神の男坂（護と彩が話をしていた階段）〔10〕	東京都千代田区外神田2-16
デリカップ（護とあゆみが話をしていた喫茶店）〔10〕	東京都墨田区錦糸4-13
「立会川河口堤防船だまり」付近（護とムックが話をしていた水辺）〔10〕	東京都品川区東大井2-17
大井ふ頭中央海浜公園スポーツの森 しおさいドッグラン（護とムックが老夫婦と待ち合わせをしたドッグラン）〔10〕	東京都品川区八潮4-1
六本木通り（あゆみが母子とすれ違ったところ）〔10〕	東京都渋谷区渋谷2-12
新中川の堤防（薫と友樹が「ごま塩親分」と出会った堤防の上，薫と友樹を背負った護とあゆみが歩いていた堤防の上）〔10〕	東京都江戸川区興宮町21
新中川にかかる辰巳新橋（薫と友樹を背負った護とあゆみが歩いていた橋）〔10〕	東京都江戸川区上一色2-20
パリジェンヌ（護があゆみに薫と友樹を返す話をした店）〔終〕	東京都新宿区歌舞伎町2-23
東京都現代美術館の北側（護が薫と友樹を見送ったバス停）〔終〕	東京都江東区三好4-1
「立会川河口堤防船だまり」付近（彩が薫と友樹を見つけた水辺）〔終〕	東京都品川区東大井2-17
恵比寿南一公園（薫が母子を見た公園）〔終〕	東京都渋谷区恵比寿南1-26
新中川の河原（護が座り込んだ河原）〔終〕	東京都江戸川区興宮町21
新中川の堤防（護とムックが歩いていた堤防の上）〔終〕	東京都江戸川区興宮町21
独鈷の湯（護、薫、友樹、ムックが入っていた足湯）〔終〕	静岡県伊豆市修善寺
絆（護、薫、友樹が泊った旅館）〔終〕	静岡県伊豆市修善寺3372
日枝神社（護、薫、友樹が参拝した神社）〔終〕	静岡県伊豆市修善寺820
桂川に架かる「虎渓橋」（護、薫、友樹、ムックが渡っていた橋）〔終〕	静岡県伊豆市修善寺950
ラフォーレ修善寺の温泉スパ（護、薫、友樹が遊んでいたプール）〔終〕	静岡県伊豆市大平1529

伊豆箱根鉄道駿豆線修善寺駅（護、薫、友樹、ムックが降りた駅, 薫と友樹、護とムックが「伊豆の踊子」の顔出し写真を撮ったところ）〔終〕	静岡県伊豆市柏久保631

マルモのおきて スペシャル（ドラマ）

［公　開］2011年10月9日

［スタッフ］脚本：櫻井剛, 阿相クミコ

［出　演］阿部サダヲ（高木護）, 芦田愛菜（笹倉薫）, 鈴木福（笹倉友樹）, 世良公則（畑中陽介）, 伊武雅刀（鮫島勇三）, 比嘉愛未（畑中彩）, 鶴田真由（青木あゆみ）〔ほか〕

ロケ地・場面	所在地
グローバル・ダイニングが経営する「カフェラ・ボエム 新宿御苑店」（薫と理沙が話をしていたカフェ）	東京都新宿区新宿1-1
コスガ（護と彩が話をしていた居酒屋「KUJIRA」の前, 大輔が理沙、翔太、菜々を迎えに来たところ）	東京都江東区佐賀1-12
日本システムテクノロジー（護が勤務する「あけぼの文具」の外観）	東京都江東区森下5-1
「立会川河口堤防船だまり」付近（薫、友樹、翔太、菜々、ムックが警官を捕まえてしまったところ）	東京都品川区東大井2-17
新中川の堤防（彩が護を好きだと言った堤防の上）	東京都江戸川区興宮町21
新中川にかかる辰巳新橋（護と彩が渡っていた橋）	東京都江戸川区上一色2-20
北浅川の河原（河童の格好をした護が子供たちの願いを聞いた河原, 護と理沙が話をした河原）	東京都八王子市清川町31
三宝食堂（護と真島が話をしていた食堂）	東京都府中市緑町3-17
朝倉病院（護が駆けつけた畑中が入院した病院）	神奈川県横浜市港南区下永谷5-81
JR小海線〈八ヶ岳高原線〉付近の田んぼ（池へ向かう薫、友樹、翔太、菜々が歩いていた田んぼ道）	山梨県北杜市小淵沢町4641
JR小海線〈八ヶ岳高原線〉の甲斐大泉駅（大輔が護、薫、友樹を迎えに来た駅）	山梨県北杜市大泉村西井出
白州・尾白の森名水公園 べるが（翔太と菜々が薫と友樹を連れて行った「ぶどうせんしのひみつきち」がある森）	山梨県北杜市白州町白須8056
尾白川渓谷と吊り橋（薫、友樹、翔太、菜々が遊んでいた川辺, 河童を探しに向かう薫、友樹、翔太、菜々が渡っていた吊り橋）	山梨県北杜市白州町白須8886
伊豆ノ宮溜池（薫、友樹、翔太、菜々がキュウリを仕掛けた池畔）	山梨県甲斐市大垈伊豆ノ宮
御坂農園グレープハウス（藤沢ぶどう園のぶどう畑）	山梨県笛吹市御坂町夏目原656

まれ（ドラマ）

［公　開］2015年3月～9月

［スタッフ］脚本：篠崎絵里子

［出　演］土屋太鳳（津村希）, 常盤貴子（津村藍子）, 大泉洋（津村徹）, 葉山奨之（津村一徹）, 田中泯（桶作元治）, 田中裕子（桶作文）, 中村敦夫（紺谷かおる）, 門脇麦（寺岡みのり）, 清水富美加（蔵本一子）, 山﨑賢人

（紺谷圭太），高畑裕太（角洋一郎），渡辺大知（二木高志），ガッツ石松（角慎一郎），塚地武雅（寺岡真人），ふせえり（寺岡久美），篠井英介（蔵本浩一），鈴木砂羽（蔵本はる），中川翔子（小原マキ），板尾創路（紺谷博之）〔ほか〕

ロケ地・場面	所在地
アタケ岬西側の道（津村希たちが歩いていた道）〔1〕	石川県輪島市上大沢町
上大沢の海岸（津村希たちが遊んでいた磯浜）〔1〕	石川県輪島市上大沢町
アタケ岬東側の道（バスがエンストした海岸沿いの道）〔1〕	石川県輪島市大沢町
大川浜（津村希たちが相撲をしていた砂浜）〔1〕	石川県輪島市町野町大川
小崎（そとら岬（バス停は撮影用のセット））〔1〕	石川県輪島市門前町五十洲
河原田川に架かるみなと橋（紺谷圭太が津村希に告白した橋）〔2〕	石川県輪島市河井町
山下公園（津村希が横浜に着いて歩いていた海辺の公園）〔3〕	神奈川県横浜市中区山下町279
山手111番館（津村徹と藍子がデートした店）〔3〕	神奈川県横浜市中区山手町111
港の見える丘公園（津村徹が藍子にプロポーズした公園）〔3〕	神奈川県横浜市中区山手町114
MELONDIAあざみ野（金沢で開催された、ロールケーキ甲子園の北陸予選会場）〔3〕	神奈川県横浜市青葉区新石川1-1-9
香林坊（金沢市の商店街）〔3〕	石川県金沢市香林坊2
鳳至川沿いの道（津村希が金沢帰りに歩いていた輪島市の川沿いの道（バスを降りたのは輪島市役所前））〔3〕	石川県輪島市新橋通
河原田川と鳳至川の合流点（蔵本一子が津村希に紺谷圭太と付き合っていることを告白した川）〔3〕	石川県輪島市二ツ屋町
輪島港（津村希と紺谷圭太が話をしていた港，大漁祭が開かれた港）〔4〕	石川県輪島市河井町
椀貸し谷ポケットパーク（桶作文がバスを見送っていた外浦バス停）〔4〕	石川県輪島市大沢町
河原田川と鳳至川の合流点（津村希が歩いていた川）〔4〕	石川県輪島市二ツ屋町
市民温水プール サン・プルル（津村徹と安西隼人が話をしていたプール）〔5〕	石川県輪島市杉平町1字12
アタケ岬東側の道（津村希が能登体験ツアーで案内していた海岸）〔5〕	石川県輪島市大沢町
宝来町の路地（蔵本一子が電話をしていた路地）〔5〕	石川県輪島市大沢町宝来町
通ヶ鼻（「WAJIMAまんで」で紹介されていた海岸）〔5〕	石川県輪島市門前町皆月ミ
鴨ヶ浦（紺谷圭太と蔵本一子が話をしていた海）〔5〕	石川県輪島市輪島崎町
百姓屋敷じろえむ（農園レストラン福田）〔6〕	千葉県南房総市山名2011
山手111番館（津村徹と藍子が話をした洋館）〔6〕	神奈川県横浜市中区山手町111
東京都庁（津村希がバスを降りた場所）〔7〕	東京都新宿区西新宿2-8-1
パティスリーラプラス（津村希が最初に面接に行った洋菓子店「シェ・ミシマ」）〔7〕	神奈川県横浜市鶴見区鶴見中央1-18-6

洋菓子浜志まん（津村希が洋菓子を食べ歩いた14軒目の店）〔7〕	神奈川県横浜市中区伊勢佐木町5-129
元町公園（津村希が「マ・シェリ・シュ・シュ」に向かって通った公園）〔7〕	神奈川県横浜市中区元町1-77-4
中村川に架かる前田橋（津村希が倒れた高架下の橋）〔7〕	神奈川県横浜市中区元町2
霧笛楼1階 カフェ・ネクストドア（津村希が洋菓子を食べ歩いた1軒目の店の店内）〔7〕	神奈川県横浜市中区元町2-96
横濱元町洋菓子研究所（津村希が洋菓子を食べ歩いた7軒目の店の店内）〔7〕	神奈川県横浜市中区元町5-209
山下公園（津村希が10軒目のケーキを食べた公園）〔7〕	神奈川県横浜市中区山下町279
山手111番館（津村希が洋菓子を食べ歩いた5軒目の店）〔7〕	神奈川県横浜市中区山手町111
港の見える丘公園（津村希が理想の味の洋菓子を見つけると宣言した高台の公園）〔7〕	神奈川県横浜市中区山手町114
ストラスブルジョワ（津村希が洋菓子を食べ歩いた2軒目の店の店内）〔7〕	神奈川県横浜市中区初音町1-8-2
布良海岸（津村まれがゴンタとキスをした海岸）〔8〕	千葉県館山市布良
臨港パーク（津村希と二木高志が話をしていた海辺の公園）〔8〕	神奈川県横浜市西区みなとみらい1
象の鼻パーク 山下臨港線プロムナード高架下（津村希と池畑大輔が話をしていた高架下の公園）〔8〕	神奈川県横浜市中区海岸通1
HARBOUR'S MOON（浅井和也がノートを忘れてきた店）〔8〕	神奈川県横浜市中区日本大通36
布良海岸（津村一徹が叫んでいるのを寺岡みのりが見た海岸）〔9〕	千葉県館山市布良
横浜ニューグランドホテル（池畑大悟が就職した老舗ホテル）〔10〕	神奈川県横浜市中区山下町10
山下公園（津村希が銅像相手に再びお店に戻してもらうよう練習していた海辺の公園）〔10〕	神奈川県横浜市中区山下町279
臨港パーク（二木高志と池畑美南が話をした水辺の公園）〔11〕	神奈川県横浜市西区みなとみらい1
国際橋（津村希たちが合コンした船が見える場所）〔11〕	神奈川県横浜市西区みなとみらい2-7-1
元町商店街（津村希と池畑美南が洋服を買いに行った街）〔11〕	神奈川県横浜市中区元町1-8
横浜媽祖廟（二木高志と池畑美南が話をした媽祖廟）〔11〕	神奈川県横浜市中区山下町136
山下公園（津村希がカップルに恋愛の調査をし始めた海辺の公園）〔11〕	神奈川県横浜市中区山下町279
港の見える丘公園（津村希が朝に寄った高台の公園）〔11〕	神奈川県横浜市中区山手町114
汽車道（津村希たちが合コンした船が見える場所）〔11〕	神奈川県横浜市中区新港2-9
大阪城（蔵本一子が行った大阪の風景）〔11〕	大阪府大阪市中央区大阪城1-1
ホテルニューオータニ東京 トゥールダルジャン東京（池畑大輔が津村希を連れて行った高級フレンチレストラン）〔12〕	東京都千代田区紀尾井町4-1

自然養鶏場春夏秋冬（「マ・シェリ・シュ・シュ」に卵を卸している浜田の養鶏場花鳥風月）〔12〕	神奈川県小田原市久野4612-2
MAZDA箱根ターンパイク（池畑大輔と津村希と二木高志がドライブに行った見晴らしの良い道）〔12〕	神奈川県小田原市早川2-22-1
横浜赤レンガ倉庫（漆器展示会場）〔13〕	神奈川県横浜市中区新港1-1
朝河ビル（蔵本一子が働く店）〔15, 16〕	東京都武蔵野市吉祥寺本町1-31-13
県道38号線（津村一徹がランニングをしていた海沿いの道）〔19〕	石川県輪島市光浦町
鴨ヶ浦（紺谷圭太と紺谷希が話をしていた海）〔21〕	石川県輪島市輪島崎町
大沢集落（蔵本一子と角洋一郎がいた場所）〔また会おうスペシャル2〕	石川県輪島市大沢町宝来町
中華街の市場通りと香港路間の路地（中華料理店「天中殺」のある中華街（天中殺は撮影用のセット））	神奈川県横浜市中区山下町
横浜媽祖廟（津村希たちが太極拳をしている横浜媽祖廟）	神奈川県横浜市中区山下町136
山下公園（津村徹と藍子がデートした海辺の公園）	神奈川県横浜市中区山下町279
額坂（津村希が「マ・シェリ・シュ・シュ」へ行く時に通る階段（マ・シェリ・シュ・シュは撮影用のセット））	神奈川県横浜市中区山手町
山手111番館（津村徹と藍子が良く訪れた店）	神奈川県横浜市中区山手町111
河原田川に架かるいろは橋（輪島市内の赤いアーチ橋）	石川県輪島市河井町
朝市通り（朝市が開かれる道）	石川県輪島市河井町
石川県立輪島高校（津村希たちが通う高等学校）	石川県輪島市河井町18部42-2
三ツ岩岬の田んぼ（よく出てくる海の見える田んぼ, 新オープニングに出てくる田んぼ）	石川県輪島市小池町元大屋村鵜入タ
寺坂の坂道（外浦村を見下ろす坂道, 桶作文が働く畑のある坂道）	石川県輪島市大沢町寺坂
静浦神社（外浦村の神社）	石川県輪島市大沢町宝来74
大沢集落（外浦村, オープニングに出てくる港）	石川県輪島市大沢町宝来町
河原田川と鳳至川の合流点（市役所近くの川）	石川県輪島市二ツ屋町
輪島市役所（輪島市役所）	石川県輪島市二ツ屋町2-29
白米千枚田（ロングバージョンのオープニングに出てくる雪の棚田）	石川県輪島市白米町99-5
大崎漆器店（紺谷弥太郎の漆器店）	石川県輪島市鳳至町上町28
住吉神社（オープニングに出てくる祭りが行われていた神社）	石川県輪島市鳳至町鳳至丁1
旧七浦中学校〈七浦公民館〉（津村希たちが通う外浦小学校）	石川県輪島市門前町鵜山12-50
キング美容室（サロンはる）	石川県輪島市門前町皆月ニ51-1
琴ヶ浜（オープニングで津村希が踊っている砂浜, オープニングで村人が走っている砂浜）	石川県輪島市門前町剣地
百成大角間の畑（オープニングのラストシーンに出てくる畑）	石川県輪島市門前町百成大角間
揚げ浜式塩田 角花家（揚げ浜式塩田）	石川県珠洲市清水町1-58-27

禄剛埼灯台（オープニングの空撮で出てくる灯台）	石川県珠洲市狼煙町イ－51

マンハント（映画）

［公　開］2018年2月

［スタッフ］監督：ジョン・ウー, 脚本：ニップ・ワンフン, 原作：西村寿行

［出　演］チャン・ハンユー（ドゥ・チウ）, 福山雅治（矢村聡）, チー・ウェイ（遠波真由美）, ハ・ジウォン（レイン）, 國村隼（酒井義廣）, 〔ほか〕

［トピック］西村寿行の同名小説の映画化作品「君よ憤怒の河を渉れ」（1976年）をリメイクした香港・中国合作映画。日本を舞台とし、主に大阪などでロケが行われた。

ロケ地・場面	所在地
大阪上本町駅（ドゥ・チウが逃走したところ）	大阪府大阪市天王寺区上本町6-1-55
ハルカス300（パーティーの会場）	大阪府大阪市阿倍野区阿倍野筋1-1-43
中之島 堂島川（水上バイクでのアクションシーン）	大阪府大阪市北区中之島
中之島バンクス（襲撃シーン）	大阪府大阪市北区中之島5
大阪城公園の新鴫野橋（だんじりのシーン）	大阪府大阪市中央区城見1
宝山寺（ドゥ・チウが参道を歩いていた寺）	奈良県生駒市門前町1-1
山添村カントリーパーク大川（結婚式の会場）	奈良県山辺郡山添村中峰山1736
花見山スキー場（アクションシーン）	鳥取県日野郡日南町神戸上3804-10
岡山県工業技術センター（薬品会社）	岡山県岡山市北区芳賀5301
国立公園 蒜山（牧場でのアクションシーン）	岡山県真庭市
柵原ふれあい鉱山公園 柵原鉱山資料館（ラストシーン）	岡山県久米郡美咲町吉ヶ原394-2

万引き家族（映画）

［公　開］2018年6月

［スタッフ］監督・脚本・原案：是枝裕和

［出　演］リリー・フランキー（柴田治）, 安藤サクラ（柴田信代）, 松岡茉優（柴田亜紀）, 城桧吏（柴田祥太）, 佐々木みゆ（ゆり）, 樹木希林（柴田初枝）〔ほか〕

ロケ地・場面	所在地
大原海水浴場（一家が訪れた海水浴場）	千葉県いすみ市新田若山深堀入会地
ジョイフル三の輪（一家が暮らす平屋の近所の商店街）	東京都荒川区南千住1-18-5
とりふじ（肉の冨士屋）	東京都荒川区南千住1-30-6
甘味かどや（初枝と亜紀があんみつを食べた店）	東京都足立区西新井1-7-12
城山こみち（初枝が亜紀の父親の家から帰るところ）	神奈川県綾瀬市早川城山

まんぷく（ドラマ）

［公　開］2018年10月～2019年3月

［スタッフ］脚本：福田靖

［出　演］安藤サクラ（今井福子）, 長谷川博己（立花萬平）, 松下奈緒（香田克子）, 要潤（香田忠彦）, 内田有紀（今井咲）, 大谷亮平（小野塚真一）, 松坂慶子（今井鈴）〔ほか〕

ロケ地・場面	所在地
博物館明治村 名古屋衛戍病院（小野塚咲が入院した真田山病院）〔1〕	愛知県犬山市内山1
神戸迎賓館 旧西尾邸（今井咲と小野塚真一の結婚式会場）〔1〕	兵庫県神戸市須磨区離宮西町2-4-1
神戸女学院大学（今井福子が通っていた高等女学校）〔1〕	兵庫県西宮市岡田山4-1
同志社大学 ハリス理化学館（大阪憲兵隊の赤レンガの建物）〔2〕	京都府京都市上京区今出川通烏丸東入玄武町598-1

大阪市立美術館（今井福子と立花萬平がデートした公園）〔2〕	大阪府大阪市天王寺区茶臼山町1-82
神戸女学院大学（小野塚咲が転院した摂津病院）〔2〕	兵庫県西宮市岡田山4-1
博物館明治村 坐漁荘（神宮幸之助が住む家）〔4〕	愛知県犬山市内山1
早尾神社（今井鈴がお百度参りをしていた神社）〔4〕	滋賀県大津市坂本4-3-7
円山の田んぼ（疎開先の田んぼ）〔4〕	滋賀県近江八幡市円山地先
JR山口線第一阿武川橋梁（上郡、赤穂に向かう蒸気機関車が渡っていた鉄橋（左右反転した映像を使用））〔4, 5〕	山口県山口市阿東篠目
住友大阪セメント伊吹工場跡（闇市）〔5〕	滋賀県米原市春照
金堂町の路地（泉大津の町並み）〔6〕	滋賀県東近江市五個荘金堂町
神戸大学 六甲台第1キャンパス 六甲台本館（大蔵省大阪地方専売局）〔6〕	兵庫県神戸市灘区六甲台町2-1
赤穂海浜公園・塩の国（立花萬平が塩づくりの見学に行った塩田）〔6〕	兵庫県赤穂市御崎1891-4
大丸神戸店（歩行者天国が行われた道路）〔終〕	兵庫県神戸市中央区明石町40
博物館明治村 帝国ホテル中央玄関（大阪東洋ホテルのロビー）	愛知県犬山市内山1
日吉大社（オープニングに出てくる林, 疎開先の川、林）	滋賀県大津市坂本5-1-1
武庫川女子大学甲子園会館（今井福子が働く大阪東洋ホテル）	兵庫県西宮市戸崎町1-13
吹上浜（オープニングに出てくる砂浜）	兵庫県南あわじ市阿万吹上町
ポルトヨーロッパ（大阪の街並み）	和歌山県和歌山市毛見1527

見えない目撃者（映画）

［公　開］2019年9月

［スタッフ］監督・脚本：森淳一, 脚本：藤井清美

［出　演］吉岡里帆（浜中なつめ）, 高杉真宙（国崎春馬）, 大倉孝二（吉野直樹）, 浅香航大（日下部翔）, 酒向芳（高橋修作）, 松大航也（浜中大樹）, 國村隼（平山隆）〔ほか〕

［トピック］韓国映画「ブラインド」（2011年公開、日本では2014年公開）を日本でリメイクした映画。

ロケ地・場面	所在地
清原地区（車が横転爆破した場所）	栃木県宇都宮市清原工業団地
栃木県立がんセンター（病院）	栃木県宇都宮市陽南4-9-13
佐野工業団地内一般道（国崎春馬が謎の車に襲われた道路）	栃木県佐野市栄町6
上野中央通り地下通路（なつめが盲導犬と一緒に逃げた地下通路）	東京都台東区上野4-10

岬のマヨイガ（映画）

［公　開］2021年8月

［スタッフ］監督：川面真也, 脚本：吉田玲子, 原作：柏葉幸子

［出　演］芦田愛菜（ユイ）, 粟野咲莉（ひより）, 大竹しのぶ（キワさん）, 伊達みきお（豊沢川の河童）, 富澤たけし（北上川の河童）, 宇野祥平（馬淵川の河童）, 達増拓也（小鎚川の河童）, 天城サリー（座敷童）〔ほか〕

［トピック］柏葉幸子の同題小説を原作とするアニメ映画。フジテレビによる東日本大震災の被災地支援活動「ずっとおうえん。プロジェクト 2011+10…」の一環として作成されたもので、岩手県の実景が取り入れられている。

ロケ地・場面	所在地
古廟橋（町内の橋）	岩手県上閉伊郡大槌町
小鎚川沿い（川沿いの風景）	岩手県上閉伊郡大槌町
大鎚川河口（川沿いの風景）	岩手県上閉伊郡大槌町
ファミリーショップやはた（スーパーせんだ）	岩手県上閉伊郡大槌町桜木町15-29
シーサイドタウンマスト（ユイたちが買い物をした商業施設）	岩手県上閉伊郡大槌町小鎚第27地割3-4
中央公民館（避難所）	岩手県上閉伊郡大槌町小鎚第32地割126
小鎚神社（神社のシーン）	岩手県上閉伊郡大槌町上町2-16

ミステリと言う勿れ（2022年）（ドラマ）

［公　開］2022年1月～3月

［スタッフ］脚本：相沢友子, 原作：田村由美

［出　演］菅田将暉（久能整）, 伊藤沙莉（風呂光聖子）, 永山瑛太（熊田翔・犬堂我路）, 尾上松也（池本優人）, 筒井道隆（青砥成昭）〔ほか〕

ロケ地・場面	所在地
茨城県庁三の丸庁舎（警視庁大隣警察署の外観）〔1〕	茨城県水戸市三の丸1-5
洞峰公園（池本がゴミ捨てで妻が喜んだことを風呂光に話したところ）〔1〕	茨城県つくば市二の宮2-20
KEIYOスポーツクラブNASおゆみ野の南側付近（整が落とした印象派展のチケットを風呂光が見つけたところ）〔1〕	千葉県千葉市緑区おゆみ野5-43
第一公園バス停（整がバスに駆け込んだ池之崎バス停）〔1〕	千葉県千葉市緑区おゆみ野5-44
旧西陵中学校（整と寒河江が通っていた高校）〔1〕	千葉県茂原市緑ケ丘1-53
三輪野山2丁目の交差点（薮の妻子がひき逃げされた現場）〔1〕	千葉県流山市三輪野山2-19
三輪野山近隣公園（寒河江が刺殺された公園）〔1〕	千葉県流山市三輪野山2-292
東京富士大学（薮が寒河江を監視していた大学のキャンパス, 整が落とした鍵を薮が拾った大学のキャンパス）〔1〕	東京都新宿区高田馬場3-8
所沢市民文化センターミューズの北側（風呂光がバスを降りた大隣美術館前バス停）〔2〕	埼玉県所沢市並木1-9
洋菓子工房ながた（風呂光が差し入れを買いに行った大原交差点バス停前の洋菓子店, 風呂光が聞き込みに行った洋菓子店）〔2〕	千葉県千葉市緑区あすみが丘2-17
あけぼの通り あすみが丘プラザ交差点の西側（愛珠がバスに乗った「大隣南駅前」バス停）〔2〕	千葉県千葉市緑区あすみが丘4
おゆみ野保育園（風呂光が聞き込みに行った保育園）〔2〕	千葉県千葉市緑区おゆみ野2-7
かずさ4号公園のレストハウス・トイレ（整がメモを書いて隠したトイレ, 風呂光がメモ帳の一部を見つけたトイレ）〔2〕	千葉県君津市かずさ小糸6
かずさ4号公園の駐車場（バスがトイレ休憩で停車した駐車場）〔2〕	千葉県君津市かずさ小糸6

かずさ4号公園の駐車場出入口(バスが自転車とぶつかりそうになった大隣市憩いの森公園前)〔2〕	千葉県君津市かずさ小糸6
アバイディングゴルフクラブソサエティPGM(バスが到着した犬堂邸の外観)〔2〕	千葉県長生郡長南町竹林10
Bee新宿店(風呂光が聞き込みに行ったバー)〔2〕	東京都新宿区新宿3-18
みさと公園(整が我路と再会した公園)〔3〕	埼玉県三郷市高州3-362
Mアカデミア進学教室の前(淡路が愛珠の財布を盗んでバスを降りたところ，露木リラ、柏めぐみが愛珠を無視してバスを降りたところ)〔3〕	千葉県千葉市緑区あすみが丘2-17
小笠原伯爵邸(我路と愛珠が話をしていた犬堂家の屋敷内)〔3〕	東京都新宿区河田町10
鎌倉文学館(整と我路が話をしていた犬堂家の庭)〔3〕	神奈川県鎌倉市長谷1-5
黒崎の鼻(刑事が犯人に背を向けて話をしていたところ)〔3〕	神奈川県三浦市初声町下宮田
粟島西側の道(我路たちが歩いていた海沿いの道)〔3〕	香川県三豊市詫間町粟島1131
漂流郵便局(我路たちが愛珠のハガキを見つけた漂流郵便局)〔3〕	香川県三豊市詫間町粟島1317
流山市立八木南小学校(子供の頃の三船が歌を教えてもらった小学校の音楽室，爆弾が見つかった小学校の音楽室)〔4〕	千葉県流山市芝崎92
利根運河の河原(整と三船が話をしていた河原の東屋(東屋は撮影用のセット))〔4〕	千葉県流山市西深井823
板前バル 品川シーズンテラス店(爆弾が見つかった居酒屋江戸川)〔4〕	東京都港区港南1-2
品川シーズンテラス(品川区の32階建の高層ビルの外観)〔4〕	東京都港区港南1-2
都立芝公園23号地付近(子供の頃の三船が先生と歩いていた東京タワーの近く)〔4〕	東京都港区芝公園3-4
喫茶ゆうらく(風呂光が駆けつけた「喫茶クリスティ」)〔4〕	東京都台東区浅草橋1-2
銀杏岡八幡神社・此葉稲荷神社の境内(子供の頃の三船が三社祭を見ていたところ)〔4〕	東京都台東区浅草橋1-29
墨田区立小梅小学校(神社の隣にある三船が通っていた小学校の外観)〔4〕	東京都墨田区向島2-4
三囲神社(子供の頃の三船が座っていた神社の境内)〔4〕	東京都墨田区向島2-5
大森ベルポート アトリウム(爆破予告があった大隣市の18階建のビル，池本が爆弾を探していたアトリウム)〔4〕	東京都品川区南大井6-26
八王子市立鑓水小学校の西側付近(三船が事故に遭ったところ，整が崖を転がり落ちたところ)〔4〕	東京都八王子市鑓水2-68
神子沢公園(三船が整に本名を教えたところ)〔4〕	東京都八王子市鑓水2-69
かずさアカデミアホールのホワイエ(整が掲示板の誤字を見つけた病院内)〔5〕	千葉県木更津市かずさ鎌足2-3

小櫃川の河原（牛田が女性の遺体と重傷の霜鳥を見つけた河原）〔5〕	千葉県木更津市下望陀371
千葉大学松戸キャンパスのフランス式庭園（整が搬送された大隣総合病院の中庭）〔5〕	千葉県松戸市松戸648
リストランテ・カステッロの温室（整と風呂光が暗号を見つけた病院内の温室，整がライカと出会った温室）〔5〕	千葉県佐倉市臼井1562
産業技術総合研究所臨海副都心センター別館の北側（真犯人が3人目を射殺したところ）〔5〕	東京都江東区青海2-4
STUDIO ピアの「Pia34 辰巳」（毛髪が採取された4人目の遺体が見つかった家）〔5〕	東京都江東区辰巳3-16
第一下川ビル（捜査会議が行われていた警察署内，牛田と霜鳥が非常階段を下りた警察署）〔5〕	東京都大田区大森北3-13
洋髪處ハピネス（真犯人が男の髪の毛を入手した理髪店）〔5〕	東京都練馬区上石神井2-31
千葉大学医学部附属病院（整が退院した大隣総合病院の外観）〔6〕	千葉県千葉市中央区亥鼻1-8
コナコートスタジオのコナコートB（整がライカと出会った放火現場）〔6〕	千葉県市川市湊新田2-7
船橋市防災備蓄センター（陸太に呼び出された整が訪れた倉庫）〔6〕	千葉県船橋市行田2-8
千葉大学松戸キャンパスのイギリス式庭園（整が写真の入った封筒を見つけた桜の木があるところ，整とライカがプレゼントを交換したところ）〔6〕	千葉県松戸市松戸579
千葉大学松戸キャンパスのフランス式庭園（整が下戸とぶつかった病院の中庭，池本と風呂光が連続放火事件のことを整に話した病院の中庭）〔6〕	千葉県松戸市松戸648
千葉大学附属図書館松戸分館（少女が絵を描いているのを整が見たところ）〔6〕	千葉県松戸市松戸648
リストランテ・カステッロの温室の東側（整が梅津真波と話をした温室前の階段，整とライカが足湯につかっていた温室の前）〔6〕	千葉県佐倉市臼井1562
日比谷シャンテの西側（整がクリスマスプレゼントを何にするか悩んでいたところ）〔6〕	東京都千代田区有楽町1-2
フジテレビ湾岸スタジオの1階ロビー（整が退院の手続きをした大隣総合病院のロビー）〔6〕	東京都江東区青海2-3
ベニースーパー佐野店（整がカレーライスの食材を買ったスーパー）〔6〕	東京都足立区佐野2-27
洞峰公園（下戸と香音人が鷲見と話をしていた公園）〔7〕	茨城県つくば市二の宮2-20
千葉大学医学部附属病院（12月24日、ライカが赤いオーナメントを売店で買おうとするのを風呂光が見た病院のロビー）〔7〕	千葉県千葉市中央区亥鼻1-8

ジャンボランドリーふわふわ 柏逆井店（池本と青砥が鷲見から香音人の話を聞いたコインランドリー）〔7〕	千葉県柏市逆井2-31
高洲中央公園（下戸に香音人が声を掛けた公園, 両足を骨折していた子供の頃の下戸が滑り台から滑り降ろされていた公園）〔7〕	千葉県浦安市高洲4-1
日本電気計器検定所別館2号館（下戸が整を連れて行った隠れ家の外観）〔7〕	東京都港区芝浦4-14
品川埠頭変電所の北側付近（風呂光、池本、青砥が車を降りて整を探し始めたところ）〔7〕	東京都品川区東品川5-8
北区立中央図書館の北側付近（子供の頃の整が喜和と出会ったところ）〔7〕	東京都北区十条台1-2
県道305号〈豊原大島線〉（天達の車が走っていたところ）〔8〕	栃木県那須郡那須町大島
品川セントラルガーデンの北側（天達が整を車で迎えに来たところ）〔8〕	東京都港区港南2-16
汐留シオサイトの地下（立ち止まった喜和が振り返ったところ）〔8〕	東京都港区東新橋1-5
東京富士大学二上講堂（風呂光が天達と話をしたホール）〔8〕	東京都新宿区下落合1-9
まや霊園（整と天達が墓参りをした墓地）〔8〕	東京都八王子市鑓水1356
松葉茶屋（整がみたらし団子を食べていた店）〔8〕	東京都調布市深大寺元町5-11
千葉大学医学部附属病院（風呂光が訪れた病院）〔9〕	千葉県千葉市中央区亥鼻1-8
千葉大学松戸キャンパスのイギリス式庭園（風呂光の前でライカが倒れたところ）〔9〕	千葉県松戸市松戸579
狛江市役所（橘高が働いている市民課）〔9〕	東京都狛江市和泉本町1-1
クリフサイドの前 代官坂トンネルの北側（喜和が橘高と電話で話をしていたトンネルの近くの公衆電話）〔9〕	神奈川県横浜市中区元町2-114
千葉大学医学部附属病院（退院する千夜子を整が見送った病院のロビー）〔10〕	千葉県千葉市中央区亥鼻1-8
コナコートスタジオのコナコートB（千夜子が住んでいた家）〔10〕	千葉県市川市湊新田2-7
千葉大学松戸キャンパスのイギリス式庭園（整と千夜子が別れたところ, 整と風呂光が桜を見上げていたところ）〔10〕	千葉県松戸市松戸579
リストランテ・カステッロの温室の東側（整とライカが足湯につかりながら初詣の約束をしたところ）〔10〕	千葉県佐倉市臼井1562
やきにく亭 力（整とライカが焼肉を食べた店）〔10〕	千葉県市原市五井6236
境川に架かる神明橋付近の遊歩道（初詣を終えた整とライカが歩いていた川沿いの道）〔10〕	千葉県浦安市猫実2-2
東京富士大学（整と天達が話をした教室）〔10〕	東京都新宿区下落合1-9

新田神社（整とライカが初詣に行った神社，整とライカがたこ焼きを食べた神社の境内）〔10〕	東京都大田区矢口1-21
筑波海軍航空隊記念館（風呂光が捜査応援に行った警視庁芝浜警察署）〔11〕	茨城県笠間市旭町654
ザ・ヒロサワ・シティのレールパークに展示されている新幹線の車内（整が弁当を開けた新幹線の車内）〔11〕	茨城県筑西市茂田1858
市原湖畔美術館（印象派展を見終えた整が出てきた大阪府立美術館）〔11〕	千葉県市原市不入75
一宮町 振武館（風呂光が柔道の訓練をしていた道場）〔11〕	千葉県長生郡一宮町一宮3404
神田川に架かる昌平橋（整が印象派展のチケットを落としてしまった橋）〔11〕	東京都千代田区神田淡路町2-12
東京ミッドタウン日比谷（整が弁当を選んでいたところ）〔11〕	東京都千代田区有楽町1-1
港南5丁目の横断歩道（猫田が浩増から電話を受けた横断歩道）〔11〕	東京都港区港南5-3
品川埠頭（我路が風呂光に電話を掛けた公衆電話ボックスがあるところ）〔11〕	東京都港区港南5-8
新広尾公園付近の交差点（留美の遺体が見つかった現場）〔11〕	東京都港区麻布十番4-2
全国家電会館の5階 講堂・ホール（捜査会議が行われていたところ）〔11〕	東京都文京区湯島3-6
大井北埠頭橋の下（女性が白いスーツケースを押して歩いていた高架下，風呂光と猫田が聞き込みをしていた高架下）〔11〕	東京都品川区八潮1-4
城南島2丁目の交差点（十字架に張り付けにされたように畑千尋が倒れていた交差点）〔11〕	東京都大田区城南島2-2
小田原文学館（寄木細工ミュージアムの外観）〔11〕	神奈川県小田原市南町2-3
本間寄木美術館（寄木細工ミュージアムの館内）〔11〕	神奈川県足柄下郡箱根町湯本84
漂流郵便局（我路たちが愛珠のハガキを読んでいたところ）〔11〕	香川県三豊市詫間町粟島1317
ザ・ヒロサワ・シティのレールパークに展示されている新幹線の車内（整が「ひっぱりだこ飯」を食べた新幹線の車内，美樹谷紘子が持っていた手紙の暗号を整が解いた新幹線の車内）〔終〕	茨城県筑西市茂田1858
みさと公園（我路が整に指輪を渡したところ）〔終〕	埼玉県三郷市高州3-362
ジョージアンハウス千葉（霜鳥の別荘の花壇）〔終〕	千葉県山武市上横地2788
都立芝浦南ふ頭公園（浩増が柵に縛り付けられていた吊り橋の下）〔終〕	東京都港区海岸3-33
小笠原伯爵邸の屋上庭園（我路が絵を描いていた庭）〔終〕	東京都新宿区河田町10
旧竹中別荘（羽喰が浩増を連れて行った隠れ家）〔終〕	静岡県御殿場市東田中1900

ミステリと言う勿れ（2023年）（映画）

［公　開］2023年9月

［スタッフ］監督：松山博昭, 脚本：相沢友子, 原作：田村由美

［出　演］菅田将暉（久能整）, 柴咲コウ（赤峰ゆら）, 原菜乃華（狩集汐路）, 萩原利久（波々壁新音）, 原菜乃華（狩集汐路）, 伊藤沙莉（風呂光聖子）, 尾上松也（池本優人）, 筒井道隆（青砥成昭）, 永山瑛太（犬堂我路）, 松下洸平（車坂朝晴）, 角野卓造（真壁軍司）, 野間口徹（赤峰一平）, 松坂慶子（鯉沼鞠子）, 滝藤賢一（狩集弥）, 鈴木保奈美（狩集ななえ）, でんでん（志波一巳）〔ほか〕

ロケ地・場面	所在地
臨江閣（狩集家の本宅2階）	群馬県前橋市大手町3-15-3
コインランドリー青い木（整が立ち寄ったコインランドリー）	群馬県桐生市相生町3
楽山園昆明池（整と一族たちが話していた場所）	群馬県甘楽郡甘楽町小幡648-2
楽山園 庭門（狩集家の庭園）	群馬県甘楽郡甘楽町小幡654
旧エンバーソン住宅	静岡県静岡市駿河区池田2864-52
旧野崎家住宅（狩集家の屋敷）	岡山県倉敷市児島味野1-11-19
広島県立美術館（整が訪れた美術館）	広島県広島市中区上幟町2-22
原爆ドーム前（整が汐路に話しかけられた場所）	広島県広島市中区大手町1-10付近
平和記念公園（整が慰霊碑に手を合わせる場所）	広島県広島市中区中島町1-1-10
東広島駅（ラストシーン）	広島県東広島市三永1-4-24
宮島（謎解きのシーン）	広島県廿日市市

みちのく秋田・赤い靴の女の子（映画）

［公　開］2022年10月

［スタッフ］監督・脚本：石谷洋子

［出　演］アナンダ・ジェイコブズ（ミス・ハリソン）, 壇蜜（金子ふじ）, 安田聖愛（金子ハツ）, 永島敏行（藤岡徳衛門）, 小栗銀太郎（金子専蔵）, 渡辺佑太朗（川井運吉）, Yummi（律）, 鷹觜喜洋子（ウメ）, 秋沢健太朗（岩田為作）, 松本寛也（立原）〔ほか〕

ロケ地・場面	所在地
旧金子家住宅	秋田県秋田市大町1-3-30
横手教会（礼拝した教会）	秋田県横手市本町
雄物川民家苑 木戸五郎兵衛村（ミス・ハリソンを乗せた人力車が走った場所）	秋田県横手市雄物川町沼館高畑336
角館町	秋田県仙北市角館町

ミックス。（映画）

［公　開］2017年10月

［スタッフ］監督：石川淳一, 脚本：古沢良太

［出　演］新垣結衣（富田多満子）, 瑛太（萩原久）, 広末涼子（吉岡弥生）, 瀬戸康史（江島晃彦）, 真木よう子（富田華子）, 小日向文世（富田達郎）, 森崎博之（張）, 蒼井優（楊）〔ほか〕

ロケ地・場面	所在地
高崎アリーナ（大会が行われたアリーナ）	群馬県高崎市下和田町4-1-18
いすみ市名熊公民館（フラワー卓球クラブ）	千葉県いすみ市下布施4148-4

ミッドナイトスワン（映画）

［公　開］2020年9月

［スタッフ］監督・脚本：内田英治

［出　演］草彅剛（凪沙（武田健二））, 服部樹咲（桜田一果）, 田中俊介（瑞貴（野上剣太郎））, 吉村界人（キャンディ）, 真田怜臣（ア

キナ), 上野鈴華(桑田りん)〔ほか〕

ロケ地・場面	所在地
東京成徳深谷高校(一果が通う中学校)	埼玉県深谷市宿根559
花園文化会館アドニス(一果が参加したバレエコンクールの会場)	埼玉県深谷市小前田2966
ターンテーブル(凪沙と一果のバレエレッスンをした場所)	東京都渋谷区神泉町10-3
穂の国とよはし芸術劇場PLAT(バレエコンクールの会場の内観)	愛知県豊橋市西小田原町123
豊橋市公会堂(バレエコンクールの会場の外観)	愛知県豊橋市八町通2-22

蜜蜂と遠雷 (映画)

[公　開] 2019年10月

[スタッフ] 監督・脚本:石川慶, 原作:恩田陸

[出　演] 松岡茉優(栄伝亜夜), 松坂桃李(高島明石), 森崎ウィン(マサル・カルロス・レヴィ・アナトール), 鈴鹿央士(風間塵), 臼田あさ美(高島満智子)〔ほか〕

ロケ地・場面	所在地
佐野市文化会館(オーケストラの演奏会場など)	栃木県佐野市浅沼町508-5
オンダ楽器(亜夜の練習場)	栃木県佐野市浅沼町861
江州屋(明石の練習場)	栃木県佐野市並木町470
武蔵野音楽大学附属高等学校 入間キャンパス バッハザール(芳ヶ江国際ピアノコンクール会場)	埼玉県入間市中神728

耳を澄ませば (映画)

[公　開] 2022年10月

[スタッフ] 監督・脚本:平川雄一朗, 原作:柊あおい

[出　演] 清野菜名(月島雫), 安原琉那(月島雫:中学生時代), 松坂桃李(天沢聖司), 中川翼(天沢聖司:中学生時代), 山田裕貴(杉村竜也), 荒木飛羽(杉村竜也:中学生時代), 内田理央(原田夕子), 住友沙来(原田夕子:中学生時代), 音尾琢真(堀内部長), 松本まりか(津田みどり), 中田圭祐(高木洋輔), 小林隆(月島靖也), 森口瑤子(月島朝子), 田中圭(園村真琴), 近藤正臣(おじいさん)

[トピック] 原作である柊あおいの漫画及びジブリアニメで描かれた学生時代の物語に、完全オリジナルの10年後のストーリーを追加した実写映画。

ロケ地・場面	所在地
佐倉マナーハウス(地球屋の外観)	千葉県佐倉市上志津1329
金沢動物園(雫と聖司が夕日の中登った高台)	神奈川県横浜市金沢区釜利谷東5-15-1
和歌山マリーナシティポルトヨーロッパ(イタリアの街並み)	和歌山県和歌山市毛見1527

MIU404 (ドラマ)

[公　開] 2020年6月〜9月

[スタッフ] 脚本:野木亜紀子

[出　演] 綾野剛(伊吹藍), 星野源(志摩一未), 麻生久美子(桔梗ゆづる), 岡田健史(九重世人), 橋本じゅん(陣馬耕平), 菅田将暉(久住), 生瀬勝久(我孫子豆治)〔ほか〕

ロケ地・場面	所在地
新都市中央通り(朝食を買った伊吹が車に戻って来たところ, 伊吹と志摩が白いステーションワゴンを見たところ)〔1〕	茨城県つくば市研究学園1-3
地酒本舗 美酒堂 研究学園店(白いステーションワゴンを追って伊吹と志摩の車が停まった店の駐車場, 伊吹と志摩の乗った車がバックで路上へ出たところ)〔1〕	茨城県つくば市研究学園4-2

常陽銀行研究学園都市支店の西側（伊吹と志摩の乗った車がバックしてきたトラックを避けたところ）〔1〕	茨城県つくば市吾妻1-14
中央通りの交差点（志摩が運転していた車が横転した交差点）〔1〕	茨城県つくば市吾妻1-15
つくば駅西交差点付近の中央通り（伊吹がスピンターンして赤い車を停車させたところ）〔1〕	茨城県つくば市吾妻1-2
つくば市消費者センターの東側付近（伊吹と志摩の乗った車が赤い車を追尾し始めたところ）〔1〕	茨城県つくば市吾妻1-2
つくば花室トンネル内の吾妻バス停（煽られた車が停車したバス停，九重と陣馬の乗った車が白いステーションワゴンを停車させたバス停）〔1〕	茨城県つくば市吾妻4-6
北大通り（救急車が停車していた事件現場付近）〔1〕	茨城県つくば市天久保1-5
谷塚駅東口共同駐車場（伊吹と志摩が赤いステーションワゴンを見つけた駐車場）〔1〕	埼玉県草加市瀬崎1-7
鎌ケ谷市役所（志摩が伊吹のことを聞きに行った警視庁隅田警察署の前，西田ふみこが孫と再会した墨田警察署の前）〔1〕	千葉県鎌ケ谷市新鎌ケ谷2-6
千代田区猿楽町町会詰所（志摩が伊吹のことを聞きに行った墨田署向島一丁目交番，子供が訪れた向島一丁目交番）〔1〕	東京都千代田区猿楽町2-3
港南小学校の前（志摩が走っていたところ）〔1〕	東京都港区港南4-3
相生橋（九重と陣馬の乗った車が停車していた橋の上）〔1〕	東京都江東区越中島1-3
小名木川に架かる萬年橋（車を停めた男がドライブレコーダーと鍵を捨てた橋）〔1〕	東京都江東区常盤1-18
京浜運河に架かる「かもめ橋」の西詰付近（伊吹が男の車に跳ね飛ばされたところ）〔1〕	東京都品川区勝島1-4
東京倉庫の勝島第2地区倉庫一般棟（伊吹と志摩が男を逮捕した倉庫）〔1〕	東京都品川区勝島1-4
若潮橋（白いワゴン車を追う伊吹が走っていたモノレールが見えるところ）〔1〕	東京都品川区東品川5-6
大森ベルポート A館東側の車寄せ（桔梗が志摩の車に乗り込んだ警視庁の前）〔1〕	東京都品川区南大井6-26
シンガポールバル Misakiya（水島がカレーを食べていた店）〔1〕	東京都大田区山王2-2
山王小路飲食店街〈通称・地獄谷〉（水島が襲われた飲み屋街）〔1〕	東京都大田区山王2-2
おもちゃの三景（伊吹と志摩が最初に訪れた玩具店）〔1〕	東京都町田市鶴川2-14
多摩唐木田ビル〈旧新学社〉の西側（第4機動捜査隊の部屋がある警視庁芝浦警察署）〔1〕	東京都多摩市唐木田1-16
多摩唐木田ビル〈旧新学社〉の駐車場（志摩が伊吹と始めて出会った芝浦警察署の駐車場）〔1〕	東京都多摩市唐木田1-16

さいたまスーパーアリーナ南側の西口駅前通り（伊吹と志摩の乗った「まるごとメロンパン」の車に女子高校生が声を掛けたところ）〔2〕	埼玉県さいたま市中央区新都心8
西大通り（伊吹が加々見と田辺将司・早苗夫妻の乗った車をのぞき込んだところ）〔2〕	埼玉県さいたま市中央区新都心9
南海工業（ウチクリン）〔2〕	東京都世田谷区船橋3-26
多摩唐木田ビル〈旧新学社〉の東側（新しい第四機捜の部屋があるところ）〔2〕	東京都多摩市唐木田1-16
放射7号線（検問が行われていたところ）〔2〕	東京都西東京市北町5-9
花店 花葉（九重と陣馬が防犯カメラの映像を確認に行ったフラワーショップ松木）〔2〕	神奈川県横浜市青葉区奈良1-14
奈良センター南橋（陣馬が志摩に田辺夫妻の情報を電話で話していたところ）〔2〕	神奈川県横浜市青葉区奈良1-14
多摩川に架かる第一京浜〈国道15号線〉の六郷橋（車が神奈川県に入ったところ）〔2〕	神奈川県川崎市川崎区旭町1-3
いちやまマート城山店の北側（志摩が田辺夫妻の車にボイスレコーダーを仕込んだところ）〔2〕	山梨県富士吉田市上吉田1726
庄ヤ（伊吹と志摩が「ほうとう」を食べた店）〔2〕	山梨県南都留郡山中湖村山中134
道の駅なるさわ（加々見が逃げた「道の駅」）〔2〕	山梨県南都留郡鳴沢村鳴沢8532
旧つくば市立筑波東中学校（バシリカ高等学校）〔3〕	茨城県つくば市北条4160
川口市立グリーンセンター（九重と陣馬が駆けつけた公衆電話のあるところ）〔3〕	埼玉県川口市大字新井宿700
ヤマザキYショップ 南飯能店（高校生たちが話をしていたコンビニエンスストア）〔3〕	埼玉県飯能市征矢町25
日無坂（女性が襲われる事件があった階段）〔3〕	東京都文京区目白台1-15
丸武運輸 有明物流センターの非常階段（赤いジャケットを着た謎の男が立っていた非常階段，男と成川が叫んでいた非常階段）〔3〕	東京都江東区東雲2-14
しながわ水族館（桔梗が子供と一緒にイルカショーを見ていたところ）〔3〕	東京都品川区勝島3-2
富士見坂（伊吹から逃げ切った高校生が歓喜していた坂道）〔3〕	東京都豊島区高田1-23
舟渡水辺公園（伊吹と志摩が到着した公園の公衆電話があるところ，伊吹が犯人を追い掛けていた公園）〔3〕	東京都板橋区舟渡4-4
新河岸川沿い（高校生たちが防犯カメラに写っていた自動販売機があるところ）〔3〕	東京都板橋区舟渡4-4
創価大学 ニューロワール食堂の2階（桔梗が我孫子たちと話をしていた食堂）〔3〕	東京都八王子市丹木町1-236
THINK（高校生たちが円陣を組んだところ，伊吹が追跡を始めたところ，志摩が自転車で走っていたところ，伊吹が走っていたところ）〔3〕	神奈川県川崎市川崎区南渡田町1

THINK内の「アウマンの家」(真木カホリが男に声を掛けられたところ)〔3〕	神奈川県川崎市川崎区南渡田町1
日本ダストNDK資源化リサイクル工場(台車に乗せた女子高校生を男が運んでいたところ)〔3〕	神奈川県川崎市川崎区白石町3
さいたまスーパーアリーナ(透子が羽田空港行きのバスに乗ったところ)〔4〕	埼玉県さいたま市中央区新都心8
埼玉カートパーク(バスが停車したところ,伊吹と志摩が銃を持った男達を制圧したところ)〔4〕	埼玉県行田市大字下忍439
いらか銀座ビルの北西側付近(透子が逃げていた路地)〔4〕	東京都中央区銀座6-4
銀座ステファニー化粧品の北側(透子がガールズインターナショナルのポスターを見たところ)〔4〕	東京都港区新橋1-5
遊舎工房(伊吹と志摩が訪れた透子が働いていた「PCショップエース」)〔4〕	東京都台東区上野3-6
遠州屋本店 高尾(伊吹が志摩と陣馬から桔梗の話を聞いた居酒屋)〔4〕	東京都台東区清川1-35
朝日信用金庫 本店(透子が横領した現金を引き出したATMコーナー)〔4〕	東京都台東区台東2-8
きく屋 渋谷本店(伊吹と志摩が訪れたジュエリーショップ)〔4〕	東京都渋谷区渋谷1-8
コンチネンタルプラザ赤羽弐番館(透子が働いていた違法カジノ店が入居していたビル)〔4〕	東京都北区赤羽1-37
KTコントラクト 葛西本社(透子がうさぎのぬいぐるみを発送したところ)〔4〕	東京都江戸川区臨海町3-6
多摩唐木田ビル〈旧新学社〉(伊吹、志摩、桔梗が話をしていた屋上)〔4〕	東京都多摩市唐木田1-16
ヤマガタ薬局(透子が応急処置のために立ち寄ったヤマガタ薬局)〔4〕	神奈川県横浜市中区太田町6-82
東扇島東公園(伊吹と志摩が飛行機を見上げていたところ)〔4〕	神奈川県川崎市川崎区東扇島58
川崎めぐみ幼稚園(麦が働いていた幼稚園)〔4〕	神奈川県川崎市高津区久末50
せせらぎ通り(マイの自転車を伊吹と志摩の乗った車が追跡していたところ)〔5〕	埼玉県さいたま市中央区新都心2
埼玉県庁本庁舎北東玄関(本練馬警察署)〔5〕	埼玉県さいたま市浦和区高砂3-15
ヤマザキYショップ伊奈小室店〈内田屋ストア〉(伊吹と志摩が潜入捜査をしていたニコニコマート下石神井店)〔5〕	埼玉県北足立郡伊奈町大字小室9452
ヤマザキショップ鎌ヶ谷とびやま店(チャン・スァン・マイが働いているニコニコマート石神井店,水森が強盗に入ったコンビニ)〔5〕	千葉県鎌ケ谷市東中沢3-11
丸港水産(伊吹と蒲郡が話をしていた居酒屋)〔5〕	東京都新宿区新宿3-12
丼太郎 茗荷谷店(マイがアルバイトに行った牛丼店)〔5〕	東京都文京区小日向4-5

リバーライトビル内の「Nico Nico TOWN」(先に店を出た志摩が伊吹を待っていたところ)〔5〕	東京都品川区西五反田1-9
大森北の広場(水森が逮捕されたところ)〔5〕	東京都大田区大森北1-26
第1下川ビル(水森が金を返しに行った事務所)〔5〕	東京都大田区大森北3-13
ラランジェ(伊吹と志摩がマイに会いに行ったスナック)〔5〕	東京都世田谷区用賀4-12
中央工学校附属日本語学院(マイが通っている日野春日日本語学院)〔5〕	東京都北区東田端1-4
KTコントラクト 臨海営業所(マイがアルバイトに行った運送会社)〔5〕	東京都江戸川区臨海町3-3
ヒロマルチェーン三鷹井口店(強盗が入ったB－ストア 大泉店)〔5〕	東京都三鷹市井口5-6
多摩唐木田ビル〈旧新学社〉西側の駐車場(伊吹がマイにもんじゃ焼きを食べさせたところ)〔5〕	東京都多摩市唐木田1-16
八景島シーパラダイス(マイと水森が訪れた紫陽花の咲く森)〔5〕	神奈川県横浜市金沢区八景島
緑山スタジオ・シティ(特派員RECが動画を売り込もうとしていたテレビ局のロビー)〔5〕	神奈川県横浜市青葉区緑山
遠州屋本店 高尾(伊吹、九重、陣馬が話をしていた居酒屋)〔6〕	東京都台東区清川1-35
大森ベルポート ロビー(伊吹と九重が志摩のことを聞きに行った警視庁のロビー)〔6〕	東京都品川区南大井6-26

三郷中央駅前の交差点(信号待ちをしていた陣馬が指名手配犯、大熊を見つけたところ, 陣馬が車から降ろされたところ)〔7〕	埼玉県三郷市中央1-10
におどり公園橋の西詰付近(陣馬がタクシーを止めたところ)〔7〕	埼玉県三郷市中央1-14
江戸川の堤防沿いの道(18年前、陣馬が家族を置き去りにした丸川小道バス停付)〔7〕	千葉県松戸市下矢切
東和エンジニアリング東京ショールーム(謎の男が成川に会いに来たシェアハウス)〔7〕	東京都千代田区東神田1-7
神田川に架かる左衛門橋の上(伊吹と志摩がメロンパンが届くのを待っていたところ)〔7〕	東京都千代田区東神田2-8
東日本橋交差点(謎の男が電話で話をしながら渡っていた横断歩道, 謎の男が出前太郎の飛田の自転車とぶつかりそうになった横断歩道)〔7〕	東京都中央区東日本橋1-1
東日本橋2丁目の交差点(飛田が大熊に殴られてジャンパーと自転車を奪われた交差点)〔7〕	東京都中央区東日本橋2-11
柳原通り(歩道に倒れた陣馬を伊吹と志摩が見つけたところ)〔7〕	東京都中央区日本橋馬喰町2-5
首都高速6号向島線の高架下(陣馬が大熊を逮捕したところ)〔7〕	東京都中央区日本橋浜町2-59
喫茶ロマン(特派員RECが成川と話をしていた喫茶店)〔7〕	東京都新宿区高田馬場2-18
割烹 田中家(陣馬が遅れて訪れた料亭)〔7〕	神奈川県横浜市神奈川区台町11

理容マツヤマ（陣馬が大熊を見つけた理髪店）〔7〕	神奈川県横浜市中区野毛町1-49
加瀬のレンタルボックス 殿町3丁目（トランクルーム）〔7〕	神奈川県川崎市川崎区殿町3-13
多摩川の堤防（梨本が猫を抱きながら座っていた堤防）〔7〕	神奈川県川崎市川崎区殿町3-13
KAMAKURA PUBLIC GOLF（九重がゴルフをしていたゴルフ場）〔7〕	神奈川県鎌倉市今泉5-1003
中央区役所（八王子南警察署の玄関）〔8〕	埼玉県さいたま市中央区下落合5-7
中央区役所本館の大会議室（捜査会議が行われていたところ）〔8〕	埼玉県さいたま市中央区下落合5-7
パノラマクラフト（志摩が訪れた自動車修理工場）〔8〕	千葉県木更津市桜井新町1-1
文弘社ビル（成川が麦の写真を見た事務所）〔8〕	東京都千代田区飯田橋2-14
STUDIO ピアの「Pia34 辰巳」（ナイトクローラーの拠点）〔8〕	東京都江東区辰巳3-16
大林組 技術研究所（検死のために遺体が運ばれたUDIラボ）〔8〕	東京都清瀬市下清戸4-640
多摩唐木田ビル〈旧新学社〉（伊吹が休憩していた屋上）〔8〕	東京都多摩市唐木田1-16
料亭 山屋（麦と成川がエトリに閉じ込められた井戸のある旧料亭）〔9〕	埼玉県川越市幸町11
入間川，小畔川に架かる落合橋（エトリを乗せた捜査車両を伊吹と志摩の乗った車が追跡していた橋の上）〔9〕	埼玉県川越市大字福田520
ロングウッドステーション（ドローンが激突し捜査車両が炎上したところ）〔9〕	千葉県長生郡長柄町山之郷67
東和エンジニアリング東京ショールーム（成川が謎の男に会いに行ったところ，謎の男がバルコニーから下を見ていたところ）〔9〕	東京都千代田区東神田1-7
文弘社ビル（D地点 上窪ビル3階 闇金事務所）〔9〕	東京都千代田区飯田橋2-14
吉野石膏虎ノ門ビルの西側付近（麦がエトリの車に拉致されたところ）〔9〕	東京都港区西新橋2-13
GOOD MORNING CAFE & GRILL 虎ノ門の前（成川が澤部に電話を掛けていた麦との待ち合わせ場所）〔9〕	東京都港区西新橋2-16
レインボーブリッジ（麦を乗せた伊吹と志摩の車が渡っていた吊り橋）〔9〕	東京都港区台場1-10
住友不動産新宿グランドタワー（成川と澤部がエトリに会いに行ったところ）〔9〕	東京都新宿区西新宿8-17
大王製作所（C地点 辰井組組事務所，伊吹と志摩が澤部を追って飛び降りた辰井組組事務所）〔9〕	東京都台東区日本堤2-11
コインランドリー呉竹（成川が麦にメッセージを送っていたコインランドリー）〔9〕	東京都江東区大島8-26
STUDIO ピアの「Pia34 辰巳」（成川が特派員RECに麦を探して欲しいと頼みに行ったナイトクローラーの拠点，九重と陣馬が訪れた成川邸）〔9〕	東京都江東区辰巳3-16

世田谷通りの高架下（伊吹と志摩が澤部に追い付いた高架下）〔9〕	東京都狛江市東和泉4-8
東和エンジニアリング東京ショールーム（伊吹と志摩が訪れたコ・ワークスペース）〔10〕	東京都千代田区東神田1-7
札の辻交差点の歩道橋（クズミが渡っていた歩道橋）〔10〕	東京都港区芝5-37
遠州屋本店 高尾（九重と陣馬が話をしていた居酒屋）〔10〕	東京都台東区清川1-35
STUDIO ピアの「Pia34 辰巳」（伊吹と志摩が特派員RECに会いに行ったところ）〔10〕	東京都江東区辰巳3-16
有明ガーデン北側の有明一丁目交差点（伊吹と志摩の乗った「まるごとメロンパン」の車が人々に撮影されていた交差点）〔10〕	東京都江東区有明2-1
目黒川に架かる「なかめ公園橋」（クズミがアゲハチョウを捕まえようとした橋の上）〔10〕	東京都目黒区中目黒2-9
イムス東京葛飾総合病院（伊吹と志摩が到着した北目黒病院）〔10〕	東京都葛飾区西新小岩4-18
春江五丁目第二児童遊園の北側（朝、伊吹が志摩がやって来るのを待っていたところ）〔10〕	東京都江戸川区春江町5-8
貸金庫ラスコ（クズミがSIMカードを取り出した貸金庫）〔10〕	東京都八王子市旭町6-6
アソビル地下1階の「PITCH CLUB」（クズミが訪れたシェアオフィス「UFO」）〔10〕	神奈川県横浜市西区高島2-14
東日印刷川崎工場（陣馬がトラックを止めようとした工場の前）〔10〕	神奈川県川崎市川崎区浅野町6
中央区役所（伊吹と志摩が久住に事情聴取をしていた病室，久住が収監されている拘置所内）〔終〕	埼玉県さいたま市中央区下落合5-7
千葉県農林総合研究センター（伊吹が訪れた東京拘置所の面会受付）〔終〕	千葉県千葉市緑区大膳野町808
ミラコロ（桔梗、桔梗ゆたか、麦が食事をしていたレストラン）〔終〕	千葉県浦安市富士見2-19
保田漁港の「海の駅」（久住がクルーザーから降りた竹芝の桟橋）〔終〕	千葉県安房郡鋸南町吉浜1
法務省旧本館赤れんが棟の北側（志摩が特派員RECと話をしたところ）〔終〕	東京都千代田区霞が関1-1
浜路橋（伊吹と志摩が話をしていた橋の上）〔終〕	東京都港区港南3-5
新港南橋（久住が屋形船の上から手を掛けた橋）〔終〕	東京都港区港南4-1
楽水橋（久住がよじ登った橋，久住が屋形船に飛び乗った橋，久住が橋に頭をぶつけた橋）〔終〕	東京都港区港南4-5
御楯橋（伊吹が屋形船に先回りした橋）〔終〕	東京都港区港南4-5
高浜運河（久住の乗った屋形船が航行していた運河）〔終〕	東京都港区港南4-5
日本青年館前交差点（伊吹と志摩の乗った車が停車した国立競技場前の交差点）〔終〕	東京都新宿区霞ヶ丘町7

東京湾マリーナ（久住の乗ったクルーザーが停泊していたマリーナ，伊吹が志摩からの電話を受けたマリーナ）〔終〕	東京都江東区新砂3-11
東京湾マリーナのオーナーズルーム（伊吹が久住を待ち伏せしていたマリーナの事務所）〔終〕	東京都江東区新砂3-11
STUDIO ピアの「Pia34 辰巳」（志摩が特派員RECにスマホケースを探すように依頼したところ）〔終〕	東京都江東区辰巳3-16
有明北橋の南詰付近（言い争いをしていた人たちを伊吹と志摩がなだめたところ）〔終〕	東京都江東区有明1-12
天王洲橋（伊吹が屋形船に飛び降りた橋）〔終〕	東京都品川区東品川1-2
FREEMAN CAFE（志摩が特派員RECから調査の進捗状況を聞いたカフェ）〔終〕	東京都渋谷区渋谷1-16
ジニアスのSTUDIOジニアス池袋 グリーンst（陣馬が入院している病院の病室）〔終〕	東京都板橋区中丸町11
あきる野市役所（志摩が九重と話をした警察庁内）〔終〕	東京都あきる野市二宮350

未来への10カウント（ドラマ）

［公　開］2022年4月～6月

［スタッフ］脚本：福田靖

［出　演］木村拓哉（桐沢祥吾），満島ひかり（折原葵），安田顕（甲斐誠一郎），高橋海人（伊庭海斗），山田杏奈（水野あかり），村上虹郎（西条桃介），馬場徹（日比野雅也），オラキオ（坂巻勝夫），坂東龍汰（玉乃井竜也），佐久本宝（友部陸），吉柳咲良（西山愛），櫻井海音（江戸川蓮），阿久津仁愛（天津大地），大朏岳優（森拓己），八嶋智人（間地真実），市毛良枝（芦屋珠江），波瑠（桐沢史織），富田靖子（大野倫子），内田有紀（大場麻琴），生瀬勝久（猫林はじめ），柄本明（芦屋賢三），川原瑛都（折原圭太）〔ほか〕

ロケ地・場面	所在地
千葉大学医学部附属病院（伊庭が治療を受けた病院）〔1〕	千葉県千葉市中央区亥鼻1-8
光英VERITAS中学校・高等学校（私立松葉台高等学校）〔1〕	千葉県松戸市秋山600
スキット“ロート”千歳烏山（祥吾と甲斐が話をしていたバー）〔1〕	東京都世田谷区南烏山6-4
studio mon 尾山台スタジオ（祥吾と甲斐が訪れた芦屋の家）〔1〕	東京都世田谷区尾山台2-3
三迫ボクシングジム（甲斐のボクシングジム）〔1〕	東京都練馬区北町1-33
ニューシティ21ビル（祥吾がピザを届けに行ったビルの屋上）〔1〕	神奈川県横浜市中区長者町9-158
パーク600の北側（祥吾のバイクが右折したところ）〔1〕	神奈川県横浜市中区長者町9-176
北原ビル（祥吾がバイクを停めたところ）〔1〕	神奈川県横浜市中区福富町西通41
横浜GMビル（祥吾が見上げたビル）〔1〕	神奈川県横浜市中区福富町仲通39
あざみ野南3丁目の住宅街の坂道（祥吾がピザのデリバリーのバイクで上っていた住宅街の坂道）〔1〕	神奈川県横浜市青葉区あざみ野南3-8と3-11の間
焼鳥あら（祥吾が経営していた「やきとり大将」，自転車に乗った祥吾が信号待ちをした「旧やきとり大将」の貸店舗前）〔2〕	東京都立川市柴崎町2-11

荏田北3丁目の住宅街（祥吾がデリバリーのバイクで走っていた住宅街）〔2〕	神奈川県横浜市青葉区荏田北3-6と3-7の間
千葉県教育会館（山井中葉銀行の外観）〔3〕	千葉県千葉市中央区中央4-13
串若丸 本店（祥吾が桐沢と焼鳥を食べた店）〔3〕	東京都目黒区上目黒1-19
駿台学園中・高等学校（京明高等学校）〔3〕	東京都北区王子6-1
JA東京むさし 三鷹経済センター（今宮が勤務する山井中葉銀行の店内）〔3〕	東京都三鷹市新川6-35
ゆうゆう橋（祥吾が連絡先を書いたメモをあかりに渡したところ）〔3〕	東京都多摩市鶴牧1-24
うまさん公園（シャドーボクシングをする圭太を祥吾が見た「くまさん公園」）〔3〕	東京都稲城市向陽台3-11
光英VERITAS中学校・高等学校（職員会議が行われた部屋，祥吾が伊庭と玉乃井から話を聞いたところ）〔4〕	千葉県松戸市秋山600
山野美容専門学校（伊庭がシャドウボクシングをしていたところ，伊庭が階段を上っていたところ）〔4〕	東京都渋谷区代々木1-53
ねりま西クリニック（圭太が治療を受けた「つつじ整形外科」）〔4〕	東京都練馬区大泉町3-2
うまさん公園（祥吾とサッカーをしていた圭太が怪我をした公園）〔4〕	東京都稲城市向陽台3-11
秀英高等学校 体育館（インターハイ予選が行われた体育館）〔4〕	神奈川県横浜市泉区和泉町7865
セガ赤羽（祥吾が江戸川を探しに行ったゲームセンター）〔5〕	東京都北区赤羽1-7
うまさん公園（祥吾と圭太が話をしていた公園，あかりたちが祥吾に会いに来た公園）〔5〕	東京都稲城市向陽台3-11
妙正寺川に架かる橋（祥吾がシャドーボクシングをしながら渡っていた橋）〔6〕	東京都新宿区西落合2-19
曙橋（友部がランニングをしていた高架下，友部が上っていた階段，友部がシャドーボクシングをしていた高架下）〔6〕	東京都新宿区片町5
上高田5丁目の階段（祥吾が駆け上がった階段）〔6〕	東京都中野区上高田5-12と5-13の間
佐伯医院（祥吾、葵、甲斐が友部を連れて行った「おおした眼科」）〔6〕	東京都練馬区西大泉5-35
大泉第一小学校前バス停付近（葵と甲斐、祥吾と友部が歩いていたところ）〔6〕	東京都練馬区大泉町3-15
隅田川に架かる新豊橋（葵と圭太が渡っていた橋）〔6〕	東京都足立区新田3-34
うまさん公園（シャドーボクシングをしている圭太を祥吾が見た公園）〔6〕	東京都稲城市向陽台3-11
芹が谷銀座商店街（西条が上級生とぶつかったところ）〔6〕	神奈川県横浜市港南区芹が谷4-1
横浜あおば霊苑（祥吾が墓参りに行った霊園）〔6〕	神奈川県横浜市青葉区鉄町1777
光英VERITAS中学校・高等学校（西条が倒れたところ）〔7〕	千葉県松戸市秋山600

光英VERITAS中学校・高等学校 カフェテリア（祥吾と葵が話をしていた学食）〔7〕	千葉県松戸市秋山600
Anchor Point（祥吾が井村と話をしたレストラン）〔7〕	東京都千代田区平河町2-6
ザ・タワー横浜北仲 オークウッドスイーツ横浜（祥吾が西条に会いに行った高層マンション）〔7〕	神奈川県横浜市中区北仲通5-57
芹が谷銀座商店街（西条が広山と小野田を殴ったところ）〔7〕	神奈川県横浜市港南区芹が谷4-1
光英VERITAS中学校・高等学校（西条が演劇部の発声練習をしていた屋上）〔8〕	千葉県松戸市秋山600
Anchor Point（井村が祥吾に出資者を紹介されたレストラン）〔8〕	東京都千代田区平河町2-6
愛宕 西はらの前（祥吾が井村に電話を掛けた貸店舗の前）〔8〕	東京都港区新橋4-24
妙正寺川に架かる橋（祥吾が立ち止まった橋の上）〔8〕	東京都新宿区西落合2-19
東品川海上公園（伊庭と西条がハンバーガーを食べながら話をしたところ）〔8〕	東京都品川区東品川3-9
竹沢商店 本店（祥吾と圭太が立ち寄った焼鳥店）〔8〕	東京都大田区仲六郷2-19
居酒屋やぐら（猫林、大野、間地たちが酒を呑んでいた居酒屋，後から麻琴がやって来た居酒屋）〔8〕	東京都杉並区上高井戸1-8
うまさん公園（祥吾と圭太がサッカーをしていた公園）〔8〕	東京都稲城市向陽台3-11
光英VERITAS中学校・高等学校と聖徳大学附属小学校を結ぶ歩道橋（ボクシング部が階段ダッシュをしていたところ）〔終〕	千葉県松戸市秋山600
愛宕 西はら（やきとり大将 KIRISAWA）〔終〕	東京都港区新橋4-24
四谷津之守坂入口のひもの屋（祥吾、葵、甲斐、芦屋が話をしていた居酒屋）〔終〕	東京都新宿区四谷3-2
都庁通り（麻琴と大野が乗ったタクシーが走っていたところ）〔終〕	東京都新宿区西新宿2-7
雑色商店街（ボクシング部が焼鳥を食べながら歩いていた商店街）〔終〕	東京都大田区仲六郷2-20
参宮橋交差点の南側付近（タクシーに乗った芦屋を甲斐が見送ったところ）〔終〕	東京都渋谷区代々木神園町3
山手通りの東大裏交差点（祥吾と葵が別れた交差点）〔終〕	東京都渋谷区富ケ谷2-21
隅田川に架かる新豊橋（祥吾と葵が話をしていた橋の上）〔終〕	東京都足立区新田3-34
多摩川の堤防（ボクシング部がランニングをしていたところ）〔終〕	東京都狛江市東和泉3-14
秀英高等学校 体育館（インターハイ予選の会場）〔終〕	神奈川県横浜市泉区和泉町7865

未来のミライ（映画）

［公　開］2018年7月

［スタッフ］監督・脚本・原作：細田守

［出　演］上白石萌歌（くんちゃん），黒木華（ミライちゃん），星野源（おとうさん），麻生久美子（おかあさん），吉原光夫（ゆっこ），宮崎美子（ばあば），役所広司（じいじ），福山雅治（青年）〔ほか〕

［トピック］細田守によるアニメ映画。主人公が住む横浜市磯子区周辺の実景などが用いられている。

ロケ地・場面	所在地
東京駅（未来の東京駅）	東京都千代田区丸の内1
根岸森林公園（くんちゃんが自転車の練習をした公園）	神奈川県横浜市中区根岸台
旧根岸競馬場一等馬見所（くんちゃんが自転車の練習をした場所）	神奈川県横浜市中区簑沢13-283
磯子区全景（くんちゃんの家周辺）	神奈川県横浜市磯子区
上田市の裏通り（くんちゃんが迷い込んだ1990年の街）	長野県上田市

無限の住人（映画）

［公　開］2017年4月

［スタッフ］監督：三池崇史，脚本：大石哲也，原作：沙村広明

［出　演］木村拓哉（万次），杉咲花（浅野凜/町），福士蒼汰（天津影久），市原隼人（尸良），戸田恵梨香（乙橘槇絵），北村一輝（黒衣鯖人），栗山千明（百琳），満島真之介（凶戴斗），金子賢（司戸菱安），山本陽子（八百比丘尼），市川海老蔵（閑馬永空），田中泯（吐鉤群），山﨑努（伊羽研水）〔ほか〕

ロケ地・場面	所在地
三井寺〈園城寺〉善法院跡（凜が天津影久と出会った場所）	滋賀県大津市園城寺町246
日吉大社（万次と鯖人の対戦した場所）	滋賀県大津市坂本5-1-1
湖南アルプス（万次の住居（オープンセット））	滋賀県大津市田上森町
息障寺（天津影久が大人数の刺客と戦った場所）	滋賀県甲賀市甲南町杉谷3774
奥嵯峨（終盤に乱闘した場所）	京都府京都市右京区嵯峨
走田神社（殺陣を行った神社）	京都府亀岡市余部町走田1

武曲 MUKOKU（映画）

［公　開］2017年6月

［スタッフ］監督：熊切和嘉，脚本：高田亮，原作：藤沢周

［出　演］綾野剛（矢田部研吾），村上虹郎（羽田融），前田敦子（カズノ），片岡礼子（羽田希美），神野三鈴（矢田部静子），康すおん（田所），風吹ジュン（大野三津子），小林薫（矢田部将造），柄本明（光邑雪峯）〔ほか〕

ロケ地・場面	所在地
稲村ヶ崎（融たちが海で遊んだ海岸）	神奈川県鎌倉市稲村ヶ崎
鎌倉駅近辺（融の通学路）	神奈川県鎌倉市御成町1-15
浄智寺（光邑と融が並んで歩いた場所）	神奈川県鎌倉市山ノ内1402
建長寺（研吾が稽古するところなど）	神奈川県鎌倉市山ノ内8
大船駅前広場（研吾と融が会話した広場）	神奈川県鎌倉市山崎868
安平（小料理屋「きさらぎ」）	神奈川県鎌倉市大船1-21-15
矢崎胃腸外科（父親のお見舞いに研吾が訪れた病院）	神奈川県綾瀬市上土棚中1-1-16
綾瀬厚生病院（病院）	神奈川県綾瀬市深谷中1-4-16

モエカレはオレンジ色（映画）

［公　開］2022年7月

［スタッフ］監督：村上正典，脚本：山岡潤平，原作：玉島ノン

［出　演］岩本照（蛯原恭介），生見愛瑠（佐々木萌衣），鈴木仁（姫野恒星），上杉柊平（風間慎一郎），浮所飛貴（児嶋元気），古川雄大（新堂一馬），藤原大祐（三鷹柊人），永瀬莉子（桐谷紗弓）〔ほか〕

ロケ地・場面	所在地
研究学園駅近くの道路（萌衣の通学路）	茨城県つくば市研究学園
春日部市消防本部（明星市消防局）	埼玉県春日部市谷原新田2097-1
東埼玉資源環境組合第二工場ごみ処理施設（萌衣が消防局を訪れるところ）	埼玉県草加市柿木町107-1
大相模調節池（萌衣が蛯原を探しに行き、再会した場所）	埼玉県越谷市レイクタウン
レイクタウン中央通り（赤信号に気づかず横断歩道を渡る萌衣を姫野が助けた道路）	埼玉県越谷市レイクタウン8
ヒューマンキャンパスのぞみ高等学校〈旧西陵中学校〉（萌衣が通う学校の教室内）	千葉県茂原市緑ケ丘1-53
麗澤大学（明星市立図書館）	千葉県柏市光ケ丘2-1-1

燃えよ剣（映画）

［公　開］2021年10月

［スタッフ］監督・脚本：原田眞人, 原作：司馬遼太郎

［出　演］岡田准一（土方歳三）, 柴咲コウ（お雪）, 鈴木亮平（近藤勇）, 山田涼介（沖田総司）, 尾上右近（松平容保）, 山田裕貴（徳川慶喜）, たかお鷹（井上源三郎）, 坂東巳之助（孝明帝）, 安井順平（山南敬助）, 谷田歩（永倉新八）, 金田哲（藤堂平助）, 伊藤英明（芹沢鴨）〔ほか〕

ロケ地・場面	所在地
東本願寺（新撰組の屯所）	東京都台東区西浅草1-5-5
金戒光明寺 釈迦堂（新撰組屯所旧前川邸）	京都府京都市左京区黒谷町121
妙心寺（土方らが七里一派と小競り合いした寺）	京都府京都市右京区花園妙心寺町1
富田林寺内町内〈富田林興正寺別院, 城之門筋, 旧杉山家住宅〉（池田屋周辺, 政府軍本陣など）	大阪府富田林市富田林町
長谷寺（土方とお雪が登廊を歩いた場所など）	奈良県桜井市初瀬731-1
吉備津神社（京都壬生八木屋敷裏の神社）	岡山県岡山市北区吉備津931
中橋（加茂川にかかる橋）	岡山県岡山市中区
津山城〈鶴山公園〉（五稜郭の城壁）	岡山県津山市山下135
吹屋ふるさと村（道場, お雪の家のある宿場）	岡山県高梁市成羽町吹屋
旧片山家住宅（小路枡屋）	岡山県高梁市成羽町吹屋367
郷土館（お雪の家）	岡山県高梁市成羽町吹屋699
広兼邸（佐藤彦五郎の屋敷）	岡山県高梁市成羽町中野2710
頼久寺庭園（土方とお雪が二人で過ごした場所）	岡山県高梁市頼久寺町18
旧岡野屋旅館（土方が久坂、岡田と出会った場所）	岡山県真庭市勝山113

土竜の唄 FINAL（映画）

［公　開］2021年11月

［スタッフ］監督：三池崇史, 脚本：宮藤官九郎, 原作：高橋のぼる

［出　演］生田斗真（菊川玲二）, 鈴木亮平（轟烈雄）, 岡村隆史（猫沢一誠）, 菜々緒（胡蜂）, 滝沢カレン（沙門夕磨）, 吹越満（酒見路夫）, 遠藤憲一（赤桐一美）, 皆川猿時（福澄独歩）, 岩城滉一（轟周宝）, 仲里依紗（若木純奈）, 堤真一（日浦匡也）〔ほか〕

ロケ地・場面	所在地
赤坂クローネンベルク（轟周宝の邸宅）	群馬県前橋市苗ヶ島町2331

ワイルドビーチ木更津（日浦組事務所）	千葉県木更津市金田東2-10-1
稲荷湯（銭湯）	東京都北区滝野川6-27-14
リブマックスリゾート軽井沢（豪華客船のデッキや船内）	長野県北佐久郡軽井沢町長倉4957-7

もしも徳川家康が総理大臣になったら（映画）

［公　開］2024年7月

［スタッフ］監督：武内英樹，脚本：徳永友一，原作：眞邊明人

［出　演］浜辺美波（西村理沙），赤楚衛二（坂本龍馬），GACKT（織田信長），髙嶋政宏障（徳川吉宗），江口のりこ（北条政子），池田鉄洋（徳川綱吉），小手伸也（足利義満），長井短（聖徳太子），観月ありさ（紫式部），竹中直人（豊臣秀吉），野村萬斎（徳川家康）〔ほか〕

ロケ地・場面	所在地
武蔵一宮 氷川神社（地鎮祭を行った神社）	埼玉県さいたま市大宮区高鼻町1-407
毎日新聞本社ビル 屋上（家康と理沙が東京を一望したビル）	東京都千代田区一ツ橋1-1-1
静岡県コンベンションアーツセンター〈グランシップ〉（秀吉が演説した場所）	静岡県静岡市駿河区東静岡2-3-1

MOZU Season1 ～百舌の叫ぶ夜～（ドラマ）

［公　開］2014年4月～6月

［スタッフ］脚本：仁志光佑，原作：逢坂剛

［出　演］西島秀俊（倉木尚武），香川照之（大杉良太），真木よう子（明星美希），生瀬勝久（室井玄），伊藤淳史（鳴宮啓介），有村架純（中島葵美），長谷川博己（東和夫），石田ゆり子（倉木千尋），小日向文世（津城俊輔），吉田鋼太郎（中神甚），池松壮亮（新谷和彦）〔ほか〕

ロケ地・場面	所在地
足利市役所本庁舎別館（警視庁日比谷警察署，捜査会議が行なわれていた会議室）〔1〕	栃木県足利市本城3-2145
レストラン アラスカ日本プレスセンター店（倉木と明星が話をしていたバー）〔1〕	東京都千代田区内幸町2-2
日比谷公園（大杉が明星に話しかけた公園）〔1〕	東京都千代田区日比谷公園
奥野ビル（喫茶店を出た女が入ったビル）〔1〕	東京都中央区銀座1-9
JR東海道本線の港町架道橋の下（新谷と男が歩いていたトンネル）〔1〕	東京都港区海岸1-5
JR品川駅港南口前（新谷が男と出会ったところ）〔1〕	東京都港区港南2-14
ニュー新橋ビルの屋上（明星と津城が話をしていたビルの屋上）〔1〕	東京都港区新橋2-16
飯倉片町交差点の地下道（倉木が明星を投げ飛ばした地下道）〔1〕	東京都港区六本木3-18
立二会館（大杉が鳴宮から倉木の情報を聞いた台東警察署入谷交番）〔1〕	東京都墨田区立川2-14
STUDIO ピアの「Pia34 辰巳」（子供たちが家の中から救急車や消防車を見ていたところ）〔1〕	東京都江東区辰巳3-16
猿楽橋脇の階段（新谷が上っていた階段）〔1〕	東京都渋谷区代官山町1
喫茶シルビア（筧が女と会っていた喫茶店）〔1〕	東京都足立区西新井栄町2-7

横浜港国際流通センターの屋上(夜、明星と津城が話をしていたところ)〔1〕	神奈川県横浜市鶴見区大黒ふ頭22
みなとみらいグランドセントラルタワー(アテナセキュリティの外観)〔1〕	神奈川県横浜市西区みなとみらい4-6
東京都水道局長沢浄水場(倉木尚武が倉木千尋の遺体を確認に来た東京都監察医務院司法解剖センター)〔1〕	神奈川県川崎市多摩区三田5
ツネミの松ヶ江処分場(中神の乗った車が入った産業廃棄物の最終処分場:ゲート付近)〔1〕	福岡県北九州市門司区恒美1313
北九州市環境局の新門司工場(中神の乗った車が入った産業廃棄物の最終処分場:遠景)〔1〕	福岡県北九州市門司区新門司3-79
シルバーケア玄海(新谷が立っていた鳥居総合病院の屋上)〔1〕	福岡県北九州市若松区有毛2924
井筒屋小倉店の本館と新館の間(明星が子供を助けた爆発現場、銀座井筒屋の前, 倉木が娘が死んだときのことを大杉に話していたところ)〔1〕	福岡県北九州市小倉北区船場町1
足立公園(新谷が赤井を殺害した森)〔1〕	福岡県北九州市小倉北区大字足原
小倉北柔剣道場(中神が空手の稽古をしていたところ)〔1〕	福岡県北九州市小倉北区田町14
産業医科大学病院(被害者が搬送されてきた病院のロビー)〔1〕	福岡県北九州市八幡西区医生ケ丘1
エム・ベイポイント幕張〈旧NTT幕張ビル〉(大杉が明星を待っていた警視庁のロビー)〔2〕	千葉県千葉市美浜区中瀬1-6
MARGO 丸の内(倉木と明星が食事をしていたオープンカフェ)〔2〕	東京都千代田区丸の内2-6
レストラン アラスカ日本プレスセンター店(倉木と明星が食事をしていたレストラン)〔2〕	東京都千代田区内幸町2-2
CLUB芝浦アイランド(倉木が東のロッカーに拳銃を入れたフィットネスクラブ)〔2〕	東京都港区芝浦4-20
ニュー新橋ビルの屋上(明星と津城が話をしていたビルの屋上)〔2〕	東京都港区新橋2-16
JR中央本線沿いの階段(新谷が立ち止まった線路沿いの階段の上)〔2〕	東京都中野区東中野5-3
井荻マンション3Fスタジオ(新谷が訪れた妹が住むマンションの外観)〔2〕	東京都杉並区井草3-22
みなとみらいグランドセントラルタワー(倉木が東に会いに行ったアテナセキュリティのロビー)〔2〕	神奈川県横浜市西区みなとみらい4-6
川崎市役所第三庁舎(東が保釈された警視庁南麻布警察署)〔2〕	神奈川県川崎市川崎区東田町5
川崎市黒川青少年野外活動センター(警視庁指定療養施設「太陽の子」)〔2〕	神奈川県川崎市麻生区黒川313
神奈川県立伊勢原射撃場(倉木が東に会いに行った射撃場)〔2〕	神奈川県伊勢原市上粕屋2380
エム・ベイポイント幕張〈旧NTT幕張ビル〉(倉木と大杉が話をしていた警視庁内の喫煙所)〔3〕	千葉県千葉市美浜区中瀬1-6

中瀬一丁目交差点（倉木の乗ったタクシーが右折レーンから信号を無視して直進した交差点）〔3〕	千葉県千葉市美浜区中瀬1-9
「レストヴィラ流山おおたかの森」の南側にある交差点（中神の車が倉木の乗ったタクシーに衝突した交差点）〔3〕	千葉県流山市東初石6-186
エディオンAKIBA店万世橋交差点付近（サルドニア大統領訪日のニュースが映し出されていた壁面テレビ）〔3〕	東京都千代田区外神田1-2
猿楽橋（新谷が歩いていた跨線橋）〔3〕	東京都渋谷区代官山町1
喫茶シルビア（倉木が訪れた喫茶店）〔3〕	東京都足立区西新井栄町2-7
脇之浦漁港（葵美が取材をしていた漁港）〔3〕	福岡県北九州市若松区小竹3008
AIMビルのガレリア（新谷が葵美と電話で話をしていたところ）〔3〕	福岡県北九州市小倉北区浅野3-8
筑豊電気鉄道西山駅（葵美が新谷と電話で話をしていた駅のホーム，葵美が電車に乗った駅）〔3〕	福岡県北九州市八幡西区春日台5-5
プラネアールの「みずほ台井上病院スタジオ」（倉木が入院していた山王会病院）〔4〕	埼玉県富士見市針ヶ谷1-11
千葉県立流山高等学校の前（めぐみが大杉の車を降りた中学校の前）〔4〕	千葉県流山市東初石2-98
流鉄流山線流山駅付近（大杉が通学途中のめぐみを待っていた歩道橋の近く）〔4〕	千葉県流山市平和台1-13
桜田門交差点 警視庁前（めぐみが明星を待っていたところ）〔4〕	東京都千代田区霞が関2-1
レ ロジェ ビストロ ド ロア（明星とめぐみが話をしていたカフェ）〔4〕	東京都中央区京橋3-1
プラザ栄光生鮮館コットンハーバー店（大杉が娘のめぐみに会いに行ったスーパー，大杉が弁当を買ったスーパー，記者が大杉に取引を迫ったスーパーの前）〔4〕	神奈川県横浜市神奈川区星野町8
セントシティ北九州の西側にあるペデストリアンデッキ（葵美が歩きながら新谷と電話で話をしていたところ）〔4〕	福岡県北九州市小倉北区京町3-1
JR山陽新幹線小倉駅（葵美が新幹線を降りた駅，新谷が葵美を待っていたところ）〔4〕	福岡県北九州市小倉北区浅野1-1
AIMビル3F北側の女子トイレ（大杉が明星の後について入った警視庁内の女子トイレ）〔4〕	福岡県北九州市小倉北区浅野3-8
西日本総合展示場新館南側の通路（新谷が葵美と電話で話をしていたところ，新谷が葵美の前から姿を消したところ）〔4〕	福岡県北九州市小倉北区浅野3-8
川崎市黒川青少年野外活動センター（倉木と大杉が訪れた警視庁指定療養施設「太陽の子」）〔5〕	神奈川県川崎市麻生区黒川313
ZOO小倉魚町店前の「ちゅうぎん通り」（明星が男をトラックの荷台に投げ落としたアーケードの上）〔5〕	福岡県北九州市小倉北区魚町1-2

アサヒ駅前店付近のアーケードの上(明星が中神に蹴り落とされたところ)〔5〕	福岡県北九州市小倉北区京町2-1
セントシティ北九州の西側 ペデストリアンデッキから地上へ降りるエスカレーター(明星と葵美が下っていたエスカレーター)〔5〕	福岡県北九州市小倉北区京町3-1
堺町第一ビル(明星と葵美が上ったビルの階段)〔5〕	福岡県北九州市小倉北区堺町1-5
JR小倉駅新幹線口前(倉木、大杉、明星が葵美を探していたところ, 葵美が中神の部下たちから逃げ出したタクシー乗場)〔5〕	福岡県北九州市小倉北区浅野1-2
井筒屋小倉店本館(葵美が試着室に隠れたデパートの店内, 明星が葵美を連れて逃げたデパートの店内)〔5〕	福岡県北九州市小倉北区船場町1
福岡県立八幡中央高等学校(爆発現場の映像を入手した倉木と大杉が横切っていたグラウンド)〔5〕	福岡県北九州市八幡西区元城町1-1
奥野ビル(謎の女を追って宏美が入ったビル)〔6〕	東京都中央区銀座1-9
ギャラリーセンタービルの前(喫茶店へ戻った宏美が筧を尾行し始めたところ)〔6〕	東京都中央区銀座6-3
外堀通りの銀座西六丁目交差点(筧が信号を無視して渡ろうとした横断歩道)〔6〕	東京都中央区銀座7-4
喫茶シルビア(筧を追う宏美が入った喫茶店, 明星が宏美を追って入った喫茶店)〔6〕	東京都足立区西新井栄町2-7
井筒屋小倉店の本館と新館の間(宏美がICチップを回収した爆発現場)〔6〕	福岡県北九州市小倉北区船場町1
JRA小倉競馬場2Fのトイレ(宏美が着替えたトイレ)〔6〕	福岡県北九州市小倉南区北方4-5
「川口市立グリーンセンター」内の「シャトー赤柴」(倉木と室井が室井の娘に会いに行った病院)〔7〕	埼玉県川口市新井宿700
エム・ベイポイント幕張〈旧NTT幕張ビル〉(大杉が倉木を待っていた警視庁のロビー)〔7〕	千葉県千葉市美浜区中瀬1-6
CLUB芝浦アイランド(宏美がロッカーから服を盗んだところ)〔7〕	東京都港区芝浦4-20
住友不動産新宿オークタワー(東が新谷がいなくなったことを電話で聞いたところ)〔7〕	東京都新宿区西新宿6-8
一龍 屋台村(倉木と大杉が酒を呑みながら話をしていた居酒屋, 大杉と津城が話をしていた居酒屋)〔7〕	東京都品川区東品川1-1
井筒屋小倉店の本館と新館の間(明星がGLARKEαの資料を倉木に渡したところ)〔7〕	福岡県北九州市小倉北区船場町1
足利市役所本庁舎別館(婦人警官に変装した新谷が訪れた警察署)〔8〕	栃木県足利市本城3-2145
「川口市立グリーンセンター」内の「シャトー赤柴」(倉木が室井に銃を突き付けた病室)〔8〕	埼玉県川口市新井宿700
スーパーレーサー(倉木と室井が話をしていたカフェ)〔8〕	東京都港区海岸3-12

横浜港国際流通センターの屋上（明星と津城が話をしていたところ）〔8〕	神奈川県横浜市鶴見区大黒ふ頭22
JRA小倉競馬場（若松が東と話をしていた競馬場のスタンド）〔8〕	福岡県北九州市小倉南区北方4-5
太東漁港の南側にある建物（倉木たちが室井を軟禁していた建物，新谷が室井を殺害しようとしたところ）〔9〕	千葉県いすみ市岬町和泉
第一東運ビルの屋上（東が倉木にオメラスの話をしたビルの屋上）〔9〕	東京都港区海岸3-5
みなとみらいグランドセントラルタワーの屋上（東が倉木と電話で話をしていたビルの屋上）〔9〕	神奈川県横浜市西区みなとみらい4-6
フレンディア（レセプション会場）〔終〕	埼玉県川口市川口1-1
川口総合文化センター・リリアの特別会議室（津城が尋問されていた会議室）〔終〕	埼玉県川口市川口3-1
住友ケミカルエンジニアリングビル（室井がエレベーターに乗ったところ）〔終〕	千葉県千葉市美浜区中瀬1
東京シティエアターミナル（明星がリムジンバスを降りたところ）〔終〕	東京都中央区日本橋箱崎町42
ニュー新橋ビルの屋上（明星と津城が話をしていたビルの屋上）〔終〕	東京都港区新橋2-16
日本科学未来館7階ドームシアターガイアの前（室井が新谷を銃で撃ったところ）〔終〕	東京都江東区青海2-41
一龍 屋台村（倉木と大杉が酒を呑みながら話をしていた居酒屋）〔終〕	東京都品川区東品川1-1
アジア太平洋インポートマートのガレリア（爆風に吹き飛ばされた大杉が倒れていたところ）〔終〕	福岡県北九州市小倉北区浅野3-8
北九州空港（サルドニア共和国大統領が飛行機を降りて車に乗り込んだところ）〔終〕	福岡県北九州市小倉南区空港北町6
JRA小倉競馬場の「プラザ99」（倉木が室井を探していた空港のロビー，新谷が現れた空港のロビー，大杉が爆弾を探していた空港のロビー）〔終〕	福岡県北九州市小倉南区北方4-5
本城第一トンネル（倉木が車から脱出したトンネル）〔終〕	福岡県北九州市八幡西区本城2-9
新北九州空港連絡道路（大杉との通話を終えた倉木が車の中で暴れ始めたところ）〔終〕	福岡県京都郡苅田町

MOZU Season2 ～幻の翼～（ドラマ）

［公　開］2014年6月～7月（衛星），10月～11月（地上波）

［スタッフ］脚本：仁志光佑，原作：逢坂剛

［出　演］西島秀俊（倉木尚武），香川照之（大杉良太），小日向文世（津城俊輔），石田ゆり子（倉木千尋），真木よう子（明星美希），池松壮亮（新谷和彦），佐野史郎（池沢清春），蒼井優（名波汐里），長谷川博己（東和夫）〔ほか〕

ロケ地・場面	所在地
大川ダム内の階段（新谷が上っていた階段）〔1〕	福島県会津若松市大戸町大字大川字李平乙121

明治神宮外苑テニスコートの東側（グチェルコフが発砲したところ）〔1〕	東京都港区北青山2
ロイヤルガーデンカフェ青山（グルジブ共和国のチェルコフが食事をしていたテラス）〔1〕	東京都港区北青山2-1
柳新道通り（大杉がチンピラと争っていたところ）〔1〕	東京都新宿区荒木町1
若葉東公園（倉木が名波と話をしていたところ）〔1〕	東京都新宿区四谷1
四谷見附橋（明星が倉木を待っていたところ）〔1〕	東京都新宿区四谷1-1
立二会館（明星が訪れた交番, 鳴宮が監視カメラの映像を倉木、大杉、明星に見せた交番）〔1〕	東京都墨田区立川2-14
多田野ビル（名波が訪れたバー）〔1〕	東京都中野区東中野4-2
JR中央本線東中野駅の北側（倉木の乗った車が止っていたところ, 倉木が空港爆破事件のことを名波に話していたところ）〔1〕	東京都中野区東中野4-3
みなとみらいヘリポート（東がヘリコプターを降りたヘリポート）〔1〕	神奈川県横浜市西区みなとみらい1-1
栃木県議会議事堂（倉木が森原に会いに行った議員会館, 森原の乗った車が爆発炎上した議員会館の前）〔2〕	栃木県宇都宮市塙田1-1
エム・ベイポイント幕張〈旧NTT幕張ビル〉（大杉が防犯カメラに映った名波の映像を見た警視庁内の喫煙コーナー, 倉木と大杉が歩いていた警視庁内の廊下, 倉木と大杉が話をしていた喫煙コーナー）〔2〕	千葉県千葉市美浜区中瀬1-6
桜田通りの霞が関一丁目交差点（明星が男を追い始めた交差点）〔2〕	東京都千代田区霞が関2-2
都営地下鉄大江戸線国立競技場駅（ピエロを追う倉木が走っていた地下街, 倉木がピエロに追いついたエスカレーターの下）〔2〕	東京都新宿区霞ヶ丘町10
工学院大学新宿キャンパス北西の中央通東交差点（立ち止まった明星が後ろを振り向いたところ）〔2〕	東京都新宿区西新宿1-24
新宿住友ビルの北側（倉木が写真と拳銃を見つけた電話ボックスがある文化広場）〔2〕	東京都新宿区西新宿2-6
新宿大ガード西交差点（倉木が指名手配されたニュースを新谷が見たところ（ニュースが映し出されていたのは新宿区新宿3-23のユニカビジョン））〔2〕	東京都新宿区西新宿7-10
関鉄水海道車両基地（倉木と大杉が銃を向け合った操車場）〔3〕	茨城県常総市水海道高野町351
パストラルかぞのグローバルホール（新谷が名波に携帯電話を渡したところ, 新谷と名波が池沢の記者会見を見ていたところ）〔3〕	埼玉県加須市上三俣2255

PANN KABA（大杉と明星が訪れた自動車解体工場）〔3〕	千葉県市原市椎津895
北品川橋（名波が渡った橋）〔3〕	東京都品川区東品川1-7
天王洲セントラルタワーの北側（大杉と名波が話をしていたところ）〔3〕	東京都品川区東品川2-2
伊澤造船（名波が新谷に会いに行ったところ）〔3〕	東京都足立区千住曙町38
日本大通り 横浜地方裁判所前（子供がラジコンカーで遊んでいたところ，東が新聞を買ったニューススタンドがあるところ）〔3〕	神奈川県横浜市中区日本大通9
ソリッドスクエアのアトリウム（新谷と東が話をしていたところ）〔3〕	神奈川県川崎市幸区堀川町
会津若松ワシントンホテルのバー「ガスライト」（明星が録音したICレコーダーの音声を倉木が聴いたバー）〔4〕	福島県会津若松市白虎町201
レストラン プルチーノ（大杉が娘の大杉めぐみと話をしていた喫茶店）〔4〕	茨城県日立市久慈町6-16
ロイヤルチェスター太田（倉木、大杉、明星が潜入したパーティー会場）〔4〕	群馬県太田市飯塚町2056
東京電力市川浦安営業センターの前（東の部下が森原の車に爆弾を仕掛けたところ）〔4〕	千葉県浦安市日の出2-1
乃木坂トンネルの南側（明星が倉木と出会ったところ）〔4〕	東京都港区六本木7-22
同栄新宿ビルの屋上（座っていた倉木が立ち上がったビルの屋上）〔4〕	東京都新宿区歌舞伎町1-1
日本科学未来館の会議室3（倉木が津城と話をしていたオフィス）〔4〕	東京都江東区青海2-41
山野美容専門学校（津城が明星に父親のことを話した屋上）〔4〕	東京都渋谷区代々木1-53
味の素スタジアムのメインエントランス前（大杉が池沢に倉木が犯人ではない証拠を見せたところ）〔4〕	東京都調布市西町376
みなとみらいヘリポート（東がヘリコプターに乗り込んだところ）〔4〕	神奈川県横浜市西区みなとみらい1-1
レストラン プルチーノ（大杉が娘の大杉めぐみと話をしていた喫茶店）〔終〕	茨城県日立市久慈町6-16
JFE条鋼の鹿島製造所（テロ対策ユニットのデモンストレーションが行なわれたところ，池沢の乗った車に新谷の運転するトラックが衝突したところ）〔終〕	茨城県神栖市南浜7
日本科学未来館の会議室3（津城が孤狼島のことを話していたオフィス）〔終〕	東京都江東区青海2-41
日本製紙吉永工場（大杉が新谷に足を刺されたところなど）〔終〕	静岡県富士市比奈795

MOZU 劇場版（映画）

［公　開］2015年11月

［スタッフ］監督：羽住英一郎，脚本：仁志光佑，原作：逢坂剛

［出　演］西島秀俊（倉木尚武），香川照之（大杉良太），真木よう子（明星美希），小日向文世（津城俊輔），伊藤淳史（鳴宮啓介），池松壮亮（新谷和彦），ビートたけし（吉田駒夫/ダルマ），松坂桃李（権藤剛），伊勢谷友介（高柳隆市）〔ほか〕

ロケ地・場面	所在地
ミッドランドスクエア(テロが起きたビルの外観)	愛知県名古屋市中村区名駅4-7-1
官庁街〈中区三の丸〉(車のクラッシュシーン)	愛知県名古屋市中区三の丸
四日市ドームの裏(海岸線から朝日が昇った場所)	三重県四日市市羽津甲5169
介護老人保健施設 シルバーケア玄海(鳥居総合病院)	福岡県北九州市若松区大字有毛2924
AIMビル2Fガレリア(空港での爆弾騒動が起きた場所)	福岡県北九州市小倉北区浅野
井筒屋小倉店クロスロード(爆弾テロ事件現場)	福岡県北九州市小倉北区船場町1
小倉北柔剣道場(アテナセキュリティー武道場)	福岡県北九州市小倉北区田町14-19
足立公園(新谷が崖に連れて行かれる場所)	福岡県北九州市小倉北区妙見町
北九州空港・ターミナルビル(空港での爆弾騒動が起きた場所)	福岡県北九州市小倉南区空港北町6
北九州市立大学(目撃者の高校生が通う学校・部室)	福岡県北九州市小倉南区北方4-2-1
JRA小倉競馬場(空港での爆弾騒動が起きた場所)	福岡県北九州市小倉南区北方4-5-1
産業医科大学病院(霞ケ関医療センター)	福岡県北九州市八幡西区医生ヶ丘1-1
福岡県立八幡中央高校(目撃者の高校生が通う学校・部室)	福岡県北九州市八幡西区元城町1-1
筑豊電気鉄道西山駅(葵美が電話した駅)	福岡県北九州市八幡西区春日台5
本城第3トンネル(カーアクションのシーン)	福岡県北九州市八幡西区大字本城

モテキ (映画)

[公　開] 2011年9月

[スタッフ] 監督・脚本：大根仁, 原作：久保ミツロウ

[出　演] 森山未來(藤本幸世), 長澤まさみ(松尾みゆき), 麻生久美子(枡元るみ子), 仲里依紗(愛), 真木よう子(唐木素子), リリー・フランキー(墨田卓也) 〔ほか〕

ロケ地・場面	所在地
笠間芸術の森公園(野外音楽フェスの会場)	茨城県笠間市笠間2345
ヴィレッジヴァンガード下北沢店(幸世とみゆきが初めて会った場所)	東京都世田谷区北沢2-10-15

八重の桜 (ドラマ)

[公　開] 2013年1月～12月

[スタッフ] 脚本：山本むつみ

[出　演] 綾瀬はるか(新島八重), 西島秀俊(山本覚馬), 長谷川博己(川崎尚之助), 松重豊(山本権八), 風吹ジュン(山本佐久), 長谷川京子(樋口うら), 西田敏行(西郷頼母), 反町隆史(大山巌) 〔ほか〕

ロケ地・場面	所在地
燈明崎〈燈明堂〉(ペリーが現れた浦賀の燈明堂)〔1〕	神奈川県横須賀市西浦賀6
萩城跡〈指月公園〉(勝海舟と榎本釜次郎が日本の将来を語り合った城)〔1〕	山口県萩市堀内1-1
江戸城桜田門(桜田門)〔5〕	東京都千代田区皇居外苑1-1
染谷佐志能神社(旅の途中に立ち寄った神社)〔7〕	茨城県石岡市染谷1856
観福寺(松平容保が到着した黒谷本陣)〔7〕	千葉県香取市牧野1752
京都御所 建春門(天覧の馬揃えが行われた場所)〔8〕	京都府京都市上京区京都御苑

白河小峰城（山本八重と川崎尚之助が訪れた白河小峰城）〔18〕	福島県白河市郭内
二本松城〈霞ケ城公園〉（山本八重と川崎尚之助が訪れた二本松城）〔18〕	福島県二本松市郭内3
小香八幡神社（山本八重と川崎尚之助が旅に出た白河の神社）〔18〕	千葉県君津市小香53
同志社大学（山本覚馬が幽閉された京都の薩摩藩邸）〔32〕	京都府京都市上京区今出川通烏丸東入玄武町
旧新橋停車場（山本八重と山本覚馬が降りた新橋駅）〔33〕	東京都港区東新橋1-5-3
新島襄旧邸（同志社栄学校仮校舎跡）〔36〕	京都府京都市上京区寺町通り丸太町上ル松陰町
新島襄旧邸（新島襄と新島八重が住んでいた家）〔39〕	京都府京都市上京区寺町通り丸太町上ル松陰町
石部桜（オープニングに出てくる桜）	福島県会津若松市一箕町八幡石部
会津藩校日新館（会津藩校日新館）	福島県会津若松市河東町南高野高塚山10
御薬園（会津松平氏庭園「御薬園」）	福島県会津若松市花春町8-1
会津若松城〈鶴ヶ城公園〉（会津若松城）	福島県会津若松市追手町1-1
茶室麟閣（よく出てくる築地塀）	福島県会津若松市追手町1-1
会津武家屋敷（子供たちが什の教えを唱えていた武家屋敷）	福島県会津若松市東山町大字石山字院内1-1
猪苗代町営磐梯山牧場（オープニングで桜色の和傘を差している磐梯山が見える草原）	福島県耶麻郡猪苗代町大字長田字酸漿沢
ワープステーション江戸（幕末の町並み）	茨城県つくばみらい市南太田1176
観福寺（会津の黒谷本陣）	千葉県香取市牧野1752
同志社大学（新島襄が設立した同志社大学）	京都府京都市上京区今出川通烏丸東入玄武町
同志社女子大学（同志社女子大学）	京都府京都市上京区今出川通寺町西入ル玄武町602-1

焼肉ドラゴン（映画）

［公　開］2018年6月
［スタッフ］監督・脚本・原作：鄭義信
［出　演］大泉洋（李哲男），キム・サンホ（金龍吉），イ・ジョンウン（高英順），真木よう子（金静花），井上真央（金梨花），桜庭ななみ（金美花），大江晋平（金時生）〔ほか〕

ロケ地・場面	所在地
ナイトクラブ香蘭（ナイトクラブ）	大阪府豊中市原田中2
空港島・直線道路（静花と哲男の回想シーンで登場した道路）	兵庫県神戸市中央区神戸空港
尼崎市立文化財収蔵庫（時生の通う中学校）	兵庫県尼崎市南城内10-2

ヤクザと家族 The Family（映画）

［公　開］2021年1月
［スタッフ］監督・脚本：藤井道人
［出　演］綾野剛（山本賢治），舘ひろし（柴咲博），尾野真千子（工藤由香），北村有起哉（中村努），市原隼人（細野竜太），菅田俊（竹田誠），康すおん（豊島徹也）〔ほか〕

ロケ地・場面	所在地
清水港（カーアクションで登場した港）	静岡県静岡市清水区
我入道海岸（山本と由香が散歩した岸辺など）	静岡県沼津市我入道351
沼津駅北口の飲み屋街（売人からバッグを奪った歓楽街など）	静岡県沼津市高島町
多比港（船中へ拉致された港）	静岡県沼津市多比1-36

沼津仲見世商店街（山本がヤクザの組員から逃げた商店街）	静岡県沼津市大手町5-8-1
沼津アーケード名店街（山本がヤクザの組員から逃げた商店街）	静岡県沼津市町方町15
内浦小海の港（売人から奪った薬を海に捨てた港など）	静岡県沼津市内浦小海
長浜公民館（山本の父の葬儀会場）	静岡県沼津市内浦長浜124
中部浄化プラント（留置所）	静岡県沼津市本千本1905-4
吉原商店街（オモニ食堂がある商店街）	静岡県富士市吉原
妙善寺（葬式を行った寺）	静岡県富士市原田1344
沼川沿いの道 鈴川エネルギーセンター付近（原付で走行した道）	静岡県富士市今井
中華料理 興貴（ラーメン屋）	静岡県富士市鮫島359-1
富士市立富士南中学校（工藤彩の通う中学校）	静岡県富士市森島550
富士市斎場（火葬場待合場）	静岡県富士市大淵2588-1
イーシーセンター 富士ステーション（細野の勤務先の産廃業者）	静岡県富士市大野61
蒲原病院 旧館（山本が入院した病院）	静岡県富士市中之郷2500-1
蒲原病院 新館（柴咲の入院先）	静岡県富士市中之郷2500-1
玉泉寺（墓参りをした寺）	静岡県富士市比奈1354
けやき通り（クラブ＆ガールズバー前の道）	静岡県富士市富士町
裾野市役所（煙崎市役所）	静岡県裾野市佐野1059

優しい男（ドラマ）

［公　開］2012年9月～11月（韓国）

［スタッフ］脚本：イ・ギョンヒ

［出　演］ソン・ジュンギ（カン・マル），ムン・チェウォン（ソ・ウンギ），パク・シヨン（ハン・ジェヒ）〔ほか〕

［トピック］韓国で2012年9月12日から11月15日まで放送された連続テレビドラマ。日本では動画配信サービスで公開されている。

ロケ地・場面	所在地
藤田記念庭園（ソ・ウンギの別荘地）〔4, 5〕	青森県弘前市上白銀町8-1
弘前公園（ソ・ウンギのデートの待ち合わせ場所など）〔5, 6〕	青森県弘前市下白銀町1
土手町通り（ねぷたまつりが行われた通り）〔5, 6〕	青森県弘前市土手町

弥生、三月―君を愛した30年―（映画）

［公　開］2020年3月

［スタッフ］監督・脚本：遊川和彦

［出　演］結城弥生（波瑠），山田太郎（成田凌），渡辺サクラ（杉咲花），あゆむ（岡田健史），白井卓磨（小澤征悦），山田真里亜（黒木瞳）〔ほか〕

ロケ地・場面	所在地
夢メッセみやぎ（バスターミナルで弥生を太郎が探した場所）	宮城県仙台市宮城野区港3-1-7
卸町公園（太郎とあゆむがサッカーボールで遊んだ公園）	宮城県仙台市若林区卸町2
愛宕橋駅（サクラが残したメッセージを見た場所）	宮城県仙台市若林区土樋
仙台市秋保体育館（東日本大震災時の避難所）	宮城県仙台市太白区秋保町長袋上原21-3
仙台ロイヤルパークホテル（弥生の結婚式場）	宮城県仙台市泉区寺岡6-2-1
仙台ヒルズホテル（太郎の結婚式場）	宮城県仙台市泉区実沢中山南25-5

宮城県泉松陵高等学校（弥生と太郎が通う学校）	宮城県仙台市泉区鶴が丘4-26-1
ワタママ食堂（震災後の太郎の実家の食堂）	宮城県石巻市幸町2-3
杜せきのした駅（太郎が弥生を抱きしめた駅のホーム）	宮城県名取市杜せきのした5
赤城亭（震災前の太郎の実家の食堂）	宮城県登米市石越町南郷西門沖5
登米市南方桜街道の分かれ道（太郎と弥生が2人で歩いた道）	宮城県登米市南方町
佐々木商事（被災した街）	宮城県栗原市金成稲荷前66-4
みやぎ生協めぐみ野サッカー場（太郎のサッカー試合会場）	宮城県宮城郡利府町森郷内ノ目南119-1
三春町の平堂壇の桜（サクラの墓がある丘にある桜の木）	福島県田村郡三春町

湯を沸かすほどの熱い愛（映画）

［公　開］2016年10月

［スタッフ］監督・脚本：中野量太

［出　演］宮沢りえ（幸野双葉），杉咲花（幸野安澄），オダギリジョー（幸野一浩），松坂桃李（向井拓海）〔ほか〕

ロケ地・場面	所在地
花乃湯（幸の湯）	栃木県足利市巴町2541-1
月の湯（幸の湯の内部）	東京都文京区目白台3-15-7

雪の華（映画）

［公　開］2019年2月

［スタッフ］監督：橋本光二郎，脚本：岡田惠和，原案：中島美嘉

［出　演］登坂広臣（綿引悠輔），中条あやみ（平井美雪），高岡早紀（平井礼子），浜野謙太（岩永），箭内夢菜（綿引初美），田辺誠一（若村）〔ほか〕

［トピック］中島美嘉の代表曲「雪の華」をモチーフにした恋愛映画。東京のほか、フィンランドでもロケが行われた。

ロケ地・場面	所在地
吾妻橋のたもと（悠輔と美雪の初デートの待ち合わせ場所）	東京都墨田区吾妻橋～台東区雷門
萬年橋（悠輔と美雪が出会った橋）	東京都江東区常盤1～清澄
カフェ ソウルツリー（悠輔が働くカフェ「voice」）	東京都世田谷区鎌田3-2-15
ブルーグラスアーツ（悠輔が修行するガラス工房）	東京都杉並区高井戸東3-36-41
八景島シーパラダイス（デートをした水族館）	神奈川県横浜市金沢区八景島

ユリゴコロ（映画）

［公　開］2017年9月

［スタッフ］監督・脚本：熊澤尚人，原作：沼田まほかる

［出　演］吉高由里子（美紗子），松坂桃李（亮介），松山ケンイチ（洋介），貴山侑哉（亮介の父），佐津川愛美（みつ子），清野菜名（千絵）〔ほか〕

ロケ地・場面	所在地
オレンジショップいいだ（みつ子が万引きした店）	栃木県足利市山下町1264-1
北仲通り（美紗子とみつ子が歩いた通り）	栃木県足利市雪輪町
旧足利西高校（学校）	栃木県足利市大前町103-11
盛京亭（中華料理店）	栃木県足利市通3-2614
桐生川ダム（洋介が美沙子を連れて行ったダム）	群馬県桐生市梅田町4-1781

ゆるキャン△（映画）

［公　開］2022年7月

［スタッフ］監督：京極義昭，脚本：田中仁，伊藤睦美，原作：あfろ

[出　演] 花守ゆみり（各務原なでしこ），東山奈央（志摩リン），原紗友里（大垣千明），豊崎愛生（犬山あおい），高橋李依（斉藤恵那），黒沢ともよ（土岐綾乃），井上麻里奈（各務原桜），伊藤静（鳥羽美波），松田利冴（犬山あかり），山本希望（各務原静花），大畑伸太郎（各務原修一郎），水橋かおり（志摩咲），櫻井孝宏（志摩渉）〔ほか〕

[トピック] アニメシリーズ「ゆるキャン△」から10年後の設定の劇場アニメ作品。

ロケ地・場面	所在地
モリパーク アウトドアヴィレッジ（なでしこの勤務先）	東京都昭島市代官山2-6-1
みのぶ自然の里（鉄骨サイトがあるキャンプ場）	山梨県南巨摩郡身延町平須238-1
旧鰍沢中部小学校（鰍沢富士見小学校）	山梨県南巨摩郡富士川町鰍沢5084
名古屋駅周辺（リンの通勤経路）	愛知県名古屋市中村区名駅1-1-4
一宮市内（大人になったリンが住む地域）	愛知県一宮市

許されざる者（映画）

[公　開] 2013年9月

[スタッフ] 監督・脚本：李相日，脚本：デヴィッド・ウェッブ・ピープルズ

[出　演] 渡辺謙（釜田十兵衛），柄本明（馬場金吾），柳楽優弥（沢田五郎），忽那汐里（なつめ）〔ほか〕

[トピック] クリント・イーストウッドによる「許されざる者」（1992年）を日本の時代劇としてリメイクした映画。

ロケ地・場面	所在地
阿寒湖	北海道釧路市
上川町（上川郡鷲路村（オープンセット））	北海道上川町

妖怪人間ベム（ドラマ）

[公　開] 2011年10月〜12月

[スタッフ] 脚本：西田征史，原作：アサツーディ・ケイ

[出　演] 亀梨和也（ベム），杏（ベラ），鈴木福（ベロ），柄本明（名前の無い男），堀ちえみ（夏目菜穂子），石橋杏奈（緒方小春），杉咲花（夏目優以），広田レオナ（町村日出美），あがた森魚（緒方教授），北村一輝（夏目章規）〔ほか〕

ロケ地・場面	所在地
歴史公園ワープステーション江戸（昔，ベムたちが村民に迫害された家の前）〔1〕	茨城県つくばみらい市南太田1176
SKIPシティ（ベムたちが優以を助けた屋上）〔1〕	埼玉県川口市上青木3-5
第一下川ビル（宙づりにされた男をベムが助けたビル）〔1〕	東京都大田区大森北3-13
浅間台みはらし公園（ベムたちやってきた町を見下ろす公園）〔1〕	神奈川県横浜市西区浅間台7
東芝エレベータ人材開発センター（屋上から落とされた男をベムがキャッチしたところ）〔1〕	神奈川県横浜市都筑区茅ケ崎南1-2
入江崎公園（ベロが優以と出会った公園，ベムたちがシーソーに座っていた公園）〔1〕	神奈川県川崎市川崎区塩浜3-13
神奈川臨海鉄道の線路（ベラとベロが歩いていた線路，章規がベムとベロを尾行していた線路沿い）〔1〕	神奈川県川崎市川崎区塩浜4-9
生田スタジオ（浅津警察署）〔1〕	神奈川県川崎市多摩区菅仙谷3-20
富士市立中央病院（ベムが畑山の居場所を探った病院の屋上）〔1〕	静岡県富士市高島町50

旧熊谷市立女子高等学校（小春が通っている高校，ベンチに座って唄っていた小春にベラが声を掛けたところ）〔2〕	埼玉県熊谷市原島315
池袋駅前公園の公衆便所（小春が公衆便所から出てきたところ，着替えをして出てきた小春をベラが見たところ）〔2〕	東京都豊島区東池袋1-44
神奈川水再生センター（ベムたちが「通り魔潜伏中!!」の張り紙を見た掲示板のあるところ）〔2〕	神奈川県横浜市神奈川区千若町1
大島4丁目歩道橋（同級生を歩道橋の階段から突き落とそうとした小春をベラが制止したところ）〔2〕	神奈川県川崎市川崎区大島4-5
アイマート いしだや（小春が万引き犯と疑われたコンビニ，神林がアルバイトをしているコンビニ）〔2〕	神奈川県川崎市川崎区渡田1-17
府中街道が小田急小田原線を跨ぐ陸橋の下（男が神林に襲われて重傷を負ったところ）〔2〕	神奈川県川崎市多摩区登戸1992
登戸駅前商店街（酔っ払いが歩いていた商店街）〔2〕	神奈川県川崎市多摩区登戸3416
世田谷通りの下（吸い殻を捨てた男を襲おうとした神林をベムとベロが止めさせたところ，ベラが小春を尾行していたところ）〔2〕	神奈川県川崎市多摩区登戸新町348
世田谷通りの多摩水道橋交差点の下（小春が神林に襲われそうになったところ）〔2〕	神奈川県川崎市多摩区登戸新町348

浅井製作所（ベロがネジをもらった和久井製作所の工場内）〔3〕	埼玉県草加市谷塚上町449
プラネアール 木更津スタジオ（ベムたちが歩いていた昔の街）〔3〕	千葉県木更津市草敷750
海沿いの道（ヒッチハイクした和久井の乗ったトラックが走っていた海沿いの道）〔3〕	千葉県木更津市中島4366付近
東京湾アクアライン近くの道（ヒッチハイクした和久井の乗ったトラックが走っていた海沿いの道）〔3〕	千葉県木更津市中島4370
小湊鐵道上総川間駅の東側にある踏切（踏切内で立ち止まった和久井をベラが助けたところ）〔3〕	千葉県市原市下矢田711
山野美容専門学校（ベラが立っていたビルの屋上）〔3〕	東京都渋谷区代々木1-53
入江崎公園（ベムたちが和久井を見た公園，和久井がブーメランを投げた公園，ベロと優以がブランコに乗っていた公園）〔3〕	神奈川県川崎市川崎区塩浜3-13
生田スタジオ（夏目たちが事情聴取に行った病室）〔3〕	神奈川県川崎市多摩区菅仙谷3-20
登戸銘木店の前（ベラと小春が話をしていた壊れかけた室外機の前）〔3〕	神奈川県川崎市多摩区枡形3-5
府中街道が小田急小田原線を跨ぐ陸橋の下（名前の無い男が熊川に声を掛けたところ）〔3〕	神奈川県川崎市多摩区枡形3-5
追川建設の南側 五反田川沿いの道（熊川に鞄をひったくられそうになった和久井をベムが助けたところ）〔3〕	神奈川県川崎市多摩区枡形4-10

根岸陸橋の下 五反田川沿いの道（老人が熊川にバッグを引ったくられた川沿いの道）〔3〕	神奈川県川崎市多摩区枡形4-8
尻手黒川線の土橋交差点（熊田のバイクが走っていた交差点）〔3〕	神奈川県川崎市宮前区土橋4-1
稲毛惣社 白幡八幡大神の前（和久井がベムたちと別れたところ，老婆が熊川に襲われたところ）〔3〕	神奈川県川崎市宮前区平4-6
目黒川沿いの道（警察官に呼び止められたベロを光が母親のふりをして助けたところ）〔4〕	東京都品川区東品川3-1
目黒川に架かる品川橋南詰にある建物（小春が白線の上を歩いていた交番の近く，夏目が警察官に話を聞いていた浅津警察署出井交番）〔4〕	東京都品川区南品川1-3
ハミングステージ桜新町店（ベラが光に声を掛けたスーパー）〔4〕	東京都世田谷区桜新町1-8
府中の森公園（夏目と優以がベラの手を引いて走り始めた公園，花を摘んでいるベロをベムが見た公園，ベム、ベラ、ベロが手をつないで歩いていたところ）〔4〕	東京都府中市浅間町1-3
味の素スタジアム（ベムとベラが光を追い詰めたところ，人間の姿に戻るベム、ベラ、ベロを夏目が見たところ）〔4〕	東京都調布市西町376
入江崎公園（ベムと夏目が話をしていた公園）〔4〕	神奈川県川崎市川崎区塩浜3-13
神奈川臨海鉄道の線路沿い（聞き込みをしている夏目をベムが見た線路沿いの道）〔4〕	神奈川県川崎市川崎区塩浜4-9
殿町1丁目の住宅街（ベロと光がカレーの匂いを嗅いだ住宅街）〔4〕	神奈川県川崎市川崎区殿町1-14付近
美女木廃工場スタジオ（篠山に撃たれそうになった夏目をベムたちが助けたところ）〔5〕	埼玉県戸田市美女木6-8
養老川に架かる潮見大橋の東詰（夏目が篠山に尾行されていたところ，篠山が警官を襲ったところ）〔5〕	千葉県市原市五井9131
入江崎公園（ベム、ベラ、ベロが草を摘んでいた公園，優以がブレスレットの部品を探していた公園，夏目がブランコに座っていた公園，ベロがブレスレットの部品を見つけた公園）〔5〕	神奈川県川崎市川崎区塩浜3-13
生田スタジオ（捜査会議が行われていた会議室，篠山が夏目を次のターゲットに決めた警察署内，警官が篠山に襲われたところ）〔5〕	神奈川県川崎市多摩区菅仙谷3-20
首都高速4号新宿線の高架下（白いマスクをつけた大久保が同僚をハンマーで襲ったところ，再び同僚を襲おうとした大久保の前にベムが現れたところ）〔6〕	東京都新宿区南元町16
味の素スタジアム（ベラと大久保が出会った橘記念公園の駐輪場，ベンチに座っていたベラが大久保に襲われたところ）〔6〕	東京都調布市西町376

新横浜ウエストビル（5年前、爆発事故のあったビル）〔6〕	神奈川県横浜市港北区新横浜2-3
生田スタジオ（ベムが夏目に会いに行った浅津警察署）〔6〕	神奈川県川崎市多摩区菅仙谷3-20
小田急小田原線が多摩川を渡る鉄橋の下（ベムたちが幸平を助けた高架下）〔7〕	東京都狛江市東和泉4-11
生田スタジオ（ベムたちが夏目を待っていた浅津警察署の前，幸平が飯塚に会いに行った保倉総合病院など）〔7〕	神奈川県川崎市多摩区菅仙谷3-20
三井ホーム新百合ヶ丘研修センター（夏目が東郷に会いに行ったJEXCEの外観）〔7〕	神奈川県川崎市麻生区上麻生4-28
十二神社（ベムたちが幸平を見つけた神社の境内）〔7〕	神奈川県川崎市麻生区万福寺3-2
神奈川水再生センター（東郷が夏目たちを呼び出した東陽製作所）〔8〕	神奈川県横浜市神奈川区千若町1
生田スタジオ（ベムが夏目を待っていた病院のロビー，ベムたちと名前の無い男が話をしていた屋上）〔8〕	神奈川県川崎市多摩区菅仙谷3-20
三井ホーム新百合ヶ丘研修センター（夏目が東郷ともめていたJEXCEのロビー）〔8〕	神奈川県川崎市麻生区上麻生4-28
歴史公園ワープステーション江戸（ベロが変身するところを村人が見たところ，ベムたちが村民たちから迫害された家の前）〔9〕	茨城県つくばみらい市南太田1176
生田スタジオ（夏目と菜穂子が手をつないで歩いていたところ）〔9〕	神奈川県川崎市多摩区菅仙谷3-20
入江崎公園（優以の写真を撮っている夏目をベムたちが見た公園）〔終〕	神奈川県川崎市川崎区塩浜3-13
ロジポート川崎の南側（ベムと夏目が歩いていた線路の高架脇）〔終〕	神奈川県川崎市川崎区池上新町3-1
生田スタジオ（永太郎を探そうとしたベラが小春を見つけた高台）〔終〕	神奈川県川崎市多摩区菅仙谷3-20
生田スタジオ 美術倉庫付近（強盗犯たちが現金を積み替えようとしていたところ）〔終〕	神奈川県川崎市多摩区菅仙谷3-20
西菅公園の北側付近（ベムたちが町村と話しながら歩いていたところ）〔終〕	神奈川県川崎市多摩区菅北浦4-13
小山町生涯学習センター 総合文化会館（強盗犯たちがベムや夏目たちを人質にして立て籠もったマンストール文化ホール）〔終〕	静岡県駿東郡小山町阿多野130

横道世之介（映画）

［公　開］2013年2月

［スタッフ］監督・脚本：沖田修一，脚本：前田司郎，原作：吉田修一

［出　演］高良健吾（横道世之介），吉高由里子（与謝野祥子），池松壮亮（倉持一平），伊藤歩（片瀬千春），藤夏子（片瀬千春の母），綾野剛（加藤雄介）〔ほか〕

ロケ地・場面	所在地
リーガロイヤル東京（ホテルのシーン）	東京都新宿区戸塚町1-104-19
ホテル椿山荘東京（ホテルのシーン）	東京都文京区関口2-10-8
平山2丁目周辺（ラストシーンで世之介が祥子の写真を撮った場所）	東京都日野市平山2

岡谷塩嶺病院(祥子の入院する病院)	長野県岡谷市内山4769-67
伊王島(世之介と祥子がドライブした場所)	長崎県長崎市伊王島町
蚊焼漁港(祥子と世之介が歩いた海沿いの道)	長崎県長崎市蚊焼
かきどまり白浜(海水浴場)	長崎県長崎市柿泊町120
香焼(世之介とさくらが一緒に歩いた場所)	長崎県長崎市香焼
神の島(長崎に里帰りした世之介がバスから降りるところ)	長崎県長崎市神の島1

世にも奇妙な物語 2012 秋の特別編 (ドラマ)

[公　開] 2012年10月6日

[スタッフ] 「心霊アプリ」脚本：寺田敏雄, 「来世不動産」脚本：バカリズム, 原作：升野英知, 「蛇口」脚本：北川亜矢子, 原作：小池真理子, 「相席の恋人」脚本：和田清人, 「ヘイトウイルス」脚本：黒岩勉, 原作：うめざわしゅん

[出　演] 「心霊アプリ」大島優子(立花さおり)〔ほか〕, 「来世不動産」高橋克実(田中二郎)〔ほか〕, 「蛇口」伊藤英明(浅村雄一)〔ほか〕, 「相席の恋人」倉科カナ(山田スズ)〔ほか〕, 「ヘイトウイルス」草彅剛(サエキマコト)〔ほか〕

ロケ地・場面	所在地
花園弁当(さおりが写真を撮った弁当屋)〔心霊アプリ〕	東京都新宿区新宿1-18
早稲田医学院歯科衛生士専門学校(さおりが勤務する「文和ゼミナール」)〔心霊アプリ〕	東京都新宿区西早稲田2-4
網代港(二郎が伊勢エビを食べていた港)〔来世不動産〕	静岡県熱海市網代344
スタジオピアのStudio28 ヴィーナス(雄一、貴子、美咲が住む家)〔蛇口〕	東京都目黒区平町1-9
HOTEL LA LUNE(貴子が男と出て来るのを雄一が見たホテルの前)〔蛇口〕	神奈川県横浜市中区寿町1-1
群馬県庁昭和庁舎内にある「G FACE CAFE」(スズが相席の男と話をした喫茶店ピルグリムの店内)〔相席の恋人〕	群馬県前橋市大手町1-1
群馬会館南側の県庁前交差点(スズが渡っていた横断歩道)〔相席の恋人〕	群馬県前橋市大手町2-1
浜離宮パークサイドプレイス(スズが勤務する会社のオフィス)〔相席の恋人〕	東京都中央区築地5-6
北仲橋(スズが立ち止まった橋の上)〔相席の恋人〕	神奈川県横浜市中区桜木町1-101
横浜情報文化センター(雨宿りをしたスズが良樹と女性がタクシーに乗るのを見たところ)〔相席の恋人〕	神奈川県横浜市中区日本大通11
STUDIO ピアの「Pia34 辰巳」(クリタがサエキヨウコを刺したクリタ邸, サエキマコトがクリタの母を刺したクリタ邸)〔ヘイトウイルス〕	東京都江東区辰巳3-16
イーストプロムナード(ヘイトウイルスに感染した男達をUPOが捕まえたところ)〔ヘイトウイルス〕	東京都江東区有明3-4

弱虫ペダル (映画)

[公　開] 2020年8月

[スタッフ] 監督・脚本：三木康一郎, 脚本：

板谷里乃, 原作：渡辺航

［出　演］永瀬廉（小野田坂道）, 伊藤健太郎（今泉俊輔）, 橋本環奈（寒咲幹）, 坂東龍汰（鳴子章吉）, 栁俊太郎（巻島裕介）, 菅原健（田所迅）, 井上瑞稀（杉元照文）, 竜星涼（金城真護）, 皆川猿時（寒咲幸司）〔ほか〕

ロケ地・場面	所在地
京成千原線学園前駅周辺（学園上総駅）	千葉県千葉市緑区おゆみ野中央1
銚子市立銚子高等学校（総北部高校）	千葉県銚子市春日町2689
若潮通り（坂道たちが秋葉原へ向かう通り）	千葉県浦安市
九十九里有料道路（インターハイ予選の九十九里エリア）	千葉県長生郡一宮町新地甲～山武郡九十九里町片貝
鋸山登山自動車道（総北高校裏門坂）	千葉県安房郡鋸南町元名字明鐘
佐久間ダム周辺（総北高校裏門坂）	千葉県安房郡鋸南町大崩39
足立区鋸南自然の家（総北高校裏門坂）	千葉県安房郡鋸南町大帷子478
ミソノイサイクル 蜆塚店（サイクルショップカンザキ）	静岡県浜松市中区鴨江3
スタジオホットライン（今泉の回想シーン）	静岡県浜松市東区小池町
浜名湖ガーデンパーク（インターハイ予選会のスタート会場）	静岡県浜松市西区村櫛町
浜名湖大橋（インターハイ予選スタート直後に集団が走行したところ）	静岡県浜松市西区村櫛町～雄踏町
はまゆうトンネル（1年生ウェルカムレースの山岳区間）	静岡県浜松市西区雄踏町
天竜川河口部（1年生ウェルカムレースのコース）	静岡県浜松市南区三新町
天竜川船明ダム湖（インターハイ予選の山岳区間）	静岡県浜松市天竜区伊砂～月
浜松駅北東付近の中心市街地（インターハイ予選のゴール付近）	静岡県浜松市中区中央1～2
伊勢志摩スカイライン（1年生ウェルカムレースのコース）	三重県伊勢市～鳥羽市

Life線上の僕ら（映画）

［公　開］2020年10月

［スタッフ］監督：二宮崇, 脚本：山本タカ, 原作：常倉三矢

［出　演］白洲迅（伊東晃）, 楽駆（西夕希）, 小島藤子（白石穂香）, 土居志央梨（伊東瞳）, 長田奈麻（伊東貴子）, 廻飛呂男（伊東重明）, シブリ（ハッサン）, 奥山佳恵（西恵）〔ほか〕

ロケ地・場面	所在地
仙台市内住宅地の道路（晃と夕希が出会った道路）	宮城県仙台市
定禅寺通り（2人がデートした通り）	宮城県仙台市青葉区
サンモール一番町（2人がデートした場所）	宮城県仙台市青葉区一番町3-2-14
ホシヤマ珈琲（晃が訪れた喫茶店）	宮城県仙台市青葉区一番町4-9-1
東北福祉大学（夕希が通う大学）	宮城県仙台市青葉区国見1-8-1
うまい鮨勘 国見ケ丘店（2人がデートした場所）	宮城県仙台市青葉区国見ヶ丘2-1-2
仙台城跡（2人がデートした場所）	宮城県仙台市青葉区川内
どん亭（穂香の入社歓迎会を行った店など）	宮城県仙台市青葉区大町2-14-14
八木山動物公園フジサキの杜（高校時代の2人がデートした動物園）	宮城県仙台市太白区八木山本町1-43
仙台ヒルズホテル（アラスカにあるホテルなど）	宮城県仙台市泉区実沢中山南25-5
Cafe B.B.（夕希が1人で訪れたバー）	宮城県仙台市泉区泉中央1-37-9

聖和学園短期大学（晃が通う高校）	宮城県仙台市泉区南中山5-5-2
プライム住建モデルハウス（晃が一人暮らしするマンション，喫茶店など）	宮城県名取市杜せきのした5-6-1
仙台空港鉄道美田園駅（晃と夕希が別れた場所など）	宮城県名取市美田園5-29
わたり温泉（旅行した2人が泊まった宿）	宮城県亘理郡亘理町荒浜字築港通り41-2
やくらいガーデン（アラスカでオーロラを見た場所）	宮城県加美郡加美町字味ケ袋薬来原1-9

ラーゲリより愛を込めて（映画）

［公　開］2022年12月

［スタッフ］監督：瀬々敬久，脚本：林民夫，原作：辺見じゅん

［出　演］二宮和也（山本幡男），北川景子（山本モジミ），松坂桃李（松田研三），中島健人（新谷健雄），寺尾聰（山本顕一：壮年期），桐谷健太（相沢光男），安田顕（原幸彦）〔ほか〕

ロケ地・場面	所在地
鹿島海軍航空隊跡地	茨城県稲敷郡美浦村大山
足尾駅（シベリアの鉄道）	栃木県日光市足尾町掛水6
苗場スキー場（強制収容所ラーゲリ（ロケセット））	新潟県南魚沼郡湯沢町三国202
清水港	静岡県静岡市清水区

ラジエーションハウス ～放射線科の診断レポート～（ドラマ）

［公　開］2019年4月～6月

［スタッフ］脚本：大北はるか，神田優，原作：横幕智裕，モリタイシ

［出　演］窪田正孝（五十嵐唯織），本田翼（甘春杏），遠藤憲一（小野寺俊夫），山口紗弥加（黒羽たまき），浅野和之（鏑木安富），和久井映見（大森渚），広瀬アリス（広瀬裕乃）〔ほか〕

ロケ地・場面	所在地
関東鉄道常総線新守谷駅（唯織が杏と別れた駅）〔1〕	茨城県守谷市御所ケ丘
指扇病院（甘春総合病院）〔1〕	埼玉県さいたま市西区宝来1295
長池見附橋の西詰付近（バスの運転手・天野が救急車で搬送されたところ）〔1〕	東京都八王子市別所2-58
多摩川の河川敷（子供の頃の五十嵐が杏と出会ったところ）〔1〕	東京都狛江市猪方4
神奈川県立がんセンター（唯織が杏に抱きついてしまった甘春総合病院のロビー，退院する菊島を裕乃が見送った甘春総合病院のロビー）〔1〕	神奈川県横浜市旭区中尾2-3
四季の径（甘春総合病院へ向かう唯織が走っていたところ，唯織と渚が話しながら歩いていたところ）〔1〕	神奈川県横浜市泉区緑園3-23
四季の径 緑園須郷台公園東側付近（唯織がベンチに座って菊島の写真集を見ていたところ）〔1〕	神奈川県横浜市泉区緑園6-22
アニヴェルセルヒルズ横浜（菊島がベンチに座って自分の写真集を見ていた結婚式場の前）〔1〕	神奈川県横浜市都筑区茅ケ崎中央4
相模女子大学4号館の413教室（渚が唯織を初めて見た海外の階段教室）〔1〕	神奈川県相模原市南区文京2-1
神奈川県立おだわら諏訪の原公園の展望広場付近（唯織と菊島がベンチに座って話をしていた高台）〔1〕	神奈川県小田原市久野3821

指扇病院の前(金田富恵の犬・ペロちゃんが逃げたところ,千葉美佐子が腹痛で倒れたところ,小野寺大樹が小野寺俊夫から受け取った離婚届を捨てたところ)〔2〕	埼玉県さいたま市西区宝来1295
日野市クリーンセンター(20年前、杏の兄が事故に遭ったところ)〔2〕	東京都日野市石田1-210
神奈川県立がんセンター(小野寺大樹が小野寺俊夫から離婚届を受け取った病院のロビー)〔2〕	神奈川県横浜市旭区中尾2-3
四季の径(唯織がタブレットを観ながら歩いていたところ)〔2〕	神奈川県横浜市泉区緑園3-23
和食バル 音音—おとおと— 御茶ノ水ソラシティ店(今日子が婚約者の平田公太と食事をしていた店)〔3〕	東京都千代田区神田駿河台4-6
フジテレビ湾岸スタジオの西側(今日子が同僚たちと歩いていたところ)〔3〕	東京都江東区青海2-3
由丸 芝大門店(唯織がラーメンを食べていた店)〔4〕	東京都港区芝大門2-1
汐留シティセンターの前(裕乃がお守りを見ながら歩いていたところ)〔4〕	東京都港区東新橋1-5
汐留北交差点付近(裕乃がジャンプしたところ)〔4〕	東京都港区東新橋1-5
shibuya eggman(坂元美月がライブをしていたところ)〔4〕	東京都渋谷区神南1-5
たちかわ創造舎〈旧多摩川小学校〉(松葉杖をついた裕乃が歩いていた学校の廊下)〔4〕	東京都立川市富士見町6-46
明星大学 青梅キャンパスの体育館(高校生だった裕乃がバスケットボールの試合をしていた体育館,裕乃がバスケットボールの練習中に膝を痛めた体育館)〔4〕	東京都青梅市長淵2-590
浅川の堤防(裕乃がチームの仲間と歩いていた堤防の上,裕乃が松葉杖をついて歩いていた堤防の上,裕乃が誕生日プレゼントのCD「FLY AGAIN」を受け取った堤防の上)〔4〕	東京都日野市新井886
コート・ダジュール 青葉台店(裕乃がバスケ部の仲間に会いに行ったカラオケ店)〔4〕	神奈川県横浜市青葉区榎が丘4
ユニゾセンター南ビル西側の階段(眠り込んだ杏が唯織の肩にもたれかかった階段)〔4〕	神奈川県横浜市都筑区茅ケ崎中央3-1
Southwoodの北側(唯織と杏が出会ったところ)〔4〕	神奈川県横浜市都筑区茅ケ崎中央6
多摩川の河原(ボールを投げていた藤本直樹が倒れたところ,藤本直樹と藤本雄太がキャッチボールをしていたところ)〔5〕	東京都日野市百草1248
神奈川県立がんセンター(藤本雄太と山村肇が座っていた病院のロビー,唯織が肇にボールを渡した病院のロビー,杏と小野寺が藤本勝彦、藤本歩美、藤本雄太を見送った病院のロビー)〔5〕	神奈川県横浜市旭区中尾2-3
MAIMON GINZA(鏑木が生牡蠣を食べようとしていた懇親会の会場)〔6〕	東京都中央区銀座8-3

藤塚第三児童公園〈タコ山公園〉(ブランコに乗っていた子供が腹部を強打した公園)〔6〕	東京都狛江市和泉本町4-7
神奈川県立がんセンター(辻村が杏と話をしていたところ)〔6〕	神奈川県横浜市旭区中尾2-3
メゾン ポール・ボキューズ 代官山のメインダイニング(軒下が女性と食事をしていたレストラン,杏と辻村が食事をしていたレストラン)〔7〕	東京都渋谷区猿楽町17
たちかわ創造舎〈旧多摩川小学校〉(中学生だった軒下、真貴、志朗が通っていた中学校)〔7〕	東京都立川市富士見町6-46
ノートルダム 横浜みなとみらい(志朗が真貴にプロポーズしたところ)〔7〕	神奈川県横浜市中区北仲通6-101
神奈川県立がんセンター(唯織が志朗と話をしていたところ)〔7〕	神奈川県横浜市旭区中尾2-3
四季の径(真貴と志朗が甘春総合病院への行き帰りに歩いていたところ,甘春総合病院へ向かう志朗が走っていたところ)〔7〕	神奈川県横浜市泉区緑園3-23
神奈川県立がんセンター(杏が転落した甘春総合病院内のエスカレーター)〔8〕	神奈川県横浜市旭区中尾2-3
牛久愛和総合病院(杏が入院している病室前の廊下)〔9〕	茨城県牛久市猪子町896
指扇病院(鏑木が丈介と安野を出迎えた甘春総合病院の裏口,安野がゴルフスイングをする姿を盗撮された甘春総合病院の裏口,裕乃、小野寺、黒羽、唯織が記者たちに囲まれたところ)〔9〕	埼玉県さいたま市西区宝来1295
フジテレビ湾岸スタジオ(駿太郎が診断書を書いた部屋)〔9〕	東京都江東区青海2-3
指扇病院(唯織が正一と出会った甘春総合病院の前)〔10〕	埼玉県さいたま市西区宝来1295
神奈川県立がんセンター(正一が倒れたロビー)〔10〕	神奈川県横浜市旭区中尾2-3
茨城県立カシマサッカースタジアム西側の駐車場(杏たちが唯織を見送りに来た横浜中央バスターミナル)〔終〕	茨城県鹿嶋市神向寺後山26
指扇病院(報道陣が集まっていた甘春総合病院の前,鏑木が唯織に傘を渡した甘春総合病院の前)〔終〕	埼玉県さいたま市西区宝来1295
ビューティ&ウェルネス専門職大学〈旧オンワード総合研究所 人材開発センター〉(甘春総合病院の問題が話し合われていた麗洋医科大学病院の会議室,丈介が辻村と電話で話をしていた麗洋医科大学病院内の通路,大森が違反行為はないと説明した麗洋医科大学病院の会議室)〔終〕	神奈川県横浜市都筑区牛久保3-9

シンボルプロムナード公園のウエストプロムナード（飛行機を見上げた杏が歩いていたところ，良平の友達が良平を待っていたところ）〔特別編〕	東京都江東区青海2-2
四季の径（タイトルバックで出演者が並んでいたところ）	神奈川県横浜市泉区緑園3-23

ラジエーションハウス Ⅱ ～放射線科の診断レポート～（ドラマ）

［公　開］2021年10月～12月

［スタッフ］脚本：大北はるか，神田優，原作：横幕智裕，モリタイシ

［出　演］窪田正孝（五十嵐唯織），本田翼（甘春杏），和久井映見（大森渚），浅野和之（鏑木安富），広瀬アリス（広瀬裕乃），山口紗弥加（黒羽たまき），遠藤憲一（小野寺俊夫）〔ほか〕

ロケ地・場面	所在地
指扇病院（甘春総合病院の外観）〔1〕	埼玉県さいたま市西区宝来1295
所沢市民文化センターミューズ（リサイタル中の真凛が倒れたホール）〔1〕	埼玉県所沢市並木1-9
旧東鷲宮病院（由美が入院した甘春総合病院の病室）〔1〕	埼玉県久喜市桜田3-9
おゆみ野四季の道〈夏の道〉（甘春総合病院へ向かう杏が走っていた並木道，うずくまった由美を五十嵐と杏が助けた並木道，杏と辻村が話をした並木道，杏と大森が話をした並木道）〔1〕	千葉県千葉市緑区おゆみ野5-42
幕張国際研修センター（甘春総合病院1階のロビー）〔1〕	千葉県千葉市美浜区ひび野1-1
築地本願寺（威能が働いているところ，広瀬が威能に会いに行ったところ）〔1〕	東京都中央区築地3-15
機械振興会館の5S-1会議室（五十嵐たちの採用が話し合われた会議室）〔1〕	東京都港区芝公園3-5
bar&dining KITSUNE（悠木が広瀬からのメッセージを見たロボットバー）〔1〕	東京都渋谷区東2-20
ダイニングダーツバーBee 池袋（軒下が広瀬からのメッセージを見たバー）〔1〕	東京都豊島区東池袋1-29
スワンレディースクリニック（たまきが働いている病院，広瀬がたまきに会いに行った病院）〔1〕	東京都北区王子4-27
NTT中央研修センタ宿泊棟（めまいで倒れそうになった真凛を田中が助けた病院内）〔1〕	東京都調布市入間町2-28
ホルモン焼がま親分（たまきが広瀬からのメッセージを見た居酒屋）〔1〕	神奈川県横浜市中区日の出町1-102
大和市引地台公園（杏が五十嵐から受け取ったハガキを見ていた公園，杏が五十嵐を殴った公園）〔1〕	神奈川県大和市柳橋4-5001
真鍋島港の桟橋（五十嵐がフェリーから下船した美澄島の桟橋）〔1〕	岡山県笠岡市真鍋島
真鍋島港の防波堤（正一が釣りをしていたところ）〔1〕	岡山県笠岡市真鍋島4007
所沢市民文化センターミューズ（辻村が杏を待っていた「みなと美術館」の前）〔2〕	埼玉県所沢市並木1-9

旧東鷲宮病院（五十嵐が柳田の足を再検査した病室, 広瀬が柳田に謝罪した病室）〔2〕	埼玉県久喜市桜田3-9
八条橋から上流方向を見た中川（冒頭の川）〔2〕	埼玉県三郷市上彦名32
幕張国際研修センター（辻村が杏に美術展のチケットを渡そうとしたロビー, 五十嵐が一郎を説得しようとしたロビー, 杏と広瀬が一郎を説得したロビー）〔2〕	千葉県千葉市美浜区ひび野1-1
上柚木公園 陸上競技場（走太が再び倒れた陸上競技場）〔2〕	東京都八王子市上柚木2-40
NTT中央研修センタ宿泊棟（杏が走太の妹と話をしたところ）〔2〕	東京都調布市入間町2-28
多摩川に架かる多摩水道橋（杏の乗ったタクシーが渡っていた橋）〔2〕	神奈川県川崎市多摩区登戸新町49
海老名運動公園陸上競技場（走太がてんかんの発作で倒れた「森の台公園陸上競技場」）〔2〕	神奈川県海老名市社家4032
幕張国際研修センター（丸井が倒れた病院のロビー, すみれが軒下を待っていた病院のロビー, 軒下がすみれに検査を勧めた病院のロビー）〔3〕	千葉県千葉市美浜区ひび野1-1
JK Planet 銀座本店（レストランを出たすみれがショーウインドウをのぞき込んだジュエリーショップ）〔3〕	東京都中央区銀座8-11
昭和通り銀座歩道橋〈銀座ときめき橋〉（軒下とすみれが別れた歩道橋）〔3〕	東京都中央区銀座8-13
THE PENTHOUSE with weekend terrace（軒下とすみれが食事をしていたレストラン）〔3〕	東京都江東区豊洲2-2
たちかわ創造舎（すみれが教師をしている小学校）〔3〕	東京都立川市富士見町6-46
NTT中央研修センタ宿泊棟（軒下が荒井と話をした病院内, 軒下が指輪を捨てた病院内, 杏が辻村に返事を待って欲しいと言った病院内）〔3〕	東京都調布市入間町2-28
旧東鷲宮病院（503号室から出てきた大森と鏑木が話をした病院内）〔4〕	埼玉県久喜市桜田3-9
たいこ茶屋（黒羽るり子が倒れた居酒屋）〔4〕	東京都中央区日本橋馬喰町2-3
ホテルスプリングス幕張（五十嵐たちが訪れた帝光クリニックのロビー, 風呂へ向かう杏と広瀬が走っていた渡り廊下）〔5〕	千葉県千葉市美浜区ひび野1-11
ホテルスプリングス幕張のガーデンチャペル（杏と広瀬が見学に行った読影室）〔5〕	千葉県千葉市美浜区ひび野1-11
タイム24ビルの研修室134（備品選定委員会が行われた大会議室）〔5〕	東京都江東区青海2-4
元湯 陣屋（西園寺豊が倒れていた風呂, 小野寺がビールを呑んでいたところ, 杏と広瀬が話をしていた足湯, 五十嵐と杏がすれ違った庭）〔5〕	神奈川県秦野市鶴巻北2-8
早川に架かる「あじさい橋」（五十嵐、杏、広瀬、田中、小野寺が渡っていた橋）〔5〕	神奈川県足柄下郡箱根町湯本

幕張国際研修センター（武藤が辻村と杏に話しかけた病院のロビー, 紙袋を持った武藤と広瀬が話をした病院のロビー）〔6〕	千葉県千葉市美浜区ひび野1-1
機械振興会館の5S-1会議室（辻村が救命救急へ異動することが決まった会議室）〔6〕	東京都港区芝公園3-5
機械振興会館の5S-2会議室（灰島が辻村の謹慎と他科からの救急科へのヘルプを禁止し、新たな患者の受け入れを中止するように命じた会議室）〔6〕	東京都港区芝公園3-5
フジテレビ湾岸スタジオ（武藤が辻村の勤務状況に問題があると指摘した会議室）〔6〕	東京都江東区青海2-3
産業技術総合研究所臨海副都心センターの南側（辻村がベンチに座っていたバス停）〔6〕	東京都江東区青海2-3
スタジオピア Pia4 阿佐ヶ谷（曽根が息子と住む家）〔6〕	東京都杉並区阿佐谷南1-26
NTT中央研修センタ宿泊棟（辻村が曽根と話をした病院内）〔6〕	東京都調布市入間町2-28
狛江インドアテニススクールのアウトドアコート（曽根が骨折したテニスコート）〔6〕	東京都狛江市中和泉2-1
横浜パートナー法律事務所（武藤が所属するリーガルユナイテッドのオフィス）〔6〕	神奈川県横浜市中区日本大通7
PEOPLE WISE CAFE（杏と辻村がランチに行ったレストラン）〔6〕	神奈川県横浜市青葉区美しが丘2-23
指扇病院（正一がタブレットでCT画像を観ていた甘春総合病院の前, 今井が救急搬送されてきた甘春総合病院の前, 五十嵐や杏たちが正一を見送った甘春総合病院の前）〔7〕	埼玉県さいたま市西区宝来1295
幕張国際研修センター（正一が五十嵐にCT画像を見せた病院内, 悠木が腰痛で倒れた病院のロビー, 正一が杏に膵臓がんのことを話した病院のロビー）〔7〕	千葉県千葉市美浜区ひび野1-1
ラーメンの王様（1時間待ちの看板を見た悠木が行列に並ぶのを諦めたラーメン店, 悠木と今井が「地球ラーメン」を食べた店）〔7〕	東京都江戸川区西葛西1-11
NTT中央研修センタ宿泊棟（車椅子に座った悠木が腰痛を訴えた病院内）〔7〕	東京都調布市入間町2-28
幕張国際研修センター（階段から転落しそうになった乃愛を広瀬が助けたところ）〔8〕	千葉県千葉市美浜区ひび野1-1
タイム24ビルの研修室145（カンファレンスが行われていた会議室）〔8〕	東京都江東区青海2-4
スタジオピアのPia15 B福町（乃愛が住む家）〔8〕	東京都杉並区永福1-13
立川市子ども未来センター（乃愛と美桜が子供たちにダンスを教えていたところ）〔8〕	東京都立川市錦町3-2
NTT中央研修センタ宿泊棟（乃愛と熊が話をしていた病院内, 広瀬が熊田と再会した病院内）〔8〕	東京都調布市入間町2-28

伊勢原市立山王中学校(広瀬が乃愛に会いに行った高校，広瀬が乃愛の妹・花倉美桜と話をした体育館，乃愛が腹痛で倒れた高校)〔8〕	神奈川県伊勢原市上粕屋804
指扇病院(田中と山田が握手をして別れた甘春総合病院の玄関，田中が幸子と話をした甘春総合病院の玄関)〔9〕	埼玉県さいたま市西区宝来1295
東都大学幕張キャンパス(山田が訪れた学術論文管理センター)〔9〕	千葉県千葉市美浜区ひび野1-1
新丸ビル(田中が入社した帝国トラベルの外観)〔9〕	東京都千代田区丸の内1-5
大手町プレイス イーストタワー(帝国トラベル破産の号外に写っていたビル)〔9〕	東京都千代田区大手町2-3
隅田川テラス 新川公園(田中が幸子にプロポーズしたところ)〔9〕	東京都中央区新川1-32
フジテレビ湾岸スタジオ(山田が学術論文を受け取った関東脳神経外科シンポジウムの会場)〔9〕	東京都江東区青海2-3
シンボルプロムナード公園のウエストプロムナード(山田が田中と電話で話をしたところ)〔9〕	東京都江東区青海2-4
ホビーストア「フジヤ」(営業に行った田中が追い出された玩具店)〔9〕	東京都板橋区常盤台2-27
NTT中央研修センタ宿泊棟(鏑木が田中のノートを拾ったところ，田中と山田がため息をついていたところ，五十嵐が山田に検査を勧めたところ)〔9〕	東京都調布市入間町2-28
多摩川の支流・谷地川の堤防の上(子供の頃の田中福男がアイスの「あたり」を出したところ)〔9〕	東京都日野市栄町3-15
馬場商店(閉店していたモリタ商店)〔9〕	東京都日野市日野本町2-15
指扇病院(大森が花に水をまいていた甘春総合病院の前，大森が池田しずくを見送った甘春総合病院の前)〔10〕	埼玉県さいたま市西区宝来1295
幕張国際研修センター(郷田が杏に声を掛けた病院内のロビー，郷田が倒れた病院内のロビー，鏑木が聖鈴ハートセンターからの電話を受けたところ)〔10〕	千葉県千葉市美浜区ひび野1-1
タイム24ビルの研修室141(大森が合同カンファレンスを開催しようとした会議室)〔10〕	東京都江東区青海2-4
宿河原堰堤付近の多摩川の河原(子供の頃の五十嵐が郷田たちにいじめられていたところ，子供の頃の杏が郷田の顔に跳び蹴りをしたところ)〔10〕	東京都狛江市猪方4
関東鉄道常総線守谷駅(駅のホーム)〔終〕	茨城県守谷市中央2-18
旧東鷲宮病院(郷田が入院していた病室)〔終〕	埼玉県久喜市桜田3-9
東都大学幕張キャンパス(広瀬が杏に謝罪した病院のロビー)〔終〕	千葉県千葉市美浜区ひび野1-1

タイム24ビルの研修室142（杏が合同カンファレンスを行った会議室）〔終〕	東京都江東区青海2-4
タイム24ビルの研修室145（灰島が経費節減を指示した会議室）〔終〕	東京都江東区青海2-4
多摩川自由ひろば付近（五十嵐が杏に会いに行った河原）〔終〕	東京都狛江市猪方4

ラスト・シンデレラ（ドラマ）

［公　開］2013年4月～6月

［スタッフ］脚本：中谷まゆみ

［出　演］篠原涼子（遠山桜），三浦春馬（佐伯広斗），藤木直人（立花凛太郎），飯島直子（長谷川志麻），大塚寧々（武内美樹），遠藤章造（武内公平），菜々緒（大神千代子）〔ほか〕

ロケ地・場面	所在地
オークラアカデミアパークホテル（公平が美樹を待っていたホテルの前，志麻が公平に声を掛けたホテルのフロント，広斗が桜に声を掛けた階段）〔1〕	千葉県木更津市かずさ鎌足2-3
六文そば 須田町店（桜が朝食を食べていた立ち食いそばの店）〔1〕	東京都千代田区神田須田町1-17
ポルトフィーノ（桜が副店長をしているヘアサロン「HAPPY-GO-LUCKY」の外観）〔1〕	東京都港区北青山3-15
播磨坂（桜と志麻が歩いていた遊歩道）〔1〕	東京都文京区小石川4-15
五反田公園（温泉施設を出た桜と志麻が美樹と別れたところ）〔1〕	東京都品川区東五反田5-24
旧仙台坂（桜が下っていた坂道，凛太郎が下っていた坂道）〔1〕	東京都品川区東大井4-4
ムラサキスポーツ map's Tokyo（広斗がBMXの練習をしていたところ）〔1〕	東京都足立区千住関屋町19
あざみ野四丁目北公園の西側（雨の中、桜がサッカーボールを追いかけていた坂道）〔1〕	神奈川県横浜市青葉区あざみ野4-18
品川インターシティフロントビルの前（公平が志麻と電話で話をしていたところ）〔2〕	東京都港区港南2-14
飯倉公園（桜がブランコに乗っていた公園）〔2〕	東京都港区東麻布1-21
「永坂上遊び場」の前（店を出た桜が広斗と別れたところ）〔2〕	東京都港区六本木5-18
仙台坂トンネルの上付近（朝帰りする桜がすれ違う人々の視線を気にしながら歩いていたところ）〔2〕	東京都品川区東大井4-3
仙台坂（桜と凛太郎が上っていた坂道）〔2〕	東京都品川区南品川5-16
アトリオドゥーエ碑文谷（志麻がインストラクターをしているフィットネスクラブ）〔2〕	東京都目黒区碑文谷5-13
スタジオピアのVenusスタジオ（広斗が千代子から軍資金をもらった家）〔2〕	東京都目黒区平町1-9
笹塚ボウル（桜と広斗が遊んでいたボウリング場）〔2〕	東京都渋谷区笹塚1-57
町田カトルゼ14フットサルパーク（桜と広斗がテニスをしていた屋上，桜と広斗がバスケットボールをしていた屋上）〔2〕	東京都町田市原町田4-1
フジテレビ（桜が乗っていたエスカレーター）〔3〕	東京都港区台場2-4

珈琲タイムス（志麻と公平が話をしていた喫茶店）〔3〕	東京都新宿区新宿3-35
木材会館（桜が桃に土下座した「STYLING LIVE 2013」の会場）〔3〕	東京都江東区新木場1-18
TFTビルの北側（凛太郎と千代子が歩いていたところ, 千代子が凛太郎にキスした横断歩道）〔3〕	東京都江東区有明3-6
ホテルプリンセスガーデン（公平が志麻に会いに行ったホテル）〔3〕	東京都品川区上大崎2-23
アトリオドゥーエ碑文谷（公平が志麻に会いに行ったスポーツジム）〔3〕	東京都目黒区碑文谷5-13
JR大森駅東口前（桜と凛太郎がカットモデルを探していたところ）〔3〕	東京都大田区大森北1-1
ムラサキスポーツ map's Tokyo（桃が広斗にキスするのを桜が見たところ）〔3〕	東京都足立区千住関屋町19
多摩中央公園（桜と広斗がデートの約束をした公園）〔3〕	東京都多摩市落合2-35
プラザ栄光生鮮館 コットンハーバー店（桜と凛太郎がワインを取り合ったスーパー）〔3〕	神奈川県横浜市神奈川区星野町8
鵠沼海浜公園 スケートパーク（千代子が広斗に差し入れを持ってきたところ）〔3〕	神奈川県藤沢市鵠沼海岸4-4
くすりの福太郎 茅場町店（妊娠検査薬を買った桜が出てきたドラッグストア）〔4〕	東京都中央区日本橋兜町15
都庁通り（温泉へ向かうバスが停車していたところ）〔4〕	東京都新宿区西新宿2-8
ホテル椿山荘東京（千代子が広斗を待っていたホテルの部屋）〔4〕	東京都文京区関口2-10
多摩川六郷橋緑地（桜と凛太郎が子供たちと野球をしていた河原）〔4〕	東京都大田区南六郷3-23
ムラサキスポーツ map's Tokyo（桜と広斗が話をしていたBMXの練習場）〔4〕	東京都足立区千住関屋町19
埼玉西武ライオンズの西武ドーム（凛太郎と千代子が野球観戦したところ）〔5〕	埼玉県所沢市上山口2135
都立芝公園フロントタワーの北側（桜と柴田春子が走っていたところ）〔5〕	東京都港区芝公園2-6
Urth Caffe 東京・代官山店（志麻と公平が話をしていたカフェ）〔5〕	東京都渋谷区猿楽町8
ラルフ ローレン 表参道（千代子が洋服を選んでいた店, 広斗が桜と電話で話をしていた店頭）〔5〕	東京都渋谷区神宮前4-25
ムラサキスポーツ map's Tokyo（広斗が優勝した会場, 広斗が桜をお姫様だっこしたところ）〔5〕	東京都足立区千住関屋町19
パセラリゾーツ 銀座店のLOVINA（桜、凛太郎、光子が歌っていたカラオケ店）〔6〕	東京都中央区銀座6-13
JR品川駅港南口前（凛太郎と光子が桜を待っていたところ）〔6〕	東京都港区港南2-14
KIHACHI 青山本店（広斗と千代子が話をしていたカフェ, 桜と歩いている凛太郎を千代子が見たカフェの前）〔6〕	東京都港区北青山2-2

ホストクラブ AIR GRACE（志麻が桜と美樹を連れて行ったホストクラブ）〔6〕	東京都新宿区歌舞伎町2-35
フジテレビ湾岸スタジオ（美樹が面接を受けた会議室）〔6〕	東京都江東区青海2-3
グリーンアップル歯科医院（桜が歯の治療をした歯科医院）〔6〕	東京都大田区大森西4-16
よし邑（桜、凛太郎、光子が食事をした店）〔6〕	東京都板橋区蓮根2-19
アクアかずさ（桜、志麻、美樹が訪れたホテルのプール）〔7〕	千葉県木更津市かずさ鎌足2-3
オークラアカデミアパークホテル（志麻が元夫と出会ったホテルのロビー）〔7〕	千葉県木更津市かずさ鎌足2-3
笄公園（凛太郎と千代子が話をしていた公園）〔7〕	東京都港区西麻布3-12
オークラアカデミアパークホテル（桜と広斗が訪れたホテル内の階段）〔8〕	千葉県木更津市かずさ鎌足2-3
都市センターホテル（志麻が公平を待っていたところ）〔8〕	東京都千代田区平河町2-4
品川インターシティと品川グランドコモンズの間にある「セントラルガーデン」（志麻と公平が話しながら歩いていたところ）〔8〕	東京都港区港南2-15,16
グランパークタワーの前（広斗が桃からのメールを受けた「OHGAMI coporation」の前）〔8〕	東京都港区芝浦3-4
新宿アイランドタワーの前（広斗が桜を待っていたところ）〔8〕	東京都新宿区西新宿6-5
野沢公園（美樹が子供たちと話をしていた公園）〔8〕	東京都世田谷区野沢3-19
ラルフ ローレン 表参道（千代子が広斗の服を選んでいた店）〔8〕	東京都渋谷区神宮前4-25
MAXスポーツスタジアム相模原（桜と凛太郎がいたバッティングセンター）〔8〕	神奈川県相模原市中央区横山台1-32
STAR JEWELRY 表参道店（広斗と公平が出会ったジュエリー店）〔9〕	東京都渋谷区神宮前4-12
ムラサキスポーツ map's Tokyo（広斗がBMXの練習をしていたところ，広斗が桜にプロポーズしたところ）〔9〕	東京都足立区千住関屋町19
「津の守弁財天」の前（桜が男達に捕まったところ）〔10〕	東京都新宿区荒木町12
都立産業技術研究センターの前（雨の中、桜と広斗が話をしていたところ）〔10〕	東京都江東区青海2-4
レ ミルフォイユ ドゥ リベルテ 五反田店（広斗が赤い薔薇を買っていた生花店）〔10〕	東京都品川区東五反田5-27
メゾン ポール・ボキューズ 東京・代官山（志麻が見合い相手と食事をしていたレストラン）〔10〕	東京都渋谷区猿楽町17
Grazia 池袋本店（桜、志麻、美樹がパックとマッサージをしていたエステサロン）〔10〕	東京都豊島区南池袋2-27
MAXスポーツスタジアム相模原（凛太郎が桜を探しに行ったバッティングセンター）〔10〕	神奈川県相模原市中央区横山台1-32

アートグレイスウエディングシャトー〈移転前〉（美樹と公平の結婚式が行われたチャペル，美樹と公平の結婚披露宴が行なわれたところ）〔終〕	埼玉県さいたま市北区宮原町1-9
晴海大橋（桜が裸足で走り始めた橋）〔終〕	東京都中央区晴海2-6
OASIS飯田橋店の裏口（広斗が勇介に会いに行ったパチンコ店の前）〔終〕	東京都新宿区神楽坂1-12
播磨坂（「SOBAR エンドウ」へ向かう桜が歩いていたところ，桜と千代子がベンチに座って話をしていたところ，弁当を買った桜が千代子と出会ったところ）〔終〕	東京都文京区小石川4-16
晴海大橋（BMX All Japan Cup 2013の会場へ向かう桜が渡っていた橋）〔終〕	東京都江東区豊洲6-4
ムラサキスポーツ map's Tokyo（BMX All Japan Cup 2013の会場）〔終〕	東京都足立区千住関屋町19
みなとみらいグランドセントラルタワー（桜が凛太郎を見送ったバスターミナル）〔終〕	神奈川県横浜市西区みなとみらい4-6

ラストレター（映画）

［公　開］2020年1月

［スタッフ］監督・脚本・原作：岩井俊二

［出　演］松たか子（岸辺野裕里），広瀬すず（遠野鮎美/遠野未咲），庵野秀明（岸辺野宗二郎），森七菜（岸辺野颯香），小室等（波止場正三），水越けいこ（岸辺野昭子），木内みどり（遠野純子），鈴木慶一（遠野幸吉），豊川悦司（阿藤），中山美穂（サカエ），福山雅治（乙坂鏡史郎），神木隆之介（乙坂鏡史郎：高校生時代）〔ほか〕

ロケ地・場面	所在地
東一市場（阿藤が暮らすアパートやサカエのスナックがある路地）	宮城県仙台市青葉区一番町4-5
宮城学院女子大学図書館（裕里が働く図書館）	宮城県仙台市青葉区桜ケ丘9-1-1
常盤木学園高校（仲多賀井高校）	宮城県仙台市青葉区小田原4-3-20
ホテルメトロポリタン仙台（仲多賀井高校の同窓会会場）	宮城県仙台市青葉区中央1-1-1
カフェモーツァルトアトリエ（裕里が鏡史郎に手紙を書いたカフェ）	宮城県仙台市青葉区米ケ袋1-1-12
米ケ袋遊歩道（裕里が犬を散歩させた道路）	宮城県仙台市青葉区米ケ袋3
仙台駅東口（裕里と鏡史郎が連絡先を交換した場所）	宮城県仙台市宮城野区榴岡2-5-26
太白区向山のポスト（裕里が正三の家で書いた手紙を投函したポスト）	宮城県仙台市太白区向山3-10
愛宕神社（裕里と子どもたちが祖母を探した神社）	宮城県仙台市太白区向山4-17-1
八木山南団地（正三の家の近くのバス停）	宮城県仙台市太白区八木山南
緑ケ丘の住宅街（正三の家がある住宅街）	宮城県仙台市太白区緑ケ丘
泉区紫山のポスト（裕里が手紙を投函したポスト）	宮城県仙台市泉区紫山3
武家屋敷（裕里が姉・未咲を鏡史郎に紹介した場所）	宮城県白石市西益岡町6-52
文殊山 大聖寺（未咲の葬儀会場）	宮城県白石市大鷹沢三沢落合64
ふれiデッキ（鏡史郎が母校を訪ねたところ）	宮城県白石市沢端町
沢端川（高校時代の生物部の活動場所）	宮城県白石市沢端町

白石高校旧校舎近くの丁字路（鏡史郎を鮎美と颯香が見送った場所）	宮城県白石市南町1-5
宮城県岩出山高校（仲多賀井高校）	宮城県大崎市岩出山城山2-1
滑津大滝（未咲の葬儀が行われた寺の側にある滝）	宮城県刈田郡刈田郡七ヶ宿町陝ノ窪

ラッキーセブン（ドラマ）

［公　開］2012年1月～3月

［スタッフ］脚本：早船歌江子, 野木亜紀子, 金沢達也, 宇田学, シリーズ構成：佐藤信介

［出　演］松本潤（時多駿太郎），瑛太（新田輝），大泉洋（旭淳平），松嶋菜々子（藤崎瞳子），仲里依紗（水島飛鳥），角野卓造（筑紫昌義），入来茉里（茅野メイ）〔ほか〕

ロケ地・場面	所在地
シャングリ・ラ ホテル 東京（駿太郎が美香と泊ったホテル, 飛鳥が駿太郎と美香の写真を撮ろうとしていたホテルのロビー, 輝が駿太郎にスカーフを渡したホテルのエレベーターホール）〔1〕	東京都千代田区丸の内1-8
品川インターシティフロントビルの南側（輝が駿太郎を突き飛ばした交差点）〔1〕	東京都港区港南2-14
港清掃工場の西側（駿太郎と淳平が車を止めて監視していたところ）〔1〕	東京都港区港南5-8
港清掃工場の北側（輝が松浦拓巳を尾行し始めたところ）〔1〕	東京都港区港南5-8
フジテレビ湾岸スタジオの地下駐車場（輝が待機していたホテルの地下駐車場, 輝が駿太郎と美香のキスシーンを撮影した地下駐車場）〔1〕	東京都江東区青海2-3
酒井理髪店の2階（北品川ラッキー探偵社が入居している建物）〔1〕	東京都品川区東大井2-25
東品川海上公園（駿太郎が求人誌を見ていた公園）〔1〕	東京都品川区東品川3-9
京浜急行北品川駅南側の踏切（輝が駿太郎を振り切った踏切）〔1〕	東京都品川区北品川1-25
北品川本通り商店街（輝と駿太郎が走っていた商店街）〔1〕	東京都品川区北品川1-28
北品川1丁目の階段（輝を追って駿太郎が降りていた階段）〔1〕	東京都品川区北品川1-3付近
北品川1丁目の歩道橋（駿太郎が輝を追いかけていた歩道橋）〔1〕	東京都品川区北品川1-5付近
北品川公園（駿太郎が輝を追って走り抜けた公園）〔1〕	東京都品川区北品川2-12
法禅寺（輝と駿太郎が走っていた寺の境内と墓地脇の路地）〔1〕	東京都品川区北品川2-2
栃木県産業技術センター（輝がインターンとして潜入した「ステラバイオ社」）〔2〕	栃木県足利市西宮町2870
外堀通りの土橋交差点（佐々岡を尾行する駿太郎と飛鳥が渡った横断歩道）〔2〕	東京都中央区銀座8-3
コルティーレ銀座Ⅳビル（佐々岡が入ったビル, 駿太郎がしゃがんでいたビルの前）〔2〕	東京都中央区銀座8-5

隅田川テラス（駿太郎と飛鳥が佐々岡の妻・美紀と話をした川辺のテラス）〔2〕	東京都中央区新川2-32
御楯橋（駿太郎と輝が男達を追って渡った橋）〔2〕	東京都港区港南1-6
シントミビルの北東側（駿太郎が輝と落ち合った交差点）〔2〕	東京都港区港南2-6
JR東海道本線の高架下（佐々岡を尾行する駿太郎と飛鳥が歩いていた高架下）〔2〕	東京都港区新橋1-3
銀座ナイン1号館の脇（尾行がばれそうになった駿太郎と飛鳥がいちゃついて誤魔化したところ）〔2〕	東京都港区新橋1-4
JR東海道新幹線高架下の新橋駅銀座口交差点の横断歩道（佐々岡を尾行する駿太郎と飛鳥が渡っていた高架下の横断歩道）〔2〕	東京都港区新橋2-17
国際交流館プラザ平成の北側（駿太郎と輝が男達と格闘したところ）〔2〕	東京都江東区青海2-2
産業技術総合研究所の南側（駿太郎と輝が佐々岡の本当の姿を峯岸に報告しに行ったところ）〔2〕	東京都江東区青海2-3
豊洲フロント付近（輝と佐々岡が別れたところ）〔2〕	東京都江東区豊洲3-2
一龍 屋台村（駿太郎や輝たちが祝杯を挙げていた居酒屋）〔2〕	東京都品川区東品川1-1
スイーツパラダイス SoLaDo原宿店（輝と佐々岡がケーキを食べていた店）〔2〕	東京都渋谷区神宮前1-8

西武園ゆうえんち（駿太郎が弥生を連れて行った遊園地）〔3〕	埼玉県所沢市大字山口2964
Ryuduki（駿太郎と弥生が箕輪に会いに行ったラウンジ）〔3〕	東京都墨田区江東橋4-25
restaurant REGINA（淳平が紗江を待っていたレストラン）〔3〕	東京都墨田区江東橋4-25
北品川橋（弥生を追う駿太郎が不審者と思われた橋の上，飛鳥が紗己子を見失った橋の上，紗己子を追っていた飛鳥と輝が出会ったところ）〔3〕	東京都品川区東品川1-1
品川浦公園前の八つ山通り（飛鳥が紗己子を尾行していたところ，淳平が紗江に尾行をばれてしまったところ）〔3〕	東京都品川区東品川1-7
天妙国寺（駿太郎が犬のチエミを捕まえようとしていた寺の境内）〔3〕	東京都品川区南品川2-8
国際製菓専門学校（輝と淳平が潜入した料理学校イタイ，駿太郎が弥生にチエミを奪われたところ）〔3〕	東京都立川市曙町1-32
東海道貨物線・新幹線引込線の下付近（駿太郎が輝を見つけた船が係留されていたところ）〔4〕	東京都港区港南5-1
東京メトロ有楽町線豊洲駅1a出入口（輝が下っていった階段）〔4〕	東京都江東区豊洲3-3
東品川海上公園（駿太郎と飛鳥が輝のことを話しながら歩いていた公園，駿太郎が寝そべっていた水辺の公園）〔4〕	東京都品川区東品川3-9

料亭やよい（輝が盗撮していた「料亭あやめ」）〔4〕	神奈川県川崎市高津区二子1-20
JR東海道本線の港町架道橋の下（林原に金を渡した男を輝が追っていたトンネル）〔5〕	東京都港区海岸1-3
東京ガス本社ビルの南側付近（料亭の前にいた車が止っているのを輝が見たところ）〔5〕	東京都港区海岸1-5
HairSalon OKUYAMA（筑紫が聞き込みに行った理容店）〔5〕	東京都港区芝大門2-1
汐留シティセンターの前（駿太郎と輝が別れたところ）〔5〕	東京都港区東新橋1-5
海老沼精肉店（駿太郎が輝のことを聞きに行った精肉店）〔5〕	東京都葛飾区堀切4-8
フジテレビ（飛鳥が駿太郎にクイズ番組のことを話したところ）〔6〕	東京都港区台場2-4
フジテレビ湾岸スタジオ（駿太郎が訪れたテレビ局のエントランス，駿太郎が祐希守を脅迫していた男を捕まえたテレビ局の屋上，真壁リュウのイベントが行われたところ）〔6〕	東京都江東区青海2-3
天王洲アイル橋南詰付近の東品川海上公園（淳平が飛鳥からの電話を受けたところ，筑紫と電話で話をした駿太郎が異変に気付いたところ）〔6〕	東京都品川区東品川3-9
学士会館前（筑紫が淳平と電話で話をしていたところ）〔7〕	東京都千代田区神田錦町3-28
白山通り（筑紫が淳平と電話で話をしていたところ）〔7〕	東京都千代田区神田神保町1-103

Wビル前の海岸通り（淳平が筑紫と電話で話をしていたところ）〔7〕	東京都港区港南1-8
晴海通り（駿太郎が淳平の車に乗ったところ）〔7〕	東京都江東区豊洲3-2
東品川海上公園（駿太郎と淳平がトメと話をしていた公園）〔7〕	東京都品川区東品川3-9
重乃湯（淳平が訪れた銭湯）〔7〕	東京都大田区羽田3-16
東京国際空港の第1旅客ターミナルビル〈ビッグバード〉（陽子が勤務している空港のロビー，淳平が桐原と出会った空港のロビー）〔7〕	東京都大田区羽田空港3-3
東京国際空港の第1旅客ターミナルビル〈ビッグバード〉のギャラクシーホール（陽子が淳平のお見合い写真を見たところ，淳平と陽子が話をしていたカフェ）〔7〕	東京都大田区羽田空港3-3
東京国際空港の第1旅客ターミナルビル〈ビッグバード〉の南端付近（淳平が陽子を待っていたビルの前，陽子が淳平の車に乗ったところ）〔7〕	東京都大田区羽田空港3-3
JALメンテナンスセンター（陽子がゴミ袋から携帯電話を見つけたところ）〔7〕	東京都大田区羽田空港3-5
JALメンテナンスセンター1の屋上（淳平と陽子が話をしていた屋上）〔7〕	東京都大田区羽田空港3-5
とげぬき地蔵尊 高岩寺（筑紫が訪れた寺の境内）〔7〕	東京都豊島区巣鴨3-35

慈雲堂内科病院（トメが訪れた病院の外観）〔7〕	東京都練馬区関町南4-14
汐留ビル（駿太郎がターゲットの男を見張っていたビル，飛鳥がターゲットの男に監視を気付かれたビルの前）〔8〕	東京都港区海岸1-2
新港南橋（淳平がバイクで渡った橋）〔8〕	東京都港区港南1-6
JR品川駅港南口前（飛鳥がティッシュ配りをしていたところ）〔8〕	東京都港区港南1-9
品川インターシティと品川グランドコモンズの間にある「セントラルガーデン」（飛鳥が誠からのメールを受信したところ，淳平が桐原、後藤と話をしたところ）〔8〕	東京都港区港南2-15〜16
品川サンケイビルの前（淳平がバイクを借りたところ）〔8〕	東京都港区港南2-4
新港南橋の東詰付近（バイクを止めた淳平が後藤に電話を掛けていたところ）〔8〕	東京都港区港南3-5
東品川海上公園（駿太郎と飛鳥が話をしていた公園，飛鳥が誠にチケットを返して別れたところ）〔8〕	東京都品川区東品川3-9
天妙国寺（誠が飛鳥にワシントン行きのチケットを渡した寺の境内，誠が飛鳥と電話で話をしていたところ）〔8〕	東京都品川区南品川2-8
中華麺舗 虎（飛鳥と誠が話をしていた中華料理店）〔8〕	東京都大田区矢口1-6
BARすがはらの前（月子が代議士との写真を撮られたところ）〔8〕	東京都渋谷区円山町25
ホテル グランドアーク半蔵門の「LOUNGE LA MER」（瞳子が父の手帳を受け取ったラウンジ）〔9〕	東京都千代田区隼町1
Wビル前の海岸通り（淳平が車に乗ったところ）〔9〕	東京都港区港南1-8
薩田ビルの前（瞳子が車で連れ去られたところ）〔9〕	東京都港区浜松町1-21
ヨシミビルの北側（淳平が襲われていたところ）〔9〕	東京都港区浜松町1-22
北品川橋（駿太郎と瞳子が話をしていた橋の上）〔9〕	東京都品川区東品川1-1
品川浦公園（駿太郎がベンチに座った公園）〔9〕	東京都品川区東品川1-7
八ツ山アンダーパス付近（帽子をかぶった男が白い手袋を付けた男からの電話を受けたところ）〔9〕	東京都品川区北品川1-3
BAY QUARTER YOKOHAMA（駿太郎と史織がデートしていたところ，史織がストーカーに襲われたところ）〔9〕	神奈川県横浜市神奈川区金港町1
八景島シーパラダイスの「アクアミュージアム」（桐原が淳平に16年前のことを聞こうとした水族館）〔9〕	神奈川県横浜市金沢区八景島
エム・ベイポイント幕張〈旧NTT幕張ビル〉（八神コーポレーションの外観，駿太郎、飛鳥、筑紫が潜入した八神コーポレーションのビル内）〔終〕	千葉県千葉市美浜区中瀬1-6

エム・ベイポイント幕張〈旧NTT幕張ビル〉の南東側（手帳が落ちていた柳原児童公園の砂場，筑紫が貸金庫の鍵を拾った柳原児童公園の砂場）〔終〕	千葉県千葉市美浜区中瀬1-6
桜田通り〈国道1号線〉三田国際ビルヂング東側（駿太郎、瞳子、飛鳥、淳平、筑紫、メイが歩いていた東京タワーが見えるところ）〔終〕	東京都港区三田1-4
JR上野駅の東側（筑紫とメイが車で待機していたところ）〔終〕	東京都台東区上野7-1
JR上野駅前のペデストリアンデッキ（飛鳥が史織に瞳子の父・藤崎眞人の手帳を渡した広町二丁目交差点）〔終〕	東京都台東区上野7-1
フジテレビ湾岸スタジオの屋上（衛星写真に神社が写っていた八神コーポレーションの屋上，駿太郎が貸金庫の鍵を見つけた八神コーポレーション屋上の神社）〔終〕	東京都江東区青海2-3
桜田通り〈国道1号線〉（ハイブリッドペンが移動していたところ）〔終〕	東京都品川区東五反田1-2
船の科学館に展示されている南極観測船「宗谷」（駿太郎と飛鳥が潜入した第二青峻丸の船内）〔終〕	東京都品川区東八潮3
品川埠頭（GPS信号が途絶えたコンテナヤード付近）〔終〕	東京都品川区東品川5-3

ラッキーセブン スペシャル（ドラマ）

［公　開］2013年1月3日

［スタッフ］脚本：井上由美子

［出　演］松本潤（時多駿太郎），瑛太（新田輝），松嶋菜々子（藤崎瞳子），大泉洋（旭淳平），仲里依紗（水島飛鳥），角野卓造（筑紫昌義），入来茉里（茅野メイ），石原さとみ（栗原みづき）〔ほか〕

ロケ地・場面	所在地
茨城県庁（駿太郎がみづきに声を掛けた渡り廊下，駿太郎が隆造を見たところ，駿太郎が隆造の乗ったタクシーを追いかけたところ）	茨城県水戸市笠原町978
つくば国際会議場の中ホール（駿太郎が訪れた天野のセミナー会場，暴漢に襲われそうになったみづきを駿太郎が助けたところ）	茨城県つくば市竹園2-20
亀屋栄泉（和菓子店「わくなが」）	埼玉県川越市幸町5
泉谷中学校の北側付近（パトカーを見た駿太郎が道路の下へ飛び降りたところ，駿太郎がスケートボードを見つけたところ）	千葉県千葉市緑区おゆみ野中央4-2
初石1号公園（駿太郎が輝を見つけた公園）	千葉県流山市東初石2-233
フジテレビ湾岸スタジオ（駿太郎と輝が天野とみづきの写真を撮っていたテレビ局の前）	東京都江東区青海2-3
日本科学未来館（駿太郎が訪れた天野のセミナー会場受付）	東京都江東区青海2-41
桐畑地下道（輝が磯部を追って下った階段，輝が格闘した地下通路）	東京都品川区大井6-21
酒井理髪店の2階（北品川ラッキー探偵社）	東京都品川区東大井2-25
北品川橋（駿太郎が座り込んでいた橋の上）	東京都品川区東品川1-1
Bar Star Dust（筑紫が磯部に会いに行ったバー「アキレス」）	神奈川県横浜市神奈川区千若町2-1

LEONE MARCIANO（飛鳥とメイが駿太郎と天野の会話を傍受していたところ）	神奈川県横浜市西区みなとみらい4-6
MMテラスの「mm THAI」前（駿太郎とみづきが話をしていたテラス席）	神奈川県横浜市西区みなとみらい4-6
みなとみらいグランドセントラルタワー（天野幸一コンサルティングが入居している高層ビル）	神奈川県横浜市西区みなとみらい4-6
横浜 菊秀（湧永がナイフを見ていた店）	神奈川県横浜市中区伊勢佐木町2-11
静岡がんセンター（駿太郎が隆造を見舞いに行った病院）	静岡県駿東郡長泉町下長窪1007

らんまん（ドラマ）

［公　開］2023年4月～9月

［スタッフ］脚本：長田育恵

［出　演］神木隆之介（槙野万太郎），浜辺美波（西村寿恵子），志尊淳（竹雄），佐久間由衣（槙野綾），笠松将（幸吉），中村里帆（たま），島崎和歌子（楠野喜江），寺脇康文（池田蘭光），広末涼子（槙野ヒサ），松坂慶子（槙野タキ），牧瀬里穂（西村まつ），宮澤エマ（笠崎みえ），池内万作（阿部文太），大東駿介（倉木隼人），成海璃子（倉木えい），池田鉄洋（及川福治），安藤玉恵（江口りん），山谷花純（宇佐美ゆう），中村蒼（広瀬佑一郎），田辺誠一（野田基善），いとうせいこう（里中芳生）〔ほか〕

ロケ地・場面	所在地
天神の森 天神社（槙野万太郎が坂本龍馬に会った巨木のある神社）〔1〕	千葉県匝瑳市飯高
飯高神社（槙野万太郎が坂本龍馬に会った神社の鳥居）〔1〕	千葉県匝瑳市飯高475
伊尾木洞（槙野万太郎がヤマトグサを見つけた渓谷）〔1〕	高知県安芸市伊尾木117
佐川ナウマンカルスト（槙野万太郎と広瀬佑一郎が池田蘭光に連れられて行ったカルスト台地）〔2〕	高知県高岡郡佐川町甲
牧野公園物見岩（峰屋のある街を見渡す丘（古い町並みはCG合成））〔2〕	高知県高岡郡佐川町甲2458
酒造の道（峰屋のある街の道）〔2〕	高知県高岡郡佐川町甲上町
青源寺（槙野万太郎が通う名教館）〔2〕	高知県高岡郡佐川町佐川町甲1460
仁淀川（槙野万太郎と広瀬佑一郎が池田蘭光に連れられて行った川（横畠橋はCGで消去））〔2〕	高知県高岡郡越知町横畠東
七つ洞公園（槙野万太郎と井上竹雄が渡っていた石造りの橋）〔3〕	茨城県水戸市下国井町2243
旧水海道小学校本館（槙野万太郎が訪れた博物館）〔3〕	茨城県水戸市緑町2-1-15
牛久シャトー（上野の博覧会会場）〔3〕	茨城県牛久市中央3-20-1
里川に架かる落合橋（槙野綾が渡っていた木造の橋）〔4〕	茨城県常陸太田市落合町
埼玉県立深谷商業高等学校（東京大学）〔7〕	埼玉県深谷市原郷80
臨江閣（槙野万太郎が田邊彰久に同行していった演奏会の会場）〔9〕	群馬県前橋市大手町3-15-3
穂積家住宅（牧野万太郎が病気の桜を見に行った千石屋）〔13〕	茨城県高萩市上手綱2337-1
仁淀川に架かる久喜沈下橋（槙野万太郎と槙野寿恵子と井上竹雄が話をしていた川）〔13〕	高知県吾川郡仁淀川町相能

杉原神社（槙野万太郎と槙野寿恵子と井上竹雄が登った横倉山の神社）〔13〕	高知県高岡郡越知町越知丁
小石川植物園本館（槙野万太郎が理学博士授与の講演を行った会場）〔終〕	東京都文京区白山3-7-1
古河公方公園 南側の池（槙野万太郎が十徳長屋の人たちと植物採集した池）	茨城県古河市鴻巣399-1
ワープステーション江戸（峰屋のある街並み）	茨城県つくばみらい市南太田1176
四国カルスト 姫鶴牧場（オープニングで槙野万太郎が立っていた見晴らしの良い高原）	愛媛県上浮穴郡久万高原町西谷
牧野植物園〈南園の旧竹林寺の石垣と結網山〉（オープニングで槙野万太郎が歩いていた石垣）	高知県高知市五台山4200-6
中仁淀橋付近の仁淀川〈かぶと状の山は横倉山〉（オープニングで槙野万太郎が立っていた川）	高知県高岡郡越知町越知甲
横倉山 畝傍山眺望所（オープニングの最後に出てきた山）	高知県高岡郡越知町五味
四国カルスト（オープニングで槙野万太郎が歩いていたカルスト台地）	高知県高岡郡津野町
天狗高原（オープニングで槙野万太郎が空を飛んでいた草原）	高知県高岡郡津野町芳生野

リーガル・ハイ（2012年）（ドラマ）

［公　開］2012年4月～6月

［スタッフ］脚本：古沢良太

［出　演］堺雅人（古美門研介），新垣結衣（黛真知子），生瀬勝久（三木長一郎），小池栄子（沢地君江），里見浩太朗（服部），田口淳之介（加賀蘭丸），矢野聖人（井手孝雄）〔ほか〕

ロケ地・場面	所在地
市川市立里見公園（真知子と研介が訪れた公園）〔1〕	千葉県市川市国府台3-9
千代田区猿楽町町会詰所（服部が警察官と話をしていた南浅草警察署浅草公園八区交番の前）〔1〕	東京都千代田区猿楽町2-3
昭和通りを跨ぐ「昭和通り銀座歩道橋」（真知子が立っていた歩道橋の上）〔1〕	東京都中央区銀座8-14
虎ノ門ツインビルディング（古美門と真知子が羽生と再会した検察庁のロビー）〔1〕	東京都港区虎ノ門2-10
スタジオアルタの「ALTA VISION」（加賀のインタビューが放映されていた壁面テレビ）〔1〕	東京都新宿区新宿3-24
新宿オークシティ（真知子が所属する三木法律事務所が入居しているビルの外観，君江が真知子に古美門を紹介したエレベーター）〔1〕	東京都新宿区西新宿6-10
隅田川に架かる桜橋（真知子、蘭丸、服部が落ち合った橋の上）〔1〕	東京都台東区今戸1-1
国立科学博物館（真知子たちが署名活動をしていた裁判所の前，真知子が「無罪」と書かれた紙を出した裁判所の前，古美門が真知子にクビを宣告した裁判所内，古美門が報道陣に囲まれた裁判所の前）〔1〕	東京都台東区上野公園7

浅草 仲見世商店街（真知子が歩いていた参道）〔1〕	東京都台東区浅草1
東京メトロ銀座線浅草駅2番出入口（真知子が上ってきた地下鉄の出入口）〔1〕	東京都台東区雷門2-19
東京国際交流館プラザ平成（城西警察署の外観）〔1〕	東京都江東区青海2-2
関鉄工所（真知子が訪れたメッキ工場）〔1〕	東京都大田区大森西4-17
日本エッチング（真知子が訪れたメッキ工場）〔1〕	東京都大田区本羽田2-8
神宮前トーラス（羽生、磯貝、本田ジェーンの「ネクサス法律事務所」が入居しているビル）〔1〕	東京都渋谷区神宮前5-17
三井不動産渋谷ファーストタワー（三木法律事務所内の会議室があるフロア）〔1〕	東京都渋谷区東1-2
荒川の堤防（古美門がスキップしていたところ）〔1〕	東京都足立区日ノ出町
東京拘置所（東京拘置所の外観）〔1〕	東京都葛飾区小菅1-35
新浦安カルチャープラザ（古美門と真知子が小枝子に会いに行ったピアノの教室, ボニータが小枝子に会いに行ったピアノ教室）〔2〕	千葉県浦安市入船1-2
境川に架かるしおかぜ歩道橋付近（小枝子と別れたボニータが歩いていた水辺, ボニータが小枝子を待っていたところ）〔2〕	千葉県浦安市猫実2-1
弁護士会館（真知子が案件を取りに行った弁護士会館）〔2〕	東京都千代田区霞が関1-1

wine & bar bb.（古美門と真知子が三木に会いに行ったクラブ）〔2〕	東京都港区六本木3-9
Camelot Hills（榎戸が美由紀を連れ去った結婚式場）〔3〕	埼玉県さいたま市北区別所町36
西武ドーム（望月ミドリが追い出された球場）〔3〕	埼玉県所沢市上山口2135
BAR 5517（古美門と蘭丸が話をしていたバー）〔3〕	東京都中央区銀座5-5
おしお 和店（真知子が熊井から相談を受けた同窓会の会場）〔3〕	東京都中央区月島1-21
三田ベルジュビル（熊井がほのかと出会ったユニバース石油の受付）〔3〕	東京都港区芝5-36
FUNGO DINING西新宿店（真知子が相沢に手作りのチョコレートを渡した店）〔3〕	東京都新宿区西新宿6-16
浅草寺の境内（古美門が走っていた寺の境内）〔3〕	東京都台東区浅草2-3
一橋大学（真知子が相沢の講義を受けていた教室, 真知子が相沢を待ち伏せしていた建物の前）〔3〕	東京都国立市中2-1
青梅信用金庫 福生支店（榎戸が美由紀に声を掛けられた銀行のATMコーナー, 榎戸が美由紀を待ち伏せしていた銀行の前）〔3〕	東京都福生市本町76
多摩センター駅前の歩道橋（ほのかが熊井から花束を受け取った歩道橋）〔3〕	東京都多摩市落合1-41
横浜国際プール（真知子と子供たちが到着したところ）〔3〕	神奈川県横浜市都筑区北山田7-3

宮前美しの森公園の北側（真知子がバスを待っていた美丘1丁目バス停）〔3〕	神奈川県川崎市宮前区犬蔵2-36
境川に架かる橋（町内会長の家を出た古美門と真知子が渡っていた橋）〔4〕	千葉県浦安市猫実4-1
庚申通り入口（反対派住民たちがビラを配っていたところ）〔4〕	千葉県浦安市猫実4-13
旧宇田川家住宅の前付近（久美子や町内会長たちがビラを配っていたところ）〔4〕	千葉県浦安市堀江3-4
丸政建材（古美門が真知子を連れて行った寺田工務店）〔4〕	千葉県浦安市堀江4-15
東京レジャーランド秋葉原2号店（蘭丸が西平なつの息子とゲームをしていたところ）〔4〕	東京都千代田区外神田4-3
純喫茶 丘（古美門が反対派住民の一人を丸め込んだ喫茶店）〔4〕	東京都台東区上野6-5
国立科学博物館（羽生が真知子に付いていたカナブンを採った裁判所の前）〔4〕	東京都台東区上野公園7
国立科学博物館の北側（現場検証へ向かう古美門、真知子、羽生、別府が車に乗ったところ）〔4〕	東京都台東区上野公園7
宮下公園（羽生が仲裁して一緒にセッションをしていたところ）〔4〕	東京都渋谷区渋谷1-26
山野美容専門学校（古美門と真知子が訪れた島津エステート）〔4〕	東京都渋谷区代々木1-53
甘味かどや（古美門が反対派住民の女性を丸め込んだ店）〔4〕	東京都足立区西新井1-7
エム・ベイポイント幕張〈旧NTT幕張ビル〉（現在の「アジサイカンパニー」）〔5〕	千葉県千葉市美浜区中瀬1-6
パレスサイドビル（辰巳を先頭に検察が家宅捜索に入ったビル）〔5〕	東京都千代田区一ツ橋1-1
アンジェロ（蘭丸と君江が食事をしたレストラン）〔5〕	東京都中央区銀座7-2
理容清水（辰巳が新聞を見ていた理髪店，古美門が辰巳と話をしていた理髪店，三木が辰巳と話をしていた理髪店）〔5〕	東京都中央区日本橋室町1-6
JR東海道本線の港町架道橋の下（蘭丸が君江にねじ伏せられたトンネル）〔5〕	東京都港区海岸1-3
新宿モノリス（蘭丸が君江を尾行し始めたところ）〔5〕	東京都新宿区西新宿2-3
三井のリパーク東浅草2丁目第2（田向たちが集った、かつて「あじさい文具」があったところ）〔5〕	東京都台東区東浅草2-17
濃飛倉庫運輸の深川輸送センター営業所（古美門と真知子が訪れた富樫の元秘書が働いている運送会社）〔5〕	東京都江東区枝川1-7
シンボルプロムナード公園のウエストプロムナード（素夫が古美門が嫌いだと言ったところ）〔5〕	東京都江東区青海2-4
東品川海上公園（蘭丸が田向と話をしたところ）〔5〕	東京都品川区東品川3-9
松本記念音楽迎賓館（富樫邸）〔5〕	東京都世田谷区岡本2-32

表参道（田向の妻と娘が高級ブランドの紙袋を提げて走っていたところ）〔5〕	東京都渋谷区神宮前5-8
喫茶シルビア（古美門と真知子が吉岡と話をした喫茶店，辰巳が吉岡と話をしていた喫茶店）〔5〕	東京都足立区西新井栄町2-7
小田急線はるひ野駅前（黛素夫が真知子を待っていた駅前）〔5〕	神奈川県川崎市麻生区はるひ野5-8
ロイヤルガーデンカフェ青山の前付近（真知子がバッグから卒業文集を取り出したところ）〔6〕	東京都港区北青山2-1
青山通り〈国道246号線〉（真知子が圭子と君江に出会ったところ）〔6〕	東京都港区北青山2-3
ガスライト 四谷（真知子、圭子、君江が女子会をしていた店）〔6〕	東京都新宿区四谷2-13
世界堂新宿本店（蘭丸が滝口に声を掛けた画材店）〔6〕	東京都新宿区新宿3-1
新宿オークシティ（古美門、真知子、神林が乗っていたエレベーター）〔6〕	東京都新宿区西新宿6-10
OCOMO（古美門と真知子が訪れたお好み焼き店）〔6〕	東京都台東区浅草1-10
浅草寺本堂の南西付近（真知子が泣きながら歩いていたところ）〔6〕	東京都台東区浅草2-3
柴沼醤油醸造（徳松醤油の外観）〔7〕	茨城県土浦市虫掛374
栃木県庁昭和館（裁判所の外観）〔7〕	栃木県宇都宮市塙田1-1
松風楼 松屋の「不動の湯」（古美門と真知子が三木たちと出会った露天風呂）〔7〕	栃木県那須塩原市塩原168

千葉県立房総のむら武家屋敷にある「腕木門」（逃げだそうとした古美門を真知子が待ち構えていた門）〔7〕	千葉県印旛郡栄町龍角寺1028
やまや（オカメインコが逃げた中華料理店）〔7〕	東京都江東区森下3-5
NISHIann cafe（オーガニックカフェ Cafe Pixy）〔7〕	東京都世田谷区岡本1-6
地蔵山野営場（スタジオ小春日和）〔7〕	東京都八王子市堀之内802
クロスガーデン多摩の東側（真知子と羽生が歩いていたところ）〔7〕	東京都多摩市落合2-33
曲家資料館の前（古美門、真知子、羽生たちがバスを降りた「ふるさと館」前）〔8〕	福島県南会津郡南会津町前沢
大山商店（「セブン・セブン」の外観）〔8〕	福島県南会津郡南会津町湯ノ花352
国立科学博物館の北側（清蔵がタクシーを止めようとしていた裁判所の前）〔8〕	東京都台東区上野公園7
浴風会本館（調停が行なわれた裁判所内の部屋）〔8〕	東京都杉並区高井戸西1-12
パン パシフィック 横浜ベイホテル東急（古美門と真知子がメイに会いに行ったホテルの部屋）〔8〕	神奈川県横浜市西区みなとみらい2-3
旧安田善次郎邸（古美門清蔵が住む古美門邸）〔8〕	神奈川県中郡大磯町496
城山公園からの風景（桜島が見える鹿児島の風景）〔8〕	鹿児島県鹿児島市城山町22
かずさアカデミアホール（南モンブラン市ふるさとふれあいセンター）〔9〕	千葉県木更津市かずさ鎌足2-3

東北・上越新幹線の高架沿い（真知子が男達に追いかけられたところ）〔9〕	東京都千代田区鍛冶町2-11
最高裁判所（最高裁判所の外観）〔9〕	東京都千代田区隼町4
珈琲タイムス（春夫がホテルニュー南モンブランに勤める息子と話をした喫茶店）〔9〕	東京都新宿区新宿3-35
東京ビジネスホテル（ホテルニュー南モンブラン）〔9〕	東京都新宿区新宿6-3
東京国立博物館の本館（古美門と真知子が羽生と出会った最高裁判所内の階段）〔9〕	東京都台東区上野公園13
喫茶トロント（蘭丸が判事のミルクをすり替えた喫茶店）〔9〕	東京都台東区入谷1-6
荒川の堤防（古美門と真知子が歩いていたところ）〔9〕	東京都足立区日ノ出町
国立市立国立第六小学校（優慶大学付属小学校）〔9〕	東京都国立市谷保6600
かずさアカデミアホール（古美門、真知子、蘭丸がビデオ撮影をしていたところ）〔10〕	千葉県木更津市かずさ鎌足2-3
グランパークタワー（古美門と真知子が八木沼を待っていた仙羽化学のロビー）〔10〕	東京都港区芝浦3-4
浅草寺の境内（水質検査の結果を持った真知子が通っていた寺の境内, 古美門事務所を辞めた真知子が歩いていた寺の境内）〔10〕	東京都台東区浅草2-3
芝浦工業大学の豊洲キャンパス（真知子が古美門と電話で話をしていた病院の屋上, 古美門が医師に金を渡すのを真知子が見た病院の屋上）〔10〕	東京都江東区豊洲3-7
天王洲アイル橋の北端東品川海上公園〈北側〉（八木沼が弁当を食べていたところ, 真知子が腹痛で倒れたところ）〔10〕	東京都品川区東品川2-6
アパホテル＆リゾート東京ベイ幕張（古美門が「高速回転三所攻め」を待っていたホテルの部屋）〔終〕	千葉県千葉市美浜区ひび野2-3
富士ソフト 秋葉原ビル（佳奈がヘッドハンティングされたフロンティアケミカルラボ）〔終〕	東京都千代田区神田練塀町3
銀座 水響亭（君江が古美門に安藤貴和の髪の毛を渡したバー）〔終〕	東京都中央区銀座7-5
JR品川駅港南口前（人々がインタビューに応えていたところ）〔終〕	東京都港区港南2-14
角筈橋の上（真知子が羽生を見送ったバス停があるところ）〔終〕	東京都新宿区西新宿2-10
新宿オークシティ北側の青梅街道（真知子がタクシーを止めようとしていたところ）〔終〕	東京都新宿区西新宿6-24
国立科学博物館（裁判所の外観, 三木がインタビューに応えていた裁判所の前, 羽生がインタビューに応えていた裁判所の前）〔終〕	東京都台東区上野公園7

ロケ地・場面	所在地
喫茶銀座（真知子と佳奈が食事をしていた喫茶店，真知子が杉浦検事からアドバイスをもらった喫茶店）〔終〕	東京都渋谷区恵比寿南1-3
スポーツクラブ ルネサンス 青砥店（真知子が古美門のランニングマシンにいたずらしたスポーツクラブ）〔終〕	東京都葛飾区青戸6-2
春秋苑（徳永家の墓がある墓地，真知子がDNA鑑定の結果を渡した墓地）〔終〕	神奈川県川崎市多摩区南生田8-1

リーガル・ハイ SP（2013年）（ドラマ）

［公　開］2013年4月13日

［スタッフ］脚本：古沢良太

［出　演］堺雅人（古美門研介），新垣結衣（黛真知子），里見浩太朗（服部），矢野聖人（井手孝雄），生瀬勝久（三木長一郎），小池栄子（沢地君江），田口淳之介（加賀蘭丸），榮倉奈々（藤井みなみ），北大路欣也（勅使河原勲），広末涼子（別府敏子）〔ほか〕

ロケ地・場面	所在地
百穴射撃場（古美門が勅使河原に会いに行った射撃場）	埼玉県比企郡吉見町大字北吉見35
学士会館（別府裁判長の裁判官執務室，古美門が別府に跪いて謝罪した裁判官執務室）	東京都千代田区神田錦町3-28
JRAウィンズ汐留の前（国木田が車を降りたところ，真知子が国木田と女性の写真を撮っていたところ）	東京都港区東新橋2-18
日本聖書神学校〈目白の森の教会 メーヤー記念礼拝堂〉（真知子が訪れた勅使河原邸）	東京都新宿区下落合3-14
東京西徳洲会病院（小暮が入院した病院）	東京都昭島市松原町3-1
白馬リゾートホテル ラ・ネージュ東館（古美門が別府に足を踏まれたホテルのロビー，真知子と服部が訪れたカジノの外観）	長野県北安曇郡白馬村八方和田野の森
白馬リゾートホテル ラ・ネージュ東館のジュニアスイート A Type JA5（古美門が入っていたホテル内のジャグジー）	長野県北安曇郡白馬村八方和田野の森
白馬コルチナスキー場（古美門と服部がスキーをしていたフランス アルプス地方）	長野県北安曇郡小谷村千国乙12860
旧長泉高等学校（うさぎがおか中学校）	静岡県駿東郡長泉町下長窪1005

リーガルハイ・スペシャル（2014年）（ドラマ）

［公　開］2014年11月22日

［スタッフ］脚本：古沢良太

［出　演］堺雅人（古美門研介），新垣結衣（黛真知子），里見浩太朗（服部），大森南朋（九條和馬），吉瀬美智子（中原さやか），生瀬勝久（三木長一郎），小池栄子（沢地君江），田口淳之介（加賀蘭丸）〔ほか〕

ロケ地・場面	所在地
埼玉医科大学国際医療センター（総回診へ向う赤目が歩いていた病院内の廊下，古美門と真知子が総回診の真似をして歩いていた病院内の廊下）	埼玉県日高市山根1397
千葉徳洲会病院（記者たちが赤目院長にインタビューしようとした病院のフロア）	千葉県船橋市高根台2-11
JR線の高架下（九條が記者に情報を渡した高架下）	東京都千代田区鍛治町2-11

グランパークタワーの屋上（君江と蘭丸が闘っていた屋上のヘリポート）	東京都港区芝浦3-4
第二和泉ビル（九條の事務所がある雑居ビル）	東京都港区新橋4-15
国立科学博物館（裁判を終えた真知子と磯貝が話をしていた裁判所内, 裁判所の外観）	東京都台東区上野公園7
「夢の大橋」の上（遊園地からの帰りに広瀬と好美が話をしていたところ）	東京都江東区青海1-4
シンボルプロムナード公園のウエストプロムナード（裁判所を出た古美門と真知子、広瀬と好美、九條とさやかが別れたところ）	東京都江東区青海2-4
JR鶴見線が首都高速神奈川1号線をくぐる高架下付近（さやかが九條に裁判を依頼した高架下）	神奈川県横浜市鶴見区小野町
新栄運輸（九條が訪れたタクシー会社の営業所）	神奈川県横浜市鶴見区平安町1-46
厚木アクストメイン・タワー（東都総合病院の外観）	神奈川県厚木市岡田3050
ゆがわら吉浜霊園（広瀬と好美が墓参りに訪れた墓地）	神奈川県足柄下郡湯河原町吉浜655
富士急ハイランド（広瀬と好美が遊びに行った遊園地）	山梨県富士吉田市新西原5-6

リーガルV ～元弁護士・小鳥遊翔子～（ドラマ）

［公　開］2018年10月～12月

［スタッフ］脚本：橋本裕志

［出　演］米倉涼子（小鳥遊翔子）, 向井理（海崎勇人）, 高橋英樹（京極雅彦）, 小日向文世（天馬壮一郎）, 林遣都（青島圭太）, 菜々緒（白鳥美奈子）, 荒川良々（馬場雄一）〔ほか〕

ロケ地・場面	所在地
犬岩付近（翔子が青島に声を掛けた崖の上）〔1〕	千葉県銚子市犬若11323
東葉高速鉄道北習志野駅（安田勉が麻央への痴漢容疑で捕まった西神田駅）〔1〕	千葉県船橋市習志野台3-1
パレスサイドビル内の廊下（翔子が海崎と出会った警察署内の廊下）〔1〕	東京都千代田区一ツ橋1-1
大橋ビル（麻央が入った英会話教室のビル）〔1〕	東京都千代田区神田多町2-7
バー銀座シュッシュポポン（翔子が駅弁を食べていた「鉄道BARあずさ37」）〔1〕	東京都中央区銀座8-4
南高橋（翔子と青島が渡っていた橋）〔1〕	東京都中央区新川2-20
築地本願寺（翔子が麻央に偽証罪のことを話したところ）〔1〕	東京都中央区築地3-15
カトリック築地教会（翔子が訪れた教会）〔1〕	東京都中央区明石町5
25JANVIER 青山店（翔子が限定バッグを買えなかった店）〔1〕	東京都港区南青山5-11
六本木クラブチック（翔子が面接を受けに行ったキャバクラ）〔1〕	東京都港区六本木3-10
住友不動産六本木グランドタワー（京極が訪れたFelix & Temma法律事務所が入居している高層ビル）〔1〕	東京都港区六本木3-2
安養院（翔子が青島を見た寺の墓地）〔1〕	東京都板橋区東新町2-30

西武有楽町線新桜台駅（翔子、青島、理恵、馬場、京極が目撃者を探していた西神田駅の改札付近）〔1〕	東京都練馬区桜台1
立川商工会議所（京極が訪れた君島化学の役員室）〔1〕	東京都立川市曙町2-38
東京農工大学 小金井キャンパス（京極が最後の講義をした帝國大学）〔1〕	東京都小金井市中町2-24
馬車道大津ビル（京極法律事務所が入居している西神田丸葉ビルの外観）〔1〕	神奈川県横浜市中区南仲通4-43
横浜市大倉山記念館（東京地方裁判所の外観と階段）〔1〕	神奈川県横浜市港北区大倉山2-10
センチュリーコート丸の内（翔子たちと永島が食事をしたレストラン）〔2〕	東京都千代田区丸の内2-1
品川シーズンテラス（太陽製紙, 圭太が城野に証人を依頼した太陽製紙の受付ロビー）〔2〕	東京都港区港南1-2
ホテル街（馬場が松尾の写真を撮ったホテル街）〔2〕	東京都墨田区江東橋4-6付近
晴海通りを跨ぐ歩道橋（翔子が城野を待ち伏せしていた歩道橋）〔2〕	東京都江東区豊洲2-2
JINNAN CAFE 渋谷（明と馬場が太陽製紙のOLと話をしたカフェ）〔2〕	東京都渋谷区神南1-17
八王子紙工（京極が訪れた大松加工）〔2〕	東京都八王子市叶谷町915
津久井湖城山公園（翔子が永島を連れて行った公園）〔2〕	神奈川県相模原市緑区城山2-9
新宿モノリスビル（大鷹が清掃のアルバイトをしていたビルのエントランスホール）〔3〕	東京都新宿区西新宿2-3
ホテルカデンツァ光が丘の大宴会場 ラ・ローズ（天満が挨拶をしていた平成30年度検察監視制度審議会の会場）〔3〕	東京都練馬区高松5-8
ユナイテッド・シネマとしまえん（浅野洋平が防犯カメラに映っていた映画館のロビー）〔3〕	東京都練馬区練馬4-15
御岳登山鉄道（翔子たちが乗っていたケーブルカー）〔3〕	東京都青梅市御岳2-483
青梅市立第六中学校（翔子が杉田に声を掛けた静岡県立浜松高等学校）〔3〕	東京都青梅市小曾木4-2040
アメリカキャンプ村（翔子たちがBBQをしていた川辺）〔3〕	東京都西多摩郡奥多摩町海沢230
大岡川に架かる宮川橋（翔子と大鷹が渡っていた橋）〔3〕	神奈川県横浜市中区宮川町1-12
Hotel La Lune（蟹江が入ったホテル, 翔子と大鷹が蟹江と杉田に声を掛けたホテルの前）〔3〕	神奈川県横浜市中区寿町1-1
まいばすけっと石川町駅前店付近（馬場が蟹江を尾行していたところ）〔3〕	神奈川県横浜市中区松影町2-3
ビューティ&ウェルネス専門職大学〈旧オンワード総合研究所 人材開発センター〉（大鷹が無罪判決記者会見をしていたところ）〔3〕	神奈川県横浜市都筑区牛久保3-9
プレア稲毛ホール（峰島の社葬が行われたところ）〔4〕	千葉県千葉市稲毛区小中台町356

木更津市営霊園（翔子と青島が花を供えに行った峰島の墓がある墓地, 翔子と青島が峰島の備忘録のビデオと遺言書を車の中から見つけたところ）〔4〕	千葉県木更津市矢那3711
バー銀座シュッシュポポン（翔子たちが祝杯を挙げていた店）〔4〕	東京都中央区銀座8-4
築地本願寺（翔子が玲奈と話をした裁判所内, 翔子が海崎と話をした裁判所内）〔4〕	東京都中央区築地3-15
花かんざし（京極が峰島玲奈から弁護を依頼された銀座のクラブ）〔4〕	東京都港区六本木3-8
テレコムセンタービル（海崎が峰島の主治医・島谷譲に声を掛けた空港の出発ロビー）〔4〕	東京都江東区青海2-38
服部牧場（高崎牧場）〔4〕	神奈川県愛甲郡愛川町半原6087
銚子電鉄本銚子駅（正洋が電車を降りた本銚子駅, 武藤望がビラを配っていた本銚子駅）〔5〕	千葉県銚子市清水町
汐彩橋（翔子と青島が渡っていた橋）〔5〕	東京都港区海岸3-3
BAGUS BAR 芝浦アイランド店（翔子と青島が町村に会いに行った店）〔5〕	東京都港区芝浦4-22
汐留北交差点の歩道橋（翔子と青島が歩いていたところ）〔5〕	東京都港区東新橋1-6
アサドール・エル・シエロ（町村の快気祝いが行われていた店, 馬場が隠し撮りをしていた店）〔5〕	東京都港区六本木4-8
五反田味ビル（町村が一人になったところ）〔5〕	東京都品川区東五反田1-16
東京農工大学 小金井キャンパス（明がチラシを配っていた帝國大学の前）〔5〕	東京都小金井市中町2-24
HOTEL The SCENE のデラックスルーム（明と馬場が平山カンナと話をした「HOTELレッドクリフ」の部屋）〔5〕	神奈川県横浜市港北区新横浜1-20
黒崎の鼻（倒れていた町村誠を武藤正洋が見つけたところ）〔5〕	神奈川県三浦市初声町下宮田
黒崎の鼻付近（翔子と青島が歩いていた銚子海岸）〔5〕	神奈川県三浦市初声町下宮田
ザ・ミーツ マリーナテラス（理恵が訪れたローズブライダル）〔6〕	千葉県千葉市中央区中央港1-18
Cafe Dining オレンジ（大鷹がローズブライダルの情報を聞こうとした店）〔6〕	千葉県千葉市中央区登戸1-13
千葉刑務所の東側（白鳥が青島を見た調布刑務所の近く）〔6〕	千葉県千葉市若葉区貝塚町192
CANAL CAFE（翔子が集団訴訟を起こすことを話した水辺のテラス）〔6〕	東京都新宿区神楽坂1-9
桜田通り〈国道1号線〉の歩道（馬場が夏純を双眼鏡で見ていたところ）〔6〕	東京都品川区東五反田5-25
レ ミルフォイユ ドゥ リベルテ 五反田店（花を買った夏純が出てきた生花店）〔6〕	東京都品川区東五反田5-27
川口グリーンセンター（最初の訴訟団が結成されたところ, me too !!集会が行われたところ）〔7〕	埼玉県川口市新井宿700

ザ・ミーツ マリーナテラス（相田が訴訟団に土下座したところ）〔7〕	千葉県千葉市中央区中央港1-18
エム・ベイポイント幕張〈旧NTT幕張ビル〉（馬場が訪れたミカド通信本社ビルの外観）〔7〕	千葉県千葉市美浜区中瀬1-6
泉ガーデンの歩道橋（翔子と白鳥が歩きながら話をしたところ）〔7〕	東京都港区六本木1-5
辰巳の森緑道公園（翔子が歩いていた並木道，調布刑務所へ向かう翔子と青島が歩いていた並木道）〔7〕	東京都江東区辰巳2-9
プラネアール 明大前スタジオ（塩見八重が入院している病室）〔7〕	東京都世田谷区松原1-51
横浜刑務所の前（青島が海崎と出会った調布刑務所の前）〔7〕	神奈川県横浜市港南区港南4-2
川口西公園〈リリアパーク〉（守屋至が市瀬徹を刺殺した公園）〔8〕	埼玉県川口市川口3-1
Sport & Do Resort リソルの森 森のホール（NPO法人貧困を救う会の集会が行われていたところ，翔子と天満が話をしたところ）〔8〕	千葉県長生郡長柄町上野521
メトロプラザ1の西側（翔子が花田に声を掛けた歩道）〔8〕	東京都新宿区歌舞伎町2-13
横浜刑務所の前（青島が翔子と出会った調布刑務所の前）〔8〕	神奈川県横浜市港南区港南4-2
昭和電工川崎事業所本事務所（翔子が観ていた「現場百回」で鎧塚平八が階段を下っていたところ）〔8〕	神奈川県川崎市川崎区扇町5
中屋旅館（翔子が守屋未久に会いに行った旅館）〔8〕	神奈川県厚木市七沢2750
川口オートレース（貧困救済チャリティーの会場）〔終〕	埼玉県川口市青木5-21
昭栄第2錦町ビル（翔子が花田に会いに行った東神田第2堺ビル）〔終〕	東京都千代田区神田錦町3-15
第一日比谷ビルの屋上（翔子が天満の映像を観たビルの屋上）〔終〕	東京都港区新橋1-18
KIビル（翔子が出てきた「IN THE GYM」が入居しているビル）〔終〕	東京都港区浜松町2-2
中央通りを跨ぐ都庁通りの陸橋（翔子が渡っていた陸橋）〔終〕	東京都新宿区2-7
東京都庁第一本庁舎北側の階段（翔子が下った階段）〔終〕	東京都新宿区西新宿2-8
辰巳の森緑道公園（翔子と青島が別れた並木道）〔終〕	東京都江東区辰巳2-9
カーウォッシュプロJONAN（馬場と明が花田を待っていた洗車場）〔終〕	東京都大田区池上2-3
ジョイフル三ノ輪（青島と大鷹が歩いていたアーケード街（木更津たぬき通り商店街））〔終〕	東京都荒川区南千住1-19
ジニアスのSTUDIOジニアス 池袋グリーンst（明が入院した病院）〔終〕	東京都板橋区中丸町11
新港橋（馬場と明が渡っていた橋）〔終〕	神奈川県横浜市中区新港1-6

横浜市大倉山記念館（天満が記者たちに話をしていた裁判所内の階段，裁判を終えた翔子たちが下っていた裁判所前の階段）〔終〕	神奈川県横浜市港北区大倉山2-10

利休にたずねよ（映画）

［公　開］2013年12月

［スタッフ］監督：田中光敏，脚本：小松江里子，原作：山本兼一

［出　演］市川海老蔵（千利休），中谷美紀（宗恩），市川團十郎（武野紹鷗），伊勢谷友介（織田信長），大森南朋（豊臣秀吉），成海璃子（おさん），クララ（高麗の女）〔ほか〕

ロケ地・場面	所在地
南禅寺（信長の葬儀を行った寺）	京都府京都市左京区南禅寺福地町86
大覚寺（利休が信長と初めて対面した寺）	京都府京都市右京区嵯峨大沢町4
東映太秦映画村（信長が街中で馬を走らせるシーンなど）	京都府京都市右京区太秦東蜂岡町10
立岩海岸（千利休と高麗の女が追っ手から逃れるところ）	京都府京丹後市丹後町竹野

陸王（ドラマ）

［公　開］2017年10月～12月

［スタッフ］脚本：八津弘幸，原作：池井戸潤

［出　演］役所広司（宮沢紘一），山崎賢人（宮沢大地），竹内涼真（茂木裕人），上白石萌音（宮沢茜），風間俊介（坂本太郎），音尾琢真（城戸明宏），和田正人（平瀬孝夫），佐野岳（毛塚直之），馬場徹（大橋浩），内村遥（安田利充），天野義久（江幡晃平），吉谷彩子（仲下美咲），春やすこ（水原米子），上村依子（橋井美子）〔ほか〕

ロケ地・場面	所在地
タカハシ・スポーツ（紘一と坂本が訪れたアリムラスポーツ）〔1〕	茨城県古河市緑町56
トチセン（こはぜ屋のトラックが到着した菱屋）〔1〕	栃木県足利市福居町1143
北郷公民館 体育館（大地が面接を受けた体育館）〔1〕	栃木県足利市利保町2-14
館林信用金庫本店（埼玉中央銀行行田支店の店内）〔1〕	群馬県館林市本町1-6
千代田町民プラザ（ダイワ食品スポーツ管理センター）〔1〕	群馬県邑楽郡千代田町赤岩1701
イサミコーポレーション スクール工場（こはぜ屋の門）〔1〕	埼玉県行田市旭町4
マイハラ（こはぜ屋の縫製工場）〔1〕	埼玉県行田市向町16
居酒屋活味（紘一たちが結果を待っていた居酒屋「そらまめ」の外観）〔1〕	埼玉県行田市小針322
水城公園（足袋の試作品を履いた紘一が試走していたところ）〔1〕	埼玉県行田市水城公園1249
埼玉県立進修館高等学校 体育館（紘一がスポーツ足袋の話をした体育館）〔1〕	埼玉県行田市長野1320
ショーワ本社 社員食堂（紘一が訪れた大徳デパートの従業員食堂）〔1〕	埼玉県行田市藤原町1-14
忍城跡（練習をしている茂木を大地が見たところ，足袋の試作品を履いた紘一が試走していたところ）〔1〕	埼玉県行田市本丸17
行田市役所 会議室（傘を取りに戻った大地が名簿に×印を付けられるのを見た面接会場）〔1〕	埼玉県行田市本丸2-5
鴻巣競技場（茂木が練習をしていたダイワ食品の総合競技場）〔1〕	埼玉県鴻巣市鴻巣634

開運横町内神田店（紘一が酒を呑んでいた立ち飲み居酒屋）〔1〕	東京都千代田区内神田3-21
日本橋三越本店本館東側の中央通り（紘一が茜からのメッセージを見たところ）〔1〕	東京都中央区日本橋室町1-4
スーパースポーツゼビオ オリナス錦糸町店（紘一が茜から頼まれたスニーカーを買った店）〔1〕	東京都墨田区太平4-1
東名高速道路厚木インターチェンジ（桑名へ向かうこはぜ屋のトラックが走っていたインターチェンジ）〔1〕	神奈川県厚木市岡田3100
広小路の道路（茂木が倒れたところ）〔1〕	愛知県豊橋市広小路2-25付近
豊橋市役所（豊橋国際マラソン選手権大会のスタート会場）〔1〕	愛知県豊橋市今橋町1
田村製薬（安田が訪れた飯山産業跡地）〔2〕	埼玉県行田市荒木1722
コロラド行田店（紘一と坂本が話をしていた喫茶店）〔2〕	埼玉県行田市忍1-21
忍城跡付近（居酒屋を出た紘一と正岡が別れたところ）〔2〕	埼玉県行田市本丸17
種足の田んぼの中の道（紘一と飯山の乗ったトラックが走っていた田んぼの中の道）〔2〕	埼玉県加須市上種足
マリーゴールドの丘公園（飯山がブランコに座っていた高台）〔2〕	埼玉県本庄市早稲田の杜1-13
CAINZ（小原と佐山が話をしていたアトランティス日本支社のロビー）〔2〕	埼玉県本庄市早稲田の杜1-2
トラックショップ・ジェット羽生店（江幡がビラを配っていたトラック用品店の前）〔2〕	埼玉県羽生市大字神戸字西814
郷地の道路（陸王を履いた茂木が走っていたところ）〔2〕	埼玉県鴻巣市郷地
ANAクラウンプラザホテル成田（紘一と坂本が飯山を待っていたホテルのラウンジ）〔2〕	千葉県成田市堀之内68
マルハン東京本社（友部が飯山と電話で話をしていたシカゴケミカル社内）〔2〕	東京都千代田区丸の内1-11
中華料亭 翠鳳（毛塚が小原から接待を受けていた中華料理店）〔2〕	東京都台東区東上野3-18
館林信用金庫本店の前（銀行を出た紘一が歩いていたところ）〔3〕	群馬県館林市本町1-6
熊谷スポーツ文化公園陸上競技場（熊谷シティマラソンのスタート/ゴール地点）〔3〕	埼玉県熊谷市上川上300
行田市駅南口付近（駅へ向かう大地が走っていたところ）〔3〕	埼玉県行田市中央10
行田市商工センター（大地が面接を受けていた東洋エレキ工業）〔3〕	埼玉県行田市忍2-1
鴻巣競技場（紘一が茂木に会いに行った陸上競技場）〔3〕	埼玉県鴻巣市鴻巣634
水城公園（晴之と飯山が歩いていたところ）〔4〕	埼玉県行田市水城公園1249
鴻巣競技場（陸王を履いた茂木がトライアルレースに参加したダイワ食品総合競技場）〔4〕	埼玉県鴻巣市鴻巣634
モマサレース工業 粟谷工場（紘一と村野が訪れたタチバナラッセル）〔5〕	栃木県足利市粟谷町399

群馬県庁（ニューイヤー駅伝のスタート地点）〔5〕	群馬県前橋市大手町1-1
居酒屋ビッグ川越駅前店（茂木と平瀬が話をしていた居酒屋）〔5〕	埼玉県川越市脇田町18
行田総合病院（西井が搬送された病院, 晴之が入院した病院）〔5〕	埼玉県行田市持田376
秩父鉄道行田市駅（大地が電車に乗ろうとした駅）〔5〕	埼玉県行田市中央19
行田市民プールの前（第5中継所）〔5〕	埼玉県行田市本丸3
CAINZ本社の大ホール（県庁内の関係者室）〔5〕	埼玉県本庄市早稲田の杜1-2
モマサレース工業 粟谷工場（吾郎と大地が橘に会いに行ったタチバナラッセル）〔6〕	栃木県足利市粟谷町399
群馬県庁（第62回ニューイヤー駅伝のスタート・ゴール地点）〔6〕	群馬県前橋市大手町1-1
ローソン行田佐間一丁目店の南側付近（茂木が毛塚に追いついたところ）〔6〕	埼玉県行田市佐間1-24
城南の道路（茂木が毛塚を追い抜いたところ）〔6〕	埼玉県行田市城南6付近
持田の道路（第6中継所）〔6〕	埼玉県行田市大字持田1095付近
行田市駅前の交差点（第3中継所）〔6〕	埼玉県行田市中央11
セレネホール行田の北東側交差点（第2中継所）〔6〕	埼玉県行田市中央12
セレネホール行田の南東側交差点（立原が倒れ込んだ第4中継所）〔6〕	埼玉県行田市中央7
行田市民プールの前（第5中継所）〔6〕	埼玉県行田市本丸3

ビックハウス行田店駐車場の出口前（第1中継所）〔6〕	埼玉県行田市門井町1-35
そごう千葉店（紘一が訪れた大徳デパート）〔6〕	千葉県千葉市中央区新町1000
スーパースポーツ ゼビオ アリオ蘇我店（紘一が訪れた陸王の販売店）〔6〕	千葉県千葉市中央区川崎町52
青山学院大学相模原キャンパス（紘一と村野が訪れた芝浦自動車陸上グラウンド）〔6〕	神奈川県相模原市中央区淵野辺5-10
千代田町民プラザ（茂木が月刊アスリートのインタビューを受けたところ）〔7〕	群馬県邑楽郡千代田町赤岩1701
水城公園（銀行を辞めることを坂本が紘一に話したところ, 陸王を履いた紘一が走っていたところ）〔7〕	埼玉県行田市水城公園1249
JAほくさい行田中央支店（坂本が勤務する埼玉中央銀行前橋支店）〔7〕	埼玉県行田市富士見町1-8
忍城の堀端（Felixの関口が飯山に声を掛けたところ）〔7〕	埼玉県行田市本丸17
郷地の道路（茂木が一人で走っていたところ）〔7〕	埼玉県鴻巣市郷地付近
千葉県総合スポーツセンター陸上競技場 スタンド下（茂木が毛塚と話をしたところ）〔7〕	千葉県千葉市稲毛区天台町323
成田国際空港（御園が歩いていた空港のロビー）〔7〕	千葉県成田市古込1-1
忍川沿いの道（大地が走っていた川沿いの道）〔8〕	埼玉県行田市栄町8
佐間の道路（坂本が走っていたところ）〔8〕	埼玉県行田市佐間1-27付近

二子山古墳（仲下が走っていた古墳の前，足を痛めた選手を紘一が背負って走り始めた古墳の前）〔8〕	埼玉県行田市埼玉4834
水城公園（紘一たちが駅伝の練習をしていたところ，行田市民駅伝競争大会のスタート・ゴール地点）〔8〕	埼玉県行田市水城公園1249
忍川に架かる翔栄橋（大地が渡った橋）〔8〕	埼玉県行田市中央22
千葉県総合スポーツセンター陸上競技場（ディスタンスチャレンジ10000mが行われた陸上競技場）〔8〕	千葉県千葉市稲毛区天台町323
avex（紘一が御園に会いに行ったFelixのオフィス）〔8〕	東京都港区南青山3-1
正田醤油スタジアム群馬（茂木が参加した東日本チャンピオンズカップの会場）〔9〕	群馬県前橋市敷島町66
横田酒造〈行田見処案内所〉（飯山と野村が話をしたところ）〔9〕	埼玉県行田市桜町2-29
アンダーズ東京 Tokyoスタジオ（紘一と坂本が御園に会いに行ったフェリックス日本支社の会議室）〔9〕	東京都港区虎ノ門1-23
J･CITY TOWER（大地が檜山と話をしたタテヤマ織物）〔9〕	東京都練馬区高松5-8
本栖湖畔 浩庵キャンプ場付近（紘一と御園が釣りをしていたところ）〔9〕	山梨県南巨摩郡身延町中ノ倉2926
埼玉りそな銀行行田支店の前（第15回東日本国際マラソンのスタート地点）〔終〕	埼玉県行田市行田5-16
行田バイパス〈国道125号線〉が秩父鉄道を跨ぐ跨線橋（茂木がペースを上げたゆるい上り坂）〔終〕	埼玉県行田市小見241
行田市総合体育館 行田グリーンアリーナ（紘一と村野が茂木に会いに行った練習会場の体育館）〔終〕	埼玉県行田市大字和田1242
コスメグローバル（こはぜ屋の第2工場）〔終〕	埼玉県行田市長野5-12
長野5丁目の道路（毛塚が茂木を追い抜いた25km地点，毛塚がスペシャルドリンクを取らなかった30km給水ポイント）〔終〕	埼玉県行田市長野5付近
明和グラビア行田工場前付近（茂木が先頭集団から遅れて走っていた10km地点）〔終〕	埼玉県行田市富士見町1-22
門井町の道路（茂木と毛塚がデッドヒートを繰り返していた38km地点）〔終〕	埼玉県行田市門井町1-35付近
井町の道路（毛塚がスペシャルドリンクを取り損ねた35km給水ポイント，茂木が毛塚にボトルを渡したところ）〔終〕	埼玉県行田市門井町2-4付近
CAINZ（豊橋国際マラソン出場アトランティスサポート選手記者会見が行われたところ）〔終〕	埼玉県本庄市早稲田の杜1-2
学士会館 320号室（大地が面接を受けていたメトロ電業本社の部屋）〔終〕	東京都千代田区神田錦町3-28
学士会館 320号室ロビー（大地が第二次面接試験を待っていたメトロ電業本社の部屋）〔終〕	東京都千代田区神田錦町3-28

たいこ茶屋（大地が友人と話をしていた居酒屋）〔終〕	東京都中央区日本橋馬喰町2-3
アンダーズ東京 Tokyoスタジオ（御園が5年返済の3億円の融資を紘一に持ちかけた部屋, 御園がマラソン中継を見ていた部屋）〔終〕	東京都港区虎ノ門1-23
スーパースポーツゼビオ オリナス錦糸町店（茜が陸王を見ていた店）〔終〕	東京都墨田区太平4-1
帝京科学大学 千住キャンパス本館のカフェテリア（大地がテレビを観ていたメトロ電業の食堂）〔終〕	東京都足立区千住桜木2-2
豊橋駅前（茂木と毛塚が並走していた駅前）〔終〕	愛知県豊橋市花田町西宿
広小路通り（40km地点, 紘一と大地が茂木を応援していたところ）〔終〕	愛知県豊橋市広小路1-37
豊橋市役所前（豊橋国際マラソンのスタート/ゴール地点）〔終〕	愛知県豊橋市今橋町1

離婚しようよ（ドラマ）

［公　開］2023年6月

［スタッフ］監督：金子文紀, 福田亮介, 坂上卓哉, 脚本：宮藤官九郎, 大石静

［出　演］松坂桃李（東海林大志）, 仲里依紗（黒澤ゆい）, 錦戸亮（加納恭二）, 板谷由夏（印田薫）, 竹下景子（東海林峰子）, 古田新太（石原ヘンリーK）

［トピック］2023年6月22日からNetflixで配信されたドラマシリーズ。

ロケ地・場面	所在地
愛媛県庁（国会議事堂）	愛媛県松山市一番町4-4-2
花園町通り（東海林と想田の妻が会話した通り）	愛媛県松山市花園町3〜7
松山城（ゆいと恭二が密会した場所）	愛媛県松山市丸之内1
道後温泉周辺（東海林の街頭演説を行った場所）	愛媛県松山市道後湯之町
松山空港（東海林とゆいが東京を行き来するために利用した空港など）	愛媛県松山市南吉田町2731
土手内海岸（東海林が清掃活動をした海岸など）	愛媛県松山市北条土手内
銀天街（愛媛音頭を行った場所, 街頭演説の場所）	愛媛県松山市湊町3〜4
松山市駅前〈坊ちゃん広場〉（東海林・想田の街頭演説した広場）	愛媛県松山市湊町5
レンガ屋（東海林とゆいが訪れたレストラン）	愛媛県松山市問屋町9-44
大山祇神社（節分豆まきを行った神社など）	愛媛県今治市大三島町宮浦3327番地
安岡蒲鉾本社・工場（じゃこ天の工場）	愛媛県宇和島市三間町中野中293
あかがねミュージアム（ゆいがテープカットをした場所）	愛媛県新居浜市坂井町2-8-1
ナダベ薬局（東海林の母が選挙活動を行った場所）	愛媛県伊予市灘町1-15
井川邸（東海林邸）	愛媛県四国中央市三島宮川1-1

リップヴァンウィンクルの花嫁（映画）

［公　開］2016年3月

［スタッフ］監督・脚本・原作：岩井俊二

［出　演］黒木華（皆川七海）, 綾野剛（安室行舛）, Cocco（里中真白）〔ほか〕

ロケ地・場面	所在地
千葉市桜木霊園（法事を行った霊園）	千葉県千葉市若葉区桜木1-38-1
アンジェリオン オ プラザ TOKYO（七海がサクラとして参列した結婚式の式場）	東京都中央区京橋3-7-1
蒲田黒湯温泉ホテル末広（七海が住み込みで清掃をしていたホテル）	東京都大田区西蒲田8-1-5
アルマリアン TOKYO（七海の結婚式の式場）	東京都豊島区東池袋1-8-1
横浜ダウンビート（七海が真白と仲良くなった場所）	神奈川県横浜市中区花咲町1-43
LIVE LOVE LAUGH（七海が真白とウェディングドレスを試着したドレスサロン）	神奈川県横浜市中区山下町50-1
アルベルゴ・バンブー（七海が住み込みで働く豪邸）	神奈川県足柄下郡箱根町仙石原984-4

リトル・フォレスト 夏/秋 冬/春（映画）

［公　開］2014年8月, 2015年2月

［スタッフ］監督・脚本：森淳一, 原作：五十嵐大介

［出　演］橋本愛（いち子）, 三浦貴大（ユウ太）, 松岡茉優（キッコ）, 温水洋一（シゲユキ）〔ほか〕

［トピック］五十嵐大介の漫画を原作とする4部構成の実写映画。2014年8月30日に夏・秋編、2015年2月14日に冬・春編がそれぞれ公開された。

ロケ地・場面	所在地
衣川ふるさと自然塾（いち子が暮らす小森の集落）	岩手県奥州市衣川下大森109-3

リバーズ・エッジ（映画）

［公　開］2018年2月

［スタッフ］監督：行定勲, 脚本：瀬戸山美咲, 原作：岡崎京子

［出　演］二階堂ふみ（若草ハルナ）, 吉沢亮（山田一郎）, 上杉柊平（観音崎）, SUMIRE（吉川こずえ）, 土居志央梨（ルミ）, 森川葵（田島カンナ）〔ほか〕

ロケ地・場面	所在地
渡良瀬川河川敷（河川敷）	群馬県館林市大島町
旧気賀高校（ハルナたちが通う高校）	静岡県浜松市北区細江町広岡1
旧二俣高校（ハルナたちが通う高校）	静岡県浜松市天竜区二俣町二俣196-2

リボルバー・リリー（映画）

［公　開］2023年8月

［スタッフ］監督・脚本：行定勲, 脚本：小林達夫, 原作：長浦京

［出　演］綾瀬はるか（曽根百合）, 長谷川博己（岩見良明）, 羽村仁成（細見慎太）, シシド・カフカ（奈加）, 古川琴音（琴子）, 清水尋也（南始）, ジェシー（津山ヨーゼフ清親）, 佐藤二朗（平岡）, 吹越満（植村）, 内田朝陽（三島）, 板尾創路（小沢）, 橋爪功（升永達吉）, 石橋蓮司（筒井国松）, 阿部サダヲ（山本五十六）, 野村萬斎（滝田）, 豊川悦司（細見欣也）〔ほか〕

ロケ地・場面	所在地
小貝川（船着き場で百合と始が戦った場所）	茨城県つくばみらい市
日光田母沢御用邸記念公園（升永の邸宅）	栃木県日光市本町8-27
群馬県立森林公園 21世紀の森（クライマックスのシーン）	群馬県沼田市上発知町字高蕨
今里の山林（国松の小屋（オープンセット））	静岡県裾野市今里
忠ちゃん牧場周辺の林道（夜の森のシーン）	静岡県裾野市須山2255-3108

六華苑(大森ホテル)	三重県桑名市桑名663-5

ルーズヴェルト・ゲーム（ドラマ）

[公　開] 2014年4月～6月

[スタッフ] 脚本：八津弘幸, 山浦雅大, 西井史子, 原作：池井戸潤

[出　演] 唐沢寿明(細川充), 檀れい(仲本有紗), 江口洋介(笹井小太郎), 石丸幹二(三上文夫), 工藤阿須加(沖原和也), 手塚とおる(大道雅臣), 香川照之(諸田清文), 山﨑努(青島毅)〔ほか〕

ロケ地・場面	所在地
つきじ治作の「梅檀」(細川が諸田に会いに行った料亭)〔1〕	東京都中央区明石町14
新宿パークタワー(ジャパニクスの外観, 細川と豊岡太一が訪れたジャパニクスの受付)〔1〕	東京都新宿区西新宿3-7
ホテル椿山荘東京「ボールルーム」(「経団連 春の交流会」の会場, ジャパニクス社長の諸田が細川に生産調整の話をしたところ)〔1〕	東京都文京区関口2-10
ホテル椿山荘東京「メイプルルーム」(仲本が諸田、坂東、林田の写真を撮ったイタリア大使館のパーティー会場)〔1〕	東京都文京区関口2-10
岩田運動公園内の豊橋市民球場(青島製作所とイツワ電器の練習試合が行なわれた東京都民球場, スポニチ杯1回戦、青島製作所と明和生命の試合が行なわれた東京都民球場)〔1〕	愛知県豊橋市岩田町1-2
武蔵精密工業本社(青島製作所の外観(役員会議室はスタジオ内のセット))〔1〕	愛知県豊橋市植田町字大膳39
武蔵精密工業第一明海工場の西側にある野球場(細川が青島に野球部廃止の話をした青島製作所野球部グラウンド(部室と食堂は撮影用に建てられたセット))〔1〕	愛知県豊橋市明海町2
豊川市野球場(青島杯の試合で沖原が153km/hのボールを投げた野球場)〔1〕	愛知県豊川市諏訪1
埼玉県立豊岡高等学校の野球場(沖原が入学した八王子市立二葉高等学校のグラウンド)〔2〕	埼玉県入間市豊岡1-15
東京會舘の宴会場「ゴールドルーム」(細川が諸田に会いに行ったジャパニクスの社長室)〔2〕	東京都千代田区丸の内3-2
つきじ治作の「梅檀」(諸田と坂東が会食していたところ)〔2〕	東京都中央区明石町14
岩田運動公園内の豊橋市民球場(沖原が東京スポニチ大会決勝を見に行った東京都民球場)〔2〕	愛知県豊橋市岩田町1-2
トピー工業豊川製造所明海工場(タスコン500-Sが搬入されたイトシマ計測)〔2〕	愛知県豊橋市明海町5
特許庁前の外堀通り(速水が細川と電話で話をしながら走っていたところ)〔3〕	東京都千代田区霞が関3-4
日本工業倶楽部会館(青島製作所とイツワ電器の和解交渉が行なわれたところ)〔3〕	東京都千代田区丸の内1-4

つきじ治作の「梅檀」(諸田と坂東が細川に合併を持ちかけた料亭)〔3〕	東京都中央区明石町14
HAKUJU HALLのホワイエ(イツワ電器の社長室)〔3〕	東京都渋谷区富ヶ谷1-37
嬉泉病院(古賀が萬田を待っていた病院の待合所)〔3〕	東京都葛飾区東金町1-35
岩田運動公園内の豊橋市民球場(都市対抗野球大会東京都予選1回戦が行なわれた球場)〔3〕	愛知県豊橋市岩田町1-2
武蔵精密工業本社近く豊橋バイパス〈国道23号線〉沿いの歩道(細川が傘をささずに歩いていたところ)〔3〕	愛知県豊橋市大清水町娵田字大膳39
フレサよしみの「スカイホール」(細川が東洋カメラ社長・尾藤と話をしていたところ)〔4〕	埼玉県比企郡吉見町大字中新井508
日本工業倶楽部会館(細川がイツワ電器との合併を断った合意式の会場)〔4〕	東京都千代田区丸の内1-4
つきじ治作の「梅檀」(諸田と坂東が細川に合併を持ちかけた料亭)〔4〕	東京都中央区明石町14
ホテル椿山荘東京のメインバー「ル・マーキー」(坂東と笹井が話をしていたラウンジ)〔4〕	東京都文京区関口2-10
東名高速道路を跨ぐ荏元橋の上(細川が住吉と話をした高速道路を跨ぐ橋の上)〔4〕	神奈川県横浜市青葉区新石川1
横浜市営地下鉄ブルーライン沿いの階段の上(細川がイツワ電器 経理部長の住吉を待っていたところ)〔4〕	神奈川県横浜市都筑区中川3-3
岩田運動公園内の豊橋市民球場(都市対抗野球大会東京都予選1回戦が行なわれた東京都民球場)〔4〕	愛知県豊橋市岩田町1-2
群馬県市町村会館の大会議室(TOYOカメラの役員会議が行なわれた会議室)〔5〕	群馬県前橋市元総社町335
群馬県市町村会館の大研修室(青島製作所とTOYOカメラの記者会見が行なわれたところ)〔5〕	群馬県前橋市元総社町335
アドバンテスト群馬R&Dセンタ(TOYOカメラ本社の外観, 細川が青島からの電話を受けたところ)〔5〕	群馬県邑楽郡明和町大輪336
フレサよしみの「大ホール」(細川と尾藤が話をしていたTOYOカメラ試写モニターホール)〔5〕	埼玉県比企郡吉見町大字中新井508
岩田運動公園内の豊橋市民球場(青島製作所とイツワ電器の試合が行なわれた東京都民球場)〔5〕	愛知県豊橋市岩田町1-2
ホテル椿山荘東京「プレジデンシャルスイート」(細川がイツワ電器技術開発部長の矢野真一と話をしたところ)〔6〕	東京都文京区関口2-10
HAKUJU HALLのホワイエ(細川がイメージセンサのバグを坂東に話したイツワ電器の社長室)〔6〕	東京都渋谷区富ヶ谷1-37
富士森公園の八王子市民球場(青島製作所野球部が東京読売巨人軍の二軍と試合をした球場)〔6〕	東京都八王子市台町2

上府中公園の小田原球場（敗者復活戦 青島製作所 VS 倉田工業の試合が行なわれた球場）〔6〕	神奈川県小田原市東大友113
千葉市生涯学習センター（キドエステート社長・城戸が歩いていたところ）〔7〕	千葉県千葉市中央区弁天3-7
千葉市生涯学習センターの特別会議室（キドエステートの役員たちが集っていた会議室）〔7〕	千葉県千葉市中央区弁天3-7
日本工業倶楽部会館（坂東が竹原に臨時株主総会を開くように頼んだラウンジ）〔7〕	東京都千代田区丸の内1-4
三田ベルジュビル（キドエステートの外観）〔7〕	東京都港区芝5-36
ホテル椿山荘東京（細川が笹井を呼び止めたホテルのロビー，細川が笹井と話をした庭）〔7〕	東京都文京区関口2-10
岩田運動公園内の豊橋市民球場（青島製作所の公式練習が行なわれた東京都民球場，青島製作所野球部がタナフーズに逆転勝ちした東京都民球場）〔7〕	愛知県豊橋市岩田町1-2
住友不動産三田ツインビル東館（北大路が見上げたイツワ電器本社）〔8〕	東京都港区芝浦4-2
HAKUJU HALLのホワイエ（笹井がイツワ電器の資料を見た社長室）〔8〕	東京都渋谷区富ヶ谷1-37
綾瀬スポーツ公園の第1野球場（イツワ電器野球部グラウンド）〔8〕	神奈川県綾瀬市本蓼川345
武蔵精密工業第一明海工場の西側にある野球場のスタンド（笹井が青島に野球部廃部の報告をしたスタンド）〔8〕	愛知県豊橋市明海町2
フレサよしみの「大ホール」（TOYOカメラEDEN4搭載イメージセンサーコンペが行なわれたところ）〔終〕	埼玉県比企郡吉見町大字中新井508
東京會舘の宴会場「ゴールドルーム」（ジャパニクスが青島製作所のイメージセンサーを採用することを諸田が坂東に話したところ）〔終〕	東京都千代田区丸の内3-2
岩田運動公園内の豊橋市民球場（都市対抗野球大会敗者復活戦決勝・青島製作所対イツワ電器の試合が行なわれた東京都民球場，キドエステート野球部が試合をした東京都民球場）〔終〕	愛知県豊橋市岩田町1-2

ルパンの娘 劇場版（映画）

［公　開］2021年10月

［スタッフ］監督：武内英樹，脚本：徳永友一，原作：横関大

［出　演］深田恭子（三雲華），瀬戸康史（桜庭和馬），橋本環奈（北条美雲），小沢真珠（三雲悦子），栗原類（三雲渉）〔ほか〕

ロケ地・場面	所在地
那須町ステンドグラス美術館（結婚式会場）	栃木県那須郡那須町高久丙1790
狸小路	群馬県前橋市千代田町5-6-10
群馬県庁昭和庁舎	群馬県前橋市大手町1-1-1
白鳥城（Lの一族が戦った場所など）	兵庫県姫路市打越1342-6

和歌山マリーナシティポルトヨーロッパ（ヨーロッパの街並み）	和歌山県和歌山市毛見1527
有田ポーセリンパーク（ディーベンブルク王国など）	佐賀県西松浦郡有田町戸矢乙340-28

るろうに剣心（映画）

［公　開］2012年8月

［スタッフ］監督：大友啓史, 脚本：藤井清美, 大友啓史, 原作：和月伸宏

［出　演］佐藤健（緋村剣心）, 武井咲（神谷薫）, 吉川晃司（鵜堂刃衛）, 蒼井優（高荷恵）, 青木崇高（相楽左之助）, 綾野剛（外印）, 須藤元気（戌亥番神）, 田中偉登（明神弥彦）, 奥田瑛二（山県有朋）, 江口洋介（斎藤一）, 香川照之（武田観柳）〔ほか〕

ロケ地・場面	所在地
三井寺〈園城寺〉（冒頭の合戦シーン, 剣心がライバルと初めて出会った場所など）	滋賀県大津市園城寺町246
安楽律院（剣心と鵜堂刃衛が対峙するクライマックスのシーン）	滋賀県大津市坂本本町4239
八幡堀（薫が師範代を務める「神谷道場」の周辺）	滋賀県近江八幡市宮内町周辺
龍谷大学 大宮キャンパス（山県有朋の演説会場）	京都府京都市下京区猪熊通七条上る大工町125-1
仁和寺（薫と剣心が出会った場所）	京都府京都市右京区御室大内33
大本山 隨心院（薫が剣心を探した場所）	京都府京都市山科区小野御霊町35
好古園（剣心が清里明良を暗殺した場所）	兵庫県姫路市本町68
仁風閣（武田観柳邸）	鳥取県鳥取市東町2-121
中橋（剣心と左之助が戦った場所）	岡山県倉敷市倉敷美観地区

るろうに剣心 京都大火編（映画）

［公　開］2014年8月

［スタッフ］監督・脚本：大友啓史, 脚本：藤井清美, 原作：和月伸宏

［出　演］佐藤健（緋村剣心）, 武井咲（神谷薫）, 蒼井優（高荷恵）, 青木崇高（相楽左之助）, 伊勢谷友介（四乃森蒼紫）, 神木隆之介（瀬田宗次郎）, 江口洋介（斎藤一）, 藤原竜也（志々雄真実）〔ほか〕

ロケ地・場面	所在地
千歳館（京都の料亭）	山形県山形市七日町
文翔館（内務省執務室）	山形県山形市旅篭町3-4-51
スタジオセディック庄内オープンセット（瀬田宗次郎と剣心が戦った場所）	山形県鶴岡市羽黒町川代字東増川山102
小物忌神社（逆刃刀真打が奉納されている神社）	山形県酒田市山楯字三之宮48
鳥海山大物忌神社 蕨岡口ノ宮（沢下条張と剣心が戦った場所）	山形県飽海郡遊佐町上蕨岡松ケ岡
矢出沢川河畔丸山家住宅周辺（蒼紫が川の中を駆け抜けたところ）	長野県上田市常磐城3-7
日吉大社（剣心が新井赤空から逆刃刀を授かった神社）	滋賀県大津市坂本5-1-1
彦根城（瀬田宗次郎が大久保利通を襲撃した場所）	滋賀県彦根市金亀町1-1
みなくち子どもの森（「新時代の申し子」が住む家）	滋賀県甲賀市水口町北内貴10
好古園（大久保利通が暗殺された場所）	兵庫県姫路市本町68

るろうに剣心 伝説の最期編（映画）

［公　開］2014年9月

［スタッフ］監督・脚本：大友啓史, 脚本：藤井清美, 原作：和月伸宏

［出　演］佐藤健（緋村剣心）, 武井咲（神谷薫）, 蒼井優（高荷恵）, 青木崇高（相楽左之

助), 伊勢谷友介(四乃森蒼紫), 神木隆之介(瀬田宗次郎), 江口洋介(斎藤一), 藤原竜也(志々雄真実)〔ほか〕

ロケ地・場面	所在地
文翔館(内務省執務室)	山形県山形市旅篭町3-4-51
庄内砂丘(薫が海を見ながら歩いた場所)	山形県鶴岡市七窪
旧長野県庁舎 自治研修所(警察署の内部)	長野県長野市上ケ屋2471-8
安楽律院(比古清十郎が剣心に奥義を伝授した場所)	滋賀県大津市坂本本町4239
八幡堀(剣心と薫が別れた場所)	滋賀県近江八幡市宮内町周辺
日野城跡(剣心と蒼紫が決闘した場所)	滋賀県蒲生郡日野町西大路2869

るろうに剣心 最終章 The Final (映画)

[公　開] 2021年4月

[スタッフ] 監督・脚本：大友啓史, 原作：和月伸宏

[出　演] 佐藤健(緋村剣心), 武井咲(神谷薫), 新田真剣佑(雪代縁), 蒼井優(高荷恵), 青木崇高(相楽左之助), 伊勢谷友介(四乃森蒼紫), 神木隆之介(瀬田宗次郎), 江口洋介(斎藤一)〔ほか〕

ロケ地・場面	所在地
日光江戸村(縁一派によって襲撃されたところ)	栃木県日光市柄倉470-2
深谷シネマ(縁一派の武器庫)	埼玉県深谷市深谷町9-12
旧長野県庁舎〈自治研修所〉(警察署の内部)	長野県長野市上ケ屋2471-8
三井寺〈園城寺〉(剣心が縁と再会した場所)	滋賀県大津市園城寺町246
日牟禮八幡宮(薫が剣心に傘を差し出した場所)	滋賀県近江八幡市宮内町257
弘誓寺(操と住職が会話した寺)	滋賀県東近江市五個荘金堂町615
旧武徳殿(薫たちが巡査たちに稽古をつけた場所)	京都府京都市左京区聖護院円頓美町46-2
西本願寺(清の領事館員らが縁を迎えに来た場所)	京都府京都市下京区堀川通花屋町下る本願寺門前
仁和寺(左之助が前川道場に走っていくところ)	京都府京都市右京区御室大内33
随心院(剣心が神谷道場に走っていくところ)	京都府京都市山科区小野御霊町35
柳生正木坂剣禅道場(前川道場)	奈良県奈良市柳生下町
旧米谷家住宅(小国診療所)	奈良県橿原市今井町1-10-11
たけはら町並み保存地区(剣心たちが赤べこから帰ってきたところ)	広島県竹原市本町3
広島県立中央森林公園(縁一派が赤べこを砲撃した場所)	広島県三原市本郷町上北方1315
みろくの里(江戸の町が縁一派による襲撃を受けたところ)	広島県福山市藤江町
海上自衛隊第1術科学校(大講堂での演説会場など)	広島県江田島市江田島町国有無番地
天狗岩(縁のアジト周辺)	広島県江田島市大柿町大君
人吉機関車庫(横浜駅)	熊本県人吉市中青井町343

るろうに剣心 最終章 The Beginning (映画)

[公　開] 2021年6月

[スタッフ] 監督・脚本：大友啓史, 原作：和月伸宏

[出　演] 佐藤健(緋村剣心/抜刀斎), 有村架純(雪代巴), 高橋一生(桂小五郎), 村上虹郎(沖田総司), 安藤政信(高杉晋作), 大西信満(飯塚), 池内万作(片貝), 藤本隆宏(近藤勇), 和田聰宏(土方歳三), 江口洋介(斎

藤一）〔ほか〕

ロケ地・場面	所在地
日光江戸村（池田屋周辺）	栃木県日光市柄倉470-2
富士宮市の洞窟（闇乃武の中条が自爆した場所）	静岡県富士宮市
御城番屋敷（巴が縁の寝姿を見守った場所）	三重県松阪市殿町1385
日吉大社参道（新選組屯所付近）	滋賀県大津市坂本5-1-1
坂本の石垣のまちなみ（新撰組屯所）	滋賀県大津市坂本5-24-9
油日神社（奇兵隊入隊試験が行われた場所）	滋賀県甲賀市甲賀町油日1042
万松院（闇乃武のアジト）	滋賀県米原市志賀谷1741
霊仙山登山口（剣心が闇乃武の刺客たちの襲撃を受けた場所）	滋賀県犬上郡多賀町
御室八十八ヶ所霊場（剣心と沖田総司が対峙した場所）	京都府京都市右京区御室大内
水野鍛錬所（新井赤空が刀を研いだ場所）	大阪府堺市堺区桜之町西1-1-27
あいな里山公園（剣心と巴が暮らした家（茅葺の家のオープンセット））	兵庫県神戸市北区山田町藍那字田代
淡河宿本陣跡（剣心が桂小五郎と会話した場所（屋内），新選組の屯所（中庭））	兵庫県神戸市北区淡河町淡河792-1
好古園（巴が暗殺された清里明良と対面した場所）	兵庫県姫路市本町68

流浪の月（映画）

［公　開］2022年5月

［スタッフ］監督・脚本：李相日，原作：凪良ゆう

［出　演］広瀬すず（家内更紗），松坂桃李（佐伯文），横浜流星（中瀬亮），多部未華子（谷あゆみ），趣里（安西佳菜子），三浦貴大（湯村）〔ほか〕

ロケ地・場面	所在地
一ツ橋（文の営業するカフェ近辺の橋）	長野県松本市4
Baden Baden（更紗のバイト先の飲み会が行われた店）	長野県松本市双葉18-15
公園通り（安西が更紗を飲みに誘った通り）	長野県松本市中央
信毎メディアガーデン（更紗が亮から逃れてさ迷っていた場所）	長野県松本市中央2-20-2
コンコースカフェ（更紗が安西の娘を預かった場所）	長野県松本市中央2-6-1
飯田町バス停（更紗が亮と暮らすマンションやバイト先に向かうところ）	長野県松本市中央2-8
松本ガス所有の建物（文が営業するカフェ）	長野県松本市中央3

RAILWAYS 愛を伝えられない大人たちへ（映画）

［公　開］2011年12月

［スタッフ］監督：蔵方政俊，脚本：ブラジリィー・アン・山田，小林弘利

［出　演］三浦友和（滝島徹），余貴美子（滝島佐和子），小池栄子（片山麻衣），中尾明慶（小田友彦），塚本高史（片山光太），岩松了（島村洋二）〔ほか〕

［トピック］「RAILWAYS 49歳で電車の運転士になった男の物語」（2010年）に続くRAILWAYSシリーズの第2作目。

ロケ地・場面	所在地
呉羽山展望台（佐和子と徹の思い出を場所）	富山県富山市安養坊
富山地方鉄道本線稲荷町駅（徹の最後の運転を同僚たちが見送った場所）	富山県富山市稲荷町4-1

富山赤十字病院(冴木と佐和子が勤務する病院)	富山県富山市牛島本町2-1-58
富山地方鉄道本線月岡駅(ラストシーン)	富山県富山市月岡町2-282
富山地方鉄道本線電鉄富山駅(冒頭のシーン,徹の最後の運転のシーン)	富山県富山市桜町1-1
富山地鉄ホテル(家出した佐和子が宿泊したホテル)	富山県富山市桜町1-1-1
四方漁港(光太が徹から佐和子が行方不明になった旨の電話を受けた漁港)	富山県富山市四方港町87
富山地方鉄道本線有峰口駅(信子が救急車で搬送された場所)	富山県富山市小見
そば処 小島町つるや(佐和子が食事した店)	富山県富山市小島町4-4
富山市役所(徹が手続きのため訪れた役所)	富山県富山市新桜町7-38
富山地方鉄道本線東新庄駅(徹が最後に運転する電車に同僚達が敬礼をした駅)	富山県富山市新庄町1-25
富山地方鉄道本線越中三郷駅(徹が最後に運転する電車を子供たちが追いかけた駅)	富山県富山市水橋開発
富山地方鉄道本線南富山駅(徹が退社するところなど)	富山県富山市大町
ペピンいたりあん(佐和子と友人達が食事した店)	富山県富山市中央通り1-2-14
小政鮨(光太が働く鮨屋)	富山県魚津市上村木1-6-9
富山地方鉄道本線中加積駅(徹が最後に運転する電車を先輩・吉原が見送った駅)	富山県滑川市堀江
富山地方鉄道本線宇奈月温泉駅(徹の退職前最後の運転の始発駅)	富山県黒部市宇奈月温泉26
延対寺荘(徹の定年を吉原と島村が祝う宴席会場)	富山県黒部市宇奈月温泉53
富山地方鉄道本線浦山駅(徹が最後に運転する電車が後輩・楠木の電車とすれ違った駅)	富山県黒部市宇奈月町浦山
富山地方鉄道本線電鉄黒部駅(蕎麦屋の店主が徹の定年を祝った駅,徹と見習いの小田が会話した駅)	富山県黒部市三日市
富山地方鉄道本線舌山駅(救急車で運ばれた栗崎の代理として徹が列車を運転した際に登場した駅)	富山県黒部市舌山
茶処「DO・U・ZO」(信子の自宅)	富山県射水市中央町14-2
若杉第三踏切(徹が最後に運転する電車を麻衣が見送った踏切)	富山県中新川郡上市町若杉
富山地方鉄道立山線・上滝線岩峅寺駅(徹が朋香と再会した駅)	富山県中新川郡立山町宮路

レジェンド&バタフライ (映画)

[公　開] 2023年1月

[スタッフ] 監督：大友啓史, 脚本：古沢良太

[出　演] 木村拓哉(織田信長), 綾瀬はるか(濃姫/帰蝶), 宮沢氷魚(明智光秀), 市川染五郎(森蘭丸), 和田正人(前田犬千代), 高橋努(池田勝三郎), 斎藤工(徳川家康), 北大路欣也(斎藤道三), 本田博太郎(織田信秀), 音尾琢真(豊臣秀吉), 伊藤英明(福富平太郎貞家), 中谷美紀(各務野)〔ほか〕

ロケ地・場面	所在地
宮城県慶長使節船ミュージアム〈サン・ファン館〉(南蛮船で航海に出るところ)	宮城県石巻市渡波大森30-2
高田本山専修寺(茶室など)	三重県津市一身田町2819

彦根城（稲葉山城）	滋賀県彦根市金亀町1-1
琵琶湖畔（信長と濃姫が馬で駆け抜けた砂浜）	滋賀県彦根市薩摩町周辺
長浜別院大通寺（信長、家康、光秀が一堂に会した場所）	滋賀県長浜市元浜町32-9
岩尾池の一本杉（信長の夢に登場した一本杉）	滋賀県甲賀市甲南町杉谷
御寺 泉涌寺（二条城での相撲大会が行われた寺）	京都府京都市東山区泉涌寺山内町27
妙心寺（岐阜城での軍議のシーン）	京都府京都市右京区花園妙心寺町1
真言宗御室派総本山仁和寺（安土城に武士が集結するシーン, 信長と濃姫が浪人と争った場所）	京都府京都市右京区御室大内33
東映京都撮影所（本能寺）	京都府京都市右京区太秦西蜂岡町9
高雄山神護寺（信長と濃姫が町へ向かうところ）	京都府京都市右京区梅ヶ畑高雄町5
随心院 薬医門（光秀が本能寺に攻め入るところ）	京都府京都市山科区小野御霊町35
島本町（岐阜城（オープンセット））	大阪府三島郡島本町
明石城（安土城）	兵庫県明石市明石公園1-27
篠山城跡（信長が清州城から美濃攻めへ向かうところ）	兵庫県丹波篠山市北新町2
杉ヶ沢高原（鷹狩を行った場所）	兵庫県養父市轟
朝光寺（比叡山延暦寺）	兵庫県加東市畑609

老後の資金がありません！　（映画）

［公　開］2021年10月

［スタッフ］監督：前田哲, 脚本：斉藤ひろし, 原作：垣谷美雨

［出　演］天海祐希（後藤篤子）, 松重豊（後藤章）, 新川優愛（後藤まゆみ）, 瀬戸利樹（後藤勇人）, 加藤諒（松平琢磨）, 柴田理恵（神田サツキ）, 若村麻由美（桜井志津子）〔ほか〕

ロケ地・場面	所在地
TED SURF SHOP（両親が始めた九十九里海岸のサーフショップ）	千葉県大網白里市南今泉4881-20
一宮海岸（サーフショップ周辺の海岸）	千葉県長生郡一宮町一宮

64 ロクヨン 前編/後編 （映画）

［公　開］2016年5月, 6月

［スタッフ］監督：瀬々敬久, 脚本：久松真一, 瀬々敬久, 原作：横山秀夫

［出　演］佐藤浩市（三上義信）, 綾野剛（諏訪）, 金井勇太（蔵前）, 榮倉奈々（美雲）, 夏川結衣（三上美那子）, 緒形直人（目崎正人）〔ほか〕

［トピック］前編は2016年5月7日、後編は同年6月11日に公開された。

ロケ地・場面	所在地
旧高畠駅舎（冒頭の雪のシーンで登場した駅）	山形県東置賜郡高畠町高畠1568
県道67号線 足利駅付近（昭和天皇崩御をうけ半旗が掲げられた道路）	栃木県足利市伊勢町3
福猿橋（車両が連なって走る冒頭に登場した橋）	栃木県足利市猿田町
足利織姫神社（三上の回想シーンで登場した神社）	栃木県足利市西宮町3889
旧長岡市役所 柳原分庁舎（D県警）	新潟県長岡市柳原町2-1
山梨県庁 本館（D県警）	山梨県甲府市丸の内1-6-1
甲府銀座通り（交通安全パレードが行われた通り）	山梨県甲府市中央15

ロスト・エモーション（映画）

［公　開］2017年3月（日本公開），2016年7月（米公開）

［スタッフ］監督・原案：ドレイク・ドレマス，脚本：ネイサン・パーカー

［出　演］ニコラス・ホルト（サイラス），クリステン・スチュワート（ニア），ガイ・ピアース（ジョナス）〔ほか〕

［トピック］リドリー・スコット製作総指揮のSFサスペンス映画。原題は「Equals」。建築家・安藤忠雄が手がけた日本国内の建築物がロケ地として利用された。

ロケ地・場面	所在地
長岡造形大学 食堂	新潟県長岡市千秋4-197
大阪府立狭山池博物館（サイラスたちの職場）	大阪府大阪狭山市池尻中2
淡路夢舞台（サイラスたちの職場）	兵庫県淡路市夢舞台

わが母の記（映画）

［公　開］2012年4月

［スタッフ］監督・脚本：原田眞人，原作：井上靖

［出　演］役所広司（伊上洪作），樹木希林（八重），宮﨑あおい（琴子），キムラ緑子（志賀子），南果歩（桑子），ミムラ（郁子），菊池亜希子（紀子），三浦貴大（瀬川），真野恵里菜（貞代）〔ほか〕

ロケ地・場面	所在地
青少年の家（湯ヶ島小学校）	茨城県常総市大生郷町1032-4
水海道風土博物館 坂野家住宅の東側道路（伊上が行商人とすれ違った道路）	茨城県常総市大生郷町2037
牛臥山公園内 小浜海岸（御用邸裏の海岸）	静岡県沼津市下香貫字山宮前3056-26
御用邸記念公園（御用邸の松林）	静岡県沼津市下香貫島郷2802-1
川奈ホテル（八重の誕生日で登場した場所など）	静岡県伊東市川奈1459
二岡神社（森の中の神社）	静岡県御殿場市東田中1943
落合楼村上の吊り橋（伊上と八重が会話した吊り橋）	静岡県伊豆市湯ヶ島1887-1
熊野山墓地（伊上の父の葬式を行った墓地）	静岡県伊豆市湯ヶ島熊野山
滑沢渓谷（伊上がバス停でバスを待つところなど）	静岡県伊豆市湯ヶ島国有林内
筏場のわさび田（巡回図書館の車が走るところなど）	静岡県伊豆市筏場国有林内
神戸ポートターミナル（ハワイ行きの大型客船を見送った港）	兵庫県神戸市中央区新港町4-5

私が恋愛できない理由（ドラマ）

［公　開］2011年10月～12月

［スタッフ］脚本：山崎宇子，坂口理子

［出　演］香里奈（藤井恵美），吉高由里子（小倉咲），大島優子（半沢真子），稲森いずみ（白石美鈴），田中圭（長谷川優），萩原聖人（白石拓海）〔ほか〕

ロケ地・場面	所在地
JS市ヶ谷ビル（咲が面接を受けに行った山波出版の外観）〔1〕	東京都千代田区五番町5
昭和通りを跨ぐ昭和通り銀座歩道橋〈ときめき橋〉（咲が電話で話をしていた歩道橋）〔1〕	東京都中央区銀座7-13
桜田通り〈国道1号線〉（真子と木崎が歩いていた東京タワーが見えるところ）〔1〕	東京都港区三田1-4
バルマル・エスパーニャ赤坂見附店（恵美と咲が二人で話をしていたバー）〔1〕	東京都港区赤坂3-20

Brooklyn Parlor（女性が原稿をパソコンで書いていた店）〔1〕	東京都新宿区新宿3-1
TAKANOビルの前（店を出た真子が仕事仲間と別れたところ）〔1〕	東京都新宿区西新宿1-4
新宿住友ビル南側の中央通り（咲が白石のペンを持ったままタクシーを降りたところ）〔1〕	東京都新宿区西新宿2-6
寺田倉庫のハーバープレミアムビル（真子が働いている「Good Order」のオフィス）〔1〕	東京都品川区東品川2-1
パティスリー・スリールの前（咲が拓海のタクシーに乗ったところ）〔1〕	東京都目黒区五本木2-40
九品仏川緑道（恵美、咲、真子が歩いていたところ）〔1〕	東京都目黒区自由が丘1-8
東急東横線沿いの道（恵美、咲、真子が歩いていたところ）〔1〕	東京都世田谷区奥沢5-31
イケハラ（咲の実家「小倉クリーニング」）〔1〕	東京都世田谷区奥沢7-13
PATISSERIE Miyahara（恵美、咲、真子が歩いていたケーキ店の前）〔1〕	東京都世田谷区上北沢3-32
カワイ表参道の前（ショーウインドウに映る自分を恵美が見たところ）〔1〕	東京都渋谷区神宮前5-1
楠本商店（恵美がコーチのバッグをレンタルした店）〔1〕	東京都渋谷区道玄坂1-5
アートブレインカンパニーのABCビル（恵美が所属している「LIGHTING WORKS」の外観）〔1〕	東京都中野区弥生町4-12
スチーム会館フジプラザの西側（恵美が咲を見た「CLUB Fairy」の前）〔1〕	東京都豊島区東池袋1-15
京王線仙川駅前（恵美と咲が真子を待っていた駅前）〔1〕	東京都調布市仙川町1-43
横須賀芸術劇場（恵美が働いていた平井堅のコンサート会場）〔1〕	神奈川県横須賀市本町3-27
土木田商店の前（田村と健太がビールを呑んでいたラーメンの屋台があったところ）〔2〕	東京都港区芝大門1-15
芝神明商店街（恵美と優が歩いていた商店街）〔2〕	東京都港区芝大門1-4と6の間
八芳園内の「壺中庵」（お見合いをしているひかりを恵美が見たところ）〔2〕	東京都港区白金台1
青海南ふ頭公園（咲と拓海が話をしていた水辺）〔2〕	東京都江東区青海2-56
寺田倉庫のハーバープレミアムビル（真子と木崎が話をしていたテラス）〔2〕	東京都品川区東品川2-1
パティスリー・スリールの前（車を運転していた拓海が咲を見つけた上原4丁目バス停）〔2〕	東京都目黒区五本木2-40
百代橋（真子が桃子からの電話を受けたところ）〔3〕	東京都港区芝浦3-20
ホテル日航東京（桃子が真子に電話を掛けていたホテルの部屋）〔3〕	東京都港区台場1-9

青海南ふ頭公園（咲が拓海にキスしたところ）〔3〕	東京都江東区青海2-56
THE SEASON'S 横浜（ハロウィンイベントの会場，恵美が武居と出会ったイベント会場）〔3〕	神奈川県横浜市西区西平沼町6
東井出の畑（恵美と優がカボチャ狩りに行った畑）〔3〕	山梨県北杜市高根町東井出1735付近
港南公園（真子が正と弁当を食べていたところ）〔4〕	東京都港区港南4-5
Le Pain Quotidien（真子と木崎が話をしていた店）〔4〕	東京都港区芝公園3-3
JINROKU（真子と正が食事をしていたレストラン）〔4〕	東京都港区白金6-23
東京ドームシティ（正が真子にキスしたところ）〔4〕	東京都文京区後楽1-3
播磨坂の植物園前交差点（恵美と武居、優とひかりが別れた交差点）〔4〕	東京都文京区小石川4-15
ハウジングプラザ瀬田（拓海と美鈴がモデルハウスを見に行った住宅展示場）〔4〕	東京都世田谷区瀬田5-20
明治通り（真子が正に断りの電話を掛けていたところ）〔4〕	東京都渋谷区神宮前6-19
明治通りの神宮前6丁目交差点付近（客の男が咲の腰に手をまわして歩いていたところ）〔4〕	東京都渋谷区神宮前6-21
吉祥寺駅北口（武居が恵美を待っていた駅前）〔4〕	東京都武蔵野市吉祥寺本町1-15
はらドーナッツ 吉祥寺店（恵美と武居が優とひかりに会ったドーナッツ店の前）〔4〕	東京都武蔵野市吉祥寺本町4-13
井の頭恩賜公園（恵美と武居が歩いていた公園，恵美と武居がボートに乗った公園）〔4〕	東京都三鷹市井の頭4-1
おおたかの森病院（優とひかりが駆けつけた病院）〔5〕	千葉県柏市豊四季113
柿山田オートキャンプガーデン（恵美たちがバーベキューに行ったところ）〔5〕	千葉県君津市東粟倉542
笄公園（咲と拓海が話をしていた公園）〔5〕	東京都港区西麻布3-12
表参道交差点（山本が真子を待っていたところ）〔5〕	東京都港区北青山3-6
桜ヶ丘公園の「ゆうひの丘」（大介が恵美に付き合って欲しいと頼んだ高台）〔5〕	東京都多摩市連光寺5-15
三沢川に架かる馬橋（恵美が自転車で渡っていた橋）〔5〕	東京都稲城市東長沼2120
月島 もん吉（武居が恵美を剣道の試合に誘ったお好み焼き店）〔6〕	東京都中央区月島3-8
CLUB芝浦アイランド（恵美と武居がデートしていたフィットネスクラブ）〔6〕	東京都港区芝浦4-20
芝浦アイランドの東側（フィットネスクラブを出た恵美と武居が別れたところ）〔6〕	東京都港区芝浦4-20
汐留シオサイト（真子と山本が別れたところ）〔6〕	東京都港区東新橋1-6
青海南ふ頭公園（咲と拓海が朝日を見た水辺）〔6〕	東京都江東区青海2-56
夢の島公園（優とひかりが話をしていた公園）〔6〕	東京都江東区夢の島2-1

レ ミルフォイユ ドゥ リベルテ 五反田店(山本が真子にひまわりの花束を買った店)〔6〕	東京都品川区東五反田5-27
大森赤十字病院の屋上庭園(優が話をしていた病院の屋上)〔6〕	東京都大田区中央4-30
希望ヶ丘自治会館(恵美が武居に会いに行った北原町交番)〔6〕	東京都大田区東雪谷3-16
JR中央本線を跨ぐ跨線橋(優が立っていた跨線橋, 恵美が渡った跨線橋)〔6〕	東京都中野区東中野3-3
厚木市荻野運動公園体育館(恵美が訪れた第28回関東警察剣道選抜大会の会場)〔6〕	神奈川県厚木市中荻野1500
JR品川駅港南口前のペデストリアンデッキ(優が武居を待っていたところ)〔7〕	東京都港区港南2-14
シンボルプロムナード公園「出会い橋」の下(咲と拓海がおでんを食べていたところ)〔7〕	東京都江東区青海1-3
東京国際交流館プラザ平成の前(真子が木崎と話をしたところ, 真子が山本と話をしたところ)〔7〕	東京都江東区青海2-2
青海南ふ頭公園(咲が拓海の手を握って立っていた水辺)〔7〕	東京都江東区青海2-56
桜ヶ丘公園の「ゆうひの丘」(恵美が武居を待っていた高台)〔7〕	東京都多摩市連光寺5-15
港南公園(真子と山本が話をしていたところ)〔8〕	東京都港区港南4-5
笄公園(咲と拓海が話をしていた公園)〔8〕	東京都港区西麻布3-12
抜弁天通り(美鈴が倒れたというルミからの電話を拓海が受けたところ)〔8〕	東京都新宿区新宿6-24
パティスリー・スリールの前(咲が拓海を待っていた上原4丁目バス停, 恵美が咲を迎えに行ったバス停)〔8〕	東京都目黒区五本木2-40
エンジニアライティングの川崎テクノベース(恵美が訪れた野口の会社の倉庫)〔8〕	神奈川県川崎市宮前区土橋6-13
筑摩書房 本社(咲が面接を受けに行った「はやて書房」)〔9〕	東京都台東区蔵前2-5
青海南ふ頭公園(拓海が咲に会いに来たところ)〔9〕	東京都江東区青海2-56
明治通りの神宮前6丁目交差点付近(恵美と武居が話をしていたところ)〔9〕	東京都渋谷区神宮前6-21
五輪橋交差点の歩道橋(恵美が武居と出会った歩道橋の上)〔9〕	東京都渋谷区神南2-1
国立代々木競技場の第一体育館(安室奈美恵のコンサートが行われた会場, 優とひかりが話しているのを恵美が見たところ)〔9〕	東京都渋谷区神南2-1
成田国際空港(咲が優に会いに行った空港)〔終〕	千葉県成田市古込
東京シティエアターミナル(優がリムジンバスに乗ったところ)〔終〕	東京都中央区日本橋箱崎町42
区立芝公園(恵美、咲、真子が東京タワーを見ながら乾杯したところ(生中継))〔終〕	東京都港区芝公園4-8

第一京浜国道〈国道15号線〉(恵美と拓海が健太をタクシーに乗せたところ)〔終〕	東京都港区芝大門1-16
東京ミッドタウン(優が恵美にキスしたところ)〔終〕	東京都港区赤坂9-7
東京ドームシティの後楽園ホール(恵美、健太、田村が照明の準備をしていたボクシング会場)〔終〕	東京都文京区後楽1-3
FIRE HOUSE(咲と健太が話をしていた店)〔終〕	東京都文京区本郷4-5
ヴィーナスフォート(クリスマスイルミネーションの点灯式が行われたところ, 恵美とひかりが話をしたところ)〔終〕	東京都江東区青海1
青海南ふ頭公園(咲と拓海がお互いのペンを交換して別れた特等席)〔終〕	東京都江東区青海2-56
恵比寿たつや駅前店(恵美、拓海、健太が話をしていた居酒屋)〔終〕	東京都渋谷区恵比寿南1-8
国立代々木競技場の第一体育館(優とひかりが話しているのを恵美が見たところ)〔終〕	東京都渋谷区神南2-1

私の家政夫ナギサさん (ドラマ)

[公　開] 2020年7月～9月

[スタッフ] 脚本：徳尾浩司, 山下すばる, 原作：四ツ原フリコ

[出　演] 多部未華子(相原メイ), 大森南朋(鴫野ナギサ), 瀬戸康史(田所優太), 眞栄田郷敦(瀬川遙人), 高橋メアリージュン(陶山薫), 趣里(福田唯), 富田靖子(古藤深雪), 草刈民代(相原美登里)〔ほか〕

ロケ地・場面	所在地
竹尾 湾岸物流センター(しろくまメディカル)〔1〕	東京都江東区若洲2-7
ターニー ベーカリーカフェ(メイが閉店まで仕事をしていたカフェ)〔1〕	東京都品川区大崎1-2
鶴見川に架かる潮見橋(ナギサが渡っていた橋)〔1〕	神奈川県横浜市鶴見区鶴見中央5-11
パシフィコ横浜前交差点(メイが星占いを見ていた横断歩道の前)〔1〕	神奈川県横浜市西区みなとみらい2-3
オーシャンゲートみなとみらい(天保山製薬が入居しているビルの外観, メイと薫が弁当を食べていた屋上)〔1〕	神奈川県横浜市西区みなとみらい3-7
横浜シーサイドライン本社(メイが営業に行った横浜三橋総合病院の外観)〔1〕	神奈川県横浜市金沢区幸浦2-1
横浜市営地下鉄ブルーライン仲町台駅(メイが出てきた駅)〔1〕	神奈川県横浜市都筑区仲町台1-1
横浜市仲町台地区センター(メイが営業に行った肥後すこやかクリニックの外観, メイが田所と名刺交換をした肥後すこやかクリニックの駐車場)〔1〕	神奈川県横浜市都筑区仲町台2-7
西麻布ウォッカトニック(メイと田所が連絡先を交換したバー)〔2〕	東京都港区西麻布2-25
竹尾 湾岸物流センター(遙人が田所と情報交換会の約束をした「しろくまメディカル」の駐車場)〔2〕	東京都江東区若洲2-7

オーシャンゲートみなとみらいの屋上（薫がメイのプロフィールをマッチングアプリに登録した屋上）〔2〕	神奈川県横浜市西区みなとみらい3-7
横浜赤レンガ倉庫2号館の西側付近（メイが美登里と別れたところ）〔2〕	神奈川県横浜市中区新港1-1
陽光歩道橋の北詰（田所がメイと母・美登里に声を掛けたところ，田所がメイを呑みに誘ったところ）〔2〕	神奈川県横浜市都筑区仲町台1-4
横浜市仲町台地区センター（肥後すこやかクリニックの外観）〔2〕	神奈川県横浜市都筑区仲町台2-7
秋葉原UDXシアター（講演会が行われたホール）〔3〕	東京都千代田区外神田4-14-1
鶴見川に架かる潮見橋（ナギサが美登里からの電話を受けた橋の上）〔3〕	神奈川県横浜市鶴見区鶴見中央5-11
ナビオス横浜（講演会が行われた会場の外観）〔3〕	神奈川県横浜市中区新港2-1
横浜市仲町台地区センター（メイが田所と居酒屋で会う約束をした肥後すこやかクリニックの駐車場）〔3〕	神奈川県横浜市都筑区仲町台2-7
京急久里浜線京急長沢駅前（肥後がタクシー待ちをしていた南長沢駅前）〔3〕	神奈川県横須賀市グリーンハイツ3
君津中央公園（メイと田所が焼き鳥を食べていた公園，メイと田所がブランコに乗った公園）〔4〕	千葉県君津市久保5-1
NB CLUB（メイ、遙人、肥後が慰労会をしていたレストラン，田所と薫がやって来たレストラン）〔4〕	東京都中央区銀座8-5
帷子川に架かる元平沼橋（遙人が立っていた橋の上）〔4〕	神奈川県横浜市西区岡野1-1
学園歩道橋（メイが田所と指切りをしたところ）〔4〕	神奈川県横浜市都筑区茅ケ崎南2-2
横浜市営地下鉄ブルーライン仲町台駅（田所がメイからのメッセージを見たところ）〔4〕	神奈川県横浜市都筑区仲町台1-1
砂町銀座通り（田所がメイと遙人に声を掛けた綱島中央商店街）〔5〕	東京都江東区北砂5-9
万国橋（メイがナギサと電話で話をしていた橋の上，ランチを買った遙人がソフトクリームを手にして戻って来た橋の上）〔5〕	神奈川県横浜市中区海岸通5-26
FlowerShop K&A（美登里が花を選んでいた店）〔5〕	神奈川県横浜市都筑区中川1-21
元希（ナギサがビールを呑んでいた居酒屋）〔6〕	東京都千代田区神田鍛冶町3-5
ベニースーパー佐野店（ナギサがキャベツを選んでいたスーパー）〔6〕	東京都足立区佐野2-27
青和クリニックの駐車場（メイと遙人が車の中で話をしていた駐車場，メイが田所の車に乗って話をしていた駐車場）〔6〕	東京都日野市大字新井865
あすか総建 西部導管事業所付近（メイがナギサを見失ったところ，ナギサがメイに声を掛けた都筑総合病院の前，メイとナギサが歩いているのを田所が見た都筑総合病院の駐車場）〔6〕	東京都稲城市長峰2-4

長峰小学校南交差点付近の階段（ナギサがベビーカーを降ろすのを手伝ったところ）〔6〕	東京都稲城市長峰2-6
八景島シーパラダイスの「アクアミュージアム」（田所と薫がデートに行った水族館）〔6〕	神奈川県横浜市金沢区八景島
モザイクモール港北（ゴルフショップで買い物を終えたメイがナギサを見たところ，メイがナギサを尾行し始めたところ）〔6〕	神奈川県横浜市都筑区中川中央1-31
横浜市営地下鉄ブルーライン仲町台駅（メイがあかりからの電話を受けた駅前）〔6〕	神奈川県横浜市都筑区仲町台1-1
YRPセンター1番館（ナギサがメイにタブレットを届けたアンタレス総合病院，ナギサが玲香を見たアンタレス総合病院のロビー）〔6〕	神奈川県横須賀市光の丘3-4
元希（ナギサが箸尾を連れて行った居酒屋）〔7〕	東京都千代田区神田鍛冶町3-5
日比谷公園（ナギサと箸尾が弁当を食べていた公園）〔7〕	東京都千代田区日比谷公園1
品川シーズンテラス（ソルマーレ製薬が入居しているビル）〔7〕	東京都港区港南1-2
桜田通り〈国道1号線〉（ナギサが病院からの電話を受けたところ）〔7〕	東京都港区芝3-16
グランパークカンファレンス301会議室の控室（メイたちが追加の説明をしたところ）〔7〕	東京都港区芝浦3-4
グランパークカンファレンス3Fのバルコニー（説明会へ向かう田所たちとメイたちが出会ったところ）〔7〕	東京都港区芝浦3-4
グランパークカンファレンス401ホール（メイたちが新薬の説明会をしていたアンタレス総合病院の会議室）〔7〕	東京都港区芝浦3-4
パセラ珈琲店 横浜関内店（ナギサがソルマーレ製薬の求人情報を見ていたカフェ）〔7〕	神奈川県横浜市中区末広町3-95
横浜市立大学医学部附属病院（天明大学病院の外観）〔7〕	神奈川県横浜市金沢区福浦3-9
美しが丘第3号歩道橋（鴫野邸を出たメイが渡っていた歩道橋）〔7〕	神奈川県横浜市青葉区美しが丘3-36
YRPセンター1番館（メイが箸尾を見たアンタレス総合病院のロビー）〔7〕	神奈川県横須賀市光の丘3-4
NB CLUB（ナギサと肥後が食事をしたレストラン）〔8〕	東京都中央区銀座8-5
上池台1丁目の坂道（ナギサが下っていた坂道）〔8〕	東京都大田区上池台1-27と28の間
呑川に架かる日蓮橋（ナギサがメイ、田所、モモを見た橋の上）〔8〕	東京都大田区西蒲田1-8
藤美幼稚園（メイと田所がモモを迎えに行った保育園）〔8〕	東京都大田区中央8-10
オーシャンゲートみなとみらいの屋上（メイと古藤が話をしていた屋上）〔8〕	神奈川県横浜市西区みなとみらい3-7
タイムズ市ヶ尾町第3（唯がモモを迎えに来たコインパーキング）〔8〕	神奈川県横浜市青葉区市ケ尾町536

横浜市営地下鉄ブルーライン仲町台駅（メイが田所を待っていた駅前）〔8〕	神奈川県横浜市都筑区仲町台1-1
和光市役所（ナギサが訪れた港北中央病院）〔終〕	埼玉県和光市広沢1
竹尾 湾岸物流センター（遙人が肥後に話を聞きに行った武蔵野医療センターのコミュニティケーションホール）〔終〕	東京都江東区若洲2-7
日本丸メモリアルパーク（メイと田所が話をしたところ）〔終〕	神奈川県横浜市西区みなとみらい2-1
オーシャンゲートみなとみらい（メイと田所が待ち合わせたビルの前）〔終〕	神奈川県横浜市西区みなとみらい3-7
山下公園（ナギサがベンチに座っていた海沿いの公園）〔終〕	神奈川県横浜市中区山下町279
Hacoa ダイレクトストア 横浜赤レンガ倉庫店（ナギサが食器を買いに行った店）〔終〕	神奈川県横浜市中区新港1-1
陣ヶ下渓谷ひろば公園（ナギサと田所が話をした高架下の公園）〔終〕	神奈川県横浜市保土ケ谷区川島町792
横浜市立大学医学部附属病院（メイと堀江が訪れた天明大学病院の外観）〔終〕	神奈川県横浜市金沢区福浦3-9
学園歩道橋（メイがナギサに飛びついた歩道橋の上）〔終〕	神奈川県横浜市都筑区茅ケ崎南2-2
学園歩道橋の階段（メイと田所が話をしていた階段の踊り場）〔終〕	神奈川県横浜市都筑区茅ケ崎南2-2
横浜市役所前（田所がメイから日吉サンライズ病院についてのメッセージを受けたところ）〔特別編〕	神奈川県横浜市中区本町6-50

私の人生なのに（映画）

［公　開］2018年7月

［スタッフ］監督・脚本：原桂之介, 原作：清智英, 東きゆう

［出　演］知英（金城瑞穂）, 稲葉友（柏原淳之介）, 落合モトキ（誉田哲二）, 蜷川みほ（石丸医師）, 江田友莉亜（菊地紗理奈）〔ほか〕

ロケ地・場面	所在地
吉田電車の見える公園（瑞穂と淳之介が本音をぶつけ合った公園）	神奈川県横浜市戸塚区吉田町
戸塚駅東口ペデストリアンデッキ（瑞穂と淳之介がストリートライブをした場所）	神奈川県横浜市戸塚区戸塚町
柏尾川プロムナード（瑞穂と淳之介が会話しながら歩いた道）	神奈川県横浜市戸塚区戸塚町
柏尾川河川敷（瑞穂と淳之介がギターを練習した河川敷など）	神奈川県横浜市戸塚区戸塚町
俣野公園（瑞穂が子供達の前で弾き語りをした公園など）	神奈川県横浜市戸塚区俣野町1367-1
矢部トンネルの丘公園（瑞穂と淳之介が本音をぶつけ合った公園）	神奈川県横浜市戸塚区矢部町3004-4

藁の楯（映画）

［公　開］2013年4月

［スタッフ］監督：三池崇史, 脚本：林民夫, 原作：木内一裕

［出　演］大沢たかお（銘苅一基）, 松嶋菜々子（白岩篤子）, 岸谷五朗（奥村武）, 伊武雅刀（関谷賢示）, 永山絢斗（神箸正樹）, 藤原竜也（清丸国秀）, 山﨑努（蜷川隆興）〔ほか〕

［トピック］映画としては初めて岐阜県庁舎がロケ地に使われた。

ロケ地・場面	所在地
岐阜県庁舎 職員食堂（警視庁射撃訓練所ラウンジ）	岐阜県岐阜市薮田南2-1-1

岐阜県西濃総合庁舎事務所（新聞社）	岐阜県大垣市江崎町422-3
四日市港（犯人護送車が登場する港）	三重県四日市市霞2-1-1

わろてんか（ドラマ）

［公　開］2017年10月～2018年3月

［スタッフ］脚本：吉田智子

［出　演］葵わかな（藤岡てん），松坂桃李（北村藤吉），濱田岳（武井風太），高橋一生（伊能栞），遠藤憲一（藤岡儀兵衛），鈴木保奈美（藤岡しず），竹下景子（藤岡ハツ），千葉雄大（藤岡新一），堀田真由（藤岡りん），徳永えり（トキ），鈴木京香（北村啄子），岡本玲（杉田楓），広瀬アリス（秦野リリコ），大野拓朗（船来屋キース），前野朋哉（潮アサリ）〔ほか〕

ロケ地・場面	所在地
京都府庁旧本館 北側外観と正面階段（藤岡てんがドイツ人に謝りに行った建物）〔1〕	京都府京都市上京区下立売通新町西入藪之内町
上賀茂神社（藤岡てんが伊能栞と話をした水辺）〔3〕	京都府京都市北区上賀茂本山339
博物館明治村 聖ザビエル天主堂（リリコが活動写真の撮影をしていた教会）〔12〕	愛知県犬山市内山1
京都文化博物館（伊能栞のオフィス）〔12〕	京都府京都市中京区東片町623-1
博物館明治村 坐漁荘（安来節のオーディションを行った島根の旅館）〔13〕	愛知県犬山市内山1
神戸税関（伊能商会）〔18〕	兵庫県神戸市中央区新港町12-1
油日神社（藤岡てんと北村藤吉が出会った神社）	滋賀県甲賀市甲賀町油日1042
マイアミ浜水泳場（藤岡てんと北村藤吉が訪れた砂浜）	滋賀県野洲市吉川
松竹京都撮影所（京都の老舗薬種問屋「藤岡屋」）	京都府京都市右京区太秦御所堀ケ内町12-9

地域別一覧

北海道

札幌市中央区

◇旭山記念公園 ⇒ 映画「こんな夜更けにバナナかよ 愛しき実話」

◇M's仲町 ⇒ 映画「探偵はBARにいる3」

◇大倉山スキー場 ⇒ 映画「探偵はBARにいる2 ススキノ大交差点」

◇大通公園 ⇒ 映画「KitaKita」 ドラマ「First Love 初恋」

◇大通バスセンター ⇒ ドラマ「First Love 初恋」

◇キングムー ⇒ 映画「探偵はBARにいる3」

◇札幌駅前通 ⇒ ドラマ「First Love 初恋」

◇札幌市天文台 ⇒ ドラマ「First Love 初恋」

◇札幌市時計台 ⇒ 映画「KitaKita」

◇札幌市民交流プラザ ⇒ ドラマ「First Love 初恋」

◇札幌聖心女子学院 ⇒ ドラマ「First Love 初恋」

◇札幌地下街オーロラタウン ⇒ ドラマ「First Love 初恋」

◇さっぽろテレビ塔 ⇒ 映画「KitaKita」

◇さっぽろテレビ塔前歩道橋 ⇒ ドラマ「First Love 初恋」

◇札幌東急REIホテル前タクシー乗り場 ⇒ ドラマ「First Love 初恋」

◇札幌パークホテル ⇒ ドラマ「First Love 初恋」

◇サッポロパンケーキ&パフェラストミント ⇒ ドラマ「First Love 初恋」

◇サッポロファクトリー ⇒ 映画「KitaKita」「探偵はBARにいる3」 ドラマ「First Love 初恋」

◇札幌伏見稲荷神社 ⇒ 映画「KitaKita」

◇J-ROOM ⇒ 映画「こんな夜更けにバナナかよ 愛しき実話」

◇ジャックマックプラザホテル ⇒ 映画「探偵はBARにいる」

◇JUNO札幌店 ⇒ ドラマ「First Love 初恋」

◇すすきの界隈 ⇒ 映画「KitaKita」「探偵はBARにいる」「探偵はBARにいる2 ススキノ大交差点」

◇すすきの交番前 ⇒ 映画「探偵はBARにいる3」

◇大丸札幌店 モンブランコーナー ⇒ ドラマ「First Love 初恋」

◇中央バス札幌ターミナル付近 ⇒ 映画「探偵はBARにいる3」

◇中島公園 ⇒ ドラマ「First Love 初恋」

◇西4丁目交差点 ⇒ ドラマ「First Love 初恋」

◇ノアの方舟 ⇒ 映画「探偵はBARにいる3」

◇nORBESA ⇒ 映画「探偵はBARにいる3」

◇フジヤ売店 ⇒ ドラマ「First Love 初恋」

◇フーズバラエティすぎはら ⇒ 映画「こんな夜更けにバナナかよ 愛しき実話」 ドラマ「First Love 初恋」

◇FLAIR BAR es ⇒ ドラマ「First Love 初恋」

◇北海道庁旧本庁舎 赤れんが庁舎 ⇒ 映画「KitaKita」 ドラマ「日本沈没 ―希望の人―」

◇北海道庁旧本庁舎付近 ⇒ 映画「探偵はBARにいる3」

◇ホルモン焼肉 京城屋 ⇒ 映画「探偵はBARにいる3」

◇幌平橋 ⇒ ドラマ「First Love 初恋」

◇円山公園 ⇒ 映画「KitaKita」

◇炉ばた焼きウタリ ⇒ ドラマ「First Love 初恋」

札幌市北区

◇札幌駅南口 ⇒ ドラマ「First Love 初恋」

◇北海道大学 ⇒ 映画「こんな夜更けにバナナかよ 愛しき実話」

◇北海道大学 総合博物館 ⇒ 映画「探偵はBARにいる3」

札幌市東区

◇Baluko Laundry Place 東苗穂 ⇒ ドラマ「First Love 初恋」

◇モエレ沼公園 ⇒ 映画「KitaKita」

札幌市白石区

◇本郷通り商店街 ⇒ 映画「こんな夜更けに

バナナかよ 愛しき実話」

札幌市豊平区

◇平岸ハイヤー ⇒ ドラマ「First Love 初恋」
◇宮田屋珈琲 豊平店 ⇒ 映画「こんな夜更けにバナナかよ 愛しき実話」
◇ミュンヘン大橋 ⇒ 映画「KitaKita」

札幌市南区

◇八剣山果樹園 ⇒ 映画「こんな夜更けにバナナかよ 愛しき実話」
◇北海道青少年会館 ⇒ ドラマ「First Love 初恋」
◇藻岩山 ⇒ 映画「KitaKita」
◇藻南公園・豊平川 ⇒ ドラマ「First Love 初恋」
◇RUTH LOWE 藻岩店 ⇒ ドラマ「First Love 初恋」

札幌市西区

◇孝仁会記念病院 ⇒ 映画「僕等がいた 前篇/後篇」
◇琴似神社 ⇒ 映画「こんな夜更けにバナナかよ 愛しき実話」
◇札幌ホテルヤマチ ⇒ 映画「こんな夜更けにバナナかよ 愛しき実話」
◇三角山放送局 ⇒ 映画「こんな夜更けにバナナかよ 愛しき実話」
◇北海市場西町店 ⇒ 映画「こんな夜更けにバナナかよ 愛しき実話」

札幌市厚別区

◇サンピアザ劇場 ⇒ ドラマ「First Love 初恋」
◇そば・うどん領国 ⇒ ドラマ「First Love 初恋」
◇北海道開拓の村 ⇒ 映画「ゴールデンカムイ」 ドラマ「マッサン」

札幌市清田区

◇清田区民センター ⇒ 映画「こんな夜更けにバナナかよ 愛しき実話」

函館市

◇青柳町会館 ⇒ 映画「世界から猫が消えたなら」
◇青柳町電停付近の坂 ⇒ 映画「オーバー・フェンス」
◇赤帽子屋 ⇒ 映画「きみの鳥はうたえる」
◇穴澗海岸 ⇒ 映画「そこのみにて光輝く」
◇漁火通り・大森浜 ⇒ 映画「オーバー・フェンス」
◇海のダイニングshirokuma ⇒ 映画「オーバー・フェンス」
◇金森赤レンガ倉庫前の観光遊覧船「ブルームーン」 ⇒ 映画「オーバー・フェンス」
◇カラオケまねきねこ 五稜郭店 ⇒ 映画「きみの鳥はうたえる」
◇CLUB STONE LOVE ⇒ 映画「きみの鳥はうたえる」
◇グルマンカンタ ⇒ 映画「きみの鳥はうたえる」
◇幸坂 ⇒ 映画「オーバー・フェンス」
◇サテンドール ⇒ 映画「世界から猫が消えたなら」
◇汐首町周辺の丘陵地 ⇒ ドラマ「坂の上の雲 第3部」
◇シネマアイリス ⇒ 映画「きみの鳥はうたえる」
◇十字街 ⇒ 映画「そこのみにて光輝く」
◇十字街電停 ⇒ 映画「糸」
◇松竹園 ⇒ 映画「オーバー・フェンス」
◇水花月茶寮 ⇒ 映画「きみの鳥はうたえる」
◇姿見坂 ⇒ 映画「世界から猫が消えたなら」
◇杉の子 ⇒ 映画「きみの鳥はうたえる」
◇高盛公園グランド ⇒ 映画「オーバー・フェンス」
◇津軽海峡フェリー 函館ターミナル ⇒ 映画「糸」
◇津軽屋食堂 ⇒ 映画「そこのみにて光輝く」
◇ともえ大橋 ⇒ 映画「きみの鳥はうたえる」
◇函館漁港 ⇒ 映画「糸」
◇函館空港 ⇒ 映画「糸」
◇函館競輪場 ⇒ 映画「そこのみにて光輝く」
◇函館公園 ⇒ 映画「オーバー・フェンス」

◇箱館元町珈琲店 ⇒ 映画「きみの鳥はうたえる」
◇ハセガワストア千代台店 ⇒ 映画「きみの鳥はうたえる」
◇八幡坂 ⇒ 映画「糸」
◇PIER H TABLE ⇒ 映画「きみの鳥はうたえる」
◇ポリテクセンター函館 ⇒ 映画「オーバー・フェンス」
◇本町 ⇒ 映画「そこのみにて光輝く」
◇港We'SN ⇒ 映画「きみの鳥はうたえる」
◇民宿 室屋 ⇒ 映画「世界から猫が消えたなら」
◇モストゥリー ⇒ 映画「世界から猫が消えたなら」
◇元町公園 ⇒ 映画「糸」
◇元町公園近くの道路 ⇒ 映画「世界から猫が消えたなら」
◇山上大神宮 ⇒ 映画「そこのみにて光輝く」
◇ライブ・イン絹 ⇒ 映画「オーバー・フェンス」

小樽市

◇小樽地方合同庁舎 ⇒ ドラマ「日本沈没 —希望の人—」
◇かたの ⇒ 映画「探偵はBARにいる3」
◇高島漁港 ⇒ 映画「探偵はBARにいる3」
◇天狗山ロープウエイ ⇒ ドラマ「First Love 初恋」
◇のんのん（現・朝市食堂） ⇒ 映画「探偵はBARにいる3」
◇花園飲食店街 ⇒ 映画「探偵はBARにいる」

旭川市

◇旭川常磐ロータリー ⇒ ドラマ「First Love 初恋」
◇旭川市21世紀の森 ⇒ 映画「羊と鋼の森」
◇旭川明成高等学校 ⇒ 映画「羊と鋼の森」
◇旭橋 ⇒ 映画「羊と鋼の森」
◇大雪クリスタルホール 中庭 ⇒ 映画「羊と鋼の森」
◇カジノドライブ ⇒ 映画「羊と鋼の森」
◇就実の丘 ⇒ ドラマ「ガリレオ（2013年）」
◇鷹栖神社 ⇒ 映画「羊と鋼の森」
◇近文駅 ⇒ 映画「羊と鋼の森」
◇星野リゾート OMO7 旭川 ⇒ 映画「羊と鋼の森」

室蘭市

◇室蘭市内の道路 廃遊園地付近 ⇒ 映画「探偵はBARにいる2 ススキノ大交差点」

釧路市

◇阿寒湖 ⇒ 映画「許されざる者」
◇釧路駅 ⇒ 映画「僕等がいた 前篇/後篇」
◇釧路空港 ⇒ ドラマ「舞い上がれ！」
◇釧路港埠頭 ⇒ 映画「僕等がいた 前篇/後篇」
◇釧路中央郵便局前バス停 ⇒ 映画「僕等がいた 前篇/後篇」
◇栄町平和公園 ⇒ 映画「僕等がいた 前篇/後篇」
◇ジャマイカタウン ⇒ 映画「僕等がいた 前篇/後篇」
◇新釧路川緑地（治水～愛国） ⇒ 映画「僕等がいた 前篇/後篇」
◇幣舞公園 ⇒ 映画「僕等がいた 前篇/後篇」
◇幣舞橋付近 ⇒ 映画「僕等がいた 前篇/後篇」
◇北海道立釧路芸術館 ⇒ 映画「僕等がいた 前篇/後篇」
◇米町公園 ⇒ 映画「僕等がいた 前篇/後篇」
◇レストラン泉屋本店 ⇒ 映画「僕等がいた 前篇/後篇」

帯広市

◇帯広駅前バス停 ⇒ 映画「キリエのうた」
◇航空大学校帯広分校 ⇒ ドラマ「舞い上がれ！」
◇BAR909 ⇒ 映画「糸」
◇真鍋庭園 ⇒ ドラマ「なつぞら」

留萌市

◇スナックWorld One ⇒ 映画「三度目の

殺人」
◇留萌駅 ⇒ [映画]「三度目の殺人」

苫小牧市

◇旭大通アンダーパス ⇒ [映画]「そして僕は途方に暮れる」
◇一条通 ⇒ [映画]「そして僕は途方に暮れる」
◇糸井東大通陸橋 ⇒ [映画]「そして僕は途方に暮れる」
◇海の駅 ぷらっとみなと市場 ⇒ [映画]「そして僕は途方に暮れる」
◇大町銀座ストリート ⇒ [映画]「そして僕は途方に暮れる」
◇喫茶ドンドン ⇒ [映画]「そして僕は途方に暮れる」
◇JR苫小牧駅北口バスロータリー ⇒ [映画]「そして僕は途方に暮れる」
◇JR苫小牧駅構内 ⇒ [映画]「そして僕は途方に暮れる」
◇シネマトーラス ⇒ [映画]「そして僕は途方に暮れる」
◇苫小牧東部 ⇒ [映画]「のぼうの城」
◇苫小牧西港フェリーターミナル ⇒ [映画]「そして僕は途方に暮れる」
◇未来の森公園周辺歩道 ⇒ [映画]「そして僕は途方に暮れる」

稚内市

◇北防波堤ドーム ⇒ [映画]「北の桜守」
◇旧瀬戸邸 ⇒ [映画]「北の桜守」
◇声問海岸 ⇒ [映画]「北の桜守」
◇宗谷丘陵 ⇒ [映画]「北の桜守」
◇抜海駅 ⇒ [映画]「北の桜守」
◇稚内空港 ⇒ [映画]「北の桜守」
◇稚内公園 ⇒ [ドラマ]「南極大陸」
◇稚内市メグマ沼自然公園・オープンセット（北の桜守パーク）⇒ [映画]「北の桜守」

美唄市

◇陸上自衛隊美唄駐屯地近く ⇒ [映画]「糸」

江別市

◇酪農学園大学 ⇒ [映画]「探偵はBARにいる3」

赤平市

◇北炭赤間炭鉱ズリ山 ⇒ [映画]「ドライブ・マイ・カー」

紋別市

◇はまなす通り ⇒ [映画]「アンフェア the answer」
◇紋別漁港 ⇒ [映画]「アンフェア the answer」

名寄市

◇MOA自然農法名寄農場 ⇒ [映画]「星守る犬」
◇名寄市立図書館 ⇒ [映画]「星守る犬」
◇ふうれん望湖台自然公園 ⇒ [映画]「星守る犬」
◇北海道立サンピラーパーク ⇒ [映画]「星守る犬」

千歳市

◇西洋軒 ⇒ [ドラマ]「First Love 初恋」

亀田郡七飯町

◇大沼国定公園（駒ケ岳, 大沼）⇒ [映画]「糸」

虻田郡真狩村

◇羊蹄山の見える農道 ⇒ [ドラマ]「マッサン」

積丹郡積丹町

◇島武意海岸 ⇒ [ドラマ]「マッサン」

余市郡余市町

◇ニッカウヰスキー北海道原酒工場 ⇒ [ドラマ]「マッサン」
◇余市川に架かる砥の川橋 ⇒ [ドラマ]「マッサン」

夕張郡長沼町

◇ハイジ牧場 ⇒ [ドラマ]「First Love 初恋」

上川郡上川町
◇上川町 ⇒ 映画「許されざる者」

上川郡東川町
◇小西健二音楽堂 ⇒ 映画「羊と鋼の森」
◇東川町役場裏 ⇒ 映画「羊と鋼の森」

空知郡上富良野町
◇上富良野町役場 ⇒ 映画「糸」

空知郡南富良野町
◇かなやま湖畔キャンプ場 ⇒ 映画「糸」

天塩郡豊富町
◇大規模（おおきぼ）草地 ⇒ 映画「北の桜守」
◇サロベツ湿原センター ⇒ 映画「北のカナリアたち」

礼文郡礼文町
◇校舎（現・北のカナリアパーク） ⇒ 映画「北のカナリアたち」
◇知床 ⇒ 映画「北のカナリアたち」
◇須古頓岬 ⇒ 映画「北のカナリアたち」
◇元地・地蔵岩 ⇒ 映画「北のカナリアたち」

紋別郡遠軽町
◇遠軽町役場丸瀬布総合支所 ⇒ 映画「アンフェア the answer」

沙流郡平取町
◇二風谷コタン ⇒ 映画「ゴールデンカムイ」

河東郡音更町
◇十勝牧場白樺並木 ⇒ ドラマ「マッサン」

河東郡鹿追町
◇鹿追パーク ⇒ 映画「キリエのうた」
◇然別湖北岸野営場 ⇒ ドラマ「マッサン」

上川郡新得町
◇新屈足神社 ⇒ 映画「キリエのうた」

上川郡清水町
◇丸山育成牧場 ⇒ ドラマ「なつぞら」
◇丸山育成牧場の道 ⇒ ドラマ「なつぞら」

河西郡芽室町
◇白樺学園 ⇒ 映画「キリエのうた」

中川郡幕別町
◇チーズ工房NEEDS ⇒ 映画「糸」
◇十勝ヒルズ ⇒ ドラマ「舞い上がれ！」

足寄郡陸別町
◇鈴木牧場 ⇒ ドラマ「なつぞら」

厚岸郡厚岸町
◇旧厚岸潮見高校 ⇒ 映画「僕等がいた 前篇/後篇」

白糠郡白糠町
◇恋問海岸 ⇒ 映画「僕等がいた 前篇/後篇」

青森県

弘前市

◇土手町通り ⇒ ドラマ「優しい男」

◇弘前公園 ⇒ ドラマ「優しい男」

◇藤田記念庭園 ⇒ ドラマ「優しい男」

八戸市

◇葦毛崎展望台近くの浜 ⇒ 映画「マイ・ブロークン・マリコ」

◇種差海岸 ⇒ 映画「マイ・ブロークン・マリコ」

◇種差漁港 ⇒ 映画「マイ・ブロークン・マリコ」

◇八戸駅バスロータリー ⇒ 映画「マイ・ブロークン・マリコ」

◇八戸港フェリーターミナル ⇒ 映画「マイ・ブロークン・マリコ」

◇八戸市庁 ⇒ 映画「マイ・ブロークン・マリコ」

十和田市

◇北里大学獣医学部十和田キャンパス ⇒ 映画「犬部！」

◇現代美術アート広場 ⇒ 映画「犬部！」

上北郡おいらせ町

◇下田駅 ⇒ 映画「マイ・ブロークン・マリコ」

岩手県

盛岡市

◇一ノ倉邸 ⇒ 映画「終わった人」

◇岩手銀行中ノ橋支店 ⇒ 映画「HOME 愛しの座敷わらし」

◇岩手県立盛岡工業高校 ⇒ 映画「終わった人」

◇旧大ヶ生ふるさと学習センター ⇒ 映画「終わった人」

◇桜山神社通り ⇒ 映画「終わった人」

◇佐藤写真館 ⇒ 映画「終わった人」

◇高松公園 高松の池 ⇒ 映画「終わった人」

◇玉山門前寺地区 ⇒ 映画「終わった人」

◇中津川河畔ビクトリアロード ⇒ 映画「終わった人」

◇南昌荘 ⇒ 映画「3月のライオン 前篇/後篇」

◇南部藩長屋酒屋 ⇒ 映画「終わった人」

◇番屋ながさわ ⇒ 映画「影裏」

◇ホテルメトロポリタン NEW WING ⇒ 映画「影裏」

◇盛岡南公園運動所 いわぎんスタジアム ⇒ 映画「終わった人」

◇盛岡友愛病院 ⇒ 映画「終わった人」

◇湯守温泉ホテル大観 ⇒ 映画「3月のライオン 前篇/後篇」

◇米内川 ⇒ 映画「影裏」

◇米内浄水場 ⇒ 映画「終わった人」

大船渡市

◇三陸鉄道リアス線甫嶺駅 ⇒ ドラマ「監察医朝顔（第1シーズン）」

◇甫嶺川河口付近の防波堤 ⇒ ドラマ「監察医朝顔（第1シーズン）」

花巻市

◇下ノ畑 ⇒ 映画「銀河鉄道の父」

◇鉛温泉藤三旅館 ⇒ 映画「海街diary」

◇向山森林公園展望台 ⇒ 映画「海街diary」

◇羅須地人協会 ⇒ 映画「銀河鉄道の父」

久慈市

◇宇部町の小屋 ⇒ ドラマ「あまちゃん」

◇宇部町の坂道 ⇒ ドラマ「あまちゃん」

◇桂の水車広場 ⇒ 映画「星屑の町」

◇北三陸市商店街（十段通り商店街） ⇒ ドラマ「あまちゃん」

◇旧荷軽部小学校 炭焼き小屋 ⇒ 映画「星屑の町」

◇久慈駅 ⇒ ドラマ「あまちゃん」

◇久慈駅前デパート ⇒ ドラマ「あまちゃん」

◇久慈川 ⇒ ドラマ「あまちゃん」

◇久慈川に架かる大成橋 ⇒ ドラマ「あまちゃん」

◇久慈地下水族科学館もぐらんぴあ ⇒ 映画「星屑の町」

◇国道281号線 ⇒ ドラマ「あまちゃん」

◇小袖海岸 ⇒ ドラマ「あまちゃん」

◇小袖漁港 ⇒ ドラマ「あまちゃん」

◇小袖集落入口 ⇒ ドラマ「あまちゃん」

◇琥珀坑道 ⇒ ドラマ「あまちゃん」

◇侍浜海水プール ⇒ ドラマ「あまちゃん」

◇三陸鉄道長内川橋梁 ⇒ ドラマ「あまちゃん」

◇三陸鉄道北リアス線 ⇒ ドラマ「あまちゃん」

◇昭和八年津浪記念碑がある高台 ⇒ ドラマ「あまちゃん」

◇白樺美林 ⇒ 映画「星屑の町」

◇白灯台（小袖港北防波堤灯台） ⇒ ドラマ「あまちゃん」

◇ずい道 ⇒ 映画「星屑の町」

◇道の駅久慈 ⇒ ドラマ「あまちゃん」

◇夫婦岩前の海 ⇒ ドラマ「あまちゃん」

◇やませ土風館 ⇒ ドラマ「あまちゃん」

◇山根町の石積みの坂道・高見やぐら ⇒ 映画「星屑の町」

◇山根町の小川 ⇒ 映画「星屑の町」

◇山根町の河川敷 ⇒ 映画「星屑の町」

◇ユニバース久慈・川崎町店 ⇒ ドラマ「あまちゃん」

遠野市

◇運動公園の雑木林 ⇒ 映画「蜩ノ記」

◇旧千葉家住宅 ⇒ 映画「蜩ノ記」

◇佐比内の溜め池 ⇒ 映画「蜩ノ記」

◇忍峠の林道 ⇒ 映画「蜩ノ記」

◇遠野ふるさと村 ⇒ 映画「HOME 愛しの座敷わらし」 ドラマ「真田丸」

◇遠野ふるさと村 川前別家の裏 ⇒ ドラマ「軍師 官兵衛」

◇遠野ふるさと村 肝煎りの家 ⇒ 映画「蜩ノ記」

一関市

◇ジャズ喫茶 BASIE ⇒ 映画「影裏」

陸前高田市

◇獺沢の建物の前 ⇒ ドラマ「監察医 朝顔（第1シーズン）」

◇獺沢の道路 ⇒ ドラマ「監察医 朝顔（第1シーズン）」

釜石市

◇片岸川 ⇒ ドラマ「監察医 朝顔（第1シーズン）」

奥州市

◇えさし藤原の郷 ⇒ 映画「首」 ドラマ「おんな城主 直虎」 「軍師 官兵衛」 「真田丸」 「平清盛」 「光る君へ」

◇えさし藤原の郷 清衡の館 ⇒ ドラマ「鎌倉殿の13人」

◇衣川ふるさと自然塾 ⇒ 映画「リトル・フォレスト 夏/秋 冬/春」

◇藤里石名田の田んぼ ⇒ ドラマ「軍師 官兵衛」

◇藤里の棚田 ⇒ ドラマ「麒麟がくる」

岩手郡雫石町

◇志戸前川 ⇒ 映画「影裏」

◇動物いのちの会いわて ⇒ 映画「犬部！」

紫波郡紫波町

◇VILLA ROSSO TRE紫波店 ⇒ 映画「影裏」

東北

上閉伊郡大槌町

◇大鎚川河口 ⇒ [映画]「岬のマヨイガ」
◇小鎚川沿い ⇒ [映画]「岬のマヨイガ」
◇小鎚神社 ⇒ [映画]「岬のマヨイガ」
◇古廟橋 ⇒ [映画]「岬のマヨイガ」
◇シーサイドタウンマスト ⇒ [映画]「岬のマヨイガ」
◇中央公民館 ⇒ [映画]「岬のマヨイガ」
◇ファミリーショップやはた ⇒ [映画]「岬のマヨイガ」

下閉伊郡田野畑村

◇三陸鉄道北リアス線島越駅 ⇒ [ドラマ]「あまちゃん」
◇三陸鉄道田野畑駅 ⇒ [ドラマ]「あまちゃん」

下閉伊郡普代村

◇三陸鉄道大沢橋梁 ⇒ [ドラマ]「あまちゃん」
◇三陸鉄道のガード ⇒ [ドラマ]「あまちゃん」
◇三陸鉄道堀内駅 ⇒ [ドラマ]「あまちゃん」
◇馬場野の坂道 ⇒ [ドラマ]「あまちゃん」

九戸郡野田村

◇三陸鉄道野田玉川駅 ⇒ [ドラマ]「あまちゃん」
◇野田村 ⇒ [映画]「浅田家！」

九戸郡洋野町

◇岩手県立種市高等学校 ⇒ [ドラマ]「あまちゃん」
◇JR八戸線 ⇒ [映画]「星屑の町」
◇ひろのまきば天文台 ⇒ [映画]「星屑の町」

二戸郡一戸町

◇小鳥谷駅 ⇒ [映画]「星屑の町」

宮城県

仙台市

◇仙台市内住宅地の道路 ⇒ [映画]「Life線上の僕ら」

仙台市青葉区

◇青葉通り ⇒ [映画]「アイネクライネナハトムジーク」「偶然と想像」
◇網元 上の家 ⇒ [映画]「ポテチ」
◇一番町の公衆電話 ⇒ [映画]「護られなかった者たちへ」
◇壱弐参横丁 ⇒ [映画]「アイネクライネナハトムジーク」
◇ウェスティンホテル仙台 ⇒ [映画]「アイネクライネナハトムジーク」
◇うまい鮨勘 国見ケ丘店 ⇒ [映画]「Life線上の僕ら」
◇貝ヶ森中央公園 ⇒ [映画]「アイネクライネナハトムジーク」
◇花京院緑地 ⇒ [映画]「アイネクライネナハトムジーク」
◇かつどんのかつどん家 ⇒ [映画]「偶然と想像」
◇カフェモーツァルトアトリエ ⇒ [映画]「ラストレター」
◇勾当台公園 ⇒ [映画]「ポテチ」「護られなかった者たちへ」
◇米ケ袋遊歩道 ⇒ [映画]「ラストレター」
◇サンモール一番町 ⇒ [映画]「Life線上の僕ら」
◇JR東北本線の架道橋 ⇒ [ドラマ]「おかえりモネ」
◇スリーエム仙台市科学館 ⇒ [映画]「護られなかった者たちへ」
◇仙台浅草 ⇒ [映画]「祈りの幕が下りる時」
◇仙台駅西口北地下駐輪場 ⇒ [映画]「アイネクライネナハトムジーク」
◇仙台駅前ペデストリアンデッキ ⇒ [映画]「アイネクライネナハトムジーク」「偶然と想像」「護られなかった者たちへ」
◇仙台国際ホテル ⇒ [映画]「ポテチ」

◇仙台市交通局 ⇒ 映画「護られなかった者たちへ」
◇仙台城跡 ⇒ 映画「ポテチ」「Life線上の僕ら」
◇仙台城跡の伊達政宗騎馬像の前 ⇒ ドラマ「天国と地獄 ～サイコな2人～」
◇仙台文学館 ⇒ 映画「護られなかった者たちへ」
◇総合学園ヒューマンアカデミー仙台校 ⇒ 映画「アイネクライネナハトムジーク」
◇台原の坂道 ⇒ 映画「アイネクライネナハトムジーク」
◇定禅寺通り ⇒ 映画「偶然と想像」「Life線上の僕ら」
◇テルモントレ仙台 ⇒ 映画「偶然と想像」
◇東一市場 ⇒ 映画「ラストレター」
◇東京エレクトロンホール宮城 ⇒ ドラマ「おかえりモネ」
◇東北福祉大学 ⇒ 映画「Life線上の僕ら」
◇常盤木学園高等学校 ⇒ 映画「ラストレター」 ドラマ「おかえりモネ」
◇虎屋横丁 ⇒ ドラマ「おかえりモネ」
◇どん亭 ⇒ 映画「Life線上の僕ら」
◇錦町公園 ⇒ 映画「アイネクライネナハトムジーク」
◇西公園 ⇒ 映画「キリエのうた」
◇東一番丁通 ⇒ 映画「パレード」
◇藤崎 ⇒ 映画「ポテチ」
◇ホシヤマ珈琲 ⇒ 映画「Life線上の僕ら」
◇ホテルメトロポリタン仙台 ⇒ 映画「ラストレター」
◇宮城学院女子大学図書館 ⇒ 映画「ラストレター」
◇宮城県庁 ⇒ 映画「護られなかった者たちへ」
◇みやぎ霊園 ⇒ 映画「パレード」
◇MEALS ⇒ 映画「ポテチ」

仙台市宮城野区

◇仙台駅東口 ⇒ 映画「ラストレター」
◇仙台貨物ターミナル駅 歩道橋 ⇒ 映画「護られなかった者たちへ」
◇仙台市民球場 ⇒ 映画「ポテチ」
◇夢メッセみやぎ ⇒ 映画「弥生、三月―君を愛した30年―」

仙台市若林区

◇AZOTH ⇒ 映画「護られなかった者たちへ」
◇愛宕橋駅 ⇒ 映画「弥生、三月―君を愛した30年―」
◇卸町公園 ⇒ 映画「弥生、三月―君を愛した30年―」
◇嘉藤金物店 ⇒ 映画「護られなかった者たちへ」
◇宮城県トラック協会 ⇒ 映画「護られなかった者たちへ」

仙台市太白区

◇愛宕神社 ⇒ 映画「ラストレター」
◇大滝自然農園 ⇒ 映画「護られなかった者たちへ」
◇旧秋保幼稚園（秋保文化財整理収蔵室）⇒ 映画「護られなかった者たちへ」
◇ゼビオアリーナ仙台 ⇒ 映画「アイネクライネナハトムジーク」
◇仙台市秋保体育館 ⇒ 映画「弥生、三月―君を愛した30年―」
◇大年寺山公園 ⇒ 映画「アイネクライネナハトムジーク」
◇太白区向山のポスト ⇒ 映画「ラストレター」
◇tbc東北放送 ⇒ 映画「パレード」
◇東北工業大学 長町キャンパス敷地内道路 ⇒ 映画「パレード」
◇緑ケ丘の住宅街 ⇒ 映画「ラストレター」
◇八木山 ⇒ 映画「護られなかった者たちへ」
◇八木山動物公園フジサキの杜 ⇒ 映画「Life線上の僕ら」
◇八木山南団地 ⇒ 映画「ラストレター」

仙台市泉区

◇泉区紫山のポスト ⇒ 映画「ラストレター」
◇泉パークタウン タピオ ⇒ 映画「アイネクライネナハトムジーク」
◇エル カジェーロ バー＆タパス 泉中中央駅

⇒ 映画 「ママレード・ボーイ」
◇Cafe B.B. ⇒ 映画 「Life線上の僕ら」
◇聖和学園短期大学 ⇒ 映画 「Life線上の僕ら」
◇仙台ヒルズホテル ⇒ 映画 「アイネクライネナハトムジーク」「弥生、三月―君を愛した30年―」「Life線上の僕ら」
◇仙台ロイヤルパークホテル ⇒ 映画 「弥生、三月―君を愛した30年―」
◇宮城県泉松陵高等学校 ⇒ 映画 「弥生、三月―君を愛した30年―」

石巻市

◇石巻市街地 ⇒ 映画 「ヒミズ」
◇石巻南浜津波復興祈念公園 ⇒ 映画 「護られなかった者たちへ」
◇雄勝町水浜地区 ⇒ 映画 「凪待ち」
◇小野寺横町 ⇒ 映画 「凪待ち」
◇鹿島御児神社 ⇒ 映画 「祈りの幕が下りる時」
◇ことぶき町通り ⇒ 映画 「凪待ち」
◇須江地区 ⇒ 映画 「キリエのうた」
◇羽黒山鳥屋神社 ⇒ 映画 「キリエのうた」
◇橋通り ⇒ 映画 「凪待ち」
◇畑中通り ⇒ 映画 「凪待ち」
◇雲雀野海岸 ⇒ 映画 「護られなかった者たちへ」
◇日和大橋 ⇒ 映画 「凪待ち」
◇日和山公園 ⇒ 映画 「キリエのうた」
◇ファミリーレストランデリシャス ⇒ 映画 「凪待ち」
◇プレナミヤギ ⇒ 映画 「凪待ち」
◇南浜地区 ⇒ 映画 「凪待ち」
◇宮城県慶長使節船ミュージアム（サン・ファン館） ⇒ 映画 「レジェンド&バタフライ」
◇宮富士工業 ⇒ 映画 「護られなかった者たちへ」
◇桃ノ浦漁港付近 ⇒ ドラマ 「監察医 朝顔（第1シーズン）」
◇モリウミアス ⇒ 映画 「パレード」
◇矢部園の茶畑 ⇒ 映画 「殿、利息でござる！」
◇ワタママ食堂 ⇒ 映画 「弥生、三月―君を愛した30年―」

塩竈市

◇浦戸諸島・桂島石浜 ⇒ 映画 「護られなかった者たちへ」
◇塩竈市保健センター ⇒ 映画 「護られなかった者たちへ」
◇塩釜水産物仲卸市場 ⇒ 映画 「祈りの幕が下りる時」

気仙沼市

◇安波山 ⇒ ドラマ 「おかえりモネ」
◇大島神社 ⇒ ドラマ 「おかえりモネ」
◇太田地区 ⇒ 映画 「護られなかった者たちへ」
◇亀山展望台 亀山レストハウス ⇒ ドラマ 「おかえりモネ」
◇旧馬籠小学校 ⇒ 映画 「護られなかった者たちへ」
◇気仙沼港 ⇒ 映画 「護られなかった者たちへ」
◇気仙沼市民会館 ⇒ ドラマ 「おかえりモネ」
◇気仙沼線BRT南気仙沼駅 ⇒ ドラマ 「おかえりモネ」
◇誓亀山光明寺 ⇒ ドラマ 「おかえりモネ」
◇武山米店 ⇒ ドラマ 「おかえりモネ」
◇田中浜 ⇒ ドラマ 「おかえりモネ」

白石市

◇沢端川 ⇒ 映画 「ラストレター」
◇白石高校旧校舎近くの丁字路 ⇒ 映画 「ラストレター」
◇中町・長町商店街 ⇒ 映画 「パレード」
◇武家屋敷 ⇒ 映画 「ラストレター」
◇ふれiデッキ ⇒ 映画 「ラストレター」
◇文殊山 大聖寺 ⇒ 映画 「ラストレター」

名取市

◇尚絅大学 ⇒ 映画 「ママレード・ボーイ」
◇仙台空港鉄道美田園駅 ⇒ 映画 「Life線上の僕ら」
◇名取市役所 ⇒ 映画 「星守る犬」
◇プライム住建モデルハウス ⇒ 映画 「Life線上の僕ら」

◇杜せきのした駅 ⇒ 映画「弥生、三月―君を愛した30年―」

◇ゆりあげ港朝市 ⇒ 映画「寝ても覚めても」

登米市

◇赤城亭 ⇒ 映画「弥生、三月―君を愛した30年―」

◇大関川沿いの道 ⇒ ドラマ「おかえりモネ」

◇北上川の堤防 ⇒ ドラマ「おかえりモネ」

◇旧北上川の鴇波水門 ⇒ ドラマ「おかえりモネ」

◇旧登米高等尋常小学校 教育資料館 ⇒ ドラマ「おかえりモネ」

◇JR気仙沼線柳津駅 ⇒ ドラマ「おかえりモネ」

◇津山町森林組合 ⇒ ドラマ「おかえりモネ」

◇寺池園 ⇒ ドラマ「おかえりモネ」

◇伝統芸能伝承館 森舞台 ⇒ ドラマ「おかえりモネ」

◇登米市南方桜街道の分かれ道 ⇒ 映画「弥生、三月―君を愛した30年―」

◇長沼フートピア公園 ⇒ ドラマ「おかえりモネ」

◇one world ⇒ ドラマ「おかえりモネ」

栗原市

◇佐々木商事 ⇒ 映画「弥生、三月―君を愛した30年―」

◇青雲神社 ⇒ 映画「パレード」

◇朝野堂 ⇒ ドラマ「おかえりモネ」

◇宮城県築館高等学校 ⇒ 映画「パレード」

◇六日町通り商店街 ⇒ 映画「パレード」

東松島市

◇野蒜海岸 ⇒ 映画「パレード」

◇矢本駅 ⇒ 映画「キリエのうた」

大崎市

◇旧富永小学校 ⇒ 映画「パレード」

◇宮城県岩出山高校 ⇒ 映画「ラストレター」

富谷市

◇富谷市役所 ⇒ 映画「護られなかった者たちへ」

刈田郡七ヶ宿町

◇滑津大滝 ⇒ 映画「ラストレター」

柴田郡柴田町

◇仙台大学 テニスコート ⇒ 映画「ママレード・ボーイ」

柴田郡川崎町

◇川崎町役場 ⇒ 映画「護られなかった者たちへ」

亘理郡亘理町

◇わたり温泉 ⇒ 映画「Life線上の僕ら」

宮城郡松島町

◇県立自然公園松島 ⇒ ドラマ「天国と地獄 ～サイコな2人～」

宮城郡利府町

◇みやぎ生協めぐみ野サッカー場 ⇒ 映画「弥生、三月―君を愛した30年―」

加美郡加美町

◇旧大崎西部家畜市場 ⇒ 映画「パレード」

◇やくらいガーデン ⇒ 映画「Life線上の僕ら」

牡鹿郡女川町

◇小屋取漁港 ⇒ 映画「祈りの幕が下りる時」

秋田県

東北

秋田市

◇秋田港 ⇒ 映画「デイアンドナイト」
◇秋田市民市場の駐車場 ⇒ 映画「デイアンドナイト」
◇川反通り ⇒ 映画「デイアンドナイト」
◇旧金子家住宅 ⇒ 映画「みちのく秋田・赤い靴の女の子」

横手市

◇雄物川民家苑 木戸五郎兵衛村 ⇒ 映画「みちのく秋田・赤い靴の女の子」
◇横手教会 ⇒ 映画「みちのく秋田・赤い靴の女の子」

男鹿市

◇男鹿水族館GAO ⇒ 映画「泣く子はいねぇが」
◇里山のカフェににぎ ⇒ 映画「泣く子はいねぇが」
◇大龍寺 ⇒ 映画「泣く子はいねぇが」
◇入道崎 ⇒ 映画「泣く子はいねぇが」
◇パチンコすずらん ⇒ 映画「泣く子はいねぇが」

鹿角市

◇秋田県立十和田高等学校 ⇒ 映画「デイアンドナイト」
◇鹿角カトリック教会 ⇒ 映画「デイアンドナイト」
◇鹿角市役所 ⇒ 映画「デイアンドナイト」
◇中滝ふるさと学舎（旧鹿角市立中滝小学校）⇒ 映画「デイアンドナイト」

仙北市

◇角館町 ⇒ 映画「みちのく秋田・赤い靴の女の子」
◇神代駅 ⇒ 映画「君から目が離せない Eyes On You」
◇仙北市市民会館 ⇒ 映画「君から目が離せない Eyes On You」
◇武家屋敷通り ⇒ 映画「君から目が離せない Eyes On You」
◇わらび座劇場 ⇒ 映画「君から目が離せない Eyes On You」

山本郡三種町

◇釜谷浜海水浴場 ⇒ 映画「デイアンドナイト」
◇三種町役場 ⇒ 映画「デイアンドナイト」

南秋田郡井川町

◇井川町 ⇒ 映画「光を追いかけて」
◇旧井川小学校 ⇒ 映画「光を追いかけて」

山形県

山形市

◇霞城公園 ⇒ 映画「超高速！ 参勤交代」

◇千歳館 ⇒ 映画「るろうに剣心 京都大火編」

◇文翔館 ⇒ 映画「るろうに剣心 京都大火編」「るろうに剣心 伝説の最期編」

鶴岡市

◇赤川土手 馬渡 ⇒ 映画「座頭市 THE LAST」

◇大山下池 ⇒ 映画「おしん」

◇気比神社 ⇒ 映画「必死剣 鳥刺し」

◇旧風間家住宅 丙申堂 ⇒ 映画「必死剣 鳥刺し」

◇玉川寺 ⇒ 映画「必死剣 鳥刺し」

◇金峰山 ⇒ 映画「小川の辺」

◇三瀬海岸 ⇒ 映画「座頭市 THE LAST」

◇庄内砂丘 ⇒ 映画「るろうに剣心 伝説の最期編」

◇庄内藩校 致道館 ⇒ 映画「必死剣 鳥刺し」

◇スタジオセディック庄内オープンセット ⇒ 映画「座頭市 THE LAST」「十三人の刺客(2010年)」「超高速！ 参勤交代」「殿、利息でござる！」「必死剣 鳥刺し」「るろうに剣心 京都大火編」ドラマ「江～姫たちの戦国～」

酒田市

◇小物忌神社 ⇒ 映画「るろうに剣心 京都大火編」

◇旧鐙屋 ⇒ 映画「おしん」

◇山居倉庫 ⇒ 映画「おしん」

◇玉簾の滝 ⇒ 映画「必死剣 鳥刺し」

◇八幡神社 ⇒ 映画「おしん」

上山市

◇旧尾形家住宅 ⇒ 映画「小川の辺」

最上郡戸沢村

◇幻想の森 ⇒ 映画「超高速！ 参勤交代」「必死剣 鳥刺し」

東置賜郡高畠町

◇旧高畠駅舎 ⇒ 映画「64 ロクヨン 前編/後編」

飽海郡遊佐町

◇旧青山本邸 ⇒ 映画「おしん」

◇鳥海山大物忌神社 蕨岡口ノ宮 ⇒ 映画「るろうに剣心 京都大火編」

◇中山河川公園 ⇒ 映画「おしん」

◇野沢 十一面観音 ⇒ 映画「必死剣 鳥刺し」

福島県

東北

福島市

◇浄土平（一切経山）⇒[映画]「ゴールデンカムイ」

◇福島市民家園 旧広瀬座 ⇒[映画]「カツベン！」

◇水林自然林 ⇒[ドラマ]「エール」

会津若松市

◇会津藩校日新館 ⇒[ドラマ]「八重の桜」

◇会津武家屋敷 ⇒[映画]「岸辺露伴 ルーヴルへ行く」[ドラマ]「八重の桜」

◇会津若松城（鶴ヶ城公園）⇒[ドラマ]「八重の桜」

◇会津若松ワシントンホテルのバー「ガスライト」⇒[ドラマ]「MOZU Season2 ～幻の翼～」

◇石部桜 ⇒[ドラマ]「八重の桜」

◇大川ダム内の階段 ⇒[ドラマ]「MOZU Season2 ～幻の翼～」

◇御薬園 ⇒[ドラマ]「八重の桜」

◇茶室麟閣 ⇒[ドラマ]「八重の桜」

◇向瀧 ⇒[映画]「岸辺露伴 ルーヴルへ行く」

郡山市

◇安積歴史博物館 ⇒[ドラマ]「エール」

◇開成山公園 ⇒[映画]「時をかける少女（2010年）」

いわき市

◇さくら通り ⇒[映画]「Fukushima 50」

◇三和の牧野 ⇒[映画]「キングダム2 遙かなる大地へ」

◇永崎海岸 ⇒[映画]「星守る犬」

◇ヘレナリゾートいわきのバーデハウス ⇒[ドラマ]「イチケイのカラス」

白河市

◇白河小峰城 ⇒[ドラマ]「八重の桜」

喜多方市

◇シェアハウス古民家 月観庵 ⇒[映画]「岸辺露伴 ルーヴルへ行く」

二本松市

◇西谷棚田 ⇒[映画]「パレード」

◇二本松城（霞ヶ城公園）⇒[ドラマ]「八重の桜」

南相馬市

◇朝日座 ⇒[映画]「パレード」

南会津郡下郷町

◇大内宿 ⇒[ドラマ]「天皇の料理番」

◇大内宿付近 ⇒[ドラマ]「天皇の料理番」

◇猿楽台地のそば畑 ⇒[ドラマ]「JIN －仁－（2011年）」

◇高倉の大杉（高倉神社）⇒[映画]「岸辺露伴 ルーヴルへ行く」

南会津郡只見町

◇只見町 ⇒[映画]「青春18×2 君へと続く道」

南会津郡南会津町

◇大山商店 ⇒[ドラマ]「リーガル・ハイ（2012年）」

◇曲家資料館の前 ⇒[ドラマ]「リーガル・ハイ（2012年）」

耶麻郡猪苗代町

◇猪苗代湖 天神浜 ⇒[ドラマ]「虎に翼」

◇猪苗代町営磐梯山牧場 ⇒[ドラマ]「八重の桜」

大沼郡三島町

◇霧幻峡 ⇒[映画]「岸辺露伴 ルーヴルへ行く」

大沼郡金山町

◇霧幻峡 ⇒[映画]「岸辺露伴 ルーヴルへ行く」

田村郡三春町

◇三春町の平堂壇の桜 ⇒[映画]「弥生、三月―君を愛した30年―」

茨城県

水戸市

◇茨城県議会議事堂 ⇒ [映画]「検察側の罪人」「シン・ウルトラマン」[ドラマ]「ラッキーセブン スペシャル」

◇茨城県庁三の丸庁舎 ⇒ [映画]「あしたのジョー」「帝一の國」「天空の蜂」[ドラマ]「VIVANT」「ひよっこ」「ミステリと言う勿れ（2022年）」

◇茨城大学水戸キャンパス, 講堂の東側付近 ⇒ [ドラマ]「ドラゴン桜（2021年）」

◇茨城大学水戸キャンパス, 図書館の南東側 ⇒ [ドラマ]「ドラゴン桜（2021年）」

◇茨城大学水戸キャンパス, 保健センターの南東側 ⇒ [ドラマ]「ドラゴン桜（2021年）」

◇茨城大学水戸キャンパス, 保健センターの北東側 ⇒ [ドラマ]「ドラゴン桜（2021年）」

◇オハナコート敷地内の銀行跡地 ⇒ [映画]「紙の月」

◇旧芦山浄水場 ⇒ [映画]「カメラを止めるな！」

◇旧水海道小学校本館 ⇒ [ドラマ]「らんまん」

◇常磐大学 智学館中等教育学校 ⇒ [映画]「覚悟はいいかそこの女子。」

◇七ツ洞公園 ⇒ [映画]「テルマエ・ロマエ」[ドラマ]「らんまん」

◇水戸京成百貨店 ⇒ [映画]「聖の青春」

◇水戸市立西部図書館 ⇒ [映画]「図書館戦争」

◇水戸赤十字病院 ⇒ [映画]「ドクター・デスの遺産 ―BLACK FILE―」

◇水戸熱帯魚センター ⇒ [映画]「冷たい熱帯魚」

◇水戸藩校弘道館 ⇒ [映画]「さや侍」[ドラマ]「青天を衝け」

◇水戸プラザホテル ボールルーム ⇒ [映画]「バクマン。」

日立市

◇レストラン プルチーノ ⇒ [ドラマ]「MOZU Season2 ～幻の翼～」

土浦市

◇旧茨城県立土浦中学校本館 ⇒ [映画]「天心」[ドラマ]「エール」「おひさま」

◇旧土浦市役所 ⇒ [映画]「祈りの幕が下りる時」[ドラマ]「半分、青い。」

◇桜川に架かる水郷橋の下 ⇒ [ドラマ]「監察医 朝顔（第1シーズン）」

◇桜川の河原 ⇒ [ドラマ]「監察医 朝顔（第1シーズン）」

◇柴沼醤油醸造 ⇒ [ドラマ]「リーガル・ハイ（2012年）」

◇土浦駅西口 ⇒ [映画]「ヒミズ」

◇土浦セントラルシネマズ ⇒ [映画]「東京リベンジャーズ」「22年目の告白 私が殺人犯です」

◇モール505 ⇒ [映画]「散歩する侵略者」「箱入り息子の恋」「ヒミズ」

◇料亭 霞月楼 ⇒ [映画]「天心」

古河市

◇旧足利銀行古河支店 ⇒ [映画]「シャイロックの子供たち」

◇古河公方公園 旧中山家住宅 ⇒ [ドラマ]「西郷（せご）どん」

◇古河公方公園 南側の池 ⇒ [ドラマ]「らんまん」

◇古河市役所古河庁舎 ⇒ [映画]「Fukushima 50」

◇タカハシ・スポーツ ⇒ [ドラマ]「陸王」

◇鷹見泉石記念館 ⇒ [ドラマ]「天皇の料理番」

石岡市

◇霞ヶ浦沿いの道 ⇒ [ドラマ]「半沢直樹（2020年）」

◇喫茶マツ ⇒ [映画]「ALWAYS 三丁目の夕日'64」

◇染谷佐志能神社 ⇒ [ドラマ]「光る君へ」「八重の桜」

◇長楽寺 ⇒ [映画]「さや侍」[ドラマ]「ゲゲゲの女房」

◇中戸地区 ⇒ [映画]「一枚のハガキ」

結城市

◇結城病院 ⇒ [ドラマ]「ザ・トラベルナース」

龍ケ崎市

◇旧長戸小学校の体育館 ⇒ ドラマ「監察医 朝顔（第1シーズン）」

◇長峰霊園 ⇒ ドラマ「マルモのおきて」

常総市

◇石下総合運動公園内の野球場 ⇒ ドラマ「コード・ブルー ドクターヘリ緊急救命 2nd. SEASON」

◇稲葉グラウンド ⇒ 映画「さよならドビュッシー」

◇岩見印刷 ⇒ 映画「ヒミズ」

◇大生郷新田町の麦畑 ⇒ 映画「一枚のハガキ」

◇元三大師安楽寺の参道 ⇒ ドラマ「JIN －仁－（2011年）」

◇関鉄水海道車両基地 ⇒ ドラマ「MOZU Season2 ～幻の翼～」

◇きぬ温水プール ⇒ 映画「ゼブラーマン ゼブラシティの逆襲」

◇旧常総市営自動車学校 ⇒ ドラマ「踊る大捜査線 THE LAST TV サラリーマン刑事と最後の難事件」

◇旧みつかいどうプラザ ⇒ 映画「図書館戦争」

◇弘経寺（開山堂, 墓地） ⇒ ドラマ「梅ちゃん先生」

◇小貝川河川敷 ⇒ 映画「ヒミズ」

◇十一面山 ⇒ 映画「さや侍」

◇十花町の農道 ⇒ 映画「散歩する侵略者」

◇巣立山公園 ⇒ ドラマ「コード・ブルー ドクターヘリ緊急救命 2nd. SEASON」

◇青少年の家 ⇒ 映画「わが母の記」 ドラマ「37歳で医者になった僕 ～研修医純情物語～」

◇宝町商店街 ⇒ 映画「ヒミズ」

◇野村醸造 ⇒ 映画「Fukushima 50」

◇橋本運動公園 ⇒ 映画「植物図鑑 運命の恋、ひろいました」

◇報国寺 ⇒ 映画「空飛ぶタイヤ」

◇水海道小学校 ⇒ 映画「ゼブラーマン ゼブラシティの逆襲」

◇水海道風土博物館 坂野家住宅 ⇒ ドラマ「おひさま」「JIN －仁－（2011年）」

◇水海道風土博物館 坂野家住宅の竹林 ⇒ ドラマ「JIN －仁－（2011年）」

◇水海道風土博物館 坂野家住宅の東側道路 ⇒ 映画「わが母の記」

常陸太田市

◇旧町屋変電所 ⇒ ドラマ「ひよっこ」

◇鯨ヶ丘商店街「山城家」 ⇒ 映画「ビブリア古書堂の事件手帖」

◇里川に架かる落合橋 ⇒ ドラマ「ゲゲゲの女房」「西郷（せご）どん」「らんまん」

◇里川に架かる白羽橋 ⇒ ドラマ「ひよっこ」

◇里川に架かる橋 ⇒ ドラマ「ひよっこ」

◇里川に架かる八幡橋 ⇒ ドラマ「梅ちゃん先生」

◇里川に架かる町屋地獄橋 ⇒ ドラマ「ひよっこ」

高萩市

◇赤浜海岸 ⇒ 映画「後妻業の女」

◇AP&PP高萩事業所 ⇒ 映画「あしたのジョー」

◇ささきの浜 ⇒ ドラマ「江～姫たちの戦国～」

◇中戸川の道路 ⇒ ドラマ「ひよっこ」

◇日本加工製紙高萩工場跡地 ⇒ ドラマ「梅ちゃん先生」

◇穂積家住宅 ⇒ ドラマ「らんまん」

北茨城市

◇五浦海岸・五浦岬公園 映画 天心ロケセット ⇒ 映画「天心」

◇Aコープ磯原 ⇒ ドラマ「七人の秘書」

◇北茨城市立総合病院 ⇒ 映画「孤高のメス」

笠間市

◇笠間芸術の森公園 ⇒ 映画「モテキ」

◇笠間市役所笠間支所 ⇒ 映画「冷たい熱帯魚」

◇こころの医療センター旧病棟（旧茨城県立友部病院） ⇒ 映画「ALWAYS 三丁目の夕日'64」「散歩する侵略者」

◇筑波海軍航空隊記念館 ⇒ 映画「永遠の0」

「ゴジラ－1.0」 ドラマ 「ミステリと言う勿れ（2022年）」

取手市

◇岡堰 ⇒ ドラマ 「コード・ブルー ドクターヘリ緊急救命 3rd. SEASON」

◇関東鉄道常総線戸頭駅 ⇒ ドラマ 「とんび（2013年）」

◇旧東取手病院 ⇒ ドラマ 「TOKYO MER 走る緊急救命室」

◇小貝川の河川敷 ⇒ ドラマ 「コード・ブルー ドクターヘリ緊急救命 3rd. SEASON」

◇聖徳大学附属取手聖徳女子高等学校 ⇒ 映画 「交換ウソ日記」

◇取手競輪場 ⇒ 映画 「S―最後の警官―奪還 RECOVERY OF OURFUTURE」

牛久市

◇牛久愛和総合病院 ⇒ 映画 「バクマン。」 ドラマ 「ラジエーションハウス ～放射線科の診断レポート～」

◇牛久シャトー ⇒ ドラマ 「いだてん～東京オリムピック噺～」 「らんまん」

◇牛久シャトー旧醸造施設の事務室 ⇒ ドラマ 「VIVANT」

つくば市

◇イーアスつくば ⇒ 映画 「S―最後の警官―奪還 RECOVERY OF OURFUTURE」 「渇き。」

◇大境児童公園 ⇒ 映画 「ツレがうつになりまして。」

◇北大通り ⇒ ドラマ 「MIU404」

◇旧つくば市立筑波東中学校 ⇒ ドラマ 「MIU404」

◇研究学園駅周辺道路 ⇒ 映画 「ヒミズ」 「モエカレはオレンジ色」

◇県道355号線 ⇒ 映画 「空飛ぶタイヤ」

◇高エネルギー加速器研究機構 ⇒ ドラマ 「ガリレオ（2013年）」

◇国土交通省 国土技術政策総合研究所旭庁舎にある試験走路 ⇒ ドラマ 「ガリレオ（2013年）」

◇ザ ハウス オブ ブランセの「迎賓の館」 ⇒ ドラマ 「コード・ブルー ドクターヘリ緊急救命 2nd. SEASON」

◇地酒本舗 美酒堂 研究学園店 ⇒ ドラマ 「MIU404」

◇JAXAの筑波宇宙センター内の総合開発推進棟前 ⇒ ドラマ 「下町ロケット（2015年）」

◇常陽銀行研究学園都市支店の西側 ⇒ ドラマ 「MIU404」

◇新都市中央通り ⇒ ドラマ 「MIU404」

◇高崎自然の森 ⇒ 映画 「ヒミズ」

◇中央通りの交差点 ⇒ ドラマ 「MIU404」

◇つくば駅西交差点付近の中央通り ⇒ ドラマ 「MIU404」

◇筑波銀行つくば営業部 ⇒ ドラマ 「花咲舞が黙ってない（2014年）」

◇つくば国際会議場 ⇒ 映画 「THE LAST MESSAGE 海猿」 「ツレがうつになりまして。」 「ハケンアニメ！」 ドラマ 「SP スペシャル 革命前日」 「コード・ブルー ドクターヘリ緊急救命 2nd. SEASON」 「七人の秘書」

◇つくば国際会議場の中ホール ⇒ ドラマ 「日本沈没 ―希望の人―」 「ラッキーセブン スペシャル」

◇つくば市消費者センターの東側付近 ⇒ ドラマ 「MIU404」

◇つくば市役所 ⇒ 映画 「ヒミズ」

◇つくば花室トンネル内の吾妻バス停 ⇒ ドラマ 「MIU404」

◇つくば北部工業団地 ⇒ 映画 「アウトレイジ」

◇つくばYOUワールド ⇒ 映画 「ザ・ファブル 殺さない殺し屋」

◇妻木バッティングセンター ⇒ 映画 「アウトレイジ ビヨンド」

◇洞峰公園 ⇒ ドラマ 「ミステリと言う勿れ（2022年）」

◇花園公園 ⇒ 映画 「ママレード・ボーイ」

◇フジキン 万博記念つくば先端事業所（旧東京エレクトロンテクノロジーセンターつくば） ⇒ ドラマ 「下町ロケット（2015年）」 「下町ロケット（2018年）」

◇物質・材料研究機構 本部 ⇒ ドラマ 「日本沈没 ―希望の人―」

関東

◇宝篋山 ⇒ 映画「一枚のハガキ」
◇ホテルグランド東雲 ⇒ 映画「SP 野望篇」
◇谷田部インター下の田んぼ ⇒ ドラマ「江〜姫たちの戦国〜」

ひたちなか市

◇阿字ヶ浦駅周辺 ⇒ 映画「ソロモンの偽証 前篇・事件/後篇・裁判」
◇那珂川河川敷グランド ⇒ ドラマ「BG 〜身辺警護人〜(2018年)」
◇常陸海浜広域斎場 ⇒ ドラマ「SPEC 〜翔〜 警視庁公安部公安第五課 未詳事件特別対策係事件簿」

鹿嶋市

◇茨城県立カシマサッカースタジアム ⇒ ドラマ「オールドルーキー」
◇茨城県立カシマサッカースタジアム西側の駐車場 ⇒ ドラマ「ラジエーションハウス 〜放射線科の診断レポート〜」
◇鹿島アントラーズクラブハウスのグラウンド ⇒ ドラマ「オールドルーキー」

潮来市

◇潮来市営駐車場 ⇒ 映画「ALWAYS 三丁目の夕日'64 」
◇旧八代小学校 ⇒ ドラマ「コード・ブルー ドクターヘリ緊急救命 2nd. SEASON」
◇常陸利根川沿いの道 ⇒ 映画「東京リベンジャーズ」

守谷市

◇関東鉄道常総線新守谷駅 ⇒ ドラマ「ラジエーションハウス 〜放射線科の診断レポート〜」
◇関東鉄道常総線守谷駅 ⇒ ドラマ「義母と娘のブルース」「ラジエーションハウス Ⅱ 〜放射線科の診断レポート〜」
◇守谷トンネル ⇒ 映画「SCOOP！」

常陸大宮市

◇松井建設 小場工場 ⇒ ドラマ「コード・ブルー ドクターヘリ緊急救命 2nd. SEASON」

那珂市

◇茨城県民の森 ⇒ 映画「さや侍」「図書館戦争」
◇那珂市ふれあいセンターよしの ⇒ ドラマ「ドラゴン桜(2021年)」

筑西市

◇鬼怒川に架かる川島橋の下 ⇒ ドラマ「監察医 朝顔(第1シーズン)」
◇ザ・ヒロサワ・シティのレールパークに展示されている新幹線の車内 ⇒ ドラマ「ミステリと言う勿れ(2022年)」
◇下館運動公園本球場東側 ⇒ 映画「月の満ち欠け」
◇下館総合運動場 ⇒ 映画「ゴジラ－1.0」
◇筑西市役所 関城支所 ⇒ 映画「天空の蜂」「22年目の告白 私が殺人犯です」

坂東市

◇逆井城跡公園 ⇒ ドラマ「真田丸」

稲敷市

◇大日苑 ⇒ ドラマ「99.9 —刑事専門弁護士 Season Ⅰ 」
◇横利根閘門 ⇒ ドラマ「いだてん〜東京オリムピック噺〜」

桜川市

◇茨城県営ライフル射撃場 ⇒ ドラマ「VIVANT」

神栖市

◇アトンパレスホテル ⇒ ドラマ「世界一難しい恋」
◇神栖駅 ⇒ 映画「シン・仮面ライダー」
◇JFE条鋼 ⇒ 映画「天空の蜂」
◇JFE条鋼の鹿島製造所 ⇒ ドラマ「MOZU Season2 〜幻の翼〜」
◇須田浜海岸 海洋研究施設付近 ⇒ 映画「シン・仮面ライダー」
◇南海浜地区内道路 ⇒ 映画「アウトレイジ」

行方市

◇あそう温泉白帆の湯 ⇒ 映画「最高の人生の見つけ方」

◇土浦協同病院 なめがた地域医療センター ⇒ ドラマ「Believe —君にかける橋—」

◇天王崎公園 ⇒ 映画「最高の人生の見つけ方」

鉾田市

◇大竹海岸沿いの道 ⇒ ドラマ「ドラゴン桜(2021年)」

◇大竹海岸のピクニック広場 ⇒ ドラマ「ドラゴン桜(2021年)」

◇大竹海岸のピクニック広場付近 ⇒ ドラマ「オールドルーキー」「ドラゴン桜(2021年)」

◇大竹海岸付近 ⇒ ドラマ「オールドルーキー」

◇大竹の坂道 ⇒ ドラマ「オールドルーキー」

◇大竹売店 ⇒ ドラマ「ドラゴン桜(2021年)」

◇玉田海岸 ⇒ ドラマ「ドラゴン桜(2021年)」

◇とちぎ海浜自然の家 ⇒ ドラマ「ドラゴン桜(2021年)」

つくばみらい市

◇クボタ 筑波工場 ⇒ ドラマ「下町ロケット(2018年)」

◇小貝川 ⇒ 映画「リボルバー・リリー」

◇小貝川水辺プラザ ⇒ ドラマ「梅ちゃん先生」

◇常陽カントリー倶楽部 ⇒ ドラマ「オールドルーキー」

◇野堀地区 ⇒ ドラマ「坂の上の雲 第3部」

◇ワープステーション江戸 ⇒ 映画「さや侍」「G.I.ジョー 漆黒のスネークアイズ」「信長協奏曲」ドラマ「エール」「軍師 官兵衛」「ゲゲゲの女房」「江〜姫たちの戦国〜」「坂の上の雲 第3部」「JIN －仁－(2011年)」「青天を衝け」「西郷(せご)どん」「とと姉ちゃん」「虎に翼」「花燃ゆ」「光る君へ」「八重の桜」「妖怪人間ベム」「らんまん」

◇ワープステーション江戸 江戸城大手門付近 ⇒ ドラマ「きょうは会社休みます。」

◇ワープステーション江戸 江戸城ゾーン「12 長屋門」 ⇒ ドラマ「天皇の料理番」

◇ワープステーション江戸 江戸町屋ゾーンにある橋 ⇒ ドラマ「きょうは会社休みます。」

◇ワープステーション江戸 江戸町屋ゾーン「14 商家」 ⇒ ドラマ「天皇の料理番」

◇ワープステーション江戸 下町オープンセット ⇒ ドラマ「天皇の料理番」

◇ワープステーション江戸 明治期の下町エリア ⇒ ドラマ「天皇の料理番」

小美玉市

◇茨城空港 ⇒ ドラマ「BG 〜身辺警護人〜(2018年)」

◇茨城空港公園 ⇒ ドラマ「BG 〜身辺警護人〜(2018年)」

◇茨城空港公園の東側 ⇒ ドラマ「半沢直樹(2020年)」

◇茨城空港旅客ターミナルビル ⇒ ドラマ「99.9 —刑事専門弁護士 Season I」「半沢直樹(2020年)」

◇小美玉市医療センター ⇒ 映画「聖の青春」ドラマ「ストロベリーナイト・サーガ」

◇百里基地 ⇒ 映画「S—最後の警官—奪還 RECOVERY OF OURFUTURE」

◇レイノルズハウス ⇒ ドラマ「謎解きはディナーのあとで」

東茨城郡茨城町

◇さかばストア ⇒ ドラマ「ドラゴン桜(2021年)」

東茨城郡大洗町

◇アクアワールド大洗 ⇒ ドラマ「半沢直樹」

◇大洗港 ⇒ ドラマ「ドラゴン桜(2021年)」

◇大洗公園駐車場の東側付近 ⇒ ドラマ「ドラゴン桜(2021年)」

◇ようこそ通り ⇒ ドラマ「ドラゴン桜(2021年)」

久慈郡大子町

◇旧上岡小学校 ⇒ ドラマ「エール」「おひさま」「天皇の料理番」「花子とアン」

◇旧西金小学校 ⇒ ドラマ「なつぞら」

◇旧初原小学校 ⇒ ドラマ「なつぞら」

◇諏訪神社 ⇒ ドラマ「なつぞら」「ひよっこ」

稲敷郡美浦村

◇鹿島海軍航空隊基地跡 ⇒ 映画「ゴジラ－1.0」「ラーゲリより愛を込めて」

稲敷郡阿見町

◇東京航空阿見飛行場 ⇒ ドラマ「ATARU」

稲敷郡河内町

◇旧長竿小学校の教室 ⇒ ドラマ「監察医 朝顔（第1シーズン）」
◇日本モーターグライダークラブの大利根飛行場 ⇒ ドラマ「アンナチュラル」

猿島郡境町

◇境町さしま環境センター ⇒ 映画「ザ・ファブル」「唐人街探偵 東京MISSION」
◇さくらの森パーク ⇒ 映画「沈黙のパレード」
◇中央排水路に架かる栄橋付近 ⇒ ドラマ「花咲舞が黙ってない（2015年）」
◇塚崎の畑 ⇒ ドラマ「花咲舞が黙ってない（2015年）」

北相馬郡利根町

◇利根浄化センター ⇒ 映画「Fukushima 50」ドラマ「S ―最後の警官―」「Believe ―君にかける橋―」

栃木県

宇都宮市

◇いちょう通り ⇒ 映画「シン・ゴジラ」
◇稲荷山（大谷石採石場跡）⇒ 映画「岸辺露伴 ルーヴルへ行く」
◇宇都宮グランドホテル 陽南荘 ⇒ 映画「アウトレイジ ビヨンド」「アウトレイジ 最終章」
◇宇都宮大学 ⇒ ドラマ「虎に翼」
◇宇都宮大学 旧宇都宮高等農林学校講堂 ⇒ ドラマ「おひさま」
◇オリオン通り商店街 ⇒ 映画「ゴースト もういちど抱きしめたい」「唐人街探偵 東京MISSION」
◇上河原通り ⇒ 映画「シン・ゴジラ」
◇清原地区 ⇒ 映画「見えない目撃者」
◇栃木県立がんセンター ⇒ 映画「見えない目撃者」
◇栃木県本庁舎 ⇒ 映画「アウトレイジ ビヨンド」「アウトレイジ 最終章」「AI崩壊」「シン・ゴジラ」ドラマ「アンナチュラル」「監察医 朝顔（第1シーズン）」「天皇の料理番」「MOZU Season2 ～幻の翼～」「リーガル・ハイ（2012年）」
◇とちのきファミリーランド ⇒ 映画「そして、バトンは渡された」ドラマ「イチケイのカラス」
◇日環アリーナ栃木の屋内水泳場 ⇒ ドラマ「オールドルーキー」
◇ベルモール 噴水広場 ⇒ 映画「散歩する侵略者」
◇ホテル東日本 宇都宮 ⇒ ドラマ「小さな巨人」
◇若山農場 ⇒ 映画「カツベン！」「キングダム」「首」ドラマ「梅ちゃん先生」

足利市

◇足利織姫神社 ⇒ 映画「64 ロクヨン 前編/後編」
◇足利市役所 斎場 ⇒ 映画「blank13」
◇足利市役所本庁舎の屋上 ⇒ 映画「沈黙の

パレード」
◇足利市役所本庁舎別館 ⇒ ドラマ「MOZU Season1 ～百舌の叫ぶ夜～」
◇足利市役所本庁舎別館の研修室 ⇒ ドラマ「イチケイのカラス スペシャル」
◇足利スクランブルシティスタジオ ⇒ 映画「唐人街探偵 東京MISSION」「ホリック xxxHOLiC」
◇オレンジショップいいだ ⇒ 映画「ユリゴコロ」
◇北郷公民館 体育館 ⇒ ドラマ「陸王」
◇北仲通り ⇒ 映画「ユリゴコロ」
◇旧足利西高校 ⇒ 映画「交換ウソ日記」「ちはやふる 上の句/下の句」「ひるなかの流星」「ユリゴコロ」ドラマ「ドラゴン桜(2021年)」
◇栗田美術館 ⇒ 映画「アルキメデスの大戦」
◇県道67号線 足利駅付近 ⇒ 映画「64 ロクヨン 前編/後編」
◇生涯学習センター周辺交差点 ⇒ 映画「ザ・ファブル」
◇盛京亭 ⇒ 映画「ユリゴコロ」
◇長福寺 ⇒ 映画「blank13」
◇栃木県産業技術センター ⇒ ドラマ「ラッキーセブン」
◇トチセン ⇒ ドラマ「とと姉ちゃん」「陸王」
◇花乃湯 ⇒ 映画「湯を沸かすほどの熱い愛」
◇福猿橋 ⇒ 映画「64 ロクヨン 前編/後編」
◇松村写真館 ⇒ 映画「今日、恋をはじめます」「帝一の國」
◇三船屋 ⇒ 映画「閉鎖病棟 それぞれの朝」
◇モマサレース工業 粟谷工場 ⇒ ドラマ「陸王」
◇梁田町自治会集会所 ⇒ 映画「blank13」

栃木市

◇出流山満願寺の奥之院 ⇒ ドラマ「ガリレオ(2013年)」
◇岩船山中腹採石場跡 ⇒ 映画「キングダム 運命の炎」
◇うずま公園 ⇒ 映画「いのちの停車場」
◇F2プラント(サバイバルゲーム場) ⇒ 映画「散歩する侵略者」
◇おおひら郷土資料館 白石家戸長屋敷 ⇒ 映画「銀魂」
◇岡田記念館 ⇒ ドラマ「梅ちゃん先生」
◇岡田記念館 翁島別邸 ⇒ ドラマ「天皇の料理番」
◇幸来橋そばの空き地 ⇒ 映画「いのちの停車場」
◇塚田歴史伝説館裏の巴波川 ⇒ ドラマ「JIN－仁－(2011年)」
◇塚田歴史伝説館西側の巴波川沿いの道 ⇒ ドラマ「天皇の料理番」
◇塚田歴史伝説館横の巴波川沿い遊歩道 ⇒ 映画「銀魂」
◇栃木県立栃木高等学校講堂 ⇒ ドラマ「天皇の料理番」

佐野市

◇AKIYAMA GAKURYO ウッドランド森沢の「ナウマン」 ⇒ ドラマ「マイファミリー」
◇浅田神社の境内 ⇒ ドラマ「マイファミリー」
◇駅前通り ⇒ ドラマ「SPEC ～零～ 警視庁公安部公安第五課 未詳事件特別対策事件簿」
◇オンダ楽器 ⇒ 映画「蜜蜂と遠雷」
◇唐澤山神社の南城館 ⇒ ドラマ「ガリレオ(2013年)」
◇旧佐野中央病院 ⇒ 映画「東京リベンジャーズ」
◇旧田沼高等学校 ⇒ 映画「好きっていいなよ。」「帝一の國」
◇江州屋 ⇒ 映画「蜜蜂と遠雷」
◇佐野工業団地内一般道 ⇒ 映画「見えない目撃者」
◇佐野市運動公園体育館 ⇒ ドラマ「日本沈没—希望の人—」
◇佐野市運動公園多目的広場 ⇒ ドラマ「日本沈没 —希望の人—」
◇佐野市文化会館 ⇒ 映画「蜜蜂と遠雷」ドラマ「TOKYO MER 走る緊急救命室」
◇ステーキ宮 佐野店の北側付近 ⇒ ドラマ「マイファミリー」
◇田沢工業 ⇒ ドラマ「天国と地獄 ～サイコな2人～」
◇根古屋森林公園 ⇒ ドラマ「TOKYO MER 走る緊急救命室」

◇三好砿業 ⇒ 映画「シン・ゴジラ」

鹿沼市

◇粟野町立粟野中学校 ⇒ ドラマ「いだてん～東京オリムピック噺～」

◇旧粟野町立粟野中学校 ⇒ ドラマ「南極大陸」

◇レストランVAN・B ⇒ 映画「告白」 ドラマ「花咲舞が黙ってない（2015年）」

関東

日光市

◇足尾駅 ⇒ 映画「海街diary」「ラーゲリより愛を込めて」

◇鬼怒川上流浄化センター南側 大谷川に架かる関ノ沢大橋付近 ⇒ ドラマ「コード・ブルー ドクターヘリ緊急救命 2nd. SEASON」

◇庚申ダム付近の山道 ⇒ 映画「海街diary」

◇東照宮宝物館の北側 ⇒ ドラマ「JIN －仁－（2011年）」

◇並木ホテル 大きな空洞のある杉 ⇒ ドラマ「岸辺露伴は動かない〈7〉ホットサマー・マーサ」

◇日光江戸村 ⇒ 映画「カツベン！」「るろうに剣心 最終章 The Final」「るろうに剣心 最終章 The Beginning」 ドラマ「JIN －仁－（2011年）」「天皇の料理番」

◇日光江戸村の活動写真の里 ⇒ ドラマ「JIN －仁－（2011年）」

◇日光江戸村の吉良上野介邸 ⇒ ドラマ「JIN －仁－（2011年）」

◇日光江戸村の小伝馬町牢屋敷 ⇒ ドラマ「JIN －仁－（2011年）」

◇日光田母沢御用邸記念公園 ⇒ 映画「リボルバー・リリー」

小山市

◇鬼怒川河川敷 ⇒ ドラマ「光る君へ」

◇若駒酒造 ⇒ ドラマ「JIN －仁－（2011年）」

真岡市

◇鬼怒川河川敷 ⇒ 映画「首」

◇専修寺 ⇒ 映画「カツベン！」

大田原市

◇旧須賀川小学校 ⇒ ドラマ「ちむどんどん」「天皇の料理番」「とと姉ちゃん」

矢板市

◇倭橋 ⇒ 映画「いのちの停車場」

那須塩原市

◇宇都宮共和大学 那須キャンパス ⇒ 映画「そして、バトンは渡された」

◇松風楼 松屋の「不動の湯」 ⇒ ドラマ「リーガル・ハイ（2012年）」

さくら市

◇旧喜連川高校 ⇒ 映画「悪の教典」

芳賀郡益子町

◇芳賀高等学校 ⇒ 映画「告白」

◇益子の骨董屋 ⇒ 映画「岸辺露伴 ルーヴルへ行く」

芳賀郡茂木町

◇千本城跡 ⇒ ドラマ「光る君へ」

下都賀郡壬生町

◇嘉陽が丘 ⇒ ドラマ「光る君へ」

塩谷郡塩谷町

◇上沢前放牧場 ⇒ ドラマ「平清盛」

塩谷郡高根沢町

◇キリンビール工場跡地 ⇒ 映画「散歩する侵略者」

那須郡那須町

◇県道305号（豊原大島線） ⇒ ドラマ「ミステリと言う勿れ（2022年）」

◇鹿の湯 ⇒ 映画「ゴールデンカムイ」

◇那須温泉郷「北温泉」 ⇒ 映画「テルマエ・ロマエ」

◇那須高原 Michael Garden Court ⇒ ドラマ「JIN －仁－（2011年）」

◇那須町ステンドグラス美術館 ⇒ 映画「ル

パンの娘 劇場版」

群馬県

前橋市

◇赤坂クローネンベルク ⇒ 映画「土竜の唄 FINAL」

◇ALSOKぐんまアイスアリーナ ⇒ ドラマ「Doctor-X 外科医・大門未知子 スペシャル」

◇群馬会館南側の県庁前交差点 ⇒ ドラマ「世にも奇妙な物語 2012 秋の特別編」

◇群馬県市町村会館の大会議室 ⇒ ドラマ「ルーズヴェルト・ゲーム」

◇群馬県市町村会館の大研修室 ⇒ ドラマ「ルーズヴェルト・ゲーム」

◇群馬県庁 ⇒ ドラマ「Doctor-X 外科医・大門未知子 2」「陸王」

◇群馬県庁 昭和庁舎 ⇒ 映画「告白」「スパイの妻 劇場版」「ルパンの娘 劇場版」ドラマ「VIVANT」

◇群馬県庁 昭和庁舎内にある「G FACE CAFE」 ⇒ ドラマ「世にも奇妙な物語 2012 秋の特別編」

◇ぐんまフラワーパーク ⇒ ドラマ「謎解きはディナーのあとで」

◇JR前橋大島駅 ⇒ 映画「そして父になる」

◇正田醤油スタジアム群馬 ⇒ ドラマ「陸王」

◇スズラン前橋店新館の北側付近 ⇒ ドラマ「SPEC ～零～ 警視庁公安部公安第五課 未詳事件特別対策事件簿」

◇狸小路 ⇒ 映画「ルパンの娘 劇場版」

◇中央通り商店街 ⇒ 映画「きのう何食べた？ 劇場版」

◇つたや商店 ⇒ 映画「そして父になる」

◇利根川自転車道 ⇒ 映画「そして父になる」

◇林牧場（旧赤城高原牧場クローネンベルグ） ⇒ ドラマ「いだてん～東京オリムピック噺～」

◇ベイコック 東部バイパス店 ⇒ 映画「そして父になる」

◇ベイシアビジネスセンター ⇒ ドラマ「下町ロケット（2018年）」

◇弁天通り ⇒ 映画「そして父になる」

◇前橋赤十字病院手術センターの前 ⇒ ドラマ「VIVANT」
◇臨江閣 ⇒ 映画「ミステリと言う勿れ(2023年)」 ドラマ「らんまん」

高崎市

◇STYLE高崎店 ⇒ 映画「キャラクター」
◇高崎アリーナ ⇒ 映画「ミックス。」
◇高崎市中央銀座商店街 ⇒ 映画「シン・仮面ライダー」「セーラー服と機関銃 卒業」
◇高崎市役所 ⇒ 映画「セーラー服と機関銃 卒業」
◇TAGO STUDIO TAKASAKI ⇒ 映画「セーラー服と機関銃 卒業」
◇東洋熱工業 ⇒ 映画「ザ・ファブル」
◇東洋熱工業の吉井工場 ⇒ ドラマ「ATARU」
◇ビエント高崎のビッグキューブ ⇒ ドラマ「下町ロケット(2018年)」
◇もてなし広場 ⇒ 映画「セーラー服と機関銃 卒業」

桐生市

◇桐生織物記念館 ⇒ 映画「母性」
◇桐生川ダム ⇒ 映画「ユリゴコロ」
◇桐生厚生総合病院 ⇒ 映画「はやぶさ 遥かなる帰還」
◇桐生市市民文化会館のシルクホール ⇒ ドラマ「S ―最後の警官―」
◇桐生第一高等学校 第一校舎 ⇒ 映画「セーラー服と機関銃 卒業」
◇群馬大学理工学部 ⇒ ドラマ「花子とアン」
◇コインランドリー青い木 ⇒ 映画「ミステリと言う勿れ(2023年)」

伊勢崎市

◇伊勢崎市消防団境方面隊第11分団の詰所(コミュニティ消防センター) ⇒ ドラマ「ドラゴン桜(2021年)」

太田市

◇アンディ&ウイリアムスボタニックガーデン ⇒ 映画「踊る大捜査線 THE MOVIE 3 ヤツらを解放せよ!」
◇ロイヤルチェスター太田 ⇒ ドラマ「MOZU Season2 ～幻の翼～」

沼田市

◇群馬県立森林公園 21世紀の森 ⇒ 映画「リボルバー・リリー」

館林市

◇旧秋元別邸 ⇒ ドラマ「天皇の料理番」
◇群馬県立館林美術館 ⇒ ドラマ「日本沈没 ―希望の人―」
◇館林信用金庫本店 ⇒ ドラマ「陸王」
◇館林信用金庫本店の前 ⇒ ドラマ「陸王」
◇渡良瀬川河川敷 ⇒ 映画「リバーズ・エッジ」

渋川市

◇伊香保温泉石段街 ⇒ 映画「テルマエ・ロマエ」
◇渋川商工会議所(旧渋川公民館) ⇒ ドラマ「花咲舞が黙ってない(2015年)」
◇渋川スカイランドパーク ⇒ 映画「DESTINY 鎌倉ものがたり」

富岡市

◇富岡製糸場 ⇒ ドラマ「南極大陸」「花燃ゆ」

安中市

◇新井の農地 ⇒ ドラマ「青天を衝け」
◇仙ヶ滝 ⇒ ドラマ「青天を衝け」
◇めがね橋(碓氷第三橋梁)の上 ⇒ ドラマ「Believe ―君にかける橋―」
◇めがね橋(碓氷第三橋梁)の下 ⇒ ドラマ「Believe ―君にかける橋―」

みどり市

◇わたらせ渓谷鐵道沢入駅 ⇒ ドラマ「半分、青い。」

甘楽郡甘楽町

◇楽山園 昆明池 ⇒ 映画「ミステリと言う勿れ(2023年)」 ドラマ「天皇の料理番」
◇楽山園 庭門 ⇒ 映画「ミステリと言う勿れ(2023年)」

吾妻郡中之条町

◇伊参地区 ⇒ 映画「君から目が離せない Eyes On You」

◇四万温泉 積善館 ⇒ 映画「スパイの妻 劇場版」

◇中之条町内 ⇒ 映画「シン・ウルトラマン」

吾妻郡長野原町

◇あさま空山望 ⇒ ドラマ「オールドルーキー」

◇あさま空山望へ向かう道路 ⇒ ドラマ「オールドルーキー」

◇川原畑諏訪神社 ⇒ ドラマ「DCU ～手錠を持ったダイバー～」

◇川原湯温泉 王湯 ⇒ ドラマ「DCU ～手錠を持ったダイバー～」

◇やまきぼし ⇒ ドラマ「DCU ～手錠を持ったダイバー～」

◇八ッ場ダムの下 ⇒ ドラマ「DCU ～手錠を持ったダイバー～」

◇八ッ場ダムのダム湖 ⇒ ドラマ「DCU ～手錠を持ったダイバー～」

吾妻郡嬬恋村

◇浅間山キャンプ場前 鬼押ハイウェー内 ⇒ 映画「シン・仮面ライダー」

吾妻郡草津町

◇御座之湯 ⇒ ドラマ「花咲舞が黙ってない（2015年）」

◇湯畑 ⇒ 映画「テルマエ・ロマエⅡ」

◇湯畑付近 ⇒ ドラマ「花咲舞が黙ってない（2015年）」

吾妻郡高山村

◇ロックハート城 ⇒ 映画「唐人街探偵 東京MISSION」

吾妻郡東吾妻町

◇岩櫃城跡 ⇒ ドラマ「真田丸」

◇おおつき食堂 ⇒ ドラマ「DCU ～手錠を持ったダイバー～」

利根郡川場村

◇川場スキー場 ⇒ ドラマ「コード・ブルー ドクターヘリ緊急救命 2nd. SEASON」

利根郡みなかみ町

◇群馬サイクルスポーツセンター ⇒ 映画「シン・仮面ライダー」

◇宝川温泉 汪泉閣 ⇒ 映画「テルマエ・ロマエⅡ」

◇谷川岳の天狗の留まり場付近 ⇒ ドラマ「青天を衝け」

◇法師温泉 長寿館 ⇒ 映画「テルマエ・ロマエⅡ」

◇水上高原ホテル200の「眺望の湯」 ⇒ ドラマ「Doctor-X 外科医・大門未知子 5」

邑楽郡明和町

◇アドバンテスト群馬R&Dセンタ ⇒ ドラマ「ルーズヴェルト・ゲーム」

邑楽郡千代田町

◇群馬県東部地域水道事務所 ⇒ ドラマ「下町ロケット（2018年）」

◇千代田町民プラザ ⇒ ドラマ「陸王」

埼玉県

さいたま市西区

◇青葉園 ⇒ ドラマ「ストロベリーナイト・サーガ」

◇アルタビスタガーデン ⇒ ドラマ「ブラックペアン」

◇大宮アルディージャの練習場 ⇒ ドラマ「オールドルーキー」

◇さいたま市民医療センター ⇒ ドラマ「S ―最後の警官―」

◇指扇病院 ⇒ ドラマ「99.9 ―刑事専門弁護士 Season Ⅰ」「ラジエーションハウス ～放射線科の診断レポート～」「ラジエーションハウス Ⅱ ～放射線科の診断レポート～」

◇指扇病院の前 ⇒ ドラマ「ラジエーションハウス ～放射線科の診断レポート～」

さいたま市北区

◇アートグレイスウエディングシャトー（移転後）⇒ ドラマ「奥様は、取り扱い注意」

◇アートグレイスウエディングシャトー（移転前）⇒ ドラマ「Doctor-X 外科医・大門未知子 2」「ラスト・シンデレラ」

◇アートグレイス大宮璃宮 ⇒ ドラマ「日本沈没 ―希望の人―」「花咲舞が黙ってない（2015年）」

◇Camelot Hills ⇒ ドラマ「リーガル・ハイ（2012年）」

◇マレリ 研究開発センター 本社 ⇒ ドラマ「TOKYO MER 走る緊急救命室」

◇マレリ 研究開発センター 本社の南側 ⇒ ドラマ「TOKYO MER 走る緊急救命室」

さいたま市大宮区

◇アルピーノ村のお菓子やさん ⇒ ドラマ「グランメゾン東京」

◇大宮 一の家 ⇒ ドラマ「アンチヒーロー」

◇北袋ふれあい公園 ⇒ ドラマ「グランメゾン東京」

◇JA共済埼玉ビル 3Fの大会議室 ⇒ ドラマ「アンチヒーロー」

◇パレスホテル大宮のロイヤルスイート ⇒ ドラマ「〇〇妻」

◇武蔵一宮 氷川神社 ⇒ 映画「もしも徳川家康が総理大臣になったら」

◇ヤマニサパースナック ⇒ ドラマ「ストロベリーナイト・サーガ」

さいたま市中央区

◇クラリオン本社 ⇒ ドラマ「アンナチュラル」

◇さいたまスーパーアリーナ ⇒ ドラマ「S ―最後の警官―」「鍵のかかった部屋」「グランメゾン東京」「MIU404」

◇さいたまスーパーアリーナ けやき広場 ⇒ ドラマ「S ―最後の警官―」「99.9 ―刑事専門弁護士 Season Ⅱ」「グランメゾン東京」

◇さいたまスーパーアリーナ 地下駐車場 ⇒ ドラマ「半沢直樹（2020年）」

◇さいたまスーパーアリーナ 南側の西口駅前通り ⇒ ドラマ「MIU404」

◇彩の国さいたま芸術劇場の情報プラザ ⇒ ドラマ「イチケイのカラス」

◇淑徳女子中学校・高等学校 ⇒ 映画「真夏の方程式」

◇せせらぎ通り ⇒ ドラマ「MIU404」

◇中央区役所 ⇒ ドラマ「MIU404」

◇中央区役所本館の大会議室 ⇒ ドラマ「MIU404」

◇長竹材木店 ⇒ ドラマ「ストロベリーナイト・サーガ」

◇西大通り ⇒ ドラマ「MIU404」

◇フランス料理シャンソニエ ⇒ ドラマ「ちむどんどん」

さいたま市浦和区

◇埼玉県庁 ⇒ ドラマ「天国と地獄 ～サイコな2人～」

◇埼玉県庁本庁舎と第二庁舎を結ぶ渡り廊下 ⇒ ドラマ「Doctor-X 外科医・大門未知子 3」

◇埼玉県庁本庁舎北東玄関 ⇒ ドラマ「MIU404」

◇料亭 玉家 ⇒ 映画「空飛ぶタイヤ」ドラマ「S ―最後の警官―」「下町ロケット（2015年）」「小さな巨人」「Dr.倫太郎」「半沢直樹」「BG ～身辺警護人～（2018年）」「Believe ―君にかける橋―」

関東

◇料亭 玉家 母屋「花霞の間」⇒ドラマ「アンチヒーロー」

◇料亭 玉家 母屋「龍泉の間」⇒ドラマ「半沢直樹」

さいたま市南区

◇浦和競馬場 ⇒ドラマ「Doctor-X 外科医・大門未知子 2」

◇JR南浦和駅東口 ⇒ドラマ「ストロベリーナイト・サーガ」

さいたま市緑区

◇埼玉スタジアム2002 ⇒ドラマ「オールドルーキー」

川越市

◇居酒屋ビッグ川越駅前店 ⇒ドラマ「陸王」

◇入間川, 小畔川に架かる落合橋 ⇒ドラマ「MIU404」

◇ウェスタ川越 ⇒ドラマ「下町ロケット(2018年)」

◇ウェスタ川越の多目的ホール ⇒ドラマ「下町ロケット(2018年)」

◇ウェスタ川越の前 ⇒ドラマ「下町ロケット(2018年)」

◇亀屋栄泉 ⇒ドラマ「鍵のかかった部屋」「ラッキーセブン スペシャル」

◇川越城本丸御殿 ⇒ドラマ「JIN －仁－(2011年)」

◇川越スカラ座 ⇒映画「キネマの神様」

◇Sammy川越工場 ⇒ドラマ「下町ロケット(2015年)」

◇ナビパーク脇田本町第1駐車場 ⇒ドラマ「下町ロケット(2018年)」

◇料亭 山屋 ⇒ドラマ「下町ロケット(2018年)」「七人の秘書」「日本沈没 ―希望の人―」「Believe ―君にかける橋―」「MIU404」

熊谷市

◇旧熊谷市立女子高等学校 ⇒ドラマ「妖怪人間ベム」

◇熊谷基地 ⇒映画「図書館戦争」

◇熊谷スポーツ文化公園陸上競技場 ⇒ドラマ「陸王」

◇埼玉パナソニックワイルドナイツのさくらオーバルフォート ⇒ドラマ「オールドルーキー」

◇坂田医院旧診療所 ⇒映画「孤高のメス」

◇中央公園(熊谷市役所東側) ⇒ドラマ「アンチヒーロー」

◇八木橋百貨店 ⇒ドラマ「逃げるは恥だが役に立つ」

◇立正大学熊谷キャンパス19号館(アカデミックキューブ) ⇒ドラマ「アンチヒーロー」

川口市

◇池田美術 ⇒ドラマ「花咲舞が黙ってない(2015年)」

◇OKS大泉工場 ⇒ドラマ「謎解きはディナーのあとで」

◇川口駅東口のペデストリアンデッキ ⇒ドラマ「アンチヒーロー」

◇川口オートレース ⇒ドラマ「リーガルV ～元弁護士・小鳥遊翔子～」

◇川口市消防本部 ⇒ドラマ「99.9 ―刑事専門弁護士 Season I」

◇川口市立グリーンセンター ⇒ドラマ「MIU404」「リーガルV ～元弁護士・小鳥遊翔子～」

◇川口市立グリーンセンター内「シャトー赤柴」⇒ドラマ「ガリレオ(2013年)」「グランメゾン東京」「MOZU Season1 ～百舌の叫ぶ夜～」

◇川口・senkiya ⇒映画「ひるなかの流星」

◇川口総合文化センター・リリアの特別会議室 ⇒ドラマ「MOZU Season1 ～百舌の叫ぶ夜～」

◇川口西公園(リリアパーク) ⇒ドラマ「リーガルV ～元弁護士・小鳥遊翔子～」

◇喫茶店「アルマンド」⇒映画「三度目の殺人」

◇埼玉県立川口工業高校 ⇒ドラマ「鍵のかかった部屋」

◇埼玉高速鉄道戸塚安行駅 ⇒ドラマ「天国と地獄 ～サイコな2人～」

◇四誠館 ⇒ドラマ「半沢直樹」「半沢直樹(2020年)」

◇SKIPシティ ⇒ 映画「舞妓はレディ」 ドラマ「奥様は、取り扱い注意」「コード・ブルー ドクターヘリ緊急救命 2nd. SEASON」「坂の上の雲 第3部」「TOKYO MER 走る緊急救命室」

◇SKIPシティ 映像ミュージアム 301スタジオ ⇒ 映画「カメラを止めるな！」

◇SKIPシティ 北側 ⇒ ドラマ「コード・ブルー ドクターヘリ緊急救命 2nd. SEASON」「妖怪人間ベム」

◇SKIPシティ 1階階段 ⇒ 映画「カメラを止めるな！」

◇SKIPシティ B街区 ⇒ 映画「カメラを止めるな！」

◇大日本興業 ⇒ ドラマ「99.9 ―刑事専門弁護士 Season Ⅱ」

◇遠山製作所 ⇒ ドラマ「アンチヒーロー」

◇ドラッグストア セキ 芝下店の前 ⇒ ドラマ「99.9 ―刑事専門弁護士 Season Ⅰ」

◇フレンディア ⇒ ドラマ「MOZU Season1 ～百舌の叫ぶ夜～」

◇ミエルかわぐち ⇒ ドラマ「義母と娘のブルース」

行田市

◇荒木の倉庫 ⇒ ドラマ「下町ロケット（2018年）」

◇荒木の田んぼ ⇒ ドラマ「下町ロケット（2018年）」

◇居酒屋活味 ⇒ ドラマ「陸王」

◇イサミコーポレーション ⇒ ドラマ「下町ロケット（2018年）」

◇イサミコーポレーション スクール工場 ⇒ ドラマ「陸王」

◇岩崎電気埼玉製作所 ⇒ ドラマ「半沢直樹Ⅱ エピソードゼロ 狙われた半沢直樹のパスワード」

◇忍川沿いの道 ⇒ ドラマ「陸王」

◇忍川に架かる翔栄橋 ⇒ ドラマ「陸王」

◇忍城跡 ⇒ ドラマ「陸王」

◇忍城跡付近 ⇒ ドラマ「陸王」

◇忍城の堀端 ⇒ ドラマ「陸王」

◇忍書房 ⇒ 映画「騙し絵の牙」

◇門井町の道路 ⇒ ドラマ「陸王」

◇行田市駅前の交差点 ⇒ ドラマ「陸王」

◇行田市駅南口付近 ⇒ ドラマ「陸王」

◇行田市商工センター ⇒ ドラマ「陸王」

◇行田市総合体育館グリーンアリーナ ⇒ ドラマ「TOKYO MER 走る緊急救命室」「陸王」

◇行田市総合体育館グリーンアリーナ 柔道場 ⇒ 映画「沈黙のパレード」

◇行田市民プールの前 ⇒ ドラマ「陸王」

◇行田市役所 会議室 ⇒ ドラマ「陸王」

◇行田総合病院 ⇒ ドラマ「陸王」

◇行田バイパス（国道125号線）が秩父鉄道を跨ぐ跨線橋 ⇒ ドラマ「陸王」

◇コスメグローバル ⇒ ドラマ「陸王」

◇古代蓮の里 ⇒ 映画「翔んで埼玉」

◇コロラド行田市店 ⇒ ドラマ「下町ロケット（2018年）」「陸王」

◇斎条の水田 ⇒ ドラマ「下町ロケット（2018年）」

◇斎条の農道 ⇒ ドラマ「下町ロケット（2018年）」

◇埼玉カートパーク ⇒ ドラマ「MIU404」

◇埼玉県立進修館高等学校 体育館 ⇒ ドラマ「陸王」

◇埼玉県立進修館高等学校 西側の忍川沿いの道 ⇒ ドラマ「下町ロケット（2018年）」

◇埼玉りそな銀行行田支店の前 ⇒ ドラマ「陸王」

◇佐間の道路 ⇒ ドラマ「陸王」

◇JAほくさい行田中央支店 ⇒ ドラマ「陸王」

◇城南の道路 ⇒ ドラマ「陸王」

◇ショーワ本社 ⇒ ドラマ「下町ロケット（2018年）」

◇ショーワ本社 事務室 ⇒ ドラマ「下町ロケット（2018年）」

◇ショーワ本社 社員食堂 ⇒ ドラマ「陸王」

◇水城公園 ⇒ ドラマ「陸王」

◇須加の田んぼ ⇒ ドラマ「下町ロケット（2018年）」

◇セレネホール行田の南東側交差点 ⇒ ドラマ「陸王」

◇セレネホール行田の北東側交差点 ⇒ ドラマ「陸王」

◇田村製薬 ⇒ ドラマ「陸王」

◇秩父鉄道行田市駅 ⇒ ドラマ「陸王」

◇秩父鉄道武州荒木駅 ⇒ ドラマ「99.9 —刑事専門弁護士 Season I」

◇TS Techの埼玉工場 ⇒ ドラマ「下町ロケット(2018年)」

◇長野5丁目の道路 ⇒ ドラマ「陸王」

◇ビックハウス行田店駐車場の出口前 ⇒ ドラマ「陸王」

◇二子山古墳 ⇒ ドラマ「陸王」

◇マイハラ ⇒ ドラマ「陸王」

◇明和グラビア行田工場前付近 ⇒ ドラマ「陸王」

◇持田の道路 ⇒ ドラマ「陸王」

◇ヤマザキショップ 新島酒店 ⇒ ドラマ「99.9 —刑事専門弁護士 Season I」

◇横田酒造(行田見処案内所) ⇒ ドラマ「陸王」

◇ローソン行田佐間一丁目店の南側付近 ⇒ ドラマ「陸王」

秩父市

◇荒川に架かる佐久良橋 ⇒ ドラマ「謎解きはディナーのあとで」

◇旧秩父橋 ⇒ 映画「空の青さを知る人よ」

◇西武秩父駅 ⇒ 映画「空の青さを知る人よ」

◇セブンイレブン 秩父宮側町店 ⇒ 映画「空の青さを知る人よ」

◇高砂ホルモン ⇒ 映画「空の青さを知る人よ」

◇秩父アミューズパーク 音楽堂 ⇒ 映画「空の青さを知る人よ」

◇矢尾百貨店前 ⇒ 映画「空の青さを知る人よ」

◇歴史文化伝承館 ⇒ 映画「空の青さを知る人よ」

所沢市

◇「いせき」の前 ⇒ ドラマ「スペシャリスト」

◇狭間山不動寺 ⇒ 映画「望み」

◇西武園ゆうえんち ⇒ ドラマ「ラッキーセブン」

◇西武ドーム ⇒ ドラマ「ラスト・シンデレラ」「リーガル・ハイ(2012年)」

◇所沢航空記念公園の野外ステージ ⇒ ドラマ「GTO(2012年)」

◇所沢市民文化センターミューズ ⇒ ドラマ「S —最後の警官—」「ラジエーションハウス II 〜放射線科の診断レポート〜」

◇所沢市民文化センターミューズの北側 ⇒ ドラマ「ミステリと言う勿れ(2022年)」

◇穂高ポニークリーニング所沢工場 ⇒ ドラマ「アンチヒーロー」

◇松が丘中央公園 ⇒ ドラマ「スペシャリスト」

◇松郷庵 甚五郎 ⇒ ドラマ「99.9 —刑事専門弁護士 Season II」

◇三ヶ島幼稚園 ⇒ ドラマ「Doctor-X 外科医・大門未知子 5」

◇諸星運輸 所沢ロジスティックスセンター ⇒ ドラマ「アンナチュラル」

飯能市

◇ヤマザキショップ 南飯能店 ⇒ ドラマ「MIU404」

加須市

◇大越の畑 ⇒ ドラマ「下町ロケット(2018年)」

◇旧騎西高校 ⇒ ドラマ「ゲゲゲの女房」

◇JAほくさい 北川辺支店 ⇒ ドラマ「下町ロケット(2018年)」

◇種足の田んぼの中の道 ⇒ ドラマ「陸王」

◇パストラルかぞのグローバルホール ⇒ ドラマ「MOZU Season2 〜幻の翼〜」

本庄市

◇CAINZ ⇒ ドラマ「陸王」

◇CAINZ本社の大ホール ⇒ ドラマ「陸王」

◇マリーゴールドの丘公園 ⇒ ドラマ「陸王」

東松山市

◇越辺川に架かる島田橋 ⇒ ドラマ「JIN －仁－(2011年)」

◇東武東上線東松山駅前 ⇒ 映画「SP 野望篇」 ドラマ「SP スペシャル 革命前日」

春日部市

◇春日部市消防本部 ⇒ 映画「モエカレはオレンジ色」

◇首都圏外郭放水路 ⇒ 映画「唐人街探偵 東京MISSION」

◇首都圏外郭放水路の操作室 ⇒ ドラマ「ATARU スペシャル ニューヨークからの挑戦状」

◇首都圏外郭放水路龍Q館 ⇒ 映画「翔んで埼玉」

◇ユリノキ通りのアンダーパス ⇒ ドラマ「おかえりモネ」

狭山市

◇航空自衛隊入間基地 ⇒ 映画「図書館戦争」

◇航空自衛隊入間基地 入間ターミナル付近 ⇒ ドラマ「日本沈没 ―希望の人―」

羽生市

◇曙ブレーキ工業のACW（Akebono Crystal Wing）⇒ ドラマ「アイムホーム」

◇トラックショップ・ジェット羽生店 ⇒ ドラマ「陸王」

◇羽生総合病院 ⇒ ドラマ「下町ロケット（2018年）」

◇羽生中央公園 陸上競技場&野球場 ⇒ 映画「翔んで埼玉」

鴻巣市

◇郷地の道路 ⇒ ドラマ「陸王」

◇鴻巣競技場 ⇒ ドラマ「陸王」

◇鴻巣市立総合体育館 ⇒ 映画「ブレイブ ―群青戦記―」

◇吹上荒川総合運動公園 ⇒ ドラマ「下町ロケット（2018年）」

深谷市

◇岡部神社 ⇒ ドラマ「梅ちゃん先生」

◇埼玉県立深谷商業高等学校 ⇒ ドラマ「とと姉ちゃん」「らんまん」

◇白草台運動公園 ⇒ ドラマ「下町ロケット（2018年）」

◇瀧宮神社の境内 ⇒ ドラマ「TOKYO MER 走る緊急救命室」

◇東京成徳深谷高校 ⇒ 映画「ミッドナイトスワン」

◇七ツ梅酒造跡 ⇒ ドラマ「梅ちゃん先生」「ゲゲゲの女房」

◇花園文化会館アドニス ⇒ 映画「ミッドナイトスワン」

◇深谷駅 ⇒ 映画「翔んで埼玉」

◇深谷市衛生センター ⇒ ドラマ「TOKYO MER 走る緊急救命室」

◇深谷シネマ ⇒ 映画「るろうに剣心 最終章 The Final」

◇深谷ビッグタートル ⇒ ドラマ「ドラゴン桜（2021年）」

草加市

◇浅井製作所 ⇒ ドラマ「妖怪人間ベム」

◇東埼玉資源環境組合 第二工場ごみ処理施設 ⇒ 映画「モエカレはオレンジ色」

◇谷塚駅東口共同駐車場 ⇒ ドラマ「MIU404」

越谷市

◇大相模調節池 ⇒ 映画「モエカレはオレンジ色」

◇こしがや能楽堂・花田苑 ⇒ ドラマ「JIN －仁－（2011年）」

◇埼玉県立大学 大講義室 ⇒ ドラマ「南極大陸」

◇埼玉県立大学 本部棟講堂 ⇒ ドラマ「半沢直樹」

◇しらこばと水上公園 ⇒ 映画「翔んで埼玉」

◇レイクタウン中央通り ⇒ 映画「モエカレはオレンジ色」

戸田市

◇じとっこ戸田店 ⇒ ドラマ「Doctor-X 外科医・大門未知子 5」

◇戸田競艇場 ⇒ ドラマ「コード・ブルー ドクターヘリ緊急救命 2nd. SEASON」

◇戸田公園漕艇場 ⇒ ドラマ「下町ロケット（2015年）」「ストロベリーナイト・サーガ」

◇戸田市営球場 ⇒ ドラマ「謎解きはディナーのあとで」

◇戸田市商工会の屋上 ⇒ ドラマ「ストロベリーナイト・サーガ」

◇美女木廃工場スタジオ ⇒ ドラマ「謎解きはディナーのあとで」「妖怪人間ベム」

◇まぐろ問屋めぐみ水産 戸田公園店 ⇒ ドラマ「BG ～身辺警護人～（2020年）」

◇ヤクルト球団の戸田球場 ⇒ ドラマ「ガリレオ（2013年）」

入間市

◇入間市文化創造アトリエ・アミーゴ！ ⇒ ドラマ「スペシャリスト」

◇入間市宮寺地区体育館 ⇒ ドラマ「ドラゴン桜（2021年）」

◇旧石川組製糸西洋館 ⇒ 映画「帝一の國」

◇旧石川組製糸西洋館の応接室 ⇒ ドラマ「七人の秘書」

◇旧石川組製糸西洋館の食堂 ⇒ ドラマ「七人の秘書」

◇埼玉県立豊岡高等学校の野球場 ⇒ ドラマ「ルーズヴェルト・ゲーム」

◇武蔵野音楽大学 入間キャンパス ⇒ 映画「ブレイブ —群青戦記—」

◇武蔵野音楽大学 入間キャンパス バッハザール ⇒ 映画「蜜蜂と遠雷」 ドラマ「Doctor-X 外科医・大門未知子 4」

朝霞市

◇朝霞市役所 ⇒ 映画「望み」

◇朝霞の森 ⇒ 映画「望み」

◇島の上公園 ⇒ 映画「沈黙のパレード」

◇島の上公園 南側の階段 ⇒ 映画「沈黙のパレード」

◇東武東上線朝霞駅前 ⇒ ドラマ「99.9 —刑事専門弁護士 Season Ⅱ」

◇函館海や 朝霞台店 ⇒ ドラマ「TOKYO MER 走る緊急救命室」

志木市

◇TMG宗岡中央病院 ⇒ ドラマ「イチケイのカラス」

和光市

◇サンアゼリアの前 ⇒ ドラマ「ストロベリーナイト・サーガ」

◇東京外環自動車道沿いの道 ⇒ ドラマ「ストロベリーナイト・サーガ」

◇和光市役所 ⇒ ドラマ「鍵のかかった部屋」「ストロベリーナイト・サーガ」「私の家政夫ナギサさん」

新座市

◇西武池袋線を跨ぐ歩道橋 ⇒ 映画「真夏の方程式」

◇なみき食堂 ⇒ ドラマ「ストロベリーナイト・サーガ」

久喜市

◇カントリーハウスウインザー ⇒ ドラマ「天皇の料理番」

◇旧東鷲宮病院 ⇒ ドラマ「ちむどんどん」「DCU ～手錠を持ったダイバー～」「TOKYO MER 走る緊急救命室」「日本沈没 —希望の人—」「ラジエーションハウスⅡ ～放射線科の診断レポート～」

北本市

◇しんごや石油 ⇒ ドラマ「下町ロケット（2018年）」

八潮市

◇ゴトウネジ ⇒ ドラマ「半沢直樹」

◇伝右川沿い ⇒ 映画「アンフェア the answer」

◇山田ネジ ⇒ ドラマ「半沢直樹」

富士見市

◇恵愛病院 ⇒ ドラマ「ガリレオ（2013年）」

◇プラネアール みずほ台井上病院スタジオ ⇒ ドラマ「ストロベリーナイト・サーガ」「天国と地獄 ～サイコな2人～」「半沢直樹（2020年）」「MOZU Season1 ～百舌の叫ぶ夜～」

◇プラネアール みずほ台ハウススタジオ ⇒ ドラマ「アンチヒーロー」

◇三浦病院の窓口 ⇒ ドラマ「アンチヒーロー」

三郷市

◇江戸川の河川敷 ⇒ ドラマ「ストロベリーナイト（2012年）」

◇江戸川の河川敷 三郷浄水場取水所の東 ⇒ ドラマ「ストロベリーナイト（2012年）」

◇江戸川の河川敷 三郷排水機場付近 ⇒ ドラマ「SPEC ～翔～ 警視庁公安部公安第五課 未詳事件特別対策係事件簿」

◇OGISHI 倉庫 ⇒ ドラマ「Believe ―君にかける橋―」

◇OGISHI 第一資材センター ⇒ ドラマ「Believe ―君にかける橋―」

◇亀有信用金庫三郷支店 ⇒ 映画「踊る大捜査線 THE MOVIE 3 ヤツらを解放せよ！」

◇埼玉県中川水循環センター ⇒ ドラマ「下剋上球児」

◇におどり公園橋の西詰付近 ⇒ ドラマ「MIU404」

◇八条橋から上流方向を見た中川 ⇒ ドラマ「ラジエーションハウス Ⅱ ～放射線科の診断レポート～」

◇フジパ ⇒ ドラマ「99.9 ―刑事専門弁護士 Season Ⅱ」

◇みさと公園 ⇒ ドラマ「オールドルーキー」「ミステリと言う勿れ（2022年）」

◇みさと公園の水上テラス ⇒ ドラマ「オールドルーキー」

◇三郷市役所前 ⇒ ドラマ「下町ロケット（2015年）」

◇三郷ジャンクション内の歩道橋 ⇒ ドラマ「イチケイのカラス」

◇三郷中央駅前の交差点 ⇒ ドラマ「MIU404」

◇早稲田公園 ⇒ ドラマ「奥様は、取り扱い注意」

◇早稲田スイミングスクールのプール ⇒ ドラマ「GTO（2012年）」

蓮田市

◇蓮田市街 ⇒ 映画「マイ・ブロークン・マリコ」

坂戸市

◇城西大学坂戸キャンパス ⇒ ドラマ「アンチヒーロー」「ガリレオ（2013年）」「下町ロケット（2018年）」「BG ～身辺警護人～（2020年）」

◇城西大学坂戸キャンパス 正門前 ⇒ ドラマ「下町ロケット（2018年）」

◇城西大学坂戸キャンパス 図書館前 ⇒ 映画「舟を編む」

◇城西大学坂戸キャンパス レストラン清流 ⇒ ドラマ「アンチヒーロー」

◇城西大学坂戸キャンパス 18号館 薬学部 ⇒ ドラマ「BG ～身辺警護人～（2020年）」

◇城西大学坂戸キャンパス 21号館 ⇒ ドラマ「アンチヒーロー」

◇城西大学坂戸キャンパス 22号館 ⇒ ドラマ「アンチヒーロー」

◇城西大学坂戸キャンパス 23号棟 ⇒ ドラマ「アンチヒーロー」

◇城西大学坂戸キャンパス 23号館 209教室 ⇒ ドラマ「アンチヒーロー」

幸手市

◇中川に架かる外野橋 ⇒ ドラマ「Doctor-X 外科医・大門未知子 6」

日高市

◇越後屋本店 ⇒ ドラマ「99.9 ―刑事専門弁護士 Season Ⅰ」

◇埼玉医科大学国際医療センター ⇒ ドラマ「下町ロケット（2015年）」「下町ロケット（2018年）」「リーガルハイ・スペシャル（2014年）」

◇狭山茶吉野園 ⇒ ドラマ「99.9 ―刑事専門弁護士 Season Ⅰ」

◇日高高麗郷古民家（旧新井家住宅） ⇒ ドラマ「下剋上球児」

吉川市

◇福寿家 ⇒ ドラマ「グランメゾン東京」

◇吉川美南駅付近 ⇒ 映画「来る」

ふじみ野市

◇KDDI研究所の電波無響室 ⇒ ドラマ「ガリレオ（2013年）」

◇ショッピングセンターソヨカふじみ野 ⇒ ドラマ「奥様は、取り扱い注意」

◇ふじみ野市役所本庁舎3階, 正面玄関 ⇒ 映画「箱入り息子の恋」

白岡市

◇白岡市B&G海洋センター ⇒ ドラマ 「DCU ～手錠を持ったダイバー～」

北足立郡伊奈町

◇伊奈はなぞの幼稚園 ⇒ ドラマ 「アンチヒーロー」

◇伊奈はなぞの幼稚園の南側 ⇒ ドラマ 「アンチヒーロー」

◇国際学院中学校高等学校 本館のロビー ⇒ ドラマ 「アンチヒーロー」

◇埼玉県県民活動総合センター ⇒ ドラマ 「日本沈没 ―希望の人―」

◇ヤマザキショップ伊奈小室店（内田屋ストア）⇒ ドラマ 「MIU404」

入間郡三芳町

◇出版産業 本社 ⇒ ドラマ 「下剋上球児」

入間郡越生町

◇JR八高線の第一大谷踏切 ⇒ ドラマ 「TOKYO MER 走る緊急救命室」

比企郡嵐山町

◇鎌形八幡神社 ⇒ ドラマ 「青天を衝け」

比企郡川島町

◇旧出丸小学校の校庭 ⇒ ドラマ 「義母と娘のブルース」「BG ～身辺警護人～（2020年）」

◇三井精機工業本社工場 ⇒ ドラマ 「下町ロケット（2018年）」

比企郡吉見町

◇百穴射撃場 ⇒ ドラマ 「リーガル・ハイ SP（2013年）」

◇フレサよしみの「スカイホール」 ⇒ ドラマ 「ルーズヴェルト・ゲーム」

◇フレサよしみの「大ホール」 ⇒ ドラマ 「ルーズヴェルト・ゲーム」

比企郡ときがわ町

◇越生ゴルフクラブ ⇒ ドラマ 「37歳で医者になった僕 ～研修医純情物語～」

秩父郡長瀞町

◇埼玉県長瀞総合射撃場 ⇒ ドラマ 「S ―最後の警官―」

◇埼玉県立長瀞玉淀自然公園 ⇒ 映画 「翔んで埼玉」

◇長瀞岩畳周辺 ⇒ 映画 「小川の辺」

大里郡寄居町

◇京亭 ⇒ ドラマ 「小さな巨人」

◇埼玉県立寄居城北高等学校 ⇒ ドラマ 「あまちゃん」「鍵のかかった部屋」

◇寄居パーキングエリア 関越自動車道下り ⇒ ドラマ 「とんび（2013年）」

南埼玉郡宮代町

◇工業技術博物館 植原鉄工所 ⇒ ドラマ 「梅ちゃん先生」

◇宮代町総合運動公園のプール ⇒ ドラマ 「DCU ～手錠を持ったダイバー～」

関東

千葉県

千葉市

◇都川沿いの歩道 ⇒ ドラマ「Doctor-X 外科医・大門未知子 6」

千葉市中央区

◇オークラ千葉ホテル ⇒ ドラマ「昼顔 ～平日午後3時の恋人たち」

◇Cafe Dining オレンジ ⇒ ドラマ「リーガルV ～元弁護士・小鳥遊翔子～」

◇カフェレストラン シーソー ⇒ ドラマ「TOKYO MER 走る緊急救命室」

◇カンデオホテルズ千葉 ⇒ ドラマ「奥様は、取り扱い注意」

◇グリーンエミネンス中村古峡記念病院の屋上 ⇒ ドラマ「コード・ブルー ドクターヘリ緊急救命 2nd. SEASON」

◇THE QUBEHOTEL Chiba ⇒ ドラマ「イチケイのカラス スペシャル」

◇ザ・ミーツ マリーナテラス ⇒ ドラマ「リーガルV ～元弁護士・小鳥遊翔子～」

◇新宿公園 ⇒ ドラマ「コード・ブルー ドクターヘリ緊急救命 2nd. SEASON」

◇スーパースポーツ ゼビオ アリオ蘇我店 ⇒ ドラマ「陸王」

◇そごう千葉店 ⇒ ドラマ「陸王」

◇千葉県教育会館 ⇒ ドラマ「未来への10カウント」

◇千葉県警察本部 ⇒ ドラマ「アンチヒーロー」

◇千葉県立中央図書館 書庫 ⇒ 映画「シン・ウルトラマン」

◇千葉市生涯学習センター ⇒ ドラマ「ルーズヴェルト・ゲーム」

◇千葉市生涯学習センターの特別会議室 ⇒ ドラマ「コード・ブルー ドクターヘリ緊急救命 2nd. SEASON」「ルーズヴェルト・ゲーム」

◇千葉市美術館 さや堂ホール ⇒ ドラマ「天皇の料理番」

◇千葉市立青葉病院 ⇒ ドラマ「99.9 ―刑事専門弁護士 Season I」

◇千葉大学 医学系総合研究棟前の桜並木 ⇒ ドラマ「VIVANT」

◇千葉大学医学部 ⇒ ドラマ「Doctor-X 外科医・大門未知子 7」

◇千葉大学医学部の屋上 ⇒ ドラマ「Doctor-X 外科医・大門未知子 7」

◇千葉大学医学部附属病院 ⇒ ドラマ「オールドルーキー」「TOKYO MER 走る緊急救命室」「Doctor-X 外科医・大門未知子 4」「Doctor-X 外科医・大門未知子 5」「Doctor-X 外科医・大門未知子 6」「Doctor-X 外科医・大門未知子 7」「ドラゴン桜（2021年）」「BG ～身辺警護人～（2018年）」「マイファミリー」「ミステリと言う勿れ（2022年）」「未来への10カウント」

◇千葉大学医学部附属病院の外来診療棟東側 ⇒ ドラマ「Doctor-X 外科医・大門未知子 4」

◇千葉大学医学部附属病院の前 ⇒ ドラマ「Doctor-X 外科医・大門未知子 4」

◇千葉大学医学部附属病院の1階 ホスピタリティストリート ⇒ ドラマ「VIVANT」

◇千葉大学 医薬系総合研究棟Ⅱの前 ⇒ ドラマ「マイファミリー」

◇千葉大学大学院医学研究院・医学部 ⇒ ドラマ「Doctor-X 外科医・大門未知子 5」

◇千葉第2地方合同庁舎の前 ⇒ ドラマ「アンチヒーロー」

◇千葉地方裁判所・家庭裁判所 ⇒ ドラマ「アンチヒーロー」

◇チバテレ ⇒ 映画「さかなのこ」

◇千葉南ビル ⇒ ドラマ「コード・ブルー ドクターヘリ緊急救命 2nd. SEASON」

◇美術館通り ⇒ ドラマ「オールドルーキー」

◇フェスティバルウォーク蘇我 ⇒ ドラマ「グランメゾン東京」

◇覆面レストラン デストロイヤー ⇒ 映画「コード・ブルー ―ドクターヘリ緊急救命― 劇場版」

◇フジモト第一生命ビルの東側 ⇒ ドラマ「家政婦のミタ」

◇ベイサイドパーク迎賓館の前 ⇒ ドラマ「ATARU」

◇ホテルプラザ菜の花 ⇒ ドラマ「アンチヒーロー」

◇LOOM ⇒ ドラマ「DCU ～手錠を持ったダイバー～」

千葉市花見川区

◇メイプルイン幕張のレストランメイプル ⇒ 映画「ストロベリーナイト（2013年）」

千葉市稲毛区

◇千葉経済大学の学生ホール（エステリア）⇒ ドラマ「コード・ブルー ドクターヘリ緊急救命 2nd. SEASON」「コード・ブルー ドクターヘリ緊急救命 3rd. SEASON」「ブラックペアン」

◇千葉県総合スポーツセンター陸上競技場 ⇒ ドラマ「陸王」

◇千葉県総合スポーツセンター陸上競技場 スタンド下 ⇒ ドラマ「陸王」

◇千葉大学西千葉キャンパス ⇒ ドラマ「ブラックペアン」

◇千葉大学西千葉キャンパスの弥生通り ⇒ ドラマ「ドラゴン桜（2021年）」

◇プレア稲毛ホール ⇒ ドラマ「リーガルV ～元弁護士・小鳥遊翔子～」

千葉市若葉区

◇植草学園大学・植草学園短期大学の体育館 ⇒ ドラマ「オールドルーキー」

◇OX ENGINEERING ⇒ ドラマ「オールドルーキー」

◇旧倶楽部 泉水 ⇒ ドラマ「JIN －仁－（2011年）」

◇千葉刑務所 ⇒ ドラマ「アンチヒーロー」

◇千葉刑務所の東側 ⇒ ドラマ「リーガルV ～元弁護士・小鳥遊翔子～」

◇千葉市桜木霊園 ⇒ 映画「リップヴァンウィンクルの花嫁」

◇千葉市動物公園 ⇒ ドラマ「昼顔 ～平日午後3時の恋人たち」

◇千葉都市モノレール動物公園駅前 ⇒ ドラマ「昼顔 ～平日午後3時の恋人たち」

◇リッツ資源 ⇒ ドラマ「アンチヒーロー」

千葉市緑区

◇あけぼの通り あすみが丘プラザ交差点の西側 ⇒ ドラマ「ミステリと言う勿れ（2022年）」

◇泉谷中学校の北側付近 ⇒ ドラマ「ラッキーセブン スペシャル」

◇Mアカデミア進学教室の前 ⇒ ドラマ「ミステリと言う勿れ（2022年）」

◇おゆみ野四季の道（夏の道）⇒ ドラマ「ラジエーションハウス Ⅱ ～放射線科の診断レポート～」

◇おゆみ野保育園 ⇒ ドラマ「ミステリと言う勿れ（2022年）」

◇京成千原線学園前駅周辺 ⇒ 映画「弱虫ペダル」

◇KEIYOスポーツクラブNASおゆみ野の南側付近 ⇒ ドラマ「ミステリと言う勿れ（2022年）」

◇第一公園バス停 ⇒ ドラマ「ミステリと言う勿れ（2022年）」

◇千葉県農林総合研究センター ⇒ ドラマ「MIU404」

◇ナンセイ誉田営業所 ⇒ ドラマ「半沢直樹」

◇洋菓子工房ながた ⇒ ドラマ「ミステリと言う勿れ（2022年）」

千葉市美浜区

◇アパホテル＆リゾート東京ベイ幕張 ⇒ ドラマ「リーガル・ハイ（2012年）」

◇アパホテル＆リゾート東京ベイ幕張のエグゼクティブスイート ⇒ ドラマ「Doctor-X 外科医・大門未知子 3」

◇稲毛海浜公園屋内運動場 ⇒ ドラマ「ガリレオ（2013年）」

◇稲毛海浜公園球技場 ⇒ 映画「浅田家！」

◇エム・ベイポイント幕張（旧NTT幕張ビル）⇒ ドラマ「アイムホーム」「ATARU」「S ―最後の警官―」「SPEC ～零～ 警視庁公安部公安第五課 未詳事件特別対策事件簿」「銭の戦争」「Doctor-X 外科医・大門未知子 3」「花咲舞が黙ってない（2014年）」「○○妻」「MOZU Season1 ～百舌の叫ぶ夜～」「MOZU Season2 ～幻の翼～」「ラッキーセブン」「リーガル・ハイ（2012年）」「リーガルV ～元弁護士・小鳥遊翔子～」

◇エム・ベイポイント幕張（旧NTT幕張ビル）内の会議室 ⇒ ドラマ「S ―最後の警官―」

関東

◇エム・ベイポイント幕張（旧NTT幕張ビル）の北側にある階段 ⇒ ドラマ「ハケンの品格（2020年）」

◇エム・ベイポイント幕張（旧NTT幕張ビル）の南東側 ⇒ ドラマ「ラッキーセブン」

◇エム・ベイポイント幕張（旧NTT幕張ビル）の東側 ⇒ ドラマ「○○妻」

◇エム・ベイポイント幕張（旧NTT幕張ビル）の25階円卓会議室 ⇒ ドラマ「TOKYO MER 走る緊急救命室」

◇エム・ベイポイント幕張（旧NTT幕張ビル）付近 ⇒ ドラマ「BG ～身辺警護人～（2018年）」

◇神田外語大学 附属図書館 ⇒ ドラマ「S ―最後の警官―」

◇神田外語大学 4号館101教室 ⇒ 映画「コード・ブルー ―ドクターヘリ緊急救命― 劇場版」

◇神田外語大学 6号館東側付近 ⇒ 映画「コード・ブルー ―ドクターヘリ緊急救命― 劇場版」

◇神田外語大学 7号館 ⇒ 映画「コード・ブルー ―ドクターヘリ緊急救命― 劇場版」 ドラマ「Doctor-X 外科医・大門未知子 5」

◇カンドゥー ⇒ ドラマ「イチケイのカラス スペシャル」

◇県営幕張地下第2駐車場の入口 ⇒ ドラマ「SPEC ～翔～ 警視庁公安部公安第五課 未詳事件特別対策係事件簿」

◇住友ケミカルエンジニアリング ⇒ ドラマ「義母と娘のブルース」「MOZU Season1 ～百舌の叫ぶ夜～」

◇ZOZOマリンスタジアムの北側付近 ⇒ ドラマ「謎解きはディナーのあとで」

◇高円宮記念JFA夢フィールド ⇒ ドラマ「オールドルーキー」

◇千葉市教育会館 ⇒ ドラマ「鍵のかかった部屋」

◇千葉市美浜区役所 ⇒ ドラマ「下剋上球児」

◇東都大学幕張キャンパス ⇒ ドラマ「ラジエーションハウス Ⅱ ～放射線科の診断レポート～」

◇中瀬一丁目交差点 ⇒ ドラマ「MOZU Season1 ～百舌の叫ぶ夜～」

◇パティオス10番街の南側 ⇒ ドラマ「謎解きはディナーのあとで」

◇ホテルグリーンタワー幕張の宴会場「ロイヤルクレッセント」 ⇒ ドラマ「七人の秘書」

◇ホテルグリーンタワー幕張のバンケット「チェルシー」 ⇒ ドラマ「七人の秘書」

◇ホテルグリーンタワー幕張のメインバンケット「ロイヤルクレッセント」 ⇒ ドラマ「七人の秘書」

◇ホテル ザ・マンハッタンの宴会場「ライブラリー」 ⇒ ドラマ「下町ロケット（2018年）」

◇ホテル ザ・マンハッタンの大宴会場「プリマベーラ」 ⇒ ドラマ「Doctor-X 外科医・大門未知子 4」

◇ホテルスプリングス幕張 ⇒ 映画「今夜、世界からこの恋が消えても」 ドラマ「ラジエーションハウス Ⅱ ～放射線科の診断レポート～」

◇ホテルスプリングス幕張のガーデンチャペル ⇒ ドラマ「ラジエーションハウス Ⅱ ～放射線科の診断レポート～」

◇ホテルニューオータニ幕張 ⇒ ドラマ「天国と地獄 ～サイコな2人～」「BG ～身辺警護人～（2018年）」

◇ホテルニューオータニ幕張の大宴会場 鶴 ⇒ ドラマ「BG ～身辺警護人～（2018年）」

◇幕張国際研修センター ⇒ ドラマ「BG ～身辺警護人～（2018年）」「BG ～身辺警護人～（2020年）」「ラジエーションハウス Ⅱ ～放射線科の診断レポート～」

◇幕張国際研修センターのシンポジウムホール ⇒ ドラマ「ブラックペアン」

◇幕張国際研修センターのレセプションホール渚 ⇒ ドラマ「ブラックペアン」

◇幕張テクノガーデンの西側 ⇒ ドラマ「○○妻」

◇幕張メッセ国際展示場9ホール前の南広場 ⇒ ドラマ「花咲舞が黙ってない（2014年）」

◇幕張メッセ国際展示場9～11ホール前のエスプラナード ⇒ 映画「SP 革命篇」 ドラマ「アンフェア the special ダブル・ミーニング 二重定義」「SP スペシャル 革命前日」「義母と娘のブルース」「BG ～身辺警護人～（2018年）」「HERO（2014年）」

◇ミニストップ イオンタワー店 ⇒ ドラマ「鍵のかかった部屋」

◇メッセモール ⇒ ドラマ「Doctor-X 外科医・

大門未知子 3」
◇メッセモール交差点 ⇒ [映画]「HERO（2015年）」[ドラマ]「Believe —君にかける橋—」
◇メッセモール交差点にある階段 ⇒ [ドラマ]「Believe —君にかける橋—」
◇ヨットハーバー交差点付近 ⇒ [ドラマ]「コード・ブルー ドクターヘリ緊急救命 3rd. SEASON」
◇ワールド・ビジネス・ガーデン ⇒ [ドラマ]「Doctor-X 外科医・大門未知子 3」「Doctor-X 外科医・大門未知子 スペシャル」

銚子市

◇犬岩付近 ⇒ [ドラマ]「リーガルV ～元弁護士・小鳥遊翔子～」
◇銚子市立銚子高等学校 ⇒ [映画]「弱虫ペダル」
◇銚子電鉄本銚子駅 ⇒ [ドラマ]「リーガルV ～元弁護士・小鳥遊翔子～」
◇銚子マリーナ ⇒ [ドラマ]「コード・ブルー ドクターヘリ緊急救命 3rd. SEASON」
◇屏風ヶ浦 ⇒ [ドラマ]「下町ロケット（2015年）」「下町ロケット（2018年）」「日本沈没 —希望の人—」

船橋市

◇高瀬下水処理場 ⇒ [ドラマ]「BG ～身辺警護人～（2018年）」
◇高瀬下水処理場入口付近 ⇒ [ドラマ]「イチケイのカラス スペシャル」
◇高瀬下水処理場上部運動広場（タカスポ）⇒ [ドラマ]「オールドルーキー」
◇高瀬下水処理場地下管廊下 ⇒ [映画]「Fukushima 50」
◇千葉徳洲会病院 ⇒ [ドラマ]「リーガルハイ・スペシャル（2014年）」
◇東葉高速鉄道北習志野駅 ⇒ [ドラマ]「リーガルV ～元弁護士・小鳥遊翔子～」
◇不二公業 ⇒ [ドラマ]「Believe —君にかける橋—」
◇ふなばしアンデルセン公園のイベント広場にある噴水 ⇒ [ドラマ]「昼顔 ～平日午後3時の恋人たち」
◇船橋行田住宅跡地 ⇒ [映画]「キャラクター」
◇ふなばし三番瀬海浜公園 ⇒ [ドラマ]「イチケイのカラス」「半分、青い。」
◇船橋市防災備蓄センター ⇒ [ドラマ]「ミステリと言う勿れ（2022年）」
◇船橋市役所 ⇒ [ドラマ]「監察医 朝顔（第1シーズン）」
◇船橋市役所 正面玄関 ⇒ [映画]「22年目の告白 私が殺人犯です」
◇船橋市立市場小学校 ⇒ [ドラマ]「BG ～身辺警護人～（2020年）」

館山市

◇相浜の道路 ⇒ [ドラマ]「逃げるは恥だが役に立つ」
◇伊勢屋 ⇒ [ドラマ]「アンナチュラル」
◇鏡ヶ浦通りの八幡海岸交差点 ⇒ [ドラマ]「Believe —君にかける橋—」
◇旧相浜亭 ⇒ [ドラマ]「ドラゴン桜（2021年）」
◇極洋船舶工業 ⇒ [ドラマ]「DCU ～手錠を持ったダイバー～」
◇漁港食堂 だいぼ ⇒ [ドラマ]「DCU ～手錠を持ったダイバー～」
◇漁港食堂 だいぼ前の道 ⇒ [映画]「さかなのこ」
◇坂田漁港 ⇒ [映画]「さかなのこ」
◇城山公園東側の坂道 ⇒ [ドラマ]「下剋上球児」
◇洲崎神社 ⇒ [ドラマ]「下剋上球児」
◇館山市布良漁業協同組合 ⇒ [ドラマ]「逃げるは恥だが役に立つ」
◇館山ファミリーパーク（現・RECAMP館山）⇒ [映画]「ふしぎな岬の物語」
◇千葉県立館山総合高等学校水産校舎 ⇒ [ドラマ]「あまちゃん」
◇デュエットリゾート館山 アカシア ⇒ [ドラマ]「小さな巨人」
◇南部石油 松本石油館山港SS ⇒ [ドラマ]「ドラゴン桜（2021年）」
◇八幡海岸 ⇒ [ドラマ]「Believe —君にかける橋—」
◇船形漁港 ⇒ [ドラマ]「DCU ～手錠を持ったダイバー～」
◇船形漁港のふ頭 ⇒ [ドラマ]「DCU ～手錠を持ったダイバー～」

◇布良海岸 ⇒ ドラマ「まれ」

◇布良漁港 ⇒ 映画「さかなのこ」 ドラマ「Doctor-X 外科医・大門未知子 2」「逃げるは恥だが役に立つ」

木更津市

◇アクアかずさ ⇒ ドラマ「ラスト・シンデレラ」

◇海沿いの道 ⇒ ドラマ「妖怪人間ベム」

◇オークラアカデミアパークホテル ⇒ ドラマ「花咲舞が黙ってない(2015年)」「ラスト・シンデレラ」

◇オークラアカデミアパークホテルの宴会場「平安の間」 ⇒ ドラマ「下町ロケット(2018年)」

◇オークラアカデミアパークホテルの「ラウンジ シエルブルー」 ⇒ ドラマ「花咲舞が黙ってない(2014年)」

◇お好み通り ⇒ ドラマ「アイムホーム」

◇小櫃川に架かる金木橋 ⇒ ドラマ「下剋上球児」

◇小櫃川の河原 ⇒ ドラマ「Believe —君にかける橋—」「ミステリと言う勿れ(2022年)」

◇音楽の小径 ⇒ ドラマ「監察医 朝顔(第1シーズン)」

◇かずさアカデミアホール ⇒ ドラマ「下町ロケット(2018年)」「Doctor-X 外科医・大門未知子 4」「リーガル・ハイ(2012年)」

◇かずさアカデミアホールのホワイエ ⇒ ドラマ「ミステリと言う勿れ(2022年)」

◇かずさアカデミアホールのメインロビー ⇒ ドラマ「鍵のかかった部屋SP」「Doctor-X 外科医・大門未知子 スペシャル」

◇かずさアカデミアホールの201会議室 ⇒ ドラマ「ブラックペアン」

◇かずさアカデミアホールの202会議室 ⇒ ドラマ「Doctor-X 外科医・大門未知子 スペシャル」

◇かずさ鎌足1丁目交差点 ⇒ ドラマ「マイファミリー」

◇上総環境調査センター ⇒ ドラマ「Believe —君にかける橋—」

◇加瀬のレンタルボックス 木更津木材港 ⇒ ドラマ「VIVANT」「DCU ～手錠を持ったダイバー～」「マイファミリー」

◇鎌足さくら公園 ⇒ ドラマ「コード・ブルー ドクターヘリ緊急救命 3rd. SEASON」

◇木更津市営霊園 ⇒ ドラマ「リーガルV ～元弁護士・小鳥遊翔子～」

◇木更津市クリーンセンター ⇒ ドラマ「監察医 朝顔(第1シーズン)」「地味にスゴイ！校閲ガール・河野悦子」「スペシャリスト」「Believe —君にかける橋—」

◇木更津市民会館の東側 ⇒ ドラマ「ATARU」

◇木更津市立太田中学校 ⇒ ドラマ「義母と娘のブルース」「逃げるは恥だが役に立つ」

◇木更津市立太田中学校の校門前 ⇒ ドラマ「義母と娘のブルース」

◇協立化学産業 木更津R&Dセンター ⇒ ドラマ「ガリレオ(2013年)」

◇JR内房線巌根駅西口 ⇒ ドラマ「アイムホーム」

◇スパークルシティ木更津 ⇒ ドラマ「コード・ブルー ドクターヘリ緊急救命 3rd. SEASON」

◇太平電業 技能訓練センター ⇒ ドラマ「マイファミリー」

◇太平電業 技能訓練センターの東側 ⇒ ドラマ「マイファミリー」

◇長樂寺 ⇒ ドラマ「〇〇妻」

◇東京ベイプラザホテル ⇒ ドラマ「日本沈没 —希望の人—」

◇東京湾アクアライン近くの道 ⇒ ドラマ「妖怪人間ベム」

◇東京湾アクアラインの海ほたる ⇒ 映画「コード・ブルー —ドクターヘリ緊急救命— 劇場版」

◇東和機材 ⇒ ドラマ「アンチヒーロー」

◇パノラマクラフト ⇒ ドラマ「MIU404」

◇BE FORWARDの在庫車両ストックヤード ⇒ ドラマ「マイファミリー」

◇富士見通り ⇒ ドラマ「SPEC ～翔～ 警視庁公安部公安第五課 未詳事件特別対策係事件簿」

◇富士見ビル ⇒ ドラマ「ATARU」

◇プラネアール 木更津スタジオ ⇒ ドラマ「妖怪人間ベム」

◇ホテルロイヤルガーデン木更津 ⇒ ドラマ「ガリレオXX 内海薫最後の事件 愚弄ぶ」

◇ホテルロイヤルガーデン木更津の北側にあるビル ⇒ ドラマ「監察医 朝顔（第1シーズン）」
◇前田印刷 ⇒ ドラマ「ATARU」
◇道の駅木更津うまくたの里の駐車場 ⇒ ドラマ「マイファミリー」
◇三石ホーム技研 ⇒ ドラマ「ATARU」「SPEC ～零～ 警視庁公安部公安第五課 未詳事件特別対策事件簿」
◇三石ホーム技研の倉庫 ⇒ ドラマ「ATARU」
◇メガネセンター木更津店 ⇒ ドラマ「半沢直樹（2020年）」
◇木材港の倉庫 ⇒ ドラマ「Believe —君にかける橋—」
◇山田工業駅前営業所の隣 ⇒ ドラマ「監察医 朝顔（第1シーズン）」
◇ワイルドビーチ木更津 ⇒ 映画「土竜の唄 FINAL」

松戸市

◇江戸川に架かる上葛飾橋の下 ⇒ ドラマ「ストロベリーナイト・サーガ」
◇江戸川の河川敷 ⇒ ドラマ「ストロベリーナイト・サーガ」
◇江戸川の堤防 ⇒ ドラマ「ストロベリーナイト・サーガ」
◇江戸川の堤防沿いの道 ⇒ ドラマ「MIU404」
◇光英VERITAS中学校・高等学校 ⇒ ドラマ「未来への10カウント」
◇光英VERITAS中学校・高等学校 カフェテリア ⇒ ドラマ「未来への10カウント」
◇光英VERITAS中学校・高等学校と聖徳大学附属小学校を結ぶ歩道橋 ⇒ ドラマ「未来への10カウント」
◇古ヶ崎河川敷スポーツ広場 ⇒ ドラマ「イチケイのカラス」
◇そば処 関やど ⇒ ドラマ「イチケイのカラス」
◇千葉大学附属図書館 松戸分館 ⇒ ドラマ「ミステリと言う勿れ（2022年）」
◇千葉大学松戸キャンパスのイギリス式庭園 ⇒ ドラマ「ミステリと言う勿れ（2022年）」
◇千葉大学松戸キャンパスのフランス式庭園 ⇒ ドラマ「ミステリと言う勿れ（2022年）」
◇千葉西総合病院 ⇒ ドラマ「Doctor-X 外科医・大門未知子 3」「半沢直樹」
◇千葉西総合病院新本館 ⇒ ドラマ「Doctor-X 外科医・大門未知子 3」
◇千葉西総合病院新本館のロビー ⇒ ドラマ「Doctor-X 外科医・大門未知子 3」
◇千葉西総合病院のヘリポート ⇒ ドラマ「Doctor-X 外科医・大門未知子 3」
◇Terrace Mall 松戸 ⇒ ドラマ「マイファミリー」
◇北総鉄道北総線矢切駅 ⇒ ドラマ「マルモのおきて」
◇松戸運動公園武道館 ⇒ ドラマ「ストロベリーナイト・サーガ」
◇松戸市立総合医療センター ⇒ 映画「コード・ブルー —ドクターヘリ緊急救命— 劇場版」
◇松戸南部市場の大水 ⇒ ドラマ「グランメゾン東京」

野田市

◇清水公園 ⇒ ドラマ「義母と娘のブルース」
◇トップランク 商品化センター ⇒ 映画「OVER DRIVE」
◇野田市市民会館 ⇒ ドラマ「天皇の料理番」
◇野田市総合公園陸上競技場 ⇒ ドラマ「下剋上球児」
◇野田市総合公園野球場（SAN-POWスタジアム野田） ⇒ ドラマ「下剋上球児」
◇はじめのいっぽこども園 ⇒ ドラマ「イチケイのカラス」
◇ROYAL SC TENNIS CLUB ⇒ ドラマ「オールドルーキー」

茂原市

◇石井菓子店 ⇒ 映画「今はちょっと、ついてないだけ」
◇Wiz 茂原店 ⇒ 映画「今はちょっと、ついてないだけ」
◇榎町商店街 ⇒ 映画「浅田家！」
◇川中島下水処理場 ⇒ ドラマ「TOKYO MER 走る緊急救命室」
◇木生坊隧道 ⇒ 映画「あの花が咲く丘で、君とまた出会えたら。」
◇旧「ないとう」の前 ⇒ ドラマ「Believe —君にかける橋—」

関東

◇旧本納公民館新治分館 ⇒ 映画 「今はちょっと、ついてないだけ」

◇公立長生病院 ⇒ 映画 「浅田家！」 ドラマ 「ストロベリーナイト・サーガ」

◇高木理髪店 ⇒ ドラマ 「Believe ―君にかける橋―」

◇ツルハドラッグ早野 ⇒ 映画 「今はちょっと、ついてないだけ」

◇ビジネスホテルセントラル ⇒ 映画 「今はちょっと、ついてないだけ」

◇ヒューマンキャンパスのぞみ高等学校（旧西陵中学校） ⇒ 映画 「罪の声」 「モエカレはオレンジ色」 ドラマ 「アンナチュラル」 「下剋上球児」 「ミステリと言う勿れ（2022年）」

◇フォトサロンおおかわ ⇒ 映画 「今はちょっと、ついてないだけ」

◇文教堂 茂原店 ⇒ 映画 「今はちょっと、ついてないだけ」

◇ベリーズカフェ ⇒ 映画 「今はちょっと、ついてないだけ」

◇茂原駅前の小湊バス内 ⇒ 映画 「今はちょっと、ついてないだけ」

◇茂原市旧市民会館 ⇒ 映画 「罪の声」

◇茂原市役所 ⇒ 映画 「今はちょっと、ついてないだけ」

◇茂原ショッピングプラザ・アスモ ⇒ 映画 「今はちょっと、ついてないだけ」

◇大和屋重平（旧大和屋旅館） ⇒ ドラマ 「下剋上球児」

◇大和屋食堂 ⇒ 映画 「今はちょっと、ついてないだけ」 ドラマ 「下剋上球児」 「ストロベリーナイト・サーガ」

成田市

◇ANAクラウンプラザホテル成田 ⇒ ドラマ 「陸王」

◇坂田ヶ池総合公園の中央広場 ⇒ ドラマ 「ATARU スペシャル ニューヨークからの挑戦状」

◇下総支所 旧庁舎 ⇒ 映画 「浅田家！」

◇JAL成田Aハンガー 格納庫 ⇒ ドラマ 「半沢直樹（2020年）」

◇高岡運動施設 ⇒ 映画 「浅田家！」

◇豊住児童ホーム（旧豊住中学校） ⇒ ドラマ 「ガリレオ（2013年）」

◇成田国際空港 ⇒ 映画 「男はつらいよ お帰り 寅さん」 「コード・ブルー ―ドクターヘリ緊急救命― 劇場版」 ドラマ 「ATARU」 「ATARU スペシャル ニューヨークからの挑戦状」 「A LIFE ～愛しき人～」 「イチケイのカラス」 「S ―最後の警官―」 「グランメゾン東京」 「コード・ブルー ドクターヘリ緊急救命 3rd. SEASON」 「小さな巨人」 「Doctor-X 外科医・大門未知子 2」 「陸王」 「私が恋愛できない理由」

◇成田国際空港第1ターミナル ⇒ ドラマ 「スペシャリスト」

◇成田国際空港第1ターミナルビル ⇒ ドラマ 「きょうは会社休みます。」

◇東成田駅 ⇒ 映画 「東京リベンジャーズ」

◇ヒルトン成田 宴会場「ロイヤルホール」 ⇒ ドラマ 「踊る大捜査線 THE LAST TV サラリーマン刑事と最後の難事件」

佐倉市

◇印旛沼取水場南側の京成本線の踏切 ⇒ ドラマ 「コード・ブルー ドクターヘリ緊急救命 3rd. SEASON」

◇旧堀田邸 ⇒ ドラマ 「エール」 「JIN －仁－（2011年）」

◇佐倉城址公園 ⇒ ドラマ 「コード・ブルー ドクターヘリ緊急救命 2nd. SEASON」

◇佐倉マナーハウス ⇒ 映画 「耳を澄ませば」

◇聖隷佐倉市民病院 ⇒ ドラマ 「コード・ブルー ドクターヘリ緊急救命 2nd. SEASON」

◇千葉県立佐倉高等学校 ⇒ ドラマ 「梅ちゃん先生」 「とと姉ちゃん」

◇リストランテ・カステッロの温室 ⇒ ドラマ 「ミステリと言う勿れ（2022年）」

◇リストランテ・カステッロの温室の東側 ⇒ ドラマ 「ミステリと言う勿れ（2022年）」

東金市

◇千葉東金有料道路東金料金所の西側付近 ⇒ ドラマ 「ガリレオ（2013年）」

◇東金 八鶴亭 ⇒ ドラマ 「Doctor-X 外科医・大門未知子 5」

◇東千葉メディカルセンター ⇒ ドラマ 「アイムホーム」 「99.9 ―刑事専門弁護士

関東

Season Ⅱ」「ストロベリーナイト・サーガ」「Doctor-X 外科医・大門未知子 5」「ブラックペアン」

◇東千葉メディカルセンター2Fの講堂 ⇒ ドラマ「ブラックペアン」

旭市

◇旭文化の杜公園 ⇒ ドラマ「コード・ブルー ドクターヘリ緊急救命 3rd. SEASON」

習志野市

◇鷺沼温泉 ⇒ ドラマ「南極大陸」

◇芝園2丁目の交差点 ⇒ ドラマ「ATARU」

◇千葉県国際総合水泳場 ⇒ ドラマ「オールドルーキー」

◇千葉工業大学 新習志野キャンパス ⇒ ドラマ「コード・ブルー ドクターヘリ緊急救命 3rd. SEASON」「HERO（2014年）」「ブラックペアン」

◇千葉工業大学 新習志野キャンパスの新食堂棟 ⇒ ドラマ「コード・ブルー ドクターヘリ緊急救命 3rd. SEASON」

◇千葉工業大学 新習志野キャンパスの12号館 ⇒ ドラマ「コード・ブルー ドクターヘリ緊急救命 3rd. SEASON」

◇千葉工業大学 津田沼キャンパス ⇒ ドラマ「HERO（2014年）」

◇千葉工業大学 津田沼キャンパス 4号館の階段教室 ⇒ ドラマ「半沢直樹Ⅱ エピソードゼロ 狙われた半沢直樹のパスワード」

◇津田沼中央総合病院 ⇒ ドラマ「S ―最後の警官―」

◇東京湾岸リハビリテーション病院 ⇒ ドラマ「鍵のかかった部屋」

◇七中すずかけ通りの横断歩道 ⇒ ドラマ「ストロベリーナイト・サーガ」

◇習志野市香澄公園 ⇒ ドラマ「ストロベリーナイト・サーガ」

◇習志野市津田沼浄化センター ⇒ ドラマ「Believe ―君にかける橋―」

柏市

◇アニヴェルセル柏 ⇒ ドラマ「〇〇妻」

◇おおたかの森病院 ⇒ ドラマ「鍵のかかった部屋SP」「GTO（2012年）」「ストロベリーナイト（2012年）」「私が恋愛できない理由」

◇おっ母さん食品館 北柏店 ⇒ ドラマ「花咲舞が黙ってない（2015年）」

◇旧吉田家住宅歴史公園の長屋門 ⇒ ドラマ「JIN －仁－（2011年）」

◇ジャンボランドリーふわふわ 柏逆井店 ⇒ ドラマ「ミステリと言う勿れ（2022年）」

◇柏髙島屋ステーションモール ⇒ ドラマ「義母と娘のブルース」

◇千葉県立柏の葉公園 ⇒ ドラマ「〇〇妻」

◇千葉県立柏の葉公園総合競技場 ⇒ ドラマ「BG ～身辺警護人～（2018年）」

◇東葛テクノプラザの多目的ホール ⇒ ドラマ「Doctor-X 外科医・大門未知子 4」

◇東京慈恵医科大学附属柏病院 ⇒ ドラマ「スペシャリスト」

◇東京大学物性研究所 極限コヒーレント光化学研究センター ⇒ ドラマ「ガリレオ（2013年）」

◇廣幡八幡宮 ⇒ ドラマ「VIVANT」

◇美里ゴルフセンターの駐車場 ⇒ ドラマ「VIVANT」

◇麗澤大学 ⇒ 映画「嘘を愛する女」「モエカレはオレンジ色」

勝浦市

◇鵜原漁港 ⇒ 映画「岸辺の旅」

◇勝浦漁港 ⇒ 映画「ふしぎな岬の物語」

◇豊浜漁港 海なりの宿花あさぎ付近 ⇒ ドラマ「あまちゃん」

◇守屋海岸の駐車場 ⇒ 映画「海賊とよばれた男」

市原市

◇市原湖畔美術館 ⇒ ドラマ「ミステリと言う勿れ（2022年）」

◇市原市内 ⇒ ドラマ「坂の上の雲 第3部」

◇市原市のカラオケ店 ⇒ 映画「カラオケ行こ！」

◇市原市役所加茂支所 ⇒ ドラマ「監察医 朝顔（第1シーズン）」

◇御林公園 ⇒ ドラマ「監察医 朝顔（第1シーズン）」

関東

◇ガラス工房 rasiku ⇒ ドラマ 「イチケイのカラス」
◇旧市原市立八幡東中学校 ⇒ ドラマ 「下剋上球児」
◇旧市原市立八幡東中学校の体育館 ⇒ ドラマ 「下剋上球児」
◇旧白鳥小学校 ⇒ ドラマ 「ちむどんどん」
◇ケーズデンキ市原五井店付近 ⇒ ドラマ 「オールドルーキー」
◇五井駅東口前 ⇒ ドラマ 「下剋上球児」
◇小湊鐵道上総牛久駅 ⇒ ドラマ 「下剋上球児」
◇小湊鐵道上総牛久駅前 ⇒ ドラマ 「下剋上球児」
◇小湊鐵道上総川間駅の東側にある踏切 ⇒ ドラマ 「妖怪人間ベム」
◇小湊鐵道 五井機関区 ⇒ ドラマ 「下剋上球児」
◇小湊鐵道の柳町踏切付近 ⇒ ドラマ 「下剋上球児」
◇ゴルフ5カントリー オークビレッジ ⇒ ドラマ 「コード・ブルー ドクターヘリ緊急救命 3rd. SEASON」
◇西広下水路に架かる橋 ⇒ ドラマ 「下剋上球児」
◇市役所通り ⇒ ドラマ 「オールドルーキー」
◇市役所通りの市民会館前交差点 ⇒ ドラマ 「オールドルーキー」
◇ゼットエーオリプリスタジアム ⇒ ドラマ 「オールドルーキー」
◇ゼットエーボールパークA駐車場付近 ⇒ ドラマ 「オールドルーキー」
◇八幡神社 ⇒ ドラマ 「梅ちゃん先生」
◇ハヤシ美容室 ⇒ ドラマ 「下剋上球児」
◇PANN KABA ⇒ ドラマ 「MOZU Season2 ～幻の翼～」
◇ホワイト急便ミツミネ 牛久店 ⇒ ドラマ 「下剋上球児」
◇道の駅あずの里いちはら ⇒ ドラマ 「監察医朝顔（第1シーズン）」
◇深山文具店 ⇒ ドラマ 「下剋上球児」
◇やきにく亭 力 ⇒ ドラマ 「ミステリと言う勿れ（2022年）」
◇養老川に架かる潮見大橋の東詰 ⇒ ドラマ 「妖怪人間ベム」
◇蘭樹龍 ⇒ ドラマ 「下剋上球児」

流山市

◇江戸川河川敷 ⇒ 映画 「東京リベンジャーズ」
◇江戸屋うなぎ店 ⇒ ドラマ 「ストロベリーナイト・サーガ」
◇JR武蔵野線が江戸川を渡る鉄橋の下 ⇒ ドラマ 「GTO（2012年）」
◇GLP流山1 ⇒ 映画 「AI崩壊」
◇千葉県立流山高等学校の前 ⇒ ドラマ 「MOZU Season1 ～百舌の叫ぶ夜～」
◇利根運河の河原 ⇒ ドラマ 「ミステリと言う勿れ（2022年）」
◇流山おおたかの森ショッピングセンターの前 ⇒ ドラマ 「花咲舞が黙ってない（2015年）」
◇流山市水道局 ⇒ 映画 「ストロベリーナイト（2013年）」
◇流山市立南流山中学校 ⇒ ドラマ 「マイファミリー」
◇流山市立八木南小学校 ⇒ ドラマ 「ミステリと言う勿れ（2022年）」
◇初石1号公園 ⇒ ドラマ 「ラッキーセブン スペシャル」
◇BARN&FOREST 148の148 CAFE ⇒ ドラマ 「ハケンの品格（2020年）」
◇平和台2号公園 ⇒ 映画 「東京リベンジャーズ」
◇南流山幼稚園 ⇒ ドラマ 「TOKYO MER 走る緊急救命室」
◇三輪野山近隣公園 ⇒ ドラマ 「ミステリと言う勿れ（2022年）」
◇三輪野山2丁目の交差点 ⇒ ドラマ 「ミステリと言う勿れ（2022年）」
◇流鉄流山線流山駅付近 ⇒ ドラマ 「MOZU Season1 ～百舌の叫ぶ夜～」
◇レストヴィラ流山おおたかの森の南側にある交差点 ⇒ ドラマ 「MOZU Season1 ～百舌の叫ぶ夜～」

八千代市

◇萱田第2緑地 ⇒ ドラマ 「99.9 ―刑事専門弁護士 Season Ⅱ」
◇TRC八千代中央図書館 ⇒ ドラマ 「コード・

ブルー ドクターヘリ緊急救命 3rd. SEASON」
◇TRC八千代中央図書館の南側付近 ⇒ ドラマ「コード・ブルー ドクターヘリ緊急救命 3rd. SEASON」
◇東京女子医科大学八千代医療センター ⇒ ドラマ「コード・ブルー ドクターヘリ緊急救命 2nd. SEASON」「コード・ブルー ドクターヘリ緊急救命 3rd. SEASON」
◇東葉高速鉄道 勝田台駅 ⇒ ドラマ「ストロベリーナイト（2012年）」
◇東葉高速鉄道 車両基地 ⇒ ドラマ「GTO（2012年）」
◇東葉高速鉄道 車両基地へつながる引込線 ⇒ ドラマ「ガリレオ（2013年）」「ストロベリーナイト（2012年）」
◇東葉高速鉄道 東葉高速線八千代緑が丘駅 ⇒ ドラマ「GTO（2012年）」
◇東葉高速鉄道 車両基地へつながる引込線を跨ぐ跨線橋 ⇒ ドラマ「ストロベリーナイト（2012年）」
◇東葉高速鉄道 村上駅 ⇒ ドラマ「ストロベリーナイト（2012年）」
◇東葉高速鉄道 八千代中央駅 ⇒ ドラマ「99.9 ―刑事専門弁護士 Season Ⅱ」
◇ラッキーバッティングドーム ⇒ ドラマ「Doctor-X 外科医・大門未知子 5」
◇ROCK ICE BASEのメインコート ⇒ ドラマ「オールドルーキー」

我孫子市

◇我孫子聖仁会病院 ⇒ ドラマ「Believe ―君にかける橋―」
◇我孫子聖仁会病院の前 ⇒ ドラマ「Believe ―君にかける橋―」
◇アルバトロスヨットクラブの桟橋 ⇒ ドラマ「Believe ―君にかける橋―」
◇レストラン ステラ ⇒ ドラマ「マイファミリー」

鴨川市

◇天津漁港 ⇒ 映画「怒り」
◇江見吉浦 海辺のキャンプ場 ⇒ 映画「ゴジラ－1.0」
◇亀田メディカルセンターのヘリポート ⇒ ドラマ「コード・ブルー ドクターヘリ緊急救命 2nd. SEASON」
◇鴨川シーワールド ⇒ 映画「さかなのこ」
◇鴨川令徳高等学校 ⇒ ドラマ「VIVANT」「DCU ～手錠を持ったダイバー～」
◇東条海岸 ⇒ 映画「AI崩壊」
◇REGALO surf ⇒ ドラマ「DCU ～手錠を持ったダイバー～」

鎌ケ谷市

◇鎌ケ谷市役所 ⇒ ドラマ「下剋上球児」「Believe ―君にかける橋―」「MIU404」
◇コンビニエンスとびやま（ヤマザキショップ鎌ヶ谷とびやま店）⇒ ドラマ「アイムホーム」「コード・ブルー ドクターヘリ緊急救命 3rd. SEASON」「MIU404」

君津市

◇大和田の公園 ⇒ ドラマ「マイファミリー」
◇柿山田オートキャンプガーデン ⇒ ドラマ「私が恋愛できない理由」
◇かずさオートキャンプ場 ⇒ ドラマ「ガリレオXX 内海薫最後の事件 愚弄ぶ」
◇かずさ4号公園の駐車場 ⇒ ドラマ「ミステリと言う勿れ（2022年）」
◇かずさ4号公園の駐車場出入口 ⇒ ドラマ「ミステリと言う勿れ（2022年）」
◇かずさ4号公園のレストハウス・トイレ ⇒ ドラマ「ミステリと言う勿れ（2022年）」
◇Garden Cafe Giverny ⇒ ドラマ「鍵のかかった部屋」
◇亀山湖の小月橋 ⇒ ドラマ「鍵のかかった部屋」
◇君津市民文化ホール ⇒ ドラマ「下剋上球児」
◇君津市立稲ヶ崎キャンプ場 ⇒ 映画「覚悟はいいかそこの女子。」
◇君津市立上総小学校前の坂道 ⇒ ドラマ「下剋上球児」
◇君津中央公園 ⇒ ドラマ「私の家政夫ナギサさん」
◇旧君津市立久留里中学校 ⇒ ドラマ「ザ・トラベルナース」
◇旧君津市立久留里中学校の校庭 ⇒ ドラマ「下剋上球児」

関東

◇小香八幡神社 ⇒ ドラマ「八重の桜」

◇西君津の漁港 ⇒ ドラマ「Believe —君にかける橋—」

◇日本製鉄君津球場の西側付近 ⇒ ドラマ「マイファミリー」

◇白山神社 ⇒ ドラマ「おひさま」

◇房総四季の蔵 ⇒ ドラマ「Believe —君にかける橋—」

富津市

◇県道90号線の交差点 ⇒ ドラマ「マイファミリー」

◇コテージ・フラミンゴ 古民家棟 ⇒ ドラマ「逃げるは恥だが役に立つ」

◇スミスのいえ 富津海岸D ⇒ ドラマ「オールドルーキー」

◇竹岡漁港 ⇒ ドラマ「DCU 〜手錠を持ったダイバー〜」

◇燈籠坂大師の切通しトンネルの北側付近 ⇒ ドラマ「監察医 朝顔（第1シーズン）」

◇鋸山山中の石段 ⇒ ドラマ「岸辺露伴は動かない〈4〉ザ・ラン」「岸辺露伴は動かない〈6〉六壁坂」

◇萩生漁港 ⇒ ドラマ「下剋上球児」

◇富津海水浴場付近 ⇒ ドラマ「DCU 〜手錠を持ったダイバー〜」

◇富津漁港 ⇒ ドラマ「DCU 〜手錠を持ったダイバー〜」

◇富津漁港付近 ⇒ ドラマ「DCU 〜手錠を持ったダイバー〜」

◇湊川沿いの道 ⇒ ドラマ「下剋上球児」

◇湊川鉄橋 ⇒ 映画「舟を編む」

◇漁師料理かなや ⇒ ドラマ「DCU 〜手錠を持ったダイバー〜」

浦安市

◇浦安音楽ホール ⇒ ドラマ「ブラックペアン」

◇浦安市立中央図書館 ⇒ ドラマ「ストロベリーナイト（2012年）」

◇浦安ブライトンホテル東京ベイの宴会場「グレイス」 ⇒ ドラマ「オールドルーキー」

◇浦安ブライトンホテル東京ベイの宴会場「ケルビム」 ⇒ ドラマ「オールドルーキー」

◇浦安ヘリポート ⇒ 映画「天空の蜂」

◇浦安マリーナ ⇒ ドラマ「S —最後の警官—」

◇旧宇田川家住宅の前付近 ⇒ ドラマ「リーガル・ハイ（2012年）」

◇グランドニッコー東京ベイ舞浜内のレストラン「ル・ジャルダン」 ⇒ ドラマ「TOKYO MER 走る緊急救命室」

◇庚申通り入口 ⇒ ドラマ「リーガル・ハイ（2012年）」

◇米地酒の蔵 たかはし ⇒ ドラマ「アイムホーム」

◇境川に架かるしおかぜ歩道橋 ⇒ ドラマ「イチケイのカラス」

◇境川に架かるしおかぜ歩道橋付近 ⇒ ドラマ「リーガル・ハイ（2012年）」

◇境川に架かる神明橋付近の遊歩道 ⇒ ドラマ「ミステリと言う勿れ（2022年）」

◇境川に架かる高洲橋 ⇒ 映画「踊る大捜査線 THE FINAL 新たなる希望」

◇境川に架かる橋 ⇒ ドラマ「リーガル・ハイ（2012年）」

◇シェラトングランデ東京ベイ ⇒ ドラマ「日本沈没 —希望の人—」

◇シェラトングランデ東京ベイ エグゼクティブスイートルーム ⇒ ドラマ「日本沈没 —希望の人—」

◇シェラトングランデ東京ベイ 大宴会場「ザ・クラブ フジ」 ⇒ ドラマ「半沢直樹（2020年）」

◇新浦安カルチャープラザ ⇒ ドラマ「リーガル・ハイ（2012年）」

◇高洲中央公園 ⇒ ドラマ「ミステリと言う勿れ（2022年）」

◇東京電力市川浦安営業センターの前 ⇒ ドラマ「MOZU Season2 〜幻の翼〜」

◇東京ベイ東急ホテル ⇒ ドラマ「グランメゾン東京」「ドラゴン桜（2021年）」「BG 〜身辺警護人〜（2020年）」

◇東京ベイ東急ホテル付近 ⇒ ドラマ「グランメゾン東京」

◇ヒルトン東京ベイ ⇒ ドラマ「BG 〜身辺警護人〜（2018年）」

◇ヒルトン東京ベイの大宴会場「ソアラ」 ⇒ ドラマ「BG 〜身辺警護人〜（2020年）」

◇舞浜アンフィシアター ⇒ 映画「HERO (2015年)」
◇ホテル エミオン 東京ベイの駐車場 ⇒ ドラマ「鍵のかかった部屋」
◇ホテル オークラ東京ベイ ロイヤルスイートルーム ⇒ ドラマ「日本沈没 —希望の人—」
◇堀江ドック ⇒ ドラマ「ストロベリーナイト (2012年)」
◇丸政建材 ⇒ ドラマ「リーガル・ハイ (2012年)」
◇ミラコロ ⇒ ドラマ「MIU404」
◇若潮通り ⇒ 映画「弱虫ペダル」

四街道市

◇四街道徳洲会病院 ⇒ ドラマ「ストロベリーナイト・サーガ」「小さな巨人」

袖ケ浦市

◇袖ケ浦市営球場 ⇒ ドラマ「下剋上球児」
◇袖ケ浦市営球場の北側付近 ⇒ ドラマ「下剋上球児」
◇袖ケ浦市総合運動場 ⇒ ドラマ「オールドルーキー」
◇袖ケ浦平成霊園 ⇒ ドラマ「マイファミリー」

印西市

◇印西市松山下公園陸上競技場 ⇒ ドラマ「奥様は、取り扱い注意」
◇千葉ニュータウン中央駅前センタービル第1立体駐車場 ⇒ ドラマ「ガリレオ (2013年)」
◇日本医科大学千葉北総病院 ⇒ 映画「コード・ブルー —ドクターヘリ緊急救命— 劇場版」 ドラマ「コード・ブルー ドクターヘリ緊急救命 2nd. SEASON」「コード・ブルー ドクターヘリ緊急救命 3rd. SEASON」
◇日本医科大学千葉北総病院の前 ⇒ ドラマ「コード・ブルー ドクターヘリ緊急救命 3rd. SEASON」
◇日本医科大学千葉北総病院の野球場 ⇒ ドラマ「コード・ブルー ドクターヘリ緊急救命 3rd. SEASON」
◇日本医科大学千葉北総病院 B棟1階ホスピタルストリート ⇒ ドラマ「コード・ブルー ドクターヘリ緊急救命 3rd. SEASON」
◇BIG HOP ガーデンモール印西 ⇒ ドラマ「コード・ブルー ドクターヘリ緊急救命 2nd. SEASON」「TOKYO MER 走る緊急救命室」
◇曲がった木のある道 ⇒ ドラマ「花子とアン」
◇労働金庫千葉ニュータウンビル前の道路 ⇒ ドラマ「半分、青い。」

白井市

◇白井市立白井第二小学校 平塚分校 ⇒ 映画「すばらしき世界」

富里市

◇東京動物専門学校 富里キャンパス ⇒ ドラマ「アンチヒーロー」
◇成田富里徳洲会病院 ⇒ ドラマ「下剋上球児」「スペシャリスト」
◇成田富里徳洲会病院1階のヤマザキショップ成田富里徳洲会病院店 ⇒ ドラマ「コード・ブルー ドクターヘリ緊急救命 3rd. SEASON」
◇ラディソン成田 駐車場 ⇒ ドラマ「ハケンの品格 (2020年)」
◇ラディソン成田 ミーティングセンター ⇒ ドラマ「ハケンの品格 (2020年)」
◇ラディソン成田 ミーティングセンターの多目的ホール ⇒ ドラマ「ハケンの品格 (2020年)」

南房総市

◇安房広域農道の丹生トンネル ⇒ ドラマ「コード・ブルー ドクターヘリ緊急救命 3rd. SEASON」
◇岩井海岸 ⇒ ドラマ「ちむどんどん」
◇瀬戸浜海水浴場 ⇒ ドラマ「ちむどんどん」
◇大房岬 ⇒ ドラマ「虎に翼」
◇富浦旧港南側の逢島付近 ⇒ ドラマ「ドラゴン桜 (2021年)」
◇豊岡海岸 ⇒ 映画「舟を編む」
◇丹生トンネル ⇒ ドラマ「S —最後の警官—」
◇根本海水浴場 ⇒ 映画「さかなのこ」 ドラマ「DCU ～手錠を持ったダイバー～」
◇東安房漁業協同組合 本所川口蓄養場 付近 ⇒ ドラマ「DCU ～手錠を持ったダイバー～」
◇百姓屋敷じろえむ ⇒ ドラマ「まれ」

関東

◇道の駅三芳村鄙の里 ⇒ ドラマ「アンナチュラル」

◇和田漁港 ⇒ ドラマ「ちむどんどん」

匝瑳市

◇飯高神社 ⇒ ドラマ「ゲゲゲの女房」「らんまん」

◇飯高まるごと体験博物館 古民家ひらやま治兵衛 ⇒ 映画「母性」

◇老尾神社 ⇒ ドラマ「ゲゲゲの女房」

◇天神の森 ⇒ ドラマ「ゲゲゲの女房」「平清盛」

◇天神の森 天神社 ⇒ ドラマ「らんまん」

◇飯高寺 ⇒ ドラマ「麒麟がくる」「ゲゲゲの女房」「西郷（せご）どん」「とと姉ちゃん」

◇飯高寺 題目堂 ⇒ ドラマ「ゲゲゲの女房」

◇元国民宿舎跡地 ⇒ 映画「浅田家！」

香取市

◇小野川沿いの道 ⇒ ドラマ「天皇の料理番」

◇観福寺 ⇒ ドラマ「花子とアン」「八重の桜」

◇旧佐原第二中学校 ⇒ ドラマ「ゲゲゲの女房」

◇JR成田線小見川駅前 ⇒ ドラマ「イチケイのカラス スペシャル」

◇諏訪神社 ⇒ ドラマ「JIN －仁－（2011年）」

◇聖フランシスコ教会 ⇒ ドラマ「奥様は、取り扱い注意」

山武市

◇ジョージアンハウス千葉 ⇒ ドラマ「ミステリと言う勿れ（2022年）」

◇Zミニスーパーみきや ⇒ ドラマ「ガリレオ XX 内海薫最後の事件 愚弄ぶ」

◇日向の森野球場の北側付近 ⇒ ドラマ「コード・ブルー ドクターヘリ緊急救命 2nd. SEASON」

いすみ市

◇いすみ医療センター ⇒ ドラマ「義母と娘のブルース」「ブラックペアン」

◇いすみ市名熊公民館 ⇒ 映画「ミックス。」

◇大原海水浴場 ⇒ 映画「万引き家族」

◇太東漁港の南側にある建物 ⇒ ドラマ「MOZU Season1 ～百舌の叫ぶ夜～」

大網白里市

◇TED SURF SHOP ⇒ 映画「老後の資金がありません！」

印旛郡栄町

◇千葉県立房総のむら ⇒ 映画「あの花が咲く丘で、君とまた出会えたら。」ドラマ「梅ちゃん先生」「ゲゲゲの女房」「JIN －仁－（2011年）」「花子とアン」「花燃ゆ」

◇千葉県立房総のむら 上総の農家の主屋付近 ⇒ ドラマ「JIN －仁－（2011年）」

◇千葉県立房総のむら 管理棟 ⇒ ドラマ「JIN －仁－（2011年）」

◇千葉県立房総のむら 下総の農家 ⇒ ドラマ「天皇の料理番」

◇千葉県立房総のむら 商家の町並み ⇒ ドラマ「JIN －仁－（2011年）」

◇千葉県立房総のむら 武家屋敷にある「腕木門」 ⇒ ドラマ「リーガル・ハイ（2012年）」

香取郡多古町

◇旧興新小学校 ⇒ ドラマ「梅ちゃん先生」

◇多古町役場 ⇒ ドラマ「DCU ～手錠を持ったダイバー～」

◇農村広場 ⇒ ドラマ「ゲゲゲの女房」

長生郡一宮町

◇一宮海岸 ⇒ 映画「老後の資金がありません！」

◇一宮町 振武館 ⇒ ドラマ「ミステリと言う勿れ（2022年）」

◇九十九里有料道路 ⇒ 映画「弱虫ペダル」

長生郡白子町

◇白子海岸 ⇒ 映画「窮鼠はチーズの夢を見る」

長生郡長柄町

◇秋元牧場 ⇒ ドラマ「イチケイのカラス スペシャル」

◇Sport & Do Resort リソルの森 長柄源山荘 ⇒ ドラマ「謎解きはディナーのあとで スペ

シャル」
◇Sport & Do Resort リソルの森 森のホール ⇒ ドラマ 「リーガルV ～元弁護士・小鳥遊翔子～」
◇ロングウッドステーション ⇒ ドラマ 「MIU404」

長生郡長南町

◇アバイディングゴルフクラブソサエティPGM ⇒ ドラマ 「ミステリと言う勿れ（2022年）」
◇越後屋長南東小学校スタジオ ⇒ ドラマ 「99.9 ―刑事専門弁護士 Season Ⅱ」
◇越後屋長南東小学校スタジオの体育館 ⇒ ドラマ 「Believe ―君にかける橋―」

夷隅郡御宿町

◇御宿 海のホテル前の砂浜 ⇒ ドラマ 「スペシャリスト」
◇小浦海岸 ⇒ ドラマ 「麒麟がくる」「Doctor-X 外科医・大門未知子 3」
◇月の沙漠通り ⇒ 映画 「東京リベンジャーズ2 血のハロウィン編 ―運命―/―決戦―」

安房郡鋸南町

◇足立区鋸南自然の家 ⇒ 映画 「弱虫ペダル」
◇海岸沿いの道 ⇒ ドラマ 「日本沈没 ―希望の人―」
◇鋸南町の岬 ⇒ 映画 「ふしぎな岬の物語」
◇鋸南町元名（奥元名）採石場跡地 ⇒ 映画 「テルマエ・ロマエ」 ドラマ 「JIN －仁－（2011年）」
◇鋸南町元名（奥元名）採石場跡地の池 ⇒ ドラマ 「アンナチュラル」
◇鋸南町保田漁協 ⇒ ドラマ 「日本沈没 ―希望の人―」
◇佐久間ダム周辺 ⇒ 映画 「弱虫ペダル」
◇紫花山荘 ⇒ ドラマ 「監察医 朝顔（第1シーズン）」
◇存林寺 ⇒ ドラマ 「JIN －仁－（2011年）」
◇西ヶ崎の北側付近 ⇒ ドラマ 「日本沈没 ―希望の人―」
◇鋸山登山自動車道 ⇒ 映画 「弱虫ペダル」 ドラマ 「Doctor-X 外科医・大門未知子 5」
◇浜の味 栄丸 ⇒ ドラマ 「DCU ～手錠を持ったダイバー～」
◇保田漁港の「海の駅」 ⇒ ドラマ 「MIU404」
◇保田港 ⇒ ドラマ 「日本沈没 ―希望の人―」
◇竜島港付近 ⇒ ドラマ 「ドラゴン桜（2021年）」

東京都

千代田区

◇赤いメロン ⇒ ドラマ 「七人の秘書」

◇秋葉原 ⇒ 映画 「ウルヴァリン SAMURAI」

◇秋葉原 中央通り ⇒ 映画 「唐人街探偵 東京MISSION」

◇秋葉原UDX ⇒ 映画 「踊る大捜査線 THE MOVIE 3 ヤツらを解放せよ！」 ドラマ 「あまちゃん」

◇秋葉原UDX カンファレンス ⇒ ドラマ 「Doctor-X 外科医・大門未知子 7」

◇秋葉原UDX カンファレンスの会議室 ⇒ ドラマ 「七人の秘書」

◇秋葉原UDX サボニウス広場 ⇒ ドラマ 「あまちゃん」

◇秋葉原UDX シアター ⇒ ドラマ 「私の家政夫ナギサさん」

◇秋葉原UDX南側の交差点 ⇒ ドラマ 「七人の秘書」

◇秋葉原ワイケー無線 ⇒ ドラマ 「半沢直樹」

◇Anchor Point ⇒ 映画 「空飛ぶタイヤ」 ドラマ 「未来への10カウント」

◇イサミヤ第2～7ビル ⇒ 映画 「踊る大捜査線 THE MOVIE 3 ヤツらを解放せよ！」

◇一の谷 ⇒ ドラマ 「37歳で医者になった僕 ～研修医純情物語～」

◇IDOM本社 ⇒ ドラマ 「99.9 ―刑事専門弁護士 Season Ⅱ」

◇牛込橋 ⇒ ドラマ 「天国と地獄 ～サイコな2人～」

◇内神田282ビル ⇒ ドラマ 「半沢直樹」

◇内堀通りの歩道 ⇒ ドラマ 「天国と地獄 ～サイコな2人～」

◇WOLFGANG'S STEAKHOUSE 丸の内店 ⇒ ドラマ 「Doctor-X 外科医・大門未知子 6」

◇A16 TOKYO ⇒ ドラマ 「義母と娘のブルース」

◇エディオンAKIBA店 万世橋交差点付近 ⇒ ドラマ 「MOZU Season1 ～百舌の叫ぶ夜～」

◇江戸城桜田門 ⇒ ドラマ 「八重の桜」

◇江戸城 巽櫓と桔梗門 ⇒ ドラマ 「ゲゲゲの女房」

◇NTT日比谷ビル ⇒ ドラマ 「天国と地獄 ～サイコな2人～」 「日本沈没 ―希望の人―」 「半沢直樹（2020年）」

◇NTT日比谷ビルの屋上 ⇒ ドラマ 「天国と地獄 ～サイコな2人～」

◇大阪お好み焼き・鉄板焼き 88 有楽町本店 ⇒ ドラマ 「半沢直樹（2020年）」

◇大手町サンケイプラザ4階のホール ⇒ ドラマ 「PRICELESS～あるわけねえだろ、んなもん！ ～」

◇大手町パークビル ⇒ ドラマ 「ハケンの品格（2020年）」

◇大手町ファーストスクエアビル ⇒ ドラマ 「奥様は、取り扱い注意」 「DCU ～手錠を持ったダイバー～」 「Doctor-X 外科医・大門未知子 4」

◇大手町ファーストスクエアビルの前 ⇒ ドラマ 「BG ～身辺警護人～（2018年）」

◇大手町フィナンシャルシティ北側の大手町川端緑道 ⇒ ドラマ 「義母と娘のブルース」

◇大手町プレイス イーストタワー ⇒ ドラマ 「七人の秘書」 「Believe ―君にかける橋―」 「ラジエーションハウス Ⅱ ～放射線科の診断レポート～」

◇大手町プレイス ウエストタワー ⇒ ドラマ 「オールドルーキー」

◇大橋ビル ⇒ ドラマ 「リーガルV ～元弁護士・小鳥遊翔子～」

◇女坂 ⇒ ドラマ 「BG ～身辺警護人～（2020年）」 「Believe ―君にかける橋―」

◇女坂の上 ⇒ ドラマ 「Believe ―君にかける橋―」

◇開運横町内神田店 ⇒ ドラマ 「陸王」

◇買取りまっくす神保町店 ⇒ ドラマ 「小さな巨人」

◇外務省 ⇒ ドラマ 「南極大陸」

◇科学技術館 屋上 ⇒ 映画 「シン・ゴジラ」

◇かき小屋 飛梅 神田西口店 ⇒ ドラマ 「アンチヒーロー」

◇学士会館 ⇒ 映画 「SP 革命篇」 ドラマ 「ちむどんどん」 「天皇の料理番」 「花咲舞が黙ってない（2014年）」 「半沢直樹」 「半沢直樹（2020年）」 「リーガル・ハイ SP

（2013年）」

◇学士会館前 ⇒ [ドラマ]「ラッキーセブン」

◇学士会館 廊下 ⇒ [ドラマ]「半沢直樹（2020年）」

◇学士会館 1階廊下 ⇒ [ドラマ]「半沢直樹」

◇学士会館 201号室 ⇒ [ドラマ]「七人の秘書」「Doctor-X 外科医・大門未知子 4」「Doctor-X 外科医・大門未知子 5」「Doctor-X 外科医・大門未知子 6」「Doctor-X 外科医・大門未知子 7」「南極大陸」「花咲舞が黙ってない（2014年）」「半沢直樹」「半沢直樹（2020年）」

◇学士会館 201号室ロビー ⇒ [ドラマ]「天皇の料理番」「日本沈没 ―希望の人―」「半沢直樹（2020年）」

◇学士会館 203号室 ⇒ [ドラマ]「天皇の料理番」「日本沈没 ―希望の人―」「半沢直樹（2020年）」

◇学士会館 301号室 ⇒ [ドラマ]「アンチヒーロー」「下町ロケット（2018年）」「七人の秘書」「日本沈没 ―希望の人―」「半沢直樹（2020年）」

◇学士会館 320号室 ⇒ [ドラマ]「下町ロケット（2018年）」「陸王」

◇学士会館 320号室ロビー ⇒ [ドラマ]「アンチヒーロー」「陸王」

◇霞ケ関駅A8出入口 ⇒ [ドラマ]「日本沈没 ―希望の人―」

◇霞が関コモンゲート西館 ⇒ [ドラマ]「半沢直樹」

◇霞が関ビルの前 ⇒ [ドラマ]「鍵のかかった部屋SP」

◇霞が関一丁目交差点 ⇒ [ドラマ]「アンチヒーロー」「99.9 ―刑事専門弁護士 Season I」

◇霞が関二丁目交差点 ⇒ [ドラマ]「日本沈没 ―希望の人―」

◇霞が関二丁目交差点付近 ⇒ [ドラマ]「日本沈没 ―希望の人―」「MOZU Season2 ～幻の翼～」

◇角川第2本社ビル ⇒ [映画]「ちょっと今から仕事やめてくる」

◇角川第3本社ビル ⇒ [ドラマ]「地味にスゴイ！ 校閲ガール・河野悦子」

◇角川第3本社ビルの北側付近 ⇒ [ドラマ]「地味にスゴイ！ 校閲ガール・河野悦子」

◇鎌倉児童遊園 ⇒ [ドラマ]「Believe ―君にかける橋―」

◇カリーライス専門店 エチオピア 本店 ⇒ [ドラマ]「とんび（2013年）」

◇川北電気工業東京支社 ⇒ [ドラマ]「TOKYO MER 走る緊急救命室」

◇川北電気工業東京支社8階の来賓会議室 ⇒ [ドラマ]「ドラゴン桜（2021年）」

◇神田川に架かるお茶の水橋 ⇒ [ドラマ]「JIN －仁－（2011年）」

◇神田川に架かる左衛門橋の上 ⇒ [ドラマ]「MIU404」

◇神田川に架かる昌平橋 ⇒ [ドラマ]「あまちゃん」「ミステリと言う勿れ（2022年）」

◇神田川に架かる昌平橋の上 ⇒ [ドラマ]「花咲舞が黙ってない（2015年）」

◇神田まつや本店 ⇒ [ドラマ]「アンフェア the special ダブル・ミーニング 二重定義」「ハケンの品格（2020年）」「花咲舞が黙ってない（2014年）」

◇神田明神 ⇒ [ドラマ]「VIVANT」

◇神田明神の男坂 ⇒ [ドラマ]「マルモのおきて」

◇神田明神の参道 ⇒ [ドラマ]「義母と娘のブルース」

◇神田3丁目の交差点 ⇒ [ドラマ]「Believe ―君にかける橋―」

◇KITTE 1階のテラス ⇒ [ドラマ]「義母と娘のブルース」

◇KITTE 6階の屋上庭園「KITTEガーデン」⇒ [ドラマ]「日本沈没 ―希望の人―」

◇旧万世橋駅 ⇒ [ドラマ]「梅ちゃん先生」

◇行幸通り ⇒ [ドラマ]「天国と地獄 ～サイコな2人～」「花咲舞が黙ってない（2015年）」

◇共立女子学園神田一ツ橋キャンパス本館の屋上 ⇒ [ドラマ]「救命病棟24時（2013年）」

◇共立女子学園神田一ツ橋キャンパス本館の東側 ⇒ [ドラマ]「救命病棟24時（2013年）」

◇共立女子学園神田3号館 ⇒ [ドラマ]「鍵のかかった部屋」「PRICELESS～あるわけねえだろ、んなもん！ ～」

◇共立女子大学神田一ツ橋本館の屋上 ⇒ [ドラマ]「とんび（2013年）」

◇共立女子大学共立講堂前の一ツ橋交差点 ⇒ [ドラマ]「PRICELESS～あるわけねえだろ、んなもん！ ～」

関東

◇楠本ビルの前 ⇒ ドラマ「BG ～身辺警護人～（2018年）」

◇警視庁の前 ⇒ ドラマ「アンフェア the special ダブル・ミーニング 二重定義」

◇経団連会館 ⇒ ドラマ「銭の戦争」

◇元希 ⇒ ドラマ「私の家政夫ナギサさん」

◇憲政記念館前交差点の西側付近 ⇒ 映画「SP 革命篇」

◇Goertek Technology Japan ⇒ ドラマ「マイファミリー」

◇皇居 ⇒ 映画「終戦のエンペラー」

◇国会議事堂正面の道路 ⇒ ドラマ「ATARU スペシャル ニューヨークからの挑戦状」「Dr.倫太郎」「ブラックペアン」

◇国会議事堂前 ⇒ ドラマ「Dr.倫太郎」

◇国会正門前交差点 ⇒ ドラマ「七人の秘書」

◇国会正門前交差点付近 ⇒ ドラマ「Doctor-X 外科医・大門未知子 7」

◇国会前庭 ⇒ 映画「ストロベリーナイト（2013年）」ドラマ「アイムホーム」「ATARU」「ストロベリーナイト・サーガ」「天国と地獄 ～サイコな2人～」

◇国会前庭（北地区）⇒ ドラマ「日本沈没 ―希望の人―」

◇国会前庭公園 ⇒ ドラマ「99.9 ―刑事専門弁護士 Season Ⅱ」

◇国会前庭（南地区）⇒ ドラマ「銭の戦争」「日本沈没 ―希望の人―」

◇国会前庭（南地区）沿いのイチョウ並木 ⇒ ドラマ「日本沈没 ―希望の人―」

◇寿ビルの前 ⇒ 映画「SP 野望篇」ドラマ「SP スペシャル 革命前日」

◇THE UPPER ⇒ ドラマ「天国と地獄 ～サイコな2人～」

◇皀角坂 ⇒ ドラマ「S ―最後の警官―」「とんび（2013年）」「Believe ―君にかける橋―」「PRICELESS～あるわけねえだろ、んなもん！ ～」

◇最高裁判所 ⇒ ドラマ「イチケイのカラス」「99.9 ―刑事専門弁護士 Season Ⅱ」「リーガル・ハイ（2012年）」

◇財務省 ⇒ ドラマ「南極大陸」

◇財務省上交差点 ⇒ ドラマ「アンチヒーロー」

◇財務省の北側 ⇒ ドラマ「日本沈没 ―希望の人―」

◇桜田通り（国道1号線）の桜田門交差点 ⇒ ドラマ「ATARU」

◇桜田通り（国道1号線）の歩道 経済産業省西側 ⇒ ドラマ「VIVANT」

◇桜田通り（国道1号線）の歩道 警視庁東側 ⇒ ドラマ「天国と地獄 ～サイコな2人～」

◇桜田門交差点 ⇒ ドラマ「アンフェア シリーズ ダブル・ミーニング－Yes or No？」「天国と地獄 ～サイコな2人～」

◇桜田門交差点 警視庁前 ⇒ ドラマ「SPEC ～翔～ 警視庁公安部公安第五課 未詳事件特別対策係事件簿」「MOZU Season1 ～百舌の叫ぶ夜～」

◇サクラホテル神保町 ⇒ ドラマ「スペシャリスト」

◇佐原屋 ⇒ 映画「ちょっと今から仕事やめてくる」

◇三省堂書店神保町本店 ⇒ ドラマ「逃げるは恥だが役に立つ」

◇山王パークタワーの北側 ⇒ ドラマ「日本沈没 ―希望の人―」

◇山王パークタワーの東側 ⇒ ドラマ「日本沈没 ―希望の人―」

◇JR御茶ノ水駅前 ⇒ ドラマ「JIN －仁－（2011年）」

◇JR神田駅北側高架下 ⇒ ドラマ「岸辺露伴は動かない〈5〉背中の正面」

◇JR線の高架下 ⇒ ドラマ「リーガルハイ・スペシャル（2014年）」

◇JR中央本線四ツ谷駅を跨ぐ跨線橋 ⇒ ドラマ「花咲舞が黙ってない（2014年）」

◇JR東北本線西今川橋ガード ⇒ ドラマ「あまちゃん」

◇JS市ヶ谷ビル ⇒ ドラマ「私が恋愛できない理由」

◇JPタワー ⇒ ドラマ「義母と娘のブルース」「下町ロケット（2015年）」

◇シェ・カザマ ⇒ ドラマ「とんび（2013年）」

◇実教出版 ⇒ ドラマ「花咲舞が黙ってない（2014年）」

◇自動車会館 ⇒ ドラマ「アンチヒーロー」

◇自動車会館の大会議室 ⇒ ドラマ「Believe ―君にかける橋―」

関東

◇社会文化会館 ⇒ ドラマ「謎解きはディナーのあとで スペシャル」

◇シャングリ・ラ ホテル 東京 ⇒ ドラマ「ラッキーセブン」

◇集英社 週刊少年ジャンプ編集部 ⇒ 映画「バクマン。」

◇首相官邸 ⇒ ドラマ「TOKYO MER 走る緊急救命室」

◇昭栄第2ビル ⇒ ドラマ「ハケンの品格（2020年）」「リーガルV ～元弁護士・小鳥遊翔子～」

◇書泉グランデ ⇒ 映画「ぼくのおじさん」ドラマ「世界一難しい恋」

◇新幹線の高架下 ⇒ ドラマ「グランメゾン東京」

◇神保町1丁目の交差点 ⇒ ドラマ「JIN －仁－（2011年）」

◇新丸ビル ⇒ ドラマ「ラジエーションハウスⅡ ～放射線科の診断レポート～」

◇新丸ビル 7階テラス ⇒ ドラマ「半沢直樹」

◇スカイビル ⇒ ドラマ「Believe ―君にかける橋―」

◇住友不動産神田ビル2号館 ⇒ ドラマ「義母と娘のブルース」

◇センチュリーコート丸の内 ⇒ ドラマ「下町ロケット（2015年）」「リーガルV ～元弁護士・小鳥遊翔子～」

◇総務省・警察庁の合同庁舎 ⇒ 映画「踊る大捜査線 THE MOVIE 3 ヤツらを解放せよ！」

◇そば処 二葉 ⇒ ドラマ「ハケンの品格（2020年）」

◇大丸東京店 ⇒ ドラマ「BG ～身辺警護人～（2018年）」

◇高野隆法律事務所 ⇒ ドラマ「アンナチュラル」

◇田島ルーフィング本社 ⇒ ドラマ「義母と娘のブルース」

◇田村書店 ⇒ 映画「ぼくのおじさん」

◇地下鉄有楽町線桜田門駅4番出入口 ⇒ ドラマ「ストロベリーナイト（2012年）」「天国と地獄 ～サイコな2人～」

◇中央合同庁舎第6号館 ⇒ ドラマ「アンチヒーロー」

◇中央合同庁舎第8号館 ⇒ ドラマ「日本沈没 ―希望の人―」

◇中央大学駿河台キャンパスの模擬法廷 ⇒ ドラマ「Believe ―君にかける橋―」

◇中華 成光 ⇒ ドラマ「七人の秘書」

◇千代田区猿楽町町会詰所 ⇒ ドラマ「S ―最後の警官―」「天国と地獄 ～サイコな2人～」「マルモのおきて」「MIU404」「リーガル・ハイ（2012年）」

◇TKPガーデンシティPREMIUM神保町 ⇒ ドラマ「BG ～身辺警護人～（2018年）」

◇ティップネス丸の内スタイル ⇒ ドラマ「世界一難しい恋」

◇TexturA ⇒ ドラマ「ザ・トラベルナース」

◇東京駅 ⇒ 映画「シン・ゴジラ」「未来のミライ」ドラマ「ゲゲゲの女房」

◇東京駅丸の内北口前 ⇒ ドラマ「小さな巨人」

◇東京會舘の宴会場「ゴールドルーム」 ⇒ ドラマ「ルーズヴェルト・ゲーム」

◇東京ガーデンテラス紀尾井町 ⇒ ドラマ「Believe ―君にかける橋―」

◇東京高等裁判所の前 ⇒ ドラマ「Believe ―君にかける橋―」

◇東京高等地方簡易裁判所合同庁舎 ⇒ ドラマ「99.9 ―刑事専門弁護士 Season Ⅰ」

◇東京高等地方簡易裁判所合同庁舎の西側 ⇒ ドラマ「アンチヒーロー」「99.9 ―刑事専門弁護士 Season Ⅰ」

◇東京国立近代美術館工芸館 ⇒ ドラマ「ゲゲゲの女房」

◇東京サンケイビル ⇒ ドラマ「ガリレオ（2013年）」

◇東京サンケイビルのメトロスクエア・フラット ⇒ 映画「SP 革命篇」ドラマ「PRICELESS～あるわけねえだろ、んなもん！ ～」

◇東京ミッドタウン日比谷 ⇒ ドラマ「アンチヒーロー」「イチケイのカラス」「半沢直樹（2020年）」「ブラックペアン」「ミステリと言う勿れ（2022年）」

◇東京ミッドタウン日比谷 パナソニックの会議室 ⇒ ドラマ「半沢直樹（2020年）」

◇東京メトロ永田町駅1番出入口 ⇒ 映画「SP 革命篇」

◇東京メトロ有楽町線桜田門駅3番出入口 ⇒

関東

ドラマ「SPEC ～零～ 警視庁公安部公安第五課 未詳事件特別対策事件簿」

◇東京レジャーランド秋葉原2号店 ⇒ ドラマ「リーガル・ハイ（2012年）」

◇東北・上越新幹線の高架沿い ⇒ ドラマ「リーガル・ハイ（2012年）」

◇東北線西今川橋ガードの近く ⇒ ドラマ「A LIFE ～愛しき人～」

◇東和エンジニアリング ⇒ ドラマ「オールドルーキー」「MIU404」

◇TOKIA（東京ビルディング）25階のIDOM（旧ガリバーインターナショナル）⇒ ドラマ「99.9 ―刑事専門弁護士 Season I」

◇都市センターホテル ⇒ ドラマ「99.9 ―刑事専門弁護士 Season II」「Doctor-X 外科医・大門未知子 3」「花咲舞が黙ってない（2014年）」「ラスト・シンデレラ」

◇都市センターホテルの宴会場「コスモスホール」 ⇒ ドラマ「ハケンの品格（2020年）」

◇都市センターホテルの会議室 ⇒ ドラマ「地味にスゴイ！ 校閲ガール・河野悦子」

◇都市センターホテルの中宴会場「スバル」 ⇒ ドラマ「Doctor-X 外科医・大門未知子 スペシャル」

◇都市センターホテルのラウンジ ⇒ ドラマ「99.9 ―刑事専門弁護士 Season I」

◇特許庁 ⇒ ドラマ「銭の戦争」

◇特許庁前の外堀通り ⇒ ドラマ「ルーズヴェルト・ゲーム」

◇DRAWING HOUSE OF HIBIYA ⇒ ドラマ「イチケイのカラス」

◇ニコライ堂 ⇒ ドラマ「虎に翼」

◇西今川橋架道橋の下 ⇒ ドラマ「BG ～身辺警護人～（2018年）」「Believe ―君にかける橋―」

◇日本工業倶楽部会館 ⇒ ドラマ「ゲゲゲの女房」「下町ロケット（2015年）」「下町ロケット（2018年）」「半沢直樹（2020年）」「ルーズヴェルト・ゲーム」

◇日本工業倶楽部会館の大ホール ⇒ 映画「HERO（2015年）」 ドラマ「下町ロケット（2018年）」

◇日本歯科大学生命歯学部図書館 ⇒ ドラマ「37歳で医者になった僕 ～研修医純情物語～」

◇日本歯科大学付属病院の8階講堂 ⇒ ドラマ「37歳で医者になった僕 ～研修医純情物語～」

◇日本大学経済学部7号館の前 ⇒ ドラマ「逃げるは恥だが役に立つ」

◇日本ビルヂング ⇒ ドラマ「半沢直樹」

◇日本ビルヂングの前 ⇒ ドラマ「半沢直樹」

◇日本武道館 ⇒ ドラマ「BG ～身辺警護人～（2018年）」「ひよっこ」

◇日本プレスセンター ⇒ ドラマ「半沢直樹」

◇PARK SIDE TABLES ⇒ ドラマ「DCU ～手錠を持ったダイバー～」

◇白山通り ⇒ ドラマ「ラッキーセブン」

◇パシフィックセンチュリープレイス丸の内 ⇒ ドラマ「ブラックペアン」

◇パーソルキャリア丸の内第二オフィス（三菱ビル）⇒ ドラマ「義母と娘のブルース」

◇hanadouraku 麹町本店 ⇒ ドラマ「半沢直樹（2020年）」

◇パパスカフェ ⇒ ドラマ「半沢直樹（2020年）」

◇BAR MOMENT 葉隠 ⇒ ドラマ「アンチヒーロー」

◇パレスサイドビル ⇒ ドラマ「アンフェア the special ダブル・ミーニング 二重定義」「アンフェア シリーズ ダブル・ミーニング－Yes or No？」「ストロベリーナイト（2012年）」「リーガル・ハイ（2012年）」

◇パレスサイドビル内の廊下 ⇒ ドラマ「リーガルV ～元弁護士・小鳥遊翔子～」

◇パレスサイドビルの屋上 ⇒ ドラマ「地味にスゴイ！ 校閲ガール・河野悦子」「花咲舞が黙ってない（2015年）」

◇パレスホテル東京 ボードルーム ⇒ ドラマ「Doctor-X 外科医・大門未知子 2」「日本沈没 ―希望の人―」「半沢直樹（2020年）」

◇ビジョンセンター日比谷の306号室 ⇒ ドラマ「DCU ～手錠を持ったダイバー～」

◇Bistro U ⇒ ドラマ「オールドルーキー」

◇ビックカメラ 有楽町店 ⇒ ドラマ「救命病棟24時（2013年）」「日本沈没 ―希望の人―」「HERO（2014年）」

◇日比谷公園 ⇒ 映画「検察側の罪人」 ドラマ「SP スペシャル 革命前日」「オールドルーキー」「MOZU Season1 ～百舌の叫ぶ夜

〜」「私の家政夫ナギサさん」
◇日比谷公園 西幸門 ⇒ ドラマ「日本沈没 —希望の人—」
◇日比谷公会堂 ⇒ ドラマ「虎に翼」
◇日比谷国際ビル コンファレンス スクエアの8C ⇒ ドラマ「マイファミリー」
◇日比谷国際ビル ヒビコクテラス ⇒ ドラマ「日本沈没 —希望の人—」
◇日比谷サロー ⇒ ドラマ「地味にスゴイ！ 校閲ガール・河野悦子」
◇日比谷茶廊 ⇒ ドラマ「99.9 —刑事専門弁護士 Season I」
◇日比谷シャンテの西側 ⇒ ドラマ「ミステリと言う勿れ（2022年）」
◇日比谷通り ⇒ ドラマ「日本沈没 —希望の人—」
◇富士ソフト秋葉原ビル ⇒ ドラマ「ストロベリーナイト・サーガ」「日本沈没 —希望の人—」「リーガル・ハイ（2012年）」
◇富士ソフト秋葉原ビルの東側 ⇒ ドラマ「DCU 〜手錠を持ったダイバー〜」
◇文化庁 ⇒ ドラマ「南極大陸」
◇文弘社ビル ⇒ ドラマ「MIU404」
◇弁護士会館 ⇒ ドラマ「リーガル・ハイ（2012年）」
◇法務省旧本館 赤れんが棟 ⇒ 映画「アルキメデスの大戦」「HERO（2015年）」ドラマ「ゲゲゲの女房」「虎に翼」
◇法務省旧本館 赤れんが棟の北側 ⇒ ドラマ「MIU404」
◇法務省旧本館 赤れんが棟前 ⇒ ドラマ「下町ロケット（2018年）」
◇ホテル グランドアーク半蔵門の「LOUNGE LA MER」⇒ ドラマ「ラッキーセブン」
◇ホテルニューオータニ東京 ⇒ ドラマ「日本沈没 —希望の人—」「半沢直樹（2020年）」
◇ホテルニューオータニ東京 クレセント ⇒ ドラマ「日本沈没 —希望の人—」
◇ホテルニューオータニ東京 ザ・メイン プレジデンシャルスイート ⇒ ドラマ「VIVANT」「日本沈没 —希望の人—」「半沢直樹（2020年）」
◇ホテルニューオータニ東京 トゥールダルジャン東京 ⇒ ドラマ「半沢直樹（2020年）」「まれ」
◇ホテルニューオータニ東京の小宴会場「きくの間」⇒ ドラマ「アンチヒーロー」
◇ホテルニューオータニ東京の大宴会場「芙蓉の間」⇒ ドラマ「アンチヒーロー」
◇ホテルニューオータニ東京 バー カプリ ⇒ ドラマ「半沢直樹（2020年）」
◇ホテルニューオータニ東京 VIEW & DINING THE SKY ⇒ ドラマ「半沢直樹（2020年）」
◇ホテルニューオータニ東京 ベッラ・ヴィスタ ⇒ ドラマ「半沢直樹（2020年）」
◇毎日新聞本社ビル 屋上 ⇒ 映画「もしも徳川家康が総理大臣になったら」
◇増田屋 ⇒ ドラマ「アイムホーム」「天国と地獄 〜サイコな2人〜」
◇MARGO 丸の内 ⇒ ドラマ「MOZU Season1 〜百舌の叫ぶ夜〜」
◇丸の内オアゾ前 ⇒ ドラマ「Doctor-X 外科医・大門未知子 7」
◇丸の内パークビルディング ⇒ ドラマ「花咲舞が黙ってない（2014年）」「花咲舞が黙ってない（2015年）」
◇マルハン東京本社 ⇒ ドラマ「陸王」
◇丸紅東京本社 ⇒ ドラマ「VIVANT」
◇丸紅東京本社の社員食堂 ⇒ ドラマ「VIVANT」
◇丸紅東京本社の前 ⇒ ドラマ「VIVANT」
◇丸紅東京本社のロビー ⇒ ドラマ「VIVANT」
◇三菱一号館美術館 CAFE1984 ⇒ ドラマ「半沢直樹」
◇ミルクスタンド溜屋 飯田橋店 ⇒ ドラマ「HERO（2014年）」
◇武蔵野銀行東京支店 ⇒ ドラマ「Dr.倫太郎」
◇明治生命館 応接室 ⇒ ドラマ「半沢直樹（2020年）」
◇明治生命館・明治安田生命ビル ⇒ ドラマ「アイムホーム」
◇焼鳥 酉たけ ⇒ ドラマ「HERO（2014年）」
◇矢まと新橋店の前 ⇒ ドラマ「半沢直樹（2020年）」
◇吉野家 神保町店 ⇒ ドラマ「Doctor-X 外科医・大門未知子 2」
◇ラーメン大戦争 神田店 ⇒ ドラマ「アンチヒーロー」

◇竜閑さくら橋 ⇒ ドラマ「Believe ―君にかける橋―」

◇レストラン アラスカ日本プレスセンター店 ⇒ ドラマ「Doctor-X 外科医・大門未知子 5」「MOZU Season1 ～百舌の叫ぶ夜～」

◇レン新御茶ノ水ビル ⇒ ドラマ「アンフェア シリーズ ダブル・ミーニング－Yes or No？」

◇六文そば 須田町店 ⇒ ドラマ「ラスト・シンデレラ」

◇六本木通りの財務省上交差点 ⇒ 映画「SP 野望篇」 ドラマ「SP スペシャル 革命前日」

◇和食バル 音音―おとおと― 御茶ノ水ソラシティ店 ⇒ ドラマ「ラジエーションハウス ～放射線科の診断レポート～」

◇WATERRAS ⇒ ドラマ「Dr.倫太郎」

◇WATERRASの北側 ⇒ ドラマ「アンナチュラル」

◇WATERRAS 2階のテラス ⇒ ドラマ「アンナチュラル」

中央区

◇相生橋 ⇒ ドラマ「TOKYO MER 走る緊急救命室」「PRICELESS～あるわけねえだろ、んなもん！ ～」

◇相生橋南端の石川島公園 ⇒ ドラマ「PRICELESS～あるわけねえだろ、んなもん！ ～」

◇明石町・聖路加ガーデン前 ⇒ ドラマ「おかえりモネ」

◇旭倉庫 ⇒ ドラマ「奥様は、取り扱い注意」

◇アパホテル日本橋浜町南の前 ⇒ ドラマ「ガリレオ（2013年）」

◇アパホテル日本橋浜町南付近の隅田川沿い ⇒ ドラマ「PRICELESS～あるわけねえだろ、んなもん！ ～」

◇アーバンネット日本橋二丁目ビル前の永代通り ⇒ ドラマ「VIVANT」

◇アンジェリオン オ プラザ TOKYO ⇒ 映画「リップヴァンウィンクルの花嫁」

◇アンジェロ ⇒ ドラマ「リーガル・ハイ（2012年）」

◇いらか銀座ビルの北西側付近 ⇒ ドラマ「MIU404」

◇ヴァンパイアカフェ ⇒ ドラマ「スペシャリスト」

◇WATER TOWER ⇒ ドラマ「七人の秘書」

◇采女橋 ⇒ ドラマ「とんび（2013年）」

◇采女橋公園前交差点 ⇒ ドラマ「とんび（2013年）」

◇采女橋の西詰 ⇒ ドラマ「とんび（2013年）」

◇鳥来 銀座店 ⇒ ドラマ「ストロベリーナイト（2012年）」

◇永代通りと交差するところ ⇒ ドラマ「HERO（2014年）」

◇永代通りの霊岸橋 ⇒ ドラマ「PRICELESS～あるわけねえだろ、んなもん！ ～」

◇ACCEA京橋店の前 ⇒ ドラマ「半沢直樹（2020年）」

◇NTT晴海ビルの前 ⇒ 映画「踊る大捜査線 THE FINAL 新たなる希望」

◇NB CLUB ⇒ ドラマ「日本沈没 ―希望の人―」「私の家政夫ナギサさん」

◇MG浜町ビルの南側 ⇒ ドラマ「PRICELESS～あるわけねえだろ、んなもん！ ～」

◇オアシスバー茅場町 ⇒ ドラマ「オールドルーキー」

◇王子ホール ⇒ ドラマ「BG ～身辺警護人～（2020年）」

◇大垣共立銀行東京支店 ⇒ ドラマ「半沢直樹」

◇岡三証券 室町本店の室町トレーディングルーム ⇒ ドラマ「VIVANT」

◇奥野ビル ⇒ ドラマ「鍵のかかった部屋SP」「MOZU Season1 ～百舌の叫ぶ夜～」

◇OKURA HOUSE の前 ⇒ ドラマ「ドラゴン桜（2021年）」

◇おしお 和店 ⇒ ドラマ「リーガル・ハイ（2012年）」

◇柏原ビル ⇒ ドラマ「ドラゴン桜（2021年）」

◇勝どきサンスクェア前 晴海通りの歩道 ⇒ ドラマ「天国と地獄 ～サイコな2人～」

◇カトリック築地教会 ⇒ ドラマ「ガリレオ（2013年）」「リーガルV ～元弁護士・小鳥遊翔子～」

◇Coffee Bar K ⇒ ドラマ「DCU ～手錠を持ったダイバー～」

◇ギャラリーセンタービルの前 ⇒ ドラマ「MOZU Season1 ～百舌の叫ぶ夜～」

◇QESのオフィス ⇒ ドラマ「オールドルーキー」

◇旧「京都きもの友禅東京本館」と「にほんばしゼニットビル」の間 ⇒ ドラマ「99.9 ―刑事専門弁護士 Season I」

◇銀座いさみや ⇒ ドラマ「マルモのおきて」

◇銀座うかい亭 ⇒ ドラマ「Doctor-X 外科医・大門未知子 4」「Doctor-X 外科医・大門未知子 5」「Doctor-X 外科医・大門未知子 6」「Doctor-X 外科医・大門未知子 7」

◇銀座・クラブ チック ⇒ ドラマ「Doctor-X 外科医・大門未知子 2」

◇銀座クリニック ⇒ ドラマ「オールドルーキー」

◇銀座ケントス ⇒ ドラマ「とんび(2013年)」

◇銀座 治作 ⇒ ドラマ「Doctor-X 外科医・大門未知子 4」

◇銀座水響亭 ⇒ ドラマ「銭の戦争」「Doctor-X 外科医・大門未知子 5」「リーガル・ハイ(2012年)」

◇銀座 鉄板焼き かいか ⇒ ドラマ「Doctor-X 外科医・大門未知子 3」

◇銀座ベルビア館 ⇒ ドラマ「逃げるは恥だが役に立つ」

◇銀座ルパン ⇒ ドラマ「アンチヒーロー」

◇銀座五丁目交差点付近 ⇒ ドラマ「七人の秘書」

◇くすりの福太郎 茅場町店 ⇒ ドラマ「ラスト・シンデレラ」

◇クボタ 東京本社 ⇒ ドラマ「下町ロケット(2018年)」

◇CROSS DOCK HARUMI ⇒ ドラマ「おかえりモネ」「DCU ～手錠を持ったダイバー～」「天国と地獄 ～サイコな2人～」

◇CROSS DOCK HARUMIの屋上 ⇒ ドラマ「BG ～身辺警護人～(2020年)」

◇コルティーレ銀座Ⅳビル ⇒ ドラマ「ラッキーセブン」

◇コンワビル ⇒ ドラマ「スペシャリスト」「花咲舞が黙ってない(2014年)」

◇ざくろ銀座店 ⇒ ドラマ「アンナチュラル」

◇THE A.I.R BUILDING ⇒ ドラマ「BG ～身辺警護人～(2020年)」

◇THE A.I.R BUILDING CAFE ⇒ ドラマ「BG ～身辺警護人～(2020年)」

◇JK Planet 銀座本店 ⇒ ドラマ「花咲舞が黙ってない(2015年)」「ラジエーションハウス Ⅱ ～放射線科の診断レポート～」

◇J-VOGUE ⇒ ドラマ「Doctor-X 外科医・大門未知子 7」

◇GINIUS TOKYO ⇒ ドラマ「Doctor-X 外科医・大門未知子 2」

◇首都高速を跨ぐ千代橋 ⇒ ドラマ「花咲舞が黙ってない(2014年)」

◇首都高速6号向島線下の「あやめ第一公園」⇒ ドラマ「PRICELESS～あるわけねえだろ、んなもん！ ～」

◇首都高速6号向島線の高架下 ⇒ ドラマ「MIU404」

◇証券取引所前交差点 ⇒ ドラマ「半沢直樹(2020年)」

◇昭和通りを跨ぐ昭和通り銀座歩道橋(ときめき橋) ⇒ ドラマ「七人の秘書」「ラジエーションハウス Ⅱ ～放射線科の診断レポート～」「リーガル・ハイ(2012年)」「私が恋愛できない理由」

◇昭和通りを跨ぐ昭和通り銀座歩道橋(ときめき橋)の上 ⇒ ドラマ「マルモのおきて」

◇新大橋通り ⇒ ドラマ「天国と地獄 ～サイコな2人～」

◇信金中央金庫 京橋別館(旧本店) 大会議室 ⇒ ドラマ「半沢直樹Ⅱ エピソードゼロ 狙われた半沢直樹のパスワード」

◇新日本橋ビルディング前の中央通り ⇒ ドラマ「半沢直樹Ⅱ エピソードゼロ 狙われた半沢直樹のパスワード」「半沢直樹(2020年)」

◇新橋演舞場の前 ⇒ ドラマ「Dr.倫太郎」

◇隅田川沿いの遊歩道 ⇒ ドラマ「ガリレオ(2013年)」

◇隅田川テラス ⇒ 映画「3月のライオン 前篇/後篇」ドラマ「アイムホーム」「地味にスゴイ！ 校閲ガール・河野悦子」「ストロベリーナイト(2012年)」「スペシャリスト」「天国と地獄 ～サイコな2人～」「Doctor-X 外科医・大門未知子 7」「ハケンの品格(2020年)」「Believe ―君にかける橋―」「マルモのおきて」「ラッキーセブン」

◇隅田川テラス 新川公園 ⇒ ドラマ「七人の秘書」「ラジエーションハウス Ⅱ ～放射線

関東

科の診断レポート～」

◇隅田川に架かる勝鬨橋 ⇒ ドラマ「おかえりモネ」

◇隅田川に架かる新大橋 ⇒ ドラマ「ガリレオ(2013年)」「Believe ―君にかける橋―」

◇隅田川の河川敷 ⇒ ドラマ「半分、青い。」

◇セピアコート人形町 ⇒ ドラマ「天国と地獄 ～サイコな2人～」

◇宗家 源吉兆庵 銀座本店 ⇒ ドラマ「七人の秘書」

◇外堀通りの銀座西六丁目交差点 ⇒ ドラマ「MOZU Season1 ～百舌の叫ぶ夜～」

◇外堀通りの土橋交差点 ⇒ ドラマ「ラッキーセブン」

◇大黒屋水天宮店 ⇒ ドラマ「PRICELESS～あるわけねえだろ、んなもん！ ～」

◇たいこ茶屋 ⇒ ドラマ「オールドルーキー」「下町ロケット(2018年)」「半沢直樹」「半沢直樹(2020年)」「ラジエーションハウスⅡ ～放射線科の診断レポート～」「陸王」

◇タイムズ日本橋本町4丁目第2 ⇒ ドラマ「BG ～身辺警護人～(2020年)」

◇第2井上ビル ⇒ ドラマ「PRICELESS～あるわけねえだろ、んなもん！ ～」

◇第23ポールスタービル銀座ゴルフビルの前 ⇒ ドラマ「アイムホーム」

◇竹葉亭本店 ⇒ ドラマ「BG ～身辺警護人～(2018年)」

◇中央大橋 ⇒ 映画「3月のライオン 前篇/後篇」

◇中国府邸菜 厲家菜 銀座 ⇒ ドラマ「ブラックペアン」

◇ちょっぷく 人形町店 ⇒ 映画「シャイロックの子供たち」

◇築地市場 ⇒ 映画「記憶にございません！」

◇築地市場水産物部事務棟の廊下 ⇒ ドラマ「南極大陸」

◇つきじ治作 ⇒ ドラマ「A LIFE ～愛しき人～」「VIVANT」「天国と地獄 ～サイコな2人～」「TOKYO MER 走る緊急救命室」

◇つきじ治作の「すみだ」 ⇒ ドラマ「VIVANT」

◇つきじ治作の「栴檀」 ⇒ ドラマ「ルーズヴェルト・ゲーム」

◇築地本願寺 ⇒ ドラマ「アンフェア the special ダブル・ミーニング 二重定義」「イチケイのカラス スペシャル」「七人の秘書」「ラジエーションハウスⅡ ～放射線科の診断レポート～」「リーガルV ～元弁護士・小鳥遊翔子～」

◇月島川水門テラス ⇒ ドラマ「おかえりモネ」

◇佃大橋付近 ⇒ ドラマ「小さな巨人」

◇佃公園 ⇒ 映画「3月のライオン 前篇/後篇」

◇佃小橋 ⇒ 映画「3月のライオン 前篇/後篇」

◇鶴の家 ⇒ 映画「真夏の方程式」

◇D2Cホール ⇒ ドラマ「半沢直樹Ⅱ エピソードゼロ 狙われた半沢直樹のパスワード」「半沢直樹(2020年)」

◇鉄鋼会館 ⇒ ドラマ「日本沈没 ―希望の人―」「花咲舞が黙ってない(2014年)」「○○妻」

◇鉄鋼会館701号室 ⇒ ドラマ「HERO(2014年)」

◇鉄鋼会館702号室 ⇒ ドラマ「イチケイのカラス」「日本沈没 ―希望の人―」

◇鉄鋼会館704号室 ⇒ ドラマ「TOKYO MER 走る緊急救命室」

◇東京シティエアターミナル ⇒ ドラマ「あまちゃん」「SPEC ～翔～ 警視庁公安部公安第五課 未詳事件特別対策係事件簿」「SPEC ～零～ 警視庁公安部公安第五課 未詳事件特別対策事件簿」「天国と地獄 ～サイコな2人～」「BG ～身辺警護人～(2020年)」「MOZU Season1 ～百舌の叫ぶ夜～」「私が恋愛できない理由」

◇東京証券取引所の脇 ⇒ ドラマ「半沢直樹(2020年)」

◇東京スクエアガーデン 地下1階 地下駅前広場 ⇒ ドラマ「逃げるは恥だが役に立つ」

◇東京日本橋タワー ⇒ ドラマ「99.9 ―刑事専門弁護士 Season I」

◇東嶋屋 ⇒ ドラマ「Dr.倫太郎」

◇東横イン 東京駅新大橋前 ⇒ 映画「祈りの幕が下りる時」

◇東横イン 東京日本橋 ⇒ ドラマ「ストロベリーナイト(2012年)」

◇豊洲大橋の歩道 ⇒ ドラマ「天国と地獄 ～サイコな2人～」

◇豊海ふ頭 ⇒ ドラマ「とんび(2013年)」

◇トリイ日本橋ビルの西側 ⇒ ドラマ 「BG ～身辺警護人～（2020年）」
◇ドルチェ＆ガッバーナ東京銀座 ⇒ ドラマ 「天国と地獄 ～サイコな2人～」
◇内藤証券 東京第一営業部・第二営業部 ⇒ ドラマ 「半沢直樹Ⅱ エピソードゼロ 狙われた半沢直樹のパスワード」
◇永盛蕎麦 ⇒ ドラマ 「半沢直樹」
◇西五番街ビルの前 ⇒ ドラマ 「下町ロケット（2018年）」
◇日経茅場町別館の南西付近 ⇒ ドラマ 「HERO（2014年）」
◇日本銀行本店 ⇒ ドラマ 「ゲゲゲの女房」
◇日本橋川河口に架かる豊海橋 ⇒ ドラマ 「マルモのおきて」
◇日本橋川に架かる日本橋 ⇒ ドラマ 「いだてん～東京オリムピック噺～」
◇日本橋 髙島屋 ⇒ ドラマ 「ストロベリーナイト（2012年）」
◇日本橋 三越本店本館東側の中央通り ⇒ ドラマ 「陸王」
◇日本郵便晴海支店の前 ⇒ 映画 「SP 野望篇」
◇人形町高はしの前 ⇒ ドラマ 「Dr.倫太郎」
◇NE PLUS ULTRA 銀座店 ⇒ ドラマ 「世界一難しい恋」
◇パウパウアクアガーデン銀座店 ⇒ ドラマ 「Dr.倫太郎」「HERO（2014年）」
◇バー銀座シュッシュポポン ⇒ ドラマ 「リーガルV ～元弁護士・小鳥遊翔子～」
◇BAR 5517 ⇒ ドラマ 「リーガル・ハイ（2012年）」
◇パセラリゾーツ 銀座店のLOVINA ⇒ ドラマ 「ラスト・シンデレラ」
◇パナソニック コネクト 本社 ⇒ ドラマ 「半沢直樹（2020年）」「マイファミリー」
◇花椿ビルの前 ⇒ ドラマ 「アイムホーム」
◇浜町川緑道が新大橋通りにぶつかるところ ⇒ ドラマ 「PRICELESS～あるわけねえだろ、んなもん！ ～」
◇浜離宮恩賜庭園 ⇒ 映画 「唐人街探偵 東京MISSION」
◇浜離宮パークサイドプレイス ⇒ ドラマ 「世にも奇妙な物語 2012 秋の特別編」
◇巴里 夕顔 ⇒ ドラマ 「下町ロケット（2015年）」
◇晴海大橋 ⇒ ドラマ 「天国と地獄 ～サイコな2人～」「ラスト・シンデレラ」
◇晴海客船ターミナルのバス停 ⇒ 映画 「踊る大捜査線 THE FINAL 新たなる希望」
◇晴海トリトンスクエア ⇒ ドラマ 「アイムホーム」
◇晴海トリトンスクエアの地下駐車場 ⇒ ドラマ 「Doctor-X 外科医・大門未知子 4」
◇晴海トリトンスクエアのグランドロビー ⇒ ドラマ 「スペシャリスト」
◇晴海トリトンスクエア南側の晴海3丁目交差点 ⇒ ドラマ 「謎解きはディナーのあとで」
◇HARUMI FLAG Sun Villageの北側 ⇒ ドラマ 「日本沈没 ―希望の人―」
◇東日本橋交差点 ⇒ ドラマ 「MIU404」
◇東日本橋交差点の真ん中 ⇒ ドラマ 「PRICELESS～あるわけねえだろ、んなもん！ ～」
◇東日本橋2丁目の交差点 ⇒ ドラマ 「MIU404」
◇Bitkey 東京本社 ⇒ ドラマ 「アンチヒーロー」
◇ブラッスリー東洋 ⇒ 映画 「ちょっと今から仕事やめてくる」
◇ホテルモントレ銀座の前 ⇒ ドラマ 「Doctor-X 外科医・大門未知子 7」
◇本銀橋架道橋の下 ⇒ ドラマ 「アンチヒーロー」
◇MAIMON GINZA ⇒ ドラマ 「ラジエーションハウス ～放射線科の診断レポート～」
◇マジックランド ⇒ ドラマ 「ストロベリーナイト・サーガ」
◇三井本館 ⇒ 映画 「HERO（2015年）」 ドラマ 「ゲゲゲの女房」「下町ロケット（2015年）」「半沢直樹」「半沢直樹（2020年）」「HERO（2014年）」
◇三井本館の前 ⇒ ドラマ 「半沢直樹」「半沢直樹（2020年）」
◇南高橋 ⇒ ドラマ 「リーガルV ～元弁護士・小鳥遊翔子～」
◇室町砂場 ⇒ 映画 「祈りの幕が下りる時」
◇明治座 ⇒ 映画 「祈りの幕が下りる時」
◇もん吉 月島新店 ⇒ ドラマ 「VIVANT」「監察医 朝顔（第1シーズン）」「私が恋愛できない理由」

関東

◇もんじゃ 風月 月島店 ⇒ ドラマ 「オールドルーキー」
◇八重洲橋本ビルの屋上 ⇒ ドラマ 「S 一最後の警官一」
◇八重洲ブックセンター八重洲本店 ⇒ 映画 「男はつらいよ お帰り 寅さん」「騙し絵の牙」
◇八重洲三井ビルディング南側の鍛冶橋通り ⇒ ドラマ 「半沢直樹（2020年）」
◇柳橋の上 ⇒ ドラマ 「マルモのおきて」
◇柳原通り ⇒ ドラマ 「MIU404」
◇山口銀行東京支店 ⇒ ドラマ 「下町ロケット（2015年）」「半沢直樹」
◇山崎東日本橋ビル ⇒ ドラマ 「花咲舞が黙ってない（2014年）」
◇山二証券 ⇒ ドラマ 「とと姉ちゃん」
◇YUITO 日本橋室町野村ビル ⇒ ドラマ 「半沢直樹」
◇油脂工業会館 ⇒ ドラマ 「99.9 一刑事専門弁護士 Season I」
◇ヨネイビルディング ⇒ ドラマ 「梅ちゃん先生」
◇竜閑さくら橋北詰の階段下 ⇒ ドラマ 「Believe 一君にかける橋一」
◇理容清水 ⇒ ドラマ 「リーガル・ハイ（2012年）」
◇黎明 ⇒ ドラマ 「グランメゾン東京」
◇レストラン ラグー ⇒ ドラマ 「PRICELESS ～あるわけねえだろ、んなもん！～」
◇レ ロジェ ビストロ ドロア ⇒ ドラマ 「MOZU Season1 ～百舌の叫ぶ夜～」
◇ロイヤルパークホテル東側の「蛎殻町公園」⇒ ドラマ 「PRICELESS～あるわけねえだろ、んなもん！～」
◇ワインホールグラマー銀座 ⇒ ドラマ 「HERO（2014年）」
◇わらやき屋銀座店 ⇒ ドラマ 「アンナチュラル」

港区

◇アイリスオーヤマの東京アンテナオフィス ⇒ ドラマ 「DCU ～手錠を持ったダイバー～」
◇アオイスタジオの前 ⇒ ドラマ 「地味にスゴイ！ 校閲ガール・河野悦子」
◇青山エリュシオンハウス ⇒ ドラマ 「銭の戦争」
◇青山迎賓館 ⇒ ドラマ 「花咲舞が黙ってない（2014年）」「HERO（2014年）」
◇青山 セントグレース大聖堂の披露宴会場「ジリオン」⇒ ドラマ 「花咲舞が黙ってない（2014年）」
◇青山通り（国道246号線）⇒ ドラマ 「リーガル・ハイ（2012年）」
◇青山通り（国道246号線）の青山2丁目交差点 ⇒ ドラマ 「花咲舞が黙ってない（2014年）」
◇赤坂アプローズスクエア迎賓館 ⇒ ドラマ 「下剋上球児」「花咲舞が黙ってない（2014年）」
◇赤坂インターシティコンファレンス ⇒ ドラマ 「ザ・トラベルナース」
◇赤坂インターシティコンファレンスのthe Amphitheater ⇒ ドラマ 「ザ・トラベルナース」
◇赤坂インターシティコンファレンスのBoardroom ⇒ ドラマ 「ザ・トラベルナース」
◇赤坂インターシティコンファレンスのBoardroom前室 ⇒ ドラマ 「ザ・トラベルナース」
◇赤坂氷川神社 ⇒ ドラマ 「ひよっこ」
◇赤坂三河家ビル ⇒ ドラマ 「銭の戦争」
◇agete青山本店 ⇒ ドラマ 「SPEC ～零～ 警視庁公安部公安第五課 未詳事件特別対策事件簿」
◇アクアシティお台場の南西側 ⇒ 映画 「踊る大捜査線 THE MOVIE 3 ヤツらを解放せよ！」
◇アークヒルズ アーク森ビルの屋上 ⇒ ドラマ 「Doctor-X 外科医・大門未知子 3」
◇アサドール・エル・シエロ ⇒ 映画 「空飛ぶタイヤ」 ドラマ 「A LIFE ～愛しき人～」「リーガルV ～元弁護士・小鳥遊翔子～」
◇あじと 麻布十番 本店 ⇒ 映画 「ザ・ファブル」 ドラマ 「Doctor-X 外科医・大門未知子 2」「Doctor-X 外科医・大門未知子 3」「Doctor-X 外科医・大門未知子 7」
◇愛宕神社 ⇒ ドラマ 「天皇の料理番」
◇愛宕 西はら ⇒ ドラマ 「未来への10カウント」
◇愛宕 西はらの前 ⇒ ドラマ 「未来への10カウント」

関東

◇愛宕トンネル ⇒ ドラマ「あまちゃん」
◇アド・タイヘイビル前の赤レンガ通り ⇒ ドラマ「天国と地獄 ～サイコな2人～」
◇atelier 森本 XEX ⇒ ドラマ「Doctor-X 外科医・大門未知子 7」
◇アーフェリーク白金 ⇒ ドラマ「義母と娘のブルース」
◇有栖川宮記念公園 ⇒ ドラマ「鍵のかかった部屋」
◇ALSOK（綜合警備保障）の本社 ⇒ ドラマ「鍵のかかった部屋」
◇アンダーズ東京 ⇒ 映画「記憶にございません！」 ドラマ「陸王」
◇飯倉片町交差点の地下道 ⇒ ドラマ「MOZU Season1 ～百舌の叫ぶ夜～」
◇飯倉公園 ⇒ ドラマ「ラスト・シンデレラ」
◇EXTOWER ⇒ ドラマ「七人の秘書」「Doctor-X 外科医・大門未知子 3」「Doctor-X 外科医・大門未知子 4」「Doctor-X 外科医・大門未知子 6」
◇意気な寿し処 阿部 六本木店 ⇒ ドラマ「ハケンの品格（2020年）」
◇泉ガーデンの歩道橋 ⇒ ドラマ「リーガルV ～元弁護士・小鳥遊翔子～」
◇板前バル 品川シーズンテラス店 ⇒ ドラマ「ミステリと言う勿れ（2022年）」
◇一力 浜松町店 ⇒ ドラマ「ガリレオ（2013年）」
◇25JANVIER 青山店 ⇒ ドラマ「リーガルV ～元弁護士・小鳥遊翔子～」
◇ヴァンブリュレ表参道 ⇒ ドラマ「逃げるは恥だが役に立つ」
◇ウォーターズ竹芝 ⇒ ドラマ「オールドルーキー」「TOKYO MER 走る緊急救命室」
◇avex ⇒ ドラマ「陸王」
◇江戸前鮓 すし通 ⇒ ドラマ「BG ～身辺警護人～（2020年）」
◇AP品川アネックスの貸し会議室B ⇒ ドラマ「A LIFE ～愛しき人～」
◇FAD15ビルの西側 ⇒ ドラマ「天国と地獄 ～サイコな2人～」
◇MG白金台前のプラチナストリート（外苑西通り）⇒ ドラマ「ガリレオ（2013年）」
◇OASIS 表参道 3142 ⇒ ドラマ「オールドルーキー」
◇大石電機製作所 ⇒ ドラマ「PRICELESS～あるわけねえだろ、んなもん！ ～」
◇お台場海浜公園 ⇒ ドラマ「ガリレオ（2013年）」
◇小原流会館 ⇒ ドラマ「監察医 朝顔（第1シーズン）」
◇おふくろの味 ねぎ ⇒ ドラマ「半沢直樹」
◇オーベルジュ・ド・リル トーキョー ⇒ ドラマ「天皇の料理番」
◇表参道交差点 ⇒ ドラマ「私が恋愛できない理由」
◇オランダ大使館前 ⇒ ドラマ「天国と地獄 ～サイコな2人～」
◇懐石 辻留赤坂店 ⇒ ドラマ「ブラックペアン」
◇CASK strength ⇒ 映画「ストロベリーナイト（2013年）」
◇Cafe des pres（カフェ ミケランジェロ 広尾）⇒ ドラマ「半沢直樹」
◇カフェ・ベローチェ 西新橋店 ⇒ ドラマ「逃げるは恥だが役に立つ」
◇カレッタ汐留 ⇒ ドラマ「オールドルーキー」
◇機械振興会館 ⇒ ドラマ「小さな巨人」
◇機械振興会館の多目的ホール ⇒ ドラマ「Doctor-X 外科医・大門未知子 3」
◇機械振興会館の5S-1会議室 ⇒ ドラマ「ラジエーションハウス Ⅱ ～放射線科の診断レポート～」
◇機械振興会館の5S-2会議室 ⇒ ドラマ「ラジエーションハウス Ⅱ ～放射線科の診断レポート～」
◇北青山レストランAIX：S ⇒ ドラマ「ザ・トラベルナース」
◇KIHACHI 青山本店 ⇒ ドラマ「七人の秘書」「ラスト・シンデレラ」
◇CANAL GATE CAFE ⇒ ドラマ「グランメゾン東京」
◇旧海岸スタジオ ⇒ ドラマ「BG ～身辺警護人～（2018年）」
◇旧芝離宮恩賜庭園北側の歩行者用通路 ⇒ ドラマ「オールドルーキー」
◇京都造形芸術大学外苑キャンパスの西側付近 ⇒ ドラマ「家政婦のミタ」
◇銀座ステファニー化粧品の北側 ⇒ ドラマ

関東

「MIU404」
◇銀座ナイン1号館の脇 ⇒ ドラマ「ラッキーセブン」
◇金のおでんや しょうみん ⇒ ドラマ「下町ロケット（2018年）」
◇GOOD MORNING CAFE & GRILL 虎ノ門 ⇒ ドラマ「オールドルーキー」
◇GOOD MORNING CAFE & GRILL 虎ノ門の前 ⇒ ドラマ「MIU404」
◇グラシエルビル12の前 ⇒ ドラマ「アイムホーム」
◇CLUB芝浦アイランド ⇒ ドラマ「岸辺露伴は動かない〈4〉ザ・ラン」「MOZU Season1 ～百舌の叫ぶ夜～」「私が恋愛できない理由」
◇CLUB ZOO TOKYO ⇒ ドラマ「天国と地獄 ～サイコな2人～」
◇club bisser ⇒ ドラマ「アイムホーム」「花咲舞が黙ってない（2015年）」「半沢直樹」
◇グランドニッコー東京 台場 ⇒ ドラマ「A LIFE ～愛しき人～」「奥様は、取り扱い注意」「ブラックペアン」
◇グランパークカンファレンス301会議室の控室 ⇒ ドラマ「私の家政夫ナギサさん」
◇グランパークカンファレンス3Fのバルコニー ⇒ ドラマ「私の家政夫ナギサさん」
◇グランパークカンファレンス401ホール ⇒ ドラマ「アンナチュラル」「私の家政夫ナギサさん」
◇グランパークタワー ⇒ ドラマ「アンナチュラル」「小さな巨人」「とんび（2013年）」「日本沈没 ―希望の人―」「花咲舞が黙ってない（2015年）」「PRICELESS～あるわけねえだろ、んなもん！ ～」「リーガル・ハイ（2012年）」
◇グランパークタワーのエントランスホール ⇒ ドラマ「花咲舞が黙ってない（2014年）」
◇グランパークタワーの屋上 ⇒ ドラマ「Doctor-X 外科医・大門未知子 4」「Doctor-X 外科医・大門未知子 5」「Doctor-X 外科医・大門未知子 6」「Doctor-X 外科医・大門未知子 7」「リーガルハイ・スペシャル（2014年）」
◇グランパークタワーの車寄せ ⇒ ドラマ「七人の秘書」
◇グランパークタワーの前 ⇒ ドラマ「ラスト・シンデレラ」
◇グランパークタワープラザ ⇒ ドラマ「GTO（2012年）」「PRICELESS～あるわけねえだろ、んなもん！ ～」
◇グランパークタワープラザ3階の301大会議室 ⇒ ドラマ「S ―最後の警官―」
◇グランブリエ東京 ⇒ ドラマ「義母と娘のブルース」
◇区立芝公園 ⇒ ドラマ「99.9 ―刑事専門弁護士 Season I」「私が恋愛できない理由」
◇グループインタビュールーム赤坂の「インタビュールーム」 ⇒ ドラマ「99.9 ―刑事専門弁護士 Season II」
◇クレグラン新橋III ⇒ ドラマ「アンナチュラル」
◇クローバー芝公園 ⇒ ドラマ「BG ～身辺警護人～（2020年）」
◇KIビル ⇒ ドラマ「リーガルV ～元弁護士・小鳥遊翔子～」
◇512 CAFE & GRIL ⇒ ドラマ「オールドルーキー」「99.9 ―刑事専門弁護士 Season I」「下町ロケット（2018年）」
◇笄公園 ⇒ ドラマ「鍵のかかった部屋」「ラスト・シンデレラ」「私が恋愛できない理由」
◇港南大橋近くの京浜運河 ⇒ ドラマ「ガリレオ（2013年）」
◇港南公園 ⇒ ドラマ「銭の戦争」「私が恋愛できない理由」
◇港南小学校の前 ⇒ ドラマ「MIU404」
◇港南5丁目の横断歩道 ⇒ ドラマ「ミステリと言う勿れ（2022年）」
◇国立新美術館 ⇒ 映画「ジョン・ウィック：コンセクエンス」
◇珈琲大使館 虎ノ門店 ⇒ ドラマ「99.9 ―刑事専門弁護士 Season II」
◇こんぶや西麻布 ⇒ ドラマ「アンナチュラル」
◇幸橋架道橋の下 ⇒ ドラマ「半沢直樹（2020年）」
◇桜坂法律事務所 ⇒ ドラマ「99.9 ―刑事専門弁護士 Season II」
◇桜田公園 ⇒ ドラマ「日本沈没 ―希望の人―」
◇桜田通り（国道1号線） ⇒ 映画「SP 野望篇」 ドラマ「SP スペシャル 革命前日」

「銭の戦争」「PRICELESS～あるわけねえだろ、んなもん！～」「私が恋愛できない理由」「私の家政夫ナギサさん」

◇桜田通り（国道1号線）の横断歩道 ⇒ ドラマ「逃げるは恥だが役に立つ」

◇桜田通り（国道1号線）の歩道 ⇒ ドラマ「アンチヒーロー」

◇桜田通り（国道1号線）三田国際ビルヂング東側 ⇒ ドラマ「ラッキーセブン」

◇THE Cortona Sea Side 台場 ⇒ ドラマ「奥様は、取り扱い注意」

◇薩田ビルの前 ⇒ ドラマ「ラッキーセブン」

◇ザ・ハウス白金 ⇒ ドラマ「逃げるは恥だが役に立つ」

◇THE PLACE of TOKYOの「THE TOWER ROOM」 ⇒ ドラマ「救命病棟24時（2013年）」

◇THE BLOSSOM HIBIYA ⇒ ドラマ「天国と地獄 ～サイコな2人～」

◇THE R.C. ARMS 新橋店 ⇒ ドラマ「アンチヒーロー」

◇JRAウィンズ汐留の前 ⇒ ドラマ「リーガル・ハイ SP（2013年）」

◇JR京浜東北線沿いの道 ⇒ ドラマ「ATARU」

◇JR品川イーストビルの北側 ⇒ ドラマ「七人の秘書」

◇JR品川駅港南口前 ⇒ ドラマ「ストロベリーナイト・サーガ」「スペシャリスト」「世界一難しい恋」「DCU ～手錠を持ったダイバー～」「MOZU Season1 ～百舌の叫ぶ夜～」「ラスト・シンデレラ」「ラッキーセブン」「リーガル・ハイ（2012年）」

◇JR品川駅港南口前の広場 ⇒ ドラマ「七人の秘書」

◇JR品川駅港南口前のペデストリアンデッキ ⇒ ドラマ「ATARU スペシャル ニューヨークからの挑戦状」「花咲舞が黙ってない（2014年）」「マイファミリー」「私が恋愛できない理由」

◇JR東海道新幹線高架下の新橋駅銀座口交差点の横断歩道 ⇒ ドラマ「ラッキーセブン」

◇JR東海道本線の高架下 ⇒ ドラマ「ラッキーセブン」

◇JR東海道本線の港町架道橋の下 ⇒ 映画「踊る大捜査線 THE FINAL 新たなる希望」ドラマ「99.9 ―刑事専門弁護士 Season I」「ストロベリーナイト（2012年）」「Dr.倫太郎」「謎解きはディナーのあとで」「MOZU Season1 ～百舌の叫ぶ夜～」「ラッキーセブン」「リーガル・ハイ（2012年）」

◇JR東海道本線の浜町架道橋の下 ⇒ ドラマ「ストロベリーナイト・サーガ」

◇GA TECHNOLOGIESの会議室 ⇒ ドラマ「オールドルーキー」

◇シェラトン都ホテル東京の宴会場「醍醐」 ⇒ ドラマ「七人の秘書」

◇汐彩橋 ⇒ ドラマ「アイムホーム」「リーガルV ～元弁護士・小鳥遊翔子～」

◇汐留北交差点の歩道橋 ⇒ ドラマ「リーガルV ～元弁護士・小鳥遊翔子～」

◇汐留北交差点付近 ⇒ ドラマ「ラジエーションハウス ～放射線科の診断レポート～」

◇汐留シオサイト ⇒ ドラマ「オールドルーキー」「義母と娘のブルース」「私が恋愛できない理由」

◇汐留シオサイトの地下 ⇒ ドラマ「七人の秘書」「ミステリと言う勿れ（2022年）」

◇汐留シオサイト5区イタリア街 ⇒ ドラマ「あまちゃん」

◇汐留シティセンター ⇒ ドラマ「オールドルーキー」

◇汐留シティセンターの前 ⇒ ドラマ「謎解きはディナーのあとで」「ラジエーションハウス ～放射線科の診断レポート～」「ラッキーセブン」

◇汐留シティセンター41階 Fish Bank TOKYO ⇒ ドラマ「義母と娘のブルース」

◇汐留ビルディング ⇒ ドラマ「鍵のかかった部屋」「鍵のかかった部屋SP」「ラッキーセブン」

◇品川イーストワンタワー ⇒ ドラマ「99.9 ―刑事専門弁護士 Season I」

◇品川イーストワンタワー北側の交差点 ⇒ ドラマ「七人の秘書」

◇品川インターシティと品川グランドコモンズの間にある「セントラルガーデン」 ⇒ ドラマ「ラスト・シンデレラ」「ラッキーセブン」

◇品川インターシティフロントビルの前 ⇒ ドラマ「銭の戦争」「ラスト・シンデレラ」

◇品川インターシティフロントビルの南側 ⇒ ドラマ「ラッキーセブン」

◇品川駅前港南ビル ⇒ ドラマ「イチケイのカラス」

◇品川サンケイビルの前 ⇒ ドラマ「ラッキーセブン」

◇品川シーズンテラス ⇒ ドラマ「イチケイのカラス スペシャル」「七人の秘書」「世界一難しい恋」「天国と地獄 〜サイコな2人〜」「Doctor-X 外科医・大門未知子 5」「花咲舞が黙ってない(2015年)」「半分、青い。」「Believe —君にかける橋—」「ミステリと言う勿れ(2022年)」「リーガルV 〜元弁護士・小鳥遊翔子〜」「私の家政夫ナギサさん」

◇品川シーズンテラス イベント広場 ⇒ ドラマ「逃げるは恥だが役に立つ」

◇品川シーズンテラス エコ広場 ⇒ ドラマ「下町ロケット(2015年)」

◇品川シーズンテラス カンファレンス ⇒ ドラマ「ストロベリーナイト・サーガ」

◇品川シーズンテラス カンファレンス ホール ⇒ ドラマ「半沢直樹(2020年)」

◇品川シーズンテラス シーズンプロムナード ⇒ ドラマ「アイムホーム」

◇品川シーズンテラス 3Fのオフィスロビー ⇒ ドラマ「オールドルーキー」

◇品川セントラルガーデンの北側 ⇒ ドラマ「ミステリと言う勿れ(2022年)」

◇品川埠頭 ⇒ ドラマ「ミステリと言う勿れ(2022年)」

◇品川埠頭線 ⇒ ドラマ「天国と地獄 〜サイコな2人〜」

◇四の橋・白金商店街のメンズショップコバヤシ ⇒ ドラマ「S —最後の警官—」

◇芝浦アイランドの東側 ⇒ ドラマ「私が恋愛できない理由」

◇芝浦スタジオ東側付近 ⇒ ドラマ「Believe —君にかける橋—」

◇芝神明商店街 ⇒ ドラマ「私が恋愛できない理由」

◇芝パークホテル ⇒ ドラマ「ストロベリーナイト(2012年)」

◇Jazz Lounge EnCounter 赤坂店 ⇒ ドラマ「オールドルーキー」

◇白金IGAXビル ⇒ ドラマ「アイムホーム」

◇新港南橋 ⇒ ドラマ「MIU404」「ラッキーセブン」

◇新港南橋の東詰付近 ⇒ ドラマ「ラッキーセブン」

◇シントミビルの北東側 ⇒ ドラマ「ラッキーセブン」

◇新虎通り ⇒ ドラマ「半沢直樹(2020年)」

◇新橋駅前ビル1号館 ⇒ ドラマ「アンチヒーロー」

◇新橋駅前ビル1号館の前 ⇒ ドラマ「アンチヒーロー」

◇新橋駅前ビル1号館1階のエレベーター付近 ⇒ ドラマ「天国と地獄 〜サイコな2人〜」

◇新橋パークプレイスビルの北西角付近 ⇒ ドラマ「天国と地獄 〜サイコな2人〜」

◇新橋FARO Cityビジョン ⇒ ドラマ「ガリレオ(2013年)」

◇新橋3丁目の道路 ⇒ ドラマ「半沢直樹(2020年)」

◇新浜崎橋 ⇒ ドラマ「下町ロケット(2018年)」

◇新浜崎橋の上 ⇒ ドラマ「とんび(2013年)」

◇新浜町架道橋の下 ⇒ ドラマ「99.9 —刑事専門弁護士 Season I」「ストロベリーナイト・サーガ」

◇新広尾公園付近の交差点 ⇒ ドラマ「ミステリと言う勿れ(2022年)」

◇Simplex ⇒ ドラマ「オールドルーキー」

◇JINROKU ⇒ ドラマ「私が恋愛できない理由」

◇スタジオ・ティノラス ⇒ ドラマ「イチケイのカラス」

◇スーパーレーサー ⇒ ドラマ「MOZU Season1 〜百舌の叫ぶ夜〜」

◇スポーツクラブNAS 芝浦 ⇒ ドラマ「Doctor-X 外科医・大門未知子 7」

◇住友不動産麻布十番ビル ⇒ ドラマ「BG 〜身辺警護人〜(2020年)」

◇住友不動産新赤坂ビルのエントランス ⇒ ドラマ「ザ・トラベルナース」

◇住友不動産三田ツインビル東館 ⇒ ドラマ「とんび(2013年)」「ルーズヴェルト・ゲーム」

◇住友不動産六本木グランドタワー ⇒ ドラマ 「半沢直樹（2020年）」「BG ～身辺警護人～（2020年）」「リーガルV ～元弁護士・小鳥遊翔子～」

◇住友不動産六本木グランドタワーのエントランス前 ⇒ ドラマ「半沢直樹（2020年）」

◇青果大信 ⇒ ドラマ「逃げるは恥だが役に立つ」

◇セゾンテクノロジーの執務エリア ⇒ ドラマ 「Believe ―君にかける橋―」

◇セゾンテクノロジー本社の会議室 ⇒ ドラマ 「Believe ―君にかける橋―」

◇瀬里奈本店 ⇒ ドラマ「Doctor-X 外科医・大門未知子 2」

◇SEL OCTAGON TOKYO ⇒ ドラマ「アンチヒーロー」

◇セレスティンホテルの西側 ⇒ 映画「SP 野望篇」 ドラマ「SP スペシャル 革命前日」

◇セントラルガーデン ⇒ 映画「アンフェア the answer」

◇増上寺 ⇒ 映画「ウルヴァリン SAMURAI」 ドラマ「半沢直樹（2020年）」

◇ソシアル赤坂中川ビル ⇒ ドラマ「銭の戦争」

◇ソシアル赤坂中川ビルの前 ⇒ ドラマ「昼顔 ～平日午後3時の恋人たち」

◇外堀通りに面したビル ⇒ ドラマ「S ―最後の警官―」

◇外堀通りの西新橋一丁目交差点付近 ⇒ ドラマ「ストロベリーナイト（2012年）」

◇蕎麦さだはるの前 ⇒ ドラマ「マイファミリー」

◇第一京浜国道（国道15号線）⇒ ドラマ「私が恋愛できない理由」

◇第一東運ビルの屋上 ⇒ ドラマ「MOZU Season1 ～百舌の叫ぶ夜～」

◇第一日比谷ビルの屋上 ⇒ ドラマ「リーガルV ～元弁護士・小鳥遊翔子～」

◇第一ホテル東京の宴会場「ラ・ローズ」 ⇒ ドラマ「義母と娘のブルース」

◇第二和泉ビル ⇒ ドラマ「リーガルハイ・スペシャル（2014年）」

◇高輪プリンセスガルテン（高輪プリンツヒェンガルテン）⇒ ドラマ「SPEC ～零～ 警視庁公安部公安第五課 未詳事件特別対策事件簿」「謎解きはディナーのあとで」「逃げるは恥だが役に立つ」

◇高輪もんきち ⇒ ドラマ「Doctor-X 外科医・大門未知子 6」

◇高浜運河 ⇒ ドラマ「MIU404」

◇高浜運河沿緑地 ⇒ ドラマ「PRICELESS～あるわけねえだろ、んなもん！ ～」

◇内匠 なか田 ⇒ ドラマ「半沢直樹」

◇竹芝小型船ターミナルの西側付近 ⇒ ドラマ 「とんび（2013年）」

◇谷町JCT下の歩道橋 ⇒ ドラマ「あまちゃん」

◇タバコ店「王子」の前 ⇒ ドラマ「ストロベリーナイト（2012年）」

◇Wビル ⇒ ドラマ「日本沈没 ―希望の人―」

◇Wビル前の海岸通り ⇒ ドラマ「ラッキーセブン」

◇田町K・Sビル ⇒ ドラマ「99.9 ―刑事専門弁護士 Season Ⅱ」

◇中国料理 東海園 ⇒ ドラマ「オールドルーキー」

◇駐日フランス大使館公邸の厨房 ⇒ ドラマ 「グランメゾン東京」

◇ツキ シュラール ラメール ⇒ 映画「記憶にございません！」 ドラマ「BG ～身辺警護人～（2020年）」

◇綱町三井倶楽部 ⇒ ドラマ「天皇の料理番」

◇綱町三井倶楽部の庭園 ⇒ ドラマ「天皇の料理番」

◇綱町三井倶楽部の本館大食堂 ⇒ ドラマ「天皇の料理番」

◇手打ちそば 夢呆 ⇒ ドラマ「逃げるは恥だが役に立つ」

◇デックス東京ビーチ ⇒ ドラマ「小さな巨人」

◇デックス東京ビーチの台場一丁目商店街にある台場タワー広場 ⇒ ドラマ「HERO（2014年）」

◇デックス東京ビーチ前の台場交差点付近 ⇒ ドラマ「GTO（2012年）」

◇鉄道歴史展示室（旧新橋停車場）⇒ ドラマ 「天皇の料理番」「八重の桜」

◇DUAL VIEW ⇒ ドラマ「イチケイのカラス」

◇テレビ朝日 ⇒ ドラマ「アイムホーム」「七人の秘書」「Doctor-X 外科医・大門未知子 2」「Doctor-X 外科医・大門未知子 3」「Doctor-X 外科医・大門未知子 スペシャ

ル」「Doctor-X 外科医・大門未知子 4」「Doctor-X 外科医・大門未知子 5」「Doctor-X 外科医・大門未知子 6」「Doctor-X 外科医・大門未知子 7」「BG ～身辺警護人～（2018年）」「Believe —君にかける橋—」

◇テレビ朝日の東側 ⇒ ドラマ「七人の秘書」

◇テレビ朝日の前 ⇒ ドラマ「スペシャリスト」

◇DEN AQUAROOM AOYAMA ⇒ 映画「ストロベリーナイト（2013年）」

◇電通本社西側の汐留北交差点 ⇒ ドラマ「鍵のかかった部屋」

◇東海道貨物線・新幹線引込線の下付近 ⇒ ドラマ「ラッキーセブン」

◇TOKYO Whisky Library ⇒ ドラマ「A LIFE ～愛しき人～」

◇東京ガス本社ビルの南側付近 ⇒ ドラマ「ラッキーセブン」

◇東京汐留ビルの北側 ⇒ 映画「SP 野望篇」ドラマ「SP スペシャル 革命前日」

◇東京スター銀行 本社受付 ⇒ ドラマ「半沢直樹（2020年）」

◇東京タワー ⇒ 映画「唐人街探偵 東京MISSION」ドラマ「アンフェア the special ダブル・ミーニング 二重定義」

◇東京タワー下の都道301号 ⇒ ドラマ「あまちゃん」

◇東京タワースタジオ（現・東京タワーメディアセンター）⇒ ドラマ「あまちゃん」

◇東京タワーの駐車場 ⇒ ドラマ「グランメゾン東京」

◇東京都立中央図書館 ⇒ 映画「すばらしき世界」

◇東京入管前交差点の南側付近 ⇒ ドラマ「天国と地獄 ～サイコな2人～」

◇東京プリンスホテルの大宴会場「鳳凰の間」⇒ ドラマ「グランメゾン東京」

◇東京ポートシティ竹芝のオフィスタワー ⇒ ドラマ「オールドルーキー」

◇東京ポートボウル ⇒ ドラマ「下町ロケット（2015年）」「下町ロケット（2018年）」

◇東京ミッドタウン ⇒ ドラマ「私が恋愛できない理由」

◇東港ビル ⇒ ドラマ「ストロベリーナイト（2012年）」

◇TWOROOMS ⇒ ドラマ「ガリレオ（2013年）」

◇土木田商店の前 ⇒ ドラマ「私が恋愛できない理由」

◇トヨタアドミニスタ芝浦ビル ⇒ ドラマ「半沢直樹」

◇トライセブンロッポンギ前の歩道 ⇒ ドラマ「天国と地獄 ～サイコな2人～」

◇トラスコ フィオリートビルの北側 ⇒ ドラマ「アイムホーム」

◇虎ノ門桜ビルの北側付近 ⇒ ドラマ「天国と地獄 ～サイコな2人～」

◇虎ノ門ツインビルディング ⇒ ドラマ「リーガル・ハイ（2012年）」

◇都立芝浦南ふ頭公園 ⇒ ドラマ「ミステリと言う勿れ（2022年）」

◇都立芝公園フロントタワーの北側 ⇒ ドラマ「ラスト・シンデレラ」

◇都立芝公園18号地の「いきいき広場」⇒ ドラマ「アンフェア the special ダブル・ミーニング 二重定義」

◇都立芝公園23号地付近 ⇒ ドラマ「ミステリと言う勿れ（2022年）」

◇「永坂上遊び場」の前 ⇒ ドラマ「ラスト・シンデレラ」

◇中之橋の上 ⇒ ドラマ「BG ～身辺警護人～（2020年）」

◇南桜公園 ⇒ ドラマ「99.9 —刑事専門弁護士 Season I」

◇南桜公園の西側 ⇒ ドラマ「日本沈没 —希望の人—」

◇ナンサ虎ノ門ビルの西側付近 ⇒ ドラマ「ストロベリーナイト（2012年）」

◇「握や」の前 ⇒ ドラマ「銭の戦争」

◇西麻布ウォッカトニック ⇒ ドラマ「私の家政夫ナギサさん」

◇西新橋交差点 ⇒ ドラマ「七人の秘書」

◇西新橋二丁目西交差点の歩道橋 ⇒ ドラマ「TOKYO MER 走る緊急救命室」

◇ニッショーホール ⇒ ドラマ「アンチヒーロー」

◇日進ワールドデリカテッセン ⇒ ドラマ「義母と娘のブルース」

◇日本学術会議の前 ⇒ ドラマ「スペシャリ

スト」

◇日本テレビタワー ⇒ ドラマ「世界一難しい恋」「ハケンの品格（2020年）」「花咲舞が黙ってない（2014年）」「花咲舞が黙ってない（2015年）」「○○妻」

◇日本テレビタワーの車寄せ ⇒ ドラマ「花咲舞が黙ってない（2014年）」

◇日本テレビの社員食堂 ⇒ ドラマ「家政婦のミタ」「ハケンの品格（2020年）」

◇日本テレビの前 ⇒ ドラマ「Dr.倫太郎」

◇日本電気計器検定所 ⇒ ドラマ「小さな巨人」「花咲舞が黙ってない（2015年）」

◇日本電気計器検定所別館2号館 ⇒ ドラマ「ミステリと言う勿れ（2022年）」

◇ニュー新橋ビルの屋上 ⇒ ドラマ「MOZU Season1 〜百舌の叫ぶ夜〜」

◇ねじべえ 大門店 ⇒ ドラマ「下剋上球児」

◇ne plus ultra 六本木店 ⇒ ドラマ「半沢直樹」「○○妻」

◇乃木會館の「メゾンブランシュ」 ⇒ ドラマ「Doctor-X 外科医・大門未知子 3」

◇乃木坂トンネルの南側 ⇒ ドラマ「MOZU Season2 〜幻の翼〜」

◇ののあおやま ショップ&レストラン前 ⇒ ドラマ「イチケイのカラス」

◇乃村工藝社 RESET SPACE ⇒ 映画「騙し絵の牙」

◇BAGUS BAR 芝浦アイランド店 ⇒ ドラマ「アイムホーム」「リーガルV 〜元弁護士・小鳥遊翔子〜」

◇八芳園 ⇒ ドラマ「Dr.倫太郎」「マイファミリー」

◇八芳園の「壺中庵」 ⇒ ドラマ「半沢直樹（2020年）」「PRICELESS〜あるわけねえだろ、んなもん！ 〜」「私が恋愛できない理由」

◇八芳園の「白鳳館」 ⇒ ドラマ「Doctor-X 外科医・大門未知子 3」

◇パティオ十番 ⇒ ドラマ「Doctor-X 外科医・大門未知子 3」

◇花かんざし ⇒ ドラマ「リーガルV 〜元弁護士・小鳥遊翔子〜」

◇パナソニック東京汐留ビル前 ⇒ ドラマ「S —最後の警官—」

◇バーニーズニューヨーク六本木店 ⇒ ドラマ「Doctor-X 外科医・大門未知子 4」

◇浜路橋 ⇒ ドラマ「PRICELESS〜あるわけねえだろ、んなもん！ 〜」「MIU404」

◇浜松町駅付近の高架下 ⇒ 映画「パラレルワールド・ラブストーリー」

◇浜松町ホルモン ⇒ ドラマ「Doctor-X 外科医・大門未知子 5」

◇ハリファックスビルディングの屋上 ⇒ ドラマ「GTO（2012年）」「銭の戦争」

◇Bar Rybeus ⇒ ドラマ「99.9 —刑事専門弁護士 Season Ⅰ」「地味にスゴイ！ 校閲ガール・河野悦子」

◇バルマル・エスパーニャ赤坂見附店 ⇒ ドラマ「私が恋愛できない理由」

◇氷川公園 ⇒ ドラマ「銭の戦争」

◇ビストロ ア ラ ドゥマンド ⇒ ドラマ「99.9 —刑事専門弁護士 Season Ⅱ」

◇ビストロボンファム ⇒ ドラマ「BG 〜身辺警護人〜（2020年）」

◇日比谷神社 ⇒ ドラマ「義母と娘のブルース」

◇ヒルトン東京お台場の大宴会場「ペガサス」 ⇒ ドラマ「オールドルーキー」

◇福吉坂 ⇒ ドラマ「ザ・トラベルナース」

◇フジテレビ ⇒ 映画「アンフェア the answer」「SP 革命篇」「踊る大捜査線 THE FINAL 新たなる希望」ドラマ「アンフェア シリーズ ダブル・ミーニング－Yes or No？」「ラスト・シンデレラ」「ラッキーセブン」

◇札の辻歩道橋 ⇒ ドラマ「グランメゾン東京」「MIU404」

◇PLAZA 汐留シオサイト店 ⇒ ドラマ「義母と娘のブルース」

◇プリマベーラ ⇒ ドラマ「99.9 —刑事専門弁護士 Season Ⅰ」

◇HairSalon OKUYAMA ⇒ ドラマ「ラッキーセブン」

◇歩行者デッキ ⇒ ドラマ「オールドルーキー」

◇ぽてぢゅう赤坂店 ⇒ ドラマ「37歳で医者になった僕 〜研修医純情物語〜」

◇ホテルインターコンチネンタル東京ベイ ⇒ ドラマ「アンナチュラル」「99.9 —刑事専門弁護士 Season Ⅰ」「Doctor-X 外科医・大門未知子 7」

◇ホテルインターコンチネンタル東京ベイの宴会場「ウィラード」 ⇒ドラマ「ブラックペアン」
◇ホテルインターコンチネンタル東京ベイの鉄板焼「匠」 ⇒ドラマ「下町ロケット（2015年）」
◇ホテル グランパシフィック LE DAIBA ⇒ドラマ「ATARU」「PRICELESS～あるわけねえだろ、んなもん！ ～」
◇ホテル グランパシフィック LE DAIBAの宴会場「パレロワイヤル」 ⇒ドラマ「Doctor-X 外科医・大門未知子 2」
◇ホテル日航東京 ⇒ドラマ「私が恋愛できない理由」
◇ポルトフィーノ ⇒ドラマ「ラスト・シンデレラ」
◇macromillのオフィス ⇒ドラマ「37歳で医者になった僕 ～研修医純情物語～」
◇マトリックス・オーガナイゼーションのラウンジ ⇒ドラマ「オールドルーキー」
◇狸穴公園 ⇒ドラマ「37歳で医者になった僕 ～研修医純情物語～」
◇三河台公園 ⇒ドラマ「オールドルーキー」
◇御楯橋 ⇒ドラマ「MIU404」「ラッキーセブン」
◇三田ベルジュビル ⇒ドラマ「99.9 —刑事専門弁護士 Season I」「99.9 —刑事専門弁護士 Season II」「リーガル・ハイ（2012年）」「ルーズヴェルト・ゲーム」
◇港区立郷土歴史館 ⇒ドラマ「イチケイのカラス スペシャル」
◇港区立郷土歴史館 階段状の旧講堂 ⇒ドラマ「虎に翼」
◇港清掃工場の北側 ⇒ドラマ「ラッキーセブン」
◇港清掃工場の西側 ⇒ドラマ「ラッキーセブン」
◇明治記念館の前 ⇒ドラマ「七人の秘書」
◇明治記念館のラウンジ「kinkei」 ⇒ドラマ「PRICELESS～あるわけねえだろ、んなもん！ ～」
◇明治神宮外苑外周道路の横断歩道 ⇒ドラマ「37歳で医者になった僕 ～研修医純情物語～」
◇明治神宮外苑テニスコートの東側 ⇒ドラマ「MOZU Season2 ～幻の翼～」
◇明治神宮外苑のいちょう並木 ⇒映画「HERO（2015年）」ドラマ「イチケイのカラス」「イチケイのカラス スペシャル」「世界一難しい恋」「花咲舞が黙ってない（2014年）」
◇メズム東京のスイートリュクス ⇒ドラマ「オールドルーキー」
◇メルパルク TOKYO ⇒ドラマ「半沢直樹」
◇モノレールの高架下 ⇒ドラマ「ATARU」
◇百代橋 ⇒ドラマ「Doctor-X 外科医・大門未知子 6」「逃げるは恥だが役に立つ」「私が恋愛できない理由」
◇やきとん まこちゃん ⇒ドラマ「アンチヒーロー」
◇焼肉苑 麻布十番店 ⇒ドラマ「Doctor-X 外科医・大門未知子 3」「Doctor-X 外科医・大門未知子 4」「Doctor-X 外科医・大門未知子 5」
◇吉野石膏虎ノ門ビルの西側付近 ⇒ドラマ「MIU404」
◇由丸 芝大門店 ⇒ドラマ「ラジエーションハウス ～放射線科の診断レポート～」
◇ヨシミビルの北側 ⇒ドラマ「ラッキーセブン」
◇ヨハン ボス スポーツスクール ⇒ドラマ「HERO（2014年）」
◇楽水橋 ⇒ドラマ「MIU404」
◇Lalah Club ⇒ドラマ「99.9 —刑事専門弁護士 Season II」
◇RIKEN 理研機器本社 ⇒ドラマ「半沢直樹」
◇リストランテ・サバティーニ青山 ⇒ドラマ「半分、青い。」
◇龍土町美術館通り ⇒ドラマ「天国と地獄 ～サイコな2人～」
◇Le Club de Tokyo ⇒ドラマ「Doctor-X 外科医・大門未知子 3」「HERO（2014年）」
◇Le Pain Quotidien ⇒ドラマ「私が恋愛できない理由」
◇ルミアモーレ ⇒ドラマ「地味にスゴイ！ 校閲ガール・河野悦子」
◇レインボーブリッジ ⇒映画「踊る大捜査線 THE MOVIE 3 ヤツらを解放せよ！」「G.I.ジョー 漆黒のスネークアイズ」「唐人街

関東

探偵 東京MISSION」 ドラマ「MIU404」
◇レインボーブリッジ西側橋脚の下 ⇒ ドラマ「ATARU スペシャル ニューヨークからの挑戦状」
◇レインボーブリッジ西側橋脚の下付近 ⇒ ドラマ「Doctor-X 外科医・大門未知子 3」
◇レインボーブリッジ東詰の下付近 ⇒ 映画「踊る大捜査線 THE MOVIE 3 ヤツらを解放せよ！」
◇Restaurant Ryuzu ⇒ ドラマ「ザ・トラベルナース」
◇ロイヤルガーデンカフェ青山 ⇒ ドラマ「アイムホーム」「奥様は、取り扱い注意」「スペシャリスト」「銭の戦争」「半分、青い。」「MOZU Season2 ～幻の翼～」
◇ロイヤルガーデンカフェ青山の前付近 ⇒ ドラマ「リーガル・ハイ（2012年）」
◇ロケーションジャパン編集部 ⇒ ドラマ「救命病棟24時（2013年）」「とんび（2013年）」
◇ロサンジェルス バルコニー テラスレストラン & ムーンバー ⇒ ドラマ「アイムホーム」
◇ロザンジュイア広尾迎賓館 ⇒ ドラマ「アンナチュラル」
◇六本木アークヒルズのヘリポート ⇒ 映画「インセプション」
◇六本木 志る角 ⇒ ドラマ「下町ロケット（2015年）」
◇六本木チック ⇒ 映画「探偵はBARにいる」ドラマ「Doctor-X 外科医・大門未知子 5」「リーガルV ～元弁護士・小鳥遊翔子～」
◇六本木ヒルズの六本木ヒルズアリーナ ⇒ 映画「SP 野望篇」ドラマ「SP スペシャル 革命前日」
◇六本木 モンシェルトントン ⇒ ドラマ「イチケイのカラス」「Doctor-X 外科医・大門未知子 2」「Doctor-X 外科医・大門未知子 3」
◇RORO ⇒ ドラマ「謎解きはディナーのあとで」
◇wine & bar bb. ⇒ ドラマ「リーガル・ハイ（2012年）」
◇ワインハウス南青山 ⇒ ドラマ「オールドルーキー」「マイファミリー」
◇碗宮 ⇒ ドラマ「ストロベリーナイト（2012年）」

新宿区

◇曙橋 ⇒ ドラマ「未来への10カウント」
◇アコードビル ⇒ ドラマ「奥様は、取り扱い注意」
◇アサンテ本社 ⇒ ドラマ「半沢直樹」
◇ASPILEAF ⇒ ドラマ「BG ～身辺警護人～（2018年）」
◇アニコムホールディングス ⇒ ドラマ「奥様は、取り扱い注意」
◇アプレシオ 新宿ハイジア店 ⇒ 映画「踊る大捜査線 THE MOVIE 3 ヤツらを解放せよ！」ドラマ「ATARU」
◇AMATERAS ⇒ ドラマ「スペシャリスト」
◇石橋湛山邸 ⇒ 映画「人魚の眠る家」
◇牛恋 新宿店 ⇒ ドラマ「Doctor-X 外科医・大門未知子 4」
◇宇宙村 ⇒ ドラマ「ストロベリーナイト・サーガ」
◇OASIS飯田橋店の裏口 ⇒ ドラマ「ラスト・シンデレラ」
◇青梅街道 ⇒ ドラマ「天国と地獄 ～サイコな2人～」
◇大隈記念タワーの西側 ⇒ ドラマ「とんび（2013年）」
◇小笠原伯爵邸 ⇒ ドラマ「ミステリと言う勿れ（2022年）」
◇小笠原伯爵邸の屋上庭園 ⇒ ドラマ「ミステリと言う勿れ（2022年）」
◇思い出横丁 ⇒ 映画「グランツーリスモ」
◇外苑通り ⇒ 映画「窮鼠はチーズの夢を見る」
◇神楽坂 鮨 りん ⇒ ドラマ「HERO（2014年）」
◇ガスライト四谷 ⇒ ドラマ「ストロベリーナイト・サーガ」「リーガル・ハイ（2012年）」
◇CANAL CAFE ⇒ ドラマ「鍵のかかった部屋」「救命病棟24時（2013年）」「地味にスゴイ！ 校閲ガール・河野悦子」「リーガルV ～元弁護士・小鳥遊翔子～」
◇Caffice ⇒ ドラマ「99.9 ―刑事専門弁護士 Season I」「99.9 ―刑事専門弁護士 Season II」
◇Cafe CIELO ⇒ ドラマ「奥様は、取り扱い注意」「ストロベリーナイト・サーガ」

◇カフェ ラ・ボエム 新宿御苑店 ⇒ ドラマ「マルモのおきて スペシャル」
◇歌舞伎町一番街 ⇒ 映画「唐人街探偵 東京MISSION」
◇カラオケ747新宿南口本店 ⇒ ドラマ「ストロベリーナイト（2012年）」
◇カラオケ747新宿3丁目店 ⇒ ドラマ「ストロベリーナイト・サーガ」
◇河合塾 新宿校 ⇒ ドラマ「ストロベリーナイト（2012年）」
◇神田川に架かる相生橋 ⇒ ドラマ「天国と地獄 ～サイコな2人～」
◇神田川に架かる菖蒲橋 ⇒ ドラマ「半分、青い。」
◇北新宿高架下 ⇒ 映画「キリエのうた」
◇喫茶ロマン ⇒ ドラマ「アンチヒーロー」「監察医 朝顔（第1シーズン）」「MIU404」
◇旧NY村上ビル ⇒ ドラマ「ストロベリーナイト（2012年）」
◇御苑 炉庵 ⇒ ドラマ「Dr.倫太郎」
◇グリルドエイジング・ビーフTOKYO新宿三丁目店 ⇒ ドラマ「ハケンの品格（2020年）」
◇グリーンカンパニー 新宿グローブ ⇒ ドラマ「GTO（2012年）」
◇工学院大学新宿キャンパス北西の中央通東交差点 ⇒ ドラマ「MOZU Season2 ～幻の翼～」
◇国立競技場 ⇒ ドラマ「オールドルーキー」
◇珈琲タイムス ⇒ ドラマ「アンナチュラル」「ストロベリーナイト（2012年）」「銭の戦争」「花咲舞が黙ってない（2015年）」「ラスト・シンデレラ」「リーガル・ハイ（2012年）」
◇COFFEE HOUSE MAX ⇒ ドラマ「監察医 朝顔（第1シーズン）」「ストロベリーナイト・サーガ」
◇御霊神社 ⇒ ドラマ「BG ～身辺警護人～（2020年）」
◇コンドウ工務店 ⇒ ドラマ「ストロベリーナイト・サーガ」
◇The Artcomplex Center of Tokyo ⇒ ドラマ「謎解きはディナーのあとで スペシャル」
◇さくらインターネット ⇒ ドラマ「逃げるは恥だが役に立つ」
◇JR四ツ谷駅麹町口 ⇒ ドラマ「天国と地獄 ～サイコな2人～」
◇ジクー ⇒ ドラマ「天国と地獄 ～サイコな2人～」
◇GENIEE ⇒ ドラマ「半沢直樹（2020年）」
◇首都高速4号新宿線の高架下 ⇒ ドラマ「妖怪人間ベム」
◇松宝ビル ⇒ ドラマ「鍵のかかった部屋」
◇新宿アイランドタワーの前 ⇒ ドラマ「ラスト・シンデレラ」
◇新宿イーストサイドスクエア ⇒ ドラマ「99.9 ―刑事専門弁護士 Season I」
◇新宿駅西口の地下道 ⇒ 映画「ウルヴァリン SAMURAI」
◇新宿大ガード西交差点 ⇒ ドラマ「MOZU Season2 ～幻の翼～」
◇新宿オークシティ ⇒ ドラマ「アイムホーム」「リーガル・ハイ（2012年）」
◇新宿オークシティ北側の青梅街道 ⇒ ドラマ「リーガル・ハイ（2012年）」
◇新宿教育会館 ⇒ ドラマ「BG ～身辺警護人～（2018年）」
◇新宿区役所前カプセルホテル ⇒ ドラマ「○○妻」
◇新宿警察署裏交差点 ⇒ 映画「君の名は。」ドラマ「天国と地獄 ～サイコな2人～」
◇新宿シネシティ広場 ⇒ 映画「唐人街探偵 東京MISSION」
◇新宿住友ビル西側の都庁通り ⇒ ドラマ「下町ロケット（2015年）」
◇新宿住友ビルの北側 ⇒ ドラマ「MOZU Season2 ～幻の翼～」
◇新宿住友ビルの前 ⇒ ドラマ「Doctor-X 外科医・大門未知子 3」
◇新宿住友ビル南側の中央通り ⇒ ドラマ「アイムホーム」「GTO（2012年）」「私が恋愛できない理由」
◇新宿センタービルの南側 ⇒ ドラマ「花咲舞が黙ってない（2015年）」
◇新宿中央公園 ⇒ ドラマ「半沢直樹II エピソードゼロ 狙われた半沢直樹のパスワード」
◇新宿中央公園 白糸の滝前 ⇒ 映画「キリエのうた」
◇新宿中央公園 デッキテラス ⇒ 映画「キリ

エのうた」
◇新宿中央公園 西交差点 ⇒ ドラマ「七人の秘書」
◇新宿中央公園前交差点付近 ⇒ ドラマ「世界一難しい恋」
◇新宿中央公園 水の広場 ⇒ 映画「キリエのうた」 ドラマ「銭の戦争」
◇新宿通り（国道20号線）がJR四ツ谷駅を跨ぐ四谷見附橋の上 ⇒ ドラマ「花咲舞が黙ってない（2014年）」
◇新宿通り（国道20号線）の歩道 ⇒ ドラマ「Doctor-X 外科医・大門未知子 4」
◇新宿通り（国道20号線） みずほ銀行四谷支店前 ⇒ ドラマ「鍵のかかった部屋」
◇新宿通り（国道20号線） 四谷見附交差点付近 ⇒ ドラマ「天国と地獄 ～サイコな2人～」
◇新宿西口ヨドバシカメラ周辺 ⇒ 映画「グランツーリスモ」
◇新宿パークタワー ⇒ ドラマ「ルーズヴェルト・ゲーム」
◇新宿パークタワーの噴水広場 ⇒ ドラマ「A LIFE ～愛しき人～」 「花咲舞が黙ってない（2015年）」
◇新宿フロントタワーの北側 ⇒ ドラマ「逃げるは恥だが役に立つ」
◇新宿南口バスタ前 ⇒ 映画「キリエのうた」
◇新宿モノリスビル ⇒ ドラマ「アンナチュラル」 「ストロベリーナイト（2012年）」 「花咲舞が黙ってない（2015年）」 「リーガル・ハイ（2012年）」 「リーガルV ～元弁護士・小鳥遊翔子～」
◇新宿モノリスビルの西側 ⇒ ドラマ「Doctor-X 外科医・大門未知子 5」 「花咲舞が黙ってない（2014年）」
◇新宿モノリスビルの前 ⇒ ドラマ「アンナチュラル」 「鍵のかかった部屋」
◇新宿柳通り交差点付近 ⇒ ドラマ「GTO（2012年）」
◇新宿三丁目駅C7出入口前 ⇒ ドラマ「アンナチュラル」
◇SWEETS PARADISE 新宿東口店 ⇒ ドラマ「GTO（2012年）」
◇末廣亭 ⇒ ドラマ「世界一難しい恋」
◇杉大門通り ⇒ ドラマ「天国と地獄 ～サイコな2人～」
◇スタジオアルタの「ALTA VISION」 ⇒ ドラマ「リーガル・ハイ（2012年）」
◇スナック「べえ」の前付近 ⇒ ドラマ「Doctor-X 外科医・大門未知子 スペシャル」
◇住友不動産新宿オークタワー ⇒ ドラマ「HERO（2014年）」 「MOZU Season1 ～百舌の叫ぶ夜～」
◇住友不動産新宿グランドタワー ⇒ ドラマ「Doctor-X 外科医・大門未知子 2」 「Doctor-X 外科医・大門未知子 5」 「逃げるは恥だが役に立つ」 「日本沈没 ―希望の人―」 「MIU404」
◇住友不動産新宿グランドタワーのエレベーター ⇒ ドラマ「Doctor-X 外科医・大門未知子 5」
◇住友不動産新宿グランドタワーの地下通路 ⇒ ドラマ「VIVANT」
◇清昌堂やました ⇒ ドラマ「VIVANT」
◇世界堂新宿本店 ⇒ ドラマ「リーガル・ハイ（2012年）」
◇セントラル大久保の屋上 ⇒ ドラマ「ストロベリーナイト・サーガ」
◇大黒屋 新宿本店 ⇒ ドラマ「Dr.倫太郎」
◇たいやき わかば ⇒ ドラマ「Doctor-X 外科医・大門未知子 2」
◇たいやき わかばの前 ⇒ ドラマ「Doctor-X 外科医・大門未知子 4」
◇第6三和ビルの非常階段 ⇒ ドラマ「ストロベリーナイト・サーガ」
◇高商新宿二丁目スタジオ ⇒ ドラマ「天国と地獄 ～サイコな2人～」
◇高田馬場界隈 ⇒ 映画「ウルヴァリン SAMURAI」
◇TAKANOビルの前 ⇒ ドラマ「私が恋愛できない理由」
◇中央通りを跨ぐ都庁通りの陸橋 ⇒ ドラマ「リーガルV ～元弁護士・小鳥遊翔子～」
◇池林房 ⇒ ドラマ「Doctor-X 外科医・大門未知子 5」 「ハケンの品格（2020年）」
◇つづらそば ⇒ ドラマ「ストロベリーナイト（2012年）」
◇「津の守弁財天」の前 ⇒ ドラマ「ラスト・シンデレラ」
◇角筈橋 東京都庁第二本庁舎南側 ⇒ ドラマ「ストロベリーナイト（2012年）」

◇角筈橋の上 ⇒ ドラマ「アンナチュラル」「アンフェア the special ダブル・ミーニング 二重定義」「花咲舞が黙ってない（2014年）」「リーガル・ハイ（2012年）」

◇角筈橋の西詰付近 ⇒ ドラマ「ストロベリーナイト・サーガ」

◇釣船茶屋 ざうお 新宿店 ⇒ ドラマ「義母と娘のブルース」「Doctor-X 外科医・大門未知子 4」

◇TKP市ヶ谷ビル 屋上 ⇒ 映画「ちょっと今から仕事やめてくる」

◇同栄新宿ビルの屋上 ⇒ ドラマ「MOZU Season2 ～幻の翼～」

◇東京オペラシティ ⇒ ドラマ「Doctor-X 外科医・大門未知子 6」

◇東京都庁 ⇒ ドラマ「まれ」

◇東京都庁第一本庁舎北側の階段 ⇒ ドラマ「リーガルV ～元弁護士・小鳥遊翔子～」

◇東京ビジネスホテル ⇒ ドラマ「銭の戦争」「リーガル・ハイ（2012年）」

◇東京ビジネスホテルの屋上 ⇒ 映画「ストロベリーナイト（2013年）」

◇東京富士大学 ⇒ ドラマ「ミステリと言う勿れ（2022年）」

◇東京富士大学二上講堂 ⇒ ドラマ「ミステリと言う勿れ（2022年）」

◇都営地下鉄大江戸線国立競技場駅 ⇒ ドラマ「MOZU Season2 ～幻の翼～」

◇「とく一」の前付近 ⇒ ドラマ「ストロベリーナイト（2012年）」

◇都庁通り ⇒ ドラマ「未来への10カウント」「ラスト・シンデレラ」

◇都庁前・議事堂通り沿い ⇒ 映画「キリエのうた」

◇西新宿界隈 ⇒ 映画「唐人街探偵 東京MISSION」

◇西新宿KSビル前 ⇒ ドラマ「スペシャリスト」

◇日廣ビルの東側 ⇒ ドラマ「ストロベリーナイト（2012年）」

◇日本聖書神学校（目白の森の教会 メーヤー記念礼拝堂）⇒ ドラマ「リーガル・ハイ SP（2013年）」

◇日本青年館前交差点 ⇒ ドラマ「MIU404」

◇抜弁天通り ⇒ ドラマ「私が恋愛できない理由」

◇根本ビルの前 ⇒ ドラマ「鍵のかかった部屋」

◇ハイアットリージェンシー東京 オードヴィー ⇒ ドラマ「下町ロケット（2015年）」

◇ハイアットリージェンシー東京 スイートルーム ⇒ ドラマ「マイファミリー」

◇ハイアットリージェンシー東京の南側付近 ⇒ ドラマ「アンナチュラル」

◇パークウエスト前の歩道橋 ⇒ ドラマ「BG ～身辺警護人～（2018年）」

◇花園弁当 ⇒ ドラマ「世にも奇妙な物語 2012 秋の特別編」

◇はなの舞 西新宿店の前 ⇒ ドラマ「ストロベリーナイト（2012年）」

◇HUB高田馬場店 ⇒ ドラマ「BG ～身辺警護人～（2018年）」

◇パリジェンヌ ⇒ ドラマ「マルモのおきて」

◇バリラックス ザ ガーデン 西新宿 ⇒ ドラマ「ザ・トラベルナース」「地味にスゴイ！ 校閲ガール・河野悦子」「ストロベリーナイト（2012年）」

◇BMLフード・サイエンス ⇒ ドラマ「ガリレオ（2013年）」

◇Bee新宿店 ⇒ ドラマ「ミステリと言う勿れ（2022年）」

◇日立目白クラブ ⇒ ドラマ「天皇の料理番」「Doctor-X 外科医・大門未知子 2」

◇ファーストキッチン飯田橋ラムラ店 ⇒ 映画「舟を編む」

◇ファブリックラウンジ新宿 ⇒ ドラマ「七人の秘書」

◇FUNGO DINING西新宿店 ⇒ ドラマ「リーガル・ハイ（2012年）」

◇ブックファースト 新宿店 ⇒ ドラマ「オールドルーキー」

◇不動産情報プラザ ⇒ ドラマ「天国と地獄 ～サイコな2人～」

◇プラネアールの「西新宿スタジオ」⇒ ドラマ「謎解きはディナーのあとで」

◇Brooklyn Parlor ⇒ ドラマ「私が恋愛できない理由」

◇ふれあい通りの歩道 ⇒ ドラマ「天国と地獄 ～サイコな2人～」

◇米輪商事の市ヶ谷サービスステーション ⇒

ドラマ「ガリレオ（2013年）」
◇北京飯店 ⇒ ドラマ「天国と地獄 ～サイコな2人～」
◇ホストクラブ AIR GRACE ⇒ ドラマ「ラスト・シンデレラ」
◇ホテルG7 ⇒ ドラマ「GTO（2012年）」
◇香港屋台 九龍 ⇒ ドラマ「天国と地獄 ～サイコな2人～」
◇まぐろ屋 阪庄 ⇒ ドラマ「ストロベリーナイト（2012年）」
◇丸港水産 ⇒ ドラマ「MIU404」
◇マルゴ グランデ ⇒ ドラマ「逃げるは恥だが役に立つ」
◇妙正寺川に架かる橋 ⇒ ドラマ「未来への10カウント」
◇明治神宮球場 ⇒ ドラマ「PRICELESS～あるわけねえだろ、んなもん！ ～」
◇メトロプラザ1の西側 ⇒ ドラマ「リーガルV ～元弁護士・小鳥遊翔子～」
◇柳新道通り ⇒ ドラマ「MOZU Season2 ～幻の翼～」
◇ユニカビルの「YUNIKA VISION」 ⇒ ドラマ「イチケイのカラス」「グランメゾン東京」「小さな巨人」「TOKYO MER 走る緊急救命室」
◇吉岡ビルの前 ⇒ ドラマ「銭の戦争」
◇四谷津之守坂入口のひもの屋 ⇒ ドラマ「未来への10カウント」
◇四谷見附公園 ⇒ ドラマ「逃げるは恥だが役に立つ」
◇四谷見附橋 ⇒ ドラマ「MOZU Season2 ～幻の翼～」
◇Raja Vetta 新宿店の前 ⇒ ドラマ「ストロベリーナイト（2012年）」
◇ラ・トゥール新宿 ⇒ 映画「アンフェア the answer」
◇リーガロイヤルホテル東京 ⇒ 映画「横道世之介」 ドラマ「鍵のかかった部屋」「Doctor-X 外科医・大門未知子 5」
◇リーガロイヤルホテル東京 ガーデンラウンジ ⇒ 映画「ストロベリーナイト（2013年）」「月の満ち欠け」 ドラマ「オールドルーキー」「鍵のかかった部屋」「小さな巨人」「Doctor-X 外科医・大門未知子 4」「半沢直樹（2020年）」
◇リーガロイヤルホテル東京 セラーバー ⇒ ドラマ「オールドルーキー」「Doctor-X 外科医・大門未知子 4」「半沢直樹Ⅱ エピソードゼロ 狙われた半沢直樹のパスワード」「半沢直樹（2020年）」
◇リーガロイヤルホテル東京のロイヤルスイート ⇒ ドラマ「逃げるは恥だが役に立つ」
◇リーガロイヤルホテル東京のロイヤルホール ⇒ 映画「SP 野望篇」 ドラマ「SP スペシャル 革命前日」
◇龍生会館 ⇒ ドラマ「スペシャリスト」
◇レストラン はやしや ⇒ ドラマ「99.9 ―刑事専門弁護士 Season I」
◇若葉東公園 ⇒ ドラマ「アイムホーム」「MOZU Season2 ～幻の翼～」
◇若葉東公園 迎賓館正門前 ⇒ ドラマ「A LIFE ～愛しき人～」
◇早稲田医学院歯科衛生士専門学校 ⇒ ドラマ「世にも奇妙な物語 2012 秋の特別編」
◇早稲田松竹 ⇒ 映画「月の満ち欠け」
◇早稲田スコットホール ⇒ 映画「帝一の國」 ドラマ「奥様は、取り扱い注意」「BG ～身辺警護人～（2020年）」
◇早稲田スコットホールの前 ⇒ ドラマ「99.9 ―刑事専門弁護士 Season I」
◇早稲田大学西早稲田キャンパスの西側付近 ⇒ ドラマ「花咲舞が黙ってない（2015年）」
◇和田電気 ⇒ ドラマ「花咲舞が黙ってない（2014年）」

文京区

◇エーザイ本社 ⇒ ドラマ「花咲舞が黙ってない（2014年）」
◇囲味屋一千駄木 ⇒ ドラマ「ストロベリーナイト・サーガ」
◇春日通り（国道254号線）⇒ ドラマ「PRICELESS～あるわけねえだろ、んなもん！ ～」
◇旧伊勢屋質店 ⇒ ドラマ「スペシャリスト」
◇教育の森公園 ⇒ ドラマ「地味にスゴイ！ 校閲ガール・河野悦子」
◇小石川植物園本館 ⇒ ドラマ「らんまん」
◇順天堂大学 ⇒ ドラマ「A LIFE ～愛しき人

関東

～」

◇順天堂大学医学部附属順天堂医院 ⇒ ドラマ「JIN －仁－(2011年)」

◇蕉雨園 ⇒ 映画「SPEC～天～ 劇場版」 ドラマ「ゲゲゲの女房」

◇住友不動産飯田橋ファーストタワー ⇒ ドラマ「七人の秘書」「HERO(2014年)」「PRICELESS～あるわけねえだろ、んなもん！ ～」

◇全国家電会館 1階A 大会議室 ⇒ ドラマ「半沢直樹Ⅱ エピソードゼロ 狙われた半沢直樹のパスワード」

◇全国家電会館 5階 講堂・ホール ⇒ ドラマ「ミステリと言う勿れ(2022年)」

◇外堀通り ⇒ ドラマ「JIN －仁－(2011年)」

◇外堀通りを跨ぐ聖橋の下 ⇒ ドラマ「JIN －仁－(2011年)」

◇拓殖大学文京キャンパスのB館地下の食堂 ⇒ ドラマ「スペシャリスト」

◇竹下夢二美術館 ⇒ ドラマ「地味にスゴイ！ 校閲ガール・河野悦子」

◇丁子屋 ⇒ ドラマ「地味にスゴイ！　校閲ガール・河野悦子」

◇月の湯 ⇒ 映画「湯を沸かすほどの熱い愛」

◇東京大学医学部付属病院(北側の道路 東淵寺の南側付近) ⇒ ドラマ「あまちゃん」

◇東京大学本郷キャンパス ⇒ ドラマ「舞い上がれ！」

◇東京大学本郷キャンパス 正門 ⇒ ドラマ「南極大陸」

◇東京都監察医務院 ⇒ ドラマ「ガリレオ(2013年)」

◇東京ドームシティ ⇒ ドラマ「私が恋愛できない理由」

◇東京ドームシティアトラクションズ ⇒ 映画「舟を編む」

◇東京ドームシティの後楽園ホール ⇒ ドラマ「私が恋愛できない理由」

◇動坂食堂 ⇒ ドラマ「Doctor-X 外科医・大門未知子 7」

◇都営地下鉄大江戸線飯田橋駅 ⇒ ドラマ「S─最後の警官─」

◇丼太郎 茗荷谷店 ⇒ ドラマ「Doctor-X 外科医・大門未知子 5」「MIU404」

◇根津神社の境内 ⇒ ドラマ「地味にスゴイ！ 校閲ガール・河野悦子」

◇根津神社の手水舎付近 ⇒ ドラマ「Doctor-X 外科医・大門未知子 6」

◇鳩山会館 ⇒ ドラマ「天皇の料理番」「虎に翼」「花子とアン」

◇播磨坂 ⇒ ドラマ「アンチヒーロー」「銭の戦争」「花咲舞が黙ってない(2015年)」「ラスト・シンデレラ」

◇播磨坂が春日通りにぶつかる小石川五丁目交差点付近 ⇒ ドラマ「PRICELESS～あるわけねえだろ、んなもん！ ～」

◇播磨坂の植物園前交差点 ⇒ ドラマ「私が恋愛できない理由」

◇日無坂 ⇒ ドラマ「MIU404」

◇FIRE HOUSE ⇒ ドラマ「私が恋愛できない理由」

◇文京区立関口三丁目公園 ⇒ ドラマ「七人の秘書」

◇文京区 七丁目坂 ⇒ ドラマ「七人の秘書」

◇文京スポーツセンター ⇒ ドラマ「地味にスゴイ！　校閲ガール・河野悦子」

◇文京スポーツセンターの前 ⇒ ドラマ「地味にスゴイ！　校閲ガール・河野悦子」

◇鳳明館寮前のアパート ⇒ 映画「舟を編む」

◇ホテル椿山荘東京 ⇒ 映画「SPEC～天～ 劇場版」「横道世之介」 ドラマ「花咲舞が黙ってない(2015年)」「BG ～身辺警護人～(2018年)」「ラスト・シンデレラ」「ルーズヴェルト・ゲーム」

◇ホテル椿山荘東京 アンフィシアター ⇒ ドラマ「下町ロケット(2018年)」「BG ～身辺警護人～(2018年)」

◇ホテル椿山荘東京 インペリアルスイート ⇒ ドラマ「小さな巨人」

◇ホテル椿山荘東京 オークルーム ⇒ ドラマ「Doctor-X 外科医・大門未知子 2」

◇ホテル椿山荘東京 中宴会場ヒッコリールーム ⇒ ドラマ「半沢直樹」

◇ホテル椿山荘東京のメインバール・マーキー ⇒ ドラマ「下町ロケット(2015年)」「Doctor-X 外科医・大門未知子 2」「ルーズヴェルト・ゲーム」

◇ホテル椿山荘東京 フォレスタ ⇒ ドラマ「花咲舞が黙ってない(2015年)」

◇ホテル椿山荘東京 プレジデンシャルスイート ⇒ ドラマ 「Doctor-X 外科医・大門未知子 3」「ルーズヴェルト・ゲーム」

◇ホテル椿山荘東京 ボールルーム ⇒ ドラマ 「下町ロケット（2015年）」「半沢直樹」「ルーズヴェルト・ゲーム」

◇ホテル椿山荘東京 メイプルルーム ⇒ ドラマ 「ルーズヴェルト・ゲーム」

◇ホテル椿山荘東京 料亭 錦水 ⇒ ドラマ 「下町ロケット（2015年）」「Doctor-X 外科医・大門未知子 3」「半沢直樹」

◇ホテル椿山荘東京 料亭 錦水音羽の間 ⇒ ドラマ 「半沢直樹（2020年）」

◇目白通りの歩道 ⇒ ドラマ 「99.9 ―刑事専門弁護士 Season I」

◇元町公園 ⇒ ドラマ 「JIN －仁－（2011年）」

◇湯島聖堂 ⇒ ドラマ 「地味にスゴイ！ 校閲ガール・河野悦子」

◇和敬塾 本館 ⇒ 映画 「HERO（2015年）」 ドラマ 「JIN －仁－（2011年）」「日本沈没―希望の人―」

台東区

◇あかぢ坂 ⇒ ドラマ 「あまちゃん」

◇浅草一文 別館 ⇒ ドラマ 「オールドルーキー」

◇浅草一文 本店 ⇒ ドラマ 「ストロベリーナイト（2012年）」「ストロベリーナイト・サーガ」

◇浅草酒場 岡本 ⇒ ドラマ 「Doctor-X 外科医・大門未知子 3」

◇浅草 仲見世商店街 ⇒ ドラマ 「銭の戦争」「ラスト・シンデレラ」「リーガル・ハイ（2012年）」

◇浅草西参道商店街 ⇒ ドラマ 「A LIFE ～愛しき人～」

◇浅草橋西口やきとん ⇒ ドラマ 「アンナチュラル」

◇浅草橋ベルモントホテル ⇒ 映画 「祈りの幕が下りる時」

◇浅草花本 ⇒ ドラマ 「天国と地獄 ～サイコな2人～」

◇朝日信用金庫 本店 ⇒ ドラマ 「MIU404」

◇アメ横センタービル ⇒ ドラマ 「あまちゃん」

◇アンビカトレーディング ⇒ ドラマ 「グランメゾン東京」

◇銀杏岡八幡神社・此葉稲荷神社の境内 ⇒ ドラマ 「ミステリと言う勿れ（2022年）」

◇今戸公園 ⇒ ドラマ 「マルモのおきて」

◇上野恩賜公園 ⇒ ドラマ 「下剋上球児」「西郷（せご）どん」

◇上野恩賜公園内 彰義隊墓前 ⇒ 映画 「帝一の國」

◇上野海運ビル ⇒ 映画 「相棒―劇場版Ⅳ―首都クライシス 人質は50万人！ 特命係 最後の決断」

◇上野中央通り地下通路 ⇒ 映画 「見えない目撃者」

◇上野東照宮 ⇒ ドラマ 「義母と娘のブルース」

◇上野4丁目交差点下 上野中央通り地下歩道 ⇒ ドラマ 「BG ～身辺警護人～（2020年）」

◇遠州屋本店 高尾 ⇒ ドラマ 「MIU404」

◇おかず横町 ⇒ ドラマ 「半分、青い。」

◇おかちまちパンダ広場 ⇒ ドラマ 「あまちゃん」

◇OCOMO ⇒ ドラマ 「リーガル・ハイ（2012年）」

◇合羽橋 つば屋包丁店 ⇒ ドラマ 「グランメゾン東京」

◇合羽橋本通りの「シミズパン」 ⇒ ドラマ 「PRICELESS～あるわけねえだろ、んなもん！～」

◇かっぱ祭り ⇒ ドラマ 「ストロベリーナイト・サーガ」

◇金杉公園 ⇒ 映画 「ぼくのおじさん」

◇カフェムルソー ⇒ 映画 「こんにちは、母さん」

◇雷門交差点 ⇒ ドラマ 「地味にスゴイ！ 校閲ガール・河野悦子」

◇寛永寺 開山堂（両大師） ⇒ ドラマ 「JIN －仁－（2011年）」

◇寛永寺 清水観音堂 ⇒ ドラマ 「JIN －仁－（2011年）」

◇喫茶ジョイ ⇒ ドラマ 「ストロベリーナイト・サーガ」

◇喫茶トロント ⇒ ドラマ 「リーガル・ハイ（2012年）」

◇喫茶ゆうらく ⇒ ドラマ 「ミステリと言う勿れ（2022年）」

関東

◇Que bom！ ⇒ドラマ「アンナチュラル」

◇君塚自動車工業所 ⇒ドラマ「謎解きはディナーのあとで」

◇旧岩崎邸庭園 ⇒ドラマ「謎解きはディナーのあとで」「謎解きはディナーのあとで スペシャル」

◇区立たなかデイホーム（旧田中小学校）⇒ドラマ「鍵のかかった部屋」

◇紅の灯ノヴ ⇒映画「PERFECT DAYS」

◇国立科学博物館 ⇒ドラマ「アイムホーム」「ATARU スペシャル ニューヨークからの挑戦状」「ガリレオ（2013年）」「下町ロケット（2015年）」「下町ロケット（2018年）」「Doctor-X 外科医・大門未知子 3」「Doctor-X 外科医・大門未知子 5」「南極大陸」「花咲舞が黙ってない（2015年）」「リーガル・ハイ（2012年）」「リーガルハイ・スペシャル（2014年）」

◇国立科学博物館の北側 ⇒ドラマ「リーガル・ハイ（2012年）」

◇国立科学博物館の講堂 ⇒ドラマ「Doctor-X 外科医・大門未知子 5」

◇国立科学博物館 ラスコー展 ⇒ドラマ「逃げるは恥だが役に立つ」

◇小島公園 ⇒ドラマ「マルモのおきて」

◇コーヒーショップ ギャラン ⇒ドラマ「天国と地獄 ～サイコな2人～」

◇サイクルスタヂオハクセンの前 ⇒ドラマ「マイファミリー」

◇サウナ＆カプセルホテル北欧 ⇒ドラマ「天国と地獄 ～サイコな2人～」

◇佐藤精肉店 ⇒映画「踊る大捜査線 THE FINAL 新たなる希望」

◇JR上野駅 ⇒ドラマ「あまちゃん」

◇JR上野駅の東側 ⇒ドラマ「ラッキーセブン」

◇JR上野駅前のペデストリアンデッキ ⇒映画「ウルヴァリン SAMURAI」「事故物件 恐い間取り」ドラマ「アイムホーム」「ストロベリーナイト（2012年）」「スペシャリスト」「銭の戦争」「ラッキーセブン」

◇下谷神社 ⇒ドラマ「PRICELESS～あるわけねえだろ、んなもん！ ～」

◇不忍池 ボート乗り場付近 ⇒ドラマ「あまちゃん」

◇「しゃぶ辰」と「シャルム洋裁店」の間 ⇒ドラマ「○○妻」

◇純喫茶 丘 ⇒ドラマ「アイムホーム」「地味にスゴイ！ 校閲ガール・河野悦子」「ストロベリーナイト・サーガ」「リーガル・ハイ（2012年）」

◇新明和上野ビル ⇒ドラマ「PRICELESS～あるわけねえだろ、んなもん！ ～」

◇隅田川沿い ⇒ドラマ「ATARU スペシャル ニューヨークからの挑戦状」

◇隅田川テラス ⇒ドラマ「BG ～身辺警護人～（2018年）」

◇隅田川に架かる吾妻橋（駒形橋から見た風景）⇒ドラマ「おかえりモネ」

◇隅田川に架かる駒形橋 ⇒ドラマ「おかえりモネ」

◇隅田川に架かる桜橋 ⇒映画「PERFECT DAYS」ドラマ「リーガル・ハイ（2012年）」

◇隅田川に架かる桜橋の上 ⇒ドラマ「花咲舞が黙ってない（2014年）」

◇隅田川に架かる桜橋の下 ⇒ドラマ「スペシャリスト」

◇隅田公園 ⇒映画「青春18×2 君へと続く道」

◇浅草寺の雷門 ⇒ドラマ「グランメゾン東京」「Doctor-X 外科医・大門未知子 6」

◇浅草寺の境内 ⇒ドラマ「地味にスゴイ！ 校閲ガール・河野悦子」「リーガル・ハイ（2012年）」

◇浅草寺本堂の南西付近 ⇒ドラマ「リーガル・ハイ（2012年）」

◇「蕎麦しん」の裏手 ⇒ドラマ「BG ～身辺警護人～（2020年）」

◇「蕎麦しん」の前 ⇒ドラマ「BG ～身辺警護人～（2020年）」

◇大王製作所 ⇒ドラマ「ストロベリーナイト（2012年）」「MIU404」

◇台東区立芋坂児童公園 ⇒映画「東京リベンジャーズ」

◇台東区立御徒町公園の東側 ⇒ドラマ「マイファミリー」

◇タイムパーキング台東 ⇒ドラマ「マイファミリー」

◇竹町公園 ⇒ドラマ「S 一最後の警官一」

◇竹町南町会会館 ⇒映画「帝一の國」

◇たぬき ⇒ ドラマ 「半沢直樹（2020年）」
◇地球堂 ⇒ 映画 「PERFECT DAYS」
◇筑摩書房 本社 ⇒ ドラマ 「私が恋愛できない理由」
◇茶寮 一松 ⇒ ドラマ 「99.9 —刑事専門弁護士 Season I」「DCU ～手錠を持ったダイバー～」「Doctor-X 外科医・大門未知子 3」「Doctor-X 外科医・大門未知子 5」「花咲舞が黙ってない（2015年）」
◇中国料亭 翠鳳 ⇒ ドラマ 「七人の秘書」「Doctor-X 外科医・大門未知子 4」「陸王」
◇Tea Room Nakaya ⇒ 映画 「踊る大捜査線 THE FINAL 新たなる希望」
◇てっぱん大吉 ⇒ ドラマ 「地味にスゴイ！ 校閲ガール・河野悦子」
◇伝法院通り ⇒ ドラマ 「地味にスゴイ！ 校閲ガール・河野悦子」
◇東京国立博物館 黒田記念館 ⇒ ドラマ 「あまちゃん」
◇東京国立博物館 黒門（旧因州池田屋敷表門）⇒ ドラマ 「天皇の料理番」
◇東京国立博物館 西側の門 ⇒ ドラマ 「ATARU」
◇東京国立博物館 表慶館 ⇒ 映画 「記憶にございません！」 ドラマ 「鍵のかかった部屋SP」
◇東京国立博物館 平成館 ⇒ ドラマ 「アンナチュラル」「天国と地獄 ～サイコな2人～」
◇東京国立博物館 平成館の大講堂 ⇒ ドラマ 「地味にスゴイ！ 校閲ガール・河野悦子」
◇東京国立博物館 法隆寺宝物館の中2階 ⇒ ドラマ 「日本沈没 —希望の人—」
◇東京国立博物館 本館 ⇒ 映画 「帝一の國」 ドラマ 「アンフェア the special ダブル・ミーニング 二重定義」「七人の秘書」「Doctor-X 外科医・大門未知子 3」「南極大陸」「花子とアン」「半沢直樹」「半沢直樹（2020年）」「リーガル・ハイ（2012年）」
◇東京メトロ銀座線浅草駅2番出入口 ⇒ ドラマ 「リーガル・ハイ（2012年）」
◇飛不動尊 正宝院 ⇒ 映画 「はやぶさ 遥かなる帰還」
◇トラヤ文具店 ⇒ ドラマ 「地味にスゴイ！ 校閲ガール・河野悦子」
◇鳥越 都寿司 ⇒ ドラマ 「Doctor-X 外科医・大門未知子 3」
◇鳥せん ⇒ ドラマ 「○○妻」
◇長岡日本刀研磨所 ⇒ ドラマ 「地味にスゴイ！ 校閲ガール・河野悦子」
◇二天門桟橋 ⇒ 映画 「こんにちは、母さん」
◇日本堤界隈 ⇒ 映画 「真夏の方程式」
◇初音小路飲食店街 ⇒ ドラマ 「地味にスゴイ！ 校閲ガール・河野悦子」
◇花やしき ⇒ ドラマ 「アンフェア the special ダブル・ミーニング 二重定義」「地味にスゴイ！ 校閲ガール・河野悦子」
◇東上野コリアンタウン ⇒ ドラマ 「ストロベリーナイト・サーガ」
◇東本願寺 ⇒ 映画 「燃えよ剣」
◇ファミリーマート 浅草雷門通り店の前 ⇒ ドラマ 「グランメゾン東京」
◇福ちゃん ⇒ 映画 「PERFECT DAYS」
◇弁天院公園 ⇒ 映画 「ぼくのおじさん」
◇待乳山聖天公園 ⇒ ドラマ 「ストロベリーナイト・サーガ」
◇マツバビルの前 ⇒ ドラマ 「ストロベリーナイト・サーガ」
◇「松よし」の前 ⇒ ドラマ 「Dr.倫太郎」
◇まるごとにっぽんのイベントスペース「おいしいのつくりかた」⇒ ドラマ 「グランメゾン東京」
◇水崎硝子 ⇒ ドラマ 「ストロベリーナイト・サーガ」
◇三井のリパーク東浅草2丁目第2 ⇒ ドラマ 「リーガル・ハイ（2012年）」
◇モードショップ ナカネ ⇒ ドラマ 「地味にスゴイ！ 校閲ガール・河野悦子」
◇柳橋中央通り ⇒ ドラマ 「Dr.倫太郎」
◇ヤング産業 東京支店ビル ⇒ ドラマ 「オールドルーキー」「マイファミリー」
◇遊舎工房 ⇒ ドラマ 「MIU404」
◇ヨドバシカメラ マルチメディア上野の前 ⇒ ドラマ 「義母と娘のブルース」
◇竜泉周辺 ⇒ 映画 「勝手にふるえてろ」
◇蓮風 ⇒ ドラマ 「99.9 —刑事専門弁護士 Season I」
◇lucite gallery ⇒ ドラマ 「Dr.倫太郎」

関東

墨田区

◇相生産婦人科 ⇒ ドラマ 「ガリレオ(2013年)」

◇吾妻橋のたもと ⇒ 映画 「雪の華」

◇御菓子司 さがみ庵 ⇒ ドラマ 「マルモのおきて」

◇川上生花店(フローリスト カワカミ) ⇒ ドラマ 「マルモのおきて」

◇キラキラ橘商店街 ⇒ ドラマ 「マルモのおきて」

◇キラキラ橘商店街にある「ブティック アパルーサ」 ⇒ ドラマ 「マルモのおきて」

◇錦糸町ニット ⇒ ドラマ 「ストロベリーナイト・サーガ」

◇弘福寺 ⇒ ドラマ 「BG ～身辺警護人～(2020年)」

◇言問橋 ⇒ 映画 「こんにちは、母さん」

◇桜橋下付近の公園 ⇒ 映画 「こんにちは、母さん」

◇桜橋通り ⇒ 映画 「こんにちは、母さん」

◇下総屋食堂 ⇒ ドラマ 「世界一難しい恋」「Doctor-X 外科医・大門未知子 3」

◇首都高速両国ジャンクションの下 ⇒ ドラマ 「Believe ―君にかける橋―」

◇スーパースポーツゼビオ オリナス錦糸町店 ⇒ ドラマ 「陸王」

◇隅田川 ⇒ ドラマ 「イチケイのカラス」

◇隅田川テラス ⇒ ドラマ 「Believe ―君にかける橋―」

◇隅田川テラス 言問橋付近 ⇒ 映画 「こんにちは、母さん」

◇隅田川テラス 墨田区総合運動場 ⇒ 映画 「東京リベンジャーズ」

◇墨田区総合体育館のメインアリーナ ⇒ ドラマ 「ドラゴン桜(2021年)」

◇墨田区役所の前 ⇒ ドラマ 「昼顔 ～平日午後3時の恋人たち」

◇墨田区立小梅小学校 ⇒ ドラマ 「ミステリと言う勿れ(2022年)」

◇隅田公園 そよ風ひろば ⇒ 映画 「こんにちは、母さん」

◇墨田聖書教会 ⇒ 映画 「こんにちは、母さん」

◇染谷商店の敷地内 ⇒ ドラマ 「銭の戦争」

◇立二会館 ⇒ ドラマ 「MOZU Season1 ～百舌の叫ぶ夜～」「MOZU Season2 ～幻の翼～」

◇竪川水門テラス連絡橋 ⇒ ドラマ 「Believe ―君にかける橋―」

◇デリカップ ⇒ ドラマ 「マルモのおきて」

◇電気湯 ⇒ 映画 「PERFECT DAYS」

◇東京スカイツリータウン ⇒ ドラマ 「あまちゃん」

◇都立横網町公園の復興記念館前 ⇒ ドラマ 「花咲舞が黙ってない(2014年)」

◇福田製作所 ⇒ ドラマ 「花咲舞が黙ってない(2015年)」

◇ホテル街 ⇒ ドラマ 「リーガルV ～元弁護士・小鳥遊翔子～」

◇三圍神社 ⇒ ドラマ 「ミステリと言う勿れ(2022年)」

◇もつ焼き 稲垣 ⇒ 映画 「イニシエーション・ラブ」

◇Ryuduki ⇒ ドラマ 「小さな巨人」「BG ～身辺警護人～(2020年)」「ラッキーセブン」

◇両国 河本メンタルクリニック ⇒ ドラマ 「マルモのおきて」

◇restaurant REGINA ⇒ ドラマ 「ラッキーセブン」

江東区

◇相生橋 ⇒ ドラマ 「PRICELESS～あるわけねえだろ、んなもん！～」「MIU404」

◇アヴァンセ リアン 東京 ⇒ ドラマ 「銭の戦争」

◇青海南ふ頭公園 ⇒ ドラマ 「私が恋愛できない理由」

◇青海2丁目の道路 ⇒ ドラマ 「踊る大捜査線 THE LAST TV サラリーマン刑事と最後の難事件」

◇暁橋 ⇒ 映画 「踊る大捜査線 THE MOVIE 3 ヤツらを解放せよ！」

◇あけみ橋東詰の階段 ⇒ ドラマ 「イチケイのカラス」

◇アーバンドックららぽーと豊洲 ⇒ ドラマ 「SPEC ～零～ 警視庁公安部公安第五課 未詳事件特別対策事件簿」

◇アーバンドックららぽーと豊洲付近 ⇒ ドラマ 「天国と地獄 ～サイコな2人～」

◇有明ガーデン ⇒ ドラマ「天国と地獄 ～サイコな2人～」
◇有明ガーデン北側の有明一丁目交差点 ⇒ ドラマ「MIU404」
◇有明北橋 ⇒ ドラマ「日本沈没 ―希望の人―」
◇有明北橋の南詰付近 ⇒ ドラマ「MIU404」
◇有明北緑道公園 ⇒ ドラマ「七人の秘書」
◇有明教育芸術短期大学 ⇒ ドラマ「Believe ―君にかける橋―」
◇有明コロシアム東交差点付近 ⇒ ドラマ「PRICELESS～あるわけねえだろ、んなもん！ ～」
◇有明テニスの森 有明コロシアム ⇒ ドラマ「オールドルーキー」
◇有明埠頭橋 ⇒ 映画「踊る大捜査線 THE FINAL 新たなる希望」
◇アンフェリシオン グランデ・オラシオン ⇒ ドラマ「PRICELESS～あるわけねえだろ、んなもん！ ～」
◇アンフェリシオン バンケット「カーサ」 ⇒ ドラマ「謎解きはディナーのあとで」
◇居酒屋だるま ⇒ ドラマ「99.9 ―刑事専門弁護士 Season Ⅱ」
◇イーストプロムナード ⇒ ドラマ「世にも奇妙な物語 2012 秋の特別編」
◇岩井橋の東詰 ⇒ ドラマ「マルモのおきて」
◇ヴィーナスフォート ⇒ ドラマ「私が恋愛できない理由」
◇越中島公園 ⇒ ドラマ「アイムホーム」
◇王子ホールディングス東雲研究センターの南側 ⇒ ドラマ「天国と地獄 ～サイコな2人～」
◇大江戸不動産 ⇒ ドラマ「下剋上球児」
◇大島川西支川と仙台堀川が交わる付近 ⇒ ドラマ「PRICELESS～あるわけねえだろ、んなもん！ ～」
◇大島川西支川に架かる御船橋 ⇒ ドラマ「マルモのおきて」
◇大矢運送 ⇒ ドラマ「99.9 ―刑事専門弁護士 Season Ⅰ」
◇大横川に架かる越中島橋 ⇒ ドラマ「天国と地獄 ～サイコな2人～」
◇小名木川が隅田川と合流する付近 ⇒ ドラマ「Doctor-X 外科医・大門未知子 3」
◇小名木川クローバー橋 ⇒ ドラマ「マルモのおきて」
◇オリゾンマーレの前 ⇒ ドラマ「天国と地獄 ～サイコな2人～」
◇かえつ有明中・高等学校の南側付近 ⇒ ドラマ「BG ～身辺警護人～ (2018年)」
◇角乗り橋 ⇒ ドラマ「小さな巨人」
◇角乗り橋北交差点付近 ⇒ 映画「踊る大捜査線 THE FINAL 新たなる希望」
◇角乗り橋下の国道357号線の歩道 ⇒ ドラマ「小さな巨人」
◇木場一・六町会事務所 ⇒ ドラマ「七人の秘書」「Doctor-X 外科医・大門未知子 4」「マイファミリー」
◇木場公園の「ふれあい広場」 ⇒ ドラマ「PRICELESS～あるわけねえだろ、んなもん！ ～」
◇清澄公園 ⇒ ドラマ「PRICELESS～あるわけねえだろ、んなもん！ ～」
◇京葉道路 (国道14号線) ⇒ ドラマ「99.9 ―刑事専門弁護士 Season Ⅰ」
◇コインランドリー呉竹 ⇒ ドラマ「MIU404」
◇江東区役所2階 こうとう情報ステーション ⇒ ドラマ「アイムホーム」
◇江東区立豊洲西小学校の前 ⇒ ドラマ「A LIFE ～愛しき人～」
◇国際交流館プラザ平成内の国際交流会議場 ⇒ ドラマ「Doctor-X 外科医・大門未知子 7」
◇国際交流館プラザ平成の北側 ⇒ ドラマ「ラッキーセブン」
◇国際自動車 (本社) 東雲営業所の屋上 ⇒ ドラマ「TOKYO MER 走る緊急救命室」
◇コスガ ⇒ ドラマ「Doctor-X 外科医・大門未知子 2」「Doctor-X 外科医・大門未知子 3」「Doctor-X 外科医・大門未知子 4」「マルモのおきて」「マルモのおきて スペシャル」
◇the SOHO ⇒ 映画「踊る大捜査線 THE FINAL 新たなる希望」「踊る大捜査線 THE MOVIE 3 ヤツらを解放せよ！」 ドラマ「踊る大捜査線 THE LAST TV サラリーマン刑事と最後の難事件」「オールドルーキー」
◇the SOHO の BAR LOUNGE ⇒ ドラマ「七人の秘書」「Doctor-X 外科医・大門未知子 6」
◇SAFARI PARKING ⇒ ドラマ「グランメゾ

関東

ン東京」

◇THE PENTHOUSE with weekend terrace ⇒ドラマ「ラジエーションハウス II ～放射線科の診断レポート～」

◇産業技術総合研究所近くの横断歩道 ⇒ドラマ「Doctor-X 外科医・大門未知子 4」

◇産業技術総合研究所臨海副都心センターの南側 ⇒ドラマ「ラジエーションハウス II ～放射線科の診断レポート～」「ラッキーセブン」

◇産業技術総合研究所臨海副都心センター別館の北側 ⇒ドラマ「ミステリと言う勿れ(2022年)」

◇しおかぜ橋 ⇒ドラマ「家政婦のミタ」「監察医 朝顔(第1シーズン)」

◇しおかぜ橋塩浜公園付近 ⇒ドラマ「踊る大捜査線 THE LAST TV サラリーマン刑事と最後の難事件」

◇潮見コヤマビル ⇒映画「踊る大捜査線 THE MOVIE 3 ヤツらを解放せよ!」

◇東雲運河に架かる有明北橋 ⇒映画「踊る大捜査線 THE MOVIE 3 ヤツらを解放せよ!」

◇芝浦工業大学の豊洲キャンパス ⇒ドラマ「リーガル・ハイ(2012年)」

◇首都高速9号深川線の枝川出口 ⇒ドラマ「99.9 ―刑事専門弁護士 Season I」

◇首都高速10号晴海線の高架下 ⇒ドラマ「アンフェア the special ダブル・ミーニング 二重定義」

◇ジュピターショップチャンネル(旧日立物流本社ビル) ⇒ドラマ「鍵のかかった部屋」「とんび(2013年)」

◇昭和大学江東豊洲病院 ⇒ドラマ「A LIFE ～愛しき人～」

◇昭和大学江東豊洲病院の屋上 ⇒ドラマ「A LIFE ～愛しき人～」

◇シンボルプロムナード公園「出会い橋」の下 ⇒ドラマ「HERO(2014年)」「私が恋愛できない理由」

◇シンボルプロムナード公園のウエストプロムナード ⇒ドラマ「イチケイのカラス」「Doctor-X 外科医・大門未知子 7」「ラジエーションハウス ～放射線科の診断レポート～」「ラジエーションハウス II ～放射線科の診断レポート～」「リーガル・ハイ(2012年)」「リーガルハイ・スペシャル(2014年)」

◇雀橋の下 ⇒ドラマ「BG ～身辺警護人～(2018年)」

◇スタジオピア ⇒ドラマ「七人の秘書」

◇スタジオピア Studio31 Bayside ⇒ドラマ「半沢直樹」

◇スタジオピア Pia34 辰巳 ⇒ドラマ「奥様は、取り扱い注意」「下町ロケット(2018年)」「ミステリと言う勿れ(2022年)」「MIU404」「MOZU Season1 ～百舌の叫ぶ夜～」「世にも奇妙な物語 2012 秋の特別編」

◇砂町銀座商店街 ⇒ドラマ「銭の戦争」

◇砂町銀座通り ⇒ドラマ「私の家政夫ナギサさん」

◇スポーツエンターテインメント広場の東側 ⇒ドラマ「七人の秘書」

◇隅田川大橋東詰付近 ⇒ドラマ「マルモのおきて」

◇隅田川に架かる新大橋 ⇒ドラマ「PRICELESS～あるわけねえだろ、んなもん! ～」

◇隅田川の堤防沿い ⇒ドラマ「PRICELESS ～あるわけねえだろ、んなもん! ～」

◇セブンイレブン江東牡丹1丁目店の前 ⇒ドラマ「天国と地獄 ～サイコな2人～」

◇ダイバーシティの前 ⇒ドラマ「アンチヒーロー」

◇タイム24ビルの会議室C ⇒ドラマ「鍵のかかった部屋」

◇タイム24ビルの北側 ⇒ドラマ「イチケイのカラス」

◇タイム24ビルの研修室134 ⇒ドラマ「ラジエーションハウス II ～放射線科の診断レポート～」

◇タイム24ビルの研修室141 ⇒ドラマ「ラジエーションハウス II ～放射線科の診断レポート～」

◇タイム24ビルの研修室142 ⇒ドラマ「ラジエーションハウス II ～放射線科の診断レポート～」

◇タイム24ビルの研修室145 ⇒ドラマ「ラジエーションハウス II ～放射線科の診断レポート～」

◇タイム24ビルの研修室183 ⇒ ドラマ 「アンナチュラル」

◇タイム24ビルの研修室202 ⇒ 映画 「踊る大捜査線 THE MOVIE 3 ヤツらを解放せよ！」

◇竹尾 湾岸物流センター ⇒ ドラマ 「私の家政夫ナギサさん」

◇辰巳の森海浜公園 ⇒ ドラマ 「Believe ―君にかける橋―」

◇辰巳の森公園と東京辰巳国際水泳場を結ぶ歩道橋の階段 ⇒ ドラマ 「アイムホーム」

◇辰巳の森緑道公園 ⇒ 映画 「HERO（2015年）」 ドラマ 「アイムホーム」「37歳で医者になった僕 ～研修医純情物語～」「銭の戦争」「小さな巨人」「Doctor-X 外科医・大門未知子 3」「Doctor-X 外科医・大門未知子 4」「Doctor-X 外科医・大門未知子 7」「HERO（2014年）」「リーガルV ～元弁護士・小鳥遊翔子～」

◇辰巳一丁目交差点北側の三ツ目通り ⇒ ドラマ 「天国と地獄 ～サイコな2人～」

◇小さなスナック由美 ⇒ ドラマ 「謎解きはディナーのあとで」

◇調練橋公園の南西側 ⇒ ドラマ 「マルモのおきて」

◇TFTビルの北側 ⇒ ドラマ 「ラスト・シンデレラ」

◇TFTビルの前 ⇒ ドラマ 「○○妻」

◇TFTビル東館の西側 ⇒ ドラマ 「グランメゾン東京」

◇テツソートランクルーム ⇒ ドラマ 「花咲舞が黙ってない（2015年）」

◇テレコムセンター展望台 ⇒ ドラマ 「地味にスゴイ！ 校閲ガール・河野悦子」

◇テレコムセンタービル ⇒ ドラマ 「アンナチュラル」「鍵のかかった部屋」「グランメゾン東京」「下町ロケット（2018年）」「スペシャリスト」「Doctor-X 外科医・大門未知子 5」「Doctor-X 外科医・大門未知子 7」「BG ～身辺警護人～（2018年）」「昼顔 ～平日午後3時の恋人たち」「リーガルV ～元弁護士・小鳥遊翔子～」

◇テレコムセンタービルの駐車場 ⇒ ドラマ 「SPEC ～零～ 警視庁公安部公安第五課 未詳事件特別対策事件簿」

◇東京海洋大学越中島キャンパス ⇒ ドラマ 「南極大陸」

◇東京海洋大学越中島キャンパスの1号館 ⇒ ドラマ 「Doctor-X 外科医・大門未知子 2」

◇東京ゲートブリッジ ⇒ ドラマ 「世界一難しい恋」

◇東京港湾合同庁舎の西側付近 ⇒ ドラマ 「踊る大捜査線 THE LAST TV サラリーマン刑事と最後の難事件」

◇東京国際クルーズターミナル ⇒ ドラマ 「ザ・トラベルナース」

◇東京国際交流館プラザ平成 ⇒ ドラマ 「BG ～身辺警護人～（2018年）」「リーガル・ハイ（2012年）」

◇東京国際交流館プラザ平成の前 ⇒ ドラマ 「七人の秘書」「私が恋愛できない理由」

◇東京国際交流館プラザ平成のメディアホール ⇒ ドラマ 「S ―最後の警官―」

◇東京都現代美術館の北側 ⇒ ドラマ 「マルモのおきて」

◇東京都交通局有明自動車営業所の西側付近 ⇒ ドラマ 「イチケイのカラス」

◇東京ビッグサイト ⇒ 映画 「踊る大捜査線 THE FINAL 新たなる希望」

◇東京ビッグサイト西側の水上バス乗り場 ⇒ 映画 「踊る大捜査線 THE MOVIE 3 ヤツらを解放せよ！」

◇東京ビッグサイト TFTホール1000 ⇒ ドラマ 「踊る大捜査線 THE LAST TV サラリーマン刑事と最後の難事件」

◇東京メトロ有楽町線豊洲駅1a出入口 ⇒ ドラマ 「ラッキーセブン」

◇東京夢の島マリーナの駐車場 ⇒ ドラマ 「TOKYO MER 走る緊急救命室」

◇東京臨海広域防災公園の北東側 ⇒ 映画 「踊る大捜査線 THE FINAL 新たなる希望」

◇東京臨海高速鉄道りんかい線東雲駅 ⇒ ドラマ 「PRICELESS～あるわけねえだろ、んなもん！ ～」

◇東京湾マリーナ ⇒ ドラマ 「MIU404」

◇東京湾マリーナのオーナーズルーム ⇒ ドラマ 「MIU404」

◇東日印刷 ⇒ ドラマ 「七人の秘書」

◇東日印刷本社の屋上 ⇒ ドラマ 「ストロベリーナイト・サーガ」

◇トピレックプラザの駐車場 ⇒ ドラマ 「DCU

〜手錠を持ったダイバー〜」

◇豊洲運河に架かる蛤橋 ⇒ ドラマ「花咲舞が黙ってない（2015年）」

◇豊洲キュービックガーデン ⇒ ドラマ「鍵のかかった部屋」「銭の戦争」

◇豊洲キュービックガーデン内の食堂 ⇒ ドラマ「Doctor-X 外科医・大門未知子 5」「Doctor-X 外科医・大門未知子 6」

◇豊洲キュービックガーデン内のホール ⇒ ドラマ「A LIFE 〜愛しき人〜」「Doctor-X 外科医・大門未知子 4」「Doctor-X 外科医・大門未知子 5」

◇豊洲キュービックガーデンの北東側 ⇒ ドラマ「花咲舞が黙ってない（2014年）」

◇豊洲キュービックガーデン前の晴海通り ⇒ ドラマ「Doctor-X 外科医・大門未知子 2」

◇豊洲ぐるり公園 ⇒ ドラマ「日本沈没 —希望の人—」

◇豊洲公園 ⇒ ドラマ「A LIFE 〜愛しき人〜」「オールドルーキー」

◇豊洲市場 ⇒ ドラマ「グランメゾン東京」

◇豊洲市場 水産仲卸売場棟の屋上 ⇒ ドラマ「七人の秘書」

◇豊洲市場 6街区 水産仲卸売場棟の屋上緑化広場 ⇒ ドラマ「グランメゾン東京」

◇豊洲市場 7街区の水産卸売場棟と管理施設棟を結ぶ通路 ⇒ ドラマ「VIVANT」

◇豊洲橋 ⇒ ドラマ「○○妻」

◇豊洲埠頭 ⇒ 映画「アンフェア the answer」

◇豊洲フロント付近 ⇒ ドラマ「ラッキーセブン」

◇豊洲一丁目バス停 ⇒ ドラマ「天国と地獄 〜サイコな2人〜」

◇豊洲6丁目の道路 ⇒ 映画「踊る大捜査線 THE FINAL 新たなる希望」

◇都立産業技術研究センターの前 ⇒ ドラマ「ラスト・シンデレラ」

◇肉のイチムラの前 ⇒ ドラマ「S —最後の警官—」

◇西深川橋 ⇒ 映画「植物図鑑 運命の恋、ひろいました」

◇日本科学未来館 ⇒ 映画「踊る大捜査線 THE FINAL 新たなる希望」ドラマ「ラッキーセブン スペシャル」

◇日本科学未来館の会議室3 ⇒ ドラマ「アイムホーム」「花咲舞が黙ってない（2014年）」「花咲舞が黙ってない（2015年）」「MOZU Season2 〜幻の翼〜」

◇日本科学未来館の北側 ⇒ ドラマ「HERO（2014年）」

◇日本科学未来館の旧展望レストラン ⇒ ドラマ「花咲舞が黙ってない（2014年）」

◇日本科学未来館の北東 ウエストプロムナード ⇒ ドラマ「イチケイのカラス」

◇日本科学未来館のみらいCANホール ⇒ ドラマ「ガリレオ（2013年）」

◇日本科学未来館の7階ドームシアターガイアの前 ⇒ ドラマ「MOZU Season1 〜百舌の叫ぶ夜〜」

◇日本システムテクノロジー ⇒ ドラマ「マルモのおきて」「マルモのおきて スペシャル」

◇日本図書輸送 東京物流センター ⇒ ドラマ「Believe —君にかける橋—」

◇日本橋 紅とん 門前仲町店 ⇒ ドラマ「花咲舞が黙ってない（2014年）」

◇日本ヒューレット・パッカード本社 社員食堂 ⇒ ドラマ「半沢直樹」

◇濃飛倉庫運輸の深川輸送センター営業所 ⇒ ドラマ「リーガル・ハイ（2012年）」

◇長谷工南砂町駅前ビル ⇒ ドラマ「半沢直樹（2020年）」

◇パナソニックセンター東京の前 ⇒ ドラマ「オールドルーキー」

◇晴海大橋 ⇒ ドラマ「ラスト・シンデレラ」

◇晴海通り ⇒ ドラマ「ラッキーセブン」

◇晴海通りを跨ぐ歩道橋 ⇒ ドラマ「七人の秘書」「リーガルV 〜元弁護士・小鳥遊翔子〜」

◇晴海通りの歩道 ⇒ ドラマ「花咲舞が黙ってない（2015年）」

◇春海橋公園 ⇒ ドラマ「オールドルーキー」「BG 〜身辺警護人〜（2018年）」

◇東砂スポーツセンターの大体育室 ⇒ ドラマ「オールドルーキー」

◇ビーコンタワーレジデンス ⇒ ドラマ「半沢直樹」

◇ファミリーマート東雲橋店の南側付近 ⇒ ドラマ「天国と地獄 〜サイコな2人〜」

◇フェリーふ頭入口交差点の北側付近 ⇒

ドラマ「Believe —君にかける橋—」
◇FOURSIS&CO豊洲メゾン ⇒ ドラマ「銭の戦争」
◇深川ギャザリア 屋上 ⇒ ドラマ「小さな巨人」「BG 〜身辺警護人〜(2020年)」
◇深川ギャザリアタワーS棟エントランス ⇒ ドラマ「BG 〜身辺警護人〜(2018年)」
◇深川一丁目児童遊園(通称・三角公園) ⇒ ドラマ「PRICELESS〜あるわけねえだろ、んなもん！ 〜」
◇フジクラ本社 ⇒ ドラマ「ガリレオXX 内海薫最後の事件 愚弄ぶ」
◇フジテレビ湾岸スタジオ ⇒ 映画「SP 革命篇」ドラマ「アンフェア シリーズ ダブル・ミーニング－Yes or No？」「イチケイのカラス」「謎解きはディナーのあとで」「HERO(2014年)」「ラジエーションハウス 〜放射線科の診断レポート〜」「ラジエーションハウス Ⅱ 〜放射線科の診断レポート〜」「ラスト・シンデレラ」「ラッキーセブン」「ラッキーセブン スペシャル」
◇フジテレビ湾岸スタジオの屋上 ⇒ 映画「踊る大捜査線 THE MOVIE 3 ヤツらを解放せよ！」ドラマ「ラッキーセブン」
◇フジテレビ湾岸スタジオの北側 ⇒ ドラマ「七人の秘書」
◇フジテレビ湾岸スタジオの地下駐車場 ⇒ ドラマ「監察医 朝顔(第1シーズン)」「ラッキーセブン」
◇フジテレビ湾岸スタジオの西側 ⇒ ドラマ「PRICELESS〜あるわけねえだろ、んなもん！ 〜」「ラジエーションハウス 〜放射線科の診断レポート〜」
◇フジテレビ湾岸スタジオの東側 ⇒ ドラマ「S —最後の警官—」
◇フジテレビ湾岸スタジオの1階ロビー ⇒ ドラマ「ミステリと言う勿れ(2022年)」
◇富士見橋 ⇒ ドラマ「イチケイのカラス」「Doctor-X 外科医・大門未知子 3」
◇ホテルイースト21東京 ⇒ ドラマ「37歳で医者になった僕 〜研修医純情物語〜」「下町ロケット(2015年)」「BG 〜身辺警護人〜(2018年)」
◇ホテルイースト21東京のカクテルラウンジパノラマ ⇒ ドラマ「七人の秘書」
◇ホテルサンルート有明の前 ⇒ ドラマ「○○妻」
◇ホームセンター コーナン 江東深川店 ⇒ ドラマ「ガリレオ(2013年)」
◇本間書店 ⇒ ドラマ「マルモのおきて」
◇前川製作所本社 ⇒ ドラマ「99.9 —刑事専門弁護士 Season Ⅰ」「銭の戦争」「小さな巨人」
◇丸武運輸 有明物流センターの非常階段 ⇒ ドラマ「MIU404」
◇萬年橋 ⇒ 映画「雪の華」ドラマ「天国と地獄 〜サイコな2人〜」「Doctor-X 外科医・大門未知子 2」「Doctor-X 外科医・大門未知子 3」「Doctor-X 外科医・大門未知子 4」「Doctor-X 外科医・大門未知子 5」「MIU404」
◇水の広場公園 ⇒ ドラマ「アンフェア the special ダブル・ミーニング 二重定義」「天国と地獄 〜サイコな2人〜」「Doctor-X 外科医・大門未知子 5」
◇水の広場公園のカスケード広場 ⇒ ドラマ「オールドルーキー」
◇南千石橋 ⇒ 映画「踊る大捜査線 THE FINAL 新たなる希望」
◇南千石橋バス停近くの横断歩道 ⇒ ドラマ「S —最後の警官—」
◇三野村 ⇒ ドラマ「花咲舞が黙ってない(2015年)」
◇木材会館 ⇒ ドラマ「PRICELESS〜あるわけねえだろ、んなもん！ 〜」「ラスト・シンデレラ」
◇ヤマザキショップ あそか病院前店 ⇒ ドラマ「グランメゾン東京」「半沢直樹(2020年)」
◇山城屋酒場 ⇒ ドラマ「ストロベリーナイト・サーガ」
◇ヤマタネ ⇒ ドラマ「天国と地獄 〜サイコな2人〜」
◇やまや ⇒ ドラマ「リーガル・ハイ(2012年)」
◇夢の大橋 ⇒ 映画「踊る大捜査線 THE FINAL 新たなる希望」ドラマ「アイムホーム」「アンフェア the special ダブル・ミーニング 二重定義」「SPEC 〜零〜 警視庁公安部公安第五課 未詳事件特別対策事件簿」「Doctor-X 外科医・大門未知子 5」「PRICELESS〜あるわけねえだろ、んなもん！ 〜」

◇夢の大橋の上 ⇒ ドラマ「リーガルハイ・スペシャル（2014年）」

◇夢の島公園 ⇒ ドラマ「私が恋愛できない理由」

◇ゆりかもめ 新豊洲駅付近 ⇒ 映画「踊る大捜査線 THE FINAL 新たなる希望」

◇ゆりかもめ 豊洲駅 ⇒ ドラマ「オールドルーキー」

◇ゆりかもめ 船の科学館駅 ⇒ ドラマ「ATARU スペシャル ニューヨークからの挑戦状」

◇横十間川親水公園 ⇒ ドラマ「マルモのおきて」

◇臨床福祉専門学校 ⇒ ドラマ「ガリレオ（2013年）」

◇霊厳寺 ⇒ ドラマ「ガリレオ（2013年）」

◇WOWOWの放送センター ⇒ ドラマ「謎解きはディナーのあとで」

品川区

◇青物横丁交差点 ⇒ ドラマ「ストロベリーナイト（2012年）」

◇アートヴィレッジ大崎セントラルタワー ⇒ ドラマ「家政婦のミタ」「ストロベリーナイト（2012年）」「銭の戦争」「PRICELESS ～あるわけねえだろ、んなもん！～」

◇アートヴィレッジ大崎セントラルタワーの車寄せ ⇒ ドラマ「銭の戦争」

◇一龍 屋台村 ⇒ ドラマ「MOZU Season1 ～百舌の叫ぶ夜～」「ラッキーセブン」

◇エコルとごし ⇒ ドラマ「下剋上球児」

◇ECHEZEAUX ⇒ ドラマ「アイムホーム」

◇大井北埠頭橋の下 ⇒ ドラマ「ミステリと言う勿れ（2022年）」

◇大井ふ頭中央海浜公園スポーツの森 しおさいドッグラン ⇒ ドラマ「マルモのおきて」

◇大森ベルポート ⇒ 映画「岸辺露伴 ルーヴルへ行く」「22年目の告白 私が殺人犯です」 ドラマ「天国と地獄 ～サイコな2人～」

◇大森ベルポート アトリウム ⇒ ドラマ「イチケイのカラス」「七人の秘書」「ミステリと言う勿れ（2022年）」

◇大森ベルポート東側 桜新道の歩道 ⇒ ドラマ「天国と地獄 ～サイコな2人～」

◇大森ベルポート ロビー ⇒ ドラマ「MIU404」

◇大森ベルポート A館東側の車寄せ ⇒ ドラマ「MIU404」

◇大森ベルポート E館 ⇒ ドラマ「花咲舞が黙ってない（2015年）」

◇大森ベルポート E館の警備室と廊下 ⇒ ドラマ「マイファミリー」

◇勝島運河 ⇒ ドラマ「HERO（2014年）」

◇CAFE&HALL ours ⇒ ドラマ「半沢直樹（2020年）」

◇上大崎交差点 ⇒ ドラマ「鍵のかかった部屋 SP」

◇Quintessence ⇒ ドラマ「ブラックペアン」

◇北品川公園 ⇒ ドラマ「ラッキーセブン」

◇北品川橋 ⇒ ドラマ「MOZU Season2 ～幻の翼～」「ラッキーセブン」「ラッキーセブン スペシャル」

◇北品川本通り商店街 ⇒ ドラマ「ラッキーセブン」

◇北品川1丁目の階段 ⇒ ドラマ「ラッキーセブン」

◇北品川1丁目の歩道橋 ⇒ ドラマ「ラッキーセブン」

◇旧仙台坂 ⇒ ドラマ「ラスト・シンデレラ」

◇旧東海道 ⇒ ドラマ「アンフェア the special ダブル・ミーニング 二重定義」

◇桐畑地下道 ⇒ ドラマ「BG ～身辺警護人～（2020年）」「ラッキーセブン スペシャル」

◇クリスタルヨットクラブ ⇒ ドラマ「アンフェア シリーズ ダブル・ミーニング－Yes or No？」

◇京浜運河に架かる「かもめ橋」の西詰付近 ⇒ ドラマ「MIU404」

◇京浜急行北品川駅南側の踏切 ⇒ ドラマ「アンフェア the special ダブル・ミーニング 二重定義」「ラッキーセブン」

◇国道1号線が目黒川を渡る五反田大橋 ⇒ ドラマ「S ―最後の警官―」

◇小関橋公園の前 ⇒ ドラマ「オールドルーキー」

◇五反田味ビル ⇒ ドラマ「リーガルV ～元弁護士・小鳥遊翔子～」

◇五反田公園 ⇒ ドラマ「ラスト・シンデレラ」

◇酒井理髪店の2階 ⇒ ドラマ「ラッキーセブ

関東

ン」「ラッキーセブン スペシャル」
◇桜田通り（国道1号線）⇒ドラマ「小さな巨人」「ラッキーセブン」
◇桜田通り（国道1号線）の歩道 ⇒ドラマ「リーガルV ～元弁護士・小鳥遊翔子～」
◇JR山手線をくぐる目黒川沿いのトンネル ⇒ドラマ「銭の戦争」
◇品川浦公園 ⇒ドラマ「ラッキーセブン」
◇品川浦公園前の八つ山通り ⇒ドラマ「ラッキーセブン」
◇品川エトワール女子高等学校 ⇒ドラマ「アイムホーム」「ストロベリーナイト（2012年）」
◇しながわ水族館 ⇒ドラマ「MIU404」
◇しながわ中央公園 ⇒ドラマ「花咲舞が黙ってない（2014年）」「半沢直樹Ⅱ エピソードゼロ 狙われた半沢直樹のパスワード」
◇品川埠頭 ⇒ドラマ「ラッキーセブン」
◇品川埠頭橋 ⇒ドラマ「天国と地獄 ～サイコな2人～」「半沢直樹（2020年）」
◇品川埠頭橋の西詰 ⇒ドラマ「BG ～身辺警護人～（2018年）」
◇品川埠頭変電所の北側付近 ⇒ドラマ「ミステリと言う勿れ（2022年）」
◇シーフォートスクエア ⇒ドラマ「義母と娘のブルース」
◇首都高速湾岸線を跨ぐ陸橋 ⇒映画「踊る大捜査線 THE MOVIE 3 ヤツらを解放せよ！」
◇首都高速湾岸線東京港トンネルのお台場側入口 ⇒映画「踊る大捜査線 THE MOVIE 3 ヤツらを解放せよ！」
◇首都高速2号目黒線の高架下 ⇒ドラマ「BG ～身辺警護人～（2018年）」
◇昭和大学上條記念館の上條ホール ⇒ドラマ「Believe ―君にかける橋―」
◇昭和大学上條記念館の北側 ⇒ドラマ「Believe ―君にかける橋―」
◇昭和大学病院中央棟の東側 ⇒ドラマ「銭の戦争」
◇シンクスマイル 東京本社 ⇒ドラマ「99.9 ―刑事専門弁護士 Season I」
◇ステーキハウス ビーエム戸越店 ⇒ドラマ「SP スペシャル 革命前日」
◇スフィアタワー天王洲 ⇒ドラマ「スペシャリスト」
◇住友不動産大崎ガーデンタワー ⇒ドラマ「義母と娘のブルース」
◇住友不動産大崎ガーデンタワーのロビー ⇒ドラマ「ドラゴン桜（2021年）」
◇清泉女子大学（旧島津公爵邸）⇒ドラマ「いだてん～東京オリムピック噺～」
◇清泉女子大学（旧島津公爵邸）の応接室 ⇒ドラマ「天皇の料理番」
◇仙台坂 ⇒ドラマ「ATARU スペシャル ニューヨークからの挑戦状」「ラスト・シンデレラ」
◇仙台坂トンネルの上付近 ⇒ドラマ「ラスト・シンデレラ」
◇セントラルイン五反田 ⇒ドラマ「○○妻」
◇「立会川河口堤防船だまり」付近 ⇒ドラマ「マルモのおきて」「マルモのおきて スペシャル」
◇ターニー ベーカリー カフェ ⇒ドラマ「私の家政夫ナギサさん」
◇長者丸踏切 ⇒ドラマ「七人の秘書」
◇長者丸踏切の前 山手線目黒道架道橋の下 ⇒ドラマ「スペシャリスト」
◇ツルハドラッグ 南品川店 ⇒ドラマ「ストロベリーナイト（2012年）」
◇TESCOM ⇒ドラマ「下町ロケット（2018年）」
◇寺田倉庫のハーバープレミアムビル ⇒ドラマ「私が恋愛できない理由」
◇天王洲アイル ⇒ドラマ「七人の秘書」
◇天王洲アイル シーフォートスクエア ⇒ドラマ「S ―最後の警官―」「ストロベリーナイト・サーガ」「世界一難しい恋」「逃げるは恥だが役に立つ」
◇天王洲アイル シーフォートスクエアのセンターコート ⇒ドラマ「救命病棟24時（2013年）」「銭の戦争」「PRICELESS～あるわけねえだろ、んなもん！～」
◇天王洲アイル シーフォートスクエアのセンターコート付近 ⇒ドラマ「BG ～身辺警護人～（2018年）」
◇天王洲アイル橋 ⇒ドラマ「GTO（2012年）」
◇天王洲運河沿いのボードウォーク ⇒ドラマ「義母と娘のブルース」

関東

◇天王洲セントラルタワー北側 ⇒ ドラマ「A LIFE ～愛しき人～」「義母と娘のブルース」「謎解きはディナーのあとで」「MOZU Season2 ～幻の翼～」
◇天王洲セントラルタワー北側のウッドデッキ ⇒ ドラマ「アイムホーム」
◇天王洲セントラルタワー北側のボードウォーク ⇒ ドラマ「S —最後の警官—」
◇天王洲橋 ⇒ ドラマ「MIU404」
◇天王洲ふれあい橋 ⇒ ドラマ「謎解きはディナーのあとで」
◇天王洲ふれあい橋近くのボードウォーク ⇒ ドラマ「A LIFE ～愛しき人～」
◇天妙国寺 ⇒ ドラマ「ATARU」「ラッキーセブン」
◇東京シティ競馬 ⇒ ドラマ「アンチヒーロー」
◇東京倉庫の勝島第2地区倉庫一般棟 ⇒ ドラマ「MIU404」
◇戸越六丁目会館 ⇒ ドラマ「ATARU」
◇戸越六丁目会館の向い側にある駐車場 ⇒ ドラマ「ATARU」
◇都立潮風公園 ⇒ ドラマ「HERO（2014年）」
◇都立潮風公園の噴水広場 ⇒ ドラマ「アンフェア the special ダブル・ミーニング 二重定義」
◇都立林試の森公園 ⇒ 映画「人魚の眠る家」
◇長島商店 ⇒ ドラマ「マルモのおきて」
◇中延温泉 松の湯 ⇒ ドラマ「Doctor-X 外科医・大門未知子 2」「Doctor-X 外科医・大門未知子 3」「Doctor-X 外科医・大門未知子 4」「Doctor-X 外科医・大門未知子 5」「Doctor-X 外科医・大門未知子 6」「Doctor-X 外科医・大門未知子 7」
◇中延商店街振興組合・事務所の前 ⇒ ドラマ「Doctor-X 外科医・大門未知子 4」
◇日本郵船コンテナターミナルの南側 ⇒ 映画「踊る大捜査線 THE FINAL 新たなる希望」
◇野村不動産天王洲ビル ⇒ ドラマ「半沢直樹（2020年）」
◇旗の台つりぼり店 ⇒ ドラマ「Doctor-X 外科医・大門未知子 6」「Doctor-X 外科医・大門未知子 7」
◇東品川海上公園 ⇒ ドラマ「家政婦のミタ」「花咲舞が黙ってない（2014年）」「未来への10カウント」「ラッキーセブン」「リーガル・ハイ（2012年）」
◇東品川海上公園の屋上庭園 ⇒ ドラマ「Dr.倫太郎」
◇100YEN SHOP meets前の戸越銀座商店街 ⇒ ドラマ「天国と地獄 ～サイコな2人～」
◇フジテレビ別館 ⇒ ドラマ「鍵のかかった部屋」「PRICELESS～あるわけねえだろ、んなもん！ ～」
◇船の科学館 南極観測船「宗谷」 ⇒ ドラマ「南極大陸」「ラッキーセブン」
◇船の科学館の駐車場 ⇒ ドラマ「ATARU スペシャル ニューヨークからの挑戦状」
◇法禅寺 ⇒ ドラマ「ラッキーセブン」
◇星薬科大学 本館第1ホール ⇒ ドラマ「南極大陸」
◇ホテルプリンセスガーデン ⇒ ドラマ「ラスト・シンデレラ」
◇南大井四丁目交差点 ⇒ ドラマ「義母と娘のブルース」
◇南大井五丁目交差点 ⇒ ドラマ「義母と娘のブルース」
◇目黒川沿い ⇒ ドラマ「花咲舞が黙ってない（2015年）」
◇目黒川沿いの道 ⇒ ドラマ「銭の戦争」「妖怪人間ベム」
◇目黒川沿いの遊歩道 ⇒ ドラマ「花咲舞が黙ってない（2015年）」
◇目黒川に架かる御成橋の南詰付近 ⇒ ドラマ「銭の戦争」
◇目黒川に架かる亀の甲橋 ⇒ ドラマ「Doctor-X 外科医・大門未知子 5」
◇目黒川に架かる品川橋 ⇒ ドラマ「とんび（2013年）」
◇目黒川に架かる品川橋南詰にある建物 ⇒ ドラマ「妖怪人間ベム」
◇目黒川に架かる新品川橋 ⇒ ドラマ「救命病棟24時（2013年）」
◇目黒川に架かる山本橋 ⇒ ドラマ「とんび（2013年）」
◇八潮2丁目の丁字路 ⇒ 映画「踊る大捜査線 THE FINAL 新たなる希望」
◇八ツ山アンダーパス付近 ⇒ ドラマ「ラッキーセブン」
◇八ツ山通りの下 ⇒ ドラマ「救命病棟24時

（2013年）」
◇吉野家 西五反田一丁目店 ⇒ 映画「SPEC ～天～ 劇場版」
◇立正大学 品川キャンパス ⇒ ドラマ「逃げるは恥だが役に立つ」
◇立正大学 品川キャンパスの教室 ⇒ ドラマ「アンチヒーロー」
◇リバーライトビル内の「Nico Nico TOWN」⇒ ドラマ「MIU404」
◇リヨン夢工房 中延店 ⇒ ドラマ「義母と娘のブルース」
◇ル・サンク大崎シティタワーの前 ⇒ ドラマ「S 一最後の警官一」
◇レ ミルフォイユ ドゥ リベルテ 五反田店 ⇒ ドラマ「ラスト・シンデレラ」「リーガルV ～元弁護士・小鳥遊翔子～」「私が恋愛できない理由」
◇ロワジールホテル品川シーサイド ⇒ ドラマ「アンチヒーロー」
◇YK-17ビルの北側 ⇒ ドラマ「マイファミリー」
◇若潮橋 ⇒ ドラマ「MIU404」

目黒区

◇アトリオドゥーエ碑文谷 ⇒ ドラマ「ラスト・シンデレラ」
◇五十嵐電機製作所 ⇒ ドラマ「銭の戦争」
◇ウェスティンホテル東京 ⇒ ドラマ「七人の秘書」
◇ウエスティンホテル東京のインペリアル&プレジデンシャルスイート ⇒ ドラマ「Doctor-X 外科医・大門未知子 4」
◇ウエスティンホテル東京の大宴会場「ギャラクシールーム」⇒ ドラマ「Doctor-X 外科医・大門未知子 7」
◇Q.E.D.CLUB ⇒ ドラマ「世界一難しい恋」
◇Q.E.D.CLUBのダイニングルーム ⇒ ドラマ「世界一難しい恋」
◇串若丸 本店 ⇒ ドラマ「未来への10カウント」
◇九品仏川緑道 ⇒ ドラマ「私が恋愛できない理由」
◇GLAMOROUS SUGAR ⇒ ドラマ「マイファミリー」
◇京王井の頭線の踏切 ⇒ 映画「真夏の方程式」
◇ジャスマック八雲スタジオ ⇒ ドラマ「天国と地獄 ～サイコな2人～」「半沢直樹」
◇ジャスマック八雲スタジオの前 ⇒ ドラマ「BG ～身辺警護人～（2020年）」
◇シャトーレストラン ジョエル・ロブション ⇒ ドラマ「アイムホーム」「ブラックペアン」
◇Souks 東京 ⇒ ドラマ「昼顔 ～平日午後3時の恋人たち」
◇スタジオピアのVenusスタジオ ⇒ ドラマ「ラスト・シンデレラ」
◇スタジオピアのStudio28 ヴィーナス ⇒ ドラマ「世にも奇妙な物語 2012 秋の特別編」
◇STUDIO 目黒本町 ⇒ ドラマ「日本沈没 一希望の人一」
◇スナック蝶 ⇒ ドラマ「ストロベリーナイト・サーガ」
◇田燕 まるかく三 池尻大橋 ⇒ ドラマ「オールドルーキー」
◇天雅 ⇒ ドラマ「ブラックペアン」
◇東京医療センター ⇒ ドラマ「37歳で医者になった僕 ～研修医純情物語～」
◇中根公園 ⇒ ドラマ「BG ～身辺警護人～（2020年）」
◇蕎仙坊 ⇒ ドラマ「鍵のかかった部屋SP」
◇パティスリー・スリールの前 ⇒ ドラマ「私が恋愛できない理由」
◇bizoux自由が丘店 店の前の通り ⇒ 映画「パラレルワールド・ラブストーリー」
◇FRAMES中目黒店 ⇒ 映画「怒り」
◇みどり荘 ⇒ ドラマ「半分、青い。」
◇目黒雅叙園 和室宴会場「竹林」⇒ ドラマ「天皇の料理番」
◇目黒川に架かる田楽橋 ⇒ ドラマ「銭の戦争」
◇目黒川に架かるなかめ公園橋 ⇒ ドラマ「アイムホーム」「七人の秘書」「MIU404」
◇目黒自動車交通 ⇒ ドラマ「S 一最後の警官一」
◇八雲3丁目の坂道 ⇒ ドラマ「銭の戦争」
◇Le Ressort ⇒ 映画「真夏の方程式」

関東

大田区

◇ANA Blue Base ⇒ ドラマ 「下剋上球児」
◇アプレシオ サンライズ蒲田店 ⇒ ドラマ 「ストロベリーナイト・サーガ」
◇荒川金属 ⇒ ドラマ 「ストロベリーナイト・サーガ」
◇池上 大坊 本行寺の鶴林殿 ⇒ ドラマ 「義母と娘のブルース」
◇池上本門寺の墓地 ⇒ ドラマ 「南極大陸」
◇イシザキ ⇒ ドラマ 「99.9 —刑事専門弁護士 Season Ⅱ」
◇壱番隊 ⇒ ドラマ 「99.9 —刑事専門弁護士 Season Ⅰ」「下町ロケット（2015年）」
◇稲荷橋 ⇒ ドラマ 「マルモのおきて」
◇えさ政釣船店の桟橋 ⇒ ドラマ 「イチケイのカラス」
◇大岡山運送 ⇒ ドラマ 「義母と娘のブルース」
◇大田スタジアムの南西付近 ⇒ ドラマ 「ストロベリーナイト（2012年）」
◇大森北の広場 ⇒ ドラマ 「MIU404」
◇大森赤十字病院の屋上庭園 ⇒ ドラマ 「私が恋愛できない理由」
◇オギノ時計店前 ⇒ ドラマ 「下町ロケット（2015年）」
◇カーウォッシュプロJONAN ⇒ ドラマ 「リーガルV ～元弁護士・小鳥遊翔子～」
◇カフェ・ド・キネマ ⇒ ドラマ 「ガリレオ（2013年）」
◇蒲田駅大通り ⇒ 映画 「シン・ゴジラ」
◇蒲田黒湯温泉ホテル末広 ⇒ 映画 「リップヴァンウィンクルの花嫁」
◇上池台1丁目の坂道 ⇒ ドラマ 「逃げるは恥だが役に立つ」「私の家政夫ナギサさん」
◇上池台4丁目の交差点 ⇒ ドラマ 「Dr.倫太郎」
◇環八通り ⇒ ドラマ 「スペシャリスト」「銭の戦争」
◇環八通りの穴守橋 ⇒ ドラマ 「マルモのおきて」
◇北千束北児童公園 ⇒ ドラマ 「義母と娘のブルース」
◇北前橋の下 ⇒ ドラマ 「ATARU」
◇北前堀緑地 ⇒ ドラマ 「ATARU」
◇北前堀緑地の北前橋付近 ⇒ ドラマ 「ATARU」
◇希望ヶ丘自治会館 ⇒ ドラマ 「私が恋愛できない理由」
◇キヤノン本社 ⇒ ドラマ 「日本沈没 —希望の人—」
◇キヤノン本社 御手洗毅記念館 ⇒ ドラマ 「日本沈没 —希望の人—」「半沢直樹（2020年）」
◇グリーンアップル歯科医院 ⇒ ドラマ 「ラスト・シンデレラ」
◇京急本線の高架下付近 ⇒ ドラマ 「銭の戦争」
◇鍵と錠の専門店まるよし ⇒ ドラマ 「義母と娘のブルース」
◇小池公園 ⇒ ドラマ 「Dr.倫太郎」
◇小池公園北側の丁字路 ⇒ ドラマ 「ガリレオ（2013年）」
◇子安八幡神社の東側 ⇒ ドラマ 「銭の戦争」
◇コングレスクエア羽田 ⇒ ドラマ 「イチケイのカラス」
◇山王小路飲食店街（通称・地獄谷） ⇒ ドラマ 「ザ・トラベルナース」「MIU404」
◇山王小路飲食店街 松喜, 久美付近 ⇒ ドラマ 「ひよっこ」
◇サンライズ蒲田 ⇒ ドラマ 「99.9 —刑事専門弁護士 Season Ⅰ」
◇サンワフォトスタジオ ⇒ ドラマ 「ガリレオXX 内海薫最後の事件 愚弄ぶ」
◇JR大森駅東口前 ⇒ ドラマ 「ガリレオ（2013年）」「ガリレオXX 内海薫最後の事件 愚弄ぶ」「ラスト・シンデレラ」
◇JR蒲田駅西口 ⇒ ドラマ 「アイムホーム」
◇重乃湯 ⇒ ドラマ 「ラッキーセブン」
◇芝浦食肉 大森店 ⇒ ドラマ 「下町ロケット（2015年）」
◇JALメンテナンスセンター ⇒ ドラマ 「ラッキーセブン」
◇JALメンテナンスセンター1の屋上 ⇒ ドラマ 「ラッキーセブン」
◇松竹撮影所 ⇒ 映画 「花戦さ」
◇城南島海浜公園 ⇒ ドラマ 「Dr.倫太郎」「マルモのおきて」
◇城南島2丁目の交差点 ⇒ ドラマ 「ミステリと言う勿れ（2022年）」

◇シンガポールバル Misakiya ⇒ ドラマ 「MIU404」

◇青果やまいち南蒲田店 ⇒ ドラマ 「銭の戦争」

◇関鉄工所 ⇒ ドラマ 「リーガル・ハイ（2012年）」

◇洗足池 ⇒ ドラマ 「Dr.倫太郎」

◇雑色商店街 ⇒ ドラマ 「未来への10カウント」

◇泰香園 ⇒ ドラマ 「A LIFE ～愛しき人～」

◇第一京浜（国道15号線）と環八通りが交差する南蒲田交差点 ⇒ ドラマ 「銭の戦争」

◇第1下川ビル ⇒ ドラマ 「アンチヒーロー」「ガリレオ（2013年）」「岸辺露伴は動かない〈2〉くしゃがら」「岸辺露伴は動かない〈8〉ジャンケン小僧」「ストロベリーナイト・サーガ」「銭の戦争」「花咲舞が黙ってない（2015年）」「ミステリと言う勿れ（2022年）」「MIU404」「妖怪人間ベム」

◇第1下川ビルの非常階段 ⇒ ドラマ 「ストロベリーナイト・サーガ」

◇高梨機械 ⇒ ドラマ 「監察医 朝顔（第1シーズン）」

◇たか濱 ⇒ ドラマ 「マルモのおきて」

◇竹沢商店 本店 ⇒ ドラマ 「未来への10カウント」

◇タヒラ堂書店の前 ⇒ ドラマ 「義母と娘のブルース」

◇多摩川 ⇒ ドラマ 「花咲舞が黙ってない（2014年）」

◇多摩川河川敷 六郷土手駅付近 ⇒ 映画 「僕達急行 A列車で行こう」

◇多摩川浅間神社 ⇒ 映画 「シン・ゴジラ」 ドラマ 「アイムホーム」

◇多摩川浅間神社社務所の屋上 ⇒ ドラマ 「Doctor-X 外科医・大門未知子 4」「Doctor-X 外科医・大門未知子 5」

◇多摩川浅間神社社務所前の駐車場 ⇒ ドラマ 「Believe —君にかける橋—」

◇多摩川浅間神社の境内 ⇒ ドラマ 「Doctor-X 外科医・大門未知子 スペシャル」

◇多摩川台公園 ⇒ ドラマ 「VIVANT」

◇多摩川にある桟橋 ⇒ ドラマ 「HERO（2014年）」

◇多摩川の堤防の上 ⇒ ドラマ 「オールドルーキー」「下町ロケット（2018年）」

◇多摩川六郷橋緑地 ⇒ ドラマ 「ラスト・シンデレラ」

◇中華麺舗 虎 ⇒ ドラマ 「SP スペシャル 革命前日」「スペシャリスト」「SPEC ～零～ 警視庁公安部公安第五課 未詳事件特別対策事件簿」「ラッキーセブン」

◇東急池上線石川台駅の北東付近 ⇒ ドラマ 「ガリレオ（2013年）」「とんび（2013年）」

◇東急池上線洗足池駅近くの階段 ⇒ ドラマ 「Dr.倫太郎」

◇東急池上線久が原駅 ⇒ ドラマ 「花咲舞が黙ってない（2014年）」

◇東急池上線の高架脇 ⇒ ドラマ 「銭の戦争」

◇東急多摩川線沿いの道 ⇒ ドラマ 「スペシャリスト」

◇東急プラザ蒲田の屋上「かまたえん」 ⇒ ドラマ 「アイムホーム」

◇東京国際空港の第1旅客ターミナルビル（ビッグバード） ⇒ ドラマ 「ラッキーセブン」

◇東京国際空港の第1旅客ターミナルビル（ビッグバード）のギャラクシーホール ⇒ ドラマ 「半沢直樹（2020年）」「ラッキーセブン」

◇東京国際空港の第1旅客ターミナルビル（ビッグバード）の南端付近 ⇒ ドラマ 「ラッキーセブン」

◇東京国際空港の第2旅客ターミナル ⇒ ドラマ 「DCU ～手錠を持ったダイバー～」「日本沈没 —希望の人—」

◇東京国際空港の第2旅客ターミナル国際線施設 ⇒ ドラマ 「半沢直樹（2020年）」

◇東京バイオテクノロジー専門学校 ⇒ ドラマ 「ハケンの品格（2020年）」

◇東京冷凍 ⇒ ドラマ 「99.9 —刑事専門弁護士 Season I」

◇鳥万 本店 ⇒ ドラマ 「オールドルーキー」

◇新田神社 ⇒ ドラマ 「ミステリと言う勿れ（2022年）」

◇日本エッチング ⇒ ドラマ 「リーガル・ハイ（2012年）」

◇日本工学院専門学校蒲田キャンパス ⇒ ドラマ 「Doctor-X 外科医・大門未知子 4」「Doctor-X 外科医・大門未知子 5」「Doctor-X 外科医・大門未知子 6」「Doctor-X 外科医・大門未知子 7」

◇日本航空第一テクニカルセンター ⇒ ドラマ「半沢直樹(2020年)」
◇呑川新橋 ⇒ 映画「シン・ゴジラ」
◇呑川に掛かるあやめ橋 ⇒ ドラマ「花咲舞が黙ってない(2014年)」
◇呑川に架かる日蓮橋 ⇒ ドラマ「私の家政夫ナギサさん」
◇呑川に架かる八幡橋 ⇒ ドラマ「下町ロケット(2018年)」
◇呑川に架かる本村橋 ⇒ ドラマ「ガリレオ(2013年)」
◇萩原製作所 ⇒ ドラマ「99.9 —刑事専門弁護士 Season Ⅱ」
◇パティスリー クレソン ⇒ ドラマ「義母と娘のブルース」
◇羽田イノベーションシティ ⇒ ドラマ「半沢直樹(2020年)」
◇羽田イノベーションシティ ZONE K 棟の廊下 ⇒ ドラマ「アンチヒーロー」
◇羽田スタジオのミーティングルーム ⇒ ドラマ「Doctor-X 外科医・大門未知子 4」
◇羽田屋伊東商店 ⇒ ドラマ「ATARU」
◇PUB SNACK コーラル ⇒ ドラマ「銭の戦争」
◇バーボーンロード ⇒ ドラマ「下町ロケット(2015年)」
◇東糀谷五丁目公園の南側 ⇒ ドラマ「99.9 —刑事専門弁護士 Season Ⅱ」
◇東雪谷三丁目の坂道 ⇒ ドラマ「義母と娘のブルース」
◇ファミリーマート大田仲池上一丁目店の南側 ⇒ ドラマ「アイムホーム」
◇藤美幼稚園 ⇒ ドラマ「私の家政夫ナギサさん」
◇平和島のトラックターミナル ⇒ ドラマ「とんび(2013年)」
◇宝来公園 ⇒ ドラマ「梅ちゃん先生」
◇満天酒場 大森店 ⇒ ドラマ「義母と娘のブルース」
◇明神湯 ⇒ ドラマ「おかえりモネ」「Doctor-X 外科医・大門未知子 2」「とんび(2013年)」
◇Milpa ⇒ ドラマ「アイムホーム」
◇「むかい歯科」の前 ⇒ ドラマ「ATARU」
◇MEGAドン・キホーテ大森山王店 ⇒ ドラマ「義母と娘のブルース」
◇やきとん 豚番長 蒲田店 ⇒ ドラマ「99.9 —刑事専門弁護士 Season Ⅰ」「下町ロケット(2015年)」
◇矢口南町会事務所 ⇒ ドラマ「ATARU」
◇八鍬セイキ ⇒ ドラマ「Doctor-X 外科医・大門未知子 5」
◇大和屋ビル前の電柱 ⇒ ドラマ「義母と娘のブルース」
◇雪ヶ谷八幡神社 ⇒ 映画「沈黙のパレード」
◇よい仕事おこしプラザ ⇒ ドラマ「半沢直樹(2020年)」
◇リヨン クローバー 雑色店 ⇒ ドラマ「義母と娘のブルース」
◇蓮月 ⇒ ドラマ「99.9 —刑事専門弁護士 Season Ⅱ」

世田谷区

◇愛隣幼稚園 ⇒ ドラマ「グランメゾン東京」
◇アメリカンスタジアム ⇒ ドラマ「PRICELESS～あるわけねえだろ、んなもん！～」
◇アンポンタン ⇒ ドラマ「マイファミリー」
◇イケハラ ⇒ ドラマ「私が恋愛できない理由」
◇ヴィルヌーブタワー駒沢 ⇒ ドラマ「日本沈没 —希望の人—」
◇ヴィレッジヴァンガード下北沢店 ⇒ 映画「モテキ」
◇岡本3丁目の坂 ⇒ ドラマ「VIVANT」「S —最後の警官—」「コード・ブルー ドクターヘリ緊急救命 2nd. SEASON」
◇カフェ ソウルツリー ⇒ 映画「雪の華」
◇烏山公園 ⇒ ドラマ「S —最後の警官—」
◇関東中央病院 ⇒ ドラマ「37歳で医者になった僕 ～研修医純情物語～」「天国と地獄 ～サイコな2人～」
◇木村屋酒店 ⇒ ドラマ「謎解きはディナーのあとで」「HERO(2014年)」
◇京王井の頭線沿いの道 ⇒ ドラマ「スペシャリスト」
◇京王井の頭線の踏切 ⇒ ドラマ「スペシャリスト」

◇けやき広場 ⇒ ドラマ「銭の戦争」
◇けやき広場にある公衆便所 ⇒ ドラマ「銭の戦争」
◇工房花屋 ⇒ ドラマ「義母と娘のブルース」「マイファミリー」
◇国立成育医療研究センター ⇒ ドラマ「義母と娘のブルース」
◇国立成育医療研究センター病院の成育庭園 ⇒ ドラマ「奥様は、取り扱い注意」
◇こどものひろば公園 ⇒ ドラマ「BG ～身辺警護人～(2018年)」
◇駒沢オリンピック公園総合運動場の屋内球技場北側 ⇒ ドラマ「ストロベリーナイト(2012年)」
◇ざこや ⇒ ドラマ「義母と娘のブルース」
◇SUNDAY ⇒ 映画「パラレルワールド・ラブストーリー」
◇SundayBrunch 下北沢店 ⇒ ドラマ「オールドルーキー」
◇下北沢いちねん ⇒ ドラマ「ストロベリーナイト・サーガ」
◇浄眞寺(九品仏)の参道 ⇒ ドラマ「BG ～身辺警護人～(2020年)」
◇浄土宗 無量寺 ⇒ ドラマ「BG ～身辺警護人～(2018年)」
◇腎内科クリニック世田谷 ⇒ ドラマ「37歳で医者になった僕 ～研修医純情物語～」
◇スキット“ロート”千歳烏山 ⇒ ドラマ「未来への10カウント」
◇Studio Sound DALI の Studio A ⇒ 映画「沈黙のパレード」
◇スタジオピアのPia11 世田谷 ⇒ ドラマ「銭の戦争」
◇studio mon 尾山台スタジオ ⇒ ドラマ「逃げるは恥だが役に立つ」「未来への10カウント」
◇studio mon 自由が丘スタジオ ⇒ ドラマ「アンチヒーロー」
◇成城アルプス ⇒ ドラマ「オールドルーキー」「BG ～身辺警護人～(2018年)」
◇成城大学 ⇒ 映画「男はつらいよ お帰り 寅さん」
◇世田谷ものづくり学校 ⇒ ドラマ「半分、青い。」
◇第三京浜(国道466号線)六所橋の下 ⇒ ドラマ「BG ～身辺警護人～(2020年)」
◇第三京浜道路の下 ⇒ ドラマ「アイムホーム」
◇千歳書店 ⇒ 映画「沈黙のパレード」
◇TREE OF HEARTの前 ⇒ ドラマ「BG ～身辺警護人～(2020年)」
◇東急世田谷線の踏切 ⇒ ドラマ「アンナチュラル」
◇東急東横線沿いの道 ⇒ ドラマ「私が恋愛できない理由」
◇東急目黒線奥沢駅前の奥沢1号踏切 ⇒ ドラマ「Believe —君にかける橋—」
◇東急目黒線奥沢2号踏切 ⇒ ドラマ「BG ～身辺警護人～(2020年)」
◇東京都立深沢高等学校東側の呑川沿い ⇒ ドラマ「HERO(2014年)」
◇東京農業大学 ⇒ ドラマ「日本沈没 —希望の人—」
◇東京農業大学 アカデミアセンター屋上庭園 ⇒ ドラマ「日本沈没 —希望の人—」
◇東京農業大学 1号館講義棟 ⇒ ドラマ「日本沈没 —希望の人—」
◇等々力不動尊バス停 ⇒ ドラマ「BG ～身辺警護人～(2018年)」
◇等々力不動尊前の目黒通り ⇒ ドラマ「アイムホーム」
◇等々力1丁目の階段 ⇒ ドラマ「PRICELESS ～あるわけねえだろ、んなもん！～」
◇等々力1丁目の階段の上 ⇒ ドラマ「アイムホーム」
◇等々力1丁目の坂道 ⇒ ドラマ「ガリレオ(2013年)」
◇南海工業 ⇒ ドラマ「MIU404」
◇NISHIann cafe ⇒ ドラマ「リーガル・ハイ(2012年)」
◇日本大学スポーツ科学部の低酸素トレーニング室 ⇒ ドラマ「オールドルーキー」
◇日本大学スポーツ科学部の流水プール ⇒ ドラマ「オールドルーキー」
◇野毛2丁目の道路 ⇒ ドラマ「半沢直樹」
◇野沢公園 ⇒ ドラマ「ラスト・シンデレラ」
◇呑川に架かる伊勢橋付近 ⇒ ドラマ「銭の戦争」「謎解きはディナーのあとで」
◇呑川に架かる西山橋 ⇒ ドラマ「あまちゃん」

◇呑川に架かる三島橋の西詰 ⇒ ドラマ 「義母と娘のブルース」
◇ハウジングプラザ瀬田 ⇒ ドラマ 「私が恋愛できない理由」
◇ハウススタジオ・スタイル成城 ⇒ ドラマ 「謎解きはディナーのあとで」
◇萩原家住宅 ⇒ ドラマ 「ザ・トラベルナース」
◇PATISSERIE Miyahara ⇒ ドラマ 「私が恋愛できない理由」
◇ハミングステージ桜新町店 ⇒ ドラマ 「妖怪人間ベム」
◇美宝堂 ⇒ ドラマ 「ATARU」
◇FUNGO 三宿 ⇒ ドラマ 「ガリレオ（2013年）」
◇フェアリーバレエスタジオ ⇒ ドラマ 「Doctor-X 外科医・大門未知子 5」
◇富士見坂 ⇒ ドラマ 「アンナチュラル」
◇プラネアール 上北沢1スタジオ ⇒ ドラマ 「BG ～身辺警護人～（2020年）」
◇プラネアールの桜上水スタジオ ⇒ ドラマ 「BG ～身辺警護人～（2020年）」
◇プラネアール 明大前スタジオ ⇒ ドラマ 「リーガルV ～元弁護士・小鳥遊翔子～」
◇フラワースタイル・ベオーネ ⇒ ドラマ 「義母と娘のブルース」
◇松本記念音楽迎賓館 ⇒ ドラマ 「グランメゾン東京」「スペシャリスト」「謎解きはディナーのあとで」「リーガル・ハイ（2012年）」
◇松本記念音楽迎賓館のサロン ⇒ ドラマ 「小さな巨人」
◇松本記念音楽迎賓館のレセプションルーム ⇒ 映画 「ストロベリーナイト（2013年）」
◇Mr.FARMER 駒沢公園店 ⇒ ドラマ 「オールドルーキー」
◇明大前駅 ⇒ 映画 「花束みたいな恋をした」
◇ユー花園 下北沢本店 ⇒ ドラマ 「コード・ブルー ドクターヘリ緊急救命 2nd. SEASON」
◇ユリの木公園 ⇒ ドラマ 「アイムホーム」「アンナチュラル」「奥様は、取り扱い注意」
◇ユリの木公園交差点付近 ⇒ ドラマ 「アンナチュラル」
◇ユリの木通り ⇒ ドラマ 「アンナチュラル」
◇用賀いらか道 ⇒ ドラマ 「アイムホーム」
◇用賀倶楽部 ⇒ ドラマ 「鍵のかかった部屋」「PRICELESS～あるわけねえだろ、んなもん！ ～」
◇用賀の商店街 ⇒ ドラマ 「義母と娘のブルース」
◇ラランジェ ⇒ ドラマ 「MIU404」
◇リコー砧グラウンド ⇒ ドラマ 「99.9 ―刑事専門弁護士 Season I 」
◇RAIN ON THE ROOF ⇒ ドラマ 「アンチヒーロー」
◇わぐや ⇒ ドラマ 「義母と娘のブルース」

渋谷区

◇青山壹番館 ⇒ ドラマ 「鍵のかかった部屋」「Doctor-X 外科医・大門未知子 3」
◇青山ブックセンター本店 ⇒ ドラマ 「オールドルーキー」「スペシャリスト」
◇赤坂焼肉KINTAN ⇒ ドラマ 「オールドルーキー」
◇アジアン屋台バル クアトロ ⇒ ドラマ 「Doctor-X 外科医・大門未知子 6」
◇Urth Caffe 東京・代官山店 ⇒ ドラマ 「ラスト・シンデレラ」
◇and people jinnan ⇒ ドラマ 「逃げるは恥だが役に立つ」
◇井ノ頭通りの上原三丁目交差点付近 ⇒ 映画 「SP 野望篇」 ドラマ 「SP スペシャル 革命前日」
◇井ノ頭通りの富ヶ谷交差点東側付近 ⇒ ドラマ 「日本沈没 ―希望の人―」
◇イリスネイル 恵比寿店 ⇒ ドラマ 「ATARU」
◇IL BOCCALONE ⇒ ドラマ 「地味にスゴイ！ 校閲ガール・河野悦子」
◇ウエスティンホテル東京の北側付近 ⇒ ドラマ 「銭の戦争」
◇上原公園 ⇒ ドラマ 「アイムホーム」
◇NHK放送センター ⇒ ドラマ 「おかえりモネ」「半分、青い。」
◇恵比寿ガーデンプレイス ⇒ ドラマ 「スペシャリスト」
◇恵比寿公園 ⇒ ドラマ 「アンナチュラル」
◇恵比寿たつや 駅前店 ⇒ ドラマ 「ザ・トラベルナース」「私が恋愛できない理由」
◇恵比寿たつや 駅前店の地下 ⇒ ドラマ 「天国

と地獄 ～サイコな2人～」
◇恵比寿東公園 ⇒ ドラマ「アンフェア シリーズ ダブル・ミーニング－Yes or No？」「SPEC ～翔～ 警視庁公安部公安第五課 未詳事件特別対策係事件簿」
◇恵比寿ビジネスタワー ⇒ ドラマ「アイムホーム」
◇恵比寿プライムスクエア ⇒ ドラマ「アンナチュラル」
◇恵比寿南一公園 ⇒ ドラマ「マルモのおきて」
◇恵比寿南二公園 ⇒ ドラマ「アイムホーム」
◇小田急小田原線が井の頭通りを跨ぐ高架下 ⇒ ドラマ「アイムホーム」
◇表参道 ⇒ ドラマ「あまちゃん」「リーガル・ハイ（2012年）」
◇俺流塩らーめん 南平台店 ⇒ ドラマ「BG ～身辺警護人～（2020年）」
◇外苑西通りを跨ぐ「原宿陸橋」 ⇒ ドラマ「アイムホーム」
◇外苑西通りを跨ぐ「原宿陸橋」の上 ⇒ ドラマ「Dr.倫太郎」
◇カシオ計算機本社 ⇒ ドラマ「ストロベリーナイト（2012年）」「Doctor-X 外科医・大門未知子 3」
◇カシオ計算機本社の社員食堂 ⇒ ドラマ「ストロベリーナイト（2012年）」
◇カフェ・ミケランジェロ前の旧山手通り ⇒ 映画「SP 革命篇」
◇カワイ表参道の前 ⇒ ドラマ「私が恋愛できない理由」
◇きく屋 渋谷本店 ⇒ ドラマ「MIU404」
◇喫茶銀座 ⇒ ドラマ「ATARU」「ストロベリーナイト（2012年）」「世界一難しい恋」「銭の戦争」「Dr.倫太郎」「リーガル・ハイ（2012年）」
◇CAST：渋谷店 ⇒ ドラマ「BG ～身辺警護人～（2020年）」
◇旧渋谷川暗渠の上 ⇒ ドラマ「ストロベリーナイト（2012年）」
◇旧山手通り ⇒ 映画「窮鼠はチーズの夢を見る」ドラマ「半沢直樹」
◇旧山手通りの西郷橋 ⇒ ドラマ「七人の秘書」
◇旧山手通りの西郷橋北詰にある階段 ⇒ ドラマ「半沢直樹」
◇QUARTZ GALLERY ⇒ ドラマ「ブラックペアン」
◇Quartz Tower のクオーツギャラリー ⇒ ドラマ「BG ～身辺警護人～（2020年）」
◇楠本商店 ⇒ ドラマ「私が恋愛できない理由」
◇GOOD TOWN BAKEHOUSE ⇒ ドラマ「オールドルーキー」
◇クラシカ表参道 ⇒ ドラマ「99.9 ―刑事専門弁護士 Season I」
◇GRACE CONTINENTAL 代官山本店 ⇒ ドラマ「アンナチュラル」
◇京王線の高架下 ⇒ ドラマ「銭の戦争」
◇京王線の高架脇 ⇒ ドラマ「銭の戦争」
◇京王線の幡ヶ谷第1架道橋の下 ⇒ ドラマ「スペシャリスト」
◇國學院大學渋谷キャンパス ⇒ ドラマ「謎解きはディナーのあとで」「HERO（2014年）」
◇国立代々木競技場 ⇒ 映画「バケモノの子」
◇国立代々木競技場の第一体育館 ⇒ 映画「キリエのうた」ドラマ「私が恋愛できない理由」
◇五輪橋交差点の歩道橋 ⇒ ドラマ「私が恋愛できない理由」
◇サイバーコンサルタント ⇒ ドラマ「99.9 ―刑事専門弁護士 Season II」
◇桜丘カフェ ⇒ 映画「東京リベンジャーズ2 血のハロウィン編 ―運命―/―決戦―」
◇笹塚NAビルオフィス棟 ⇒ ドラマ「花咲舞が黙ってない（2015年）」
◇笹塚NAビルの東側 ⇒ ドラマ「銭の戦争」
◇笹塚NAビル東側のパティオ ⇒ ドラマ「ストロベリーナイト・サーガ」
◇笹塚ボウル ⇒ ドラマ「ラスト・シンデレラ」
◇THE MUSIC BAR -CAVE SHIBUYA－ ⇒ ドラマ「アンチヒーロー」
◇猿楽橋 ⇒ ドラマ「MOZU Season1 ～百舌の叫ぶ夜～」
◇猿楽橋脇の階段 ⇒ ドラマ「MOZU Season1 ～百舌の叫ぶ夜～」
◇参宮橋交差点の南側付近 ⇒ ドラマ「未来への10カウント」
◇渋谷駅周辺 ⇒ 映画「バケモノの子」
◇渋谷駅前 ⇒ ドラマ「ガリレオ（2013年）」

◇渋谷 エクセルホテル東急 ⇒ ドラマ「S ―最後の警官―」

◇shibuya eggman ⇒ ドラマ「ラジエーションハウス ～放射線科の診断レポート～」

◇渋谷消防署原宿出張所の前 ⇒ ドラマ「地味にスゴイ！ 校閲ガール・河野悦子」

◇渋谷スクランブル交差点 ⇒ 映画「東京リベンジャーズ」

◇渋谷センター街 ⇒ 映画「バケモノの子」

◇渋谷ソラスタ ⇒ ドラマ「半沢直樹Ⅱ エピソードゼロ 狙われた半沢直樹のパスワード」

◇渋谷氷川神社 ⇒ ドラマ「梅ちゃん先生」

◇渋谷氷川神社の階段 ⇒ ドラマ「Dr.倫太郎」「BG ～身辺警護人～（2018年）」

◇渋谷氷川神社の参道 ⇒ ドラマ「アンナチュラル」

◇渋谷ファッション＆アート専門学校 ⇒ ドラマ「義母と娘のブルース」

◇雀荘華 ⇒ 映画「blank13」

◇首都高速4号新宿線の高架下 ⇒ ドラマ「アンフェア シリーズ ダブル・ミーニング－Yes or No？」

◇上越やすだ 恵比寿店 ⇒ ドラマ「半沢直樹（2020年）」

◇将棋会館 ⇒ 映画「聖の青春」

◇Zeal Holdings ⇒ ドラマ「下町ロケット（2018年）」

◇神宮通公園トイレ（あまやどり）⇒ 映画「PERFECT DAYS」

◇神宮前トーラス ⇒ ドラマ「リーガル・ハイ（2012年）」

◇新宿文化クイントビルの前 ⇒ ドラマ「S ―最後の警官―」「奥様は、取り扱い注意」「天国と地獄 ～サイコな2人～」

◇JINNAN CAFE 渋谷店 ⇒ ドラマ「スペシャリスト」「Believe ―君にかける橋―」「HERO（2014年）」「リーガルV ～元弁護士・小鳥遊翔子～」

◇スイーツパラダイス SoLaDo原宿店 ⇒ ドラマ「ラッキーセブン」

◇スタジオ・エコーの「恵比寿・エコー劇場」⇒ ドラマ「スペシャリスト」

◇STAR JEWELRY 表参道店 ⇒ ドラマ「ラスト・シンデレラ」

◇スパニッシュラウンジ パラドール ⇒ ドラマ「花咲舞が黙ってない（2014年）」

◇セルリアンタワー東急ホテル ⇒ 映画「シン・ウルトラマン」ドラマ「七人の秘書」

◇セルリアンタワー東急ホテル コーナースイート（エグゼクティブフロア）⇒ ドラマ「半沢直樹（2020年）」

◇千駄谷小交差点 ⇒ ドラマ「あまちゃん」

◇dining &bar KITSUNE ⇒ 映画「SCOOP！」ドラマ「アンナチュラル」「Doctor-X 外科医・大門未知子 6」「PRICELESS～あるわけねえだろ、んなもん！ ～」「ラジエーションハウス Ⅱ ～放射線科の診断レポート～」

◇ダカフェ恵比寿 ⇒ ドラマ「オールドルーキー」

◇田中千代ファッションカレッジ ⇒ ドラマ「スペシャリスト」

◇タブローズラウンジ ⇒ ドラマ「日本沈没 ―希望の人―」

◇ターンテーブル ⇒ 映画「ミッドナイトスワン」

◇中華そば福寿 ⇒ ドラマ「半沢直樹（2020年）」

◇九十九とんこつラーメン 恵比寿本店 ⇒ ドラマ「救命病棟24時（2013年）」「謎解きはディナーのあとで」

◇Digital Garage 本社 ⇒ ドラマ「イチケイのカラス スペシャル」

◇でんきのあきもと ⇒ ドラマ「七人の秘書」

◇東京渋谷ライブハウス「チェルシーホテル」⇒ ドラマ「GTO（2012年）」

◇東京スター銀行 渋谷支店ファイナンシャル・ラウンジ ⇒ ドラマ「PRICELESS～あるわけねえだろ、んなもん！ ～」

◇ドーミーインPREMIUM渋谷神宮前 ⇒ ドラマ「救命病棟24時（2013年）」

◇富ヶ谷交差点の歩道橋 ⇒ ドラマ「ストロベリーナイト・サーガ」

◇TOLIDOLL 本社 ⇒ ドラマ「半沢直樹Ⅱ エピソードゼロ 狙われた半沢直樹のパスワード」

◇七号通り公園トイレ ⇒ 映画「PERFECT DAYS」

◇鍋島松濤公園 ⇒ ドラマ「アイムホーム」

「BG ～身辺警護人～(2018年)」
◇西原一丁目公園トイレ(ANDON TOILET) ⇒ 映画 「PERFECT DAYS」
◇Hailey'5 Cafe 渋谷BEAM店 ⇒ ドラマ 「天国と地獄 ～サイコな2人～」
◇HAKUJU HALLのホワイエ ⇒ ドラマ 「ルーズヴェルト・ゲーム」
◇BARすがはらの前 ⇒ ドラマ 「ラッキーセブン」
◇幡ヶ谷六号通り商店街 ⇒ 映画 「バケモノの子」
◇服部栄養専門学校の第6調理実習室 ⇒ ドラマ 「アイムホーム」
◇HELLO CYCLING いちご西参道ビルの駐輪場 ⇒ ドラマ 「天国と地獄 ～サイコな2人～」
◇ビクタースタジオ ⇒ ドラマ 「あまちゃん」
◇FINANCIAL AGENCY ⇒ ドラマ 「アンナチュラル」「逃げるは恥だが役に立つ」
◇VOLKS 西参道店 ⇒ ドラマ 「奥様は、取り扱い注意」
◇フォンダ・デ・ラ・マドゥルガーダ ⇒ ドラマ 「マルモのおきて」
◇FREEMAN CAFE ⇒ ドラマ 「家政婦のミタ」「ストロベリーナイト(2012年)」「逃げるは恥だが役に立つ」「MIU404」
◇Premium Dental Care EBISU DAIKANYAMA ⇒ ドラマ 「逃げるは恥だが役に立つ」
◇HERMES BLDG ⇒ ドラマ 「アイムホーム」
◇ボーネルンド本店 ⇒ ドラマ 「マルモのおきて」
◇MERCER CAFE DANRO ⇒ ドラマ 「オールドルーキー」
◇マノワール・ディノ ⇒ ドラマ 「地味にスゴイ！　校閲ガール・河野悦子」
◇三井不動産渋谷ファーストタワー ⇒ ドラマ 「リーガル・ハイ(2012年)」
◇宮下公園 ⇒ ドラマ 「リーガル・ハイ(2012年)」
◇宮益坂・渋谷区立渋谷図書館付近 ⇒ 映画 「バケモノの子」
◇明治通り ⇒ ドラマ 「私が恋愛できない理由」
◇明治通りの神宮前6丁目交差点付近 ⇒ ドラマ 「私が恋愛できない理由」
◇メゾン ポール・ボキューズ 代官山 ⇒ ドラマ 「オールドルーキー」「グランメゾン東京」「ブラックペアン」「ラスト・シンデレラ」
◇メゾン ポール・ボキューズ 代官山のメインダイニング ⇒ ドラマ 「ラジエーションハウス ～放射線科の診断レポート～」
◇MEDUSA ⇒ ドラマ 「アンナチュラル」「逃げるは恥だが役に立つ」
◇MOJA in the HOUSE 渋谷 ⇒ ドラマ 「HERO(2014年)」
◇山手通りの東大裏交差点 ⇒ ドラマ 「未来への10カウント」
◇山手通りの歩道 ⇒ ドラマ 「アイムホーム」
◇山野美容専門学校 ⇒ ドラマ 「アイムホーム」「アンナチュラル」「イチケイのカラス」「S —最後の警官—」「奥様は、取り扱い注意」「家政婦のミタ」「監察医 朝顔(第1シーズン)」「グランメゾン東京」「下町ロケット(2018年)」「スペシャリスト」「小さな巨人」「Doctor-X 外科医・大門未知子 3」「Doctor-X 外科医・大門未知子 スペシャル」「Doctor-X 外科医・大門未知子 7」「謎解きはディナーのあとで スペシャル」「日本沈没 —希望の人—」「花咲舞が黙ってない(2014年)」「未来への10カウント」「MOZU Season2 ～幻の翼～」「妖怪人間ベム」「リーガル・ハイ(2012年)」
◇山野美容専門学校の前 ⇒ ドラマ 「下町ロケット(2018年)」「BG ～身辺警護人～(2018年)」
◇山野美容専門学校 山野ホール ⇒ ドラマ 「グランメゾン東京」「下町ロケット(2018年)」「GTO(2012年)」「Doctor-X 外科医・大門未知子 3」「謎解きはディナーのあとで」
◇代々木八幡公衆トイレ(Three Mushrooms) ⇒ 映画 「PERFECT DAYS」
◇代々木深町小公園トイレ(ザ トウメイ トウキョウ トイレット) ⇒ 映画 「PERFECT DAYS」
◇代々木ポニー公園の前 ⇒ ドラマ 「天国と地獄 ～サイコな2人～」
◇ライフリトル ⇒ ドラマ 「ガリレオ(2013年)」
◇LA BISBOCCIA ⇒ ドラマ 「A LIFE ～愛しき人～」

関東

◇ラルフ ローレン 表参道 ⇒ ドラマ「HERO（2014年）」「PRICELESS～あるわけねえだろ、んなもん！～」「ラスト・シンデレラ」

◇レストラン「サラ・アンダルーサ」⇒ ドラマ「ハケンの品格（2020年）」

◇六本木通り ⇒ ドラマ「謎解きはディナーのあとで スペシャル」「マルモのおきて」

◇YMスクウェア原宿 ⇒ ドラマ「ストロベリーナイト（2012年）」

中野区

◇アクアランドまっかちん ⇒ 映画「冷たい熱帯魚」

◇アートブレインカンパニーのABCビル ⇒ ドラマ「私が恋愛できない理由」

◇上高田5丁目の階段 ⇒ ドラマ「未来への10カウント」

◇川島商店街 ⇒ ドラマ「スペシャリスト」

◇神田川に架かる万亀橋 ⇒ ドラマ「地味にスゴイ！ 校閲ガール・河野悦子」

◇神田川に架かる向田橋付近 ⇒ ドラマ「ストロベリーナイト・サーガ」

◇JR中央本線を跨ぐ跨線橋 ⇒ ドラマ「私が恋愛できない理由」

◇JR中央本線沿いの階段 ⇒ ドラマ「MOZU Season1 ～百舌の叫ぶ夜～」

◇JR中央本線東中野駅の北側 ⇒ ドラマ「MOZU Season2 ～幻の翼～」

◇四季の森公園イベント広場 ⇒ ドラマ「グランメゾン東京」

◇四国屋 ⇒ ドラマ「下町ロケット（2015年）」

◇多田野ビル ⇒ ドラマ「MOZU Season2 ～幻の翼～」

◇中野坂上交差点 ⇒ ドラマ「アンナチュラル」

◇中野四季の森公園の北側 ⇒ ドラマ「花咲舞が黙ってない（2014年）」

◇中野セントラルパーク ⇒ ドラマ「地味にスゴイ！ 校閲ガール・河野悦子」

◇野方文化マーケット ⇒ ドラマ「99.9 ―刑事専門弁護士 SeasonⅠ」「99.9 ―刑事専門弁護士 SeasonⅡ」

◇野村獣医科Vセンター ⇒ ドラマ「七人の秘書」「Doctor-X 外科医・大門未知子 5」

◇爬虫類倶楽部中野店 ⇒ ドラマ「鍵のかかった部屋」

◇プラネアールの江古田1スタジオ ⇒ ドラマ「アンナチュラル」

◇プラネアールの哲学堂ロケーションセット ⇒ ドラマ「ストロベリーナイト・サーガ」

杉並区

◇井荻マンション3Fスタジオ ⇒ ドラマ「MOZU Season1 ～百舌の叫ぶ夜～」

◇居酒屋やぐら ⇒ ドラマ「未来への10カウント」

◇和泉町幼稚園 ⇒ ドラマ「監察医 朝顔（第1シーズン）」

◇A－プライス 高井戸店 ⇒ ドラマ「義母と娘のブルース」「ハケンの品格（2020年）」

◇大島運輸の井草営業所 ⇒ ドラマ「99.9 ―刑事専門弁護士 SeasonⅠ」

◇大宮八幡宮 ⇒ ドラマ「Doctor-X 外科医・大門未知子 4」

◇佼成出版社 ⇒ ドラマ「アンチヒーロー」

◇蚕糸の森公園 ⇒ ドラマ「鍵のかかった部屋」

◇下高井戸浜田山八幡神社 ⇒ ドラマ「謎解きはディナーのあとで」「PRICELESS～あるわけねえだろ、んなもん！～」

◇スタジオピア Studio-8 久我山 ⇒ ドラマ「七人の秘書」

◇スタジオピア pia2 井荻 ⇒ ドラマ「ATARU」

◇スタジオピア pia4 阿佐ヶ谷 ⇒ ドラマ「ラジエーションハウス Ⅱ ～放射線科の診断レポート～」

◇スタジオピア pia15 B福町 ⇒ ドラマ「ストロベリーナイト（2012年）」「HERO（2014年）」「ラジエーションハウス Ⅱ ～放射線科の診断レポート～」

◇善福寺川に架かる「白山前橋」付近 ⇒ ドラマ「コード・ブルー ドクターヘリ緊急救命 2nd. SEASON」

◇そばかの店 ⇒ ドラマ「イチケイのカラス スペシャル」

◇東円寺会館 ⇒ ドラマ「37歳で医者になった僕 ～研修医純情物語～」

◇東京女子大学 ⇒ 映画「ひるなかの流星」 ドラマ「下町ロケット（2015年）」

◇東京女子大学本館の屋上 ⇒ ドラマ「天皇の料理番」
◇nido ⇒ ドラマ「Believe —君にかける橋—」
◇プラネアール 井荻オフィススタジオ ⇒ ドラマ「ストロベリーナイト（2012年）」
◇ブルーグラスアーツ ⇒ 映画「雪の華」
◇マーミーズ 杉並宮前 和スタジオ ⇒ ドラマ「アンナチュラル」「半沢直樹（2020年）」
◇妙正寺川に架かる向井橋 ⇒ ドラマ「99.9 —刑事専門弁護士 Season I」
◇妙法寺堀之内静堂 ⇒ ドラマ「アンナチュラル」
◇矢吹 ⇒ ドラマ「HERO（2014年）」
◇やぶ平 ⇒ 映画「アンフェア the answer」
◇浴風会本館 ⇒ ドラマ「Doctor-X 外科医・大門未知子 5」「花咲舞が黙ってない（2014年）」「ブラックペアン」「リーガル・ハイ（2012年）」
◇Yonchome Cafe ⇒ 映画「ツレがうつになりまして。」

豊島区

◇アルマリアン TOKYO ⇒ 映画「リップヴァンウィンクルの花嫁」
◇池袋駅前公園の公衆便所 ⇒ ドラマ「妖怪人間ベム」
◇池袋大橋 ⇒ ドラマ「ストロベリーナイト・サーガ」
◇池袋バッティングセンター ⇒ ドラマ「S —最後の警官—」
◇池袋ロサボウル ⇒ ドラマ「謎解きはディナーのあとで スペシャル」
◇ウエストパークタワー池袋 ⇒ 映画「SPEC～天～ 劇場版」
◇空蝉橋通りをくぐる地下道 ⇒ ドラマ「99.9 —刑事専門弁護士 Season I」
◇eightdays dining ⇒ ドラマ「VIVANT」「オールドルーキー」
◇大越外科医院 ⇒ ドラマ「Doctor-X 外科医・大門未知子 5」
◇Grazia 池袋本店 ⇒ ドラマ「ラスト・シンデレラ」
◇源水橋 ⇒ 映画「月の満ち欠け」
◇コインパーク北大塚第8駐車場 ⇒ ドラマ「99.9 —刑事専門弁護士 Season I」
◇根生院の山門 ⇒ ドラマ「マルモのおきて」
◇栄町通りの入口付近 ⇒ ドラマ「S —最後の警官—」
◇Sunshine Cityのバスターミナル ⇒ ドラマ「S —最後の警官—」
◇サンシャイン水族館 ⇒ ドラマ「地味にスゴイ！ 校閲ガール・河野悦子」「DCU ～手錠を持ったダイバー～」
◇椎名町公園 ⇒ ドラマ「アイムホーム」
◇JR山手線沿いの坂道 ⇒ ドラマ「ストロベリーナイト（2012年）」
◇スチーム会館フジプラザの西側 ⇒ ドラマ「私が恋愛できない理由」
◇西武池袋線東長崎駅 ⇒ ドラマ「SP スペシャル 革命前日」
◇創作麺工房 鳴龍 ⇒ ドラマ「ブラックペアン」
◇ダイニングダーツバー Bee 池袋 ⇒ ドラマ「ガリレオ（2013年）」「きょうは会社休みます。」「ラジエーションハウス II ～放射線科の診断レポート～」
◇高田1丁目の階段 ⇒ ドラマ「マルモのおきて」
◇高田1丁目の坂道 ⇒ ドラマ「マルモのおきて」
◇高田1丁目の丁字路 ⇒ ドラマ「マルモのおきて」
◇高塚橋 ⇒ 映画「月の満ち欠け」
◇塚田農場 池袋東口本店 ⇒ ドラマ「半沢直樹（2020年）」
◇とげぬき地蔵尊 高岩寺 ⇒ ドラマ「ラッキーセブン」
◇都電荒川線の線路沿い ⇒ ドラマ「99.9 —刑事専門弁護士 Season I」
◇都電荒川線の踏切 ⇒ ドラマ「ストロベリーナイト（2012年）」「マルモのおきて」
◇中村菓子店 ⇒ ドラマ「マルモのおきて」
◇のぞき坂 ⇒ ドラマ「七人の秘書」
◇パブ&スナック純 ⇒ ドラマ「ザ・トラベルナース」
◇富士見坂 ⇒ ドラマ「MIU404」
◇婦人之友社 ⇒ ドラマ「なつぞら」
◇hotel Siro の非常階段 ⇒ ドラマ「イチケイ

のカラス」
◇武蔵野調理師専門学校 ⇒ ドラマ「グランメゾン東京」
◇無料案内所の前 ⇒ ドラマ「ストロベリーナイト・サーガ」
◇明治通りの交差点 ⇒ ドラマ「ストロベリーナイト・サーガ」
◇やまかね ⇒ ドラマ「謎解きはディナーのあとで」
◇吉野家池袋ロサ店 ⇒ ドラマ「半沢直樹」
◇四十八漁場 池袋東口店 ⇒ ドラマ「イチケイのカラス」
◇立教大学 池袋キャンパス ポール・ラッシュ・アスレティックセンターのプール ⇒ ドラマ「七人の秘書」
◇立教大学 池袋キャンパス本館（1号館/モリス館）⇒ ドラマ「Doctor-X 外科医・大門未知子 7」
◇ロマンス通り ⇒ ドラマ「ストロベリーナイト・サーガ」

北区

◇荒川赤水門緑地 ⇒ ドラマ「アンナチュラル」
◇荒川の河原 ⇒ ドラマ「とんび（2013年）」
◇稲荷湯 ⇒ 映画「テルマエ・ロマエ」「東京リベンジャーズ2 血のハロウィン編 —運命—/—決戦—」「ハケンアニメ！」「土竜の唄 FINAL」
◇岩淵神社 ⇒ 映画「サバカン SABAKAN」
◇OK横丁 ⇒ ドラマ「イチケイのカラス」
◇梶原銀座商店街 ⇒ 映画「すばらしき世界」
◇カトリック赤羽教会 ⇒ ドラマ「ATARU スペシャル ニューヨークからの挑戦状」
◇喜久屋クリーニング店 ⇒ ドラマ「奥様は、取り扱い注意」
◇北区志茂子ども交流館 ⇒ ドラマ「37歳で医者になった僕 ～研修医純情物語～」
◇北区中央図書館 ⇒ ドラマ「JIN －仁－（2011年）」
◇北区役所屋上 ⇒ ドラマ「ストロベリーナイト（2012年）」
◇北区立中央図書館の北側付近 ⇒ ドラマ「ミステリと言う勿れ（2022年）」
◇コンチネンタルプラザ赤羽弐番館 ⇒ ドラマ「MIU404」
◇JR王子駅付近 ⇒ ドラマ「ストロベリーナイト（2012年）」
◇島村青果店 ⇒ ドラマ「○○妻」
◇石神井川に架かる堀船橋の上 ⇒ ドラマ「イチケイのカラス」
◇スワンレディースクリニック ⇒ ドラマ「ラジエーションハウス Ⅱ ～放射線科の診断レポート～」
◇駿台学園中・高等学校 ⇒ ドラマ「未来への10カウント」
◇セガ赤羽 ⇒ ドラマ「未来への10カウント」
◇中央工学校附属日本語学院 ⇒ ドラマ「MIU404」
◇花屋食堂 ⇒ ドラマ「ストロベリーナイト・サーガ」

荒川区

◇荒川河川敷 ⇒ 映画「ケイコ 目を澄ませて」
◇荒川区役所 ⇒ ドラマ「銭の戦争」
◇あらかわレディースクリニック ⇒ ドラマ「マイファミリー」
◇熊野前商店街 ⇒ 映画「ストロベリーナイト（2013年）」
◇汐入公園北側のけやき通り ⇒ ドラマ「家政婦のミタ」
◇汐入公園駐車場の出入口前（けやき通り）⇒ ドラマ「家政婦のミタ」
◇ジョイフル三の輪 ⇒ 映画「万引き家族」ドラマ「リーガルV ～元弁護士・小鳥遊翔子～」
◇スナック愛 ⇒ ドラマ「謎解きはディナーのあとで」
◇スポーツクラブNAS西日暮里 ⇒ ドラマ「○○妻」
◇隅田川沿いの遊歩道 ⇒ ドラマ「SPEC ～翔～ 警視庁公安部公安第五課 未詳事件特別対策係事件簿」「Believe —君にかける橋—」
◇隅田川の堤防の上 ⇒ ドラマ「銭の戦争」
◇諏方神社 ⇒ ドラマ「いだてん～東京オリムピック噺～」
◇とりふじ ⇒ 映画「万引き家族」
◇日暮里 安全・安心ステーション ⇒ ドラマ「S —最後の警官—」

関東

◇ホテルラングウッド ⇒ ドラマ「ストロベリーナイト・サーガ」

◇酔の助 ⇒ 映画「舟を編む」

板橋区

◇安養院 ⇒ ドラマ「リーガルV ～元弁護士・小鳥遊翔子～」

◇華飾市場スタジオ 病室・特別病室 ⇒ ドラマ「日本沈没 ―希望の人―」

◇要町通信ビル ⇒ ドラマ「ATARU」

◇環八通りの歩道 ⇒ ドラマ「天国と地獄 ～サイコな2人～」

◇きよみ幼稚園 ⇒ ドラマ「HERO（2014年）」

◇ジニアスのSTUDIOジニアス池袋 グリーンst ⇒ ドラマ「イチケイのカラス」「37歳で医者になった僕 ～研修医純情物語～」「GTO（2012年）」「ストロベリーナイト・サーガ」「銭の戦争」「日本沈没 ―希望の人―」「HERO（2014年）」「MIU404」「リーガルV ～元弁護士・小鳥遊翔子～」

◇石神井川に架かる稲荷橋 ⇒ ドラマ「37歳で医者になった僕 ～研修医純情物語～」

◇石神井川に架かる根村橋 ⇒ ドラマ「S ―最後の警官―」

◇新河岸川沿い ⇒ ドラマ「MIU404」

◇新河岸川に架かる芝原橋 ⇒ ドラマ「ストロベリーナイト・サーガ」

◇スーパーよしや中板橋本店前の中銀座 ⇒ ドラマ「S ―最後の警官―」

◇高島通りの西台駅交差点付近 ⇒ ドラマ「謎解きはディナーのあとで」

◇帝京大学 医学部附属病院 ⇒ ドラマ「アイムホーム」「救命病棟24時（2013年）」「37歳で医者になった僕 ～研修医純情物語～」「BG ～身辺警護人～（2018年）」

◇帝京大学 板橋キャンパス ⇒ ドラマ「救命病棟24時（2013年）」

◇都営地下鉄三田線高島平駅付近の高島通り ⇒ ドラマ「謎解きはディナーのあとで」

◇中板堂ビル ⇒ ドラマ「S ―最後の警官―」

◇中山道（国道17号線） ⇒ ドラマ「ガリレオ（2013年）」

◇肉のタイセイ ⇒ ドラマ「99.9 ―刑事専門弁護士 Season Ⅱ」

◇ニコニコ通り ⇒ ドラマ「ストロベリーナイト・サーガ」

◇日本住宅物流センタービルの屋上 ⇒ ドラマ「スペシャリスト」

◇舟渡大橋 ⇒ ドラマ「99.9 ―刑事専門弁護士 Season Ⅰ」「七人の秘書」「BG ～身辺警護人～（2020年）」

◇舟渡水辺公園 ⇒ 映画「真夏の方程式」 ドラマ「家政婦のミタ」「義母と娘のブルース」「BG ～身辺警護人～（2020年）」「MIU404」

◇プラネアールの「ときわ台スタジオ」 ⇒ ドラマ「監察医 朝顔（第1シーズン）」

◇ホビーストア「フジヤ」 ⇒ ドラマ「ラジエーションハウス Ⅱ ～放射線科の診断レポート～」

◇丸富商店 ⇒ ドラマ「99.9 ―刑事専門弁護士 Season Ⅱ」

◇みその幼稚園 ⇒ ドラマ「奥様は、取り扱い注意」「小さな巨人」

◇よし邑 ⇒ ドラマ「イチケイのカラス」「BG ～身辺警護人～（2018年）」「HERO（2014年）」「ラスト・シンデレラ」

◇よし邑の前 ⇒ ドラマ「七人の秘書」

◇レストランファニー ⇒ ドラマ「Believe ―君にかける橋―」

◇ロイヤルホスト板橋店 ⇒ ドラマ「99.9 ―刑事専門弁護士 Season Ⅰ」

◇Yビル志村坂上 ⇒ ドラマ「ストロベリーナイト・サーガ」

練馬区

◇あかしや真野商店 ⇒ ドラマ「Believe ―君にかける橋―」

◇アキダイ 関町本店 ⇒ ドラマ「イチケイのカラス」

◇大泉第一小学校前バス停付近 ⇒ ドラマ「未来への10カウント」

◇加藤農園 ⇒ ドラマ「イチケイのカラス」

◇教学院 ⇒ ドラマ「スペシャリスト」

◇兼六土地建物の保谷住宅展示場 ⇒ ドラマ「家政婦のミタ」

◇佐伯医院 ⇒ ドラマ「未来への10カウント」

◇慈雲堂内科病院 ⇒ ドラマ「ラッキーセブン」

◇色彩のローズガーデン ⇒ ドラマ 「Believe —君にかける橋—」
◇浄風幼稚園 ⇒ ドラマ 「七人の秘書」
◇すし処 市柳 ⇒ ドラマ 「グランメゾン東京」「Doctor-X 外科医・大門未知子 7」
◇西武池袋線が石神井川を跨ぐ高架下付近 ⇒ ドラマ 「義母と娘のブルース」
◇西武有楽町線新桜台駅 ⇒ 映画 「SP 野望篇」 ドラマ 「SP スペシャル 革命前日」「リーガルV 〜元弁護士・小鳥遊翔子〜」
◇西武有楽町線新桜台駅の4番出入口 ⇒ 映画 「SP 野望篇」
◇蕎麦たりお ⇒ ドラマ 「グランメゾン東京」
◇高稲荷公園 ⇒ ドラマ 「ストロベリーナイト・サーガ」
◇ティップネス 氷川台 ⇒ ドラマ 「奥様は、取り扱い注意」
◇NEXUS FENCING CLUB ⇒ ドラマ 「オールドルーキー」
◇練馬志匠会病院 ⇒ ドラマ 「Believe —君にかける橋—」
◇ねりま西クリニック ⇒ ドラマ 「未来への10カウント」
◇バッティングプラザ大泉 ⇒ ドラマ 「下剋上球児」
◇不二幼稚園 ⇒ ドラマ 「アイムホーム」「謎解きはディナーのあとで スペシャル」
◇ホテルカデンツァ光が丘 ⇒ ドラマ 「奥様は、取り扱い注意」「99.9 —刑事専門弁護士 Season II」
◇ホテルカデンツァ光が丘の大宴会場 ラ・ローズ ⇒ ドラマ 「Doctor-X 外科医・大門未知子 5」「リーガルV 〜元弁護士・小鳥遊翔子〜」
◇前田建設工業 光が丘本社（J・CITY TOWER） ⇒ ドラマ 「ドラゴン桜（2021年）」「陸王」
◇三迫ボクシングジム ⇒ ドラマ 「未来への10カウント」
◇武蔵大学 大講堂 ⇒ 映画 「帝一の國」
◇ユナイテッド・シネマとしまえん ⇒ ドラマ 「SP スペシャル 革命前日」「リーガルV 〜元弁護士・小鳥遊翔子〜」
◇洋髪處ハピネス ⇒ ドラマ 「ミステリと言う勿れ（2022年）」

足立区

◇曙湯 ⇒ ドラマ 「Doctor-X 外科医・大門未知子 5」
◇あさひ病院 ⇒ ドラマ 「37歳で医者になった僕 〜研修医純情物語〜」
◇あだちスマイルビジョン ⇒ ドラマ 「オールドルーキー」
◇荒川の堤防 ⇒ ドラマ 「リーガル・ハイ（2012年）」
◇安心堂 ⇒ ドラマ 「ATARU」
◇伊澤造船 ⇒ ドラマ 「MOZU Season2 〜幻の翼〜」
◇甲斐電機 ⇒ ドラマ 「銭の戦争」
◇甘味かどや ⇒ 映画 「万引き家族」 ドラマ 「Doctor-X 外科医・大門未知子 7」「リーガル・ハイ（2012年）」
◇喫茶シルビア ⇒ ドラマ 「アンチヒーロー」「アンナチュラル」「99.9 —刑事専門弁護士 Season I」「下町ロケット（2015年）」「ストロベリーナイト（2012年）」「花咲舞が黙ってない（2015年）」「MOZU Season1 〜百舌の叫ぶ夜〜」「リーガル・ハイ（2012年）」
◇江北左岸グランド ⇒ 映画 「HERO（2015年）」
◇昭和の家 縁側カフェ ⇒ ドラマ 「VIVANT」
◇隅田川に架かる新豊橋 ⇒ ドラマ 「未来への10カウント」
◇隅田川の堤防沿い ⇒ ドラマ 「銭の戦争」
◇聖フランシスコ幼稚園 ⇒ ドラマ 「S —最後の警官—」
◇関木工所 ⇒ ドラマ 「ATARU」
◇竹ノ塚バッティングセンター ⇒ ドラマ 「A LIFE 〜愛しき人〜」
◇田中商事西綾瀬給油所 ⇒ ドラマ 「99.9 —刑事専門弁護士 Season I」「半沢直樹（2020年）」
◇帝京科学大学 千住キャンパス本館のカフェテリア ⇒ ドラマ 「TOKYO MER 走る緊急救命室」「陸王」
◇帝京科学大学 千住キャンパス本館の生命科学科実験室 ⇒ ドラマ 「天国と地獄 〜サイコな2人〜」
◇帝京科学大学 千住キャンパス7号館 ⇒ ドラマ 「DCU 〜手錠を持ったダイバー〜」

◇東京洪誠病院 ⇒ ドラマ「アイムホーム」「Doctor-X 外科医・大門未知子 3」
◇東京電機大学 東京千住キャンパスの学生食堂 ⇒ ドラマ「Doctor-X 外科医・大門未知子 7」
◇東京電機大学 東京千住キャンパスの体育館 ⇒ ドラマ「オールドルーキー」
◇東京電機大学 東京千住キャンパスの1号館 ⇒ ドラマ「ザ・トラベルナース」「Doctor-X 外科医・大門未知子 7」
◇東京電機大学 東京千住キャンパスの1206会議室 ⇒ ドラマ「ザ・トラベルナース」
◇東京武道館 ⇒ 映画「祈りの幕が下りる時」
◇東和親水公園 ⇒ ドラマ「S ―最後の警官―」
◇舎人いきいき公園 ⇒ ドラマ「マルモのおきて」
◇野口ボクシングジム ⇒ ドラマ「GTO（2012年）」
◇ベニースーパー佐野店 ⇒ ドラマ「ストロベリーナイト・サーガ」「天国と地獄 ～サイコな2人～」「ハケンの品格（2020年）」「花咲舞が黙ってない（2015年）」「ミステリと言う勿れ（2022年）」「私の家政夫ナギサさん」
◇ベニースーパー佐野店の前 ⇒ 映画「ストロベリーナイト（2013年）」
◇ムラサキスポーツ map's Tokyo ⇒ ドラマ「ラスト・シンデレラ」

葛飾区

◇稲増建材 ⇒ 映画「すばらしき世界」
◇イムス東京葛飾総合病院 ⇒ ドラマ「監察医 朝顔（第1シーズン）」「MIU404」
◇海老沼精肉店 ⇒ ドラマ「ラッキーセブン」
◇葛飾区総合スポーツセンター野球場 ⇒ ドラマ「イチケイのカラス」
◇葛飾区役所 福祉事務所相談カウンター ⇒ 映画「すばらしき世界」
◇かつしかシンフォニーヒルズ ⇒ ドラマ「S ―最後の警官―」
◇かつしかシンフォニーヒルズの南側 ⇒ ドラマ「BG ～身辺警護人～（2020年）」
◇かつしかシンフォニーヒルズのモーツァルトホール ⇒ ドラマ「BG ～身辺警護人～（2020年）」
◇嬉泉病院 ⇒ ドラマ「ルーズヴェルト・ゲーム」
◇旧小谷野小学校 ⇒ 映画「好きっていいなよ。」
◇旧松南小学校 ⇒ 映画「好きっていいなよ。」
◇JR亀有駅北口前 ⇒ ドラマ「ストロベリーナイト・サーガ」
◇スーパーシマムラ ⇒ 映画「すばらしき世界」
◇スポーツクラブ ルネサンス 青砥店 ⇒ ドラマ「リーガル・ハイ（2012年）」
◇東京拘置所 ⇒ ドラマ「アンチヒーロー」「リーガル・ハイ（2012年）」
◇東京拘置所の駐車場入口 ⇒ ドラマ「アンチヒーロー」
◇東京都立東部地域病院 ⇒ 映画「すばらしき世界」
◇都立水元公園 ⇒ 映画「青空エール」「コーヒーが冷めないうちに」
◇都立水元公園の噴水広場付近 ⇒ ドラマ「ストロベリーナイト・サーガ」
◇呑んべ横丁 ⇒ ドラマ「ひよっこ」
◇北総鉄道北総線新柴又駅 ⇒ ドラマ「S ―最後の警官―」

江戸川区

◇江戸川区立五分一会館 ⇒ ドラマ「逃げるは恥だが役に立つ」
◇江戸川の堤防の上 ⇒ ドラマ「下町ロケット（2015年）」「下町ロケット（2018年）」
◇江戸川の堤防の上 なぎさニュータウン前 ⇒ ドラマ「○○妻」
◇江戸川病院 ⇒ ドラマ「A LIFE ～愛しき人～」「銭の戦争」「マルモのおきて」
◇おとぎや ⇒ ドラマ「逃げるは恥だが役に立つ」
◇葛西かもめ橋 ⇒ ドラマ「家政婦のミタ」「天国と地獄 ～サイコな2人～」
◇葛西かもめ橋へ上る階段 ⇒ ドラマ「監察医 朝顔（第1シーズン）」
◇葛西臨海公園の汐風広場 ⇒ ドラマ「マルモのおきて」
◇KALDI COFFEE FARM 西葛西店 ⇒ 映画「真夏の方程式」 ドラマ「ATARU」

関東

「ハケンの品格（2020年）」
◇旧江戸川の堤防の上 ⇒ ドラマ「アイムホーム」
◇旧中川に架かる「ふれあい橋」 ⇒ ドラマ「監察医 朝顔（第1シーズン）」
◇旧中川に架かる「ふれあい橋」の下 ⇒ ドラマ「SPEC ～零～ 警視庁公安部公安第五課 未詳事件特別対策事件簿」
◇KTコントラクト 葛西本社 ⇒ ドラマ「MIU404」
◇KTコントラクト 臨海営業所 ⇒ ドラマ「MIU404」
◇信濃屋酒店 ⇒ ドラマ「逃げるは恥だが役に立つ」
◇島忠ホームズ葛西店 ⇒ ドラマ「天国と地獄 ～サイコな2人～」
◇新左近川親水公園 ⇒ ドラマ「天国と地獄 ～サイコな2人～」
◇新左近橋の上 ⇒ ドラマ「監察医 朝顔（第1シーズン）」
◇新中川にかかる辰巳新橋 ⇒ ドラマ「マルモのおきて」「マルモのおきて スペシャル」
◇新中川の河原 ⇒ ドラマ「マルモのおきて」
◇新中川の堤防 ⇒ ドラマ「マルモのおきて」「マルモのおきて スペシャル」
◇新中川の堤防の上 ⇒ ドラマ「アイムホーム」「ストロベリーナイト（2012年）」
◇茶のしんば園 ⇒ ドラマ「逃げるは恥だが役に立つ」
◇つくし野 ⇒ ドラマ「監察医 朝顔（第1シーズン）」「Doctor-X 外科医・大門未知子 6」
◇東京臨海病院 ⇒ ドラマ「TOKYO MER 走る緊急救命室」「Doctor-X 外科医・大門未知子 3」「Dr.倫太郎」
◇東京臨海病院の正面玄関 ⇒ ドラマ「TOKYO MER 走る緊急救命室」
◇東京臨海病院の前 ⇒ ドラマ「TOKYO MER 走る緊急救命室」
◇トミーBOX メトロ中葛西 ⇒ ドラマ「DCU ～手錠を持ったダイバー～」
◇中川沿いの堤防 ⇒ ドラマ「マルモのおきて」
◇花三 ⇒ ドラマ「逃げるは恥だが役に立つ」
◇春江五丁目第二児童遊園の北側 ⇒ ドラマ「MIU404」
◇平井駅通り ⇒ ドラマ「逃げるは恥だが役に立つ」
◇平井4丁目の貸店舗 ⇒ ドラマ「逃げるは恥だが役に立つ」
◇平野カバン店 ⇒ ドラマ「監察医 朝顔（第1シーズン）」
◇ラーメンの王様 ⇒ ドラマ「ラジエーションハウス Ⅱ ～放射線科の診断レポート～」
◇リバーウエストA館の北東側 ⇒ ドラマ「逃げるは恥だが役に立つ」
◇リヨン・セレブ 西葛西店 ⇒ ドラマ「ATARU」
◇WORLD GARDEN ⇒ ドラマ「ATARU」

八王子市

◇アメリカンクラブ ⇒ ドラマ「Believe —君にかける橋—」
◇貸金庫ラスコ ⇒ ドラマ「S —最後の警官—」「ストロベリーナイト（2012年）」「MIU404」
◇ガスト 八王子宇津木店 ⇒ 映画「沈黙のパレード」
◇ガーデン八王子インター店の駐車場 ⇒ ドラマ「地味にスゴイ！ 校閲ガール・河野悦子」
◇神子沢公園 ⇒ ドラマ「ミステリと言う勿れ（2022年）」
◇上柚木公園 陸上競技場 ⇒ ドラマ「ラジエーションハウス Ⅱ ～放射線科の診断レポート～」
◇キーサイトテクノロジー ⇒ ドラマ「スペシャリスト」
◇北浅川の河原 ⇒ ドラマ「マルモのおきて スペシャル」
◇地蔵山野営場 ⇒ ドラマ「日本沈没 —希望の人—」「リーガル・ハイ（2012年）」
◇下柚木小学校西側の交差点 ⇒ ドラマ「37歳で医者になった僕 ～研修医純情物語～」
◇首都大学東京 ⇒ ドラマ「謎解きはディナーのあとで」
◇首都大学東京11号館の北側付近 ⇒ ドラマ「花咲舞が黙ってない（2014年）」
◇鮨忠本店 ⇒ ドラマ「99.9 —刑事専門弁護士 Season Ⅱ」

◇スタジオデルフィオーレ八王子 ⇒ ドラマ「奥様は、取り扱い注意」

◇全薬工業 研究開発センター ⇒ ドラマ「VIVANT」

◇創価大学 ⇒ ドラマ「下町ロケット(2015年)」「Dr.倫太郎」「ドラゴン桜(2021年)」

◇創価大学 栄光門 ⇒ ドラマ「ブラックペアン」

◇創価大学 中央教育棟 ⇒ ドラマ「BG ～身辺警護人～(2018年)」

◇創価大学 中央教育棟の滝山テラス ⇒ ドラマ「小さな巨人」

◇創価大学 中央教育棟の地下2階 ⇒ ドラマ「99.9 ―刑事専門弁護士 Season I」「99.9 ―刑事専門弁護士 Season II」

◇創価大学 中央教育棟のディスカバリーホール ⇒ ドラマ「小さな巨人」

◇創価大学 中央教育棟の前 ⇒ ドラマ「下町ロケット(2015年)」「小さな巨人」「Dr.倫太郎」「BG ～身辺警護人～(2018年)」

◇創価大学 中央図書館の書庫 ⇒ ドラマ「99.9 ―刑事専門弁護士 Season II」

◇創価大学 東洋哲学研究所の北側付近 ⇒ ドラマ「ドラゴン桜(2021年)」

◇創価大学 ニューロワール食堂の2階 ⇒ ドラマ「MIU404」

◇創価大学 本部棟応接室 ⇒ ドラマ「下町ロケット(2015年)」

◇創価大学 本部棟会議室 ⇒ ドラマ「99.9 ―刑事専門弁護士 Season II」「下町ロケット(2015年)」

◇創価大学 A棟第一会議室 ⇒ ドラマ「99.9 ―刑事専門弁護士 Season I」

◇創価大学 A棟の裏 ⇒ ドラマ「小さな巨人」

◇多田ビル ⇒ ドラマ「99.9 ―刑事専門弁護士 Season II」

◇多摩モノレール松が谷駅の北付近 ⇒ ドラマ「GTO(2012年)」

◇中央自動車道八王子第2出口 ⇒ ドラマ「S ―最後の警官―」

◇デジタルハリウッド大学八王子制作スタジオ ⇒ ドラマ「家政婦のミタ」「37歳で医者になった僕 ～研修医純情物語～」

◇東海大学医学部付属八王子病院 ⇒ ドラマ「Doctor-X 外科医・大門未知子 2」

◇東海大学医学部付属八王子病院の屋上 ⇒ ドラマ「Doctor-X 外科医・大門未知子 2」

◇東京医科大学八王子医療センター ⇒ ドラマ「銭の戦争」

◇東京工科大学 八王子キャンパス ⇒ ドラマ「ATARU」

◇東京薬科大学 ⇒ 映画「告白」

◇長池見附橋 ⇒ ドラマ「コード・ブルー ドクターヘリ緊急救命 2nd. SEASON」「虎に翼」

◇長池見附橋の西詰付近 ⇒ ドラマ「ラジエーションハウス ～放射線科の診断レポート～」

◇中田公園 ⇒ ドラマ「地味にスゴイ！ 校閲ガール・河野悦子」

◇日本機械工場 ⇒ 映画「キネマの神様」

◇八王子紙工 ⇒ ドラマ「リーガルV ～元弁護士・小鳥遊翔子～」

◇八王子市南大沢文化会館 ⇒ ドラマ「ガリレオ(2013年)」「Doctor-X 外科医・大門未知子 6」

◇八王子市立鑓水小学校の西側付近 ⇒ ドラマ「ミステリと言う勿れ(2022年)」

◇パペルブルグ(ブルグコーヒー) ⇒ 映画「パラレルワールド・ラブストーリー」ドラマ「99.9 ―刑事専門弁護士 Season I」

◇富士見台霊園 ⇒ ドラマ「イチケイのカラス」

◇富士森公園の八王子市民球場 ⇒ ドラマ「ルーズヴェルト・ゲーム」

◇ぽらんぽらん京王八王子店 ⇒ ドラマ「○○妻」

◇ぽらんぽらん八王子店 ⇒ ドラマ「○○妻」

◇まつおか書房 ⇒ 映画「バクマン。」

◇まや霊園 ⇒ ドラマ「ミステリと言う勿れ(2022年)」

◇南大沢中郷公園の前 ⇒ ドラマ「謎解きはディナーのあとで」

◇向河原公園 ⇒ ドラマ「99.9 ―刑事専門弁護士 Season II」

立川市

◇曙町場内酒場 立川店 ⇒ ドラマ「半沢直樹(2020年)」

◇アダムスオーサムパイ ⇒ ドラマ「奥様は、取り扱い注意」

関東

◇ECO WASH CAFE 立川若葉町店 ⇒ ドラマ 「マイファミリー」

◇上砂公園 ⇒ ドラマ 「七人の秘書」

◇上砂公園の南側 ⇒ ドラマ 「七人の秘書」

◇旧無門庵 ⇒ ドラマ 「99.9 ―刑事専門弁護士 Season I」

◇国立音楽大学 ⇒ 映画 「青空エール」 ドラマ 「BG ～身辺警護人～（2020年）」

◇国際製菓専門学校 ⇒ ドラマ 「ラッキーセブン」

◇災害医療センター ⇒ ドラマ 「ATARU」「花咲舞が黙ってない（2015年）」

◇災害医療センター東側の南北道路 ⇒ ドラマ 「ATARU」

◇昭和記念公園立川口前交差点の東側付近 ⇒ ドラマ 「ATARU」

◇新立川航空機 ⇒ ドラマ 「GTO（2012年）」

◇諏訪の森公園 ⇒ ドラマ 「七人の秘書」

◇立川競輪場 ⇒ 映画 「海よりもまだ深く」

◇立川災害対策本部予備施設 ⇒ 映画 「シン・ゴジラ」

◇立川市子ども未来センター ⇒ ドラマ 「ラジエーションハウス II ～放射線科の診断レポート～」

◇立川商工会議所 ⇒ ドラマ 「リーガルV ～元弁護士・小鳥遊翔子～」

◇たちかわ創造舎（旧多摩川小学校） ⇒ ドラマ 「イチケイのカラス」「日本沈没 ―希望の人―」「ラジエーションハウス ～放射線科の診断レポート～」「ラジエーションハウス II ～放射線科の診断レポート～」

◇立川中央病院 ⇒ ドラマ 「七人の秘書」

◇立飛ホールディングスの南地区 ⇒ ドラマ 「S ―最後の警官―」

◇多摩川の堤防 ⇒ ドラマ 「地味にスゴイ！ 校閲ガール・河野悦子」

◇多摩川の堤防の上 ⇒ ドラマ 「地味にスゴイ！ 校閲ガール・河野悦子」

◇パレスホテル立川の南側 ⇒ ドラマ 「銭の戦争」

◇美登利寿司 鮨松 立川店 ⇒ ドラマ 「99.9 ―刑事専門弁護士 Season II」

◇焼鳥あら ⇒ ドラマ 「未来への10カウント」

◇横田基地 ⇒ 映画 「Fukushima 50」

◇ルーデンス立川ウエディングガーデン ⇒ ドラマ 「BG ～身辺警護人～（2018年）」

武蔵野市

◇朝河ビル ⇒ ドラマ 「まれ」

◇居酒屋「美舟」 ⇒ 映画 「火花」

◇NTT研究所 1号館から本館への渡り廊下と本館 ⇒ ドラマ 「踊る大捜査線 THE LAST TV サラリーマン刑事と最後の難事件」

◇NTT武蔵野研究開発センタ内のホール ⇒ ドラマ 「99.9 ―刑事専門弁護士 Season II」

◇NTT武蔵野研究開発センタの地下ホール ⇒ ドラマ 「Doctor-X 外科医・大門未知子 4」

◇吉祥寺駅周辺 ⇒ 映画 「ひるなかの流星」

◇吉祥寺パーキングプラザ ⇒ ドラマ 「ストロベリーナイト・サーガ」

◇吉祥寺PAL ⇒ ドラマ 「天国と地獄 ～サイコな2人～」「ハケンの品格（2020年）」

◇JR吉祥寺駅北口 ⇒ ドラマ 「GTO（2012年）」「私が恋愛できない理由」

◇成蹊大学 ⇒ 映画 「ひるなかの流星」

◇はらドーナッツ 吉祥寺店 ⇒ ドラマ 「私が恋愛できない理由」

◇ホテル・アランド ⇒ ドラマ 「GTO（2012年）」

◇武蔵野珈琲店 ⇒ 映画 「火花」

三鷹市

◇井の頭恩賜公園 ⇒ 映画 「火花」「ひるなかの流星」 ドラマ 「私が恋愛できない理由」

◇井の頭恩賜公園内の野外ステージ前 ⇒ ドラマ 「GTO（2012年）」

◇海上技術安全研究所の400m試験水槽（大水槽） ⇒ ドラマ 「HERO（2014年）」

◇キチジョウジギャラリー ⇒ ドラマ 「GTO（2012年）」

◇京王井の頭線井の頭公園駅の北側付近 ⇒ ドラマ 「GTO（2012年）」

◇JA東京むさし 三鷹経済センター ⇒ ドラマ 「未来への10カウント」

◇JAXA調布航空宇宙センター飛行場分室 ⇒ ドラマ 「ガリレオ（2013年）」

◇春清禅寺 ⇒ ドラマ 「SP スペシャル 革命前日」

◇東京スバル CAR DO SUBARU 三鷹 ⇒ [ドラマ]「南極大陸」

◇ヒロマルチェーン三鷹井口店 ⇒ [ドラマ]「MIU404」

◇山本有三記念館 ⇒ [ドラマ]「とと姉ちゃん」

青梅市

◇青梅市役所 ⇒ [ドラマ]「花咲舞が黙ってない（2015年）」

◇青梅市立第六中学校 ⇒ [ドラマ]「リーガルV ～元弁護士・小鳥遊翔子～」

◇JPロジスティクス青梅支店（旧フットワークエクスプレス青梅支店）⇒ [ドラマ]「とんび（2013年）」

◇鳶巣川公園 ⇒ [ドラマ]「天国と地獄 ～サイコな2人～」

◇長淵2丁目の住宅街 ⇒ [ドラマ]「天国と地獄 ～サイコな2人～」

◇noco BAKERY & CAFE ⇒ [ドラマ]「ハケンの品格（2020年）」

◇フォルクス 青梅店 ⇒ [ドラマ]「ストロベリーナイト（2012年）」

◇福島邸 ⇒ [ドラマ]「アンチヒーロー」

◇御岳登山鉄道 ⇒ [ドラマ]「リーガルV ～元弁護士・小鳥遊翔子～」

◇武蔵御嶽神社 ⇒ [ドラマ]「99.9 ―刑事専門弁護士 Season Ⅱ」

◇明星大学 青梅キャンパス体育館 ⇒ [ドラマ]「ラジエーションハウス ～放射線科の診断レポート～」

◇明星大学 青梅キャンパス本館 ⇒ [映画]「Fukushima 50」

府中市

◇きくよし食堂 ⇒ [ドラマ]「銭の戦争」

◇郷土の森公園 ⇒ [映画]「事故物件 恐い間取り」

◇クロス・ウェーヴ府中の前 ⇒ [ドラマ]「イチケイのカラス スペシャル」

◇クロス・ウェーブ府中 ⇒ [映画]「SP 革命篇」 [ドラマ]「七人の秘書」

◇クロス・ウェーブ府中 大ホール ⇒ [映画]「踊る大捜査線 THE FINAL 新たなる希望」「踊る大捜査線 THE MOVIE 3 ヤツらを解放せよ！」 [ドラマ]「踊る大捜査線 THE LAST TV サラリーマン刑事と最後の難事件」「鍵のかかった部屋」「SPEC ～零～ 警視庁公安部公安第五課 未詳事件特別対策事件簿」

◇珈琲ぶんぶん ⇒ [ドラマ]「下剋上球児」

◇三宝食堂 ⇒ [ドラマ]「HERO（2014年）」「マルモのおきて スペシャル」

◇すずかけ公園 ⇒ [ドラマ]「地味にスゴイ！ 校閲ガール・河野悦子」「半沢直樹（2020年）」

◇多摩川の河原 ⇒ [ドラマ]「マルモのおきて」

◇東京外国語大学 府中キャンパス研究講義棟のガレリア ⇒ [ドラマ]「Doctor-X 外科医・大門未知子 7」

◇東京外国語大学 府中キャンパス本部管理棟 ⇒ [ドラマ]「Believe ―君にかける橋―」

◇東京農工大学 府中キャンパス ⇒ [ドラマ]「半分、青い。」

◇東京農工大学 府中キャンパス農学部本館前 ⇒ [ドラマ]「義母と娘のブルース」

◇根岸病院 ⇒ [ドラマ]「37歳で医者になった僕 ～研修医純情物語～」

◇府中朝日フットボールパーク ⇒ [ドラマ]「オールドルーキー」

◇府中競馬正門前駅ホーム ⇒ [ドラマ]「天国と地獄 ～サイコな2人～」

◇府中公園 ⇒ [映画]「そして、バトンは渡された」 [ドラマ]「HERO（2014年）」

◇府中市市民活動センター プラッツの会議室 ⇒ [ドラマ]「奥様は、取り扱い注意」

◇府中市市民活動センター プラッツの料理室 ⇒ [ドラマ]「奥様は、取り扱い注意」

◇府中白糸台幼稚園 ⇒ [ドラマ]「アイムホーム」

◇府中の森芸術劇場 ⇒ [ドラマ]「GTO（2012年）」

◇府中の森公園 ⇒ [ドラマ]「妖怪人間ベム」

◇府中の森公園 滝噴水池 ⇒ [ドラマ]「日本沈没 ―希望の人―」

◇府中の森公園 西側のアカシア通り ⇒ [ドラマ]「S ―最後の警官―」

◇明徳ビルの前 ⇒ [ドラマ]「花咲舞が黙ってない（2014年）」

◇ロケスタジオ和洋空間 古民家2スタジオ ⇒ [ドラマ]「天国と地獄 ～サイコな2人～」

◇ロケスタジオ和洋空間 平屋2 ⇒ ドラマ「アンナチュラル」

昭島市

◇昭島病院 ⇒ ドラマ「○○妻」
◇JR八高線が多摩川を渡る鉄橋の下 ⇒ ドラマ「BG ～身辺警護人～（2018年）」
◇昭和の森 車屋 ⇒ ドラマ「七人の秘書」「Doctor-X 外科医・大門未知子 2」
◇東京西徳洲会病院 ⇒ ドラマ「あまちゃん」「とんび（2013年）」「リーガル・ハイ SP（2013年）」
◇東日本成人矯正医療センターの西側 ⇒ ドラマ「イチケイのカラス」
◇フォレスト・イン 昭和館 ⇒ ドラマ「家政婦のミタ」「謎解きはディナーのあとで」「○○妻」
◇モリパーク アウトドアヴィレッジ ⇒ 映画「ゆるキャン△」

調布市

◇青木病院 ⇒ ドラマ「奥様は、取り扱い注意」「PRICELESS～あるわけねえだろ、んなもん！ ～」
◇味の素スタジアム ⇒ 映画「SP 革命篇」ドラマ「オールドルーキー」「GTO（2012年）」「スペシャリスト」「BG ～身辺警護人～（2018年）」「PRICELESS～あるわけねえだろ、んなもん！ ～」「妖怪人間ベム」
◇味の素スタジアムのメインエントランス前 ⇒ 映画「SP 野望篇」ドラマ「MOZU Season2 ～幻の翼～」
◇味の素スタジアムのB1F トレーニング室 ⇒ ドラマ「BG ～身辺警護人～（2018年）」
◇NTT中央研修センタ 宿泊棟 ⇒ ドラマ「七人の秘書」「ラジエーションハウス Ⅱ ～放射線科の診断レポート～」
◇NTT中央研修センタ 本館 ⇒ ドラマ「ザ・トラベルナース」「BG ～身辺警護人～（2020年）」
◇御塔坂橋交差点 ⇒ 映画「花束みたいな恋をした」
◇角川大映スタジオ ⇒ 映画「Fukushima 50」
◇京王相模原線京王多摩川駅の臨時口前 ⇒ ドラマ「マイファミリー」
◇京王線仙川駅西の跨線橋 ⇒ ドラマ「あまちゃん」
◇京王線仙川駅前 ⇒ ドラマ「私が恋愛できない理由」
◇京王多摩川駅前 ⇒ ドラマ「ストロベリーナイト（2012年）」
◇佐須街道 ⇒ ドラマ「監察医 朝顔（第1シーズン）」
◇柴崎バッティングセンターの北側付近 ⇒ ドラマ「下剋上球児」
◇深大寺 ⇒ ドラマ「ゲゲゲの女房」「南極大陸」
◇深大寺の門前 ⇒ ドラマ「Doctor-X 外科医・大門未知子 スペシャル」
◇多摩川サイクリングロード ⇒ 映画「花束みたいな恋をした」
◇多摩川に流れ込む川に架かる橋の上 ⇒ ドラマ「イチケイのカラス」
◇多摩川の河原 ⇒ ドラマ「イチケイのカラス」
◇多摩川の堤防の上 ⇒ ドラマ「イチケイのカラス」「義母と娘のブルース」
◇玉乃屋 ⇒ ドラマ「ゲゲゲの女房」
◇調布駅北口スクランブル交差点 ⇒ 映画「花束みたいな恋をした」
◇調布駅前広場 ⇒ 映画「花束みたいな恋をした」
◇調布市立図書館深大寺分館 ⇒ 映画「終わった人」
◇調布PARCO近くの道路 ⇒ 映画「花束みたいな恋をした」
◇調布PARCO前 ⇒ 映画「花束みたいな恋をした」
◇つつじヶ丘駅北側の道路 ⇒ 映画「花束みたいな恋をした」
◇道生神社 ⇒ 映画「花束みたいな恋をした」
◇飛田給駅南口バス停 ⇒ 映画「花束みたいな恋をした」
◇飛田給駅 1番線ホーム ⇒ 映画「花束みたいな恋をした」
◇日活撮影所 ⇒ 映画「舟を編む」
◇野川沿いの道 ⇒ ドラマ「HERO（2014年）」
◇野川に架かる小金橋 ⇒ ドラマ「BG ～身辺警護人～（2018年）」

◇野川に架かる橋場橋(中央自動車道の下) ⇒ ドラマ「監察医 朝顔(第1シーズン)」
◇パルコブックセンター ⇒ 映画「花束みたいな恋をした」
◇布多天神社 ⇒ ドラマ「VIVANT」
◇星野歯科 ⇒ ドラマ「きょうは会社休みます。」
◇松葉茶屋 ⇒ ドラマ「ザ・トラベルナース」「ミステリと言う勿れ(2022年)」
◇八起の前 ⇒ ドラマ「VIVANT」

町田市

◇WATER HOTEL Cy の前 ⇒ ドラマ「ドラゴン桜(2021年)」
◇FC町田ゼルビアの三輪緑山トレーニングセンター ⇒ ドラマ「オールドルーキー」
◇小野路GIONベースボールパーク ⇒ ドラマ「下剋上球児」
◇おもちゃの三景 ⇒ ドラマ「MIU404」
◇恩田川沿いの桜並木 ⇒ ドラマ「天国と地獄 ～サイコな2人～」
◇カリヨン広場 ⇒ 映画「まほろ駅前狂騒曲」
◇JR町田駅周辺 ⇒ 映画「まほろ駅前狂騒曲」
◇真光寺会館の前 ⇒ ドラマ「アンナチュラル」
◇タバコハウス トミー ⇒ 映画「まほろ駅前狂騒曲」
◇鶴川台いこいの里公園の北側 ⇒ ドラマ「アンナチュラル」
◇鶴間公園スポーツエリアのグラウンド ⇒ ドラマ「オールドルーキー」
◇鶴間公園スポーツエリア脇 鶴間パークウォークの歩道 ⇒ ドラマ「オールドルーキー」
◇Dr.Drive 相原店 ⇒ ドラマ「99.9 ―刑事専門弁護士 Season Ⅱ」
◇内藤ビル ⇒ 映画「まほろ駅前狂騒曲」
◇内藤ビルの前 ⇒ ドラマ「下剋上球児」
◇能ヶ谷6丁目の交差点 ⇒ ドラマ「奥様は、取り扱い注意」
◇FLAT Parking 原町田四丁目第一 ⇒ ドラマ「下剋上球児」
◇法政大学多摩キャンパスの7号館 ⇒ ドラマ「ガリレオ(2013年)」
◇町田いずみ浄苑 ⇒ ドラマ「37歳で医者になった僕 ～研修医純情物語～」
◇町田カトルゼ14フットサルパーク ⇒ ドラマ「ラスト・シンデレラ」
◇町田市つくし野付近 ⇒ 映画「まほろ駅前狂騒曲」
◇町田リス園 ⇒ 映画「まほろ駅前狂騒曲」
◇MrMax 町田多摩境店 ⇒ ドラマ「奥様は、取り扱い注意」
◇ミーナ町田前のペデストリアンデッキ ⇒ ドラマ「下剋上球児」
◇南東京ハートクリニック ⇒ ドラマ「アンチヒーロー」「99.9 ―刑事専門弁護士 Season Ⅱ」
◇メモリアルフォレスト多摩 ⇒ ドラマ「コード・ブルー ドクターヘリ緊急救命 2nd. SEASON」
◇焼肉牛苑 ⇒ ドラマ「下剋上球児」
◇ワークマンプラス 町田真光寺店 ⇒ ドラマ「天国と地獄 ～サイコな2人～」

小金井市

◇江戸東京たてもの園 ⇒ ドラマ「おひさま」「とと姉ちゃん」
◇大森武蔵野苑 ⇒ ドラマ「岸辺露伴は動かない〈1〉富豪村」「七人の秘書」「Doctor-X 外科医・大門未知子 6」
◇東京農工大学 科学博物館 ⇒ ドラマ「99.9 ―刑事専門弁護士 Season Ⅱ」
◇東京農工大学 小金井キャンパス ⇒ ドラマ「リーガルV ～元弁護士・小鳥遊翔子～」

小平市

◇FC東京小平グラウンド ⇒ ドラマ「オールドルーキー」
◇西武拝島線の踏切 ⇒ ドラマ「七人の秘書」

日野市

◇浅川の堤防 ⇒ ドラマ「ラジエーションハウス ～放射線科の診断レポート～」
◇浅川の堤防の上 ⇒ ドラマ「アイムホーム」
◇雨乞公園 ⇒ ドラマ「マルモのおきて」
◇京王れーるランド ⇒ ドラマ「半沢直樹(2020年)」
◇実践女子大学 日野キャンパス ⇒ ドラマ

関東

「GTO（2012年）」「地味にスゴイ！　校閲ガール・河野悦子」
◇実践女子大学 日野キャンパス 桜ホールと第3館の間 ⇒ ドラマ 「99.9 —刑事専門弁護士 Season Ⅱ」
◇実践女子大学 日野キャンパスの本館屋上 ⇒ ドラマ 「GTO（2012年）」
◇実践女子短期大学 神明キャンパス ⇒ ドラマ 「ATARU」
◇青和クリニックの駐車場 ⇒ ドラマ 「私の家政夫ナギサさん」
◇高幡不動尊金剛寺 ⇒ ドラマ 「地味にスゴイ！　校閲ガール・河野悦子」
◇高幡不動尊参道 ⇒ ドラマ 「地味にスゴイ！　校閲ガール・河野悦子」
◇立日橋 ⇒ ドラマ 「地味にスゴイ！　校閲ガール・河野悦子」
◇多摩川の河原 ⇒ ドラマ 「ラジエーションハウス ～放射線科の診断レポート～」
◇多摩川の支流・谷地川の堤防の上 ⇒ ドラマ 「ラジエーションハウス Ⅱ ～放射線科の診断レポート～」
◇多摩川の堤防 ⇒ ドラマ 「鍵のかかった部屋」
◇多摩動物公園 ⇒ ドラマ 「地味にスゴイ！　校閲ガール・河野悦子」
◇中央福祉センター ⇒ 映画 「PLAN75」
◇馬場商店 ⇒ ドラマ 「ラジエーションハウス Ⅱ ～放射線科の診断レポート～」
◇早川ダット工場 ⇒ ドラマ 「花咲舞が黙ってない（2014年）」
◇日野市クリーンセンター ⇒ ドラマ 「ラジエーションハウス ～放射線科の診断レポート～」
◇日野市クリーンセンターの東側 ⇒ ドラマ 「HERO（2014年）」
◇日野自動車総合グラウンド北西側 谷地川沿い ⇒ ドラマ 「天国と地獄 ～サイコな2人～」
◇日野市立第三小学校前の歩道橋 ⇒ ドラマ 「天国と地獄 ～サイコな2人～」
◇日野中央公園 ⇒ ドラマ 「HERO（2014年）」「PRICELESS～あるわけねえだろ、んなもん！ ～」
◇日野バイパス（国道20号線）の石田大橋の下 ⇒ ドラマ 「イチケイのカラス」
◇平山2丁目周辺 ⇒ 映画 「横道世之介」
◇ほほえみ公園 ⇒ ドラマ 「マルモのおきて」
◇南平の高台 ⇒ ドラマ 「BG ～身辺警護人～（2018年）」
◇山下児童遊園 ⇒ 映画 「PLAN75」
◇若宮神社の西側付近 ⇒ ドラマ 「HERO（2014年）」

東村山市

◇久米川駅南口周辺 ⇒ 映画 「あん」
◇くめがわ電車図書館 ⇒ 映画 「あん」
◇国立療養所多磨全生園 ⇒ 映画 「あん」
◇西武多摩湖線の踏切 ⇒ ドラマ 「七人の秘書」
◇東村山市立中央図書館 ⇒ 映画 「あん」

国分寺市

◇史跡の駅 おたカフェ ⇒ ドラマ 「地味にスゴイ！　校閲ガール・河野悦子」
◇東京経済大学 ⇒ ドラマ 「ドラゴン桜（2021年）」

国立市

◇ask a giraffe KUNITACHI ⇒ ドラマ 「謎解きはディナーのあとで」
◇国立市役所 ⇒ ドラマ 「ストロベリーナイト・サーガ」「謎解きはディナーのあとで」
◇国立市立国立第六小学校 ⇒ ドラマ 「リーガル・ハイ（2012年）」
◇国立倉庫 ⇒ ドラマ 「花咲舞が黙ってない（2015年）」
◇JR国立駅南口前 ⇒ ドラマ 「謎解きはディナーのあとで」
◇中央自動車道下の国立府中12トンネル ⇒ ドラマ 「HERO（2014年）」
◇白十字 ⇒ 映画 「おおかみこどもの雨と雪」
◇東立川幼稚園 ⇒ ドラマ 「なつぞら」
◇一橋大学 ⇒ 映画 「おおかみこどもの雨と雪」 ドラマ 「梅ちゃん先生」「ガリレオ（2013年）」「南極大陸」「リーガル・ハイ（2012年）」
◇一橋大学 兼松講堂 ⇒ ドラマ 「花子とアン」
◇谷保第四公園 ⇒ 映画 「交換ウソ日記」 ドラマ 「アンチヒーロー」

◇レ・アントルメ国立 ⇒ ドラマ「謎解きはディナーのあとで」

福生市

◇青梅信用金庫 福生支店 ⇒ ドラマ「リーガル・ハイ（2012年）」

◇田園児童館 ⇒ ドラマ「99.9 ―刑事専門弁護士 Season I」

◇福生市中央図書館 ⇒ 映画「悪の教典」

◇福生市民会館 大ホール ⇒ ドラマ「半沢直樹」

狛江市

◇和泉多摩川商店街 ⇒ ドラマ「ストロベリーナイト（2012年）」

◇岩瀬外科内科 ⇒ ドラマ「監察医 朝顔（第1シーズン）」

◇小田急小田原線が多摩川を渡る鉄橋の下 ⇒ ドラマ「妖怪人間ベム」

◇小田急線和泉多摩川駅前 ⇒ ドラマ「ストロベリーナイト（2012年）」

◇狛江インドアテニススクールのアウトドアコート ⇒ ドラマ「ラジエーションハウス II ～放射線科の診断レポート～」

◇狛江こだま幼稚園の前 ⇒ ドラマ「アンチヒーロー」

◇狛江市役所 ⇒ ドラマ「ストロベリーナイト・サーガ」「ミステリと言う勿れ（2022年）」

◇宿河原堰堤 ⇒ ドラマ「虎に翼」

◇宿河原堰堤付近の多摩川の河原 ⇒ ドラマ「ラジエーションハウス II ～放射線科の診断レポート～」

◇世田谷通りの高架下 ⇒ ドラマ「MIU404」

◇瀬戸内住販 ⇒ ドラマ「ストロベリーナイト（2012年）」

◇多摩川自由ひろば付近 ⇒ ドラマ「ラジエーションハウス II ～放射線科の診断レポート～」

◇多摩川に架かる多摩水道橋 ⇒ ドラマ「虎に翼」

◇多摩川の河川敷 ⇒ ドラマ「マルモのおきて」「ラジエーションハウス ～放射線科の診断レポート～」

◇多摩川の堤防 ⇒ ドラマ「未来への10カウント」

◇西和泉グランド多目的運動広場の西側付近 ⇒ ドラマ「99.9 ―刑事専門弁護士 Season II」

◇藤塚第三児童公園（タコ山公園）⇒ ドラマ「ラジエーションハウス ～放射線科の診断レポート～」

◇ユニディ狛江店 ⇒ ドラマ「マルモのおきて」

◇洋風居酒屋トム・ソーヤ ⇒ ドラマ「天国と地獄 ～サイコな2人～」

清瀬市

◇旭ヶ丘団地 ⇒ 映画「海よりもまだ深く」

◇大林組 技術研究所 ⇒ ドラマ「アンナチュラル」「下町ロケット（2015年）」「下町ロケット（2018年）」「MIU404」

◇清瀬駅 ⇒ 映画「海よりもまだ深く」

◇清瀬市役所 ⇒ ドラマ「なつぞら」

◇団地センターバス停 ⇒ 映画「海よりもまだ深く」

◇東京病院 ⇒ ドラマ「99.9 ―刑事専門弁護士 Season I」「Doctor-X 外科医・大門未知子2」

◇野塩団地の公園（通称・タコチュー公園）⇒ 映画「海よりもまだ深く」

◇和菓子店・新杵 ⇒ 映画「海よりもまだ深く」

東久留米市

◇大圓寺 ⇒ ドラマ「鍵のかかった部屋」

◇鳥新の前 ⇒ ドラマ「99.9 ―刑事専門弁護士 Season II」

武蔵村山市

◇エフマート いしはら ⇒ ドラマ「アンチヒーロー」

◇エフマート いしはらの前 ⇒ ドラマ「アンチヒーロー」

多摩市

◇アグレックス Biz TRUXIA の東側にある階段 ⇒ ドラマ「イチケイのカラス」

◇一本杉公園野球場 ⇒ ドラマ「下剋上球児」

◇落合第二歩道橋の北詰付近 ⇒ ドラマ「マイファミリー」

◇唐木田駅 ⇒ ドラマ「アンチヒーロー」

◇観蔵院 瑠璃光会館 ⇒ ドラマ「99.9 —刑事専門弁護士 Season I」
◇クロスガーデン多摩の東側 ⇒ ドラマ「リーガル・ハイ（2012年）」
◇京王多摩センター駅の北側 ⇒ ドラマ「アンナチュラル」
◇乞田川沿い道路 ⇒ 映画「そして、バトンは渡された」
◇桜ヶ丘公園の「ゆうひの丘」 ⇒ ドラマ「私が恋愛できない理由」
◇サンメモリアル東京の入口にある坂道 ⇒ ドラマ「下剋上球児」
◇多摩唐木田ビル（旧新学社） ⇒ ドラマ「MIU404」
◇多摩唐木田ビル（旧新学社）西側の駐車場 ⇒ ドラマ「MIU404」
◇多摩唐木田ビル（旧新学社）の駐車場 ⇒ ドラマ「MIU404」
◇多摩唐木田ビル（旧新学社）の西側 ⇒ ドラマ「MIU404」
◇多摩唐木田ビル（旧新学社）の東側 ⇒ ドラマ「MIU404」
◇多摩センター駅前の歩道橋 ⇒ ドラマ「リーガル・ハイ（2012年）」
◇多摩大学附属聖ヶ丘中学高等学校 ⇒ ドラマ「オールドルーキー」
◇多摩中央公園 ⇒ ドラマ「ラスト・シンデレラ」
◇鶴牧東公園 ⇒ ドラマ「37歳で医者になった僕 ～研修医純情物語～」
◇豊ヶ丘・貝取商店会 ⇒ ドラマ「マイファミリー」
◇長久保橋 ⇒ ドラマ「アンナチュラル」
◇パルテノン大通り ⇒ ドラマ「アンナチュラル」
◇ゆうゆう橋 ⇒ ドラマ「未来への10カウント」
◇LINK FOREST FOREST HALL ⇒ ドラマ「半沢直樹（2020年）」
◇LINK FOREST ⇒ ドラマ「イチケイのカラス」「七人の秘書」
◇LINK FOREST 1Fのエントランスロビー ⇒ ドラマ「VIVANT」
◇レンガ坂橋の北詰付近 ⇒ ドラマ「アンナチュラル」
◇レンガ坂橋の南詰 ⇒ ドラマ「アンナチュラル」

稲城市

◇あすか総建 西部導管事業所付近 ⇒ ドラマ「私の家政夫ナギサさん」
◇稲城北緑地公園のバスケットコート ⇒ ドラマ「家政婦のミタ」
◇うまさん公園 ⇒ ドラマ「イチケイのカラス」「未来への10カウント」
◇うまさん公園の南側 ⇒ ドラマ「イチケイのカラス」
◇小田良トンネル ⇒ ドラマ「七人の秘書」
◇大丸公園 ⇒ ドラマ「日本沈没 —希望の人—」
◇高倉町珈琲 若葉台店 ⇒ ドラマ「アンチヒーロー」
◇長峰小学校南交差点付近の階段 ⇒ ドラマ「私の家政夫ナギサさん」
◇ブループラネット稲城 ⇒ ドラマ「ストロベリーナイト（2012年）」
◇三沢川に架かる馬橋 ⇒ ドラマ「私が恋愛できない理由」
◇やなぎ屋不動産 ⇒ ドラマ「アンナチュラル」
◇ヤマセン飼料敷地 ⇒ ドラマ「PRICELESS ～あるわけねえだろ、んなもん！ ～」
◇よみうりランド ⇒ ドラマ「アイムホーム」「PRICELESS～あるわけねえだろ、んなもん！ ～」

羽村市

◇羽村市弓道場 ⇒ ドラマ「半分、青い。」
◇羽村市動物公園 ⇒ 映画「祈りの幕が下りる時」
◇マミー商店街 ⇒ ドラマ「99.9 —刑事専門弁護士 Season II」

あきる野市

◇秋川に架かる東秋留橋 ⇒ ドラマ「ザ・トラベルナース」
◇あきる野市役所 ⇒ ドラマ「MIU404」
◇大岳鍾乳洞 大岳キャンプ場 ⇒ ドラマ「99.9 —刑事専門弁護士 Season II」
◇西光寺前の駐車場 ⇒ ドラマ「ザ・トラベルナース」

◇大悲願寺 ⇒ ドラマ「JIN －仁－（2011年）」

西東京市

◇スカイタワー西東京 ⇒ ドラマ「GTO（2012年）」

◇東伏見公園 ⇒ 映画「事故物件 恐い間取り」

◇放射7号線 ⇒ ドラマ「MIU404」

西多摩郡檜原村

◇神戸岩近くの新土佐橋西詰付近 ⇒ ドラマ「BG ～身辺警護人～（2020年）」

◇神戸岩近くの渓谷 ⇒ ドラマ「BG ～身辺警護人～（2020年）」

◇神戸隧道 ⇒ ドラマ「BG ～身辺警護人～（2020年）」

西多摩郡奥多摩町

◇アメリカキャンプ村 ⇒ ドラマ「リーガルV ～元弁護士・小鳥遊翔子～」

◇多摩川に架かる将門大橋 ⇒ ドラマ「TOKYO MER 走る緊急救命室」

◇鳩ノ巣小橋 ⇒ ドラマ「37歳で医者になった僕 ～研修医純情物語～」

神奈川県

横浜市鶴見区

◇金時鶴見店の駐車場 ⇒ ドラマ「Believe ―君にかける橋―」

◇KMC横浜マリーナ ⇒ 映画「アンフェア the answer」

◇さくらボクシングジム ⇒ ドラマ「ちむどんどん」

◇JR鶴見線が首都高速神奈川1号線をくぐる高架下付近 ⇒ ドラマ「リーガルハイ・スペシャル（2014年）」

◇JR東海道本線をくぐる鶴見川沿いのトンネル ⇒ ドラマ「ガリレオ（2013年）」

◇新栄運輸 ⇒ ドラマ「リーガルハイ・スペシャル（2014年）」

◇釣船茶屋ざうお横浜網島店 ⇒ ドラマ「きょうは会社休みます。」

◇鶴見川に架かる潮見橋 ⇒ ドラマ「私の家政夫ナギサさん」

◇鶴見大学図書館 ⇒ 映画「ストロベリーナイト（2013年）」 ドラマ「世界一難しい恋」

◇つるや洋品店 ⇒ ドラマ「ATARU」

◇仲通うまかべん ⇒ 映画「百円の恋」

◇白鵬女子高等学校 ⇒ ドラマ「義母と娘のブルース」

◇パティスリーラプラス ⇒ ドラマ「まれ」

◇平和交通鶴見営業所 ⇒ ドラマ「オールドルーキー」

◇三森興産の第2スクラップヤード ⇒ ドラマ「マイファミリー」

◇横浜港国際流通センター ⇒ ドラマ「S ―最後の警官―」

◇横浜港国際流通センター 屋上 ⇒ ドラマ「MOZU Season1 ～百舌の叫ぶ夜～」

◇横浜港国際流通センター 事務所棟7階の会議室C ⇒ ドラマ「S ―最後の警官―」

◇横浜市立大学鶴見キャンパス ⇒ ドラマ「ガリレオ（2013年）」

関東

横浜市神奈川区

◇浅野造船所浅野ドック跡 ⇒ ドラマ「DCU ～手錠を持ったダイバー～」

◇浅野中学・高等学校 ⇒ ドラマ「99.9 ―刑事専門弁護士 Season I 」

◇割烹 田中家 ⇒ ドラマ「MIU404」

◇神奈川水再生センター ⇒ 映画「SPEC～天～ 劇場版」 ドラマ「ATARU」 「ストロベリーナイト (2012年)」 「妖怪人間ベム」

◇京浜急行電鉄本線神奈川新町駅の袴線橋 ⇒ 映画「僕達急行 A列車で行こう」

◇コットンハーバークラブ横浜 ⇒ ドラマ「銭の戦争」

◇サーモフィッシャーサイエンティフィックの横浜アナリティカルセンター ⇒ ドラマ「ブラックペアン」

◇篠原園地の白幡池 ⇒ ドラマ「きょうは会社休みます。」

◇Ginger's Beach ⇒ ドラマ「逃げるは恥だが役に立つ」

◇台町の階段の上 ⇒ ドラマ「マイファミリー」

◇中外倉庫運輸 子安営業所 ⇒ ドラマ「アンナチュラル」 「DCU ～手錠を持ったダイバー～」

◇常盤橋の北詰付近 ⇒ ドラマ「99.9 ―刑事専門弁護士 Season I 」

◇常盤橋の南詰付近 ⇒ ドラマ「99.9 ―刑事専門弁護士 Season I 」

◇Bar Star Dust ⇒ ドラマ「ラッキーセブン スペシャル」

◇Bar Polestar ⇒ 映画「帰ってきたあぶない刑事」

◇プラザ栄光生鮮館コットンハーバー店 ⇒ ドラマ「奥様は、取り扱い注意」 「きょうは会社休みます。」 「逃げるは恥だが役に立つ」 「花咲舞が黙ってない (2014年)」 「BG ～身辺警護人～ (2018年)」 「昼顔 ～平日午後3時の恋人たち」 「○○妻」 「MOZU Season1 ～百舌の叫ぶ夜～」 「ラスト・シンデレラ」

◇プラザ栄光生鮮館コットンハーバー店の南西側にある公園 ⇒ ドラマ「昼顔 ～平日午後3時の恋人たち」

◇BAY QUARTER YOKOHAMA ⇒ ドラマ「ラッキーセブン」

◇星野町公園 ⇒ ドラマ「きょうは会社休みます。」

◇みなとみらい大橋 ⇒ ドラマ「きょうは会社休みます。」

◇みなとみらい大橋の上 ⇒ ドラマ「きょうは会社休みます。」

◇山内埠頭 ⇒ 映画「帰ってきたあぶない刑事」

◇横浜市立市民病院 ⇒ ドラマ「ザ・トラベルナース」

◇ヨコハマポートサイド ⇒ ドラマ「ハケンの品格 (2020年)」

◇ロマンス ⇒ ドラマ「きょうは会社休みます。」

横浜市西区

◇アソビル地下1階の「PITCH CLUB」 ⇒ ドラマ「MIU404」

◇伊勢山ヒルズ ⇒ ドラマ「BG ～身辺警護人～ (2020年)」

◇エムエム タイ ⇒ ドラマ「奥様は、取り扱い注意」 「ラッキーセブン スペシャル」

◇オーシャンゲートみなとみらい ⇒ ドラマ「私の家政夫ナギサさん」

◇オーシャンゲートみなとみらいの屋上 ⇒ ドラマ「私の家政夫ナギサさん」

◇帷子川に架かる元平沼橋 ⇒ ドラマ「私の家政夫ナギサさん」

◇角平 ⇒ ドラマ「きょうは会社休みます。」

◇北仲橋 ⇒ ドラマ「世界一難しい恋」 「逃げるは恥だが役に立つ」

◇K-Arena Yokohama の契約者専用フロア ⇒ ドラマ「アンチヒーロー」

◇国際橋 ⇒ ドラマ「まれ」

◇琴ひら ⇒ ドラマ「きょうは会社休みます。」

◇さいわい川遊歩道 ⇒ ドラマ「アンチヒーロー」

◇さくら通り ⇒ ドラマ「逃げるは恥だが役に立つ」

◇さくら通り西交差点付近 ⇒ ドラマ「世界一難しい恋」

◇THE SEASON'S 横浜 ⇒ ドラマ「謎解きはディナーのあとで」 「私が恋愛できない理由」

◇浅間台みはらし公園 ⇒ ドラマ「妖怪人間

ベム」

◇セントジェームスクラブ迎賓館 ⇒ ドラマ「世界一難しい恋」「PRICELESS〜あるわけねえだろ、んなもん！ 〜」

◇セントジェームスクラブ迎賓館のパーティールーム「ケンジントン」 ⇒ ドラマ「きょうは会社休みます。」

◇相鉄ムービルの非常階段 ⇒ ドラマ「アンチヒーロー」

◇タイムズ横浜ベイシェラトンホテル＆タワーズ ⇒ ドラマ「BG 〜身辺警護人〜(2020年)」

◇日本丸メモリアルパーク ⇒ ドラマ「世界一難しい恋」「天国と地獄 〜サイコな2人〜」「逃げるは恥だが役に立つ」「私の家政夫ナギサさん」

◇野毛山公園展望台付近 ⇒ ドラマ「監察医 朝顔(第1シーズン)」

◇パシフィコ横浜 ⇒ ドラマ「踊る大捜査線 THE LAST TV サラリーマン刑事と最後の難事件」「きょうは会社休みます。」

◇パシフィコ横浜前交差点 ⇒ ドラマ「私の家政夫ナギサさん」

◇パブリックスタンド横浜西口店 ⇒ ドラマ「オールドルーキー」

◇ハマボール ⇒ ドラマ「きょうは会社休みます。」

◇BAR LAST WALTZ ⇒ ドラマ「逃げるは恥だが役に立つ」

◇パン パシフィック 横浜ベイホテル東急 ⇒ ドラマ「リーガル・ハイ(2012年)」

◇万里橋交差点の歩道橋 ⇒ ドラマ「逃げるは恥だが役に立つ」

◇ブリリアショートショートシアター ⇒ ドラマ「きょうは会社休みます。」

◇MARKIS 横浜の前 ⇒ ドラマ「逃げるは恥だが役に立つ」

◇みなとみらい大橋 ⇒ ドラマ「逃げるは恥だが役に立つ」

◇みなとみらいグランドセントラルタワー ⇒ ドラマ「奥様は、取り扱い注意」「銭の戦争」「逃げるは恥だが役に立つ」「日本沈没 ―希望の人―」「花咲舞が黙ってない(2014年)」「花咲舞が黙ってない(2015年)」「HERO(2014年)」「MOZU Season1 〜百舌の叫ぶ夜〜」「ラスト・シンデレラ」「ラッキーセブン スペシャル」

◇みなとみらいグランドセントラルタワーの屋上 ⇒ ドラマ「MOZU Season1 〜百舌の叫ぶ夜〜」

◇みなとみらいグランドセントラルタワーの前 ⇒ ドラマ「日本沈没 ―希望の人―」

◇みなとみらいde焼肉 DOURAKU ⇒ ドラマ「きょうは会社休みます。」

◇みなとみらいヘリポート ⇒ ドラマ「MOZU Season2 〜幻の翼〜」

◇みなとみらいミッドスクエアの南側 美術の広場前交差点 ⇒ ドラマ「S ―最後の警官―」

◇ヨコハマ グランド インターコンチネンタル ホテル ⇒ 映画「さらば あぶない刑事」

◇横浜市立中央図書館の屋上 ⇒ ドラマ「監察医 朝顔(第1シーズン)」

◇横浜美術館 ⇒ ドラマ「BG 〜身辺警護人〜(2018年)」

◇横浜美術館の前 ⇒ ドラマ「花咲舞が黙ってない(2015年)」

◇横浜美術館のレクチャーホール ⇒ ドラマ「世界一難しい恋」

◇横浜ベイシェラトンホテル＆タワーズ ⇒ ドラマ「ガリレオ(2013年)」「BG 〜身辺警護人〜(2020年)」

◇横浜ベイホテル東急 ⇒ ドラマ「アイムホーム」

◇横浜みなと博物館の前 ⇒ ドラマ「銭の戦争」

◇横浜ランドマークタワー ⇒ ドラマ「世界一難しい恋」

◇横浜ランドマークタワーの前 ⇒ ドラマ「世界一難しい恋」

◇横浜ロイヤルパークホテル ⇒ 映画「帰ってきたあぶない刑事」 ドラマ「七人の秘書」

◇臨港パーク ⇒ ドラマ「まれ」

◇LEONE MARCIANO ⇒ ドラマ「Doctor-X 外科医・大門未知子 5」「ラッキーセブン スペシャル」

横浜市中区

◇赤レンガパーク ⇒ 映画「さらば あぶない刑事」 ドラマ「きょうは会社休みます。」

◇アニヴェルセル みなとみらい横浜 ⇒ 映画「帰ってきたあぶない刑事」「記憶屋 あなたを忘れない」 ドラマ「世界一難しい恋」

関東

◇アニヴェルセル みなとみらい横浜付近 ⇒ ドラマ「逃げるは恥だが役に立つ」

◇アメリカ山公園 ⇒ ドラマ「きょうは会社休みます。」

◇アルテリーベ横浜本店 ⇒ ドラマ「逃げるは恥だが役に立つ」「花咲舞が黙ってない(2015年)」

◇イオンシネマ みなとみらい ⇒ ドラマ「きょうは会社休みます。」

◇イセザキ書房 ⇒ ドラマ「きょうは会社休みます。」

◇伊勢佐木町通り ⇒ ドラマ「ストロベリーナイト・サーガ」

◇イセザキモール 3〜7St. ⇒ ドラマ「きょうは会社休みます。」

◇インペリアルビル ⇒ ドラマ「奥様は、取り扱い注意」

◇宇徳30号地 ⇒ ドラマ「スペシャリスト」

◇えの木てい ⇒ ドラマ「岸辺露伴は動かない〈1〉富豪村」「岸辺露伴は動かない〈3〉D.N.A」

◇大岡川沿い ⇒ ドラマ「監察医 朝顔(第1シーズン)」

◇大岡川沿いの歩道 ⇒ ドラマ「天国と地獄 〜サイコな2人〜」

◇大岡川に架かる大江橋 ⇒ ドラマ「監察医 朝顔(第1シーズン)」

◇大岡川に架かる末吉橋 ⇒ ドラマ「世界一難しい恋」

◇大岡川に架かる末吉橋の上 ⇒ ドラマ「きょうは会社休みます。」

◇大岡川に架かる宮川橋 ⇒ ドラマ「リーガルV 〜元弁護士・小鳥遊翔子〜」

◇オークウッドスイーツ横浜 ⇒ ドラマ「マイファミリー」

◇大佛次郎記念館の前 ⇒ ドラマ「マイファミリー」

◇開港広場前交差点 ⇒ ドラマ「Dr.倫太郎」「○○妻」

◇海上保安庁 第三管区海上保安本部 横浜海上防災基地 ⇒ ドラマ「DCU 〜手錠を持ったダイバー〜」

◇海上保安庁 第三管区海上保安本部 横浜海上防災基地内のプール ⇒ ドラマ「DCU 〜手錠を持ったダイバー〜」

◇海上保安庁 第三管区海上保安本部 横浜海上防災基地の屋上 ⇒ ドラマ「DCU 〜手錠を持ったダイバー〜」

◇華正樓付近 ⇒ 映画「帰ってきたあぶない刑事」

◇華正樓本店 ⇒ ドラマ「きょうは会社休みます。」

◇カップヌードルミュージアムパーク ⇒ ドラマ「逃げるは恥だが役に立つ」

◇華都飯店 ⇒ ドラマ「謎解きはディナーのあとで スペシャル」

◇神奈川県警察本部 ⇒ ドラマ「監察医 朝顔(第1シーズン)」

◇神奈川県庁本庁舎 ⇒ ドラマ「HERO(2014年)」

◇神奈川県庁本庁舎前 ⇒ ドラマ「世界一難しい恋」

◇神奈川県庁本庁舎前の日本大通 ⇒ ドラマ「HERO(2014年)」

◇神奈川県立歴史博物館の北側 ⇒ ドラマ「Doctor-X 外科医・大門未知子 4」

◇カモメ市場 ⇒ ドラマ「謎解きはディナーのあとで スペシャル」

◇汽車道 ⇒ ドラマ「世界一難しい恋」「まれ」

◇北仲橋 ⇒ ドラマ「世界一難しい恋」「世にも奇妙な物語 2012 秋の特別編」

◇北仲橋の上 ⇒ ドラマ「監察医 朝顔(第1シーズン)」「花咲舞が黙ってない(2015年)」

◇北原ビル ⇒ ドラマ「未来への10カウント」

◇キヤアンティークス横浜本店 ⇒ ドラマ「きょうは会社休みます。」「花咲舞が黙ってない(2015年)」

◇旧関東財務局横浜財務事務所 ⇒ ドラマ「マルモのおきて」

◇旧根岸競馬場一等馬見所 ⇒ 映画「未来のミライ」

◇旧ヨコハマ創造都市センター ⇒ ドラマ「グランメゾン東京」「BG 〜身辺警護人〜(2018年)」

◇club Lee ⇒ ドラマ「銭の戦争」

◇グランドオリエンタルみなとみらい ⇒ ドラマ「世界一難しい恋」

◇クリフサイド ⇒ 映画「イニシエーション・ラブ」

◇クリフサイドの前 代官坂トンネルの北側 ⇒ ドラマ「ミステリと言う勿れ(2022年)」
◇景珍楼 ⇒ ドラマ「南極大陸」
◇「こどもひろば」西側の坂道 ⇒ ドラマ「マイファミリー」
◇菜香新館 ⇒ ドラマ「世界一難しい恋」
◇桜木町二丁目交差点付近 ⇒ ドラマ「世界一難しい恋」
◇ザ・タワー横浜北仲 オークウッドスイーツ横浜 ⇒ ドラマ「未来への10カウント」
◇佐藤船舶 ⇒ ドラマ「DCU ～手錠を持ったダイバー～」
◇THE BAYS ⇒ 映画「帰ってきたあぶない刑事」
◇THE HOF BRAU ⇒ ドラマ「花咲舞が黙ってない(2014年)」
◇サモアール馬車道店 ⇒ ドラマ「DCU ～手錠を持ったダイバー～」
◇山九 横浜支店 山下倉庫 ⇒ ドラマ「BG ～身辺警護人～(2020年)」「マイファミリー」
◇産業貿易センタービル内 横浜シンポジアの議場 ⇒ ドラマ「Doctor-X 外科医・大門未知子 3」
◇三溪園 ⇒ 映画「日日是好日」
◇JR桜木町駅前 ⇒ ドラマ「逃げるは恥だが役に立つ」
◇JR桜木町駅前歩道橋 ⇒ ドラマ「逃げるは恥だが役に立つ」
◇CJ CAFE ⇒ 映画「さらば あぶない刑事」
◇ジャック＆ベティ ⇒ ドラマ「きょうは会社休みます。」
◇首都高速神奈川3号狩場線の高架下付近 ⇒ ドラマ「DCU ～手錠を持ったダイバー～」
◇シルクセンター国際貿易観光会館 ⇒ ドラマ「きょうは会社休みます。」
◇シルクセンター国際貿易観光会館の前 ⇒ ドラマ「きょうは会社休みます。」
◇SILVER OHNO ⇒ 映画「帰ってきたあぶない刑事」
◇新港橋 ⇒ ドラマ「リーガルV ～元弁護士・小鳥遊翔子～」
◇新港ふ頭 ⇒ 映画「帰ってきたあぶない刑事」
◇新山下橋 下付近 ⇒ ドラマ「DCU ～手錠を持ったダイバー～」
◇新山下橋 首都高速神奈川3号狩場線下 ⇒ ドラマ「DCU ～手錠を持ったダイバー～」
◇新山下橋 南詰にある階段 ⇒ ドラマ「DCU ～手錠を持ったダイバー～」
◇四五六(スウロ)菜館別館 ⇒ ドラマ「謎解きはディナーのあとで スペシャル」
◇ステッラ ディ マーレ ⇒ ドラマ「きょうは会社休みます。」
◇ストラスブルジョワ ⇒ ドラマ「まれ」
◇セガ横浜中華街 ⇒ ドラマ「きょうは会社休みます。」
◇象の鼻テラス付近 ⇒ ドラマ「逃げるは恥だが役に立つ」
◇象の鼻パーク ⇒ ドラマ「監察医 朝顔(第1シーズン)」「きょうは会社休みます。」「37歳で医者になった僕 ～研修医純情物語～」
◇象の鼻パーク 開港の丘 ⇒ ドラマ「逃げるは恥だが役に立つ」
◇象の鼻パーク 象の鼻桟橋 ⇒ ドラマ「ハケンの品格(2020年)」
◇象の鼻パーク 象の鼻防波堤 ⇒ ドラマ「花咲舞が黙ってない(2014年)」
◇象の鼻パーク 山下臨港線プロムナード高架下 ⇒ ドラマ「まれ」
◇チサンホテル横浜伊勢佐木町 ⇒ ドラマ「アンチヒーロー」
◇チャペルドゥリヴァージュ ⇒ ドラマ「きょうは会社休みます。」
◇中華街 市場通りと香港路間の路地 ⇒ ドラマ「まれ」
◇中華街 桂宮 ⇒ ドラマ「グランメゾン東京」
◇中華街 東門交差点 ⇒ ドラマ「世界一難しい恋」
◇中国茶専門店 悟空茶荘 ⇒ ドラマ「きょうは会社休みます。」
◇長者町八丁目交差点 ⇒ ドラマ「天国と地獄 ～サイコな2人～」
◇天保堂苅部書店 ⇒ ドラマ「岸辺露伴は動かない〈2〉くしゃがら」「岸辺露伴は動かない〈8〉ジャンケン小僧」
◇トランスパックエクスプレスの倉庫 ⇒ ドラマ「銭の戦争」

関東

◇中村川に架かる前田橋 ⇒ ドラマ「まれ」

◇ナビオス横浜 ⇒ ドラマ「私の家政夫ナギサさん」

◇你好 ⇒ ドラマ「DCU ～手錠を持ったダイバー～」

◇日本丸交差点 ⇒ ドラマ「世界一難しい恋」

◇日本大通り ⇒ ドラマ「ストロベリーナイト・サーガ」

◇日本大通り 横浜地方裁判所前 ⇒ ドラマ「監察医 朝顔（第1シーズン）」「MOZU Season2 ～幻の翼～」

◇日本銀行横浜支店前の日本大通 ⇒ ドラマ「きょうは会社休みます。」

◇日本郵船氷川丸 ⇒ 映画「アルキメデスの大戦」「帰ってきたあぶない刑事」

◇日本郵船歴史博物館 ⇒ ドラマ「花咲舞が黙ってない（2015年）」

◇ニューシティ21ビル ⇒ ドラマ「未来への10カウント」

◇ニューシティ21ビルの非常階段 ⇒ 映画「沈黙のパレード」

◇根岸森林公園 ⇒ 映画「未来のミライ」

◇ノートルダム横浜みなとみらい ⇒ ドラマ「監察医 朝顔（第1シーズン）」「逃げるは恥だが役に立つ」「ラジエーションハウス～放射線科の診断レポート～」

◇ノートルダム横浜みなとみらいの西側 ⇒ ドラマ「Doctor-X 外科医・大門未知子 6」

◇PAWS CLUB ⇒ 映画「コーヒーが冷めないうちに」

◇パーク600の北側 ⇒ ドラマ「未来への10カウント」

◇Hacoa ダイレクトストア 横浜赤レンガ倉庫店 ⇒ ドラマ「私の家政夫ナギサさん」

◇馬車道大津ビル ⇒ ドラマ「リーガルV ～元弁護士・小鳥遊翔子～」

◇パセラ珈琲店 横浜関内店 ⇒ ドラマ「私の家政夫ナギサさん」

◇パセラリゾーツ横浜関内店 ⇒ ドラマ「世界一難しい恋」

◇HARBOUR'S MOON ⇒ ドラマ「まれ」

◇万国橋 ⇒ ドラマ「きょうは会社休みます。」「世界一難しい恋」「私の家政夫ナギサさん」

◇熊猫飯店 ⇒ ドラマ「逃げるは恥だが役に立つ」

◇額坂 ⇒ ドラマ「岸辺露伴は動かない〈2〉くしゃがら」「岸辺露伴は動かない〈3〉D.N.A」「岸辺露伴は動かない〈4〉ザ・ラン」「岸辺露伴は動かない〈5〉背中の正面」「岸辺露伴は動かない〈6〉六壁坂」「岸辺露伴は動かない〈7〉ホットサマー・マーサ」

◇福富町 ⇒ 映画「帰ってきたあぶない刑事」

◇福富町仲通り ⇒ ドラマ「天国と地獄 ～サイコな2人～」

◇福富町西公園 ⇒ ドラマ「ストロベリーナイト・サーガ」

◇福仲ビルの裏側 ⇒ ドラマ「天国と地獄 ～サイコな2人～」

◇ふぐの店 ぼて 関内店の前 ⇒ ドラマ「天国と地獄 ～サイコな2人～」

◇富士ソフトビル ⇒ ドラマ「逃げるは恥だが役に立つ」「花咲舞が黙ってない（2015年）」

◇プレイスイセザキの前 ⇒ ドラマ「ストロベリーナイト（2012年）」

◇文次郎 関内店 ⇒ 映画「さらば あぶない刑事」

◇BAYSIS ⇒ ドラマ「Doctor-X 外科医・大門未知子 6」

◇北京烤鴨店 中華街店 ⇒ ドラマ「VIVANT」「Doctor-X 外科医・大門未知子 4」

◇ベーリック・ホール ⇒ 映画「帰ってきたあぶない刑事」

◇PER-ADRA CLIMBING GYM YOKOHAMA ⇒ ドラマ「マイファミリー」

◇弁天橋 ⇒ ドラマ「きょうは会社休みます。」「世界一難しい恋」

◇弁天橋の東詰付近 ⇒ ドラマ「きょうは会社休みます。」

◇北斗タクシー ⇒ ドラマ「イチケイのカラス スペシャル」

◇ホテルニューグランド ⇒ 映画「帰ってきたあぶない刑事」「岸辺露伴 ルーヴルへ行く」 ドラマ「世界一難しい恋」「南極大陸」「まれ」

◇ホテルニューグランドの中庭 ⇒ ドラマ「世界一難しい恋」

◇ホテルニューグランドの前 ⇒ ドラマ「世界一難しい恋」

◇Hotel La Lune ⇒ ドラマ「世にも奇妙な物語 2012 秋の特別編」「リーガルV ～元弁護士・小鳥遊翔子～」

◇ホルモン焼がま親分 ⇒ ドラマ「ラジエーションハウス II ～放射線科の診断レポート～」

◇本牧いずみ公園 ⇒ ドラマ「マイファミリー」

◇本牧山頂公園 ⇒ ドラマ「きょうは会社休みます。」

◇本牧ふ頭D ⇒ ドラマ「DCU ～手錠を持ったダイバー～」

◇まいばすけっと石川町駅前店付近 ⇒ ドラマ「リーガルV ～元弁護士・小鳥遊翔子～」

◇MARINE & WALK YOKOHAMA の北東側 ⇒ ドラマ「DCU ～手錠を持ったダイバー～」

◇港の見える丘公園 ⇒ 映画「帰ってきたあぶない刑事」 ドラマ「まれ」

◇港の見える丘公園展望台 ⇒ ドラマ「岸辺露伴は動かない〈1〉富豪村」「岸辺露伴は動かない〈2〉くしゃがら」「岸辺露伴は動かない〈3〉D.N.A」

◇港郵便局前交差点 ⇒ ドラマ「世界一難しい恋」

◇都橋商店街 ⇒ 映画「帰ってきたあぶない刑事」 ドラマ「ストロベリーナイト(2012年)」

◇霧笛楼1階 カフェ・ネクストドア ⇒ ドラマ「まれ」

◇元町公園 ⇒ ドラマ「まれ」

◇元町公園の自働電話(公衆電話) ⇒ ドラマ「岸辺露伴は動かない〈5〉背中の正面」

◇元町 梅林 ⇒ ドラマ「きょうは会社休みます。」

◇元町パセオの前 ⇒ ドラマ「きょうは会社休みます。」

◇MOTOMACHI 花こ ⇒ ドラマ「監察医 朝顔(第1シーズン)」

◇ヤマガタ薬局 ⇒ ドラマ「MIU404」

◇山下公園 ⇒ ドラマ「まれ」「私の家政夫ナギサさん」

◇山下町地下駐車場 ⇒ ドラマ「ATARU」

◇山下橋 ⇒ 映画「帰ってきたあぶない刑事」

◇山下埠頭 ⇒ ドラマ「謎解きはディナーのあとで」「謎解きはディナーのあとで スペシャル」

◇山手イタリア山庭園内にある「外交官の家」⇒ ドラマ「きょうは会社休みます。」

◇山手十番館 ⇒ ドラマ「岸辺露伴は動かない〈2〉くしゃがら」「岸辺露伴は動かない〈4〉ザ・ラン」「岸辺露伴は動かない〈9〉密漁海岸」

◇山手111番館 ⇒ ドラマ「まれ」

◇洋菓子浜志まん ⇒ ドラマ「まれ」

◇横浜赤レンガ倉庫 ⇒ ドラマ「家政婦のミタ」「まれ」

◇横浜赤レンガ倉庫付近 ⇒ ドラマ「逃げるは恥だが役に立つ」

◇横浜赤レンガ倉庫2号館の西側付近 ⇒ ドラマ「私の家政夫ナギサさん」

◇横浜開港資料館前の開港広場 ⇒ 映画「SP 野望篇」 ドラマ「SP スペシャル 革命前日」

◇横浜海上防災基地の桟橋 ⇒ ドラマ「DCU ～手錠を持ったダイバー～」

◇横浜 菊秀 ⇒ ドラマ「ラッキーセブン スペシャル」

◇横浜港大さん橋国際客船ターミナル ⇒ ドラマ「DCU ～手錠を持ったダイバー～」「逃げるは恥だが役に立つ」

◇横浜高速鉄道みなとみらい線「日本大通り駅」2番出入口 ⇒ ドラマ「きょうは会社休みます。」

◇横浜港の岸壁付近 ⇒ ドラマ「DCU ～手錠を持ったダイバー～」

◇よこはまコスモワールド ⇒ 映画「パーフェクトワールド 君といる奇跡」

◇よこはまコスモワールドのコスモクロック21 ⇒ ドラマ「世界一難しい恋」「未来への10カウント」

◇横浜市役所前 ⇒ ドラマ「私の家政夫ナギサさん」

◇横浜情報文化センター ⇒ ドラマ「銭の戦争」「虎に翼」「花咲舞が黙ってない(2014年)」「世にも奇妙な物語 2012 秋の特別編」

◇横浜情報文化センターの前 ⇒ ドラマ「きょうは会社休みます。」

◇横浜情報文化センターの南側 ⇒ ドラマ「鍵のかかった部屋」

◇横浜シンポジア 9階特別会議室 ⇒ ドラマ「スペシャリスト」

関東

◇横浜シンポジア 901会議室 ⇒ ドラマ「監察医 朝顔(第1シーズン)」

◇横浜信用金庫 本店 ⇒ ドラマ「銭の戦争」

◇ヨコハマ創造都市センター ⇒ ドラマ「グランメゾン東京」「Doctor-X 外科医・大門未知子 5」

◇横浜ダウンビート ⇒ 映画「リップヴァンウィンクルの花嫁」

◇横浜中華街 ⇒ 映画「唐人街探偵 東京MISSION」 ドラマ「謎解きはディナーのあとで スペシャル」

◇横浜パートナー法律事務所 ⇒ ドラマ「ラジエーションハウス II 〜放射線科の診断レポート〜」

◇横濱ハーバー ありあけ本館ハーバーズムーン本店のカフェスペース ⇒ ドラマ「DCU 〜手錠を持ったダイバー〜」

◇横浜ベイホールの屋上 ⇒ ドラマ「DCU 〜手錠を持ったダイバー〜」

◇横浜媽祖廟 ⇒ ドラマ「まれ」

◇横浜マリンタワー ⇒ ドラマ「きょうは会社休みます。」

◇横浜マリンタワーの前 ⇒ ドラマ「世界一難しい恋」

◇横浜元町ショッピングストリート(商店街) ⇒ ドラマ「きょうは会社休みます。」「逃げるは恥だが役に立つ」「まれ」

◇横濱元町洋菓子研究所 ⇒ ドラマ「まれ」

◇横浜郵船ビル ⇒ 映画「帰ってきたあぶない刑事」

◇横浜ワールドポーターズ ⇒ ドラマ「きょうは会社休みます。」

◇LIVE LOVE LAUGH ⇒ 映画「リップヴァンウィンクルの花嫁」

◇la banque du LoA ⇒ ドラマ「花咲舞が黙ってない(2014年)」

◇理容マツヤマ ⇒ ドラマ「MIU404」

◇レストランオーシャン ⇒ ドラマ「マイファミリー」

◇60Hz ⇒ 映画「さらば あぶない刑事」

◇YCC(横浜クルージングクラブ) ⇒ 映画「帰ってきたあぶない刑事」

横浜市南区

◇弘明寺商店街 ⇒ ドラマ「奥様は、取り扱い注意」

◇清水ヶ丘公園 ⇒ ドラマ「イチケイのカラス」

◇仲乃湯 ⇒ ドラマ「世界一難しい恋」

◇麺工房あかつき ⇒ ドラマ「きょうは会社休みます。」

◇横浜市立大学附属市民総合医療センター ⇒ ドラマ「救命病棟24時(2013年)」

横浜市保土ケ谷区

◇鎌谷町の坂道 ⇒ ドラマ「家政婦のミタ」

◇境木第二公園の前 ⇒ ドラマ「きょうは会社休みます。」

◇陣ヶ下渓谷ひろば公園 ⇒ ドラマ「私の家政夫ナギサさん」

◇図書館カフェ「shoca.」 ⇒ ドラマ「きょうは会社休みます。」

◇保土谷公園サッカー場 ⇒ ドラマ「オールドルーキー」

◇横浜国立大学 教育人間科学部講義棟6号館 ⇒ ドラマ「救命病棟24時(2013年)」

◇横浜国立大学 正門 ⇒ ドラマ「きょうは会社休みます。」

◇横浜市西谷浄水場 ⇒ ドラマ「ガリレオ(2013年)」「ストロベリーナイト・サーガ」

◇横浜ビジネスパーク ⇒ ドラマ「ATARU」

横浜市磯子区

◇磯子区全景 ⇒ 映画「未来のミライ」

横浜市金沢区

◇金澤園 ⇒ ドラマ「きょうは会社休みます。」

◇金沢漁港の防波堤 ⇒ ドラマ「DCU 〜手錠を持ったダイバー〜」

◇金沢区の歩道橋 ⇒ 映画「ヒロイン失格」

◇金沢シーサイドラインの高架下 ⇒ ドラマ「昼顔 〜平日午後3時の恋人たち」

◇金沢総合高等学校の東側 ⇒ ドラマ「謎解きはディナーのあとで」

◇関東学院大学 横浜・金沢八景キャンパス ⇒ ドラマ「昼顔 〜平日午後3時の恋人たち」

◇関東学院大学 横浜・金沢八景キャンパスの

図書館本館 ⇒ ドラマ「昼顔 ～平日午後3時の恋人たち」
◇関東学院大学 横浜・金沢八景キャンパスの前 ⇒ ドラマ「昼顔 ～平日午後3時の恋人たち」
◇関東学院大学 横浜・金沢八景キャンパスのE1号館西側付近 ⇒ ドラマ「昼顔 ～平日午後3時の恋人たち」
◇帰帆橋 ⇒ ドラマ「昼顔 ～平日午後3時の恋人たち」
◇シーサイドラインの西側にある道路 ⇒ ドラマ「謎解きはディナーのあとで」
◇侍従川の河口に架かる平潟橋 ⇒ ドラマ「昼顔 ～平日午後3時の恋人たち」
◇セレモホール金沢文庫 ⇒ ドラマ「銭の戦争」
◇中央水産研究所 ⇒ ドラマ「アンナチュラル」
◇富岡並木ふなだまり公園 ⇒ ドラマ「監察医 朝顔（第1シーズン）」
◇野毛電気工業 ⇒ 映画「空飛ぶタイヤ」
◇花ノ木製作所 ⇒ ドラマ「監察医 朝顔（第1シーズン）」
◇平潟湾沿いの歩道 ⇒ ドラマ「昼顔 ～平日午後3時の恋人たち」
◇室ノ木歩道橋 ⇒ ドラマ「昼顔 ～平日午後3時の恋人たち」
◇柳町町内会館の前 ⇒ ドラマ「昼顔 ～平日午後3時の恋人たち」
◇夕照橋 ⇒ ドラマ「昼顔 ～平日午後3時の恋人たち」
◇横浜高等学校・横浜中学校の前 ⇒ ドラマ「マイファミリー」
◇横浜シーサイドライン中央管理室 ⇒ ドラマ「A LIFE ～愛しき人～」「ハケンの品格（2020年）」
◇横浜シーサイドライン本社 ⇒ ドラマ「私の家政夫ナギサさん」
◇横浜市立金沢動物園 ⇒ 映画「耳を澄ませば」ドラマ「アイムホーム」
◇横浜市立大学福浦キャンパス ⇒ ドラマ「監察医 朝顔（第1シーズン）」「Dr.倫太郎」
◇横浜市立大学福浦キャンパス 医学部福利厚生棟付近 ⇒ ドラマ「救命病棟24時（2013年）」
◇横浜市立大学福浦キャンパス 看護教育研究棟前 ⇒ ドラマ「Dr.倫太郎」
◇横浜市立大学福浦キャンパス 看護教育研究棟2階にあるラウンジ ⇒ ドラマ「Dr.倫太郎」
◇横浜市立大学福浦キャンパス 講義棟1階多目的ホール（ヘボンホール） ⇒ ドラマ「Dr.倫太郎」
◇横浜市立大学福浦キャンパス 福利厚生棟にある食堂 ⇒ ドラマ「Dr.倫太郎」
◇横浜市立大学附属病院 ⇒ ドラマ「アンナチュラル」「スペシャリスト」「Dr.倫太郎」「私の家政夫ナギサさん」
◇横浜市立大学附属病院の屋上 ⇒ ドラマ「アンナチュラル」
◇横浜市立大学附属病院の第1会議室 ⇒ ドラマ「Dr.倫太郎」
◇横浜市立大学附属病院の10階の臨床講堂 ⇒ ドラマ「Dr.倫太郎」
◇横浜・八景島シーパラダイス ⇒ 映画「ひるなかの流星」「雪の華」ドラマ「A LIFE ～愛しき人～」「スペシャリスト」「世界一難しい恋」「DCU ～手錠を持ったダイバー～」「MIU404」「ラッキーセブン」「私の家政夫ナギサさん」
◇横浜・八景島シーパラダイス A駐車場の屋上 ⇒ ドラマ「DCU ～手錠を持ったダイバー～」

横浜市港北区

◇天野工務店 ⇒ ドラマ「花咲舞が黙ってない（2015年）」
◇大倉山記念館 ⇒ ドラマ「梅ちゃん先生」「BG ～身辺警護人～（2018年）」「昼顔 ～平日午後3時の恋人たち」「リーガルV ～元弁護士・小鳥遊翔子～」
◇クライミングジム ビッグロック 日吉店 ⇒ ドラマ「オールドルーキー」
◇相模鉄工所横浜工場 ⇒ ドラマ「ガリレオ（2013年）」
◇自彊館武道場 ⇒ ドラマ「半沢直樹」
◇篠原八幡神社 ⇒ ドラマ「逃げるは恥だが役に立つ」
◇新横浜ウエストビル ⇒ ドラマ「妖怪人間ベム」
◇新横浜グレイスホテル ⇒ ドラマ「ガリレオ（2013年）」

関東

◇スウィングスタジアム横浜 ⇒ ドラマ「イチケイのカラス」

◇HOTEL The SCENEのデラックスルーム ⇒ ドラマ「リーガルV ～元弁護士・小鳥遊翔子～」

◇横浜市営地下鉄ブルーライン新横浜駅 ⇒ ドラマ「小さな巨人」

横浜市戸塚区

◇秋葉台公園 ⇒ ドラマ「99.9 ―刑事専門弁護士 Season I」「小さな巨人」

◇柏尾川河川敷 ⇒ 映画「私の人生なのに」

◇柏尾川プロムナード ⇒ 映画「私の人生なのに」

◇戸塚駅東口ペデストリアンデッキ ⇒ 映画「私の人生なのに」

◇俣野公園 ⇒ 映画「私の人生なのに」

◇矢部トンネルの丘公園 ⇒ 映画「私の人生なのに」

◇吉田電車の見える公園 ⇒ 映画「私の人生なのに」

横浜市港南区

◇朝倉病院 ⇒ ドラマ「ストロベリーナイト（2012年）」「マルモのおきて スペシャル」

◇岡田眼科 ⇒ ドラマ「下剋上球児」

◇京急百貨店 ⇒ ドラマ「とんび（2013年）」

◇港南台7丁目のトンネル ⇒ ドラマ「Believe ―君にかける橋―」

◇港南2丁目の交差点 ⇒ ドラマ「Believe ―君にかける橋―」

◇港南2丁目の坂道 ⇒ ドラマ「Believe ―君にかける橋―」

◇芹が谷銀座商店街 ⇒ ドラマ「未来への10カウント」

◇ノジマ 港南台店 ⇒ ドラマ「逃げるは恥だが役に立つ」

◇横浜刑務所の前 ⇒ ドラマ「リーガルV ～元弁護士・小鳥遊翔子～」

横浜市旭区

◇アストロ鶴ヶ峰店＆鶴ヶ峰バッティングセンター ⇒ ドラマ「きょうは会社休みます。」

◇神奈川県立がんセンター ⇒ ドラマ「グランメゾン東京」「ストロベリーナイト・サーガ」「ラジエーションハウス ～放射線科の診断レポート～」

◇聖マリアンナ医科大学横浜市西部病院 ⇒ ドラマ「下剋上球児」

◇相鉄いずみの線南万騎が原駅 ⇒ 映画「記憶屋 あなたを忘れない」

◇相鉄いずみの線南万騎が原駅前 ⇒ ドラマ「逃げるは恥だが役に立つ」

◇横浜市水道局川井浄水場 ⇒ ドラマ「99.9 ―刑事専門弁護士 Season II」

横浜市緑区

◇AVALON HILLSIDE FARM ⇒ ドラマ「オールドルーキー」

◇霧が丘公園の西側付近 ⇒ ドラマ「ATARU」

◇大林寺 ⇒ ドラマ「半沢直樹（2020年）」

◇鶴見川の堤防 ⇒ ドラマ「○○妻」

◇東洋英和女学院大学横浜キャンパス カルテットホール，中央館食堂 ⇒ 映画「ヒロイン失格」

◇東洋英和女学院大学横浜キャンパス 正門 ⇒ ドラマ「監察医 朝顔（第1シーズン）」

◇東洋英和女学院大学横浜キャンパス 正門付近 ⇒ ドラマ「監察医 朝顔（第1シーズン）」

◇東洋英和女学院大学横浜キャンパス 1号館の前 ⇒ ドラマ「監察医 朝顔（第1シーズン）」

◇東洋英和女学院大学横浜キャンパス 5号館大教室棟 ⇒ ドラマ「義母と娘のブルース」

◇東洋英和女学院大学横浜キャンパス 5号館の5204教室 ⇒ ドラマ「監察医 朝顔（第1シーズン）」

◇丸進不動産 ⇒ ドラマ「きょうは会社休みます。」

◇やま喜フィッシングセンター ⇒ ドラマ「救命病棟24時（2013年）」

◇横浜市営地下鉄グリーンラインの中山駅 ⇒ 映画「パラレルワールド・ラブストーリー」 ドラマ「奥様は、取り扱い注意」

◇横浜商科大学みどりキャンパス ⇒ ドラマ「GTO（2012年）」

◇横浜マドカ幼稚園の北側付近 ⇒ ドラマ「ATARU」

横浜市栄区
◇愛愛賓館 ⇒ ドラマ「スペシャリスト」

横浜市泉区
◇四季の径 ⇒ ドラマ「ザ・トラベルナース」「ラジエーションハウス ～放射線科の診断レポート～」
◇四季の径 緑園須郷台公園東側付近 ⇒ ドラマ「ラジエーションハウス ～放射線科の診断レポート～」
◇秀英高等学校 体育館 ⇒ ドラマ「未来への10カウント」
◇相鉄いずみ野線緑園都市駅付近 ⇒ ドラマ「マイファミリー」
◇相鉄いずみ野線ゆめが丘駅 ⇒ 映画「今日、恋をはじめます」

横浜市青葉区
◇愛愛電機 ⇒ ドラマ「天国と地獄 ～サイコな2人～」
◇あざみ野四丁目北公園の西側 ⇒ ドラマ「ラスト・シンデレラ」
◇あざみ野南3丁目の住宅街の坂道 ⇒ ドラマ「未来への10カウント」
◇市が尾こどものいえ保育園の前 ⇒ ドラマ「アイムホーム」
◇市ヶ尾下根公園 ⇒ ドラマ「アイムホーム」
◇美しが丘第3号歩道橋 ⇒ ドラマ「私の家政夫ナギサさん」
◇荏田北3丁目の住宅街 ⇒ ドラマ「未来への10カウント」
◇荏田西2丁目の交差点 ⇒ ドラマ「イチケイのカラス」
◇エムズハウス ⇒ ドラマ「Doctor-X 外科医・大門未知子 6」
◇大場白ゆり幼稚園 ⇒ ドラマ「義母と娘のブルース」
◇オフィスFelt ⇒ ドラマ「奥様は、取り扱い注意」
◇桂台公園の西側 ⇒ ドラマ「37歳で医者になった僕 ～研修医純情物語～」
◇加藤内科医院 ⇒ ドラマ「ATARU」「ATARU スペシャル ニューヨークからの挑戦状」
◇コート・ダジュール 青葉台店 ⇒ ドラマ「ラジエーションハウス ～放射線科の診断レポート～」
◇こどもの国の白鳥湖 ⇒ ドラマ「GTO (2012年)」
◇寺家ふるさと村 四季の家 ⇒ ドラマ「イチケイのカラス スペシャル」
◇新石川小学校 ⇒ ドラマ「マイファミリー」
◇Ski & Fit ⇒ ドラマ「オールドルーキー」
◇ソウルカクテル青葉台店 ⇒ ドラマ「逃げるは恥だが役に立つ」
◇タイムズ市ヶ尾町第3 ⇒ ドラマ「私の家政夫ナギサさん」
◇田奈第二公園 ⇒ ドラマ「GTO (2012年)」
◇桐蔭学園アカデミウムにある移築復元された「横浜地方裁判所陪審法廷」 ⇒ ドラマ「イチケイのカラス」「鍵のかかった部屋SP」
◇東急田園都市線を跨ぐ跨線橋 ⇒ ドラマ「逃げるは恥だが役に立つ」
◇東急田園都市線の線路沿い ⇒ ドラマ「37歳で医者になった僕 ～研修医純情物語～」
◇東名高速道路を跨ぐ荏元橋の上 ⇒ ドラマ「ルーズヴェルト・ゲーム」
◇東名高速道路横浜青葉I.C.付近 ⇒ ドラマ「銭の戦争」
◇徳恩寺の墓地 ⇒ 映画「沈黙のパレード」
◇奈良センター南橋 ⇒ ドラマ「MIU404」
◇奈良1丁目のバス停 ⇒ ドラマ「逃げるは恥だが役に立つ」
◇花店 花葉 ⇒ ドラマ「MIU404」
◇PEOPLE WISE CAFE ⇒ ドラマ「ラジエーションハウス II ～放射線科の診断レポート～」
◇美容室アンファン ⇒ ドラマ「アンナチュラル」
◇緑山スタジオ ⇒ ドラマ「アンナチュラル」「VIVANT」「SPEC ～零～ 警視庁公安部公安第五課 未詳事件特別対策事件簿」「南極大陸」「昼顔 ～平日午後3時の恋人たち」
◇緑山スタジオ・シティ ⇒ 映画「海賊とよばれた男」ドラマ「ハケンの品格 (2020年)」「MIU404」
◇緑山スタジオ・シティ スタジオ棟の屋上 ⇒ ドラマ「ザ・トラベルナース」

関東

◇MELONDIAあざみ野 ⇒ドラマ「まれ」

◇横浜あおば霊苑 ⇒ドラマ「未来への10カウント」

◇横浜美術大学 ⇒ドラマ「SPEC ～翔～ 警視庁公安部公安第五課 未詳事件特別対策係事件簿」

◇横浜美術大学の体育館 ⇒ドラマ「GTO(2012年)」

横浜市都筑区

◇アットパーク センター南 ⇒ドラマ「37歳で医者になった僕 ～研修医純情物語～」

◇アニヴェルセルヒルズ横浜 ⇒ドラマ「義母と娘のブルース」「ラジエーションハウス ～放射線科の診断レポート～」

◇荏田東すいせん公園付近 ⇒ドラマ「奥様は、取り扱い注意」

◇荏田東1丁目並木道 ⇒ドラマ「奥様は、取り扱い注意」

◇沖ノ谷地下道付近 ⇒ドラマ「きょうは会社休みます。」

◇学園歩道橋 ⇒ドラマ「私の家政夫ナギサさん」

◇学園歩道橋の階段 ⇒ドラマ「私の家政夫ナギサさん」

◇区役所通り ⇒ドラマ「天国と地獄 ～サイコな2人～」

◇区役所通りを跨ぐ「都築ふるさと歩道橋」⇒ドラマ「GTO(2012年)」

◇Southwoodの北側 ⇒ドラマ「ラジエーションハウス ～放射線科の診断レポート～」

◇桜山歩道橋 ⇒ドラマ「天国と地獄 ～サイコな2人～」

◇幸運歩道橋 ⇒ドラマ「ザ・トラベルナース」

◇昭和大学横浜市北部病院 ⇒ドラマ「ザ・トラベルナース」

◇昭和大学横浜市北部病院中央棟9階のレストラン ⇒ドラマ「ザ・トラベルナース」

◇食品館あおばセンター南店の北側 ⇒ドラマ「天国と地獄 ～サイコな2人～」

◇食品館あおばセンター南店前の桜山歩道橋 ⇒ドラマ「天国と地獄 ～サイコな2人～」

◇ショッピングタウンあいたいの西側にある階段 ⇒ドラマ「Dr.倫太郎」

◇センター南SKYビルの西側 ⇒ドラマ「GTO(2012年)」

◇大建商事 ⇒ドラマ「ストロベリーナイト・サーガ」

◇茅ケ崎中央の階段下 ⇒ドラマ「きょうは会社休みます。」

◇都筑中央公園 ⇒ドラマ「天国と地獄 ～サイコな2人～」

◇鶴見川に架かる川和北八朔橋 ⇒ドラマ「半分、青い。」

◇「であい橋」の西詰付近 ⇒ドラマ「義母と娘のブルース」

◇東芝エレベータ人材開発センター ⇒ドラマ「妖怪人間ベム」

◇中川交差点の東付近 ⇒ドラマ「アンナチュラル」

◇中川5丁目の階段 ⇒ドラマ「奥様は、取り扱い注意」

◇中村歩道橋 ⇒ドラマ「七人の秘書」

◇中村歩道橋の階段下 ⇒ドラマ「七人の秘書」

◇ノースポート・モールの北側 ⇒ドラマ「37歳で医者になった僕 ～研修医純情物語～」

◇パティスリー ル プレ・オ・ヴェール YAMAMURO ⇒ドラマ「ザ・トラベルナース」

◇早渕川に架かる境田橋 ⇒ドラマ「天国と地獄 ～サイコな2人～」

◇ビューティ&ウェルネス専門職大学(旧オンワード総合研究所 人材開発センター) ⇒ドラマ「A LIFE ～愛しき人～」「アンナチュラル」「義母と娘のブルース」「99.9―刑事専門弁護士 SeasonⅠ」「37歳で医者になった僕 ～研修医純情物語～」「GTO(2012年)」「TOKYO MER 走る緊急救命室」「BG ～身辺警護人～(2018年)」「ラジエーションハウス ～放射線科の診断レポート～」「リーガルV ～元弁護士・小鳥遊翔子～」

◇ビューティ&ウェルネス専門職大学(旧オンワード総合研究所 人材開発センター)のAV会議室 ⇒ドラマ「37歳で医者になった僕 ～研修医純情物語～」

◇ビューティ&ウェルネス専門職大学(旧オンワード総合研究所 人材開発センター)のフィットネスクラブのプール ⇒ドラマ「世界一難しい恋」

◇FlowerShop K&A ⇒ ドラマ 「私の家政夫ナギサさん」

◇みなきたウォーク ⇒ ドラマ 「天国と地獄 ～サイコな2人～」

◇みなきたウォークの歩道橋 ⇒ ドラマ 「義母と娘のブルース」

◇モザイクモール港北 ⇒ ドラマ 「奥様は、取り扱い注意」「監察医 朝顔（第1シーズン）」「99.9 ―刑事専門弁護士 Season I」「天国と地獄 ～サイコな2人～」「BG ～身辺警護人～（2018年）」「私の家政夫ナギサさん」

◇モザイクモール港北 観覧車 ⇒ ドラマ 「Dr.倫太郎」

◇モザイクモール港北 3階のブックファーストモザイクモール港北店 ⇒ ドラマ 「37歳で医者になった僕 ～研修医純情物語～」

◇モザイクモール港北 3階のムラサキスポーツの前 ⇒ ドラマ 「37歳で医者になった僕 ～研修医純情物語～」

◇モトガレージネスト ⇒ ドラマ 「アンナチュラル」

◇ユニゾセンター南ビル西側の階段 ⇒ ドラマ 「ラジエーションハウス ～放射線科の診断レポート～」

◇陽光歩道橋の北詰 ⇒ ドラマ 「私の家政夫ナギサさん」

◇横浜国際プール ⇒ ドラマ 「監察医 朝顔（第1シーズン）」「リーガル・ハイ（2012年）」

◇横浜市営地下鉄グリーンライン高架下のセンター南駅第1駐輪場 ⇒ ドラマ 「義母と娘のブルース」

◇横浜市営地下鉄グリーンライン都筑ふれあいの丘駅前 ⇒ ドラマ 「99.9 ―刑事専門弁護士 Season I」

◇横浜市営地下鉄センター北駅東側 ⇒ ドラマ 「花咲舞が黙ってない（2015年）」

◇横浜市営地下鉄センター北駅東側にある階段 ⇒ ドラマ 「Dr.倫太郎」

◇横浜市営地下鉄センター南駅 ⇒ ドラマ 「義母と娘のブルース」

◇横浜市営地下鉄センター南駅構内 有隣堂センター南駅店の前 ⇒ ドラマ 「天国と地獄 ～サイコな2人～」

◇横浜市営地下鉄センター南駅付近 ⇒ ドラマ 「義母と娘のブルース」

◇横浜市営地下鉄センター南駅前 ⇒ ドラマ 「義母と娘のブルース」「37歳で医者になった僕 ～研修医純情物語～」

◇横浜市営地下鉄センター南駅前の「すきっぷ広場」 ⇒ ドラマ 「GTO（2012年）」

◇横浜市営地下鉄ブルーライン沿いの階段の上 ⇒ ドラマ 「ルーズヴェルト・ゲーム」

◇横浜市営地下鉄ブルーラインとグリーンラインの高架の間 ⇒ ドラマ 「花咲舞が黙ってない（2015年）」

◇横浜市営地下鉄ブルーライン仲町台駅 ⇒ ドラマ 「私の家政夫ナギサさん」

◇横浜市仲町台地区センター ⇒ ドラマ 「私の家政夫ナギサさん」

川崎市川崎区

◇アイマート いしだや ⇒ ドラマ 「妖怪人間ベム」

◇石原商事 ⇒ ドラマ 「ストロベリーナイト（2012年）」

◇入江崎公園 ⇒ ドラマ 「妖怪人間ベム」

◇浮島町の道路 ⇒ ドラマ 「半沢直樹」

◇大川町産業会館 ⇒ ドラマ 「HERO（2014年）」

◇大島4丁目歩道橋 ⇒ ドラマ 「妖怪人間ベム」

◇おさやん！ 川崎総本店 ⇒ ドラマ 「99.9 ―刑事専門弁護士 Season II」

◇小田銀座商店街の建物 ⇒ ドラマ 「○○妻」

◇外語ビジネス専門学校 ⇒ ドラマ 「花咲舞が黙ってない（2015年）」「半沢直樹」

◇加瀬のレンタルボックス 殿町3丁目 ⇒ ドラマ 「MIU404」

◇神奈川臨海鉄道の線路 ⇒ ドラマ 「妖怪人間ベム」

◇神奈川臨海鉄道の線路沿い ⇒ ドラマ 「妖怪人間ベム」

◇川崎アルバトロス ⇒ ドラマ 「きょうは会社休みます。」

◇川崎運送 ⇒ ドラマ 「99.9 ―刑事専門弁護士 Season I」「ストロベリーナイト・サーガ」「花咲舞が黙ってない（2014年）」

◇川崎競馬場 ⇒ ドラマ 「Doctor-X 外科医・大門未知子 2」「Dr.倫太郎」「BG ～身辺警護人～（2020年）」

◇川崎競馬場の馬場内駐車場 ⇒ [ドラマ]「日本沈没 ―希望の人―」
◇川崎 港湾用地 ⇒ [映画]「シン・仮面ライダー」
◇川崎市役所旧本庁舎 ⇒ [映画]「シン・ゴジラ」
◇川崎市役所第三庁舎 ⇒ [ドラマ]「銭の戦争」「MOZU Season1 ～百舌の叫ぶ夜～」
◇川崎市役所第三庁舎の前 ⇒ [ドラマ]「99.9 ―刑事専門弁護士 Season Ⅱ」
◇川崎市役所第四庁舎 ⇒ [ドラマ]「ストロベリーナイト・サーガ」
◇川崎市立川崎病院 ⇒ [ドラマ]「アイムホーム」「○○妻」
◇川崎スタジオ ⇒ [ドラマ]「ATARU」「天国と地獄 ～サイコな2人～」「マルモのおきて」
◇川崎地下街 アゼリア ⇒ [ドラマ]「S ―最後の警官―」
◇川崎とんかつ かつ善 ⇒ [ドラマ]「Doctor-X 外科医・大門未知子 5」
◇川崎マリエンの第1会議室 ⇒ [ドラマ]「S ―最後の警官―」
◇京浜ビルの北側にある広場 ⇒ [ドラマ]「HERO（2014年）」
◇サンケミカル川崎工場付近 ⇒ [ドラマ]「SPEC ～翔～ 警視庁公安部公安第五課 未詳事件特別対策係事件簿」
◇JFE渡田ビルの前 ⇒ [ドラマ]「HERO（2014年）」
◇JTSコーポレーション ⇒ [ドラマ]「コード・ブルー ドクターヘリ緊急救命 3rd. SEASON」
◇首都高速1号横羽線下の多摩川の河原 ⇒ [ドラマ]「ストロベリーナイト（2012年）」
◇昭和電工川崎事業所本事務所 ⇒ [ドラマ]「A LIFE ～愛しき人～」「リーガルV ～元弁護士・小鳥遊翔子～」
◇THINK ⇒ [ドラマ]「イチケイのカラス」「MIU404」
◇THINK内の「アウマンの家」 ⇒ [ドラマ]「HERO（2014年）」「MIU404」
◇THINK3号館の東側 ⇒ [ドラマ]「HERO（2014年）」
◇整電社 ⇒ [ドラマ]「PRICELESS～あるわけねえだろ、んなもん！ ～」
◇総合新川橋病院 ⇒ [ドラマ]「BG ～身辺警護人～（2018年）」
◇多摩川に架かる第一京浜（国道15号線）の六郷橋 ⇒ [ドラマ]「MIU404」
◇多摩川の堤防 ⇒ [ドラマ]「MIU404」
◇中華ミカワヤ ⇒ [ドラマ]「Doctor-X 外科医・大門未知子 5」
◇デイ・シイ セメント事業本部 川崎工場 ⇒ [ドラマ]「アイムホーム」
◇殿町1丁目の住宅街 ⇒ [ドラマ]「妖怪人間ベム」
◇東亜石油の京浜製油所水江工場 ⇒ [ドラマ]「きょうは会社休みます。」
◇東日印刷川崎工場 ⇒ [ドラマ]「MIU404」
◇TREX KAWASAKI RIVER CAFE ⇒ [ドラマ]「オールドルーキー」
◇日本鋼管病院 ⇒ [ドラマ]「逃げるは恥だが役に立つ」
◇日本ダスト NDK資源化リサイクル工場 ⇒ [ドラマ]「DCU ～手錠を持ったダイバー～」「MIU404」
◇日本ダスト NDK資源化リサイクル工場の屋上 ⇒ [ドラマ]「DCU ～手錠を持ったダイバー～」
◇日本冶金工業川崎製造所 ⇒ [ドラマ]「半沢直樹」
◇根本造船所 ⇒ [ドラマ]「半沢直樹」
◇東扇島東公園 ⇒ [ドラマ]「PRICELESS～あるわけねえだろ、んなもん！ ～」「MIU404」
◇日の出製作所 ⇒ [ドラマ]「花咲舞が黙ってない（2015年）」「PRICELESS～あるわけねえだろ、んなもん！ ～」
◇山崎金型 ⇒ [ドラマ]「PRICELESS～あるわけねえだろ、んなもん！ ～」
◇ラ チッタデッタラ ⇒ [映画]「検察側の罪人」「HERO（2015年）」
◇LiSE 川崎生命科学・環境研究センター ⇒ [映画]「シン・ゴジラ」
◇ロジポート川崎の南側 ⇒ [ドラマ]「妖怪人間ベム」

川崎市幸区

◇川崎幸市場 ⇒ [映画]「シャイロックの子供たち」

◇川崎市産業振興会館 ホール ⇒ドラマ「日本沈没 —希望の人—」

◇ソリッドスクエアのアトリウム ⇒ドラマ「MOZU Season2 ～幻の翼～」

◇東芝小向体育館 ⇒ドラマ「オールドルーキー」

川崎市中原区

◇川崎市国際交流センター 特別応接室 ⇒ドラマ「Believe —君にかける橋—」

◇川崎市国際交流センター 特別会議室 ⇒ドラマ「グランメゾン東京」「銭の戦争」「日本沈没 —希望の人—」「PRICELESS ～あるわけねえだろ、んなもん！ ～」

◇川崎市国際交流センター レセプションルーム ⇒ドラマ「日本沈没 —希望の人—」

◇喫茶まりも 新丸子店 ⇒ドラマ「義母と娘のブルース」「銭の戦争」「天国と地獄 ～サイコな2人～」

◇富士通川崎工場本館20階の大会議室 ⇒ドラマ「Doctor-X 外科医・大門未知子 5」

◇丸子橋第一グラウンド近辺 ⇒映画「シン・ゴジラ」

◇武蔵小杉駅付近 ⇒映画「シン・ゴジラ」

川崎市高津区

◇かわさき北部斎場 ⇒ドラマ「マルモのおきて」

◇川崎めぐみ幼稚園 ⇒ドラマ「MIU404」

◇料亭やよい ⇒ドラマ「ラッキーセブン」

川崎市多摩区

◇生田スタジオ ⇒ドラマ「奥様は、取り扱い注意」「家政婦のミタ」「きょうは会社休みます。」「地味にスゴイ！ 校閲ガール・河野悦子」「世界一難しい恋」「ハケンの品格（2020年）」「花咲舞が黙ってない（2014年）」「花咲舞が黙ってない（2015年）」「○○妻」「妖怪人間ベム」

◇生田スタジオ 屋上 ⇒ドラマ「ハケンの品格（2020年）」「花咲舞が黙ってない（2014年）」

◇生田スタジオ 美術倉庫付近 ⇒ドラマ「妖怪人間ベム」

◇追川建設の南側 五反田川沿いの道 ⇒ドラマ「妖怪人間ベム」

◇五反田川に架かる根岸橋 ⇒ドラマ「ストロベリーナイト（2012年）」

◇JR南武線登戸駅前の階段 ⇒ドラマ「アンナチュラル」

◇春秋苑 ⇒ドラマ「HERO（2014年）」「リーガル・ハイ（2012年）」

◇世田谷通りの下 ⇒ドラマ「妖怪人間ベム」

◇世田谷通りの多摩水道橋交差点の下 ⇒ドラマ「妖怪人間ベム」

◇多摩川 ⇒ドラマ「家政婦のミタ」

◇多摩川に架かる多摩水道橋 ⇒ドラマ「ラジエーションハウス Ⅱ ～放射線科の診断レポート～」

◇東京都水道局長沢浄水場 ⇒ドラマ「MOZU Season1 ～百舌の叫ぶ夜～」

◇東名高速道路の高架下 ⇒ドラマ「ストロベリーナイト・サーガ」

◇西菅公園の北側付近 ⇒ドラマ「妖怪人間ベム」

◇根岸陸橋の下 五反田川沿いの道 ⇒ドラマ「妖怪人間ベム」

◇登戸駅前商店街 ⇒ドラマ「妖怪人間ベム」

◇登戸銘木店の前 ⇒ドラマ「妖怪人間ベム」

◇東生田3丁目の階段 ⇒ドラマ「アンナチュラル」

◇府中街道が小田急小田原線を跨ぐ陸橋の下 ⇒ドラマ「妖怪人間ベム」

◇三津屋 ⇒ドラマ「SP スペシャル 革命前日」「99.9 —刑事専門弁護士 Season Ⅱ」「マイファミリー」

◇三津屋の前 ⇒ドラマ「家政婦のミタ」「ストロベリーナイト（2012年）」

川崎市宮前区

◇居酒屋つるかめ ⇒映画「アイネクライネナハトムジーク」

◇稲毛惣社 白幡八幡大神の前 ⇒ドラマ「妖怪人間ベム」

◇エンジニアライティングの川崎テクノベース ⇒ドラマ「私が恋愛できない理由」

◇川崎大正建機の水沢営業所付近 ⇒ドラマ「家政婦のミタ」

◇尻手黒川線の土橋交差点 ⇒ドラマ「妖怪人

間ベム」

◇JAKUETSU 川崎営業店 ⇒ ドラマ 「半沢直樹（2020年）」

◇宮前美しの森公園の北側 ⇒ ドラマ 「リーガル・ハイ（2012年）」

関東

川崎市麻生区

◇麻生水処理センター ⇒ ドラマ 「コード・ブルー ドクターヘリ緊急救命 2nd. SEASON」

◇小田急線はるひ野駅前 ⇒ ドラマ 「リーガル・ハイ（2012年）」

◇川崎市麻生区役所 ⇒ ドラマ 「オールドルーキー」

◇川崎市アートセンター ⇒ ドラマ 「鍵のかかった部屋」

◇川崎市黒川青少年野外活動センター ⇒ ドラマ 「MOZU Season1 ～百舌の叫ぶ夜～」

◇光和電機 ⇒ ドラマ 「小さな巨人」

◇Sun FARMERS CAFE ⇒ ドラマ 「下剋上球児」

◇十二神社 ⇒ ドラマ 「妖怪人間ベム」

◇新百合ヶ丘駅前のペデストリアンデッキ ⇒ ドラマ 「家政婦のミタ」

◇田園調布学園大学 ⇒ 映画 「好きっていいなよ。」

◇三井ホーム新百合ヶ丘研修センター ⇒ ドラマ 「妖怪人間ベム」

◇向原1丁目の坂道 ⇒ ドラマ 「家政婦のミタ」

相模原市緑区

◇阿津川食堂の駐車場 ⇒ ドラマ 「Believe —君にかける橋—」

◇アリオ橋本 ⇒ ドラマ 「家政婦のミタ」

◇相模ダム ⇒ ドラマ 「Believe —君にかける橋—」

◇相模原市立青野原診療所 ⇒ ドラマ 「Doctor-X 外科医・大門未知子 5」

◇陣馬の湯 旅館 陣渓園 ⇒ ドラマ 「マイファミリー」

◇長昌寺 ⇒ ドラマ 「下町ロケット（2015年）」

◇津久井湖ゴルフ倶楽部 ⇒ ドラマ 「家政婦のミタ」「PRICELESS～あるわけねえだろ、んなもん！ ～」

◇津久井湖城山公園 ⇒ ドラマ 「リーガルV ～元弁護士・小鳥遊翔子～」

◇なじくぼ ⇒ ドラマ 「Doctor-X 外科医・大門未知子 6」

◇藤野駅 ⇒ 映画 「ぼくたちの家族」

◇フラワーヴィラ相模湖 ⇒ ドラマ 「Believe —君にかける橋—」

◇産霊宮水上神社参道の入口 ⇒ ドラマ 「Believe —君にかける橋—」

◇森田病院 ⇒ ドラマ 「Doctor-X 外科医・大門未知子 2」

相模原市中央区

◇青山学院大学相模原キャンパス ⇒ ドラマ 「陸王」

◇相模原市役所 ⇒ ドラマ 「HERO（2014年）」

◇相模原総合卸売市場 ⇒ ドラマ 「南極大陸」

◇サーティーフォー相模原球場 ⇒ ドラマ 「マルモのおきて」

◇JAXA宇宙科学研究所 相模原キャンパス ⇒ 映画 「踊る大捜査線 THE MOVIE 3 ヤツらを解放せよ！」「はやぶさ/HAYABUSA」「はやぶさ 遥かなる帰還」

◇総合相模更生病院 ⇒ ドラマ 「GTO（2012年）」

◇MAXスポーツスタジアム相模原 ⇒ ドラマ 「ラスト・シンデレラ」

相模原市南区

◇ギオン 相模原センター ⇒ ドラマ 「半沢直樹（2020年）」

◇相模女子大学4号館の413教室 ⇒ ドラマ 「ラジエーションハウス ～放射線科の診断レポート～」

◇相模原公園 ⇒ ドラマ 「岸辺露伴は動かない〈3〉D.N.A」「ひよっこ」

◇そば処 あみや ⇒ ドラマ 「逃げるは恥だが役に立つ」

◇日本庭園陵墓 紅葉亭 数寄屋 ⇒ ドラマ 「半沢直樹（2020年）」

横須賀市

◇Velasis ⇒ 映画 「SPEC～天～ 劇場版」

◇円乗院付近の砂浜 ⇒ ドラマ 「Dr.倫太郎」

◇海上自衛隊横須賀地方総監部の北側付近 ⇒

ドラマ「南極大陸」
◇海洋研究開発機構 横須賀本部 ⇒ 映画「真夏の方程式」
◇かながわ信金本部 ⇒ ドラマ「マイファミリー」
◇熊野神社 ⇒ ドラマ「奥様は、取り扱い注意」
◇久里浜医療センターの外来棟 ⇒ ドラマ「BG ～身辺警護人～（2020年）」
◇久里浜港のりば（東京湾フェリー） ⇒ ドラマ「日本沈没 ―希望の人―」
◇久里浜港付近 ⇒ ドラマ「日本沈没 ―希望の人―」
◇久里浜霊園 ⇒ ドラマ「七人の秘書」
◇京急久里浜線京急長沢駅前 ⇒ ドラマ「私の家政夫ナギサさん」
◇サニーヒル横須賀 ⇒ 映画「男はつらいよ お帰り 寅さん」
◇湘南信用金庫 本店 ⇒ ドラマ「マイファミリー」
◇関根釣具店 ⇒ ドラマ「DCU ～手錠を持ったダイバー～」
◇長安寺の墓地 ⇒ ドラマ「世界一難しい恋」
◇燈明崎（燈明堂） ⇒ ドラマ「八重の桜」
◇長井町漁協新市場 ⇒ ドラマ「グランメゾン東京」
◇ファーマシーガーデン浦賀 ⇒ ドラマ「監察医 朝顔（第1シーズン）」
◇ブックスロケーション 横須賀リゾートスタジオ ⇒ ドラマ「半沢直樹」
◇南葉山霊園 ⇒ ドラマ「アンナチュラル」「S ―最後の警官―」
◇メルキュールホテル横須賀 ⇒ ドラマ「昼顔 ～平日午後3時の恋人たち」
◇横須賀芸術劇場 ⇒ ドラマ「私が恋愛できない理由」
◇横須賀刑務支所 ⇒ ドラマ「BG ～身辺警護人～（2020年）」
◇横須賀市立市民病院 ⇒ ドラマ「日本沈没 ―希望の人―」
◇横須賀スタジアム ⇒ ドラマ「オールドルーキー」
◇横須賀美術館 ⇒ ドラマ「マイファミリー」
◇YRPセンター1番館 ⇒ ドラマ「アンナチュラル」「スペシャリスト」「小さな巨人」「花咲舞が黙ってない（2015年）」「私の家政夫ナギサさん」
◇和田長浜海水浴場 ⇒ 映画「キネマの神様」

平塚市

◇相模川の平塚市大神スポーツ広場 ⇒ ドラマ「イチケイのカラス」
◇鈴木牧場の北にある用水路付近 ⇒ ドラマ「SPEC ～翔～ 警視庁公安部公安第五課 未詳事件特別対策係事件簿」
◇東海大学湘南キャンパス 掲示門 ⇒ ドラマ「TOKYO MER 走る緊急救命室」
◇東海大学湘南キャンパス 5号館と6号館の間 ⇒ ドラマ「TOKYO MER 走る緊急救命室」
◇東海大学湘南キャンパス 16号館 ⇒ ドラマ「TOKYO MER 走る緊急救命室」
◇東海大学湘南キャンパス 19号館の南東付近 ⇒ ドラマ「TOKYO MER 走る緊急救命室」
◇馬入ふれあい公園 馬入サッカー場C面 ⇒ ドラマ「オールドルーキー」
◇平塚競技場（レモンガススタジアム平塚） ⇒ ドラマ「おかえりモネ」
◇平塚競輪場（ABEMA湘南バンク） ⇒ ドラマ「オールドルーキー」
◇平塚市民病院 ⇒ ドラマ「Believe ―君にかける橋―」
◇平塚市民病院内の廊下 ⇒ ドラマ「Believe ―君にかける橋―」
◇平塚市役所本庁舎 ⇒ 映画「シン・ウルトラマン」
◇ホテルサンライフガーデン ⇒ ドラマ「七人の秘書」
◇妙圓寺 ⇒ ドラマ「SPEC ～翔～ 警視庁公安部公安第五課 未詳事件特別対策係事件簿」

鎌倉市

◇稲村ヶ崎 ⇒ 映画「武曲 MUKOKU」
◇江ノ島電鉄極楽寺駅 ⇒ 映画「海街diary」
◇江ノ島電鉄和田塚駅 ⇒ 映画「DESTINY 鎌倉ものがたり」
◇大船駅前広場 ⇒ 映画「武曲 MUKOKU」
◇鎌倉駅近辺 ⇒ 映画「武曲 MUKOKU」
◇鎌倉高校前駅 ⇒ 映画「青春18×2 君へと続

関東

く道」「DESTINY 鎌倉ものがたり」
◇KAMAKURA PUBLIC GOLF ⇒ ドラマ「MIU404」
◇鎌倉文学館 ⇒ ドラマ「ミステリと言う勿れ(2022年)」
◇鎌倉 無有館 ⇒ 映画「沈黙のパレード」
◇鎌倉由比ヶ浜海岸 ⇒ 映画「シン・ゴジラ」
◇亀ヶ谷坂切通し ⇒ ドラマ「岸辺露伴は動かない〈1〉富豪村」「岸辺露伴は動かない〈4〉ザ・ラン」「岸辺露伴は動かない〈7〉ホットサマー・マーサ」
◇旧華頂宮邸 ⇒ ドラマ「おひさま」「岸辺露伴は動かない〈9〉密漁海岸」「ザ・トラベルナース」
◇建長寺 ⇒ 映画「武曲 MUKOKU」
◇極楽寺 ⇒ 映画「海街diary」
◇JR大船駅 ⇒ ドラマ「マイファミリー」
◇JR大船駅西口タクシー乗り場付近 ⇒ ドラマ「マイファミリー」
◇JR大船駅西口前の大和橋 ⇒ ドラマ「マイファミリー」
◇七里ヶ浜 ⇒ ドラマ「救命病棟24時(2013年)」
◇七里ヶ浜海岸駐車場 ⇒ ドラマ「マイファミリー」
◇浄智寺 ⇒ 映画「DESTINY 鎌倉ものがたり」「武曲 MUKOKU」
◇野村総合研究所鎌倉研究センター跡地 ⇒ ドラマ「S 一最後の警官一」
◇安平 ⇒ 映画「武曲 MUKOKU」

藤沢市

◇江の島 ⇒ 映画「DESTINY 鎌倉ものがたり」「パーフェクトワールド 君といる奇跡」
◇江の島大橋 ⇒ 映画「ホットロード」
◇江の島弁天橋 ⇒ 映画「ホットロード」
◇大庭神社の階段 ⇒ ドラマ「マイファミリー」
◇片瀬海岸東浜 ⇒ 映画「ホットロード」
◇片瀬漁港西遊歩道先端の白灯台付近 ⇒ ドラマ「マイファミリー」
◇片瀬山富士見坂 ⇒ 映画「ハニーレモンソーダ」
◇神奈川県立体育センター 第二合宿所(グリーンハウス) ⇒ ドラマ「ガリレオ(2013年)」
◇神台公園 ⇒ 映画「ハニーレモンソーダ」
◇鵠沼海岸 ⇒ ドラマ「A LIFE ～愛しき人～」
◇鵠沼海浜公園 スケートパーク ⇒ ドラマ「オールドルーキー」「ラスト・シンデレラ」
◇鵠沼皇大神宮 ⇒ 映画「東京リベンジャーズ」「東京リベンジャーズ2 血のハロウィン編 一運命一/一決戦一」
◇鵠沼伏見稲荷神社 ⇒ 映画「今夜、世界からこの恋が消えても」
◇湘南海岸公園 ⇒ 映画「今夜、世界からこの恋が消えても」「ホットロード」
◇湘南港灯台 ⇒ 映画「ホットロード」
◇城南信用金庫湘南台支店 ⇒ ドラマ「半沢直樹(2020年)」
◇湘南セント・ラファエロ大聖堂 ⇒ ドラマ「ガリレオ(2013年)」
◇湘南モノレール江の島線湘南江の島駅 ⇒ 映画「今夜、世界からこの恋が消えても」
◇相鉄いずみ野線湘南台駅 ⇒ ドラマ「S 一最後の警官一」「義母と娘のブルース」
◇辻堂海浜公園 ⇒ 映画「今夜、世界からこの恋が消えても」
◇辻堂西海岸歩道橋 ⇒ ドラマ「マイファミリー」
◇辻堂東海岸 ⇒ ドラマ「マイファミリー」
◇トライアル藤沢羽鳥店 ⇒ ドラマ「あまちゃん」
◇西浜歩道橋 ⇒ 映画「ハニーレモンソーダ」
◇藤沢市辻堂浄化センターの東側 ⇒ ドラマ「マイファミリー」
◇藤沢市民会館 ⇒ 映画「今夜、世界からこの恋が消えても」
◇藤沢市役所 ⇒ 映画「PLAN75」
◇BREATH HOTEL ⇒ ドラマ「昼顔 ～平日午後3時の恋人たち」
◇文佐食堂 ⇒ 映画「海街diary」
◇龍口寺 ⇒ 映画「ハニーレモンソーダ」「ホリック xxxHOLiC」

小田原市

◇アネスト岩田ターンパイク箱根 ⇒ 映画「シン・仮面ライダー」

◇小田原漁港 ⇒ ドラマ「マイファミリー」
◇小田原城 銅門 ⇒ ドラマ「天皇の料理番」「マイファミリー」
◇小田原城 銅門, めがね橋付近 ⇒ ドラマ「ひよっこ」
◇小田原城カントリー倶楽部の駐車場 ⇒ ドラマ「マイファミリー」
◇小田原文学館 ⇒ ドラマ「ミステリと言う勿れ（2022年）」
◇海水総合研究所 ⇒ 映画「沈黙のパレード」
◇神奈川県立おだわら諏訪の原公園の展望広場付近 ⇒ ドラマ「ラジエーションハウス ～放射線科の診断レポート～」
◇上府中公園 ⇒ ドラマ「義母と娘のブルース」
◇上府中公園の小田原球場 ⇒ ドラマ「ルーズヴェルト・ゲーム」
◇自然養鶏場春夏秋冬 ⇒ ドラマ「まれ」
◇ヒルトン小田原 リゾート＆スパ ⇒ ドラマ「踊る大捜査線 THE LAST TV サラリーマン刑事と最後の難事件」「スペシャリスト」
◇MAZDA箱根ターンパイク ⇒ ドラマ「まれ」

茅ヶ崎市

◇アルバック正面玄関前 ⇒ ドラマ「下町ロケット（2015年）」
◇スペインクラブ茅ヶ崎 ⇒ 映画「パラレルワールド・ラブストーリー」
◇茅ヶ崎市民文化会館の階段 ⇒ ドラマ「イチケイのカラス」
◇茅ヶ崎市立病院 ⇒ ドラマ「とんび（2013年）」
◇茅ヶ崎ハム工房ジロー ⇒ ドラマ「きょうは会社休みます。」

逗子市

◇五霊神社 ⇒ ドラマ「岸辺露伴は動かない〈7〉ホットサマー・マーサ」
◇逗子市浄水管理センター ⇒ ドラマ「ATARU」
◇逗子マリーナ ヨットハーバー ⇒ ドラマ「ハケンの品格（2020年）」

三浦市

◇馬の背洞門付近の海岸 ⇒ ドラマ「岸辺露伴は動かない〈9〉密漁海岸」
◇黒崎の鼻 ⇒ ドラマ「ATARU」「Doctor-X 外科医・大門未知子 3」「ミステリと言う勿れ（2022年）」「リーガルV ～元弁護士・小鳥遊翔子～」
◇黒崎の鼻付近 ⇒ ドラマ「リーガルV ～元弁護士・小鳥遊翔子～」
◇しまや旅館 ⇒ ドラマ「ATARU」
◇城ヶ島漁協直売所 ⇒ ドラマ「アンナチュラル」
◇浄土宗福泉寺近くの交差点 ⇒ ドラマ「岸辺露伴は動かない〈7〉ホットサマー・マーサ」「岸辺露伴は動かない〈8〉ジャンケン小僧」
◇鮮味楽 ⇒ ドラマ「ATARU」
◇通り矢堤防 ⇒ ドラマ「アンナチュラル」
◇通り矢堤防付近 ⇒ ドラマ「アンナチュラル」
◇遠津浜海岸 ⇒ ドラマ「軍師 官兵衛」
◇初声漁港 ⇒ ドラマ「ATARU」
◇北条湾 ⇒ ドラマ「ATARU」
◇まるよし食堂 ⇒ ドラマ「ハケンの品格（2020年）」
◇三浦市三崎水産物地方卸売市場 ⇒ ドラマ「Doctor-X 外科医・大門未知子 3」
◇三崎さかなセンター ⇒ ドラマ「ATARU」
◇三戸浜海岸 ⇒ ドラマ「昼顔 ～平日午後3時の恋人たち」
◇宮川公園 ⇒ 映画「男はつらいよ お帰り 寅さん」

秦野市

◇表丹沢 青山荘 ⇒ ドラマ「ガリレオ（2013年）」
◇震生湖 ⇒ 映画「きのう何食べた？ 劇場版」
◇陣屋の大宴会場「竹河」 ⇒ ドラマ「Doctor-X 外科医・大門未知子 スペシャル」
◇まほろば大橋 ⇒ 映画「閉鎖病棟 それぞれの朝」
◇元湯 陣屋 ⇒ ドラマ「ラジエーションハウスⅡ ～放射線科の診断レポート～」

厚木市

◇厚木アクストメイン・タワー ⇒ ドラマ「リーガルハイ・スペシャル（2014年）」

関東

◇厚木公園（はとぽっぽ公園）⇒ドラマ「銭の戦争」

◇厚木市荻野運動公園体育館 ⇒ドラマ「私が恋愛できない理由」

◇厚木市斎場 ⇒ドラマ「義母と娘のブルース」

◇厚木市立病院 ⇒ドラマ「ストロベリーナイト・サーガ」

◇小田急小田原線が相模川を渡る鉄橋付近 ⇒ドラマ「銭の戦争」

◇神奈川工科大学 ⇒ドラマ「義母と娘のブルース」「99.9 ―刑事専門弁護士 Season I」

◇神奈川工科大学 厚木市子ども科学館 ⇒映画「冷たい熱帯魚」

◇神奈川工科大学 学生サービス棟 ⇒ドラマ「ブラックペアン」

◇神奈川工科大学 中央緑地公園 ⇒ドラマ「ブラックペアン」

◇神奈川工科大学 附属図書館 ⇒ドラマ「義母と娘のブルース」

◇神奈川工科大学 B5号館講義棟 ⇒ドラマ「義母と娘のブルース」

◇神奈川工科大学 K3号館講義棟 ⇒ドラマ「義母と娘のブルース」

◇東名高速道路厚木インターチェンジ ⇒ドラマ「陸王」

◇中津川堤防道路 ⇒ドラマ「ゲゲゲの女房」

◇中屋旅館 ⇒ドラマ「リーガルV ～元弁護士・小鳥遊翔子～」

◇ニッキ本社の構内 ⇒ドラマ「イチケイのカラス」

◇元湯玉川館のお食事処 ⇒ドラマ「世界一難しい恋」

◇レンブラントホテル厚木 グランドバンケット「相模」⇒ドラマ「日本沈没 ―希望の人―」

大和市

◇欧風台所ラ・パレット ⇒映画「まほろ駅前狂騒曲」

◇引地台公園 ⇒映画「覚悟はいいかそこの女子。」

◇大和市泉の森 ⇒ドラマ「昼顔 ～平日午後3時の恋人たち」

◇大和市泉の森にある緑のかけ橋 ⇒ドラマ「昼顔 ～平日午後3時の恋人たち」

◇大和市議会場 ⇒ドラマ「七人の秘書」

◇大和市引地台公園 ⇒ドラマ「ラジエーションハウス II ～放射線科の診断レポート～」

◇大和市立病院 ⇒ドラマ「GTO（2012年）」

◇大和徳洲会病院の救急車入口 ⇒ドラマ「ザ・トラベルナース」

◇大和徳洲会病院の前 ⇒ドラマ「ザ・トラベルナース」

伊勢原市

◇伊勢原市役所 ⇒ドラマ「逃げるは恥だが役に立つ」

◇伊勢原市立山王中学校 ⇒ドラマ「ラジエーションハウス II ～放射線科の診断レポート～」

◇神奈川県立伊勢原射撃場 ⇒ドラマ「MOZU Season1 ～百舌の叫ぶ夜～」

◇浄発願寺の墓地 ⇒ドラマ「半沢直樹（2020年）」

◇城ノ腰公園 ⇒ドラマ「イチケイのカラス」

◇総合運動公園 伊勢原市体育館大体育室 メインアリーナ ⇒ドラマ「半沢直樹（2020年）」

◇比々多神社 ⇒映画「東京リベンジャーズ」

海老名市

◇海老名運動公園陸上競技場 ⇒ドラマ「ラジエーションハウス II ～放射線科の診断レポート～」

◇海老名市文化会館 ⇒ドラマ「ブラックペアン」

◇相模大堰管理橋の下 ⇒ドラマ「イチケイのカラス スペシャル」

◇相模川河川敷 ⇒映画「三度目の殺人」

◇相模川に架かる新相模大橋の下 ⇒ドラマ「銭の戦争」

◇相模川の河原 ⇒ドラマ「イチケイのカラス スペシャル」「銭の戦争」

◇社家取水管理事務所 ⇒ドラマ「99.9 ―刑事専門弁護士 Season I」「99.9 ―刑事専門弁護士 Season II」

座間市

◇相模鉄道本線の踏切 ⇒ ドラマ「銭の戦争」
◇座間市役所 ⇒ ドラマ「銭の戦争」
◇新鮮市場なかや座間入谷店 ⇒ ドラマ「イチケイのカラス」

南足柄市

◇北小田原病院 ⇒ ドラマ「TOKYO MER 走る緊急救命室」
◇南足柄市運動公園のトイレ ⇒ ドラマ「HERO（2014年）」

綾瀬市

◇綾瀬厚生病院 ⇒ 映画「武曲 MUKOKU」
◇綾瀬市役所 ⇒ 映画「空飛ぶタイヤ」
◇綾瀬市役所 西側玄関 ⇒ 映画「22年目の告白 私が殺人犯です」
◇綾瀬市立北の台小学校 ⇒ 映画「さかなのこ」
◇綾瀬市立北の台中学校 ⇒ 映画「さかなのこ」
◇綾瀬スポーツ公園の第1野球場 ⇒ ドラマ「ルーズヴェルト・ゲーム」
◇介護付き有料老人ホーム ヴィラ城山 ⇒ 映画「記憶屋 あなたを忘れない」
◇城山公園 ⇒ ドラマ「銭の戦争」
◇城山こみち ⇒ 映画「万引き家族」
◇ながぐつ児童館 ⇒ ドラマ「義母と娘のブルース」
◇矢崎胃腸外科 ⇒ 映画「武曲 MUKOKU」

三浦郡葉山町

◇湘南国際村センターの国際会議場 ⇒ 映画「コード・ブルー ―ドクターヘリ緊急救命― 劇場版」 ドラマ「スペシャリスト」 「ハケンの品格（2020年）」
◇湘南国際村センターの西側付近 ⇒ ドラマ「アンナチュラル」
◇葉山加地邸 ⇒ 映画「岸辺露伴 ルーヴルへ行く」 ドラマ「岸辺露伴は動かない〈1〉富豪村」 「岸辺露伴は動かない〈2〉くしゃがら」 「岸辺露伴は動かない〈3〉D.N.A」 「岸辺露伴は動かない〈4〉ザ・ラン」 「岸辺露伴は動かない〈5〉背中の正面」 「岸辺露伴は動かない〈6〉六壁坂」 「岸辺露伴は動かない〈7〉ホットサマー・マーサ」 「岸辺露伴は動かない〈8〉ジャンケン小僧」
◇葉山御用邸西側の小磯の鼻 ⇒ ドラマ「きょうは会社休みます。」

中郡大磯町

◇大磯町役場 ⇒ ドラマ「マイファミリー」
◇旧安田善次郎邸 ⇒ ドラマ「リーガル・ハイ（2012年）」

中郡二宮町

◇吾妻山公園 ⇒ ドラマ「昼顔 ～平日午後3時の恋人たち」

足柄上郡松田町

◇ログキャビンしおや ⇒ ドラマ「グランメゾン東京」

足柄上郡山北町

◇ウェルキャンプ 西丹沢のDゾーン ⇒ ドラマ「義母と娘のブルース」
◇かくれ湯の里 信玄館 ⇒ ドラマ「Doctor-X 外科医・大門未知子 6」
◇JR御殿場線谷峨駅 ⇒ 映画「岸辺の旅」
◇中川温泉 ⇒ 映画「ひるなかの流星」
◇山北駅前商店街 ⇒ 映画「岸辺の旅」

足柄下郡箱根町

◇箱根アルベルゴバンブー ⇒ 映画「リップヴァンウィンクルの花嫁」 ドラマ「謎解きはディナーのあとで」
◇箱根小涌園ユネッサン ⇒ 映画「テルマエ・ロマエⅡ」
◇早川に架かる「あじさい橋」 ⇒ ドラマ「ラジエーションハウス Ⅱ ～放射線科の診断レポート～」
◇ホテル 南風荘 ⇒ ドラマ「きょうは会社休みます。」
◇本間寄木美術館 ⇒ ドラマ「ミステリと言う勿れ（2022年）」
◇山のホテル ⇒ ドラマ「世界一難しい恋」

関東

足柄下郡湯河原町

◇ゆがわら吉浜霊園 ⇒ [ドラマ]「リーガルハイ・スペシャル（2014年）」

愛甲郡愛川町

◇510水産 ⇒ [ドラマ]「日本沈没 ―希望の人―」

◇相模メモリアルパーク ⇒ [ドラマ]「アンチヒーロー」

◇服部牧場 ⇒ [ドラマ]「リーガルV ～元弁護士・小鳥遊翔子～」

新潟県

新潟市東区

◇新潟空港 ⇒ [映画]「チア☆ダン 女子高生がチアダンスで全米制覇しちゃったホントの話」

新潟市中央区

◇朱鷺メッセ コンコース ⇒ [映画]「チア☆ダン 女子高生がチアダンスで全米制覇しちゃったホントの話」

◇新潟市陸上競技場 ⇒ [映画]「チア☆ダン 女子高生がチアダンスで全米制覇しちゃったホントの話」

◇PLAKA3 プラーカ新潟 ⇒ [映画]「チア☆ダン 女子高生がチアダンスで全米制覇しちゃったホントの話」

◇柳都大橋 ⇒ [映画]「チア☆ダン 女子高生がチアダンスで全米制覇しちゃったホントの話」

新潟市江南区

◇北方文化博物館 大広間棟 ⇒ [映画]「峠 最後のサムライ」

新潟市西蒲区

◇旧県立西川竹園高等学校 ⇒ [映画]「チア☆ダン 女子高生がチアダンスで全米制覇しちゃったホントの話」

長岡市

◇赤谷の路上 ⇒ [映画]「愛しのアイリーン」

◇太田簡易郵便局 ⇒ [映画]「勝手にふるえてろ」

◇金子屋山田店 ⇒ [映画]「愛しのアイリーン」

◇喜味屋 ⇒ [映画]「愛しのアイリーン」

◇旧長岡市役所 柳原分庁舎 ⇒ [映画]「64 ロクヨン 前編/後編」

◇堺町の田園地帯 ⇒ [映画]「愛しのアイリーン」

◇JR上越線宮内駅 ⇒ [映画]「勝手にふるえてろ」

◇瑞雲寺 ⇒ [映画]「愛しのアイリーン」

◇殿町3丁目の路上 ⇒ 映画「愛しのアイリーン」
◇栃尾の阿弥陀院 ⇒ 映画「勝手にふるえてろ」
◇長岡造形大学 食堂 ⇒ 映画「ロスト・エモーション」
◇仁吉 ⇒ 映画「勝手にふるえてろ」
◇パブ・サクセス ⇒ 映画「愛しのアイリーン」
◇パーラーPステーション 小国店 ⇒ 映画「愛しのアイリーン」
◇二ツ郷屋の山林 ⇒ 映画「愛しのアイリーン」
◇丸喜石油 ⇒ 映画「愛しのアイリーン」
◇諸橋邸 ⇒ 映画「愛しのアイリーン」
◇悠久山公園 ⇒ 映画「ちはやふる 上の句/下の句」
◇和興ビル前 ⇒ 映画「愛しのアイリーン」

三条市

◇上越新幹線燕三条駅燕口前 ⇒ ドラマ「下町ロケット(2018年)」

柏崎市

◇堂坂トンネル ⇒ ドラマ「TOKYO MER 走る緊急救命室」

新発田市

◇市島邸 ⇒ 映画「峠 最後のサムライ」
◇新発田城 ⇒ 映画「峠 最後のサムライ」
◇菅谷不動尊菅谷寺 ⇒ 映画「峠 最後のサムライ」

小千谷市

◇朝日山古戦場 ⇒ 映画「峠 最後のサムライ」
◇オオクラ見晴台 ⇒ 映画「峠 最後のサムライ」
◇小千谷豪商の館 西脇邸 ⇒ 映画「峠 最後のサムライ」

十日町市

◇十日町情報館 ⇒ 映画「図書館戦争」

村上市

◇マルマス蔵 ⇒ 映画「殿、利息でござる！」

燕市

◇粟生津の水田 ⇒ ドラマ「下町ロケット(2018年)」
◇燕市市役所北側の田んぼ ⇒ ドラマ「下町ロケット(2018年)」
◇とりしず ⇒ ドラマ「下町ロケット(2018年)」
◇道の駅 国上 ⇒ ドラマ「下町ロケット(2018年)」
◇吉田産業会館の多目的大ホール ⇒ ドラマ「下町ロケット(2018年)」

阿賀野市

◇水原代官所 ⇒ 映画「殿、利息でござる！」

魚沼市

◇破間川ダム ⇒ 映画「コーヒーが冷めないうちに」
◇入広瀬 ⇒ 映画「勝手にふるえてろ」
◇魚沼市の越後ゴルフ倶楽部 ⇒ 映画「渇き。」

南魚沼市

◇雲洞庵 大方丈 ⇒ 映画「峠 最後のサムライ」
◇ホテルグリーンプラザ上越 ⇒ 映画「SPEC ～天～ 劇場版」

西蒲原郡弥彦村

◇新田の農道 ⇒ ドラマ「下町ロケット(2018年)」
◇弥彦山 ⇒ ドラマ「虎に翼」
◇弥彦神社 参道・参集殿 ⇒ ドラマ「虎に翼」

南魚沼郡湯沢町

◇苗場スキー場 ⇒ 映画「ラーゲリより愛を込めて」

中魚沼郡津南町

◇ニュー・グリーンピア津南 ⇒ 映画「青春18×2 君へと続く道」

中部

岩船郡関川村

◇渡邉邸 ⇒ 映画「峠 最後のサムライ」

富山県

富山市

◇浮田家住宅 ⇒ 映画「散り椿」
◇お多福 ⇒ 映画「ナラタージュ」
◇片山学園高校 ⇒ 映画「となりの怪物くん」
◇呉羽山展望台 ⇒ 映画「RAILWAYS 愛を伝えられない大人たちへ」
◇桂樹舎 ⇒ 映画「散り椿」
◇豪農の館 内山邸 ⇒ 映画「散り椿」
◇そば処 小島町つるや ⇒ 映画「RAILWAYS 愛を伝えられない大人たちへ」
◇立山大橋 ⇒ 映画「散り椿」
◇長慶寺 五百羅漢 ⇒ 映画「散り椿」
◇長松山 本法寺 ⇒ 映画「散り椿」
◇富山県広域消防防災センター ⇒ 映画「ナラタージュ」
◇富山市役所 ⇒ 映画「RAILWAYS 愛を伝えられない大人たちへ」
◇富山赤十字病院 ⇒ 映画「RAILWAYS 愛を伝えられない大人たちへ」
◇富山大学五福キャンパス ⇒ 映画「ナラタージュ」
◇富山地鉄ホテル ⇒ 映画「RAILWAYS 愛を伝えられない大人たちへ」
◇富山地方鉄道本線有峰口駅 ⇒ 映画「RAILWAYS 愛を伝えられない大人たちへ」
◇富山地方鉄道本線稲荷町駅 ⇒ 映画「RAILWAYS 愛を伝えられない大人たちへ」
◇富山地方鉄道本線越中三郷駅 ⇒ 映画「RAILWAYS 愛を伝えられない大人たちへ」
◇富山地方鉄道本線月岡駅 ⇒ 映画「RAILWAYS 愛を伝えられない大人たちへ」
◇富山地方鉄道本線電鉄富山駅 ⇒ 映画「RAILWAYS 愛を伝えられない大人たちへ」
◇富山地方鉄道本線東新庄駅 ⇒ 映画「RAILWAYS 愛を伝えられない大人たちへ」
◇富山地方鉄道本線南富山駅 ⇒ 映画「RAILWAYS 愛を伝えられない大人たちへ」
◇富山中央警察署 ⇒ 映画「追憶」

◇富山ファッションカレッジ ⇒ 映画「ナラタージュ」

◇フォルツァ総曲輪 ⇒ 映画「ナラタージュ」

◇富岩運河環水公園 ⇒ 映画「ナラタージュ」

◇ペピンいたりあん ⇒ 映画「RAILWAYS 愛を伝えられない大人たちへ」

◇水橋ふるさと会館 ⇒ 映画「ナラタージュ」

◇薬種商の館 金岡邸 ⇒ 映画「散り椿」

◇八尾町内 ⇒ 映画「追憶」

◇四方漁港 ⇒ 映画「RAILWAYS 愛を伝えられない大人たちへ」

高岡市

◇御旅屋通り ⇒ 映画「ナラタージュ」

◇金屋町 ⇒ 映画「ナラタージュ」

◇カフェくらうん ⇒ 映画「ナラタージュ」

◇高岡駅前北口バスのりば ⇒ 映画「ナラタージュ」

◇高岡古城公園壕端 ⇒ 映画「ナラタージュ」

◇武田家住宅 ⇒ 映画「散り椿」

◇富山県立伏木高等学校 ⇒ 映画「ナラタージュ」

◇摩頂山 国泰寺 ⇒ 映画「散り椿」

◇宮田のたいやき ⇒ 映画「ナラタージュ」

魚津市

◇小政鮨 ⇒ 映画「RAILWAYS 愛を伝えられない大人たちへ」

◇しんきろうロード ⇒ 映画「追憶」

氷見市

◇島尾海水浴場 ⇒ 映画「あなたへ」

◇氷見市ふれあいスポーツセンター付近の道路 ⇒ 映画「ナラタージュ」

◇氷見の漁師町 ⇒ 映画「散り椿」

◇藪田漁港 ⇒ 映画「追憶」

滑川市

◇富山地方鉄道本線中加積駅 ⇒ 映画「RAILWAYS 愛を伝えられない大人たちへ」

黒部市

◇荒俣海岸 ⇒ 映画「追憶」

◇延対寺荘 ⇒ 映画「RAILWAYS 愛を伝えられない大人たちへ」

◇富山地方鉄道本線宇奈月温泉駅 ⇒ 映画「RAILWAYS 愛を伝えられない大人たちへ」

◇富山地方鉄道本線浦山駅 ⇒ 映画「RAILWAYS 愛を伝えられない大人たちへ」

◇富山地方鉄道本線舌山駅 ⇒ 映画「RAILWAYS 愛を伝えられない大人たちへ」

◇富山地方鉄道本線電鉄黒部駅 ⇒ 映画「RAILWAYS 愛を伝えられない大人たちへ」

小矢部市

◇旧北陸道 ⇒ 映画「散り椿」

◇富山県立となみ野高校 講堂 ⇒ 映画「ナラタージュ」

南砺市

◇井波別院 瑞泉寺 ⇒ 映画「散り椿」

射水市

◇射水・旧新湊中学校 ⇒ 映画「ナラタージュ」

◇射水市役所 新湊庁舎北駐車場 ⇒ 映画「人生の約束」

◇海王丸パーク 駐車場 ⇒ 映画「東京リベンジャーズ2 血のハロウィン編 —運命—/—決戦—」

◇神楽橋 ⇒ 映画「あなたへ」

◇庄川河口付近 ⇒ 映画「ナラタージュ」

◇新西橋 ⇒ 映画「人生の約束」

◇新湊内川（日本のベニス） ⇒ 映画「あなたへ」

◇新湊大橋 ⇒ 映画「ナラタージュ」

◇新湊漁港 西地区 ⇒ 映画「人生の約束」

◇生活体験施設あずま ⇒ 映画「人生の約束」

◇生活体験施設あずま付近 ⇒ 映画「ナラタージュ」

◇茶処「DO・U・ZO」 ⇒ 映画「RAILWAYS 愛を伝えられない大人たちへ」

◇中新橋 ⇒ 映画「あなたへ」

◇中の橋 ⇒ 映画「人生の約束」

◇ばんざわ理容院 ⇒ 映画「人生の約束」
◇番屋カフェ ⇒ 映画「人生の約束」
◇放生津八幡宮 ⇒ 映画「人生の約束」
◇万葉線中伏木駅 ⇒ 映画「ナラタージュ」
◇三日曽根公民館 ⇒ 映画「人生の約束」

中新川郡上市町

◇おおかみこどもの花の家 ⇒ 映画「おおかみこどもの雨と雪」
◇眼目山 立山寺 ⇒ 映画「散り椿」
◇若杉第三踏切 ⇒ 映画「RAILWAYS 愛を伝えられない大人たちへ」

中新川郡立山町

◇雄山神社 芦峅中宮祈願殿 ⇒ 映画「散り椿」
◇称名滝 ⇒ 映画「おおかみこどもの雨と雪」
◇富山地方鉄道立山線・上滝線岩峅寺駅 ⇒ 映画「RAILWAYS 愛を伝えられない大人たちへ」
◇みくりが池 ⇒ 映画「おおかみこどもの雨と雪」

石川県

金沢市

◇浅野川大橋 ⇒ 映画「いのちの停車場」
◇浅野川に架かる梅ノ橋 ⇒ 映画「いのちの停車場」 ドラマ「99.9 ―刑事専門弁護士 Season Ⅱ」
◇浅野川に架かる「中の橋」 ⇒ ドラマ「Doctor-X 外科医・大門未知子 スペシャル」
◇石川県政記念しいのき迎賓館 ⇒ ドラマ「Doctor-X 外科医・大門未知子 スペシャル」
◇尾山神社 ⇒ ドラマ「梅ちゃん先生」
◇金沢城公園の新丸広場 ⇒ ドラマ「99.9 ―刑事専門弁護士 Season Ⅱ」
◇金沢商工会議所 ⇒ ドラマ「99.9 ―刑事専門弁護士 Season Ⅱ」
◇金沢大学角間キャンパス北地区 ⇒ ドラマ「Doctor-X 外科医・大門未知子 スペシャル」
◇金沢大学角間キャンパスの「アカンサスインターフェイス」 ⇒ ドラマ「Doctor-X 外科医・大門未知子 スペシャル」
◇金沢地方検察庁 ⇒ ドラマ「99.9 ―刑事専門弁護士 Season Ⅱ」
◇金澤屋珈琲店 ⇒ ドラマ「99.9 ―刑事専門弁護士 Season Ⅱ」
◇カフェ桜桃付近 ⇒ ドラマ「Doctor-X 外科医・大門未知子 スペシャル」
◇川端の湯宿 滝亭 ⇒ ドラマ「99.9 ―刑事専門弁護士 Season Ⅱ」
◇香林坊 ⇒ ドラマ「まれ」
◇JR金沢駅 ⇒ 映画「いのちの停車場」
◇JR金沢駅前の鼓門 ⇒ ドラマ「99.9 ―刑事専門弁護士 Season Ⅱ」
◇外濠公園大手堀 ⇒ ドラマ「99.9 ―刑事専門弁護士 Season Ⅱ」
◇BAR STATION ⇒ 映画「いのちの停車場」
◇八郎ずし ⇒ 映画「いのちの停車場」
◇ひがし茶屋街 ⇒ ドラマ「99.9 ―刑事専門弁護士 Season Ⅱ」

輪島市
◇朝市通り ⇒ ドラマ「まれ」
◇アタケ岬西側の道 ⇒ ドラマ「まれ」
◇アタケ岬東側の道 ⇒ ドラマ「まれ」
◇石川県立輪島高校 ⇒ ドラマ「まれ」
◇大川浜 ⇒ ドラマ「まれ」
◇大崎漆器店 ⇒ ドラマ「まれ」
◇大沢集落 ⇒ ドラマ「まれ」
◇小崎 ⇒ ドラマ「まれ」
◇上大沢の海岸 ⇒ ドラマ「まれ」
◇鴨ヶ浦 ⇒ ドラマ「まれ」
◇河原田川と鳳至川の合流点 ⇒ ドラマ「まれ」
◇河原田川に架かるいろは橋 ⇒ ドラマ「まれ」
◇河原田川に架かるみなと橋 ⇒ ドラマ「まれ」
◇旧七浦中学校（七浦公民館）⇒ ドラマ「まれ」
◇キング美容室 ⇒ ドラマ「まれ」
◇県道38号線 ⇒ ドラマ「まれ」
◇琴ヶ浜 ⇒ ドラマ「まれ」
◇琴ヶ浜海水浴場 ⇒ ドラマ「Doctor-X 外科医・大門未知子 スペシャル」
◇静浦神社 ⇒ ドラマ「まれ」
◇市民温水プール サン・プルル ⇒ ドラマ「まれ」
◇白米千枚田 ⇒ ドラマ「Doctor-X 外科医・大門未知子 スペシャル」「まれ」
◇住吉神社 ⇒ ドラマ「まれ」
◇寺坂の坂道 ⇒ ドラマ「まれ」
◇百成大角間の畑 ⇒ ドラマ「まれ」
◇通ヶ鼻 ⇒ ドラマ「まれ」
◇鳳至川沿いの道 ⇒ ドラマ「まれ」
◇宝来町の路地 ⇒ ドラマ「まれ」
◇窓岩 ⇒ ドラマ「梅ちゃん先生」
◇三ツ岩岬の田んぼ ⇒ ドラマ「まれ」
◇輪島温泉 八汐 ⇒ 映画「追憶」
◇輪島港 ⇒ ドラマ「まれ」
◇輪島市役所 ⇒ ドラマ「まれ」
◇椀貸し谷ポケットパーク ⇒ ドラマ「まれ」

珠洲市
◇揚げ浜式塩田 角花家 ⇒ ドラマ「まれ」
◇禄剛埼灯台 ⇒ ドラマ「まれ」

加賀市
◇加佐ノ岬 ⇒ ドラマ「Doctor-X 外科医・大門未知子 スペシャル」
◇日本元気劇場 ⇒ ドラマ「坂の上の雲 第3部」
◇本光寺 ⇒ ドラマ「坂の上の雲 第3部」

羽咋郡志賀町
◇能登ロイヤルホテル ⇒ ドラマ「Doctor-X 外科医・大門未知子 スペシャル」

福井県

福井市

◇足羽川桜並木 桜橋付近 ⇒ 映画「旅の贈りもの 明日へ」

◇足羽山 ⇒ 映画「旅の贈りもの 明日へ」

◇愛宕坂 ⇒ 映画「旅の贈りもの 明日へ」

◇一乗谷朝倉氏遺跡 ⇒ 映画「旅の贈りもの 明日へ」

◇一乗谷駅 ⇒ 映画「旅の贈りもの 明日へ」

◇一乗山 照恩寺 ⇒ 映画「旅の贈りもの 明日へ」

◇岩井病院 ⇒ 映画「旅の贈りもの 明日へ」

◇瀬ヶ口鉄橋 ⇒ 映画「旅の贈りもの 明日へ」

◇亀島 ⇒ 映画「旅の贈りもの 明日へ」

◇新栄商店街 ⇒ 映画「旅の贈りもの 明日へ」

◇鷹巣海水浴場 ⇒ 映画「旅の贈りもの 明日へ」

◇田原町駅 ⇒ 映画「旅の贈りもの 明日へ」

◇西之宮蛭子神社 ⇒ 映画「旅の贈りもの 明日へ」

◇ハーモニーホールふくい（県立音楽堂）⇒ 映画「旅の贈りもの 明日へ」

◇福井駅 ⇒ 映画「旅の贈りもの 明日へ」

◇福井駅西口交通広場 ⇒ 映画「旅の贈りもの 明日へ」

◇福井経編興業 ⇒ ドラマ「下町ロケット（2015年）」

◇福林軒 ⇒ 映画「旅の贈りもの 明日へ」

◇ホテルフジタ福井 ⇒ 映画「旅の贈りもの 明日へ」

◇南菅生 ⇒ 映画「旅の贈りもの 明日へ」

◇ユアーズホテルフクイ ⇒ 映画「旅の贈りもの 明日へ」

小浜市

◇山川登美子記念館 ⇒ 映画「海賊とよばれた男」

あわら市

◇芦屋温泉旅館協同組合 ⇒ 映画「旅の贈りもの 明日へ」

◇えちぜん鉄道三国芦原線あわら湯のまち駅 ⇒ 映画「旅の贈りもの 明日へ」

◇グランディア芳泉 ⇒ 映画「旅の贈りもの 明日へ」

坂井市

◇えちぜん鉄道三国芦原線三国港駅 ⇒ 映画「旅の贈りもの 明日へ」

◇ハピラインふくい線丸岡駅 ⇒ 映画「旅の贈りもの 明日へ」

◇丸岡城 ⇒ 映画「旅の贈りもの 明日へ」

◇三國神社 ⇒ 映画「旅の贈りもの 明日へ」

◇三国港突堤 ⇒ 映画「旅の贈りもの 明日へ」

◇やまに水産 ⇒ 映画「旅の贈りもの 明日へ」

◇料理茶屋 魚志楼 ⇒ 映画「旅の贈りもの 明日へ」

山梨県

甲府市

◇アイメッセ山梨 ⇒ 映画「まほろ駅前狂騒曲」
◇荒川に架かる新荒川橋 ⇒ ドラマ「ガリレオXX 内海薫最後の事件 愚弄ぶ」
◇かすがも～る ⇒ 映画「サウダーヂ」
◇上帯那町の農地 ⇒ ドラマ「花子とアン」
◇旧山梨県立図書館 ⇒ 映画「図書館戦争」
◇甲府銀座通り ⇒ 映画「64 ロクヨン 前編/後編」
◇甲府刑務所の西側 ⇒ ドラマ「ストロベリーナイト（2012年）」
◇甲府刑務所の東側付近 ⇒ ドラマ「ストロベリーナイト（2012年）」
◇甲府刑務所の南側 ⇒ ドラマ「ストロベリーナイト（2012年）」
◇甲府市街 ⇒ 映画「カラオケ行こ！」
◇JR身延線南甲府駅 ⇒ ドラマ「義母と娘のブルース」
◇パスポートセンター東交差点付近 ⇒ ドラマ「ガリレオXX 内海薫最後の事件 愚弄ぶ」
◇山梨英和大学 ⇒ 映画「火花」
◇山梨県庁 別館 ⇒ ドラマ「イチケイのカラス」「イチケイのカラス スペシャル」
◇山梨県庁 本館 ⇒ 映画「唐人街探偵 東京MISSION」「64 ロクヨン 前編/後編」
◇山梨県立図書館 地下書庫 ⇒ 映画「図書館戦争」

富士吉田市

◇いちやまマート城山店の北側 ⇒ ドラマ「MIU404」
◇富士急ハイランド ⇒ 映画「交換ウソ日記」ドラマ「ストロベリーナイト（2012年）」「リーガルハイ・スペシャル（2014年）」

都留市

◇都留市役所 ⇒ ドラマ「DCU ～手錠を持ったダイバー～」

山梨市

◇根津記念館 ⇒ 映画「SPEC～天～ 劇場版」ドラマ「南極大陸」
◇笛吹川フルーツ公園 ⇒ 映画「となりの怪物くん」

大月市

◇お伊勢山 ⇒ ドラマ「どうする家康」
◇大月短期大学附属高校 ⇒ 映画「ソロモンの偽証 前篇・事件/後篇・裁判」
◇旧下和田小学校 ⇒ 映画「ソロモンの偽証 前篇・事件/後篇・裁判」
◇大衆食堂しらかば ⇒ 映画「祈りの幕が下りる時」

韮崎市

◇新府城跡 ⇒ ドラマ「真田丸」
◇韮崎市民俗資料館 ⇒ ドラマ「花子とアン」

北杜市

◇尾白川渓谷と吊り橋 ⇒ ドラマ「マルモのおきて スペシャル」
◇釜瀬川に架かる橋 ⇒ ドラマ「鍵のかかった部屋」
◇清里高原ホテル ⇒ ドラマ「S 一最後の警官一」
◇サンメドウズ清里 ⇒ 映画「ヒロイン失格」
◇JR小海線（八ヶ岳高原線）甲斐大泉駅 ⇒ ドラマ「マルモのおきて スペシャル」
◇JR小海線（八ヶ岳高原線）付近の田んぼ ⇒ ドラマ「マルモのおきて スペシャル」
◇清泉寮 ⇒ ドラマ「ハケンの品格（2020年）」
◇日蓮定栄山遠照寺の南側付近 ⇒ ドラマ「鍵のかかった部屋」
◇ハイジの村 ⇒ 映画「ヒロイン失格」
◇白州・尾白の森名水公園 べるが ⇒ ドラマ「マルモのおきて スペシャル」
◇東井出の畑 ⇒ ドラマ「私が恋愛できない理由」
◇棒道 ⇒ ドラマ「真田丸」
◇北杜市 須玉総合支所 ⇒ ドラマ「鍵のかかった部屋」
◇北杜市増富スポーツ公園（旧増富中学校）⇒

中部

ドラマ「鍵のかかった部屋」
◇三澤ワイナリーの西側付近 ⇒ ドラマ「グランメゾン東京」
◇みずがき湖に架かる鹿鳴峡大橋 ⇒ ドラマ「鍵のかかった部屋」
◇八ヶ岳少年自然の家 野草の丘 ⇒ ドラマ「花子とアン」

甲斐市

◇伊豆ノ宮溜池 ⇒ ドラマ「マルモのおきて スペシャル」

笛吹市

◇金桜園 ⇒ ドラマ「逃げるは恥だが役に立つ」
◇野澤観光園 ⇒ ドラマ「鍵のかかった部屋」
◇笛吹市立石和中学校 ⇒ 映画「ソロモンの偽証 前篇・事件/後篇・裁判」
◇御坂農園グレープハウス ⇒ ドラマ「マルモのおきて スペシャル」
◇八代ふるさと公園 岡・銚子塚古墳 ⇒ ドラマ「逃げるは恥だが役に立つ」
◇山梨森林公園「金川の森公園」内の金川に架かる「森のかけ橋」 ⇒ ドラマ「鍵のかかった部屋」

上野原市

◇コモアしおつ ⇒ 映画「ぼくたちの家族」

甲州市

◇勝沼ぶどうの丘 ⇒ ドラマ「花子とアン」
◇グレイスワインのワインカーヴ ⇒ ドラマ「グランメゾン東京」
◇大菩薩峠富士見山荘 ⇒ ドラマ「ゲゲゲの女房」
◇ぶどう寺 大善寺 ⇒ ドラマ「逃げるは恥だが役に立つ」

中央市

◇大鳥居ふれあいプラザ ⇒ 映画「犬部！」
◇ホテルグランヴェルジュ甲府 ⇒ 映画「サウダーヂ」
◇山梨県動物愛護センター ⇒ 映画「犬部！」

市川三郷町

◇齊木煙火本店の工場 ⇒ ドラマ「ガリレオ（2013年）」

南巨摩郡早川町

◇大阪屋旅館 ⇒ ドラマ「岸辺露伴は動かない〈6〉六壁坂」

南巨摩郡身延町

◇みのぶ自然の里 ⇒ 映画「ゆるキャン△」
◇本栖湖畔 ⇒ ドラマ「Doctor-X 外科医・大門未知子 6」
◇本栖湖畔 浩庵キャンプ場付近 ⇒ ドラマ「陸王」

南巨摩郡富士川町

◇旧鰍沢中部小学校 ⇒ 映画「ゆるキャン△」

中巨摩郡昭和町

◇インクポット昭和店 ⇒ ドラマ「マルモのおきて」

南都留郡道志村

◇道志川に架かる野原吊橋 ⇒ ドラマ「ガリレオ（2013年）」

南都留郡忍野村

◇小川沿いの桜並木 ⇒ ドラマ「天皇の料理番」
◇榛の木林 ⇒ ドラマ「世界一難しい恋」
◇八海橋 ⇒ ドラマ「天皇の料理番」
◇八海橋付近 ⇒ ドラマ「天皇の料理番」

南都留郡山中湖村

◇庄ヤ ⇒ ドラマ「MIU404」

南都留郡鳴沢村

◇道の駅なるさわ ⇒ ドラマ「MIU404」

南都留郡富士河口湖町

◇EGUCHI河口湖ハウス ⇒ ドラマ「謎解きはディナーのあとで」
◇湖北ビューラインの長浜トンネル西側付近 ⇒ ドラマ「昼顔 〜平日午後3時の恋人たち」

◇パセオリゾートクラブ河口湖のC棟 ⇒ [ドラマ]「昼顔 ～平日午後3時の恋人たち」

◇PICA富士西湖近くの桟橋 ⇒ [ドラマ]「昼顔 ～平日午後3時の恋人たち」

長野県

長野市

◇加賀井温泉 一陽館 ⇒ [映画]「殿、利息でござる！」

◇鏡池 ⇒ [ドラマ]「真田丸」

◇旧長野県庁舎 自治研修所 ⇒ [映画]「るろうに剣心 伝説の最期編」「るろうに剣心 最終章 The Final」

◇真田勘解由家 ⇒ [映画]「散り椿」

◇真田邸 ⇒ [映画]「殿、利息でござる！」

◇千曲川河川敷 ⇒ [ドラマ]「江～姫たちの戦国～」

◇戸隠神社奥社 ⇒ [ドラマ]「真田丸」

◇文武学校 ⇒ [映画]「散り椿」「殿、利息でござる！」「蜩ノ記」

◇松代城跡（海津城公園）⇒ [映画]「清須会議」「殿、利息でござる！」[ドラマ]「真田丸」

松本市

◇相澤病院 ⇒ [映画]「神様のカルテ」

◇あがたの森公園 ⇒ [映画]「orange オレンジ」[ドラマ]「おひさま」

◇上土通り～ナワテ横町 ⇒ [映画]「太陽とボレロ」

◇飯田町バス停 ⇒ [映画]「流浪の月」

◇居酒屋「萬来」 ⇒ [映画]「岳―ガク」

◇美ヶ原高原王ヶ鼻 ⇒ [ドラマ]「おひさま」「真田丸」「南極大陸」

◇旧長野地方裁判所松本支部庁舎 ⇒ [ドラマ]「花燃ゆ」

◇厨十兵衛 ⇒ [映画]「神様のカルテ」

◇公園通り ⇒ [映画]「流浪の月」

◇弘法山古墳 ⇒ [映画]「orange オレンジ」「太陽とボレロ」

◇小昼堂 ⇒ [映画]「太陽とボレロ」

◇コンコースカフェ ⇒ [映画]「流浪の月」

◇幸橋 ⇒ [映画]「orange オレンジ」

◇三城牧場から広小場への登山道 ⇒ [ドラマ]「おひさま」

◇城山公園 ⇒ 映画 「orange オレンジ」
◇しらかば大通り ⇒ 映画 「太陽とボレロ」
◇信毎メディアガーデン ⇒ 映画 「流浪の月」
◇須々岐水神社 ⇒ 映画 「orange オレンジ」
◇薄川緑地 ⇒ 映画 「太陽とボレロ」
◇セラミカ ⇒ 映画 「太陽とボレロ」
◇縄手通り ⇒ 映画 「orange オレンジ」「神様のカルテ」
◇なわて通り商店街 ⇒ 映画 「青春18×2 君へと続く道」
◇Baden Baden ⇒ 映画 「流浪の月」
◇馬場家住宅 ⇒ 映画 「殿、利息でござる！」
◇一ツ橋 ⇒ 映画 「流浪の月」
◇フタバ眼鏡店 ⇒ 映画 「太陽とボレロ」
◇松本ガス所有の建物 ⇒ 映画 「流浪の月」
◇松本市アルプス公園 ⇒ 映画 「太陽とボレロ」
◇松本市役所の屋上 ⇒ 映画 「岳ーガク」
◇松本城 ⇒ ドラマ 「おひさま」
◇松本城が見える坂道 ⇒ 映画 「神様のカルテ」
◇松本市歴史の里（重要文化財 旧松本少年刑務所独居舎房）⇒ 映画 「閉鎖病棟 それぞれの朝」
◇松本鉄道上高地線新村駅 ⇒ ドラマ 「鍵のかかった部屋」
◇松本深志高等学校 ⇒ ドラマ 「ひよっこ」
◇女鳥羽川にかかる中の橋 ⇒ 映画 「神様のカルテ」
◇女鳥羽川 四柱神社付近 ⇒ 映画 「太陽とボレロ」
◇ラーラ松本 屋内プール ⇒ 映画 「テルマエ・ロマエⅡ」

上田市

◇上田市の裏通り ⇒ 映画 「未来のミライ」
◇上田城跡 ⇒ ドラマ 「真田丸」
◇上田城跡公園児童遊園地 ⇒ 映画 「閉鎖病棟 それぞれの朝」
◇上田市立浦里小学校 ⇒ ドラマ 「南極大陸」
◇海野町商店街 ⇒ 映画 「閉鎖病棟 それぞれの朝」
◇しなの鉄道の踏切 ⇒ ドラマ 「イチケイのカラス」
◇矢出沢川河畔丸山家住宅周辺 ⇒ 映画 「るろうに剣心 京都大火編」

岡谷市

◇イルフ岡谷食品館 ⇒ 映画 「怪物」
◇イルフプラザ ⇒ 映画 「怪物」
◇岡谷塩嶺病院 ⇒ 映画 「白ゆき姫殺人事件」「横道世之介」
◇釜口水門 ⇒ 映画 「怪物」
◇旧岡谷市役所 ⇒ 映画 「ゴジラ－1.0」
◇市営岡谷球場 ⇒ 映画 「怪物」
◇童画館通り ⇒ 映画 「怪物」
◇浜新聞店 ⇒ 映画 「怪物」
◇丸山橋交差点 ⇒ 映画 「怪物」
◇横河川 一の桶橋付近 ⇒ 映画 「怪物」

飯田市

◇柴本農園 ⇒ ドラマ 「エール」

諏訪市

◇大手レイクパーク（マイケルズ）⇒ 映画 「白ゆき姫殺人事件」
◇片倉館 2F休憩室 ⇒ 映画 「テルマエ・ロマエⅡ」
◇上諏訪 ⇒ 映画 「怪物」
◇上諏訪駅前歩道橋 ⇒ 映画 「怪物」
◇旧城北小学校 ⇒ 映画 「怪物」
◇旧東洋バルヴ工場 ⇒ 映画 「ソロモンの偽証 前篇・事件/後篇・裁判」「Fukushima 50」
◇霧ヶ峰グライダー場・霧ヶ峰高原 ⇒ 映画 「永遠の0」
◇霧ヶ峰高原 ⇒ ドラマ 「江～姫たちの戦国～」
◇クリーンレイク諏訪 ⇒ 映画 「Fukushima 50」
◇城南小学校 ⇒ 映画 「怪物」
◇諏訪市湖畔公園 ⇒ 映画 「パーフェクトワールド 君といる奇跡」
◇諏訪赤十字病院 ⇒ 映画 「怪物」
◇諏訪二葉高校付近 ⇒ 映画 「怪物」
◇平温泉 ⇒ 映画 「テルマエ・ロマエⅡ」

◇平温泉付近 ⇒ 映画 「怪物」
◇立石公園 ⇒ 映画 「怪物」
◇つきぢや諏訪インター店舗 ⇒ 映画 「白ゆき姫殺人事件」
◇手長神社へ続く大階段 ⇒ 映画 「怪物」
◇藤森ビル ⇒ 映画 「怪物」
◇向田橋周辺 ⇒ 映画 「怪物」

須坂市
◇ペンション ガーデンストーリー ⇒ ドラマ 「ガリレオ(2013年)」
◇米子大瀑布 ⇒ ドラマ 「真田丸」

伊那市
◇旧馬島家住宅 ⇒ 映画 「ALWAYS 三丁目の夕日'64」
◇長野県伊那市 ⇒ 映画 「ステキな金縛り」
◇西箕輪地区 ⇒ 映画 「ALWAYS 三丁目の夕日'64」

大町市
◇大町山岳博物館 ⇒ 映画 「岳―ガク」
◇中山高原 ⇒ ドラマ 「おひさま」

飯山市
◇飯山線 ⇒ 映画 「青春18×2 君へと続く道」

茅野市
◇穴山の神社 ⇒ 映画 「白ゆき姫殺人事件」
◇県道424号 ⇒ 映画 「白ゆき姫殺人事件」
◇蓼科大滝 ⇒ ドラマ 「岸辺露伴は動かない〈1〉富豪村」
◇茅野駅東口 ⇒ 映画 「白ゆき姫殺人事件」
◇ちのスカイビューホテル 3階 ⇒ 映画 「白ゆき姫殺人事件」
◇米沢の畑 ⇒ 映画 「白ゆき姫殺人事件」

塩尻市
◇旧芦沢医院 ⇒ ドラマ 「おひさま」
◇奈良井宿(上町にある中村邸, 鍵の手) ⇒ ドラマ 「おひさま」
◇二百地蔵尊 ⇒ ドラマ 「おひさま」
◇松本歯科大学 ⇒ 映画 「太陽とボレロ」
◇ワールド ⇒ 映画 「太陽とボレロ」

千曲市
◇大池キャンプ場 ⇒ 映画 「今はちょっと、ついてないだけ」
◇城山史跡公園(荒砥城址) ⇒ ドラマ 「江～姫たちの戦国～」

東御市
◇鞍掛の平原 ⇒ 映画 「キングダム2 遙かなる大地へ」

安曇野市
◇安曇野市役所 ⇒ 映画 「太陽とボレロ」
◇アップルランド デリシア豊科店 ⇒ ドラマ 「おひさま」
◇烏川渓谷緑地 ⇒ 映画 「太陽とボレロ」
◇国営アルプスあづみの公園事業用地 ⇒ ドラマ 「おひさま」
◇自然体験交流センターせせらぎ ⇒ ドラマ 「おひさま」
◇常念岳の見える道路(万水川に架かる等々力橋) ⇒ ドラマ 「おひさま」
◇常念道祖神 ⇒ ドラマ 「おひさま」
◇大王わさび農園 ⇒ ドラマ 「おひさま」
◇大王わさび農園の駐車場脇 ⇒ ドラマ 「おひさま」
◇長峰山 ⇒ ドラマ 「おひさま」
◇穂高川(中房川)の堤防 ⇒ ドラマ 「おひさま」
◇堀金烏川の農地 ⇒ ドラマ 「おひさま」
◇本陣等々力家庭園 ⇒ ドラマ 「おひさま」
◇三柱神社 ⇒ 映画 「神様のカルテ」
◇万水川の堤防 ⇒ ドラマ 「おひさま」

南佐久郡南牧村
◇全農八ヶ岳牧場ふれあいファーム ⇒ ドラマ 「Doctor-X 外科医・大門未知子 2」

北佐久郡軽井沢町
◇軽井沢大賀ホール ⇒ 映画 「太陽とボレロ」
◇旦念亭 ⇒ 映画 「太陽とボレロ」

◇リブマックスリゾート軽井沢 ⇒ 映画「土竜の唄 FINAL」

諏訪郡下諏訪町

◇クリーニングモモセ ⇒ 映画「怪物」

諏訪郡富士見町

◇乙事諏訪神社 ⇒ ドラマ「軍師 官兵衛」

◇旧落合小学校 ⇒ 映画「白ゆき姫殺人事件」

◇旧瀬沢トンネル～旧立場川橋梁跡 ⇒ 映画「怪物」

◇県道484号 ⇒ 映画「白ゆき姫殺人事件」

◇信濃境駅 ⇒ 映画「白ゆき姫殺人事件」

◇タカトミ小林組前の道 ⇒ 映画「白ゆき姫殺人事件」

◇小さな食堂山ひこ ⇒ 映画「悪は存在しない」

◇富士見高原リゾート周辺の森林 ⇒ 映画「キングダム2 遙かなる大地へ」

◇富士見町 ⇒ 映画「悪は存在しない」

◇富士見町の森林 ⇒ 映画「首」「白ゆき姫殺人事件」「関ヶ原」

◇やまゆり ⇒ 映画「悪は存在しない」

諏訪郡原村

◇原村 ⇒ 映画「悪は存在しない」

◇八ヶ岳自然文化園 ⇒ 映画「スパイの妻 劇場版」

下伊那郡大鹿村

◇大河原バス停 ⇒ 映画「大鹿村騒動記」

◇小渋橋 ⇒ 映画「大鹿村騒動記」

◇大磧神社 ⇒ 映画「大鹿村騒動記」

◇ディア・イーター ⇒ 映画「大鹿村騒動記」

木曽郡南木曽町

◇旧妻籠小学校 ⇒ 映画「キツツキと雨」

◇南木曽温泉 木曽路館 ⇒ 映画「キツツキと雨」

東筑摩郡山形村

◇アイシティ21 ⇒ 映画「岳―ガク」

北安曇郡池田町

◇大峰高原 七色大カエデ付近 ⇒ ドラマ「おひさま」

北安曇郡白馬村

◇白馬リゾートホテル ラ・ネージュ東館 ⇒ ドラマ「リーガル・ハイ SP (2013年)」

◇白馬リゾートホテル ラ・ネージュ東館のジュニアスイート A Type JA5 ⇒ ドラマ「リーガル・ハイ SP (2013年)」

北安曇郡小谷村

◇白馬コルチナスキー場 ⇒ ドラマ「リーガル・ハイ SP (2013年)」

下高井郡山ノ内町

◇志賀高原一の瀬ファミリースキー場 ⇒ ドラマ「とんび (2013年)」

岐阜県

岐阜市
◇岐阜県庁舎 職員食堂 ⇒ 映画「藁の楯」

大垣市
◇大垣八幡神社横の川 ⇒ 映画「銀魂」
◇岐阜県西濃総合庁舎 事務所 ⇒ 映画「藁の楯」

高山市
◇ドライブステーション板蔵 ⇒ 映画「あなたへ」
◇乗鞍スカイライン ⇒ 映画「あなたへ」
◇飛騨エアパーク ⇒ 映画「あなたへ」

多治見市
◇中央クリニック ⇒ ドラマ「半分、青い。」

関市
◇長良川に架かる鮎之瀬橋 ⇒ ドラマ「半分、青い。」

中津川市
◇落合の墓地 ⇒ ドラマ「半分、青い。」
◇川上川 ⇒ 映画「キツツキと雨」
◇公民館近くの丘 ⇒ ドラマ「半分、青い。」
◇スナックマロン ⇒ 映画「キツツキと雨」
◇高樽の滝 ⇒ ドラマ「おんな城主 直虎」
◇常盤座 ⇒ 映画「キツツキと雨」
◇ドライブイン苗木 ⇒ 映画「キツツキと雨」

瑞浪市
◇小沢商店 ⇒ 映画「キツツキと雨」
◇土岐川 ⇒ ドラマ「半分、青い。」
◇土岐川沿いの畑 ⇒ ドラマ「半分、青い。」
◇土岐川に架かる吊り橋（釜戸の吊り橋, 平山橋） ⇒ ドラマ「半分、青い。」
◇万尺公園 ⇒ ドラマ「半分、青い。」
◇瑞浪市内 ⇒ 映画「四十九日のレシピ」

恵那市
◇岩村駅 ⇒ 映画「キツツキと雨」
◇岩村川沿いの道 ⇒ ドラマ「半分、青い。」
◇岩村町商店街 ⇒ ドラマ「半分、青い。」
◇岩村町商店街近くの一色川の飛び石 ⇒ ドラマ「半分、青い。」
◇岩村町の道路 ⇒ ドラマ「半分、青い。」
◇勝川家 ⇒ 映画「銀河鉄道の父」
◇カフェかるちや ⇒ ドラマ「半分、青い。」
◇木村邸 ⇒ 映画「銀河鉄道の父」
◇京屋家具店 ⇒ 映画「銀河鉄道の父」
◇国道257号線 ⇒ ドラマ「半分、青い。」
◇さつき旅館 ⇒ 映画「銀河鉄道の父」
◇昭和堂 ⇒ 映画「銀河鉄道の父」
◇東濃牧場 ⇒ 映画「キツツキと雨」
◇富田の田んぼ ⇒ ドラマ「半分、青い。」
◇平出工務店空き地 ⇒ 映画「銀河鉄道の父」
◇遍照山 浄光寺 ⇒ 映画「銀河鉄道の父」
◇やすだや洋品店 ⇒ ドラマ「半分、青い。」

美濃加茂市
◇岐阜県立加茂高等学校 ⇒ ドラマ「半分、青い。」

土岐市
◇核融合技術研究所 ⇒ ドラマ「下町ロケット（2015年）」「下町ロケット（2018年）」
◇土岐商業高等学校 ⇒ ドラマ「半分、青い。」

可児市
◇岐阜県立可児高校 ⇒ ドラマ「半分、青い。」

飛騨市
◇気多若宮神社 参道入り口 ⇒ 映画「君の名は。」
◇三之町堤防周辺 ⇒ 映画「雑魚どもよ、大志を抱け！」
◇飛騨市図書館 ⇒ 映画「君の名は。」
◇飛騨古川駅 ⇒ 映画「君の名は。」

◇レールマウンテンバイク Gattan Go!!（まちなかコース）⇒映画「雑魚どもよ、大志を抱け！」

郡上市

◇大和ふれあいの家（旧大和町立北小学校東弥分校）⇒ドラマ「半分、青い。」

下呂市

◇阿多野谷沿いの歩道 ⇒ドラマ「赤と黒」
◇ウッディランド ⇒ドラマ「赤と黒」
◇温泉寺 ⇒ドラマ「赤と黒」
◇がんだて公園付近の橋 ⇒ドラマ「赤と黒」
◇下呂駅 ⇒ドラマ「赤と黒」
◇下呂温泉合掌村 ⇒ドラマ「赤と黒」
◇水明館 ⇒ドラマ「赤と黒」
◇出会橋 ⇒ドラマ「赤と黒」
◇中切休憩所 ⇒ドラマ「赤と黒」
◇飛騨屋 ⇒ドラマ「赤と黒」
◇モリの足湯 ⇒ドラマ「赤と黒」
◇ゆあみ屋 ⇒ドラマ「赤と黒」

加茂郡白川町

◇白川町の田舎道 ⇒映画「キツツキと雨」
◇白川町の山林 ⇒映画「キツツキと雨」

加茂郡東白川村

◇東白川村森林組合の休憩所 ⇒映画「キツツキと雨」

静岡県

静岡市葵区

◇静岡県庁本館 ⇒ドラマ「アンチヒーロー」
◇静岡県庁本館1階の食堂（駿河亭）⇒ドラマ「アンチヒーロー」
◇静岡市役所の地下 ⇒ドラマ「アンチヒーロー」
◇駿河国総社 静岡浅間神社 ⇒ドラマ「JIN －仁－（2011年）」

静岡市駿河区

◇旧エンバーソン住宅 ⇒映画「ミステリと言う勿れ（2023年）」
◇久能山東照宮南側の表参道石段 ⇒ドラマ「とんび（2013年）」
◇静岡県コンベンションアーツセンター（グランシップ）⇒映画「もしも徳川家康が総理大臣になったら」
◇明治のトンネル ⇒映画「祈りの幕が下りる時」

静岡市清水区

◇興津川に架かる大網橋付近 ⇒ドラマ「天国と地獄 ～サイコな2人～」
◇カナサシ重工 ⇒ドラマ「南極大陸」
◇清水港 ⇒映画「ヤクザと家族 The Family」「ラーゲリより愛を込めて」
◇駿河湾フェリー待合所 ⇒ドラマ「天国と地獄 ～サイコな2人～」
◇びすとろ光輪 ⇒映画「イニシエーション・ラブ」
◇三保飛行場 ⇒ドラマ「BG ～身辺警護人～（2020年）」
◇山口石油 ⇒ドラマ「天国と地獄 ～サイコな2人～」
◇由比漁港 ⇒ドラマ「天国と地獄 ～サイコな2人～」

浜松市

◇遠州灘 ⇒映画「ゴジラ－1.0」

◇浜名湖 ⇒ [映画]「ゴジラ－1.0」

浜松市中区

◇浜松駅 ⇒ [映画]「青空エール」

◇ミソノイサイクル 蜆塚店 ⇒ [映画]「弱虫ペダル」

浜松市東区

◇スタジオホットライン ⇒ [映画]「弱虫ペダル」

浜松市西区

◇おおひらだい接骨院 ⇒ [映画]「青空エール」

◇浜名湖大橋 ⇒ [映画]「弱虫ペダル」

◇浜名湖ガーデンパーク ⇒ [映画]「弱虫ペダル」

◇はまゆうトンネル ⇒ [映画]「弱虫ペダル」

浜松市南区

◇天竜川河口部 ⇒ [映画]「弱虫ペダル」

◇中田島砂丘 ⇒ [映画]「清須会議」 [ドラマ]「とと姉ちゃん」

浜松市北区

◇旧気賀高校 ⇒ [映画]「リバーズ・エッジ」

◇静岡県立三ヶ日高等学校 ⇒ [映画]「青空エール」

◇都田第4公園 ⇒ [映画]「青空エール」

浜松市天竜区

◇青谷鍾乳洞 ⇒ [ドラマ]「VIVANT」

◇旧二俣高校 ⇒ [映画]「リバーズ・エッジ」

◇高根城址 ⇒ [ドラマ]「おんな城主 直虎」

◇天竜川船明ダム湖 ⇒ [映画]「弱虫ペダル」

浜松市中央区

◇アルコモール遊楽街 ⇒ [映画]「唐人街探偵 東京MISSION」

◇極楽寺 ⇒ [ドラマ]「とと姉ちゃん」

◇佐鳴湖 ⇒ [ドラマ]「とと姉ちゃん」

◇宿芦寺 ⇒ [ドラマ]「おんな城主 直虎」

◇庄内湖畔 ⇒ [ドラマ]「とと姉ちゃん」

◇浜松駅北東付近の中心市街地 ⇒ [映画]「弱虫ペダル」

◇浜松オートレース場 ⇒ [ドラマ]「ひよっこ」

浜松市浜名区

◇久留女木の棚田 ⇒ [ドラマ]「おんな城主 直虎」

◇五味半島 ⇒ [ドラマ]「とと姉ちゃん」

◇天白磐座遺跡 渭伊神社の裏 ⇒ [ドラマ]「おんな城主 直虎」

沼津市

◇井田の突堤 ⇒ [映画]「さや侍」

◇牛臥海岸 ⇒ [ドラマ]「とんび(2013年)」

◇牛臥山公園内 小浜海岸 ⇒ [映画]「わが母の記」

◇内浦小海の港 ⇒ [映画]「ヤクザと家族 The Family」

◇我入道海岸 ⇒ [映画]「ヤクザと家族 The Family」

◇狩野川に架かる港大橋 ⇒ [ドラマ]「奥様は、取り扱い注意」

◇旧静浦中学校 ⇒ [映画]「天空の蜂」

◇金冠山 ⇒ [ドラマ]「鎌倉殿の13人」

◇御用邸記念公園 ⇒ [映画]「わが母の記」

◇多比港 ⇒ [映画]「ヤクザと家族 The Family」

◇中部浄化プラント ⇒ [映画]「ヤクザと家族 The Family」

◇長浜公民館 ⇒ [映画]「ヤクザと家族 The Family」

◇西浦古宇 ⇒ [映画]「一枚のハガキ」

◇沼津アーケード名店街 ⇒ [映画]「ヤクザと家族 The Family」

◇沼津駅北口の飲み屋街 ⇒ [映画]「ヤクザと家族 The Family」

◇沼津市南部浄化センター ⇒ [映画]「天空の蜂」

◇沼津仲見世商店街 ⇒ [映画]「ヤクザと家族 The Family」

◇ふじのくに千本松フォーラム Plaza Verde のコンベンションホールA ⇒ [ドラマ]「ブラックペアン」

◇明電舎沼津事業所 ⇒ [ドラマ]「半沢直樹

（2020年）」

熱海市

◇アカオリゾート公国のロイヤルウイングとビーチリゾート ⇒ ドラマ「HERO（2014年）」
◇網代港 ⇒ ドラマ「ストロベリーナイト（2012年）」「DCU ～手錠を持ったダイバー～」「世にも奇妙な物語 2012 秋の特別編」
◇網代港付近 ⇒ ドラマ「ストロベリーナイト（2012年）」「DCU ～手錠を持ったダイバー～」
◇網代の坂道 ⇒ ドラマ「ストロベリーナイト（2012年）」
◇熱海ビーチライン ⇒ ドラマ「とんび（2013年）」
◇風の家 ⇒ ドラマ「HERO（2014年）」
◇起雲閣 ⇒ ドラマ「岸辺露伴は動かない〈6〉六壁坂」「花子とアン」
◇起雲閣の洋館「玉渓」 ⇒ ドラマ「HERO（2014年）」
◇国道135号線 ⇒ ドラマ「ストロベリーナイト（2012年）」
◇厳昌院の境内 ⇒ ドラマ「ストロベリーナイト（2012年）」
◇作五郎丸 ⇒ ドラマ「ストロベリーナイト（2012年）」
◇松風苑の会議室とロビー ⇒ ドラマ「とんび（2013年）」
◇丁場から旭町付近の堤防沿い ⇒ ドラマ「ストロベリーナイト（2012年）」
◇長浜海水浴場 ⇒ 映画「イニシエーション・ラブ」
◇長浜海水浴場付近の防波堤 ⇒ ドラマ「ストロベリーナイト（2012年）」
◇ペンションプリンス ⇒ ドラマ「アイムホーム」

三島市

◇伊豆箱根鉄道駿豆線三島駅 ⇒ ドラマ「逃げるは恥だが役に立つ」
◇三島市立北上小学校 ⇒ ドラマ「37歳で医者になった僕 ～研修医純情物語～」
◇みしまプラザホテルのバンケットホール「ルナール」 ⇒ ドラマ「ブラックペアン」

富士宮市

◇朝霧ジャンボリーオートキャンプ場 ⇒ ドラマ「コード・ブルー ドクターヘリ緊急救命 2nd. SEASON」
◇潤井川に架かる青見橋 ⇒ ドラマ「半沢直樹（2020年）」
◇旧富士白糸ワンダーミュージアム ⇒ ドラマ「VIVANT」
◇白糸の滝 ⇒ ドラマ「江～姫たちの戦国～」
◇西山本門寺 ⇒ ドラマ「鎌倉殿の13人」
◇富士宮市の洞窟 ⇒ 映画「るろうに剣心 最終章 The Beginning」
◇富士フイルム富士宮工場 ⇒ ドラマ「半沢直樹（2020年）」
◇まかいの牧場 ⇒ ドラマ「Doctor-X 外科医・大門未知子 7」「マイファミリー」

伊東市

◇海女の小屋 海上亭 ⇒ ドラマ「DCU ～手錠を持ったダイバー～」
◇一本松駐車場 ⇒ ドラマ「DCU ～手錠を持ったダイバー～」
◇一本松駐車場南側の岩場 ⇒ ドラマ「DCU ～手錠を持ったダイバー～」
◇烏川沿いの道 ⇒ ドラマ「とんび（2013年）」
◇烏川に架かる橋付近 ⇒ ドラマ「とんび（2013年）」
◇川奈漁港 ⇒ ドラマ「とんび（2013年）」
◇「川奈漁民の家」前の川奈漁港 ⇒ ドラマ「とんび（2013年）」
◇川奈ホテル ⇒ 映画「わが母の記」
◇東海館の前 ⇒ ドラマ「DCU ～手錠を持ったダイバー～」
◇八幡野港 ⇒ ドラマ「DCU ～手錠を持ったダイバー～」

島田市

◇大井川鉄道大井川第一橋梁 ⇒ ドラマ「梅ちゃん先生」「とと姉ちゃん」
◇大井川鉄道新金谷駅 ⇒ ドラマ「梅ちゃん先生」「ゲゲゲの女房」「マッサン」

◇蓬莱橋 ⇒ 映画「超高速！ 参勤交代」 ドラマ「とと姉ちゃん」

富士市

◇イーシーセンター 富士ステーション ⇒ 映画「ヤクザと家族 The Family」
◇小野製紙 ⇒ ドラマ「ひよっこ」
◇岳南電車須津駅西側の踏切 ⇒ ドラマ「○○妻」
◇蒲原病院 旧館 ⇒ 映画「ヤクザと家族 The Family」
◇蒲原病院 新館 ⇒ 映画「海街diary」「ヤクザと家族 The Family」
◇玉泉寺 ⇒ 映画「ヤクザと家族 The Family」
◇けやき通り ⇒ 映画「ヤクザと家族 The Family」
◇静岡県富士水泳場 ⇒ ドラマ「ATARU」「天国と地獄 ～サイコな2人～」
◇須津川に架かる須津渓谷橋 ⇒ ドラマ「BG ～身辺警護人～（2018年）」
◇滝川 ⇒ ドラマ「ひよっこ」
◇中華料理 興貴 ⇒ 映画「ヤクザと家族 The Family」
◇東海道新幹線 富士川橋梁 ⇒ 映画「インセプション」
◇日本製紙富士工場 ⇒ ドラマ「救命病棟24時（2013年）」
◇日本製紙吉永工場 ⇒ ドラマ「MOZU Season2 ～幻の翼～」
◇沼川沿いの道 鈴川エネルギーセンター付近 ⇒ 映画「ヤクザと家族 The Family」
◇富士市斎場 ⇒ 映画「ヤクザと家族 The Family」
◇富士市立中央病院 ⇒ ドラマ「妖怪人間ベム」
◇富士市立富士南中学校 ⇒ 映画「ヤクザと家族 The Family」
◇妙善寺 ⇒ 映画「ヤクザと家族 The Family」
◇吉原商店街 ⇒ 映画「ヤクザと家族 The Family」

焼津市

◇Atelier and shop sifr ⇒ 映画「ちひろさん」
◇石津水天宮 ⇒ 映画「ちひろさん」
◇熊野神社 ⇒ 映画「ちひろさん」
◇小石川周辺の道 ⇒ 映画「ちひろさん」
◇小川港 ⇒ 映画「ちひろさん」
◇ホテルアンビア松風閣 ⇒ 映画「祈りの幕が下りる時」
◇焼津魚市場会館 ⇒ 映画「ちひろさん」
◇焼津港 ⇒ 映画「ちひろさん」
◇焼津高等学校 ⇒ 映画「ちひろさん」
◇らーめん岡田 ⇒ 映画「ちひろさん」

掛川市

◇菊川に架かる潮騒橋 ⇒ ドラマ「VIVANT」

御殿場市

◇加藤学園御殿場キャンパス（旧富士フェニックス短期大学）⇒ ドラマ「ATARU」
◇旧竹中別荘 ⇒ ドラマ「ミステリと言う勿れ（2022年）」
◇二岡神社 ⇒ 映画「HiGH & LOW THE MOVIE」「わが母の記」 ドラマ「JIN －仁－（2011年）」
◇吉田胃腸病院 ⇒ 映画「blank13」

袋井市

◇可睡ゆりの園 ⇒ 映画「あの花が咲く丘で、君とまた出会えたら。」

下田市

◇亜相浜 ⇒ 映画「真夏の方程式」
◇折戸切通し ⇒ 映画「ビブリア古書堂の事件手帖」
◇九十浜海水浴場 ⇒ 映画「OVER DRIVE」
◇太梅寺 ⇒ ドラマ「とんび（2013年）」
◇舞磯浜 ⇒ ドラマ「鎌倉殿の13人」
◇竜宮公園の竜宮窟 ⇒ 映画「真夏の方程式」

裾野市

◇今里の山林 ⇒ 映画「リボルバー・リリー」
◇裾野市斎場 ⇒ 映画「ドクター・デスの遺産 ―BLACK FILE―」
◇裾野市役所 ⇒ 映画「ヤクザと家族 The Family」

中部

◇蕎麦畑 ⇒ 映画「キングダム」「キングダム2 遙かなる大地へ」
◇忠ちゃん牧場周辺の林道 ⇒ 映画「リボルバー・リリー」
◇不二聖心女子学院 第2オークヒル ⇒ ドラマ「鎌倉殿の13人」

伊豆市

◇筏場のわさび田 ⇒ 映画「わが母の記」
◇伊豆箱根鉄道駿豆線修善寺駅 ⇒ ドラマ「マルモのおきて」
◇落合楼村上の吊り橋 ⇒ 映画「わが母の記」
◇桂川に架かる「虎渓橋」 ⇒ ドラマ「逃げるは恥だが役に立つ」「マルモのおきて」
◇絆 ⇒ ドラマ「マルモのおきて」
◇玉樟園 新井 ⇒ ドラマ「世界一難しい恋」
◇熊野山墓地 ⇒ 映画「わが母の記」
◇修善寺ユースホステル ⇒ ドラマ「S ―最後の警官―」
◇宙SORA渡月荘金龍 ⇒ ドラマ「逃げるは恥だが役に立つ」
◇竹林の小径 ⇒ ドラマ「逃げるは恥だが役に立つ」
◇土肥港乗り場 ⇒ ドラマ「天国と地獄 ～サイコな2人～」
◇独鈷の湯 ⇒ ドラマ「マルモのおきて」
◇滑沢渓谷 ⇒ 映画「わが母の記」
◇日枝神社 ⇒ ドラマ「マルモのおきて」
◇ラフォーレ修善寺の温泉スパ ⇒ ドラマ「マルモのおきて」

伊豆の国市

◇江川家住宅 ⇒ ドラマ「JIN －仁－(2011年)」「西郷(せご)どん」
◇MOA大仁農場 ⇒ ドラマ「HERO(2014年)」
◇MOA大仁農場管理事務所 ⇒ ドラマ「HERO(2014年)」
◇MOA大仁農場大駐車場の北側 ⇒ ドラマ「HERO(2014年)」
◇静岡県立韮山高等学校 ⇒ ドラマ「とんび(2013年)」

牧之原市

◇いとう相良店の前 ⇒ 映画「沈黙のパレード」
◇伊東フーズ脇の駐車場付近 ⇒ 映画「沈黙のパレード」
◇エレガンスポケットオシャレの前 ⇒ 映画「沈黙のパレード」
◇壽亭の隣 ⇒ 映画「沈黙のパレード」
◇さがらサンビーチ ⇒ 映画「花束みたいな恋をした」
◇中央駐車場付近 ⇒ 映画「沈黙のパレード」
◇肉の食遊館 クリヤマ ⇒ 映画「沈黙のパレード」
◇榛原総合病院 ⇒ ドラマ「監察医 朝顔(第1シーズン)」
◇牧之原市立相良小学校の校庭 ⇒ 映画「沈黙のパレード」
◇牧之原市立相良小学校の駐車場 ⇒ 映画「沈黙のパレード」

賀茂郡東伊豆町

◇浅間山 伊豆アニマルキングダムの北 ⇒ 映画「いなくなれ、群青」
◇熱川バナナワニ園 ⇒ 映画「テルマエ・ロマエ」
◇伊豆急行伊豆急行線片瀬白田駅 ⇒ ドラマ「とんび(2013年)」
◇片瀬淵之川公園 ⇒ 映画「いなくなれ、群青」
◇旧東伊豆町立大川小学校 ⇒ 映画「いなくなれ、群青」
◇国道135号線 ⇒ ドラマ「とんび(2013年)」
◇細野高原 ⇒ 映画「OVER DRIVE」
◇細野高原ツリーハウス村 ⇒ 映画「いなくなれ、群青」

賀茂郡河津町

◇リバティーリゾート天城荘 河原の湯 ⇒ 映画「テルマエ・ロマエ」

賀茂郡南伊豆町

◇伊浜漁港付近 ⇒ 映画「真夏の方程式」
◇伊浜の海岸 ⇒ 映画「真夏の方程式」
◇入間千畳敷 ⇒ 映画「ビブリア古書堂の事

件手帖」
◇旧三浜小学校 ⇒ 映画「いなくなれ、群青」
◇トガイ浜 ⇒ ドラマ「鎌倉殿の13人」
◇南伊豆町 ⇒ 映画「いなくなれ、群青」
◇弓ヶ浜 ⇒ ドラマ「世界一難しい恋」

賀茂郡松崎町

◇アサイミート ⇒ ドラマ「とんび（2013年）」
◇石田医院 ⇒ ドラマ「とんび（2013年）」
◇伊豆松崎特産品館 なまこ壁 ⇒ ドラマ「とんび（2013年）」
◇伊那下神社 ⇒ ドラマ「とんび（2013年）」
◇岩科南側の田んぼ ⇒ ドラマ「とんび（2013年）」
◇カフェテラス アイビー ⇒ ドラマ「とんび（2013年）」
◇旧岩科小学校 ⇒ ドラマ「とんび（2013年）」
◇静岡県立松崎高等学校 ⇒ ドラマ「とんび（2013年）」
◇瀬崎神社 ⇒ ドラマ「とんび（2013年）」
◇ときわ大橋 ⇒ ドラマ「とんび（2013年）」
◇ときわ大橋 北詰の駿河屋 ⇒ ドラマ「とんび（2013年）」
◇ときわ大橋 北詰の駿河屋の前 ⇒ ドラマ「とんび（2013年）」
◇ときわ大橋 南詰付近 ⇒ ドラマ「とんび（2013年）」
◇中江医院 ⇒ ドラマ「とんび（2013年）」
◇那賀川沿いの道 ⇒ ドラマ「とんび（2013年）」
◇那賀川に架かる浜丁橋 ⇒ ドラマ「とんび（2013年）」
◇那賀川に架かる浜丁橋 依田邸の海鼠壁 ⇒ ドラマ「ゲゲゲの女房」
◇長沢青果の前 ⇒ ドラマ「とんび（2013年）」
◇長沢青果の脇 ⇒ ドラマ「とんび（2013年）」
◇松崎港 ⇒ ドラマ「とんび（2013年）」
◇松崎港の防波堤 ⇒ ドラマ「とんび（2013年）」
◇まつもと食品ストアー ⇒ ドラマ「とんび（2013年）」
◇丸平 ⇒ 映画「真夏の方程式」

賀茂郡西伊豆町

◇浮島海岸 ⇒ 映画「真夏の方程式」
◇カネサ鰹節商店 ⇒ ドラマ「とんび（2013年）」
◇五輪館 ⇒ 映画「真夏の方程式」
◇長嶋フォート ⇒ ドラマ「とんび（2013年）」
◇西伊豆クリスタルビューホテル ⇒ 映画「真夏の方程式」
◇西伊豆町営火葬場 ⇒ ドラマ「とんび（2013年）」
◇仁科漁港沖の防波堤 ⇒ 映画「真夏の方程式」

駿東郡長泉町

◇旧長泉高等学校 ⇒ ドラマ「リーガル・ハイSP（2013年）」
◇静岡県立がんセンター ⇒ ドラマ「37歳で医者になった僕 ～研修医純情物語～」「ラッキーセブン スペシャル」
◇静岡県立がんセンターのがんセンター研究所 ⇒ ドラマ「37歳で医者になった僕 ～研修医純情物語～」
◇静岡県立がんセンターの職員食堂 ⇒ ドラマ「37歳で医者になった僕 ～研修医純情物語～」
◇静岡県立がんセンターのメインロビー ⇒ ドラマ「37歳で医者になった僕 ～研修医純情物語～」
◇静岡県立がんセンター前の道路 ⇒ ドラマ「37歳で医者になった僕 ～研修医純情物語～」

駿東郡小山町

◇小山町生涯学習センター 総合文化会館 ⇒ ドラマ「妖怪人間ベム」
◇富士スピードウェイ ⇒ ドラマ「S ―最後の警官―」
◇豊門公園西洋館（旧豊門青年学校） ⇒ ドラマ「Doctor-X 外科医・大門未知子 5」

榛原郡川根本町

◇大井川に架かる大井川第四橋梁 ⇒ ドラマ「マッサン」

中部

愛知県

名古屋市千種区

◇上野天満宮 ⇒ 映画「ビリギャル」
◇名古屋大学東山キャンパス ⇒ 映画「ビリギャル」

名古屋市東区

◇オアシス21 ⇒ 映画「さよならドビュッシー」「ビリギャル」
◇名古屋市市政資料館 ⇒ ドラマ「坂の上の雲 第3部」「虎に翼」
◇名古屋陶磁器会館 ⇒ 映画「ALWAYS 三丁目の夕日'64 」
◇日本陶磁器センター 大会議室 ⇒ ドラマ「VIVANT」
◇東区の公園 ⇒ 映画「四十九日のレシピ」

名古屋市西区

◇円頓寺商店街 ⇒ 映画「寄生獣」

名古屋市中村区

◇ささしまライブアンダーパス ⇒ 映画「AI崩壊」
◇名古屋駅周辺 ⇒ 映画「ゆるキャン△」
◇ミッドランドスクエア ⇒ 映画「MOZU 劇場版」

名古屋市中区

◇愛知県三の丸庁舎西側の県警本部西交差点 ⇒ 映画「ストロベリーナイト(2013年)」
◇愛知県自治センター ⇒ 映画「アウトレイジ 最終章」
◇愛知県庁 ⇒ 映画「海賊とよばれた男」
◇愛知県庁 正庁6階西 ⇒ ドラマ「VIVANT」
◇愛知県庁 地下通路 ⇒ 映画「日本で一番悪い奴ら」
◇官庁街(中区三の丸) ⇒ 映画「SCOOP！」「MOZU 劇場版」
◇名古屋市科学館 ⇒ ドラマ「ガリレオ(2013年)」
◇名古屋市役所 ⇒ 映画「アウトレイジ ビヨンド」「さよならドビュッシー」「終の信託」「唐人街探偵 東京MISSION」「ノイズ」ドラマ「虎に翼」
◇名古屋市役所 本庁舎 ⇒ 映画「三度目の殺人」「ステキな金縛り」
◇名古屋市役所 廊下 ⇒ ドラマ「VIVANT」
◇名古屋商工会議所の大会議室ホール ⇒ ドラマ「VIVANT」
◇名古屋東急ホテル ⇒ 映画「SCOOP！」
◇名古屋東急ホテル メインバー「フォンタナディ トレビ」 ⇒ 映画「太陽は動かない」
◇パークエース 栄4丁目 ⇒ 映画「SCOOP！」
◇HITOMIホール ⇒ 映画「さよならドビュッシー」
◇プリンセス大通り ⇒ 映画「ビリギャル」
◇ベストウェスタンホテル名古屋 屋上 ⇒ 映画「SCOOP！」
◇村上ビル ⇒ ドラマ「S ―最後の警官―」

名古屋市昭和区

◇岡谷鋼機名古屋市公会堂 ⇒ 映画「ビリギャル」
◇鶴舞公園 ⇒ ドラマ「虎に翼」
◇名古屋市公会堂 ⇒ ドラマ「虎に翼」

名古屋市熱田区

◇名古屋国際会議場 ⇒ 映画「唐人街探偵 東京MISSION」

名古屋市港区

◇リニア・鉄道館 ⇒ 映画「ディア・ファミリー」

名古屋市守山区

◇ベルテック ⇒ 映画「ディア・ファミリー」

名古屋市緑区

◇喫茶店パスカル青山 ⇒ 映画「日本で一番悪い奴ら」

豊橋市

◇芦原小学校 ⇒ 映画「ディア・ファミリー」

◇伊古部海岸 ⇒ ドラマ「エール」
◇岩田運動公園内の豊橋市民球場 ⇒ ドラマ「ルーズヴェルト・ゲーム」
◇COCOLA AVENUE の東側 ⇒ ドラマ「VIVANT」
◇COCOLA FRONT の前 ⇒ ドラマ「VIVANT」
◇JR豊橋駅自由通路 ⇒ ドラマ「VIVANT」
◇トピー工業豊川製造所明海工場 ⇒ ドラマ「ルーズヴェルト・ゲーム」
◇豊川稲荷駐車場前交差点 ⇒ 映画「ディア・ファミリー」
◇豊橋駅前 ⇒ ドラマ「陸王」
◇豊橋市公会堂 ⇒ 映画「ミッドナイトスワン」
◇豊橋市公会堂 屋上 ⇒ 映画「太陽は動かない」
◇豊橋市役所 ⇒ ドラマ「陸王」
◇豊橋市役所前 ⇒ ドラマ「陸王」
◇ヒグラシ珈琲 ⇒ ドラマ「TOKYO MER 走る緊急救命室」
◇広小路通り ⇒ ドラマ「陸王」
◇広小路通りの歩道 ⇒ ドラマ「VIVANT」
◇広小路の道路 ⇒ ドラマ「陸王」
◇穂の国とよはし芸術劇場PLAT ⇒ 映画「ミッドナイトスワン」
◇堀ビル おやびん東店 ⇒ ドラマ「TOKYO MER 走る緊急救命室」
◇武蔵精密工業第一明海工場の西側にある野球場 ⇒ ドラマ「ルーズヴェルト・ゲーム」
◇武蔵精密工業第一明海工場の西側にある野球場のスタンド ⇒ ドラマ「ルーズヴェルト・ゲーム」
◇武蔵精密工業本社 ⇒ ドラマ「ルーズヴェルト・ゲーム」
◇武蔵精密工業本社近く 豊橋バイパス（国道23号線）沿いの歩道 ⇒ ドラマ「ルーズヴェルト・ゲーム」
◇吉田城址 鉄櫓東側の石垣 ⇒ ドラマ「エール」

一宮市

◇一宮市内 ⇒ 映画「ゆるキャン△」

春日井市

◇昌和工業 ⇒ 映画「ディア・ファミリー」

豊川市

◇豊川市野球場 ⇒ ドラマ「ルーズヴェルト・ゲーム」

津島市

◇津島駅 ⇒ 映画「ディア・ファミリー」

豊田市

◇豊田市美術館 ⇒ ドラマ「鍵のかかった部屋SP」

西尾市

◇一色さかな広場 ⇒ 映画「ディア・ファミリー」
◇幡豆中学校 ⇒ 映画「ディア・ファミリー」
◇東幡豆漁港 ⇒ 映画「ゴジラ－1.0」

蒲郡市

◇知柄（西浦）漁港 ⇒ 映画「ゾッキ」
◇西浦駅 ⇒ 映画「ゾッキ」
◇橋詰集会所 ⇒ 映画「ゾッキ」
◇龍田浜 ⇒ 映画「ゾッキ」

犬山市

◇博物館明治村 ⇒ ドラマ「坂の上の雲 第3部」
◇博物館明治村 偉人坂 ⇒ ドラマ「ごちそうさん」
◇博物館明治村 SL東京駅 ⇒ ドラマ「ごちそうさん」
◇博物館明治村 北里研究所 ⇒ ドラマ「虎に翼」「花子とアン」
◇博物館明治村 北里研究所本館・医学館 ⇒ ドラマ「天皇の料理番」
◇博物館明治村 旧宇治山田郵便局舎 ⇒ ドラマ「ごちそうさん」
◇博物館明治村 旧品川燈台 ⇒ ドラマ「あさが来た」
◇博物館明治村 旧帝国ホテル ⇒ ドラマ「花子とアン」
◇博物館明治村 京都七条停留所 ⇒ ドラマ「ご

ちそうさん」
◇博物館明治村 坐漁荘 ⇒ ドラマ「まんぷく」「わろてんか」
◇博物館明治村 蒸気機関車12号 ⇒ ドラマ「あさが来た」「花子とアン」「花燃ゆ」
◇博物館明治村 逍遥の小道 ⇒ ドラマ「ごちそうさん」
◇博物館明治村 聖ザビエル天主堂 ⇒ 映画「さよならドビュッシー」ドラマ「半分、青い。」「わろてんか」
◇博物館明治村 聖ヨハネ教会 森の小径 ⇒ ドラマ「ごちそうさん」
◇博物館明治村 第四高等学校武術道場「無声堂」⇒ ドラマ「ごちそうさん」
◇博物館明治村 千早小学校脇の階段 ⇒ ドラマ「ごちそうさん」
◇博物館明治村 帝国ホテル中央玄関 ⇒ ドラマ「まんぷく」
◇博物館明治村 天童眼鏡橋 ⇒ ドラマ「花子とアン」
◇博物館明治村 内閣文庫 ⇒ ドラマ「虎に翼」
◇博物館明治村 名古屋衛戍病院 ⇒ ドラマ「ごちそうさん」「まんぷく」
◇博物館明治村 東山梨郡役所 ⇒ ドラマ「天皇の料理番」
◇博物館明治村 本郷喜之床 ⇒ ドラマ「ごちそうさん」
◇博物館明治村 六郷川鉄橋 ⇒ ドラマ「あさが来た」
◇博物館明治村 二丁目の町並み ⇒ ドラマ「ごちそうさん」

常滑市
◇海上保安庁 第四管区海上保安本部 中部空港海上保安航空基地 ⇒ ドラマ「DCU ～手錠を持ったダイバー～」
◇中部国際空港 セントレア ⇒ 映画「22年目の告白 私が殺人犯です」

江南市
◇江南緑地公園 ⇒ ドラマ「半分、青い。」
◇写真館かつみ ⇒ 映画「ディア・ファミリー」

新城市
◇旧門谷小学校 ⇒ ドラマ「エール」

知多市
◇新舞子マリンパーク 新舞子ファインブリッジ ⇒ 映画「太陽は動かない」
◇雅休邸（旧岡田医院）⇒ 映画「ノイズ」

豊明市
◇藤田保健衛生大学病院 ⇒ ドラマ「ブラックペアン」

田原市
◇日出町浜（日出の石門）⇒ ドラマ「どうする家康」

清須市
◇庄内川 ⇒ 映画「ビリギャル」

北名古屋市
◇名古屋芸術大学 ⇒ 映画「さよならドビュッシー」

知多郡南知多町
◇大井漁港 ⇒ 映画「ノイズ」
◇篠島港 ⇒ 映画「ノイズ」
◇南知多町内海サービスセンター ⇒ 映画「ノイズ」

知多郡美浜町
◇河和港 ⇒ 映画「ノイズ」
◇野間大坊（信徒会館）⇒ 映画「ノイズ」

額田郡幸田町
◇幸田町中央公民館 ⇒ 映画「今はちょっと、ついてないだけ」

中部

三重県

津市

◇阿漕浦海岸 ⇒ 映画「浅田家！」
◇阿漕浦海岸 堤防 ⇒ 映画「浅田家！」
◇大洞山・倉骨峠 ⇒ 映画「WOOD JOB！ 神去なあなあ日常」
◇旧多気保育園 ⇒ 映画「WOOD JOB！　神去なあなあ日常」
◇榊原温泉口駅前 ⇒ 映画「来る」
◇大門商店街 ⇒ 映画「浅田家！」
◇高田本山専修寺 ⇒ 映画「浅田家！」「レジェンド&バタフライ」
◇多気地区・清流の里ぬくみ ⇒ 映画「WOOD JOB！　神去なあなあ日常」
◇津観音 ⇒ 映画「浅田家！」
◇津市競艇場 ⇒ 映画「娚の一生」
◇津市中消防署 ⇒ 映画「浅田家！」
◇津城跡 ⇒ 映画「浅田家！」
◇津新町駅 ⇒ 映画「浅田家！」
◇津センターパレス ⇒ 映画「浅田家！」
◇津ヨットハーバー ⇒ 映画「浅田家！」
◇戸木橋 ⇒ 映画「WOOD JOB！　神去なあなあ日常」
◇日神の小滝 ⇒ 映画「WOOD JOB！　神去なあなあ日常」
◇BRAN ⇒ 映画「浅田家！」
◇三重大学 演習林 ⇒ 映画「WOOD JOB！ 神去なあなあ日常」
◇美杉ゴルフクラブ入口前 ⇒ 映画「WOOD JOB！　神去なあなあ日常」
◇美杉町の林 ⇒ 映画「来る」
◇八知地区センター街 ⇒ 映画「WOOD JOB！　神去なあなあ日常」

四日市市

◇アミカン ⇒ ドラマ「虎に翼」
◇円光寺 ⇒ 映画「来る」
◇海星中学校・高等学校 ⇒ 映画「寄生獣」
◇霞ケ浦第1野球場 ⇒ ドラマ「下剋上球児」
◇旧角田建設社屋 ⇒ 映画「寄生獣」
◇旧平田家住宅 ⇒ 映画「来る」
◇熊野川 ⇒ 映画「来る」
◇鈴鹿川堤防上の道路 ⇒ ドラマ「下剋上球児」
◇スーパー一号館 四日市店 ⇒ 映画「寄生獣」
◇諏訪栄商店街 ⇒ 映画「日本で一番悪い奴ら」
◇三滝武道館 ⇒ 映画「日本で一番悪い奴ら」
◇MICCHI！　AUTO SERVICE ⇒ 映画「日本で一番悪い奴ら」
◇四日市港 ⇒ 映画「寄生獣」「藁の楯」
◇四日市港管理組合旧庁舎 ⇒ 映画「日本で一番悪い奴ら」
◇四日市ドームの裏 ⇒ 映画「MOZU 劇場版」
◇四日市都ホテル ⇒ 映画「日本で一番悪い奴ら」
◇LANAI ⇒ 映画「日本で一番悪い奴ら」

伊勢市

◇あじへい 上地店 ⇒ ドラマ「下剋上球児」
◇五十鈴川カフェ ⇒ ドラマ「下剋上球児」
◇伊勢安土桃山文化村（現・ともいきの国 伊勢忍者キングダム）⇒ ドラマ「軍師 官兵衛」
◇伊勢志摩スカイライン ⇒ 映画「弱虫ペダル」
◇宇治橋鳥居の外側 ⇒ ドラマ「下剋上球児」
◇おはらい町通り 赤福本店前付近 ⇒ ドラマ「下剋上球児」
◇近鉄山田線宇治山田駅の1番ホーム ⇒ ドラマ「下剋上球児」
◇フランス料理店ボン・ヴィヴァン ⇒ 映画「きいろいゾウ」

松阪市

◇伊勢山上飯福田寺 ⇒ 映画「お嬢さん」
◇大浦邸 ⇒ 映画「きいろいゾウ」
◇櫛田川に架かる「深野の沈下橋」 ⇒ ドラマ「下剋上球児」
◇御城番屋敷 ⇒ 映画「るろうに剣心 最終章 The Beginning」
◇御城番屋敷付近 ⇒ ドラマ「下剋上球児」

◇棚田公園の西側 ⇒ ドラマ「下剋上球児」
◇中町の道路 ⇒ ドラマ「下剋上球児」
◇深野の棚田 ⇒ ドラマ「下剋上球児」
◇福信院の階段 ⇒ ドラマ「下剋上球児」
◇松阪神社東参道の鳥居付近 ⇒ ドラマ「下剋上球児」

桑名市

◇揖斐川に架かる名四国道（国道23号線）の揖斐長良大橋 ⇒ ドラマ「DCU ～手錠を持ったダイバー～」
◇異邦人 ⇒ 映画「日本で一番悪い奴ら」
◇NTT桑名中央町ビル ⇒ 映画「日本で一番悪い奴ら」
◇桑名市役所 ⇒ 映画「日本で一番悪い奴ら」
◇長島温泉 湯あみの島の黒部渓谷の湯 ⇒ ドラマ「DCU ～手錠を持ったダイバー～」
◇長島町総合支所 ⇒ 映画「日本で一番悪い奴ら」
◇ホテル花水木 ⇒ ドラマ「DCU ～手錠を持ったダイバー～」
◇ホテル花水木の南側付近 ⇒ ドラマ「DCU ～手錠を持ったダイバー～」
◇諸戸氏庭園 ⇒ 映画「お嬢さん」
◇六華苑 ⇒ 映画「お嬢さん」「リボルバー・リリー」 ドラマ「いだてん～東京オリムピック噺～」

名張市

◇名張藤堂家邸跡 ⇒ 映画「お嬢さん」

亀山市

◇亀山市立加太小学校 ⇒ 映画「来る」

鳥羽市

◇石鏡漁港南側の坂道 ⇒ ドラマ「下剋上球児」
◇神島港 ⇒ ドラマ「下剋上球児」
◇近鉄志摩線松尾駅 ⇒ ドラマ「下剋上球児」
◇佐田浜（鳥羽マリンターミナル） ⇒ ドラマ「下剋上球児」
◇中央公民館 石鏡分館 ⇒ ドラマ「下剋上球児」
◇答志島スカイライン ⇒ 映画「太陽は動かない」
◇桃寿橋 ⇒ 映画「太陽は動かない」
◇渡船よしかわの東側付近 ⇒ ドラマ「下剋上球児」
◇奈佐の浜（ビーチハウス） ⇒ 映画「太陽は動かない」
◇富士見台園地 ⇒ 映画「太陽は動かない」
◇マルナカ水産 マルマ本店 ⇒ ドラマ「下剋上球児」
◇本浦漁港 ⇒ ドラマ「下剋上球児」
◇桃取港 ⇒ 映画「太陽は動かない」 ドラマ「下剋上球児」
◇桃取港の防波堤 ⇒ ドラマ「下剋上球児」
◇よしゆう水産の東側付近 ⇒ ドラマ「下剋上球児」

熊野市

◇山茶郷 ⇒ 映画「軽蔑」
◇丸山千枚田 ⇒ ドラマ「下剋上球児」

いなべ市

◇プロキリティ ⇒ 映画「日本で一番悪い奴ら」

志摩市

◇阿津里浜 ⇒ 映画「きいろいゾウ」
◇金比羅山への山道 ⇒ 映画「きいろいゾウ」
◇志摩大橋（志摩パールブリッジ） ⇒ ドラマ「Believe —君にかける橋—」

伊賀市

◇伊賀市役所伊賀支所 ⇒ 映画「娚の一生」
◇伊賀市役所本庁 ⇒ 映画「娚の一生」
◇伊賀市立上野創造病院 ⇒ 映画「娚の一生」
◇伊賀の里モクモク手づくりファーム ⇒ 映画「娚の一生」
◇上野公園 ⇒ 映画「Another アナザー」
◇上野森林公園 ⇒ 映画「Another アナザー」
◇上野総合市民病院 ⇒ 映画「Another アナザー」
◇上野点字図書館近辺 ⇒ 映画「娚の一生」
◇上野本町通り ⇒ 映画「Another アナザー」
◇大阪市立伊賀青少年野外活動センター ⇒

[映画]「Another アナザー」
◇オークワ ジョイシティ伊賀上野店 ⇒ [映画]「娚の一生」
◇cafe wakaya ⇒ [映画]「Another アナザー」
◇上郡木津川土手 ⇒ [映画]「娚の一生」
◇旧上野農業高校 ⇒ [映画]「Another アナザー」
◇島ヶ原駅 ⇒ [映画]「娚の一生」
◇菅原神社 ⇒ [映画]「Another アナザー」
◇セントレイクスゴルフ倶楽部近辺 ⇒ [映画]「娚の一生」
◇土橋の北側 ⇒ [映画]「娚の一生」
◇西高倉地区 ⇒ [映画]「Another アナザー」
◇枡川電話交換所近辺 ⇒ [映画]「娚の一生」
◇山神橋 ⇒ [映画]「娚の一生」

三重郡朝日町
◇小向神社 ⇒ [映画]「お嬢さん」

多気郡多気町
◇油田邸 ⇒ [映画]「きいろいゾウ」

度会郡南伊勢町
◇切原公民館 ⇒ [映画]「きいろいゾウ」
◇斎田川の堤防 ⇒ [映画]「きいろいゾウ」
◇島田邸 ⇒ [映画]「きいろいゾウ」
◇宿田曽漁港 ⇒ [映画]「半世界」
◇田曽白浜 ⇒ [映画]「きいろいゾウ」
◇特別養護老人ホーム柑洋苑 ⇒ [映画]「きいろいゾウ」
◇南海展望公園近くの森 ⇒ [映画]「半世界」
◇南島メディカルセンター ⇒ [映画]「きいろいゾウ」
◇西村ボデー ⇒ [映画]「半世界」
◇前田邸 ⇒ [映画]「きいろいゾウ」
◇マルモ製炭所 ⇒ [映画]「半世界」
◇南伊勢町役場南勢庁舎玄関 ⇒ [映画]「きいろいゾウ」

南牟婁郡御浜町
◇七里御浜海岸 ⇒ [ドラマ]「平清盛」

滋賀県

大津市
◇安楽律院 ⇒ [映画]「るろうに剣心」「るろうに剣心 伝説の最期編」[ドラマ]「江～姫たちの戦国～」
◇近江神宮 ⇒ [映画]「ちはやふる 上の句/下の句」
◇近江神宮 近江勧学館 ⇒ [映画]「ちはやふる 上の句/下の句」
◇大津パルコ前交差点 ⇒ [映画]「君の膵臓をたべたい」
◇奥比叡ドライブウェイ びわ湖展望台 ⇒ [映画]「最高の人生の見つけ方」
◇湖南アルプス ⇒ [映画]「信長協奏曲」「無限の住人」[ドラマ]「江～姫たちの戦国～」
◇西教寺 ⇒ [映画]「駆込み女と駆出し男」「柘榴坂の仇討」
◇坂本の石垣の町並み ⇒ [映画]「るろうに剣心 最終章 The Beginning」
◇滋賀県庁 ⇒ [映画]「SP 革命篇」
◇滋賀県庁周辺道路 ⇒ [ドラマ]「砂の器(2011年)」
◇滋賀県立膳所高等学校 視聴覚室 ⇒ [映画]「ちはやふる 上の句/下の句」
◇早尾神社 ⇒ [ドラマ]「まんぷく」
◇日吉大社 ⇒ [映画]「無限の住人」「るろうに剣心 京都大火編」[ドラマ]「あさが来た」「まんぷく」
◇日吉大社 参道 ⇒ [映画]「るろうに剣心 最終章 The Beginning」
◇日吉大社 東本宮, 大宮橋 ⇒ [ドラマ]「平清盛」
◇琵琶湖グランドホテル ⇒ [映画]「ちはやふる 上の句/下の句」
◇琵琶湖バレイのスカイウォーカー ⇒ [ドラマ]「義母と娘のブルース」
◇芙蓉園 ⇒ [映画]「駆込み女と駆出し男」
◇芙蓉園本館 洞穴 ⇒ [映画]「プリンセス トヨトミ」
◇松の浦水泳場 ⇒ [ドラマ]「江～姫たちの戦国～」

近畿

◇三井寺(園城寺) ⇒ 映画「駆込み女と駆出し男」「カツベン!」「柘榴坂の仇討」「るろうに剣心」「るろうに剣心 最終章 The Final」 ドラマ「おちょやん」
◇三井寺(園城寺) 一切経蔵裏の善法院の竹林 ⇒ ドラマ「平清盛」
◇三井寺(園城寺) 善法院跡 ⇒ 映画「無限の住人」
◇三井寺(園城寺) 村雲橋 ⇒ 映画「天地明察」
◇よいこのもり保育園 ⇒ 映画「ちはやふる 上の句/下の句」

彦根市

◇愛知川 ⇒ 映画「関ヶ原」
◇愛知川 栗見橋付近 ⇒ ドラマ「ごちそうさん」
◇玄宮園 ⇒ ドラマ「江〜姫たちの戦国〜」
◇滋賀大学経済学部講堂 ⇒ 映画「君の膵臓をたべたい」
◇庄堺公園 ⇒ 映画「君の膵臓をたべたい」
◇天寧寺 ⇒ 映画「関ヶ原」
◇中藪橋 ⇒ 映画「君の膵臓をたべたい」
◇彦根港北の岸壁 ⇒ ドラマ「舞い上がれ!」
◇彦根城 ⇒ 映画「関ヶ原」「プリンセス トヨトミ」「るろうに剣心 京都大火編」「レジェンド&バタフライ」
◇彦根城 埋木舎 ⇒ 映画「決算! 忠臣蔵」
◇彦根城周辺 ⇒ 映画「柘榴坂の仇討」
◇彦根城 西の丸, 梅林 ⇒ ドラマ「江〜姫たちの戦国〜」
◇彦根城博物館 ⇒ 映画「信長協奏曲」
◇彦根市立西中学校 ⇒ 映画「君の膵臓をたべたい」
◇彦根西高等学校 旧校舎 ⇒ 映画「君の膵臓をたべたい」
◇琵琶湖畔 ⇒ 映画「レジェンド&バタフライ」
◇フラワーズギフト 花正 ⇒ 映画「君の膵臓をたべたい」
◇ポム・ダムール ⇒ 映画「君の膵臓をたべたい」
◇松原水泳場 ⇒ ドラマ「舞い上がれ!」

長浜市

◇姉川河口 ⇒ ドラマ「スカーレット」
◇小谷城跡 桜馬場 ⇒ ドラマ「江〜姫たちの戦国〜」
◇塩津浜飯浦線 ⇒ ドラマ「舞い上がれ!」
◇ながはま御坊表参道商店街 ⇒ 映画「祈りの幕が下りる時」
◇長浜別院大通寺 ⇒ 映画「レジェンド&バタフライ」
◇日野屋呉服店 ⇒ 映画「祈りの幕が下りる時」
◇琵琶湖 ⇒ 映画「祈りの幕が下りる時」
◇余呉湖 尾の呂が浜 ⇒ ドラマ「ブギウギ」

近江八幡市

◇安土城天主 信長の館 ⇒ ドラマ「江〜姫たちの戦国〜」
◇伊崎寺 ⇒ ドラマ「江〜姫たちの戦国〜」
◇教林坊 ⇒ 映画「駆込み女と駆出し男」「首」「最後の忠臣蔵」
◇浄厳院 ⇒ ドラマ「ごちそうさん」
◇西之湖園地 ⇒ 映画「福田村事件」
◇八幡堀 ⇒ 映画「駆込み女と駆出し男」「カツベン!」「決算! 忠臣蔵」「最後の忠臣蔵」「柘榴坂の仇討」「るろうに剣心」「るろうに剣心 伝説の最期編」 ドラマ「あさが来た」「ごちそうさん」
◇日牟禮八幡宮 ⇒ 映画「るろうに剣心 最終章 The Final」
◇円山の田んぼ ⇒ ドラマ「まんぷく」

守山市

◇滋賀県立成人病センター(現・滋賀県立総合病院) ⇒ 映画「プリンセス トヨトミ」

甲賀市

◇油日神社 ⇒ 映画「駆込み女と駆出し男」「信長協奏曲」「るろうに剣心 最終章 The Beginning」 ドラマ「ごちそうさん」「ブギウギ」「わろてんか」
◇油日神社 本殿 ⇒ ドラマ「平清盛」
◇油日の農道 ⇒ 映画「福田村事件」
◇岩尾池 ⇒ ドラマ「スカーレット」

◇岩尾池の一本杉 ⇒ 映画「レジェンド&バタフライ」

◇大久保の田んぼ ⇒ ドラマ「マッサン」

◇山文製陶所 ⇒ ドラマ「スカーレット」

◇紫香楽一宮 新宮神社 ⇒ ドラマ「スカーレット」

◇信楽高原鉄道雲井駅 ⇒ ドラマ「砂の器(2011年)」

◇信楽の町並み ⇒ ドラマ「スカーレット」

◇息障寺 ⇒ 映画「無限の住人」

◇陶器神社 ⇒ ドラマ「スカーレット」

◇野川の農道 ⇒ ドラマ「江～姫たちの戦国～」

◇野川の畑 ⇒ ドラマ「あさが来た」「ごちそうさん」

◇みなくち子どもの森 ⇒ 映画「るろうに剣心 京都大火編」ドラマ「あさが来た」

◇野洲川河川敷 ⇒ ドラマ「あさが来た」「平清盛」

野洲市

◇マイアミ浜オートキャンプ場 ⇒ 映画「信長協奏曲」

◇マイアミ浜水泳場 ⇒ ドラマ「ごちそうさん」「わろてんか」

高島市

◇白ひげ浜 ⇒ ドラマ「江～姫たちの戦国～」

◇大溝城跡 乙女ケ池の橋 ⇒ ドラマ「ごちそうさん」

◇知内浜 ⇒ ドラマ「江～姫たちの戦国～」

◇畑の棚田 ⇒ ドラマ「スカーレット」

◇深溝湖岸 ⇒ ドラマ「江～姫たちの戦国～」

東近江市

◇愛知川河川敷 ⇒ ドラマ「おちょやん」

◇愛知川の中州 ⇒ 映画「首」

◇近江商人屋敷 外村繁邸 ⇒ ドラマ「おちょやん」「べっぴんさん」

◇大城神社 ⇒ ドラマ「カムカムエヴリバディ」

◇大城神社西側の参道 ⇒ ドラマ「ブギウギ」

◇弘誓寺 ⇒ 映画「るろうに剣心 最終章 The Final」ドラマ「ごちそうさん」

◇百済寺 ⇒ 映画「駆込み女と駆出し男」ドラマ「ブギウギ」

◇五個荘金堂地区 ⇒ 映画「最後の忠臣蔵」

◇金堂町の路地 ⇒ ドラマ「ごちそうさん」「まんぷく」

◇八日市駅前 ⇒ 映画「君の膵臓をたべたい」

◇六所神社 ⇒ ドラマ「江～姫たちの戦国～」

米原市

◇伊吹山麓 ⇒ ドラマ「おちょやん」

◇住友大阪セメント伊吹工場跡 ⇒ ドラマ「べっぴんさん」「まんぷく」

◇万松院 ⇒ 映画「るろうに剣心 最終章 The Beginning」

◇ローザンベリー多和田 ⇒ 映画「君の膵臓をたべたい」

蒲生郡日野町

◇日野城跡 ⇒ 映画「るろうに剣心 伝説の最期編」

愛知郡愛荘町

◇軽野神社 ⇒ 映画「菊とギロチン」

◇金剛輪寺 ⇒ 映画「関ヶ原」

犬上郡豊郷町

◇旧豊郷小学校 ⇒ ドラマ「おちょやん」「カムカムエヴリバディ」「ブギウギ」「べっぴんさん」

◇「金亀」岡村本家 ⇒ ドラマ「砂の器(2011年)」

◇豊郷小学校旧校舎群 ⇒ 映画「カツベン！」「君の膵臓をたべたい」

犬上郡甲良町

◇西明寺 本堂, 三重塔 ⇒ ドラマ「江～姫たちの戦国～」

犬上郡多賀町

◇多賀大社 ⇒ 映画「君の膵臓をたべたい」

◇霊仙山登山口 ⇒ 映画「るろうに剣心 最終章 The Beginning」

京都府

京都市北区

◇上賀茂神社 ⇒ ドラマ「わろてんか」
◇加茂川の河原 ⇒ ドラマ「カムカムエヴリバディ」

京都市上京区

◇上七軒歌舞練場 ⇒ 映画「舞妓はレディ」
◇上七軒通り ⇒ ドラマ「カムカムエヴリバディ」
◇北野天満宮 ⇒ ドラマ「カムカムエヴリバディ」
◇京都御所 ⇒ ドラマ「光る君へ」
◇京都御所 建春門 ⇒ ドラマ「八重の桜」
◇京都府庁旧本館 ⇒ 映画「日本のいちばん長い日」「舞妓はレディ」 ドラマ「坂の上の雲 第3部」
◇京都府庁旧本館 北側外観と正面階段 ⇒ ドラマ「わろてんか」
◇同志社女子大学 ⇒ ドラマ「八重の桜」
◇同志社大学 ⇒ ドラマ「八重の桜」
◇同志社大学 ハリス理化学館 ⇒ ドラマ「まんぷく」
◇新島襄旧邸 ⇒ ドラマ「八重の桜」
◇西陣くらしの美術館 冨田屋 ⇒ 映画「舞妓はレディ」

京都市左京区

◇加茂川に架かる北大路橋 ⇒ ドラマ「カムカムエヴリバディ」
◇旧武徳殿 ⇒ 映画「るろうに剣心 最終章 The Final」
◇京都市京セラ美術館 ⇒ 映画「柘榴坂の仇討」
◇駒井家住宅 ⇒ ドラマ「マッサン」
◇金戒光明寺 ⇒ 映画「花戦さ」 ドラマ「坂の上の雲 第3部」
◇金戒光明寺 釈迦堂 ⇒ 映画「燃えよ剣」
◇実相院 ⇒ ドラマ「江～姫たちの戦国～」
◇下鴨神社 ⇒ ドラマ「平清盛」
◇下鴨神社 糺ノ森 ⇒ ドラマ「江～姫たちの戦国～」
◇南禅寺 ⇒ 映画「一命」「花戦さ」「利休にたずねよ」
◇南禅寺 水路閣 ⇒ 映画「きのう何食べた？ 劇場版」
◇南禅寺 八千代 ⇒ 映画「きのう何食べた？ 劇場版」
◇如意ヶ嶽（大文字山）⇒ ドラマ「カムカムエヴリバディ」
◇日の出うどん ⇒ 映画「きのう何食べた？ 劇場版」
◇平安神宮 ⇒ 映画「きのう何食べた？ 劇場版」「舞妓はレディ」 ドラマ「光る君へ」

京都市中京区

◇からふね屋珈琲 三条本店 ⇒ 映画「最高の人生の見つけ方」
◇京都文化博物館 ⇒ ドラマ「わろてんか」
◇元離宮二条城 唐門 ⇒ ドラマ「天皇の料理番」
◇元離宮二条城 二の丸御殿大広間の前 ⇒ ドラマ「天皇の料理番」
◇山とみ ⇒ ドラマ「半沢直樹」

京都市東山区

◇建仁寺 ⇒ ドラマ「江～姫たちの戦国～」
◇三十三間堂 ⇒ ドラマ「平清盛」
◇鷲峰山 高台寺 ⇒ 映画「きのう何食べた？ 劇場版」
◇知恩院 ⇒ 映画「舞妓はレディ」
◇知恩院古門前 ⇒ 映画「罪の声」
◇御寺 泉涌寺 ⇒ 映画「レジェンド&バタフライ」
◇八坂通 ⇒ 映画「きのう何食べた？ 劇場版」
◇八坂通 八坂の塔 ⇒ 映画「最高の人生の見つけ方」

京都市下京区

◇五条大橋 ⇒ 映画「最高の人生の見つけ方」
◇四条大橋 ⇒ 映画「最高の人生の見つけ方」
◇西本願寺 ⇒ 映画「るろうに剣心 最終章 The Final」

◇龍谷大学 大宮キャンパス ⇒ 映画「柘榴坂の仇討」「るろうに剣心」 ドラマ「いだてん～東京オリムピック噺～」

京都市南区

◇太陽精工 ⇒ ドラマ「舞い上がれ！」

京都市右京区

◇梅宮大社 ⇒ 映画「花戦さ」
◇奥嵯峨 ⇒ 映画「無限の住人」
◇御室八十八ヶ所霊場 ⇒ 映画「るろうに剣心 最終章 The Beginning」
◇祇王寺 ⇒ 映画「花戦さ」
◇京福電気鉄道嵐山本線 ⇒ ドラマ「カムカムエヴリバディ」
◇嵯峨野の山中 ⇒ 映画「花戦さ」
◇松竹京都撮影所 ⇒ 映画「超高速！ 参勤交代」 ドラマ「あさが来た」「おちょやん」「わろてんか」
◇大覚寺 ⇒ 映画「決算！ 忠臣蔵」「超高速！ 参勤交代」「日本のいちばん長い日」「花戦さ」「利休にたずねよ」
◇高雄山神護寺 ⇒ 映画「レジェンド&バタフライ」
◇東映太秦映画村 ⇒ 映画「カツベン！」「利休にたずねよ」 ドラマ「カーネーション」「カムカムエヴリバディ」「マッサン」
◇東映京都撮影所 ⇒ 映画「花戦さ」「レジェンド&バタフライ」
◇東映京都撮影所 俳優会館 ⇒ ドラマ「カムカムエヴリバディ」
◇二尊院 ⇒ 映画「十三人の刺客(2010年)」
◇仁和寺 ⇒ 映画「十三人の刺客(2010年)」「花戦さ」「るろうに剣心」「るろうに剣心 最終章 The Final」「レジェンド&バタフライ」 ドラマ「江～姫たちの戦国～」
◇仁和寺 中門, 勅使門, 宸殿 ⇒ ドラマ「江～姫たちの戦国～」
◇広沢池 ⇒ ドラマ「あさが来た」
◇妙心寺 ⇒ 映画「決算！ 忠臣蔵」「花戦さ」「燃えよ剣」「レジェンド&バタフライ」
◇鹿王院 ⇒ 映画「花戦さ」

京都市伏見区

◇月桂冠大倉記念館 ⇒ ドラマ「カーネーション」
◇寺内製作所 ⇒ ドラマ「舞い上がれ！」
◇松本酒造 ⇒ ドラマ「カーネーション」「マッサン」

京都市山科区

◇随心院 ⇒ 映画「決算！ 忠臣蔵」「十三人の刺客(2010年)」「花戦さ」「舞妓はレディ」「るろうに剣心」「るろうに剣心 最終章 The Final」
◇随心院 薬医門 ⇒ 映画「レジェンド&バタフライ」

京都市西京区

◇中ノ島橋 ⇒ 映画「花戦さ」

舞鶴市

◇葦谷砲台跡 ⇒ 映画「日本のいちばん長い日」
◇旧北吸浄水場配水池 ⇒ 映画「日本のいちばん長い日」
◇蛇島周辺海上 ⇒ ドラマ「坂の上の雲 第3部」
◇田井漁港 ⇒ 映画「海賊とよばれた男」「菊とギロチン」
◇東郷邸 ⇒ 映画「日本のいちばん長い日」
◇日本板硝子社宅 ⇒ 映画「海賊とよばれた男」
◇ホテルアマービレ別館 聚幸菴 ⇒ 映画「海賊とよばれた男」
◇舞鶴赤れんがパーク ⇒ 映画「アルキメデスの大戦」「海賊とよばれた男」「日本のいちばん長い日」
◇松尾寺駅 ⇒ 映画「祈りの幕が下りる時」

亀岡市

◇石田家住宅 ⇒ ドラマ「ごちそうさん」
◇宇津根町 ⇒ 映画「花戦さ」
◇鍬山神社 ⇒ 映画「天地明察」
◇丹波国分寺 ⇒ ドラマ「あさが来た」
◇走田神社 ⇒ 映画「無限の住人」
◇へき亭 ⇒ 映画「花戦さ」

長岡京市

◇柳谷観音楊谷寺 ⇒ 映画「駆込み女と駆出し男」

八幡市

◇石清水八幡宮の南総門前 ⇒ ドラマ「JIN －仁－（2011年）」

京丹後市

◇五十河の里「民家苑」農楽堂 ⇒ 映画「福田村事件」

◇葛野浜 ⇒ 映画「海賊とよばれた男」

◇琴引浜 ⇒ ドラマ「砂の器（2011年）」

◇琴引浜・キャンプ場周辺 ⇒ 映画「天地明察」

◇立岩海岸 ⇒ 映画「菊とギロチン」「最後の忠臣蔵」「利休にたずねよ」

◇てんきてんき橋 ⇒ ドラマ「砂の器（2011年）」

◇平海水浴場 ⇒ ドラマ「砂の器（2011年）」

◇升塚古墳 ⇒ 映画「最後の忠臣蔵」

◇吉岡農園 ⇒ 映画「菊とギロチン」

相楽郡南山城村

◇木津川に架かる南大河原橋 ⇒ ドラマ「カーネーション」

◇月ヶ瀬口駅 ⇒ 映画「娚の一生」

大阪府

大阪市

◇尻無川護岸沿い ⇒ 映画「G.I.ジョー 漆黒のスネークアイズ」

大阪市都島区

◇タイムズ大阪城京橋口 ⇒ ドラマ「舞い上がれ！」

大阪市福島区

◇福島区の道路 ⇒ ドラマ「てっぱん」

大阪市西区

◇川口基督教会 ⇒ 映画「キリエのうた」

◇喫茶水鯨 ⇒ ドラマ「舞い上がれ！」

◇メルシー ⇒ ドラマ「純と愛」

◇La Dolceria di Adriano ⇒ ドラマ「純と愛」

大阪市港区

◇寿温泉 ⇒ ドラマ「ブギウギ」

◇天保山マーケットプレイス ⇒ ドラマ「純と愛」

大阪市大正区

◇泉尾中一商店街 ⇒ ドラマ「純と愛」

◇岩崎橋 ⇒ 映画「G.I.ジョー 漆黒のスネークアイズ」

◇サンクス平尾商店街 ⇒ ドラマ「純と愛」

◇千歳渡船場（鶴町側乗船場）⇒ ドラマ「純と愛」

◇大正区役所 ⇒ ドラマ「純と愛」

大阪市天王寺区

◇生国魂神社北の真言坂 ⇒ ドラマ「てっぱん」

◇上本町YUFURA前 ⇒ 映画「後妻業の女」

◇大阪上本町駅 ⇒ 映画「マンハント」

◇大阪市立美術館 ⇒ ドラマ「まんぷく」

◇真田山公園 ⇒ ドラマ「純と愛」

◇天王寺公園 ⇒ 映画「キリエのうた」
◇天王寺動物園 ⇒ ドラマ「純と愛」
◇東高津公園 ⇒ ドラマ「純と愛」

大阪市浪速区

◇石川ホーロー ⇒ ドラマ「半沢直樹」
◇新世界・ジャンジャン横町 ⇒ 映画「プリンセス トヨトミ」
◇髙島屋東別館 ⇒ ドラマ「カーネーション」
◇通天閣 ⇒ 映画「プリンセス トヨトミ」ドラマ「てっぱん」
◇通天閣本通 ⇒ ドラマ「半沢直樹」
◇湊町リバープレイス ⇒ ドラマ「純と愛」

大阪市東成区

◇平野川分水路の片江七福橋 ⇒ ドラマ「舞い上がれ！」

大阪市生野区

◇相生病院 ⇒ ドラマ「てっぱん」
◇金ちゃん卓球 ⇒ ドラマ「てっぱん」
◇鶴橋市場 浜弥鰹節, 2番通り, 鶴橋本通り ⇒ ドラマ「てっぱん」

大阪市城東区

◇京橋駅周辺 ⇒ 映画「G.I.ジョー 漆黒のスネークアイズ」

大阪市阿倍野区

◇播磨湯 ⇒ ドラマ「てっぱん」
◇ハルカス300 ⇒ 映画「マンハント」
◇阪堺電軌上町線天王寺駅前駅 ⇒ ドラマ「てっぱん」
◇股ヶ池明神 ⇒ ドラマ「てっぱん」

大阪市住吉区

◇住吉周辺 ⇒ 映画「プリンセス トヨトミ」
◇住吉大社 第一本宮, 卯之日参道, 太鼓橋 ⇒ ドラマ「マッサン」
◇阪堺電軌上町線帝塚山四丁目駅 ⇒ ドラマ「てっぱん」
◇阪堺電軌阪堺線の大和川橋梁 ⇒ ドラマ「てっぱん」

大阪市東住吉区

◇南田辺本通商店街 尾崎青果店, 魚じゅん, 肉の奈可川 ⇒ ドラマ「てっぱん」

大阪市西成区

◇ダイゾー木津川工場 ⇒ ドラマ「てっぱん」
◇西成地区 ⇒ 映画「さがす」
◇阪堺電軌阪堺線沿いの道 聖天坂駅付近 ⇒ ドラマ「てっぱん」
◇久金属工業 ⇒ ドラマ「ブギウギ」

大阪市鶴見区

◇千羽ハウジング ⇒ ドラマ「てっぱん」

大阪市住之江区

◇大阪港咲洲トンネル入口の階段 ⇒ ドラマ「純と愛」
◇木津川に架かる堤防 新木津川大橋付近 ⇒ ドラマ「純と愛」
◇コスモスクエア ⇒ ドラマ「純と愛」
◇なにわの海の時空館 ⇒ ドラマ「純と愛」
◇ポートタウン東駅 ⇒ ドラマ「純と愛」
◇南港北の道路 ⇒ ドラマ「純と愛」

大阪市北区

◇ANAクラウンプラザホテル大阪 ⇒ ドラマ「純と愛」
◇梅田駅周辺 ⇒ 映画「プリンセス トヨトミ」
◇梅田スカイビル 空中庭園展望台 ⇒ ドラマ「半沢直樹」
◇梅田阪急ビル（阪急うめだ本店）⇒ ドラマ「半沢直樹」
◇大川に架かる川崎橋 ⇒ ドラマ「純と愛」
◇大阪市中央公会堂 ⇒ 映画「プリンセス トヨトミ」
◇大阪市中央公会堂 中集会室 ⇒ ドラマ「カーネーション」
◇大阪市中央公会堂前交差点付近 ⇒ 映画「HERO（2015年）」
◇大阪府済生会中津病院 ⇒ ドラマ「ごちそうさん」

近畿

◇上方落語協会会館 ⇒ 映画「G.I.ジョー 漆黒のスネークアイズ」
◇国立国際美術館 ⇒ 映画「寝ても覚めても」
◇JR東海道本線大阪駅 ⇒ ドラマ「てっぱん」
◇水晶橋 ⇒ 映画「HERO（2015年）」
◇天神橋一丁目商店街 ⇒ ドラマ「てっぱん」
◇堂島川 ⇒ 映画「マンハント」
◇堂島川 大阪市中央公会堂付近 ⇒ ドラマ「純と愛」
◇堂島川に架かる水晶橋 ⇒ ドラマ「純と愛」
◇土佐堀川沿いの遊歩道 ⇒ ドラマ「純と愛」
◇中之島ガーデンブリッジ ⇒ ドラマ「純と愛」
◇中之島の遊歩道 ⇒ 映画「寝ても覚めても」
◇中之島バンクス ⇒ 映画「マンハント」
◇西梅田公園 ⇒ ドラマ「てっぱん」
◇ヒルトンプラザホール・グランカフェ ⇒ ドラマ「半沢直樹」

大阪市中央区

◇NHK大阪放送局 ⇒ ドラマ「カーネーション」「カムカムエヴリバディ」「純と愛」
◇大川に架かる天満橋 ⇒ ドラマ「純と愛」
◇大阪医療センター ⇒ ドラマ「カーネーション」
◇大阪合同庁舎3号館 ⇒ ドラマ「半沢直樹」
◇大阪合同庁舎3号館の前 ⇒ ドラマ「半沢直樹」
◇大阪城 ⇒ ドラマ「ブギウギ」「まれ」
◇大阪城 内堀の極楽橋北詰 内堀, 音楽堂近くの階段 ⇒ ドラマ「てっぱん」
◇大阪城公園 ⇒ 映画「プリンセス トヨトミ」
◇大阪城公園の新鴫野橋 ⇒ 映画「マンハント」
◇大阪府庁本館 ⇒ 映画「プリンセス トヨトミ」 ドラマ「ブギウギ」
◇空掘商店街 ⇒ 映画「プリンセス トヨトミ」
◇空堀商店街 勝山商店付近 ⇒ ドラマ「てっぱん」
◇川の駅はちけんや ⇒ ドラマ「純と愛」
◇旧第四師団司令部庁舎 ⇒ ドラマ「ごちそうさん」「べっぴんさん」
◇黒門市場 ⇒ 映画「プリンセス トヨトミ」
◇ジラフ大阪 ⇒ ドラマ「半沢直樹」
◇真幸ビル ⇒ ドラマ「半沢直樹」
◇船場ビルディング 中庭, 階段 ⇒ ドラマ「カーネーション」
◇道頓堀 ⇒ ドラマ「てっぱん」「半沢直樹」
◇道頓堀 一明 ⇒ ドラマ「純と愛」
◇道頓堀川沿い ⇒ ドラマ「半沢直樹」
◇道頓堀川に架かる相合橋 ⇒ ドラマ「半沢直樹」
◇道頓堀川に架かる戎橋 ⇒ 映画「プリンセス トヨトミ」 ドラマ「純と愛」
◇道頓堀周辺 ⇒ 映画「ジョン・ウィック：コンセクエンス」
◇南海電車難波駅 ⇒ 映画「プリンセス トヨトミ」
◇なんばグランド花月 ⇒ 映画「プリンセス トヨトミ」
◇ホテルニューオータニ大阪 ⇒ 映画「プリンセス トヨトミ」

堺市堺区

◇居酒屋おやじ ⇒ 映画「嘘八百」
◇内川河川敷 ⇒ 映画「セトウツミ」
◇観濠クルーズSakai ⇒ 映画「セトウツミ」
◇旧堺燈台 ⇒ 映画「嘘八百」
◇小森商店 ⇒ 映画「嘘八百」
◇西然寺 ⇒ 映画「セトウツミ」
◇堺市博物館 ⇒ 映画「嘘八百」
◇堺市立大浜中学校 ⇒ 映画「ソロモンの偽証 前篇・事件/後篇・裁判」
◇さかい利晶の杜 ⇒ 映画「嘘八百」
◇堺山之口商店街 ⇒ 映画「セトウツミ」
◇ビジネスホテルニュー大浜 ⇒ 映画「嘘八百」
◇ホテル・アゴーラリージェシー堺 ⇒ 映画「嘘八百」
◇松倉茶舗 ⇒ 映画「嘘八百」
◇水野鍛錬所 ⇒ 映画「るろうに剣心 最終章 The Beginning」
◇宮川芳文堂 ⇒ 映画「嘘八百」
◇ワンカルビ堺西店 ⇒ 映画「嘘八百」

堺市中区
◇大阪公立大学 中百舌鳥キャンパス（くすのき広場 NExST）⇒ドラマ「舞い上がれ！」
◇桑田産業 ⇒映画「嘘八百」
◇東山動物病院 ⇒映画「後妻業の女」

堺市西区
◇石津北駅 ⇒映画「セトウツミ」
◇寿司廣 ⇒映画「嘘八百」

堺市北区
◇さかい新事業創造センター ⇒映画「彼女がその名を知らない鳥たち」
◇民芸焼肉 寿々亭 ⇒映画「後妻業の女」

堺市美原区
◇堺美術オークション会 ⇒映画「嘘八百」

岸和田市
◇かじやまち商店街 ⇒ドラマ「カーネーション」
◇岸和田城 ⇒映画「G.I.ジョー 漆黒のスネークアイズ」
◇旧紀州街道 ⇒ドラマ「カーネーション」
◇五風荘 ⇒映画「G.I.ジョー 漆黒のスネークアイズ」
◇五風荘 2階の座敷, 庭園 ⇒ドラマ「カーネーション」
◇別寅かまぼこ城内寮 ⇒ドラマ「カーネーション」
◇弥栄神社 ⇒ドラマ「カーネーション」

豊中市
◇千里川土手 ⇒ドラマ「舞い上がれ！」
◇ナイトクラブ香蘭 ⇒映画「焼肉ドラゴン」
◇原田神社 ⇒ドラマ「てっぱん」

吹田市
◇大阪モノレール万博記念公園駅前 ⇒ドラマ「半沢直樹」
◇万博公園 太陽の塔 ⇒ドラマ「半分、青い。」

高槻市
◇高槻市立陸上競技場 ⇒ドラマ「てっぱん」

八尾市
◇旧北高安小学校 ⇒映画「市子」
◇ショップオグリ ⇒映画「市子」

富田林市
◇旧杉山家住宅 ⇒映画「燃えよ剣」 ドラマ「カムカムエヴリバディ」
◇城之門筋 ⇒映画「燃えよ剣」

寝屋川市
◇大阪公立大学 工業高等専門学校 ⇒ドラマ「舞い上がれ！」

河内長野市
◇河内長野市内の森 ⇒ドラマ「おちょやん」
◇御光滝 ⇒ドラマ「マッサン」

大東市
◇深北緑地公園 深野池の橋付近 ⇒ドラマ「舞い上がれ！」

藤井寺市
◇津堂城山古墳 ⇒映画「キリエのうた」
◇道明寺駅 ⇒映画「キリエのうた」
◇道明寺南小学校 ⇒映画「キリエのうた」

東大阪市
◇WIN MOLD ⇒ドラマ「舞い上がれ！」
◇恩智川の堤防 ⇒ドラマ「舞い上がれ！」
◇北螺子製作所 ⇒ドラマ「舞い上がれ！」
◇旧東大阪市立三ノ瀬小学校 ⇒ドラマ「舞い上がれ！」
◇近鉄大阪線沿いの道 ⇒ドラマ「舞い上がれ！」
◇鴻池新田会所 ⇒映画「駆込み女と駆出し男」
◇コノエ ⇒ドラマ「舞い上がれ！」
◇樟徳館 ⇒ドラマ「あさが来た」
◇高井田の工場街 ⇒ドラマ「舞い上がれ！」

◇二輪車工房イシダ ⇒ ドラマ「舞い上がれ！」

◇東大阪ジャンクション ⇒ ドラマ「舞い上がれ！」

◇枚岡公園 森のおもちゃ箱付近の坂道 ⇒ ドラマ「舞い上がれ！」

◇ゆうゆうタウン ⇒ ドラマ「舞い上がれ！」

大阪狭山市

◇大阪府立狭山池博物館 ⇒ 映画「ロスト・エモーション」

三島郡島本町

◇島本町 ⇒ 映画「レジェンド&バタフライ」

泉南郡田尻町

◇関西国際空港 ⇒ ドラマ「カーネーション」「カムカムエヴリバディ」

南河内郡河南町

◇ワールド牧場 ⇒ ドラマ「純と愛」

兵庫県

神戸市東灘区

◇太田酒造迎賓館 ⇒ 映画「母性」

◇旧乾邸 ⇒ 映画「アルキメデスの大戦」「日本のいちばん長い日」 ドラマ「べっぴんさん」

◇神戸市立御影公会堂 ⇒ 映画「日本のいちばん長い日」 ドラマ「ごちそうさん」

◇神戸ファッション美術館 ⇒ 映画「寝ても覚めても」

◇六甲アイランドイベント広場 ⇒ 映画「寄生獣」

◇六甲アイランドシティモール ⇒ 映画「母性」

◇六甲ライナーアイランドセンター駅 ⇒ 映画「寄生獣」

神戸市灘区

◇神戸大学 六甲台第1キャンパス ⇒ 映画「日本のいちばん長い日」 ドラマ「べっぴんさん」

◇神戸大学 六甲台第1キャンパス 兼松記念館 ⇒ 映画「海賊とよばれた男」

◇神戸大学 六甲台第1キャンパス 六甲台本館 ⇒ ドラマ「まんぷく」

◇天理教兵庫教務支庁 ⇒ 映画「寄生獣」

◇長峰霊園 ⇒ ドラマ「純と愛」

◇灘丸山公園 ⇒ 映画「彼女がその名を知らない鳥たち」

◇摩耶山掬星台 ⇒ 映画「ハッピーアワー」

◇摩耶埠頭 ⇒ 映画「HiGH & LOW THE MOVIE」

◇六甲幼稚園 ⇒ 映画「日本のいちばん長い日」

神戸市兵庫区

◇荒田公園駐車場 ⇒ 映画「寄生獣」

◇旧加藤海運本社ビル ⇒ 映画「アルキメデスの大戦」「スパイの妻 劇場版」

◇市営東山住宅 ⇒ 映画「ザ・ファブル 殺さ

ない殺し屋」
◇兵庫ふ頭 ⇒ 映画「夏の終り」

神戸市長田区
◇長田駅 ⇒ 映画「紙の月」
◇野瀬病院 ⇒ 映画「ハッピーアワー」

神戸市須磨区
◇神戸迎賓館 旧西尾邸 ⇒ ドラマ「まんぷく」
◇神戸迎賓館 旧西尾邸 レストラン ル・アン ⇒ 映画「少年H」
◇神戸市営地下鉄 名谷車両基地 ⇒ 映画「少年H」「スパイの妻 劇場版」
◇名谷駅 ⇒ 映画「紙の月」

神戸市垂水区
◇旧グッゲンハイム邸 ⇒ 映画「スパイの妻 劇場版」 ドラマ「べっぴんさん」
◇ジェームス邸 ⇒ ドラマ「べっぴんさん」

神戸市北区
◇あいな里山公園 ⇒ 映画「るろうに剣心 最終章 The Beginning」
◇有馬本温泉・金の湯 ⇒ 映画「ハッピーアワー」
◇淡河宿本陣跡 ⇒ 映画「るろうに剣心 最終章 The Beginning」
◇白水峡 ⇒ 映画「キングダム 運命の炎」

神戸市中央区
◇海の広場(神戸阪急モザイク) ⇒ 映画「阪急電車」
◇海岸ビルヂング ⇒ 映画「アルキメデスの大戦」「HERO(2015年)」
◇風見鶏の館 ⇒ ドラマ「カーネーション」
◇カフェ・フィッシュ&メリケンパーク ⇒ 映画「阪急電車」
◇北野坂 ⇒ 映画「彼女がその名を知らない鳥たち」
◇旧神戸居留地(仲町通) ⇒ 映画「唐人街探偵 東京MISSION」
◇旧神戸居留地十五番館 ⇒ 映画「少年H」
◇空港島・直線道路 ⇒ 映画「焼肉ドラゴン」
◇クラブ月世界 ⇒ 映画「夏の終り」
◇県庁前駅 ⇒ 映画「紙の月」
◇神戸空港 ⇒ 映画「BRAVE HEARTS 海猿」
◇神戸空港島西緑地 ⇒ 映画「彼女がその名を知らない鳥たち」
◇神戸国際交流会館 ⇒ 映画「アウトレイジ ビヨンド」
◇神戸市役所1号館 ⇒ 映画「紙の月」
◇神戸税関 ⇒ 映画「アルキメデスの大戦」「ALWAYS 三丁目の夕日'64」「海賊とよばれた男」「スパイの妻 劇場版」「日本のいちばん長い日」 ドラマ「ブギウギ」「わろてんか」
◇神戸ポートターミナル ⇒ 映画「わが母の記」
◇相楽園会館 ⇒ 映画「アウトレイジ ビヨンド」「アウトレイジ 最終章」
◇相楽園 旧ハッサム住宅 ⇒ ドラマ「べっぴんさん」
◇三宮中央通り ⇒ 映画「阪急電車」
◇ジャズ喫茶JamJam ⇒ ドラマ「砂の器(2011年)」
◇新神戸オリエンタル劇場 ⇒ ドラマ「砂の器(2011年)」
◇新神戸駅 ⇒ ドラマ「半沢直樹」
◇新港貿易会館 ⇒ 映画「ALWAYS 三丁目の夕日'64」
◇大丸神戸店 ⇒ ドラマ「まんぷく」
◇高砂ビル ⇒ 映画「アウトレイジ」
◇デザイン・クリエイティブセンター神戸(KIITO) ⇒ 映画「ハッピーアワー」
◇ビーナスブリッジ ⇒ 映画「となりの怪物くん」
◇兵庫県公館 ⇒ 映画「日本のいちばん長い日」「HERO(2015年)」 ドラマ「砂の器(2011年)」「天皇の料理番」
◇フロインドリーブ ⇒ 映画「阪急電車」
◇ホテルオークラ神戸 ⇒ 映画「紙の月」
◇ポートアイランド コンテナヤード ⇒ 映画「日本で一番悪い奴ら」
◇三井倉庫A1 ⇒ ドラマ「べっぴんさん」
◇湊川神社 ⇒ 映画「唐人街探偵 東京MISSION」

◇萌黄の館 ⇒ 映画「少年H」 ドラマ「べっぴんさん」

◇元町高架通商店街 ⇒ 映画「彼女がその名を知らない鳥たち」

◇雷声寺前の道 ⇒ 映画「寄生獣」

神戸市西区

◇西神中央駅 ⇒ 映画「紙の月」

◇そごう西神店（現・エキソアレ西神中央）⇒ 映画「紙の月」

◇ベルトコンベヤ跡トンネル ⇒ 映画「シン・仮面ライダー」

姫路市

◇亀山御坊本徳寺 ⇒ 映画「G.I.ジョー 漆黒のスネークアイズ」「唐人街探偵 東京MISSION」 ドラマ「軍師 官兵衛」

◇好古園 ⇒ 映画「るろうに剣心」「るろうに剣心 京都大火編」「るろうに剣心 最終章 The Beginning」

◇書寫山圓教寺 ⇒ 映画「駆込み女と駆出し男」「G.I.ジョー 漆黒のスネークアイズ」「唐人街探偵 東京MISSION」

◇書寫山圓教寺 三之堂, 十地坊跡 ⇒ ドラマ「軍師 官兵衛」

◇白鳥城 ⇒ 映画「ルパンの娘 劇場版」

◇八葉寺 ⇒ ドラマ「ごちそうさん」

◇姫路城 ⇒ 映画「G.I.ジョー 漆黒のスネークアイズ」

◇兵庫県立大学姫路環境人間キャンパス ⇒ ドラマ「あさが来た」

◇広峯神社 ⇒ ドラマ「軍師 官兵衛」

尼崎市

◇尼崎市立文化財収蔵庫 ⇒ 映画「焼肉ドラゴン」

◇田能西公園 ⇒ ドラマ「カムカムエヴリバディ」

明石市

◇明石港 ⇒ ドラマ「半沢直樹」

◇明石城 ⇒ 映画「レジェンド&バタフライ」

◇宗田造船 ⇒ ドラマ「半沢直樹」

西宮市

◇関西学院大学 ⇒ 映画「阪急電車」

◇甲東園駅周辺の線路敷地内 ⇒ 映画「阪急電車」

◇神戸女学院大学 ⇒ ドラマ「まんぷく」

◇神戸女学院大学 理学館 ⇒ ドラマ「べっぴんさん」

◇夙川公園 ⇒ 映画「阪急電車」

◇西宮北口駅 ⇒ 映画「阪急電車」

◇阪神甲子園球場 ⇒ ドラマ「下剋上球児」

◇松山大学温山記念会館（旧新田邸）⇒ ドラマ「マッサン」

◇武庫川女子大学甲子園会館 ⇒ 映画「日本のいちばん長い日」 ドラマ「まんぷく」

◇門戸厄神駅 ⇒ 映画「阪急電車」

◇芦有ドライブウェイ 東六甲展望台 ⇒ ドラマ「半沢直樹」

洲本市

◇洲本市市民交流センター野球場 ⇒ ドラマ「カムカムエヴリバディ」

芦屋市

◇ヨドコウ迎賓館 ⇒ ドラマ「カムカムエヴリバディ」

豊岡市

◇コウノトリ但馬空港 ⇒ ドラマ「舞い上がれ！」

加古川市

◇加古川日本毛織社宅 ⇒ ドラマ「ブギウギ」「マッサン」

赤穂市

◇赤穂市立海洋科学館・塩の国 ⇒ 映画「決算！ 忠臣蔵」 ドラマ「まんぷく」

◇採石場跡 ⇒ 映画「キングダム 運命の炎」

宝塚市

◇小林駅 ⇒ 映画「阪急電車」

◇小林駅近くのイズミヤ ⇒ 映画「阪急電車」

◇逆瀬川駅 ⇒ 映画「阪急電車」

◇宝塚ホテル ⇒ 映画「阪急電車」

◇DOG RUN-DO ⇒ 映画「阪急電車」

◇仁川駅 ⇒ 映画「阪急電車」

川西市

◇川西市郷土館 旧平賀家住宅 ⇒ ドラマ「べっぴんさん」「マッサン」

◇川西市郷土館 旧平安家住宅 ⇒ ドラマ「カーネーション」

◇黒川公民館(現・川西市黒川里山センター) ⇒ ドラマ「スカーレット」

丹波篠山市

◇篠山城跡 ⇒ 映画「レジェンド&バタフライ」

◇篠山城 大書院 ⇒ 映画「超高速！ 参勤交代」

養父市

◇杉ヶ沢高原 ⇒ 映画「レジェンド&バタフライ」

南あわじ市

◇慶野松原海水浴場 ⇒ 映画「BRAVE HEARTS 海猿」

◇吹上浜 ⇒ ドラマ「カムカムエヴリバディ」「まんぷく」

◇南淡路水仙ライン ⇒ ドラマ「カムカムエヴリバディ」

朝来市

◇竹田城跡 ⇒ 映画「あなたへ」 ドラマ「軍師 官兵衛」

淡路市

◇淡路夢舞台 ⇒ 映画「ロスト・エモーション」

◇岩屋海水浴場 ⇒ 映画「カラダ探し」

◇佐野の農地 ⇒ ドラマ「べっぴんさん」

◇兵庫県立公園 あわじ花さじき ⇒ ドラマ「あさが来た」

加東市

◇朝光寺 ⇒ 映画「レジェンド&バタフライ」

神崎郡神河町

◇砥峰高原 ⇒ 映画「信長協奏曲」 ドラマ「軍師 官兵衛」「平清盛」

佐用郡佐用町

◇飛龍の滝 ⇒ ドラマ「軍師 官兵衛」

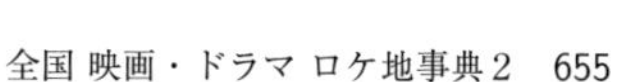

奈良県

奈良市
◇奈良女子大学 ⇒ ドラマ「ごちそうさん」
◇柳生正木坂剣禅道場 ⇒ 映画「るろうに剣心 最終章 The Final」

橿原市
◇今井町の町並み ⇒ ドラマ「あさが来た」「ごちそうさん」
◇旧米谷家住宅 ⇒ 映画「るろうに剣心 最終章 The Final」
◇藤原京跡 ⇒ 映画「朱花の月」

桜井市
◇長谷寺 ⇒ 映画「燃えよ剣」

生駒市
◇生駒山 ⇒ ドラマ「舞い上がれ！」
◇宝山寺 ⇒ 映画「マンハント」

山辺郡山添村
◇山添村カントリーパーク大川 ⇒ 映画「マンハント」

磯城郡田原本町
◇田原本聖救主教会 ⇒ ドラマ「マッサン」

高市郡高取町
◇土佐街道 ⇒ 映画「朱花の月」

高市郡明日香村
◇飛鳥川上坐宇須多伎比売命神社 ⇒ 映画「朱花の月」

和歌山県

和歌山市
◇伊太祁曽神社 ⇒ 映画「市子」
◇ポルトヨーロッパ ⇒ 映画「耳を澄ませば」「ルパンの娘 劇場版」 ドラマ「あさが来た」「カーネーション」「カムカムエヴリバディ」「ブギウギ」「まんぷく」
◇読売センター四ヶ郷 ⇒ 映画「市子」
◇和歌山県立医科大学薬学部 ⇒ 映画「月」

有田市
◇有田温泉 鮎茶屋 ホテルサンシャイン Hamburt&Seak GUU ⇒ 映画「ねこにみかん」
◇旧初島中学校 ⇒ 映画「月」
◇湯浅湾や苅藻島が見えるみかん畑 ⇒ ドラマ「あさが来た」

田辺市
◇熊野川の川原 ⇒ 映画「軽蔑」
◇天神崎 ⇒ 映画「軽蔑」

新宮市
◇阿須賀町界隈 ⇒ 映画「軽蔑」
◇イオン新宮店 ⇒ 映画「軽蔑」
◇池田港 ⇒ 映画「軽蔑」
◇王子ヶ浜 ⇒ 映画「軽蔑」
◇大浜バス停 ⇒ 映画「軽蔑」
◇尾崎酒造 ⇒ 映画「軽蔑」
◇旧チャップマン邸 ⇒ 映画「軽蔑」
◇新宮駅構内 ⇒ 映画「軽蔑」
◇新宮駅タクシーのりば ⇒ 映画「軽蔑」
◇新宮信用金庫本店 ⇒ 映画「軽蔑」
◇新宮港 ⇒ 映画「軽蔑」
◇スナックジュエリー ⇒ 映画「軽蔑」
◇清浄苑 ⇒ 映画「軽蔑」
◇第2アートビル ⇒ 映画「軽蔑」
◇高田第1自然プール ⇒ 映画「軽蔑」

◇仲之町商店街 ⇒ 映画「軽蔑」
◇ブンブンスタジアム ⇒ 映画「軽蔑」
◇宗応寺 ⇒ 映画「軽蔑」
◇WASP ⇒ 映画「軽蔑」

伊都郡高野町

◇高野山金剛峯寺 ⇒ ドラマ「真田丸」

有田郡湯浅町

◇小浜海岸 ⇒ 映画「ねこにみかん」

有田郡有田川町

◇季節の料理 紅葉 ⇒ 映画「ねこにみかん」
◇旧田殿口 ポケットパーク ⇒ 映画「ねこにみかん」
◇清水温泉健康館（あさぎり） ⇒ 映画「ねこにみかん」
◇清水行政局横の赤い橋 ⇒ 映画「ねこにみかん」
◇森谷商店 ⇒ 映画「ねこにみかん」

西牟婁郡白浜町

◇白浜町 ⇒ 映画「AI崩壊」
◇南紀白浜空港旧滑走路 ⇒ ドラマ「舞い上がれ！」

東牟婁郡太地町

◇花いろどりの宿花游 ⇒ 映画「軽蔑」

東牟婁郡串本町

◇阿野木漁港 ⇒ 映画「海難1890」
◇阿野木展望台 ⇒ 映画「海難1890」
◇荒船海岸 ⇒ 映画「海難1890」
◇袋港周辺海岸 ⇒ 映画「海難1890」

鳥取県

鳥取市

◇仁風閣 ⇒ 映画「るろうに剣心」
◇鳥取砂丘 ⇒ 映画「男はつらいよ お帰り 寅さん」

西伯郡大山町

◇大神山神社奥宮 ⇒ 映画「たたら侍」

日野郡日南町

◇花見山スキー場 ⇒ 映画「マンハント」

島根県

松江市
◇秋鹿町駅 ⇒ 映画「瞬」
◇揖屋駅 ⇒ 映画「瞬」
◇旧松江市立大谷小学校 ⇒ ドラマ「VIVANT」
◇島根県庁本庁舎前 ⇒ ドラマ「VIVANT」
◇松江城の堀端（京橋川） ⇒ ドラマ「VIVANT」
◇松江市立本庄小学校 ⇒ ドラマ「VIVANT」
◇黄泉比良坂・伊賦夜坂 ⇒ 映画「瞬」

出雲市
◇出雲大社 ⇒ 映画「瞬」
◇出雲大社の神楽殿 結婚式場 ⇒ ドラマ「VIVANT」

雲南市
◇オープンセット 出雲たたら村 ⇒ 映画「たたら侍」
◇久野川 ⇒ ドラマ「砂の器（2011年）」
◇大東町下久野の車庫 ⇒ ドラマ「砂の器（2011年）」
◇龍頭が滝 ⇒ 映画「たたら侍」

仁多郡奥出雲町
◇出雲八代駅 ⇒ ドラマ「砂の器（2011年）」
◇大馬木川の「鬼の舌震」 ⇒ ドラマ「VIVANT」
◇県道49号線 ⇒ ドラマ「VIVANT」
◇櫻井家住宅 ⇒ ドラマ「VIVANT」
◇湯野神社 ⇒ ドラマ「砂の器（2011年）」

岡山県

岡山市北区
◇旭川 ⇒ ドラマ「カムカムエヴリバディ」
◇岡山県工業技術センター ⇒ 映画「マンハント」
◇岡山県総合グラウンドクラブ（旧第十七師団偕行社） ⇒ ドラマ「カムカムエヴリバディ」
◇岡山城 ⇒ ドラマ「カムカムエヴリバディ」
◇岡山市立市民病院 ⇒ 映画「8年越しの花嫁 奇跡の実話」
◇岡山大学の並木道 ⇒ 映画「8年越しの花嫁 奇跡の実話」
◇表町商店街 ⇒ ドラマ「カムカムエヴリバディ」
◇表町商店街近辺 ⇒ 映画「8年越しの花嫁 奇跡の実話」
◇吉備津神社 ⇒ 映画「燃えよ剣」
◇京橋 ⇒ 映画「8年越しの花嫁 奇跡の実話」
◇タナタナ岡山駅前店（現・Korean Cafe&Dining TANATANA） ⇒ 映画「8年越しの花嫁 奇跡の実話」
◇東湯 ⇒ 映画「とんび（2022年）」
◇ライブハウスイマージュ ⇒ 映画「君と100回目の恋」

岡山市中区
◇新岡山港 ⇒ 映画「8年越しの花嫁 奇跡の実話」
◇中橋 ⇒ 映画「燃えよ剣」
◇東山公園 ⇒ 映画「8年越しの花嫁 奇跡の実話」

岡山市東区
◇岡山西大寺病院付属中野分院 ⇒ 映画「8年越しの花嫁 奇跡の実話」
◇ハローズ西大寺店 ⇒ 映画「8年越しの花嫁 奇跡の実話」

岡山市南区
◇岡山市南区役所 ⇒ 映画「8年越しの花嫁 奇

跡の実話」
◇両備モーターズ ⇒ 映画「8年越しの花嫁 奇跡の実話」

倉敷市

◇浮橋（玉島ドラム缶橋）⇒ 映画「とんび（2022年）」
◇海蔵寺 ⇒ 映画「とんび（2022年）」
◇旧大原邸前の倉敷川に架かる今橋 ⇒ ドラマ「天皇の料理番」
◇旧玉島第一病院 ⇒ 映画「とんび（2022年）」
◇亀遊亭の北側 ⇒ ドラマ「天皇の料理番」
◇亀遊亭の北西側 ⇒ ドラマ「天皇の料理番」
◇旧野﨑家住宅 ⇒ 映画「ミステリと言う勿れ（2023年）」
◇倉敷アイビースクエア ⇒ ドラマ「天皇の料理番」「マッサン」
◇倉敷アイビースクエア オルゴールミュゼ・メタセコイアの脇 ⇒ ドラマ「天皇の料理番」
◇倉敷川沿い ⇒ ドラマ「天皇の料理番」
◇倉敷川沿いの倉敷美観地区 ⇒ ドラマ「天皇の料理番」
◇倉敷川沿いの道 中橋付近 ⇒ ドラマ「カーネーション」
◇倉敷館 ⇒ ドラマ「カーネーション」「マッサン」
◇倉敷館の前 ⇒ ドラマ「天皇の料理番」
◇倉敷中央病院 ⇒ 映画「8年越しの花嫁 奇跡の実話」
◇瀬戸大橋 ⇒ 映画「罪の声」
◇田土浦公園 ⇒ 映画「罪の声」
◇中橋 ⇒ 映画「るろうに剣心」
◇中屋前 ⇒ 映画「とんび（2022年）」
◇八幡神社 ⇒ 映画「とんび（2022年）」
◇ポンヌフ ⇒ 映画「8年越しの花嫁 奇跡の実話」
◇吉井旅館 ⇒ ドラマ「天皇の料理番」
◇吉井旅館の前付近 ⇒ ドラマ「天皇の料理番」
◇呼松漁港 ⇒ 映画「とんび（2022年）」
◇料理旅館 鶴形の前の倉敷川 ⇒ ドラマ「天皇の料理番」

津山市

◇岡山県立津山高等学校 ⇒ ドラマ「カーネーション」
◇津山城（鶴山公園）⇒ 映画「燃えよ剣」

玉野市

◇王子アルカディアリゾート ⇒ 映画「少女たちの羅針盤」
◇由良病院 ⇒ 映画「とんび（2022年）」

笠岡市

◇笠岡西中学校 ⇒ 映画「とんび（2022年）」
◇金浦地区 ⇒ 映画「とんび（2022年）」
◇金浦幼稚園 ⇒ 映画「とんび（2022年）」
◇旧大島東小学校（現・海の校舎）⇒ 映画「とんび（2022年）」
◇真鍋島港の桟橋 ⇒ ドラマ「ラジエーションハウス Ⅱ ～放射線科の診断レポート～」
◇真鍋島港の防波堤 ⇒ ドラマ「ラジエーションハウス Ⅱ ～放射線科の診断レポート～」

総社市

◇岡山県立大学 ⇒ 映画「君と100回目の恋」

高梁市

◇旧片山家住宅 ⇒ 映画「燃えよ剣」
◇旧吹屋小学校 ⇒ ドラマ「カーネーション」「ごちそうさん」
◇郷土館 ⇒ 映画「燃えよ剣」
◇備中松山城 ⇒ ドラマ「真田丸」
◇広兼邸 ⇒ 映画「燃えよ剣」
◇吹屋ふるさと村 ⇒ 映画「燃えよ剣」
◇頼久寺庭園 ⇒ 映画「燃えよ剣」

備前市

◇備前頤日生大橋（日生～鹿久居島～頭島）⇒ 映画「AI崩壊」
◇柳青院 ⇒ 映画「とんび（2022年）」

瀬戸内市

◇牛窓神社 ⇒ 映画「君と100回目の恋」
◇牛窓ヨットハーバー ⇒ 映画「君と100回目

の恋」
◇カフェ岩風呂 ⇒ 映画「君と100回目の恋」
◇旧錦海倉庫 ⇒ 映画「とんび(2022年)」
◇西脇海水浴場 ⇒ 映画「君と100回目の恋」

真庭市

◇旧岡野屋旅館 ⇒ 映画「燃えよ剣」
◇旧遷喬尋常小学校 ⇒ ドラマ「カーネーション」
◇国立公園 蒜山 ⇒ 映画「マンハント」

美作市

◇あんこやぺ ⇒ 映画「風の奏の君へ」
◇上山の棚田 ⇒ 映画「風の奏の君へ」
◇大原駅 ⇒ 映画「風の奏の君へ」
◇岡山県立林野高等学校 体育館 ⇒ 映画「風の奏の君へ」
◇旧因幡街道大原宿 ⇒ 映画「風の奏の君へ」
◇下山さんちのお茶製茶工場 ⇒ 映画「風の奏の君へ」
◇泰平橋 ⇒ 映画「風の奏の君へ」
◇天空の茶畑(海田園黒坂製茶) ⇒ 映画「風の奏の君へ」
◇難波邸 ⇒ 映画「風の奏の君へ」
◇花の宿にしき園 ⇒ 映画「風の奏の君へ」
◇美作岡山道路 ⇒ 映画「AI崩壊」
◇湯郷グランドホテル ⇒ 映画「風の奏の君へ」
◇リバーサイド湯郷 ⇒ 映画「風の奏の君へ」

浅口市

◇青佐鼻海岸 ⇒ 映画「とんび(2022年)」
◇大谷みかげスクエア ⇒ 映画「とんび(2022年)」
◇金光町大谷地区 ⇒ 映画「とんび(2022年)」
◇遥照山 ⇒ 映画「8年越しの花嫁 奇跡の実話」

久米郡美咲町

◇柵原ふれあい鉱山公園 ⇒ 映画「とんび(2022年)」
◇柵原ふれあい鉱山公園 柵原鉱山資料館 ⇒ 映画「マンハント」

広島県

広島市中区
◇相生橋 ⇒ 映画「この世界の片隅に」
◇アステールプラザ ⇒ 映画「ドライブ・マイ・カー」
◇クラブ四季 ⇒ 映画「孤狼の血 LEVEL2」
◇クレスト ⇒ 映画「孤狼の血 LEVEL2」
◇原爆ドーム（旧広島県産業奨励館）⇒ 映画「この世界の片隅に」
◇原爆ドーム前 ⇒ 映画「ミステリと言う勿れ（2023年）」
◇大正屋呉服店（現・平和記念公園レストハウス）⇒ 映画「この世界の片隅に」
◇BAR CEDAR ⇒ 映画「ドライブ・マイ・カー」
◇広島県庁東館 ⇒ 映画「孤狼の血 LEVEL2」
◇広島県立美術館 ⇒ 映画「ミステリと言う勿れ（2023年）」
◇広島国際会議場 ⇒ 映画「ドライブ・マイ・カー」
◇広島市環境局中工場 ⇒ 映画「ドライブ・マイ・カー」
◇広島城 ⇒ 映画「一命」
◇平和記念公園 ⇒ 映画「ドライブ・マイ・カー」「ミステリと言う勿れ（2023年）」
◇基町ショッピングセンター ⇒ 映画「孤狼の血 LEVEL2」
◇焼肉 味安 ⇒ 映画「孤狼の血 LEVEL2」

広島市東区
◇ひろしま遊学の森 広島県緑化センター管理事務所 ⇒ 映画「孤狼の血 LEVEL2」

広島市南区
◇宇品ショッピングセンター ⇒ 映画「孤狼の血 LEVEL2」
◇海田大橋（広島ベイブリッジ）⇒ 映画「ドライブ・マイ・カー」
◇グランドプリンスホテル広島 ⇒ 映画「ドライブ・マイ・カー」
◇空田理容院 ⇒ 映画「孤狼の血 LEVEL2」
◇広島高速3号線 ⇒ 映画「ドライブ・マイ・カー」

広島市西区
◇広島高速4号線 ⇒ 映画「ドライブ・マイ・カー」
◇広島市西区役所 ⇒ 映画「孤狼の血 LEVEL2」
◇みやさん食堂 ⇒ 映画「孤狼の血 LEVEL2」

広島市安佐南区
◇広島市安公民館 ⇒ 映画「ドライブ・マイ・カー」

広島市佐伯区
◇クアハウス湯の山近辺 ⇒ 映画「ドライブ・マイ・カー」

呉市
◇安芸灘大橋 ⇒ 映画「記憶屋 あなたを忘れない」
◇海上自衛隊呉地方総監部第1庁舎（旧呉鎮守府庁舎）⇒ 映画「この世界の片隅に」
◇柏島の砂浜 ⇒ ドラマ「平清盛」
◇黄ビル ⇒ 映画「孤狼の血」「孤狼の血 LEVEL2」
◇旧呉海軍下士官兵集会所（青山クラブ）⇒ 映画「この世界の片隅に」
◇旧呉軍港桟橋 ⇒ 映画「アルキメデスの大戦」
◇旧呉市消防署 ⇒ 映画「孤狼の血 LEVEL2」
◇旧澤原家住宅（三ツ蔵）⇒ 映画「この世界の片隅に」
◇呉森沢ホテル ⇒ 映画「孤狼の血 LEVEL2」
◇広伸海運・松浦邸 ⇒ 映画「孤狼の血」
◇二河公園駐車場 ⇒ 映画「孤狼の血 LEVEL2」
◇灰ヶ峰 ⇒ 映画「孤狼の血」
◇初勢ビル ⇒ 映画「孤狼の血 LEVEL2」
◇はなみばし通り ⇒ 映画「孤狼の血 LEVEL2」
◇宝来ビル周辺 ⇒ 映画「孤狼の血 LEVEL2」

◇御手洗町並み保存地区 ⇒ 映画「ドライブ・マイ・カー」
◇れんが通り ⇒ 映画「潔く柔く」

竹原市

◇礒宮八幡神社 ⇒ 映画「潔く柔く」
◇竹鶴酒造 ⇒ ドラマ「マッサン」
◇たけはら町並み保存地区 ⇒ 映画「るろうに剣心 最終章 The Final」

三原市

◇広島県立中央森林公園 ⇒ 映画「るろうに剣心 最終章 The Final」

尾道市

◇石田造船 ⇒ ドラマ「てっぱん」
◇尾道市公会堂 ⇒ ドラマ「てっぱん」
◇尾道中央ビジター桟橋 ⇒ ドラマ「てっぱん」
◇尾道渡船 尾道側のりば ⇒ ドラマ「てっぱん」
◇尾道渡船 向島側のりば ⇒ ドラマ「てっぱん」
◇国道2号線 JR山陽本線沿い ⇒ ドラマ「てっぱん」
◇国道317号線 ⇒ ドラマ「てっぱん」
◇西国寺への坂道 ⇒ ドラマ「てっぱん」
◇三和ドック ⇒ ドラマ「南極大陸」
◇JR山陽本線尾道駅 ⇒ ドラマ「てっぱん」
◇浄土寺 ⇒ ドラマ「てっぱん」
◇浄土寺展望台 ⇒ ドラマ「てっぱん」
◇新栄機工 ⇒ ドラマ「てっぱん」
◇千光寺山の鼓岩（ポンポン岩） ⇒ ドラマ「てっぱん」
◇千光寺山ロープウェイ ⇒ ドラマ「てっぱん」
◇土堂小学校 ⇒ ドラマ「てっぱん」
◇土堂突堤 ⇒ ドラマ「てっぱん」
◇天寧寺 ⇒ ドラマ「てっぱん」
◇天寧寺坂 ⇒ ドラマ「てっぱん」
◇びんご運動公園 ⇒ ドラマ「てっぱん」
◇ブーケ・ダルブル ⇒ ドラマ「てっぱん」
◇御袖天満宮 階段, 大山寺鐘楼 ⇒ ドラマ「てっぱん」
◇蓮花坂 ⇒ ドラマ「てっぱん」

福山市

◇芦田川公園 ⇒ 映画「少女たちの羅針盤」
◇ヴェルデュ都 ⇒ 映画「少女たちの羅針盤」
◇圓福寺 ⇒ 映画「ウルヴァリン SAMURAI」
◇太田家住宅前の小路 ⇒ 映画「銀魂」
◇霞町ローズナード ⇒ 映画「少女たちの羅針盤」
◇神辺文化会館 ⇒ 映画「少女たちの羅針盤」
◇銀河学院中学校・高等学校 ⇒ 映画「少女たちの羅針盤」
◇JR福山駅前 ⇒ 映画「ウルヴァリン SAMURAI」「少女たちの羅針盤」
◇JOYふなまち ⇒ 映画「少女たちの羅針盤」
◇常夜燈前 ⇒ 映画「銀魂」
◇天満屋福山店裏 ⇒ 映画「少女たちの羅針盤」
◇鞆港 ⇒ 映画「潔く柔く」
◇鞆の浦 ⇒ 映画「ウルヴァリン SAMURAI」
◇トライアングル広場 ⇒ 映画「少女たちの羅針盤」
◇ハンプティーダンプティー福山北店 ⇒ 映画「少女たちの羅針盤」
◇旧広島県立自彊高等学校 ⇒ 映画「少女たちの羅針盤」
◇広島県立松永高等学校 ⇒ 映画「潔く柔く」
◇福山駅北口広場 ⇒ 映画「少女たちの羅針盤」
◇ふくやま芸術文化ホール リーデンローズ ⇒ 映画「少女たちの羅針盤」
◇福山城公園 ⇒ 映画「少女たちの羅針盤」
◇福山市立福山中・高等学校 ⇒ 映画「少女たちの羅針盤」
◇福山八幡宮前 ⇒ 映画「少女たちの羅針盤」
◇ふくやま美術館 愛のアーチ前 ⇒ 映画「少女たちの羅針盤」
◇松永湾貯木場 ⇒ 映画「少女たちの羅針盤」
◇みろくの里 ⇒ 映画「るろうに剣心 最終章 The Final」

大竹市

◇三ツ石浄水場 ⇒ 映画「孤狼の血 LEVEL2」

東広島市

◇東広島駅 ⇒ 映画「ミステリと言う勿れ（2023年）」

◇東広島芸術文化ホールくらら ⇒ 映画「ドライブ・マイ・カー」

廿日市市

◇厳島神社 ⇒ ドラマ「平清盛」

◇宮島 ⇒ 映画「ミステリと言う勿れ（2023年）」

江田島市

◇海上自衛隊第1術科学校 ⇒ 映画「るろうに剣心 最終章 The Final」

◇天狗岩 ⇒ 映画「るろうに剣心 最終章 The Final」

安芸郡海田町

◇ベイベール海田 ⇒ 映画「孤狼の血 LEVEL2」

安芸郡坂町

◇ベイサイドビーチ坂 ⇒ 映画「潔く柔く」

◇六字岩海岸 ⇒ 映画「聖の青春」

山県郡安芸太田町

◇井仁の棚田 ⇒ 映画「孤狼の血 LEVEL2」

豊田郡大崎上島町

◇圓妙寺 ⇒ 映画「東京家族」

◇大崎上島 ⇒ 映画「東京家族」

◇天満港 ⇒ 映画「東京家族」

山口県

下関市

◇伊倉新町 ⇒ 映画「サバイバルファミリー」

◇姉妹都市ひろば ⇒ 映画「あなたへ」

◇角島 ⇒ 映画「サバイバルファミリー」

◇火の山公園 ⇒ 映画「あなたへ」

宇部市

◇宇部市街（平和通） ⇒ 映画「サバイバルファミリー」

◇宇部湾岸道路 ⇒ 映画「サバイバルファミリー」

◇UBE三菱セメント・宇部セメント工場 ⇒ 映画「シン・仮面ライダー」

山口市

◇JR山口線第一阿武川橋梁 ⇒ ドラマ「まんぷく」

◇山口宇部道路 ⇒ 映画「サバイバルファミリー」

◇山口県立山口農業高等学校 ⇒ 映画「サバイバルファミリー」

萩市

◇菊屋家住宅 ⇒ ドラマ「花燃ゆ」

◇旧湯川家屋敷 ⇒ ドラマ「花燃ゆ」

◇口羽家住宅 ⇒ ドラマ「花燃ゆ」

◇志都岐山神社 ⇒ ドラマ「花燃ゆ」

◇松陰神社 ⇒ ドラマ「花燃ゆ」

◇大照院 ⇒ ドラマ「花燃ゆ」

◇西の浜 ⇒ ドラマ「花燃ゆ」

◇萩市堀内の町並み（堀内鍵曲） ⇒ ドラマ「花燃ゆ」

◇萩城跡指月公園 ⇒ ドラマ「花燃ゆ」「八重の桜」

◇萩市立明倫小学校 ⇒ ドラマ「花燃ゆ」

◇萩の平安古の町並み（平安古鍵曲） ⇒ ドラマ「花燃ゆ」

◇萩本陣 奥萩展望台 ⇒ ドラマ「花燃ゆ」

下松市
◇笠戸島 ⇒ 映画「百円の恋」

光市
◇室積海岸 ⇒ 映画「百円の恋」

長門市
◇油谷 ⇒ 映画「サバイバルファミリー」

美祢市
◇秋芳町 ⇒ 映画「サバイバルファミリー」

周南市
◇周南市徳山動物園 ⇒ 映画「百円の恋」

徳島県

徳島市
◇徳島県立城ノ内中学校・高等学校 ⇒ 映画「ぞめきのくに」

◇東新町商店街 ⇒ 映画「ぞめきのくに」

三好市
◇かずら橋 ⇒ 映画「超高速！ 参勤交代」

海部郡美波町
◇赤松神社 ⇒ 映画「波乗りオフィスへようこそ」

◇あしずり展望台 ⇒ 映画「波乗りオフィスへようこそ」

◇恵比須浜 ⇒ 映画「波乗りオフィスへようこそ」

◇大浜海岸 ⇒ 映画「波乗りオフィスへようこそ」

◇弘陽荘 明治館 ⇒ 映画「波乗りオフィスへようこそ」

◇スナック道 ⇒ 映画「波乗りオフィスへようこそ」

◇田井ノ浜 ⇒ 映画「波乗りオフィスへようこそ」

◇徳島銀行 日和佐支店 ⇒ 映画「波乗りオフィスへようこそ」

◇浜口造船 ⇒ 映画「波乗りオフィスへようこそ」

◇東由岐漁港の灯台 ⇒ 映画「波乗りオフィスへようこそ」

◇日和佐駅 ⇒ 映画「波乗りオフィスへようこそ」

◇日和佐港 ⇒ 映画「波乗りオフィスへようこそ」

◇日和佐町漁業協同組合 ⇒ 映画「波乗りオフィスへようこそ」

◇日和佐八幡神社 ⇒ 映画「波乗りオフィスへようこそ」

◇平和園 ⇒ 映画「波乗りオフィスへようこそ」

◇美波町役場 ⇒ [映画]「波乗りオフィスへようこそ」
◇ミナミマリンラボ ⇒ [映画]「波乗りオフィスへようこそ」
◇薬王寺 ⇒ [映画]「波乗りオフィスへようこそ」
◇厄除橋 ⇒ [映画]「波乗りオフィスへようこそ」

香川県

高松市

◇男木島 ⇒ [映画]「さがす」
◇男木島灯台 ⇒ [映画]「Arc」
◇香川県庁舎 東館 ⇒ [映画]「Arc」
◇片原町商店街〜田町商店街 ⇒ [映画]「喜劇 愛妻物語」
◇瓦町駅近辺 ⇒ [映画]「Arc」
◇瓦町付近の裏通り ⇒ [映画]「喜劇 愛妻物語」
◇すし森山 ⇒ [映画]「喜劇 愛妻物語」
◇瀬戸内海歴史民俗資料館 ⇒ [映画]「Arc」
◇高松駅 ⇒ [映画]「喜劇 愛妻物語」
◇詰田川沿い ⇒ [映画]「喜劇 愛妻物語」
◇百十四銀行 本店営業部 ⇒ [映画]「Arc」
◇女木島 ⇒ [映画]「さがす」
◇屋島山頂 ⇒ [映画]「喜劇 愛妻物語」
◇弓弦葉 ⇒ [映画]「喜劇 愛妻物語」

丸亀市

◇土器川河川公園 ⇒ [映画]「きな子 見習い警察犬の物語」
◇土器川生物公園 ⇒ [映画]「きな子 見習い警察犬の物語」
◇マッチョ通り ⇒ [ドラマ]「ブギウギ」
◇丸亀市民ひろば ⇒ [映画]「きな子 見習い警察犬の物語」

善通寺市

◇白川うどん店 ⇒ [映画]「きな子 見習い警察犬の物語」

さぬき市

◇さぬきワイナリー ⇒ [映画]「喜劇 愛妻物語」
◇志度駅 ⇒ [映画]「喜劇 愛妻物語」

東かがわ市

◇猪熊邸 ⇒ [ドラマ]「ブギウギ」
◇田の浦海岸 ⇒ [ドラマ]「ブギウギ」

三豊市

◇鮎返りの滝 ⇒ 映画「きな子 見習い警察犬の物語」

◇粟島西側の道 ⇒ ドラマ「ミステリと言う勿れ（2022年）」

◇弥谷寺 ⇒ 映画「喜劇 愛妻物語」

◇訓練所のオープンセット ⇒ 映画「きな子 見習い警察犬の物語」

◇仁老浜 ⇒ 映画「きな子 見習い警察犬の物語」

◇漂流郵便局 ⇒ ドラマ「ミステリと言う勿れ（2022年）」

◇ふれあいパークみの ⇒ 映画「喜劇 愛妻物語」

◇明神橋 ⇒ 映画「きな子 見習い警察犬の物語」

小豆郡土庄町

◇居酒屋 南国 ⇒ 映画「からかい上手の高木さん」

◇旧戸形小学校 ⇒ 映画「魔女の宅急便」

◇天空ホテル 海盧 ⇒ 映画「Arc」

◇土庄港 ⇒ 映画「喜劇 愛妻物語」

◇土渕海峡 ⇒ 映画「からかい上手の高木さん」

◇ヘルシービーチ ⇒ 映画「喜劇 愛妻物語」

◇目島 ⇒ 映画「魔女の宅急便」

小豆郡小豆島町

◇池田の桟敷 ⇒ 映画「Arc」「からかい上手の高木さん」

◇蒲生の防波堤 ⇒ 映画「からかい上手の高木さん」

◇寒霞渓 ⇒ 映画「魔女の宅急便」

◇寒霞渓スカイライン ⇒ 映画「喜劇 愛妻物語」

◇坂手港 ⇒ 映画「魔女の宅急便」

◇四方指大観峰 ⇒ 映画「からかい上手の高木さん」

◇釈迦ヶ鼻園地 ⇒ 映画「Arc」

◇ダッチカフェ（ロケセットを移設したもの） ⇒ 映画「魔女の宅急便」

◇富士漁港 ⇒ 映画「Arc」

仲多度郡琴平町

◇旧金毘羅大芝居（金丸座） ⇒ 映画「最後の忠臣蔵」

愛媛県

松山市

◇浅海大師堂 ⇒ ドラマ「歩く、歩く、歩く～四国 遍路道」
◇伊予鉄道高浜線高浜駅 ⇒ 映画「真夏の方程式」
◇愛媛県庁 ⇒ 映画「潔く柔く」 ドラマ「離婚しようよ」
◇銀天街 ⇒ ドラマ「離婚しようよ」
◇坂本屋とその周辺 ⇒ ドラマ「歩く、歩く、歩く～四国 遍路道」
◇太山寺 ⇒ ドラマ「歩く、歩く、歩く～四国 遍路道」
◇立岩海岸 海水浴場 ⇒ ドラマ「歩く、歩く、歩く～四国 遍路道」
◇道後温泉周辺 ⇒ ドラマ「離婚しようよ」
◇土手内海岸 ⇒ ドラマ「離婚しようよ」
◇花園町通り ⇒ ドラマ「離婚しようよ」
◇松山空港 ⇒ ドラマ「離婚しようよ」
◇松山市駅前（坊ちゃん広場）⇒ ドラマ「離婚しようよ」
◇松山城 ⇒ ドラマ「坂の上の雲 第3部」「離婚しようよ」
◇三穂神社 ⇒ ドラマ「歩く、歩く、歩く～四国 遍路道」
◇レンガ屋 ⇒ ドラマ「離婚しようよ」

今治市

◇アゴノ鼻灯台 ⇒ 映画「嘘を愛する女」
◇ウズ鼻灯台 ⇒ 映画「嘘を愛する女」
◇馬島トンネル ⇒ 映画「嘘を愛する女」
◇愛媛県立今治北高等学校 ⇒ 映画「潔く柔く」
◇大三島 ⇒ 映画「ウルヴァリン SAMURAI」
◇大山祇神社 ⇒ ドラマ「離婚しようよ」
◇七五三ヶ浦 ⇒ ドラマ「坂の上の雲 第3部」

宇和島市

◇安岡蒲鉾本社・工場 ⇒ ドラマ「離婚しようよ」
◇龍光寺 ⇒ ドラマ「歩く、歩く、歩く～四国 遍路道」

八幡浜市

◇真穴のみかん畑 ⇒ ドラマ「歩く、歩く、歩く～四国 遍路道」

新居浜市

◇あかがねミュージアム ⇒ ドラマ「離婚しようよ」
◇一宮神社 ⇒ ドラマ「歩く、歩く、歩く～四国 遍路道」

大洲市

◇長浜町海岸沿いの国道 ⇒ ドラマ「歩く、歩く、歩く～四国 遍路道」

伊予市

◇ナダベ薬局 ⇒ ドラマ「離婚しようよ」

四国中央市

◇井川邸 ⇒ ドラマ「離婚しようよ」

西予市

◇宇和町の大豆畑 ⇒ ドラマ「歩く、歩く、歩く～四国 遍路道」

越智郡上島町

◇弓削神社 ⇒ ドラマ「歩く、歩く、歩く～四国 遍路道」

上浮穴郡久万高原町

◇四国カルスト 姫鶴牧場 ⇒ ドラマ「らんまん」

喜多郡内子町

◇田丸橋 ⇒ ドラマ「歩く、歩く、歩く～四国 遍路道」「坂の上の雲 第3部」

高知県

高知市

◇高知県立高知西高等学校 音楽室 ⇒ 映画「桐島、部活やめるってよ」

◇高知中央高等学校 ⇒ 映画「桐島、部活やめるってよ」

◇境町バス停 ⇒ 映画「桐島、部活やめるってよ」

◇城西公園 ⇒ 映画「桐島、部活やめるってよ」

◇牧野植物園（南園の旧竹林寺の石垣と結網山）⇒ ドラマ「らんまん」

安芸市

◇伊尾木洞 ⇒ ドラマ「らんまん」

吾川郡仁淀川町

◇仁淀川に架かる久喜沈下橋 ⇒ ドラマ「らんまん」

高岡郡佐川町

◇佐川ナウマンカルスト ⇒ ドラマ「らんまん」

◇酒造の道 ⇒ ドラマ「らんまん」

◇青源寺 ⇒ ドラマ「らんまん」

◇牧野公園物見岩 ⇒ ドラマ「らんまん」

高岡郡越知町

◇杉原神社 ⇒ ドラマ「らんまん」

◇仁淀川 ⇒ ドラマ「らんまん」

◇仁淀川 中仁淀橋付近 ⇒ ドラマ「らんまん」

◇横倉山 畝傍山眺望所 ⇒ ドラマ「らんまん」

高岡郡津野町

◇四国カルスト ⇒ ドラマ「らんまん」

◇天狗高原 ⇒ ドラマ「らんまん」

福岡県

北九州市

◇板櫃川沿い ⇒ 映画「逃げきれた夢」

北九州市門司区

◇ECLエージェンシー新門司営業所 ⇒ 映画「OVER DRIVE」

◇医療法人白石医院 ⇒ 映画「仮面病棟」

◇江口海産 ⇒ 映画「共喰い」

◇風師山 ⇒ 映画「OVER DRIVE」

◇関門汽船 ⇒ 映画「共喰い」

◇旧大連航路上屋 ⇒ 映画「OVER DRIVE」

◇旧門司税関 ⇒ 映画「OVER DRIVE」

◇源平うどん ⇒ 映画「共喰い」

◇新門司清掃工場 ⇒ 映画「THE LAST MESSAGE 海猿」 ドラマ「MOZU Season1 ～百舌の叫ぶ夜～」

◇ツネミの松ヶ江処分場 ⇒ ドラマ「MOZU Season1 ～百舌の叫ぶ夜～」

◇恒見八幡神社 ⇒ 映画「共喰い」

◇西海岸1号岸壁 ⇒ 映画「OVER DRIVE」

◇ニッカウヰスキー 門司工場 ⇒ 映画「相棒―劇場版Ⅳ―首都クライシス 人質は50万人！ 特命係 最後の決断」

◇Fruits Factory MOON 門司港レトロ店 ⇒ 映画「カラダ探し」

◇プレミアホテル門司港前道路 ⇒ 映画「OVER DRIVE」

◇和布刈第二展望台 ⇒ 映画「OVER DRIVE」

◇門司赤煉瓦プレイス ⇒ 映画「OVER DRIVE」

◇門司区役所 ⇒ 映画「あなたへ」

◇門司港西海岸 ⇒ 映画「THE LAST MESSAGE 海猿」

◇門司港レトロ地区 ⇒ 映画「あなたへ」

◇山田橋 ⇒ 映画「共喰い」

北九州市若松区

◇介護老人保健施設 シルバーケア玄海 ⇒ 映画「MOZU 劇場版」

◇北九州学術研究都市 ⇒ 映画「仮面病棟」

◇北九州市交通局 ⇒ 映画「仮面病棟」

◇北九州市立玄海青年の家 ⇒ 映画「仮面病棟」「シグナル 長期未解決事件捜査班 劇場版」

◇シルバーケア玄海 ⇒ ドラマ「MOZU Season1 ～百舌の叫ぶ夜～」

◇脇之浦漁港 ⇒ ドラマ「MOZU Season1 ～百舌の叫ぶ夜～」

北九州市戸畑区

◇北九州市立美術館 ⇒ 映画「図書館戦争」

◇西日本工業倶楽部（旧松本邸）⇒ 映画「相棒―劇場版Ⅳ―首都クライシス 人質は50万人！ 特命係 最後の決断」

◇ワールドコーヒー戸畑店 ⇒ 映画「逃げきれた夢」

北九州市小倉北区

◇アサヒ駅前店付近のアーケードの上 ⇒ ドラマ「MOZU Season1 ～百舌の叫ぶ夜～」

◇足立公園 ⇒ 映画「カラダ探し」「MOZU 劇場版」 ドラマ「MOZU Season1 ～百舌の叫ぶ夜～」

◇井筒屋小倉店 ⇒ 映画「相棒―劇場版Ⅳ―首都クライシス 人質は50万人！ 特命係 最後の決断」

◇井筒屋小倉店 クロスロード ⇒ 映画「MOZU 劇場版」

◇井筒屋小倉店 本館 ⇒ ドラマ「MOZU Season1 ～百舌の叫ぶ夜～」

◇井筒屋小倉店 本館と新館の間 ⇒ ドラマ「MOZU Season1 ～百舌の叫ぶ夜～」

◇医療法人社団天翠会 小倉きふね病院 ⇒ 映画「仮面病棟」

◇AIMビル ガレリア ⇒ ドラマ「MOZU Season1 ～百舌の叫ぶ夜～」

◇AIMビル 駐車場 ⇒ 映画「シグナル 長期未解決事件捜査班 劇場版」

◇AIMビル 2Fガレリア ⇒ 映画「MOZU 劇場版」

◇AIMビル 3F北側の女子トイレ ⇒ ドラマ「MOZU Season1 ～百舌の叫ぶ夜～」

◇北九州市役所本庁舎 ⇒ 映画「シグナル 長期未解決事件捜査班 劇場版」

◇北九州市役所前 ⇒ 映画「来る」

◇北九州市立中央図書館 ⇒ 映画「図書館戦争」

◇旧松井病院 ⇒ 映画「仮面病棟」

◇京町2丁目 ⇒ 映画「シグナル 長期未解決事件捜査班 劇場版」

◇小倉駅前大通り（平和通りなど）⇒ 映画「S―最後の警官―奪還 RECOVERY OF OURFUTURE」

◇小倉北区役所近辺 ⇒ 映画「シグナル 長期未解決事件捜査班 劇場版」

◇小倉北柔剣道場 ⇒ 映画「MOZU 劇場版」 ドラマ「MOZU Season1 ～百舌の叫ぶ夜～」

◇小倉ベイホテル第一 ⇒ 映画「OVER DRIVE」

◇米町公園 ⇒ 映画「仮面病棟」

◇小文字通り ⇒ 映画「相棒―劇場版Ⅳ―首都クライシス 人質は50万人！ 特命係 最後の決断」

◇堺町第一ビル ⇒ ドラマ「MOZU Season1 ～百舌の叫ぶ夜～」

◇JR小倉駅前 ⇒ 映画「仮面病棟」「52ヘルツのクジラたち」

◇JR小倉駅前 ペデシトリアンデッキ ⇒ 映画「S―最後の警官―奪還 RECOVERY OF OURFUTURE」

◇JR小倉駅南口（小倉城口）⇒ 映画「シグナル 長期未解決事件捜査班 劇場版」

◇JR小倉駅新幹線口前 ⇒ ドラマ「MOZU Season1 ～百舌の叫ぶ夜～」

◇JR山陽新幹線小倉駅 ⇒ ドラマ「MOZU Season1 ～百舌の叫ぶ夜～」

◇思永中学校温水プール ⇒ 映画「カラダ探し」

◇新旦過街 ⇒ 映画「共喰い」

◇ZOO小倉魚町店前の「ちゅうぎん通り」⇒ ドラマ「MOZU Season1 ～百舌の叫ぶ夜～」

◇西南女学院中学校・高等学校前の道路 ⇒ 映画「カラダ探し」

◇セントシティ北九州 西側ペデストリアン

デッキ ⇒ ドラマ「MOZU Season1 〜百舌の叫ぶ夜〜」
◇セントシティ北九州 西側ペデストリアンデッキから地上へ降りるエスカレーター ⇒ ドラマ「MOZU Season1 〜百舌の叫ぶ夜〜」
◇ダーツバー・鏑 小倉店 ⇒ 映画「カラダ探し」
◇玉屋食堂(北九州市役所本庁舎食堂) ⇒ 映画「逃げきれた夢」
◇チャチャタウン小倉 ⇒ 映画「52ヘルツのクジラたち」
◇中央卸売市場 ⇒ 映画「共喰い」
◇鉄の橋「紫川橋」横道路 ⇒ 映画「仮面病棟」
◇中島地区 ⇒ 映画「52ヘルツのクジラたち」
◇西日本総合展示場新館南側の通路 ⇒ ドラマ「MOZU Season1 〜百舌の叫ぶ夜〜」
◇平成紫川会 小倉記念病院 ⇒ 映画「仮面病棟」
◇平和公園 ⇒ 映画「シグナル 長期未解決事件捜査班 劇場版」
◇松島ホンダ ⇒ 映画「逃げきれた夢」
◇マリオンカフェ コレット井筒屋小倉店 ⇒ 映画「S—最後の警官—奪還 RECOVERY OF OURFUTURE」
◇ヤマザキショップむらかみ ⇒ 映画「仮面病棟」

北九州市小倉南区

◇北九州空港 ⇒ ドラマ「MOZU Season1 〜百舌の叫ぶ夜〜」
◇北九州空港 ターミナルビル ⇒ 映画「MOZU 劇場版」
◇北九州市立大学 ⇒ 映画「MOZU 劇場版」
◇旧九州労災病院 ⇒ 映画「終の信託」
◇JRA小倉競馬場 ⇒ 映画「相棒—劇場版Ⅳ—首都クライシス 人質は50万人！ 特命係最後の決断」「MOZU 劇場版」ドラマ「MOZU Season1 〜百舌の叫ぶ夜〜」
◇JRA小倉競馬場 2Fのトイレ ⇒ ドラマ「MOZU Season1 〜百舌の叫ぶ夜〜」
◇JRA小倉競馬場 プラザ99 ⇒ ドラマ「MOZU Season1 〜百舌の叫ぶ夜〜」
◇ニシラク乳業 ⇒ 映画「僕達急行 A列車で行こう」
◇平尾台 ⇒ 映画「OVER DRIVE」

北九州市八幡東区

◇北九州市立八幡病院 ⇒ 映画「仮面病棟」
◇旧北九州市立八幡病院 ⇒ 映画「仮面病棟」
◇旧北九州市立八幡病院前道路 ⇒ 映画「仮面病棟」
◇八幡中央区商店街 ⇒ 映画「逃げきれた夢」
◇レインボープラザ ⇒ 映画「仮面病棟」

北九州市八幡西区

◇鬼丸ホーム八幡展示場 ⇒ 映画「カラダ探し」
◇黒崎中央公園 ⇒ 映画「逃げきれた夢」
◇産業医科大学病院 ⇒ 映画「MOZU 劇場版」ドラマ「MOZU Season1 〜百舌の叫ぶ夜〜」
◇シロヤ 黒崎店 ⇒ 映画「逃げきれた夢」
◇筑豊電気鉄道西山駅 ⇒ 映画「MOZU 劇場版」 ドラマ「MOZU Season1 〜百舌の叫ぶ夜〜」
◇福岡県工業技術センター機械電子研究所 ⇒ 映画「仮面病棟」
◇福岡県立八幡中央高等学校 ⇒ 映画「MOZU 劇場版」 ドラマ「MOZU Season1 〜百舌の叫ぶ夜〜」
◇本城三連トンネル ⇒ 映画「OVER DRIVE」「MOZU 劇場版」
◇本城第一トンネル ⇒ ドラマ「MOZU Season1 〜百舌の叫ぶ夜〜」

福岡市

◇博多湾 ⇒ 映画「BRAVE HEARTS 海猿」

福岡市博多区

◇博多駅 ⇒ 映画「僕達急行 A列車で行こう」

福岡市中央区

◇ヒルトン福岡シーホーク ⇒ 映画「君の膵臓をたべたい」
◇福博であい橋 ⇒ 映画「君の膵臓をたべたい」「すばらしき世界」

福岡市西区

◇西区金武 西鉄バス車内 ⇒ 映画「すばらしき世界」

太宰府市

◇太宰府天満宮 ⇒ 映画「君の膵臓をたべたい」

京都郡苅田町

◇新北九州空港連絡道路 ⇒ ドラマ「MOZU Season1 ～百舌の叫ぶ夜～」

佐賀県

伊万里市

◇駒鳴駅 ⇒ 映画「僕達急行 A列車で行こう」

小城市

◇小城駅 ⇒ 映画「ソフトボーイ」

◇オックスフォード ⇒ 映画「ソフトボーイ」

◇佐賀県立牛津高校 ⇒ 映画「ソフトボーイ」

◇須賀神社 ⇒ 映画「ソフトボーイ」

西松浦郡有田町

◇有田ポーセリンパーク ⇒ 映画「ルパンの娘 劇場版」

藤津郡太良町

◇多良漁港 ⇒ 映画「ソフトボーイ」

長崎県

長崎市

◇伊王島 ⇒ 映画「横道世之介」
◇伊王島灯台 ⇒ 映画「あなたへ」
◇石橋電停 ⇒ 映画「ナミヤ雑貨店の奇蹟」
◇大浦天主堂 ⇒ ドラマ「花燃ゆ」
◇大野浜海浜公園 ⇒ 映画「サバカン SABAKAN」
◇かきどまり白浜 ⇒ 映画「横道世之介」
◇ガーデンテラス長崎ホテル&リゾート ⇒ 映画「最高の人生の見つけ方」
◇神の島 ⇒ 映画「横道世之介」
◇神ノ島教会 ⇒ 映画「母と暮せば」
◇神ノ島工業団地 ⇒ 映画「母と暮せば」
◇蚊焼漁港 ⇒ 映画「横道世之介」
◇杵原学校 ⇒ 映画「母と暮せば」
◇グラバー園（旧オルト住宅） ⇒ ドラマ「JIN －仁－（2011年）」「花燃ゆ」
◇黒崎教会 ⇒ 映画「母と暮せば」
◇興福寺 ⇒ ドラマ「花燃ゆ」
◇香焼 ⇒ 映画「横道世之介」
◇史跡料亭 花月 ⇒ ドラマ「JIN －仁－（2011年）」
◇崇福寺電停 ⇒ 映画「ナミヤ雑貨店の奇蹟」
◇善長谷教会 ⇒ 映画「母と暮せば」
◇出島 ⇒ ドラマ「花燃ゆ」
◇出島通り ⇒ 映画「ナミヤ雑貨店の奇蹟」
◇長崎大学 文教キャンパス中部講堂 ⇒ 映画「風に立つライオン」
◇長崎電気軌道 浦上車庫 ⇒ 映画「母と暮せば」
◇長崎ブリックホール ⇒ 映画「母と暮せば」
◇長崎三菱造船所近辺 ⇒ 映画「風に立つライオン」
◇鍋冠山 ⇒ 映画「風に立つライオン」
◇東山手十二番館 ⇒ ドラマ「JIN －仁－（2011年）」
◇東山手洋風住宅群 ⇒ ドラマ「JIN －仁－（2011年）」
◇平和公園 ⇒ 映画「最高の人生の見つけ方」
◇馬込教会 ⇒ 映画「最高の人生の見つけ方」
◇眼鏡橋 ⇒ 映画「最高の人生の見つけ方」

佐世保市

◇浅子教会 ⇒ 映画「坂道のアポロン」
◇宇久島 ⇒ 映画「風に立つライオン」
◇亀山八幡宮 ⇒ 映画「坂道のアポロン」
◇旧花園中学校 ⇒ 映画「坂道のアポロン」
◇黒島天主堂 ⇒ 映画「坂道のアポロン」
◇佐世保・西海エリア ⇒ 映画「S—最後の警官—奪還 RECOVERY OF OURFUTURE」
◇白南風町 ⇒ 映画「坂道のアポロン」
◇白浜海水浴場 ⇒ 映画「坂道のアポロン」
◇聖和女学院 ⇒ 映画「坂道のアポロン」
◇長串山公園 ⇒ 映画「あなたへ」
◇ハウステンボス 観覧車 ⇒ 映画「ヒロイン失格」
◇ハウステンボス 帆船観光丸 ⇒ ドラマ「JIN －仁－（2011年）」
◇峰坂 ⇒ 映画「坂道のアポロン」
◇眼鏡岩 ⇒ 映画「坂道のアポロン」

島原市

◇大三東駅 ⇒ 映画「今はちょっと、ついてないだけ」

平戸市

◇石原橋展望所 ⇒ 映画「OVER DRIVE」
◇薄香地区 ⇒ 映画「あなたへ」
◇平戸大橋 ⇒ 映画「あなたへ」
◇古江湾 ⇒ 映画「あなたへ」
◇方倉公園 ⇒ 映画「OVER DRIVE」

五島市

◇荒川丹奈出張診療所 ⇒ 映画「風に立つライオン」
◇魚津ケ崎公園 ⇒ ドラマ「舞い上がれ！」
◇大瀬崎灯台 ⇒ ドラマ「舞い上がれ！」
◇大浜のアコウの木 ⇒ ドラマ「舞い上がれ！」

◇鬼岳 ⇒ 映画「くちびるに歌を」 ドラマ「舞い上がれ！」
◇カトリック水ノ浦教会 ⇒ ドラマ「舞い上がれ！」
◇上崎山町の墓地 ⇒ ドラマ「舞い上がれ！」
◇黒瀬漁港 ⇒ ドラマ「舞い上がれ！」
◇黒瀬集落の坂道 ⇒ ドラマ「舞い上がれ！」
◇五島市国民健康保険玉之浦診療所 ⇒ ドラマ「舞い上がれ！」
◇五島つばき空港 ⇒ ドラマ「舞い上がれ！」
◇高崎浜 ⇒ 映画「くちびるに歌を」
◇高浜の国道384号線 ⇒ ドラマ「舞い上がれ！」
◇多々良島 ⇒ ドラマ「舞い上がれ！」
◇戸岐大橋 ⇒ 映画「くちびるに歌を」
◇中野橋 ⇒ 映画「くちびるに歌を」
◇浜脇教会 ⇒ ドラマ「舞い上がれ！」
◇福江港ターミナル ⇒ ドラマ「舞い上がれ！」
◇水ノ浦教会 ⇒ 映画「くちびるに歌を」「最高の人生の見つけ方」
◇箕岳西側の鐙瀬熔岩海岸 ⇒ ドラマ「舞い上がれ！」

西海市

◇松形屋（大瀬戸ショッピングセンター）⇒ 映画「サバカン SABAKAN」

雲仙市

◇古部駅 ⇒ 映画「サバカン SABAKAN」

西彼杵郡長与町

◇風の森まなびの ⇒ 映画「サバカン SABAKAN」
◇タンタン岩 ⇒ 映画「サバカン SABAKAN」
◇堂崎ノ鼻 ⇒ 映画「サバカン SABAKAN」
◇長与川 ⇒ 映画「サバカン SABAKAN」
◇長与町立洗切小学校 ⇒ 映画「サバカン SABAKAN」

西彼杵郡時津町

◇時津港 ⇒ 映画「サバカン SABAKAN」
◇ブーメラン島 ⇒ 映画「サバカン SABAKAN」

東彼杵郡川棚町

◇片島魚雷発射試験場跡 ⇒ 映画「バケモノの子」

南松浦郡新上五島町

◇江の浜の防波堤 ⇒ ドラマ「舞い上がれ！」
◇小河原海岸 ⇒ ドラマ「舞い上がれ！」
◇頭ヶ島天主堂 ⇒ ドラマ「舞い上がれ！」
◇桐古里郷の入り江（桐ノ小島と荒島の間の入り江）⇒ ドラマ「舞い上がれ！」
◇桐古里郷の入り江沿いの道（カトリック桐教会の見える入り江）⇒ ドラマ「舞い上がれ！」
◇県道32号線 矢堅目付近 ⇒ ドラマ「舞い上がれ！」
◇新上五島町立北魚目小学校 ⇒ ドラマ「舞い上がれ！」
◇中ノ浦教会 ⇒ ドラマ「舞い上がれ！」
◇蛤浜 ⇒ ドラマ「舞い上がれ！」
◇ビワ畑 ⇒ ドラマ「舞い上がれ！」
◇間伏地区 ⇒ 映画「風に立つライオン」
◇若松大橋 ⇒ ドラマ「舞い上がれ！」

熊本県

熊本市中央区

◇加藤清正公像前 ⇒ [映画]「うつくしいひと」

◇加藤神社 ⇒ [映画]「うつくしいひと サバ？」

◇熊本城 ⇒ [映画]「うつくしいひと」「うつくしいひと サバ？」

◇橙書店 ⇒ [映画]「うつくしいひと サバ？」

◇橙書店（移転前）⇒ [映画]「うつくしいひと」

◇夏目漱石内坪井旧居 ⇒ [映画]「うつくしいひと」

◇早川倉庫 ⇒ [映画]「うつくしいひと」「うつくしいひと サバ？」

熊本市南区

◇加勢川の堤防 ⇒ [映画]「奇跡」

◇川尻駅 ⇒ [映画]「奇跡」

八代市

◇八代駅ホーム ⇒ [映画]「かぞくいろ RAILWAYS わたしたちの出発」

人吉市

◇人吉機関車庫 ⇒ [映画]「るろうに剣心 最終章 The Final」

水俣市

◇水俣駅 ⇒ [映画]「かぞくいろ RAILWAYS わたしたちの出発」

玉名市

◇高瀬船着場跡 ⇒ [ドラマ]「いだてん～東京オリムピック噺～」

菊池市

◇菊池川に架かる永山橋 ⇒ [ドラマ]「いだてん～東京オリムピック噺～」

宇土市

◇宇土シティモール ⇒ [映画]「奇跡」

下益城郡美里町

◇二股橋 ⇒ [ドラマ]「いだてん～東京オリムピック噺～」

玉名郡和水町

◇金栗四三生家記念館 ⇒ [ドラマ]「いだてん～東京オリムピック噺～」

大分県

大分市

◇大分市役所 ⇒ [映画]「綱引いちゃった！」
◇大分城址公園 ⇒ [映画]「綱引いちゃった！」
◇お食事処 母家 ⇒ [映画]「綱引いちゃった！」
◇金山湊 ⇒ [映画]「52ヘルツのクジラたち」
◇ガレリア竹町 ⇒ [映画]「綱引いちゃった！」
◇権現通り商店街 ⇒ [映画]「春に散る」
◇コンパルホール ⇒ [映画]「ナミヤ雑貨店の奇蹟」
◇佐賀関漁港 ⇒ [映画]「52ヘルツのクジラたち」
◇佐賀関漁港・金山港周辺 ⇒ [映画]「春に散る」
◇ビシャゴ浦 ⇒ [映画]「52ヘルツのクジラたち」
◇媛乃屋食堂 ⇒ [映画]「52ヘルツのクジラたち」
◇福水漁港 ⇒ [映画]「52ヘルツのクジラたち」
◇ペットショップ K9 ZOO 府内店 ⇒ [映画]「綱引いちゃった！」
◇丸果大分合同青果 ⇒ [映画]「綱引いちゃった！」

豊後高田市

◇粟嶋公園前国道 ⇒ [映画]「ナミヤ雑貨店の奇蹟」
◇臼野小学校 ⇒ [映画]「ナミヤ雑貨店の奇蹟」
◇尾崎海岸 ⇒ [映画]「ナミヤ雑貨店の奇蹟」
◇桂橋 ⇒ [映画]「ナミヤ雑貨店の奇蹟」
◇呉崎公民館 ⇒ [映画]「ナミヤ雑貨店の奇蹟」
◇旬彩南蔵 ⇒ [映画]「ナミヤ雑貨店の奇蹟」
◇新町通り商店街 ⇒ [映画]「ナミヤ雑貨店の奇蹟」
◇スパーバリューまたま ⇒ [映画]「ナミヤ雑貨店の奇蹟」
◇高田中央病院 ⇒ [映画]「ナミヤ雑貨店の奇蹟」
◇中野鮮魚店 ⇒ [映画]「ナミヤ雑貨店の奇蹟」
◇真玉海岸 ⇒ [映画]「ナミヤ雑貨店の奇蹟」
◇宮町 ⇒ [映画]「ナミヤ雑貨店の奇蹟」
◇宮町ロータリー ⇒ [映画]「ナミヤ雑貨店の奇蹟」
◇妙壽寺 ⇒ [映画]「ナミヤ雑貨店の奇蹟」

由布市

◇極楽温泉 ⇒ [映画]「春に散る」

玖珠郡玖珠町

◇豊後森駅 ⇒ [映画]「僕達急行 A列車で行こう」

宮崎県

宮崎市

◇高松橋 ⇒ 映画「ひまわりと子犬の7日間」

◇宮崎県中央保健所 ⇒ 映画「ひまわりと子犬の7日間」

都城市

◇神々溝 ⇒ 映画「キングダム」

串間市

◇志布志湾大黒イルカランド ⇒ 映画「今日、恋をはじめます」

◇都井岬 ⇒ 映画「今日、恋をはじめます」

◇長浜 ⇒ 映画「今日、恋をはじめます」

鹿児島県

鹿児島市

◇磯山公園 ⇒ ドラマ「西郷（せご）どん」

◇上之原配水所付近登り坂 ⇒ 映画「奇跡」

◇桜島有村展望台 ⇒ ドラマ「西郷（せご）どん」

◇城山公園からの風景 ⇒ ドラマ「リーガル・ハイ（2012年）」

◇仙巌園（磯庭園） ⇒ ドラマ「西郷（せご）どん」

阿久根市

◇牛ノ浜駅線路沿いの道 ⇒ 映画「かぞくいろ RAILWAYS わたしたちの出発」

◇大川小学校 ⇒ 映画「かぞくいろ RAILWAYS わたしたちの出発」

◇大川地区の石の橋 ⇒ 映画「かぞくいろ RAILWAYS わたしたちの出発」

◇霧島神社 ⇒ 映画「かぞくいろ RAILWAYS わたしたちの出発」

◇グリンスポーツガーデン ⇒ 映画「かぞくいろ RAILWAYS わたしたちの出発」

◇薩摩大川駅 ⇒ 映画「かぞくいろ RAILWAYS わたしたちの出発」

◇タイヨー 阿久根店 ⇒ 映画「かぞくいろ RAILWAYS わたしたちの出発」

◇にぎわい交流館阿久根駅 ⇒ 映画「かぞくいろ RAILWAYS わたしたちの出発」

◇港橋 ⇒ 映画「かぞくいろ RAILWAYS わたしたちの出発」

垂水市

◇江之島 ⇒ ドラマ「西郷（せご）どん」

霧島市

◇大浪池 ⇒ ドラマ「西郷（せご）どん」

◇韓国岳 大浪池付近 ⇒ ドラマ「西郷（せご）どん」

◇狐ケ丘 ⇒ ドラマ「西郷（せご）どん」

◇霧島神宮 ⇒ ドラマ「西郷（せご）どん」

◇小牧の棚田 ⇒ ドラマ 「西郷（せご）どん」
◇高千穂峰（御鉢）⇒ ドラマ 「西郷（せご）どん」

奄美市

◇青久海岸 ⇒ ドラマ 「天国と地獄 ～サイコな2人～」
◇奄美市笠利町用安集落 ⇒ 映画 「2つ目の窓」
◇あやまる岬 ⇒ ドラマ 「西郷（せご）どん」
◇鹿児島県立大島北高校 ⇒ 映画 「2つ目の窓」
◇薗家の庭園 ⇒ ドラマ 「西郷（せご）どん」

南九州市

◇知覧武家屋敷群 ⇒ ドラマ 「西郷（せご）どん」
◇森重堅邸庭園 ⇒ ドラマ 「西郷（せご）どん」

姶良市

◇掛橋坂 ⇒ ドラマ 「西郷（せご）どん」
◇精矛神社 ⇒ ドラマ 「西郷（せご）どん」
◇重富海岸 ⇒ ドラマ 「西郷（せご）どん」
◇竜門司坂 ⇒ ドラマ 「西郷（せご）どん」

肝属郡錦江町

◇雄川の滝 ⇒ 映画 「キングダム」 ドラマ 「西郷（せご）どん」

肝属郡肝付町

◇内之浦漁港 ⇒ 映画 「おかえり、はやぶさ」「はやぶさ/HAYABUSA」
◇内之浦小学校 ⇒ 映画 「はやぶさ/HAYABUSA」
◇叶岳ふれあいの森 ⇒ 映画 「おかえり、はやぶさ」
◇JAXA内之浦宇宙空間観測所 ⇒ 映画 「はやぶさ/HAYABUSA」「はやぶさ 遥かなる帰還」

熊毛郡南種子町

◇JAXAの種子島宇宙センター ⇒ ドラマ 「下町ロケット（2015年）」「下町ロケット（2018年）」

大島郡大和村

◇宮古崎 ⇒ ドラマ 「西郷（せご）どん」

大島郡瀬戸内町

◇瀬戸内町立図書館・郷土館 ⇒ ドラマ 「天国と地獄 ～サイコな2人～」
◇ホノホシ海岸 ⇒ ドラマ 「天国と地獄 ～サイコな2人～」

大島郡龍郷町

◇手広海岸 ⇒ 映画 「2つ目の窓」
◇ネイティブ・シー ⇒ 映画 「2つ目の窓」

沖縄県

市川市

◇市川市役所 行徳支所 ⇒ ドラマ「花咲舞が黙ってない（2015年）」
◇市川市立里見公園 ⇒ ドラマ「リーガル・ハイ（2012年）」
◇江戸川河口付近の堤防の上 ⇒ ドラマ「花咲舞が黙ってない（2015年）」
◇江戸川の堤防前 ⇒ ドラマ「下剋上球児」
◇大谷自動車板金塗装工場 ⇒ ドラマ「下剋上球児」
◇行徳総合病院 ⇒ ドラマ「TOKYO MER 走る緊急救命室」
◇行徳総合病院12階の会議室 ⇒ ドラマ「TOKYO MER 走る緊急救命室」
◇コナコートスタジオのコナコートB ⇒ ドラマ「ミステリと言う勿れ（2022年）」
◇筑前屋 行徳店 ⇒ ドラマ「Doctor-X 外科医・大門未知子 7」
◇千葉商科大学 稲越グラウンドの施設内 ⇒ 映画「青空エール」
◇ノジマ 市川店 ⇒ ドラマ「日本沈没 ―希望の人―」
◇丸平食堂 ⇒ ドラマ「オールドルーキー」
◇和洋国府台女子中学校旧校舎 ⇒ 映画「ブレイブ ―群青戦記―」

那覇市

◇県民広場 ⇒ 映画「怒り」
◇国際通り ⇒ ドラマ「純と愛」
◇首里劇場 ⇒ 映画「ゴールド・ボーイ」
◇第一牧志公設市場 ⇒ ドラマ「謎解きはディナーのあとで スペシャル」
◇泊魚市場 ⇒ ドラマ「謎解きはディナーのあとで スペシャル」
◇那覇空港 ⇒ ドラマ「純と愛」
◇那覇地区漁協製氷冷蔵施設の南側 ⇒ ドラマ「謎解きはディナーのあとで スペシャル」
◇樋川の道路 ⇒ ドラマ「純と愛」
◇ゆいレール那覇空港駅 ⇒ ドラマ「純と愛」
◇竜宮通り社交街 ⇒ ドラマ「純と愛」

名護市

◇有津川に架かる沈下橋 ⇒ ドラマ「ちむどんどん」
◇天仁屋の十字路 ⇒ ドラマ「ちむどんどん」
◇天仁屋の農道 ⇒ ドラマ「ちむどんどん」
◇名護市立嘉陽小学校（現・美ら島自然学校） ⇒ ドラマ「ちむどんどん」

糸満市

◇サザンビーチホテル&リゾート沖縄 ⇒ ドラマ「謎解きはディナーのあとで スペシャル」

うるま市

◇アクナ浜南側の崖 ⇒ ドラマ「ちむどんどん」
◇ジャネーガマ（薮地洞穴遺跡） ⇒ ドラマ「ちむどんどん」

宮古島市

◇イキズー（ホテルサザンアイランドのプライベートビーチ） ⇒ ドラマ「純と愛」
◇池間大橋 ⇒ ドラマ「純と愛」
◇伊良部島ホテルサウスアイランド ⇒ ドラマ「純と愛」
◇沖縄県立宮古高等学校 ⇒ ドラマ「純と愛」
◇天天荘 ⇒ ドラマ「純と愛」
◇西の浜ビーチ ⇒ ドラマ「純と愛」
◇西平安名岬 ⇒ ドラマ「純と愛」
◇東平安名岬 ⇒ ドラマ「純と愛」
◇宮古島空港 ⇒ ドラマ「純と愛」
◇与那覇前浜ビーチ（バックの橋は来間大橋） ⇒ ドラマ「純と愛」

南城市

◇安座真港西の海岸 ⇒ 映画「てぃだかんかん 海とサンゴと小さな奇跡」
◇海野漁港 ⇒ 映画「てぃだかんかん 海とサンゴと小さな奇跡」
◇新原ビーチ ⇒ 映画「てぃだかんかん 海とサンゴと小さな奇跡」

国頭郡国頭村

◇海の見える崖の道 ⇒ ドラマ「ちむどんどん」
◇国道58号線 ⇒ ドラマ「ちむどんどん」
◇謝敷区公民館 ⇒ ドラマ「ちむどんどん」
◇謝敷の建物 ⇒ ドラマ「ちむどんどん」

国頭郡大宜味村

◇喜如嘉ヒンバ森 ⇒ ドラマ「ちむどんどん」

国頭郡東村

◇むいの宿 ⇒ ドラマ「ちむどんどん」

国頭郡今帰仁村

◇赤墓ビーチ（サダハマビーチ）⇒ ドラマ「ちむどんどん」
◇今泊集落の道 ⇒ ドラマ「ちむどんどん」
◇今泊ビーチ ⇒ ドラマ「ちむどんどん」
◇北山荘近くの海岸 ⇒ ドラマ「謎解きはディナーのあとで スペシャル」
◇古宇利島北側の海岸 ⇒ 映画「てぃだかんかん 海とサンゴと小さな奇跡」
◇琉球石灰岩の道 ⇒ ドラマ「ちむどんどん」

国頭郡本部町

◇沖縄美ら海水族館 ⇒ ドラマ「謎解きはディナーのあとで スペシャル」
◇瀬底ビーチ ⇒ ドラマ「謎解きはディナーのあとで スペシャル」
◇備瀬のフクギ並木 ⇒ ドラマ「ちむどんどん」
◇本部町営市場 ⇒ 映画「てぃだかんかん 海とサンゴと小さな奇跡」

国頭郡宜野座村

◇松田鍾乳洞 ⇒ ドラマ「ちむどんどん」

中頭郡読谷村

◇サンゴ畑 ⇒ 映画「てぃだかんかん 海とサンゴと小さな奇跡」
◇読谷村楚辺の海岸 ⇒ 映画「てぃだかんかん 海とサンゴと小さな奇跡」

中頭郡北谷町

◇美浜タウンリゾート・アメリカンビレッジ ⇒ 映画「ゴールド・ボーイ」

島尻郡渡嘉敷村

◇前島 ⇒ 映画「怒り」

八重山郡与那国町

◇金城釣具屋横の坂道 ⇒ 映画「Dr.コトー診療所」
◇久部良漁港 ⇒ 映画「Dr.コトー診療所」
◇「Dr.コトー診療所」オープンセット ⇒ 映画「Dr.コトー診療所」
◇比川浜 ⇒ 映画「Dr.コトー診療所」
◇フェリーよなくに ⇒ 映画「Dr.コトー診療所」
◇南牧場線 ⇒ 映画「Dr.コトー診療所」
◇民宿よしまる荘前 ⇒ 映画「Dr.コトー診療所」
◇与那国町漁業協同組合 ⇒ 映画「Dr.コトー診療所」
◇与那国町役場 ⇒ 映画「Dr.コトー診療所」

公開年別作品一覧

2010（平成22）年

映画

ドラマ

2011（平成23）年

映画

ドラマ

2012（平成24）年

映画

ドラマ

2013（平成25）年

映画

ドラマ

2014（平成26）年

映画

ドラマ

2015（平成27）年

映画

ドラマ

2016（平成28）年

映画

ドラマ

2017（平成29）年

映画

ドラマ

2018（平成30）年

映画

ドラマ

2019（平成31/令和1）年

映画

ドラマ

2020（令和2）年

映画

ドラマ

2021（令和3）年

映画

ドラマ

2022（令和4）年

映画

ドラマ

2023（令和5）年

映画

ドラマ

2024（令和6）年

映画

ドラマ

全国 映画・ドラマ ロケ地事典 2

2024年11月25日　第1刷発行

発 行 者／山下浩
編集・発行／日外アソシエーツ株式会社
〒140-0013 東京都品川区南大井6-16-16 鈴中ビル大森アネックス
電話 (03)3763-5241（代表） FAX(03)3764-0845
URL https://www.nichigai.co.jp/

電算漢字処理／日外アソシエーツ株式会社
印刷・製本／シナノ印刷株式会社

《中性紙北越淡クリームキンマリ使用》

ISBN978-4-8169-3028-7　*Printed in Japan,2024*